Medicus/Petersen · Allgemeiner Teil des BGB

Allgemeiner Teil des BGB

von

Dr. Dr. h.c. Dr. h.c. Dieter Medicus (†)
em. o. Professor an der Universität München

und

Dr. Jens Petersen
Professor an der Universität Potsdam

11., neu bearbeitete Auflage

Dieter Medicus, geb. am 9.5.1929. Studium der Rechtswissenschaft in Würzburg und Münster/Westf., dort Promotion 1956. Zweite juristische Staatsprüfung 1959 in Düsseldorf. Dann wissenschaftlicher Assistent in Münster und in Hamburg; dort 1961 Habilitation. Seitdem ordentlicher Professor in Kiel (1962), Tübingen (1966), Regensburg (1969) und seit 1978 in München, dort im Herbst 1994 emeritiert. Seit 1980 ord. Mitglied der Bayer. Akademie der Wissenschaften. Veröffentlichungen: außer rechtshistorischen Schriften vor allem Bürgerliches Recht (1. Aufl. 1968, 22. Aufl. 2009); Schuldrecht I, Allgemeiner Teil (1. Aufl. 1981, 18. Aufl. 2008), II Besonderer Teil (1. Aufl. 1983, 15. Aufl. 2010); Grundwissen zum Bürgerlichen Recht (1. Aufl. 1994, 8. Aufl. 2008) und Mitarbeit an drei Kommentaren zum BGB.

Jens Petersen, geb. am 30.06.1969. Studium der Rechtswissenschaft in Berlin, Genf und München, dort Promotion 1996 und wissenschaftlicher Mitarbeiter bei *Dieter Medicus*. Zweite juristische Staatsprüfung 1997 in München. 2001 Habilitation bei *Claus-Wilhelm Canaris* und im selben Jahr ordentlicher Professor in Potsdam. Veröffentlichungen: außer unternehmensrechtlichen und rechtsphilosophischen Schriften Allgemeines Schuldrecht (2002, 7. Aufl. 2015) und zusammen mit *Dieter Medicus* Grundwissen zum Bürgerlichen Recht (seit der 9. Aufl. 2011) und Bürgerliches Recht (seit der 22. Aufl. 2009). Mitherausgeber der Ausbildungszeitschrift JURA seit 2002.

Bibliographische Information der Deutschen Nationalbibliothek

Die Deutsche Nationalbibliothek verzeichnet diese Publikation in der Deutschen Nationalbibliographie; detaillierte bibliographische Daten sind im Internet über <http://dnb.d-nb.de> abrufbar.

ISBN 978-3-8114-9522-7

E-Mail: kundenservice@cfmueller.de
Telefon: +49 89/2183-7923
Telefax: +49 89/2183-7620

www.cfmueller.de
www.cfmueller-campus.de

© 2016 C.F. Müller GmbH, Waldhofer Straße 100, 69123 Heidelberg

Dieses Werk, einschließlich aller seiner Teile, ist urheberrechtlich geschützt. Jede Verwertung außerhalb der engen Grenzen des Urheberrechtsgesetzes ist ohne Zustimmung des Verlages unzulässig und strafbar. Dies gilt insbesondere für Vervielfältigungen, Übersetzungen, Mikroverfilmungen und die Einspeicherung und Verarbeitung in elektronischen Systemen.

Satz: III-satz, Husby
Druck: Westermann Druck Zwickau
Printed in Germany

Vorwort

Es ist mir eine große Freude und Ehre, nach den beiden Büchern „Bürgerliches Recht" und „Grundwissen zum Bürgerlichen Recht" auch das vorliegende Lehrbuch übernehmen zu dürfen, mit dem ich selbst schon als Student gelernt habe. Ich bin besonders dankbar dafür, dass ich mit *Dieter Medicus* in den letzten Monaten seines Lebens noch oft und ausführlich über die Fortführung dieses Buches sprechen konnte. Es war mir im Interesse der Kontinuität wichtig, nicht nur die Grundidee und den Umfang des Buches möglichst beizubehalten, sondern auch die meisten wissenschaftlichen Standpunkte. Auch wenn viele Streichungen und Neueinfügungen aus Gründen der Aktualität erforderlich waren, habe ich die Zählung der Randnummern nicht geändert. Ich habe nach wie vor diejenigen Entscheidungen des Bundesgerichtshofs, die paradigmatische Bedeutung haben oder Anlass für Klausuren und Hausarbeiten sein könnten, ausführlicher darzustellen und in die Forschungsdiskussion einzubetten versucht. Den Abschnitt über die „Literatur zum Allgemeinen Teil" habe ich ersetzt durch ein Kapitel „Allgemeiner Teil und Europäisches Privatrecht" (§ 7).

Vor allem bei diesem Kapitel, darüber hinaus aber auch an sehr vielen anderen Stellen des gesamten Buches bin ich meinem Assistenten, Herrn Dr. *Lars Rühlicke*, für die kritische Durchsicht, Hinweise auf lehrreiche Parallel- oder Folgeprobleme und vor allem vielfältige Ergänzungen sehr dankbar!

Für die Aktualisierung der Nachweise und der Register danke ich Frau *Sophia Obst*, Frau *Caroline Schrepp*, Frau *Isabel Jasiek*, Herrn *Roy F. Bär* und Herrn *Daniel May*.

Potsdam, im August 2016   *Jens Petersen*

Aus dem Vorwort zur 1. Auflage

Das 1. Buch des BGB enthält überwiegend die „vor die Klammer" der übrigen Bücher gezogenen allgemeinen Regeln. Deren Bedeutung ergibt sich aber weithin erst aus der Anwendung auf die besonderen Problemlagen der folgenden Bücher, also des Schuldrechts, des Sachenrechts usw. Erst aus den dort geltenden Ausnahmen folgt auch die wahre Tragweite der allgemeinen Regeln. So wird z. B. der Anwendungsbereich der Vorschrift über den Eigenschaftsirrtum (§ 119 II) ganz wesentlich durch die Sonderregelung der Sachmängelhaftung (§§ 459 ff.) eingeschränkt.

Jedes Lehrbuch des Allgemeinen Teils muß diesen Zusammenhängen Rechnung tragen und ist daher zu Übergriffen auf den Stoff der Besonderen Teile des BGB gezwungen. Möglich sind aber quantitative Unterschiede. Dabei kommt eine Zurückhaltung bei solchen Übergriffen dem Anfänger zugute, der ja die Besonderen Teile noch nicht kennt. Ich ziehe jedoch mit dem vorliegenden Buch die entgegengesetzte Tendenz vor: Den Zusammenhängen zwischen den allgemeinen Regeln und den Fragestellungen der folgenden Bücher des BGB wird viel Gewicht beigemessen. Damit möchte ich der Gefahr vorbeugen, daß diese Zusammenhänge auch im Fortgang der Ausbildung unerkannt bleiben und deshalb der - im Studium zu früh abgelegte - Allgemeine Teil schließlich nicht wirklich verstanden wird.

Damit soll dieses Buch vor allem den Bedürfnissen des fortgeschrittenen Juristen genügen. Doch hoffe ich, daß es größtenteils auch dem interessierten Anfänger verständlich sein wird, der damit früh Einblick in die Probleme der Besonderen Teile erhält. Anfänger wie Fortgeschrittene bitte ich aber herzlich, bei der Lektüre stets die angeführten gesetzlichen Vorschriften auch außerhalb des 1. Buches nachzuschlagen: Nur so werden das Allgemeine und das Besondere, die durch das gesetzliche System getrennt sind, für das Gedächtnis zusammengeführt.

Den vermehrten Raumbedarf für die Berücksichtigung der Zusammenhänge des Allgemeinen mit den besonderen Problemlagen habe ich auf andere Weise auszugleichen versucht. Insbesondere habe ich mich um knappe Formulierungen bemüht. Auch habe ich die Zitate eng beschränkt. Doch führen die von mir bevorzugten neuesten Belege stets zu umfangreichen weiteren Nachweisen.

Das Buch ist auf dem Stand von Ende August 1982.

Tutzing, im September 1982 *Dieter Medicus*

Inhaltsübersicht

Vorwort V
Aus dem Vorwort zur 1. Auflage... VI
Inhaltsverzeichnis XI
Abkürzungen... XXIX

Erster Teil
Einführung

§ 1	Das Privatrecht im Rahmen der Rechtsordnung	1
§ 2	Das bürgerliche Recht im Rahmen des Privatrechts	8
§ 3	Der Allgemeine Teil im Rahmen des BGB........................	10
§ 4	Inhalt und Rechtsquellen des Allgemeinen Teils	12
§ 5	Die rechtspolitische Problematik des Allgemeinen Teils	15
§ 6	Entwicklungen und Tendenzen des Allgemeinen Teils	20
§ 7	Allgemeiner Teil und Europäisches Privatrecht....................	22

Zweiter Teil
Die Instrumente des Privatrechts

§ 8	Übersicht	31
§ 9	Das Rechtsverhältnis	33
§ 10	Das subjektive Recht	36
§ 11	Der Anspruch	42
§ 12	Gestaltungsrechte	46
§ 13	Einrede und Einwendung	50
§ 14	Zeitliche Grenzen der subjektiven Rechte	54
§ 15	Sachliche Grenzen des subjektiven Rechts	63
§ 16	Die Rechtsdurchsetzung......................................	72

Dritter Teil
Das Rechtsgeschäft

1. Abschnitt   Allgemeines

§ 17	Rechtsgeschäft und Privatautonomie............................	83
§ 18	Abgrenzungen des Rechtsgeschäfts	89
§ 19	Die Einteilungen der Rechtsgeschäfte	99
§ 20	Das Trennungs- und das Abstraktionsprinzip.....................	104

2. Abschnitt   Zustandekommen und Inhalt von Willenserklärungen

§ 21	Rechtsgeschäft und Willenserklärung	111
§ 22	Abgabe und Zugang der Willenserklärung	118

Inhaltsübersicht

§ 23	Die Bindung an die Willenserklärung	132
§ 24	Die Auslegung von Willenserklärungen	134
§ 25	Konkludente und stillschweigende Willenserklärungen; Schweigen	146

3. Abschnitt   Zustandekommen und Inhalt von Verträgen

§ 26	Antrag und Annahme	153
§ 27	Die Einbeziehung Allgemeiner Geschäftsbedingungen	172
§ 28	Andere Sonderregeln für Allgemeine Geschäftsbedingungen	187
§ 29	Konsens und Dissens	193
§ 30	Pflichten bei Vertragsverhandlungen	200
§ 31	Vertragsgestaltung	206
§ 32	Die Gerechtigkeitsgewähr bei Verträgen: Probleme und Lösungsmöglichkeiten	211

4. Abschnitt   Wirksamkeitserfordernisse und -hindernisse bei Rechtsgeschäften

§ 33	Übersicht	217
§ 34	Arten der Unwirksamkeit	219
§ 35	Insbesondere die Teilunwirksamkeit	222
§ 36	Die Umdeutung (Konversion)	230
§ 37	Die Bestätigung	237
§ 38	Die Fähigkeit zur Willensbildung (Geschäftsfähigkeit)	239
§ 39	Probleme der beschränkten Geschäftsfähigkeit	246
§ 40	Die Willensvorbehalte und das Erklärungsbewusstsein	259
§ 41	Der Verstoß gegen gesetzliche Formvorschriften	268
§ 42	Der Verstoß gegen vereinbarte Formgebote	279
§ 43	Der Verstoß gegen Verbotsgesetze	282
§ 44	Das Problem der Gesetzesumgehung	289
§ 45	Der Verstoß gegen Verfügungsverbote	291
§ 46	Der Verstoß gegen die guten Sitten	296

5. Abschnitt   Das anfechtbare Rechtsgeschäft

§ 47	Anfechtbarkeit und Anfechtung	317
§ 48	Die Anfechtbarkeit wegen Irrtums	324
§ 49	Die Anfechtbarkeit wegen arglistiger Täuschung	341
§ 50	Die Anfechtbarkeit wegen widerrechtlicher Drohung	352

6. Abschnitt   Ungewissheiten und Planungsfehler

§ 51	Die Problematik	357
§ 52	Bedingung und Befristung	359
§ 53	Mängel der Geschäftsgrundlage	371

7. Abschnitt   Die Stellvertretung

§ 54	Die Zurechnung von Willenserklärungen nach § 164 BGB und die Abgrenzung von anderen Zurechnungsnormen	384
§ 55	Die erweiterte Zurechnung nach § 166 BGB	390
§ 56	Die Offenlegung der Stellvertretung	397
§ 57	Die Vertretungsmacht	404

| § 58 | Vertretungsmacht und Pflichtverletzung | 422 |
| § 59 | Die Stellung des Vertreters ohne Vertretungsmacht | 425 |

8. Abschnitt   Rechtsgeschäft und Zuständigkeit

| § 60 | Funktion und Anwendungsbereich der Zustimmung | 433 |
| § 61 | Einzelheiten zur Zustimmung | 438 |

Vierter Teil
Die Rechtssubjekte

§ 62	Übersicht	447
§ 63	Die Rechtsfähigkeit des Menschen	449
§ 64	Andere rechtliche Attribute des Menschen	455
§ 65	Die juristische Person	465
§ 66	Insbesondere der rechtsfähige Verein	474
§ 67	Exkurs: Der nicht rechtsfähige Verein	488
§ 68	Insbesondere die rechtsfähige Stiftung	495

Fünfter Teil
Die Rechtsobjekte

| § 69 | Sachen | 501 |
| § 70 | Nutzungen, Kosten und Lasten | 511 |

Gesetzesregister ... 515
Sachregister ... 529

Inhaltsverzeichnis

	Seite
Vorwort	V
Aus dem Vorwort zur 1. Auflage	VI
Inhaltsübersicht	VII
Abkürzungen	XXIX

Erster Teil
Einführung

	Rdnr.	
§ 1 Das Privatrecht im Rahmen der Rechtsordnung	1	1
I. Öffentliches Recht und Privatrecht	1	2
1. Das Strafrecht	1	2
2. Die drei Arten staatlichen Handelns	2	3
3. Die Unterschiede des Rechtsweges	3	3
4. Der sachliche Unterschied	4	4
II. Theorien zur Abgrenzung	7	5
1. Der Theorienstand	7	5
2. Stellungnahme	10	7
3. Siegeszug des öffentlichen Rechts?	11	7
§ 2 Das bürgerliche Recht im Rahmen des Privatrechts	12	8
I. Die Bezeichnung „bürgerliches Recht"	12	8
II. Bürgerliches Recht und Sonderprivatrechte	13	8
§ 3 Der Allgemeine Teil im Rahmen des BGB	16	10
I. Familien- und Erbrecht	16	10
II. Schuld- und Sachenrecht	17	10
III. Allgemeiner Teil	18	11
§ 4 Inhalt und Rechtsquellen des Allgemeinen Teils	20	12
I. Funktion und Inhalt	20	12
1. Rechtssubjekte, §§ 1 – 89	21	12
2. Rechtsobjekte, §§ 90 – 103	22	12
3. Rechtsgeschäfte, §§ 104 – 185	24	13
4. Weitere Vorschriften, §§ 186 – 240	25	14
5. Würdigung	29	14
II. Die Rechtsquellen	30	15

	Rdnr.	Seite
§ 5 Die rechtspolitische Problematik des Allgemeinen Teils	31	15
I. Der Vorteil des Allgemeinen Teils	31	15
II. Nachteile des Allgemeinen Teils	32	16
1. Abstraktion und Ausnahmen	32	16
2. Verständnisschwierigkeiten	36	18
§ 6 Entwicklungen und Tendenzen des Allgemeinen Teils	40	20
I. Die Regelung des Rechtsgeschäfts	40	20
II. Das Personenrecht	43	20
III. Der übrige Inhalt des Allgemeinen Teils	45	21
§ 7 Allgemeiner Teil und Europäisches Privatrecht	46	22
I. Reformbestrebungen	46	23
II. Verbraucher und Unternehmer	48	26
III. Verbraucherschutz beim Zustandekommen von Verträgen	49	28
1. Informationspflichten	49	29
2. Informationsmodell	49	29
IV. Europarechtliche Vorgaben der Auslegung des Zivilrechts	50	30

Zweiter Teil

Die Instrumente des Privatrechts

	Rdnr.	Seite
§ 8 Übersicht	51	31
I. Voraussetzungen der Entscheidungsfreiheit	51	31
II. Grenzen der Entscheidungsfreiheit	52	31
III. Folgen der freien Entscheidung	53	32
§ 9 Das Rechtsverhältnis	54	33
I. Beschreibungsversuche	54	33
II. Die beiden Bestandteile der Beschreibung	55	34
1. Die rechtliche Regelung	55	34
2. Der Ausschnitt aus der Wirklichkeit	56	34
III. Inhalt des Rechtsverhältnisses	59	36
IV. Rechtsinstitute und -institutionen	60	36
§ 10 Das subjektive Recht	61	36
I. Arten der Berechtigung	61	37
1. Absolute und relative Rechte	62	37
2. Vollrechte und Anwartschaftsrechte	65	38
3. Herrschafts-, Aneignungs- und Ausschließungsrechte	66	39
II. Die Rolle des subjektiven Rechts und seine Alternativen	70	40
§ 11 Der Anspruch	73	42
I. Die doppelte Bedeutung von „Anspruch"	73	42
II. Anspruch und Forderung	75	43
III. Mehrheit von Ansprüchen	76	44

	Rdnr.	Seite
IV. Der Anspruch als Element der Problemerörterung	77	44
V. Die Pflicht	78a	45
§ 12 Gestaltungsrechte	79	46
I. Die Eigenart des Gestaltungsrechts........................	79	46
II. Rechtfertigung von Gestaltungsrechten	80	46
III. Arten der Gestaltungsrechte	83	47
1. Einfaches Gestaltungsrecht und Gestaltungsklagerecht ...	83	47
2. Gestaltungsrechte und Gestaltungsgegenrechte	86	48
3. Negative und positive Gestaltungsrechte	87	49
4. Regelungsrechte.......................................	88	49
IV. Allgemeine Regeln über Gestaltungsrechte.................	89	49
§ 13 Einrede und Einwendung	91	50
I. Arten der Gegenrechte	91	50
1. Historisches..	91	50
2. Zu Terminologie und Einteilung.......................	92	51
II. Einzelfragen zur materiellrechtlichen Einrede	96	52
1. Der Sinn des Erfordernisses der Geltendmachung........	96	52
2. Vorprozessuale oder prozessuale Geltendmachung.......	98	53
§ 14 Zeitliche Grenzen der subjektiven Rechte	99	54
I. Ausschlussfristen und Verjährung.........................	99	55
II. Die Verjährung..	102	56
1. Anwendungsbereich	102	56
2. Funktion der Verjährung	104	56
3. Unabdingbarkeit	106	57
4. Verjährungsbeginn...................................	108	57
5. Verjährungsfristen	114	58
6. Einwirkungen auf den Fristenlauf......................	115	59
7. Verjährung bei Rechtsnachfolge	118	60
8. Wirkungen der Verjährung............................	120	60
9. Verjährung und Treu und Glauben	124	62
§ 15 Sachliche Grenzen des subjektiven Rechts	126	63
I. Die Grenzen einzelner Rechte	126	63
II. Missbrauchsschranken	129	64
1. Schikane, § 226......................................	130	64
2. Art. 14 Abs. 2 GG	131	65
3. Rechtsschutz als Interessenschutz	134	66
4. Gute Sitten und Treu und Glauben	135	67
III. Konkretisierungen des Missbrauchsverbots.................	137	68
1. Verwirkung..	137	68
2. Das Übermaßverbot	141	70
3. Anstößiger Rechtserwerb	142	70
4. Eigene Vertragsuntreue des Berechtigten	143	70
IV. Die „Erwirkung"	144	71

Inhaltsverzeichnis

	Rdnr.	Seite
§ 16 Die Rechtsdurchsetzung	146	72
I. Übersicht	146	72
1. Die Regel: staatliche Durchsetzung	146	72
2. Ausnahme: erlaubte eigenmächtige Durchsetzung	149	73
II. Die Notwehr	151	73
1. Angriff	152	74
2. Rechtswidrigkeit	153	74
3. Gegenwärtigkeit des Angriffs	154	74
4. Erforderlichkeit der Verteidigung	155	75
5. Verhältnismäßigkeit der Notwehr?	156	75
6. Überschreitungen des Notwehrrechts	160	77
III. Notstand	162	77
1. Unterscheidungen	162	78
2. Einzelheiten zu § 228	166	78
IV. Selbsthilfe	168	79
1. Allgemeine Regelung	168	79
2. Besondere Selbsthilferechte	169	80
V. Anhang: Die Sicherheitsleistung	171	81

Dritter Teil
Das Rechtsgeschäft

1. Abschnitt
Allgemeines

	Rdnr.	Seite
§ 17 Rechtsgeschäft und Privatautonomie	172	83
I. Handlungsfreiheit, Privatautonomie und Rechtsgeschäft	172	84
1. Zuteilung und Privatrecht	172	84
2. Arten der Handlungsfreiheit	173	85
II. Die Beurteilung der Privatautonomie	176	85
1. Vorteile	176	85
2. Kritik	177	86
3. Stellungnahme	178	86
III. Die gegenwärtige Bedeutung der Privatautonomie	179	87
1. Einschränkungen der Privatautonomie	180	87
2. Ausweitungen der Privatautonomie	181	88
§ 18 Abgrenzungen des Rechtsgeschäfts	184	89
I. Überblick	184	89
II. Die Gefälligkeiten	185	89
1. Zweifelsfreie Gefälligkeiten	185	89
2. Grenzfälle	190	91
III. Rechtsgeschäftsähnliche Handlungen	195	95
1. Unterschiede bei der Bedeutung des Willens	195	96

	Rdnr.	Seite
2. Anwendbarkeit der Vorschriften über Rechtsgeschäfte?...	198	97
3. Insbesondere die Einwilligung in eine Heilbehandlung....	199	97

§ 19 Die Einteilungen der Rechtsgeschäfte........................ 202 99
    I. Einseitige und mehrseitige Rechtsgeschäfte; Beschlüsse...... 202 99
    II. Verpflichtungen und Verfügungen........................ 207 101
    III. Kausale und abstrakte Geschäfte......................... 212 102
    IV. Andere Einteilungen.................................... 219 103

§ 20 Das Trennungs- und das Abstraktionsprinzip................... 220 104
    I. Das Trennungsprinzip................................... 220 104
    II. Das Abstraktionsprinzip................................ 224 105
        1. Inhalt... 224 105
        2. Grund... 226 106
        3. Bedeutung... 227 107
        4. Rechtspolitische Bedenken............................ 230 108
        5. Wirksamkeitsgrenzen des Abstraktionsprinzips........... 231 108

2. Abschnitt
Zustandekommen und Inhalt von Willenserklärungen

§ 21 Rechtsgeschäft und Willenserklärung.......................... 242 111
    I. Die Ausdrucksweise des BGB........................... 242 112
    II. Rechtsgeschäfte ohne Willenserklärung?.................. 244 113
        1. Der Ausgangspunkt.................................. 244 113
        2. Rechtsgeschäfte aus sozialtypischem Verhalten.......... 245 113
        3. In Vollzug gesetzte Dauerrechtsverhältnisse............. 253 115
    III. Die automatisierte Willenserklärung...................... 256 117

§ 22 Abgabe und Zugang der Willenserklärung...................... 257 118
    I. Übersicht... 257 118
        1. Geregeltes und Ungeregeltes.......................... 257 118
        2. Die Empfangsbedürftigkeit als Kriterium............... 259 119
    II. Die Abgabe der Willenserklärung....................... 263 120
        1. Erfordernisse.. 263 120
        2. Der Schein der Abgabe............................... 266 121
    III. Der Zugang... 268 121
        1. Die Erklärung unter Abwesenden...................... 268 121
        2. Die Erklärung unter Anwesenden...................... 288 129
        3. Störungen zwischen Abgabe und Wirksamwerden........ 292 130
    IV. Die nicht empfangsbedürftige Willenserklärung............ 293 130
    V. Verständnisfragen als Zugangsproblem?................... 295 131

§ 23 Die Bindung an die Willenserklärung........................... 297 132
    I. Der Widerruf nach § 130 Abs. 1 BGB.................... 298 132
    II. Andere Widerrufsfälle.................................. 301 133
        1. Erklärungen unter Anwesenden........................ 301 133

	Rdnr.	Seite
2. Nicht empfangsbedürftige Erklärungen	302	133
3. Der Widerruf der Vollmacht	303	133
4. Der Widerruf von Verträgen	304	134

§ 24 Die Auslegung von Willenserklärungen. 307 134
- I. Gesetz und Willenserklärung als Auslegungsgegenstände 307 135
- II. Der Standort der Auslegung von Willenserklärungen. 312 137
- III. Allgemeine Auslegungsregeln. 319 138
    1. Die §§ 133, 157 BGB 319 138
    2. Die zutreffende Unterscheidung 322 138
- IV. Einzelfragen zur Auslegung. 327 142
    1. Die falsa demonstratio 327 142
    2. Auslegung und Form 328 142
    3. Die Auslegung automatisierter Willenserklärungen 332 145

§ 25 Konkludente und stillschweigende Willenserklärungen; Schweigen 333 146
- I. Übersicht 333 146
- II. Die konkludente Willenserklärung. 334 147
- III. Die ergänzende Auslegung 338 148
    1. Ergänzung der Erklärung 339 148
    2. Ergänzung des Willens 340 148
- IV. Das Schweigen. 345 151
    1. Schweigen mit Erklärungsbedeutung. 346 151
    2. Andere Bedeutungen des Schweigens 349 152
    3. Rechtliche Behandlung des Schweigens 352 152

3. Abschnitt
Zustandekommen und Inhalt von Verträgen

§ 26 Antrag und Annahme 356 153
- I. Grundlagen 356 154
- II. Der Antrag. 358 154
    1. Antrag und vorbereitende Erklärungen 358 154
    2. Die Bindung an den Antrag 364 159
    3. Die Bindungsfrist 370 162
    4. Das Erlöschen des Antrags 372 164
    5. Abtretbarkeit des Antrags. 379 166
- III. Die Annahme 380 166
    1. Der Regelfall. 380 166
    2. Die Annahme nach § 151. .... 382 167
    3. Die Annahme durch Untätigkeit 387 168

§ 27 Die Einbeziehung Allgemeiner Geschäftsbedingungen 394 172
- I. Typen des Vertragsschlusses 394 173
    1. Die Mannigfaltigkeit der Abschlusstechniken 394 173

	Rdnr.	Seite
2. Insbesondere die Verwendung Allgemeiner Geschäftsbedingungen	395	173
II. Die Wege zur Regelung der AGB-Problematik	398	175
1. Die Rechtsprechung	399	175
2. Das AGB-Gesetz	401	176
III. Die AGB beim Vertragsschluss	403	177
1. Die Begriffsbestimmung	403	177
2. Hinweis und Möglichkeit zur Kenntnisnahme	408	182
3. Ausnahmen	414	184
4. Überraschende Klauseln	415	184
5. Irrtumsanfechtung?	418	186

§ 28 Andere Sonderregeln für Allgemeine Geschäftsbedingungen ... 421 187
    I. Der Vorrang der Individualabrede ... 421 187
    II. Die Unklarheitenregel ... 426 189
    III. Inhaltskontrolle ... 429a 190

§ 29 Konsens und Dissens ... 430 193
    I. Die Notwendigkeit der Einigung ... 430 194
    II. Umfang der Einigungsnotwendigkeit ... 431 194
    III. Der Dissens ... 434 195
        1. Die gesetzliche Regelung, §§ 154 I, 155 BGB ... 434 195
        2. Gesetzlich nicht geregelte Fragen ... 438 196
    IV. Das kaufmännische Bestätigungsschreiben ... 440 198
        1. Funktion ... 440 198
        2. Anwendungsbereich ... 441 198
        3. Die Bedeutung des Schweigens ... 442 199

§ 30 Pflichten bei Vertragsverhandlungen ... 444 200
    I. Das Verschulden bei Vertragsverhandlungen (Vertragsanbahnung) ... 444 201
    II. Einzelne Pflichten ... 446 202
        1. Sorge für Körper und Eigentum des Vertragspartners ... 446 202
        2. Schutz vor „schlechten" Verträgen ... 447 202
        3. Schutz beim Scheitern der Vertragsverhandlungen ... 451 204
        4. Der Verpflichtete ... 456 206

§ 31 Vertragsgestaltung ... 457 206
    I. Die Streitvermeidung durch Rechtsgeschäft ... 457 207
    II. Vernachlässigung in der Ausbildung ... 460 208
    III. Hinweise zur Gestaltung ... 465 209

§ 32 Die Gerechtigkeitsgewähr bei Verträgen: Probleme und Lösungsmöglichkeiten ... 472 211
    I. Das Problem ... 472 212
    II. Einwirkungsmöglichkeiten auf den vertraglichen Ausgleich ... 473 212
    III. Traditionelle Prinzipien der Vertragsgerechtigkeit ... 478 214
    IV. Das Allgemeine GleichbehandlungsG ... 479a 215

Rdnr. Seite

4. Abschnitt
Wirksamkeitserfordernisse und -hindernisse bei Rechtsgeschäften

§ 33 Übersicht 480 217
  I. Grenzen der Privatautonomie 480 217
  II. Randprobleme 486 218

§ 34 Arten der Unwirksamkeit 487 219
  I. Nichtigkeit und Anfechtbarkeit 487 219
  II. Die schwebende Unwirksamkeit oder Wirksamkeit 490 220
  III. Relative Unwirksamkeit 493 221
  IV. Rücktritt, Kündigung, Widerruf 494 222

§ 35 Insbesondere die Teilunwirksamkeit 497 222
  I. Die Problematik 497 223
  II. Die Regelung in § 139 .... 501 224
    1. Die Geschäftseinheit 501 224
    2. Die Teilbarkeit des Geschäfts 505 225
    3. Gesamt- oder Teilnichtigkeit 507 226
  III. Andere Lösungsmöglichkeiten 511 227
    1. Vereinbarungen 512 228
    2. § 306 .... 513 228
    3. Andere Fälle 515 230

§ 36 Die Umdeutung (Konversion) 516 230
  I. Zweck 516 231
  II. Voraussetzungen 517 231
    1. Nichtiges Rechtsgeschäft 517 231
    2. Das Ersatzgeschäft 519 231
    3. Beschränkung der Umdeutung durch den Normzweck 522 233
  III. Anwendungsfälle 524 234
    1. Kündigung 524 234
    2. Sicherungsrechte 526 235
    3. Wertsicherungsklauseln 527 235
    4. Geschäfte von Todes wegen und unter Lebenden 528 236

§ 37 Die Bestätigung 529 237
  I. Allgemeines 529 237
  II. Die Bestätigung des nichtigen Geschäfts (§ 141) 532 238
  III. Die Bestätigung des anfechtbaren Geschäfts (§ 144) .. 534 238

§ 38 Die Fähigkeit zur Willensbildung (Geschäftsfähigkeit) .. 535 239
  I. Mängel der Geschäftsfähigkeit 536 240
    1. Altersstufen 537 240
    2. Geistige Schwächen 539 240
    3. Die Betreuung 548 243
  II. Rechtsfolgen 551 244

	Rdnr.	Seite

1. Unwirksamkeit von Rechtsgeschäften 551 244
2. Die Risikoverteilung 552 244

§ 39 Probleme der beschränkten Geschäftsfähigkeit. 556 246
    I. Übersicht 556 246
    II. Geschäfte ohne rechtlichen Nachteil 560 247
        1. Der rechtliche Vorteil 560 247
        2. Neutrale Geschäfte 567 251
    III. Das Handeln mit Genehmigung des gesetzlichen Vertreters ... 569 252
        1. Ausgangspunkt 569 252
        2. Die Genehmigung bei Verträgen 571 252
        3. Irrtümer bei der Genehmigung 575 253
    IV. Das Handeln mit Einwilligung des gesetzlichen Vertreters 576 254
        1. Allgemeine Regeln 576 254
        2. Die Einzeleinwilligung 577 255
        3. Die Generaleinwilligung 578 255
        4. Die Einwilligung durch Überlassen von Mitteln 579 255
        5. Die Generalermächtigungen nach §§ 112, 113 .... 583 256
    V. Beschränkt Geschäftsfähige in einer Personengesellschaft 587 258

§ 40 Die Willensvorbehalte und das Erklärungsbewusstsein 591 259
    I. Die Typik der Willensvorbehalte 591 260
        1. Gemeinsames 591 260
        2. Unterschiede 592 260
    II. Einzelfragen zu den Willensvorbehalten 597 263
        1. Die Mentalreservation in guter Absicht 597 263
        2. Der Drittschutz beim Scheingeschäft 598 263
        3. Treuhand, Strohmanngeschäft und Scheingeschäft 601 264
        4. Der erkanntermaßen ernstgenommene Scherz 604 265
    III. Das Erklärungsbewusstsein 605 266
        1. Fälle des fehlenden Erklärungsbewusstseins 605 266
        2. Die rechtliche Behandlung 607 266

§ 41 Der Verstoß gegen gesetzliche Formvorschriften 609 268
    I. Die gesetzlichen Formvorschriften 609 269
        1. Standort und Häufigkeit 610 269
        2. Formzwecke 612 270
    II. Die Formarten 616 271
        1. Im Allgemeinen Teil 616 271
        2. Vorschriften außerhalb des Allgemeinen Teils 624 274
    III. Folgen des Formmangels 626 275
        1. Sondervorschriften 626 275
        2. Die regelmäßige Nichtigkeit 627 275
        3. Billigkeitskorrekturen 628 275

§ 42 Der Verstoß gegen vereinbarte Formgebote 636 279
    I. Die Vereinbarung von Formgeboten 636 279

	Rdnr.	Seite
1. Vorkommen	636	279
2. Die vereinbarte Schriftform	638	280
II. Folgen des Formmangels	639	280
1. Unvollendeter Vertragsabschluss und Nichtigkeit	639	280
2. Die Aufhebung der Formvereinbarung	641	281
§ 43 Der Verstoß gegen Verbotsgesetze	644	282
I. Anwendungsbereich und Funktion des § 134	644	282
II. Die Auslegung der Verbotsgesetze	647	283
1. Die Widerspruchsfreiheit der Rechtsordnung	647	283
2. Die Entwicklung der Rechtslage infolge der Ausführung des Geschäfts	648	283
3. Andere Erwägungen bei der Auslegung von Verbotsgesetzen	653	285
4. Ausländische Verbotsgesetze	658	287
III. Bereicherungsrechtliche Fragen	659	287
§ 44 Das Problem der Gesetzesumgehung	660	289
I. Gesetzesumgehung und Gesetzesauslegung	660	289
II. Gesetzliche Erwähnungen der Gesetzesumgehung	661	290
1. Zivilrecht	661	290
2. Steuerrecht	662	290
§ 45 Der Verstoß gegen Verfügungsverbote	663	291
I. Die Probleme der §§ 135 bis 137 BGB	663	291
II. Gesetzliche und behördliche Veräußerungsverbote	664	292
1. Verfügungs- und Erwerbsverbote	664	292
2. Abgrenzung der relativen Verfügungsverbote	666	293
3. Behördliche Verfügungsverbote	672	294
III. Rechtsgeschäftliche Verfügungsverbote	675	294
1. Die dingliche Unwirksamkeit	675	294
2. Die obligatorische Wirksamkeit	677	295
3. Der Zweck des § 137	678	296
§ 46 Der Verstoß gegen die guten Sitten	679	296
I. Funktion des § 138	679	297
II. Die „guten Sitten"	681	298
1. Vorkommen	681	298
2. Das „Anstandsgefühl aller billig und gerecht Denkenden"	682	298
3. Andere Formulierungen	683	299
4. Fallgruppenbildung	684	299
III. Allgemeine Regeln	685	300
1. Der Gegenstand des Sittenwidrigkeitsurteils	685	300
2. Das Erfordernis der Kenntnis	689	301
3. Der Zeitpunkt des Sittenwidrigkeitsurteils	691	302
4. Einwirkungen der Grundrechte	693	302

	Rdnr.	Seite
IV. Einzelne Fallgruppen	695	303
1. Kreditsicherung	696	303
2. Verletzungen von Standesregeln	700	305
3. Andere Fallgruppen	701	306
V. Insbesondere der Wucher, § 138 II	707	310
1. Das Missverhältnis	707	311
2. Das zusätzliche Tatbestandsmerkmal	710	313
VI. Die Rückabwicklung sittenwidriger Geschäfte	712	315

5. Abschnitt
Das anfechtbare Rechtsgeschäft

	Rdnr.	Seite
§ 47 Anfechtbarkeit und Anfechtung	714	317
I. Das Anfechtungsrecht	714	317
II. Die Anfechtung	717	318
1. Inhalt und Form	717	318
2. Anfechtungsgegner	718	318
3. Anfechtungsfrist	722	319
4. Begründung der Anfechtung	723	320
5. Bedingung und Befristung	725	320
III. Die Anfechtungswirkungen	726	321
1. Vernichtung inter partes	726	321
2. Wirkung auf Dritte	727	321
3. Anfechtung nichtiger Rechtsgeschäfte	728	321
4. Schadensersatzpflichten	731	322
IV. Die Bestätigung	732	323
V. Abgrenzungen	733	323
§ 48 Die Anfechtbarkeit wegen Irrtums	737	324
I. Die Problematik und der Lösungsansatz des BGB	737	324
1. Privatautonomie und Verantwortung	737	324
2. Der Standpunkt des BGB	738	325
II. Die Irrtumskategorien	744	326
1. Motivirrtum	744	326
2. Inhalts- (Bedeutungs)irrtum	745	327
3. Erklärungsirrtum (Irrung)	746	328
4. Übermittlungsirrtum	747	328
5. Empfängerirrtum	749	329
III. Irrtümer mit zweifelhafter Einordnung	750	329
1. Rechtsfolgeirrtum	750	329
2. Der „Unterschriftsirrtum"	752	331
3. Der Kalkulationsirrtum	757	332
4. Identitäts- und Eigenschaftsirrtum	763	334
IV. Weitere Anfechtungsvoraussetzungen	773	337
1. „Vernünftige" Kausalität	773	337
2. Anfechtungsfrist, § 121	774	337

	Rdnr.	Seite
3. Konkurrenzfragen.	775	338
4. Riskante Geschäfte.	780	339
5. Die Beschränkung auf das Gewollte	781	339
6. Der Ausschluss der Irrtumsanfechtung in Dauerrechtsverhältnissen	782	340
V. Die Ersatzpflicht des Anfechtenden nach § 122	783	340
§ 49 Die Anfechtbarkeit wegen arglistiger Täuschung.	**787**	**341**
I. Die Anfechtungsvoraussetzungen im Allgemeinen	788	342
II. Einzelheiten zur Täuschung.	791	343
1. Unwahre Angaben ohne Täuschungscharakter	792	343
2. Täuschung ohne falsche Angaben	795	345
III. Die Person des Täuschenden.	800	347
IV. Einzelheiten	804	349
1. Kausalität	804	349
2. Frist.	805	349
3. Schadensersatzansprüche.	808	351
4. Konkurrenzfragen.	809	351
§ 50 Die Anfechtbarkeit wegen widerrechtlicher Drohung.	**813**	**352**
I. Die Drohung	814	352
II. Die Widerrechtlichkeit.	815	353
1. Mittel, Zweck und Relation.	815	353
2. Rechtswidrigkeit und Irrtum.	820	355
III. Einzelheiten zur Anfechtung.	821	356
1. Frist.	821	356
2. Schadensersatzansprüche.	822	356

6. Abschnitt
Ungewissheiten und Planungsfehler

	Rdnr.	Seite
§ 51 Die Problematik	**823**	**357**
I. Gesetzliche Regeln.	823	357
II. Möglichkeiten rechtsgeschäftlicher Gestaltung	824	357
III. Ursprünglich nicht geregelte Planungsfehler	826	358
§ 52 Bedingung und Befristung	**827**	**359**
I. Die Bedingung.	827	359
1. Arten und Abgrenzung	827	359
2. Die Entscheidung über die Bedingung	833	361
3. Die Folgen des Bedingungseintritts.	839	363
4. Die Schwebezeit	841	364
II. Die Befristung.	844	366
III. Unzulässigkeit von Bedingung und Befristung.	846	366
1. Gesetzlich geregelte Unzulässigkeit.	846	366
2. Dem Gesetzeszweck widersprechende Bedingungen oder Befristungen.	851	368

	Rdnr.	Seite

       3. Rechtsfolgen unzulässiger Bedingungen und Befristungen 853 369
  IV. Exkurs: Die Berechnung von Fristen und Terminen 854 370

§ 53 Mängel der Geschäftsgrundlage 857 371
  I. Die Problematik 857 372
       1. Die Notwendigkeit einer Lehre von der Geschäftsgrundlage 857 372
       2. Die Notwendigkeit einer Abgrenzung 858 373
  II. Fallgruppenbildung 859 374
       1. Große und kleine Geschäftsgrundlage 859 374
       2. Objektive und subjektive Geschäftsgrundlage 860 375
       3. Wegfall und Fehlen der Geschäftsgrundlage 861 375
  III. Die Ermittlung der Geschäftsgrundlage 862 375
       1. Abgrenzung gegenüber dem Geschäftsinhalt 862 376
       2. Abgrenzung gegenüber dem Unerheblichen 865 377
       3. Abgrenzung gegenüber Spezialregelungen 873 379
       4. Definition durch die Rechtsprechung .... 876 a 381
  IV. Rechtsfolgen der Grundlagenstörung 877 382
       1. Übermäßige Richtermacht? 877 382
       2. Anpassung und Unwirksamkeit 877 382

7. Abschnitt
Die Stellvertretung

§ 54 Die Zurechnung von Willenserklärungen nach § 164 BGB und die Abgrenzung von anderen Zurechnungsnormen 881 384
  I. Die Problematik 881 384
  II. Die Zurechnungsnormen 882 384
       1. Stellvertretung 882 384
       2. Botenschaft 885 385
       3. Erfüllungsgehilfen 889 387
       4. Verrichtungsgehilfen 892 388
       5. Organe 894 388
       6. Besitzdiener 895 389
       7. Andere Zurechnungsnormen 896 389

§ 55 Die erweiterte Zurechnung nach § 166 BGB 898 390
  I. Das Prinzip 898 391
  II. Die Begründung des § 166 BGB 899 391
  III. Die Ausnahme nach § 166 Abs. 2 BGB 901 392
  IV. Entsprechende Anwendung von § 166 BGB 903 393
       1. Eigentümer-Besitzer-Verhältnis 903 393
       2. Überbau 904 394
  V. Weitere Fragen der Wissenszurechnung 904a 395
       1. Gedächtnis- und Aktenwissen 904a 395

		Rdnr.	Seite
2. Die Wissenszurechnung bei juristischen Personen		904c	395
3. Wissensvertreter		904a	396

§ 56 Die Offenlegung der Stellvertretung ... 905 397
    I. Abgrenzungen ... 906 397
        1. Handeln unter falscher Namensangabe ... 907 397
        2. Handeln unter fremdem Namen ... 908 398
        3. Auftreten in fremdem Zuständigkeitsbereich ... 909 399
    II. Insbesondere die Ausfüllung eines Blanketts ... 910 400
        1. Der Lebenssachverhalt ... 910 400
        2. Die abredewidrige Vervollständigung ... 913 401
    III. Einzelheiten zur Offenlegung ... 915 402
        1. Arten ... 915 402
        2. Geschäfte mit dem Inhaber eines Gewerbebetriebs ... 917 402
        3. Die Bedeutung des § 164 II ... 919 403
        4. Das Geschäft für den, den es angeht ... 920 403

§ 57 Die Vertretungsmacht ... 923 404
    I. Gründe der Vertretungsmacht ... 923 405
    II. Die Vollmacht ... 927 406
        1. Erteilung ... 927 406
        2. Insbesondere die Duldungsvollmacht ... 930 408
        3. Umfang der Vertretungsmacht ... 931 408
        4. Erlöschen der Vollmacht ... 937 410
        5. Die fehlerhafte Mitteilung über die Innenvollmacht ... 946 413
        6. Die „Abstraktheit" der Vollmacht ... 949 414
        7. Die Untervollmacht ... 950 415
    III. Die gesetzliche Vertretungsmacht ... 952 416
    IV. Grenzen der Vertretungsmacht ... 953 416
        1. Das Insichgeschäft, § 181 ... 953 417
        2. Besondere gesetzliche Einschränkungen der Befugnisse des Vertreters ... 964 420
        3. Der Missbrauch der Vertretungsmacht ... 965 420

§ 58 Vertretungsmacht und Pflichtverletzung ... 969 422
    I. Haftung des Vertretenen für eigene Pflichtverletzung (Das Problem der Anscheinsvollmacht) ... 969 422
    II. Die Haftung des Vertretenen für den Vertreter ... 973 424

§ 59 Die Stellung des Vertreters ohne Vertretungsmacht ... 975 425
    I. Die Genehmigungsbefugnis des Vertretenen ... 975 425
        1. Verträge ... 976 426
        2. Einseitige Rechtsgeschäfte ... 980 427
    II. Die Haftung des Vertreters ... 984 428
        1. Die Haftung des Vertreters, der den Mangel seiner Vertretungsmacht gekannt hat (§ 179 I) ... 985 429
        2. Die Haftung des hinsichtlich der Vertretungsmacht redlichen Vertreters (§ 179 II) ... 989 430

	Rdnr.	Seite
3. Die Verjährung.	990	430
4. Ausschluss von Ansprüchen.	992	431
5. Die Haftung des Untervertreters.	996	432
III. Entsprechende Anwendung der §§ 177 – 180.	997	432

8. Abschnitt
Rechtsgeschäft und Zuständigkeit

	Rdnr.	Seite
§ 60 Funktion und Anwendungsbereich der Zustimmung	998	433
I. Die Zuständigkeit beim Rechtsgeschäft	998	433
1. Verpflichtungen	999	433
2. Berechtigungen.	1000	434
3. Verfügungen.	1001	434
II. Der Anwendungsbereich der Zustimmung	1002	434
1. Unzuständigkeit des Handelnden	1003	435
2. Mitzuständigkeit eines Dritten.	1010	437
3. Zuständigkeit zur Aufsicht.	1012	437
§ 61 Einzelheiten zur Zustimmung.	1013	438
I. Die Terminologie	1013	438
II. Gemeinsame Regeln	1015	439
III. Die Einwilligung.	1019	440
IV. Die Genehmigung	1023	441
V. Die Vorschriften für Verfügungen in § 185	1030	444

Vierter Teil
Die Rechtssubjekte

	Rdnr.	Seite
§ 62 Übersicht	1036	447
I. Das Personenrecht im BGB	1036	447
II. Die Systematik der §§ 1 – 89 BGB.	1037	448
§ 63 Die Rechtsfähigkeit des Menschen	1039	449
I. Begriff und Abgrenzung der Rechtsfähigkeit	1039	449
1. Die Definition.	1039	449
2. Rechtsfähigkeit und Handlungsfähigkeit	1041	449
3. Rechtsfähigkeit und Parteifähigkeit	1042	450
II. Beginn der Rechtsfähigkeit und Grenzfragen	1043	450
1. Vollendung der Geburt.	1043	450
2. Die Leibesfrucht.	1045	451
3. Die „vorgeburtliche Schädigung"	1049	452
III. Ende der Rechtsfähigkeit	1051	453
1. Der Tod.	1051	453
2. Todeserklärung nach Verschollenheit	1053	454

	Rdnr.	Seite
§ 64 Andere rechtliche Attribute des Menschen	1056	455
I. Übersicht	1056	455
II. Der Wohnsitz	1057	455
III. Der Namen	1063	456
1. Übersicht zum Namensrecht	1063	457
2. Die Verletzung des Namensrechts	1067	458
3. Die Ansprüche aus § 12	1071	459
IV. Persönlichkeitsrechte	1072	460
1. Besondere Persönlichkeitsrechte	1072	460
2. Allgemeines Persönlichkeitsrecht	1076	461
§ 65 Die juristische Person	1084	465
I. Die Funktionen der juristischen Person	1085	466
1. Erleichterung der Teilnahme am Rechtsverkehr	1085	466
2. Haftungsbegrenzung	1087	467
II. Der Erwerb der Rechtsfähigkeit	1088	467
1. Konzessionssystem	1089	467
2. Normativsystem	1090	468
III. Arten der juristischen Person	1090	468
1. Privatrecht und öffentliches Recht	1090	468
2. Personenvereinigung und Zweckvermögen	1095	468
3. Körperschaften und Personengesellschaften	1096	469
IV. Die Rechtsfähigkeit und andere Eigenschaften der juristischen Person	1099	470
1. Beschränkte Rechtsfähigkeit?	1099	470
2. Andere Eigenschaften	1102	472
V. Theorien der juristischen Person	1104	472
VI. Nichtbeachtung der juristischen Person?	1105	473
§ 66 Insbesondere der rechtsfähige Verein	1107	474
I. Die Erlangung der Rechtsfähigkeit	1108	475
1. Wirtschaftliche und ideale Bestätigung	1109	475
2. Der Vorverein	1113	477
II. Die Mitgliedschaft	1114	477
1. Erwerb	1114	477
2. Mögliche Mitglieder	1115	478
3. Inhalt der Mitgliedschaft	1116	479
4. Ende der Mitgliedschaft	1119	479
III. Willensbildung und Willensäußerung des Vereins	1125	482
1. Die interne Willensbildung	1125	482
2. Die Vertretung nach außen	1130	484
IV. Haftungsfragen	1134	485
1. Vertretungsmacht und Haftung	1134	485
2. Die Regelung in § 31	1138	486
3. Haftung für Organisationsmängel	1140	486
4. Haftung gegenüber den Mitgliedern	1140 a	487

	Rdnr.	Seite
5. Haftung der Organpersonen gegenüber dem Verein	1140 a	487
6. Haftung der Mitglieder gegenüber den Vereinsgläubigern	1140 c	488
§ 67 Exkurs: Der nicht rechtsfähige Verein	1141	488
I. Die privatrechtliche Regelung und ihre Problematik	1141	489
1. Die Regelung im BGB	1141	489
2. Der Grund der Regelung	1142	489
3. Das Versagen der Regelung	1143	490
II. Die wirkliche Rechtslage	1144	490
1. Die Parteifähigkeit	1144	490
2. Die Rechtsfähigkeit	1148	492
3. Die nichtrechtsgeschäftliche Haftung	1157	494
4. Andere Fragen	1158	494
§ 68 Insbesondere die rechtsfähige Stiftung	1160	495
I. Die Funktion der Stiftung	1160	496
II. Das Stiftungsgeschäft	1165	497
III. Die Stiftung in Funktion	1168	498
1. Die Verwaltung	1168	498
2. Die Begünstigten	1169	498
3. Stiftung und Unternehmen	1170	498

Fünfter Teil

Die Rechtsobjekte

	Rdnr.	Seite
§ 69 Sachen	1174	501
1. Der Sachbegriff	1174	502
I. Vertretbare und verbrauchbare Sachen	1179	504
II. Die Einheit der Sache	1183	505
1. Die Funktion der §§ 93 ff.	1183	505
2. Der wesentliche Bestandteil	1187	505
3. Sonderregeln für Grundstücksbestandteile	1190	507
4. Einfache Bestandteile	1195	509
III. Das Zubehör	1196	509
1. Die Funktion des Zubehörbegriffs	1196	509
2. Die Abgrenzung des Zubehörs	1197	510
IV. Vermögen und Teilvermögen	1198	510
§ 70 Nutzungen, Kosten und Lasten	1201	511
I. Nutzungen	1201	511
II. Verteilungsfragen	1209	513
Gesetzesregister		515
Sachregister		529

Abkürzungen

a.A.	andere(r) Ansicht
ABGB	(Österreichisches) Allgemeines Bürgerliches Gesetzbuch
abl.	ablehnend
Abs.	Absatz
AcP	Archiv für die civilistische Praxis
ADHGB	Allgemeines Deutsches Handelsgesetzbuch
a.E.	am Ende
a.F.	alter Fassung
AG	Aktiengesellschaft; bei Entscheidungszitaten Amtsgericht
AGB	Allgemeine Geschäftsbedingungen
AGBG	Gesetz zur Regelung des Rechts der Allgemeinen Geschäftsbedingungen
AGG	Allgemeines Gleichbehandlungsgesetz
AktG	Aktiengesetz
allgem. M.	allgemeine Meinung
AnfG	Gesetz, betreffend die Anfechtung von Rechtshandlungen eines Schuldners außerhalb des Insolvenzverfahrens
Anm.	Anmerkung
AO	Abgabenordnung
AP	Arbeitsrechtliche Praxis (Entscheidungssammlung)
ArbGG	Arbeitsgerichtsgesetz
Art., art.	Artikel
AT	Allgemeiner Teil
Aufl.	Auflage
BAföG	Bundesgesetz über individuelle Förderung der Ausbildung
BAG(E)	Bundesarbeitsgericht (Entscheidungssammlung)
Baur/Stürner SaR	*Fritz Baur*, Lehrbuch des Sachenrechts, fortgeführt von *Jürgen F. Baur* und *Rolf Stürner* (18. Aufl. 2009)
BayObLG(Z)	Bayerisches Oberstes Landesgericht in Zivilsachen (auch Sammlung seiner Entscheidungen)
BDSG	Bundesdatenschutzgesetz
Beck'sches Formularbuch	*Beck'sches* Formularbuch zum Bürgerlichen, Handels- und Wirtschaftsrecht, herausgegeben von *Hoffmann-Becking* und *Rawert* (10. Aufl. 2010)
bestr.	bestritten
BetrVerfG	Betriebsverfassungsgesetz
BeurkG	Beurkundungsgesetz
BFH	Bundesfinanzhof
BGB	Bürgerliches Gesetzbuch
BGB-RGRKomm-*Bearbeiter*	Das Bürgerliche Gesetzbuch mit besonderer Berücksichtigung der Rechtsprechung des RG und des BGH, Kommentar herausgegeben von Mitgliedern des BGH (12. Aufl. 1974 ff.)
BGBl.	Bundesgesetzblatt
BGH	Bundesgerichtshof
BGHZ	Entscheidungen des Bundesgerichtshofes in Zivilsachen
Bitter	*Georg Bitter*, BGB Allgemeiner Teil (2. Aufl. 2013)

Abkürzungen

BMJ-Gutachten	Gutachten und Vorschläge zur Überarbeitung des Schuldrechts, herausgegeben vom Bundesminister der Justiz, I, II (1981), III (1983)
BNotO	Bundesnotarordnung
Boecken	*Winfried Boecken*, BGB – Allgemeiner Teil (2. Aufl. 2012)
Boemke/Ulrici	*Burkhard Boemke/Bernhard Ulrici*, BGB Allgemeiner Teil (2. Aufl. 2014)
Bork	*Reinhard Bork*, Allgemeiner Teil des Bürgerlichen Gesetzbuchs (4. Aufl. 2016)
BRAO	Bundesrechtsanwaltsordnung
Brehm	*Wolfgang Brehm*, Allgemeiner Teil des BGB (6. Aufl. 2008)
Brox/Walker AT	*Hans Brox/Wolf-Dietrich Walker*, Allgemeiner Teil des BGB (40. Aufl. 2016)
BSG	Bundessozialgericht
BVerfG(E)	Bundesverfassungsgericht (Entscheidungssammlung)
BVerwG	Bundesverwaltungsgericht
Canaris HaR	*Claus-Wilhelm Canaris*, Handelsrecht (24. Aufl. 2006)
c.i.c.	culpa in contrahendo
COM	Commission
DAR	Deutsches Autorecht (Zeitschrift)
DB	Der Betrieb (Zeitschrift)
ders.	derselbe
dies.	dieselbe(n)
Dig.	Digesten
Diss.	Dissertation
DJT	Deutscher Juristentag
DNotZ	Deutsche Notar-Zeitschrift
DRiZ	Deutsche Richterzeitung
DStR	Deutsches Steuerrecht (Zeitschrift)
DVBl.	Deutsches Verwaltungsblatt
E	Entwurf, insbesondere die Entwürfe zum BGB
edg.	endgültig
EG	Einführungsgesetz
EKG	Einheitliches Gesetz über den internationalen Kauf beweglicher Sachen
ErbbauVO	Verordnung über das Erbbaurecht
ErbStG	Erbschaftsteuer- und Schenkungsteuergesetz
Esser/Eike Schmidt	*Josef Esser/Eike Schmidt*, Schuldrecht I, Allgemeiner Teil (8. Aufl. 1995/2000)
EStG	Einkommensteuergesetz
EuGH	Europäischer Gerichtshof
f. (ff.)	folgende (mehrere folgende)
FamRZ	Familienrechtszeitschrift
Faust	*Florian Faust*, Bürgerliches Gesetzbuch Allgemeiner Teil (5. Aufl. 2016)
FG	Festgabe
FGG	Gesetz über die Angelegenheiten der freiwilligen Gerichtsbarkeit
Fikentscher/ Heinemann SchuldR	*Wolfgang Fikentscher/Andreas Heinemann*, Schuldrecht (10. Aufl. 2006)
Flume AT I 1, I 2, II	*Werner Flume*, Allgemeiner Teil des Bürgerlichen Rechts I 1: Die Personengesellschaft (1977); I 2: Die juristische Person (1983); II: Das Rechtsgeschäft (3. Aufl. 1979, unveränderter Nachdruck 1992)
Fn.	Fußnote

FPR	Familie – Partnerschaft – Recht (Zeitschrift)
FS	Festschrift
G	Gesetz
GA	*Goltdammers* Archiv für Strafrecht
GBO	Grundbuchordnung
GEK	Gemeinsames Europäisches Kaufrecht
Gernhuber/ Coester-Waltjen FamR	*Joachim Gernhuber/Dagmar Coester-Waltjen*, Lehrbuch des Familienrechts (6. Aufl. 2010)
GewO	Gewerbeordnung
GG	Grundgesetz
GmbH	Gesellschaft mit beschränkter Haftung
GmbHG	Gesetz betreffend die Gesellschaften mit beschränkter Haftung
Grigoleit/ Herresthal	*Hans Christoph Grigoleit/Carsten Herresthal*, BGB Allgemeiner Teil (3. Aufl. 2015)
Gruch.	Beiträge zur Erläuterung des Deutschen Rechts, begründet von *Gruchot*
Grunewald BürgR	*Barbara Grunewald*, Bürgerliches Recht (9. Aufl. 2014)
GrünhZ	Zeitschrift für Privat- und öffentliches Recht der Gegenwart, begründet von *Grünhut*
GRUR	Gewerblicher Rechtsschutz und Urheberrecht (Zeitschrift)
GS	Gedächtnisschrift
GVG	Gerichtsverfassungsgesetz
GWB	Gesetz gegen Wettbewerbsbeschränkungen
HaftpflG	Haftpflichtgesetz
HGB	Handelsgesetzbuch
Hirsch	*Christoph Hirsch*, BGB Allgemeiner Teil (8. Aufl. 2014)
h.L.	herrschende Lehre
h.M.	herrschende Meinung
Hübner	*Heinz Hübner*, Allgemeiner Teil des Bürgerlichen Gesetzbuchs (2. Aufl. 1996)
Hueck/Canaris	*Alfred Hueck/Claus-Wilhelm Canaris*, Recht der Wertpapiere (12. Aufl. 1986)
i.E.	im Ergebnis
IherJb.	*Iherings* Jahrbücher der Dogmatik des bürgerlichen Rechts
InsO	Insolvenzordnung
i.S.d. / i.S.v.	im Sinne des / im Sinne von
i.V.m.	in Verbindung mit
JA	Juristische Arbeitsblätter
Jauernig/Hess ZPR	*Othmar Jauernig/Burkhard Hess*, Zivilprozessrecht (30. Aufl. 2011)
Jb. f. Dogm.	Jahrbücher für die Dogmatik des heutigen römischen und deutschen Privatrechts
JR	Juristische Rundschau
Jura	Juristische Ausbildung (Zeitschrift)
Jura (JK)	Jura-Karteikarte
JurA	Juristische Analysen
JurJb.	Juristenjahrbuch
JuS	Juristische Schulung (Zeitschrift)
JuS-L	JuS-Lernbogen
JW	Juristische Wochenschrift
JZ	JuristenZeitung

Abkürzungen

K&R	Kommunikation und Recht (Zeitschrift)
KG	Kommanditgesellschaft
KGaA	Kommanditgesellschaft auf Aktien
KlauselRL	Richtlinie 93/13/EWG des Rates vom 5. 4. 1993 über missbräuchliche Klauseln in Verbraucherverträgen
KOM	Kommission
Köhler	*Helmut Köhler*, BGB Allgemeiner Teil (39. Aufl. 2015)
krit.	kritisch
KritV	Kritische Vierteljahreswirtschaft für Gesetzgebung und Rechtswissenschaft
KSchG	Kündigungsschutzgesetz
Kübler/Assmann	*Friedrich Kübler/Heinz-Dieter Assmann*, Gesellschaftsrecht (6. Aufl. 2006)
KUG	Gesetz betreffend das Urheberrecht an Werken der bildenden Künste und der Photographie
LAG	Landesarbeitsgericht
Larenz SAT	*Karl Larenz*, Lehrbuch des Schuldrechts I: Allgemeiner Teil (14. Aufl. 1987)
Larenz/Canaris SchuldR II 2	*Karl Larenz/Claus-Wilhelm Canaris*, Schuldrecht II 2 (13. Aufl. 1994)
Leipold	*Dieter Leipold*, BGB I, Einführung und Allgemeiner Teil (8. Aufl. 2015)
Leenen	*Detlef Leenen*, BGB Allgemeiner Teil: Rechtsgeschäftslehre (2. Aufl. 2015)
LG	Landgericht
Lit. / lit.	Literatur / litera
Lit.-Verz.	Literatur-Verzeichnis
LM	Nachschlagewerk des BGH in Zivilsachen, herausgegeben von *Lindenmaier* und *Möhring*
LMK	Kommentierte BGH-Rechtsprechung *Lindenmaier* und *Möhring*
Looschelders SchuldR AT	*Dirk Looschelders*, Schuldrecht Allgemeiner Teil (13. Aufl. 2015)
LuftVG	Luftverkehrsgesetz
MarkenG	Gesetz über den Schutz von Marken und sonstige Kennzeichen v. 25.10.1994
MDR	Monatsschrift für Deutsches Recht
Medicus/Petersen BürgR	*Dieter Medicus/Jens Petersen*, Bürgerliches Recht (25. Aufl. 2015)
Medicus/Lorenz SAT, SBT	*Dieter Medicus/Stephan Lorenz*, Schuldrecht I: Allgemeiner Teil (21. Aufl. 2015); II: Besonderer Teil (17. Aufl. 2014)
MHG	Gesetz zur Regelung der Miethöhe
MittBayNot	Mitteilungen des Bayerischen Notarvereins, der Notarkasse und der Landesnotarkammer Bayern
Mot.	Motive zum BGB
MRK	Menschenrechtskonvention
MünchKomm-*Bearbeiter*	*Franz-Jürgen Säcker/Roland Rixecker/Hartmut Oetker/Bettina Limperg*, Münchener Kommentar zum BGB (Band 1-3, 7. Aufl. 2015 ff.; Band 4-12, 6. Aufl. 2012 ff.)
Mugdan	*Mugdan*, Die gesammten Materialien zum Bürgerlichen Gesetzbuch (1899/1900)
Nachw.	Nachweise
NJW	Neue Juristische Wochenschrift
NJW-RR	NJW-Rechtsprechungsreport

Nr.	Nummer
NVwZ	Neue Zeitschrift für Verwaltungsrecht
NZA	Neue Zeitschrift für Arbeits- und Sozialrecht
NZA-RR	NZA-Rechtsprechungsreport
NZG	Neue Zeitschrift für Gesellschaftsrecht
NZV	Neue Zeitschrift für Verkehrsrecht
OGH(Z)	Oberster Gerichtshof für die britische Zone (Entscheidungssammlung in Zivilsachen)
OHG	Offene Handelsgesellschaft
öJBl	Österreichische Juristische Blätter
ÖJZ	Österreichische Juristenzeitung
OLG	Oberlandesgericht
OVG	Oberverwaltungsgericht
Palandt/*Bearbeiter*	*Otto Palandt*, Bürgerliches Gesetzbuch (75. Aufl. 2016)
PartG	Gesetz über die politischen Parteien
PartGG	Gesetz über Partnerschaftsgesellschaften Angehöriger Freier Berufe v. 25.7.1994
PatG	Patentgesetz
Paul.	Paulus
Paulus	*Christoph G. Paulus*, Zivilprozessrecht (5. Aufl. 2013)
PauschalreiseRL	Richtlinie 90/314/EWG des Rates vom 13. 6. 1990 über Pauschalreisen; Richtlinie (EU) 2015/2302 des Europäischen Parlaments und des Rates vom 25. 11. 2015 über Pauschalreisen und verbundene Reiseleistungen
Pawlowski	*Hans-Martin Pawlowski*, Allgemeiner Teil des Bürgerlichen Gesetzbuchs (7. Aufl. 2003)
PflichtversicherungsG	Gesetz über die Pflichtversicherung für Kraftfahrzeughalter
Prot.	Protokolle zum BGB
PStG	Personenstandsgesetz
RabelsZ	Zeitschrift für ausländisches und internationales Privatrecht, begründet von *Ernst Rabel*
RdA	Recht der Arbeit (Zeitschrift)
Recht	Das Recht (Zeitschrift)
RG(Z)	Reichsgericht (Entscheidungssammlung in Zivilsachen)
RGBl.	Reichsgesetzblatt
Riehm	*Thomas Riehm*, Examinatorium BGB Allgemeiner Teil (2015)
Rspr.	Rechtsprechung
Rüthers/Stadler	*Bernd Rüthers/Astrid Stadler*, Allgemeiner Teil des BGB (18. Aufl. 2014)
RVG	Rechtsanwaltsvergütungsgesetz v. 5. 5. 2004
RW	Rechtswissenschaft – Zeitschrift für rechtswissenschaftliche Forschung
Rz.	Randziffer
S.	Seite; in Gesetzeszitaten Satz
SAE	Sammlung arbeitsrechtlicher Entscheidungen
Sartorius	Verfassungs- und Verwaltungsgesetze der Bundesrepublik Deutschland, begründet von *Carl Sartorius*
SavZ Rom. Abtlg.	Zeitschrift der Savigny-Stiftung für Rechtsgeschichte, Romanistische Abteilung
Schack	*Haimo Schack*, BGB – Allgemeiner Teil (14. Aufl. 2013)
Scherner	*Karl Otto Scherner*, BGB – Allgemeiner Teil (1995)
SchG	Scheckgesetz

Abkürzungen

Schlechtriem/ Schmidt-Kessel SchuldR AT	*Peter Schlechtriem/Martin Schmidt-Kessel*, Schuldrecht Allgemeiner Teil (6. Aufl. 2005)
SchlHAnz	Schleswig-Holsteinische Anzeigen
K. Schmidt HaR	*Karsten Schmidt*, Handelsrecht (6. Aufl. 2014)
Schönfelder	Deutsche Gesetze, begründet von *Heinrich Schönfelder*
SchwarzArbG	Gesetz zur Bekämpfung der Schwarzarbeit und illegalen Beschäftigung
SchweizJurZ	Schweizerische Juristenzeitung
SGB	Sozialgesetzbuch
SMG	Schuldrechtsmodernisierungsgesetz v. 29.11.2001
Staudinger/ Bearbeiter	*J. von Staudingers* Kommentar zum BGB (Angabe der jeweiligen Bearbeitung in Klammern)
StGB	Strafgesetzbuch
StPO	Strafprozessordnung
str.	streitig
StVG	Straßenverkehrsgesetz
StVO	Straßenverkehrs-Ordnung
von Tuhr	*Andreas von Tuhr*, Der Allgemeine Teil des Deutschen Bürgerlichen Rechts (3 Bände 1910-1918, Nachdruck 1957)
u.a.	und andere / unter anderem
UAbs.	Unterabsatz
Ulp.	Ulpian
UrhG	Gesetz über Urheberrecht und verwandte Schutzrechte
UStG	Umsatzsteuergesetz
u.U.	unter Umständen
UWG	Gesetz gegen den unlauteren Wettbewerb
v.	vom
VAG	Gesetz über die Beaufsichtigung der privaten Versicherungsunternehmungen und Bausparkassen
VerbrGKRL	Richtlinie 1999/44/EG des Europäischen Parlaments und des Rates vom 25. 5. 1999 zu bestimmten Aspekten des Verbrauchsgüterkaufs und der Garantien für Verbrauchsgüter
VerbrKrG	Verbraucherkreditgesetz v. 17. 10. 1990
VereinsG	Gesetz zur Regelung des öffentlichen Vereinsrechts v. 5. 8. 1964
VersAusglG	Gesetz über den Versorgungsausgleich
VerschG	Verschollenheitsgesetz
VersR	Versicherungsrecht (Zeitschrift)
VG	Verwaltungsgericht
vgl.	vergleiche
VO	Verordnung
VRRL	Richtlinie 2011/83/EU vom 25. 10. 2011 über die Rechte der Verbraucher
VuR	Verbraucher und Recht (Zeitschrift)
VVG	Gesetz über den Versicherungsvertrag
VwGO	Verwaltungsgerichtsordnung
VwVfG	Verwaltungsverfahrensgesetz
WährG	Erstes Gesetz zur Neuordnung des Geldwesens (Währungsgesetz) v. 20.6.1948
Warn. Rspr.	*Warneyer*, Die Rechtsprechung des RG
WEG	Gesetz über das Wohnungseigentum und das Dauerwohnrecht
Wertenbruch	*Johannes Wertenbruch*, BGB Allgemeiner Teil (3. Aufl. 2014)

Westermann-Bearbeiter SaR	Sachenrecht: begründet von *Harry Westermann*, fortgeführt von *Harm Peter Westermann, Karl- Heinz Gursky, Dieter Eickmann* (7. Aufl. 1998)
WG	Wechselgesetz
WHG	Wasserhaushaltsgesetz
Wiedemann GesR I	*Herbert Wiedemann*, Gesellschaftsrecht I: Grundlagen (1980)
Windbichler	*Christine Windbichler*, Gesellschaftsrecht (23. Aufl. 2013)
WiStG	Wirtschaftsstrafgesetz
WM	Wertpapiermitteilungen
Wohnimmobilien-KreditRL	Richtlinie 2014/17/?U des Europäischen Parlaments und des Rates vom 4. 2. 2014 über Wohnimmobilienkreditverträge für Verbraucher
Wolf/Neuner	*Manfred Wolf/Jörg Neuner*, Allgemeiner Teil des Bürgerlichen Rechts (10. Aufl. 2012)
WRP	Wettbewerb in Recht und Praxis
WRV	Weimarer Reichsverfassung
WuW	Wirtschaft und Wettbewerb
z.B.	zum Beispiel
ZBB	Zeitschrift für Bankrecht und Bankwirtschaft
ZBJV	Zeitschrift des Bernischen Juristenvereins
ZEV	Zeitschrift für Erbrecht und Vermögensnachfolge
ZfA	Zeitschrift für Arbeitsrecht
ZfgG	Zeitschrift für das gesamte Genossenschaftswesen
ZfL	Zeitschrift für Lebensrecht
ZfPW	Zeitschrift für die gesamte Privatrechtswissenschaft
ZfRV	Zeitschrift für Rechtsvergleichung
ZGB	Zivilgesetzbuch (der Schweiz oder der damaligen DDR)
ZGR	Zeitschrift für Unternehmens- und Gesellschaftsrecht
ZHR	Zeitschrift für das gesamte Handelsrecht und Wirtschaftsrecht
ZIP	Zeitschrift für Wirtschaftsrecht (früher: Zeitschrift für die gesamte Insolvenzpraxis; daher die Abkürzung)
Zöllner/Loritz/Hergenröder ArbR	*Wolfgang Zöllner/Karl-Georg Loritz/Curt Wolfgang Hergenröder*, Arbeitsrecht (7. Aufl. 2015)
ZPO	Zivilprozessordnung
ZRP	Zeitschrift für Rechtspolitik
ZStrW	Zeitschrift für die gesamte Strafrechtswissenschaft
ZUM	Zeitschrift für Urheber- und Medienrecht
ZVersWiss	Zeitschrift für die gesamte Versicherungswissenschaft
ZVG	Gesetz über die Zwangsversteigerung und die Zwangsverwaltung
ZZP	Zeitschrift für Zivilprozess

Erster Teil
Einführung

§ 1 Das Privatrecht im Rahmen der Rechtsordnung

Literatur: *S. Arnold*, Vertrag und Verteilung (2014); *ders.*, Zu den Grenzen der Normentheorie, AcP 210 (2010) 285; *Bachmann*, Private Ordnung, Grundlagen ziviler Rechtssetzung (2006); *G. Boehmer*, Grundlagen der bürgerlichen Rechtsordnung I (1950); *F. Bydlinski*, Kriterien und Sinn der Unterscheidung von Privatrecht und öffentlichem Recht, AcP 194 (1994) 319; *ders.*, Die Suche nach der Mitte als Daueraufgabe der Privatrechtswissenschaft, AcP 204 (2004) 309; *Canaris*, Die Bedeutung der iustitia distributiva im deutschen Vertragsrecht (1997); *ders.*, Verfassungs- und europarechtliche Aspekte der Vertragsfreiheit in der Privatrechtsgesellschaft, FS Lerche (1993) 873; *ders.*, Grundrechte und Privatrecht (1999); *Duve*, Verbraucherschutzrecht und Kodifikationsgedanke, Jura 2002, 793; *Ebert*, Pönale Elemente im deutschen Privatrecht (2004); *Fuchs*, Zivilrecht und Sozialrecht (1992); *Götz*, Auf dem Weg zur Rechtseinheit in Europa?, JZ 1994, 265; *Großfeld*, Zivilrecht als Gestaltungsaufgabe (1977, dazu *Rüthers* AcP 178, 1978, 496); *Grünberger*, Personale Gleichheit. Der Grundsatz der Gleichbehandlung im Zivilrecht (2013, dazu *Bachmann* GPR 2015, 10); *Grundmann/Renner*, Vertrag und Dritter – zwischen Privatrecht und Regulierung, JZ 2013, 379; *Haferkamp*, Zur Methodengeschichte unter dem BGB in fünf Systemen, AcP 214 (2014) 60; *J. Hager*, Grundrechte im Privatrecht, JZ 1994, 373; *Henke*, Die Sozialisierung des Rechts, JZ 1980, 369; *Ipsen*, Verfassungsprivatrecht?, JZ 2014, 157; *Jensen*, Traditionsbegründung im deutschen Privatrecht, JZ 2006, 536; *Körber*, Grundfreiheiten und Privatrecht (2004); *Kunig*, Sinn, Stand und Grenzen einer Rechtsgeschäftslehre für das Völkerrecht, Liber Amicorum Leenen (2012) 131; *Kübler*, Über die praktischen Aufgaben zeitgemäßer Privatrechtstheorie (1975); *ders.*, Drittinteressen und öffentliches Wohl als Elemente der Bewertung privater Rechtsverhältnisse, AcP 208 (2008) 141; *Leenen*, Ist das so richtig? – Typen von Defiziten der Zivilrechtsdogmatik, JuS 2008, 577; *Leisner*, Unterscheidung zwischen privatem und öffentlichem Recht, JZ 2006, 869; *Lieder*, Die rechtsgeschäftliche Sukzession – Eine methodenpluralistische Grundlagenuntersuchung zum deutschen Zivilrecht und Zivilprozessrecht (2015); *Looschelders*, Diskriminierung und Schutz vor Diskriminierung im Privatrecht, JZ 2012, 105; *Maultzsch*, Die Konstitutionalisierung des Privatrechts als Entwicklungsprozess, JZ 2012, 1040; *Möslein* (Hrsg.), Private Macht (2016); *Neuner*, Privatrecht und Sozialstaat (1998); *Oechsler*, Gerechtigkeit im modernen Austauschvertrag (1997); *Petersen*, Nutzen und Grenzen steuerrechtlicher Argumente im Zivilrecht, Beiträge für C.-W. Canaris (2002) 113; *ders.*, Von der Interessenjurisprudenz zur Wertungsjurisprudenz (2001); *Podzun*, Wirtschaftsordnung durch Zivilgerichte (2014); *Poelzig*, Normdurchsetzung durch Privatrecht (2012, dazu *G. Wagner* AcP 214, 2014, 602); *L. Raiser*, Grundgesetz und Privatrechtsordnung, Verhandlungen 46. DJT (1967) II B 5; *ders.*, Die Zukunft des Privatrechts (1971); *Repgen*, Die soziale Aufgabe des Privatrechts (2001); *Reymann*, Das Sonderprivatrecht der Handels- und Verbraucherverträge (2009); *Richardi*, Arbeitsrecht und Zivilrecht, ZfA 1974, 3; *Röthel*, Normkonkretisierung im Privatrecht (2004); *Ruffert*, Vorrang der Verfassung und Eigenständigkeit des Privatrechts (2001); *J. Schmidt*, Privatrecht und Gesellschaftsordnung, Rechtstheorie 6 (1975) 33;

Sandrock, Das Privatrecht am Ausgang des 20. Jahrhunderts, JZ 1996, 1; *Schmoeckel*, 100 Jahre BGB, Erbe und Aufgabe, NJW 1996, 1697; *Schmolke*, Grenzen der Selbstbindung im Privatrecht (2014); *Jan Schröder*, 40 Jahre Rechtspolitik im freiheitlichen Rechtsstaat (1989); *R. Stürner*, Der hundertste Geburtstag des BGB – nationale Kodifikation im Greisenalter?, JZ 1996, 741; *ders.*, Die Zivilrechtswissenschaft und ihre Methodik – zu rechtsanwendungsbezogen und zu wenig grundlagenorientiert?, AcP 214 (2014) 7; *H. P. Westermann*, Der Fortschrittsgedanke im Privatrecht, NJW 1997, 1; *ders.*, Drittinteressen und öffentliches Wohl als Elemente der Bewertung privater Rechtsverhältnisse, AcP 208 (2008) 141; *Wielsch*, Grundrechte als Rechtfertigungsgebote im Privatrecht, AcP 213 (2013) 718; *Wilhelmi*, Risikoschutz durch Privatrecht (2009); *Zeuner*, Grundelemente privatrechtlicher Ordnung und sozialistisches Rechtssystem (1991); *Zöllner*, Zivilrechtswissenschaft und Zivilrecht im ausgehenden 20. Jahrhundert, AcP 188 (1988) 85; *ders.*, Die politische Rolle des Privatrechts, JuS 1988, 329; *ders.*, Die Privatrechtsgesellschaft im Gesetzes- und Richterstaat (1996).

1 Das BGB, von dessen Allgemeinem Teil dieses Buch handelt, bildet **den Grundpfeiler des Privatrechts**. Dieses ist vor allem vom öffentlichen Recht abzugrenzen.

I. Öffentliches Recht und Privatrecht

Eine für das deutsche Recht grundlegende Unterscheidung des gesamten Rechtsstoffes ist diejenige in öffentliches Recht und Privatrecht. Sie stammt – freilich mit etwas anderer Bedeutung – schon aus dem römischen Recht (Ulp. D. 1, 1, 1, 2, Text unten Rz. 7).

1. Das Strafrecht

Diese Zweiteilung weist dem Strafrecht, das im Studium regelmäßig als drittes großes Fach auftritt, keine eigene Stelle zu. In der Tat ist das Strafrecht auch bloß ein Teil des öffentlichen Rechts, weil der strafende Staat sogar ganz besonders intensiv hoheitlich auftritt (vgl. unten Rz. 2 bei a). Doch hat innerhalb des öffentlichen Rechts das Strafrecht schon früh eigene Regeln entwickelt, etwa hinsichtlich des Rechtsschutzes: Das Strafrecht trifft eben den Rechtsunterworfenen vor allem durch Freiheitsentzug besonders hart, sodass hier die Notwendigkeit eines wirksamen Rechtsschutzes ganz unzweifelhaft ist. Aus diesem Grund gelten gegen den strafenden Staat besondere Garantien (Art. 103 II, III GG), und das Recht des Strafverfahrens bildet die mit den stärksten Sicherungen ausgestattete Prozessordnung.

Für die folgende Erörterung kann das Strafrecht jedoch beiseitegelassen werden. Denn es unterscheidet sich so deutlich vom Privatrecht, dass keine ernsthaften Abgrenzungsprobleme entstehen[1]. Das gilt sogar für die Vertragsstrafe (§§ 339 ff.), bei der die Strafsumme nicht an den Staat fließt, sondern an den privaten Versprechensempfänger. Fraglich wird die Abgrenzung erst für den „weicheren" Teil des öffentlichen Rechts, nämlich da, wo der Staat fürsorgend auftritt (vgl. unten Rz. 9).

---

1 Doch vgl. *Ebert*, Pönale Elemente im deutschen Privatrecht (2004).

2. Die drei Arten staatlichen Handelns

Man könnte das öffentliche Recht derart vom Privatrecht abgrenzen, dass man auf die Beteiligung der öffentlichen Hand (also insbesondere des Staates) an einem Rechtsverhältnis abstellt: Privatrecht läge dann nur vor, wenn eine solche Beteiligung fehlt. Doch würde damit der Mannigfaltigkeit nicht Rechnung getragen, in der staatliches Handeln vorkommt.

a) Der Staat kann die ihm eigenen Machtmittel einsetzen, also **hoheitlich** handeln. Das tut er am intensivsten im Strafrecht, aber z.B. auch im Polizeirecht oder im Steuerrecht.

b) Der Staat kann auch umgekehrt auf den **Einsatz dieser Machtmittel verzichten**, also z.B. eine von ihm benötigte Schreibmaschine nicht beschlagnahmen, sondern sie wie ein Privatmann kaufen. Diese Art staatlichen Handelns hat in normalen Zeiten große Bedeutung[2]. Fast alle staatlichen Beschaffungen erfolgen so.

c) Zwischen diesen beiden Kategorien liegt eine dritte Art staatlichen Tätigwerdens, die immer häufiger vorkommt: Der Staat setzt zwar keine besonderen Machtmittel ein; er handelt aber andererseits auch nicht wie ein Privatmann. Dabei geht es um die **fürsorgende Tätigkeit** des Staates, etwa bei der Zahlung von Fürsorgeleistungen oder Subventionen oder bei der Bereitstellung von Leistungen der Daseinsvorsorge (z.B. Bau und Unterhaltung von Verkehrswegen, Versorgung mit Energie und Wasser, Beseitigung von Abfällen und Abwasser). Ähnlichkeit hiermit hat auch der verwaltungsrechtliche Vertrag[3].

3. Die Unterschiede des Rechtsweges

Nach § 13 GVG gehören die „**bürgerlichen Rechtsstreitigkeiten**" regelmäßig vor die „ordentlichen Gerichte". Gemeint sind damit Amtsgericht, Landgericht, Oberlandesgericht und der Bundesgerichtshof. Bei arbeitsrechtlichen Streitigkeiten geht es stattdessen um den Instanzenzug vom Arbeitsgericht über das Landesarbeitsgericht zum Bundesarbeitsgericht. Dagegen bestimmt § 40 I VwGO für öffentlich-rechtliche Streitigkeiten regelmäßig (nämlich soweit nicht Verfassungsgerichte oder besondere Verwaltungsgerichte zuständig sind) die Zuständigkeit der allgemeinen Verwaltungsgerichte. Schon aus dieser historisch entstandenen Mehrgleisigkeit des Rechtsweges ergibt sich die Notwendigkeit, zwischen Privatrecht (das in § 13 GVG mit den „bürgerlichen Rechtsstreitigkeiten" gemeint ist) und öffentlichem Recht zu unterscheiden. Doch gehört ein Prozess, an dem allein Privatpersonen beteiligt sind, die auch nicht als beliehene Unternehmer gehandelt haben, allemal vor die ordentlichen Gerichte[4].

Freilich zeigt sich die historische Herkunft des Rechtswegunterschiedes in manchen **Grenzüberschreitungen**. Insbesondere werden durch Art. 14 III 4 GG (Höhe der Enteignungsentschädigung), Art. 34 S. 3 GG (Amtspflichtverletzung) und § 40 II VwGO der ordentlichen Gerichtsbarkeit Gegenstände zugewiesen, die sachlich dem öffentlichen Recht angehören. Auch die Zuständigkeit der ordentlichen Gerichte für das

---

[2] Vgl. *Erichsen/Ebbert* Jura 1994, 373.
[3] Dazu *Krings/Höfling* JuS 2000, 625; *Gurlit* Jura 2001, 659.
[4] BGH NJW 2000, 1042.

Strafrecht (§ 13 GVG) gehört in diesen Zusammenhang: Das alles stammt aus einer Zeit, in der man einen wirksamen Rechtsschutz nur durch die ordentlichen Gerichte erwartete; diese sollten gerade dort zuständig sein, wo Interessen des Landesherrn hereinspielen konnten und daher dessen Pressionen zu befürchten waren.

4. Der sachliche Unterschied

4 Die – überdies nicht einmal konsequent durchgeführte – Unterscheidung der Rechtswege könnte als ein zu überwindendes Relikt angesehen werden, wenn ihr keine sachlichen Unterschiede zwischen beiden Rechtsgebieten entsprächen. Solche Unterschiede gibt es aber in der Tat: Im **Privatrecht** dominiert regelmäßig die **freie**, keinem Begründungszwang unterliegende **Entscheidung**, im öffentlichen Recht dagegen die **gebundene Entscheidung**.

a) Die beiden Hauptstützen der privatrechtlichen Entscheidungsfreiheit sind die **Privatautonomie** und die **Freiheit des Eigentümers**: Die Privatautonomie (zu ihr unten Rz. 174 ff.) gewährt – soweit sie reicht (vgl. unten Rz. 645) – dem Einzelnen die Möglichkeit, seine Rechtsverhältnisse durch Rechtsgeschäft nach seinem Willen zu gestalten. Und die Freiheit des Eigentümers bedeutet die Befugnis, im Rahmen der Gesetze und der Rechte Dritter mit der Sache nach Belieben zu verfahren und Dritte von ihr auszuschließen (§ 903). Über die dazu nötigen Entschlüsse schuldet der Handelnde regelmäßig (jetzt aber mit wichtigen Ausnahmen, vgl. unten Rz. 479 a) niemandem Rechenschaft[5]. Eine rechtliche Kontrolle dieser Entschlüsse auf eine sachgerechte Motivation ist also regelmäßig ausgeschlossen; Abweichendes gilt hauptsächlich in den Ausnahmefällen des Rechtsmissbrauchs (vgl. unten Rz. 129 ff.) und der verbotenen Diskriminierung (vgl. unten Rz. 479 a).

Diese Sätze mögen gerade in den Ohren der jüngeren Generation provozierend nach einem überholten, soziale Bindungen missachtenden Liberalismus klingen. Aber dass diese Einschätzung nicht zutrifft, wird sofort klar, wenn man sich in das Privatrecht einmal einen **Begründungszwang** hineindenkt: Dann müsste etwa die Hausfrau angeben, warum sie ihre Semmeln gerade bei einem bestimmten Bäcker und nicht bei einem der Konkurrenten kauft. Oder der Eigentümer eines Motorrads müsste begründen, warum er dieses zu einer bestimmten Fahrt verwendet (statt zu laufen, öffentliche Verkehrsmittel zu verwenden oder die Fahrt ganz zu unterlassen). Bei Verlöbnis, Ehe und sogar bei nichtehelichen Lebensgemeinschaften endlich würde eine Begründung dafür geschuldet, warum ein bestimmter Partner gewählt und womöglich ein anderer Interessent verschmäht worden ist. Damit diese Begründungen einen Sinn haben, müsste dann auch noch ihre Richtigkeit gerichtlich überprüft werden können: Es müsste etwa der übergangene Konkurrent geltend machen dürfen, er sei aus unsachlichen Gründen nicht berücksichtigt worden. Diese Vorstellung einer vollständigen Überwachung ergibt fürwahr ein Schreckensbild, das mit dem Grundrecht auf freie Persönlichkeitsentfaltung (Art. 2 I GG) unvereinbar wäre.

5 **b)** Anders sieht es dagegen im öffentlichen Recht aus: Hier ist ein großer Teil der zu treffenden Entscheidungen vom Gesetz in allen Einzelheiten vorgeschrieben. So gibt

---

5 Mit den Worten von *Köndgen* AcP 184 (1984) 600, 602: „Die jeweilige Motivation des Privatrechtssubjekts bleibt tabu, und die Folgen seines Tuns muss es allenfalls vor sich selbst verantworten".

es etwa für einen Steuerbescheid oder für die Höhe einer Sozialrente regelmäßig nur einen einzigen zutreffenden Betrag. In anderen Bereichen herrscht zwar eine gewisse Entscheidungsfreiheit, ein Ermessensspielraum. Das gilt etwa bei der Beurteilung eines Bauvorhabens unter ästhetischen Gesichtspunkten oder bei der Entscheidung über eine Straßenführung. Aber dieses Ermessen ist zumindest durch die Diskriminierungsverbote in Art. 3 II, III GG und auch sonst vielfach begrenzt; zudem muss die Ausübung begründet und die Einhaltung der Bindungen kann gerichtlich überprüft werden.

Diese Beschränkung der Entscheidungsfreiheit im öffentlichen Recht hat vor allem zwei sich ergänzende gute Gründe: Erstens ist der Staat mit seinen Machtmitteln dem Einzelnen typischerweise weit überlegen; diese Übermacht wäre unerträglich („totalitärer Staat"), wenn sie nicht durch die Rechtsordnung beschränkt würde. Und zweitens fehlt im öffentlichen Recht – anders als im Privatrecht – regelmäßig die Folgenzurechnung an den Entscheidenden: Der private Eigentümer, der besonders aufwendig baut, muss selbst die Kosten tragen; der Beamte der Baubehörde dagegen, der für ein geplantes Bauvorhaben strenge Anforderungen stellt, belastet mit den Kosten einen fremden Geldbeutel (nämlich zunächst denjenigen des Bauherrn und dann womöglich auch denjenigen künftiger Mieter).

c) Der zuletzt genannte Gesichtspunkt der **Folgenzurechnung (Verantwortung)** ergibt zugleich auch, wo ausnahmsweise die privatrechtliche Entscheidungsfreiheit über den Gesichtspunkt des Rechtsmissbrauchs hinaus begrenzt werden kann: nämlich wo die Entscheidungsfolgen wesentlich auch andere Personen betreffen. Der noch vom Ende des vorigen Jahrhunderts stammende § 903 verlangt das Betroffensein der „Rechte" Dritter. Heute geht man darüber aber noch vielfach hinaus.

6

So lässt vor allem das **Arbeitsrecht** zunehmend schon bloße Interessen Dritter (insbesondere der Arbeitnehmer) genügen, die nicht zu Rechten verfestigt sind. Das wird am deutlichsten im Bereich der von den §§ 74 ff. BetrVerfG geregelten Mitwirkungs- und Mitbestimmungsrechte der Arbeitnehmer: Hier muss der Arbeitgeber seine Entscheidungen mit anderen Personen absprechen und sie dann regelmäßig auch begründen. Ähnlich grenzen die 1980 zwischenzeitlich ins BGB eingefügten §§ 611 a und b die freie Entscheidung des Arbeitgebers ein, indem Benachteiligungen wegen des Geschlechts verboten werden. Das gilt jetzt nach dem AGG noch viel weiter (ausführlicher unten Rz. 479 a).

In etwas anderer Weise geht es um den Schutz bloßer Interessen auch bei den Diskriminierungsverboten der §§ 19, 20 GWB: Hier werden **Wettbewerber** oder andere Unternehmen gegen Behinderungen aus der Ausübung von Marktmacht geschützt.

II. Theorien zur Abgrenzung

1. Der Theorienstand

Zur Abgrenzung zwischen dem öffentlichen und dem Privatrecht gibt es im Wesentlichen die folgenden Theorien:

7

a) Die **Interessentheorie** wird schon im römischen Recht angedeutet (Ulp. Dig. 1,1,1,2: *Publicum ius est quod ad statum rei Romanae spectat, privatum quod ad singulorum utilitatem*). Nach ihr soll über die Zugehörigkeit eines Rechtsverhältnisses oder einer Rechtsnorm zum öffentlichen oder zum Privatrecht entscheiden, ob öffentliche oder private Interessen betroffen sind. Dem steht aber entgegen, dass sich gerade im Sozialstaat beide Interessensphären oft nicht trennen lassen. So dienen etwa die dem Privatrecht zugerechneten Institute Ehe und Wettbewerb wesentlich auch dem öffentlichen Interesse. Umgekehrt geht es beispielsweise bei dem öffentlich-rechtlichen Fürsorgerecht oder beim Straßenbau in erheblicher Weise auch um private Interessen.

8 **b)** Die lange Zeit herrschende **Subjektionstheorie** bezeichnet als wesentliches Kennzeichen des öffentlichen Rechts die Über- und Unterordnung, des Privatrechts dagegen die Gleichordnung. Aber das ist gleichfalls ungenau. Denn einerseits kommen Über- und Unterordnung auch im Privatrecht vor (so zwischen Eltern und ihren minderjährigen Kindern; die Umbenennung von „elterlicher Gewalt" in „elterliche Sorge" hat daran sachlich nicht viel geändert). Und andererseits gibt es Gleichordnungsverhältnisse auch im öffentlichen Recht (so wenn Bundesländer miteinander Vereinbarungen über die gegenseitige Anerkennung ihres Abiturs treffen oder wenn zwei Gemeinden über die Umgemeindung eines Gebietsteils kontrahieren[6].

9 **c)** Heute herrscht die sog. **Subjekttheorie**: Sie nimmt öffentliches Recht an, wenn an dem zu beurteilenden Rechtsverhältnis ein *Träger hoheitlicher Gewalt gerade in dieser Eigenschaft beteiligt* ist. Ähnlich soll nach einer Entscheidung des Gemeinsamen Senats der obersten Gerichtshöfe des Bundes[7] maßgeblich sein, ob die „Beteiligten zueinander in einem hoheitlichen Verhältnis der Über- und Unterordnung stehen und ob sich der Träger hoheitlicher Gewalt der besonderen, ihm zugeordneten Rechtssätze des öffentlichen Rechts bedient oder ob er sich den für jedermann geltenden Regelungen unterstellt". So hat BGHZ 41, 264 Kirmesveranstaltungen einer Gemeinde dem Privatrecht zugeordnet, sodass für die Abwehrklage (§ 1004) der gestörten Nachbarn die Zivilgerichte zuständig waren.

Diese Ansicht vermeidet zwar die gegen die anderen beiden Theorien erhobenen Einwände. Aber das gelingt nur um den Preis, dass letztlich der entscheidende Punkt offenbleibt: Wann wird hoheitliche Gewalt derart ausgeübt, dass sie im Sinn der genannten Definition die Beteiligung des Staates an dem Rechtsverhältnis kennzeichnet? Fraglich muss das im Bereich der fürsorgenden Staatstätigkeit sein (vgl. oben Rz. 2 bei c): Der Staat etwa, der Leistungen nach dem BAföG erbringt, tut gegenständlich nichts anderes als ein Unterhalt zahlender wohlhabender Onkel. Trotzdem muss unzweifelhaft die staatliche Fürsorge zum öffentlichen Recht gehören, weil die Entscheidung hierüber der Gesetzesbindung und dem Begründungszwang unterliegt; auch der Rechtsweg zu den Verwaltungsgerichten ist unstreitig. Anders liegt es dagegen bei dem Onkel; insbesondere braucht er nicht zu begründen, warum er einem Neffen Unterhalt gewährt und einem anderen nicht.

---

6 Vgl. *Henke* JZ 1984, 441.
7 In BGHZ 102, 280, 283.

2. Stellungnahme

Die Kritik an den genannten Theorien ist eben schon kurz angedeutet worden. Den dort gebrachten Einzelargumenten muss aber noch ein allgemeiner Grund für das Versagen aller formelhaften Beschreibungen der Grenzlinie zwischen öffentlichem und privatem Recht angefügt werden: Die Zuweisung einzelner Rechtsinstitute oder -verhältnisse an das eine oder andere Rechtsgebiet ist wesentlich durch **historische Gründe** beeinflusst worden. Das hat zu Ergebnissen geführt, die heute ganz unvernünftig erscheinen müssen. Ein deutliches Beispiel hierfür bot lange Zeit der Vergleich von Bundesbahn und Bundespost: Beides sind staatliche Unternehmen in dem Sinn geworden, dass an ihnen der Staat erheblich beteiligt ist. Von ihnen wurde die Bundesbahn dem Privatrecht zugeordnet, weil viele Eisenbahnen in der Zeit des Liberalismus als Aktiengesellschaften entstanden sind. Dagegen stammt die Post aus der Zeit des Absolutismus; sie war Gegenstand eines Regals des Kaisers und der Reichsstände[8]. Daher wurde ihre Betätigung bis zur Privatisierung 1994 zum öffentlichen Recht gerechnet. Trotzdem ist wohl immer noch jeder Versuch hoffnungslos, die Grenzlinie zwischen öffentlichem und privatem Recht mit einer nicht bloß typisierenden Formel zu beschreiben. Vielmehr kommt es weithin auf historische Umstände an. De lege lata kann man also eine vernünftige Zuweisung nur für neu entstandene Rechtsinstitute erwägen. Dafür sollte die oben Rz. 4 dargestellte Erwägung maßgeblich sein: *Das öffentliche Recht ist das Recht der gebundenen, das Privatrecht dasjenige der freien Entscheidung* („frei" im Sinn von oben Rz. 4).

3. Siegeszug des öffentlichen Rechts?

Zweifellos ist seit 1900 das öffentliche Recht beträchtlich vorgedrungen. Ein extremes Beispiel bildet das Überhandnehmen des öffentlichen Bau- und Planungsrechts gegenüber der Bau- und Nutzungsfreiheit des Grundeigentümers[9]. Zudem nimmt der Staat über Steuern und Sozialabgaben einen sehr erheblichen Teil des Volkseinkommens für sich in Anspruch. Andererseits gibt es aber, wie die gerade erwähnte Umstrukturierung bei der Post zeigt, auch Ausnahmen im Sinne einer Ausweitung des Privatrechts. Im Ganzen bleibt dieses weithin ganz unentbehrlich. Denn es ermöglicht nicht nur den Menschen die nötige Persönlichkeitsentfaltung (vgl. oben Rz. 4). Vielmehr erweist sich die durch das Privatrecht ermöglichte Freiheit der Entscheidung auch sonst oft als vorteilhaft: Nicht ohne Grund verlagert die öffentliche Hand wichtige Teile ihrer Tätigkeit immer wieder in Handelsgesellschaften (AG, GmbH) und damit ins Privatrecht, um den Fesseln etwa des Haushalts- und des Besoldungsrechts zu entgehen[10]. Zunehmend werden auch Gesetze durch Vereinbarungen ersetzt („Selbstverpflichtungen" etwa in der Wirtschaft).

---

8 Vgl. *Conrad*, Deutsche Rechtsgeschichte II (1966) 140 ff.
9 Vgl. *F. Baur* und *Badura*, AcP 176 (1976) 97 ff.; 119 ff.
10 Vgl. *Ehlers*, Verwaltung in Privatrechtsform (1984); auch *von Danwitz,* Die Benutzung kommunaler öffentlicher Einrichtungen – Rechtsformenwahl und gerichtliche Kontrolle, JuS 1995, 1; *Gersdorf*, Privatisierung öffentlicher Aufgaben ..., JZ 2008, 831; *Gusy*, Öffentlich-rechtliche Verträge zwischen Staat und Bürgern, DVBl. 1983, 1222; *ders.*, Formenwahl und Rechtsbindung der Verwaltung, Jura 1985, 578; *Leisner*, Privatisierung – eine große „Flucht des Staates ins Privatrecht", FS Canaris (2007) II 1181; *Rittner*, Öffentliches Auftragswesen und Privatrecht, ZHR 152 (1988) 318; *Stober*, Privatisierung öffentlicher Aufgaben, NJW 2008, 2301, weiter die Beiträge in ZGR 25 (1996) Heft 3 zu öffentlichen Unternehmen in den Formen des privaten Gesellschaftsrechts.

§ 2 Das bürgerliche Recht im Rahmen des Privatrechts

I. Die Bezeichnung „bürgerliches Recht"

12 „Bürgerliches Recht" ist zunächst – wie viele andere Worte der deutschen Rechtssprache – eine Übersetzung aus dem Lateinischen, nämlich von *ius civile*. Dieser Begriff hatte im römischen Recht mehrere Bedeutungen; im Mittelalter wurde der Gegenbegriff derjenige des *ius canonicum* (daher früher „Doktor beider Rechte", *iuris utriusque*). Seit der französischen Revolution wurde „Bürger" dann als *citoyen* verstanden: Das bürgerliche Recht war das für alle geltende Recht einer ständelosen Gesellschaft[1].

Gleichbedeutend mit „bürgerlichem Recht" ist **„Zivilrecht"**. So heißen denn auch die deutschsprachigen Kodifikationen teils BGB (Deutschland) oder Allgemeines BGB (ABGB, Österreich), teils Zivilgesetzbuch (ZGB, so in der Schweiz). Ein sachlicher Unterschied steht hinter dieser Namensverschiedenheit nicht.

II. Bürgerliches Recht und Sonderprivatrechte

13 1. Wenn man heute noch das Standesrecht (des Adels, der Geistlichkeit usw.) als Gegenbegriff zum bürgerlichen Recht verstünde, fielen seit dem Verschwinden des Standesrechts „bürgerliches Recht" und „Privatrecht" zusammen. Doch hat sich ein neuer **Gegenbegriff** herausgebildet: die **Sonderprivatrechte**. Man versteht darunter diejenigen Teile des Privatrechts, die nur für einzelne Berufsgruppen oder Lebensbereiche gelten. Dabei werden üblicherweise genannt[2]:

a) das **Handelsrecht** als Sonderprivatrecht der Kaufleute oder Unternehmen[3],

b) das **Wirtschaftsrecht** als Sonderprivatrecht der gewerblichen Wirtschaft,

c) das **Arbeitsrecht** als Sonderprivatrecht für die unselbständige (abhängige) Arbeit[4],

d) das **Immaterialgüterrecht** als Recht der Urheberrechte und gewerblichen Schutzrechte (z.B. Patent, Marke).

e) Dem lässt sich noch anfügen das **Privatversicherungsrecht**[5].

---

1 Vgl. *Wieacker*, Privatrechtsgeschichte der Neuzeit (2. Aufl. 1967) 461.
2 Vgl. *Brox/Walker* AT Rz. 14 ff.; *Bork* Rz. 16 und vor allem *F. Bydlinski*, System und Prinzipien des Privatrechts (1996) 415 ff.; zum Verbraucherrecht vgl. unten Rz. 46 ff.; vgl. auch *Preis* ZHR 158 (1994) 567.
3 Dazu *Zöllner* ZGR 12 (1983) 82; *K. Schmidt* JuS 1985, 249; *U. Wolter* Jura 1988, 169; *F. Bydlinski*, Handels- und Unternehmensrecht als Sonderprivatrecht (1990, dazu *Raisch* ZHR 154 ,1990, 567); weiter etwa *Singer* ZIP 1992, 1058; *Neuner* ZHR 157 (1993) 243; *Kort* AcP 193 (1993) 453; *K. Schmidt* DB 1994, 515; *Kindler* JZ 2006, 176, zum Kaufmannsbegriff *Lieb* NJW 1999, 35; *Treber* AcP 199 (1999) 525; *Petersen* Jura 2005, 831.
4 Vgl. *Martens* JuS 1987, 337; *Richardi* ZfA 1988, 221; *Ramrath/Gamillscheg* BB 1992, 2287.
5 Zu einer wirtschaftlich wichtigen Ausprägung *Petersen*, Versicherungsunternehmensrecht (2003).

Das bürgerliche Recht im Rahmen des Privatrechts § 2

2. Eine klare **Abgrenzung** zwischen dem bürgerlichen Recht und den genannten Sonderprivatrechten ist aber aus zwei Gründen nicht möglich: **14**

a) Erstens bilden die Sonderprivatrechte keine abgeschlossene Regelung. Vielmehr setzen sie das bürgerliche Recht voraus und bringen **bloß ergänzende Normen**. So ist etwa in den §§ 349, 350 HGB für die Bürgschaft als Handelsgeschäft eines Vollkaufmanns nur bestimmt, die Einrede der Vorausklage (§§ 771 – 773 BGB) entfalle, und die Schriftform (§ 766 BGB) sei unnötig. Hier werden also nur einzelne bürgerlichrechtliche Schutzvorschriften für den als Kaufmann auftretenden Bürgen ausgeschlossen; im Übrigen dagegen bleibt es beim BGB.

b) Zweitens und vor allem aber **fehlt** für die Grenzziehung ein zwingender **systematischer Grund**. Denn auch das bürgerliche Recht (als „allgemeines Privatrecht") ist keineswegs in dem Sinn allgemein, dass jede Norm für jeden gilt. So betrifft das Eherecht nur Verheiratete, die Unterhaltsregelung der §§ 1601 ff. gilt bloß für Verwandte (in gerader Linie), oder die Haftung aus § 836, 837 trifft bloß Eigenbesitzer von Gebäuden und anderen mit einem Grundstück verbundenen Werken. Man kann also fragen, warum diese Normen nicht gleichfalls als Sonderprivatrechte angesehen werden. **15**

Diese Frage lässt sich auch nicht damit beantworten, es könne ja jeder heiraten, Verwandte haben oder Eigenbesitzer eines Gebäudes werden. Denn es kann z.B. auch jeder Kaufmann oder Arbeiter werden und so in den Geltungsbereich von Handelsrecht oder Arbeitsrecht geraten. Die Sonderprivatrechte gelten also gleichfalls nicht bloß für eine abgeschlossene Personengruppe (das ist der Unterschied zu den Standesrechten!). Prinzipiell besteht danach zwischen den Sonderprivatrechten und einzelnen Teilen des bürgerlichen Rechts kein Gegensatz[6].

Wenn also die Abspaltung einzelner Gebiete als Sonderprivatrechte nicht auf systematischen Gründen beruht, muss man die Ursachen anderswo suchen. Sie sind wohl überwiegend **historischer Art**: Kennzeichnend ist die Unvereinbarkeit der Sondermaterien mit dem Pandektensystem[7]. Zudem war für das Handelsrecht das Bedürfnis nach Vereinheitlichung am stärksten; daher hat es hierfür Reichsgesetze schon geraume Zeit vor dem BGB gegeben (Wechselordnung von 1848, Allgemeines Deutsches HGB – ADHGB – von 1861). Und die Entwicklung des Arbeitsrechts ist mit einer dem BGB fremden sozialen Eigengesetzlichkeit verlaufen[8]. Außerdem überschreitet das Arbeitsrecht ebenso wie das Wirtschaftsrecht und das Privatversicherungsrecht vielfach die Grenze zum öffentlichen Recht (was freilich im BGB auch das Familienrecht tut).

---

6 Zustimmend *F. Bydlinski*, System und Prinzipien des Privatrechts (1996) 420.
7 *F. Bydlinski*, System und Prinzipien des Privatrechts (1996) 426.
8 Vgl. *Zöllner* NJW 1990, 1.

Erster Teil *Einführung*

§ 3 Der Allgemeine Teil im Rahmen des BGB

Literatur: *Björne*, Deutsche Rechtssysteme im 18. und 19. Jahrhundert (1984); *Heck*, Der allgemeine Teil des Privatrechts, AcP 146 (1941) 1; *Larenz*, Neubau des Privatrechts, AcP 145 (1939) 91; *von Lewinski*, Deutschrechtliche Systembildung im 19. Jahrhundert (2001); *Petersen*, Die systematische Stellung des Allgemeinen Teils vor der Klammer der anderen Bücher, Jura 2011, 759; *A. B. Schwarz*, Zur Entstehung des modernen Pandektensystems, SavZ Rom. Abtlg. 42 (1921) 558; *Wieacker*, Privatrechtsgeschichte der Neuzeit (2. Aufl. 1967) 486 ff.; *Zitelmann*, Der Wert eines „allgemeinen Teils" des bürgerlichen Rechts, GrünhZ 33 (1906) 1.

Die Verteilung des Zivilrechts auf die fünf Bücher des BGB unterliegt keinem einheitlichen Prinzip. Vielmehr sind dafür drei verschiedene Gesichtspunkte maßgeblich.

I. Familien- und Erbrecht

16 Das einfachste Prinzip gilt für das 4. und das 5. Buch des BGB: Dort hat der Gesetzgeber Regelungen untergebracht, die sich auf **einander ähnliche Lebenssachverhalte** beziehen. Dabei geht es im Familienrecht in erster Linie um Ehe und Verwandtschaft; außerdem um das die Ehe vorbereitende Verlöbnis sowie um Vormundschaft, Betreuung und Pflegschaft, die bisweilen in gewissem Sinn einen Ersatz für Verwandte bieten. Im Erbrecht dagegen geht es um die vermögensrechtlichen Folgen aus dem Tod eines Menschen (des „Erblassers"), insbesondere um die neue Zuordnung der bisher diesem zustehenden Rechte und Pflichten.

II. Schuld- und Sachenrecht

17 Juristisch kunstvoller ist das andere Prinzip, das die Stoffverteilung zwischen dem 2. und dem 3. Buch des BGB bestimmt: Dort gibt nicht die Ähnlichkeit der Lebenssachverhalte den Ausschlag. Das zeigt sich etwa daran, dass die Pflichten aus dem Kauf einer beweglichen Sache (§§ 433 ff.) an ganz anderer Stelle geregelt sind als die Erfüllung dieser Pflichten (§§ 854 ff., 929 ff.). Auch kommt z.B. das Vorkaufsrecht an zwei verschiedenen Stellen vor: in §§ 463 – 473 als Schuldverhältnis und in §§ 1094 – 1104 als eine auch gegen Dritte wirkende Grundstücksbelastung.

Statt der Ähnlichkeit der Lebenssachverhalte ist für das 2. und 3. Buch also ein anderes Prinzip wesentlich. Dabei handelt es sich um die **Einteilung in relative und absolute Rechte**, also um eine Ähnlichkeit auf der Rechtsfolgenseite: Die im 2. Buch geregelten Schuldverhältnisse bestehen relativ zwischen zwei Personen, nämlich dem Gläubiger und dem Schuldner (§ 241). Demgegenüber wirkt die Zuordnung einer Sache, von deren Regelung das 3. Buch ausgeht, in dem Sinn absolut, dass sie von jedermann zu respektieren ist: So kann nach § 903 der Eigentümer einer Sache jeden anderen von einer Einwirkung auf diese ausschließen (vgl. unten Rz. 62). Dass bei der Durchführung dieser Unterscheidung auch Schwierigkeiten auftreten, ist hier nicht weiter zu verfolgen.

III. Allgemeiner Teil

1. Vielmehr interessiert an dieser Stelle nur das 1. Buch: Nach dem Plan des BGB-Gesetzgebers soll es diejenigen Regeln enthalten, die in mehreren der folgenden Bücher des BGB gelten, also gewissermaßen **vor die Klammer gesetzt** werden können[1].

Diese Technik des Voranstellens des Allgemeinen kehrt im BGB noch mehrfach wieder. So enthalten auch die ersten sieben Abschnitte des 2. Buches (§§ 241 – 432) allgemeinere Regeln (das „Allgemeine Schuldrecht"), denen dann im 8. Abschnitt (als „Besonderes Schuldrecht") die „Einzelnen Schuldverhältnisse" gegenübertreten (§§ 433 – 853). Auch das 3. Buch bringt zunächst den allgemeinen (weil an Grundstücken und beweglichen Sachen denkbaren) Besitz (§§ 854 – 872) und danach noch „Allgemeine Vorschriften über Rechte an Grundstücken" (§§ 873 – 902); erst darauf folgt die Regelung dieser einzelnen Rechte. Ähnlich regelt endlich auch das 4. Buch zunächst die „Wirkungen der Ehe im Allgemeinen" (§§ 1353 – 1362) und erst anschließend die einzelnen Güterstände (§§ 1363 ff.). Sogar andere Gesetze wie das StGB (§§ 1 – 79 b), die ZPO (§§ 1 – 252) und neuestens das Sozialgesetzbuch beginnen mit einem Allgemeinen Teil.

2. Historisch setzt eine solche Regelungstechnik eine **weit fortgeschrittene Durchdringung** des Rechtsstoffes voraus. So muss z.B. zunächst einmal erkannt worden sein, inwiefern sich Kauf, Miete, die Einigung bei Übereignung oder Pfandrechtsbestellung und schließlich auch Verlöbnis und Erbvertrag ähneln: Dass nämlich zwei Personen ihr Einigsein über bestimmte Punkte erklären. Erst dann kann man alle diese Geschäfte (und noch viele weitere) als „Verträge" zusammenfassen und hinsichtlich des ihnen Gemeinsamen regeln (wie es die §§ 145 ff. tun). Sogar ein noch höherer Abstraktionsgrad wird erreicht, wenn man auch Gemeinsamkeiten zwischen solchen Verträgen und einseitigen Geschäften (wie der Errichtung eines Testaments) erkennt: Man gelangt dann zu dem Oberbegriff des „Rechtsgeschäfts" (§§ 104 ff.).

Das für eine solche Regelungstechnik nötige hohe Maß an Abstraktion ist verständlicherweise zunächst von der Rechtswissenschaft erarbeitet worden. Führend war dabei die Wissenschaft des gemeinen Rechts (Pandektistik), die das riesenhafte Material der Digesten (= Pandekten) Justinians in eine systematische Ordnung zu bringen hatte. Die später vom BGB übernommene Gliederung erscheint erstmals in dem „Grundriss eines Systems des Gemeinen Zivilrechts zum Behuf von Pandekten-Vorlesungen" (1. Ausgabe 1807) von *Georg Arnold Heise*. Dort findet sich insbesondere auch ein Allgemeiner Teil. Freilich enthält er bei *Heise* noch weitere Gegenstände als derjenige des BGB, nämlich etwa auch eine Lehre von den Rechtsquellen und der Rechtsdurchsetzung.

---

1 Dazu *Petersen* Jura 2011, 759.

§ 4 Inhalt und Rechtsquellen des Allgemeinen Teils

I. Funktion und Inhalt

20 Die Funktion des Allgemeinen Teils als Sammlung des vor die Klammer Gesetzten (vgl. oben Rz. 18) bestimmt dessen Inhalt: Es muss sich um Vorschriften handeln, die so allgemein sind, dass sie nicht bloß für eines der „besonderen" Bücher 2 bis 5 des BGB passen. Dabei geht es im Einzelnen vor allem um die Rechtssubjekte (vgl. unten Rz. 21) und die Rechtsgeschäfte (vgl. unten Rz. 24), in Ansätzen auch um die Rechtsobjekte (vgl. unten Rz. 22 f.) sowie um einige Fragen der Rechtsausübung (vgl. unten Rz. 27).

1. Rechtssubjekte, §§ 1 – 89

21 Regelmäßig (nämlich mit Ausnahme nur der herrenlosen Sachen) ist jedes Rechtsobjekt einer Person zugeordnet[1]: Die Sache hat einen Eigentümer, die Forderung einen Gläubiger (und einen Schuldner)[2]. Diese Person ist dann als Rechtsträger Rechtssubjekt. Daher kann man im Allgemeinen Teil ein **Personenrecht** erwarten, und diese Anordnung entspricht auch einer schon auf den römischen Juristen Gaius (Mitte des 2. nachchristlichen Jahrhunderts) zurückgehenden Tradition.

In der Tat ist im BGB der 1. Abschnitt des 1. Buches mit „Personen" überschrieben. Dabei unterteilt das Gesetz in die „natürlichen Personen" (§§ 1 – 12), also die Menschen, und diejenigen Gebilde, deren Personenqualität erst auf einer Anordnung des positiven Rechts beruht, nämlich die juristischen Personen (§§ 21 – 89). Dazwischen stehen jetzt die Definitionen des „Verbrauchers" (§ 13) und des „Unternehmers", der auch eine juristische Person sein kann (§ 14). Dieser Unternehmer ist nicht zu verwechseln mit der gleichnamigen Partei des Werkvertrags (Gegensatz „Besteller", vgl. § 631).

Doch fehlt bei den natürlichen Personen im Allgemeinen Teil alles, was mit Ehe oder Verwandtschaft zusammenhängt und daher im Familienrecht steht (vgl. oben Rz. 16). Zudem ist ein wichtiges Attribut der Persönlichkeit, nämlich das Persönlichkeitsrecht, vom Gesetz nur in Ansätzen geregelt (vgl. unten Rz. 1076 ff.). Bei den juristischen Personen fehlen insbesondere die praktisch überaus wichtigen Handelsgesellschaften Aktiengesellschaft, Gesellschaft mit beschränkter Haftung und Genossenschaft. Insgesamt enthalten die §§ 1 – 89 also bloß eine unvollständige Regelung der natürlichen Personen (Menschen, §§ 1 – 12) und Ansätze für die juristische Person (Verein und Stiftung, §§ 21 – 89). Vgl. im Einzelnen unten Rz. 1036 ff.

2. Rechtsobjekte, §§ 90 – 103

22 Noch unvollständiger und bruchstückhafter sind in bloß 15 Paragraphen die Rechtsobjekte geregelt. An sich kommen hier zwei Gruppen in Betracht, nämlich die (körperlichen, § 90) Sachen und die (unkörperlichen) Rechte.

---

1 Zum Folgenden *Petersen*, Personen und Sachen, Jura 2007, 763.
2 Lehrreich *Thomale* JuS 2010, 857.

a) Von ihnen sind die **Rechte** erst Geschöpfe der Rechtsordnung selbst; sie bedürfen daher intensiver rechtlicher Regelung. Auch soweit man überpositive Rechtsinstitute anerkennt, die also unabhängig von einer menschlichen Normierung bestehen, sind doch die Einzelheiten stets durch das positive Recht zu bestimmen: Man denke an die Regeln über die Ehe (§§ 1303 – 1588) oder über die Rechtsfolgen einer Verletzung des Lebens (§§ 823, 844 – 846 BGB, 211 ff. StGB). Deshalb kann man im Allgemeinen Teil umfangreiche Vorschriften über Rechte erwarten. Doch findet sich dort fast nichts (Ausnahmen nur in §§ 96, 99 II, III, 100 – 103). Das BGB regelt die verschiedenen Rechte nämlich verständigerweise nicht im Allgemeinen Teil, sondern in den spezielleren Büchern: also die Forderungen im Schuldrecht, die absoluten Rechte an Sachen im Sachenrecht, usw.

b) Im Gegensatz zu den Rechten existieren die **Sachen** unabhängig von der Rechtsordnung. Für diese bedarf insbesondere die Zuordnung der Sachen zu den Personen einer Regelung. Dafür muss unabhängig von der Ungenauigkeit des allgemeinen Sprachgebrauchs feststehen, was im Rechtssinn „eine Sache" darstellt: Gehören z.B. zu einem landwirtschaftlichen Grundstück auch die darauf stehenden Gebäude? Und der Viehbestand? Und das übrige Inventar? Oder gehören zu einem Fabrikgrundstück auch die Maschinen? Und die Vorräte an Rohmaterial und Fertigprodukten? Und der Fahrzeugpark? Soweit hier eine Mehrheit von Sachen anzunehmen ist, bleibt die Frage, ob der wirtschaftlichen Zusammengehörigkeit nicht auch rechtlich Rechnung getragen werden soll. Mit Teilaspekten hiervon beschäftigen sich die §§ 93 – 98 mit den Zentralbegriffen „wesentlicher Bestandteil" und „Zubehör". Dazu kommen noch Vorschriften über Nutzungen, Gewinnungskosten und Lasten (§§ 99 – 103).

Zwar lässt sich die Allgemeinheit dieser Fragestellung nicht bestreiten; insofern passt ihre Regelung in den Allgemeinen Teil. Andererseits hängen diese Probleme aber eng insbesondere mit **Zuordnungsfragen** zusammen, die erst im 3. Buch geregelt werden. Dabei geht es etwa um die Frage, ob ein Grundstück, die darauf stehenden Gebäude und dessen Inventar überhaupt verschiedenen Personen gehören können. Oder es werden die Probleme berührt, ob eine Übereignung des Grundstücks auch das Inventar umfasst und ob dieses für eine Hypothek auf dem Grundstück haftet. Wichtig ist das vor allem für die §§ 946 ff. über Verbindung und Vermischung sowie für die §§ 1120 ff. über die Haftungsobjekte von Hypothek und Grundschuld (§ 1192 I). Vielfach erschließt sich der Sinn der §§ 93 ff. erst vor dem Hintergrund dieser sachenrechtlichen Regeln; vgl. im Einzelnen unten Rz. 1174 ff. Wegen der Künstlichkeit der Trennung bildet die abgesonderte Regelung der Rechtsobjekte im Allgemeinen Teil geradezu das Muster einer missglückten Verallgemeinerung (vgl. unten Rz. 32).

3. Rechtsgeschäfte, §§ 104 – 185

Weitaus die größte Bedeutung haben im Allgemeinen Teil die Vorschriften über Rechtsgeschäfte: So bezeichnet man das Mittel, mit dem einzelne Personen die Rechtslage nach ihrem Willen verändern können (vgl. unten Rz. 174; 176). Allgemein sind die hierauf sich beziehenden Vorschriften deshalb, weil Rechtsgeschäfte in allen Bereichen des Rechts und insbesondere in allen Büchern des BGB vorkommen. So sind Rechtsgeschäfte etwa der Abschluss von Schuldverträgen (§ 311 I), die Forderungsabtretung (§§ 398 ff.), die Übereignung von Sachen (§§ 873, 925, 929 ff.), der Abschluss von Verlöbnis (§§ 1297 ff.) und Ehe (§§ 1310 ff.) oder die Errichtung eines Testaments (§§ 2229 ff.).

Aus der Vielfalt dieser im Allgemeinen Teil als „Rechtsgeschäft" behandelten Erscheinungen folgt zugleich die Problematik: Die Vorschriften des Allgemeinen Teils müssen entweder überaus abstrakt sein, oder sie passen nicht für alle Rechtsgeschäfte, ihnen fehlt also die Allgemeinheit. Vgl. dazu unten Rz. 32 ff.

4. Weitere Vorschriften, §§ 186 – 240

25 Die übrigen Vorschriften im 1. Buch des BGB stehen dort unter sehr verschiedenen Gesichtspunkten.

a) Die §§ 186 – 193 über **Fristen und Termine** gelten ganz allgemein. Sie betreffen nämlich nicht bloß Frist- oder Terminsbestimmungen durch Rechtsgeschäft, sondern auch durch Gesetze oder Gerichtsentscheidungen (§ 186). Zudem sind sie außerhalb des bürgerlichen Rechts und sogar außerhalb des Privatrechts anwendbar. Doch enthalten die §§ 187 ff. nur Auslegungsvorschriften für die anderswo zu findenden Frist- und Terminsbestimmungen.

26 **b)** Die §§ 194 – 218 regeln die **Verjährung**. Diese gilt für (fast) alle Ansprüche (§ 194) und bezieht sich daher auf alle Bücher des BGB, weil dort überall Ansprüche vorkommen. Freilich ist auch die Regelung durch die §§ 194 ff. nicht in dem Sinn vollständig, dass dort für alle Ansprüche die Verjährungsfristen bestimmt wären. Vielmehr ist die (praktisch sehr wichtige) abgekürzte Verjährung (z.B. in §§ 438, 634 a, vgl. unten Rz. 114) oder umgekehrt die Unverjährbarkeit (z.B. in §§ 898, 902, vgl. unten Rz. 103) einzelner Ansprüche zusammen mit diesen geregelt.

27 **c)** Die §§ 226 – 231 betreffen die **Rechtsausübung und -durchsetzung**. Diese Regelung ist besonders unvollständig: Sie enthält nämlich von den Schranken der Rechtsausübung nur die (kaum vorkommende) Schikane (§ 226) und nicht auch die (viel wichtigere) Verwirkung. Und bei der Rechtsdurchsetzung findet sich nur die bloß ausnahmsweise erlaubte eigenmächtige (§§ 229 – 231), aber nicht die den Regelfall bildende gerichtliche Geltendmachung: Diese wird außerhalb des BGB in den Prozessgesetzen (insbesondere der ZPO) geregelt. Grundsätzliche Normen über Rechtsfindung und -anwendung fehlen ganz.

28 **d)** Endlich bilden auch die Vorschriften über die **Sicherheitsleistung** (§§ 232 – 240) bloß einen Rahmen: Sie regeln nur das „Wie" der Sicherheitsleistung. Dagegen bildet die Vorfrage, ob überhaupt Sicherheit zu leisten ist, den Gegenstand spezieller Vorschriften (z.B. §§ 273 III, 562).

5. Würdigung

29 Insgesamt kann danach ein Urteil über den Inhalt des Allgemeinen Teils nicht günstig ausfallen: Einerseits fehlt Wichtiges, vor allem bei den juristischen Personen und bei Rechtsausübung, -durchsetzung und -anwendung. Andererseits sind manche Regelun-

gen des Allgemeinen Teils derart aus ihrem speziellen Zusammenhang gelöst, dass nur Begriffserklärungen oder Rechtstechnik übrigbleiben (vor allem bei den §§ 90 ff.). Stellenweise hat der Allgemeine Teil geradezu den Charakter einer Rubrik „Sonstiges", in die man anders nicht unterzubringende Vorschriften stellt (so die §§ 226–240).

II. Die Rechtsquellen

Geregelt werden diejenigen Gegenstände, die nach dem oben § 4 I. Gesagten den Inhalt des Allgemeinen Teils bilden, vor allem in den §§ 1 – 240 BGB. Um § 12 BGB rankt sich das weithin öffentlich-rechtliche G über die Änderung von Familiennamen und Vornamen v. 5. 1. 1938. Und die in § 128 BGB erwähnte notarielle Beurkundung wird durch das BeurkG v. 28. 8. 1969 näher geregelt.

Während alle diese späteren Änderungen und Ergänzungen nur nebensächlich sind, war hervorragend wichtig das AGBG v. 9. 12. 1976. Denn es betraf mit dem weit verbreiteten Vertragsschluss unter Einbeziehung **Allgemeiner Geschäftsbedingungen** einen zentralen Punkt der Rechtsgeschäftslehre (vgl. unten Rz. 394 ff.). Seit dem 1. 1. 2002 ist es im Wesentlichen unverändert in das Schuldrecht des BGB (§§ 305 – 310) übernommen worden. Allerdings gehören diese Vorschriften insofern nicht ausschließlich zum Allgemeinen Teil, als sie hauptsächlich für Schuldverträge bestimmt sind, für die AGB die größte Rolle spielen. Dieser Gesetzeszweck zeigt sich vor allem in dem Katalog der verbotenen Klauseln in den §§ 308, 309: Hier geht es weithin um Schuldrechtsnormen, die einer Abdingung durch AGB entzogen werden sollen.

§ 5 Die rechtspolitische Problematik des Allgemeinen Teils

Die rechtspolitische Problematik des Allgemeinen Teils ist schon oben Rz. 20 ff. bei der Übersicht über den Inhalt des ersten Buches des BGB angeklungen; vgl. auch die Lit. oben vor Rz. 1. Jetzt ist das noch zu vertiefen.

I. Der Vorteil des Allgemeinen Teils

Der Vorteil des Allgemeinen Teils zeigt sich vor allem bei den Vorschriften über Rechtsgeschäfte (§§ 104 – 185): Die Stellung „vor der Klammer" bringt einen **Rationalisierungseffekt**. Denn der Gesetzgeber braucht z.B. die Gültigkeitsvoraussetzungen nicht bei jedem Rechtsgeschäft immer wieder neu zu regeln. *Heck* hat diese Funktion treffend mit dem „Kursbuchschlüssel" verglichen: Was einmal vorn erklärt worden ist, braucht nicht hinten wiederholt zu werden[1].

---

1 Dazu *Petersen* Jura 2011, 759.

Ohne einen Allgemeinen Teil müsste ein auf Vollständigkeit bedachter Gesetzgeber, der Wiederholungen vermeiden will, mit **Verweisungen** arbeiten[2]: Er könnte etwa den Vertragsabschluss beim Kauf regeln und hierauf dann bei Schenkung, Miete, Pacht usw. verweisen. Aber derart zahlreiche Verweisungen sind einem Allgemeinen Teil zumindest hinsichtlich der Kürze unterlegen.

II. Nachteile des Allgemeinen Teils

32 Dem eben genannten Vorteil stehen aber mindestens zwei gewichtige Nachteile gegenüber.

1. Abstraktion und Ausnahmen

a) Damit eine Regel allgemein gilt, muss sie **abstrakt formuliert** sein. Man darf also etwa nicht von „Kauf" sprechen, sondern muss „Vertrag" oder noch abstrakter „Rechtsgeschäft" sagen. Das Rechtsgeschäft umfasst aber so verschiedene Vorgänge wie Kauf, Schenkung, Miete, Übereignung, Ehe, Erbvertrag, Testament oder Kündigung. Auch innerhalb jedes dieser Rechtsgeschäfte gibt es wieder wesentliche Unterschiede: Man kann für 50 Cent eine Semmel oder für eine Million Euro ein Hausgrundstück kaufen; auch bei der Übereignung findet sich der gleiche Unterschied; die Kündigung etwa kann ein lebenswichtiges Arbeitsverhältnis oder eine ziemlich gleichgültige Fahrradmiete betreffen.

Die Formulierung von Regeln, die für alle derart verschiedenen Rechtsgeschäfte gelten sollen, gerät nun unvermeidlich in ein **Dilemma**: Entweder man beschränkt sich wirklich auf ganz allgemeine Regeln; dann findet man aber nur wenige, und der Entlastungseffekt des Allgemeinen Teils für die folgenden speziellen Teile bleibt gering. Oder man nimmt hin, dass es von der allgemein formulierten Regel einzelne Ausnahmen gibt (z.B. von der allgemeinen Irrtumsregelung für Willenserklärungen Ausnahmen bei der Ehe oder beim Testament).

33 **b)** Das BGB hat im Sinne der eben an zweiter Stelle genannten Möglichkeit bei vielen in den Allgemeinen Teil aufgenommenen Regeln einzelne **Abweichungen in Kauf genommen**. Einen Teil dieser Abweichungen gibt das BGB auch **ausdrücklich** an, und zwar üblicherweise bei der Regelung des abweichenden Rechtsinstitutes selbst. Manche Normen lassen sich überhaupt nur richtig verstehen, wenn man in ihnen die Abweichung von einer allgemeinen Regel sieht.

So bestimmt § 516 II 1 bei der Schenkung, dass der Zuwendende den Empfänger unter Bestimmung einer angemessenen Frist zur Erklärung über die Annahme auffordern kann, wenn die Zuwendung zuvor ohne den Willen des Empfängers erfolgt war. Das betrifft etwa Fälle, in denen ohne vorherige Ankündigung ein Geldbetrag mit dem Vermerk „Schenkung" überwiesen wird. Anders als bei der Übereignung von Geld muss der Empfänger am Wirksamwerden der Bankgutschrift nicht mitwirken, so dass die Zuwendung des Buchgelds ohne seinen Willen erfolgen kann. In der Überweisung liegt

---

[2] Vgl. *Budde*, Verweisungen im BGB, Jura 1984, 578.

dann zugleich ein Antrag auf Abschluss eines Schenkungsvertrags (§ 516), der nach Annahme durch den Empfänger den Rechtsgrund für das Behaltendürfen der Bankgutschrift begründet (unten Rz. 216). Die allgemeine Regelung des § 146 bestimmt nun für den Fall des Schweigens des Empfängers, dass der Antrag erlischt, wenn er vom Empfänger nicht rechtzeitig angenommen wird (unten Rz. 372). Nach § 147 II ist unter Abwesenden hierfür maßgeblich, wann der Antragende den Eingang der Antwort unter regelmäßigen Umständen erwarten darf. Allerdings wird der Zuwendende bei einer Schenkung regelmäßig gar keine Annahmeerklärung erwarten, sondern bestenfalls Dank. Deshalb ist anerkannt, dass ein solcher Schenkungsantrag überhaupt keine Annahmefrist auslöst, sondern unbegrenzt angenommen oder abgelehnt werden kann. Bei Ausbleiben einer Antwort mag der Zuwendende nach einiger Zeit aber dennoch Klarheit über die Schenkung haben wollen. Zur Beendigung des Schwebezustands erlaubt es ihm § 516 II 1, nachträglich eine Annahmefrist zu setzen, die zur Verkürzung der bereits laufenden (unbegrenzten) Frist führt. Derartige Fristverkürzungen werden im Anwendungsbereich der §§ 146, 147 zu Recht für unzulässig gehalten, weil sich die in § 145 festgelegte Bindung an den Antrag auch auf die Annahmefrist bezieht. Daher stellt sich § 516 II 1 nicht etwa als sinngemäße Wiederholung der §§ 146, 147 dar, sondern trifft eine Ausnahme von dieser allgemeinen Regelung, die auf der zeitlich unbegrenzten Bindungswirkung der Schenkungsofferte beruht. Zwar führt die nachträgliche Fristsetzung zu einer Verkürzung der Rechtsposition des Empfängers, der seine Entscheidung nicht länger offenlassen kann. Doch nimmt das Gesetz diese Schmälerung hin, weil die Schenkung bei Fehlen einer rechtzeitigen Ablehnung nach § 516 II 2 kraft gesetzlicher Fiktion als angenommen gilt (dazu auch unten Rz. 387). Mit Fristablauf verliert der Empfänger also nicht die Schenkung, sondern nur die Befugnis, die Schenkung künftig noch abzulehnen.

Aber ausdrücklich nennt das BGB nur einen Teil der spezielleren Abweichungen von den Vorschriften des Allgemeinen Teils. An zahlreichen anderen Stellen dagegen müssen solche **Abweichungen als ungeschriebenes Recht** angenommen werden, oder es besteht über sie Streit.

Ein Beispiel dafür bietet die Bedingung (vgl. unten Rz. 827 ff.). Als Institut des Allgemeinen Teils sollte sie bei allen Rechtsgeschäften zulässig sein. Dazu passt noch, dass der Gesetzgeber sie an manchen Stellen ausdrücklich für unzulässig erklärt: so in § 925 II für die Auflassung (also die Übereignung von Grundstücken: Hier würde nämlich der durch die Bedingung geschaffene Schwebezustand die Aussagekraft des Grundbuchs beeinträchtigen: Man müsste erst feststellen, ob die Bedingung eingetreten ist) und in § 1311 S. 2 für die Ehe (mit deren Einfluss auf den Personenstand sich Ungewissheit nicht verträgt). Dagegen wird die Bedingungsfeindlichkeit bei den Gestaltungsrechten nur für ein einziges (nämlich die Aufrechnung, § 388 S. 2) bestimmt, und für das auf die Ehe hinzielende Verlöbnis wird über Bedingungen nichts angeordnet. Daher bedarf es für die übrigen Gestaltungsrechte eines ungeschriebenen Rechtssatzes (vgl. unten Rz. 849), und für das (in gewissem Umfang der Ehe ähnelnde) Verlöbnis besteht Streit über die Zulässigkeit von Bedingungen[3].

---

3 Vgl. *Gernhuber/Coester-Waltjen* FamR § 8 Rz. 18.

34 Bisweilen kann das **Zusammentreffen verschiedener Regeln** mit hohem Allgemeinheitsanspruch auch zu **Verwirrung** führen. Das zeigt sich etwa bei der rechtsgeschäftlichen Verfügungsbeschränkung: Nach § 137 S. 1 fehlt ihr die dingliche Wirkung, d. h. eine verbotswidrige Verfügung ist wirksam (vgl. unten Rz. 675). Demgegenüber soll nach § 399 eine Forderung nicht abgetreten werden können (mit der Folge der Unwirksamkeit der verbotswidrigen Abtretung), wenn die Abtretung durch Vereinbarung ausgeschlossen ist. Entsprechend der Stellung beider Vorschriften – § 137 im Allgemeinen Teil, § 399 im Allgemeinen Schuldrecht – müsste § 137 die allgemeine Regel und § 399 die nur für Forderungen geltende Ausnahme enthalten. Dem widerspricht aber § 413, nach dem die Zessionsnormen (und damit auch § 399) auf die Übertragung anderer Rechte entsprechend anzuwenden sind. Hier erhebt also die Ausnahme ihrerseits darauf Anspruch, Regel zu sein. Vgl. unten Rz. 676.

35 **c) Insgesamt** kann man also sagen: Der Allgemeine Teil enthält auch einzelne nur beschränkt geltende allgemeine Regeln. Manche dieser Beschränkungen werden im BGB ausgesprochen, und zwar gewöhnlich an späterer Stelle als Ausnahme von der zunächst ohne Einschränkung formulierten Regel. Andere Beschränkungen dagegen sind ungeschrieben; sie müssen durch Analogie aus den ausdrücklich bestimmten Einschränkungen oder aus dem Normzweck („teleologisch") abgeleitet werden.

2. Verständnisschwierigkeiten

36 **a)** Dass das Allgemeine derart vor die Klammer gezogen worden ist, erschwert auch das Verständnis der Regelung. Man darf nämlich die Regelung einer konkreten Frage nicht bloß an einer Stelle suchen. Vielmehr kann die gesuchte Regelung als allgemeinere vorn oder als speziellere weiter hinten stehen; nicht selten ist die Regelung auch auf mehrere Stellen verteilt.

Im BGB wird diese Aufspaltung noch dadurch gesteigert, dass auch die folgenden Bücher so etwas wie einen Allgemeinen Teil haben. Eine solche **Ordnung nach der Allgemeinheit** zeigt sich besonders deutlich im *Schuldrecht:* Hier folgen auf die Regeln für alle Schuldverhältnisse (§§ 241 – 304) Regeln für Allgemeine Geschäftsbedingungen (§§ 305 – 310) und dann für alle Verträge (§§ 311 – 319); danach für die gegenseitigen Verträge (§§ 320 – 326); später erst kommen die einzelnen Vertragstypen (§§ 433 ff.). Ähnlich stehen im *Immobiliarsachenrecht* „Allgemeine Vorschriften über Rechte an Grundstücken" (§§ 873 – 902) vor den einzelnen Grundstücksrechten. Man muss also oft an mehreren Stellen nachsehen, wenn man die Regelung einer bestimmten Frage sucht.

37 **b)** Dabei muss man **von „hinten" nach „vorn"** gehen. Denn die hinten stehende speziellere Regelung verdrängt die weiter vorn stehende allgemeinere. Mit anderen Worten: Nur soweit man hinten keine speziellere Vorschrift findet, darf man eine allgemeinere von vorn anwenden. Etwa für Fragen des Kaufrechts ergibt sich dabei die folgende Reihenfolge:

(1) Zunächst ist nach Vorschriften zu suchen, die noch spezieller sind als das allgemeine Kaufrecht: z.B. die Bestimmungen über den Verbrauchsgüterkauf (§§ 474 ff.).

(2) Alsdann ist das allgemeine Kaufrecht (§§ 433 ff.) anzuwenden.

(3) An dritter Stelle folgen die Vorschriften über gegenseitige Verträge (§§ 320 ff.).

(4) Der nächst allgemeine Regelungskomplex ist der Schuldvertrag (§§ 311 ff.).

(5) Danach kommt es auf die allgemeinen Vorschriften über Schuldverhältnisse an (die also nicht auf die vertragliche Entstehung abstellen, sondern auch kraft Gesetzes entstandene Schuldverhältnisse umfassen). Das sind die §§ 241 ff.

(6) Weiter sind die Vorschriften über Verträge im Allgemeinen (also nicht bloß Schuldverträge) heranzuziehen, nämlich die §§ 145 ff.

(7) Endlich gelangt man zu der allgemeinsten Regelung, nämlich zu derjenigen über Rechtsgeschäfte (§§ 104 ff.).

c) Wie das funktioniert, sei wenigstens noch an einem konkreten **Beispiel** gezeigt: Kann der Käufer eines gebrauchten Kraftfahrzeugs vom Kaufvertrag loskommen, weil er eine geringere bisherige Fahrleistung (km-Stand) angenommen hat, als wirklich vorlag? Hier fehlen spezielle Vorschriften über den Kauf gebrauchter Kraftfahrzeuge. Im Allgemeinen Kaufrecht kann man an die §§ 434 ff. denken. Für einen Sachmangel wäre aber eine Abweichung der „Istbeschaffenheit" des Fahrzeugs von der vertragsgemäßen „Sollbeschaffenheit" nötig; wenn der Kaufvertrag für die km-Leistung nichts ergibt, hilft das Kaufrecht nicht weiter. Danach findet man weder in den §§ 320 ff. noch in den §§ 311 ff. noch in den §§ 241 ff. noch endlich in den §§ 145 ff. eine passende Vorschrift. Erst in den ganz allgemeinen Vorschriften über Willenserklärungen stehen dann die §§ 119 ff., 123 f. über Irrtum und arglistige Täuschung. Wenn man anfangs schon einen Sachmangel bejaht hatte, stellt sich hier freilich die (im BGB nicht ausdrücklich geregelte) Frage, ob die Anfechtung wegen Irrtums oder arglistiger Täuschung neben den §§ 434 ff. offen steht. Vgl. dazu unten Rz. 775; 809.

38

d) Insgesamt kann man sagen: So einleuchtend das Prinzip sein mag, allgemein Geltendes vor die Klammer zu ziehen, so sehr erschwert doch die komplizierte Durchführung im BGB dessen Anwendbarkeit. Dass sich ein schon im Aufbau derart kunstvolles Gesetz nicht für eine Anwendung durch den Laien eignet, leuchtet wohl ein. Doch sind „Allgemeine Teile" insgesamt ein wertvolles und kaum entbehrliches Hilfsmittel für die Darstellung von Recht[4].

39

---

4 Vgl. *F. Bydlinski*, System und Prinzipien des Privatrechts (1996) 119 ff.

§ 6 Entwicklungen und Tendenzen des Allgemeinen Teils

I. Die Regelung des Rechtsgeschäfts

40   1. Im Hauptstück des Allgemeinen Teils, nämlich in der Regelung des Rechtsgeschäfts (§§ 104 – 185, vgl. oben Rz. 24), ist der **Wortlaut des BGB** seit dessen In-Kraft-Treten nur in einigen Kleinigkeiten geändert worden: So hat man etwa die Entmündigung (§§ 104 Nr. 3, 114, 115 a. F.) durch die Betreuung (§§ 1896 ff.) ersetzt, volljährigen Geschäftsunfähigen in begrenztem Umfang den wirksamen Abschluss von Geschäften des täglichen Lebens ermöglicht (§ 105 a) und in § 138 II die Voraussetzungen des Wuchers etwas erweitert.

41   2. Dagegen haben sich **außerhalb des BGB-Textes** gerade in der Rechtsgeschäftslehre weitgehende Änderungen vollzogen.

a) Das AGB-Recht schränkt in den §§ 305 ff. die Möglichkeit ein, durch Allgemeine Geschäftsbedingungen (AGB) von dispositivem Gesetzesrecht abzuweichen oder bestimmte gefährliche Vereinbarungen zu treffen. Freilich stützt sich dieses Gesetz weithin auf Ergebnisse, zu denen die Rechtsprechung schon vorher über die §§ 157, 242 gelangt war. Vgl. unten Rz. 399 ff.

42   **b)** Aber auch außerhalb der Verwendung von AGB haben Wissenschaft und Rechtsprechung die Rechtsgeschäftslehre des BGB vielfach ergänzt und damit in der Sache verändert. Im Einzelnen zu nennen ist hier vor allem die Lehre von der **Geschäftsgrundlage**: Sie ermöglicht beim Auseinanderfallen von Wirklichkeit und rechtsgeschäftlicher Regelung eine Korrektur der letzteren in einem Maß, das wesentlich über das vom BGB ursprünglich Vorgestellte hinausgeht (vgl. jetzt unten Rz. 823 ff.; 857 ff.). Ähnlich sind die Möglichkeiten der **ergänzenden Auslegung** erheblich erweitert worden (vgl. unten Rz. 340 ff.). Die Lehren vom **Verschulden bei Vertragsverhandlungen** (§ 311 II und III, vgl. unten Rz. 444 ff.) sowie von der **Duldungs- und der Anscheinsvollmacht** (vgl. unten Rz. 930; 969 ff.) haben den Blick für die Verantwortlichkeit des rechtsgeschäftlich Handelnden geschärft. Härten der gesetzlichen Regelung sind insbesondere bei der Verjährung (vgl. unten Rz. 124 f.) und dem Verstoß gegen gesetzliche Formvorschriften (vgl. unten Rz. 628 ff.) nach **Treu und Glauben** gemildert worden. Darüber hinaus wird die allgemeinere Frage nach der Richtigkeitsgewähr von Verträgen immer wieder erörtert (vgl. unten Rz. 472 ff.).

II. Das Personenrecht

43   1. Im Recht der **natürlichen Personen** (§§ 1 – 14) sind die Änderungen durch den Gesetzgeber gewichtiger als in der Rechtsgeschäftslehre. Hier ist vor allem die 1974 erfolgte Herabsetzung des **Volljährigkeitsalters** von der Vollendung des 21. auf diejenige des 18. Lebensjahres zu nennen (§ 2). Hierdurch sind zugleich die §§ 3 – 5 über die Möglichkeit entfallen, einen noch nicht 21-jährigen für volljährig zu erklären. Auch

ist die zunächst in den §§ 13 – 20 BGB enthaltene Regelung der **Verschollenheit** in ein eigenes Spezialgesetz übernommen worden (VerschG v. 4. 7. 1939, vgl. unten Rz. 1053 ff.). Seit 1999 definiert § 13 den Verbraucher und § 14 den Unternehmer.

Als Neuentwicklung durch Wissenschaft und Rechtsprechung ist etwa das **allgemeine Persönlichkeitsrecht** zu nennen (vgl. unten Rz. 1076 ff.). Die Grundlage hierfür bildet die auch in Art. 1, 2 GG ausgesprochene Achtung vor der Menschenwürde; das ist insbesondere als Reaktion auf deren Missachtung in den Jahren des Nationalsozialismus zu verstehen.

2. Im Recht der **juristischen Personen** (§§ 21 – 89) ist an gesetzlichen Änderungen vor allem die Aufhebung der Sondervorschriften gegen **Vereine mit politischem, sozialpolitischem oder religiösem Zweck** zu nennen (früher in §§ 43 III, 61 II): Das Misstrauen des BGB-Gesetzgebers gegen solche Vereine ist ersetzt worden durch deren verfassungsrechtliche Anerkennung in Art. 9 GG. Damit hängt zusammen, dass auch das in § 54 S.1 dokumentierte Misstrauen gegen den **nicht rechtsfähigen Verein** (vgl. unten Rz. 1141 f.) einer zumindest neutralen Einstellung gewichen ist. Zu Änderungen des Gesetzestextes im BGB hat das bislang freilich nicht geführt; dagegen haben Lehre und Rechtsprechung den nicht rechtsfähigen Verein dem rechtsfähigen stark angenähert. Zuletzt ist ihm sogar eine Teilrechtsfähigkeit zugewachsen, indem der BGH die aktive Parteifähigkeit anerkannt hat[1]. Das hat der Gesetzgeber inzwischen in § 50 II ZPO übernommen.

44

III. Der übrige Inhalt des Allgemeinen Teils

In den übrigen Stücken des Allgemeinen Teils (§§ 90 – 103, 186 – 240) gibt es kaum gesetzgeberische Änderungen. Am ehesten kann man hier noch nennen, dass in § 193 bei den Fristen und Terminen seit 1965 der Sonnabend (Samstag) den Sonn- und Feiertagen gleichsteht, also beim Frist- und Terminsablauf unberücksichtigt bleibt.

45

Ganz neu geregelt worden sind aber seit dem 1. 1. 2002 die Vorschriften über die Verjährung (§§ 194 ff., vgl. unten Rz. 102 ff.).

Offene Probleme sind aufgetreten bei der **Rechtsausübung** durch Selbstverteidigung und Selbsthilfe (§§ 227 ff.). Insoweit drohte zunächst im Zusammenhang mit den „Hausbesetzungen" und gewissen gewalttätigen Demonstrationen eine durch Teile der „Medien" irregeleitete öffentliche Meinung zu entstehen, die mit der gesetzlichen Regelung (Recht braucht dem Unrecht nicht zu weichen, vgl. unten Rz. 133; 156; 159) nichts mehr zu tun hatte. Später hat die Zunahme bestimmter Arten der Kriminalität (Graffiti!) eher umgekehrt einen Hang zur Ausweitung der Selbsthilfe über das erlaubte Maß hinaus gebracht; der Grund liegt wohl auch darin, dass die Kriminalitätsbekämpfung durch den Staat von Vielen für unzureichend gehalten wird.

---

1 BGH NJW 2008, 69 Rz. 55.

§ 7 Allgemeiner Teil und Europäisches Privatrecht

Literatur: *Armbrüster*, Zustandekommen und Wirksamkeit von Verträgen aus gemeineuropäischer Sicht. Ein Vergleich der Lando-Principles (PECL) und der Konzeption des Gemeinsamen Referenzrahmens (CFR) mit dem deutschen Recht, Jura 2007, 321; *S. Arnold*, Vollharmonisierung im europäischen Verbraucherrecht, RIW 2009, 679; *von Bar*, Privatrecht europäisch denken!, JZ 2014, 473; *Basedow*, Grundlagen der europäischen Vertragsrechte, JuS 2004, 89; *Bülow*, Der Begriff des Verbrauchers in europäischen Rechtsakten und im deutschen Recht, insbesondere bei Zahlungsdiensten, FS Müller-Graff (2015) 170; *ders./Artz*, Verbraucherprivatrecht (4. Aufl. 2016); *Canaris*, Die richtlinienkonforme Auslegung und Rechtsfortbildung im System der juristischen Methodenlehre, FS F. Bydlinski (2002) 47; *ders.*, Gemeinsamkeiten zwischen verfassungskonformer und richtlinienkonformer Auslegung, FS R. Schmidt (2006) 41; *ders./Grigoleit*, Interpretation of Contracts, in: Towards a European Civil Code (Hrsg. *Hartkamp* et. alt., 4. Aufl. 2011, 587); *Eidenmüller/Faust/Grigoleit/Jansen/Wagner/Zimmermann*, Der gemeinsame Referenzrahmen für das Europäische Privatrecht, JZ 2008, 529; *dies.*, Revision des Verbraucheracquis (2011); *Engert*, Eine Theorie der Rechtsvereinheitlichung im Vertragsrecht, AcP 213 (2013) 321; *Grigoleit*, Der Verbraucheracquis und die Entwicklung des Europäischen Privatrechts, AcP 210 (2010) 354; *Großfeld*, Europäisches Recht und Rechtsstudium, JuS 1993, 710; *Grundmann*, Europäisches Schuldvertragsrecht (1999); *ders.*, Systembildung und Systemlücken in Kerngebieten des Europäischen Privatrechts (2000); *ders.*, Europäisches Schuldvertragsrecht – Standort, Gestalt und Bezüge, JuS 2001, 946; *ders.*, EG-Richtlinie und nationales Vertragsrecht – Umsetzung und Bedeutung der umgesetzten Richtlinie im nationalen Privatrecht, JZ 1996, 274; *ders.*, Einheitliches Vertragsrecht – Quo vadis?, JZ 2005, 860; *ders.*, Kosten und Nutzen eines optionalen Europäischen Kaufrechts, AcP 212 (2012) 502; *ders.*, Die EU-Verbraucherrechts-Richtlinie – Optimierung, Alternative oder Sackgasse?, JZ 2013, 53; *ders./Riesenhuber*, Die Auslegung des Europäischen Privat- und Schuldvertragsrechts, JuS 2001, 529; *Gsell*, Zivilrechtsanwendung im europäischen Mehrebenensystem, AcP 214 (2014) 99; *dies./Herresthal* (Hrsg.), Vollharmonisierung im Privatrecht (2009); *J. Hager*, Die culpa in contrahendo in den UNIDROIT-Prinzipien und den Prinzipien des Europäischen Vertragsrechts aus der Sicht des deutschen Bürgerlichen Rechts, in: Basedow (Hrsg.), Europäische Vertragsrechtsvereinheitlichung und deutsches Recht (2000) 67; *Heiderhoff*, Europäisches Privatrecht (4. Aufl. 2016); *Hellwege*, Allgemeines Vertragsrecht und „Rechtsgeschäfts"-lehre im Draft Common Frame of Reference (DCFR), AcP 211 (2011) 665; *Herresthal*, Rechtsfortbildung im europarechtlichen Bezugsrahmen (2006); *ders.*, Die Folgen der Europäischen Integration für die Privatrechtsgesellschaft, FS Canaris (2007) II 1107; *ders.*, Die richtlinienkonforme und die verfassungskonforme Auslegung im Privatrecht, JuS 2014, 289; *ders.*, Das geplante europäische Vertragsrecht: Die optionale Ausgestaltung des sog. Optionalen Instruments, ZIP 2011, 1347; *Hommelhoff*, Zivilrecht unter dem Einfluss europäischer Rechtsangleichung, AcP 192 (1992) 71; *Jansen*, Binnenmarkt, Privatrecht und europäische Identität (2003); *ders.*, Traditionsbegründung im europäischen Privatrecht, JZ 2006, 536; *ders./Zimmermann*, Was ist und wozu der DCFR?, NJW 2009, 3401; *Kuhn*, Gespaltene Anwendung nationaler Umsetzungsvorschriften bei voll- und mindestharmonisierenden Richtlinien, EuR 2015, 216; *Kötz/Flessner*, Europäisches Vertragsrecht I (1996); *Langenbucher* (Hrsg.), Europäisches Privat- und Wirtschaftsrecht (3. Aufl. 2013); *Leenen*, Die Auslegung von Richtlinien und die richtlinienkonforme Auslegung und Fortbildung des nationalen Rechts, Jura 2012, 743; *Lippstreu*, Wege der Rechtsangleichung im Vertragsrecht (2014); *Looschelders*, Das Allgemeine Vertragsrecht des Common European Sales Law, AcP 212 (2012) 581; *S. Lorenz*, Aus- und Wiedereinbaukosten bei der kaufrechtlichen Nacherfüllung zwischen Unternehmern: Zu den Grenzen „richtlinienorientierter" Auslegung, NJW 2013, 207; *ders.*, Das Kaufrecht und die damit verbundenen Dienstverträge im Entwurf des Gemeinsamen Europäischen Kaufrechts, AcP 212 (2012) 702; *Mittwoch*, Die Vereinheitlichung des Privatrechts in Europa – auf dem Weg zu einem Europäischen Zivilgesetzbuch?, JuS 2010, 767; *Remien*, Zwingendes Vertragsrecht und Grundfreiheiten des EG-Vertrags (2003); *Riesenhuber*, System und Prinzipien des Europäischen Vertragsrechts (2003); ders., Europäisches Vertragsrecht (2. Aufl. 2006); ders., Die Europäisierung des Privatrechts (2007); ders., EU-Vertragsrecht: Das regulierende Vertragsrecht der EU (2013); ders. (Hrsg.), Europäische Methodenlehre (3. Aufl. 2014); *Rittner*, Das Gemeinschaftsprivatrecht und die europäische Integration, JZ 1995, 849; *H. Roth*, EG-Richtlinien und Bürgerliches Recht, JZ 1999, 529; *Schulte-Nölke*, Ein Vertragsgesetzbuch für Europa?, JZ 2001, 917; *Schürnbrand*, Verbraucherschutzrecht (2. Aufl. 2014); *Staudenmayer*, Der Kommissionsvorschlag für eine Verordnung zum Gemeinsamen Europäischen Kaufrecht, NJW 2011, 3491; *M. Stürner* (Hrsg.), Vollharmonisierung im Europäischen Verbraucherrecht? (2010); *P. Ulmer*, Vom deutschen zum europäischen Privatrecht?, JZ 1992, 1; *Unberath*, Die richtlinienkonforme Auslegung am Beispiel der Kaufrechtsrichtlinie, ZEuP 2005, 5; ders., Der Dienstleistungsvertrag im Entwurf des Gemeinsamen Referenzrahmens, ZEuP 2008, 746; *G. Wagner*, Zwingendes Privatrecht – Eine Analyse anhand des Vorschlags einer Richtlinie über Rechte der Verbraucher, ZEuP 2010, 243.

I. Reformbestrebungen

Einzelne Teile hauptsächlich des BGB-Schuldrechts werden schon seit längerer Zeit maßgeblich durch das europäische Recht geprägt, insbesondere hat sich aufgrund zahlreicher **Richtlinien** ein **Sonderrecht für Verbraucher** herausgebildet[1]. Bemerkenswert ist dabei, dass der europäische Gesetzgeber bei der Normierung des Verbraucherschutzrechts nicht von einem einheitlichen dogmatischen Gesamtkonzept des Verbraucherschutzes ausgegangen ist, sondern die Verbraucherrechte ausgehend von der besonderen Schutzsituation jeweils gesondert entwickelt und ausgestaltet hat. Mitunter reagierte er lediglich auf bestimmte gehäuft auftretende **unseriöse Geschäftspraktiken**. Das verdeutlichen die speziellen Anwendungsbereiche der Verbraucherschutzrichtlinien: Sie betreffen etwa die Verwendung missbräuchlicher Klauseln[2] oder den Vertragsschluss in besonderen Situationen, etwa an der Haustür[3] oder im Fernabsatz[4], beides neuerdings vereinheitlicht in der Verbraucherrechterichtlinie (VRRL)[5] als Vertragsschluss „außerhalb von Geschäftsräumen". Andere Richtlinien regeln bestimmte Vertragstypen wie Verbraucherkreditverträge[6], Pauschalreiseverträge[7] oder Verträge

46

---

1 In diese Richtung schon *Duve* Jura 2002, 793.
2 Richtlinie 93/13/EWG des Rates vom 5. 4. 1993 über missbräuchliche Klauseln in Verbraucherverträgen. Näher unten Rz. 402.
3 Richtlinie 85/577/EWG des Rates vom 20. 12. 1985 betreffend den Verbraucherschutz im Falle von außerhalb von Geschäftsräumen geschlossenen Verträgen.
4 Richtlinie 97/7/EG des Europäischen Parlaments und des Rates vom 20. 5. 1997 über den Verbraucherschutz bei Vertragsabschlüssen im Fernabsatz.
5 Richtlinie 2011/83/EU vom 25. 10. 2011 über die Rechte der Verbraucher.
6 Richtlinie 87/102/EWG des Rates vom 22. 12. 1986 zur Angleichung der Rechts- und Verwaltungsvorschriften der Mitgliedstaaten über den Verbraucherkredit; Richtlinie 2008/48/EG des Europäischen Parlamentes und des Rates vom 23. 4. 2008 über Verbraucherkreditverträge; Richtlinie 2014/17/EU des Europäischen Parlaments und des Rates vom 4. 2. 2014 über Wohnimmobilienkreditverträge für Verbraucher.
7 Richtlinie 90/314/EWG des Rates vom 13. 6. 1990 über Pauschalreisen; Richtlinie (EU) 2015/2302 des Europäischen Parlaments und des Rates vom 25. 11. 2015 über Pauschalreisen und verbundene Reiseleistungen.

über Teilzeitnutzungsrechte[8] an Ferienwohnungen. In diesen Zusammenhang gehört schließlich auch die Verbrauchsgüterkaufrichtlinie (VerbrGKRL)[9], die anders als die bisher genannten Beispiele mit dem Kaufrecht den **Kernbereich der Privatrechtsordnung** betrifft. Während der Verbraucherschutz über die Richtlinien zunächst vor allem punktuell ausgeweitet wurde, ist der europäische Gesetzgeber inzwischen bestrebt, die fragmentarischen Einzelregelungen systematisch miteinander abzugleichen und zu harmonisieren. Es geht insofern nicht mehr nur darum, neue Aspekte des Verbraucherschutzes für eine Rechtsvereinheitlichung zu erschließen, sondern den bestehenden Besitzstand (den sog. **„acquis communautaire"**) einer kritischen Revision zu unterziehen[10]. Im Jahre 2008 legte die Kommission den Entwurf einer konsolidierenden Richtlinie über die Rechte der Verbraucher vor, in der die Haustürgeschäfte-, die Klausel-, die Fernabsatz- sowie die Verbrauchsgüterkaufrichtlinie zusammengefasst und vereinheitlicht werden sollten[11]. Nach einem schwierigen Gesetzgebungsverfahren, das von den Diskussionen über das Gemeinsame Europäische Kaufrecht überschattet war, blieb die **Verbraucherrechterichtlinie** (VRRL) dann aber letztlich auf die Neuregelungen des Rechts der Haustürgeschäfte und des Fernabsatzes beschränkt[12].

Im Bereich des zivilrechtlichen Verbraucherschutzes zielte die europäische Rechtvereinheitlichung bis etwa zum Jahr 2001 nur auf eine **Mindestharmonisierung**. Die Richtlinienvorgaben sollten danach zwar einen einheitlichen europäischen Standard sicherstellen, zugleich stand es den Mitgliedsstaaten aber in weitem Umfang frei, den Verbraucherschutz noch über die Richtlinienvorgaben hinaus zu verbessern (vgl. etwa Art. 8 II VerbrGKRL). Von der Möglichkeit, einen weitergehenden Verbraucherschutz zu normieren, machten die Mitgliedsstaaten vielfach und ganz unterschiedlich Gebrauch. Für grenzüberschreitend tätige Unternehmen beseitigte die Mindestharmonisierung daher die jenseits des Richtlinienstandards fortbestehende und mitunter sogar erst neu einsetzende Rechtszersplitterung nicht. Das beeinträchtigt wiederum den Binnenmarkt, weil kleine und mittlere Unternehmer infolgedessen nur zögerlich bereit sind, ihre Waren und Dienstleistungen grenzüberschreitend anzubieten. Um eine weitergehende Rechtsvereinheitlichung zu erreichen, ist der europäische Gesetzgeber deshalb zur **Vollharmonisierung** übergegangen[13]. Im Anwendungsbereich einer solchen Richtlinie dürften die Mitgliedsstaaten vom Schutzniveau der Richtlinie nicht mehr abweichen, auch nicht zugunsten des Verbrauchers, sondern sie haben das nationale Recht vollständig an die Richtlinienvorgaben anzupassen[14]. Wie jüngst die VRRL gezeigt hat, die trotz ihres vollharmonisierenden Ansatzes freilich noch gewisse Spielräume ließ (Art. 4 VRRL), wird auf diese Weise aus dem bisherigen Mindeststan-

---

8 Richtlinie 94/47/EG des Europäischen Parlaments und des Rates vom 26. 10. 1994 zum Schutz der Erwerber im Hinblick auf bestimmte Aspekte von Verträgen über den Erwerb von Teilzeitnutzungsrechten an Immobilien.
9 Richtlinie 1999/44/EG des Europäischen Parlaments und des Rates vom 25. 5. 1999 zu bestimmten Aspekten des Verbrauchsgüterkaufs und der Garantien für Verbrauchsgüter.
10 *Grigoleit* AcP 210 (2010) 354.
11 KOM (2008) 614 edg.
12 *Heiderhoff*, Europäisches Privatrecht (4. Aufl. 2016) Rz. 618; *Grundmann* JZ 2013, 53; *Loacker* JZ 2013, 234, 235: es sei „ein einigermaßen kümmerlicher Regulierungsrumpf übrig geblieben".
13 KOM (2002) 208 edg. S. 14 f.; KOM (2006) 744 edg. S. 11 f.; KOM (2007) 99 edg. S. 8; *Arnold* RIW 2009, 679; *Grigoleit* AcP 210 (2010) 354, 408 ff.
14 Eingehend dazu *Lippstreu*, Wege der Rechtsangleichung im Vertragsrecht (2014).

dard ein Maximalstandard. Das hat zur Folge, dass neuere europäische Verbraucherschutzvorgaben in manchen Mitgliedsstaaten zu einer Beschneidung bereits bestehender Verbraucherrechte führen.

Zugleich gibt es seit vielen Jahren Bestrebungen, über bloße Verbraucherschutzvorschriften hinaus auch die **Allgemeine Rechtsgeschäftslehre** zu vereinheitlichen, etwa durch Schaffung eines Europäischen Vertragsgesetzbuchs[15]. Als wesentliche Vorarbeiten sind die sog. **Lando-Principles** (Principles of European Contract Law, **PECL**)[16] und der darauf beruhende Entwurf eines **Gemeinsamen Referenzrahmens** (Draft Common Frame of Reference, **DCFR**)[17] zu nennen. Hierbei handelt es sich um Referenztexte, die auf einer rechtsvergleichenden Auswertung der verschiedenen Privatrechtsordnungen Europas beruhen. Sie enthalten u.a. Regelwerke zur Rechtsgeschäftslehre, also zum Zustandekommen und zur Wirksamkeit von Verträgen, die teils vom BGB abweichen[18]. Das Ziel derartiger Privatrechtssammlungen besteht nicht unmittelbar darin, als Ganzes kodifiziert zu werden, obwohl das möglich wäre[19]. Vielmehr dienen sie dem europäischen wie auch den mitgliedsstaatlichen Gesetzgebern als neutraler Referenzpunkt und damit als „Instrument für eine bessere Gesetzgebung"[20].

47

Im Jahre 2011 hat die Kommission aus Teilen des Gemeinsamen Referenzrahmens den Vorschlag einer Verordnung über ein **Gemeinsames Europäisches Kaufrecht** (**GEK**, bzw. Common European Sales Law, **CESL**) abgeleitet[21]. Der kontrovers diskutierte und Ende 2014 zurückgezogene Entwurf sah vor, dass das GEK nur für grenzüberschreitende Kaufverträge zwischen Unternehmern auf der einen und Verbrauchern bzw. kleinen und mittelständischen Unternehmen auf der anderen Seite gelten sollte, und auch nur dann, wenn sich die Parteien auf dessen Geltung verständigt hatten (sog. „opt-in"). Anders als die verbraucherschützende Richtliniengesetzgebung zielte das GEK damit nicht auf die Harmonisierung der Privatrechtsordnungen der damals 27 Mitgliedsstaaten, sondern sollte als **„optionales Instrument"** ein eigenständiges europäisches Regime neben diesen schaffen (sog. **„28. Regime"**)[22]. Es enthielt nicht nur originär kaufrechtliche Regelungen, sondern gerade auch allgemeine Vorschriften, etwa zum Vertragsschluss, zur Auslegung und zur Behandlung von Irrtümern[23]. Nach dem Scheitern des GEK[24] verfolgt die Kommission das Vorhaben nur noch in stark abgeschwächter Form. Am 9. 12. 2015 hat sie im Rahmen ihrer „Strategie für den digitalen

---

15 Tiefdringender rechtstheoretischer Überblick dazu bei *Oechsler*, Vertragliche Schuldverhältnisse (2013) Rz. 48-52. Ausführlich auch *Heiderhoff*, Europäisches Privatrecht (4. Aufl. 2016) Rz. 596 ff.
16 *Lando/Beale* (Hrsg.), Principles of European Contract Law, Parts I and II (1999); deutsche Ausgabe: *von Bar/Zimmermann*, Grundregeln des Europäischen Vertragsrechts, Teile I und II (2002); *Lando/Clive/Prüm/Zimmermann* (Hrsg.), Principles of European Contract Law, Part III (2003); deutsche Ausgabe: *von Bar/Zimmermann*, Grundregeln des Europäischen Vertragsrechts, Teil III (2005).
17 *Von Bar/Clive* (Hrsg.), Principles, Definitions and Model Rules of European Private Law: Draft Common Frame of Reference (DCFR), Full Edition (2009). Zur Entstehung eingehend *Eidenmüller/Faust/Grigoleit/Jansen/Wagner/Zimmermann* JZ 2008, 529, 532; *Jansen/Zimmermann* NJW 2009, 3401.
18 Sehr instruktiv *Armbrüster* Jura 2007, 321.
19 *Eidenmüller/Faust/Grigoleit/Jansen/Wagner/Zimmermann* JZ 2008, 529, 533.
20 KOM (2007) 447 S. 13; ähnlich COM (2004) 651 fin. S. 3: „toolbox".
21 KOM (2011) 635 edg.
22 *Herresthal* ZIP 2011, 1347; *Tamm* VuR 2012, 3.
23 Dazu der Sonderband AcP 212 (2012) mit den im Lit.-Verz. zitierten Beiträgen.
24 Zu den Gründen *Ostendorf* ZRP 2016, 69 m.w.N.

Binnenmarkt" zwei Richtlinien über die Bereitstellung digitaler Güter und den Fernabsatz vorgeschlagen[25]. Allgemeine Regelungen zum Vertragsschluss sind darin nicht mehr enthalten. Vielmehr zielen die Richtlinien ganz wesentlich auf eine Vollharmonisierung des Gewährleistungsrechts im digitalen Binnenmarkt, während die allgemeinere VerbrKGRL aus dem Jahre 1999 noch den Ansatz der Mindestharmonisierung verfolgte.

II. Verbraucher und Unternehmer

48 Das aufgrund von Richtlinien geschaffene **Sonderrecht für Verbraucher** hat zunächst weithin außerhalb des BGB gestanden (z.B. in Gesetzen über Haustürgeschäfte und den Verbraucherkredit) und ist seit dem 1. 1. 2002 mit der Schuldrechtsmodernisierung in das BGB gelangt. Der Allgemeine Teil ist hiervon aber nur an zwei Stellen (nämlich in den §§ 13 und 14) betroffen. Die beiden Vorschriften regeln – gleichsam vor die Klammer gesetzt (oben Rz. 18) – für das deutsche Recht, wer Verbraucher und wer Unternehmer ist. Dagegen finden sich die eigentlichen verbraucherschützenden Regelungen zumeist im Allgemeinen Schuldrecht, etwa bei den Vorschriften zur Klauselkontrolle in Verbraucherverträgen (§ 310 III) oder bei den verbraucherschützenden Widerrufsrechten (§§ 312 ff., §§ 355 ff.). Andere betreffen das Besondere Schuldrecht, wie den Verbrauchsgüterkauf (§§ 474 ff.), den Verbraucherkredit (§§ 491 ff.) oder Teilzeitwohnrechte- (§§ 491 ff.) und Pauschalreiseverträge (§§ 651 a ff.)[26]. Von einem **Sonderprivatrecht** für Verbraucher kann man hier aber wohl nicht sprechen[27]. Denn „Verbraucher" ist nach § 13 jede natürliche Person, die ein Rechtsgeschäft zu Zwecken abschließt, die überwiegend weder ihrer gewerblichen noch ihrer selbständigen beruflichen Tätigkeit zugerechnet werden können[28]. Es geht hier also um die **Rolle**, in der ein Mensch gerade auftritt: Kauft ein Arzt einen Pkw für seine Freizeit, dann tut er das als Verbraucher; will er dagegen mit dem Wagen Krankenbesuche machen, dann fehlt ihm die Verbrauchereigenschaft. Das Beispiel zeigt übrigens auch, dass der Verbraucher nicht durch ein Wissensdefizit definiert werden kann: Das mangelhafte Verständnis eines Arztes von Kraftfahrzeugen etwa hängt nicht von dem Zweck ab, zu dem er eines kauft. Umgekehrt steht es der Verbrauchereigenschaft nicht entgegen, wenn der Vertrag zu privaten Zwecken von einer besonders fachkundigen Person geschlossen wird, etwa von einem Rechtsanwalt[29]. Die Verwendung der Begriffe „Verbraucher" und „Unternehmer" ist im BGB zur Rollenbeschreibung beim *Abschluss* von Rechtsgeschäften freilich **nicht konsequent durchgehalten** worden: Die Begriffe erscheinen

---

25 KOM (2015) 634 edg.; KOM (2015) 635 edg. Näher *Heiderhoff*, Europäisches Vertragsrecht (4. Aufl. 2016), Rz. 633 ff.; *Härting/Gössling* CR 2016, 165; *Ostendorf* ZRP 2016, 69; *Stiegler/Wawryka* BB 2016, 903; *Wendland* EuZW 2016, 126.
26 Vgl. die jeweils passenden Richtlinien oben Rz. 46. Ausführlich *Schürnbrand*, Verbraucherprivatrecht (2. Aufl. 2014); *Heiderhoff*, Europäisches Privatrecht (4. Aufl. 2016) § 6.
27 Ebenso etwa *Bork* Rz. 16 anders *Reymann*, Das Sonderprivatrecht ... (2009).
28 Zur Neufassung des § 13 infolge der VRRL *L. Beck* Jura 2014, 666, 668 ff.; *Meier* JuS 2014, 777; *Schürnbrand*, Verbraucherschutzrecht (2. Aufl. 2014), Rz. 21 ff. Vgl. auch *K. Schmidt*, JuS 2006, 1; *Petersen*, Verbraucher und Unternehmer, Jura 2007, 905.
29 BGH NJW 2009, 3780 (dazu *Faust* JuS 2010, 254); EuGH ZIP 2015, 1882 (dazu *Schürnbrand* GPR 2016, 19).

z.B. auch in § 241 a[30], obwohl dort für die unbestellte Zusendung ein Rechtsgeschäft gerade abgelehnt wird[31].

Während für das BGB die einheitlichen Definitionen der §§ 13, 14 gelten, fehlt es auf der Ebene der verbraucherschützenden Richtlinien an der zentralen Festlegung eines **europarechtlichen Verbraucherbegriffs**. Denn jede Richtlinie bestimmt eigens, wer als Verbraucher unter ihren Schutz fällt. Zwar überwiegt in den einzelnen Richtlinien die Definition, dass Verbraucher jede natürliche Person ist, die im Rahmen des jeweiligen Vertrags „zu einem Zweck handelt, der nicht ihrer beruflichen oder gewerblichen Tätigkeit zugerechnet werden kann" (vgl. Art. 2 lit. b KlauselRL; Art. 1 II lit. a VerbrGKRL) bzw. die „zu Zwecken handelt, die außerhalb ihrer gewerblichen, geschäftlichen, handwerklichen oder beruflichen Tätigkeit liegen" (Art. 2 Nr. 1 VRRL). Dagegen heißt es aber etwa in der alten Pauschalreiserichtlinie, Verbraucher sei u.a. „die Person, welche die Pauschalreise bucht oder zu buchen sich verpflichtet" (Art. 2 Nr. 4 PauschalreiseRL); ein privater Zweck war danach nicht erforderlich. Freilich sprechen nunmehr sowohl der Erwägungsgrund 7 als auch Art. 3 Nr. 6 der Pauschalreiserichtlinie aus dem Jahre 2015 neutral vom „Reisenden"[32]. Selbst wenn aber die einzelnen Richtlinien ähnliche Definitionen vorsehen, so bedeutet das nicht zwangsläufig einen einheitlichen Verbraucherbegriff. Der EuGH geht vielmehr grundsätzlich davon aus, das Inhalt und Reichweite des Verbraucherbegriffs für jeden einzelnen Rechtsakt (also auch für jede einzelne Richtlinie) **autonom auszulegen** ist, „wobei in erster Linie die Systematik und die Zielsetzung" des jeweiligen Rechtsakts berücksichtigt werden muss[33]. Allerdings ist zu konstatieren, dass die verbraucherschützenden Richtlinien regelmäßig die gleiche Zielsetzung verfolgen, so dass es als sinnvoll erscheint, mit einer **„rechtsaktübergreifenden Auslegung"** zu einem kohärenten europarechtlichen Verbraucherbegriff zu gelangen[34].

Für den deutschen Verbraucherbegriff werden diese Überlegungen vor allem dann relevant, wenn eine Person einen Vertrag sowohl zu privaten als auch zu gewerblichen bzw. selbständig beruflichen Zwecken abschließt, also etwa der Arzt den Pkw sowohl für seine Freizeit als auch für Krankenbesuche anschafft (sog. **„dual-use"-Geschäft**). Da nach § 13 maßgeblich ist, ob die von der natürlichen Person angestrebten Vertragszwecke „überwiegend weder ihrer gewerblichen noch ihrer selbstständig beruflichen Tätigkeit zugerechnet werden können", kommt es im deutschen Recht auf den jeweiligen **Schwerpunkt** an. Solange die gewerbliche oder selbständig berufliche Tätigkeit nicht überwiegt (also nicht mehr als 50% beträgt), liegt ein Verbrauchergeschäft vor. Auf der Ebene der Richtlinien legt dagegen lediglich der Erwägungsgrund 17 Satz 2

---

30 Dazu eingehend *J. Hager* FS Doris (2015) 249; vgl. auch *Riehm* Rz. 253.
31 Aus der Literatur etwa *Drexl*, Die wirtschaftliche Selbstbestimmung des Verbrauchers (1998); *Damm*, Privatautonomie und Verbraucherschutz, VersR 1999, 129.
32 Ebenso seit ihrer Einführung 1979 die §§ 651 a ff. Zur deutschen Regelung näher *S. Lorenz* JuS 2014, 589.
33 EuGH Slg 2005, I-439 = NJW 2005, 653 Rz. 31. Zur autonomen Auslegung von Richtlinien durch den EuGH nach Art. 267 I lit. b AEUV *Leenen* Jura 2012, 753, 757.
34 *Schürnbrand* GPR 2016, 19, 21; *Bülow* FS Müller-Graff (2015) 170, 176; Schlussanträge des Generalanwalts Pedro Cruz Villalón, Rs. C-110/14, ECLI:EU:C:2015:271, Rz. 44; zurückhaltender *Wendehorst* NJW 2014, 577; *Heiderhoff*, Europäisches Privatrecht (4. Aufl. 2016) Rz. 212.

der VRRL[35] ein derartiges Verständnis nahe. In den übrigen Richtlinien fehlt ein vergleichbarer Hinweis. Stattdessen ist nach dem Wortlaut maßgeblich, ob der Vertragszweck „nicht ihrer beruflichen oder gewerblichen Tätigkeit zugerechnet werden kann". Ohne eine rechtsaktübergreifende Auslegung nach Maßgabe der VRRL wäre ein Verbrauchergeschäft des Arztes danach allenfalls dann zu bejahen, wenn „der beruflich-gewerbliche Zweck derart nebensächlich ist, dass er im Gesamtzusammenhang des betreffenden Geschäfts nur eine ganz untergeordnete Rolle spielt, wobei die Tatsache, dass der nicht beruflich-gewerbliche Zweck überwiegt, ohne Bedeutung ist"[36].

Freilich würde selbst eine derart enge Auslegung des europarechtlichen Verbraucherbegriffs nicht zur Richtlinienwidrigkeit des § 13 führen. Vielmehr läge eine **überschießende Richtlinienumsetzung** vor, die dem Gesetzgeber selbst bei vollharmonisierenden Richtlinien offensteht. Denn **Vollharmonisierung** bedeutet lediglich, dass der Schutz im Anwendungsbereich der Richtlinie nicht über deren Vorgaben hinausgehen darf[37]. In § 13 wird jedoch nur der Schutz der Richtlinie außerhalb ihres Anwendungsbereichs auf weitere Personen erstreckt, was auch vor dem Hintergrund der Vollharmonisierung unbedenklich ist, weil dem nationalen Gesetzgeber eine solche personelle Erweiterung im Hinblick auf den Schutzzweck der Richtlinie freisteht[38]. Eine solche überschießende Umsetzung dürfte im deutschen Recht jedenfalls bei **Verträgen eines Arbeitnehmers** vorliegen, die dieser in Ausübung seiner *unselbständigen* beruflichen Tätigkeit schließt, etwa der Abschluss des Arbeitsvertrags oder der Kauf von Arbeitskleidung. Nach § 13 handelt der Arbeitnehmer insoweit als Verbraucher[39], während die Richtlinien durchweg nicht danach unterscheiden, ob eine selbstständige oder unselbstständige berufliche Tätigkeit vorliegt, so dass die Verbrauchereigenschaft aus europarechtlicher Sicht fehlt[40].

III. Verbraucherschutz beim Zustandekommen von Verträgen

49 Inzwischen wurde durch die Umsetzung der **Verbraucherrechte-Richtlinie** eine beträchtliche Zahl von Vorschriften des BGB umgestaltet. Sichtbarer Ausdruck sind die §§ 312 a ff., die zwar dem äußeren System nach im Schuldrecht angesiedelt sind, dem inneren System entsprechend aber auch den Verbraucherschutz beim Zustandekommen von Verträgen und damit eine Materie des Allgemeinen Teils berühren. Die Besonderheiten der §§ 312 a ff. in der Fassung, die ihnen die VRRL gegeben hat, sollen daher hier nur insoweit behandelt werden, als sie einen Bezug zum Allgemeinen Teil des BGB aufweisen.

---

35 „Wird der Vertrag jedoch teilweise für gewerbliche und teilweise für nichtgewerbliche Zwecke abgeschlossen (Verträge mit doppeltem Zweck) und ist der gewerbliche Zweck im Gesamtzusammenhang des Vertrags nicht überwiegend, so sollte diese Person auch als Verbraucher betrachtet werden." Ähnlich inzwischen auch der Erwägungsgrund 12 der Wohnimmobilien-KreditRL.
36 EuGH Slg 2005, I-439 = NJW 2005, 653 Rz. 54 für Art. 13-15 EuGVÜ. Dazu *Loacker* JZ 2013, 234.
37 Eingehend dazu *Lippstreu*, Wege der Rechtsangleichung im Vertragsrecht (2014).
38 *Leenen* § 3 Rz. 30. Zum Verbraucherbegriff nach der Umsetzung der VRRL auch *P. Meier* JuS 2014, 777.
39 BVerfG NJW 2007, 286; BAGE 115, 19; einschränkend aber für §§ 675 e IV, 675 t II und Art. 248 § 19 EGBGB *Bülow* FS Müller-Graff (2015) 170, 173 ff.
40 *Heiderhoff*, Europäisches Privatrecht (4. Aufl. 2016) Rz. 215.

1. Informationspflichten

Die §§ 312 a ff. enthalten im Interesse des europarechtlich gebotenen Verbraucherschutzes Vorschriften über das Zustandekommen von Verträgen[41]. § 312 a normiert allgemeine Pflichten, die den – beweislastpflichtigen, § 312 k II – Unternehmer treffen, wenn er einen Verbraucher anruft, „um mit ihm einen Vertrag zu schließen"; Absatz 2 verweist dafür auf die Informationspflichten nach **Art. 246 EGBGB**. Bei außerhalb von **Geschäftsräumen** (§ 312 b II) geschlossenen Verträgen (§ 312 b I) und bei Fernabsatzverträgen (§ 312 c I) ist der Unternehmer gemäß § 312 d I 1 verpflichtet, den Verbraucher nach Maßgabe des Art. 246 a EGBGB zu informieren. Die diesbezüglichen Angaben des Unternehmers werden dann grundsätzlich Vertragsinhalt, § 312 d I 2[42]. Für Fernabsatzverträge über **Finanzdienstleistungen** verweist § 312 d II auf Art. 246 b EGBGB. Informiert der Unternehmer den Verbraucher über anfallende **Kosten** nicht, so kann er sie nach § 312 e von ihm auch nicht verlangen. § 312 f I verpflichtet den Unternehmer, dem Verbraucher eine Abschrift des Vertragsdokuments oder eine Bestätigung über den Vertragsinhalt auf Papier bzw. einem dauerhaften Datenträger zur Verfügung zu stellen; § 312 f II modifiziert die vorgenannte Verpflichtung für Fernabsatzverträge. § 312 f III regelt zusätzliche Maßgaben für **digitale Inhalte** von Verträgen. Für **Verträge im elektronischen Geschäftsverkehr** gelten weitergehende allgemeine (§ 312 i) und besondere (§ 312 j) Pflichten. Gegen „Kostenfallen" im Internet ist § 312 j III, IV gerichtet[43]:

Ein **Verbrauchervertrag kommt** nach § 312 j IV nur **zustande**, wenn die „Bestellsituation" (Abs. 2) hinreichend übersichtlich gestaltet ist und für den Verbraucher eindeutig ist, dass er zahlungspflichtig bestellt (Abs. 3). So verbraucherfreundlich dies zunächst klingt – es entstehen keine Pflichten für den Verbraucher –, so weitreichend ist es andererseits, weil ihm auch kein Anspruch zusteht. Das ist deswegen bedenklich, weil Art. 8 II UAbs. 2 Satz 3 i.V.m. Art. 4 der VRRL nur bestimmt, dass dem unzureichend informierten Verbraucher keine Pflichten aufgebürdet werden dürfen. § 312 j IV geht also zu seinen Lasten darüber hinaus. Das spricht für eine Anlehnung an Art. 8 II UAbs. 2 Satz 3 VRRL im Wege der **richtlinienkonformen Rechtsfortbildung**, womit der Verbraucher wahlweise sein Entgelt erbringen kann, um den Unternehmer in Anspruch zu nehmen[44].

2. Informationsmodell

Die Sinnhaftigkeit eines solchen Informationsmodells gelangt freilich an ihre Grenzen, wenn der Verbraucher mit Informationen in einem Maße überflutet wird, das seine Entscheidungsfreiheit tendenziell eher verringert als vergrößert[45]. Eine Über-Information kann sich auch vor dem Hintergrund der **Privatautonomie** als hinderlich erwei-

---

41 Zu ihnen *Wendehorst* NJW 2014, 577; *Möller* BB 2014, 1411.
42 Näher zur Einbindung in die allgemeine Rechtsgeschäftslehre *Wendelstein/Zander* Jura 2014, 1191, 1201; *Leenen* § 8 Rz. 221; § 5 Rz. 66.
43 *Leenen* § 8 Rz. 222; vor der Gesetzesänderung bereits *Alexander* NJW 2012, 1985.
44 In diese Richtung *Martinek*, in: Staudinger-Eckpfeiler (2014) A Rz. 29; *Leenen* § 8 Rz. 223; *Rudkowki/Werner* MMR 2012, 711, 714; siehe auch *Alexander* NJW 2012, 1985, 1989; *B. Raue* MMR 2012, 438, 442.
45 *Wiedemann/Wank* JZ 2013, 340, 345; *Leenen* § 8 Rz. 317; *M. Stürner* Jura 2015, 1045.

sen[46]. Dennoch dürfte das Modell geeignet sein, gerade auch denjenigen Verbraucher effektiv zu schützen, dem im mitunter unübersichtlichen elektronischen Geschäftsverkehr nicht alle maßgeblichen Erklärungen als Entscheidungsgrundlage zugegangen sind, wie **BGH NJW 2014, 2857** veranschaulicht: Ein Verbraucher wollte an einer kostspieligen „Gestalttherapie" teilnehmen und meldete sich über das Internet beim Unternehmer an, indem er auf dessen Webseite das Ankreuzkästchen anklickte. Der Text war überschrieben mit „Widerrufserklärung, Widerrufsbelehrung zur Kenntnis genommen und ausgedruckt oder abgespeichert". Ein **Hyperlink** verwies auf die Widerrufsbelehrung der Internetseite. Der Verbraucher klickte diesen jedoch nicht an. Gleichwohl erhielt er vom Unternehmer eine Anmeldebestätigung des Unternehmers ohne eigene Widerrufsbelehrung. Vier Monate später erklärte der Verbraucher die Absage; der Unternehmer verlangt das Entgelt. Der BGH entschied zutreffend, dass der Verbraucher seine auf den Abschluss eines **Fernabsatzvertrags (§ 312 c I 1)** gerichtete Willenserklärung gemäß § 312 g I i.V.m. § 355 wirksam widerrufen hatte[47]. Obwohl es so aussieht, als sei die Frist abgelaufen (§ 355 II 2), ergibt sich aus § 356 III 1 i.V.m. Art. 246 a § 1 II 1 Nr. 1 EGBGB etwas anderes. Obwohl der im Formular enthaltene Hyperlink den Anforderungen des **Art. 246 a § 4 III 1 EGBGB** entsprechen dürfte, beginnt die Frist nach der Wertung des § 312 f II nicht, bevor der Verbraucher eine auf einem **dauerhaften Datenträger (§ 126 b S. 2)** gespeicherte Belehrung erhält[48]. Daher fehlte es an einer ordnungsgemäßen Belehrung. Der Unternehmer kann nichts vom Verbraucher verlangen[49].

IV. Europarechtliche Vorgaben der Auslegung des Zivilrechts

50 Die genannten Beispiele zeigen, dass die richtlinienkonforme Auslegung des nationalen Rechts durch die Auslegung der gegebenenfalls zugrundeliegenden Richtlinie determiniert ist[50]. Die Auslegung der Richtlinie wiederum hat in der Weise **autonom** zu erfolgen, dass nicht einfach der in der deutschen Methodenlehre etablierte Kanon der Auslegungskriterien mit seiner Akzentuierung systematischer und teleologischer Argumente maßgeblich ist[51]. Die Gewichtung systematischer Argumente nach den Standards der nationalen Methodenlehre darf also kein mit der Richtlinie unvereinbares Auslegungsergebnis hervorbringen. Das läuft auf einen **interpretatorischen Vorrang** richtlinienkonformer Auslegung hinaus[52]. In diesem Sinne zeigt die Rechtsprechung des Europäischen Gerichtshofs, dass sich etwas herausgebildet hat, dass man durchaus als „eigenständiges Methodenrecht" bezeichnen kann[53].

---

46 Treffend *Leenen* § 17 Rz. 2 a: „Züge einer Überregulierung tragen die langen Kataloge vorvertraglicher Informationspflichten (…). Informationen müssen, wenn sie ihren Schutzzweck erreichen wollen, sparsam eingesetzt werden".
47 Zum Fernabsatz allgemein *M. Stürner* Jura 2015, 690.
48 Ausführlich *Janal* VuR 2015, 43; vgl. auch *Wendehorst* NJW 2014, 577, 582; Palandt/*Grüneberg* § 356 Rz. 7 a.E.; a.A. *Reiff* VersR 2014, 485.
49 Vgl. zu weitergehenden Ansprüchen auch *Medicus/Petersen* BürgR Rz. 325.
50 Eingehend und lehrreich zum Folgenden *Leenen* Jura 2012, 753.
51 Zur deutschen Tradition eingehend *Larenz*, Methodenlehre der Rechtswissenschaft (6. Aufl. 1991); *Vogel*, Juristische Methodik (1998); *Petersen*, Max Webers Rechtssoziologie und die juristische Methodenlehre (2. Aufl. 2014).
52 *Canaris* FS F. Bydlinski (2002) 47, 67.
53 Treffend *Leenen* § 23 Rz. 63.

Zweiter Teil

Die Instrumente des Privatrechts

§ 8 Übersicht

Die oben in Rz. 4 dargestellte privatrechtliche Freiheit der Entscheidung bedeutet keineswegs Regellosigkeit. Vielmehr unterliegen teils schon die Voraussetzungen und jedenfalls die Grenzen und die Folgen der Entscheidung einer differenzierten Regelung.

I. Voraussetzungen der Entscheidungsfreiheit

Zu vielen Handlungen kann sich **jedermann frei entscheiden**, etwa zu einem Spaziergang oder zum Einstellen des Rauchens. Bei Entscheidungen rechtsgeschäftlicher Art (z.B. dem Abschluss eines Kaufvertrags) bedarf es freilich einer besonderen Qualifikation des sich Entscheidenden, nämlich der Geschäftsfähigkeit (vgl. unten Rz. 535 ff.). Doch kann bei Fehlen dieser Qualifikation die Entscheidung immerhin durch den gesetzlichen Vertreter getroffen werden (vgl. außerdem § 105 a).   **51**

Neben diesem Bereich der allgemeinen Handlungsfreiheit gibt es aber noch einen anderen: In ihm können **Entscheidungen** rechtswirksam **nur von dem Berechtigten** getroffen werden. Das gilt etwa für die Eigentumsfreiheit: Im Rahmen von § 903 kann regelmäßig nur der Eigentümer über die Sache bestimmen. Entsprechend kann eine Forderung nur durch den Gläubiger geltend gemacht oder ein Gestaltungsrecht (etwa ein Anfechtungsrecht, vgl. unten Rz. 79 ff.) nur vom Berechtigten ausgeübt werden. Daher bilden die verschiedenartigen Rechte ein wichtiges Instrument des Privatrechts: Sie gewähren die Zuständigkeit für bestimmte Entscheidungen und weisen zugleich Werte zu. Vgl. unten Rz. 61 ff.

II. Grenzen der Entscheidungsfreiheit

Nach § 903 endet die Entscheidungsfreiheit des Eigentümers, wo „**Rechte Dritter** entgegenstehen". So darf der Eigentümer eines mit einer Hypothek belasteten Hausgrundstücks das Haus nicht ohne weiteres einreißen lassen, weil das die Sicherheit des Hypothekengläubigers gefährden könnte: Dieser hat nach § 1134 einen Unterlassungsanspruch. Hier erscheint ein Recht (die Hypothek) als Einschränkung eines anderen Rechts (des Eigentums).   **52**

Eine solche Hypothek hat freilich daneben und sogar in erster Linie auch eine positive Funktion: Der Gläubiger darf sich wegen einer ihm zustehenden Geldforderung aus dem belasteten Grundstück befriedigen (§ 1113 I). Andere Rechte sollen dagegen allein die Ausübung eines Rechts hindern. So vermag die Verjährungseinrede nur eines, nämlich die Durchsetzung der verjährten Forderung zu verhindern (§ 214 I). Man spricht hier von **Gegenrechten** und unterscheidet zwischen Einreden und Einwendungen (zu ihnen unten Rz. 91 ff.).

III. Folgen der freien Entscheidung

53 Vor allem regelt das Privatrecht auch die Folgen von Entscheidungen. So kann die Ausführung einer Entscheidung (etwa zu einem Bankraub) ein Delikt darstellen, weil unerlaubt in ein fremdes Recht eingegriffen wird: Dann können die §§ 823 ff. eine Schadensersatzpflicht des Handelnden ergeben. Und bei rechtsgeschäftlichen Entscheidungen sorgt das Privatrecht für die Herbeiführung der beabsichtigten Rechtsfolge, wenn die nötigen Voraussetzungen vorliegen; so bewirkt die Annahme eines Antrags das Zustandekommen des Vertrags.

Delikt und Schuldvertrag begründen zwischen den Beteiligten ein **Rechtsverhältnis** (dazu unten Rz. 54 ff.). Dieses wiederum kann **Ansprüche** (etwa aus Delikt auf Schadensersatz und aus Kauf auf Lieferung und Preiszahlung, vgl. unten Rz. 73 ff.) und **Gestaltungsrechte** (etwa ein Rücktrittsrecht nach § 323, vgl. unten Rz. 79 ff.) zur Folge haben.

Doch kann eine rechtsgeschäftliche Entscheidung auch andere Folgen herbeiführen. So verändert die Ausübung eines Gestaltungsrechts die Rechtslage; die Anfechtung z.B. vernichtet ein Rechtsgeschäft (§ 142 I). In anderer Weise beeinflusst auch eine Verfügung die Rechtslage, so wenn eine Sache rechtsgeschäftlich übereignet oder eine Forderung erlassen wird (vgl. unten Rz. 208).

Einen anschaulichen Fall hatte **BGHZ 188, 71** zu entscheiden[1]: Jemand hat mit einer Wahrsagerin einen hochdotierten Vertrag geschlossen, in dem neben Kartenlesen und einem Kerzenritual eine Lebensberatung („Life Coaching") versprochen wurde, das durch die „Energie" der Wahrsagerin in eine erfolgreiche Partnervermittlung münden sollte. Es entspricht dem Sinn der Privatautonomie, dass auch ein so seltsamer Vertrag zustande kommen soll, wenn und weil die Parteien es wollen. Damit ist indes noch nicht gesagt, dass der Vertrag auch wirksam ist, weil die Entscheidung über die Wirksamkeit des Vertrags der Rechtsordnung obliegt und nicht zur Disposition der Parteien steht[2]. Er könnte angesichts des horrenden Entgelts von 7.000 Euro und der möglicherweise labilen Persönlichkeit des Auftraggebers etwa nach § 138 BGB nichtig sein. Der BGH

---

1 Ablehnend *Schermaier* JZ 2011, 633; zur Entscheidung ferner *Faust* JuS 2011, 356; *Looschelders* JA 2011, 385.
2 *Leenen* § 9 Rz. 143. Zur Unterscheidung zwischen Zustandekommen und Wirksamkeit von Verträgen grundlegend *ders.* AcP 188 (1988) 381; ihm folgend *Moussa*, Das Dogma vom formgerechten Zugang. Zugleich ein Plädoyer für die Trennung von Fragen des Zustandekommens und der Wirksamkeit eines Rechtsgeschäfts (2016).

hat insoweit zurückverwiesen; liegt keine Sittenwidrigkeit vor, dann hat die Wahrsagerin einen Anspruch in voller Höhe[3].

---
3 Zu den hier nicht interessierenden Fragen der Unmöglichkeit nach §§ 275 I, 326 *Medicus/Petersen* BürgR Rz. 222.

§ 9 Das Rechtsverhältnis

Literatur: *Achterberg*, Die Rechtsordnung als Rechtsverhältnisordnung (1982), vgl. auch mehrere Beiträge in: Recht und Institution. Helmut Schelsky-Gedächtnissymposion Münster (1986). Zum Unterschied zwischen dem römisch- und dem modernrechtlichen Denken *Flume*, Rechtsakt und Rechtsverhältnis (1990).

I. Beschreibungsversuche

Das Rechtsverhältnis ist häufig definiert worden als „rechtlich geregeltes Lebensverhältnis". Aber daran stört schon, dass das Wort „Verhältnis" auf beiden Seiten der Definition steht. Häufig bezeichnet worden ist das Rechtsverhältnis als ein „rechtliches Band unter Personen". 54

Beide Beschreibungen stimmen jedenfalls darin überein, dass das Rechtsverhältnis (selbstverständlich) **einer rechtlichen Regelung unterliegt** (vgl. unten Rz. 55). Im Übrigen meint die herkömmliche Definition wohl bloß, das Rechtsverhältnis finde in der Wirklichkeit seine Entsprechung. Aber dass das Rechtsverhältnis ein „Band zwischen Personen" sei, ist bloß ein Bild, dessen Aussagekraft nicht über diejenige der alten Bezeichnung „Obligation" hinausgeht (von lat. *obligare* = binden). Zwischen dem Schuldverhältnis, an dem wenige (regelmäßig nur zwei) Personen beteiligt sind, und dem absolut, gegenüber jedermann wirkenden Recht bestehen aber sehr weitreichende Unterschiede. Daher kann man beides nur unter einen sehr allgemein gehaltenen Oberbegriff bringen. *Bork* spricht von einer „rechtlichen Beziehung zwischen Rechtssubjekten, die über den reinen Rechtsgenossenstatus hinausgeht"[1]. Damit wird jedoch z.B. die Beziehung zwischen dem Eigentümer und der ihm gehörenden Sache nicht erfasst[2]. Beides zu vereinbaren sucht die Definition von *Leipold*: „Ein Rechtsverhältnis ist eine rechtliche geregelte Beziehung einer Person zu einer anderen Person oder einer Sache" (genauer wäre wohl: einem Gegenstand)[3].

Demgegenüber sollte man die zweite Komponente des Rechtsverhältnisses – ohne dass das schon eine ausreichende Definition wäre – darin sehen, dass es sich auf einen **Aus-**

---
1 *Bork* Rz. 289.
2 *Hadding* JZ 1986, 926 („Rechtsverhältnis zwischen Person und Sache?") meint, ein Rechtsverhältnis ohne Bezug auf eine andere Person sei sinnlos. Daher seien die subjektiven Sachenrechte zu verstehen als „Entscheidungskompetenzen einer Person gegenüber anderen Menschen". So kann man gewiss formulieren, doch passt auch die „Kompetenz" nicht zu dem Bild eines Bandes zu anderen (kompetenzunterworfenen) Personen.
3 *Leipold* § 7 Rz. 35.

schnitt aus der Wirklichkeit bezieht (vgl. unten Rz. 56 ff.): Aus dem Kontinuum der Lebensverhältnisse wird für die rechtliche Betrachtung ein Teil herausgegriffen.

II. Die beiden Bestandteile der Beschreibung

1. Die rechtliche Regelung

55 Ein Rechtsverhältnis erfordert allemal eine rechtliche (nicht notwendig gesetzliche) Regelung. Nicht ausreichend ist eine Regelung bloß durch Normen einer anderen Schicht des Sollens (etwa Sitte oder Moral). So begründet z.B. die (in den §§ 1303 ff. geregelte) **Ehe** ein Rechtsverhältnis. Dagegen stellt die **nichteheliche Lebensgemeinschaft** zwischen Personen verschiedenen Geschlechts als solche – weil wenigstens derzeit rechtlich nicht geregelt – kein Rechtsverhältnis dar. Wohl aber können sich anlässlich einer solchen Gemeinschaft Rechtsverhältnisse mit beschränkterem Inhalt ergeben; etwa wenn die Partner eine Vereinbarung über den Unterhalt getroffen (§ 311) oder eine Sache zu Miteigentum (§§ 741 ff., 1008 ff.) erworben haben.

Allgemein können die Parteien einer Einigung weithin darüber entscheiden, ob sie diese einer rechtlichen Regelung unterstellen wollen; vgl. zu dieser Frage des „Rechtsbindungswillens" unten Rz. 191.

2. Der Ausschnitt aus der Wirklichkeit

56 **a)** Die Beschränkung auf Ausschnitte aus der Wirklichkeit ist ein unentbehrliches Mittel der juristischen Arbeitstechnik. Diese Beschränkung zeigt sich in der Praxis besonders deutlich, wenn ein Richter eine Partei oder einen Zeugen auffordert, doch endlich „zur Sache" zu kommen – obwohl der so Angeredete meist glaubt, längst bei der Sache zu sein. Für den Juristen gehört eben nur das „zur Sache", was **Tatbestandsmerkmal** einer auf den Sachverhalt passenden Rechtsnorm sein oder dem **Beweis** einer solchen Tatsache dienen kann.

Bezogen auf die Lebensbeziehungen zwischen Vermieter und Mieter bedeutet das beispielsweise: Ob diese Beziehungen gut oder schlecht sind, gehört nur insofern „zur Sache", als um eine Kündigung gestritten wird und aus diesen Beziehungen auf das Vorliegen eines Kündigungsgrundes nach § 543 geschlossen werden kann.

Einer solchen Beschränkung bedarf es, wenn sich die Rechtsfindung nicht auf einen irrationalen Gesamteindruck von Recht und Unrecht zurückziehen und so jede Verlässlichkeit verlieren will. Daher muss eine **rationale Rechtsfindung** mit einer endlichen, praktisch sogar ziemlich kleinen Anzahl von erheblichen Umständen auskommen[4]. Denn die Prozesse würden kein Ende finden, wenn nicht der Kreis der festzustellenden

---

[4] *Köndgen* AcP 184 (1984) 600, 602 bemerkt, hiermit würden nicht nur „rein-gesellschaftliche", sondern auch rechts- aber nicht entscheidungserhebliche Fakten ausgeblendet. Aber das widerspricht dem im Text Gesagten nicht und ist auch sachlich geboten: So bleibt im Kündigungsprozess zwischen Mieter und Vermieter außer Betracht, ob der Vermieter Eigentümer ist: Das ist zwar in anderer Hinsicht rechtserheblich, aber in *diesem* Prozess nicht entscheidungserheblich, weil in den maßgebenden Mietrechtsnormen das Wort „Eigentum" nicht vorkommt.

Umstände klein wäre. Und der Normenbestand ließe sich noch weniger überschauen als schon jetzt, wenn die Zahl der Tatbestandsmerkmale wesentlich erhöht würde.

b) Ein besonders deutliches Beispiel einer solchen Beschränkung bildet das **Schuldverhältnis**, wie es in § 241 I definiert ist: ein Rechtsverhältnis zwischen zwei Personen, gerichtet auf eine Leistung. Dabei wird also wenigstens zunächst davon abgesehen, dass an dieser Zweipersonenbeziehung noch weitere Personen interessiert sein können[5]. So mag es auch einen Dritten D berühren, ob G eine Forderung gegen S hat und durchsetzen kann: Wenn D nämlich seinerseits Gläubiger des G ist, muss ihm an einem möglichst großen vollstreckungsfähigen Vermögen des G gelegen sein. Ähnlich ist das Interesse von Personen, die von G Unterhalt verlangen können, weil dessen Höhe regelmäßig von der Leistungsfähigkeit des G abhängt (§ 1603). Trotzdem wird die Forderung G – S ohne Rücksicht auf diese weiteren Personen beurteilt: Für diese Forderung spielt es keine Rolle, ob G seinerseits Schulden hat. Daher würden in einem Prozess G – S Äußerungen des G darüber, er benötige das dem S abverlangte Geld zur Zahlung eigener Schulden, nicht „zur Sache" (nämlich in diesem Prozess) gehören. Ebenso wenig wäre D an diesem Prozess beteiligt. 57

Eine ähnliche Begrenzungstechnik wie beim Schuldverhältnis findet sich auch bei den **anderen Rechtsverhältnissen**. Zwar wirken die absoluten Rechte – wie etwa das Eigentum – nicht bloß gegen eine bestimmte Person (vgl. unten Rz. 62). Aber sobald jemand in das absolute Recht unbefugt eingreift, entsteht daraus wieder ein Anspruch als Zweipersonenbeziehung. Und dieser Anspruch ist unabhängig davon, ob etwa auch Dritte in das Recht eingegriffen haben und deswegen Ansprüchen des Berechtigten ausgesetzt sind: Wer z.B. unbefugt auf einem fremden Grundstück zeltet (und daher Ansprüchen aus §§ 862, 1004 ausgesetzt ist), kann nicht geltend machen, auch andere zelteten dort in gleicher Weise.

c) Freilich werden diese **Beschränkungen** schon ansatzweise im BGB und mehr noch im neueren Richterrecht **nicht überall durchgehalten**. So kann z.B. der vertragliche Herausgabeanspruch des Vermieters und des Verleihers auch gegen einen Dritten gerichtet werden (§§ 546 II, 604 IV)[6]. Eine wichtige Entwicklung des Richterrechts, die in diesen Zusammenhang gehört, war etwa der sog. Einwendungsdurchgriff bei fremdfinanzierten Abzahlungsgeschäften: Danach kann z.B. der Käufer, der seinen Kauf durch ein Darlehen finanziert hat, dem dritten Darlehensgeber unter bestimmten Voraussetzungen auch Einwendungen aus dem Kauf entgegenhalten (etwa er habe wegen eines Mangels der Kaufsache den Rücktritt erklärt: Da er infolgedessen den Kaufpreis nicht mehr schulde, brauche er auch das Darlehen nicht mehr zurückzuzahlen). Das hat der Gesetzgeber in den §§ 358 f. übernommen. 58

Aber eine solche Verbindung eines Rechtsverhältnisses mit einem anderen bleibt doch Ausnahme. Vor allem jedoch führt auch diese Verbindung keineswegs zu einer grenzenlosen Erheblichkeit aller möglichen Umstände. Vielmehr wird so nur das Rechtsverhältnis auf bestimmte andere Personen erweitert, oder es werden in ein Rechtsverhältnis die rechtserheblichen Umstände eines anderen Rechtsverhältnisses einbezogen. So wird beim Einwendungsdurchgriff für den Rückzahlungsanspruch aus

---

5 Vgl. aber *Henke*, Die sog. Relativität des Schuldverhältnisses (1989), dazu *J. Schmidt* AcP 190 (1990) 650.
6 Zur Gebrauchsüberlassung an Dritte bei der Leihe und Miete *Petersen* Jura 2015, 154; 459.

Zweiter Teil *Die Instrumente des Privatrechts*

dem Darlehen das Vorliegen eines wirksamen Rücktritts vom Kauf erheblich. Aber auch eine solche Verbindung mehrerer Rechtsverhältnisse erweitert den „Ausschnitt aus der Wirklichkeit" nur verhältnismäßig wenig.

III. Inhalt des Rechtsverhältnisses

59 Inhalt eines Rechtsverhältnisses können vor allem **Rechte** sein (zu ihnen vgl. unten Rz. 61 ff.), und zwar häufig gleich mehrere: Das Rechtsverhältnis Kauf etwa umfasst primär die in § 433 genannten Ansprüche des Verkäufers und die Gegenansprüche des Käufers, dazu noch kaum voneinander abgrenzbare Treue- und Sorgfaltspflichten beider Parteien (etwa Pflichten des Verkäufers zur Beratung des Käufers, zur sorgsamen Verpackung der Kaufsache usw.). Mit der Weiterentwicklung des Rechtsverhältnisses können sich diese Ansprüche verändern (z.B. in Schadensersatzansprüche übergehen) oder erweitern (z.B. ein Geldanspruch um den Anspruch auf Verzugszinsen). Einzelheiten gehören zur Erörterung der einzelnen Rechtsverhältnisse, insbesondere ins Schuldrecht. Denn in dessen Mittelpunkt steht das wohl wandlungsfähigste Rechtsverhältnis, nämlich das Schuldverhältnis.

IV. Rechtsinstitute und -institutionen

60 Der Ausdruck „Rechtsinstitut" bezeichnet eine rechtlich geregelte Einrichtung wie Kauf, Eigentum, Ehe oder Vertragsfreiheit. Viele dieser Institute stellen zugleich Rechtsverhältnisse dar. Der Unterschied in dem – nicht immer einheitlichen – Sprachgebrauch besteht wohl darin, dass „Rechtsinstitut" stets abstrakt verwendet wird: Es fehlt die beim „Rechtsverhältnis" häufig gemeinte Beziehung auf einen konkreten Kauf, ein konkretes Eigentum usw. Daher kommen als Rechtsinstitute auch Dinge in Betracht, die wegen ihrer Abstraktheit kein Rechtsverhältnis mehr bezeichnen können (z.B. die Vertragsfreiheit oder der Wettbewerb).

Noch etwas anders ist der Sinn von „Institution"[7]: Ihr (z.B. der Ehe) wird bisweilen ein Wert zuerkannt, der über ihre positivrechtliche Regelung hinausgeht. Doch entzieht sich das einer allgemeinen Erörterung an dieser Stelle[8].

---

7 Vgl. *L. Raiser*, Rechtsschutz und Institutionenschutz, in: Summum ius summa iniuria (1963) 145.
8 Vgl. *Krawietz* JZ 1985, 706.

§ 10 Das subjektive Recht

Literatur: *Aicher*, Das Eigentum als subjektives Recht (1975, dazu *Schapp* AcP 176, 1976, 90); *Bucher*, Das subjektive Recht als Normsetzungsbefugnis (1965); *Fezer*, Teilhabe und Verantwortung (1986, dazu *Mayer-Maly* JZ 1987, 343); *Jahr*, Zum römischen (romanistischen) Begriff des Eigentums (des subjektiven Rechts), GS Kunkel (1984) 69; *Kasper*, Das subjektive Recht – Begriffsbildung und Bedeutungsmehrheit (1967); *Larenz*, Zur Struktur subjektiver Rechte, FG Sontis (1977) 129; *Petersen*, Das Bankgeheimnis zwischen Individualschutz und Institutionsschutz (2005); *L. Raiser*, Der Stand der Lehre vom subjektiven Recht im deutschen Zivilrecht,

JZ 1961, 465; *Schapp*, Das subjektive Recht im Prozess der Rechtsgewinnung (1977); *Jürgen Schmidt*, Aktionsberechtigung und Vermögensberechtigung (1969); *ders.*, Nochmals: Zur formalen Struktur der subjektiven Rechte, Rechtstheorie 1979, 71; *Unberath*, Die Vertragsverletzung (2007); *G. Wagner*, Rudolph von Iherings Theorie des subjektiven Rechts und der berechtigenden Reflexwirkungen, AcP 193 (1993) 319; *Wüstenbecker*, Die subjektiven Privatrechte, JA 1984, 227; *Zeuner*, Linien in der Entwicklung des Rechts am Gewerbebetrieb, des allgemeinen Persönlichkeitsrechts und der Verkehrssicherungspflichten, in: 25 Jahre Karlsruher Forum (1983) 196.

Das Wort „Recht" wird in einem objektiven und in einem subjektiven Sinn verwendet. Objektiv bedeutet es so viel wie „Rechtsordnung" oder „rechtliche Regelung" (z.B. in „bürgerliches Recht", „Strafrecht"). Subjektiv meint „Recht" dagegen die „Berechtigung". Von diesem Sinn ist im Folgenden die Rede. **61**

I. Arten der Berechtigung

Man kann die Berechtigungen unter verschiedenen Gesichtspunkten unterscheiden.

1. Absolute und relative Rechte

a) Eine Berechtigung kann **gegen jedermann** wirken, also von jedermann zu respektieren sein. Man spricht dann von einem **absoluten Recht**. Die deutlichsten Beispiele hierfür sind das Eigentum und die übrigen im 3. Buch des BGB geregelten Sachenrechte (vgl. oben Rz. 17). Die Wirkung gegen jedermann zeigt sich für das Eigentum (für die anderen dinglichen Rechte gelten ähnliche Vorschriften) vor allem in den §§ 985, 1004, 894 BGB, 771 ZPO: Der Eigentümer kann seine Sache von jedem Dritten herausverlangen, der sie unberechtigt besitzt, und er kann jede Störung durch einen Dritten abwehren. Aber auch die §§ 823 I, 812 I, 816 I dienen dem absoluten Eigentumsschutz: Jeder, der fremdes Eigentum widerrechtlich und schuldhaft verletzt, schuldet dem Eigentümer Schadensersatz. Und nach Bereicherungsrecht ist sogar unabhängig von einem Verschulden zum Wertersatz verpflichtet, wer unberechtigt in fremdes Eigentum eingreift (das ist die sog. Eingriffskondiktion). **62**

b) Andererseits kann eine Berechtigung aber auch **bloß gegen eine bestimmte Person** wirken. In diesem Sinn definiert § 194 I den **Anspruch** als „das Recht, von einem anderen ein Tun oder ein Unterlassen zu verlangen" (zu Einzelheiten vgl. unten Rz. 74). Ähnlich beschreibt § 241 I das auf Leistung gerichtete **Schuldverhältnis** (im engeren Sinn, nämlich die Forderung) als Berechtigung des Gläubigers, von dem Schuldner eine Leistung zu fordern. Bei solchen relativen Rechten wird ein Schutz gegen Dritte nur ausnahmsweise gewährt, nämlich wenn ein Dritter dem Gläubiger die Forderung durch eine wirksame Verfügung (§ 816 I) oder durch die Annahme der geschuldeten Leistung (§ 816 II) entzieht. Dagegen wird der Gläubiger gegen einen Dritten, der die Forderung durch eine Einwirkung auf den geschuldeten Gegenstand beeinträchtigt, grundsätzlich (Ausnahme § 826) nicht geschützt. **63**

Beispiel: K sieht im Schaufenster des V einen alten Bauernschrank. K kauft den Schrank, lässt ihn aber noch bei V, bis dieser seine Dekoration wechselt. Am folgenden Tag schleudert der Lkw des D in das Schaufenster und zerstört den Schrank. Hier kommt es für Ansprüche des K gegen

D darauf an, ob der Schrank schon (nach § 930) an K übereignet war: Wenn ja, hatte K ein absolutes Recht an dem Schrank und kann folglich von D Schadensersatz fordern (nach §§ 823 I BGB, 7 StVG). Andernfalls ist K jedoch allein auf Ansprüche gegen V angewiesen. Freilich kann K dann nach §§ 326 III, 285 von V die Abtretung derjenigen Schadensersatzansprüche verlangen, die dieser als Eigentümer des zerstörten Schrankes seinerseits gegen D hat. Weitere Probleme sind denkbar: War vor dem Unfall bereits die Gefahr des zufälligen Untergangs der Kaufsache auf K übergegangen, etwa weil er die vereinbarte Abholzeit versäumt hatte (§ 446 S. 3), dann scheint es an abtretbaren Ersatzansprüchen des V gegen D zu fehlen, da V offenbar keinen Schaden erlitten hat. Denn ohne den Unfall hätte er den Schrank gegen Zahlung des Kaufpreises fortgeben müssen und durch den Unfall hat er den Schrank ebenfalls verloren, als Folge des Gefahrübergangs aber zugleich den Kaufpreisanspruch gegen K nach § 326 II behalten. Hier hilft die sog. **Drittschadensliquidation**[1]: Weil ein Freiwerden des D aufgrund der zufälligen Gefahrverlagerung unbillig wäre, kann V ausnahmsweise den fremden Schaden des K gegenüber D liquidieren, muss aber wiederum die Ersatzansprüche an K abtreten.

64 c) Zwischen diesen beiden Idealtypen gibt es insofern **Mischformen**, als auch relative Rechte mit einzelnen Drittwirkungen ausgestattet sein können[2]. So erhalten Ansprüche auf Änderung der Rechtslage hinsichtlich eines Grundstücks durch die Eintragung einer Vormerkung Wirkung gegen Dritte (§§ 883 II, 888). Oder die mit dem Besitz verbundene Stellung des Wohnungsmieters setzt sich nach § 566 gegen einen späteren Erwerber des Grundstücks durch (ungenau als „Kauf bricht nicht Miete" formuliert)[3].

Aber solche Mischformen sind Ausnahmen, die an der grundsätzlichen Bedeutung des Unterschieds zwischen absoluten und relativen Rechten nichts ändern: Auf diesem Unterschied beruht ja auch die Trennung zwischen dem 2. und dem 3. Buch des BGB (vgl. oben Rz. 17).

2. Vollrechte und Anwartschaftsrechte

65 Ein Vollrecht (z.B. das Eigentum) wird erst dann erworben, wenn alle Erwerbsvoraussetzungen erfüllt sind (also bei beweglichen Sachen regelmäßig Einigsein bei Übergabe, § 929, und bei Grundstücken Auflassung und Eintragung, §§ 873, 925). Zwischen dem Beginn und der Vollendung des Erwerbs kann längere Zeit vergehen. Sobald die Rechtsstellung des Erwerbers schon in bestimmter Weise gesichert ist, nimmt man aber ein Anwartschaftsrecht an, also eine rechtlich geschützte Anwartschaft auf Erwerb des Vollrechts. Das praktisch wichtigste Anwartschaftsrecht findet sich bei der Stellung des bedingten Eigentumserwerbs vor Bedingungseintritt durch Zahlung des vollen Kaufpreises, vgl. § 449 I.

Das BGB regelt zwar, wie sich der Schutz des Erwerbers mit dem Fortschreiten seines Erwerbs verstärkt, kennt aber den Begriff „Anwartschaftsrecht" selbst nicht. Daher gibt es um den Nutzen dieses Begriffs viel Streit[4]. Darüber kann umfassend nur im

---

1 Ausführlich *Medicus/Lorenz* SAT Rz. 692 ff.; *Medicus/Petersen* BürgR Rz. 838; *Petersen*, Allgemeines Schuldrecht (7. Aufl. 2015) Rz. 480 ff.
2 Zu einer solchen „Verdinglichung obligatorischer Rechte" vgl. *Dulckeit* (1951); *Canaris* FS Flume (1978) I 371 ff.; auch *Medicus*, Drittbeziehungen im Schuldverhältnis, JuS 1974, 613.
3 Dazu *Schön* JZ 2001, 119; *Petersen* Jura 2012, 279.
4 Etwa *Schreiber* Jura 2001, 623.

Rahmen der Erörterung des Vollrechts berichtet werden; da es sich meist um das Eigentum handelt, also im Sachenrecht[5]. In den Allgemeinen Teil gehören nur die aus § 161 folgenden Sicherungen des bedingten Erwerbs; vgl. unten Rz. 843.

3. Herrschafts-, Aneignungs- und Ausschließungsrechte

Viele Rechte sind primär auf die **Beherrschung** eines Gegenstandes oder eines anderen, unkörperlichen Guts gerichtet: so das Eigentum auf die Beherrschung einer Sache, das Patent auf die Beherrschung einer Erfindung. Hier darf der Berechtigte das beherrschte Gut auf Dauer oder auf Zeit nutzen. Dass damit zugleich andere von der Nutzung ausgeschlossen werden (vgl. §§ 903 BGB, 9 S. 2 PatG), sichert diese Beherrschungsmöglichkeit gegen Dritte ab. 66

Die hier mit sekundärer Bedeutung vorkommende **Ausschließungsfunktion** kann aber auch den wesentlichen Inhalt eines Rechts darstellen. Das trifft vor allem für den Besitz zu (für den freilich bezweifelt wird, ob er wirklich ein Recht ist): Der Besitzer darf nach §§ 858 ff. Angriffe anderer abwehren; ein Recht zur Nutzung folgt dagegen nicht aus dem Besitz selbst, sondern erst aus einem mit ihm etwa verbundenen Recht zum Besitz. 67

Wieder anders liegt es bei den **Aneignungsrechten**, deren bekanntestes das Recht des Jagd- oder Fischereiberechtigten darstellt. Auch hier spielt zwar der Ausschluss Dritter eine wesentliche Rolle: Außer dem Berechtigten kann eben kein anderer die vorbehaltene Befugnis ausüben; der Wilderer, der einen Hasen in der Schlinge fängt, erwirbt darum kein Eigentum, § 958 II. Aber mit den Aneignungsrechten ist auch die positive Befugnis verbunden, wie bei einem Gestaltungsrecht ohne die Mitwirkung Dritter Eigentum zu erwerben, § 958 I. 68

Neben den eben genannten Rechtstypen gibt es noch **Rechte anderen Inhalts**, von denen die folgenden an anderer Stelle behandelt werden: die Persönlichkeitsrechte (unten Rz. 1063 ff.), die Mitgliedschaftsrechte (unten Rz. 1116 ff.), die Gestaltungsrechte (unten Rz. 79 ff.) und die Gegenrechte (unten Rz. 91 ff.). Überhaupt schwer nach dem Rechtsinhalt einzuordnen sind die Ansprüche (unten Rz. 73 ff.). Denn wer etwa als Käufer die Lieferung der Kaufsache fordern kann, hat an dieser selbst noch kein Recht: nämlich kein Herrschaftsrecht, weil er die Sache vor der Übergabe noch nicht nutzen darf; auch kein Ausschließungsrecht, weil er Angriffe Dritter auf die Sache noch nicht abwehren kann; endlich auch kein Aneignungsrecht, weil er zum Eigentumserwerb noch der Mitwirkung des Verkäufers bedarf. An der Person des Schuldners besteht kraft des Anspruchs gleichfalls kein Herrschaftsrecht (und auch kein anderes Recht): Dass der Schuldner verpflichtet ist, folgt ja nicht erst aus einem Befehl des Gläubigers, sondern schon aus dem Anspruch selbst. Doch haben diese Einordnungsschwierigkeiten keine praktische Bedeutung: Am ehesten wird man den Anspruch als Recht eigener Art anzusehen haben (vgl. unten Rz. 73 ff.). 69

---

5 Etwa *Baur/Stürner* SaR § 3 Rz. 44 ff.; *Westermann-H. P. Westermann* SaR § 5 III 4.

II. Die Rolle des subjektiven Rechts und seine Alternativen

70 1. Im 19. bis weit hinein in das 20. Jahrhundert war das subjektive Recht unangefochten ein **zentraler Begriff des Privatrechts**. So hat 1910 *Andreas von Tuhr* (AT I 53) geschrieben: „Der zentrale Begriff des Privatrechts und zugleich die letzte Abstraktion aus der Vielgestaltigkeit des Rechtslebens ist das Recht des Subjekts, das subjektive Recht".

Entsprechend dieser zentralen Bedeutung hat man viel Mühe auf die Suche nach einer zutreffenden Definition des subjektiven Rechts verwendet. Dabei haben sich im 19. Jahrhundert zwei Richtungen herausgebildet[6]. Für *von Savigny, Puchta* und *Windscheid* standen **Willensmacht oder Willensherrschaft** im Vordergrund: Der Berechtigte kann, gestützt auf das Recht, seinen Willen frei entfalten. Demgegenüber hat *von Ihering* den Zweck dieser Machtverleihung betont, nämlich die **Befriedigung bestimmter Interessen**. Daher erscheint das subjektive Recht bei ihm als rechtlich geschütztes Interesse. Später hat man beide Gesichtspunkte zu vereinigen gesucht und von Willensherrschaft (oder Rechtsmacht) zur Befriedigung von Interessen gesprochen[7].

Viel Bedeutung hat dieser Streit jedoch nicht. Praktisch erhebliche Unterschiede zeigen sich am ehesten in der Lehre vom Rechtsmissbrauch (vgl. unten Rz. 129 ff.): Hier ermöglicht es die Betonung des Zwecks, die zweckwidrige Rechtsausübung als durch das Recht nicht mehr gedeckt erscheinen zu lassen.

71 2. Die beherrschende Stellung des subjektiven Rechts hat der traditionellen Lehre den Blick auf **andere Denkmöglichkeiten** lange Zeit versperrt. Daher hat man auch solche Rechtspositionen für subjektive Rechte gehalten, die nur durch einzelne Ge- oder Verbote geschützt waren. Durch diese Auffassung wurde vor allem der deliktische Schadensersatz erweitert: Der nur beschränkte Deliktsschutz im Rahmen von § 826 (Vorsatz) oder von § 823 II (Verletzung bestimmter Verhaltensnormen) ist durch den unbeschränkten Schutz nach § 823 I ergänzt oder ersetzt worden[8].

Das deutlichste Beispiel hierfür bildet der **Schutz der gewerblichen Betätigung**. Ein solcher Schutz besteht gewiss gegen vorsätzliche sittenwidrige Schädigung (§ 826) und gegen bestimmte verbotene Beeinträchtigungen, etwa durch unlauteren Wettbewerb (vgl. das UWG). Darüber hinaus ist dann aber der eingerichtete und ausgeübte Gewerbebetrieb für ein „sonstiges" (also absolutes) Recht im Sinne von § 823 I gehalten worden[9].

Das schoss aber weit über das Ziel hinaus. Denn konsequent durchgeführt hätte ein solches Recht jeden Wettbewerb ersticken können: Kunden, Umsatz und womöglich sogar der Gewinn wären auf diese Weise zum Besitzstand des Unternehmers geworden, den er gegen Beeinträchtigungen durch Dritte rechtlich ebenso hätte verteidigen können wie ein Eigentümer die Nutzung seiner Sache. So musste dann das angebliche Recht erheblich und in teils unklarer Weise eingeschränkt werden: Das „Recht" soll

---

6 Vgl. *Coing*, Zur Geschichte des Privatrechtssystems (1962) 29 ff.
7 Zitate bei *Raiser* JZ 1961, 465 Fn. 2 – 4, 6.
8 Dazu *Deutsch* JZ 1963, 385.
9 Umfassende Literaturübersicht bei MünchKomm-*Wagner* § 823 vor Rz. 179.

nur einen „Auffangtatbestand" bilden[10] und auch bloß gegen „unmittelbare"[11] oder „betriebsbezogene"[12] Eingriffe schützen. Heute spricht man oft von einem **„Rahmenrecht"**, was ein Recht minderer Wirksamkeit bezeichnen soll (das z.B. anders als das Eigentum die Rechtswidrigkeit seiner Beeinträchtigung nicht indiziert, sondern eine Güter- und Interessenabwägung erfordert[13]). Nach *Larenz/Canaris*[14] soll das sog. Recht am Gewerbebetrieb nur eine Ermächtigungsgrundlage für die Entwicklung von Verkehrspflichten zum Schutz unternehmerischer Tätigkeit darstellen.

3. Seit langem mehren sich die kritischen Stimmen gegen die zentrale Bedeutung des subjektiven Rechts. So wollen manche statt seiner das **Rechtsverhältnis** (vgl. oben Rz. 54 ff.) zum Zentralbegriff machen, weil dieses auch Platz für Pflichten des Berechtigten lasse. *L. Raiser*[15] will neben dem Rechtsschutz auch einen **Institutionenschutz** berücksichtigt sehen. Und *Coing*[16] betont als Aufgabe der Rechtsordnung neben dem Schutz individueller Rechtspositionen auch die **Organisation einer Zusammenarbeit** der Mitglieder der Rechtsgemeinschaft zu gemeinsamen Zwecken.

72

Dieser Kritik ist zuzugeben, dass das Privatrecht mit der Denkfigur des subjektiven Rechts allein nicht auskommt. Doch wird diese keinesfalls entbehrlich. Denn das wirksamste Mittel, um Pflichten einer Person privatrechtlich durchsetzbar zu machen, ist die Annahme eines korrespondierenden Anspruchs (also eines subjektiven Rechts) einer anderen Person. So kann die Verpflichtung des Eigentümers eines Grundstücks, das Betreten durch andere zu dulden, am besten dadurch wirksam gemacht werden, dass man diesen anderen Personen einen Anspruch auf das Betreten gewährt. Ohne solche Ansprüche besteht dagegen die Gefahr, dass die Verpflichtung privatrechtlich ebenso unergiebig bleibt wie die Formel „Eigentum verpflichtet" (Art. 14 II 1 GG, vgl. unten Rz. 131). Viele Sünden gegen den Umweltschutz gehen gerade auf die Verdrängung privatrechtlicher Unterlassungsansprüche zurück (z.B. gegen gewerbliche Emissionen oder die Folgen unnötiger Fliegerei); die Erosion des subjektiven Rechts hat sich hier bitter gerächt.

Auch mit dem Institutionenschutz sind das subjektive Recht und dessen Schutz keineswegs unvereinbar. So dient der Schutz des konkreten Eigentums oder konkreter Vereinigungen zugleich dem Schutz der Institutionen „Eigentum" oder „Vereinigungsfreiheit". Umgekehrt werden diese Institutionen wertlos, wenn das konkrete Eigentum oder konkrete Vereinigungen ohne wirksamen Schutz bleiben. Nicht umsonst versteht man ja z.B. Art. 14 GG nicht bloß als Schutz des subjektiven Rechts (also des Eigentums bestimmter einzelner Personen), sondern auch als Garantie des Rechtsinstituts „Eigentum" (sog. Institutsgarantie).

---

10 BGHZ 45, 296, 307.
11 Etwa BGHZ 8, 387, 394.
12 BGHZ 29, 65, 72.
13 Vgl. MünchKomm-*Wagner* § 823 Rz. 185 ff. und zu der Abwägung *Larenz*, Methodische Aspekte der Güterabwägung, FS Klingmüller (1974) 235.
14 *Larenz/Canaris* SchuldR II/2 § 81 II 2.
15 *L. Raiser*, Rechtsschutz und Institutionenschutz, in: Summum ius summa iniuria (1963) 145; ferner *ders.* JZ 1961, 465, 472 und (in größerem Rahmen) *ders.*, Die Zukunft des Privatrechts (1971); vgl. auch *Petersen*, Das Bankgeheimnis zwischen Individualschutz und Institutionsschutz (2005).
16 *Coing*, Zur Geschichte des Privatrechtssystems (1962) 53.

Zweiter Teil *Die Instrumente des Privatrechts*

§ 11 Der Anspruch

Literatur: *Bornemann*, Die Lehre vom Anspruch (1971); *R. Bruns*, Der materiellrechtliche Anspruch und der Zivilprozess, FS Ekelöf (1971) 161; *Buchner*, Für mehr Aktionendenken, AcP 186 (1986) 1; *Georgiades*, Die Anspruchskonkurrenz im Zivilrecht und Zivilprozessrecht (1967); *W. Henckel*, Vorbeugender Rechtsschutz im Zivilrecht, AcP 174 (1974) 97; *H. Kaufmann*, Zur Geschichte des aktionenrechtlichen Denkens, JZ 1964, 482; *Kleinfeller*, Der Begriff „Anspruch", AcP 137 (1933) 129; *Kuhn*, Rechtsfolgenorientierung im Aufbau zivilrechtlicher Gutachtenklausuren, JuS 2008, 956; *ders.*, Argumente zur Sperrwirkung von Ansprüchen als Beitrag zur Reduzierung des zivilrechtlichen Lernstoffs, Jura 2013, 975; *Leenen*, Anspruchsaufbau und Gesetz: Wie die Methodik der Fallbearbeitung hilft, das Gesetz leichter zu verstehen, Jura 2011, 723; *Medicus*, Anspruch und Einrede als Rückgrat einer zivilistischen Lehrmethode, AcP 174 (1974) 313; *Petersen*, Anspruchsgrundlage und Anspruchsprüfung als Abbildung des inneren Systems der Privatrechtsordnung, 2. FS Medicus (2009) 295; *ders.*, Die Anspruchsgrundlagen des Allgemeinen Teils, Jura 2002, 743; *ders.*, Die Aufrechterhaltung des Primäranspruchs, Jura 2012, 935; *ders.*, Ansprüche auf Abtretung, Jura 2014, 406; *Rimmelspacher*, Materieller Anspruch und Streitgegenstandsproblem im Zivilprozess (1970); *Schapp*, Das Zivilrecht als Anspruchssystem, JuS 1992, 537; *Eike Schmidt*, Die AGB-Verbandsklagebefugnis und das zivilistische Anspruchsdenken, ZIP 1991, 629; *Thomale*, Der verdrängte Anspruch – Freie Anspruchskonkurrenz, Spezialität und Subsidiarität im Privatrecht, JuS 2013, 296; *Windscheid*, Die Actio des römischen Civilrechts vom Standpunkt des heutigen Rechts (1856).

Eines der wichtigsten subjektiven Rechte, nämlich den Prototyp des relativen Rechts (vgl. oben Rz. 63), bildet der Anspruch.

I. Die doppelte Bedeutung von „Anspruch"

73 1. „Anspruch" kann zunächst **das auf eine bestimmte Leistung gerichtete Begehren** bedeuten: Diese Leistung wird „beansprucht". Dabei bleibt dann offen, ob die derart begehrte Leistung wirklich gefordert werden kann. In diesem Sinn sagt z.B. § 253 II Nr. 2 ZPO, die Klageschrift müsse die bestimmte Angabe des Grundes „des erhobenen Anspruchs" enthalten: Das gilt offenbar unabhängig davon, ob die Klage materiellrechtlich begründet ist oder nicht; gemeint ist einfach das, was der Kläger verlangt.

74 2. Demgegenüber definiert § 194 I den Anspruch als das (subjektive) „Recht, von einem anderen ein Tun oder ein Unterlassen zu verlangen". Ein solches Recht setzt einen **materiellrechtlich begründeten** Anspruch voraus. Umgekehrt braucht dieser materiellrechtliche Anspruch nicht schon (durch Klage oder anderswie) erhoben worden zu sein: Sein Bestand ist unabhängig von einer solchen Geltendmachung wie auch davon, dass der Gläubiger seinen Anspruch kennt. Insbesondere lässt auch § 199 IV die Verjährung schon mit dem Entstehen des Anspruchs beginnen (vgl. unten Rz. 108).

Diesen materiellrechtlichen Anspruchsbegriff hat erst *Windscheid*[1] aus dem Begriff der actio des römischen und gemeinen Rechts entwickelt. Die actio war nicht vom materiellen Recht, sondern vom Prozess her gedacht. Noch eine Nachwirkung dieser Denkweise bedeutet es, wenn z.B. die §§ 12 S. 2, 1004 I 2 formulieren, der Berechtigte

---

1 *Windscheid*, Die Actio des römischen Civilrechts vom Standpunkt des heutigen Rechts (1856).

könne „auf Unterlassung klagen". Dass damit nichts anderes gemeint ist als ein gewöhnlicher materiellrechtlicher Anspruch, folgt schon aus § 1004 II: Der dort bestimmte Ausschluss „des Anspruchs" meint insbesondere auch den Ausschluss der Möglichkeit zur Unterlassungsklage.

II. Anspruch und Forderung

Die soeben genannte Definition des materiellrechtlichen Anspruchs in § 194 I ähnelt der Beschreibung, die § 241 I für das Schuldverhältnis gibt: Der Gläubiger sei berechtigt, von dem Schuldner eine Leistung zu fordern, und diese könne auch in einem Unterlassen bestehen. Damit meint § 241 I nicht das Schuldverhältnis im weiteren Sinn, das – wie etwa ein Kauf – regelmäßig eine Vielzahl von subjektiven Rechten umfasst. Vielmehr bezieht sich § 241 I auf das Schuldverhältnis im engeren Sinn, nämlich auf die einzelne Forderung, die auf eine Leistung gerichtet ist. **75**

Der **Unterschied zwischen Anspruch und Forderung** lässt sich nicht dem Wortlaut der beiden Definitionen entnehmen, sondern nur ihrem verschiedenen Standort im Gesetz. Danach muss der im Allgemeinen Teil definierte **Anspruch das Allgemeinere** gegenüber der schuldrechtlichen Forderung sein. Wirklich spricht man vom „Anspruch" üblicherweise auch außerhalb des Schuldrechts. So werden im 3. Buch des BGB als „Anspruch" bezeichnet die possessorischen Ansprüche aus dem Besitz (§§ 861 II, 862 II, 863 f., 869), der Herausgabeanspruch allgemein (§§ 870, 931, 934), das, was durch eine Vormerkung zu sichern ist (§§ 883 ff.), der Grundbuchberichtigungsanspruch (§ 898) und vieles mehr. Das Familienrecht redet mehrfach von Unterhaltsansprüchen (etwa in §§ 1569, 1615, 1615 l, 1615 o und öfter). Das Erbrecht endlich hat etwa den Erbschaftsanspruch (§§ 2018 ff.).

Ganz sauber durchgehalten worden ist die terminologische Unterscheidung freilich nicht. So verwenden etwa die §§ 438 I 1, III 1, 479, 548 im Schuldrecht die Bezeichnung „Anspruch". Umgekehrt sprechen etwa die §§ 1378, 1380 ff. im Familienrecht von Ausgleichs„forderungen", und im Erbrecht redet § 2176 von der „Forderung" des Vermächtnisnehmers.

Deshalb sieht denn auch die h.M. zwischen Anspruch und Forderung mit Recht **keinen sachlichen Unterschied**[2]. Insbesondere können die Vorschriften über Forderungen (§§ 242 ff.) auf Ansprüche weithin entsprechend angewendet werden. Sonst wäre es ja auch unerklärlich, dass das BGB z.B. nicht eigens ausspricht, ein Anspruch erlösche ebenso wie die Forderung (§ 362) durch Erfüllung. Die sog. dinglichen Ansprüche, durch die ein beeinträchtigtes dingliches Recht wiederhergestellt werden soll (z.B. §§ 894, 985, 1004), können freilich nach h.M. nicht durch Abtretung von ihrem dinglichen Stammrecht getrennt werden: Für sie passen also die §§ 398 ff. nicht.

---

2 Etwa *Hübner* Rz. 420; *Bork* Rz. 290.

III. Mehrheit von Ansprüchen

76 Häufig erfüllt ein Sachverhalt die Voraussetzungen mehrerer Anspruchsnormen. Dann ist zunächst schon zu fragen, ob jeder dieser Ansprüche neben den anderen geltend gemacht werden kann, sodass der Gläubiger mehrere Leistungen bekommt (**Anspruchskumulation**, z.B. der Käufer kann Übergabe und Übereignung verlangen). Wenn der Gläubiger die Leistung (z.B. Schadensersatz) aus mehreren Normen nur einmal erhalten soll, fragt sich weiter, ob mehrere Ansprüche entstehen (sog. **Anspruchskonkurrenz**) oder nur ein einziger Anspruch mit mehreren Begründungen (sog. **Anspruchsnormenkonkurrenz**)[3]. Hierzu tritt bei Annahme von Anspruchskonkurrenz die oft viel zweifelhaftere Frage, ob und wie einer der mehreren Ansprüche den anderen beeinflusst (z.B. seine Voraussetzungen ändert, seine Verjährung abkürzt usw.). Bei Annahme von Anspruchsnormenkonkurrenz konkretisiert sich diese Frage auf diejenige nach den Eigenschaften des einheitlichen Anspruchs.

Die Antwort auf beide Fragen hängt offenbar von den Anspruchsnormen ab: Soll die eine Norm stärker sein als die andere, sodass sie diese verdrängt? Wenn z.B. der Mieter die gemietete Sache schuldhaft beschädigt, kann der Vermieter von ihm Schadensersatz sowohl wegen einer Verletzung des Mietvertrags wie auch – wenn er Eigentümer der Mietsache ist – wegen Eigentumsverletzung (§ 823 I) fordern. Dabei gilt für den ersten Ersatzgrund nach § 548 I eine Verjährungsfrist von nur sechs Monaten, für den zweiten dagegen nach §§ 195, 199 eine solche von drei Jahren (zudem unterscheidet sich noch der Fristbeginn). Soll hier § 548 oder sollen die §§ 195, 199 vorgehen, oder soll sich die Geltung jeder Frist jeweils auf denjenigen Anspruchsgrund beschränken, zu dem sie gehört?

Diese Frage kann nicht allgemein für alle Ansprüche beantwortet werden, sondern nur jeweils für das Verhältnis bestimmter einzelner Ansprüche zueinander. Entscheidend ist nämlich der Zweck der einzelnen Fristen. Für die Erörterung ist daher im Allgemeinen Teil kein Platz[4].

IV. Der Anspruch als Element der Problemerörterung

77 Die heute wohl am stärksten verbreitete Methode zur Lösung juristischer Fälle geht **nach Ansprüchen** vor: Soweit sich die Fallfrage auf Ziele richtet, die mit Ansprüchen erreicht werden können (z.B. Geldzahlung, Schadensersatz, Herausgabe, Unterlassung), soll die Lösung von denjenigen Anspruchsnormen ausgehen, die diese Rechtsfolge ergeben. Wenn also die Fallfrage z.B. lautet, ob ein Beteiligter von einem anderen Herausgabe verlangen kann, sind etwa die Voraussetzungen der §§ 985, 861, 1007, 2018 (und u.U. noch weiterer Vorschriften mit gleicher Rechtsfolge, z.B. § 812 oder § 823 I mit § 249 I) zu prüfen. Diese Normen erscheinen dann als **Anspruchs- oder Hauptnormen**: Ihr Tatbestand bestimmt den Umfang der Prüfung. In dem so gezogenen Rahmen gelangt man dann meist noch zu weiteren Normen, den sog. **Hilfsnormen**: Sie ergeben

---

[3] Vgl. dazu etwa *Medicus/Lorenz* SAT Rz. 398.
[4] Vgl. etwa *Medicus/Lorenz* SAT Rz. 408 ff.

das Vorliegen oder Fehlen einzelner Tatbestandsvoraussetzungen der Hauptnorm. Solche Hilfsnormen sind z.B. für § 985 die Vorschriften über den Erwerb und den Verlust von Eigentum und Besitz (also etwa die §§ 929 ff., 854 ff.). Aber diese Hilfsnormen erlangen immer erst über die Tatbestandsvoraussetzungen einer Anspruchsnorm Bedeutung.

Dieses Verfahren wurde an anderer Stelle ausführlich dargestellt und näher begründet[5]. Dagegen hat *Mayer-Maly*[6] eingewendet, die „Bedeutung der Suche nach den tragenden Rechtsgedanken" könne „neben den Bemühungen um die Architektur eines Lösungsentwurfs" verblassen. Doch ist dieser Einwand nicht berechtigt: Die Zerlegung der Problematik in Rechtsverhältnisse (vgl. schon oben Rz. 56 ff.) und innerhalb dieser in einzelne Ansprüche soll eben gerade den Weg zu jenen „tragenden Rechtsgedanken" zeigen, auf die es in dem zu entscheidenden Fall ankommt. Denn mit der Beschränkung auf den Tatbestand der Anspruchsnorm und die Tatbestände der durch die Anspruchsnorm vermittelten Hilfsnormen wird alles ausgeschieden, was zwar in der Fallerzählung vorkommt, aber für die gesuchte Antwort keine Bedeutung hat, weil es die Entscheidung über die Anspruchsnorm nicht beeinflusst. Daher kann sich ein die Lösung „tragender" Rechtsgedanke unter dem so Ausgeschiedenen gerade nicht befinden, wenn nur die Ausscheidung richtig betrieben wird. Freilich mag sich ein Ungeübter bisweilen allzu sehr auf den Aufbau konzentrieren und deshalb nicht mehr zu den Sachproblemen vorstoßen. So kann man allzu lange über das Verhältnis von § 985 zu § 1007 sinnieren und deshalb die Prüfung versäumen, ob der Kläger Eigentümer der verlangten Sache ist. Aber diese Gefahr eines Verfehlens der Sachprobleme ist noch größer, wenn die Erörterung nicht durch ein Aufbauprinzip gelenkt wird: Dass der „tragende Rechtsgedanke" gleichsam intuitiv gefunden wird, ist gerade bei einem Ungeübten ein kaum zu erwartender Glücksfall.

78

Daher besteht in den materiellrechtlichen Ansprüchen (und in den Einwendungen, vgl. unten Rz. 91 ff.) nach wie vor eine gerade für den weniger Geübten **unentbehrliche Denkhilfe** bei der Lösung von Fällen: Durch das Denken in Anspruch und Einwendung wird die Erörterung innerhalb der Rechtsverhältnisse auf diejenigen Probleme gelenkt, von deren Lösung die Antwort auf die Fallfrage abhängt.

V. Die Pflicht

Gewissermaßen den Gegenpol zum Anspruch bildet die Pflicht: Was der Gläubiger verlangen kann, muss der Schuldner zu leisten verpflichtet sein. Es gibt sogar Pflichten, denen regelmäßig wenigstens zunächst noch kein Anspruch entspricht: Das sind die Schutzpflichten von § 241 II und die Verkehrspflichten bei § 823 I. Denn in beiden Fällen kann der Schutzberechtigte häufig den ihm geschuldeten Schutz schon deshalb nicht einfordern, weil er die abzuwehrende Gefahr nicht kennt. Ihm bleibt dann nur ein Schadensersatzanspruch, sobald sich die Gefahr verwirklicht hat; erst hierdurch wird der Geschützte zum Geschädigten und damit effektiv zum Gläubiger.

78a

---

5 *Medicus* AcP 174 (1974) 313; *Petersen* 2. FS Medicus (2009) 295.
6 *Mayer-Maly* Rechtswissenschaft (2. Aufl. 1981) 22, kritisch auch *Großfeld* JZ 1992, 22, 25.

§ 12 Gestaltungsrechte

Literatur: *M. Becker*, Gestaltungsrecht und Gestaltungsgrund, AcP 188 (1988) 24; *Bötticher*, Besinnung auf das Gestaltungsrecht und Gestaltungsklagerecht, FS Dölle (1963) I 41; *ders.*, Gestaltungsrecht und Unterwerfung im Privatrecht (1964); *C. Hattenhauer*, Einseitige private Gestaltung (2011); *Leverenz*, Die Gestaltungsrechte des Bürgerlichen Rechts, Jura 1996, 1; *Petersen*, Einseitige Rechtsgeschäfte, Jura 2005, 248; *Ramrath*, Die Geltendmachung der Unwirksamkeit von Gestaltungserklärungen, JR 1993, 309; *Rimmelspacher*, Materielle Rechtskraft und Gestaltungsrecht, JuS 2004, 560; *P. Schlosser*, Gestaltungsklage und Gestaltungsurteil im System der Rechtsschutzformen, Jura 1986, 130; *Ch. Schreiber*, Nichtigkeit und Gestaltungsrechte, AcP 211 (2011) 35; *Schürnbrand*, Gestaltungsrechte als Verfügungsgegenstand, AcP 204 (2004) 177; *Seckel*, Die Gestaltungsrechte des bürg. Rechts, FG R. Koch (1903) 205, selbständiger Nachdruck 1954; *Söllner*, Einseitige Leistungsbestimmung im Arbeitsverhältnis (1966); *Steinbeck*, Die Übertragbarkeit von Gestaltungsrechten (1994).

I. Die Eigenart des Gestaltungsrechts

79 Mit dem Anspruch kann der Gläubiger zwar eine Leistung vom Schuldner verlangen (vgl. § 194 I). Wenn der Schuldner nicht leistet, bleibt der Gläubiger zur Durchsetzung aber regelmäßig (Ausnahmen vgl. unten Rz. 149 f.) auf die staatliche Zwangsvollstreckung angewiesen. Demgegenüber erlaubt die Rechtsordnung in bestimmten Fällen die **einseitige Einwirkung auf ein Rechtsverhältnis**. Anders als bei der Erfüllung eines Anspruchs bedarf es hier also keiner Mitwirkung einer anderen Person, gegen die notfalls erst Zwang ausgeübt werden müsste. Man spricht dann von einem Gestaltungsrecht des Einwirkungsberechtigten.

Der Unterschied zwischen Anspruch und Gestaltungsrecht zeigt sich etwa bei der Miete: Mit dem Gestaltungsrecht „Kündigung" kann der Vermieter bei Vorliegen der nötigen Voraussetzungen (vgl. unten Rz. 82) das Mietverhältnis einseitig beenden. Den daraus sich ergebenden Räumungsanspruch (§ 546, meist auch § 985) dagegen muss er erst nach §§ 883 ff. ZPO durchsetzen. Vor dieser Vollstreckung kann der Schuldner selbst dann noch geschützt werden, wenn die Kündigung das Mietverhältnis beendet hat (vgl. §§ 721, 765 a, 794 a ZPO).

II. Rechtfertigung von Gestaltungsrechten

80 Für die Rechtfertigung der mit dem Gestaltungsrecht verliehenen einseitigen Rechtsmacht sind **zwei Fallgruppen** zu unterscheiden:

1. Bei der ersten wird von der Rechtsgestaltung **keine weitere Person betroffen**, wie bei der Aneignung einer herrenlosen Sache nach § 958 I: Hier wäre es sinnlos, die Mitwirkung einer anderen Person (welcher auch?) zu verlangen. Daher ist für die Aneignung auch keine an eine andere Person gerichtete Willens*erklärung* nötig.

81 **2.** Bei der zweiten Fallgruppe **berührt** die Gestaltung auch **andere Personen**. Hierhin gehören die wichtigsten Fälle des Gestaltungsrechts, etwa die Anfechtung einer Willenserklärung, auf der ein Vertrag beruht (§§ 119 ff.); der (vereinbarte oder gesetzliche) Rücktritt (z.B. §§ 323, 326 V, 346 ff.); der verbraucherschützende Widerruf (§ 355); die Aufrechnung (§§ 387 ff.); die Kündigung (z.B. §§ 568 ff., 608, 620 ff., 649, 651 e und j, 671, 723 ff.).

In allen diesen Fällen bedeutet die Einräumung der Macht zu einseitiger Gestaltung eine **Abweichung vom schuldrechtlichen Vertragsprinzip** (§ 311 I): Die Rechtsstellung des Gestaltungsgegners kann verändert werden, ohne dass dieser selbst an der Veränderung rechtsgeschäftlich mitwirkt. Der Macht des Gestaltungsberechtigten entspricht also eine „Gebundenheit" oder ein „Unterworfensein" des Gestaltungsgegners: Dieser wird einer **Fremdbestimmung** ausgesetzt. Das bedarf einer Rechtfertigung. Diese kann entweder in einem vorher erklärten **Einverständnis** des Gestaltungsgegners liegen (so bei der vereinbarten Kündigungsmöglichkeit). Oder die Unterwerfung wird vom **Gesetz** selbst angeordnet. Dafür gibt es sehr verschiedene Gründe. So soll die Möglichkeit zur Anfechtung einer Willenserklärung (§§ 119 ff.) den Erklärenden schützen, weil dessen Willen nicht richtig ausgedrückt worden ist; die Aufrechnung dient der Vereinfachung, indem sie zwei Leistungen unnötig macht; der gesetzliche Rücktritt nach §§ 323 ff. bedeutet eine Reaktion auf eine vom anderen Teil verursachte Leistungsstörung; der verbraucherschützende Widerruf will dem Verbraucher nachträglich eine Überlegungsfrist gewähren; die gesetzliche Kündigungsmöglichkeit macht die Bindung an unbefristete oder gestörte Dauerschuldverhältnisse erträglich.

Dabei hat die Unterwerfung des Gestaltungsgegners nichts mit einer „sozialen Abhängigkeit" zu tun: Die Kündigung etwa steht ja auch dem typischerweise sozial schwächeren Teil zu (z.B. dem Wohnraummieter oder dem Arbeitnehmer). Nur kann die fremde Kündigung den sozial Schwächeren härter treffen, insbesondere durch den Verlust von Wohnung oder Arbeitsplatz. Dem trägt das Gesetz durch mannigfache Kündigungshindernisse Rechnung: insbesondere durch das Erfordernis von Kündigungsgründen (z.B. § 573) oder längeren Kündigungsfristen (z.B. § 573 c) oder durch die Ausformung des Gestaltungsrechts als Gestaltungsklagerecht (vgl. unten Rz. 84 f.). 82

III. Arten der Gestaltungsrechte

Bei den Gestaltungsrechten kann man in mehrfacher Hinsicht unterscheiden.

1. Einfaches Gestaltungsrecht und Gestaltungsklagerecht

a) Regelmäßig wird das Gestaltungsrecht durch **einseitige empfangsbedürftige Willenserklärung** ausgeübt. Für die Durchsetzung der Gestaltung ist also nicht bloß eine Zwangsvollstreckung unnötig, sondern auch die Anrufung eines Gerichts. Der Verzicht auf die gerichtliche Entscheidung ist hier möglich, weil der zu erzielende Effekt sich auf „Veränderungen in der Welt des Rechts beschränkt"[1]. Private Gewalttätigkeit (wie etwa beim Streit um den Besitz einer Sache) ist hier also nicht zu fürchten. 83

---

[1] *Bötticher* FS Dölle (1963) I 43.

Freilich trifft das nur für die Gestaltung selbst zu und nicht auch für die aus ihr folgenden Ansprüche (vgl. oben Rz. 79). Deshalb müssen diese gerichtlich durchgesetzt werden. Dabei wird dann die Wirksamkeit der Gestaltung als Vorfrage geprüft: Der Räumungsanspruch des Vermieters gegen den Mieter etwa setzt die wirksame Kündigung des Mietverhältnisses voraus. Diese muss also feststehen, ehe der Mieter zur Räumung verurteilt werden kann.

84 b) Ausnahmsweise gibt es aber auch Gestaltungsrechte, die nur **gerichtlich ausgeübt** werden können: Der Gestaltungsberechtigte muss Klage erheben, und die Gestaltungswirkung tritt erst mit der Rechtskraft des daraufhin ergehenden Urteils ein. Man spricht hier von **Gestaltungsklagerechten**; die sie bewirkenden Urteile heißen **Gestaltungsurteile** (die im Gegensatz zu den Leistungsurteilen keiner Vollstreckung bedürfen).

Diese Art der Gestaltung schreibt das Gesetz vor, wenn es die Rechtsausübung kontrolliert wissen oder die Ungewissheit über die Wirksamkeit der Gestaltung vermeiden will. Eine derartige Ungewissheit ist vor allem zu erwarten, wenn das Gestaltungsrecht an das Vorliegen besonderer Gründe gebunden ist: Der Streit über das Vorliegen eines solchen Grundes (z.B. das Vorhandensein eines wichtigen Grundes für die Auflösung einer OHG, §§ 131 I Nr. 4, 133 HGB) betrifft dann zugleich die Wirksamkeit der Gestaltung. Diese Ungewissheit wird vermieden, wenn die Gestaltung erst mit Rechtskraft eines Urteils eintritt.

85 Solche Gestaltungsklagerechte begegnen vor allem im **Familien- und im Gesellschaftsrecht**. Denn hier ist die Ungewissheit besonders schwer erträglich: Im Familienrecht geht es bei der Ehescheidung (§§ 1564 ff.) und der Anfechtung einer Vaterschaft (vgl. § 1599 I) jeweils um den Status einer Person, nämlich um das Verheiratet- oder Verwandtsein. Und im Recht der Handelsgesellschaften steht deren Funktionieren auf dem Spiel. Darum sind auch hier Gestaltungsrechte vielfach durch Klage auszuüben, etwa bei der OHG die Entziehung der Geschäftsführungsbefugnis (§ 117 HGB) und der Vertretungsmacht (§ 127 HGB), die Auflösung der Gesellschaft (§ 133 HGB) und die Ausschließung eines Gesellschafters (§ 140 HGB). Entsprechendes gilt nach § 161 II HGB bei der KG. Bei der AG sind vor allem Beschlüsse der Hauptversammlung durch Klage anzufechten (§§ 243 ff. AktG).

2. Gestaltungsrechte und Gestaltungsgegenrechte

86 In einigen Fällen gibt das Gesetz dem von einem Gestaltungsrecht Betroffenen die Möglichkeit, diesem Recht mit einem eigenen Gestaltungsrecht zu begegnen. Dieses (etwa der Einrede gegenüber dem Anspruch entsprechende) Recht nennt man Gestaltungsgegenrecht. Ebenso wie das einfache Gestaltungsrecht ist dieses entweder durch einfache Willenserklärung oder durch Klage auszuüben. Im letzten Fall kann man von einem Gestaltungsgegenklagerecht sprechen.

Ein Beispiel für ein **einfaches Gestaltungsgegenrecht** ist der Widerspruch des Wohnraummieters gegen die Kündigung des Vermieters nach § 574: Der Mieter begegnet der Kündigung – also der fremden Gestaltung – mit dem Verlangen nach Fortsetzung des Mietverhältnisses. Dieses Verlangen ist nach § 574 I 1 begründet, wenn die Beendigung des Mietverhältnisses den Mieter oder seine Familie erheblich schwerer trifft als die Fortsetzung den Vermieter. Unter dieser Voraussetzung kann also der Widerspruch des Mieters die Kündigung des Vermieters entkräften. Freilich wird bei einem solchen Widerspruch meist um die Kündigung prozessiert werden. Aber nötig ist das weder für die Wirksamkeit noch für die Entkräftung der Kündigung: Beides wird also nicht erst durch das Urteil erreicht; dieses hat vielmehr insoweit nur auszusprechen, was schon durch die Willenserklärungen bewirkt worden ist.

Ein wichtiges Beispiel für ein **durch Klage auszuübendes Gestaltungsgegenrecht** bildete früher die Abwehr einer sozial ungerechtfertigten Kündigung durch den Arbeitnehmer. Inzwischen haben die §§ 1, 4 KSchG zwar eine andere Denkweise bevorzugt: Die sozial ungerechtfertigte Kündigung ist danach schon zunächst nichtig. Doch kann diese Nichtigkeit nur dadurch geltend gemacht werden, dass der Arbeitnehmer in der Dreiwochenfrist von § 4 KSchG eine entsprechende Feststellungsklage erhebt.

3. Negative und positive Gestaltungsrechte

Die bisher erwähnten Gestaltungsrechte sollten durchweg eine Rechtsposition des Gestaltungsgegners aufheben. Wegen dieser negativen Wirkung kann man sie als negative Gestaltungsrechte bezeichnen. Als Gegensatz hierzu gibt es auch positive Gestaltungsrechte, die nämlich eine Rechtsposition begründen sollen. Beispiele hierfür sind das Wiederkaufs- (§§ 456 ff.) und das Vorkaufsrecht (§§ 463 ff.). Beide Rechte sind ebenso wie regelmäßig die negativen Gestaltungsrechte durch einseitige empfangsbedürftige Willenserklärung auszuüben (§§ 456 I 1, 464 I 1).

87

4. Regelungsrechte

Eine besondere Gruppe der Gestaltungsrechte bilden schließlich die sog. Regelungsrechte: Hier kann der Gestaltungsberechtigte – regelmäßig in einem bestimmten Rahmen – die Einzelheiten einer Leistungspflicht festlegen. Dieses Recht kann auf Dauer bestehen (so das Direktionsrecht des Arbeitgebers) oder mehrfach oder auch bloß einmal auszuüben sein (beides ist bei den §§ 315 ff. möglich). Auch in anderen Fällen werden Regelungsrechte nicht selten durch Vereinbarung begründet: Beispiele bilden etwa bestimmte Anpassungsklauseln, die der Geldentwertung Rechnung tragen sollen, oder Befugnisse zur Neufestsetzung von Versicherungsprämien.

88

IV. Allgemeine Regeln über Gestaltungsrechte

Die charakteristische Besonderheit der meisten Gestaltungsrechte besteht in der einer Person eingeräumten Rechtsmacht, einseitig in die Rechtsverhältnisse einer anderen Person einzugreifen (vgl. oben Rz. 81). Diese Person muss, wenn sie schon der fremden Gestaltung unterworfen ist, vor Unbilligkeiten geschützt werden. Dem dienen bei den einzelnen Gestaltungsrechten viele verschiedenartige Vorschriften, etwa über die Ersatzpflicht nach § 122 (vgl. unten Rz. 783 ff.), über die gerichtliche Kontrolle nach §§ 315 III, 319 I oder über die Erfordernisse für die Gründe einer Kündigung.

89

90 Außer diesen besonderen Schranken einzelner Gestaltungsrechte gibt es jedoch **zwei allgemeine Beschränkungen**; sie gelten für alle Gestaltungsrechte, die eine andere Person betreffen: Die Ausübung solcher Gestaltungsrechte ist regelmäßig **bedingungs- und befristungsfeindlich** sowie **unwiderruflich**. Über die Bedingungs- und Befristungsfeindlichkeit ist noch unten Rz. 849 f. zu sprechen. Die Unwiderruflichkeit folgt (ebenso wie die Bedingungsfeindlichkeit) daraus, dass der Gestaltungsgegner, der sich ja der fremden Gestaltung nicht entziehen kann, nicht auch noch einer Ungewissheit ausgesetzt sein soll.

Diese Begründung ergibt zugleich, dass die **Unwiderruflichkeit nicht ausnahmslos** zu gelten braucht. Vielmehr kann die Ausübung eines Gestaltungsrechts widerrufen werden, solange der Gestaltungsgegner die Wirksamkeit der Gestaltung bestreitet[2]. Dann stellt der Widerruf nämlich nur den Zustand her, dessen Geltung der Gestaltungsgegner selbst beansprucht, und schafft für diesen keine weitere Unsicherheit. Daher kann z.B. der Dienstgläubiger eine fristlose Kündigung widerrufen, solange der Dienstschuldner deren Wirksamkeit mangels Vorliegens eines wichtigen Grundes (§ 626) leugnet. Abweichendes gilt freilich im Arbeitsrecht, da dem Arbeitnehmer seine Rechte aus § 9 I KSchG nicht sollen entzogen werden können[3].

---

2 Ausführlich *C. Hattenhauer*, Einseitige private Gestaltung (2011) 346 ff., insb. 347. Zur vertraglichen Beseitigung der Gestaltungswirkung BGH NJW 1998, 2664, 2666.
3 BAG NJW 1983, 1628; NJW 2014, 1032 Rz. 32.

§ 13 Einrede und Einwendung

Literatur: Grundlegend *Herb. Roth*, Die Einrede des Bürgerlichen Rechts (1988, dazu *Krampe* AcP 191, 1991, 163); zudem *Gröschler*, Zur Wirkungsweise und zur Frage der Geltendmachung von Einrede und Einwendung im materiellen Zivilrecht, AcP 201 (2001) 48; *Jahr*, Die Einrede des bürgerlichen Rechts, JuS 1964, 125; 218; 293; *Petersen*, Einwendungen und Einreden, Jura 2008, 422; *P. Schlosser*, Selbständige peremptorische Einrede und Gestaltungsrecht im deutschen Zivilrecht, JuS 1966, 257; *ders.*, Peremptorische Einreden und „Ausgleichszusammenhänge", JZ 1966, 428; *Seelig*, Die prozessuale Behandlung materiellrechtlicher Einreden (1980); *Thomale*, Die Einrede als materielles Gestaltungsrecht, AcP 212 (2012) 920.

I. Arten der Gegenrechte

1. Historisches

91 Im Verhältnis zwischen Einrede und Einwendung bestehen schon terminologisch Mehrdeutigkeiten und Überschneidungen. Daher ist es nützlich, sich auf die historischen Grundlagen zu besinnen.

Nach **römischem Recht** musste zunächst der Gerichtsmagistrat (Prätor) dem Kläger eine Klage *(actio)* erteilen. In dem hierauf gerichteten ersten Verfahrensabschnitt (*in iure*) wurde aber auch der Beklagte gehört: Wenn er Gegenrechte geltend machte, wurden diese der Klagformel als Ausnahmen (*exceptiones*) von den Verurteilungsbedingungen der *actio* eingefügt. So konnte sich der verklagte Besitzer gegenüber der Herausgabeklage des Eigentümers (*rei vindicatio*, heute § 985) darauf berufen, der Kläger selbst habe ihm die Sache kaufweise übergeben. Das ist dann die (heute mit anderem Sinn in § 986 enthaltene) *exceptio rei venditae et traditae:* (Der Beklagte soll zur Herausgabe der Sache verurteilt werden,) wenn nicht der Kläger ihm die Sache verkauft und übergeben hat. Andere Einreden wurden vom Prätor auch ohne einen dahingehenden Antrag des Beklagten in die Formel eingefügt. Und wieder andere wurden vom *iudex* sogar ohne weiteres, also auch ohne Einfügung in die Formel, berücksichtigt. So war vor allem den auf Treu und Glauben abgestellten Klagen (*iudicia bonae fidei*) die Arglisteinrede (*exceptio doli*) inhärent.

Diese vom Prozess mit seinen entgegengesetzten Positionen ausgehende, zwischen Angriff und Verteidigung unterscheidende Denkweise prägt mit Recht **noch heute** die juristische Arbeitsmethode. Auf ihr beruht insbesondere die Unterscheidung zwischen Rechten und Gegenrechten. Außerdem wirken heute aber auch bestimmte Unterscheidungen des römischen Rechts nach, deren sachliche Begründung nicht überall einleuchtet (vgl. unten Rz. 96 f.).

2. Zu Terminologie und Einteilung

a) Die wichtigste Unterscheidung des materiellen Rechts betrifft heute die Frage, ob ein Verteidigungsmittel **ohne weiteres oder nur auf** einen dahingehenden **Wunsch** des Beklagten **beachtet** werden soll. Man spricht im ersten Fall von „Einwendung" und im zweiten von „Einrede". Was im Einzelfall vorliegt, ist im BGB meist aus der Formulierung zu erkennen. So heißt es für die Verjährungseinrede in § 214 I, der Verpflichtete sei „berechtigt, die Leistung zu verweigern". Dagegen formuliert § 1004 II für die eine Einwendung darstellende Duldungsverpflichtung, durch sie werde der Anspruch ausgeschlossen. Insoweit missglückt ist freilich § 986: Obwohl diese Vorschrift im Sinne einer Einrede formuliert ist („Der Besitzer kann ... verweigern"), muss nach zutreffender h.M. doch ebenso wie in § 1004 II eine Einwendung gemeint sein. 92

Außer der Verjährungseinrede nach § 214 I sind im Schuldrecht die **wichtigsten Einreden** die Leistungsverweigerungsrechte nach §§ 273 f., 275 II und III, 320 ff., 438 IV 2, 634 a IV 2, die Einrede des Notbedarfs des Schenkers nach § 519, die Einrede der Vorausklage des Bürgen nach §§ 771 ff. und die Einrede der deliktischen Erlangung einer Forderung nach § 853, zudem die im BGB nur nebenbei (in § 205) erwähnte Einrede der Stundung.

b) Bei den **Einreden** kann man weiter nach ihrer **Wirkung** unterscheiden: Manche hindern die Geltendmachung des Rechts, gegen das sie sich richten, nur vorübergehend; sie nennt man **dilatorisch**. Dahin gehören z.B. die §§ 273 f., 320 ff., 519, 771 ff. und die Stundung. Andere Einreden hindern die Rechtsausübung dauernd; sie nennt man **peremptorisch**. Dahin gehören etwa die §§ 214 I, 275 II und III, 438 IV 2, 634 a IV 2, 853. 93

Bedeutung hat diese Unterscheidung vor allem bei § 813: Zurückgefordert werden kann bloß, was in Unkenntnis einer *dauernden* Einrede geleistet worden ist (nicht kondiziert werden kann jedoch die Leistung auf eine verjährte Schuld, § 813 I 2 mit § 214 II, vgl. unten Rz. 120).

94 c) Die **Einwendungen** bilden nach dem Gesagten insofern den Gegenbegriff zu den Einreden, als sie von Amts wegen (d. h. ohne besonderen Antrag des Beklagten) zu berücksichtigen sind. Bei ihnen unterscheidet man danach, ob sie bereits die Entstehung des Anspruchs vereiteln (**rechtshindernde** Einwendungen, z.B. §§ 986 II, 1004 II), oder ob sie erst den schon entstandenen Anspruch untergehen lassen (**rechtsvernichtende** Einwendungen, z.B. Erfüllung oder Aufrechnung, §§ 362, 387 ff.).

Bisweilen wird auch noch von **rechtshemmenden** Einwendungen gesprochen; das sind dann aber die Einreden. Hier stellt also „Einwendung" nicht mehr den Gegenbegriff zur Einrede dar, sondern einen diese mitumfassenden Oberbegriff.

95 d) Noch anders ist die Bedeutung von „Einrede" im **Zivilprozessrecht**. Denn dort wird für die Verteidigung des Beklagten danach unterschieden, ob er den Tatsachenvortrag des Klägers bestreitet oder ob er zusätzliche, dem Klagebegehren entgegenstehende Tatsachen vorträgt: Diese zusätzlichen Tatsachen heißen dann Einreden. Im Zivilprozess ist also der Gegenbegriff zur Einrede nicht die Einwendung, sondern das Bestreiten (Leugnen) des Klagevortrags[1]. Erhebt der Beklagte eine prozessuale Einrede, sagt er zu dem Vortrag des Klägers nicht „nein", sondern „ja aber". Bedeutung hat die Unterscheidung für die Beweislast: Diese trägt für den bestrittenen Klagevortrag der Kläger, für die Einreden dagegen der Beklagte.

Beispiel: Der aus einem Darlehen auf Zahlung Verklagte gibt an, das Darlehen nicht erhalten zu haben: Bestreiten; der Kläger muss dann die Auszahlung beweisen. Anders, wenn der Beklagte Rückzahlung behauptet: Prozessual ist das eine Einrede, die der Beklagte zu beweisen hat. Dagegen liegt im Sinne des materiellen Rechts eine Einwendung vor: Die Rückzahlung wird auch dann beachtet (nämlich es wird ihretwegen die Leistungsklage abgewiesen), wenn nur der Kläger sie vorgetragen hat: Es fehlt an der sog. **Schlüssigkeit** der Klage.

Einredetatsachen können außer nach materiellem Recht auch nach Prozessrecht erheblich sein, so etwa die „Einreden" der Rechtshängigkeit (§ 261 ZPO) und der Rechtskraft.

II. Einzelfragen zur materiellrechtlichen Einrede

1. Der Sinn des Erfordernisses der Geltendmachung

96 Bei bestimmten Verteidigungsmitteln erscheint es einleuchtend, dass der Beklagte über die Geltendmachung soll entscheiden können. Das ist besonders deutlich für die **Verjährung**: Sich einer zweifelsfrei bestehenden Verpflichtung durch den bloßen Hinweis auf den Zeitablauf entziehen zu wollen, galt wenigstens früher in manchen Verkehrskreisen als unehrenhaft. Daher muss der Schuldner hier die Möglichkeit haben, seine Verteidigung auf andere Argumente (z.B. Zahlung, Aufrechnung oder Anfechtung) zu beschränken, indem er die Verjährungseinrede nicht erhebt. Ähnlich muss

---

1 Vgl. etwa *Jauernig* ZPR § 43 III; IV; *Paulus* Rz. 188.

etwa der Bürge selbst entscheiden können, ob er den Gläubiger durch die **Einrede der Vorausklage** zu einem Vollstreckungsversuch gegen den Hauptschuldner zwingen will (§§ 771 ff.), obwohl er vielleicht von der Aussichtslosigkeit eines solchen Versuchs überzeugt ist. Diese Entscheidungsmöglichkeit ist für den Bürgen umso nötiger, als er nach § 767 II auch für die Kosten der vergeblichen Vollstreckung haftet. Drittens sei etwa die Einrede nach § 275 II und III genannt: Hier soll es dem Schuldner überlassen bleiben, ob er trotz des groben Missverhältnisses oder der Unzumutbarkeit die Leistung dennoch erbringen will (etwa um seine besondere Leistungsfähigkeit zu erweisen und sich so weitere Aufträge zu sichern, oder weil er die Gegenleistung nötig braucht).

In vielen **anderen Fällen** dagegen ist die Entscheidung zwischen Einrede und Einwendung rechtspolitisch sehr zweifelhaft: Soll z.B. wirklich beim **gegenseitigen Vertrag** der eine Teil die ihm geschuldete Leistung zunächst ohne Rücksicht darauf verlangen können, ob er die Gegenleistung erbracht hat oder sie wenigstens zu erbringen vermag (§ 320 ist ja nach dem Gesetzeswortlaut Einrede)? Begründet wirklich – wie oft gesagt wird – ein Verstoß gegen **Treu und Glauben** stets eine Einwendung, weil ein treuwidriges Verhalten nicht hingenommen werden könne? Oder muss man es nicht z.B. dem Schuldner überlassen, ob er sich auf die Unzumutbarkeit der Leistung aus Gründen seines Gewissens berufen will? Warum wird das **Fehlen der Fälligkeit** als Einwendung behandelt, die **Stundung** dagegen als Einrede? 97

Diese Unterscheidungen sind gewiss wenig einleuchtend. Es sollte bedacht werden: Die Gestaltung als Einrede macht die Rechtsanwendung von der Entscheidung des Einredeberechtigten abhängig. Das erscheint, soweit es sich um dispositives Recht handelt[2], auf den ersten Blick als unproblematisch. Praktisch zeigt sich die Eigenart der Einreden aber meist bei Säumnis des Beklagten (vgl. § 331 ZPO): Die Erhebung der Einrede unterbleibt dann nicht etwa, weil der Beklagte sich nicht mit ihr verteidigen *will*, sondern nur wegen dessen Säumnis. Deshalb sollte man den **Anwendungsbereich der Einrede** wohl doch stärker zugunsten der Annahme von Einwendungen **beschränken**: Eine Einrede erscheint **nur sinnvoll**, wo der Berechtigte zwischen zwei Risiken wählen muss (wie der Bürge bei der Vorausklage) oder eine persönliche Entscheidung zu treffen hat (wie bei der Berufung auf Verjährung, Leistungserschwerung oder Gewissen). Freilich könnte man hier rechtstechnisch vielfach auch mit (echten) Gestaltungsrechten arbeiten[3]. Weiter kommt eine Einrede in Betracht, wo eine Forderung nicht ganz wegfallen, sondern mit einigen Wirkungen erhalten bleiben soll (etwa derart, dass gegen eine solche Forderung noch aufgerechnet werden kann, oder dass Sicherungsrechte bestehen bleiben sollen, §§ 215 f.).

2. Vorprozessuale oder prozessuale Geltendmachung

Umstritten ist, ob sich der Berechtigte auf seine Einrede gerade im Prozess berufen muss, oder ob auch eine vorprozessuale Geltendmachung ausreicht (z.B. wenn der 98

---

2 Dazu *Unberath/Cziupka*, Dispositives Recht welchen Inhalts? Antworten der ökonomischen Analyse des Rechts, AcP 209 (2009) 37; *Möslein*, Dispositives Recht (2011); *Bechtold*, Die Grenzen zwingenden Vertragsrechts (2010), dazu *Kähler* AcP 213 (2013) 446; *ders.*, Begriff und Rechtfertigung abdingbaren Rechts (2012).
3 Vgl. *P. Schlosser* JuS 1966, 257, 264 ff.

Schuldner schon die erste Zahlungsaufforderung mit dem Hinweis auf Verjährung abgewehrt hat). Zu dieser gesetzlich nicht geregelten Frage ist zu sagen[4]: Da Einreden in erster Linie die Verurteilung hindern sollen, müssen sie ihre Hauptbedeutung im Prozess haben. Deshalb kommt es auf den Willen des Einredeberechtigten *im Prozess* an. Dieser Wille kann aber auch aus dem vorprozessualen Verhalten erschlossen werden. Insofern hat dieses Verhalten also Bedeutung als Indiz für den maßgeblichen Willen im Prozess. So wird der eben erwähnte Schuldner, der sich schon gegen die erste Zahlungsaufforderung mit dem Hinweis auf die Verjährung gewehrt hat, bis zu einem Prozess seinen Willen regelmäßig nicht geändert haben. Daher genügt hier die vorprozessuale Geltendmachung; freilich muss sie irgendwie in den Prozess eingeführt werden, um dort berücksichtigt werden zu können. Ähnlich braucht die in der Vorinstanz erhobene Verjährungseinrede nicht in der nächsten Instanz erneut erhoben zu werden[5].

---

[4] Ähnlich *Hübner* Rz. 466.
[5] BGH NJW 1990, 326.

§ 14 Zeitliche Grenzen der subjektiven Rechte

Literatur: Zur Geschichte *Unterholzner*, Ausführliche Entwicklung der gesamten Verjährungslehre aus den gemeinen in Deutschland geltenden Rechten (2. Aufl. 1858), Gesamtdarstellungen *F. Peters /R. Zimmermann*, Verjährungsfristen, in: BMJ-Gutachten I 77 (dazu *Heinrichs* NJW 1982, 2021); *Spiro*, Die Begrenzung privater Rechte durch Verjährungs-, Verwirkungs- und Fatalfristen, 2 Bände (1975, zum schweizerischen, deutschen und österreichischen Recht). Außerdem *Blank*, Anspruchsverjährung beim Vermieter auch ohne Besitzwechsel, NJW 2014, 1985; *Büdenbender*, Die Verjährung zivilrechtlicher Ansprüche, JuS 1997, 481; *Danco*, Die Perspektiven der Anspruchsverjährung in Europa (2001); *Derleder/Kähler*, Die Kombination von Hemmung und Neubeginn der Verjährung, NJW 2014, 1617; *Dörner*, Die Verjährung (2. Aufl. 1962); *Finkenauer*, Die Verjährung bei Kulturgütern – zur geplanten „lex Gurlitt", JZ 2014, 479; *Großfeld/Gersch*, Zeitliche Grenzen von privaten Schuldverträgen, JZ 1988, 937; *Hoche*, Unstimmigkeiten im Verjährungsrecht, FS Heinr. Lange (1970) 241; *Kleinschmidt*, Einheitliche Verjährungsregeln für Europa?, AcP 213 (2013) 538; *Leenen*, § 477 BGB: Verjährung oder Risikoverlagerung? (1997); *Magnus/Wais*, Unberechtigter Besitz und Verjährung, NJW 2014, 1270; *Offermann*, Die Verjährung (1967); *Petersen*, Die Verjährung der Ansprüche, Jura 2011, 657; *ders.*, Die Berechnung von Fristen und Terminen, Jura 2012, 432; *Rabe*, Verjährung, NJW 1992, 2395; *Roll*, Wandlungen im Verjährungsrecht, WM 1977, 1214; *K. Schreiber*, Die Verjährung titulierter Ansprüche, 1. FS Medicus (1999) 575; *Schwachheim*, Die Verjährung von Ratenforderungen bei Teilzahlungskrediten, NJW 1989, 2026; *Weber*, Die Ausschlussfrist im Arbeitsrecht (1983); *R. Zimmermann*, Die Verjährung, JuS 1984, 409; **Zum Neuen Verjährungsrecht** etwa *Leenen*, Die Neugestaltung des Verjährungsrechts durch das Schuldrechtsmodernisierungsgesetz, DStR 2002, 34; *ders.*, Die Neuregelung der Verjährung, JZ 2001, 552; *Mansel* NJW 2002, 89; 418; *Mansel/Budzikiewicz*, Das neue Verjährungsrecht (2002); *Heinrich* ZGS 2003, 459; *U. Krämer* ZGS 2003, 379; *Mansel/Budzikiewicz* Jura 2003, 1; *dies.* NJW 2005, 321; *Schulte-Nölke/Hawxwell* NJW 2005, 2117; *Stöber* ZGS 2005, 290 sowie die Beiträge von *R. Zimmermann/Leenen/Mansel/ Ernst* JZ 2001, 684; *C. H. Witt* JuS 2002, 105; *R. Zimmermann* ZEuP 2001, 217 sowie zu einer

Spezialfrage *Altmeppen* DB 2002, 514; **Außerdem allgemein** *Knops*, Verjährungsbeginn durch Anspruchsentstehung bei Schadensersatzansprüchen, AcP 205 (2005) 821; *H. Köhler*, Zur Geltendmachung und Verjährung bei Unterlassungsansprüchen, JZ 2005, 489; *Meller/Hanich*, Die Einrede der Verjährung, JZ 2005, 656; *Rieble*, Verjährung „verhaltener" Ansprüche ..., NJW 2004, 2270; *Wernecke*, Die Einrede der Verjährung – Schnittpunkt zwischen materiellem Recht und Prozessrecht, JA 2004, 331.

I. Ausschlussfristen und Verjährung

Ein subjektives Recht kann durch Rechtsgeschäft oder Gesetz so beschaffen sein, dass es **nur für eine bestimmte Zeit** besteht. So wird das Erbbaurecht regelmäßig nur für bestimmte Zeit bestellt (oft 99 Jahre), der Nießbrauch ist durch die Lebenszeit des Berechtigten beschränkt (§ 1061), die akzessorischen Pfandrechte stehen dem Gläubiger nur für die Dauer des Bestehens der zu sichernden Forderung zu (§§ 1163 I 2, 1252 mit verschiedenen Rechtsfolgen). Daneben gibt es außer der Verwirkung, die freilich mehr eine Sanktion des Rechtsmissbrauchs darstellt (vgl. unten Rz. 137 ff.), noch zwei allgemeinere Grenzen subjektiver Rechte.   99

1. Die Ausschlussfristen gelten für Gestaltungsrechte (vgl. oben Rz. 79 ff.): Diese sind derart zeitlich begrenzt, dass sie mit dem Fristablauf erlöschen[1]. Ihre spätere Ausübung ist dann ohne weiteres, also insbesondere auch ohne dass die Erhebung einer Einrede nötig wäre, unwirksam. So kann eine Irrtumsanfechtung, die nicht unverzüglich (§ 121 I) nach Entdeckung des Irrtums erfolgt, die angefochtene Erklärung in keiner Weise mehr beeinträchtigen.   100

Solche Ausschlussfristen sind gesetzlich angeordnet insbesondere in den §§ 121, 124 und 469 II (Vorkaufsrecht). Der verbraucherschützende Widerruf muss grundsätzlich in der Frist von § 355 II erklärt werden. Für das Rücktrittsrecht kann eine Ausschlussfrist vereinbart oder gemäß § 350 bestimmt werden. Auch Kündigungsrechte sind nicht selten befristet (z.B. § 626 II, elastischer § 314 III).

2. Demgegenüber gilt die **Verjährung** für (fast) alle Ansprüche. Sie ist wegen ihrer Allgemeinheit in den §§ 194 – 218 ausführlich geregelt. Dazu kommen aber in den besonderen Büchern des BGB noch zahlreiche Einzelvorschriften über die abgekürzte Verjährung bestimmter Ansprüche (besonders wichtig etwa §§ 438, 548, 606, 634 a). Die praktisch sehr bedeutsamen Einzelheiten der Verjährung sind im Folgenden zu besprechen.   101

Ganz konsequent wird die eben geschilderte Unterscheidung freilich nicht durchgehalten. So finden sich für Ansprüche des Reisenden aus Reisemängeln nebeneinander eine Ausschlussfrist (§ 651 g I) und eine Verjährungsfrist (§ 651 g II). Zudem richtet sich nach § 218 die Wirksamkeit des Rücktritts im Ergebnis nach der Verjährung von Ansprüchen; wichtige Anwendungen bilden die § 438 IV, V (Rücktritt und Minderung beim Kauf) und § 634 a IV, V (dasselbe beim Werkvertrag).

---

[1] Für die Anfechtung instruktiv *Leenen* Jura 2011, 723, 726.

II. Die Verjährung

1. Anwendungsbereich

102 a) Die Verjährung betrifft **Ansprüche** (§ 194 I). Nicht dagegen verjähren die **Mutterrechte** selbst, aus denen sich die Ansprüche vielfach ergeben, z.B. das Eigentum (es kann durch Zeitablauf nur verloren gehen, indem es ein anderer ersitzt, §§ 900, 927, 937 ff.). Nicht verjähren können auch **Einreden und Einwendungen**. Soweit sich diese auf Ansprüche stützen (wie etwa das Leistungsverweigerungsrecht aus § 273), kann aber die Verjährung dieser Ansprüche auf Einrede oder Einwendung zurückwirken. So kann wegen einer verjährten Forderung regelmäßig kein Leistungsverweigerungsrecht aus § 273 mehr geltend gemacht werden. Zu den Gestaltungsrechten vgl. schon oben Rz. 100 f.

103 b) Ausnahmsweise sind aber auch bestimmte **Ansprüche der Verjährung entzogen**. Das gilt nach § 194 II für die familienrechtlichen Ansprüche, die für die Zukunft auf die Herstellung des dem Familienrecht entsprechenden Zustandes gerichtet sind (etwa die Eheherstellungsklage nach § 1353): Hier soll nicht durch die Versäumung einer Verjährungsfrist so etwas wie die „Ersitzung" eines ehewidrigen Zustandes eintreten können (etwa die Befugnis zum Zusammenleben mit einem Dritten). Außerhalb des Allgemeinen Teils des BGB ist Unverjährbarkeit noch angeordnet für Ansprüche auf die Aufhebung von Gemeinschaften (§§ 758, 2042 II): Diese Aufhebung soll nicht durch die drohende Verjährung erzwungen werden; weiter für Ansprüche auf Grundbuchberichtigung oder solche aus eingetragenen oder durch Widerspruch gesicherten Rechten (§§ 898, 902): Hier macht die besondere Beweiskraft des Grundbuchs die Verjährung unnötig; oder endlich für einige nachbarrechtliche Ansprüche (§ 924): Hier spielen teils öffentliche Interessen und teils die Vorstellung hinein, der Anspruch entstehe fortwährend neu[2].

2. Funktion der Verjährung

104 a) In Mot. I 291 = *Mugdan* I 512 wird gesagt:

„Grund und Zweck der Anspruchsverjährung ist, der Behelligung mit veralteten Ansprüchen ein Ziel zu setzen. Der Verkehr erträgt es nicht, dass lange verschwiegene, in der Vergangenheit vielleicht weit zurückliegende Tatsachen zur Quelle von Anforderungen in einem Zeitpunkt gemacht werden, in welchem der in Anspruch genommene Gegner in Folge der verdunkelnden Macht der Zeit entweder nicht mehr oder doch nur schwer in der Lage ist, die ihm zur Seite stehenden entlastenden Umstände mit Erfolg zu verwerten. Anforderungen dieser Art sind der Regel nach innerlich unbegründet oder bereits erledigt. Der Schwerpunkt der Verjährung liegt nicht darin, dass dem Berechtigten sein gutes Recht entzogen, sondern darin, dass dem Verpflichteten ein Schutzmittel gegeben wird, gegen voraussichtlich unbegründete Ansprüche ohne ein Eingehen auf die Sache sich zu verteidigen. Die Verjährung ist das Mittel zum Zwecke, nicht Selbstzweck. Geschieht im Einzelnen Falle der materiellen Gerechtigkeit Eintrag, geht der Berechtigte seines wohlbegründeten Anspruches durch die Verjährung verlustig, so ist dies ein Opfer, das der Betroffene dem Gemeinwohle bringen muss. Gegenüber der beharrlichen Nichtbe-

---

2 Vgl. BGB-RGRKomm-*Augustin* Anm. zu § 924.

tätigung des Anspruches, ohne welche die Verjährung nicht möglich, und dem daraus abzuleitenden geringen Interesse des Berechtigten an dem Inhalte des Anspruches wird dieses Opfer kaum als ein solches angesehen werden können, welches besonders hart empfunden werden dürfte."

b) Diese Begründung könnte überzeugen, wenn dem Gläubiger wirklich vor dem Eintritt der Verjährung die Geltendmachung des Anspruchs über **geraume Zeit möglich** gewesen wäre.

3. Unabdingbarkeit

Der in den Motiven[3] genannte rechtspolizeiliche Zweck der Verjährung, der von dem Gläubiger ein Opfer für das Gemeinwohl fordert, legt den **zwingenden Charakter** von Teilen des Verjährungsrechts nahe.

§ 202 kennt **nur noch zwei Einschränkungen** für Vereinbarungen über die Verjährung[4]: Für eine Haftung **wegen Vorsatzes** soll sie nicht erleichtert werden können (Abs. 1), und eine **Verlängerung auf mehr als 30 Jahre** wird durch Abs. 2 ausgeschlossen. Doch gelten für Verkürzungen der Verjährung spezielle Beschränkungen durch § 475 II und § 309, vor allem Nr. 8 b ff.

4. Verjährungsbeginn

a) Insbesondere die **Entstehung des Anspruchs** ist nach den §§ 199, 200 von Bedeutung. Was damit gemeint war, hatte deutlicher § 158 I des E 1 ausgedrückt: „Die Verjährung beginnt mit dem Zeitpunkte, in welchem die Befriedigung des Anspruchs rechtlich verlangt werden kann (Fälligkeit)". Obwohl diese Formulierung nicht Gesetz geworden ist, trifft sie im Wesentlichen das sachlich Richtige. Es kommt also nicht wirklich auf die Entstehung des Anspruchs an, sondern auf die Fälligkeit[5]. Die Verjährung der Forderung auf Rückzahlung eines Darlehens beginnt also nicht etwa schon mit dessen Hingabe, sondern erst mit der Fälligkeit der Rückzahlung. Außerdem verlangt der BGH[6] die **Zumutbarkeit einer Klageerhebung**; verneint bei ungeklärter Rechtslage.

b) Zusätzlich verlangt § 199 I Nr. 2 aber, dass der Gläubiger von denjenigen Umständen **Kenntnis** erlangt hat oder ohne grobe Fahrlässigkeit erlangen müsste, die den Anspruch begründen. Der Gläubiger soll also die kurze (vgl. unten Rz. 114) Frist wirklich zur Geltendmachung ausnutzen können, wenn er nicht grob fahrlässig ist.

c) Nach § 199 I ist der Beginn der kurzen Frist auf das Ende des Jahres aufgeschoben, in dem die Voraussetzungen für den Fristbeginn erfüllt sind (sog. **Silvesterfrist**). Alle hierunter fallenden Ansprüche verjähren also jeweils zum Jahresende, obwohl sie in verschiedenen Zeitpunkten während des Jahres entstanden sein können. Damit soll erreicht werden, dass die Gläubiger solcher Forderungen ihre Bücher nur einmal jähr-

---

3 Mot. I 291 = *Mugdan* I 512.
4 Dazu *Lakkis* AcP 203 (2003) 763.
5 BGHZ 55, 340, 341.
6 BGH NJW 2015, 1948 Rz. 38; 2014, 3713 Rz. 35 mit Nachw.

lich daraufhin durchschauen müssen, gegenüber welchen Schuldnern die Verjährung droht.

111 d) Eine Besonderheit hinsichtlich des Fristbeginns gilt für **Schadensersatzansprüche**. Diese erfordern einen ersatzfähigen Schaden, vor dessen Eintritt der Anspruch nicht als entstanden angesehen werden kann. Unter Umständen mag aber zwischen der Handlung, auf die sich der Ersatzanspruch gründet, und dem Schadenseintritt einer sehr lange Zeit vergehen. Man denke etwa an die fehlerhafte Verlegung einer Stromleitung: Bis hieraus ein Kurzschluss und vielleicht ein Großfeuer entsteht, kann es Jahrzehnte dauern.

112 Daher enthalten die Absätze 2 und 3 von § 199 eine **Sonderregelung** für Schadensersatzansprüche: Die Verjährung soll **spätestens 30 Jahre** nach der den Anspruch begründenden unerlaubten Handlung oder Pflichtverletzung eintreten. Wenn es in dem eben genannten Beispiel erst 31 Jahre nach der fehlerhaften Montage zu einem Schaden kommt, ist der Ersatzanspruch schon vor seiner Entstehung verjährt. Hier muss das Interesse des Gläubigers ganz hinter dem für die Verjährung wesentlichen Gesichtspunkt zurückstehen: Sehr lange zurückliegende Vorgänge können kaum noch einigermaßen sicher aufgeklärt werden; die Gefahr unrichtiger Urteile ist allzu groß.

113 e) Dieser **Gesichtspunkt der Unaufklärbarkeit** ist auch maßgeblich für § 197 I Nr. 3 bis 5 mit § 201: Ansprüche, die durch **rechtskräftiges Urteil** oder mit ähnlicher Zuverlässigkeit festgestellt worden sind, verjähren erst in 30 Jahren (§ 201), und zwar beginnend mit der Feststellung. Daher kann es zweckmäßig sein, mit der Leistungsklage auf Ersatz des schon entstandenen Schadens eine Klage auf Feststellung der Ersatzpflicht für künftige Schäden zu verbinden (z.B. nach Verkehrsunfällen mit Körperschäden oder in Arzthaftungsprozessen).

5. Verjährungsfristen

114 a) Die regelmäßige Verjährungsfrist beträgt nach § 195 **nur noch drei Jahre**. § 195 bezieht sich nur auf den ersten Teil einer Doppelfrist mit dem Beginn nach § 199 I, also erst bei **Kenntnis oder grob fahrlässiger Unkenntnis des Gläubigers** (vgl. oben Rz. 110). Ähnlich finden sich kurze Fristen auch bei Gestaltungsrechten, etwa in § 121 I (Irrtumsanfechtung: unverzüglich) und § 124 (Anfechtung wegen Täuschung oder Drohung: ein Jahr).

114 a b) Diese kurze, von Kenntnis oder grob fahrlässiger Unkenntnis abhängige Frist des § 195 allein genügt aber nicht: Sie beginnt ja womöglich erst nach sehr langer Zeit und beseitigt allein die Gefahr der Unaufklärbarkeit nicht einigermaßen zuverlässig. Daher bedarf es neben dieser subjektiven einer weiteren Frist, die **von subjektiven Elementen unabhängig** sein muss. Diese findet sich allgemein in § 199 IV (zehn Jahre) und für Schadensersatzansprüche in § 199 II und III (30 oder zehn Jahre, vgl. oben Rz. 112 f.).

114 b c) Insgesamt ergibt sich also für die regelmäßige Verjährung eine **Doppelfrist**: Die erste beträgt nur drei Jahre (§ 195, allerdings als Silvesterfrist), beginnt aber erst mit Kenntnis oder grob fahrlässiger Unkenntnis des Gläubigers von den für den Anspruch maßgeblichen Umständen (§ 199 I). Die zweite beträgt regelmäßig zehn Jahre, ist aber unabhängig von der Kenntnis oder grob fahrlässigen Unkenntnis des Gläubigers (§ 199

IV). Für Schadensersatzansprüche kann sich diese objektive Frist auf 30 Jahre verlängern (§ 199 II und III).

d) Hiervon gibt es aber zahlreiche **Ausnahmen**. Diese finden sich teils im BGB, vor allem in den § 438 für den Kauf, in den §§ 548, 606 für Miete, Pacht und Leihe; in § 634 a für den Werkvertrag; in § 651 g II für den Reisevertrag (hier aber in § 651 g I auch eine Ausschlussfrist). Im Verjährungsrecht selbst stehen die §§ 196 (Grundstücksgeschäfte) und 197 I Nr. 1 (Schadensersatzansprüche, die auf vorsätzlicher Verletzung des Lebens, des Körpers, der Gesundheit, der Freiheit und der sexuellen Selbstbestimmung beruhen) sowie Nr. 2 (dingliche Herausgabeansprüche, also vor allem § 985, nicht dagegen § 1004) und Nr. 3 bis 5 (vollstreckbare Ansprüche, vgl. oben Rz. 113), endlich in § 197 II wiederkehrende Leistungen. In den §§ 438 III 1, 634 a III 1 findet sich jedoch eine Verweisung auf die längeren allgemeinen Verjährungsfristen bei **Arglist** des Verkäufers oder Unternehmers. Der Arglist soll ein **Organisationsmangel** gleichstehen, der die Entdeckung des Mangels durch den Gläubiger verhindert hat[7]. **114 c**

6. Einwirkungen auf den Fristenlauf

Insbesondere bei den kurzfristig verjährenden Ansprüchen müsste der Gläubiger fürchten, den Eintritt der Verjährung trotz aller Bemühungen nicht verhindern zu können: Der Schuldner bräuchte nur die Leistung lange genug zu verzögern. Darum und aus weiteren Gründen muss dem Gläubiger ein Einfluss auf den Fristenlauf möglich sein. Dabei werden **drei Arten der Beeinflussung** unterschieden. **115**

a) Für den Gläubiger am günstigsten ist das, was früher „Unterbrechung der Verjährung" geheißen hat und jetzt als **Neubeginn der Verjährung** in § 212 geregelt ist: Hier beginnt die Verjährungsfrist von Anfang an neu. Wichtigste Gründe sind ein Anerkenntnis des Schuldners (auch konkludent, z.B. durch Zinszahlung) und eine Vollstreckungshandlung. Wenn diese Gründe nur einen Teil des Anspruchs betreffen, (also wenn z.B. von einer Geldforderung über 1.000 Euro nur 100 Euro anerkannt werden), beschränkt sich der Neubeginn auf diesen Teil. Ganz wirkungslos ist dagegen eine Mahnung durch eingeschriebenen Brief (der Irrtum hierüber ist weit verbreitet; anders aber beim gerichtlichen Mahnbescheid nach § 204 I Nr. 3).

b) Bei der Fortlaufshemmung läuft die Verjährung für eine bestimmte Zeit nicht mehr weiter; diese Zeit wird, wie § 209 sagt, in die Frist nicht eingerechnet. Die Fälle für den Eintritt einer solchen Hemmung stehen in den §§ 203 – 208. Dabei geht es erstens um das Schweben von Verhandlungen über den Anspruch, § 203 (diese Verhandlungen sollen nicht wegen des Drohens der Verjährung beendet werden müssen). Zweitens nennt § 204 die gerichtliche Geltendmachung des Anspruchs. Drittens erscheint in § 205 die Berechtigung des Schuldners, auf Grund einer Vereinbarung mit dem Gläubiger vorübergehend die Leistung zu verweigern. Viertens nennt § 206 den Fall, dass der Gläubiger innerhalb der letzten sechs Monate der Verjährungsfrist durch höhere Gewalt an der Rechtsverfolgung gehindert ist. Endlich betreffen die §§ 207, 208 noch familiäre oder ähnliche Rücksichten, die eine Rechtsverfolgung als unzumutbar **116**

---

7 BGHZ 117, 318; 174, 32 Rz. 14 ff.

erscheinen lassen; nach § 208 S. 1 soll die Verjährung von Ansprüchen „wegen Verletzung der sexuellen Selbstbestimmung" bis zur Vollendung des 21. Lebensjahrs des Gläubigers gehemmt sein.

117 c) Von der Fortlaufshemmung ist zu unterscheiden die in den §§ 210, 211 geregelte **Ablaufhemmung**: Bei ihr kann die Frist zwar an sich weiterlaufen, doch endet sie nicht vor einem bestimmten Zeitpunkt. Bis dahin (z.B. bei § 210 I 1 bis sechs Monate nach dem Eintritt der unbeschränkten Geschäftsfähigkeit des Schuldners, der keinen gesetzlichen Vertreter hat) verlängert sie sich also nötigenfalls: Dem Gläubiger soll nämlich noch ausreichende Zeit für die Erhebung der Klage bleiben, die ihm wegen des die Ablaufhemmung bewirkenden Hindernisses zunächst nicht möglich ist. Umgekehrt soll eine nicht voll geschäftsfähige Person, die keinen gesetzlichen Vertreter hat, ihren Anspruch nicht durch Verjährung verlieren.

7. Verjährung bei Rechtsnachfolge

118 a) Bei der **Abtretung** (§ 398) oder dem gesetzlichen Übergang (§ 412) von Forderungen kann der Schuldner den schon gegen den Altgläubiger verstrichenen Teil der Verjährungsfrist auch dem Neugläubiger entgegenhalten. Das folgt aus dem in § 404 (unvollkommen) ausgesprochenen Grundsatz, die Abtretung dürfe dem an ihr unbeteiligten Schuldner keinen Nachteil bringen. Ebenso kann sich bei einer rechtsgeschäftlichen **Schuldübernahme** (§§ 414 f.) der Neuschuldner nach § 417 I 1 auf den schon beim Altschuldner verstrichenen Teil der Verjährungsfrist berufen.

119 b) Anders ist dagegen die Ausgangslage bei **dinglichen Ansprüchen** vom Typ der Vindikation (§ 985): Hier ist Schuldner der jeweilige Besitzer der Sache. Der Schuldner wechselt also, wenn die Sache in den Besitz eines anderen übergeht. Nach der Vorstellung des BGB handelt es sich dabei aber nicht um einen gesetzlichen Eintritt des neuen Besitzers in die alte Schuld; vielmehr richtet sich gegen den neuen Besitzer ein neuer Herausgabeanspruch[8]. Für ihn müsste also auch eine neue Verjährungsfrist beginnen. Diese Konsequenz will § 198 vermeiden (dingliche Herausgabeansprüche verjähren ja nach § 197 I Nr. 2 ohnehin erst in 30 Jahren)[9].

Doch begünstigt § 198 nur den „Rechtsnachfolger" in den Besitz, also z.B. denjenigen, an den der Dieb die gestohlene Sache veräußert. Gegen denjenigen jedoch, der den Dieb bestohlen oder die vom Dieb verlorene Sache gefunden hat, beginnt eine neue Verjährungsfrist.

8. Wirkungen der Verjährung

120 a) Nach § 214 I kann der Schuldner nach Vollendung der Verjährung **die Leistung verweigern**. Das ist eine Einrede im technischen Sinn: Es soll dem Schuldner überlassen bleiben, ob er sich auf den bloßen Zeitablauf berufen oder sich anders verteidigen will

---

8 Vgl. Mot. I 341 = *Mugdan* I 540; *Medicus/Petersen* BürgR Rz. 445.
9 *S. Lorenz/S. Arnold* FS Köhler (2014) 451; *Armbrüster* FS H. P. Westermann (2008) 53; *Klose* RW 2014, 228.

(vgl. oben Rz. 96). Dabei ist str., ob der Richter den Beklagten auf die Verjährung hinweisen darf, ohne sich einer Ablehnung wegen Befangenheit auszusetzen[10].

Durch die Verjährungseinrede wird die Geltendmachung des verjährten Anspruchs dauernd ausgeschlossen. Nach § 813 I 1 käme daher eine **Rückforderung** des trotzdem Geleisteten in Betracht. Dem stehen jedoch die §§ 214 II, 813 I 2 entgegen: Das auf eine verjährte Schuld Geleistete kann also selbst bei Unkenntnis der Verjährung nicht zurückgefordert werden. Denn es widerspräche dem friedensstiftenden Zweck der Verjährung, wenn nach einer Leistung noch um deren Rückforderung gestritten werden könnte.

b) Vielfach kann ein verjährter Anspruch noch **einredeweise** geltend gemacht werden. Das erlauben ausdrücklich etwa die §§ 821 und 853. Auch kann mit einer verjährten Forderung noch aufgerechnet werden, wenn die Aufrechnungslage schon vor dem Eintritt der Verjährung entstanden war (Konsequenz aus der in § 389 bestimmten Rückwirkung der Aufrechnung). Das wurde bei § 273 analog angewendet (BGHZ 48, 116, aber bestr.): Wegen einer verjährten Forderung sollte noch zurückbehalten werden können, wenn die Verjährung erst nach der Entstehung des Zurückbehaltungsrechts eingetreten war. Beides sagt jetzt ausdrücklich § 215.

121

c) Nach § 216 I (Ausnahme hinsichtlich rückständiger Zinsen und anderer wiederkehrender Leistungen in Abs. 3[11]) bleiben **dingliche Sicherungsrechte** trotz der Verjährung des zu sichernden Anspruchs durchsetzbar. Insoweit ist also die sonst bestehende Einwendungsakzessorietät gelockert (die sich für die Hypothek aus § 1137 I 1 und für das Pfandrecht aus § 1211 I 1 ergibt[12]). Diese Regelung bedeutet z.B. für die Hypothek: Hat der Gläubiger gegen den Schuldner-Eigentümer die persönliche Klage (auf Zahlung) und die dingliche Klage (meist formuliert auf Duldung der Zwangsvollstreckung in das Grundstück) erhoben und beruft der Beklagte sich auf die Verjährung, so scheitert die persönliche Klage an § 214 I. Dagegen kann der Gläubiger aus der Hypothek wegen § 216 I trotz der Verjährung des persönlichen Anspruchs noch in das Grundstück vollstrecken; insoweit versagt also die Akzessorietät.

122

§ 216 II erweitert das auf **zur Sicherung eines Anspruchs verschaffte Rechte**: Ihre Rückübertragung soll nicht deshalb verlangt werden können, weil wegen der Verjährung des zu sichernden Anspruchs der Sicherungszweck erledigt sei. Das passt direkt für die Sicherungszession und die Sicherungsübereignung: Letztlich muss also der Sicherungsgeber seine verjährte Schuld noch erfüllen, um das Sicherungsmittel zurückfordern zu können. Entsprechendes gilt beim Eigentumsvorbehalt, denn hier ist ja die Vindikation (§ 985) des Verkäufer-Eigentümers gehindert, solange der Kaufvertrag nicht durch Rücktritt beendet ist. Ein solcher Rücktritt wegen Schuldnerverzugs (§ 323) steht dem Verkäufer aber nicht mehr offen, wenn der Käufer wegen der Verjährung mit seiner Restkaufpreisschuld nicht mehr in Verzug geraten kann. Danach sieht es so aus, als müsse der Verkäufer dem Käufer die Sache lassen, ohne den Restkaufpreis fordern zu können. Wenn hier der Käufer sich auf die Verjährung der Kauf-

123

---

10 Vgl. BGHZ 156, 269; OLG Hamburg NJW 1984, 2710 und *Herb. Roth*, Die Einrede des Bürgerlichen Rechts (1988) 279 ff. mit Nachweisen.
11 Dazu BGH NJW 1993, 3318.
12 *Medicus* JuS 1971, 497, 500 f.

preisschuld berufen hat, sollte der Verkäufer gleichwohl noch den dinglich sichernden Eigentumsvorbehalt ausüben, also die Sache trotz des Kaufes vindizieren können[13]. Das steht jetzt ausdrücklich in § 216 II 2. Wenn der Verkäufer danach die Kaufsache herausverlangt, muss freilich auch der Käufer eine Abrechnung über die etwa schon geleisteten Kaufpreisraten fordern können: Diese dürfen dem Verkäufer nur insoweit verbleiben, als sie eine Nutzungsvergütung für den Gebrauch der Sache durch den Käufer in der Zwischenzeit darstellen.

9. Verjährung und Treu und Glauben

124 Hinsichtlich der Verjährung kommt ein Verstoß gegen Treu und Glauben in zwei verschiedenen Richtungen in Betracht:

a) Wo die lange Verjährungsfrist von 30 Jahren gilt, kann dem Gläubiger nach Treu und Glauben die **Geltendmachung** der Forderung **schon vorher verwehrt** sein. Dafür genügt aber – anders als bei der Verjährung – nicht bereits der bloße Zeitablauf; vielmehr muss sich der Gläubiger durch die späte Geltendmachung der Forderung in Widerspruch zu seinem eigenen Vorverhalten gesetzt haben (*venire contra factum proprium*). Das ist dann die **Verwirkung**, vgl. unten Rz. 137 ff. Freilich sind die meisten Verjährungsfristen inzwischen deutlich kürzer. Das verringert für den Schuldner die Gefahr, nach vielen Jahren doch noch überraschend in Anspruch genommen zu werden. Bei der dreijährigen Regelverjährung (§§ 195, 199) und bei noch kürzeren Fristen (z.B. § 438 bei Sachmängeln) wird eine weitere Abkürzung durch Verwirkung deshalb nur noch „unter ganz besonderen Umständen" anzunehmen sein[14].

125 **b)** Umgekehrt kann es bei den kurzen Verjährungsfristen vielmehr sogar **gegen Treu und Glauben** verstoßen, wenn der Schuldner sich **auf die Verjährung beruft**. Auch hier kommt es auf einen unzulässigen Selbstwiderspruch an: Gegen Treu und Glauben verstößt der Schuldner nur dann, wenn er den Gläubiger von der rechtzeitigen Unterbrechung der Verjährung abgehalten hat, insbesondere weil dieser nach dem Verhalten des Schuldners den Eindruck haben musste, die Verjährungseinrede werde nicht erhoben werden[15]. Das ist z.B. bejaht worden, wenn der Schuldner den Gläubiger schriftlich gebeten hatte, sich noch zu gedulden, bis der Anspruch endgültig feststehe[16]. Treuwidrig ist die Verjährungseinrede auch, wenn einverständlich zunächst der Ausgang eines Musterprozesses abgewartet werden sollte[17]. Nicht genügen soll dagegen, wenn in einer Abfindungserklärung ein Vorbehalt hinsichtlich des Zukunftsschadens akzeptiert wird[18]. Nach Treu und Glauben ist auch der in § 203 nicht geregelte Fall zu entscheiden, dass die Fortsetzung von Verhandlungen über den Anspruch nicht eindeutig verweigert worden ist, sondern dass solche Verhandlungen einfach eingeschlafen sind (z.B. der eine Partner hat einen Brief des anderen nicht beantwortet und dieser hat auf das Schweigen nicht reagiert)[19].

---

13 Das war ganz h.M., vgl. etwa BGHZ 34, 191; 70, 94.
14 BGH NJW 2011, 212 Rz. 22; 2012, 3569 Rz. 20 mit Verweis auf BGHZ 51, 346; 103, 62, 68.
15 Etwa BGH NJW 1959, 241; VersR 1982, 365.
16 BGHZ 9, 1, 5.
17 BAG DB 1965, 332.
18 BGH NJW 1992, 2228.
19 Vgl. BGH NJW 2009, 1806.

Insbesondere kommt ein Verstoß gegen Treu und Glauben auch in Betracht, wenn der Gläubiger nur durch eine Abhängigkeit vom Schuldner von der rechtzeitigen Geltendmachung seiner Ersatzansprüche abgehalten worden ist. Dass eine solche Abhängigkeit dem Gläubiger nicht schaden soll, liegt den §§ 208, 209 zugrunde. Das lässt sich über § 242 ausweiten.

§ 15 Sachliche Grenzen des subjektiven Rechts

Literatur: *Baumgärtel*, Treu und Glauben, gute Sitten und Schikaneverbot im Erkenntnisverfahren, ZZP 69 (1956) 89; *Hohmann*, § 242 BGB und unzulässige Rechtsausübung in der Rspr. des BGH, JA 1982, 112; *Kegel*, Verwirkung, Vertrag und Vertrauen (1993); *Mader*, Rechtsmissbrauch und unzulässige Rechtsausübung (1994, primär zum österr. Recht); *Merz*, Vom Schikaneverbot zum Rechtsmissbrauch, ZfRV 1977, 162; *Pestalozza*, „Eigentum verpflichtet", NJW 1982, 2169; *Petersen*, Die Grenzen zulässiger Rechtsausübung, Jura 2008, 759; *Schnapp*, Die Verhältnismäßigkeit des Grundrechtseingriffs, JuS 1983, 850; *Schoch*, Die Eigentumsgarantie des Art. 14 II GG, Jura 1989, 113; *Siber*, Schranken der privaten Rechte (1926); *Siebert*, Verwirkung und Unzulässigkeit der Rechtsausübung (1934); *ders.*, Vom Wesen des Rechtsmissbrauchs (1935); *Singer*, Das Verbot widersprüchlichen Verhaltens (1993); *Stauder*, Die Verwirkung zivilrechtlicher Rechtspositionen (1995).

I. Die Grenzen einzelner Rechte

1. Kein subjektives Recht ist unbegrenzt: Die **Forderung** richtet sich nur gegen eine bestimmte Person – den Schuldner – und bloß auf eine bestimmte Leistung; zudem wird ihre Durchsetzung durch die Unpfändbarkeitsvorschriften (§§ 811 ff., 850 ff. ZPO) beschränkt. Auch die **beschränkten Sachenrechte** verleihen nur eine begrenzte Rechtsmacht: So gewähren die Pfandrechte nur eine Verwertungsbefugnis, die bloß bei Mobilien mit einem Besitzrecht verbunden ist (vgl. §§ 1227, 1231). Der Nießbrauch umfasst nur das Recht zu Besitz und Nutzung einer Sache (§ 1030); zudem ist er zeitlich begrenzt (§§ 1061 ff.). **126**

Noch schwächer sind die so genannten **Rahmenrechte** wie das allgemeine Persönlichkeitsrecht (vgl. unten Rz. 1076 ff.) oder das Recht am eingerichteten und ausgeübten Gewerbebetrieb (vgl. oben Rz. 71): Ob sie verletzt sind, kann überhaupt erst durch eine Abwägung festgestellt werden, bei der kollidierende Rechte anderer Personen berücksichtigt werden müssen. So ist etwa die Pressekritik an den Erzeugnissen eines Gewerbebetriebs nicht schon deshalb rechtswidrig, weil sie den Absatz hindert und damit vielleicht sogar das Unternehmen in die Insolvenz treibt: Hier stehen dem Rahmenrecht des Unternehmers an seinem Gewerbebetrieb schon die „berechtigten Interessen" (§ 824 II) der von der Presse informierten Abnehmer gegenüber (zudem auch die Pressefreiheit von Art. 5 I GG). **127**

2. Am ehesten als unbegrenzt lässt sich das in § 903 weit umschriebene **Eigentum** denken („mit der Sache nach Belieben verfahren und andere von jeder Einwirkung ausschließen"). Aber schon § 903 selbst enthält den Vorbehalt des Gesetzes und der **128**

Rechte Dritter. In den §§ 904 ff. (wichtig vor allem § 906[1]) wird das noch konkretisiert. Eine weitere Schranke des Eigentums bedeuten die Regeln über den redlichen Erwerb vom Nichtberechtigten (vor allem §§ 892 f., 932 ff.): Sie führen ja im Verkehrsinteresse zu einer „Enteignung" des Alteigentümers. Dazu treten die mannigfachen Schranken, die vor allem dem Grundstückseigentum in anderen Rechtsgebieten gezogen werden: So begrenzt das öffentliche Baurecht die Möglichkeit zum Bauen ganz wesentlich. § 1 LuftVG hat in Abweichung von § 905 BGB den Luftraum enteignet. Das Bergrecht entzieht die Bodenschätze weitgehend dem Grundeigentümer. Das Jagdrecht beschränkt ihn in der Ausübung der Jagd. Das WHG enteignet das Grundwasser[2], und so weiter.

II. Missbrauchsschranken

129 Die oben bei I. genannten Grenzen einzelner Rechte sind bei diesen zu erörtern; sie gehören also nicht in den Allgemeinen Teil. Dafür kommen bloß die **allgemeinen Schranken** in Betracht, die jeder Rechtsausübung im Einzelfall gezogen sind. Die insoweit bestehende Problematik zeigt sich besonders deutlich an einem in Holland entschiedenen Fall[3].

Jan verdeckte seinem Nachbarn Piet durch einen mit großen Tüchern behängten Pfahl die schöne Aussicht. Das Gericht verurteilte Jan zur Beseitigung. Nun baute dieser an der gleichen Stelle eine Windturbine, die der Bewässerung dienen sollte, aber an keine Leitung angeschlossen war. Wieder wurde die Beseitigung angeordnet. Statt sie vorzunehmen, schloss Jan die Turbine an. Nun wurde das Beseitigungsbegehren in erster Instanz abgelehnt: Da Jan jetzt ein eigenes Interesse verfolge, liege keine Zweckentfremdung der Rechtsausübung mehr vor; diese werde nicht schon dadurch rechtsmissbräuchlich, dass Jan auch seinen Nachbarn ärgern wolle. Anders entschied jedoch die zweite Instanz: Jan habe die Turbine mit dem gleichen Nutzen für sich selbst auch an einer anderen Stelle errichten und damit die Störung der Aussicht vermeiden können. Das oberste Gericht (der „Hooge Raad") schließlich hat jedoch eine so weitgehende Einschränkung des Eigentums nicht gelten lassen wollen.

Für die Behandlung solcher Fälle kommen nach deutschem Recht die folgenden Möglichkeiten in Betracht.

1. Schikane, § 226

130 Nach § 226 ist die Rechtsausübung unzulässig, wenn sie nur den Zweck haben *kann*, einem anderen Schaden zuzufügen. Danach genügt also für die Unzulässigkeit einer solchen „Schikane" nicht schon, dass die Rechtsausübung einem anderen wesentlich schadet. Nicht einmal ist ausreichend, dass das Recht gerade zu diesem Zweck ausgeübt wird. Vielmehr muss die Schädigung des anderen überhaupt *der einzige denkbare Zweck* sein. Das könnte etwa für die nicht angeschlossene Turbine des Jan zutreffen. In der Praxis sind solche Fälle aber ganz selten (etwa Überweisung von Pfennigbeträ-

---

1 Zu ihm *Petersen*, Duldungspflicht und Umwelthaftung (1996); *ders.* NJW 1998, 2099.
2 BVerfG NJW 1982, 745; BGHZ 84, 223; 230.
3 Vgl. Hooge Raad RabelsZ 10 (1936) 403 f.; *Merz* ZfRV 1977, 162.

gen auf ein fremdes Konto⁴). Entsprechend klein ist der legitime Anwendungsbereich des § 226. Wo diese Vorschrift von den Gerichten angewendet worden ist, hat sie meist nicht wirklich gepasst, oder sie war überflüssig.

So hatte in RGZ 72, 251 der Eigentümer eines Schlosses seinem Sohn verboten, das Grab der Mutter im Park dieses Schlosses zu besuchen: Vater und Sohn waren nämlich verfeindet, und der Vater behauptete, wegen einer Herzkrankheit ein ihn aufregendes Zusammentreffen mit seinem Sohn vermeiden zu müssen. Infolge dieses denkbaren Zieles der Rechtsausübung war § 226 eigentlich unanwendbar. Das RG musste sich daher den Weg zu dieser Vorschrift erst durch einen Kunstgriff öffnen: Es hat die Besuche des Sohnes nur an vier bestimmten Tagen im Jahr, und auch dann nur zwischen 11 und 12 Uhr, zugelassen. Damit konnte es eher als Schikane des Vaters erscheinen, wenn er ausgerechnet in dieser Zeit seinen Schlosspark überall benutzen wollte.

In **RGZ 96, 184**⁵ hatte S dem G zur Sicherheit für ein Darlehen Aktien verpfändet. S wird zur Rückzahlung des Darlehens gegen Rückgabe dieser Aktien verurteilt. Die Aktien verbrennen bei G. Dieser bietet aber andere Aktien der gleichen Art an; zudem sind die Aktien überhaupt wertlos, weil die Gesellschaft inzwischen in Konkurs gefallen ist. Hier hat das RG das Beharren des S auf der Rückgabe gerade der von ihm hingegebenen Aktien für schikanös gehalten. Doch war das unnötig. Denn die hingegebenen Aktien konnte S schon deshalb nicht verlangen, weil deren Rückgabe dem G unmöglich war (§ 275). Insoweit kam nur ein Schadensersatzanspruch in Betracht, wenn G nicht nachweisen konnte, dass er den Verlust nicht zu vertreten hatte (§§ 280, 283). Und für eine Schadensersatzleistung in Form der Naturalrestitution (§ 249 I) genügt schon die Herstellung eines wirtschaftlich gleichwertigen Zustands: Eben das hatte G in Gestalt gleichartiger Aktien angeboten. Überdies hätte man wohl wegen der Wertlosigkeit der Aktien einen Schaden überhaupt verneinen können⁶.

2. Art. 14 Abs. 2 GG

Art. 14 II GG lautet: „Eigentum verpflichtet. Sein Gebrauch soll zugleich dem Wohle der Allgemeinheit dienen." Dabei ist zu bedenken, dass die Eigentumsgarantie des Art. 14 I GG viel mehr umfasst als das Eigentum im Sinne der §§ 903 ff. BGB, nämlich außer diesem privatrechtlichen Eigentum auch alle anderen (rechtmäßig erworbenen⁷) vermögenswerten Rechte des Privatrechts und zudem noch einige öffentlich-rechtliche Positionen. Von gleicher Weite ist dann auch der Anwendungsbereich der in Art. 14 II GG bestimmten Begrenzung. Art. 14 II GG kommt also als **Rechtsausübungsschranke von hohem Allgemeinheitsgrad** in Betracht.

Gegen eine solche Ableitung von Rechtsschranken direkt aus Art. 14 II GG spricht aber schon dessen höchst verschwommener Wortlaut: Der erste Satz sagt nicht, wozu

---

4 OLG Düsseldorf NJW 1988, 1391.
5 Ähnlich BGHZ 158, 11.
6 Weitere Beispiele für einen Rechtsmissbrauch behandeln BGH NJW 2004, 3779 (Bürgschaftsgläubiger verursacht schuldhaft den Zusammenbruch des Hauptschuldners); BGH NJW-RR 2004, 1281 (Gläubiger macht sich den auf ein falsches Konto überwiesenen Betrag zunutze und verlangt trotzdem erneut Zahlung); BGH NJW 2005, 775 (zu § 613 a IV).
7 BVerfG NVwZ 1993, 878.

und wem gegenüber Eigentum verpflichten soll. Und der zweite Satz postuliert ein viel zu hoch gestecktes Ziel, das ganz unrealistisch sein muss: Wie soll z.B. das Rauchen einer Zigarette oder das Einziehen einer Forderung dem Gemeinwohl dienen? Trotzdem ist beides zweifellos zulässig. Eine Kontrolle der „Gemeinwohlförderlichkeit" vollends müsste zum totalen Polizeistaat ohne freie Persönlichkeitsentfaltung führen: Man stelle sich nur einmal vor, die Polizei würde an einem Wochenende alle Kraftfahrer daraufhin überprüfen, inwieweit ihr Eigentumsgebrauch zugleich dem Gemeinwohl dient, und die bei dieser Prüfung „durchgefallenen" Fahrzeuge wegen Rechtsmissbrauchs aus dem Verkehr ziehen.

132 Art. 14 II GG kann daher nach richtiger Ansicht nur eine **viel engere Funktion** haben. Das Bundesverfassungsgericht hat das so beschrieben: „Die soziale Bindung des Eigentums im Sinne des Art. 14 II GG umschreibt die Pflichten und Beschränkungen des Eigentums. Diese bestimmt der Gesetzgeber im Rahmen des ihm nach Art. 14 I 2 GG obliegenden Regelungsauftrages generell und abstrakt[8]. Eine solche Befugnis steht weder der Gemeinde noch den staatlichen Behörden zu, sie können nicht das Eigentum einzelner Bürger im Interesse eines privaten Wirtschaftsunternehmens (dort: einer Gondelbahn) einer sozialen Bindung (durch das Überschweben) unterwerfen."[9]

133 Noch weniger steht eine solche Befugnis – so ist hinzuzufügen – gewiss einzelnen Privatpersonen zu. So kann sich z.B. ein „Hausbesetzer" nicht auf Art. 14 II berufen: Es wäre ja auch ganz unsozial, wenn ungenutzter Wohnraum nur denjenigen zugutekäme, die an Information und Durchsetzungsvermögen anderen voraus sind; die Bedürftigsten blieben dabei auf der Strecke[10]. Darum **muss die Eigentumsbindung durch Gesetz geregelt** werden[11]. Und die Ausführung dieser Gesetze muss dann in der Hand der zuständigen Behörden liegen: Beides gehört zum „Rechtsstaat" (Art. 28 I 1 GG).

3. Rechtsschutz als Interessenschutz

134 Wenn man mit *von Ihering* das subjektive Recht als rechtlich geschütztes Interesse versteht (vgl. oben Rz. 70), kann man jede Rechtsausübung für missbräuchlich halten, die nicht diesem Interesse dient. Voraussetzung ist aber die genaue Erfassung der beschränkten Interessen, die von den Rechten geschützt werden sollen. Das gelingt ohne Schwierigkeiten z.B. beim Wegerecht (als Notwegerecht nach § 917 oder auf Grund einer Dienstbarkeit nach §§ 1018 ff.): Es dient nur dem Zu- und Abgang. Wer das belastete Grundstück zum Parken oder als Beobachtungsposten verwendet, überschreitet also das Wegerecht und ist daher dem Abwehranspruch des Eigentümers aus § 1004 ausgesetzt. Doch lässt sich dieses Ergebnis auch ohne das Missbrauchsargument aus der Beschränktheit des Rechtsinhalts (vgl. oben Rz. 126) herleiten. Besser passt

---

8 BVerfGE 52, 1, 27 f. mit Nachw. = NJW 1980, 985.
9 BVerfG NJW 1981, 1257; vgl. auch BVerfG NJW 1999, 2877. Zu einer ähnlichen Problematik auch die „Boxberg-Entscheidung" des BVerfG (NJW 1987, 1251 ff.: Enteignung von Landwirten für eine Teststrecke der Daimler-Benz-AG), dazu *Schmidt = Aßmann* NJW 1987, 1587; *Papier* JZ 1987, 619.
10 Dazu *R. Scholz* NJW 1983, 705.
11 Und sie war das für die Zweckentfremdung von Mietwohnungen auch durch Art. 6 des G zur Verbesserung des Mietrechts v. 4. 11. 1971, BGBl I 1745.

dieses Argument für den Fall von BGH NJW 1991, 1946: Ein Gläubiger verwertet eine Sicherheit ohne eigenes Interesse, sondern um einem anderen Gläubiger des Sicherungsgebers Befriedigung zu verschaffen.

Ähnliches gilt für eine seit einigen Jahren vieldiskutierte Situation: Ein Aktionär erhebt gegen einen Beschluss der Hauptversammlung Anfechtungsklage (§ 246 AktG). Der hieraus sich ergebende Rechtsstreit hindert die Gesellschaft für lange Zeit an einer wirtschaftlich nötigen Maßnahme. Ziel des Aktionärs ist, sich seine Aktien von der bedrängten Gesellschaft zu einem Vielfachen des Wertes abkaufen zu lassen[12]. Die Einzelheiten gehören ins Gesellschaftsrecht[13].

Dagegen gelingt die Angabe von beschränkten Zwecken und daher auch Befugnissen kaum beim Eigentum und ähnlichen weiten Rechten: Warum soll ein Maler – auch ein berühmter – seine Bilder nicht wieder vernichten dürfen, wenn sie ihm nicht mehr gefallen? Oder warum sollte ein Dichter die Verbrennung seiner nachgelassenen Notizen nicht auch dann anordnen können, wenn die „Nachwelt" an ihnen interessiert ist? Mit Grenzen des Eigentums allein lässt sich hier ein Missbrauch kaum begründen.

Umstritten ist etwa auch, ob die Geltendmachung des vollen Urlaubsanspruchs missbräuchlich (weil zweckwidrig) ist, wenn der Arbeitnehmer wegen Krankheit fast überhaupt nicht gearbeitet hat: Wie wirkt es sich aus, dass der Urlaub eine „Möglichkeit zur Erholung von geleisteter Arbeit" gewähren soll[14]?

Angesichts solcher Unbestimmtheiten muss zur Begründung des Rechtsmissbrauchs auf weitere, konkretisierende Tatbestandsmerkmale zurückgegriffen werden.

4. Gute Sitten und Treu und Glauben

a) Als solches zusätzliches Merkmal kommt ein Verstoß gegen die **guten Sitten** in Betracht. Denn wenn ein solcher Verstoß sonst Rechtsgeschäfte entkräftet (§ 138, vgl. unten Rz. 679 f.) und bei Schädigungsvorsatz zum Schadensersatz verpflichtet (§ 826), mag er auch eine Rechtsausübung unzulässig machen. Doch gelangt man damit zunächst nur zu der weiteren Frage, unter welchen Voraussetzungen denn die Ausübung eines Rechts sittenwidrig sein kann. 135

b) Wohl wegen der Schwierigkeiten, die einer Antwort hierauf entgegenstehen, hat sich denn auch die Lehre vom Rechtsmissbrauch zu einer anderen Leitlinie hinentwickelt: Statt auf die guten Sitten hat man auf den Maßstab von **Treu und Glauben** abgestellt. Dieser Maßstab kommt zwar im BGB nur für Verträge (§ 157), bedingte Rechtsgeschäfte (§ 162) und Schuldverhältnisse vor (§§ 242, 320 II, 815). Die Gemeinsamkeit kann man darin sehen, dass eine Sonderverbindung zwischen den Beteiligten bestehen müsse. Und eine solche Sonderverbindung wird regelmäßig vorliegen, wenn überhaupt die Frage nach der Zulässigkeit einer Rechtsausübung auftaucht: Bei der Ausübung eines Anspruchs ergibt sich die Sonderverbindung schon aus diesem selbst. Auch die 136

---
12 Vgl. dazu etwa BGHZ 107, 296, 308 ff.
13 Vgl. etwa *Kübler/Assmann* § 15 V 6 c mit Beispielen.
14 Vgl. dazu BAG DB 1983, 2522; 2523; 1986, 973 (Rechtsmissbrauch verneinend), dagegen mit Recht *Zöllner/Loritz/Hergenröder* ArbR § 19 Rz. 40.

Ausübung absoluter Rechte erfolgt vielfach durch Ansprüche, insbesondere aus den §§ 985, 1004, nämlich wenn eine Störung des Rechts vorausgegangen ist. Zumindest aber wird – wie in dem oben Rz. 129 mitgeteilten Fall aus Holland – eine nachbarliche Beziehung zwischen den Beteiligten bestehen, und schon das genügt für die Anwendung des § 242.

Auch der Maßstab von Treu und Glauben bedarf aber, um für die Beurteilung des Rechtsmissbrauchs tauglich zu sein, noch einer Konkretisierung. Besondere gesetzliche Anwendungsfälle finden sich vielfach im BGB, etwa in den zahlreichen Billigkeitsklauseln des Familienrechts[15]. Dazu kommen noch allgemeinere außergesetzliche Regeln. Von ihnen seien einige im Folgenden genannt.

III. Konkretisierungen des Missbrauchsverbots

1. Verwirkung

137 Manche Gestaltungsrechte und viele Einreden entbehren einer zeitlichen Begrenzung; auch hierdurch kann es zu Unbilligkeiten kommen. Diese Mängel dürfen nicht einfach dadurch beseitigt werden, dass der Richter nach einer ihm angemessen erscheinenden Frist das Recht für erloschen hält: Der Rechtsverkehr könnte sich auf solche erst nachträglich bestimmten Fristen nicht einstellen; zudem wäre das ein Widerspruch zu der Verjährungsregelung, und die überaus strengen Voraussetzungen für eine solche richterliche Gesetzeskorrektur sind regelmäßig gewiss nicht erfüllt. Daher kann der **Zeitablauf allein** keinen Rechtsmissbrauch begründen[16]. Umgekehrt genügt auch ein Widerspruch zu eigenem früheren Verhalten allein nicht[17]. Vielmehr müssen **weitere Erfordernisse** erfüllt sein:

138 (1) Die **Untätigkeit des Berechtigten** muss den **Eindruck** vermittelt haben, **das Recht werde auch in Zukunft nicht mehr ausgeübt**. Aber das allein kann für einen Widerspruch gegen Treu und Glauben noch nicht genügen.

Es gibt nämlich keinen allgemeinen Rechtssatz, jemand dürfe einen einmal vertretenen, aber später als falsch erkannten Rechtsstandpunkt nicht wieder aufgeben. Auch der Satz von der Unzulässigkeit eines Selbstwiderspruchs (des *venire contra factum proprium*) geht nicht so weit. Insbesondere bedeutet die Nichtgeltendmachung eines Rechts für eine gewisse Zeit noch nicht ohne weiteres eine Bindung auch für die Zukunft. Speziell bei Unterhaltsansprüchen können zwar Rückstände verwirkt sein, nicht aber auch das Stammrecht für die Zukunft: Insoweit bilden die §§ 1611 I 2 (Verwandte), 1579 (Geschiedene), 1361 III (Ehegatten) sowie § 12 II 1 LPartG („eingetragene Lebenspartnerschaft") eine abschließende Sonderregelung[18].

---

15 Vgl. *Gernhuber*, Neues Familienrecht (1977) 103 ff.
16 Etwa BGH NJW-RR 1996, 949; BAG ZIP 2001, 1647.
17 Etwa BGH NJW 1995, 2921: Ehelichkeitsanfechtung durch den Ehemann der Mutter, der zunächst einer heterologen Insemination zugestimmt hatte.
18 BGHZ 84, 280, 283.

139 (2) Das weitere Erfordernis besteht – kurz gesagt – in einer **besonderen Schutzwürdigkeit des anderen Teils**: Diesem darf nach Treu und Glauben die verspätete Rechtsausübung nicht zugemutet werden können[19]. Das erfordert erstens, dass er den vom Berechtigten erweckten Anschein auch konkret wahrgenommen hat: Sonst fehlt ihm jedes Schutzbedürfnis[20]. Und zweitens muss der durch die Verwirkung zu schützende Teil sich auf diesen Anschein verlassen, er muss ihn zur Grundlage seines eigenen Verhaltens gemacht haben. Man kann hier von einer „**Vertrauensinvestition**" sprechen[21], derentwegen die spätere Geltendmachung den zu schützenden Teil härter trifft als eine frühzeitige: Dieser Teil mag etwa seinen Lebensstandard auf das Fehlen der fraglichen Belastung eingestellt oder er mag ihm günstige Beweismittel vernichtet haben[22]. BGH NJW 2004, 3330 will an die Verwirkung noch strengere Anforderungen stellen, wenn es um die **Nichteinhaltung gesetzlicher Formvorschriften** geht: Diese dienten (auch) dem Interesse der Rechtssicherheit und könnten daher nicht wegen allgemeiner Billigkeitserwägungen unbeachtet bleiben.

Allerdings hat die Rechtsprechung das Erfordernis der Vertrauensinvestition nicht immer klar ausgedrückt. So definiert der BGH[23]: „Ein Recht ist verwirkt, wenn sich ein Schuldner wegen der Untätigkeit seines Gläubigers über einen gewissen Zeitraum hin bei objektiver Beurteilung darauf einrichten darf und eingerichtet hat, dieser werde sein Recht nicht mehr geltend machen, und deswegen die verspätete Geltendmachung gegen Treu und Glauben verstößt. ... Ob diese Voraussetzungen vorliegen, hängt in erster Linie von den Umständen des Einzelfalls ab." Doch kann man hier in dem Erfordernis, die verspätete Geltendmachung müsse gegen Treu und Glauben verstoßen, die Notwendigkeit einer Vertrauensinvestition immerhin angedeutet finden; ebenso in den Worten „und eingerichtet hat". In manchen Entscheidungen des BAG dagegen dürfte das Erfordernis einer Vertrauensinvestition übergangen worden sein[24]. Andererseits betont das BAG[25], die Verwirkung erfordere Kenntnis des Berechtigten von seinem Recht (so allgemein zweifelhaft).

140 Als auf Treu und Glauben gestütztes und daher allgemeines Rechtsinstitut begegnet die Verwirkung sogar im öffentlichen Recht. So kann das Anfechtungsrecht des Grundstücksnachbarn gegen eine Baugenehmigung verwirkt sein, wenn der Berechtigte trotz Kenntnis von den Bauarbeiten länger als ein Jahr geschwiegen hat, sodass ein Erfolg der Anfechtung jetzt zu hohen Verlusten des Bauherrn führen müsste[26]. Auf die fehlende amtliche Bekanntmachung der Baugenehmigung kann sich der Nachbar nach Treu und Glauben nämlich nicht berufen, wenn er auf andere Weise von ihr zuverlässige Kenntnis erlangt hat oder hätte erlangen müssen. Ab diesem Zeitpunkt läuft die Jahresfrist nach § 58 II VwGO, nach deren Ablauf Verwirkung eintritt.

---

19 BGHZ 1, 31, 33.
20 BGH NJW 2000, 140
21 Vgl. *Canaris*, Die Vertrauenshaftung im deutschen Privatrecht (1971) 337 ff.; 510 ff.
22 BGH ZIP 1992, 1402
23 BGH NJW 1980, 880; BGHZ 146, 117, 120.
24 BAG NJW 2010, 1302 Rz. 23, anders ZIP 2009, 2307.
25 BAG DB 1986, 1339.
26 BVerwGE 44, 294; 78, 85.

2. Das Übermaßverbot

141 Gegen Treu und Glauben kann auch eine übermäßige, außer jedem angemessenen Verhältnis zum Anlass stehende Rechtsausübung verstoßen. Ein gesetzlicher Anwendungsfall dieser Regel ist § 320 II: Wenn nur noch ein Teil der geschuldeten Leistung aussteht, kann die Zurückbehaltung der vollen Gegenleistung treuwidrig und daher unzulässig sein. Ähnlich kommt bei einer an sich durch § 266 gedeckten Zurückweisung einer Teilleistung Unzulässigkeit in Betracht, wenn nur ein kleiner Teil fehlt und der Schuldner durch die Zurückweisung übermäßig belastet würde (etwa weil er den angebotenen Teil mühsam zurücktransportieren muss). Weiter kann es gegen Treu und Glauben verstoßen, wenn aus einer geringfügigen Fristüberschreitung weitreichende Rechtsfolgen hergeleitet werden sollen. Doch ist gerade hier Vorsicht geboten: Fristen sind regelmäßig strikt einzuhalten[27]. Zum Sonderfall der rechtsmissbräuchlichen Notwehr vgl. unten Rz. 157.

Eine andere Frage ist, inwieweit das Übermaßverbot (vielleicht als „Verhältnismäßigkeitsgrundsatz") **Verfassungsrang** hat und daher auch für den einfachen Gesetzgeber gilt. Das hat das BVerfG zu § 1629 bejaht (vgl. unten Rz. 589)[28].

3. Anstößiger Rechtserwerb

142 Eine Rechtsausübung kann auch dann als missbräuchlich unzulässig sein, wenn das auszuübende Recht in anstößiger Weise erworben worden ist. Ein gesetzliches Beispiel hierfür gibt § 853: Die Erfüllung einer durch unerlaubte Handlung erworbenen Forderung kann auch dann noch verweigert werden, wenn der Aufhebungsanspruch bereits verjährt ist. Ähnlich handelt rechtsmissbräuchlich, wer die mittels Scheckkarte begründete Zahlungspflicht einer Bank geltend macht, obwohl er ohne grobe Fahrlässigkeit hätte erkennen müssen, dass der Scheckaussteller die Scheckkarte pflichtwidrig verwendet hat[29]. Hierhin gehört auch die Unwirksamkeit der durch einen evidenten Vollmachtsmissbrauch erlangten Rechtsposition (unten Rz. 965 ff.).

4. Eigene Vertragsuntreue des Berechtigten

143 Innerhalb eines Vertrags ist eine Rechtsausübung regelmäßig nicht schon deshalb unzulässig, weil der Berechtigte selbst den Vertrag verletzt hat: Deswegen mag der andere Teil ein Kündigungs- oder Rücktrittsrecht oder einen Schadensersatzanspruch haben (etwa aus §§ 280, 323). Aber soweit diese Rechte nicht eingreifen, bleibt auch dem Vertragsuntreuen seine eigene Rechtsposition regelmäßig erhalten. Das hat besondere Bedeutung für Versorgungszusagen bei Arbeits- oder anderen Dienstverträgen: Früher sind diese Zusagen des Arbeitgebers oft als minder verbindlich angesehen worden, sodass sie bei einer erheblichen Vertragsverletzung des Arbeitnehmers sollten widerrufen werden können. Daran wird seit BGHZ 55, 274, 278 ff. nicht mehr

---
27 Vgl. etwa BGH NJW 1981, 2686.
28 Verallgemeinernd *Canaris* JZ 1987, 993; *ders.* JuS 1989, 161 und BVerfG JZ 1990, 691 mit Anm. *Wiedemann*, kritisch *Medicus* AcP 192 (1992) 35, besonders 53 ff.
29 BGHZ 64, 79, 83 f., dazu *Wentzel* JuS 1975, 630.

festgehalten: Der Arbeitgeber soll regelmäßig nur den Ersatz des ihm zugefügten Schadens verlangen dürfen. Dagegen soll die Geltendmachung der Zusage durch den Arbeitnehmer nur noch ausnahmsweise als rechtsmissbräuchlich ausgeschlossen sein[30]: etwa wenn dieser durch seine Vertragsverletzung den Arbeitgeber in seiner wirtschaftlichen Grundlage gefährdet hat[31], oder wenn er die Versorgung für eine Zeit verlangt, in der seine vertragswidrige Leistung für den Arbeitgeber wertlos war[32], oder wenn die für die Versorgung nötige Dauer der Betriebszugehörigkeit nur durch das Vertuschen schwerer Verfehlungen erreicht worden ist[33]. Da der in diesen Fällen zulässige Widerruf der Versorgungszusage seine Grundlage im Einwand rechtsmissbräuchlichen Verhaltens hat, handelt es sich bei ihm nicht um ein in angemessener Frist auszuübendes Gestaltungsrecht[34]. Zögerliches Verhalten des Arbeitgebers nach Aufdeckung der Verfehlung ist stattdessen schon bei der Frage zu berücksichtigen, ob die Verfehlung tatsächlich als derart gravierend angesehen wurde, dass sie einen Widerruf der Zusage zu rechtfertigen vermochte.

IV. Die „Erwirkung"

Wie ein Recht durch Verwirkung verloren gehen kann (vgl. oben Rz. 137 ff.), vermag es auch umgekehrt durch „Erwirkung" zu entstehen[35]. **144**

Sonderfälle hiervon ergeben sich bei der Verwirkung von Einreden und Einwendungen, etwa der Verjährungseinrede (vgl. oben Rz. 125) oder der Rechte wegen eines Formmangels (vgl. unten Rz. 628 ff.): Hier entsteht der Anspruch als Konsequenz der Verwirkung der Einwendung, oder er wird doch einredefrei und folglich wieder durchsetzbar.

Eine Erwirkung kommt aber auch noch allgemeiner als Gegenstück zur Verwirkung in Betracht. So kann ein Anspruchsteil verwirkt werden, wenn der Gläubiger seinen Anspruch über längere Zeit zu niedrig berechnet und der Schuldner sich darauf verlassen hat. Umgekehrt ist an Erwirkung zu denken, wenn der Schuldner seine Verpflichtung zu hoch berechnet und der Gläubiger sich darauf verlässt. Fälle dieser Art kommen vor allem im Arbeitsrecht in Betracht, wenn der Arbeitgeber jahrelang zu hohe Bezüge auszahlt und der Arbeitnehmer seinen Lebensstandard darauf einstellt. So hatte das Land Hessen den Mitgliedern seines Staatsorchesters eine „Doppeldienstentschädigung" bis 1955 weitergezahlt, obwohl die Verpflichtung dazu schon 1939 erloschen war: Das Land ist zur Weiterzahlung auch nach 1955 verurteilt worden[36] (es geht also nicht bloß um den Ausschluss der Rückforderung nach § 818 III). **145**

Doch muss der Arbeitgeber „durch betriebliche Übung" wirklich einen Vertrauenstatbestand geschaffen haben, damit der Arbeitnehmer auch für die Zukunft Schutz ver-

---

30 So auch BAG NJW 1984, 141.
31 BGHZ 55, 280.
32 BAG NJW 1980, 1127; 1981, 188.
33 BAG NJW 1983, 2048.
34 BGH NJW 2000, 1197.
35 Vgl. dazu *Canaris*, Die Vertrauenshaftung im deutschen Privatrecht (1971) 372 ff.; 530 f.
36 BAGE 5, 44.

dient. Daran fehlt es z.B., wenn eine Zulage unter anderem im Hinblick auf die günstige konjunkturelle Situation gezahlt wird: Auf deren Fortbestand darf sich der Arbeitnehmer nicht verlassen. Denn „ein rein tatsächliches, auch wiederholtes Verhalten des Arbeitgebers erzeugt noch keine Rechtspflicht, auch in Zukunft wie bisher zu verfahren"[37].

Zutreffend betont zudem der BGH[38]: Selbst bei Vorliegen der Erwirkungsvoraussetzungen sei nicht schlechthin die zu hoch errechnete Rente weiterzuzahlen. Vielmehr seien nur die Nachteile auszugleichen, die der Empfänger im Vertrauen auf die Richtigkeit der Berechnung erlitten habe und noch erleiden werde.

---

37 BAG DB 1980, 2243, zurückhaltend auch BAG DB 1982, 2521; 1985, 183.
38 BGH DB 1986, 1118, 1119.

§ 16 Die Rechtsdurchsetzung

I. Übersicht

1. Die Regel: staatliche Durchsetzung

146 a) Die Anerkennung eines subjektiven Rechts bedeutet nicht, dass der Berechtigte den diesem Recht entsprechenden Zustand eigenmächtig herstellen dürfte. Vielmehr muss hierzu regelmäßig die Hilfe des Staates in Anspruch genommen werden. Denn nur so kann auch der Schwache sein Recht gegen den Starken durchsetzen, und nur so werden Privatfehden mit ihren schlimmen Begleiterscheinungen vermieden.

147 b) Die staatliche Mitwirkung bei der Rechtsdurchsetzung lässt sich in zwei Abschnitte gliedern: Zunächst wird in einem **Erkenntnisverfahren** festgestellt, ob und inwieweit die Rechtsbehauptung des Klägers zutrifft. Erst danach wird in der **Zwangsvollstreckung** das so als Recht Erkannte erzwungen. Dabei führt der Weg zur Zwangsvollstreckung über die folgenden Stationen:

(1) Klage, §§ 253 ff. ZPO,
(2) Urteil, §§ 300 ff. ZPO,
(3) unter Umständen Rechtsmittel gegen das Urteil, §§ 511 ff. ZPO,
(4) formelle Rechtskraft (§ 705 ZPO) oder vorläufige Vollstreckbarkeit (§§ 708 ff. ZPO) des Urteils, § 704 I ZPO,
(5) Erteilung einer mit der Vollstreckungsklausel versehenen vollstreckbaren Ausfertigung an den Gläubiger, §§ 724 ff. ZPO,
(6) Zustellung des Urteils oder der vollstreckbaren Ausfertigung an den Schuldner, § 750 ZPO.

Dabei gilt für die Voraussetzungen (4) bis (6) der **Merksatz: Titel – Klausel – Zustellung.**

c) Die zum **Erkenntnisverfahren** gehörenden Schritte (1) bis (3) von oben Rz. 147 können aber unter Umständen durch andere **ersetzt** werden, insbesondere durch Mahnbescheid (§§ 688 ff. ZPO) mit Vollstreckungsbescheid (§§ 699 f., 794 I Nr. 4 ZPO), durch Unterwerfung unter die Zwangsvollstreckung in vollstreckbarer Urkunde (§ 794 I Nr. 55 ZPO) oder durch den Schiedsspruch eines privaten Schiedsgerichts, der durch staatliche Entscheidung für vollstreckbar erklärt worden ist (§§ 1025 ff., 1054 f., 794 I Nr. 4 a ZPO).

2. Ausnahme: erlaubte eigenmächtige Durchsetzung

Von der Regel des staatlichen Durchsetzungs- (und Gewalt)monopols gibt es einige Ausnahmen. Sie beruhen auf **zwei** verschiedenen **Gründen**:

a) Teils kann die private Rechtsdurchsetzung deshalb zugelassen werden, weil sie in der **Gedankenwelt des Rechts** stattfindet, sodass private Gewalttätigkeiten nicht zu befürchten sind. Hierhin gehören vor allem die meisten Gestaltungsrechte (vgl. oben Rz. 79 ff.) wie etwa die Aufrechnung (§§ 387 ff.): Sie werden ja gewaltlos durch einseitige empfangsbedürftige Willenserklärungen ausgeübt. Doch bleibt ein Streit um das Bestehen des Gestaltungsrechts und insbesondere der zur Aufrechnung gestellten Forderung nach den gewöhnlichen Regeln von den staatlichen Gerichten zu entscheiden.

b) Zum anderen Teil wird die private Rechtsdurchsetzung deshalb gestattet, weil ohne sie das **Recht wenigstens zeitweise vereitelt** werden könnte. Hier wird dann sogar die Gefahr privater Gewalttätigkeit in Kauf genommen. Weil es sich dabei um erlaubte Gewalt handelt, kehren diese Tatbestände teils auch im Strafrecht als Rechtfertigungsgründe wieder: die Notwehr von § 227 BGB in § 32 StGB und der rechtfertigende Notstand von §§ 228, 904 BGB verändert in § 34 StGB. Nur im BGB geregelt ist dagegen die Selbsthilfe von §§ 229 – 231, doch wirkt sie im Strafrecht gleichfalls rechtfertigend: Wer etwa unter den Voraussetzungen von §§ 229, 230 den Schuldner festhält, kann nicht nach § 239 StGB wegen Freiheitsberaubung bestraft werden. Das ergibt sich aus dem Gebot der Einheit der Rechtsordnung: Was im Zivilrecht erlaubt wird, kann im Strafrecht nicht verboten sein.

Die §§ 227 – 231 sind mit einem Seitenblick auf § 904 im Folgenden zu besprechen. Doch soll das verhältnismäßig kurz geschehen, soweit sich entsprechende Regeln im Strafrecht finden: Sie pflegen dort ausführlicher behandelt zu werden.

II. Die Notwehr

Literatur: *Adomeit*, Wahrnehmung berechtigter Interessen und Notwehrrecht, JZ 1970, 495; *Alwart*, Zum Begriff der Notwehr, JuS 1996, 953; *H. Dilcher*, Besteht für die Notwehr nach § 227 BGB das Gebot der Verhältnismäßigkeit oder ein Verschuldenserfordernis?, FS Hübner (1984) 443; *Engländer*, Grund und Grenzen der Nothilfe (2008); *Hoyer*, Das Rechtsinstitut der Notwehr, JuS 1988, 89; *Jäger*, Zurechnung und Rechtfertigung als Kategorialprinzipien im Strafrecht (2006); *Krey*, Zur Einschränkung des Notwehrrechts bei der Verteidigung von Sachgütern, JZ 1979, 702; *Kühl*, Sozialethische Einschränkungen der Notwehr, Jura 1990, 244; *ders.*, Notwehr und Nothilfe, JuS 1993, 177; *ders.*, Angriff und Verteidigung bei der Notwehr, Jura 1993, 57;

Kunz, Die automatisierte Gegenwehr, GA 1984, 539; *Prittwitz*, Der Verteidigungswille als subjektives Merkmal der Notwehr, Jura 1984, 74; *Roxin*, Die „sozialethischen Einschränkungen" des Notwehrrechts, Versuch einer Bilanz, ZStrW 93 (1981) 68; *Rupprecht*, Die tödliche Abwehr des Angriffs auf menschliches Leben, JZ 1973, 263; *Wohlers*, Einschränkungen des Notwehrrechts innerhalb sozialer Näheverhältnisse, JZ 1999, 434 – Vgl. auch die Lehrbücher und Kommentare zu § 32 StGB.

151 Notwehr ist nach §§ 227 BGB, 32 II StGB diejenige Verteidigung, welche erforderlich ist, um einen gegenwärtigen rechtswidrigen Angriff von sich oder einem anderen abzuwenden. Hier soll das Recht des Angegriffenen dem Unrecht des Angreifers auch nicht vorübergehend (nämlich bis zum Eingreifen der Staatsorgane) weichen müssen. Dafür bestehen im Einzelnen die folgenden Voraussetzungen.

1. Angriff

152 Nötig ist zunächst ein Angriff. Das ist ein aktives Eingreifen in einen bestehenden Zustand; bloße Untätigkeit genügt nicht. Schon deshalb kann gegen einen Schuldner, der seine Verbindlichkeit nicht erfüllt, keine Notwehr geübt werden (da kommt bloß Selbsthilfe nach § 229 in Betracht, die nur unter wesentlich engeren Voraussetzungen erlaubt ist).

Ob der Angriff dem die Notwehr Übenden oder einem Dritten gilt (im letzten Fall sog. „Nothilfe"), ist gleichgültig. Freilich darf der Dritte mit dem Angriff nicht einverstanden sein, weil sonst regelmäßig dessen Rechtswidrigkeit entfällt. Auch kommt Notwehr nicht in Betracht, wo nur die öffentliche Ordnung und nicht wenigstens zugleich auch ein individuelles Recht angegriffen wird[1].

2. Rechtswidrigkeit

153 Der Angriff muss rechtswidrig sein[2]. Daher ist gegen rechtmäßige Beeinträchtigung (etwa gegen eine rechtmäßige Notwehr oder Selbsthilfe) keine Notwehr möglich. Notwehr scheidet auch aus, wo nur eine vertragliche Pflicht verletzt wird, oder wo kein Mensch hinter dem Angriff steht. Denn nach h.M. richten sich die Ge- und Verbote der Rechtsordnung nur an Menschen. Die Abwehr gegen ein spontan angreifendes Tier oder gegen eine bedrohliche Sache (z.B. ein Baum droht auf das Nachbargrundstück zu fallen) richtet sich daher nicht nach § 227, sondern nach § 228 (vgl. unten Rz. 166 f.).

3. Gegenwärtigkeit des Angriffs

154 Der Angriff muss gegenwärtig sein, also schon begonnen haben und noch andauern.

Dabei lässt man es für den **Beginn** genügen, dass die Rechtsgutverletzung unmittelbar bevorsteht. Dafür reicht z.B., dass jemand nach seiner Pistole greift und sich dabei zu

---

1 Etwa BGHZ 64, 178: keine Notwehr gegen den Verkauf pornographischer Schriften.
2 Zu Einzelheiten *Felber*, Die Rechtswidrigkeit des Angriffs in den Notwehrbestimmungen (1979).

dem Angegriffenen hinwendet[3]: Andernfalls bestünde ja auch die Gefahr, dass die hinausgeschobene Abwehrhandlung sinnlos würde.

Beendet ist der Angriff, wenn der Schaden endgültig eingetreten ist. Daran fehlt es z.B., wenn der Dieb seine Beute noch durch die Flucht zu sichern sucht. In solchen Fällen erweitert sogar § 859 das Notwehrrecht noch geringfügig zu einem Recht zur „Besitzkehr". Flieht der Dieb dagegen ohne Beute, so ist der Angriff allemal abgeschlossen; hier bleibt nur das Festnahmerecht nach § 127 StPO.

4. Erforderlichkeit der Verteidigung

Die Verteidigungshandlung muss zur Abwehr erforderlich sein. Das ist objektiv und nicht nach den Vorstellungen des Angegriffenen zu beurteilen. Ein Ausweichen wird dem Angegriffenen aber regelmäßig nicht zugemutet. Auch darf er regelmäßig sogleich das endgültig wirksame Mittel wählen; er braucht sich nicht darauf zu beschränken, den Eintritt des Schadens nur hinauszuschieben[4]. Unter gleich wirksamen Mitteln muss der Angegriffene aber dasjenige nehmen, das den Angreifer am wenigsten schädigt; freilich nur, wenn ihm Zeit zur Auswahl sowie zur Abwägung der Gefährlichkeit zur Verfügung steht[5]. Andererseits wird die Notwehr nicht schon dadurch rechtswidrig, dass die zu ihr verwendete Schusswaffe unerlaubt geführt worden ist[6].

155

5. Verhältnismäßigkeit der Notwehr?

Das eigentliche Problem der Notwehr ist die Frage nach dem Erfordernis einer Interessenabwägung: Darf Notwehr auch dann geübt werden, wenn sie den Angreifer ungleich empfindlicher trifft, als der Angriff den Angegriffenen treffen kann[7]?

156

a) § 227 BGB (und ebenso der erst von 1974 stammende § 32 StGB) enthält von einem solchen Verhältnismäßigkeitserfordernis nichts. Insbesondere ist nach richtiger Ansicht das Wort „geboten" insoweit unergiebig: Es verlangt nur die Erforderlichkeit der Verteidigung (vgl. oben Rz. 155). Dagegen knüpft § 228 die Rechtfertigung des Notstandshandelns daran, dass der durch dieses Handeln angerichtete Schaden nicht außer Verhältnis zu der abzuwendenden Gefahr steht (vgl. unten Rz. 167). Hier scheint ein Wertungswiderspruch zu liegen: Warum soll gegenüber einer schadensbringenden Sache auf das Wertverhältnis Rücksicht genommen werden müssen, während sie einem angreifenden Menschen gegenüber unnötig ist? Muss z.B. der eine Wurst „stehlende" Rassehund geschont werden, der menschliche Dieb jedoch nicht?

Trotzdem darf man das Verhältnismäßigkeitserfordernis nicht einfach von § 228 nach § 227 übernehmen. Denn die Tatbestände unterscheiden sich wesentlich: Bei der **Notwehr steht der unrechtmäßige Angriff gegen die rechtmäßige Verteidigung**: Hier kann

---
3 BGH NJW 1973, 255.
4 BGH NJW 1979, 2053.
5 BGH NJW 2001, 3200, 3201.
6 BGH NJW 1986, 2716; 2001, 3200, 3201.
7 Vgl. dazu etwa *H. Dilcher* FS Hübner (1984) 443 mit allen Angaben, zudem oben Rz. 141.

die Rechtsdurchsetzung sogar ethisch geboten sein[8]. Dagegen richtet sich beim Notstand die Verteidigung gegen eine nicht als Unrecht zu qualifizierende Bedrohung.

Eine verschiedene Bewertung beider Fallgruppen durch den Gesetzgeber ist daher zumindest vertretbar[9]. Übrigens hat auch der Sonderausschuss für die Strafrechtsreform bei der Beratung des § 32 StGB eine allgemeine Güterabwägung oder Angemessenheitsprüfung für die Notwehr abgelehnt: Das müsse den Angegriffenen überfordern. Auch der BGH[10] hat für die Notwehr ausdrücklich das Verhältnismäßigkeitserfordernis verneint.

157 **b)** Wohl aber gilt für die Notwehr – wie für jede Rechtsausübung – das **Verbot des Rechtsmissbrauchs** (vgl. oben Rz. 129 ff.). Verboten sind daher Handlungen, die zwar zur Abwehr nötig sein mögen, aber allein einem anderen Zweck (z.B. der Rache) dienen[11]. Verboten ist insbesondere auch die übermäßige, unverhältnismäßige Notwehr (vgl. oben Rz. 141). In diesem Sinn spricht der BGH[12] von einem „Missbrauch des Notwehrrechts durch völlig maßloses Verhalten". So darf in dem bekannten Lehrbuchbeispiel des in seinem Garten sitzenden gelähmten Greises dieser gewiss nicht auf die Nachbarskinder schießen, die seinen Kirschbaum plündern: Hier sind die Kirschen zu opfern. Überhaupt ist gegenüber den Angriffen von Kindern oder sonst nicht voll Zurechnungsfähigen, aber auch von Irrenden erhöhte Rücksicht geboten: Hier wiegt das Unrecht des Angreifers, das den Unterschied zwischen § 227 und § 228 begründet, weniger schwer[13]. Erhöhte Rücksicht wird weiter verlangt, wenn „es sich um an sich nicht feindlich Gesinnte desselben Lebenskreises handelt"[14]. Das betrifft insbesondere Wirtshaus- und Familienstreitigkeiten. Übermäßig ist es auch, wenn demjenigen mit Überfahren gedroht wird, der rechtswidrig eine Parklücke freizuhalten sucht[15].

158 **c)** Nach Art. 2 II a der **Menschenrechts-Konvention (MRK)** v. 4. 11. 1950, die durch Gesetz v. 7. 8. 1952 in innerstaatliches Recht transformiert worden ist, soll die „absichtliche Tötung" eines Menschen unter anderem nur erlaubt sein, „um die Verteidigung eines Menschen gegenüber rechtswidriger Gewaltanwendung sicherzustellen". Die Tragweite dieser Vorschrift ist zweifelhaft. Sie könnte als Einschränkung des Notwehrrechts bei bloß gegen Sachen gerichteten Angriffen zu verstehen sein. Doch wird die Konsequenz, dass jemand unter Umständen das Anzünden seines Hauses soll untätig mitansehen müssen, von der h.M. mit Recht nicht gezogen[16]: Manche beschränken die genannte Vorschrift der MRK auf das Verhältnis Staat–Bürger, sodass sie im Verhältnis von Privatleuten untereinander nicht gilt. Demgegenüber sollte man eher auf das Wort „absichtlich" des deutschen Textes Gewicht legen (mögen auch der englische und der französische Text einen anderen Sinn haben): Die Tötung des Angreifers darf nicht das *Ziel* der Abwehr sein. Vielmehr darf diese nur bezwecken, den Angriff zu beenden;

---

8   Eindrucksvoll *Merz*, „Der Kampf ums Recht" 100 Jahre nach Jhering, FS Hans Huber (1981) 81.
9   Vgl. BGH NJW 1980, 2263 mit dem Hinweis auf die „Prinzipien des Notwehrrechts".
10 Etwa BGH NJW 1976, 41, 42.
11 Vgl. BGH GA 1980, 67; NJW 1983, 2267 zur sog. „Absichtsprovokation".
12 BGH NJW 1976, 41, 42.
13 Übertrieben aber *Hoyer* JuS 1988, 89, der stets Verschulden des Angreifers fordert.
14 BGH NJW 1975, 62, dazu *Kratzsch* JuS 1975, 435 ff.
15 BayObLG NJW 1995, 2646.
16 Viele Angaben bei MünchKomm-*Grothe* § 227 Rz. 1, anders aber *H. Dilcher* FS Hübner (1984) 443.

in diesem Rahmen darf der Notwehr Übende dann aber nötigenfalls auch die Tötung des Angreifers in Kauf nehmen.

d) Eine Einschränkung des Notwehrrechts wird endlich noch für die **organisierte Notwehr** diskutiert, insbesondere bei **gewerblichen Schutzdiensten**. Hinsichtlich solcher Dienste ist geradezu ein „Übergang der Polizeigewalt auf Private" gerügt worden[17]. Diese Sorge ist unbegründet, die Grenzen der §§ 227 BGB, 32 StGB reichen insoweit nicht aus: Privat abgewehrt werden dürfen ja immer bloß *gegenwärtige* Angriffe auf *private* Rechte (vgl. oben Rz. 152); das begründet deutliche Unterschiede zur staatlichen Polizei. Zudem werden die vom Besteller aufzubringenden Kosten die Ausbreitung privater Schutzdienste ohnehin in engen Grenzen halten, wenn der Staat sich um ausreichenden (und nicht besonders zu bezahlenden) Schutz bemüht. Das ist allerdings bisweilen zweifelhaft; hier liegt das eigentliche Problem, für das private Schutzdienste nur ein Symptom sind[18]. **159**

6. Überschreitungen des Notwehrrechts

Überschreitungen des Notwehrrechts sind jedenfalls rechtswidrig. Das gilt insbesondere für die **Putativnotwehr** (eine Notwehrlage wird irrtümlich angenommen) und den **Notwehrexzess** (das für die Abwehr Erforderliche wird überschritten). Ob der Abwehrende in solchen Fällen nach § 823 I auf Schadensersatz haftet, hängt aber noch von seinem Verschulden ab: Eine dem § 231 entsprechende verschuldensunabhängige Ersatzpflicht (vgl. unten Rz. 168) gibt es bei der Notwehr nicht. Auch kommt insbesondere beim Notwehrexzess ein Mitverschulden (§ 254) des geschädigten Angreifers in Betracht. **160**

Der Notwehr Übende kann auch solchen **Dritten** haften, die selbst nicht angreifen, aber durch die Abwehr in Mitleidenschaft gezogen werden. So hatte in BGH NJW 1978, 2078 ein Gastwirt in Notwehr geschossen, und ein Querschläger hatte einen unbeteiligten Gast getroffen: Diesem gegenüber greift § 227 nicht ein, und es kann bezüglich der Verletzung des Dritten auch ein Verschulden des Gastwirts vorliegen. **161**

III. Notstand

Literatur: *Erb*, Der rechtfertigende Notstand, JuS 2010, 17; *Köndgen*, Rechtsverletzung im Notstand – das „effiziente Delikt"?, FS U. Huber (2006) 377; *Küper*, Von Kant zu Hegel, JZ 2005, 105; *Pawlik*, Der rechtfertigende Notstand (2002).

---

17 So *Hoffmann-Riem* ZRP 1977, 277, gegen ihn mit Recht *Eberstein* BB 1980, 863, zum schweizerischen Recht *Guery* ZBJV 142 (2006) 273.
18 Vgl. *Schultz/Leppin* Jura 1981, 521; *Kunz* ZStrW 95 (1983) 973.

1. Unterscheidungen

162 Mit dem Ausdruck „Notstand" werden mehrere verschiedene Fallgruppen bezeichnet. Sie unterscheiden sich teils auch hinsichtlich der Rechtsfolgen und müssen daher deutlich auseinandergehalten werden:

a) § 228 behandelt als Rechtfertigungsgrund den sog. **defensiven Notstand** (Verteidigungsnotstand): Jemand beschädigt oder zerstört eine fremde Sache, von der ihm Gefahr droht (z.B. Abwehr eines bissigen Hundes). Unter § 227 oder § 229 dürfte dagegen das Durchschneiden eines Kabels zu einem übermäßig lärmenden Lautsprecher gehören[19]: Hier stört nicht eigentlich die Sache, sondern der die Anlage betreibende Mensch.

163 **b)** Gleichfalls einen Rechtfertigungsgrund bildet der in § 904 geregelte **offensive Notstand** (Angriffsnotstand). Auch bei diesem wird zur Abwehr einer Gefahr ein Eingriff in fremdes Eigentum erlaubt, doch droht hier die Gefahr nicht von der in Anspruch genommenen Sache (so beim Niederbrechen eines fremden Zaunes, um mit den Latten einen ins Eis Eingebrochenen zu retten). Weil sich hier der Eingriff gegen eine unbeteiligte Sache (oder genauer: deren Eigentümer) richtet, ist in § 904 das Verhältnismäßigkeitserfordernis viel strenger als in § 228, und zusätzlich gibt es eine verschuldensunabhängige Schadensersatzpflicht[20].

164 **c)** Während die §§ 228, 904 BGB nur den Eingriff in Sachen regeln, rechtfertigt § 34 StGB auch den **Eingriff in andere Rechtsgüter** (dort wird schlechthin von einer „Tat" gesprochen). Das ist der früher sog. „übergesetzliche" Notstand: Bei einer Kollision verschiedenartiger Rechtsgüter soll das höherwertige auf Kosten des geringerwertigen gerettet werden dürfen. Seit der Regelung in § 34 StGB ist die Bezeichnung „übergesetzlich" aber unpassend geworden[21].

165 **d)** Endlich regelt § 35 StGB noch einen Notstand, der nicht rechtfertigt, sondern bloß **entschuldigt**: Jemand rettet sich oder eine ihm nahe stehende Person aus einer Gefahr für Leben, Leib oder Freiheit zu Lasten eines anderen nicht geringerwertigen Rechtsguts. Der schon in der antiken Philosophie diskutierte Schulfall hierfür ist das „Brett des Karneades": Zwei Schiffbrüchige kämpfen um eine Planke, die nur einen zu tragen vermag; der eine stößt den anderen ins Wasser. Eine solche Rettung des eigenen Lebens auf Kosten eines fremden wird von der Rechtsordnung zwar nicht erlaubt; andererseits aber wird hier auch das Martyrium (für den anderen zu sterben) für unzumutbar gehalten und daher die Tat entschuldigt.

2. Einzelheiten zu § 228

166 Näher eingegangen sei hier nur auf den defensiven Notstand.

a) Bei ihm gilt (im Gegensatz zu § 904) der **Eingriff der gefährlichen Sache** selbst. Ob die Gefahr wirklich aus der Sache stammt, lässt sich bei sachtypischen Gefahren leicht

---

19 OLG Karlsruhe NJW 1992, 1329.
20 Näher *Medicus/Petersen* BürgR Rz. 411, 638.
21 Vgl. dazu *Bergmann* JuS 1989, 109.

entscheiden: ein Hund beißt; ein Baum droht auf ein fremdes Grundstück zu stürzen. Probleme ergeben sich aber, wenn eine aus anderen Umständen stammende Gefahr auch mit einer an sich ungefährlichen Sache zusammenhängt. So waren im Fall von **OGHZ 4, 99** bei einem niedersächsischen Gutsbesitzer B im Jahr 1945 durch K größere Mengen Tabak eingelagert worden. Beim Einmarsch amerikanischer Truppen glaubte sich B, der zudem Ortsbauernführer gewesen war, bedroht. Daher verteilte seine Tochter den Tabak unentgeltlich an die Bevölkerung, um eine Plünderung des Guts zu verhindern. K verlangt wegen des verlorenen Tabaks von B Schadensersatz.

Dieser Anspruch ist unbegründet, wenn man annimmt, die Plünderungsgefahr sei von dem Tabak ausgegangen und von B auch nicht verschuldet worden; dann liegt nämlich nur defensiver Notstand nach § 228 vor. Dagegen ist B nach § 904 S. 2 zum Schadensersatz verpflichtet, wenn er den Tabak in offensivem Notstand dazu verwendet hat, die aus anderen Gründen zur Plünderung seines Guts bereite Menge zu besänftigen. Der OGH hat § 228 bejaht: Infolge des Zusammenbruchs der öffentlichen Ordnung im Kriegsende sei der an sich ungefährliche Tabak gefährlich geworden. Das ist im Ergebnis richtig: Sonst hätte K das in Zeiten der Unruhe auftretende besondere Eigentümerrisiko durch die Einlagerung auf B abwälzen können.

b) § 228 verlangt, dass der durch den Eingriff in die fremde Sache **angerichtete Schaden** „nicht außer Verhältnis zu der Gefahr steht". Gefordert wird also nur ein „vertretbares Wertverhältnis"[22]; die angegriffene Sache kann folglich auch (maßvoll) weniger wert sein als die angreifende (anders bei § 904!). Dabei sollen auch Affektionsinteressen zu berücksichtigen sein (z.B. die Liebe zu einem Hund). Wo Leben oder Gesundheit eines Menschen ernsthaft in Gefahr sind, haben aber Sachwerte regelmäßig zurückzutreten.

167

IV. Selbsthilfe

Literatur: *Schünemann*, Selbsthilfe im Rechtssystem (1985); *Duchstein*, Die Selbsthilfe, JuS 2015, 105.

1. Allgemeine Regelung

Die §§ 229, 230 I erlauben unter den dort genannten Voraussetzungen Eingriffe in fremde Sachen und Gewalt gegen einen Schuldner. Dadurch soll die durch obrigkeitliche Hilfe nicht abzuwendende Gefährdung eines Anspruchs verhindert werden können (z.B. die Flucht des Schuldners mit seinem Vermögen in ein exotisches Land). Doch gewährt diese Selbsthilfe nicht Befriedigung, sondern nur eine vorläufige Sicherung: Die getroffenen Maßnahmen müssen nach § 230 II–IV gerichtlich bestätigt werden.

168

Überdies haftet nach § 231 derjenige, der irrtümlich die Voraussetzungen der Selbsthilfe angenommen hat, auch ohne Verschulden auf Schadensersatz. Dadurch wird die allgemeine Selbsthilfe zusätzlich stark entwertet; sie spielt praktisch nur eine geringe

---

22 *Bork* Rz. 373.

Rolle (z.B. beim Festhalten eines Zechprellers, doch kommt hier auch das private Festnahmerecht nach § 127 StPO in Betracht). Taschenkontrollen in einem Selbstbedienungsladen sind nach § 229 allenfalls bei Vorliegen eines konkreten Verdachts zulässig[23].

Welche Bedeutung der Anspruch aus § 231 im Falle der sog. **kalten Räumung** hat, veranschaulicht **BGH NJW 2010, 3434**: M verlangt von seinem Vermieter V Schadensersatz für die Zerstörung eingebrachter Sachen, weil V die Wohnung des M eigenmächtig geräumt hat, nachdem M monatelang unauffindbar war. Die verbotene Eigenmacht (§ 858) des V war objektiv nicht gerechtfertigt. Aber selbst wenn V rechtsirrig die Voraussetzungen des § 229 angenommen haben sollte – etwa weil er angenommene Schäden verhindern wollte[24] –, besteht nach Ansicht des BGH eine Ersatzpflicht aus § 231, zumal da V zur Verhinderung von Selbstjustiz gehalten war, im Klageweg gegen M vorzugehen.

2. Besondere Selbsthilferechte

169 Vor allem aus dem Unterschied zu § 231 stammt die Bedeutung der an anderen Stellen geregelten speziellen Selbsthilferechte: Deren Ausübung unterliegt nämlich nicht einer verschuldensunabhängigen Haftung.

a) Nach § 562 b I darf der Vermieter von Wohnräumen (oder von Grundstücken, § 578) die Entfernung der seinem Pfandrecht unterliegenden Sachen des Mieters (§ 562) mit Gewalt verhindern und diese Sachen in Besitz nehmen. Das bildet einen gewissen Ausgleich dafür, dass das Vermieterpfandrecht an beweglichen Sachen zunächst besitzlos ist. Gleiche Rechte haben nach §§ 581 II, 592 S. 4 der Verpächter und nach § 704 der Gastwirt.

170 **b)** Nach §§ 859 II–IV, 860 kann sich der Besitzer, dem der Besitz durch verbotene Eigenmacht (§ 858) entzogen worden ist, diesen in bestimmten zeitlichen Grenzen mit Gewalt zurückholen. Das bedeutet eine gewisse Erweiterung der Notwehr, weil hier der Angriff auf den Besitz schon abgeschlossen sein kann (vgl. oben Rz. 154). Doch soll nach BGH NJW 1967, 46 die Entziehung des Teilbesitzes (dort: an einer Werbefläche durch das Anbringen von Werbung) nicht zugleich eine Besitzstörung darstellen, gegen die eine Abwehr ohne die zeitliche Beschränkung durch das „sofort" in § 859 III zulässig wäre. Das ist von der einleuchtenden Erwägung unterstützt worden, die Besitzkehr solle keine Handhabe dafür bieten, „einen bereits verfestigten Besitzstand wieder zu verändern"[25].

---

23 BGHZ 124, 39, dazu *Christensen* JuS 1996, 873.
24 *Oechsler*, Vertragliche Schuldverhältnisse (2013) Rz. 980 f.
25 *H. Westermann* SaR 5. Aufl. § 23, 2. Aus der neueren Rechtsprechung zu diesem Themenkreis ferner BGHZ 181, 233; BGH NJW 2012, 528; 2014, 3727, sowie aus dem Schrifttum *S. Lorenz* DAR 2010, 647; *ders.* NJW 2009, 1025; *Paal/Guggenberger* NJW 2011, 1036; *Medicus/Petersen* BürgR Rz. 442.

V. Anhang: Die Sicherheitsleistung

Jede Rechtsdurchsetzung scheitert, wenn der Schuldner die geschuldete Leistung nicht zu erbringen vermag. Deshalb wird häufig Sicherheitsleistung vereinbart. Regelmäßig wird dabei zugleich geregelt, wie die Sicherheit beschaffen sein soll (z.B. Bürgschaft, Hypothek, Sicherungsübereignung). Wenn eine solche Vereinbarung fehlt sowie für diejenigen Fälle, in denen das Gesetz selbst die Sicherheitsleistung anordnet (§§ 52 II, 257 S. 2, 258 S. 2, 562 c, 775 II, 867 S. 3, 1005)[26], regeln die §§ 232 – 240 die Art der Sicherheitsleistung. Daneben gibt es für die nach dem Prozessrecht geschuldete Sicherheitsleistung noch die §§ 108 – 113 ZPO. **171**

Die §§ 232 – 240 enthalten überwiegend rechtstechnische Regeln ohne Bedeutung für das Studium und mit bloß geringer Bedeutung für die Praxis. Daher ist auf diese Vorschriften hier nicht näher einzugehen.

---

26 Dazu *Kobler* ZZP 102 (1988) 58.

Dritter Teil
Das Rechtsgeschäft

Das Rechtsgeschäft ist dasjenige Mittel, mit dem der einzelne seine Rechtsverhältnisse gestalten kann. Es bildet daher einen Zentralbegriff des Privatrechts und den wichtigsten Regelungsgegenstand des Allgemeinen Teils überhaupt.

1. Abschnitt
Allgemeines

§ 17 Rechtsgeschäft und Privatautonomie

Literatur: *Archavlis,* Die juristische Willenserklärung – eine sprechakttheoretische Analyse (2015); *Bäuerle,* Vertragsfreiheit und Grundgesetz (2001); *Brehmer,* Wille und Erklärung (1992); *Busche,* Privatautonomie und Kontrahierungszwang (1999); *F. Bydlinski,* Privatautonomie und objektive Grundlagen des verpflichtenden Rechtsgeschäfts (1967, dazu *Mayer-Maly* ÖJZ 1969, 414); *Canaris,* Wandlungen des Schuldvertragsrechts, AcP 200 (2000) 273; *Dauner-Lieb,* Reichweite und Grenzen der Privatautonomie im Eheverhältnisrecht, AcP 201 (2001) 295; *Diederichsen,* Wandlungen der Rechtsgeschäftslehre, JurA ZivilR I (1969) 3; *Fastrich,* Richterliche Inhaltskontrolle im Privatrecht (1992); *Flume,* Rechtsgeschäft und Privatautonomie, in: 100 Jahre Deutsches Rechtsleben, FS DJT (1960) I 135, ähnlich in AT II § 1; *Helm,* Privatautonomie und zivilrechtlicher Verbraucherschutz, in: *Dichtl,* Verbraucherschutz in der Marktwirtschaft (1975) 61; *Hans Hanau,* Der Grundsatz der Verhältnismäßigkeit als Schranke privater Gestaltungsmacht (2004); *Hepting,* Erklärungswille, Vertrauensschutz und rechtsgeschäftliche Bindung, FS Rechtswiss. Fak. der Univ. Köln (1988) 209; *Hönn,* Zur Problematik der Privatautonomie, Jura 1984, 57; *ders.,* Entwicklungslinien des Vertragsrechts, JuS 1990, 953; *Köhler,* Die neuere Rechtsprechung zur Rechtsgeschäftslehre, JZ 1984, 18; *Leenen,* Willenserklärung und Rechtsgeschäft in der Regelungstechnik des BGB, FS Canaris (2007) I 699; *ders.,* Willenserklärung und Rechtsgeschäft, Jura 2007, 721; *Leßmann,* Die willentliche Gestaltung von Rechtsverhältnissen im BGB, JA 1983, 341; 403; *Lobinger,* Rechtsgeschäftliche Verpflichtung und autonome Bindung (1999, dazu *Singer* AcP 201, 2001, 93); *Medicus,* Abschied von der Privatautonomie im Schuldrecht? (1994); *Meller-Hanich,* Verbraucherschutz im Schuldvertragsrecht (2005); *Merz,* Privatautonomie heute – Grundsatz und Rechtswirklichkeit (1970); *Nanz,* Die Entstehung des allgemeinen Vertragsbegriffes im 16. bis 18. Jahrhundert (1985); *Musielak,* Zum Verhältnis von Wille und Erklärung, AcP 211 (2011) 769; *C. Paulus/W. Zenker,* Grenzen der Privatautonomie, JuS 2001, 1; *Petersen,* Der Dritte in der Rechtsgeschäftslehre, Jura 2004, 306; *ders.,* Einseitige Rechtsgeschäfte, Jura 2008, 249; *ders.,* Die Privatautonomie und ihre Grenzen, Jura 2011, 184; *Rebe,*

Privatrecht und Wirtschaftsordnung (1978, dazu *Koppensteiner*, AcP 179, 1979, 595); *M. Roth*, Die Rechtsgeschäftslehre im demografischen Wandel, AcP 208 (2008) 451 (mit dem Ziel eines Schutzes sog. „Hochbetagter"); *W. H. Roth*, Privatautonomie und Grundfreiheiten des EG-Vertrags, 2. FS Medicus (2009) 393; *Sabadin Medina*, Das Nichtrechtsgeschäft im deutschen Zivilrecht. Ein Beitrag zu den Tatbeständen des Rechtsgeschäfts und der Willenserklärung (2015); *Schapp*, Grundfragen der Rechtsgeschäftslehre (1986); *ders.*, Über die Freiheit im Recht, AcP 192 (1992) 355; *Unberath*, Die Bindung an den Vertrag – Zur Bedeutung Kants für die neuere Diskussion um die Grundlagen des Privatrechts, FS Hruschka (2005) 719; *ders./Fricke*, Vertrag und Haftung nach der Liberalisierung des Strommarktes – Privatautonome Gestaltung im regulierten Schuldrecht, NJW 2007, 3601; *Werba*, Die Willenserklärung ohne Willen (2005); *Zweigert*, ‚Rechtsgeschäft' und ‚Vertrag' heute, FS Rheinstein (1969) II 463 – Vgl. auch die Angaben im folgenden Text und speziell zum Vertrag unten vor Rz. 472.

Zu **Rechtsgeschäften im Internet:** *Dethloff*, Anbieterpflichten im E-Commerce, Jura 2003, 798; *Dörner*, Rechtsgeschäfte im Internet, AcP 202 (2002) 363; *Gebauer/Wiedemann*, Zivilrecht unter elektronischem Einfluss (2005, 1704 Seiten!); *J. Hager*, Die Versteigerung im Internet, JZ 2001, 786; *ders.*, Der Vertragsschluss im Internet, FS Georgiades (2005) 205; *Härting*, Internetrecht (5. Aufl. 2014); *Hoeren*, Zur Einführung: Informationsrecht, JuS 2002, 947; *Hoffmann*, Die Entwicklung des Internetrechts von Anfang 2001 bis Mitte 2002, NJW 2002, 2602; *Junker*, Die Entwicklung des Computerrechts ..., NJW 2002, 2992; 2004, 3162; *Kimmelmann/Winter*, E-Commerce: Keine Herausforderung für das BGB, JuS 2003, 532; *Kolbe*, Information als Willenserklärung, JZ 2013, 441; *Mankowski*, Zum Nachweis des Zugangs bei elektronischen Erklärungen, NJW 2004, 1901; *Oechsler*, Der allgemeine Teil des Bürgerlichen Gesetzbuchs und das Internet, Jura 2012, 422; 497; 581; *Petersen*, Allgemeiner Teil des BGB und Internet, Jura 2002, 387; *Pfeiffer*, Welches Recht gilt für elektronische Geschäfte?, JuS 2004, 282; *Roßnagel/Pfitzmann*, Der Beweiswert von E-Mail, NJW 2003, 1209; *Sutschet*, Anforderungen an die Rechtsgeschäftslehre im Internet, NJW 2014, 1041; *Wiebe*, Die elektronische Willenserklärung (2002, dazu *Einsele*, AcP 204, 2004, 757).

I. Handlungsfreiheit, Privatautonomie und Rechtsgeschäft

1. Zuteilung und Privatrecht

172 Man kann sich eine Ordnung vorstellen, die den einzelnen Menschen nur als Empfänger staatlicher Zuteilungen behandelt. Dann werden Wohnung, Nahrung, Kleidung und Genussmittel auf Grund von Verwaltungsakten erworben. Man kann sich weiter vorstellen, dass die nicht verbrauchten Zuteilungsobjekte beim Tod des Empfängers an den Staat zurückfallen. Dann kommen auch testamentarische Verfügungen über einen Nachlass nicht in Betracht, weil es keinen Nachlass gibt. Endlich kann man sich ein Verbot vorstellen, über die Zuteilungsobjekte unter Lebenden zu verfügen, etwa einen Anzug gegen Brot zu tauschen. Dann bleibt auch hier kein Raum für Rechtsgeschäfte. Eine solche Ordnung käme also ganz ohne Rechtsgeschäfte aus. Sie würde zugleich die Handlungsfreiheit des Einzelnen auf die Entscheidung darüber beschränken, ob er die ihm zugeteilten Vorteile nutzen will oder nicht.

Derart radikal ist eine staatliche Zuteilungswirtschaft nirgendwo verwirklicht. Einer solchen Ordnung stünden schon die immensen Kosten einer allumfassenden unproduktiven Verwaltung entgegen. Nicht zuletzt widerspräche diese Ordnung aber auch der Menschenwürde (Art. 1 I GG) und dem Recht auf freie Entfaltung der Persönlichkeit (Art. 2 I GG). Dem Einzelnen muss daher von Rechts wegen Handlungsfreiheit eingeräumt werden.

2. Arten der Handlungsfreiheit

Von dieser Handlungsfreiheit kommen zwei Arten vor.

a) Im Allgemeinen kann die Handlungsfreiheit **auf beliebige Weise** ausgeübt werden. Hierhin gehören etwa die Entscheidungen des Eigentümers über die tatsächliche Verwendung oder den Gebrauch seiner Sache, die Wahl einer Beschäftigung oder eines tatsächlichen Aufenthalts. 173

b) In vielen wichtigen Fällen dagegen ist die Handlungsfreiheit **durch Rechtsgeschäft** auszuüben. Das ist derjenige Teil der Handlungsfreiheit, der mit Rechtsverhältnissen zu tun hat, also z.B. der Abschluss von Verträgen oder die Errichtung von Testamenten. Diesen Teil der Handlungsfreiheit nennt man **Privatautonomie**: Sie bedeutet „das Prinzip der Selbstgestaltung der Rechtsverhältnisse durch den Einzelnen nach seinem Willen"[1]. Eine andere Definition bezeichnet als Privatautonomie im weiten Sinn die „rechtliche Anerkennung der Möglichkeit, durch Willensäußerungen Rechtsfolgen herbeizuführen oder zu verhindern"[2]. 174

Das Mittel der Privatautonomie ist das Rechtsgeschäft. Dieses wiederum bedeutet „eine Privatwillenserklärung, gerichtet auf die Hervorbringung eines rechtlichen Erfolges, der nach der Rechtsordnung deswegen eintritt, weil er gewollt ist. Das Wesen des Rechtsgeschäfts wird darin gefunden, dass ein auf die Hervorbringung rechtlicher Wirkungen gerichteter Wille sich betätigt, und dass der Spruch der Rechtsordnung in Anerkennung dieses Willens die gewollte rechtliche Gestaltung in der Rechtswelt verwirklicht" (Mot. I 126 = *Mugdan* I 421). Kürzer kann man das Rechtsgeschäft definieren als das auf den Eintritt von Rechtsfolgen gerichtete Geschäft[3]. 175

Kurz kann man sagen[4]: **Die Willenserklärung ist das Mittel des Rechtsgeschäfts, dieses ist das Mittel der Privatautonomie.**

II. Die Beurteilung der Privatautonomie

1. Vorteile

Nach der eben wiedergegebenen Äußerung der Motive verwirklicht die Privatautonomie den Willen des Einzelnen, indem die Rechtsordnung diesem ihre Machtmittel zur Verfügung stellt. Die Privatautonomie vermittelt also rechtlich geschützte Freiheit; sie ermöglicht **Selbstbestimmung**. Das ist – insbesondere im Vergleich zu dem eben 176

---

1 *Flume* AT II § 1, 1 S. 1.
2 *Bydlinski*, Privatautonomie und objektive Grundlagen des verpflichtenden Rechtsgeschäfts (1967) 127; ähnlich *Leenen* § 1 Rz. 3 mit Fn. 2.
3 Vgl. noch zum Zusammenhang von Rechtsgeschäft und Willenserklärung unten Rz. 202 ff.; 242 f.
4 Zustimmend *Brehmer*, Wille und Erklärung (1992) 32; *Leenen* FS Canaris (2007) I 699, 706; *ders.* JuS 2007, 577, 581 („Plädoyer für ein ‚instrumentales' Verständnis der Willenserklärung").

gezeichneten Bild einer totalen Fremdbestimmung durch den Staat (vgl. oben Rz. 172) – gewiss ein Vorteil.

Zudem lehrt – ohne dass dies hier begründet werden kann[5] – die aus der Wirtschaftsgeschichte abzuleitende Erfahrung: Die Selbstbestimmung ist ein hochwirksames **Mittel zur Steuerung wirtschaftlicher Vorgänge**. Insbesondere lenkt sie im Rahmen einer Wettbewerbswirtschaft Arbeit und Kapital an die Stellen, wo diese den größten Nutzen stiften. Andere Steuerungsmittel wie insbesondere staatliche Lenkungsmaßnahmen sind häufig umständlicher, langsamer und teurer, also insgesamt weniger wirksam.

2. Kritik

177 Die Kritik an der Privatautonomie bezweifelt vor allem die **soziale Gerechtigkeit** der durch sie zu erzielenden Wirkungen[6]. So wird gegen das Argument der Freiheitsgewährung insbesondere eingewendet, die Freiheit des Einen bedeute die Unfreiheit des Anderen. Das zeige sich ja schon bei der allgemeinen Handlungsfreiheit des Eigentümers: Soweit dieser sein Recht ausübe, schließe er andere vom Sachgebrauch aus (vgl. § 903). Und für die Vertragsfreiheit wird dieses Argument unten bei Rz. 472 wieder auftauchen: Wenn die eine Partei kraft einer stärkeren Stellung einen für sie günstigen Vertrag aushandeln kann (z.B. der Verkäufer einen hohen Kaufpreis), bedeutet das für die andere – schwächere – Partei einen ungünstigen Vertrag. Die Gleichwertigkeit (Äquivalenz) von Leistung und Gegenleistung kann so auf der Strecke bleiben.

Anders gesagt: Die Privatautonomie als formal gleiche Freiheit Aller lässt unbeachtet, dass nicht alle gleich sind. Vielmehr gibt es allenthalben Unterschiede im Vermögen, in der körperlichen und geistigen Leistungsfähigkeit, in der Marktstellung, im Informationsstand und vielem anderen mehr. Diese Unterschiede werden – so wird kritisch eingewendet – durch die Ausstattung des ohnehin schon Mächtigen mit Mitteln des Rechts noch dauerhafter gemacht.

3. Stellungnahme

178 Von den beiden eben kurz gekennzeichneten Standpunkten ist keiner für sich ganz richtig oder unrichtig. Unsere Rechtsordnung befolgt ja auch nicht allein einen von beiden. Vielmehr bemüht sie sich um einen Ausgleich, der auch in dem Schlagwort von der „sozialen Marktwirtschaft" Ausdruck findet: Die Freiheit (und damit die Privatautonomie) bildet zwar den Ausgangspunkt des Privatrechts, doch wird ihr Gebrauch in vieler Hinsicht kontrolliert und beschränkt. Freilich kann und muss man fragen, ob das geltende Recht allemal bereits den rechten Ausgleich gefunden hat oder nicht dahinter zurückgeblieben und anderswo auch sogar stellenweise schon darüber hinausgeschossen ist. Aber die Suche nach dem rechten Ausgleich ist eben gerade die Aufgabe des Juristen.

---

5 Eingehend *Petersen*, Freiheit unter dem Gesetz. Friedrich August von Hayeks Rechtsdenken (2014); *ders.*, Adam Smith als Rechtstheoretiker (2012).
6 Dazu *H. Otto* Jura 2013, 989. Aus dem angelsächsischen Schrifttum wirkungsmächtig *B. Ackerman*, Social Justice in the Liberal State (1980).

III. Die gegenwärtige Bedeutung der Privatautonomie

Vielfach wird geglaubt, die stärkere Betonung sozialer Gesichtspunkte[7] habe die Privatautonomie bisher schon zurückgedrängt und werde sie wohl auch weiter zurückdrängen. Aber so einfach liegen die Dinge nicht.

1. Einschränkungen der Privatautonomie

Allerdings hat es seit der Schaffung des BGB wesentliche Einschränkungen der Privatautonomie gegeben. Zu nennen sind in Bezug auf **Umfang und Ausgestaltung des Privatrechts** nur die folgenden: Das öffentliche Recht hat an manchen Stellen tiefe Einbrüche in das Privatrecht erzielt (etwa im Grundstücksrecht mit seinen Genehmigungserfordernissen). Andere Gebiete sind in eine Gemengelage zwischen Privatrecht und öffentlichem Recht geraten (z.B. das Arbeitsrecht und das Wirtschaftsrecht). Im Privatrecht, insbesondere im Schuldrecht, werden zwingende oder einseitig zwingende Normen immer häufiger (z.B. bei Verbraucherkredit, Fernabsatz, Verbrauchsgüterkauf, Wohnungsmiete, Reisevertrag). Viele Bedürfnisse (etwa nach Bildung, Gesundheitsvorsorge, Wasser und Strom) lassen sich regelmäßig nur kollektiv befriedigen, sodass auch ein Kollektiv bestimmen muss, etwa über die Schulformen[8]. Der Verwender von Allgemeinen Geschäftsbedingungen wird bei Abweichungen vom dispositiven Gesetzesrecht zahlreichen Beschränkungen unterworfen (vgl. unten Rz. 394 ff.). Manche Beschränkungen werden auf Individualverträge erweitert, wenn diese zwischen Parteien mit verschiedenem Durchsetzungsvermögen (also in einer Ungleichgewichtslage) abgeschlossen worden sind, vgl. ausführlich unten Rz. 472 ff. Neuestens engen die Vorschriften gegen die Diskriminierung aus bestimmten Gründen (vgl. unten Rz. 479 a) die freie Willensbetätigung erheblich ein.

Zudem neigt die Rechtsprechung zu einer Korrektur oder Rettung von Rechtsgeschäften, deren Inhalt oder Unwirksamkeit ihr unangemessen erscheint: Das Geschäft erhält dann womöglich einen Inhalt, den keine Partei gewollt hat (vgl. unten Rz. 344 ff.). Endlich sind auch die unabhängig vom Parteiwillen entstehenden gesetzlichen Rechtsverhältnisse stark ausgebaut worden, z.B. auf der Grundlage einer Vertrauenshaftung[9] oder von Verkehrssicherungspflichten[10].

Dazu kommen noch Einbußen an Privatautonomie, die sich zwar dem Privatrecht selbst nicht ansehen lassen, aber gleichwohl von enormer Wirkung sind: Gemeint ist die tendenziell steigende **Belastung privater Einkommen mit Steuern und Sozialversicherungsabgaben**. Zwar werden die dem Einzelnen so entzogenen Beträge wenigstens teilweise wieder zu seinen Gunsten verwendet: Der Sozialversicherte erhält z.B. später eine Rente, für den Steuerzahler werden Straßen gebaut, Theater und Schulen sowie eine Polizei unterhalten, und ähnliches mehr. Aber diese Beträge sind doch eben gerade der privatautonomen Entscheidung des Einzelnen entzogen: Über die Verwendung der Sozialversicherungsbeiträge und der Steuern

---

7 Vgl. *Eichenhofer*, Die sozialpolitische Inpflichtnahme von Privatrecht, JuS 1996, 857.
8 Vgl. *Schulte* Grundkurs im BGB I (3. Aufl. 1988) 274 ff.
9 Dazu die Bücher von *Canaris* (1971) und *von Craushaar* (1969).
10 Dazu das Buch von *von Bar* (1980); zum ganzen auch *Köndgen*, Selbstbindung ohne Vertrag (1981).

entscheiden die Parlamente. Daher muss Beiträge zur Rentenversicherung z.B. auch zahlen, wer seinen Lebensabend durch Unterhaltszahlungen seiner teuer ausgebildeten und daher gut verdienenden Kinder gesichert glaubt, und zu den Kosten der Theater muss auch beitragen, wer diese nie besucht und dazu vielleicht auch gar keine Möglichkeit hat.

2. Ausweitungen der Privatautonomie

181 Die eben dargelegte Liste der Einschränkungen mag den Eindruck erwecken, als sei die Privatautonomie am Aussterben. Aber es gibt auch zwei Entwicklungen, die in die entgegengesetzte Richtung weisen und wohl sogar noch stärker wirken als die Einschränkungen[11].

Vor allem geht es um die Änderungen bei der Einkommensstruktur: Um 1900 hat die große Mehrheit der Bevölkerung mit Einkünften auskommen müssen, die nur für das Allernötigste reichten; Vermögen fehlten hier ganz. Für solche Menschen stand die Privatautonomie weithin auf dem Papier: Worüber soll der testieren, der nichts hat? Und was nützt dem die Möglichkeit zum freien Abschluss von Kaufverträgen, der doch nur das Billigste bezahlen kann? Erst seit die Realeinkommen gerade in dem unteren Bereich stark gewachsen sind, hat die Privatautonomie auch für die finanziell weniger gut Gestellten Bedeutung erlangt: Auch die meisten von ihnen verfügen jetzt über mehr, als sie lebensnotwendig brauchen, und haben so bezüglich des Überschusses eine echte Entscheidungsfreiheit, wie etwa die Zunahme des Reisens und die Ausweitung der Reisen zeigt. Zudem können vielfach auch Vermögen gebildet werden, die dann Entscheidungen über ihre Umschichtung und Vererbung erlauben.

182 Daneben steht eine zweite, die Wirkung der ersten noch verstärkende Tendenz: Zuletzt seit 1948 ist das **Angebot** an Waren und Dienstleistungen **immer mannigfaltiger** und internationaler geworden. Man denke nur an die Wahlmöglichkeiten desjenigen, der 20.000 Euro zum Kauf eines Pkw zur Verfügung hat und auch einen Gebrauchtwagen in Betracht zieht. Dieser Reichtum des Angebots hat die Wirksamkeit der Privatautonomie noch zusätzlich gewaltig vergrößert.

183 Freilich kann man diese Fülle des Angebots für übertrieben halten. Aber wer so denkt, dem erlaubt die Privatautonomie grundsätzlich auch die Entscheidung für weniger Arbeit und ein einfacheres Leben. Die Privatautonomie zwingt also keinesfalls (wie häufig die parlamentarische Mehrheitsentscheidung) dazu, einem Trend zu folgen, sondern ermöglicht gerade umgekehrt auch das Gegenteil.

---

11 Vgl. *Biedenkopf*, Die Wiederentdeckung des Privatrechts, FS Coing (1982) II 21 ff.

§ 18 Abgrenzungen des Rechtsgeschäfts

Literatur: *Gehrlein*, Vertragliche Haftung für Gefälligkeiten, VersR 2000, 415; *Hoffmann*, Der Einfluss des Gefälligkeitsmoments auf das Haftungsmaß, AcP 167 (1967) 394; *D. J. Maier*, Gefälligkeit und Haftung – LG Kiel NJW 1998, 2539, JuS 2001, 746; *Merson*, Zur Haftung bei Gefälligkeitsfahrten, DAR 1993, 87; *Pallmann*, Rechtsfolgen aus Gefälligkeitsverhältnissen (Diss. Regensburg 1971); *Petersen*, Gebrauchsüberlassung an Dritte bei der Leihe, Jura 2015, 154; *Reuß*, Die Intensitätsstufen der Abreden und die Gentlemen-Agreements, AcP 154 (1955) 485; *Stoll*, Das Handeln auf eigene Gefahr (1961); *Willoweit*, Abgrenzung und rechtliche Relevanz nicht rechtsgeschäftlicher Vereinbarungen (1969); *ders.*, Schuldverhältnis und Gefälligkeit, JuS 1984, 909; *ders.*, Die Rechtsprechung zum Gefälligkeitshandeln, JuS 1986, 96.

I. Überblick

Beim Rechtsgeschäft treten Rechtsfolgen ein, weil sie (erklärtermaßen) gewollt sind (vgl. oben Rz. 174 f.). Das ist nach zwei Richtungen hin abzugrenzen: **184**

(1) Es gibt **Geschäfte außerhalb der Ebene des Rechts**, die daher auch von Rechts wegen keine Folgen herbeiführen. Für diesen Geschäftstyp gibt es keine einheitliche Bezeichnung; oft wird von bloßen „Gefälligkeiten" oder von „Geschäften auf der gesellschaftlichen Ebene" gesprochen. Vgl. dazu unten Rz. 185 ff.

(2) Andere Geschäfte sind zwar rechtlich erheblich, insbesondere führen sie von Rechts wegen zu Folgen[1]. Diese Folgen treten aber kraft Gesetzes und damit unabhängig davon ein, ob sie gewollt sind. Hierhin gehören vor allem die sog. **rechtsgeschäftsähnlichen Handlungen**. Für solche Geschäfte stellt sich insbesondere die Frage nach der – wenigstens entsprechenden – Anwendbarkeit der Vorschriften über Rechtsgeschäfte. Vgl. dazu unten Rz. 195 ff.

II. Die Gefälligkeiten

1. Zweifelsfreie Gefälligkeiten

a) Bindung und Haftung

Alltäglich kommen Geschäfte vor, die zwar als Rechtsgeschäfte (und regelmäßig insbesondere als Verträge) vorgenommen werden könnten, von den Beteiligten aber zweifelsfrei nicht so gemeint sind: Wer z.B. einen anderen zum Abendessen einlädt, will diesem keinen klagbaren Erfüllungsanspruch einräumen. Ein solcher Anspruch wäre **185**

---

[1] Das ist in der Sache das „rechtlich relevante Verhalten" von *Flume* AT II § 10, 1. *Köndgen* AcP 184 (1984) 600, 603 vermisst also dessen Behandlung zu Unrecht. Im Übrigen geht es dem vorliegenden Standpunkt ebenso wie *Flume*, aber im Gegensatz zu *Köndgen* darum, die Grenze zwischen solchem Verhalten und dem Rechtsgeschäft nicht zu verwischen: Nur wenn der Handelnde die Rechtsfolgen im Rechtsgeschäft selbst bestimmt hat, werden diese durch die Privatautonomie gerechtfertigt. Vgl. auch unten Rz. 344 zu Übertreibungen der ergänzenden Auslegung: Mit diesem wird zugleich die Privatautonomie für eine Scheinbegründung missbraucht.

auch ziemlich sinnlos: Eine Einladung soll der Geselligkeit und Unterhaltung dienen, und diese können nicht vom Recht erzwungen werden. Auch ein Anspruch auf Schadensersatz wegen Nichterfüllung kommt nicht in Betracht: Derartige Einladungen haben keinen Vermögenswert, was sich schon daran zeigt, dass sie regelmäßig für beide Teile wirtschaftlich mit einem Verlust enden. Denken könnte man also allenfalls an einen Anspruch auf Ersatz des Vertrauensschadens (negativen Interesses), etwa auf die Kosten für die unnütz gekauften Blumen oder das vergeblich genommene Taxi. Aber nicht einmal insoweit wird aus der Einladung ein Anspruch gewährt: Einladender und Eingeladener sind eben rechtlich nicht gebunden. Daher bleibt nur die allgemeine deliktische Ersatzpflicht aus § 826, wenn ein Beteiligter den anderen vorsätzlich sittenwidrig schädigt (etwa ein boshafter Mensch spricht nicht ernst gemeinte Einladungen aus und freut sich über die Unkosten seiner Opfer); im Übrigen bleibt es bei gesellschaftlichen Sanktionen (Ausschluss von weiteren Einladungen usw.).

b) Milderungen der Deliktshaftung?

186 Wegen des Gefälligkeitscharakters der hier behandelten Geschäfte kann sogar fraglich sein, ob für die Beteiligten die volle deliktische Fahrlässigkeitshaftung aus § 823 I angebracht ist: Soll wirklich die Gastgeberin wegen Eigentumsverletzung haften, wenn sie beim Servieren leicht fahrlässig den Anzug des Gastes beschmutzt? Und soll umgekehrt der Gast Schadensersatz schulden, wenn er achtlos ein Glas mit Rotwein umwirft? Gewiss wird in solchen Fällen Ersatz regelmäßig eher angeboten als angenommen oder gar gefordert. Trotzdem kann die Frage nach dem Bestehen eines Ersatzanspruchs zu entscheiden sein: Die Beteiligten mögen sich später verfeindet haben, oder der Anspruch mag (vor allem bei Körperschäden) statt von dem Verletzten selbst von einer Versicherung geltend gemacht werden, die ihrerseits Ersatz leisten musste.

In solchen Fällen gibt es für die Begründung einer Haftungsmilderung zwei Möglichkeiten[2]:

187 **aa)** Man kann erwägen, ob die Beteiligten **konkludent** („stillschweigend", vgl. unten Rz. 334 ff.) **eine Haftungsmilderung vereinbart** haben. Doch fehlt bei Gefälligkeiten ja gerade eine rechtsgeschäftliche Verpflichtung; schon deshalb liegt die Annahme fern, die Beteiligten hätten überhaupt eine rechtsgeschäftliche Vereinbarung getroffen. Insbesondere fehlt regelmäßig der Wille, eine Haftungsmilderung zu vereinbaren: An haftungsauslösende Komplikationen wird nämlich fast nie gedacht, und selbst wenn solche Gedanken aufkommen, wird man sie dem anderen gegenüber nicht zur Sprache bringen wollen (wer spricht bei der Erklärung oder der Annahme einer Einladung schon über vergossenen Rotwein?). Eine konkludente Vereinbarung über eine Haftungsmilderung ist daher regelmäßig zu verneinen[3].

188 **bb)** Es bleibt die Annahme einer **gesetzlichen Haftungsmilderung**[4]. Freilich fehlt für die außerrechtlichen Gefälligkeiten eine gesetzliche Regelung überhaupt. Das BGB

---

2 *Bork* Rz. 682 meint, die Pflichten aus einem Gefälligkeitsverhältnis müssten „nach Bestehen und Umfang in jedem Einzelfall besonders begründet werden". Doch lässt sich damit das Problem einer Ersatzpflicht *aus Delikten* nicht lösen. Ablehnend zum Folgenden auch *Faust* § 2 Rz. 11.
3 Ebenso *Wolf/Neuner* § 28 Rz. 28; siehe auch *Riehm* Rz. 143.
4 Lehrreich *Walker*, Haftungsprivilegierungen, JuS 2015, 865.

enthält aber in den §§ 521, 599, 690 Haftungsmilderungen für bestimmte unentgeltliche Rechtsverhältnisse, und diese Milderungen wirken auch für konkurrierende Deliktsansprüche[5]. Daraus kann man ein *argumentum a fortiori* ableiten: Soweit die Deliktshaftung sogar in *Rechts*verhältnissen gemildert ist, liegt das erst recht bei einem unverbindlichen *Gefälligkeits*verhältnis nahe.

Daraus folgt aber ein weiteres Problem: Nach dem BGB haftet nicht etwa jeder milder, der eine Leistung unentgeltlich verspricht oder erbringt. Vielmehr gelten die Haftungsmilderungen nur für den Schenker (§ 521), den Verleiher (§ 599) und den unentgeltlichen Verwahrer (§ 690). Dagegen enthält das BGB insbesondere für den Beauftragten (§§ 662 ff.) keine Haftungsmilderung, und auch der Geschäftsführer ohne Auftrag haftet milder nur, wenn die Geschäftsführung eine dringende Gefahr von dem Geschäftsherrn abwenden sollte (§ 680). Es liegt nahe, diese gesetzliche Unterscheidung auch auf Gefälligkeitsverhältnisse zu übertragen, also nach der Art der gefälligkeitshalber gewährten Leistung zu differenzieren. Dann wäre etwa § 521 nur dort (analog) anwendbar, wo es um die Zuwendung eines Vermögensvorteils auf Dauer geht (vgl. § 516 I), und § 599 bloß bei der Überlassung des Sachgebrauchs auf Zeit (vgl. § 598).

189

In der Tat ergibt dieser Ansatz das Minimum dessen, was man als Milderung der Deliktshaftung in Gefälligkeitsverhältnissen annehmen muss. Nachteilhaft ist dann freilich, dass Schädigungen innerhalb einer einzigen Gefälligkeit (etwa einer Einladung) verschieden zu behandeln sein können: So würde für die Aufbewahrung des Mantels des Gastes nur analog § 690 gehaftet, während für Schäden durch mangelhafte Bedienung der (hier nicht zu erörternde) Haftungsmaßstab des Auftragsrechts maßgeblich wäre. Als Ausweg kommt in Betracht, die für einen wichtigen Teil der Gefälligkeit geltende Haftungsmilderung auch auf die übrigen Teile zu erstrecken. Das mag vereinzelt zutreffen, insbesondere bei deutlichem Überwiegen des haftungsmäßig privilegierten Teils. Regelmäßig wird man es aber nach geltendem Recht doch bei der unterschiedlichen Deliktshaftung lassen müssen[6].

2. Grenzfälle

Eine Mutter verabredet mit der Nachbarin, dass diese ihr Kind beaufsichtige[7], oder eine solche Vereinbarung wird zwischen Müttern „auf Gegenseitigkeit" getroffen; es wird zu einem von den Eltern zu gestaltenden Kindergeburtstag eingeladen[8]; Freunde verabreden eine gemeinsame Urlaubsreise mit dem Auto des einen, vielleicht unter Teilung der Benzinkosten; Arbeitskollegen verabreden eine Lottospielgemeinschaft[9]; jemand hilft einem Autofahrer, der sich aus einer engen Parklücke herausmüht, durch Winkzeichen[10] oder fordert durch Handzeichen Kinder auf, die Fahrbahn zu überqueren[11]. Hier überall geht es um unentgeltliche Tätigkeiten, die wenigstens für einen

190

---

5 Vgl. *Medicus/Lorenz* SAT Rz. 400 f.
6 Für einen „stillschweigenden" Haftungsausschluss LG Berlin VersR 1991, 697, doch bedeutet das regelmäßig bloß die Fiktion eines Willens.
7 Vgl. BGH NJW 1968, 1874; OLG Schleswig VersR 1980, 242.
8 Nach OLG Celle NJW-RR 1987, 1384 bedeutet das eine vertragliche Übernahme der Aufsicht.
9 BGH NJW 1974, 1705.
10 OLG Frankfurt NJW 1965, 1334, 1336.
11 OLG Düsseldorf VersR 1986, 471.

Beteiligten Vermögenswert haben oder doch (z.B. in dem Winkfall) deutlich diesen oder dessen Vermögen in Gefahr bringen können. Wie steht es in solchen Fällen mit der Annahme einer rechtsgeschäftlichen Bindung und – umgekehrt – einer Haftungserleichterung?

a) Der Rechtsbindungswille

191 Die Rechtsprechung hat für die Abgrenzung zwischen Rechtsgeschäften und rechtlich unverbindlichen Gefälligkeiten vielfach auf den Willen der Beteiligten abgestellt: „Eine erwiesene Gefälligkeit hat nur dann rechtsgeschäftlichen Charakter, wenn der Leistende den Willen hat, dass seinem Handeln rechtsgeschäftliche Geltung zukommen solle ..., wenn er also eine Rechtsbindung herbeiführen will ..., und der Empfänger die Leistung in diesem Sinn entgegengenommen hat. Fehlt es hieran, ... so scheidet eine Würdigung unter rechtsgeschäftlichen Gesichtspunkten aus"[12]. Man nennt dieses Kriterium den Rechtsbindungs- (oder Rechtsfolge)-willen (zu dem aber nicht die Vorstellung über die rechtstechnisch nötigen Mittel zu einer rechtlichen Bindung gehört)[13].

Hieran ist gewiss richtig, dass die Beteiligten selbst durch ihren Willen über ihre rechtsgeschäftliche Bindung entscheiden *können*. Ein solcher Wille kann auch wirklich erklärt worden sein, so wenn eine Verabredung ausdrücklich als **gentlemen's agreement**[14] bezeichnet wird. Auch bei der Ausschreibung eines Architektenwettbewerbs (Auslobung) kann man durch Auslegung feststellen, ob die Ankündigung weiterer Aufträge bloß eine unverbindliche Absichtserklärung darstellt oder auf eine rechtsgeschäftliche Verpflichtung abzielt[15]. Regelmäßig jedoch haben die Parteien über die Rechtsbindung nicht wirklich nachgedacht. Denn diese erlangt ja erst Bedeutung, wenn Komplikationen eintreten, insbesondere wenn nicht freiwillig geleistet oder wenn der Partner geschädigt wird. Und mit solchen Komplikationen rechnen die Beteiligten regelmäßig nicht: Wenn sie es täten, würden sie sich auf die Gefälligkeit erst gar nicht einlassen (z.B. auf die Hilfe für den in der Parklücke steckenden Autofahrer). So bleibt der Rechtsbindungswille vielfach eine Fiktion ohne reale Grundlage; an ihm ist mit Recht Kritik geübt worden[16].

b) Normative Maßstäbe

192 Entsprechend dieser Kritik ist auch der BGH davon ausgegangen, dass über die Rechtsbindung „ein ausdrücklich oder stillschweigend erklärter Wille der Beteiligten in der Regel nicht feststellbar ist"[17]. Daher solle über die Rechtsverbindlichkeit „nur unter Berücksichtigung der Interessenlage beider Parteien nach Treu und Glauben mit Rücksicht auf die Verkehrssitte" entschieden werden. Diese Entscheidung soll für die mehreren „Pflichten" aus einer Vereinbarung verschieden ausfallen können.

---

12 BGHZ 21, 102, 106.
13 BGH ZIP 1993, 1076, 1077.
14 Dazu *Reuß*, Die Intensitätsstufen der Abreden und die Gentlemen-Agreements, AcP 154 (1955) 485.; *Bahntje*, Gentlemen's Agreements und Abgestimmtes Verhalten (Diss. Berlin 1982, dazu *Emmerich* AcP 183 ,1983, 807).
15 BGHZ 88, 373, 382.
16 Etwa von *Flume* AT II § 7, 5 – 7 S. 86 ff.
17 BGH NJW 1974, 1705, 1706.

In **BGH NJW 1974, 1705** hatten sich A, B, C, D und E zu einer Lottospielgemeinschaft zusammengeschlossen: Bei E sollten wöchentlich von jedem Teilnehmer 10,– DM eingezahlt werden, und E sollte die insgesamt 50,– DM auf bestimmte Zahlenreihen setzen. Einmal versäumte es E, den Lottoschein vereinbarungsgemäß auszufüllen. Auf die verabredeten Zahlen entfiel ein Gewinn von über 10.000 DM; A, B und C verlangen von E den Ersatz ihres fiktiven Anteils. Hier hat der BGH zwar Rechtspflichten bejaht, soweit es sich um die Verteilung eines wirklich erzielten Gewinns oder um den Ersatz der ausgelegten Wetteinsätze handelt. Dagegen wird eine Pflicht zum Ersatz wegen eines entgangenen Gewinns regelmäßig verneint: Die Übernahme einer womöglich existenzgefährdenden Haftung passe nicht zu einer Spielgemeinschaft; „keiner der Spieler würde, falls die Frage im Voraus bedacht und ausdrücklich erörtert würde, ein solches Risiko übernehmen oder es den Mitspielern zumuten".

An dieser Entscheidung ist zwar Kritik geäußert worden[18]. Trotzdem ist wenigstens der Ansatz des BGH richtig: Bei Fehlen eines wirklichen Parteiwillens ist über die Rechtsverbindlichkeit **nach objektiven Kriterien** zu entscheiden. Dabei kommt es vor allem einerseits auf das Risiko und andererseits auf die Zumutbarkeit einer Haftung für dieses Risiko an. Nach diesen Kriterien ist auch der Lottofall selbst richtig entschieden worden: Die Mitspieler durften mit einem Gewinn ohnehin nicht rechnen, während auf den mit dem Spiel Beauftragten eine existenzbedrohende Haftung zukommen konnte, für die er keinen Ausgleich in einem Entgelt fand. Dieser Gesichtspunkt muss regelmäßig auch sonst dazu führen, eine unentgeltliche Bindung dann zu verneinen, wenn sie den einen Beteiligten erheblich belastet und nicht durchdringende Interessen des anderen Teils erfordert wird. So werden über die nachbarschaftliche Beaufsichtigung von Kindern oder über Winkhilfen im Straßenverkehr regelmäßig keine Rechtsgeschäfte geschlossen. Für Fälle der zuletzt genannten Art wird das auch durch § 675 II bestätigt: Der Wink bedeutet ja einen Rat. Im selben Sinn sagt anderswo der BGH[19]: „Ein Bindungswille wird deshalb in der Regel bei dem so genannten Gefälligkeitshandeln des täglichen Lebens, bei Zusagen im rein gesellschaftlichen Verkehr oder bei Vorgängen, die diesen ähnlich sind, zu verneinen sein."

BGH NJW 2015, 2880 überträgt diese Wertung auf **gesetzliche Schuldverhältnisse**[20]: Eine Großmutter erleidet einen Unfall, als sie ihr Enkelkind zu einem Fußballturnier seines Vereins bringt. Ein Anspruch der Großmutter gegen den Verein aus §§ 670, 677, 683 scheidet aus. Der Anspruch scheitert zwar nicht daran, dass keine Aufwendung, also kein freiwilliges Vermögensopfer, vorliegt, weil es sich entsprechend § 110 HGB zumindest um einen risikotypischen Folgeschaden handelt[21]. Doch folgt die Mitnahme des Enkelkindes gegenüber diesem und dessen Eltern nicht aus einer rechtsgeschäftlichen Verpflichtung, sondern aus reiner Gefälligkeit. Ist die Beförderung insofern aber im außerrechtlichen Bereich angesiedelt, kann auch im Verhältnis zum Verein nicht anderes gelten. Die §§ 683, 670 begründen eben **keinen Anspruch aus „Gefälligkeit ohne Auftrag"**.

---
18 *Kornblum* JZ 1976, 571; *Plander* AcP 176 (1976) 424.
19 BGH NJW 1992, 498 mit vielen Belegen.
20 Dazu *Mäsch* JuS 2016, 70; *Singbartl* NJW 2015, 2881; *Staake*, Jura 2016, 651.
21 *Canaris* RdA 1966, 42, 44; *Genius* AcP 173 (1973) 481, 491.

Dritter Teil *Das Rechtsgeschäft*

Anders wird dagegen bei der professionellen **Beratung über Vermögensanlagen** entschieden[22]: Macht hier der Interessent deutlich, dass er für eine bestimmte Anlageentscheidung „die besonderen Kenntnisse und Verbindungen des Vermittlers in Anspruch nehmen will, dann liegt darin sein Angebot auf Abschluss eines Auskunfts- oder Beratungsvertrages. Dieses Angebot nimmt der Anlagevermittler stillschweigend (richtiger: konkludent) jedenfalls dadurch an, dass er die gewünschte Tätigkeit beginnt"[23]. Dabei soll es auf die Vereinbarung einer Vergütung nicht ankommen. Der BGH gelangt so zu einer Vertragshaftung von Anlageberatern, insbesondere auch von Banken und Sparkassen[24].

Noch weiter formuliert **BGH NJW 1993, 3073, 3075**: „Nach gefestigter Rspr. ist der stillschweigende Abschluss eines Auskunftsvertrages und damit eine vertragliche Haftungsgrundlage bei falscher Auskunft regelmäßig dann zu bejahen, wenn die Auskunft für den Empfänger von erheblicher Bedeutung ist und er sie zur Grundlage wesentlicher Entschlüsse oder Maßnahmen machen will". Das soll aber bei einer „privaten" Äußerung nicht gelten[25]. Die Beratung durch eine Bank oder Sparkasse muss nicht nur allgemein richtig, sondern auch auf den konkreten Anleger zugeschnitten („anlegergerecht") sein[26].

193 a In den Grenzbereich des Vertrags führt auch der vieldiskutierte Fall von **BGHZ 97, 372**[27]: Partner einer nichtehelichen Lebensgemeinschaft hatten verabredet, die Frau solle empfängnisverhütende Mittel („die Pille") nehmen. Dies unterließ sie jedoch, ohne den Mann zu warnen. Dieser wurde dem später geborenen Kind zum Unterhalt verurteilt (§§ 1601, 1602 II, 1615 l). Dafür verlangt er von der Mutter Schadensersatz.

Der BGH hat solche Ansprüche aus allen denkbaren Rechtsgründen richtigerweise verneint. Insbesondere einem Anspruch aus Vertrag hat er entgegengehalten, die Partner einer nichtehelichen Verbindung wollten ihre freie Partnerschaft regelmäßig nicht Rechtsregeln unterordnen (BGHZ 97, 372, 378). Das gelte erst recht für die persönlichen, intimen Beziehungen. Aber selbst wenn ausnahmsweise ein Rechtsbindungswille vorliege, komme es zu keinem wirksamen Rechtsgeschäft. Denn der von ihm erfasste engste persönliche Freiheitsbereich sei einer vertraglichen Bindung entzogen (vgl. unten Rz. 645)[28].

c) Milderung der Deliktshaftung?

194 Ähnlich wie bei oben Rz. 186 ff. stellt sich auch für manche Fälle an der Grenze zwischen Rechtsgeschäft und unverbindlicher Gefälligkeit die Frage nach einer Milderung der konkurrierenden Deliktshaftung: etwa wenn sich das Kind wegen nachlässiger Aufsicht verletzt oder wenn missverständliche Winkzeichen zu einem Sachschaden führen. Die Frage wird hier ebenso zu entscheiden sein wie bei den reinen Gefälligkei-

---

22 Dazu ausführlich *V. Lang* AcP 201 (2001) 451.
23 BGHZ 100, 117, 118 f., dazu *Köndgen* JZ 1987, 722.
24 Vgl. etwa auch BGH ZIP 1989, 1532.
25 BGH BB 1990, 2291.
26 BGH NJW 1993, 2433.
27 Dazu *Dunz* VersR 1986, 819; *T. Ramm* JZ 1986, 1011; *ders.* JZ 1989, 861; *Schlund* JR 1986, 455; *Fehn* JuS 1988, 602, auch BGH JZ 2001, 983 mit Anm. *Foerste*; *Grunewald* BürgR § 4 Rz. 2.
28 OLG Stuttgart FamRZ 1987, 700 entscheidet für getrenntlebende Ehegatten entsprechend.

ten (vgl. oben Rz. 188): Soweit die rechtsgeschäftlich erbrachte Leistung einer gesetzlichen Haftungsmilderung unterfällt, muss Gleiches auch für die Deliktshaftung bei nichtrechtsgeschäftlichen Gefälligkeiten gelten. Dagegen kann eine weiterreichende Haftungsmilderung nur zurückhaltend bejaht werden.

Praktisch am häufigsten kommen Fälle vor, in denen es um die **Verletzung eines unentgeltlich in einem Kraftfahrzeug Mitgenommenen** geht. Da die Mitnahme eine Geschäftsbesorgung darstellt, kommt es darauf an, ob das Auftragsrecht für solche Fälle eine Haftungserleichterung kennt. Da es das jedenfalls nicht ausdrücklich tut, hat die Rechtsprechung dem geschädigten Mitfahrer regelmäßig die volle Haftung aus § 823 I zugute kommen lassen[29]. Auch wenn der Mitgenommene gefahrerhöhende Umstände gekannt hat (z.B. die Trunkenheit des Fahrers oder das Fehlen seiner Fahrerlaubnis), soll das regelmäßig keinen Verzicht oder eine haftungsausschließende Einwilligung in die Verletzung bedeuten. Vielmehr wird eine solche Kenntnis seit der Grundsatzentscheidung BGHZ 34, 355 mit Recht nur als **Mitverschulden** angesehen, das den Schadensersatzanspruch nach § 254 regelmäßig bloß mindert. Allerdings hat der BGH im Wege der **ergänzenden Vertragsauslegung** auf der Grundlage von § 242 mehrfach einen „stillschweigenden" Ausschluss der Haftung für leichte Fahrlässigkeit angenommen. Aber alle diese Fälle lagen – insbesondere hinsichtlich des Versicherungsschutzes – eigenartig: BGH NJW 1979, 414 betrifft eine gemeinsame Urlaubsfahrt von Fahrer und Halter; in BGH NJW 1979, 643; 1980, 1681 geht es um eine Probefahrt des Kaufinteressenten; in BGH VersR 1980, 384 endlich hatte der Halter ein besonderes Interesse daran, dass ein Dritter mit nur geringer Fahrpraxis das Steuer übernahm. Aber auch diese Fälle hätten sich wohl besser mit anderen Argumenten entscheiden lassen als mit der unglücklichen „stillschweigenden" Haftungsvereinbarung. Dennoch hat der BGH diese Rechtsprechung inzwischen gefestigt. Maßgeblich ist danach, „dass der Schädiger keinen Haftpflichtversicherungsschutz genießt, für ihn ein nicht hinzunehmendes Haftungsrisiko bestehen würde und darüber hinaus besondere Umstände vorliegen, die im konkreten Fall einen Haftungsverzicht als besonders naheliegend erscheinen lassen"[30]. Besteht dagegen Versicherungsschutz, so soll eine Haftungsbeschränkung ausscheiden, weil es nicht dem hypothetischen Willen der Beteiligten entspreche, den Haftpflichtversicherer zu entlasten.

III. Rechtsgeschäftsähnliche Handlungen

Literatur: *Eltzbacher*, Die Handlungsfähigkeit ... I: Das rechtswirksame Verhalten (1903); *Klein*, Die Rechtshandlungen im engeren Sinne (1912); *Kothe*, Die rechtfertigende Einwilligung, AcP 185 (1985) 105; *Manigk*, Willenserklärung und Willensgeschäft (1907); *ders.*, Das System der juristischen Handlungen im neuesten Schrifttum, IherJb. 83 (1933) 1; *ders.*, Das rechtswirksame Verhalten (1939); *Ohly*, „Volenti non fit iniuria" – Die Einwilligung im Privatrecht (2002); *Petersen*, Die kaufmännische Rügeobliegenheit, Jura 2012, 796; *Ulrici*, Geschäftsähnliche Handlungen, NJW 2003, 2053.

---

29 So etwa BGHZ 21, 110.
30 BGH NJW 2009, 1482 Rz. 16 mit Nachw.; vgl. auch *Nugel* NZV 2011, 1, 3 f.

Dritter Teil *Das Rechtsgeschäft*

1. Unterschiede bei der Bedeutung des Willens

195 a) Bei den **Rechtsgeschäften** sollen nach der üblichen Definition die Rechtsfolgen eintreten, weil sie (erklärtermaßen) gewollt sind (vgl. oben Rz. 174 f.). Das trifft in der Hauptsache zu: So wird der Verkäufer zur Lieferung verpflichtet, weil er sich dazu verpflichten wollte, und auch die Pflicht zur Kaufpreiszahlung entspricht dem erklärten Willen des Käufers. Aber für die weniger typischen Vertragspflichten und insbesondere für die Schutzpflichten (§ 241 II) fehlt die Verbindung zwischen Willen und Rechtsfolge. Zudem muss der Verkäufer für Sachmängel auch dann Gewähr leisten (§§ 434 ff.), wenn er das nicht gewollt hat (vgl. unten Rz. 750 f.): Solche Pflichten ergeben sich unabhängig vom Willen aus dem Gesetz, selbst wenn sie an ein wirksames Rechtsgeschäft geknüpft sind.

196 b) Daneben gibt es aber auch rechtserhebliche Handlungen, deren **Rechtsfolgen** sich vollständig **aus dem Gesetz** ergeben und damit ganz vom Willen unabhängig sind.

aa) Diese Handlungen stellen teilweise **Realakte** dar, und zwar entweder erlaubte (z.B. der Besitzerwerb nach § 854 I) oder unerlaubte (insbesondere die Delikte nach §§ 823 ff.). Solche Handlungen haben meist schon äußerlich keine Ähnlichkeit mit Rechtsgeschäften, weil sie nicht durch Erklärung – schon gar nicht durch Willenserklärung – vorgenommen werden. Deshalb sind die Vorschriften über Rechtsgeschäfte regelmäßig unanwendbar[31]: So benötigt man für ein Delikt keine Geschäftsfähigkeit, und ein Besitzerwerb nach § 854 I kann weder durch Stellvertreter erfolgen noch wegen Sittenwidrigkeit oder Geschäftsunfähigkeit nichtig sein[32]. Soweit die Vorschriften über Rechtsgeschäfte ausnahmsweise doch analog passen (etwa für den sog. „natürlichen Willen" beim Besitzerwerb), ist das bei diesen Realakten zu erörtern.

197 **bb)** Ein anderer Teil der nicht rechtsgeschäftlichen Handlungen ist den Rechtsgeschäften ähnlicher, weil diese Handlungen in Erklärungen bestehen. Man spricht hier von **(rechts)geschäftsähnlichen Handlungen**. Bei ihnen richtet sich die Erklärung – anders als bei Rechtsgeschäften – nicht auf eine gewollte Rechtsfolge; meist wird überhaupt kein Wille erklärt. **Beispiele:**

(1) Die in den §§ 108 II, 177 II vorgesehene **Aufforderung, sich über die Genehmigung zu erklären**, lässt zwar einen Willen des Auffordernden erkennen. Gesetzliche Folge ist aber der Beginn einer Zweiwochenfrist, nach deren erfolglosem Ablauf die Genehmigung als verweigert gilt. Diese Folge tritt unabhängig vom Willen des Auffordernden ein, der regelmäßig lieber die Genehmigung herbeiführen möchte.

(2) Bei den **Mitteilungen und Anzeigen** etwa nach den §§ 149, 170, 171 I, 409, 415 I 2 fehlt es schon an der Erklärung eines Willens: Erklärt wird vielmehr ein Wissen oder eine Tatsache.

(3) Ähnlich bedeutet die **Mängelanzeige** nach § 377 HGB keine Willenserklärung: Sie erhält dem Käufer lediglich seine Rechte wegen des Mangels, die dann später noch durch Willenserklärung ausgeübt werden müssen.

---

31 *Bork* Rz. 407; *Wolf/Neuner* § 28 Rz. 13; *Hirsch* § 2 Rz. 45.
32 Vgl. aber auch *Neuner* JuS 2007, 401, 404.

(4) Auch bei der **Mahnung** nach § 286 I 1 und der **Nachfristsetzung** nach §§ 281 I 1, 323 I handelt es sich um geschäftsähnliche Handlungen. Hier ist in der Erklärung jeder Hinweis auf eine Rechtsfolge unnötig. Stattdessen tritt etwa Verzug kraft Gesetzes selbst dann ein, wenn der Gläubiger den Schuldner wirklich nur zur Leistung auffordern wollte und weitergehende Rechtsfolgen gar nicht im Sinn hatte. Nicht anders verhält es sich bei der Nachfristsetzung[33]: Sie soll dem Schuldner eine letzte Chance zur Leistung geben, bevor er mit weitergehenden Sanktionen wie Schadensersatz statt der Leistung oder Rücktritt rechnen muss. Anders als im früheren Recht, das neben der Nachfristsetzung auch eine Ablehnungsandrohung verlangte (§ 326 a.F.), muss der Gläubiger auf etwaige Rechtsfolgen der Fristversäumung nun nicht mehr hinweisen.

2. Anwendbarkeit der Vorschriften über Rechtsgeschäfte?

Schon das Fehlen einer scharfen Grenze zu den Rechtsgeschäften legt es nahe, manche Vorschriften über Rechtsgeschäfte auch auf geschäftsähnliche Handlungen analog anzuwenden. Doch ist eine generelle Aussage unmöglich[34]. Vielmehr gibt es erhebliche Unterschiede sowohl zwischen den einzelnen geschäftsähnlichen Handlungen wie zwischen den Vorschriften über Rechtsgeschäfte. So dürfte die Sittenwidrigkeit nach § 138 kaum für eine geschäftsähnliche Handlung passen. Die Vorschriften über die Anfechtbarkeit (§§ 119 – 124) werden überhaupt nur benötigt, wenn das Geschäft dem Erklärenden einen Nachteil bringt (z.B. die Anzeige nach § 170, aber nicht auch diejenige nach § 377 HGB oder die Mahnung)[35]. Geschäftsfähigkeit (bei bloß vorteilhaften Geschäften wenigstens beschränkte, § 107) wird regelmäßig nötig sein, obwohl die Rechtsfolgen von Rechts wegen eintreten. Denn immerhin liegt es beim Erklärenden, sie herbeizuführen. Stellvertretung ist wohl bei allen nicht höchstpersönlichen geschäftsähnlichen Handlungen möglich. Auch die Auslegungsvorschriften der §§ 133, 157 können passen[36]. Der bloße Zugang braucht aber für die Wirksamkeit einer Abmahnung nicht auszureichen[37].

198

3. Insbesondere die Einwilligung in eine Heilbehandlung

Auch der zur Heilung vorgenommene Eingriff in die körperliche Integrität erfüllt nach h.M. den objektiven Tatbestand einer **Körperverletzung**[38]. Er muss daher gerechtfertigt werden. Dafür kommt in erster Linie die Einwilligung des Patienten in Betracht.

199

Demgegenüber versteht die Gegenansicht die Heilbehandlung nicht als Körperverletzung, sondern als **Eingriff in das Persönlichkeitsrecht** des Patienten. Der Unterschied zu der traditionellen Ansicht (der vor allem hinsichtlich der Strafbarkeit der eigenmächtigen Heilbehandlung besteht) braucht hier aber nicht erörtert zu werden: Nach beiden Ansichten bedarf die Heilbehandlung einer Rechtfertigung, insbesondere

---

33 *Medicus/Lorenz* SAT Rz. 490; wie im alten Recht, letztlich aber ohne wesentliche Unterschiede MünchKomm-*Ernst*, § 323 Rz. 50: Willenserklärung mit Gestaltungswirkung.
34 *Hübner* Rz. 696, auch *Bork* Rz. 416 ff.; *Wolf/Neuner* § 28 Rz. 10 f.
35 Vgl. auch *Boecken* Rz. 495.
36 BGH NJW 1995, 45.
37 BAG JZ 1985, 148.
38 BGH NStZ 1996, 34.

durch eine Einwilligung. Dies folgt nach der gesetzlichen Normierung des ärztlichen Behandlungsvertrags in den §§ 630 a ff. durch das Patientenrechtegesetz vom 20. 2. 2013[39] nunmehr auch direkt aus § 630 d I 1.

200 Die rechtliche Einordnung der auch im Strafrecht[40] bedeutsamen Einwilligung zu körperlichen Eingriffen ist problematisch. Diese Einwilligung ist zwar **kein Rechtsgeschäft** nach §§ 182 f., weil sie selbst kein Rechtsgeschäft betrifft, sondern nur die Erlaubnis zur Vornahme einer tatsächlichen Handlung im Rechtskreis des Einwilligenden bedeutet. Deshalb ist sie auch streng vom zugrundeliegenden Behandlungsvertrag (§ 630 a) zu unterscheiden, der im Einzelfall fehlen oder unwirksam sein kann. Ungeachtet dessen stellt die Einwilligung eine Willensäußerung mit wichtigen Folgen dar. Das spricht dafür, sie wenigstens hinsichtlich des Erfordernisses der Geschäftsfähigkeit den Rechtsgeschäften gleichzustellen. Doch war im Strafrecht die h.M. schon seit langem anderer Ansicht, und für das Zivilrecht hat sich dem auch BGHZ 29, 33, 36 angeschlossen: Die Einwilligung eines Minderjährigen soll schon dann genügen, „wenn er nach seiner geistigen und sittlichen Reife die Bedeutung und Tragweite des Eingriffs und seiner Gestattung zu ermessen vermag".

An dieser Auffassung mag zunächst befremden, dass ein Minderjähriger unter den genannten Voraussetzungen ohne Zustimmung seines gesetzlichen Vertreters zwar in eine Operation soll wirksam einwilligen dürfen, während er einen noch so kleinen Geldbetrag aus seinem Vermögen nicht wirksam versprechen kann. Doch ergeben sich bei näherem Hinsehen gute Gründe für die Ansicht des BGH. Denn erstens kann bei einem ärztlichen Eingriff – anders als bei massenhaft vorkommenden Verkehrsgeschäften – jeweils individuell über die Fähigkeit zur Einwilligung entschieden werden; daher bedarf es nicht des Abstellens auf eine feste Altersgrenze (wie in § 2 für Rechtsgeschäfte). Und zweitens unterliegt gerade eine solche Einwilligung auch sonst besonderen Regeln: Sie ist selbst dann nicht schlechthin wirksam, wenn sie von einem voll Geschäftsfähigen erteilt wird. Vielmehr bedarf sie gemäß §§ 630 d II, 630 e I bis IV zunächst einer **Aufklärung des Patienten** über sämtliche wesentliche Umstände, insbesondere über die Notwendigkeit und die Gefahren des Eingriffs[41]. Dazu passt dann, dass bei entsprechender Einsicht auch ein nicht voll Geschäftsfähiger wirksam soll einwilligen können[42]. Im neuen § 630 d I 2 klingt die Problematik freilich nur an, indem dort von der „Einwilligungsunfähigkeit" die Rede ist. Das bestätigt aber jedenfalls, dass Geschäftsfähigkeit nicht allemal erforderlich ist.

201 Freilich wird bei Minderjährigen regelmäßig auch der gesetzliche Vertreter zustimmen müssen. Das folgt aber nicht unmittelbar aus den §§ 107 ff., sondern aus dem Recht zur Personensorge (§ 1631); nötig ist regelmäßig die Zustimmung beider Elternteile[43]. Schwierigkeiten entstehen freilich, wenn – wie im Fall von BGHZ 29, 33, 36 – die Eltern

---

39 Hierzu *Katzenmeier* NJW 2013, 817; *Rehborn* MDR 2013, 497; 564.
40 Vgl. § 228 StGB und *Arzt*, Willensmängel bei der Einwilligung (1970); *Amelung/Eymann* JuS 2001, 937.
41 Vgl. dazu bereits vor der Kodifizierung der §§ 630 a ff. etwa BGH NJW 1980, 1903 (zur Auslegung der Einwilligung); 1984, 655; 1985, 676; 1990, 2928; 1992, 743 (Aufklärung über das AIDS- und Hepatitisrisiko bei Bluttransfusionen); 1994, 793 (Aufklärung durch Formblatt); 799 (Aufklärung über Alternativen).
42 BT-Drs. 17/10488, S. 23; anders bei der Patientenverfügung nach § 1901 a; dazu Rz. 1052 a.
43 BGHZ 105, 45, dazu *Giesen* JZ 1989, 95.

des minderjährigen Patienten nicht erreichbar sind: Dann mag vereinzelt die Einwilligung des Minderjährigen allein genügen. Dagegen reicht sie in aller Regel nicht, wenn der gesetzliche Vertreter seine Einwilligung ausdrücklich verweigert[44]. Kann eine Einwilligung für eine unaufschiebbare Maßnahme nicht rechtzeitig eingeholt werden, kommt es nach § 630 e II auf den mutmaßlichen Willen des Patienten an. Hierin dürfte ein gesetzlich besonders geregelter Fall der GoA (§ 683 S. 1) liegen.

Neben den ärztlichen Aufklärungspflichten zur Sicherung des Behandlungserfolgs normiert das Gesetz in § 630 c II 2 auch noch eine wesentlich andere Informationspflicht des Arztes: Auf Nachfrage soll er nämlich auch auf ihm erkennbare Umstände hinweisen müssen, die die Annahme eines Behandlungsfehlers begründen[45]. Das bedeutet, dass sich der Arzt u.U. selbst belasten muss. In einem Straf- oder Bußgeldverfahren dürfen entsprechend preisgegebene Informationen dann freilich nicht gegen ihn verwendet werden (§ 630 c II 3).

---
44 Vgl. *Flume* AT II § 13, 11 f S. 220, auch *Belling*, Entscheidungskompetenz für ärztliche Eingriffe bei Minderjährigen, Familie und Recht 1990, 68, *B. R. Kern*, Fremdbestimmung bei der Einwilligung in ärztliche Eingriffe, NJW 1994, 753.
45 Dazu *Spickhoff* JZ 2015, 15.

§ 19 Die Einteilungen der Rechtsgeschäfte

Literatur: *Ernst*, Der Beschluss als Organakt, Liber Amicorum Leenen (2012) 1; *Haedicke*, Der bürgerlich-rechtliche Verfügungsbegriff, JuS 2001, 966; *Kegel*, Verpflichtung und Verfügung, FS Mann (1977) 57; *Petersen*, Einseitige Rechtsgeschäfte, Jura 2005, 248; *D. Schwab*, Parallel laufende Erklärungen, 1. FS Medicus (1999) 587; *von Tuhr*, Zum Begriff der Verfügung nach dem BGB, AcP 117 (1919) 193; *Wilhelm*, Begriff und Theorie der Verfügung, in: *Coing/Wilhelm*, Wissenschaft und Kodifikation des Privatrechts im 19. Jahrhundert II (1977) 213.

Die Rechtsgeschäfte lassen sich unter verschiedenen Gesichtspunkten einteilen.

I. Einseitige und mehrseitige Rechtsgeschäfte; Beschlüsse

Die einfachste Einteilung stellt auf die Zahl der Willenserklärungen ab, deren es zum Zustandekommen des Rechtsgeschäfts bedarf[1]. **202**

1. Das einseitige Rechtsgeschäft benötigt nur eine Willenserklärung. Beispiele bilden die Auslobung (§ 657), das Testament (§§ 2229 ff.) und die Ausübung von Gestaltungsrechten (vgl. oben Rz. 79 ff.). Dabei kann man dann noch weiter unterscheiden, ob diese Willenserklärung empfangsbedürftig ist oder nicht (vgl. unten Rz. 259 ff): Die empfangsbedürftige Willenserklärung (und damit auch das durch sie begründete Rechtsgeschäft) wird erst durch den Zugang an den Adressaten wirksam; die nicht

---
1 *Leenen* § 11 Rz. 1, 3 f. mit instruktivem Beispiel.

empfangsbedürftige Willenserklärung dagegen ist von einem solchen Zugang unabhängig; sie kann aber andere Wirksamkeitsvoraussetzungen haben.

203 2. **Das zweiseitige Rechtsgeschäft** kommt durch zwei sich deckende Willenserklärungen zustande. Das ist dann der **Vertrag** (gleich welchem Rechtsgebiet er angehört).

Danach ist jeder Vertrag ein zweiseitiges (oder mehrseitiges, vgl. unten Rz. 204) Rechtsgeschäft. Damit darf die andere Frage nicht verwechselt werden, ob der Vertrag auch zweiseitig *verpflichtet*. Das ist keineswegs selbstverständlich. Denn erstens gibt es Verträge, die überhaupt keine Verpflichtung begründen (wie etwa die dingliche Einigung bei der Übereignung). Und zweitens kommen auch unter den (notwendig verpflichtenden) Schuldverträgen solche vor, die nur einseitig verpflichten (wie etwa das Schenkungsversprechen).

204 3. Für **das mehrseitige Rechtsgeschäft** endlich bedarf es einer noch größeren Zahl von Willenserklärungen[2]. Dabei können die Personen, von denen diese Erklärungen stammen, alle in der gleichen Rolle auftreten: etwa wenn mehr als zwei Gesellschafter miteinander einen Gesellschaftsvertrag schließen (§ 705). Denkbar ist aber auch, dass bei einem gewöhnlich zweiseitigen Vertrag auf der einen Seite oder auf beiden Seiten mehrere Personen beteiligt sind: so etwa, wenn Miteigentümer (mehrere Vermieter) ihr Haus an ein Ehepaar vermieten (zwei Mieter). In solchen Fällen kann die Frage entstehen, ob die Unwirksamkeit einer Willenserklärung die Wirksamkeit der übrigen Erklärungen berührt, ob also z.B. der Mietvertrag im Ganzen daran scheitert, dass sich die Ehefrau nicht wirksam verpflichtet hat (vgl. unten Rz. 502).

205 4. Mehrseitig ist regelmäßig auch der **Beschluss**[3]. Er kommt insbesondere im Vereinsrecht vor (etwa in §§ 27 I, 28 I, 32 – 35). Dort ermöglicht er die Willensbildung des Vereins oder die eines mehrgliedrigen Vorstands (vgl. unten Rz.1125 ff.). Dabei hat der Beschluss **drei Besonderheiten**:

(1) Die mehreren Willenserklärungen entsprechen sich nicht bloß, sondern sie **lauten gleich**. Während also etwa bei der Miete die eine Erklärung lautet „Ich will vermieten" und die andere „Ich will mieten", lauten die zu einer Vorstandswahl in einem Verein führenden Erklärungen gleichmäßig „Ich will A als Kassenwart".

(2) Beim Beschluss sind die Willenserklärungen nicht an die anderen erklärenden Mitglieder gerichtet, sondern **an das Gremium**, dessen Willensbildung in Frage steht (also an den Verein oder den Vorstand).

(3) Der Beschluss kann **auch Personen binden, die ihm nicht zugestimmt haben**: Etwa die von der Mitgliederversammlung eines Vereins mit der nötigen Mehrheit (§ 33 I 1) beschlossene Satzungsänderung wirkt auch gegenüber denjenigen Mitgliedern, die nicht oder dagegen gestimmt oder sich der Stimme enthalten haben.

206 Zu den beiden bei (2) und (3) genannten Eigenarten des Beschlusses passt es freilich nicht, wenn bisweilen auch das Einvernehmen der Ehegatten nach § 1356 I 1 als

---

2 Dazu *Zwanzger*, Der mehrseitige Vertrag (2013).
3 Zu ihm *Ernst* Liber Amicorum Leenen (2012) 1.

„Beschluss" bezeichnet wird[4]: Dieses Einvernehmen muss dem anderen Gatten erklärt werden und bindet auch keinen Dritten.

II. Verpflichtungen und Verfügungen

Die Einteilung in Verpflichtungen und Verfügungen unterscheidet nach den Wirkungen der Rechtsgeschäfte. 207

1. Verpflichtungsgeschäfte schaffen einen oder mehrere Ansprüche oder – als Bargeschäft – wenigstens einen Rechtsgrund für das Behalten von Leistungen (vgl. unten Rz. 217). Dahin gehören vor allem die Schuldverträge wie Kauf, Schenkungsversprechen, Miete usw., aber auch die „abstrakten" (vgl. unten Rz. 215) Verpflichtungen nach §§ 780 ff.

Doch nicht jeder im Schuldrecht geregelte Vertrag ist ein Verpflichtungsgeschäft. Denn etwa Erlass (§ 397) und Abtretung (§§ 398 ff.) stellen keine Verpflichtung erzeugenden Verfügungen dar.

2. Verfügungen sollen – anders als die Verpflichtungen – die Einwirkung auf ein bestehendes subjektives Recht nicht erst durch Ansprüche vorbereiten, sondern diese unmittelbar vollziehen. Verfügung ist also die Übertragung, Aufhebung, Belastung oder Inhaltsänderung eines Rechts. Dahin gehören etwa die Übereignung von Sachen und die Abtretung von Forderungen; die Aufgabe des Eigentums oder der Erlass einer Forderung; die Verpfändung; die Umwandlung einer Grundschuld in eine Hypothek (§ 1198). Dabei nennt man „Verfügenden" bloß denjenigen, dessen Recht übertragen, belastet, aufgehoben oder inhaltlich verändert wird, aber nicht auch denjenigen, der das Recht oder die Freiheit von der Belastung erwirbt. So trifft bei § 816 I 1 die Herausgabepflicht aus der unberechtigten Verfügung nur den Veräußerer, nicht auch den Erwerber. 208

Die Verfügungen unterscheiden sich von den Verpflichtungen in mehreren wichtigen Punkten: 209

(1) Für Verfügungen gilt der **Bestimmtheitsgrundsatz** (das Spezialitätsprinzip): Spätestens bei ihrem Wirksamwerden muss feststehen, auf welchen konkreten Gegenstand sie sich beziehen. Andernfalls könnte ja auch die Rechtslage keines konkreten Gegenstandes geändert werden, weil sich nicht feststellen lässt, für welchen die Verfügungswirkung eintreten soll. Dagegen kann eine Verpflichtung auf eine Gattungs- oder Geldschuld zunächst offenlassen, mit welchen konkreten Gegenständen sie erfüllt werden soll: Hier ist die Verpflichtung schon wirksam, bevor sie auf bestimmte Stücke konkretisiert (konzentriert) worden ist (§ 243 II).

(2) Zur Wirksamkeit von Verfügungen bedarf es der **Zuständigkeit des Verfügenden**, nämlich der Verfügungsbefugnis. So sind etwa Übereignung, Abtretung, Erlass oder Verpfändung durch einen Nicht(verfügungs)berechtigten regelmäßig unwirksam (vgl. unten Rz. 1001). Dagegen kann sich jeder verpflichten (ob er es durch eigene Willen- 210

---

4 Vgl. etwa *Pawlowski*, Die „Bürgerliche Ehe" als Organisation (1983) 54, 58.

serklärung kann, hängt freilich von der Geschäftsfähigkeit ab); selbst die anfängliche objektive Unmöglichkeit der versprochenen Leistung steht nach § 311 a I der Wirksamkeit des Verpflichtungsgeschäfts nicht entgegen. Da aber niemand Unmögliches leisten kann, ist der Anspruch gerade auf diese Leistung nach § 275 I ausgeschlossen.

211 (3) Für die Verfügungen **des Sachenrechts** (aber nur für diese!) gilt zudem das **Publizitätsprinzip**: Sie müssen regelmäßig durch ein Publizitätsmittel (Eintragung oder Übergabe) nach außen sichtbar werden. Das hängt damit zusammen, dass das Sachenrecht einen gutgläubigen Erwerb vom Nichtberechtigten zulässt und der gute Glaube an ein Rechtsscheinträger, d.h. an ein Publizitätsmittel anknüpfen muss[5].

III. Kausale und abstrakte Geschäfte

212 Weithin – aber eben doch nicht ganz – fällt mit der Unterscheidung in Verpflichtung und Verfügung diejenige in kausale und abstrakte Geschäfte zusammen. Dabei geht es um die Frage, ob ein Geschäft selbst einen Rechtsgrund darstellt oder ob es noch eines Rechtsgrundes bedarf, um bereicherungsrechtlich beständig zu sein (§ 812).

1. Kausal sind vor allem die meisten Schuldverträge. Wenn etwa beim Kauf der Käufer mit dem Vertragsabschluss dem Verkäufer die Kaufpreisforderung zuwendet (§ 433 II), findet das seinen typischen Grund in dem Wunsch, die Gegenforderung auf den Kaufgegenstand zu erwerben (§ 433 I). Entsprechend verhält es sich bei den anderen gegenseitigen Verträgen. Bei den unentgeltlichen Schuldverträgen wird das Streben nach der Gegenleistung durch den Willen zur Unentgeltlichkeit ersetzt. Einen weiteren Rechtsgrund benötigen diese Geschäfte nicht mehr.

213 Nicht als Rechtsgrund erheblich sind dagegen die von den Parteien des Geschäfts regelmäßig verfolgten **weiteren Ziele**: Wer sich etwa ein Kraftfahrzeug kauft, wird damit fahren wollen; wenn ihm bald nach dem Kauf die Fahrerlaubnis entzogen wird, ist dieser Zweck zwar vereitelt, doch bleibt das auf die Beständigkeit des Kaufs ohne Einfluss. Ebenso ist es auch umgekehrt bedeutungslos, wenn der Verkäufer zu dem Geschäft nur bereit war, weil er dringend Geld brauchte, und er dann in der Lotterie gewinnt: Auch hier geht es bloß um einen außerhalb des Rechtsgrundes liegenden weiteren Zweck. Solche Zwecke können nur ausnahmsweise über Bedingungen oder die Lehre von der Geschäftsgrundlage erheblich werden (vgl. unten Rz. 827 ff.).

214 **2. Abstrakt** sind vor allem die meisten Verfügungen. So ist etwa der Übereignung einer Sache oder der Abtretung einer Forderung nicht anzusehen, zu welchem Zweck sie erfolgen. Daher muss sich der mit dem abstrakten Geschäft verfolgte Zweck erst aus einem weiteren (dann kausalen) Geschäft ergeben: Übereignung oder Abtretung erfolgen etwa, um die Verpflichtung aus einem Verkauf zu erfüllen (*solvendi causa*). Insofern bilden die Verpflichtungsgeschäfte regelmäßig den Rechtsgrund für Verfügungen.

---

5 *Medicus* Jura 2001, 294.

3. Von dieser Regel gibt es aber mehrere **Abweichungen**: 215

a) Auch **Verpflichtungsgeschäfte** können **abstrakt** sein, also ihrerseits noch eines Rechtsgrundes bedürfen. Das trifft zu für das Schuldversprechen und das Schuldanerkenntnis nach §§ 780, 781: Beide ergeben nichts für ihren Zweck; daher können sie (vgl. § 812 II) als Leistung kondiziert werden, wenn ihnen ein Rechtsgrund fehlt. Insbesondere gehört hierin auch die Eingehung wertpapiermäßiger Verpflichtungen: Ein für eine Kaufpreisschuld gegebener Wechsel oder Scheck kann nach § 812 zurückgefordert werden, wenn die Schuld nicht bestanden hat oder wieder erloschen ist oder wenn ihr eine dauernde Einrede entgegensteht (§ 813, z.B. beim Kauf § 438 IV 2).

b) Außer den Verpflichtungsgeschäften kommen als **Rechtsgrund** für Verfügungen auch **reine Kausalabreden** in Betracht, aus denen also nicht auf Erfüllung geklagt werden kann. Hierin gehört nach dem BGB die Schenkung gemäß § 516 I (im Gegensatz zu dem formbedürftigen Schenkungsversprechen nach § 518 I). Im Rahmen der schuldrechtlichen Vertragsfreiheit können aber auch andere Kausalabreden vereinbart werden, etwa wenn ein Wechsel als Sicherheit gegeben wird (wie in dem Fall von BGHZ 45, 210): Hier kann der Wechsel dann nicht zurückverlangt werden, bis der Sicherungszweck erledigt ist. 216

Ähnlichkeit mit solchen bloßen Kausalabreden haben auch die **Bargeschäfte**: Bei ihnen bedarf es regelmäßig keiner Verpflichtung, weil diese in dem Zeitpunkt, in dem sie entstanden sein könnte, schon erfüllt worden ist. Doch kommen auch bei Bargeschäften Ansprüche auf Nacherfüllung in Betracht (etwa beim Kauf aus § 439, wenn nur mangelhaft erfüllt worden ist). 217

c) Endlich gibt es auch **keines Rechtsgrundes bedürftige Verfügungen**, die sich weder auf eine Verpflichtung noch auf eine Kausalabrede noch auf ein Bargeschäft gründen. Hierin gehören etwa die Aufgabe des Eigentums (Dereliktion, §§ 928, 959) und das Testament: Bei ihnen fehlt es ja auch an einem Partner, mit dem ein Grundgeschäft verabredet werden könnte. 218

Dem ähneln die so genannten **Erwerbsgeschäfte** (wie die Aneignung einer herrenlosen Sache, §§ 927, 958; hier wird die Ergreifung des Eigenbesitzes als „Willensbetätigung" bezeichnet). Zwar sind sie keine Verfügungen im technischen Sinn, weil der Erwerber nicht verfügt (vgl. oben Rz. 208). Aber sie bedürfen ebenso wie die eben genannten Verfügungen keines Grundgeschäfts und bieten wegen ihrer Einseitigkeit auch gar keine Gelegenheit zu dessen Abschluss.

IV. Andere Einteilungen

Man kann die Rechtsgeschäfte noch in anderer Weise einteilen. So kann man zwischen **entgeltlichen und unentgeltlichen** Geschäften unterscheiden; diese Einteilung spielt aber für den Allgemeinen Teil keine Rolle. Auch kann man nach dem **Rechtsgebiet** unterscheiden, dem das Geschäft angehört, also in schuld-, sachen-, familien- und erbrechtliche Geschäfte. Doch lassen sich die für diese Rechtsgebiete geltenden Besonderheiten der dort beheimateten Rechtsgeschäfte sinnvoll nur bei diesen Gebieten behandeln. 219

Dritter Teil *Das Rechtsgeschäft*

§ 20 Das Trennungs- und das Abstraktionsprinzip

Literatur: *Bayerle*, Trennungs- und Abstraktionsprinzip in der Fallbearbeitung, JuS 2009, 1079; *Beyerle*, Der dingliche Vertrag, FS G. Boehmer (1954) 164; *Brandt*, Eigentumserwerb und Austauschgeschäft (1940); *von Caemmerer*, Rechtsvergleichung und Reform der Fahrnisübereignung, RabelsZ 12 (1938) 675; *Ferrari*, Vom Abstraktionsprinzip und Konsensualprinzip zum Traditionsprinzip, ZEuP 1993, 52; *Grigoleit*, Abstraktion und Willensmängel – Die Anfechtbarkeit des Verfügungsgeschäfts, AcP 199 (1999) 379; *Haferkamp*, Fehleridentität – Zur Frage der Anfechtung von Grund- und Erfüllungsgeschäft, Jura 1998, 511; *U. Huber*, Savigny und das sachenrechtliche Abstraktionsprinzip, FS Canaris (2007) I 471; *Habermeier*, Das Trennungsdenken, AcP 195 (1995) 283; *Heck*, Das abstrakte dingliche Rechtsgeschäft (1937); *H. H. Jakobs*, Gibt es den dinglichen Vertrag?, SavZ Rom. Abtlg. 119 (2002) 268; *Jahr*, Zur iusta causa traditionis, SavZ Rom. Abtlg. 80 (1963) 141, vgl. auch *ders.* AcP 168 (1968) 9, 14; *Jauernig*, Trennungsprinzip und Abstraktionsprinzip, JuS 1994, 721; *Kiefner, Ranieri, Luig* und *Müller-Freienfels*, in: *Coing/Wilhelm*, Wissenschaft und Kodifikation des Privatrechts im 19. Jahrhundert (1977) II 74; 90; 112; 144; *Lieder/Berneith*, Echte und unechte Ausnahmen vom Abstraktionsprinzip, JuS 2016, 673; *S. Lorenz*, Abstrakte und kausale Rechtsgeschäfte, JuS 2009, 489; *Maurer*, Die Prinzipien der Abstraktion, Kausalität und Trennung ... (2003); *F. Peters*, Kauf und Übereignung – Zum sog. Abstraktionsprinzip, Jura 1986, 449; *Petersen*, Das Abstraktionsprinzip, Jura 2004, 98; *Rother*, Die Erfüllung durch abstraktes Rechtsgeschäft, AcP 169 (1969) 1; *K. Schreiber/ Kreutz*, Der Abstraktionsgrundsatz, Jura 1989, 617; *Stadler*, Gestaltungsfreiheit und Verkehrsschutz durch Abstraktion (1995); *Strack*, Hintergründe des Abstraktionsprinzips, Jura 2011, 5; *H. P. Westermann*, Die causa im französischen und deutschen Zivilrecht (1967). Vgl. vor allem auch *Kegel* (Lit.-Verz. oben vor Rz. 202).

Soeben waren die Unterschiede zwischen Verpflichtungen und Verfügungen sowie zwischen kausalen und abstrakten Geschäften dargelegt worden (vgl. oben Rz. 207 ff.). Jetzt ist auf das Verhältnis einzugehen, das zwischen den beiden Arten von Geschäftstypen besteht.

I. Das Trennungsprinzip

220 Dass für die Erfüllung eines Verpflichtungsgeschäfts noch ein weiteres Geschäft – eine Verfügung – verlangt wird, ist keineswegs selbstverständlich. Denn schon im allgemeinen Sprachgebrauch und nicht selten auch in einer abkürzenden Redeweise von Juristen fließen Kauf und Übereignung ineinander: Wer sich als „Käufer" einer Sache bezeichnet, meint damit regelmäßig nicht bloß das obligatorische Geschäft. Vielmehr will er sagen, er sei kaufweise Eigentümer der Sache geworden. Ist dann die Unterscheidung zwischen Kauf und Übereignung – und diese Unterscheidung ergibt sich aus dem Trennungsprinzip – nicht bloß eine juristische Haarspalterei?

221 1. Zunächst könnte man gegenüber solchen Zweifeln auf das für sachenrechtliche Verfügungen geltende **Publizitätsprinzip** verweisen (vgl. oben Rz. 211): Diese Publizität wäre nicht gewahrt, wenn das Eigentum schon ohne Eintragung oder Übergabe mit dem für Dritte nicht erkennbaren Abschluss des Kaufvertrags (oder allgemeiner: mit der Verpflichtung zur Übereignung) auf den Käufer (Gläubiger) überginge.

Doch vermag dieses Argument nur für **Grundstücke** wirklich zu überzeugen: Die Richtigkeit des Grundbuchs wäre nicht mehr gewährleistet, wenn das Eigentum unabhängig von der Eintragung überginge und diese dann bloß noch deklaratorisch wirkte. Dagegen ist für bewegliche Sachen die Übergabe bei den §§ 930, 931 ohnehin durch die unsichtbare Begründung oder Übertragung von mittelbarem Besitz ersetzt; hier ist das Publizitätsprinzip daher fast wertlos. Und beim Rechtskauf (§ 453) besteht die Erfüllung meist (nämlich wenn eine Forderung verkauft ist) in einer Abtretung nach § 398; für diese gilt das Publizitätsprinzip überhaupt nicht. Hier besteht also von diesem Prinzip her kein gewichtiger Grund für ein gesondertes Verfügungsgeschäft.

2. Zu dem aus dem Publizitätsprinzip herzuleitenden Argument kommt aber noch ein weiteres: Der automatische Vollzug von Verpflichtungen muss scheitern, wenn entweder der geschuldete Gegenstand noch nicht **individuell bestimmt** ist oder wenn er sich **nicht beim Schuldner** befindet. Dabei betrifft die erste Alternative die **Gattungs-** und die **Geldschuld**: Bei ihnen wird ja zunächst noch kein bestimmter Gegenstand geschuldet, an dem sich die Rechtsänderung dann ohne weiteres vollziehen (etwa das Eigentum übergehen) könnte. Und die zweite Alternative betrifft die **Beschaffungsschuld**: Diese kann sich zwar auf einen bestimmten Gegenstand richten. Aber solange dieser noch nicht dem Schuldner gehört, darf dem Berechtigten sein Recht nicht ohne sein Zutun durch den Vertrag zwischen dem Gläubiger und dem Schuldner entzogen werden. 222

Bei der Gattungsschuld, der Geldschuld und der Beschaffungsschuld reicht also etwa der bloße Kauf zur Eigentumsübertragung keinesfalls; hier bedarf es zum Eintritt von Verfügungswirkungen notwendig eines weiteren Geschäfts. Freilich bräuchte dieses nicht unbedingt ein Vertrag mit dem Gläubiger zu sein; man könnte auch die Konkretisierung der Schuld oder die Beschaffung der geschuldeten Sache durch den Schuldner genügen lassen. Aber das Vertragserfordernis hat doch guten Sinn: Insbesondere erlaubt es dem Gläubiger eine Prüfung des Gegenstandes, mit dem der Schuldner erfüllen will. Die Entscheidung des BGB für eigene Verfügungsgeschäfte – also das Trennungsprinzip – ist daher zumindest vertretbar, wohl sogar vorzugswürdig.

3. In einer Hinsicht sind nämlich die **Vorteile deutlich**: Das Trennungsprinzip erlaubt es den Parteien, die Wirkungen der Verpflichtung und diejenigen der Verfügung an verschiedene Voraussetzungen zu knüpfen. Das geschieht vor allem beim Verkauf unter **Eigentumsvorbehalt** (§ 449 I): Hier wird der Verkauf unbedingt abgeschlossen, während die Übereignung unter der aufschiebenden Bedingung vollständiger Kaufpreiszahlung steht. Diese und ähnliche andere sinnvolle Gestaltungen werden erst durch das Trennungsprinzip ermöglicht. 223

II. Das Abstraktionsprinzip

Das Abstraktionsprinzip geht noch über das Trennungsprinzip hinaus.

1. Inhalt

Die gedankliche Sonderung zwischen Verpflichtung und Verfügung ändert nichts daran, dass in der Rechtswirklichkeit Verfügungen regelmäßig der Erfüllung von Ver- 224 pflichtungen dienen. Daher liegt es nahe, in solchen Fällen die Wirksamkeit der Verfügung an die Wirksamkeit der zu erfüllenden Verpflichtung zu binden. Danach würde z.B. die Lieferung der Kaufsache dem Käufer kein Eigentum verschaffen, wenn der Kauf wegen Dissenses (§ 154) nicht zustande gekommen wäre.

Das (beinahe allen fremden Privatrechten unbekannte[1]) Abstraktionsprinzip sagt aber gerade das Gegenteil: **Verfügungen sollen unabhängig davon wirken, ob ihnen eine wirksame Verpflichtung zugrunde liegt.** Das BGB drückt dies dadurch aus, dass die Vorschriften über Verfügungen (etwa die §§ 398, 873, 929 ff.) das Bestehen einer Verpflichtung nicht als Wirksamkeitsvoraussetzung nennen: „Die Parteien mögen bei einem dinglichen Vertrage verschiedene Rechtsgründe vorausgesetzt haben oder der von ihnen vorausgesetzte Rechtsgrund mag nicht vorhanden oder ungültig sein, die Wirksamkeit des dinglichen Vertrages wird dadurch nicht ausgeschlossen" (Mot. I 127 = *Mugdan* I 422; in § 829 des E 1 war das auch ausdrücklich gesagt).

225 Von der äußerlichen Abstraktion (= Unabhängigkeit der Verfügung von der Wirksamkeit einer außer ihr bestehenden Verpflichtung) kann man noch eine **innere** (inhaltliche) unterscheiden[2]: Ihr zufolge ist das Verfügungsgeschäft auch selbst inhaltlich zweckfrei; die Parteien brauchen also über den Zuwendungszweck nicht übereinzustimmen. Danach wäre etwa eine Übereignung von Geld auch dann wirksam, wenn der Veräußerer es als Darlehen geben, der Erwerber aber es geschenkt nehmen wollte. Doch haben über diesen praktisch kaum vorkommenden Fall schon bei den römischen Juristen Zweifel bestanden; die Lösung ist auch heute noch nicht sicher.

2. Grund

226 Dem Abstraktionsprinzip liegt folgender Gedanke zugrunde: Ein abgeleiteter (derivativer) Rechtserwerb gelingt mit Gewissheit nur, wenn der Veräußerer Berechtigter ist. Wer erwerben will, muss sich folglich über das Recht seines Vormanns vergewissern. Hat der Vormann selbst derivativ erworben, so muss also auch dieser Erwerb und damit die Berechtigung des Vor-Vormanns nachgeprüft werden. Wenn also z.B. eine Sache von dem Urproduzenten A (der mit Gewissheit Eigentümer ist) über B an C gegangen ist und jetzt von C an D veräußert werden soll, müsste D also auch den Erwerb von B und C prüfen. Eine solche Prüfung ist umso schwieriger, je mehr Gründe es gibt, an denen die Wirksamkeit des Erwerbs scheitern kann. Und eine Unwirksamkeit wird sehr viel wahrscheinlicher, wenn der Erwerb auch bei Unwirksamkeit des ihm zugrundeliegenden Kausalgeschäfts scheitert. Denn dann treffen alle zunächst nur das Kausalgeschäft berührenden Unwirksamkeitsgründe zugleich auch das Erwerbsgeschäft. Auf das Beispiel bezogen: D müsste auch prüfen, ob zwischen A und B sowie zwischen B und C ein wirksames Kausalgeschäft vorliegt.

Eine solche Prüfung auch der Kausalgeschäfte seiner Vorleute will das Abstraktionsprinzip dem Erwerber ersparen: Die Unwirksamkeit dieser Geschäfte soll für die

---

[1] *Zweigert/Kötz* Einführung in die Rechtsvergleichung (3. Aufl. 1996) I § 15 haben den abstrakten dinglichen Vertrag geradezu als „stiltypisches Merkmal des deutschen Rechtskreises" bezeichnet.
[2] Vgl. *Beuthien*, Zweckerreichung und Zweckstörung im Schuldverhältnis (1969) 286 f., *Bork* Rz. 479.

Berechtigung des Veräußerers keine Rolle spielen. Damit will das BGB der **Leichtigkeit und Sicherheit des Rechtsverkehrs** dienen (Mot. III 6 f. = *Mugdan* III 4).

3. Bedeutung

Die Bedeutung des Abstraktionsprinzips ist viel geringer, als es nach dem eben Gesagten scheinen mag und als wohl auch der BGB-Gesetzgeber angenommen hat. 227

a) Im Verhältnis zwischen den Beteiligten des fehlerhaften Grundgeschäfts bewirkt das Abstraktionsprinzip nicht etwa, dass der Erwerber das trotz Fehlens eines wirksamen Grundgeschäfts Erworbene behalten darf. Vielmehr muss er, wenn nicht schon Fehleridentität vorliegt (vgl. unten Rz. 231 ff.), das „ohne rechtlichen Grund" Erworbene nach § 812 I 1 Alt. 1 herausgeben (also dieses dem kondizierenden Veräußerer zurückübertragen).

Beim beiderseits ausgeführten Kauf etwa bedeutet das Abstraktionsprinzip: Der Verkäufer kann trotz Unwirksamkeit des Kaufs die Kaufsache wirksam übereignet haben, ebenso umgekehrt der Käufer den Kaufpreis. Als Rückgabeanspruch steht also nicht die Vindikation zur Verfügung (§ 985): Wer eine Sache weggegeben hat, hat sein Eigentum verloren und kann sie folglich nicht als ihm noch gehörend zurückverlangen. Zuständig ist aber die auf Rückübereignung oder Wertersatz (§ 818 II) gerichtete Kondiktion (§ 812). Daher kann der Verkäufer, wenn der Käufer nach der Lieferung in Insolvenz gefallen ist, die Kaufsache auch nicht als ihm noch gehörend aus der Insolvenzmasse aussondern (§ 47 InsO). Vielmehr gehört diese Sache dem Schuldner und wird deshalb für die Masse (also für alle Insolvenzgläubiger) verwertet. Der Verkäufer hat nur eine mit der Insolvenzquote zu erfüllende Geldforderung.

b) Aber auch **im Verhältnis zwischen dem Erwerber und Vorleuten des Veräußerers** 228 ist die Bedeutung des Abstraktionsprinzips gering. Denn ein Erwerb ist ja weithin (insbesondere nach §§ 932 ff., 892 f., 2366) nicht bloß vom Berechtigten möglich, sondern auch kraft Redlichkeit vom Nichtberechtigten. Soweit dem Erwerber nur die Kenntnis der Nichtberechtigung seines Vormanns schadet (wie bei §§ 892, 2366), bewirkt das Abstraktionsprinzip lediglich, dass solche Nichtberechtigung seltener vorliegt. Soweit dem Erwerber dagegen schon grob fahrlässige Unkenntnis schadet (wie bei den §§ 932 ff.), beschränkt das Abstraktionsprinzip zwar die Erkundigungspflicht des Erwerbers auf die Vollzugsgeschäfte. Aber da der Rechtsverkehr Verfügungs- und Verpflichtungsgeschäfte ohnehin kaum auseinanderhält (vgl. oben Rz. 220), spielt diese Beschränkung praktisch nur eine sehr geringe Rolle.

Eher scheint das Abstraktionsprinzip Bedeutung erlangen zu können, wo die Möglichkeit zu redlichem Erwerb vom Nichtberechtigten (fast) fehlt, nämlich bei Forderungen 229 (§§ 398 ff.). Aber regelmäßig kommen bei gewöhnlichen Forderungen diejenigen Abtretungsketten nicht vor, die für den Grundgedanken des Abstraktionsprinzips bestimmend waren (vgl. oben Rz. 226). Und wo eine solche Abtretungskette ausnahmsweise doch beabsichtigt wird, pflegt man Wertpapiere auszustellen (z.B. Wechsel oder Inhaberschuldverschreibungen): Erst durch sie werden Forderungen verkehrsfähig. Aber durch Wertpapiere wird zugleich auch ein Erwerb vom Nichtberechtigten möglich, sodass die Rechtslage der eben für Sachen dargestellten ähnelt.

4. Rechtspolitische Bedenken

230 Das Abstraktionsprinzip ist oft gescholten worden[3]. Vom Ergebnis her wird vor allem die oben Rz. 227 geschilderte Misslichkeit beanstandet, die dem Verkäufer bei Insolvenz (und ähnlich auch bei der Einzelzwangsvollstreckung von anderen Gläubigern) des Käufers droht: Er hat seine Sache verloren und erhält dafür nur einen womöglich auf die Insolvenzquote beschränkten Bereicherungsanspruch. Aber diese Kritik übersieht oft, dass der Käufer hinsichtlich des von ihm gezahlten Kaufpreises regelmäßig in dieselben Schwierigkeiten gerät, und zwar auch ohne das Abstraktionsprinzip: Regelmäßig wird das bezahlte Bargeld nämlich ununterscheidbar mit dem Kassenbestand des Verkäufers vermengt, sodass der Käufer sein Eigentum wenigstens nach §§ 948, 947 II verlieren würde[4]. Und wenn der Käufer bargeldlos bezahlt hat (z.B. durch Banküberweisung), steht ihm in der Insolvenz des Verkäufers ohnehin kein Vorzugsrecht zu. Wenn danach also der Käufer bloß einen auf die Insolvenzquote beschränkten Bereicherungsanspruch hat, ist eine gleiche Behandlung des Verkäufers keineswegs ungerecht.

Dieses **Symmetrieargument** scheint zwar zu versagen, wenn der Verkäufer auf Kredit – also schon vor der Zahlung durch den Käufer – liefert: Hier trifft der Nachteil einseitig den Verkäufer. Aber in solchen Fällen behält dieser sich regelmäßig das Eigentum vor, sodass dessen Verlust durch den Vorbehalt verhindert wird.

Richtig bleibt zwar, dass das Abstraktionsprinzip **dem vermutlichen Parteiwillen widerspricht**: Die Beteiligten werden regelmäßig nur das wirksam weggeben wollen, was sie wirksam schulden. Aber das Gesetz kann sich zweifelsohne über einen solchen vermutlichen Parteiwillen hinwegsetzen (wie es ja z.B. auch bei § 536 a nicht fragt, ob Vermieter und Mieter wirklich eine verschuldensunabhängige Haftung für anfängliche Mängel der Mietsache wollen). Und ein wirklich erklärter Parteiwille wird durch das Abstraktionsprinzip nicht berührt (vgl. unten Rz. 239).

Insgesamt wiegen also die Argumente gegen das Abstraktionsprinzip keineswegs so schwer, dass es eindeutig als verfehlt bezeichnet werden könnte[5].

5. Wirksamkeitsgrenzen des Abstraktionsprinzips

a) Fehleridentität

231 Das Abstraktionsprinzip wirkt sich dann nicht aus, wenn Fehleridentität vorliegt, nämlich wenn derselbe Unwirksamkeitsgrund sowohl die Verpflichtung wie die Verfügung betrifft: Auch die Verfügung erfolgt ja durch Rechtsgeschäft und kann daher von Wirksamkeitshindernissen erfasst werden. Man darf das Abstraktionsprinzip also nicht dahin missverstehen, als wolle es die Wirksamkeit der Verfügung unter allen Umständen gewährleisten: Die Verfügung soll bloß nicht schon allein deshalb unwirksam sein, weil die Verpflichtung unwirksam ist.

---

3 Vgl. die Lit. bei *Flume* AT II § 12 Fn. 32.
4 Siehe auch *Grigoleit* AcP 199 (1999) 379, 385; *Wolf/Neuner* § 29 Rz. 79.
5 Ebenso etwa *Flume* AT II § 12 III 3 S. 177; *Baur/Stürner* SaR § 51 Rz. 44. Eingehend zum Ganzen *Stadler*, Gestaltungsfreiheit und Verkehrsschutz durch Abstraktion (1995).

Hinsichtlich des Zustandekommens einer solchen Fehleridentität unterscheiden sich die Unwirksamkeitsgründe wesentlich; hier seien einige wichtige genannt:

aa) Mängel der Geschäftsfähigkeit (§§ 104 ff.) wirken regelmäßig auf das Verpflichtungs- und das Verfügungsgeschäft. Wenn beide Geschäfte mit einem zeitlichen Abstand vorgenommen werden, kann sich jedoch inzwischen die Geschäftsfähigkeit verändert haben: Es kann etwa die Volljährigkeit erreicht worden oder eine vorübergehende Störung der Geistestätigkeit (§ 105 II) beendet sein. Dann kann die Verfügung des geschäftsfähig Gewordenen eine Genehmigung (§ 108 III) oder Bestätigung (§ 141) der zunächst unwirksamen Verpflichtung darstellen. **232**

Ein besonderes Problem ergibt sich, wenn ein beschränkt Geschäftsfähiger (etwa ein 17-jähriger) bei dem Verfügungsgeschäft auf der Erwerberseite steht: Dann kommt die Wirksamkeit dieser Verfügung auch deshalb in Betracht, weil dem Minderjährigen nur rechtliche Vorteile entstehen (§ 107, vgl. unten Rz. 566).

bb) Irrtümer (§§ 119 ff.) können sowohl bei der Verpflichtung wie auch bei der Verfügung unterlaufen (z.B. bei der Verfügung: Der Käufer vergreift sich und reicht dem Verkäufer einen nicht gewollten Geldschein; der Verkäufer verwechselt Kartons und schickt dem Käufer eine andere als die gekaufte Ware). Doch ist dies keine Fehleridentität, weil beim obligatorischen Geschäft meist ein anderer Irrtum unterlaufen sein dürfte. Fehleridentität kommt bei rechtserheblichen Irrtümern nur ausnahmsweise in Betracht, etwa wenn der Irrtum über eine wesentliche Eigenschaft (§ 119 II) sowohl bei der Verpflichtung wie bei der Erfüllung besteht. Regelmäßig aber wird sich z.B. ein Inhaltsirrtum auf das Verpflichtungsgeschäft beschränken; bei der Erfüllung wird sich häufig gerade das Richtige herausstellen (so bei dem Gros-Beispiel von unten Rz. 745: Was der Verkäufer unter einem Gros versteht, zeigt sich spätestens bei der Lieferung der Ware). **233**

cc) Arglistige Täuschung und widerrechtliche Drohung (§§ 123 f.) werden sehr häufig Fehleridentität bewirken. So verhält es sich nämlich stets, wenn der täuschungsbedingte Irrtum oder die durch die Drohung hervorgerufene Zwangslage bei der Verfügung noch fortdauern. Aber notwendig ist diese Identität keineswegs: Vor allem sind die Verfügungen des Täuschenden oder des Drohenden selbst natürlich nicht nach § 123 anfechtbar. Auch kann sich etwa der Irrtum vor der Verfügung aufgeklärt haben; wird dann gleichwohl noch verfügt, kommt wieder Bestätigung (§ 144) in Betracht. **234**

dd) Bei Formmängeln (§§ 125 ff.) ist entscheidend, auf welches Geschäft sich die Formvorschrift bezieht. Die meisten Formgebote betreffen nur entweder das Verpflichtungs- oder das Verfügungsgeschäft (z.B. § 311 b I die Verpflichtung, § 925 die Verfügung). Dann kommt Fehleridentität nicht in Betracht: Selbst wenn beide Formvorschriften nicht beachtet worden sind, handelt es sich doch um zwei verschiedene, voneinander unabhängige Fehler. **235**

ee) Ähnlich kommt es bei **Verbotsgesetzen** (§ 134) darauf an, welche Geschäftsarten das Gesetz verbieten will: Fehleridentität liegt nur vor, wenn – was nicht selten ist – sowohl die Verpflichtung wie die sie erfüllende Verfügung verboten sein sollen. Fragen können aber auch hier entstehen, wenn noch eine weitere Verfügung vorliegt. So verbietet etwa das BetäubungsmittelG den Verkehr mit Rauschgiften. Danach sind sicher **236**

nichtig der schuldrechtliche Kaufvertrag über das Rauschgift wie auch der sachenrechtliche Vertrag über dessen Übereignung. Aber ist von dem Verbot auch der sachenrechtliche Vertrag über die Übereignung des als Kaufpreis bezahlten Bargeldes betroffen[6]? Das ist dieselbe Problematik, die auch bei § 138 auftaucht (vgl. unten Rz. 237; 712).

237 ff) Die größten Schwierigkeiten bereitet die Frage nach der Fehleridentität bei **sittenwidrigen Rechtsgeschäften** (§ 138): Soll z.B. auch eine Geldzahlung auf einen sittenwidrigen Vertrag nach § 138 nichtig sein, obwohl ihr selbst doch nichts Sittenwidriges anzusehen ist? Auf diese Frage ist unten Rz. 712 im Zusammenhang mit § 138 noch zurückzukommen.

238 gg) Der **versteckte Dissens** endlich (§ 155) wird sich regelmäßig auf das Verpflichtungsgeschäft beschränken; Fehleridentität ist hier kaum denkbar.

b) Bedingtheit der Verfügung

239 Soweit überhaupt bedingt verfügt werden kann, vermag als Bedingung auch die Wirksamkeit des zugrundeliegenden Verpflichtungsgeschäfts vereinbart zu werden. Das gelingt problemlos bei der Übertragung von Forderungen und der Übereignung beweglicher Sachen, aber wegen § 925 II nicht bei der Auflassung von Grundstücken (vgl. unten Rz. 847).

Problematisch wird es dagegen, wenn eine solche Bedingung erst durch **ergänzende Auslegung** des Verfügungsgeschäfts gewonnen werden soll. Manche Autoren, die das Abstraktionsprinzip rechtspolitisch für verfehlt halten (vgl. oben Rz. 230), befürworten eine solche Auslegung in recht weitem Umfang. Dem ist aber entgegenzuhalten: Das BGB hat das Abstraktionsprinzip aus Gründen der Verkehrssicherheit übernommen (vgl. oben Rz. 226), also nicht mit Rücksicht auf einen vermutlichen Parteiwillen. Diese vielleicht nicht überzeugende, aber doch wenigstens vertretbare Entscheidung (vgl. oben Rz. 230) darf nicht unbeachtet gelassen werden, wenn jeder Anhalt für einen wirklichen Parteiwillen dieses Inhalts fehlt. Insbesondere kann eine entsprechende Wirksamkeitsbedingung für die Verfügung dann nicht durch Auslegung gewonnen werden, wenn die Beteiligten keinen Zweifel an der Wirksamkeit des Verpflichtungsgeschäfts hatten[7].

240 Nach dem Gesagten kann die Wirksamkeit des Verpflichtungsgeschäfts auch nicht als **Geschäftsgrundlage** für die Verfügung angesehen werden (vgl. unten Rz. 863): Dem steht die Entscheidung des BGB für das Abstraktionsprinzip entgegen.

c) Geschäftseinheit

241 Ein anderer Versuch der Abschwächung des für unglücklich gehaltenen Abstraktionsprinzips bedient sich des § 139 (vgl. unten Rz. 504): Beim Bargeschäft, also wenn Verpflichtung und Verfügung zeitlich zusammenfallen, sollen beide eine Geschäftseinheit (also Teile eines einzigen Rechtsgeschäfts) darstellen. Aus § 139 wird dann gefolgert,

---

6 Bejahend die Strafentscheidung BGH NJW 1983, 636, dazu *Schmid* JR 1983, 432.
7 *Flume* AT II § 12 III 4 S. 178, ähnlich *Bork* Rz. 489. Vgl. BGH NJW 1990, 1913 für die Übereignung von Bargeld.

die Nichtigkeit der Verpflichtung ziehe im Zweifel die Nichtigkeit der Verfügung nach sich.

Indessen ist auch diese Konstruktion nicht haltbar: Sie verstößt schon gegen das Trennungsprinzip, nach dem Verpflichtung und Verfügung gerade nicht durch ein einziges Geschäft erfolgen, sondern durch zwei voneinander verschiedene (vgl. oben Rz. 220 ff.). Allerdings können die Beteiligten im Rahmen ihrer Privatautonomie auch mehrere Geschäfte derart zu einer Einheit verbinden, dass bei Unwirksamkeit eines Geschäfts auch die übrigen nicht gelten sollen. Aber eine solche Verbindung gerade zwischen Verpflichtungs- und Verfügungsgeschäft entspricht der oben Rz. 239 abgelehnten Wirksamkeitsbedingung. Daher kann sie gleichfalls nicht ohne konkrete Anhaltspunkte für einen dahingehenden Parteiwillen angenommen werden[8].

Eine solche Verbindung mag man etwa bei Geldwechselgeschäften bejahen: Wer z.B. einen 10,– Euro-Schein gibt, um dafür zwei 5,– Euro-Scheine zu erhalten, will seinen Schein nur gegen die beiden anderen übereignen[9]. Aber hier wird eine Verfügung auch nicht von einer Verpflichtung abhängig gemacht, sondern von einer anderen Verfügung.

---

[8] BGHZ 161, 170, 175; ähnlich *Flume* AT II § 12 III 4 S. 178; *Bork* Rz. 488, *Wolf/Neuner* § 29 Rz. 76; § 56 Rz. 12; *Grigoleit* AcP 199 (1999) 379, 403; anders *Eisenhardt* JZ 1991, 271; siehe auch Staudinger/ *H. Roth* (2015) § 139 Rz. 54; *Faust* § 12 Rz. 6.
[9] *Flume* AT II § 12 III 4 S. 179.

2. Abschnitt
Zustandekommen und Inhalt von Willenserklärungen

§ 21 Rechtsgeschäft und Willenserklärung

Literatur: *Bär/Kaupert*, Schuldrechtliche Verpflichtung aus sozialtypischem Verhalten (1970); *Bärmann*, Typisierte Zivilrechtsordnung der Daseinsvorsorge (1948); *Betti*, Über sog. faktische Vertragsverhältnisse, FS Lehmann (1956) I 253; *Börner*, Faktische Verträge im Energierecht, FS Nipperdey (1965) I 185; *Brehmer*, Wille und Erklärung (1992); *Eisenhardt*, Zum subjektiven Tatbestand der Willenserklärung, JZ 1986, 875; *Esser*, Gedanken zur Dogmatik der „faktischen Schuldverhältnisse", AcP 157 (1958) 86; *Fröde*, Willenserklärung, Rechtsgeschäft und Geschäftsfähigkeit (2012); *Giesen*, Grundsätze der Konfliktlösung bei fehlerhaften Rechtsgeschäften, Jura 1989, 57; *Haupt*, Über faktische Vertragsverhältnisse (1941, auch in FS Siber, 1943, II 1); *Hönn*, Zur Problematik fehlerhafter Vertragsverhältnisse, ZfA 1987, 61; *H. Hübner*, Zurechnung statt Fiktion einer Willenserklärung, FS Nipperdey (1965) I 373; *Kaduk*, Vertrag und sozialtypisches Verhalten, JR 1968, 1; *Kellmann*, Schuldverhältnisse aus sozialtypischem Verhalten, NJW 1971, 1; *Köndgen*, Selbstbindung ohne Vertrag (1981, dazu *Kramer*, AcP 182, 1982, 469); *Lambrecht*, Die Lehre vom faktischen Vertragsverhältnis (1994); *Larenz*, Die Begründung von Schuldverhältnissen durch sozialtypisches Verhalten, NJW 1956, 1897; *ders.*, Sozialtypisches Verhalten als Verpflichtungsgrund, DRiZ 1958, 245; *Leenen*, Willenserklärung und Rechtsgeschäft in der Regelungstechnik des BGB, FS Canaris (2007) I 699; *ders.*, Willenserklärung und

Rechtsgeschäft – Dogmatik und Methodik der Fallbearbeitung, Jura 2007, 721; *H. Lehmann*, Das „faktische" Vertragsverhältnis, IherJb. 90 (1942/43) 131; *ders.*, Faktische Vertragsverhältnisse, NJW 1958, 1; *S. Lorenz*, Sozialtypisches Verhalten für Dritte? – Zur Rechtsprechung des BGH zum Zustandekommen von Energielieferverträgen, GS Unberath (2015) 291; *Mankowski*, Verändert die Neurobiologie die rechtliche Sicht auf Willenserklärungen?, AcP 211 (2011) 153; *Neuner*, Was ist eine Willenserklärung? JuS 2007, 881; *Nikisch*, Über „faktische Vertragsverhältnisse", FS Dölle (1963) I 79; *Nipperdey*, Faktische Vertragsverhältnisse?, MDR 1957, 129; *Petersen*, Der Tatbestand bei der Willenserklärung, Jura 2006, 178; *ders.*, Faktische und fehlerhafte Vertragsverhältnisse, Jura 2011, 907; *Herb. Roth*, Der faktische Vertrag, JuS-L 1991, 89; *J. Schmidt*, Der Vertragsschluss (2013); *K. Schmidt*, „Fehlerhafte Gesellschaft" und allgemeines Verbandsrecht, AcP 186 (1986) 421; *K. Schreiber*, Sozialtypisches Verhalten, Jura 1988, 219; *Siebert*, Faktische Vertragsverhältnisse (1957); *Sp. Simitis*, Die faktischen Vertragsverhältnisse als Ausdruck der gewandelten sozialen Funktion der Rechtsinstitute des Privatrechts (1957, dazu *Ballerstedt*, AcP 157, 1958, 117); *Singer*, Geltungsgrund und Rechtsfolgen der fehlerhaften Willenserklärung, JZ 1989, 1030; *Tasche*, Vertragsverhältnisse nach nichtigem Vertragsschluss, IherJb. 90 (1942/43) 101; *Wieacker*, Willenserklärung und sozialtypisches Verhalten, FS OLG Celle (1961) 263, vgl. auch unten vor Rz. 256.

I. Die Ausdrucksweise des BGB

242 **1.** Der dritte Abschnitt des Allgemeinen Teils (§§ 104 ff.) ist zwar mit **„Rechtsgeschäfte"** überschrieben. Aber schon gleich am Anfang in den §§ 105 I, 107 ist nicht von Rechtsgeschäften die Rede, sondern von **Willenserklärungen**. Andererseits spricht § 111 von der Unwirksamkeit eines Rechtsgeschäfts. Die §§ 116 – 124 verwenden dann wieder den Ausdruck „Willenserklärung", während die §§ 125, 134, 138 ff. vom Rechtsgeschäft reden. Noch deutlicher zeigt sich das an Folgendem: Nach den §§ 119, 120, 123 sollen bestimmte mangelhafte Willenserklärungen anfechtbar sein; § 142 dagegen spricht dann vom anfechtbaren und angefochtenen Rechtsgeschäft.

Dementsprechend sagen die Motive: „Die Ausdrücke Willenserklärung und Rechtsgeschäft sind der Regel nach als gleichbedeutend gebraucht. Der erstere ist namentlich da gewählt, wo die Willensäußerung als solche im Vordergrunde steht oder wo zugleich der Fall getroffen werden soll, dass eine Willenserklärung nur als Bestandteil eines rechtsgeschäftlichen Tatbestandes in Frage kommt."[1]

243 **2.** Bedeutung erlangt die Unterscheidung nur, wo **zu einem Rechtsgeschäft mehrere Willenserklärungen nötig** sind (vgl. oben Rz. 203 f.), also etwa beim Vertrag: Zu seinem Zustandekommen bedarf es der beiden Willenserklärungen Antrag und Annahme (vgl. unten Rz. 356 ff.). Insofern kann § 142 I sagen, das Rechtsgeschäft (also der Vertrag) werde angefochten, obwohl doch regelmäßig nach §§ 119, 120, 123 nur eine der beiden Willenserklärungen (Antrag oder Annahme) von einem Anfechtungsgrund betroffen ist. Angefochten wird also richtigerweise der Vertrag und nicht die einzelne Willenserklärung[2].

---

1 Mot. I 125=*Mugdan* I 421. *Leenen* FS Canaris (2007) I 699; *ders.* Jura 2007, 721 hat indes überzeugend gezeigt, dass der Sprachgebrauch des Gesetzes ungeachtet der zitierten Stelle aus den Motiven in sich schlüssig und systematisch folgerichtig ist.
2 *Leenen* Jura 1991, 393; *Köhler* § 7 Rz. 69, *Petersen* Liber Amicorum Leenen (2012) 219; anders *Brox/Walker* AT Rz. 439; *Bork* Rz. 915.

II. Rechtsgeschäfte ohne Willenserklärung?

1. Der Ausgangspunkt

Selbstverständlich können Rechts*verhältnisse* ohne Willenserklärungen zustandekommen: Das sind die sog. gesetzlichen Rechtsverhältnisse, insbesondere die gesetzlichen Schuldverhältnisse etwa aus Geschäftsführung ohne Auftrag (§§ 677 ff.), ungerechtfertigter Bereicherung (§§ 812 ff.) und Delikt (§§ 823 ff.). In diesen Fällen übernimmt gleichsam das Gesetz die Gewähr für die Richtigkeit der von ihm selbst angeordneten Rechtsfolgen; ein Rekurs auf den Willen ist hier unnötig. Dagegen scheinen Rechts*geschäfte* ohne Willenserklärungen nicht möglich zu sein. Denn wenn beim Rechtsgeschäft der Erfolg eintritt, weil er gewollt ist (vgl. oben Rz. 174 ff.), muss ein Wille ja vorliegen. Zudem muss dieser Wille auch irgendwie geäußert worden sein, weil er sich sonst nicht zur Anknüpfung von Rechtsfolgen eignet. Folglich scheint mindestens *eine* Willenserklärung die notwendige Voraussetzung für ein Rechtsgeschäft zu sein, und das ist gewiss auch der Ausgangspunkt des BGB gewesen.

244

2. Rechtsgeschäfte aus sozialtypischem Verhalten

a) Sehr häufig wird ein bestimmtes typisches Verhalten als **(konkludente) Erklärung eines Willens** verstanden (vgl. unten Rz. 334 ff.): Das Besteigen eines Autobusses macht die Bereitschaft deutlich, einen Beförderungsvertrag abzuschließen; der Einwurf einer Münze in einen Warenautomaten erklärt die Bereitschaft, die gewählte Ware zu erwerben, usw. Dieses Verständnis als Willenserklärung scheint aber wenigstens dann ausgeschlossen, wenn der Handelnde erklärt, die für sein Handeln typische Bedeutung nicht zu wollen. Ebenso scheint die Auslegung nach dem Typischen nicht zu einer wirksamen Willenserklärung zu führen, wenn dem Handelnden die nötige Geschäftsfähigkeit fehlt. Damit müssten rechtsgeschäftliche Folgen ausgeschlossen sein; demnach könnten nur gesetzlich bestimmte Folgen eintreten. Daran ist jedoch zunehmend Kritik geübt worden.

245

b) Der Schulfall für die Annahme eines **Rechtsgeschäfts gegen den erklärten Willen** ist **BGHZ 21, 319**: Die Stadt Hamburg erklärte 1953 Teile des Rathausmarktes zum bewachten, gebührenpflichtigen Parkplatz. Die Bewachung wurde einem privaten Unternehmen übertragen; der betroffene Teil des Marktes wurde durch die Aufschrift „Parkgeldpflichtig und bewacht" gekennzeichnet. Ein Autofahrer stellte sein Fahrzeug dort ab, verweigerte aber die Zahlung eines Entgelts für die ungewünschte Bewachung: Das Parken, so meinte er, gehöre auch weiter zum unentgeltlichen Gemeingebrauch.

246

aa) Der BGH hat hier unter Berufung auf *Haupt*[3] einen **Vertrag bejaht**: Dass ein Vertrag nur durch Antrag und Annahme zustandekomme, werde der Wirklichkeit des Lebens nicht gerecht. Vielmehr gebe es auch auf einer „sozialen Leistungsverpflichtung" beruhende „faktische Vertragsverhältnisse". Der BGH folgert daraus (BGHZ 21, 319, 334 f.): „Wer während der Bewachungszeiten die besonders kenntlich gemachte Parkfläche zum Parken benützt, führt schon dadurch, dass er das tut, ein ver-

247

---

3 *Haupt* FS Siber (1943) II 1.

tragliches Rechtsverhältnis herbei, das ihn zur Bezahlung eines Entgelts entsprechend dem Parkgeldtarif verpflichtet. Auf seine etwaige abweichende innere Einstellung – mag sie auch ... zum Ausdruck gebracht worden sein – kommt es nicht an."

Hier sind also die rechtsgeschäftlichen Folgen nicht etwa deshalb angenommen worden, weil sie gewollt waren, sondern weil das Gericht sie für angemessen gehalten hat[4]. Ähnlich ist auch bei einigen anderen Leistungsbeziehungen mit öffentlichem Einschlag entschieden worden: bei dem Bezug von elektrischem Strom[5], bei der Benutzung eines Omnibusbahnhofs durch einen Omnibusunternehmer[6] und beim Bezug von Fernwärme[7]. Sogar im Zusammenhang mit der formlosen Hoferbenbestimmung hat der BGH sich auf das „sozialtypische Verhalten" bezogen[8].

248 Trotzdem haben diese Entscheidungen die zunächst vielfach angenommene (und befürchtete) Sprengkraft für die Lehre vom Rechtsgeschäft nicht entwickelt: Schon in der Flugreiseentscheidung[9] hat der BGH einen vertraglichen Vergütungsanspruch für eine erschlichene Flugreise abgelehnt: Die Regeln über das sozialtypische Verhalten seien nur für den „modernen Massenverkehr" bestimmt und passten „angesichts der Gepflogenheiten, jeden einzelnen Fluggast namentlich zu erfassen", nicht für den Flugverkehr. Trotz dieser restriktiven Sichtweise war den meisten erwähnten früheren Entscheidungen aber nicht zwingend der Boden entzogen: Zwar pflegen etwa die Unternehmen der Strom- und Fernwärmeversorgung ihre Kunden nicht weniger namentlich festzustellen als die Fluggesellschaften. Doch das gilt wohl überall, wo es um höhere Beträge geht. Dennoch darf ein Passagier schon aus Sicherheitsgründen ersichtlich nicht davon ausgehen, dass ihn die Fluggesellschaft ohne zuvor erworbenes Ticket befördern will, während etwa die Leistungen der Daseinsvorsorge nach der Verkehrssitte regelmäßig schon vor der namentlichen Erfassung in Anspruch genommen werden dürfen, wenn auch nur vorübergehend[10].

249 **bb)** Lange dachte man, Fälle der genannten Art könnten einfach mit der Lehre von der **protestatio facto contraria** gelöst werden. Nach dieser bei § 242 beheimateten Lehre soll ein reales Tun (z.B. das Parken) eine stärkere Erklärungsbedeutung haben als ein damit unvereinbarer bloß verbaler Protest gegen die Rechtsfolgen (hier die Vergütungspflicht). Aber erstens gilt diese Lehre nicht so allgemein[11]: Sonst müsste jeder Diebstahl in einem Selbstbedienungsladen zum Abschluss eines Kaufvertrags führen; dem „Dieb" wäre dann nicht mehr sein Diebstahl vorzuwerfen, sondern nur noch die Nichtzahlung des Kaufpreises. Und zweitens hatte gerade in dem Hamburger Fall der Benutzer guten Grund, seine Zahlungspflicht zu leugnen: Sein Argument, der unentgeltliche Gemeingebrauch sei nicht wirksam aufgehoben worden, hatte immerhin noch bei der Vorinstanz des BGH (dem OLG Hamburg) Glauben gefunden. Unter solchen

---
4 Zustimmend *S. Lorenz* GS Unberath (2015) 291, 294.
5 BGHZ 23, 175; BGH LM Vor § 145 BGB Nr. 7; siehe auch unten Rz. 252.
6 BGH NJW 1965, 387.
7 LG Frankfurt MDR 1970, 843.
8 BGHZ 23, 249, 258, 261.
9 BGH FamRZ 1971, 247 f., insoweit nicht in BGHZ 55, 128.
10 Siehe unten Rz. 252 zum Zustandekommen von Energielieferverträgen sowie *S. Lorenz* GS Unberath (2015) 291, 296.
11 *Teichmann* FS Michaelis (1972) 295; *H. Köhler* JZ 1981, 464, auch schon *Bydlinski*, Privatautonomie (1967) 94.

Umständen war die Verweigerung des Vertragsabschlusses von einem Verstoß gegen Treu und Glauben weit entfernt.

Am ehesten lassen sich die Fälle des anonymen Massenverkehrs wohl über eine **Analogie zu den §§ 612, 632** lösen[12]: Regelmäßig kann (und will auch) der die angebotenen Leistungen in Anspruch nehmende Benutzer die Vergütungspflicht – soweit sie rechtens besteht – nicht durch einseitige Erklärung ausschließen; auch der Parkplatzbenutzer von BGHZ 21, 319 hatte ja nur deshalb nicht zahlen wollen, weil er die Forderung aus vernünftigen Gründen für unberechtigt hielt. Nur wer sich deutlich außerhalb des Rechts stellt (wie der Ladendieb), bleibt außerhalb der Vor- und Nachteile eines Vertrags; ihn treffen dann aber die Folgen des Deliktsrechts (und des Strafrechts!). 250

c) Für die Annahme einer vertraglichen Verpflichtung aus sozialtypischem Verhalten sogar eines **Minderjährigen** hat sich das LG Bremen ausgesprochen (NJW 1966, 1360): Hier sollte ein Achtjähriger, der mit der Bremer Straßenbahn spazieren gefahren war, außer dem Fahrpreis sogar noch die in den Allgemeinen Beförderungsbedingungen bestimmte Buße zahlen. Diese Entscheidung ist mit Recht strikt abgelehnt worden. Denn das Wegrationalisieren des Aufsichtspersonals in den öffentlichen Verkehrsmitteln darf nicht dazu führen, dass Minderjährige sogar Vertragsstrafen zahlen müssen. 251

d) Die Rechtsprechung des BGH hat die Lehre vom sozialtypischen Verhalten nie ganz aufgegeben[13], in letzter Zeit sogar wiederbelebt[14]: Bei der Inanspruchnahme von Leistungen durch Energieversorgungsunternehmern begründet der BGH den Anspruch auf Entgeltzahlung mit der „normierende(n) Kraft der Verkehrssitte, die dem sozialtypischen Verhalten der Annahme der Versorgungsleistungen den Gehalt einer echten Willenserklärung zumisst"[15]. Die Bereitstellung der Leistungen sei eine **Realofferte**[16], die der Nutzer durch den Strom- oder Wasserbezug annehme. So kommt der Vertrag gegebenenfalls mit einem bloßen Grundstückspächter zustande und nicht notwendigerweise mit dem Eigentümer[17]. Erklärtes Ziel dieser Rechtsprechung ist es, „einen ersichtlich nicht gewollten vertragslosen Zustand bei den zugrundeliegenden Versorgungsleistungen zu vermeiden"[18]. 252

3. In Vollzug gesetzte Dauerrechtsverhältnisse

Von der eben behandelten Fallgruppe ist eine andere zu unterscheiden: Dort geht es um Dauerrechtsverhältnisse – hauptsächlich **Gesellschaftsverhältnisse** und (mit geringerer Bedeutung) **Arbeitsverhältnisse** – auf mangelhafter Vertragsgrundlage, die aber gleichwohl durchgeführt worden sind. Hier werden vor allem die Wirkung von Nichtigkeitsgründen für die Vergangenheit und die Rückwirkung der Anfechtung (§ 142 I) 253

---

12 Medicus/Petersen BürgR Rz. 191; a.A. Wolf/Neuner § 37 Rz. 47 mit Fn. 114; Grigoleit/Herresthal Rz. 54.
13 BGH NJW-RR 2005, 639, 640.
14 BGHZ 202, 17 Rz. 10; dagegen S. Lorenz GS Unberath (2015) 291, 299.
15 BGHZ 202, 158 Rz. 12 sowie die zuvor genannten Entscheidungen. Die Wendung ist rechtstheoretisch interessant und erinnert an Georg Jellineks berühmten Begriff der „normativen Kraft des Faktischen". Vgl. auch Jens Petersen, Max Webers Rechtssoziologie und die juristische Methodenlehre (2. Aufl. 2014).
16 Vgl. BGH NJW-RR 2004, 928, 929 mit Nachw.
17 BGHZ 202, 17; BGH ZIP 2016, 682 Rz. 13.
18 BGHZ 202, 17 Rz. 10; 158 Rz. 12.

weithin ausgeschlossen (zur Anfechtung vgl. unten Rz. 782, 810); die Unwirksamkeit soll nur für die Zukunft geltend gemacht werden können, insbesondere durch Kündigung.

254 BGHZ 55, 5, 8 f. hat diese Lehre für die „fehlerhafte Gesellschaft" wie folgt formuliert: „Diese Begründungen lassen sich ... etwa dahin zusammenfassen, dass die Nichtigkeits- und Anfechtungsfolgen des bürgerlichen Rechts wegen ihrer Rückwirkung auf den Abschluss des Rechtsgeschäfts für Gesellschaftsverhältnisse im Allgemeinen nicht passen; denn es würde zu unerträglichen Ergebnissen führen und mit dem recht verstandenen Zweck jener Vorschriften nicht mehr vereinbar sein, eine derart auf Dauer angelegte und tatsächlich vollzogene Leistungsgemeinschaft, für die die Beteiligten Beiträge erbracht und Werte geschaffen, die Gewinnchancen genutzt und vor allem gemeinschaftlich das Risiko getragen haben, ohne weiteres mit rückwirkender Kraft aus dem Rechtsleben zu streichen und damit so zu behandeln, als ob sie niemals bestanden hätte. Ein solches Rechtsverhältnis, beurteilt an seinen typischen Erscheinungsformen, verdient daher bis zu dem Zeitpunkt, in dem der Anfechtungs- oder Nichtigkeitsgrund geltend gemacht wird, im Interesse der Gesellschafter Bestandsschutz, sofern nicht ausnahmsweise die rechtliche Anerkennung des von den Parteien gewollten und tatsächlich vorhandenen Zustands aus gewichtigen Belangen der Allgemeinheit oder bestimmter besonders schutzwürdiger Personen unvertretbar ist. In diesem Sinn gehört der Grundsatz, dass eine fehlerhafte Gesellschaft regelmäßig nicht von Anfang an nichtig, sondern wegen des Nichtigkeits- und Anfechtungsgrundes nur mit Wirkung für die Zukunft vernichtbar ist, heute zum gesicherten Bestandteil des Gesellschaftsrechts, ohne dass es in dem inzwischen erreichten Rechtszustand noch geboten oder aus Gründen der Rechtssicherheit auch nur möglich wäre, die Anwendung jener Grundsätze von der individuellen Gestaltung des Einzelfalls abhängig zu machen und zu prüfen, ob die Abweichung von den bürgerlich-rechtlichen Regeln jeweils mehr oder weniger dringend geboten erscheint"[19].

255 Doch ist die fehlerhafte Gesellschaft keineswegs völlig von einer rechtsgeschäftlichen Grundlage abgelöst[20]. Vielmehr muss erstens überhaupt eine Vereinbarung vorhanden sein; lediglich wird ein Unwirksamkeitsgrund, der dieser Vereinbarung anhaftet, für die Vergangenheit nicht voll beachtet. Und zweitens hat auch diese **Nichtbeachtung Grenzen**, nämlich wo ihr „gewichtige Interessen der Allgemeinheit oder einzelner schutzwürdiger Personen entgegenstehen" (BGHZ 55, 5, 9). Als Beispiele dafür nennt der BGH Gesetzesverstoß (§ 134), eine besonders grobe Sittenwidrigkeit (§ 138) und den Umstand, dass sich ein Gesellschafter durch Drohung oder Täuschung (§ 123) einen überaus günstigen Gewinn- oder Liquidationsanteil zugestehen lässt. Die Einzelheiten dieser Lehre gehören ins Gesellschaftsrecht[21] und ins Arbeitsrecht[22]. Diese Grundsätze gelten dagegen nicht beim **Mietvertrag**, der zwar ebenfalls auf Dauer ange-

---

19 Vgl. dazu weiter BGH ZIP 2005, 254; *Maultzsch* JuS 2003, 544.
20 Zur europarechtlichen Vereinbarkeit EuGH NJW 2010, 1511; zuvor bereits BGHZ 186, 167; siehe auch *Oechsler* NJW 2008, 2471.
21 Etwa *Flume* AT I 1 § 2 III S. 13 ff.; *Wiedemann* GesR I § 3 I 2 S. 147 ff.; *Kübler/Assmann* § 26 I 4 S. 391 ff.; *Windbichler* § 12 Rz. 11 ff., alle mit vielen weit. Angaben, dazu noch *Schäfer*, Die Lehre vom fehlerhaften Verband (2002).
22 Etwa *Zöllner/Loritz/Hergenröder* ArbR § 5 Rz. 3, § 14 Rz. 5; *Joussen* Jura 2014, 798; vgl. auch BAG NJW 1985, 646, wonach die Täuschungsanfechtung beim Arbeitsvertrag unter Umständen zurückwirken kann, sowie BAG NJW 1987, 2251.

legt ist. Jedoch handelt es um ein „einfach strukturiertes synallagmatisches Austauschverhältnis, bei dem die Rückabwicklung keine besonderen Schwierigkeiten aufwirft"[23].

III. Die automatisierte Willenserklärung

Literatur: *Brehm*, Zur automatisierten Willenserklärung, FS Niederländer (1991) 233; *Bultmann/ Rahn*, Rechtliche Fragen des Teleshopping, NJW 1988, 2432; *Clemens*, Die elektronische Willenserklärung, NJW 1985, 1998; *Daumke*, Rechtsprobleme der Telefaxübermittlung, ZIP 1995, 722; *Ebnet*, Die Entwicklung des Telefax-Rechts seit 1992, JZ 1996, 507; *Fritsche/Malzer*, Ausgewählte zivilrechtliche Probleme elektronisch signierter Willenserklärungen, DNotZ 1995, 3; *Gilles*, Recht und Praxis des Telemarketing, NJW 1988, 2423; *Großfeld*, Computer und Recht, JZ 1984, 696; *Heun*, Die elektronische Willenserklärung, Computer und Recht 1994, 595; *H. Köhler*, Die Problematik automatisierter Rechtsvorgänge, insbesondere von Willenserklärungen, AcP 182 (1982) 126; *ders.*, Rechtsgeschäfte mittels Bildschirmtext, in *Hübner* u.a., Rechtsprobleme des Bildschirmtextes (1986) 51; *Paefgen*, Forum: Bildschirmtext – Herausforderung zum Wandel der allgemeinen Rechtsgeschäftslehre?, JuS 1988, 592; *Schmittmann*, Zu Telefaxübermittlungen im Geschäftsverkehr und den Gefahren der Manipulation, DB 1993, 2575; *Waldenberger*, Grenzen des Verbraucherschutzes beim Abschluss von Verträgen im Internet, BB 1996, 2365, vorher *Reimer Schmidt*, Rationalisierung und Privatrecht, AcP 166 (1966) 1, dazu *Diederichsen*, ebenda 142.

Eine Ablösung des Rechtsgeschäfts von seiner Willensgrundlage scheint auch da stattzufinden, wo die maßgebenden Erklärungen aus Datenverarbeitungsanlagen stammen; zumindest ist hier die Verbindung zu einem menschlichen Willen nicht mehr ohne weiteres sichtbar. Vor ähnlichen Fragen steht auch die öffentliche Verwaltung einschließlich der Finanzverwaltung bei Verwaltungsakten, die mit Hilfe automatischer Einrichtungen erlassen werden können (vgl. §§ 37 V VwVfG, 119 III AO). **256**

Trotzdem vermag auch die komplizierteste Datenverarbeitungsanlage nicht mehr als das ihr eingegebene Programm durchzuführen. Da dieses selbst von Menschen stammt, gehen letztlich auch die Äußerungen der Anlage auf menschlichen Willen zurück[24] Fraglich kann in den Fällen automatisierter Willenserklärungen sein, ob ein in Zusammenhang mit der Anlage unterlaufener Fehler zur **Anfechtung** der Äußerung nach §§ 119, 120 berechtigt. Doch stehen solche Fehler in den meisten Fällen bloß einem zur Anfechtung nicht berechtigenden Motivirrtum gleich[25]. Das gilt insbesondere für die Verwendung falschen Datenmaterials oder unrichtiger Programme: Diese sind nämlich gleichbedeutend mit der Motivation des menschlichen Gehirns (vgl. unten Rz. 744). Dagegen kommt bei Bedienungsfehlern bisweilen eine Anfechtung wegen Erklärungsirrtums nach § 119 I Alt. 2 in Betracht (vgl. unten Rz. 746): Wenn der Fehler nicht bloß bei der Vorbereitung der Erklärung unterlaufen, sondern unverändert in diese eingegangen ist, dann sollte „eine Erklärung dieses Inhalts überhaupt nicht abgegeben werden"[26]: Es verhält sich in der Sache nicht anders als bei einem Tippfehler

---

23 BGHZ 178, 16 Rz. 28 ff., insb. Rz. 38 (für die Geschäftsraummiete).
24 Ebenso *Pawlowski* Rz. 448.
25 Vgl. *H. Köhler* AcP 182 (1982) 126, 134 ff.
26 Vgl. OLG Hamm NJW 1993, 2321.

auf einer Schreibmaschine. Damit passen also die auf die Vorgänge im menschlichen Gehirn zugeschnittenen Varianten des § 119 auch auf automatisierte Willenserklärungen; insbesondere erhält der Anlagenbetreiber so keine unangemessen weite Möglichkeit, sich von den Äußerungen seiner Anlage wieder loszusagen.

Ein weiteres, praktisch drängendes Problem der automatisierten Willenserklärungen ist ihr **Erklärungswert für den Empfänger**: Diese Erklärungen sind wegen ihrer kryptischen Darstellung (Stromrechnungen, Steuerbescheide) häufig nur mit Mühe zu verstehen. Vgl. dazu unten Rz. 332.

§ 22 Abgabe und Zugang der Willenserklärung

Literatur: *Becker/Schaffner* Zugang der Kündigung, BB 1998, 422; *Behn*, Das Wirksamwerden von schriftlichen Willenserklärungen mittels Einschreiben: Zur Bedeutung der Zurücklassung des Benachrichtigungszettels, AcP 178 (1978) 505; *von Blume,* Versäumnis des Empfanges von Willenserklärungen, IherJb. 51 (1907) 1; *Brause*, Zugang kaufmännischer Schreiben in Handelssachen, NJW 1989, 2520; *Brinkmann*, Der Zugang von Willenserklärungen (1984, dazu *H. Dilcher*, AcP 186, 1986, 302); *Brun*, Die postmortale Willenserklärung, Jura 1994, 291; *H. Dilcher*, Der Zugang von Willenserklärungen, AcP 154 (1955) 120; *Heiseke*, Der Zugang formbedürftiger Erklärungen, MDR 1968, 899; *Höland*, Verwirkung, Verzögerung, Vereitelung – Probleme des Zugangs von Willenserklärungen, Jura 1998, 352; *John*, Grundsätzliches zum Wirksamwerden empfangsbedürftiger Willenserklärungen, AcP 184 (1984) 385; *Jung*, Das Wirksamwerden der mündlich an Mittelspersonen bestellten Willenserklärung, AcP 117 (1919) 73; *Kantorowicz*, Methodologische Studie über den Zugangsbegriff (1917); *Klingmüller*, Zugang von Willenserklärungen bei verwaister Wohnung, VersR 1967, 1109; *Leipold*, Der Zugang von Willenserklärungen im 21. Jahrhundert, 2. FS Medicus (2009) 251; *Moritz*, Die Wirksamkeit eines Kündigungsschreibens bei Aushändigung an den Vermieter des Arbeitnehmers, BB 1977, 400; *Petersen*, Die Wirksamkeit der Willenserklärung, Jura 2006, 426; *A. Roth*, Probleme des postmortalen Zugangs von Willenserklärungen, NJW 1992, 791; *Schwarz*, Kein Zugang bei Annahmeverweigerung des Empfangsboten?, NJW 1994, 891; *Tiedtke*, Zugang und Zugangsbedürftigkeit der notariell beurkundeten Genehmigung, BB 1989, 924.

I. Übersicht

Abgabe und Zugang einer Willenserklärung sind unter den Gesichtspunkten bedeutsam, ob und zu welchem Zeitpunkt diese wirksam wird.

1. Geregeltes und Ungeregeltes

257 Die gesetzliche Regelung in den §§ 130 – 132 ist ersichtlich unvollständig: Insbesondere § 130 I 1 nennt zwar Abgabe und Zugang, beschränkt sich aber auf die Willenserklärung gegenüber einem Abwesenden.

a) Geregelt sind nur die folgenden Probleme:

(1) Als **Wirkung der Abgabe**: Diese macht das Wirksamwerden der Willenserklärung unabhängig vom späteren Tod oder dem Geschäftsunfähigwerden des Erklärenden, § 130 II.

(2) Als **Wirkung des Zugangs**: Er bewirkt bei einer Erklärung unter Abwesenden das Wirksamwerden der gegenüber einem anderen oder einer Behörde abzugebenden Willenserklärung, § 130 I 1, III.

(3) Unter den eben genannten Voraussetzungen bezeichnet der Zugang zugleich den Zeitpunkt, bis zu dem die Erklärung **widerrufen** werden kann, § 130 I 2.

(4) Schließlich enthalten die §§ 131, 132 Sonderregeln für die **Erklärung an einen nicht voll Geschäftsfähigen und einen Unbekannten**.

b) Ungeregelt sind dagegen insbesondere die folgenden Fragen: 258

(1) Was ist für die Abgabe und den Zugang **im Einzelnen erforderlich**?

(2) Wie wird eine Willenserklärung **unter Anwesenden** wirksam?

(3) Wie wird eine Willenserklärung wirksam, die **nicht einem anderen gegenüber abzugeben** ist?

2. Die Empfangsbedürftigkeit als Kriterium

Den §§ 130 – 132 liegt die Unterscheidung zwischen empfangsbedürftigen und nicht 259 empfangsbedürftigen Willenserklärungen zugrunde.

a) Der Regelfall ist **Empfangsbedürftigkeit**. Denn die Willenserklärung dient der Verständigung, und deshalb muss sie demjenigen, an den sie gerichtet ist, wenigstens bekannt werden können. Das BGB drückt die Empfangsbedürftigkeit regelmäßig dadurch aus, dass es eine Erklärung „gegenüber" einem anderen fordert: So oder ähnlich etwa § 143 für die Anfechtung, § 146 für die Annahme oder Ablehnung eines Antrags, § 167 I für die Vollmachtserteilung, § 182 I für die Zustimmung, § 388 S. 1 für die Aufrechnung; dazu noch viele weitere Vorschriften.

In anderen Fällen ergibt sich die Empfangsbedürftigkeit aus einer sachlichen Notwendigkeit. So sagt § 145 zwar nicht ausdrücklich, der Antrag zu einem Vertragsabschluss müsse „gegenüber" dem als Vertragspartner Gewollten erfolgen. Da dieser aber mit dem Antrag zu einer Reaktion (Annahme oder Ablehnung) veranlasst werden soll, ist der Empfang fast unumgänglich.

b) Ausnahmsweise **nicht empfangsbedürftig** sind nur wenige Willenserklärungen, so 260 etwa die Auslobung (§ 657), die Aufgabe des Mobiliareigentums (§ 959) und vor allem das Testament (§§ 2229 ff.). Dass hier auf den Empfang verzichtet wird, ergibt sich aus dem Fehlen eines geeigneten Adressaten: Der Auslobende z.B. weiß ja nicht, wer die Handlung vornehmen wird, für die er eine Belohnung aussetzt. Die Eigentumsaufgabe eröffnet die Möglichkeit zur Aneignung (§ 958 I) für jedermann; daher berührt die Aufgabeerklärung niemanden anderes in besonderer Weise. Das Testament endlich pflegt nach unserer Rechtstradition gegenüber den eigentlich Interessierten – nämlich den benachteiligten gesetzlichen Erben und den Bedachten – geheim gehalten zu werden; eine Mitteilung an andere Personen aber kommt als Wirksamkeitsvoraussetzung nicht sinnvoll in Betracht.

261 c) Einen in mancher Hinsicht abweichend geregelten Sonderfall der empfangsbedürftigen bilden schließlich noch die **amtsempfangsbedürftigen** Willenserklärungen. Hierhin gehören etwa die Fälle von § 376 II Nr. 1, 2 (Erklärung gegenüber der Hinterlegungsstelle), § 928 I (Aufgabe von Grundstückseigentum: Erklärung an das Grundbuchamt) und §§ 1945 I, 2081 I, III (Erbschaftsausschlagung und Testamentsanfechtung: Erklärung gegenüber dem Nachlassgericht). In allen diesen Fällen fehlt eine als Adressat geeignete Privatperson.

262 d) Endlich gibt es noch eine **Mischform** zwischen oben a und c: Eine Erklärung kann nach der Wahl des Erklärenden an eine Privatperson oder eine Behörde gerichtet werden. Das begegnet in den §§ 875 I 2, 876 S. 3, 880 II 3, 1168 II, 1180 II 1, 1183 S. 2 (hier überall wahlweise an den Begünstigten oder das Grundbuchamt) sowie in weiteren Fällen.

II. Die Abgabe der Willenserklärung

1. Erfordernisse

263 Für die im BGB nicht definierte Abgabe fordert man gewöhnlich: Der Erklärende muss alles getan haben, was seinerseits zum Wirksamwerden der Willenserklärung nötig ist. Diese Beschreibung ähnelt formal derjenigen der Konkretisierung (Konzentration) bei der Gattungsschuld nach § 243 II. Doch besteht kein Zusammenhang, weil der Regelungszweck ganz verschieden ist: Die Abgabe dient dem Zustandekommen einer Willenserklärung und die Konkretisierung führt zur Beschränkung der Gattungsschuld auf das vom Schuldner gewählte Stück; sie bereitet also die Erfüllung vor.

Wann danach eine Willenserklärung abgegeben ist, hängt davon ab, ob sie empfangsbedürftig ist oder nicht.

264 a) Bei **nicht empfangsbedürftigen Willenserklärungen** muss nur der Erklärungsvorgang vollendet worden sein: Bei der mündlichen Erklärung genügt also, dass der Erklärende ausgesprochen hat; bei der schriftlichen Erklärung bedarf es nur der vollständigen Errichtung der Urkunde (einschließlich der Unterschrift, soweit Schriftform nach § 126 vorgeschrieben ist).

265 b) **Empfangsbedürftige Willenserklärungen** müssen zusätzlich noch an den Empfänger gerichtet werden: Eine mündliche Erklärung unter Anwesenden muss also derart zu dem Adressaten hin gesprochen werden, dass mit der Kenntnisnahme durch diesen zu rechnen ist; eine schriftliche Erklärung unter Abwesenden muss an den Adressaten abgeschickt werden. Nicht ausreichend ist hier dagegen die gesprächsweise Äußerung zu einem Dritten, der sie dann unbeauftragt an den Interessierten weitergibt. Auch das bloße Schreiben eines Briefes genügt nicht, wenn dessen richtige Absendung unterbleibt[1]: ein Rücktrittsberechtigter hatte gemeint, der Rücktritt sei gegenüber dem Notar zu erklären, der den Vertrag beurkundet hatte. Daher sandte er den Brief mit der Rücktrittserklärung an den Notar. Dieser leitete den Brief an die andere Vertragspartei weiter, der gegenüber der Rücktritt zu erklären war. Nach dem BGH soll der

---

1 BGH NJW 1979, 2032.

Rücktritt hier nur dann wirksam sein, wenn der Absender mit einer solchen Weiterleitung gerechnet hatte, jedoch nicht, wenn der Brief nach dem Willen des Absenders endgültig bei dem Notar bleiben sollte.

2. Der Schein der Abgabe

Umstritten ist der Fall, dass eine Erklärung den Bereich des Erklärenden ohne dessen Willen verlässt, dass also bloß der Schein einer Abgabe durch den Erklärenden entsteht. 266

Beispiel: K hat von V einen Antrag erhalten und schreibt nun einen Brief, in dem er diesen Antrag annimmt. Weil K sich die Sache aber noch einmal überlegen will, lässt er den Brief auf seinem Schreibtisch liegen. Die Frau des K sieht den Brief dort und meint, ihr Mann habe wie so oft die Absendung vergessen; daher wirft die Frau den Brief in den Postkasten. Kommt durch den Zugang des Briefes an V der Vertrag zustande?

Die Materialien zum BGB (Mot. I 157 = *Mugdan* I 439) verneinen das: Die Willenserklärung müsse dem Empfänger „selbstverständlich" mit dem Willen des Erklärenden zugekommen sein; die Absendung des Briefes durch einen Unberufenen genüge nicht. Daran halten viele fest[2]. Doch suchen manche mit Recht nach einer Lösung, die auch die Interessen des Empfängers berücksichtigt: Dieser kann ja regelmäßig nicht wissen, wie der Brief abgesendet worden ist, und wird daher auf die Wirksamkeit des Vertragsabschlusses vertrauen. Andere verlangen zwar keine Anfechtung der Erklärung, wollen aber dem Empfänger analog § 122 auch ohne Verschulden des Absenders einen Anspruch auf Ersatz seines Vertrauensschadens geben[3]. Dagegen hält ein Teil der Lehre eine Anfechtung (ebenfalls mit der Folge des § 122) für nötig, wenn die Erklärung dem (scheinbaren) Absender zuzurechnen ist[4]. 267

Zwar entspricht die Erklärungsabgabe ohne Willen nicht ganz der Erklärung ohne Erklärungsbewusstsein: Der Schreiber des Briefes etwa kennt ja die rechtliche Bedeutung. Aber weil er die Rechtswirkung des Geschriebenen (noch) nicht will, kann man beide Fallgruppen trotz des Unterschiedes gleichbehandeln: Daher gilt das unten Rz. 605 ff. Gesagte (Anfechtung nötig)[5].

III. Der Zugang

1. Die Erklärung unter Abwesenden

Für die einem anderen gegenüber abzugebende (=empfangsbedürftige, vgl. oben Rz. 259) Erklärung an einen Abwesenden bestimmt § 130 I 1: Eine solche Erklärung werde mit dem Zugang beim Adressaten wirksam. 268

---

2 Etwa BGH NJW 1979, 2032, 2033 mit Nachw.
3 Vgl. *Leipold* § 12 Rz. 8, *Grigoleit/Herresthal* Rz. 10; einschränkend *Bork* Rz. 615: nur bei Verschulden.
4 *Flume* AT II § 23, 1 S. 449 f.; *Riehm* Rz. 158 ff.; a.A. *Köhler* § 6 Rz. 12, mit Verweis auf die Wertung des § 172.
5 Siehe auch *Wolf/Neuner* § 32 Rz. 18.

Dritter Teil *Das Rechtsgeschäft*

a) Der Gesetzgeber des BGB hat für die Frage, wann eine Willenserklärung wirksam werden soll, nicht weniger als **vier Theorien** vorgefunden:

(1) Nach der **Äußerungstheorie** sollte die Wirksamkeit schon dann eintreten, wenn der Willensentschluss äußere Gestalt gewinnt (z.B. ein Brief geschrieben worden ist). Dagegen spricht aber schon, dass so dem Erklärenden die Herrschaft über seine Erklärung genommen wird: Vielleicht will er diese ja noch gar nicht in Geltung setzen. Zudem hat auch der Adressat allenfalls zufällig eine Möglichkeit zur Kenntnisnahme.

269 (2) Nach der **Entäußerungstheorie** muss die fertige Erklärung noch zusätzlich abgegeben (etwa der Brief abgeschickt worden) sein. Gegen diese Theorie bleibt aber einzuwenden, dass sie das Risiko des Transports der Erklärung (z.B. dass der Brief verloren geht) dem Adressaten aufbürdet: Danach könnte etwa die Kündigung eines Mietvertrags wirksam sein, obwohl das sie aussprechende Einschreiben nicht ankommt.

270 (3) Die **Empfangstheorie** hält die Ankunft der Erklärung beim Adressaten für maßgeblich. Hier trägt also der Erklärende das Transportrisiko und der Adressat nur die Gefahr, von der Erklärung trotz deren Ankunft nichts zu erfahren.

271 (4) Die **Vernehmenstheorie** endlich entlastet den Adressaten am weitesten, indem sie die sinnliche Wahrnehmung der Erklärung durch diesen fordert[6]. Dem Adressaten bleibt hier nur das Risiko, die richtig wahrgenommene Erklärung in einem falschen Sinn zu verstehen.

272 **b)** Der E 1 des BGB hatte in § 72 zwischen ausdrücklichen und stillschweigenden (heute konkludenten, vgl. unten Rz. 333) Willenserklärungen unterschieden. Nach § 74 E 1 sollte die ausdrückliche Willenserklärung durch den **Empfang** wirksam werden, die stillschweigende erst durch die **Vernehmung** (vgl. Mot. I 156 ff.= *Mugdan* I 438 f.). Der E 2 hat diese Unterscheidung der Willenserklärungen dann jedoch als „lehrhaft" und „entbehrlich" gestrichen. Zugleich erhielt § 74 E 1 die Fassung des heutigen § 130 I: Für das Wirksamwerden sollte „unterschiedslos der Zeitpunkt des Zugehens" maßgeblich sein *(Mugdan* I 685).

273 **c)** Nach dieser Gesetzgebungsgeschichte bedeutet der Zugang in § 130 I 1 die Entscheidung für die **Empfangstheorie**. Das ist sachgerecht, weil so die Risiken am richtigsten verteilt werden: Der Adressat trägt nur die aus seinem Bereich stammenden Gefahren (z.B. dass seine Sekretärin ihm Briefe nicht vorlegt oder dass seine Kinder den Inhalt des Briefkastens anzünden). Dagegen trägt der für die Erklärung in erster Linie verantwortliche Absender nicht bloß die Risiken seiner Sphäre, sondern auch diejenigen des Transports zwischen den Sphären.

274 **d)** Die heute **gebräuchlichen Formulierungen** für den Zugang stimmen sachlich weitgehend überein. So soll nach einer schon von RGZ 50, 191, 194 verwendeten und auch vom BGH wiederholten Definition ein Schreiben zugegangen sein, wenn es „in verkehrsüblicher Art in die tatsächliche Verfügungsgewalt des Adressaten oder eines anderen, der ihn in der Empfangnahme von Briefen vertreten konnte, gelangt und ihm in dieser Weise die Möglichkeit der Kenntnisnahme verschafft ist"[7]. Wohl ohne die

---
6 *Flume* AT II § 14, 3 S. 228 f.; *Wolf/Neuner* § 33 Rz. 37; *Neuner* NJW 2000, 1822, 1826.
7 BGH NJW 1965, 965, 966, ähnlich 1979, 2032, 2033; 2004, 1320.

Absicht zu einer sachlichen Abweichung wird formuliert, die Erklärung müsse derart in den Machtbereich des Empfängers gelangt sein, dass bei Annahme gewöhnlicher Verhältnisse damit zu rechnen sei, er könne von ihr Kenntnis nehmen[8].

Eine vorzugswürdige Ansicht präzisiert die in den genannten Definitionen vorkommenden Begriffe „Verfügungsgewalt" und „Machtbereich" einleuchtend mit dem Wort „Speicherung"[9]. Damit lässt sich z.b. auch der Fall einwandfrei erfassen, dass eine telefonisch übermittelte Erklärung (die als Erklärung unter Anwesenden gewertet wird, vgl. unten Rz. 288) beim Adressaten auf der Mailbox aufgenommen wird. Wesentlich an der Speicherung ist, dass der Adressat den Text – auch wiederholt – zur Kenntnis nehmen kann: Dann ist es entbehrlich, dass er ihn sofort zur Kenntnis nimmt.

Ebenso genügt der Ausdruck eines Telefax beim Empfänger, sobald die Kenntnisnahme durch den Empfänger möglich und nach der Verkehrsanschauung zu erwarten ist[10]. Dieses Erfordernis kann für Geschäftsräume anders zu beurteilen sein als für Privaträume[11]. Für den Zugang eines Telefax bei einem Gericht kommt es dagegen allein auf den Zeitpunkt des vollständigen Empfangs an[12]. Maßgeblich ist danach nicht, wann das Gerät den Ausdruck fertigstellt, sondern wann das Fax im Speicher des Geräts vollständig abgelegt ist. Bei einer E-Mail ist zunächst nötig, dass der Empfänger sich – auch konkludent – mit diesem Übermittlungsweg einverstanden erklärt hat (die bloße Einrichtung einer E-Mail-Adresse dürfte nicht genügen), weil nur dann das Postfach auf dem Mailserver zum Machtbereich des Empfängers gehört. Zugegangen ist die Erklärung auch hier wieder, sobald mit einer Kenntnisnahme zu rechnen ist[13].

Bei einer Erklärung, die der notariellen Beurkundung bedarf, verlangt die Rechtsprechung den Zugang einer Ausfertigung der Notarurkunde (und nicht bloß einer beglaubigten Abschrift). Doch kann der Empfänger auf dieses Erfordernis verzichten, obwohl die Formvorschriften selbst zwingendes Recht sind[14].

Die genannten Formulierungen der Rechtsprechung schieben also den Zugang der schon in den Empfängerbereich gelangten (dort „gespeicherten") Willenserklärung mit Recht bis zu dem späteren Zeitpunkt auf, zu dem mit der Kenntnisnahme zu rechnen ist[15]. Demgegenüber will eine **Mindermeinung** trennen[16]: Der Zugang erfolge sofort; der etwa spätere Zeitpunkt der Möglichkeit der Kenntnisnahme sei nur für die Wahrung von Fristen oder das Kennenmüssen von Bedeutung. Danach wäre ein abends nach Arbeitsschluss in einem Geschäftshaus eingeworfener Brief sofort zugegangen (und könnte also nicht mehr widerrufen werden, vgl. unten Rz. 299 f.). Trotzdem wäre aber eine Kündigung verspätet, die für diesen Tag des Zugangs nicht mehr rechtzeitig käme. Jedoch ist diese Mindermeinung nicht bloß kompliziert (eine schon zugegangene Erklärung kann dennoch zu spät kommen), sondern auch vom Ergebnis

275

---

8 Etwa BGHZ 67, 271, 275.
9 *John* AcP 184 (1984) 385, 403 ff.
10 BGH NJW 2004, 2320; zur Beweisbarkeit *Riesenkampff* NJW 2004, 3296.
11 *Petersen* Jura 2002, 387 f.
12 BGHZ 167, 214 Rz. 11 ff.
13 Vgl. *Leipold* § 12 Rz. 22.
14 So BGHZ 130, 71, dazu *Armbrüster* NJW 1996, 438.
15 So auch BAG NJW 1984, 1651; BGH VersR 1994, 586.
16 Etwa *Flume* AT II § 14, 3 b S. 230 ff., mit einer Variation auch *John* AcP 184 (1984) 385, 408 ff.

und der Risikotragung her ungerechtfertigt[17]: Der Schutz des Empfängers wird so ohne ausreichenden Grund übertrieben[18].

276 **Zu korrigieren** sein dürfte die **Formulierung der Rechtsprechung** nur in einem Punkt: Wenn der Adressat die Erklärung schon früher zur Kenntnis nimmt, als nach dem gewöhnlichen Ablauf zu erwarten war (z.B. der Chef ist noch nach Geschäftsschluss anwesend und liest einen gerade eingeworfenen Brief), ist der Zugang schon mit dieser Kenntnisnahme zu bejahen[19]. Denn einerseits hat der Absender die Grundlage für schutzwürdige Dispositionen des Adressaten geschaffen; diese sollte durch einen Widerruf nicht mehr zerstört werden können. Andererseits besteht aber auch kein Anlass, die Erklärung als verspätet zu werten, wenn sie noch rechtzeitig zur Kenntnis genommen worden ist: Die Kenntnisnahme ist eben das Idealziel[20]. Nur kann u.U. die Auslegung ergeben, dass die Erklärung nicht bis Mitternacht möglich sein sollte, sondern nur bis zum Ende der Bürostunden. Dann käme in dem eben gebrachten Beisp. der Brief zu spät[21].

277 e) Besondere Probleme entstehen, wenn der Empfänger den **Zugang verzögert oder vereitelt**: Der Empfänger verzieht unbekannt, sodass die an ihn gerichtete Post zurückkommt; oder er verzieht mit bekannter Anschrift, sodass die Post ihn erst später erreicht und daher eine Frist versäumt wird; oder der Brief geht bei der Nachsendung verloren. In allen diesen Fällen gelangt die Erklärung überhaupt nicht oder erst verspätet in den Machtbereich des Adressaten. Nach den Definitionen von oben Rz. 274 ff. wäre daher der (rechtzeitige) Zugang zu verneinen. Doch scheint es zweifelhaft, ob das vom Adressaten geschaffene oder wenigstens in seinem Bereich liegende Hindernis dem Absender schaden soll.

Nicht hierhin gehören dagegen die Fälle, in denen der Adressat (vielleicht weil er verreist ist) seinen **Briefkasten nicht leert**: Hier ist die Erklärung zugegangen; dass die Kenntnisnahme ausbleibt, geht also regelmäßig (vgl. aber unten Rz. 283) zu Lasten des Adressaten.

278 **aa)** Im Grundsätzlichen gibt es für die Behandlung solcher Hindernisse beim Adressaten **zwei Möglichkeiten:** Entweder man bejaht den Zugang schon in dem Zeitpunkt, zu dem die Erklärung ohne das Hindernis zur Kenntnis des Empfängers gelangt wäre. Oder man lässt es für den Zugang zunächst bei den gewöhnlichen Regeln und verwehrt es dem Adressaten nur, sich auf die Verspätung durch das von ihm zu verantwortende Hindernis zu berufen. Der Unterschied zeigt sich, wenn der Erklärende seinen Willen ändert: Nach der ersten Ansicht ist dann ein Widerruf ausgeschlossen, weil die ursprüngliche Erklärung als schon zugegangen gilt und daher den Absender bindet. Dagegen kann sich der Erklärende nach der zweiten Ansicht noch anders entscheiden: Wenn er sich nicht weiter um den Zugang der Erklärung bemüht, bleibt diese unwirksam, es gibt also keine Zugangs-, sondern nur eine Rechtzeitigkeitsfiktion[22].

---

17 *Wolf/Neuner* § 33 Rz. 21.
18 MünchKomm-*Einsele* § 130 Rz. 16; *Weiler* JuS 2005, 788.
19 Ebenso *Bork* Rz. 621; *Leenen* Jura 2011, 726, 728.
20 Zustimmend *Wolf/Neuner* § 33 Rz. 26.
21 Ebenso *John* AcP 184 (1984) 385, 409 f.; *Bork* Rz. 621; *Leipold* § 12 Rz. 12 f.
22 *Bork* Rz. 637; *Bitter* § 5 Rz. 57.

Mit Recht vorgezogen wird heute die zweite Ansicht[23]. Denn es fehlt ein plausibler **279** Grund, weshalb der Absender an seine ursprüngliche Erklärung schon gebunden sein sollte, bevor diese den Adressaten erreicht hat.

bb) In den **Einzelheiten** ist das freilich noch zu präzisieren: Zunächst muss die Erklä- **280** rung **in ordentlicher Weise** erfolgt sein, damit dem Empfänger die Berufung auf eine Verspätung des Zugangs verwehrt bleibt. So darf man sanktionslos einen mit Strafporto belasteten Brief zurückgehen lassen. Bei einem Übergabeeinschreiben mit Rückschein genügt nach h.M. nicht schon, dass der den Adressaten nicht antreffende Postbote einen Benachrichtigungszettel hinterlässt (dieser enthält ja nicht die Erklärung, die zugehen soll). Vielmehr lässt sich ein Vorwurf gegen den Adressaten erst daraus ableiten, dass dieser das Schriftstück dann nicht abholt[24]. Allerdings gibt es keine allgemeine Obliegenheit, auf Benachrichtigung hin Postsendungen in der Filiale abzuholen; anders aber, wenn der Adressat weiß, dass der Absender ihm eine Erklärung zusenden will, oder er aufgrund vertraglicher Beziehungen mit dem Eingang eines Schreibens rechnen musste[25]. Hatte etwa der Vermieter die Übersendung einer Wohnraumkündigung zuvor mündlich angekündigt und holt der Mieter die Sendung bewusst nicht ab, dann muss er sich so behandeln lassen, als ob ihm die Kündigung zum frühestmöglichen Abholtermin zugegangen wäre. Das **Einwurfeinschreiben** vermeidet diese Komplikation, freilich nicht ganz zuverlässig[26].

Zweifelhaft wird die Rechtslage, wenn das **Hindernis nicht vom Adressaten zu vertre-** **281** **ten** ist (z.B. eine Störung bei der Postnachsendung). Hier scheint die Entscheidung davon abzuhängen, ob man die Unbeachtlichkeit der Zugangsverzögerung aus einer Schadensersatzpflicht des Adressaten wegen Verschuldens bei Vertragsverhandlungen herleitet oder mit *Flume*[27] eine nicht auf das Verschulden abstellende Regel annimmt (analog § 122). So richtig dies ist, sollte man aber trotzdem die Störung der Nachsendung nicht schlechthin zu Lasten des Adressaten gehen lassen[28]: Wenn die Störung auf Vorgängen außerhalb seines Machtbereichs (Wohnung oder Grundstück) beruht, darf er daraus keine Nachteile haben. Vielmehr muss dann die Regel eingreifen, derzufolge der Erklärende auch die „Transportgefahr" seiner Erklärung trägt (vgl. oben Rz. 273).

cc) Wenn der Zugang an der Unkenntnis von der Person des Adressaten oder seiner **282** Anschrift scheitert, verweist § 132 II auf die Möglichkeit einer öffentlichen Zustellung nach §§ 203 – 207 ZPO. Dieses Verfahren ist jedoch außerordentlich umständlich und verursacht Kosten. Daher wird man gegen denjenigen Adressaten, der den Zugang absichtlich verhindert, eine einfachere Hilfe gewähren müssen. Sachgerecht ist hier eine analog § 162 I anzunehmende **Zugangsfiktion**. Ein Anwendungsfall ist BGH NJW 1983, 929: Die Annahme eines Einschreibens war grundlos verweigert worden, obwohl der Adressat im Rahmen eines Vertrags mit rechtserheblichen Erklärungen des Absenders zu rechnen hatte; hier soll sich der Adressat so behandeln lassen müssen, als

---

23 So etwa BGH LM § 130 BGB Nr. 1; *Flume* AT II § 14, 3 e S. 238 ff.
24 BGHZ 67, 277; BGH NJW 1996, 1967, 1968, stark einschränkend aber BGHZ 137, 205.
25 BGHZ 137, 205; OLG Brandenburg NJW 2005, 1585. Vgl. auch *Grunewald* BürgR § 1 Rz. 10.
26 Vgl. LG Potsdam einerseits und AG Paderborn andererseits (VersR 2001, 955 f.) sowie *Dübers* NJW 1997, 2503; *Neuvians/Mensler* BB 1998, 1206; *Bauer/Diller* NJW 1998, 2795; *Looschelders* VersR 1998, 1198; *Franzen* JuS 1999, 429; *Reichert* NJW 2001, 2523; *Saenger/Gregoritza* JuS 2001, 899.
27 *Flume* AT II § 14, 3 e S. 240.
28 Siehe auch *Faust* § 2 Rz. 35.

sei ihm das Schreiben zur Zeit der Annahmeverweigerung zugegangen. Einen deutlichen Fall von treuwidriger Zugangsvereitelung behandelt auch LAG Hamm ZIP 1993, 1109: Ein Arbeitnehmer will den Zugang der erwarteten Kündigung durch Telefax verhindern, indem er bewusst den Papierspeicher seines dienstlichen Empfangsgeräts nicht auffüllt, sodass der Ausdruck unterbleibt. Doch lässt der BGH[29] es mit Recht nicht genügen, dass das Zugangshindernis aus der Sphäre des Empfängers stammt (z.B. dieser ist in Urlaub). Vielmehr soll erforderlich sein, dass „der Empfänger den Zugang bewusst vereitelt oder verzögert oder wenn er mit dem Eingang rechtsgeschäftlicher Erklärungen rechnen muss und nicht dafür sorgt, dass diese ihn erreichen".

283 **f)** Während die eben geschilderte Verantwortlichkeit des Adressaten für seinen Machtbereich dem Erklärenden entgegenkommt, ist dieser unter besonderen Umständen auch umgekehrt zur **Rücksicht auf den Adressaten** verpflichtet. Bejaht worden war das vor allem im **Arbeitsrecht**[30]: Der Arbeitgeber sollte bei einer Kündigung (deren Zugang z.B. die wichtige Dreiwochenfrist von § 4 KSchG in Lauf setzt, vgl. oben Rz. 86) die ihm bekannte urlaubsbedingte Abwesenheit des Arbeitnehmers zu berücksichtigen haben[31]. Danach galt der Zugang als aufgeschoben, bis der Arbeitnehmer nach seiner Rückkehr das an seine Wohnadresse gerichtete Kündigungsschreiben wirklich erhielt. Diese Regel hat das BAG jedoch später wieder aufgegeben[32]. Keinesfalls anzunehmen wäre ein solcher Aufschub des Zugangs aber, wenn der Arbeitnehmer eigenmächtig Urlaub genommen hat: Gegenüber einem solchen Vertragsbruch ist dem Arbeitgeber keine Rücksicht zuzumuten.

284 **g)** Das bisher Gesagte war in erster Linie auf den Zugang einer in einem Schriftstück verkörperten oder auch sonst „gespeicherten" (vgl. oben Rz. 274) Willenserklärung zugeschnitten. Eine Erklärung unter Abwesenden ist aber auch **mündlich** möglich, nämlich durch Boten. Dabei muss man unterscheiden:

aa) Regelmäßig wird der Bote vom Erklärenden eingesetzt **(Erklärungsbote)**. Die Erklärung geht dann nicht schon dadurch dem Adressaten zu, dass der Bote sie erfährt. Vielmehr ist für den Zugang allein die wirkliche Übermittlung von dem Boten an den Adressaten entscheidend. Schematisch also:

Erklärender ⟶ Erklärungsbote $\xrightarrow{\text{Zugang}}$ Adressat.

Demnach trägt der Erklärende das Risiko, dass der Bote die Erklärung nicht oder erst verspätet weitergibt. Zu dem Risiko einer Veränderung der Erklärung durch den Boten vgl. unten Rz. 747 f.

285 **bb)** Den Gegensatz dazu bildet der **Empfangsbote**[33]: Er wird dem Machtbereich des Adressaten zugerechnet. Daher begründet die Mitteilung der Erklärung an den Empfangsboten bereits den Zugang an den Adressaten:

Erklärender $\xrightarrow{\text{Zugang}}$ Empfangsbote ⟶ Adressat.

---

29 BGH NJW 1996, 1967, 1968.
30 Dazu BAG NZA 2015, 1183.
31 BAG NJW 1981, 1470, dazu *von Olshausen* JZ 1981, 633 f.; *Faust* § 2 Rz. 32.
32 BAG NJW 1989, 606, ähnlich BAG NJW 1989, 2213, dazu *Popp* DB 1989, 1133; *H. Dilcher* JZ 1989, 298, *Nippe* JuS 1991, 285.
33 Dazu *Sandmann* AcP 199 (1999) 455.

Hier trägt also der Adressat das Risiko, dass der Bote die Erklärung nicht, verspätet oder nicht richtig weitergibt. Jedoch soll nach dem BGH[34] eine dem Boten zugegangene Willenserklärung dem Adressaten regelmäßig erst zugehen, sobald die Übermittlung an diesen zu erwarten war. Entsprechendes gilt auch für den Zugang einer mündlichen Erklärung.

Als **Empfangsboten** darf man aber **keinesfalls jede Person** ansehen, die sich **im Machtbereich des Adressaten** befindet. Die Dinge liegen hier anders als bei einer schriftlichen oder sonst gespeicherten Erklärung, bei der ja für den (ggf. späteren) Zugang schon der Einwurf in den Briefkasten genügt, weil sie dort unverändert bleibt. Demgegenüber ist eine mündlich übermittelte Erklärung stets der Gefahr eines Verschwindens oder einer Veränderung ausgesetzt. Diese Gefahr wächst, je komplizierter die Erklärung und je weniger kompetent die Übermittlungsperson ist. Daher genügt nicht schon die mündliche Weitergabe an jede Person im Machtbereich des Adressaten, der auch ein Schriftstück übergeben werden könnte. Vielmehr ist regelmäßig zu verlangen, dass der Adressat diese Person zur Annahme solcher Erklärungen bestellt hat (**Empfangsermächtigung**; diese hat z.B. die Sekretärin, nicht dagegen die Putzfrau). Nur einfache Erklärungen des täglichen Lebens (z.B. die nach § 299 erhebliche Mitteilung, wann das Heizöl geliefert werden wird) mögen auch an Haushaltsangehörige des Adressaten ausgerichtet werden können[35]. Insbesondere ist der Ehegatte nicht ohne weiteres Empfangbote für eine Person, die sich auf hoher See befindet[36]. **BAGE 138, 127** hat angenommen, dass eine Kündigung, die der Arbeitgeber dem Ehemann der Arbeitnehmerin an dessen Arbeitsplatz vorbeigebracht hat, am selben Abend wirksam werde, weil und sofern unter Ehegatten anzunehmen sei, dass das Schriftstück nach Rückkehr in die gemeinsame Wohnung der Ehefrau übergeben werde. Der Ehemann hatte das Schriftstück jedoch auf seinem Schreibtisch vergessen und seiner Frau erst am folgenden Tag übergeben. Das BAG hat den Ehemann also als Empfangsboten und nicht als Erklärungsboten angesehen. Das verdient keine Zustimmung, weil der Ehemann an seinem Arbeitsplatz nicht mit der Übergabe einer an seine Frau gerichteten Kündigungserklärung rechnen muss. Richtigerweise hätte daher der Arbeitgeber das Verspätungsrisiko tragen müssen[37].

h) Für eine **Erklärung an einen nicht voll Geschäftsfähigen** verlangt § 131 regelmäßig Zugang an den gesetzlichen Vertreter. Bei geschäftsunfähigen Minderjährigen ist der Grund einleuchtend: Entweder wird auf die Erklärung (etwa einen Antrag) eine rechtsgeschäftliche Reaktion erwartet, die vom gesetzlichen Vertreter kommen muss. Oder die Erklärung (etwa eine Annahme) soll selbst eine Rechtsfolge herbeiführen, über die dann der gesetzliche Vertreter zu unterrichten ist.

Umstritten ist die Reichweite des § 131 II bei beschränkt Geschäftsfähigen. Diesen ist nach §§ 106 ff. die Teilnahme am Rechtsverkehr in gewissem Umfang erlaubt (dazu unten Rz. 556 ff.). Doch ist § 131 II hiermit nicht hinreichend abgestimmt. Zwar stellt § 131 II 2 in Anlehnung an § 107 auf den Zugang beim beschränkt Geschäftsfähigen

---

34 BGH NJW 2002, 1565, 1567.
35 Etwas weniger streng die h.M., vgl. auch *John* AcP 184 (1984) 385, 396 f.
36 BGH NJW 1994, 2613.
37 *Medicus/Petersen* BürgR Rz. 46.

selbst ab, wenn dieser durch die Erklärung einen lediglich rechtlichen Vorteil erlangt oder der gesetzliche Vertreter eingewilligt hat. Danach kann dem beschränkt Geschäftsfähigen etwa der Antrag auf Abschluss eines Vertrags stets zugehen, weil der Antrag eine annahmefähige Gestaltungsposition und damit einen lediglich rechtlichen Vorteil begründet[38]. Doch lässt sich diese Argumentation nicht auf den **Zugang der Annahmeerklärung** übertragen. Bringt der Vertrag rechtliche Nachteile und fehlt es an der erforderlichen Einwilligung des gesetzlichen Vertreters, so hängt die Wirksamkeit des Vertrags nach § 108 I von der Genehmigung des Vertreters ab. Was aber soll der gesetzliche Vertreter genehmigen, wenn es wegen des fehlenden Zugangs der Annahmeerklärung an einem Vertragsschluss eigentlich fehlt? Darf es überhaupt einen Unterschied machen, ob gegenüber dem beschränkt Geschäftsfähigen der Antrag oder die Annahme erklärt wird, was vielfach bloß vom Zufall abhängt? Obwohl § 131 II die Genehmigung des Zugangs nicht vorsieht, geht der BGH in solchen Fällen von einer **Doppelwirkung der Genehmigung** aus: Genehmigt werde nach § 108 I nicht nur der ohne die erforderliche Einwilligung geschlossene Vertrag, sondern analog § 108 I zugleich auch der Zugang der Annahmeerklärung beim beschränkt Geschäftsfähigen[39]. Sinn des § 131 II könne nämlich nicht sein, die Anwendbarkeit von § 108 I auszuschließen. Vor diesem Hintergrund ist freilich zweifelhaft, ob § 131 II beim Vertragsschluss überhaupt Anwendung finden muss. Denn der allfällige Minderjährigenschutz wird bei Verträgen bereits umfassend durch §§ 106 ff. gewährleistet. Daraus wird im Schrifttum teilweise abgeleitet, dass § 131 II bei Vertragserklärungen teleologisch zu reduzieren sei und neben §§ 106 ff. keine Anwendung finde[40]. Andere stellen darauf ab, dass der Zugang der Annahmeerklärung dem beschränkt Geschäftsfähigen jedenfalls keinen rechtlichen Nachteil bringe (und deshalb „lediglich rechtlich vorteilhaft" sei, dazu unten Rz. 567)[41]: Denn wegen der ausstehenden Genehmigung nach § 108 I sei der Vertrag ohnehin *noch* nicht wirksam und begründet folglich auch *noch* keine Nachteile. Trotz unterschiedlicher Begründung gelangen damit letztlich alle diese Ansichten zum gleichen Ergebnis, nämlich zu einem genehmigungsfähigen Vertrag.

Außerhalb von Antrag und Annahme findet § 131 II dagegen uneingeschränkt Anwendung, etwa wenn gegenüber dem beschränkt Geschäftsfähigen ein Gestaltungsrecht ausgeübt (**Anfechtung, Kündigung** usw.) oder eine geschäftsähnliche Handlung vorgenommen wird (Mahnung, Fristsetzung nach §§ 281, 323, dazu oben Rz. 197). Derartige rechtlich nachteilige Erklärungen müssen regelmäßig dem gesetzlichen Vertreter zugehen, insbesondere deckt dessen Zustimmung zum Vertragsschluss den Zugang von anderweitigen Erklärungen im Rahmen der Vertragsdurchführung grundsätzlich nicht mit ab[42]. Aus Gründen der Rechtssicherheit ist bei einseitigen Rechtsgeschäften und geschäftsähnlichen Handlungen schließlich – wie auch bei § 111 – eine Genehmigung durch den Vertreter in § 131 II 2 nicht vorgesehen.

---

38 *Flume* AT II § 14, 3 g S. 242; *Leenen* § 6 Rz. 60; *Boemke/Schönfelder* JuS 2013, 7, 10.
39 BGHZ 47, 352, 358; ebenso Palandt/*Ellenberger* § 131 Rz. 3; MünchKomm-*Einsele* § 131 Rz. 6:
40 *Leenen* FS Canaris (2007) I 699, 725; *ders.* § 6 Rz. 59; *Brauer* JuS 2004, 472; *Häublein* Jura 2007, 728, 729; *Lettl* WM 2013, 1245, 1247.
41 *Brehm* Rz. 183; *Aleth*, JuS-L 1995, 9, 12; *Kaiser* Jura 1982, 77, 84.
42 BGHZ 47, 352, 358.

2. Die Erklärung unter Anwesenden

Nicht geregelt ist in § 130 oder anderswo, wie eine empfangsbedürftige Erklärung an einen Anwesenden wirksam wird. Hierhin gehört auch der wichtige Fall einer **telefonischen Erklärung**. Die h.M.[43] gründet das auf eine Analogie zu § 147 I 2. Richtiger dürfte es sein, auf die Sachkriterien des direkten (beiderseitigen) Übermittlungskontakts und des Fehlens der Speicherung abzustellen[44]. Insbesondere der Übermittlungskontakt – und das gilt vor allem für das Telefon – erlaubt eine Rückfrage des Adressaten.

288

Zum Wirksamwerden der Erklärung unter Anwesenden muss man unterscheiden:

a) Regelmäßig erfolgt die Verständigung unter Anwesenden **mündlich**. Anders als das schriftlich Niedergelegte verfliegt das gesprochene Wort sogleich; es wird also nicht gespeichert: Was nicht alsbald verstanden worden ist, kann auch später nicht mehr zur Kenntnis genommen werden. Daher geht die h.M. für mündliche (nichtverkörperte) Willenserklärungen von der **Vernehmenstheorie** aus (vgl. oben Rz. 271): Wirksam wird die Erklärung regelmäßig erst mit der akustischen Aufnahme durch den Adressaten[45]. Doch bedarf das einer Einschränkung: Im Interesse der Verkehrssicherheit muss demjenigen, der besondere, dem Erklärenden nicht erkennbare Hörschwierigkeiten hat, im Rahmen des Übermittlungskontakts eine gewisse Mitverantwortung für den Verständigungsvorgang zugemutet werden[46]: Er muss auf diese Behinderung hinweisen oder sich sonst vergewissern, ob er richtig verstanden hat. Das gilt etwa für den Schwerhörigen oder denjenigen, der ein gestörtes Ferngespräch entgegennimmt[47].

289

b) Eine **schriftliche Erklärung** unter Anwesenden kommt insbesondere vor, wenn Schriftform vorgeschrieben ist. Dabei können Zweifel entstehen, wenn die Aushändigung der Urkunde an den Adressaten unterbleibt. So hatte im Fall von RGZ 61, 414 eine Ehefrau für ihren Mann in Gegenwart von dessen Gläubiger eine auf dem Tisch liegende Bürgschaftsurkunde unterschrieben (vgl. § 766). In diesem Augenblick erschoss sich der unglückliche Mann im Nebenzimmer. Wegen der dabei entstandenen Bestürzung versäumte es der Gläubiger, die Urkunde an sich zu nehmen; diese verschwand. Später klagte der Gläubiger aus der Bürgschaft. Das RG hat diese Klage mit Recht abgewiesen: § 130 I stelle die allgemeine, auch für Erklärungen unter Anwesenden geltende Regel auf, „dass der Erklärende nicht gebunden sein soll, solange er in der Lage ist, über das die Erklärung enthaltende Schriftstück selbst zu verfügen, wohl aber, sobald der Adressat die Verfügungsgewalt über das Schriftstück erlangt hat".

290

Nach dem OLG Frankfurt[48] genügt daher auch die Übermittlung einer Bürgschaftsurkunde durch Telefax nicht der Form von § 766: Das unterschriebene Original gelangt ja nicht an den Gläubiger. Andererseits hält das BAG[49] eine dauerhafte Überlassung der Urkunde für unnötig (kaum verallgemeinerungsfähig).

---

43 Etwa RGZ 90, 160.
44 *John* AcP 184 (1984) 385, 390 ff.; *Wolf/Neuner* § 33 Rz. 34.
45 So etwa *Flume* AT II § 14, 3 f S. 241.
46 Ähnlich *John* AcP 184 (1984) 385, 394; *Köhler* § 6 Rz. 19; *Riehm* Rz. 175.
47 Dezidiert dagegen *Wolf/Neuner* § 33 Rz. 37; *Neuner* NJW 2000, 1822, 1826, wonach wegen Art. 3 II GG jegliche Abschwächungen der Vernehmenstheorie abzulehnen seien.
48 OLG Frankfurt NJW 1991, 2154.
49 BAG NJW 2005, 1533.

291 **c) Insgesamt** kann man also sagen: Entgegen dem Anschein, den § 130 I erweckt, unterscheidet sich die Regelung nicht für Erklärungen unter Abwesenden und solche unter Anwesenden. Vielmehr ist zwischen verkörperten (gespeicherten) und nicht verkörperten (nicht gespeicherten) Willenserklärungen zu unterscheiden: Die verkörperten Erklärungen müssen nur in den Empfangsbereich des Adressaten gelangen und mit ihrer Kenntnisnahme muss regelmäßig zu rechnen sein; die nicht verkörperten müssen dagegen regelmäßig auch akustisch wahrgenommen werden.

3. Störungen zwischen Abgabe und Wirksamwerden

292 Bei Erklärungen unter Abwesenden kann zwischen Abgabe und Wirksamwerden längere Zeit vergehen. Dann fragt sich, ob Störungen in der Person des Erklärenden das Wirksamwerden noch hindern können. § 130 II verneint das, wenn der Erklärende nach der Abgabe **stirbt oder geschäftsunfähig** (auch in der Geschäftsfähigkeit beschränkt) **wird**: Diese Erklärung bindet dann also nach dem Wirksamwerden die Erben oder den gesetzlichen Vertreter. Nach einer (wegen der Ausschaltung der erbrechtlichen Formvorschriften im Ergebnis nicht unbedenklichen) h.M. soll das regelmäßig auch dann gelten, wenn der Erklärende das Wirksamwerden (z.B. durch eine entsprechende Weisung an den Boten) absichtlich bis nach seinem Tod aufgeschoben hat[50].

Nicht unter § 130 II fallen dagegen **Beschränkungen der Verfügungsmacht**, z.B. weil über das Vermögen des Erklärenden ein Insolvenzverfahren eröffnet worden ist (§ 80 InsO). Diese Verfügungsmacht muss regelmäßig noch vorliegen, wenn die Verfügung durch den Zugang der Erklärung oder auch noch später wirksam wird (Ausnahme aber z.B. § 878).

IV. Die nicht empfangsbedürftige Willenserklärung

293 1. Die nicht empfangsbedürftige Willenserklärung wird ohne die Notwendigkeit eines Zugangs **schon mit der Abgabe wirksam** (vgl. oben Rz. 263 ff.), wenn nicht noch weitere Erfordernisse bestehen (so vor allem beim Testament: Dessen Wirkungen treten erst mit dem Erbfall ein[51]). Auch die Widerruflichkeit kann hier nicht nach § 130 I 2 entschieden werden, sondern sie richtet sich nach besonderen Regeln (z.B. §§ 658, 2253 ff.).

294 2. **Probleme** können entstehen, wenn eine empfangsbedürftige in einer nicht empfangsbedürftigen Erklärung enthalten ist. So hatte im Fall von RGZ 170, 380 ein über seine Ehefrau verärgerter Fabrikant dieser in seinem Testament nicht bloß den Pflichtteil entzogen (§§ 2335 f.), sondern dort auch ihr gemachte Schenkungen widerrufen (§§ 530 ff.).

Hier machte die Witwe geltend, der Widerruf sei nach § 531 I empfangsbedürftig und daher unwirksam, weil er einen Teil des nicht empfangsbedürftigen Testaments bilde.

---

50 Vgl. *A. Roth* NJW 1992, 791, auch zu Ausnahmen im Erb- und Versicherungsrecht.
51 *Leenen* JuS 2008, 577, 578.

Das RG ist dem jedoch nicht gefolgt: Ein Testament sei nicht auf die in §§ 1937 – 1940 genannten Anordnungen beschränkt und könne daher auch einen Schenkungswiderruf enthalten. Durch die Vorschriften über die Eröffnung und Bekanntgabe von Testamenten (§§ 2260 – 2262) sei auch für den nötigen Zugang gesorgt. Endlich habe der Erblasser den Widerruf noch vor seinem Tod abgegeben, sodass dieser nach § 130 II das Wirksamwerden nicht hindere. – Diese Ansichten sind zwar nicht unzweifelhaft, doch dürfte ihnen zu folgen sein.

V. Verständnisfragen als Zugangsproblem?

Für den Zugang einer schriftlichen Erklärung kommt es nach dem oben (Rz. 273 ff.) Gesagten auf die verkehrsübliche Möglichkeit zur Kenntnisnahme an; das Wirksamwerden einer mündlichen Erklärung hängt von dem akustischen Vernehmen ab (oben Rz. 289). Das richtige Verständnis des Adressaten von der Bedeutung der Erklärung ist dagegen nach beiden Formulierungen ohne Belang.

Derzeit treten im Zusammenhang mit dem zunehmenden Verkehr über die Grenzen hinweg immer häufiger Probleme aus der **Verschiedensprachigkeit** der an einem Rechtsgeschäft Beteiligten auf. Dies sind Aspekte der Frage nach der **Verteilung des Sprachrisikos**, also der Gefahr eines Missverstehens einer für den Erklärungsempfänger fremden Sprache[52].

Die neuere Lehre[53] behandelt das in erster Linie als Zugangsproblem: Bei empfangsbedürftigen Willenserklärungen sei nach den Umständen zu bestimmen, „ob dem Adressaten der Erklärung das sprachliche Verständnis zurechenbar ist"[54]. Brauche der Adressat die Erklärung in einer für ihn fremden Sprache nicht gelten zu lassen, so sei der Zugang zu verneinen. Damit wird dann die Zugangsfrage über das bloße Wahrnehmen der Erklärung hinaus in den Bereich des richtigen Verstehens hinein erweitert.

Das **Ergebnis** ist sicher richtig: Eine unverstandene Erklärung in einer Sprache, deren Kenntnis dem Empfänger nicht zuzumuten ist, wird diesem gegenüber nicht wirksam. Regelmäßig zumutbar ist die Kenntnis der Sprache des Gebiets, in dem sich der Erklärungsempfänger befindet. Doch gibt es davon in beiden Richtungen **Ausnahmen**: So müssen etwa Kaufleute im internationalen Handel auch ausländische Sprachen verstehen[55]. Umgekehrt muss ein Arbeitgeber gegebenenfalls für einen Dolmetscher sorgen. Freilich kann man das auch als Auslegungs- statt als eine Zugangsfrage sehen, nämlich indem man auf den vom Erklärenden zu berücksichtigenden Verständnishorizont des Empfängers abstellt (vgl. unten Rz. 323). Zudem dürften den Empfänger je nach den Umständen bestimmte Obliegenheiten treffen, etwa zur Rückfrage oder zur Inanspruchnahme eines Dolmetschers[56].

---
52 Vgl. *Schlechtriem*, Das „Sprachrisiko" – ein neues Problem?, FG Weitnauer (1980) 129; *John* AcP 184 (1984) 385, 398 f.; *Kling*, Sprachrisiko im Privatrechtsverkehr (2009).
53 Etwa *Flume* AT II § 15 I 5 S. 249 f., zustimmend *Schlechtriem* FG Weitnauer (1980) 129, 143.
54 *Flume* AT II § 15 I 5 S. 249.
55 Eine Regel ablehnend aber OLG Hamm NJW-RR 1996, 1271.
56 OLG Hamm NJW-RR 1996, 1271.

Dritter Teil *Das Rechtsgeschäft*

§ 23 Die Bindung an die Willenserklärung

297 Bisweilen bereut derjenige, der eine Willenserklärung abgegeben hat, diese alsbald: Jemand macht einen Verkaufsantrag zu einem bestimmten Preis, doch wird ihm bald darauf von einem Dritten ein höherer Preis geboten; der Mieter kündigt, weil er eine bessere Wohnung in Aussicht hat, doch zerschlägt sich diese Aussicht wenig später. In solchen Fällen fragt es sich, ob die Bindung an die Willenserklärung noch verhindert oder wieder beseitigt werden kann.

I. Der Widerruf nach § 130 Abs. 1 BGB

298 1. Bei einer empfangsbedürftigen Erklärung unter Abwesenden kann der Erklärende zunächst versuchen, den **Zugang** der Erklärung beim Empfänger (und damit nach § 130 I 1 deren Wirksamwerden) **zu verhindern**: Er ruft den von ihm beauftragten Boten zurück oder bemüht sich bei der Post, den schon eingeworfenen Brief zurückzuerhalten. Ob dies noch gelingt, ist aber meist Glückssache.

299 2. Deshalb gibt § 130 I 2 daneben noch einen anderen, zuverlässigeren Weg: Der Erklärende kann eine **Widerrufserklärung** abgeben. Dieser Widerruf hindert dann das Wirksamwerden der ersten Erklärung, wenn er mindestens gleichzeitig mit dieser dem Empfänger zugeht[1]: Der Erklärende lässt etwa dem Brief ein widerrufendes Telefax folgen, oder er ruft den Adressaten an und teilt ihm den Widerruf mündlich mit. Beides ist trotz der äußerlichen Verschiedenheit des Widerrufs von der zu widerrufenden Erklärung möglich: § 130 I 2 verlangt für den Widerruf nicht die gleiche Erklärungsart. Der Widerruf bedarf selbst dann keiner Form, wenn eine solche für die zu widerrufende Erklärung gesetzlich vorgeschrieben ist (z.B. nach § 311 b I).

300 Für die **Rechtzeitigkeit des Widerrufs** kommt es nach dem klaren Wortlaut des § 130 I 2 nur auf den Zugang an, nicht auf die Kenntnisnahme durch den Adressaten. Danach ist ein Widerruf selbst dann nicht mehr rechtzeitig, wenn der Adressat ihn vor der zu widerrufenden Erklärung erfährt. Der Widerruf scheitert sogar dann, wenn er zunächst die Kenntnisnahme derjenigen Erklärung verhindert, gegen die er sich richtet.

Beispiel[2]: V trägt dem K telegraphisch mit eintägiger Bindung den Abschluss eines Kaufvertrags an. Am selben Tag steigen die Preise stark, sodass der Antrag für V ungünstig wird. V fährt daher zu K, trifft dort jedoch nur dessen Haushälterin an. Durch eine Täuschung lässt sich V von dieser das noch nicht geöffnete Telegramm aushändigen. K erfährt von der Angelegenheit erst einen Monat später durch Zufall.

In solchen Fällen ist zunächst zu fragen, ob die ursprüngliche Erklärung schon zugegangen war, weil nämlich mit ihrer Kenntnisnahme gerechnet werden konnte (vgl. oben Rz. 274). Wenn das bejaht wird, kommt der spätere Widerruf (der in dem Bsp. durch die Rückholung des Telegramms konkludent erklärt worden ist) nicht mehr rechtzeitig. Das ist von manchen als unbillig empfunden worden: Wenn der Adressat

---
1 Dazu *D. Schmidt* Jura 1993, 345.
2 Vgl. RGZ 91, 60.

von der Erklärung noch nichts erfahren habe, benötige er auch keinen Vertrauensschutz; daher müsse der Absender nach Treu und Glauben noch bis zur Kenntnisnahme widerrufen können[3]. Die h.M. entscheidet aber anders[4], mit Recht. Dabei bildet nicht der Wortlaut des Gesetzes das entscheidende Argument; er wird ja auch anderswo mit Hilfe von § 242 überwunden. Vielmehr ist die Argumentation aus dem Vertrauensgedanken heraus überhaupt nicht zwingend: Man kann auch die Möglichkeit zur Entscheidung über den zugegangenen Antrag schon zum Vermögen des Empfängers rechnen. Diese gleichfalls sinnvolle Betrachtungsweise entspricht dem Wortlaut des Gesetzes; von ihm abzuweichen besteht also kein Anlass. Geschuldet wird folglich nicht bloß Ersatz des Vertrauensschadens (der im Bsp. fehlt), sondern Erfüllung bzw. Schadensersatz statt der Leistung.

II. Andere Widerrufsfälle

1. Erklärungen unter Anwesenden

Erklärungen unter Anwesenden werden regelmäßig sofort wirksam, weil das Vernehmen der Abgabe unmittelbar nachfolgt (vgl. oben Rz. 289). Daher kommt bei ihnen ein Widerruf analog § 130 I 2 ohnehin nicht in Betracht. Nur muss selbstverständlich jeder Erklärende „ausreden" können; bis er die Darlegung seines Standpunkts beendet hat, muss er sich auch noch berichtigen dürfen. 301

2. Nicht empfangsbedürftige Erklärungen

Für nicht empfangsbedürftige Erklärungen passt § 130 I überhaupt nicht. Hier ist der Widerruf daher durch Spezialvorschriften geregelt, etwa in § 658 (Auslobung) und §§ 2253 ff. (Testament). Ähnlich liegt es beim Widerruf der Vollmachtsmitteilung nach § 171 II. In allen diesen Fällen hindert der Widerruf nicht schon das Wirksamwerden des Geschäfts, sondern er macht das bereits wirksam gewordene wieder unwirksam. 302

3. Der Widerruf der Vollmacht

Nach § 168 S. 2 kann eine bereits wirksam erteilte Vollmacht widerrufen werden (vgl. unten Rz. 940 ff.). Diese Widerrufsmöglichkeit hängt nicht davon ab, auf welche Weise (als Innen- oder Außenvollmacht) die Vollmacht erteilt worden ist. Dem Vollmachtgeber soll hier ein Weg eröffnet werden, die Vertretungsmacht unabhängig von dem der Vollmacht zugrundeliegenden Rechtsverhältnis wieder zu beenden. Gleichfalls die Wirkung fremden Handelns soll ausgeschlossen werden durch den Widerruf einer Einwilligung nach § 183 (vgl. unten Rz. 1019; ein Spezialfall findet sich in § 956 I 2) sowie bei der Anweisung (§ 790). 303

---

3 *Hübner* Rz. 737.
4 Etwa RGZ 91, 60, 63; MünchKomm-*Einsele* § 130 Rz. 40; *Bork* Rz. 649.

Dritter Teil *Das Rechtsgeschäft*

4. Der Widerruf von Verträgen

304 Überdies erscheint der Widerruf auch als Mittel zur Beendigung fertig abgeschlossener Verträge; er ähnelt insoweit dem Rücktritt[5].

a) Das BGB enthält ein Widerrufsrecht des Schenkers wegen groben Undanks (§§ 530 ff.) und ein ohne Begründung auszuübendes Widerrufsrecht des Auftraggebers (§ 671 I). In beiden Fällen wird dem unentgeltlich Tätigen eine zusätzliche Möglichkeit zur Lösung vom Vertrag eröffnet.

305 **b)** In neuerer Zeit ist der Widerruf auch als **Instrument des Verbraucherschutzes** verwendet worden. Einzelheiten gehören ins Schuldrecht[6]. Zu nennen ist hier immerhin § 312 g. Für die Dogmatik der Rechtsgeschäftslehre ist allerdings bemerkenswert, dass der insoweit überaus unglücklich gefasste § 355 I voraussetzt, dass der Widerrufsberechtigte „an seine auf den Abschluss des Vertrags gerichtete Willenserklärung nicht mehr gebunden ist, wenn er sie fristgerecht widerrufen hat". Der Gesetzgeber hätte nach dem Vorbild des § 1366 II besser daran getan, schlicht vom Widerruf des Vertrags auszugehen[7].

306 **c)** Endlich gewährt der Gesetzgeber noch **„versteckte" Widerrufsrechte** insofern, als er bisweilen die Bindung an bestimmte Voraussetzungen knüpft: Solange diese nicht erfüllt sind, kann also widerrufen werden. Hierhin gehört vor allem die in § 873 II geregelte Bindung an die Einigung im Immobiliarsachenrecht. Aber auch im Mobiliarsachenrecht findet sich eine Entsprechung, nämlich in § 929 S. 1: Dass dort Einigsein bei der Übergabe gefordert wird, bedeutet nach h.M. die Widerruflichkeit der Einigung bis zur Übergabe[8].

---

5 Vgl. *Medicus* JuS 1988, 1.
6 Vgl. etwa *Medicus/Lorenz* SAT Rz. 628 ff.; *Petersen* Jura 2009, 276.
7 Eingehend *Petersen* Liber Amicorum Leenen (2012) 219, 224.
8 Vgl. etwa *Baur/Stürner* SaR § 5 III 2 b.

§ 24 Die Auslegung von Willenserklärungen

Literatur: Ausführlich *Lüderitz*, Auslegung von Rechtsgeschäften (1966), zudem *Ananiadis*, Die Auslegung von Tarifverträgen, ein Beitrag zur Auslegungstypologie zwischen Vertrag und Gesetz (1974, dazu *Leipold* AcP 176, 1976, 561); *Betti*, Allgemeine Auslegungslehre als Methodik der Geisteswissenschaften (1967); *Bickel*, Die Methoden der Auslegung rechtsgeschäftlicher Erklärungen (1976); *Biebl*, Grundsätze zur Vertragsauslegung, JuS 2010, 195; *Brox*, Der BGH und die Andeutungstheorie, JA 1984, 549; *Canaris*, Die Bedeutung allgemeiner Auslegungs- und Rechtsfortbildungskriterien im Wechselrecht, JZ 1987, 543; *ders.*, Das Rangverhältnis der „klassischen" Auslegungskriterien ..., 1. FS Medicus (1999) 25; *Coing*, Die juristischen Auslegungsmethoden und die Lehren von der allgemeinen Hermeneutik (1959); *Esser*, Grundsatz und Norm in der richterlichen Fortbildung des Privatrechts (3. Aufl. 1974); *Gerhards*, Ergänzende Testamentsauslegung wegen postmortaler Ereignisse (1996, dazu *Grunsky* AcP 198, 1998, 622); *Grunewald*, Die Auslegung von Gesellschaftsverträgen und Satzungen, ZGR 24 (1995) 68; *U. Huber*, Savignys Lehre von der Auslegung der Gesetze in heutiger Sicht, JZ 2003, 1; *Jahr*, Geltung des Gewollten und Geltung des Nicht-Gewollten – Zu Grundfragen des Rechts empfangsbedürftiger Willenserklärungen, JuS 1989, 249; *Kapp*, Die Auslegung von Testamenten, BB 1984, 2077; *Kötz*, Vertragsauslegung – eine rechtsvergleichende Studie, FS Zeuner (1994) 219; *Krampe*, Die Unklarheitenregel (1983); *O. Lange*, Auslegung, Unklarheitenregel und Transparenzklausel, ZGS 2004, 208; *Larenz*, Die Methode der Auslegung des Rechtsgeschäfts (1930, Neudruck mit Nachwort 1966); *Leipold*, Wille, Erklärung und Form, insbesondere bei der Auslegung von Testamenten, FS Müller-Freienfels (1986) 421; *Leonhard*, Die Auslegung der Rechtsgeschäfte, AcP 120 (1922) 14; *Liermann*, Die Begriffe „Ehe", „Heirat", „Hochzeit" und „Vermählung" im Vertragsrecht, NJW 2003, 3741; *Lutter*, Die Auslegung von angeglichenem Recht, JZ 1992, 593; *Manigk*, Irrtum und Auslegung (1918); *Mayer-Maly*, Bemerkungen zum Verhältnis zwischen der Gesetzesinterpretation und der Auslegung von Rechtsgeschäften, FG Weinberger (1984) 583; *P. Meyer*, Die Grundsätze der Auslegung im Europäischen Gemeinschaftsrecht, Jura 1994, 455; *Neuner*, Vertragauslegung – Vertragsergänzung – Vertragskorrektur, FS Canaris (2007) I 491; *Oertmann*, Rechtsordnung und Verkehrssitte (1914); *Petersen*, Die Auslegung von Rechtsgeschäften, Jura 2004, 536; *ders.*, Die Auslegung von letztwilligen Verfügungen, Jura 2005, 597; *Rittner*, Verstehen und Auslegen als Probleme der Rechtswissenschaft, in: Verstehen und Auslegen, Freiburger Dies Universitatis 14 (1968) 43; *Rummel*, Vertragsauslegung nach der Verkehrssitte (1972); *Scherer*, Andeutungsformel und falsa demonstratio in der Rechtsprechung des RG und des BGH (1987); *ders.*, Die Auslegung von Willenserklärungen „klaren und eindeutigen Wortlauts", Jura 1988, 302; *Schüßler*, Die Incoterms – Internationale Regeln für die Auslegung handelsüblicher Vertragsformeln, DB 1986, 1161; *Smid*, Probleme bei der Auslegung letztwilliger Verfügungen, JuS 1987, 283; *Sonnenberger*, Verkehrssitten im Schuldvertrag (1970); *Stathopoulos*, Zur Methode der Auslegung der Willenserklärung, 1. FS Larenz (1973) 357; *Stöhr*, Der objektive Empfängerhorizont und sein Anwendungsbereich im Zivilrecht, JuS 2010, 292; *Trupp*, Die Bedeutung des § 133 BGB für die Auslegung von Willenserklärungen, NJW 1990, 1346; *Wagner*, Interpretation in Literatur- und Rechtswissenschaft, AcP 165 (1965) 520; *Wank*, Die Auslegung von Gesetzen (1997); *H. Westermann*, Die Anpassung der Auslegungsmethode an die Eigenart des auszulegenden Willensaktes, FS K. Arnold (1955) 281; *Wieacker*, Die Methode der Auslegung des Rechtsgeschäfts, JZ 1967, 385; *Wiedemann*, Die Auslegung von Satzungen und Gesellschaftsverträgen, DNotZ Sonderheft 1977, 99; *ders.*, Ergänzende Vertragsauslegung – richterliche Vertragsergänzung, FS Canaris (2007) I 1281; *Wieser*, Zurechenbarkeit des Erklärungsinhalts?, AcP 184 (1984) 40; *ders.*, Empirische und normative Auslegung, JZ 1985, 407.

Die Auslegung bildet eine der wichtigsten Aufgaben des Juristen. Denn „auslegen" bedeutet „den Sinn verstehen". Und dieses Verständnis ist die Voraussetzung dafür, dass man etwas beurteilen kann.

I. Gesetz und Willenserklärung als Auslegungsgegenstände

1. Die Auslegung durch den Juristen hat im Wesentlichen zwei Gegenstände, nämlich Gesetze und Willenserklärungen. Zwar geht es in beiden Fällen um richtiges Verstehen. Trotzdem unterscheidet sich die Auslegung bei beiden Gegenständen sehr wesentlich[1].

a) Zunächst wegen der **Verschiedenheit des Adressaten**: Das abstrakte Gesetz richtet sich an eine (meist unbestimmte) Vielzahl von Personen, die Willenserklärung dagegen regelmäßig nur an eine bestimmte Person. Daher muss regelmäßig[2] auf deren indivi-

---

1 Vgl. *Lüderitz*, Auslegung von Rechtsgeschäften (1966) 20 ff.; *Flume* AT II § 16, 1 c S. 293 ff.
2 BGHZ 164, 297, 317, jedoch anders bei AGB: *Bork* Rz. 1771.

duelle Verständnismöglichkeit Rücksicht genommen werden (vgl. unten Rz. 323). Dagegen wäre eine ähnliche Rücksicht bei der Gesetzesauslegung unzulässig, weil sonst das Gesetz für verschiedene Personen je nach deren Verständnismöglichkeit Verschiedenes bedeuten könnte. Gesetze sind daher objektiv-typisierend auszulegen.

308 **b)** Die modernen Gesetze verfolgen regelmäßig einen **Zweck** (griech. τέλος). Diese *ratio legis* bildet das wichtigste **Auslegungskriterium (teleologische Auslegung)**. Demgegenüber kann der Zweck zumal bei mehrseitigen Rechtsgeschäften nur mit großer Vorsicht zur Auslegung verwendet werden: Häufig ist der von der einen Partei verfolgte Zweck nicht auch derjenige der anderen Partei, sodass er auch nicht ohne weiteres den Inhalt des Geschäfts bestimmen kann.

309 **c)** Gesetze sind Teile der Gesamtrechtsordnung. Auch von daher – nämlich aus dem Verhältnis zu anderen Teilen der Rechtsordnung – ergeben sich für die Auslegung wichtige Argumente **(systematische Auslegung)**. Demgegenüber stehen Willenserklärungen häufig in keinem größeren Zusammenhang, zumindest in keinem, der dem anderen Teil erkennbar wäre. Folglich können sie auch nicht unter diesem Gesichtspunkt ausgelegt werden. So spielt es etwa für das Verständnis eines Kaufvertrags zwischen V und K regelmäßig keine Rolle, wie sparsam die Lebensführung des K im Allgemeinen ist. Wohl aber kann eine einzelne Vertragsklausel ihren Sinn erst aus dem Gesamtzusammenhang des Vertrags erhalten.

310 **d)** Da Gesetze eine Vielzahl von Fällen betreffen, wird meist der Rechtsfrieden erheblich beeinträchtigt, wenn sie sich als **unwirksam** herausstellen. Demgegenüber beschränken sich Rechtsgeschäfte häufig auf bloß zwei Personen und auch dort nur auf einen bestimmten Gegenstand; hier erscheint Nichtigkeit daher eher als erträglich. Wegen dieses Unterschiedes gibt es für Gesetze einige Auslegungsregeln, die bei Rechtsgeschäften nicht oder nur weniger ausgeprägt gelten. Zu nennen ist vor allem der Grundsatz der **verfassungskonformen** (oder im Verhältnis zu Richtlinien auch **richtlinienkonformen**[3]) **Gesetzesauslegung**: Unter mehreren Auslegungsmöglichkeiten wird diejenige bevorzugt, bei der das Gesetz vor der Verfassung oder der Richtlinie Bestand hat, und zwar selbst dann, wenn diese Auslegung nicht dem Willen des Gesetzgebers entspricht. Demgegenüber gilt ein Grundsatz der gesetzes- oder sittenkonformen Auslegung von Rechtsgeschäften zumindest nicht mit gleicher Bestimmtheit. Freilich versucht man bei einer Gruppe von Rechtsgeschäften besonders intensiv, die Nichtigkeitsfolgen zu vermeiden, nämlich bei den in Vollzug gesetzten Dauerrechtsverhältnissen. Vgl. dazu oben Rz. 253 ff.

311 **2.** Im Folgenden geht es um die **Auslegung von Willenserklärungen**: Das BGB enthält ja auch (im Gegensatz etwa zum schweizerischen ZGB) im Allgemeinen Teil keine Vorschriften über die Gesetzesauslegung. Diese wird vielmehr als Teil der Methodenlehre behandelt[4].

---

3 Dazu oben Rz. 50 mit Nachw.
4 Vgl. etwa *Larenz*, Methodenlehre der Rechtswissenschaft (6. Aufl. 1991) 312 ff., Studienausgabe (= *Larenz/Canaris* 3. Aufl. 1995) 133 ff.

II. Der Standort der Auslegung von Willenserklärungen

Entsprechend der oben vor Rz. 307 erwähnten zentralen Bedeutung der Auslegung steht diese bei allen juristischen Überlegungen an sehr früher Stelle: Kaum ein anderer Punkt ist ihr eindeutig vorrangig, manches ist ihr dagegen eindeutig nachrangig. Dafür seien hier als Beispiele einige besonders wichtige Fragenkreise genannt. 312

1. Als der Auslegung vorrangig kann man wohl am ehesten die Fragen nach **Abgabe und Zugang** der Willenserklärung bezeichnen (§§ 130 – 132): Auslegen darf man nur, was dem Adressaten zugegangen (und nicht rechtzeitig widerrufen worden) ist. Doch können auch hier schon einzelne Auslegungsfragen vorrangig sein. So muss bisweilen zunächst ermittelt werden, ob es sich überhaupt um eine zugangsbedürftige Willenserklärung handelt, und dazu kann Auslegung nötig sein. So verhält es sich etwa bei § 151: Dort ist die Annahme nicht zugangsbedürftig, wenn der Antragende auf den Zugang verzichtet hat; ob das vorliegt, ist regelmäßig eine Frage der Auslegung (vgl. unten Rz. 382 ff.). 313

2. Auch Fragen der **Geschäftsfähigkeit** (§§ 104 ff.) können bisweilen der Auslegung vorgehen: Was mangels der nötigen Geschäftsfähigkeit nur unwirksam geäußert worden ist, braucht nicht ausgelegt zu werden. Doch können auch hier alsbald Auslegungsprobleme auftreten: etwa bei der Frage, ob ein Geschäft dem Minderjährigen lediglich rechtlichen Vorteil bringt (§ 107, vgl. unten Rz. 560 ff.), oder ob ein Geschäft des Minderjährigen von der Einwilligung des gesetzlichen Vertreters gedeckt ist (§ 107, vgl. unten Rz. 576 ff.). Im letzten Fall kann sogar eine doppelte Auslegung nötig sein, nämlich sowohl des Geschäfts wie auch der Einwilligung. 314

3. Ähnlich wie mit der Geschäftsfähigkeit verhält es sich auch mit **Formfragen** (§ 125): Einerseits braucht nicht mehr ausgelegt zu werden, was wegen Formmangels nichtig ist. Andererseits lässt sich aber bisweilen erst durch Auslegung ermitteln, ob ein Geschäft formbedürftig ist (z.B. als Bürgschaft, § 766) oder nicht (z.B. als Schuldbeitritt oder Kreditauftrag, § 778)[5]. 315

4. Auch Probleme der **Gesetz- oder Sittenwidrigkeit** (§§ 134, 138) sind häufig mit Auslegungsfragen verbunden: Zwar braucht man nicht auszulegen, was vor Verbotsgesetzen oder guten Sitten keinen Bestand hat. Oft muss man aber zunächst durch Auslegung den maßgeblichen Inhalt des Geschäfts ermitteln: Erst daran kann man dann den Maßstab der Gesetze und der guten Sitten anlegen. 316

5. Geradezu einen deutlichen Vorrang hat die Auslegung gegenüber der **Anfechtbarkeit**, insbesondere wegen Irrtums (§§ 119, 120). Denn erst die Auslegung kann ergeben, ob wirklich die Erklärung insofern misslungen ist, als sie nicht das Gewollte ausgedrückt hat, oder ob nicht vielmehr der Wille schon durch Auslegung zur Geltung gebracht werden kann. Ähnliches gilt für den **Dissens** (vgl. unten Rz. 437). 317

6. Dass endlich auch Fragen des Fehlens oder Wegfalls der **Geschäftsgrundlage** untrennbar mit der Auslegung verbunden sind, wird unten Rz. 864 ff. noch zur Sprache kommen. 318

---

5 Vgl. hierzu etwa BGH NJW 1995, 1886.

III. Allgemeine Auslegungsregeln

1. Die §§ 133, 157 BGB

319 **a)** Das BGB enthält zwei allgemeine Auslegungsregeln: Nach § 133 soll bei der Auslegung von **Willenserklärungen** der **wirkliche Wille** erforscht und nicht am buchstäblichen Sinn des Ausdrucks gehaftet werden. Und nach § 157 sollen **Verträge** nach **Treu und Glauben** mit Rücksicht auf die Verkehrssitte auszulegen sein. Danach sieht es so aus, als sei die Auslegung bei Willenserklärungen wesentlich anders als bei Verträgen. Insbesondere könnte man annehmen, bei Willenserklärungen komme es eher als bei Verträgen auf den wirklichen Willen an. Dem steht aber schon entgegen, dass ja Verträge regelmäßig aus zwei Willenserklärungen bestehen (vgl. oben Rz. 203 f.): Wie soll dann die Auslegung des Vertrags von derjenigen der ihn bildenden Willenserklärungen abweichen können?

320 **b)** In Wahrheit gibt es einen solchen Unterschied zwischen der Auslegung von Willenserklärungen und von Verträgen nicht. Daher sind die §§ 133, 157 bisweilen gemeinsam kommentiert worden. Die **gesetzliche Unterscheidung** ist also **verunglückt**. Wenig glücklich ist aber auch die Formulierung im Einzelnen:

aa) § 133 betont allzu einseitig den **Willen** des Erklärenden. Das lässt sich historisch verstehen: Die Römer haben ihre Auslegungslehre hauptsächlich an den Legaten entwickelt (die aus ihnen hervorgegangenen Vermächtnisse sind auch heute noch in den §§ 2147–2191 unverhältnismäßig ausführlich geregelt). Das waren unentgeltliche Zuwendungen von Todes wegen. Daher brauchte bei ihnen das Vertrauen des Bedachten kaum geschützt zu werden; die Auslegung konnte also den Willen (die *voluntas*) des Erblassers dem Wortlaut (den *verba*) vorziehen. Das drückt § 133 aus. Doch wird dabei verkannt, dass diese allgemeine Vorschrift auch (und zahlenmäßig sogar in erster Linie) Willenserklärungen unter Lebenden betrifft. Bei solchen Erklärungen aber ist ein Vertrauensschutz viel nötiger.

321 **bb)** Dieser Vertrauensschutz wird freilich in § 157 angedeutet. Denn die dort genannte **Verkehrssitte** wird auch dem Erklärungsempfänger regelmäßig bekannt sein können. Und die Formel von **Treu und Glauben** erlaubt es, auch in anderer Hinsicht auf das Verständnisvermögen des Empfängers Rücksicht zu nehmen. Aber diese Rücksicht ist entgegen dem Wortlaut und der systematischen Stellung des § 157 nicht auf Verträge zu beschränken. Zudem ist der gleich (unten Rz. 323 ff.) noch näher zu bestimmende maßgebliche Gesichtspunkt durch den farblosen Hinweis auf Treu und Glauben nur sehr allgemein angedeutet.

2. Die zutreffende Unterscheidung

322 An die Stelle der unpassenden Unterscheidung zwischen Willenserklärung und Vertrag setzt die heute ganz h.M. eine andere: Sie stellt auf die **Empfangsbedürftigkeit** der auszulegenden Willenserklärung ab (vgl. oben Rz. 259 f.).

a) Auch **nicht empfangsbedürftige Willenserklärungen** gelangen zwar, wenn sie überhaupt Wirkung entfalten sollen, zu jemandes Kenntnis: Das Testament etwa kann erst dann beachtet werden, wenn es gefunden worden ist. Aber das Gesetz bewertet hier das Interesse des Bedachten schon dadurch geringer, dass die Erklärung des Testators nicht an den Bedachten gerichtet sein muss. Vor allem aber kann dieser nicht sicher sein, dass nicht noch ein späteres Testament gefunden wird, welches das zunächst entdeckte widerrufen hat (§ 2254). Aus ähnlichen Gründen fehlt ein dem § 122 entsprechender, auf Ersatz des Vertrauensschadens gerichteter Anspruch nach Anfechtung des Testaments (§§ 2078 ff., vgl. unten Rz. 779). Daher braucht insbesondere bei Testamenten auch die Auslegung dem Vertrauensinteresse des Bedachten nicht Rechnung zu tragen: **Die Auslegung nicht empfangsbedürftiger Willenserklärungen ist die Domäne der Auslegung nach dem Willen des Erklärenden.** Hier (und nicht allgemein beim Rechtsgeschäft) passt also die Formulierung von § 133 (vgl. oben Rz. 320).

Allerdings wird gerade bei Testamenten die Berücksichtigung des Willens durch die Formfrage überlagert: Ist der erst durch Auslegung zu ermittelnde Wille noch testamentsförmig erklärt, wenn die Auslegung sich auf Umstände außerhalb des Testaments stützen muss? Vgl. dazu unten Rz. 328 ff.

b) Regelmäßig dagegen sind **Willenserklärungen empfangsbedürftig**, insbesondere wenn sie der Verständigung unter Lebenden dienen.

323

aa) Mit dem Zugangserfordernis stellt das Gesetz auf die Möglichkeit des Empfängers zur Kenntnisnahme ab (vgl. oben Rz. 274). Durch diese Möglichkeit wird zugleich der Widerruf ausgeschlossen, also der Absender an seine Erklärung gebunden und das Vertrauen des Adressaten auf deren Beständigkeit geschützt (vgl. oben Rz. 298 ff.). Daher liegt es nahe, dann auch das Interesse des Adressaten daran zu schützen, dass die Erklärung so gilt, wie er sie verstehen durfte: Der Inhalt der empfangsbedürftigen Willenserklärung ist also von der beim Zugang gegebenen[6] Verständnismöglichkeit des Empfängers (dem **Empfängerhorizont**[7]) her zu bestimmen. Doch muss der Empfänger freilich auch seinerseits zu erkennen versuchen, was der Erklärende gemeint hat **(Auslegungssorgfalt)**. Dabei entscheidet nach BGHZ 156, 335, 346 nicht allein der Wortlaut, sondern „der erklärte Wille, wie er auch aus den Begleitumständen und nicht zuletzt der Interessenlage hervorgehen kann. Im Zweifel gilt, was nach den Maßstäben der Rechtsordnung vernünftig ist und der recht verstandenen Interessenlage entspricht."

Bei einer Ausgleichsquittung (mit der ein ausscheidender Arbeitnehmer auf alle Ansprüche verzichtet) kann der Arbeitgeber damit rechnen müssen, dass der Arbeitnehmer nicht an seinen Lohnfortzahlungsanspruch gedacht hat[8].

Im Ganzen ist bei der empfangsbedürftigen Willenserklärung das Ziel der Auslegung also letztlich nicht die Feststellung des wirklichen Willens des Erklärenden. Ermittelt werden soll vielmehr, was der Adressat als solchen Willen verstehen konnte. Das mag man einen **„normativen Willen"** nennen: Es geht um das, was von Rechts wegen als gewollt zu verstehen ist[9]. Soweit das so Ermittelte vom wirklichen Willen des Erklä-

---

6 BGH NJW 1988, 2878, 2879; NJW-RR 2007, 529 Rz. 18.
7 Zu ihm weiterführend *Oechsler*, Vertragliche Schuldverhältnisse (2013) Rz. 30.
8 BAG NJW 1981, 1285.
9 *Flume* AT II § 16, 3 b S. 310.

renden abweicht, kann dieser wegen Inhaltsirrtums nach § 119 I anfechten (vgl. unten Rz. 745). Dass er aber zunächst an die Erklärung mit dem durch Auslegung ermittelten Sinn gebunden ist, selbst wenn er sich ohne jedes Verschulden geirrt hat, bedeutet eine **verschuldensunabhängige Verantwortlichkeit für die Willenserklärung**. Diese Verantwortlichkeit setzt sich übrigens auch nach der Anfechtung noch abgeschwächt in der Ersatzpflicht nach § 122 fort (vgl. unten Rz. 783).

324 **bb)** Das eben Gesagte kann freilich zu **Schwierigkeiten** führen. Als Beleg dafür diene ein immer wieder diskutierter, in der Substanz schon auf *von Ihering*[10] zurückgehender Schulfall: Ein Jurastudent hat in einem Studentenlokal eine reichverzierte Speisekarte mitgehen lassen. Zehn Jahre später – aus dem Studenten ist inzwischen ein Staatsanwalt geworden – plagt ihn sein Gewissen, und er legt die Speisekarte unbemerkt wieder zurück. Ein Gast hält diese Karte für die geltende und bestellt sich, erfreut über die niedrigen Preise, ein reichhaltiges Menü. Erst mit der Rechnung stellt sich heraus, dass die bestellten Speisen inzwischen mehr als das Doppelte der auf der alten Karte angegebenen Preise kosten sollen. Eher umgekehrt war es übrigens wenigstens vorübergehend, wenn eine Speisekarte aus der DM-Zeit zur Euro-Zeit zurückgebracht wurde.

Hier muss durch Auslegung festgestellt werden, ob zwischen dem Gast und dem Wirt ein Vertrag zustandegekommen ist und welchen Inhalt dieser hat. Das Zustandekommen des Vertrags erfordert den Konsens, nämlich zwei zueinander passende Willenserklärungen (vgl. unten Rz. 430). Hier macht den Antrag der Gast (die Kundgabe der Speisekarte bildet nur eine Aufforderung zu Anträgen, weil sich der Wirt regelmäßig noch eine Ablehnung vorbehalten will: „Ist aus", vgl. unten Rz. 358 ff.). Legt man diesen Antrag so aus, wie ihn der Wirt verstehen konnte, dann ergibt sich: Wenn der Wirt von der zurückgekehrten alten Speisekarte nichts wusste und wissen konnte, war sein Verständnishorizont durch die ihm allein bekannten neuen Speisekarten geprägt. Dann bedeutet die Bestellung für ihn einen Antrag zu den jetzigen, höheren Preisen. Umgekehrt bedeutet die Annahme des Antrags durch den Wirt von dem Verständnishorizont des Gastes aus: Wenn dieser die ihm vorliegende Karte für die gültige halten durfte, kann damit in seinen Augen nur das Einverständnis des Wirtes mit den alten, niedrigen Preisen gemeint sein. Hier verhindert also die **Verschiedenheit der Verständnishorizonte** das Zustandekommen eines Vertrags; das Verhältnis müsste nach Bereicherungsrecht abgewickelt werden (§§ 812 I, 818 II, III).

325 **cc)** In dem Speisekartenfall gibt das Abstellen auf den Verständnishorizont des Empfängers der Erklärung aber einen Sinn, den der Erklärende nach seinem eigenen Verständnishorizont nicht gemeint haben kann: Die Auslegung nach dem fremden Verständnishorizont ergibt ja jeweils das dem Erklärenden Ungünstige. Deshalb kann man hier zweifeln, ob ein Vertrag wirklich scheitern muss: Wenn der Gast nach seiner ausgelegten Erklärung sogar den höheren Preis zahlen und umgekehrt der Wirt zu dem niedrigeren Preis liefern will, lässt sich daraus nicht doch eine Einigung gewinnen?

Das Problem liegt jedoch tiefer: Das eben vorgeführte Abstellen allein auf den **Empfängerhorizont** bedarf wohl noch einer **Korrektur**. Denn die Verständnisstörung stammt von der unpassenden Speisekarte, und diese gehört in die Sphäre des Wirts.

---

10 *Ihering/Oertmann*, Zivilrechtsfälle ohne Entscheidungen (14. Aufl. 1932) Nr. 49 II.

Hätte versehentlich ein Kellner die alte Speisekarte aufgelegt, so müsste der Wirt dafür wenigstens nach § 278 einstehen, und man könnte einen Ausgleich über einen Ersatzanspruch aus Verschulden bei Vertragsverhandlungen suchen (vgl. unten Rz. 444). Aber für den anderen Gast, der die Speisekarte heimlich zurückgebracht hat, ist der Wirt nicht nach § 278 verantwortlich (es fehlt schon die „Einschaltung", vgl. Medicus/Lorenz SAT Rz. 376 ff.). Es hieße gewiss auch die Sorgfaltsanforderungen zu übertreiben, wenn man den Wirt mit einer vorvertraglichen Organisationspflicht des Inhalts belasten wollte, ständig nach wieder aufgetauchten alten Speisekarten zu fahnden. Daher lässt sich der Speisekartenfall so, wie er oben in Rz. 324 geschildert ist, nicht über ein Verschulden bei Vertragsverhandlungen lösen.

Im Hinblick auf solche Fälle wird denn auch in der Literatur eine Korrektur der Lehre vom Empfängerhorizont vertreten: Die normative Auslegung müsse auch die **Person des Erklärenden mitberücksichtigen**. „Der Sinn der Erklärung ... muss dem Erklärenden als Sinn seiner Erklärung auch zurechenbar sein"[11]. Auch *Canaris*[12] vertritt eine Sonderbehandlung derjenigen Fälle, in denen „der Erklärungsempfänger Umstände berücksichtigt, die dem Erklärenden unerkennbar sind". Dem ist zu folgen: Bei der Auslegung von Erklärungen müssen zugunsten des Erklärenden zumindest solche Umstände außer Betracht bleiben, die dieser in keiner Weise erkennen konnte und die eher in die Sphäre des Erklärungsempfängers gehören (wenn sie von ihm auch nach §§ 276 ff. nicht zu vertreten sind). Auf dasselbe läuft es hinaus, wenn man den Sinn einer bloßen Zustimmungserklärung ohne eigenen sachlichen Inhalt (und das trifft hinsichtlich des nicht genannten Preises für die Annahme der Bestellung des Gastes zu) aus dem Sinn der zugrundeliegenden Offerte bestimmt[13].

326

Zweifeln kann man nur, ob dem Wirt die alte Speisekarte als Antrag (oder invitatio ad offerendum, vgl. unten Rz. 358 ff.) überhaupt zuzurechnen ist[14].

Bejaht man die Zurechnung an den Wirt, so kann man in dem Speisekartenfall einen Vertragsschluss zu den niedrigen Preisen der alten Karte bejahen. Daher braucht der Gast seine Bestellung nur so gegen sich gelten zu lassen, wie er sie nach der ihm vorliegenden Speisekarte allein verstehen konnte. Dann ist ein Vertrag zu dem niedrigen Preis zustandegekommen. Zwar kann der Wirt seine Erklärung nach § 119 I wegen Irrtums anfechten und damit den Vertrag wieder beseitigen. Doch ist wegen § 122 fraglich, ob er davon Nutzen hat (vgl. unten Rz. 783).

Es sei aber nochmals betont, dass diese Korrektur der Lehre von der Maßgeblichkeit des Empfängerhorizonts höchstens seltene Ausnahmefälle betreffen kann.

---

11 *Flume* AT II § 16, 3 c S. 311.
12 *Canaris*, Die Vertrauenshaftung im deutschen Privatrecht (1971) 344 mit Fn. 43.
13 So *Flume* AT II § 34, 3 S. 620; *Wieser* AcP 184 (1984) 40, 44.
14 Skeptisch insoweit *Wieser* AcP 184 (1984) 40, 43.

IV. Einzelfragen zur Auslegung

1. Die falsa demonstratio

327 Bisweilen stimmen die Parteien zwar in ihrem Willen überein, drücken das aber unrichtig aus. Der Schulfall hierfür stammt von **RGZ 99, 147**[15]: V verkaufte an K 214 Fass „Haakjöringsköd", verladen auf dem Dampfer Jessica. Das norwegische Wort „Haakjöringsköd" bedeutet „Haifischfleisch", das die Fässer auch wirklich enthielten. V und K hatten jedoch übereinstimmend gemeint, das Wort bedeute „Walfischfleisch", und solches sollte auch verkauft sein. V lieferte die Fässer mit dem Haifischfleisch; K verlangt Schadensersatz. Das RG hat den Vertrag als über Walfischfleisch geschlossen angesehen und dem K Recht gegeben: Der Kauf sei so zu beurteilen, als ob sich die Parteien der richtigen Bezeichnung bedient hätten. Andere Fälle dieser Art kommen bei Grundstücksgeschäften vor, wenn die Parteien über die Identität des Grundstücks einig sind, dieses aber mit einer unrichtigen Parzellenangabe bezeichnen (doch vgl. unten Rz. 328 ff. zu § 311 b I).

Dass hier das Geschäft mit dem übereinstimmend gewollten Inhalt gilt, dass also die falsche Bezeichnung unschädlich ist, entspricht alter Rechtstradition[16]: *falsa demonstratio non nocet* (was freilich ursprünglich eine engere Bedeutung hatte). Diese Regel hat auch einen guten Grund: Die Parteien brauchen nicht gegen ihren Willen an der üblichen Bedeutung des Erklärten festgehalten zu werden, wenn sie über eine andere Bedeutung einig waren. „Wird der tatsächliche Wille des Erklärenden bei der Abgabe einer empfangsbedürftigen Willenserklärung bewiesen oder sogar zugestanden ... und hat der andere Teil sie ebenfalls in diesem Sinne verstanden, dann bestimmt dieser Wille ... den Inhalt des Rechtsgeschäfts, ohne dass es auf Weiteres ankommt. Denn der wirkliche Wille des Erklärenden geht, wenn alle Beteiligten die Erklärung übereinstimmend in eben diesem selben Sinn verstanden haben, nicht nur dem Wortlaut, sondern jeder anderweitigen Interpretation vor"[17]. Dass ein gewolltes Geschäft soll gelten können, obwohl etwas anderes erklärt ist, ergibt sich auch aus der in § 117 II bestimmten Behandlung eines bewusst nicht erklärten Geschäfts (vgl. unten Rz. 594).

2. Auslegung und Form

328 Bei **formbedürftigen Erklärungen** genügt es nicht, dass etwas überhaupt als gewollt erklärt wird; vielmehr muss es zur Vermeidung der Nichtigkeit nach § 125 regelmäßig förmlich erklärt sein. Hier wird die auch bei der Gesetzesauslegung auftauchende sog. **Andeutungstheorie** ins Spiel gebracht[18]: Nach ihr kann nur berücksichtigt werden, was in der förmlichen Erklärung zumindest angedeutet ist. Oft wird das auch dahin formuliert, eine Erklärung könne nicht gegen ihren eindeutigen Wortlaut ausgelegt werden (sog. **Eindeutigkeitsregel** nach Paul. Dig. 32, 25, 1: *Cum in verbis nulla ambiguitas est, non debet admitti voluntatis quaestio*, also: Wo der Wortlaut keine Mehrdeutigkeit aufweist, ist die Frage nach dem Willen unzulässig).

---

15 Dazu *Cordes* Jura 1991, 352.
16 Vgl. *Semmelmayer* JuS-L 1996, 9, kritisch allerdings *Wieling* AcP 172 (1972) 297; *ders.* Jura 1979, 524.
17 BGH NJW 1984, 721, dazu *Schubert* JR 1984, 194, ähnlich BGH ZIP 1997, 1205.
18 Vgl. *Gerhards* JuS 1994, 642.

a) Vorzügliche **Beispiele** hierfür sind die Fälle von BGHZ 80, 242 und 246. In beiden **329** geht es um die Auslegung von Testamenten, die von der Rücksicht auf einen Empfängerhorizont frei ist (vgl. oben Rz. 322): Im ersten Fall hatten Eheleute durch gemeinschaftliches eigenhändiges Testament (§ 2267) ihre Kinder zu Erben eingesetzt. Trotzdem beantragte nach dem Tod der Ehefrau der Ehemann einen Erbschein als Alleinerbe: Er und seine Frau hätten sich nach Art eines „Berliner Testaments" (§ 2269) gegenseitig zu Erben und die Kinder bloß als Erben des Letztversterbenden einsetzen wollen. Bei der Abschrift des Testaments von einem Entwurf sei dann jedoch die Klausel über die gegenseitige Erbeinsetzung versehentlich nicht mit übernommen worden.

Im zweiten Fall hatte der Erblasser „gesetzliche Erbfolge" angeordnet. Um den Nachlass streiten sich seine Mutter und seine nichteheliche Tochter. Von ihnen war nach dem Gesetz (§§ 1924, 1930) die Tochter Alleinerbin. Die Mutter behauptete jedoch, ihr Sohn habe allein sie einsetzen wollen und das auch dem Notar gesagt. Dieser habe dafür dann den Ausdruck „gesetzliche Erbfolge" verwendet, weil er von der nichtehelichen Tochter nichts gewusst habe.

In beiden Fällen hat das OLG Frankfurt von der ständigen Rechtsprechung des RG und des BGH abweichen und entgegen der Andeutungstheorie die Geltung des Gewollten annehmen wollen. Dabei konnte es sich auf viele gewichtige Stimmen in der Literatur berufen[19]. Der BGH ist aber bei seiner alten Ansicht geblieben, er hat also gegen den Antragsteller (den Ehemann bzw. die Mutter) entschieden: Die im Testament nicht einmal angedeutete Erbeinsetzung genüge dem Zweck der testamentarischen Form nicht, nämlich „verantwortliches Testieren zu fördern und Streitigkeiten der Erbprätendenten über den Inhalt letztwilliger Verfügungen hintanzuhalten"[20].

Freilich sollen nichtförmliche Angaben wenigstens als Auslegungshilfe dienen können[21].

b) Richtigerweise sollte man zunächst (was nicht immer geschieht) das **Auslegungs-** **330** **von dem Formproblem trennen**: Für die Auslegung darf gewiss auch auf Umstände zurückgegriffen werden, die außerhalb der Urkunde liegen. Insbesondere kann die Auslegung auch zu einem Ergebnis führen, das sich mit dem beurkundeten Text nicht vereinbaren lässt[22]. Dann fragt sich aber weiter, ob die Vereinbarung mit diesem nicht erklärten Inhalt nach § 125 **formnichtig** ist.

Das wird mit Recht allgemein bejaht, wenn die **Beurkundung absichtlich unterblieben** ist. Ein Beispiel hierfür bildet der wirklich vereinbarte Kaufpreis beim Schwarzkauf (vgl. unten Rz. 595): Der Vertrag mit diesem absichtlich nicht erklärten Inhalt muss erst über §§ 117 II, 311 b I 2 wirksam werden. Zur absichtlichen Nichtbeurkundung rechnet BGHZ 74, 116 auch den Fall, dass die Parteien in dem notariellen Vertrag das

---

19 Etwa *Flume* AT II § 16, 2 S. 306 f.; § 16, 5 S. 333 f.; *Lüderitz*, Auslegung von Rechtsgeschäften (1966) 179 ff., weit. Angaben in BGHZ 80, 242, 245.
20 BGHZ 80, 242, 246; 251, dazu *Flume* NJW 1983, 2007; *M. Wolf/Gangel* JuS 1983, 663, auch *Wieser* JZ 1985, 407: Die gegenseitige Erbeinsetzung sei überhaupt nicht erklärt. Für Wirksamkeit dagegen *Brox* JA 1984, 549.
21 BGH ZIP 1995, 37.
22 Etwa BGH NJW 1994, 850; NJW-RR 1996, 1458, vgl. auch BGHZ 124, 64, 68.

gesamte Grundstück als Kaufgegenstand benennen, obwohl nur eine Teilfläche verkauft sein soll: Hier hätten die Parteien nicht geirrt, sondern den Kaufgegenstand schon nicht hinreichend deutlich bezeichnen wollen. Dem kann man folgen.

331 BGHZ 74, 116, 120 f. hatte noch offengelassen, ob eine **irrtümliche Falschbezeichnung** nicht wenigstens dann als formgerecht angesehen werden darf, wenn „sich die Parteien um eine formgerechte Erklärung bemüht haben und ihnen nur unbewusst eine Verwechslung unterlaufen ist, die überall vorkommen kann". BGHZ 80, 242 und 246 (oben Rz. 329) hat die Formwirksamkeit in solchen Fällen verneint.

Für diese Antwort des BGH spricht wohl vor allem: Der in der Literatur bisweilen geforderte Verzicht auf jede förmliche Andeutung ermöglicht es, auch anscheinend eindeutige Urkunden in Zweifel zu ziehen. Das belegen gerade die beiden in BGHZ 80 entschiedenen Testamentsfälle. Dem stehen freilich andere Argumente gegenüber: Die Andeutungstheorie provoziert Auslegungskunststücke, mit denen doch noch eine Andeutung des Gewollten dargetan werden soll (was in der Tat häufig gelingt). Vor allem aber schließen die **Formzwecke** eine Berücksichtigung des nicht förmlich Angedeuteten vielfach nicht überzeugend aus: Wenigstens bei privatschriftlichen Erklärungen ist der Übereilungsschutz schon dann gewahrt, wenn die Parteien sich richtig ausdrücken wollten. Bei der notariellen Form wird zwar die sachkundige Beratung (vgl. unten Rz. 622) ungewiss, wenn der Notar das Gewollte nicht zu erkennen vermag. Aber dieser Gesichtspunkt ist häufig nicht ausschlaggebend: Auch bei einer Andeutung wird ja nicht darauf abgestellt, ob gerade der Notar sie verstanden hat, und bei der Heilung nach §§ 311 b I 2, 518 II verzichtet sogar das Gesetz selbst auf die Beratungsmöglichkeit. Die Interessen Dritter endlich verlangen gleichfalls die Andeutung nicht: Soweit sich die Erklärung an einen Dritten richtet, kommt es nach den allgemeinen Auslegungsregeln ohnehin auf dessen Verständnismöglichkeit an. Und soweit die Erklärung dem Dritten nicht zuzugehen braucht (z.B. Testament), ist dessen Verständnismöglichkeit unerheblich.

Später hat sich der BGH wieder von der Andeutungstheorie entfernt. So hat BGHZ 87, 150 für die irrtümliche falsa demonstratio (Nichterwähnung einer mitverkauften Parzelle im notariellen Vertrag) klargestellt: An der alten Lehre sei festzuhalten; es gelte das übereinstimmend Gewollte ohne Rücksicht darauf, ob es in der Vertragsurkunde einen Anhalt finde[23]. Ähnlich hat BGHZ 86, 41, 46 f. zur Testamentsauslegung gesagt: Auch in den – seltenen – Fällen „klaren und eindeutigen" Wortlauts sei der Auslegung durch eben diesen Wortlaut keine Grenze gesetzt. Allerdings will diese Entscheidung[24] Formwirksamkeit nur dann annehmen, wenn „der so ermittelte Erblasserwille eine hinreichende Stütze im Testament selbst findet"[25]. Doch muss man zweifeln, ob eine solche Stütze durch den Zweck der Testamentsform erfordert wird[26]. Dagegen sieht der BGH[27] mit Recht den Schutzzweck der Bürgschaftsform (§ 766) nicht gewahrt, wenn „die den Hauptinhalt der Bürgschaftsverpflichtung umgrenzen-

---

23 Dazu *Köbl* DNotZ 1983, 598; *Wieling* JZ 1983, 760; *Köhler* JR 1984, 14.
24 Ähnlich BGHZ 121, 357, 363.
25 Dazu *Flume* NJW 1983, 2007; *Leipold* JZ 1983, 711.
26 Wie das auch BGHZ 87, 150, 153 ff. für § 313 (jetzt § 311 b I) untersucht und verneint.
27 BGH NJW 1989, 1484, 1486.

den wesentlichen Bestandteile nicht wenigstens in hinreichend klaren Umrissen" in der Bürgschaftsurkunde angegeben seien.

Nicht zu diesem Fragenkreis gehört es, wenn BGHZ 123, 297 eine im Grundbuch angegebene **Parzellennummer** für nicht auslegungsfähig erklärt. Denn erstens stellt diese Angabe keine private Willenserklärung dar, sondern einen staatlichen Hoheitsakt. Und zweitens passt hier auch das Abstellen auf einen Empfängerhorizont nicht: Der Grundbucheintrag ist für unbestimmt viele Personen gedacht und lässt sich daher nicht nach der Verständnismöglichkeit einer einzigen Person verstehen.

3. Die Auslegung automatisierter Willenserklärungen

Willenserklärungen werden heute immer häufiger nicht von Menschen, sondern von Automaten formuliert (z.B. Kontoauszüge oder die Abrechnungen über den Strom- und Wasserverbrauch). Zwar gehen auch solche Erklärungen auf den menschlichen Willen zurück, nämlich auf das dem Automaten eingegebene Programm, vgl. oben Rz. 256. Problematisch ist aber vielfach die mindere Verständlichkeit: Häufig werden von den Automaten Symbole verwendet, die einer besonderen Aufschlüsselung bedürfen, oder es werden weitläufige Formulare verwendet, die sich für alle denkbaren Fälle eignen sollen und dann für den Einzelfall nicht recht passen[28]. **332**

Hier hat das Privatrecht (ebenso wie das öffentliche Recht, vgl. § 37 IV VwVfG) keine Veranlassung, ein geringeres Maß an Verständlichkeit genügen zu lassen, als es sonst bei Willenserklärungen gefordert wird: Nicht die (angeblichen) Grenzen der Leistungsfähigkeit des Automaten dürfen dieses Maß bestimmen, sondern die Automaten müssen umgekehrt dem rechtlich Geforderten entsprechen. Wo sie das nicht oder nicht wirtschaftlich leisten können, ist auf ihren Einsatz zu verzichten. Andernfalls käme man zu einer heute zwar weit verbreiteten, aber doch für unzulässig zu haltenden Rationalisierung zu Lasten anderer.

Auch automatisierte Willenserklärungen müssen also auf die Verständnismöglichkeit des Empfängers Rücksicht nehmen. Wenn sie das nicht tun, werden sie nicht wirksam. Zwar gibt es noch keine anerkannte Formulierung für das Maß an Mühe, das dem Erklärungsempfänger bei der Entschlüsselung zuzumuten ist. Doch sollte man es keinesfalls hoch ansetzen. Einen Anhalt mag die Zumutbarkeit bei AGB gemäß § 305 II Nr. 2 bilden[29].

Ein schönes Beispiel bildet **BGHZ 195, 126**[30]: K buchte über ein Internetportal zwei Flüge, einen für sich und einen anderen auf eine Begleitperson, für die er in der Buchungsmaske „noch unbekannt" eingab. Das Datensystem der beklagten Fluggesellschaft registrierte „noch unbekannt" als Namen und zog den Preis für beide Flüge vom Konto des K ein. Später verweigerte die Fluggesellschaft eine nachträgliche Umbuchung, weil der gewählte Flugtarif dies (wie schon auf der Buchungsseite angegeben) ausschloss. K flog allein und verlangte Rückzahlung der auf die Begleitperson

---

28 Vgl. dazu *Köhler* AcP 182 (1982) 126, 141 f.; *Burghard* AcP 195 (1995) 74.
29 Vgl. unten Rz. 412 und *Köhler* AcP 182 (1982) 126, 141 f.
30 Dazu *Hopperdietzel* NJW 2013, 600; *Palzer* K&R 2013, 115; *ders.* Jura 2013, 934, 938; *Stadler* JA 2013, 465; *Sutschet* NJW 2014, 1041, 1045. Ausführlich auch *Janal* AcP 215 (2015) 830 ff.

entfallenden abgebuchten Kosten aus Bereicherungsrecht. Als Rechtsgrund zum Behaltendürfen des abgebuchten Geldes kommt ein Beförderungsvertrag, also ein besonders ausgestalteter Werkvertrag i.S.d. § 631[31] in Betracht. Hier war jedoch schon kein Vertrag mit dem in der Buchungsbestätigung auftauchenden „**Mr. Noch unbekannt**" zustande gekommen: Die allfällige Auslegung ergibt, dass es nicht auf die stereotype Einordnung durch das Computersystem, sondern das Verständnis der dahinterstehenden Menschen ankommt[32]. Danach durfte K redlicherweise nicht davon ausgehen, dass ihm abweichend von den Bestimmungen des gewählten Tarifs das Recht zur nachträglichen Änderung des Passagiernamens eingeräumt werden sollte.

---

31 BGHZ 62, 71, 75; BGH NJW 1969, 2014, 2015; MünchKomm-*Busche* § 631 Rz. 248 f.; hinsichtlich der Begleitperson zugleich ein Vertrag zugunsten Dritter i.S.d. § 328, vgl. außerdem *Hopperdietzel* NJW 2013, 600.
32 Zur Frage, ob ein Anspruch aus c.i.c. gegen den Buchenden in Betracht kommt, *Leenen* § 17 Rz. 31.

§ 25 Konkludente und stillschweigende Willenserklärungen; Schweigen

Literatur: *Canaris*, Schweigen im Rechtsverkehr als Verpflichtungsgrund, FS Wilburg (1975) 77; *Gasis*, Erklärungsunterlassungen mit rechtlicher Wirkung, FS Zepos (1973) II 179; *Götz*, Zum Schweigen im rechtsgeschäftlichen Verkehr (1968); *Hanau*, Objektive Elemente im Tatbestand der Willenserklärung; ein Beitrag zur Kritik der „stillschweigenden und schlüssigen Willenserklärungen", AcP 165 (1965) 220; *W. Henckel*, Die ergänzende Vertragsauslegung, AcP 159 (1960) 106; *Kramer*, Schweigen als Annahme eines Antrags, Jura 1984, 235; *H. Krause*, Schweigen im Rechtsverkehr (1933); *Larenz*, Ergänzende Vertragsauslegung und dispositives Recht, NJW 1963, 737; *Mayer-Maly*, Die Bedeutung des tatsächlichen Parteiwillens für den hypothetischen, FS Flume (1978) I 629; *Meder*, Annahme durch Schweigen bei Überweisungsvertrag und Gutschrift, JZ 2003, 443; *Petersen*, Schweigen im Rechtsverkehr, Jura 2003, 687; *P. Schwerdtner*, Schweigen im Rechtsverkehr, Jura 1988, 443; *Wiedemann*, Ergänzende Vertragsauslegung – richterliche Vertragsergänzung, FS Canaris (2007) I 1281.

I. Übersicht

333 Sehr häufig wird gesagt, jemand habe etwas „stillschweigend" erklärt. Damit können drei sehr verschiedene Dinge gemeint sein:

(1) Meist wird an die sog. **konkludente Willenserklärung** gedacht (genauer: an die Erklärung durch konkludentes oder schlüssiges Verhalten): Hier besteht die Erklärung nicht aus Worten, sondern aus anderen auf das Gewollte hindeutenden Erklärungszeichen (vgl. unten Rz. 334 ff.).

(2) Gemeint sein kann auch dasjenige, was einer Erklärung durch **ergänzende Auslegung** hinzugefügt worden ist. Mit dieser Auslegung wird die Erklärung vervollständigt und womöglich auch in ihrem Sinn verändert (vgl. unten Rz. 338 ff.).

(3) Gemeint sein kann endlich auch **wirkliches Schweigen**. Hier wird dann ausnahmsweise eine Erklärungsbedeutung trotz Fehlens eines Erklärungszeichens angenommen (vgl. unten Rz. 345 ff.).

II. Die konkludente Willenserklärung

Sehr häufig wird in Willenserklärungen das Gewollte nicht mit (gesprochenen oder geschriebenen) Worten ausgedrückt. Stattdessen setzt der Erklärende ein anderes Zeichen mit einer bestimmten rechtsgeschäftlichen Bedeutung. Diese kann sich aus einer **Vereinbarung** (so z.B. bei Codewörtern) oder – häufiger – aus der **Verkehrssitte** ergeben: ein Kopfnicken oder Kopfschütteln als Antwort auf eine Frage[1]; der Einwurf einer Münze in einen Automaten; das Besteigen eines nur entgeltlich zu benutzenden Autobusses; unter Umständen das Bereitstellen von Sperrmüll zur Abholung (Dereliktion, § 959, aber mancherorts bestehen gesetzliche Aneignungsrechte[2]). 334

Eine solche konkludente Erklärung hat regelmäßig dieselbe Wirkung wie eine entsprechende wörtliche. Insbesondere kann (und muss) der Erklärende nach § 119 anfechten, wenn er sich über die Bedeutung des von ihm gesetzten Zeichens geirrt hat. Nicht ausreichend ist eine solche konkludente Erklärung freilich regelmäßig, wo das Gesetz eine **„ausdrückliche"** verlangt. Das geschieht z.B. in den §§ 244 I, 700 II, 1059 a Nr. 1 BGB, 38 III, 1031 IV ZPO. Dabei geht es meist um ungewöhnliche oder gefährliche Vereinbarungen: Das Erfordernis der Ausdrücklichkeit soll hier neben der Klarstellungs- oft auch eine Warnfunktion erfüllen. Dann mag dieses Erfordernis auch nicht eine konkludente Erklärung ausschließen wollen, sondern nur bedeuten, die Erklärung müsse besonders deutlich sein, also geeignet, „völlige Klarheit über die Rechtslage zu verschaffen"[3]. 335

Der BGH hat das bisweilen erweitert und Ausdrücklichkeit „in der Regel" auch für andere ungewöhnliche Abreden verlangt. So entscheidet z.B. BGH NJW 1974, 2123, wo angeblich neben der (dinglichen) Grunddienstbarkeit noch eine (obligatorische) Pacht verabredet worden sein sollte[4]. 336

Problematisch ist die Annahme einer konkludenten Erklärung auch bei **Formbedürftigkeit**. Doch scheitert hier nicht eigentlich die Erklärung, sondern diese entbehrt allenfalls der Form und ist daher nach § 125 nichtig. Der Unterschied zeigt sich, wenn der Formmangel durch Erfüllung geheilt werden kann (z.B. nach § 766 S. 2): Hier wird dann auch die bloß konkludente Erklärung wirksam. 337

---

1 *Wolf/Neuner* § 31 Rz. 4, sehen darin eine ausdrückliche Willenserklärung.
2 Vgl. OLG Stuttgart JZ 1978, 691 mit Anm. *U. Weber*; nette Fälle!, dazu noch LG Ravensburg NJW 1987, 3142.
3 So BGH NJW 1982, 431, 432 zu dem – inzwischen aufgehobenen – § 247 II 2.
4 Ein anderes Beispiel bildet BGH NJW 1977, 1292.

III. Die ergänzende Auslegung

338 Anders als bei der Willenserklärung durch konkludentes Verhalten liegen im Anwendungsbereich der ergänzenden Auslegung zwar häufig Worte vor. Diese richten sich aber wenigstens nicht unmittelbar auf die erst durch Auslegung zu gewinnende Rechtsfolge. Die Auslegung ergänzt hier also, und zwar entweder nur das Erklärte im Sinne des wirklich Gewollten (vgl. unten Rz. 339) oder auch den hinter der Erklärung stehenden Willen selbst (vgl. unten Rz. 340 ff.).

1. Ergänzung der Erklärung

339 Häufig wird etwas zwar nicht eigens erklärt, es ist aber doch gewollt und durch Auslegung als gewollt zu erkennen. Wer z.B. in einem Gasthof „ein Bier" bestellt, erklärt damit zugleich den (wirklich vorhandenen) Willen, auch den Preis zu bezahlen. Entsprechendes gilt etwa, wenn jemand ein Taxi besteigt und nur das Fahrziel angibt. Oder: Wenn von einem Bewerber um einen Arbeitsplatz ein „handgeschriebener" Lebenslauf verlangt wird, soll dieser vom Bewerber *eigen*händig geschrieben worden sein[5].

Die Grenze zwischen dieser ergänzenden Auslegung und dem konkludenten Verhalten ist oft nicht scharf. Einer Unterscheidung bedarf es aber auch nicht, weil die Rechtsfolgen gleich sind. Insbesondere genügt auch eine erst durch Auslegung ergänzte Erklärung regelmäßig nicht, wo das Gesetz Ausdrücklichkeit verlangt (vgl. oben Rz. 335). Zur ergänzenden Auslegung formbedürftiger Erklärungen sind die Einzelheiten str., vgl. oben Rz. 328 ff.

2. Ergänzung des Willens

340 Viel problematischer wird die ergänzende Auslegung, wenn sie nicht eine lückenhafte Erklärung um das Mitgewollte ergänzt, sondern den Willen selbst.

a) Abgrenzung zum dispositiven Gesetzesrecht

Verträge werden oft mit wenigen kurzen Worten oder auch bloß durch schlüssiges Verhalten abgeschlossen. Aus diesen Erklärungen wird nicht erkennbar, was die Beteiligten für den Fall von Komplikationen wollen (z.B. bei Unmöglichkeit, Verzug von Gläubiger oder Schuldner, Krankheit oder Tod eines Beteiligten). Darüber machen sich die Parteien eben keine Gedanken und bilden also (abgesehen von der Verwendung Allgemeiner Geschäftsbedingungen) dafür keinen Willen. Normalerweise ist das auch ganz unnötig, weil das Rechtsgeschäft ja durch das Gesetzesrecht ergänzt wird: Dort ist z.B. geregelt, was bei einer Pflichtverletzung eintreten soll oder ob beim Tod einer Partei deren Rechte und Pflichten vererblich sind. Die Funktion des dispositiven Gesetzesrechts besteht eben gerade darin, die Parteien von der Vorsorge für solche Komplikationen zu entlasten.

Bisweilen ist aber zweifelhaft, ob die dispositiven Normen gerade diejenige Regelung treffen, die von den Parteien vereinbart worden wäre, wenn sie den fraglichen Punkt

---
5 BAG NJW 1984, 446.

bedacht hätten. Dann stellt sich die Frage nach dem Verhältnis zwischen dem dispositiven Recht und einem unentwickelten oder gar nur hypothetischen Parteiwillen. Hier wird man unterscheiden müssen:

aa) Manche Normen deuten selbst an, sie wollten **erst in letzter Linie** gelten. Das geschieht oft durch die Wendung „im Zweifel" (etwa in §§ 125 S. 2, 154 II, 262). Ausführlicher wird auch bisweilen gesagt, eine Norm solle nur gelten, wenn eine abweichende Regelung weder von den Parteien getroffen noch aus den Umständen zu entnehmen sei (etwa §§ 269 I, 271 I, ähnlich auch § 436 I). 341

Solche „höchst subsidiären" Normen haben keinen Gerechtigkeitsgehalt. Im Grunde wollen sie nur die Nichtigkeit des Geschäfts wegen Unvollständigkeit verhindern, wenn sich keinerlei Anhalt für eine Regelung durch die Parteien findet. Hier ist also der Interpret aufgefordert, den Willen der Parteien zunächst aus den Umständen zu ergänzen. Wird z.B. bei einem Kaufvertrag erkennbar, dass der Verkäufer die verkaufte Ware erst selbst beschaffen muss, dann kann er nicht sofort zur Lieferung an den Käufer verpflichtet sein wollen. § 271 I tritt folglich zurück. Stattdessen bestimmt sich die Fälligkeit nach der üblicherweise für die Beschaffung nötigen Zeit. Das mögen die Parteien zwar nicht real gewollt haben; diese Regelung liegt aber nach den Umständen nahe und entspricht zumindest einem hypothetischen Parteiwillen.

bb) Andere dispositive Normen dagegen geben sich **weniger subsidiär**; die von ihnen vorgesehene Regelung will auch nicht bloß Lückenbüßer sein, sondern durchaus der Gerechtigkeit entsprechen. Trotzdem können auch solche Normen für einen bestimmten Einzelfall nach den konkreten Umständen nicht „passen". Dann tritt auch hier die Frage nach der Verdrängung durch einen Parteiwillen auf, der nicht real sein muss, weil die Parteien den fraglichen Punkt nicht bedacht haben mögen. 342

Ein Beispiel hierfür bildet der Fall von BGH NJW 1975, 1116: A und B hatten vereinbart, B solle die von A hergestellten Kraftwagen in den Niederlanden vertreiben. Hierfür musste B erhebliche Investitionen machen. Der Vertrag war daher langfristig gedacht, doch war über die Dauer und die Kündigung noch nichts vereinbart worden. A kündigte schon nach einem halben Jahr. Das wäre nach dem an sich anwendbaren § 89 HGB (Frist sechs Wochen zum Schluss eines Kalendervierteljahrs) möglich gewesen, ließe aber den investierenden B ohne den angemessenen Schutz. Ist § 89 HGB deshalb unanwendbar?

Der BGH hat zunächst die Frage berührt, ob eine ergänzende Vertragsauslegung auch da zulässig ist, wo die Parteien einen Punkt bewusst offengelassen haben (worüber in der Rechtsprechung keine Einigkeit besteht). Jedenfalls aber sei eine solche das dispositive Gesetzesrecht verdrängende Auslegung nicht nur da möglich, wo eine Regelung durch die Parteien versehentlich unterblieben sei. Vielmehr genüge auch die Erwartung einer künftigen Regelung durch die Parteien. Als Maßstab für die Vertragsergänzung nennt der BGH diejenige Regelung, welche „die Parteien im Hinblick auf den von ihnen mit dem Vertrag verfolgten Zweck nach Treu und Glauben und unter Berücksichtigung der Verkehrssitte bei Vertragsschluss getroffen hätten". Gleiche oder ähnliche Formulierungen finden sich für die den Willen ergänzende Vertragsauslegung auch in vielen anderen Entscheidungen.

b) Der hypothetische Parteiwille

343 Den Maßstab dieser eben gekennzeichneten ergänzenden Auslegung kann man als hypothetischen Parteiwillen bezeichnen. Doch wird bei seiner Ermittlung nicht allein darauf abgestellt, welche Regelung gerade diese Parteien bei Bedenken des fraglichen Punktes wahrscheinlich getroffen haben würden. Das lässt sich häufig auch gar nicht zuverlässig feststellen. Denn wenn die Parteien schon streiten, werden sie meist auch gegensätzliche Behauptungen darüber aufstellen, was jede von ihnen zu dem streitigen Punkt gewollt hätte. BGHZ 96, 313, 320 formuliert geradezu, der hypothetische Parteiwille habe „keine unmittelbaren Berührungspunkte mit der Parteiautonomie". Denn er werde „nicht durch die subjektiven Vorstellungen der Vertragsschließenden (bestimmt), sondern aufgrund einer vom Gericht vorgenommenen Interessenabwägung auf objektiver Grundlage" (so wohl allzu weit). **BGH NJW 2006, 54, 55** konkretisiert das besser so: Entscheidend sei, „was redliche und verständige Parteien bei Kenntnis der planwidrigen Regelungslücke nach dem Vertragszweck und sachgemäßer Abwägung ihrer beiderseitigen Interessen nach Treu und Glauben vereinbart hätten".

Daher fließen in die ergänzende Auslegung noch zwei andere Elemente ein, die man wegen des insoweit gleichen Wortlauts der Vorschriften sowohl aus § 157 wie aus § 242 herleiten kann[6]: Erstens erlangt über die „Verkehrssitte" (oder den Handelsbrauch, § 346 HGB) **das Übliche** Bedeutung. Darauf kommt es etwa an, wenn ein Reisebüro eine Zimmerreservierung bei einem Großhotel rückgängig macht, weil die vorgesehene Reisegruppe aus Osteuropa abgesagt hat[7]: Können üblicherweise solche Reservierungen noch geraume Zeit vor dem vereinbarten Termin ohne Schadensersatzpflicht rückgängig gemacht werden? Und zweitens kommt über „Treu und Glauben" **die Billigkeit** ins Spiel. Sie wird häufig auch mit den Worten angedeutet, es sei auf „redliches Verhalten" der Parteien abzustellen[8]. In dem genannten Reisebürofall bedeutet das die Frage, ob die Versagung des Rücktrittsrechts einerseits dem Reisebüro ein unzumutbares Risiko zumutet, und inwieweit andererseits das Hotel die durch den Rücktritt freiwerdenden Plätze selbst füllen kann.

c) Gefahren der ergänzenden Auslegung

344 Bei der ergänzenden Auslegung wird also wenigstens auf drei verschiedenen Ebenen argumentiert: hypothetischer Parteiwille, Üblichkeit und Billigkeit. Ein klares Rangverhältnis zwischen diesen Argumentationsebenen gibt es nicht (und kann es wohl auch nicht geben). Daher lässt sich das Ergebnis der Argumentation kaum voraussehen. Das schafft **Rechtsunsicherheit**. Zum Herrn des Rechtsverhältnisses zwischen den Parteien wird so leicht der Richter: Er entscheidet letztlich, wie diese ihr Geschäft hätten gestalten sollen. Dabei kann der Richter insbesondere unter Berufung auf Treu und Glauben oder das redliche Verhalten Geschäfte dekretieren, die keinerlei Verbindung mehr zu einem realen oder hypothetischen Parteiwillen haben. Aus Privatautonomie kann so **richterliche Gängelung** werden.

Die **willensergänzende Auslegung** muss daher **in sehr engen Grenzen** gehalten werden: Regelmäßig sind unvollständige Parteiabreden aus dem dispositiven Gesetzesrecht zu

---

6 *Wolf/Neuner* AT § 35 Rz. 66.
7 BGH JZ 1977, 179.
8 Vgl. MünchKomm-*Busche* § 157 Rz. 51.

ergänzen[9]. Wenn dieses ausnahmsweise nicht angewendet werden soll, muss das mit den Mitteln der Gesetzesinterpretation begründet werden: nämlich mit dem Nachweis, dass das Gesetz dieses konkrete Geschäft wegen dessen Besonderheit nicht betrifft. Und auch wo es kein ergänzendes dispositives Gesetzesrecht gibt, muss man regelmäßig eine Vertragslücke hinnehmen, wenn die Lücke nur willenswidrig gefüllt werden könnte. Richtig daher z.B. BGHZ 98, 32: Ein Vertrag mit einem Schiedsrichter darf nicht ergänzend dahin ausgelegt werden, dieser sei verpflichtet, sich psychiatrisch untersuchen zu lassen.

Erst unter den genannten engen Voraussetzungen ist der Weg zu einer ergänzenden Auslegung frei. Bei ihr muss sich der Richter hüten, die Sache bloß von seinem eigenen Standpunkt aus und im Nachhinein (ex post) zu beurteilen. Vielmehr hat er sich nach Möglichkeit in die Rolle der Beteiligten bei der Vornahme des Rechtsgeschäfts zu versetzen: Das Geschäft ist vom Ausgangspunkt des wirklich Gewollten her konsequent weiterzudenken. Hierauf ist im Zusammenhang mit Störungen der Geschäftsgrundlage noch zurückzukommen (vgl. unten Rz. 878 f.).

IV. Das Schweigen

Unter „Schweigen" wird hier im Gegensatz zur Erklärung durch konkludentes Verhalten und zu der durch Auslegung ergänzten Erklärung bloß der Fall verstanden, dass überhaupt kein Erklärungszeichen gesetzt worden ist. Ein solches Schweigen hat regelmäßig keinerlei rechtliche Bedeutung[10]. Das gilt selbst dann, wenn der Schweigende einen rechtsgeschäftlichen Willen hatte: Der nicht irgendwie erklärte Wille genügt eben nicht. Doch gibt es hiervon einige Ausnahmen. 345

1. Schweigen mit Erklärungsbedeutung

a) Zunächst kann für das Schweigen eine Erklärungsbedeutung **vereinbart** werden. Das kommt vor allem in dem Sinne vor, dass ein Antrag angenommen oder eine Genehmigung erteilt sein soll, wenn nicht binnen bestimmter Frist eine Ablehnung erklärt wird. Doch bedarf es hierzu einer Vereinbarung; einseitig bestimmt werden kann eine solche Wirkung des Schweigens nicht. Daher ist etwa ein dies bezweckender Zusatz zu einem Antrag (z.B. „Ich nehme Ihr Einverständnis an, wenn Sie nicht binnen zwei Wochen ablehnen") bedeutungslos. 346

Aber auch Vereinbarungen über eine Erklärungsbedeutung des Schweigens sind nicht unbeschränkt zulässig, wenn sie bloß durch Allgemeine Geschäftsbedingungen erfolgen. Hier verlangt nämlich § 308 Nr. 5 nicht nur, dass dem Partner eine angemessene Frist zum Widerspruch bleibt (das dürfte ohnehin selbstverständlich sein). Vielmehr soll sich auch der Verwender der Geschäftsbedingungen verpflichten müssen, den Partner bei Fristbeginn noch einmal besonders auf die vorgesehene Bedeutung des Schweigens hinzuweisen; der Partner soll also noch einmal gewarnt werden. Ist dieser Hinweis zwar vorgesehen, dann aber unterblieben, so erlangt das Schweigen keine Bedeutung[11].

---

9 BGHZ 90, 69, 75. Vgl. auch *Grunewald* BürgR § 2 Rz. 8.
10 Zur Rechtsgeschichte vgl. *Wacke* JA 1982, 184; allgemein *Ebert* JuS 1999, 754.
11 H.M., offen gelassen aber in BGH NJW 1985, 617, 619.

347 **b)** In weiteren Fällen bestimmt **das Gesetz** die Bedeutung des Schweigens als **Annahme eines Antrags**. Das geschieht in §§ 516 II 2 BGB, 362 I HGB und einigen weiteren Vorschriften außerhalb des BGB (vgl. unten Rz. 389), nach einer umstrittenen Ansicht auch in § 151 (vgl. unten Rz. 382). Darüber hinaus ist das Schweigen durch Richterrecht in einzelnen „Mitleidsentscheidungen" als Annahme gewertet worden (vgl. unten Rz. 392).

348 **c)** Nicht um die Annahme eines Antrages geht es in den §§ 416 I 2 BGB, 75 h, 91 a HGB. Vielmehr führt das Schweigen hier zur **Genehmigung** eines fremden Vertrags, der damit Wirkung gegen den Schweigenden erhält. Dabei ähnelt § 416 I 2 dem schon erwähnten § 308 Nr. 5, weil der Eintritt der Genehmigungswirkung wegen § 416 II 2 ebenfalls einen vorherigen Hinweis auf die Rechtsfolgen des Schweigens erfordert. Nach § 455 S. 2 kann schließlich auch beim Kauf auf Probe das Schweigen des Käufers als **Billigung** gelten. Auch der gefährliche[12] § 545 über die stillschweigende **Verlängerung** von Mietverträgen durch tatsächliche Fortsetzung mag hierhin gehören.

2. Andere Bedeutungen des Schweigens

349 **a)** Schweigen kann eine Pflichtverletzung und insbesondere ein **Verschulden bei Vertragsverhandlungen** darstellen. Gesetzlich besonders geregelte Fälle finden sich in § 663 (vgl. unten Rz. 444) und – mit eigenartiger Rechtsfolge – in § 149 S. 2 (vgl. unten Rz. 373). Aber auch sonst kommt Schweigen als Verschulden bei Vertragsverhandlungen in Betracht, soweit eine Aufklärungspflicht besteht (vgl. unten Rz. 449). Vorsätzliches Schweigen in Kenntnis der Aufklärungspflicht kann sogar eine arglistige Täuschung bedeuten (vgl. unten Rz. 795 ff.). Praktisch relevant wird das etwa beim Gebrauchtwagenhandel, wo der Verkäufer auch ungefragt auf einen Vorunfall des Fahrzeugs hinweisen muss (näher unten Rz. 796)[13].

350 **b)** Nach mehreren Vorschriften **beendet** das Schweigen, wenn es eine bestimmte Zeit andauert, **einen Schwebezustand**: Der Schweigende verliert eine Wahlmöglichkeit. Das gilt insbesondere für die Befugnis zur Genehmigung: so § 108 II 2 für den gesetzlichen Vertreter, § 177 II 2 für den Vertretenen und § 415 II 2 für den Gläubiger hinsichtlich einer Schuldübernahme.

351 **c)** Einen handelsrechtlichen Sonderfall stellt schließlich das **Schweigen auf ein kaufmännisches Bestätigungsschreiben** dar. Da damit regelmäßig der Inhalt einer vertraglichen Einigung festgelegt wird, soll es im Zusammenhang mit dieser dargestellt werden (vgl. unten Rz. 440 ff.).

3. Rechtliche Behandlung des Schweigens

352 Für die rechtliche Behandlung des Schweigens ist streng nach dessen Bedeutung zu unterscheiden:

a) Soweit das Schweigen **eine Willenserklärung** bedeutet (vgl. oben Rz. 346 – 348), gelten die Regeln über Willenserklärungen. Danach ist also etwa das Schweigen eines Geschäftsunfähigen bedeutungslos; das Schweigen eines beschränkt Geschäftsfähigen

---

12 Vgl. *Medicus/Lorenz* SBT Rz. 477.
13 BGH NJW 2008, 53 Rz. 20.

bedarf der Zustimmung des gesetzlichen Vertreters, soweit es nicht bloß rechtlichen Vorteil bringt. Auch eine Anfechtung des Schweigens nach den §§ 119 ff. ist regelmäßig zulässig; das sagt § 1956 für die Versäumung der erbrechtlichen Ausschlagungsfrist sogar ausdrücklich. Doch gibt es von der Anfechtungsmöglichkeit zwei Ausnahmen: Erstens kann die Anfechtung nicht darauf gestützt werden, der Schweigende habe die Bedeutung nicht gekannt, die seinem Schweigen vom Gesetz zugeschrieben wird. Denn diese gesetzliche Zuschreibung ersetzt den Willen; dessen Fehlen kann also nicht durch die Anfechtung geltend gemacht werden. Eine zweite Einschränkung gilt bei den §§ 75 h, 91 a, 362 HGB: Nach diesen Vorschriften muss der Kaufmann ja *unverzüglich* antworten, wenn sein Schweigen nicht als positive Erklärung gelten soll. Daher darf er wegen eines *schuldhaften* Irrtums nicht anfechten können, weil eine solche Anfechtung keine Antwort „ohne schuldhaftes Zögern" (vgl. § 121 I 1) mehr bedeuten könnte[14].

b) Soweit das Schweigen als **Pflichtverletzung** erheblich ist (vgl. oben Rz. 349), spielt die Geschäftsfähigkeit keine Rolle. Vielmehr kommt es insoweit auf die Verschuldensfähigkeit des Schweigenden an (§§ 276 I 2, 827, 828). Eine Anfechtung ist hier nicht möglich; ein Irrtum kann aber das Verschulden ausschließen. 353

c) Soweit der Schweigende eine **Wahlmöglichkeit verliert** (vgl. oben Rz. 350), erlangt seine Geschäftsfähigkeit nur indirekt über § 131 Bedeutung: Die Frist, nach deren Ablauf das Schweigen die Wahlmöglichkeit beendet, beginnt ja erst mit dem Zugang einer Aufforderung zur Erklärung. Und dieser Zugang muss, soweit dem Schweigenden die Geschäftsfähigkeit fehlt, nach § 131 beim gesetzlichen Vertreter erfolgen. 354

d) Über die rechtliche Einordnung des Schweigens auf ein **kaufmännisches Bestätigungsschreiben** vgl. unten Rz. 442 f. 355

---

14 Vgl. *Medicus/Petersen* BürgR Rz. 56 ff.

3. Abschnitt
Zustandekommen und Inhalt von Verträgen

Das wichtigste Rechtsgeschäft ist das zweiseitige, also der Vertrag (vgl. oben Rz. 203). Hierüber enthalten die §§ 145 – 157 wichtige Sondervorschriften.

§ 26 Antrag und Annahme

Literatur: *Bischof*, Der Vertragsschluss beim verhandelten Vertrag (2001); *Borges*, Verträge im elektronischen Geschäftsverkehr (2. Aufl. 2008); *Brehmer*, Die Annahme nach § 151 BGB, JuS 1994, 386; *P. Bydlinski*, Probleme des Vertragsabschlusses ohne Annahmeerklärung, JuS 1988, 36; *Diederichsen*, Schutz der Privatautonomie bei Befristung des Vertragsangebots, 1. FS Medicus (1999) 89; *Eckert*, Teleshopping – Vertragsrechtliche Aspekte eines neuen Marketingkonzepts, DB 1994, 717; *Finkenauer*, Zur Bestimmung der gesetzlichen Annahmefrist in § 147 II BGB, JuS 2000, 118; *Gsell*, Die Beweislast für den Inhalt der vertraglichen Einigung, AcP 203

(2003) 119; *Hellgardt*, Privatautonome Modifikation der Regeln zu Abschluss, Zustandekommen und Wirksamkeit des Vertrags, AcP 213 (2013) 760; *N. Hilger*, Die verspätete Annahme, AcP 185 (1985) 559; *H. Honsell/Holz-Dahrenstaedt*, Grundprobleme des Vertragsschlusses, JuS 1986, 969; *Jansen/Zimmermann*, Vertragsabschluss und Irrtum im europäischen Vertragsrecht – Textstufen transnationaler Modellregelungen, AcP 210 (2010) 196; *Kassing*, Der Kaufvertragsschluss im Selbstbedienungsladen, JA 2004, 615; *Leenen*, Abschluss, Zustandekommen und Wirksamkeit des Vertrages, AcP 188 (1988) 381; *Maier/Scherl*, „Freibleibende" Vertragsangebote, JuS-L 1996, 1; *Repgen*, Abschied von der Willensbetätigung, AcP 200 (2000) 533; *Oechsler*, Der vorzeitige Abbruch einer Internetauktion und die Ersteigerung unterhalb des Marktwerts der Sache, NJW 2015, 665; *Petersen*, Das Zustandekommen des Vertrags, Jura 2009, 183; *J. Schmidt*, Der Vertragsschluss (2013); *G. Schulze*, Rechtsfragen des Selbstbedienungskaufs, AcP 201 (2001) 232; *Stathopoulos*, Probleme der Vertragsbindung und Vertragslösung in rechtsvergleichender Betrachtung, AcP 194 (1994) 543; *Stöhr*, Die Vertragsbindung, AcP 214 (2014) 425; *Wachter*, Der öffentlich-rechtliche Vertrag, JZ 2006, 166.

I. Grundlagen

356 1. Jeder Vertrag betrifft **mindestens zwei Personen**: Durch den schuldrechtlichen Verpflichtungsvertrag wird mindestens eine Person Gläubiger und eine andere Schuldner; bei den meisten Verträgen (nämlich den gegenseitigen) werden sogar beide Beteiligte zugleich Glaubiger und Schuldner. Durch die vertragliche Verfügung, wie sie vor allem im Sachenrecht begegnet (z.B. Übereignung), wird regelmäßig ein Recht von der einen Person verloren und von der anderen erworben. Familienrechtliche Verträge, wie z.B. die Eheverträge (§§ 1408 ff.), regeln die güterrechtlichen Verhältnisse beider Ehegatten. Endlich betrifft auch der Erbvertrag (§§ 2274 ff.) die Rechtsstellung sowohl des Erblassers wie auch die Stellung derjenigen Person, der eine erbrechtliche Zuwendung gemacht werden soll. Sprachlich hängt „Vertrag" zusammen mit „sich vertragen". Auch dazu gehören mindestens zwei Personen.

357 2. Wenn also der Vertrag mehrere Personen betrifft, müssen nach dem Grundsatz der Privatautonomie (vgl. oben Rz. 174) diese Personen durch **Willenserklärungen** an seinem Abschluss teilnehmen. Dabei heißt die zeitlich erste Erklärung „Antrag" und die hierauf sich beziehende spätere Erklärung des anderen Teils „Annahme" (§§ 145 ff.).

Entgegen diesem gesetzlichen Sprachgebrauch wird der Antrag vielfach als „Angebot" bezeichnet. Das BGB bezieht diesen Ausdruck jedoch nicht auf die den Vertrag zustandebringende Willenserklärung, sondern auf die aus Schuldverhältnissen zu erbringende Leistung: Der Gläubiger gerät in Annahmeverzug, wenn er die ihm angebotene Leistung nicht annimmt, §§ 293 ff. Im Folgenden wird nur die Terminologie des Gesetzes verwendet.

II. Der Antrag

1. Antrag und vorbereitende Erklärungen

358 Ein Antrag liegt erst dann vor, wenn allein schon durch seine Annahme der Vertrag zustande kommt. Unter diesem Gesichtspunkt ist der Antrag zu unterscheiden von der bloßen **Aufforderung, Anträge zu machen** (*invitatio ad offerendum*)[1]: Eine solche Auf-

---
1 Dazu *Muscheler/Schewe* Jura 2000, 565.

forderung bindet denjenigen, der sie gemacht hat, noch nicht. Insbesondere kann er einen ihm daraufhin zugegangenen Antrag noch frei ablehnen. Aus diesem Unterschied ergibt sich zugleich das Kriterium, nach dem durch Auslegung zu entscheiden ist, ob eine Erklärung schon einen Antrag darstellt oder bloß vorbereitenden Charakter hat:

Bloß vorbereitend ist eine Erklärung allemal, wenn sie **ersichtlich unvollständig** ist, also noch nicht alle für den Vertrag nötigen Angaben enthält. So liegt es etwa, wenn jemand sein Kraftfahrzeug ohne Preisangabe zum Verkauf anbietet: Hier kann der Antrag frühestens mit der nachträglichen Preisangabe vollendet sein (doch vgl. unten Rz. 361). Aber auch vollständige Erklärungen bedeuten nicht notwendig bereits einen Antrag. Das gilt insbesondere für Erklärungen, die **an einen unbestimmten Kreis von Personen gerichtet** sind: Solche Erklärungen können noch keinen Antrag bedeuten, wenn der Erklärende die von ihm beschriebene Leistung nicht beliebig oft erbringen kann. Daher bedeutet auch die Zeitungsanzeige mit genauer Beschreibung der Leistung und mit Preisangabe noch keinen Antrag: Kein vernünftiger Mensch wird sich der Gefahr aussetzen wollen, in mehr Verträge verwickelt zu werden, als er erfüllen kann. Daher stellen z.B. auch die Inserate oder Prospekte von Reiseunternehmen und die Kataloge von Versandhäusern noch keinen Antrag dar. 359

Hiergegen wird zu Unrecht vorgebracht, die Nachfrageseite des Marktes zu Offerenten zu machen, bedeute eine „völlige Umkehr der ökonomischen Realitäten"[2]. Aber diese Realitäten bestehen in Angebot und Nachfrage. Antrag und Annahme brauchen sich damit keineswegs zu decken: Auch ein Nachfrager kann einen Antrag machen (und tut das häufig). Zudem ist die für das Vertragsrecht maßgebliche Realität der Wille und nicht die Ökonomie (wobei freilich dann dieser Wille auch ökonomisch bestimmt wird). Dass der Verkäufer zunächst nur eine Aufforderung zu Anträgen erklärt, schließt jedoch nicht aus, dass hierbei miterklärte konkrete Werbeaussagen in den später geschlossenen Vertrag eingehen können, wenn der Verkäufer sie nicht rechtzeitig (also vor Vertragsschluss) richtiggestellt hat:

BGH NJW-RR 2011, 462 betraf den Fall, dass in einem **Internetportal** ein Kfz mit Standheizung abgebildet und beschrieben war. Die Darstellung hatte der Händler, der den Wagen nur ohne eine solche Standheizung veräußern wollte, durch einen beauftragten Dritten machen lassen, der versehentlich Bilder mit Standheizung eingestellt hatte. Der Käufer, der das Kfz daraufhin beim Händler bestellte, verlangte einen Wagen mit Standheizung. Die Präsentation im Internetportal stellt zwar eine bloße *invitatio ad offerendum* dar. Sie ist aber maßgeblich für den Inhalt des Vertrags (vgl. §§ 133, 157). Mit der Bestellung hat der Käufer einen Antrag abgegeben. Indem der Händler diesen angenommen hat, kam der Vertrag mit dem Inhalt zustande, der sich aus der Darstellung im Internet ergab, also mit Standheizung[3].

Insoweit hat das für Annahme und Antrag bloß vorbereitende Verhalten sehr wohl rechtliche Bedeutung. Erweitert wird das beim Kauf nach § 434 I 3 sogar auf öffentliche

---

2 *Köndgen* AcP 184 (1984) 600, 604.
3 *Leenen* § 5 Rz. 69. Zu den im Einzelnen schwierigen Ansprüchen des Käufers gegen den beauftragten Dritten, um die es im Fall des BGH vordringlich ging, *Medicus/Petersen* BürgR Rz. 200 b; siehe auch *Faust* JuS 2011, 457.

Dritter Teil *Das Rechtsgeschäft*

Aussagen des Herstellers, selbst wenn diese im eigentlichen Verkaufsgespräch gar nicht zur Rede gekommen sind. Erforderlich ist aber zumindest, dass der Käufer die Werbeaussage auch tatsächlich kannte, weil sie ansonsten seine „Kaufentscheidung nicht beeinflussen konnte" (vgl. § 434 I 3, dort auch zu den übrigen Einschränkungen).

360 Bloße Aufforderungen zu Anträgen sind regelmäßig auch die **Schaufensterauslagen**[4]: Wenigstens in Geschäften mit mehreren Verkaufspersonen bestünde wieder die Gefahr einer Verwicklung in mehrere Verträge über dieselbe Sache, wenn man die Auslage bereits als Antrag wertete. Die immer wieder kolportierte Geschichte, dass jemand wegen einer Verwechslung von Preisschildern im Schaufenster einen Pelzmantel für wenige Euro erwerben konnte, ist also juristisch nicht stichhaltig: In solchen Fällen hat der Geschäftsinhaber zu dem „unrichtigen" Preis noch keinen Antrag gemacht, sodass der Kunde allein keinen Vertrag zustandebringen kann. Um einen solchen Vertrag zu verhindern, bedarf es daher nicht einmal einer Anfechtung wegen Irrtums.

Freilich kann ein Geschäftsinhaber unlauteren Wettbewerb begehen, also gegen das UWG verstoßen, wenn er Waren ausstellt, die er überhaupt nicht oder nicht zu den angegebenen Preisen verkaufen will. Doch spielt das für die Frage nach dem Vorliegen eines Antrags keine Rolle. Von der zivilrechtlichen Frage nach dem Vorliegen eines Antrags ist eine öffentlich-rechtliche Pflicht zu Preisangaben zu unterscheiden: Eine so etwa begründete Pflicht zu klaren Preisangaben kann auch schon für bloße Aufforderungen zu Anträgen bestehen.

361 Für die **Versteigerung** findet sich eine gesetzliche Klarstellung in § 156: Der Vertrag kommt hier erst durch den Zuschlag zustande. Dieser bedeutet also die Annahme und das Gebot erst den Antrag; die Aufforderung zum Bieten hat daher bloß vorbereitenden Charakter. Auch der einem Versteigerer von einem Interessenten erteilte Ersteigerungsauftrag enthält nicht schon einen Kaufantrag, sondern nur den Auftrag, für den Interessenten in der Versteigerung Gebote abzugeben[5]. Doch bildet § 156 kein zwingendes Recht. Daher kann von ihm abgewichen und bereits die Aufforderung zum Bieten als bindender Antrag ausgestaltet werden.

Bei einer **Internetauktionen** kommt der Vertrag dagegen schon im Ausgangspunkt nicht nach § 156 zustande. Denn der Reiz dieses Verkaufsmodells wird gerade dadurch begründet, dass der Verkäufer nach Abschluss der Auktion an deren Ergebnis gebunden ist. Daher gibt der Verkäufer, der die Kaufsache auf der Internetplattform einstellt, bereits mit der Freischaltung der Verkaufsseite einen rechtsverbindlichen Verkaufsantrag ab[6]. Da nicht gewiss ist, ob der Antrag innerhalb der Bietzeit angenommen wird, liegt keine Befristung (§ 163, vgl. unten Rz. 844) vor, sondern der Antrag steht unter der aufschiebenden Bedingung (§ 158 II), dass ihn nur der im Auktionszeitraum Höchstbietende annehmen kann[7].

Durch die Allgemeinen Geschäftsbedingungen, mit denen sich die Teilnehmer einer solchen Auktionsplattform bei Anmeldung einverstanden erklären müssen, werden die dispositiven Regelungen der Rechtsgeschäftslehre zum Teil modifiziert. Die Recht-

---

4 BGH NJW 1980, 1388, anders *Köndgen*, Selbstbindung ohne Vertrag (1981) 291 ff.
5 BGH NJW 1983, 1168 mit Anm. *Kelwing/Joch*.
6 *Oechsler* Jura 2012, 497, 498; *Borges*, Verträge im elektronischen Geschäftsverkehr (2. Aufl. 2007) 197 ff.; *Leenen* § 8 Rz. 131, spricht prägnant vom „Antragsmodell", im Unterschied zum „Annahmemodell", das BGHZ 149, 129 („ricardo.de") noch zugrunde gelegt hatte.
7 BGH NJW 2011, 2643.

sprechung hatte wiederholt Fälle zu entscheiden, in denen Sachen zu einem Startpreis von einem Euro bei **ebay** eingestellt wurden und die **Auktion vorzeitig abgebrochen** wurde (zu § 138 unten Rz. 711). Nach den ebay-AGB ist das Verkaufsangebot während der Auktionsdauer zwar grundsätzlich verbindlich, jedoch erlauben die AGB während der laufenden Auktion den Widerruf des Angebots, wenn der Verkäufer „gesetzlich dazu berechtigt" ist[8]. Die darin etwa zum Ausdruck kommende Beschränkung der Bindungswirkung des Antrags steht mit § 145 im Einklang, weil der Antragende die Bindung danach sogar gänzlich ausschließen könnte. Fraglich ist dennoch, in welchen Fällen der Anbieter i.S.d. AGB zum Auktionsabbruch „gesetzlich ... berechtigt" ist. Die Besonderheit in **BGH NJW 2011, 2643** bestand darin, dass die angebotene Kamera während dieser Angebotsdauer gestohlen wurde und der Verkäufer sein Angebot daher zurückzog. Zwar hatte der Veräußerer hier ein verbindliches Angebot abgegeben. Allerdings durfte der Bieter das Angebot nach §§ 133, 157 unter Berücksichtigung der ebay-AGB, mit denen er sich zuvor einverstanden erklärt hatte, nur dahin verstehen, dass der Antrag unter dem Vorbehalt der Angebotsrücknahme stand[9]. Für den Fall, dass der Kaufgegenstand im Zeitraum zwischen Antrag und Annahme unverschuldet untergeht oder abhandenkommt, wird im Schrifttum teils vertreten, dass der Antrag über den Fall des § 130 I 2 hinaus nachträglich widerrufen werden könne (dazu auch Rz. 369)[10]. Das hätte als gesetzliche Berechtigung genügt. Der BGH ging hierauf aber gar nicht ein, sondern zog stattdessen „die auf der Webseite von ebay zugänglichen Hinweise zum Auktionsablauf" für eine weite Auslegung der AGB heran. Da in diesen Hinweisen der Verlust des Kaufgegenstands als Grund für den Auktionsabbruch ausdrücklich genannt sei, stelle er eine gesetzliche Berechtigung i.S.d. AGB dar und der Anbieter habe die Auktion vorzeitig beenden dürfen. Eine solche weite Auslegung der AGB führt aber letztlich dazu, dass es nicht mehr um eine „gesetzliche Berechtigung" zum Angebotswiderruf geht, sondern dass dem Betreiber der Auktionsplattform die Bestimmung der Abbruchgründe überlassen ist[11]. Diese Frage hat dann **BGH NJW 2015, 1009** näher beschäftigt. Dort hatte der Anbieter die Versteigerung eines Stromaggregats vorzeitig abgebrochen und hierzu auf die Hinweisseite von ebay verwiesen, wo es u.a. hieß: „Wenn das Angebot noch 12 Stunden oder länger läuft, können Sie es ohne Einschränkungen vorzeitig beenden." Da es für den Auktionsabbruch an einer gesetzlichen Berechtigung im eigentlichen Sinne fehlte, stellte sich die Frage, ob wenigstens eine „gesetzliche Berechtigung" i.S.d. AGB vorlag. Der BGH hielt dabei an seiner Rechtsprechung über die weite Auslegung der AGB-Formulierung zwar fest, gelangte aber durch Heranziehung weiterer Umstände dahin, dass sich der Hinweis lediglich auf die Modalitäten des Widerrufs bei Bestehen einer „gesetzlichen Berechtigung" i.S.d. AGB bezog. Für einen weniger als 12 Stunden vor Auktionsschluss erklärten Widerruf sollten nämlich gewisse Besonderheiten gelten. Für eine solche Auslegung sprach auch, dass die in den AGB festgelegte grundsätzliche Bindungswirkung des Verkaufsantrags ansonsten in ihr Gegenteil verkehrt würde, womit die Bieter auch nach der Wertung des § 305 c nicht hätten rechnen müssen. Der Auktionsabbruch

---

8 BGH NJW 2011, 2643; 2014, 1041; 2015, 1009, dort jeweils in den mitgeteilten Tatbeständen.
9 In diese Richtung schon BGH NJW 2005, 53.
10 *Flume* AT II § 35 I 3 d; *Tettinger* ZGS 2006, 452, 453.
11 Krit. deshalb *Kulke* NJW 2014, 1291.

war danach unberechtigt und der Kaufvertrag kam zu dem zuletzt abgegebenen Gebot zustande.

Eine andere interessante Folgefrage verdeutlicht schließlich **BGH NJW 2014, 1292**. Dort hat der BGH die Möglichkeit des Auktionsabbruchs auch auf die Anfechtbarkeit nach § 119 II (fehlende Straßenzulassung eines verkauften Motors) erstreckt[12]: Das Anfechtungsrecht sei eine „gesetzliche Berechtigung" i.S.d. ebay-AGB und daher für die Auslegung nach dem Empfängerhorizont mitbestimmend. Da der Bieter wegen verweigerter Erfüllung allein Schadensersatz statt der Leistung verlangt hatte, brauchte der BGH nicht darauf einzugehen, ob dem Bieter wenigstens der Vertrauensschaden zugestanden hätte. Hierbei ist zu bedenken, dass der Anbieter sein Verkaufsangebot berechtigterweise „widerrufen" hatte und sich damit die Anfechtung nach § 119 II ersparte. Daher greift § 122 I eigentlich nicht. Zwar kommt stattdessen ein Anspruch aus Verschulden bei Vertragsverhandlungen nach §§ 280 I 1, 241 II, 311 II in Betracht, doch kann das hierfür erforderliche Vertretenmüssen des Anbieters fehlen, so dass sich die Frage aufdrängt, ob die verschuldensunabhängige Haftung aus § 122 tatsächlich durch die AGB-mäßige Umdeutung eines Anfechtungsrechts in ein Widerrufsrecht ausgehebelt werden kann[13]. Wenn man das mit dem Argument bejaht, der Bieter habe den Widerrufsvorbehalt aufgrund der AGB-Regelung gekannt und akzeptiert[14], dann dürfte die Klausel freilich vor dem Hintergrund des § 307 I, II Nr. 1 besonders rechtfertigungsbedürftig sein, weil man in der verschuldensunabhängigen Haftung nach § 122 I einen wesentlichen Grundgedanken der gesetzlichen Regelung der Irrtumsanfechtung erblicken kann. In den Auktionsfällen lässt sich dieses Problem aber wohl dadurch relativieren, dass der Bieter bis zum Ablauf der Auktion jederzeit ohnehin damit rechnen muss, überboten zu werden und die Auktion zu verlieren[15]. Für einen Vertrauensschaden ist deshalb in aller Regel gar kein Raum.

Obwohl der unberechtigte Auktionsabbruch mit dem Risiko einer Schadensersatzhaftung verbunden ist, entschließen sich vor allem Anbieter von wertvollen Sachen wie Kraftfahrzeugen dennoch häufiger dazu. Denn die Veräußerung außerhalb der Auktionsplattform ermöglicht nicht nur flexiblere Preisverhandlungen, sondern geht auch mit der Ersparnis von teils beachtlichen Verkaufsgebühren einher. Hinzu mag die verbreitete Hoffnung kommen, wegen des Abbruchs von dem Höchstbieter letztlich doch nicht beharrlich in Anspruch genommen zu werden. Dies hat sog. **„Abbruchjäger"** auf den Plan gerufen, die auf der Auktionsplattform massenweise geringe Gebote abgeben und auf unberechtigte Auktionsabbrüche spekulieren, um im Anschluss die Differenz zwischen dem Verkehrswert und dem abgegebenen Gebot als Schadensersatz einzufordern. **BGH NJW 2015, 548** hält dies grundsätzlich nicht für rechtsmissbräuchlich, weil der Verkäufer nicht nur von der Festlegung eines angemessenen Startgebots abgesehen, sondern die Auktion immerhin auch selbst unberechtigt abgebrochen habe. Eine andere Beurteilung ist aber denkbar, wenn der Bieter z.B. eine erneute Versteigerung widerspruchslos hinnimmt und sich erst nach einem halben Jahr auf den Kaufvertrag beruft (LG Görlitz BeckRS 2016, 08624).

---

12 Vgl. auch BGH NJW 2016, 395 zur Streichung von Geboten wegen Unseriosität des Bieters.
13 Bejahend *Kulke* NJW 2014, 1293, 1294; *Meier* NJW 2015, 1011.
14 *Meier* NJW 2015, 1011.
15 *Stieper* MMR 2015, 627, 629.

Die **Aufstellung eines Automaten** wird meist als Antrag angesehen, den der Kunde 362
durch den Münzeinwurf und ggf. eine weitere Wahlhandlung annimmt. Doch soll der
Antrag dann auf den Inhalt des Automaten beschränkt sein: Wenn dieser leer ist,
komme kein Kauf zustande. Man wird aber einen Vertragsschluss auch dann ablehnen
müssen, wenn der gefüllte Automat nicht funktioniert (sodass der Automatenaufsteller
dann nicht auf Schadensersatz statt der Leistung haftet). Wenn man dem zustimmt,
kann der Vertrag erst durch das Funktionieren des Automaten geschlossen werden;
folglich geht der Antrag erst vom Kunden aus, und die Aufstellung des Automaten hat
nur vorbereitenden Charakter.

Fraglich ist auch die Bedeutung des Bereitstellens von Waren in einem **Selbstbedie-** 363
nungsladen[16]: Manche sehen schon hierin den Antrag, den der Kunde durch das Vorweisen der Ware an der Kasse annimmt (bis dahin fehlt also jedenfalls ein Vertrag,
sodass der Kunde die Ware wieder zurücklegen kann). Demgegenüber erblicken
andere den Antrag erst in dem Vorweisen an der Kasse, weil sie dem Geschäftsinhaber
die Möglichkeit reservieren wollen, den Vertragsschluss abzulehnen[17]. Doch verdient
der Inhaber diese Möglichkeit nur, wenn er deutlich gemacht hat, dass er sich die Entscheidung über den Vertragsschluss vorbehalten will (z.B. wenn die Ware eines „Son-
derangebots" nur „in Haushaltsmengen" abgegeben werden soll). Regelmäßig kann
man dagegen annehmen, die bereitgestellte Ware solle an jedermann und im Rahmen
des Vorhandenen auch in beliebigen Mengen verkauft werden; dann bedeutet die
Bereitstellung schon den Antrag.

Für **Selbstbedienungstankstellen** hat der BGH mit Recht anders entschieden, nämlich
dass der Vertrag bereits an der Zapfsäule und nicht erst an der Kasse zustande
kommt[18]: Im Gegensatz zu Waren im Supermarkt kann der Treibstoff nämlich nicht
einfach wieder in die Zapfsäule zurückgefüllt werden. Vielmehr wird durch das Einfüllen in den üblicherweise nicht gänzlich leeren Tank ein „unumkehrbarer Zustand"
geschaffen. Schon die Bereitstellung des Benzins stellt deshalb den Antrag dar, das
Einfüllen in den Tank bedeutet die Annahme[19].

2. Die Bindung an den Antrag

a) Nach § 145 ist der Antragende regelmäßig für eine **gewisse Zeit** (zu ihrer Dauer vgl. 364
unten Rz. 370 f.) an seinen Antrag gebunden[20]. Binnen dieser Frist kann der Antrag
nicht widerrufen werden; dem Empfänger des Antrags erwächst also der Vorteil, in dieser Frist einseitig über das Zustandekommen des Vertrags entscheiden zu können (vgl.
unten Rz. 368).

b) Nach § 145 ist es aber auch möglich, die **Gebundenheit** an den Antrag **auszuschlie-** 365
ßen. Hierfür kommen in Betracht die (nicht seltenen) Anträge mit dem Zusatz „frei-

---

16 Offen gelassen in BGHZ 66, 51, 55 f.; zum Streitstand vgl. *G. Schulze* AcP 201 (2001) 232; *Kassing* JA 2004, 615.
17 *Leenen* § 8 Rz. 27; Erman-*Armbrüster* § 145 Rz. 10; *Faust* § 3 Rz. 4.
18 BGH NJW 2011, 440.
19 Ebenso *S. Lorenz* LMK 2011, 319864; *Brox/Walker* AT Rz. 167; siehe auch *Stadler* JA 2012, 467; *Faust* JuS 2011, 929; *Wolf/Neuner* § 37 Rz. 11.
20 Das ist historisch und rechtsvergleichend keineswegs selbstverständlich, vgl. *Flume* AT II § 35 I 3 a.

bleibend", "ohne Obligo", "Zwischenverkauf vorbehalten", "Selbstbelieferung vorbehalten", oder ähnlich. Doch können diese Zusätze **verschiedene Bedeutung** haben[21]:

aa) Erstens können sie besagen, dass **noch kein Antrag** vorliegen soll, sondern nur eine Aufforderung zu Anträgen[22]. Dies ist etwa für einen „freibleibenden" Antrag angenommen worden.

366 **bb)** Regelmäßig aber bedeuten die genannten Zusätze einen **Widerrufsvorbehalt**. Dann ergibt sich die weitere Frage, bis zu welchem Zeitpunkt der Widerruf noch erfolgen kann: bis zum Zugang der Annahmeerklärung oder auch noch unverzüglich danach. Die besseren Gründe sprechen im Zweifel für die zweite Alternative[23]: Die Bindung an den Antrag wird ja regelmäßig wegen einer Ungewissheit (z.B. über die Entwicklung der Marktlage) ausgeschlossen. Diese Ungewissheit dauert aber regelmäßig bis zum Zugang der Annahmeerklärung.

367 **cc)** Endlich können Klauseln der genannten Art – statt die Bindung an den Antrag zu beschränken – auch bloß den Inhalt des durch die Annahme zustande gekommenen Vertrags beeinflussen. Das gilt insbesondere häufig für die Klausel „Lieferungsmöglichkeit vorbehalten" oder ähnlich: Hier wird die **Beschaffungspflicht** des Antragenden entgegen dem Grundgedanken von § 276 I 1 („Beschaffungsrisiko") **beschränkt**; der Antragende haftet also nicht nach § 280 auf Schadensersatz statt der Leistung, wenn ihm die Beschaffung nicht gelingt. Doch soll ihn eine Preissteigerung nur dann von der Beschaffungspflicht entbinden, wenn die Beschaffung zu dem erhöhten Preis nach Treu und Glauben unzumutbar ist. Die Vereinbarkeit der Selbstbelieferungsklausel mit § 307 wird bejaht[24].

368 **c)** Während der Bindung an den Antrag kann der Empfänger sozusagen auf Kosten des Antragenden **spekulieren**[25]. Wenn z.B. ein Kredit zu 8 % mit einer Bindungsfrist von sechs Monaten angetragen worden ist, kann der Antragsempfänger seine Entscheidung von der Zinsentwicklung in dieser Zeit abhängig machen: Sinkt der Zins unter 8 %, wird er sich anderswo Kredit suchen; steigt der Zins dagegen über diesen Satz, wird er den Antrag annehmen. Diese Wirkung ist dem Antragenden regelmäßig voraussehbar und trifft ihn daher nicht unbillig.

369 Anders liegt es bei einer **unvorhersehbaren Änderung der Umstände**. Ein Teil der Lehre will den Antragenden von den hiermit verbundenen Risiken in weiterem Umfang entlasten, als es die Lehre von der Geschäftsgrundlage nach dem Zustandekommen des Vertrags zulässt: Der Antragsempfänger soll sich schon immer dann „auf die Vertragsannahme nicht berufen können"[26], wenn ihm evident sei, dass sich die Umstände wesentlich zu Lasten des Antragenden verändert hätten; der Antragende sei nach Veränderung der Umstände deshalb unverzüglich zum Widerruf des Antrags

---

21 Vgl. *Lindacher* DB 1992, 1813; MünchKomm-*Busche* § 145 Rz. 7 f.
22 RGZ 103, 8, 12; BGH NJW 1996, 919.
23 Ebenso *Flume* AT II § 35 I 3 c; a.A. *Wolf/Neuner* § 37 Rz. 13.
24 BGH NJW 1958, 1628; BGHZ 92, 396, 398; BGH ZIP 1994, 461, 464; zu ihrer Wirkung vgl. BGH BB 1995, 1158.
25 Das bemerken schon Mot. I 166 = *Mugdan* I 443.
26 *Flume* AT II § 35 I 3 d S. 644. Siehe auch *Wolf/Neuner* § 37 Rz. 13; Staudinger/*Bork* (2015) § 145 Rz. 22; noch anders Palandt/*Ellenberger* § 145 Rz. 3 (Widerrufsmöglichkeit entsprechend § 314).

berechtigt[27]. Demgegenüber ist hier jedoch kein grundsätzlicher Unterschied zu der Bindung an den fertigen Vertrag und damit zur Lehre von der Geschäftsgrundlage zu erkennen (vgl. unten Rz. 857 ff.). Zudem dürfte man freilich beim Antrag ebenso wie beim Vertrag nicht selten durch Auslegung helfen können (vgl. unten Rz. 875): Diese mag etwa ergeben, dass die Bindung an den Antrag durch bestimmte Umstände aufgehoben sein soll (z.B. durch eine die Liefermöglichkeit beseitigende Beschlagnahme). Ähnlich bejaht die obergerichtliche Rechtsprechung die Möglichkeit, die Bindung an einen langfristigen Antrag durch Kündigung aus wichtigem Grund zu beenden[28].

Da der Widerruf eines an sich bindenden Antrags (§ 145) wegen unvorhersehbarer Änderung der Umstände auf einer zeitlichen Vorwirkung der Lehre von der Geschäftsgrundlage beruht, können im Einzelfall auch speziellere Rechtsinstitute zu berücksichtigen sein. Das zeigt sich beispielhaft bei der Abgrenzung von anfänglicher und nachträglicher Unmöglichkeit (§ 275) beim **gestreckten Vertragsschluss**. So mag der Verkäufer dem Käufer schriftlich eine Sache zum Verkauf anbieten. Geht die Sache noch vor dem Zugang der Annahmeerklärung unter, ohne dass der Verkäufer dies zu vertreten hat, so stellt sich die Frage nach Schadensersatzansprüchen des Käufers. Da der Kaufvertrag erst mit dem Zugang der Annahme zustandekommt, begründet der Untergang der Kaufsache eigentlich ein Leistungshindernis i.S.d. §§ 275 IV, 311 a I, welches schon „bei Vertragsschluss" vorlag. Der Verkäufer würde deshalb nach § 311 a II 2 auf Schadensersatz statt der Leistung haften, wenn er das Leistungshindernis bei Vertragsschluss kannte oder wenn er seine Unkenntnis zu vertreten hatte. Allerdings sind Kenntnis und Kennenmüssen im Zeitpunkt des Wirksamwerdens der Annahmeerklärung hier untaugliche Kriterien. Denn man kann dem Verkäufer nicht zum Vorwurf machen, er habe sich vor Vertragsschluss nur unzureichend über seine eigene Leistungsfähigkeit unterrichtet. Darauf stellt aber § 311 a II 2 gerade ab. Richtigerweise wird sich die Haftung stattdessen nach Maßgabe der §§ 280 I 1, III, 283 S. 1 bestimmen, indem man die Bindung an den Antrag (§ 145) haftungsmäßig mit der Bindung an den späteren Kaufvertrag gleichgestellt[29]. Anknüpfungspunkt des Schadensersatzes statt der Leistung ist danach allein der Umstand, ob der Verkäufer die Kaufsache sorgfältig aufbewahrt oder ob er ihren Untergang nach dem Wirksamwerden des Antrags zu vertreten hatte. Dagegen wird in Teilen des Schrifttums argumentiert, der Verkäufer könne bei unverschuldetem Untergang der Kaufsache seinen Antrag nach den oben genannten Grundsätzen wegen unvorhergesehener Änderung der Umstände widerrufen und müsse dies auch tun, um seine Schadensersatzpflicht abzuwenden[30]. Trotz des fehlenden Verschuldens am Untergang der Kaufsache hafte er deshalb nach § 311 a II auf Schadensersatz statt Leistung, wenn er die Verspätung oder das gänzliche Ausbleiben eines unverzüglichen Angebotswiderrufs zu vertreten habe. Das führte jedoch dazu, dass die Bindung an den Antrag eine strengere Haftung zur Folge hätte als die Bindung an den späteren Vertrag. Dafür besteht kein sachlicher Grund. Zwar hat der Angebotsempfänger ein schutzwürdiges Interesse an der unverzüglichen Mit-

---

27 *Flume* AT II § 35 I 3 d S. 644.
28 OLG Düsseldorf NJW-RR 1991, 311; vgl. unten Rz. 874.
29 *Penner/Gärtner* JA 2003, 940, 946 f.; *Spohnheimer* FS Rüßmann (2013) 331; MünchKomm-*Ernst* § 311 a Rz. 36; *Medicus/Petersen* BürgR Rz. 45.
30 *P. W. Tettinger* ZGS 2006, 452, 453 ff.; Palandt/*Grüneberg* § 311 a Rz. 4; offengelassen von BGH NJW 2011, 2643 Rz. 14.

teilung des Leistungshindernisses, doch gilt bei nachträglicher Unmöglichkeit nichts anderes: Geht die Sache nach Vertragsschluss unverschuldet unter, scheidet Schadensersatz statt der Leistung ebenfalls aus. Zwar kann dem Käufer wegen schuldhaft verzögerter Aufklärung über das Leistungshindernis dennoch ein Anspruch aus §§ 280 I, 241 II zustehen, doch richtet sich dieser lediglich auf den Schaden, der dem Käufer im Vertrauen auf den Fortbestand der Leistungsfähigkeit des Verkäufers entstanden ist, etwa die Preisdifferenz, wenn ihm ein günstiges anderes Angebot entgeht. Nur ein solcher Anspruch kann dem Angebotsempfänger daher auch im Falle des unverschuldeten Untergangs vor Zugang der Annahmeerklärung zustehen. Anspruchsgrundlage ist dann in erster Linie das Verschulden des Verkäufers bei Vertragsverhandlungen (§§ 280 I, 311 II, 241 II).

3. Die Bindungsfrist

370 **a)** Die Dauer der Bindung an den Antrag ist in erster Linie **durch den Antragenden zu bestimmen**. Das kann ausdrücklich geschehen (§ 148). Bei Fehlen einer solchen ausdrücklichen Bestimmung ist der Wille des Antragenden durch Auslegung aus den Umständen zu ermitteln. Dabei muss man davon ausgehen, dass die Bindung den Antragsempfänger begünstigt und dem Antragenden wesentliche Nachteile bringen kann. Auch erhält der Antragende für seine Bindung regelmäßig (anders z.B. bei Optionsverträgen) keine Gegenleistung. Daher kann die Auslegung schwerlich zu einem Bindungswillen führen, der über die Zeitspanne hinausreicht, die der Antragsempfänger nach den dem Antragenden bekannten Umständen für seine Entscheidung benötigt. Nach § 308 Nr. 1 darf sich der Verwender von AGB keine unangemessen lange oder nicht hinreichend bestimmte Frist für seine Entscheidung über einen Antrag ausbedingen[31].

Praktisch relevant ist die Vorschrift des § 308 Nr. 1 vor allem beim Immobilienerwerb durch Verbraucher. Aufgrund des teils knappen Immobilienangebots behielten sich manche Veräußerer, nachdem sie bereits einen Erwerber gefunden hatten, eine mehrmonatige Annahmefrist für dessen notariell beurkundetes Kaufangebot vor, um bei anderen Interessenten vielleicht noch einen besseren Kaufpreis herauszuschlagen. Mit dieser Praxis beschäftigte sich **BGH NJW 2010, 2873**[32]: Der Verbraucher K gab am 4. 5. gegenüber dem Unternehmer U ein notariell beurkundetes Angebot über den Kauf einer Wohnung ab, das entsprechend einer vorformulierten Klausel bis zum 30. 9. bindend war. U nahm am 22. 6. an. Obwohl die Annahme innerhalb der gesetzten Annahmefrist erfolgte, hielt der BGH sie zu Recht für verspätet. Denn die Vertragsklausel mit der Annahmefrist galt nach § 310 III Nr. 1 als von U gestellt und die übermäßig lange Bindung schränkte die Dispositionsfreiheit des K unangemessen ein. Dabei war vor allem zu berücksichtigen, dass K bis zum Ablauf der fast fünfmonatigen Annahmefrist mit der Ablehnung seines Kaufangebots durch U rechnen musste, wegen seiner zwischenzeitlichen Bindung an den Antrag aber faktisch gehindert war, während der Schwebelage eine andere Wohnung zu kaufen. Weil die Annahmefrist ohne ein schützwürdiges Interesse des U über den üblichen Zeitraum des § 147 II wesentlich hin-

---

31 Dazu *Walchshöfer* WM 1986, 1041.
32 Ebenso im Grundsatz für sog. Bauträgerverträge: BGH NJW 2014, 854; 857.

ausging, war die Klausel nach § 308 Nr. 1 unwirksam. Nach § 306 II galt stattdessen die gewöhnliche Frist des § 147 II. Wegen der im Immobilienhandel üblichen Prüfung der Bonität des Erwerbers, die unter regelmäßigen Umständen nicht länger als vier Wochen dauert, war der Antrag des K am 22. 6. daher nach §§ 146, 147 II bereits erloschen. Die verspätete Annahme des U bedeutete folglich ein neues Angebot (§ 150 I). Zwar hatte K in der Folge noch den Kaufpreis gezahlt, doch lag darin keine konkludente Annahmeerklärung, weil beide Parteien zu diesem Zeitpunkt irrtümlich, aber doch übereinstimmend von einem bestehenden Kaufvertrag ausgingen (zur gleichgelagerten Problematik bei § 141 unten Rz. 531). U hatte deshalb keinen Anlass, die Zahlung als Annahmeerklärung des K zu verstehen, so dass es an einem Vertragsschluss fehlte.

Den Bedenken des BGH versuchte die Praxis in der Folge dadurch Rechnung zu tragen, dass die Klausel dem Antragenden nach Ablauf von vier Wochen das Recht einräumte, den über diese Frist hinaus zeitlich unbegrenzt fortgeltenden Antrag jederzeit zu widerrufen[33]. Nach **BGH NJW 2013, 3434** sind aber auch derartige **Fortgeltungsklauseln** mit § 308 Nr. 1 unvereinbar: Zwar sei der Antragende wegen der Widerrufsmöglichkeit nicht in gleicher Weise in seiner Dispositionsfreiheit beschränkt. Doch könne eine ungewollte Bindung z.B. aus sich überkreuzenden Erklärungen resultieren, wenn nämlich die Annahmeerklärung nach § 152 S. 1 beurkundet werde und den Vertrag zustandebringe, bevor der zuvor erklärte Widerruf dem Verkäufer zugehe. Unter Hinweis auf die Lehre von den Doppelwirkungen im Recht (dazu unten Rz. 728) nimmt **BGH BB 2016, 1474** einen Verstoß gegen § 308 Nr. 1 schließlich sogar dann an, wenn der Antrag mangels zureichender notarieller Beurkundung nach §§ 125 S. 1, 128, 311b I 1 unwirksam ist. Das ist insofern bemerkenswert, als der Antragende hier gar nicht übermäßig lange, sondern im Gegenteil wegen der Formunwirksamkeit überhaupt nicht an die Offerte gebunden ist. In Betracht käme aber eine Heilung des Formverstoßes nach § 311b I 2. Diese soll nicht möglich sein, wenn es selbst bei ordungsgemäßer Beurkundung an der rechtzeitigen Annahme und damit am Vertragsschluss gefehlt hätte.

Insgesamt ist die restriktive Rechtsprechung des BGH darauf ausgerichtet, Schwebezustände und daraus resultierende Spekulationen auf dem Immobilienmarkt zu unterbinden. In Zeiten stetig steigender Preise dürfte der BGH dabei vor allem einen Verbraucher vor Augen haben, der sich in der misslichen Lage befindet, in Ermangelung besserer Angebote und deshalb aus wirtschaftlicher Vernunft von einem Widerruf abzusehen, um damit zugleich der weiteren Spekulation zu seinen Lasten Vorschub zu leisten.

b) Zum Schutz des Antragenden sind die in § 147 hilfsweise (also bei Fehlen einer ausdrücklichen oder durch Auslegung zu ermittelnden Bestimmung des Antragenden) **angeordneten Bindungsfristen** recht kurz: Nach Abs. 1 S. 1 kann der einem Anwesenden gemachte Antrag nur sofort angenommen werden. Dasselbe soll nach Satz 2 von einem „mittels Fernsprecher von Person zu Person gemachten Antrag" gelten. Dabei bedeutet „von Person zu Person": Gesprächspartner muss derjenige sein, der (als Vertragspartner oder dessen Vertreter) über die Annahme entscheiden kann. Spricht der Antragende dagegen mit einem Boten des anderen Teils oder sonst einer nicht

371

---

33 Vgl. den Überblick bei *Herrler* DNotZ 2013, 887.

abschlussberechtigten Person, so handelt es sich rechtlich um einen Antrag an einen Abwesenden: Hier kann man eben keine sofortige Entscheidung des Gesprächspartners erwarten.

Wird das Telefongespräch vor der Entscheidung über den Antrag unterbrochen, soll nach h.M. die Bindung an den Antrag erlöschen. Folglich trägt der Antragsempfänger das Risiko des technischen Funktionierens der Verbindung: Er verliert die Annahmemöglichkeit. Anders liegt es, wenn der Antragende die Unterbrechung selbst herbeigeführt hat: Dann kommt eine auf anderem Weg unverzüglich übermittelte Annahmeerklärung noch rechtzeitig[34].

Bei einem Antrag an einen Abwesenden (etwa im Schriftwege) dauert die Bindung nach § 147 II nur bis zu dem Zeitpunkt, bis zu dem der Antragende normalerweise mit dem Eingang der Antwort rechnen kann: Das entspricht regelmäßig der oben bei Rz. 370 genannten Zeitspanne, die der Antragsempfänger zu einer Entscheidung benötigt, zuzüglich der Zeit für den Transport des Antrags und der Antwort hierauf[35].

4. Das Erlöschen des Antrags

372 a) Ohne eine besondere Vorschrift würde das Aufhören der Bindung an den Antrag dem Antragenden nur ein Widerrufsrecht gewähren. Doch lässt § 146 den Antrag erlöschen, wenn dieser **nicht rechtzeitig angenommen** worden ist: Es bedarf also keines Widerrufs mehr. Folglich kann auch die verspätete Annahme keinen Vertrag zustande bringen; sie gilt lediglich nach § 150 I als neuer Antrag (diesmal als Antrag des anderen Teils).

373 Bei Verhandlungen unter Abwesenden kann der Antragsempfänger oft nicht mehr tun, als die Annahmeerklärung rechtzeitig abzusenden. Ob durch sie der Vertrag zustandekommt, hängt aber (außer bei § 151, vgl. unten Rz. 382 ff.) von der **Rechtzeitigkeit des Zugangs** beim Antragenden ab. Wenn die Erklärung verzögerlich befördert worden ist, besteht also die Gefahr, dass der Antragsempfänger an einen wirksamen Vertragsschluss glaubt, während dieser in Wahrheit nicht gelungen ist. Hier hilft § 149: Er legt es dem Antragenden auf, der die Rechtzeitigkeit der Absendung der Annahme erkennen kann, den Antragsempfänger unverzüglich über die Verspätung des Zugangs seiner Erklärung zu verständigen. Man kann das als eine gesetzlich geregelte Obliegenheit aus dem Eintritt in Vertragsverhandlungen verstehen (vgl. unten Rz. 454). Doch bewirkt eine schuldhafte Verletzung dieser Obliegenheit in § 149 nicht bloß eine Pflicht zum Ersatz des negativen Interesses. Vielmehr soll die Annahme als nicht verspätet gelten: Sie bringt also den Vertrag zustande, und der Antragende ist zur Erfüllung verpflichtet[36].

374 Wie wenn der die Annahme enthaltende Brief einem Bekannten mit der Bitte übergeben worden war, ihn recht bald einzuwerfen, der Bekannte das jedoch verzögert hat? Dann ist § 149 nicht direkt anwendbar, weil die Übergabe des Briefes an den Bekannten die Erklärung noch im Herrschaftsbereich des Erklärenden lässt und deshalb keine „Absendung" bedeutet (vgl. oben

---

34 Münch Komm-*Busche* § 147 Rz. 27.
35 BGH NJW 1996, 919, 921; 2010, 2873 Rz. 11.
36 Vgl. *Volp/Schimmel* JuS 2007, 899.

Rz. 263). Aber auch analog passt § 149 nicht: Solche Risiken aus der eigenen Sphäre des Antragsempfängers sind für diesen eher beherrschbar als etwa der Postlauf; daher fehlt die für eine Analoge nötige Rechtsähnlichkeit.

b) Außer durch die nicht rechtzeitige Annahme erlischt der Antrag nach § 146 auch durch die **Ablehnung** gegenüber dem Antragenden. Diese Ablehnung ist also ebenso wie der Antrag eine empfangsbedürftige Willenserklärung; sie lässt den Antrag schon vor Ablauf einer Bindungsfrist erlöschen. Keine Ablehnung im Sinne des § 146 bedeutet es aber, wenn der Antragsempfänger lediglich einem Dritten sagt, er wolle den Antrag ablehnen. 375

c) Dass der Antrag als Willenserklärung **nicht** dadurch **erlischt**, dass der Antragende nach der Abgabe stirbt oder seine Geschäftsfähigkeit verliert, folgt schon aus § 130 II. 376

aa) § 153 ergänzt das wegen einer anderslautenden gemeinrechtlichen Ansicht[37] noch um den Satz, regelmäßig solle auch das Zustandekommen des Vertrags nicht gehindert werden. Der **Antrag bleibt** also **annahmefähig**; angenommen werden muss jetzt freilich gegenüber den Erben des verstorbenen Antragenden oder nach dem Eintritt der Geschäftsunfähigkeit durch eine dem gesetzlichen Vertreter zugehende Erklärung (§ 131 I).

bb) Ausnahmsweise soll jedoch nach § 153 a.E. das Zustandekommen des Vertrags ausgeschlossen sein, wenn ein **anderer Wille des Antragenden** anzunehmen ist. Viele sehen hierin eine gesetzliche Auslegungsregel: Da der Antragende für den Fall seines Todes oder seiner Geschäftsunfähigkeit meist keinen realen Willen gebildet habe, sei der hypothetische zu ermitteln. Auf dessen Erkennbarkeit für den Antragsempfänger komme es nicht an. Zum Ausgleich wird dem Antragsempfänger, der im Vertrauen auf die scheinbare Fortdauer des Antrags Aufwendungen gemacht hat, in Analogie zu § 122 ein Schadensersatzanspruch auf das negative Interesse zugebilligt[38]. Der Antragsempfänger soll also z.B. die Kosten ersetzt verlangen können, die er für den vergeblichen Transport der scheinbar bestellten Ware aufgewendet hat. 377

Im Gegensatz hierzu steht die Ansicht, wonach sich die Einschränkung in § 153 nur auf den Fall bezieht, dass dem Antragsempfänger die Beschränkung des Antrags auf den Vertragsschluss gerade mit dem Antragenden erkennbar ist[39]. Dann sei das Scheitern des Vertragsschlusses durch den Tod des Antragenden ein Risiko, das der Antragsempfänger in Kauf genommen habe und das keinen Ersatzanspruch rechtfertige. Dieses Verständnis ist vorzugswürdig: Es gibt keinen ausreichenden Grund, bei § 153 im Gegensatz zur allgemeinen Auslegungslehre (vgl. oben Rz. 323) auf die Erkennbarkeit für den Erklärungsempfänger zu verzichten. Unter die derart eng verstandene Ausnahme von der Annahmefähigkeit des Antrags fallen insbesondere Bestellungen von Waren, die ersichtlich für den Bestellenden persönlich bestimmt sind[40], z.B. Kleidung.

d) Nicht geregelt ist im BGB der umgekehrte Fall, nämlich dass der **Antragsempfänger stirbt**: Können dessen Erben den Antrag noch annehmen? Diese Frage hatte ursprüng- 378

---

37 Vgl. *Flume* AT II § 35 I 4.
38 *Canaris*, Die Vertrauenshaftung im deutschen Privatrecht (1971) 537; zuvor bereits *Kuhlenbeck* DJZ 1905, 1142, 1143; *Clasen* NJW 1952, 14.
39 *Flume* AT II § 35 I 4; MünchKomm-*Busche* § 153 Rz. 4; *Wolf/Neuner* § 37 Rz. 23; *Brox/Walker* AT Rz. 174; ähnlich *Bork* Rz. 735; Staudinger/*Bork* (2010) § 153 Rz. 5.
40 So auch Mot. I 176 = *Mugdan* I 449.

lich entsprechend geregelt werden sollen wie beim Tod des Antragenden, also im Sinne einer regelmäßigen Annahmefähigkeit. Doch ist diese Absicht mit Recht aufgegeben worden: Allerdings muss auch nach dem Tod des Antragsempfängers durch Auslegung des Antrags entschieden werden, ob dieser nur für den Adressaten persönlich oder auch für dessen Erben gelten soll. Aber für diese Frage passt das in § 153 angeordnete Verhältnis von Regel und Ausnahme nicht[41]. Man kann nämlich nicht sagen, der Antragende wolle den Antrag regelmäßig auch für die Erben des Adressaten gelten lassen. Daran fehlt es z.B. bei allen Geschäften, in denen der Antragende dem anderen Teil Kredit gewährt. So ist bei Zweifeln für das Erlöschen des Antrags durch den Tod des Adressaten zu entscheiden.

Die eben erörterte Frage wird oft unter dem Stichwort „Vererblichkeit des Antrags" behandelt. Doch ist das nicht ganz genau: Vererbt werden kann nur der dem Adressaten selbst zu Lebzeiten zugegangene Antrag (oder genauer: das Recht, diesen Antrag anzunehmen). Die Problematik ist aber ganz dieselbe, wenn der Adressat schon vor dem Zugang gestorben ist und der Antrag daher erst den Erben zugeht.

5. Abtretbarkeit des Antrags

379 Noch mehr Vorsicht ist bei einer Bejahung der Frage geboten, ob der Antragsempfänger die ihm durch den Antrag erwachsene Rechtsstellung durch Rechtsgeschäft (§§ 413, 398 ff.) auf einen Dritten zu übertragen vermag. Diese Übertragung würde nämlich bedeuten, dass der Dritte durch die Annahme Vertragspartner wird. Das scheitert allemal, soweit der Antragende den anderen Teil durch den Vertrag (auch) verpflichten will: Dann kann der Antrag genauso wenig ohne die Zustimmung des Antragenden übertragen werden, wie eine Verpflichtung ohne Mitwirkung des Gläubigers übertragen werden kann (§§ 414 f.). Nur bei Verträgen, durch die bloß der Antragende verpflichtet werden soll, darf man die Übertragbarkeit des Antrags analog zu § 399 entscheiden.

III. Die Annahme

1. Der Regelfall

380 **a)** Regelmäßig geschieht die Annahme, wie es § 149 voraussetzt, durch **empfangsbedürftige Willenserklärung**. Die normale Reihenfolge beim Vertragsschluss lautet also: Antrag (Abgabe und Zugang) – Annahme (Abgabe und Zugang). Über die Rechtzeitigkeit der Annahme entscheidet deren Zugang (vgl. oben Rz. 373).

Eine **Ausnahme** bestimmt insoweit § 152: Bei getrennter notarieller Beurkundung von Antrag und Annahme kommt der Vertrag (schon) mit der Beurkundung der Annahme zustande, nicht erst mit dem Zugang dieser Erklärung an den Antragenden.

381 **b)** Die Annahmeerklärung muss, um den Vertrag zustandezubringen, **dem Antrag entsprechen**. Das setzt auch § 150 II voraus, wonach die nicht dem Antrag entsprechende

---

41 *Flume* AT II § 35 I 4.

Annahme als Ablehnung verbunden mit einem neuen Antrag gelten soll. Wenn der Antrag auf eine teilbare Leistung lautet, bedarf es jedoch zunächst der Auslegung: Ein solcher Antrag kann teilbar gemeint sein, sodass er auch nur zu einem Teil angenommen zu werden vermag. Wenn etwa V dem K 1000 t Heizöl anträgt, kann das im Sinne von „bis zu 1000 t" gemeint sein, sodass eine Annahme durch K auch für bloß 500 t möglich ist. Vermuten darf man das aber schon deshalb nicht, weil oft der Preis von der abgenommenen Menge abhängen soll: Dann fällt eine „Teilannahme" unter § 150 II.

2. Die Annahme nach § 151

a) Nach § 151 S. 1 soll unter bestimmten, unten Rz. 383 ff. genannten Voraussetzungen der Vertrag durch die Annahme zustande kommen, „ohne dass die Annahme dem Antragenden gegenüber erklärt zu werden braucht"[42]. Die Bedeutung dieser Ausnahme ist str.: Ein Teil der Lehre lässt schon den (nicht zu äußernden) **Entschluss** genügen, den Antrag anzunehmen[43]. Dieser Ansicht ist zwar zuzugeben, dass dem Antragenden eine ihm nicht zugehende Annahmeerklärung nicht viel zu nutzen braucht. Doch ist das kein ausreichender Grund, die bei § 151 ohnehin schon schlechte Situation des Antragenden noch weiter zu verschlechtern. Auch der Gesetzeswortlaut, der ja nicht überhaupt auf eine Erklärung der Annahme verzichtet, spricht dagegen. Zustimmung verdient daher die h.M.[44]: Bei § 151 muss der **Annahmewille irgendwie erklärt** werden, d. h. nach außen in Erscheinung treten; unnötig sind aber die Richtung auf den Antragenden und der Zugang bei ihm. Diese Betätigung des Annahmewillens kann in vielfacher Weise erfolgen: etwa durch die Eintragung des Gastes, der telegrafisch ein Zimmer bestellt hat, in die Reservierungsliste; durch das Absenden der bestellten Waren (die dann wegen § 447 schon auf die Gefahr des Bestellers reisen können); durch den Gebrauch der zur Ansicht übersendeten Sache[45]. 382

b) Eine solche Annahme soll nach § 151 S. 1 genügen, wenn eine Annahmeerklärung gegenüber dem Antragenden nach der **Verkehrssitte** nicht zu erwarten ist oder der Antragende auf sie **verzichtet** hat. Beide Tatbestände lassen sich nicht klar trennen. Denn darüber, ob der Antragende konkludent auf eine Annahmeerklärung verzichtet hat, ist durch Auslegung ja gerade unter Berücksichtigung der Verkehrssitte zu entscheiden (§ 157). 383

Außer nach der Verkehrssitte richtet sich die Auslegung aber auch nach **Treu und Glauben**. Und danach ist zu berücksichtigen: Der Antragende kommt bei § 151 in eine überaus unglückliche Lage. Denn er weiß zunächst nicht, ob der Vertrag zustandegekommen ist oder nicht. Wer z.B. unter Verzicht auf den Zugang einer Annahmeerklärung ein Hotelzimmer bestellt, müsste eigentlich noch ein weiteres bestellen, weil er sich auf das erste nicht verlassen kann. Andererseits läuft er dann aber Gefahr, zwei Zimmer bezahlen zu müssen, weil ja auch über das erste ein Vertrag bestehen kann. Daher sollte man einen konkludent erklärten Verzichtswillen nur ausnahmsweise annehmen. Dabei 384

---

42 Dazu *R. Schwarze* AcP 202 (2002) 607.
43 *Flume* AT II § 35 II 3.
44 Etwa BGH NJW 2004, 287 f.; BGHZ 111, 97, 101; *Wolf/Neuner* § 37 Rz. 38.
45 *Repgen* (AcP 200, 2000, 533) sieht in einer solchen Willensbetätigung eine (an keine bestimmte Person zu richtende) Willenserklärung.

dürfte es sich vor allem um die Fälle handeln, in denen der Antragende selbst eine an ihn gerichtete Annahmeerklärung unmöglich gemacht hat: Es wird z.B. bei der Zimmerbestellung keine Absenderadresse angegeben, oder aus der Bestellung ergibt sich, dass der Besteller unter der angegebenen Anschrift nicht mehr erreichbar ist.

385 Dagegen soll § 151 nicht etwa **Versandhäuser** von der Mühe einer rechtzeitigen Annahmeerklärung an ihre Kunden entlasten: Wenn hier keine Besonderheiten vorliegen, erlischt also der mit der Bestellung ausgesprochene Antrag des Kunden, wenn der Versender ihn nicht innerhalb der Bindungsfrist durch Zusendung der Ware oder durch eine eigene Annahmeerklärung angenommen hat. Die spätere Zusendung der Ware bedeutet dann nach § 150 II bloß einen neuen Antrag, über dessen Annahme (etwa durch Bezahlen der Rechnung) der Kunde noch frei entscheiden kann (str., anders die wohl h.M.[46]).

386 Ein Beispiel für die Unklarheiten, die im Zusammenhang mit § 151 entstehen können, bietet der Sachverhalt von **BGH NJW 1957, 1105**: G hatte schon seit längerer Zeit von S Lotterielose bezogen. Eines dieser Lose gewann 24 DM. S teilte dies dem G unter Beifügung eines Ersatzloses mit und bat, noch am Tag des Empfangs entweder einen Annahmeschein für das Ersatzlos einzusenden oder dieses, wenn es wider Erwarten nicht gewünscht werden sollte, zurückzuschicken. G tat nichts von beidem. Am 19. 7. gewann das Ersatzlos mehr als 40.000 DM. Am selben Tag schrieb S an G, er möge das nicht angenommene Ersatzlos postwendend zurücksenden. Dagegen schickte G am 20. 7. einen angeblich schon am 16. 7. vorbereiteten Brief an S ab, in dem er das Ersatzlos annahm.

Hier enthält der erste Brief des S an G den Antrag zum Abschluss eines Spielvertrags (§ 763) über das Ersatzlos. Dieser Antrag konnte nach dem Zweck des Spielvertrags nur vor der Ziehung am 19. 7. angenommen werden. Folglich kam der Brief G–S vom 20. 7. als zugangsbedürftige Annahmeerklärung jedenfalls zu spät. Ein Spielvertrag konnte also mangels einer den Zugang entbehrlich machenden Verkehrssitte nur geschlossen worden sein, wenn S nach § 151 auf den Zugang der Annahmeerklärung verzichtet hatte. Dem scheint die Erklärung des S entgegenzustehen, G möge sofort die Annahmeerklärung für das Ersatzlos einsenden. Mit dieser Begründung hatten die Vorinstanzen die Klage des G auf den Gewinn abgewiesen.

Andererseits hatte S aber auch um die Rücksendung des Ersatzloses gebeten, wenn dieses nicht gewünscht werden sollte, und diese Rücksendung war gleichfalls unterblieben. Zudem sollte S nach der Behauptung des G bei früheren Gelegenheiten die Untätigkeit von Kunden als Annahme des Antrags auf den Abschluss eines Spielvertrags behandelt haben. Der BGH hat darin die Möglichkeit einer Verzichtserklärung nach § 151 gesehen und die Sache zur weiteren Prüfung dieser Möglichkeit an die Vorinstanz zurückverwiesen (§ 563 ZPO).

3. Die Annahme durch Untätigkeit

387 Bei § 151 bedarf es immerhin noch einer Betätigung des Annahmewillens durch den Antragsempfänger. Davon ist der Fall zu unterscheiden, dass schon die schlichte Untä-

---
46 Vgl. nur *Wolf/Neuner* § 37 Rz. 37.

tigkeit des Antragsempfängers unabhängig von dessen Annahmewillen zum Vertragsschluss führt.

a) Gesetzlich geregelt ist ein solcher Fall im BGB nur in § 516 II 2: Wenn der Schenker dem zu Beschenkenden eine Frist zur Erklärung über die Annahme der Schenkung gesetzt hat, gilt diese bei Schweigen des Beschenkten mit Fristablauf als angenommen. Den Grund dieser Regel bildet der Erfahrungssatz, „dass Schenkungen nur ausnahmsweise zurückgewiesen werden" (Prot. II 8 = *Mugdan* II 739). Auch kann man in § 516 II 2 einen Ausgleich dafür sehen, dass der Schenkungsantrag abweichend von den §§ 146–149 bis zur Entscheidung des Zuwendungsempfängers über die Annahme wirksam bleibt (vgl. oben Rz. 33)[47].

Dazu kommt im Handelsrecht § 362 I HGB: Danach gilt es unter bestimmten Umständen als Annahme, wenn ein Kaufmann einen ihm zugegangenen Antrag nicht unverzüglich ablehnt (ausgeschlossen wird die Annahme aber auch durch eine sofortige hinhaltende Antwort, BGH NJW 1984, 866). Diese Voraussetzungen sind: Entweder muss es sich um einen „Geschäftsbesorgungskaufmann"[48] handeln, und diesem muss ein Antrag über die Besorgung eines der von ihm betriebenen Geschäfte von jemandem zugehen, mit dem er in ständiger Geschäftsverbindung steht (Satz 1). Oder es muss einem Kaufmann gleich welcher Art ein Antrag zur Besorgung von Geschäften von jemandem zugehen, dem gegenüber er sich zur Besorgung solcher Geschäfte erboten hat. 388

Stets muss es sich demnach bei § 362 I HGB um die **Besorgung von Geschäften** (also um Dienstleistungen) handeln. Darunter fallen insbesondere die Geschäfte nach § 1 II Nr. 2, 4–9 HGB. Gemeint sind Tätigkeiten sowohl rechtsgeschäftlicher wie auch tatsächlicher Art[49]. Nicht unter § 362 HGB fällt dagegen die Warenlieferung. Der Grund für diese Beschränkung des Anwendungsbereichs der Vorschrift liegt darin, dass man den Warenbestand für beschränkt gehalten hat, die Fähigkeit zu Dienstleistungen dagegen für prinzipiell unerschöpflich. Dass dies wenigstens heute nicht mehr stimmt, liegt auf der Hand.

Weitere vereinzelte Regelungen, nach denen Schweigen auf einen Antrag dessen Annahme bedeutet, finden sich in **Sondergesetzen**. Ein Beispiel bildet § 5 III 1 PflichtversicherungsG: Ein Antrag auf Abschluss einer Kraftfahrzeughaftpflichtversicherung gilt als angenommen, wenn der Versicherer nicht binnen zwei Wochen schriftlich widerspricht. Das hängt zusammen mit dem Kontrahierungszwang der Haftpflichtversicherer (§ 5 II PflichtversicherungsG), der wiederum in der Versicherungspflicht der Kraftfahrzeughalter (§ 1 PflichtversicherungsG) seinen Grund hat. 389

Nicht hierhin gehören dagegen **weitere Vorschriften** des BGB und des HGB, in denen dem Schweigen eine positive Erklärungsbedeutung zugeschrieben wird. Denn etwa in § 416 I 2, §§ 75 h, 91 a HGB führt das Schweigen nicht zur Annahme eines Antrags, sondern zur Genehmigung eines fremden Vertrags. Und in § 455 S. 2 BGB bedeutet das Schweigen des Käufers bloß die Billigung der auf Probe gekauften Sache und damit den Eintritt einer aufschiebenden Bedingung (§ 454 I 2) des schon geschlossenen Kaufs. 390

---

47 MünchKomm-*Koch* § 516 Rz. 48.
48 Vgl. *K. Schmidt* HaR § 19 Rz. 48 ff.
49 BGHZ 46, 43, 47.

Dritter Teil *Das Rechtsgeschäft*

Noch weniger gehört hierhin der praktisch fast bedeutungslose[50] § 663 BGB (der über § 675 I auch entgeltliche Geschäfte betreffen kann und weithin überhaupt nur für diese gilt). Denn bei § 663 kommt durch Schweigen kein Vertrag zustande. Vielmehr besteht hier nur eine vorvertragliche Pflicht zur unverzüglichen Anzeige der Ablehnung[51]. Die schuldhafte Pflichtverletzung verpflichtet bloß (als Fall des Verschuldens bei Vertragsverhandlungen) zum Ersatz des Vertrauensschadens.

391 **b)** Nach handelsrechtlichem Gewohnheitsrecht kann das **Schweigen auf ein kaufmännisches Bestätigungsschreiben** zum Vertragsschluss führen, nämlich wenn der bestätigte Vertrag nicht schon wirklich zustandegekommen war. Die Hauptbedeutung dieses Bestätigungsschreibens liegt aber nicht bei der Behebung von Zweifeln über das Zustandekommen eines Vertrags; behoben werden sollen vielmehr primär Zweifel an dessen Inhalt. Darum wird das Bestätigungsschreiben erst unten Rz. 440 ff. behandelt.

392 **c)** Über die bisher erörterten Fälle hinaus hat das **Richterrecht** (bisweilen unter Berufung auf eine Verkehrssitte oder einen Handelsbrauch) verschiedentlich das Schweigen auf einen Antrag als dessen Annahme gewertet. Dafür kommen vor allem die bei § 362 I HGB ohne zureichenden Grund (vgl. oben Rz. 388) ausgeschlossenen Warenlieferungsgeschäfte in Betracht[52]. Im bürgerlichen Recht soll nach einer im Schrifttum vertretenen Auffassung bei § 150 I das Schweigen des Antragenden auf eine ihm verspätet zugegangene Annahmeerklärung die Annahme des hierin liegenden neuen Antrags bedeuten[53]. Doch dürfte das so allgemein nicht zutreffen; eher handelt es sich in manchen Fällen, in denen die Rechtsprechung dem Schweigen positive Erklärungsbedeutung zuerkannt hat, um einzelne „Mitleidsentscheidungen"[54]. Im Einzelnen ist hier vieles streitig. Zu unbestimmt ist insbesondere der Hinweis auf § 242: Es komme darauf an, ob der Absender der Annahmeerklärung nach Treu und Glauben einen Hinweis auf die Verspätung erwarten durfte. Eine erweiternde Anwendung von § 149 ist wohl unangebracht[55].

Wenig hilfreich ist insbesondere die Formulierung von **BGHZ 1, 353, 355**, im Handelsverkehr müsse das Schweigen als Zustimmung (bzw. als Annahmeerklärung) angesehen werden, „wenn nach Treu und Glauben ein Widerspruch des Angebotsempfängers erforderlich gewesen wäre. Widerspruch ist insbesondere dann zu verlangen, wenn die Parteien schon vorher in Geschäftsverbindung standen, wenn zwischen ihnen ein bis dahin noch nicht aufgelöster Vertrag vorlag, und erst recht dann, wenn der Briefschreiber ... für den Gegner erkennbar ein Interesse an einer baldigen Antwort hatte". Das geht viel zu weit[56] und „würde einen Umsturz des derzeitig geltenden Rechts des Vertragsschlusses bedeuten"[57] Denn nach diesen Sätzen könnte jenseits aller Grenzen des § 362 I HGB und der Regeln über das kaufmännische Bestätigungsschreiben fast jeder

---

50 Vgl. *K. Schmidt* HaR § 19 Rz. 37.
51 Oder zu einer anderen Antwort, BGH NJW 1984, 866.
52 Dazu *K. Schmidt* HaR § 19 Rz. 27.
53 *Flume* AT II § 35 II 2.
54 *Larenz* AT § 27 II 1.
55 Vgl. *Canaris*, Die Vertrauenshaftung im deutschen Privatrecht (1971) 328 ff.; *Wolf/Neuner* § 37 Rz. 30.
56 Abl. auch *K. Schmidt* HaR § 19 Rz. 26.
57 So treffend *Flume* AT II § 35 II 4.

jeden Kaufmann zu immer neuen Verwahrungen gegen die überzogene Zustimmungsfiktion zwingen.

Eine **allgemeinere Formulierung** dürfte nur in folgendem Sinn möglich sein: Die Parteien von Vertragsverhandlungen können unzweifelhaft eine bestimmte Erklärungsbedeutung des Schweigens vereinbaren. Insbesondere kann also *vereinbart* (aber nicht einseitig vom Antragenden bestimmt) werden, dass Schweigen eine Annahmeerklärung bedeuten soll. Eine solche Vereinbarung kann auch durch konkludentes Verhalten getroffen werden und sich insbesondere aus einer Übung zwischen den Parteien ergeben. Doch bedarf es hier eben des konkreten Nachweises dieser Übung. Keineswegs genügt dagegen der Hinweis auf das Interesse eines Beteiligten: Auch nach Treu und Glauben bekommt man nicht alles, woran man interessiert ist. Ähnlich vorsichtig formuliert jetzt auch der BGH[58]: Der Antrag muss dem Ergebnis von Vorverhandlungen entsprechen, in denen die Parteien sich über alle wichtigen Punkte geeinigt haben.

393

Ein gutes Beispiel für das bisher Gesagte bildet der Fall von **BGHZ 111, 97**[59]: G hat gegen S Forderungen von angeblich über 27.000 DM, davon über 15.000 tituliert. S bietet dem G schriftlich die Zahlung von 8.000 DM zur Abgeltung aller Ansprüche. Als erste Rate legt S einen Verrechnungsscheck über 2.000 DM bei: Er, S, wolle mit dieser Angelegenheit „nicht mehr behelligt werden" und verzichte daher auf eine Antwort des G. Dieser löst den Scheck ein und schreibt gleichzeitig an S, er empfinde dessen Vorschlag als Zumutung und nehme ihn nicht an. S meint demgegenüber, der Abfindungsvergleich sei infolge der Einlösung des Schecks zustande gekommen.

Der BGH hat das mit Recht verneint: Eine an S gerichtete Annahmeerklärung – auch eine nur schlüssige – liege nicht vor. Denn die Einreichung des Schecks sei „zur Kenntnisnahme (durch S) weder geeignet noch bestimmt gewesen". Auch eine nach § 151 wirksame Annahme fehle. Denn G habe einen Annahmewillen nicht ausreichend betätigt; vielmehr ergebe sich das Gegenteil aus seinem Verhalten und der Interessenlage. Dem kann man noch hinzufügen: S hatte hier keinen Anlass zu der Vermutung, G werde auf den für ihn sehr nachteilhaften Vorschlag eingehen. Dann konnte dem G auch nicht die Fiktion eines solchen Willens über § 151 aufgedrängt werden. Das spricht zugleich dagegen, dem G einen solchen durch die Scheckeinreichung konkludent erklärten Willen zu unterstellen. Die (wenig überzeugende) Erwägung des BGH, diese Erklärung sei zur Kenntnisnahme durch S nicht geeignet gewesen (immerhin erfuhr S ja die Lastschrift auf seinem Konto!), spielt daher keine Rolle. Der BGH[60] etwa spricht in solchen Fällen geradezu von einer **„Erlassfalle"**, die mangels eines erkennbaren Annahmewillens erfolglos zu bleiben habe[61].

---

58 BGH NJW 1995, 1281 (dazu *Scheffer* NJW 1995, 3166); BGH NJW 1996, 919.
59 Dazu *von Randow* ZIP 1995, 445; *Frings* BB 1996, 809; *Eckhardt* BB 1996, 1945.
60 BGH NJW 2001, 2324.
61 So im Ergebnis auch BVerfG NJW 2001, 1200, vgl. *A. Schönfelder* NJW 2001, 492; OLG Jena VersR 2001, 980.

Dritter Teil *Das Rechtsgeschäft*

§ 27 Die Einbeziehung Allgemeiner Geschäftsbedingungen

Literatur: *Adams*, Ökonomische Begründung des AGBG, BB 1989, 781; *Bartsch*, Der Begriff des „Stellens" Allgemeiner Geschäftsbedingungen, NJW 1986, 28; *Baudenbacher*, Braucht die Schweiz ein AGBG?, ZBJV 123 (1987) 505; *H. Baumann*, Zur Inhaltskontrolle von Produktbestimmungen in Allgemeinen Geschäfts- und Versicherungsbedingungen, VersR 1991, 490; *Becker*, Vertragsfreiheit, Vertragsgerechtigkeit und Inhaltskontrolle, WM 1999, 709; *Berger*, Aushandeln von Vertragsbedingungen im kaufmännischen Geschäftsverkehr, NJW 2001, 2152; *Bohle/Micklitz*, Erfahrungen mit dem AGBG im nichtkaufmännischen Bereich, BB 1983 Beilage 11; *Canaris*, Die AGB-rechtliche Leitbildfunktion des neuen Leistungsstörungsrechts, FS P. Ulmer (2003) 1073; *Däubler*, Zielvereinbarungen und AGB-Kontrolle, ZIP 2004, 2209; *Dreher*, Die Auslegung von Rechtsbegriffen in AGB, AcP 189 (1989) 342; *Fell*, Hintereinandergeschaltete AGB, ZIP 1987, 690; *Finkenauer*, Ergänzende Auslegung bei Individualabreden, AcP 213 (2013) 619; *Freund*, Die Änderung von AGB in bestehenden Verträgen (1998); *Grunewald*, Die Anwendbarkeit des AGBG auf die Bestimmungen über den Vertragsabschluss, ZIP 1987, 353; *Hart*, Verbraucherrechtliche Grundlagen des AGBG, Jura 2001, 649; *Heinrichs/Löwe/ P. Ulmer* (Hrsg.), Zehn Jahre AGBG (1987); *Hellwege*, AGB, einseitig gestellte Vertragsbedingungen und die allgemeine Rechtsgeschäftslehre (2010); *Heyers*, AVB und Beratungspflichten – Markt- und Produktdisposition, ZVersWiss 2010, 349; *von Hippel*, Zur Kontrolle Allgemeiner Geschäftsbedingungen, BB 1985, 1629; *Jaeger*, Einfluss der Rechtsprechung auf die Entwicklung von AGB am Beispiel von Haftungsausschlussklauseln, VersR 1990, 455; *Kappus*, Inhaltskontrolle gesetzesrezitierender Klauseln, NJW 2003, 322; *Kötz*, Der Schutzweck der AGB-Kontrolle ..., JuS 2003, 209; *Ernst A. Kramer*, Nichtausgehandelter Individualvertrag, notariell beurkundeter Vertrag und AGBG, ZHR 146 (1982) 105; *Leyens/Schäfer*, Inhaltskontrolle Allgemeiner Geschäftsbedingungen, AcP 210 (2010) 771; *Locher*, Recht der AGB (3. Aufl. 1997); *ders.*, Begriffsbestimmung und Schutzzweck nach dem AGBG, JuS 1997, 389; *S. Lorenz/ F. Gärtner*, Allgemeine Geschäftsbedingungen, JuS 2013, 199; *Markwardt*, Inhaltskontrolle von AGB-Klausel durch den BGH, ZIP 2005, 152; *Merz*, Vertrag und Vertragsschluss (1988, dazu *Köhler* JZ 1988, 383); *Michel-Hilpert*, AGB oder „aus"-gehandelter Individualvertrag? – eine Risikoanalyse, DB 2000, 2513; *Miethaner*, AGB-Kontrolle versus Individualvereinbarung (2010); *Neumann*, Geltungserhaltende Reduktion und ergänzende Auslegung von AGB (1988, dazu *Grunsky* AcP 189, 1989, 579); *Ohlendorff/von Hertel*, Kontrolle von AGB im kaufmännischen Geschäftsverkehr (1988); *Niebling*, Isolierte Betrachtung Allgemeiner Geschäftsbedingungen oder Würdigung des Gesamtvertrages?, BB 1992, 717; *Petersen*, Die Einbeziehung Allgemeiner Geschäftsbedingungen, Jura 2010, 667; *Plug*, Kontrakt und Status im Recht der AGB (1986); *Preis*, Privatautonomie und das Recht der AGB, FS Richardi (2007) 339; *L. Raiser*, Das Recht der Allgemeinen Geschäftsbedingungen (1935, Neudruck 1961); *Renner*, Die „Natur des Vertrags" nach § 307 Abs. 2 Nr. 2 BGB, AcP 213 (2013) 677; *Rödl*, Kollidierende AGB: Vertrag trotz Dissens, AcP 215 (2015) 683; *Herb. Roth*, Geltungserhaltende Reduktion im Privatrecht, JZ 1989, 411; *Roussos*, Die Anwendungsgrenzen der Inhaltskontrolle und die Auslegung von § 9 AGBG, JZ 1988, 997; *Rüßmann*, Die „ergänzende Auslegung" Allgemeiner Geschäftsbedingungen, BB 1987, 843; *Schlachter*, Folgen der Unwirksamkeit von AGB für den Restvertrag, JuS 1989, 811; *P. Schlosser*, Entwicklungstendenzen im Recht der AGB, ZIP 1985, 449; *ders.*, Zehn Jahre AGBG, JR 1988, 1; *M. Schwab*, Zur Bedeutung des § 8 AGBG für die Inhaltskontrolle von Vollmachtsklauseln, JuS 2001, 951; *Seybold*, Geltungserhaltende Reduktion, Teilunwirksamkeit und ergänzende Vertragsauslegung bei Versicherungsbedingungen, VersR 1989, 788; *Stoffels*,

AGB-Recht (2003); *Tönnies,* Inhaltskontrolle nach AGBG und Richterrecht, VersR 1989, 1023; *Wackerbarth,* Unternehmer, Verbraucher und die Rechtfertigung der Inhaltskontrolle ..., AcP 200 (2000) 45; *W. Weitnauer,* Conveniants und AGB-Kontrolle, ZIP 2005, 1443; *P. Ulmer,* Erfahrungen mit dem AGB-Gesetz, BB 1982, 584; *Werber,* Die Bedeutung des AGBG für die Versicherungswirtschaft, VersR 1986, 1; *Graf von Westphalen,* Richterliche Inhaltskontrolle von Standardklauseln bei der Publikums-KG und der Prospekthaftung, DB 1983, 2745; *ders.* und andere, Vertragsrecht und AGB-Klauselwerke (1996); *M. Wolf/Ungeheuer,* Das Recht der AGB, JZ 1995, 77; 176. Weitere Lit. zu Spezialfragen vgl. im Folgenden, zur Kontrolle im Arbeitsrecht (§ 310 IV 2) vgl. etwa *Löwisch,* Bundesarbeitsgericht und Recht der allgemeinen Geschäftsbedingungen, FS Canaris (2007) I 1403; *Zöllner* ZfA 2010, 637; *Zundel* NJW 2006, 1237.

I. Typen des Vertragsschlusses

1. Die Mannigfaltigkeit der Abschlusstechniken

Die eben in § 26 behandelte Vorstellung eines Vertragsschlusses durch Antrag und Annahme ist ganz abstrakt-farblos: Sie umfasst so verschiedene Vorgänge wie den „wortlosen" Kauf aus dem Automaten und den wochenlang ausgehandelten, endlich notariell abgeschlossenen, ein ganzes Heft füllenden Gesellschafts- oder Kartellvertrag. Aber diese Unterschiede betreffen nicht das rechtlich Wesentliche: Immer kommt der Vertrag durch zwei übereinstimmende Willenserklärungen zustande. Freilich lässt sich bei dem ausgehandelten, im Wechselgespräch entstandenen Vertrag oft nicht sagen, von welcher Partei der Antrag und von welcher die Annahme stammt. Aber darauf kommt es, wenn der Vertragsschluss feststeht, auch nicht mehr an[1]. **394**

2. Insbesondere die Verwendung Allgemeiner Geschäftsbedingungen

Rechtliche Besonderheiten gelten jedenfalls für eine praktisch sehr häufige Modifikation des Vertragsschlusses durch Antrag und Annahme, nämlich durch die Verwendung von Allgemeinen Geschäftsbedingungen (AGB) oder von ähnlichen Formularen. **395**

a) Diese Ausgestaltung des Vertragsschlusses ist vor folgendem **Hintergrund** zu sehen: Obwohl das Besondere Schuldrecht (§§ 433 – 853) mehr als zwanzig verschiedene Vertragstypen zur Verfügung stellt, können diese Verträge doch nur recht allgemein geregelt sein. So unterscheidet das Recht des Sachkaufs (§§ 433 ff.) im Wesentlichen nicht danach, was für eine Art von Sache verkauft wird (einige Sondervorschriften finden sich nur für den Grundstücks- und den Verbrauchsgüterkauf). Folglich werden frischer Salat und Antiquitäten, Hosenknöpfe und Lokomotiven weithin nach denselben gesetzlichen Vorschriften verkauft. Die zweckmäßigen oder sogar notwendigen Sonderregeln müssen also von den Beteiligten selbst getroffen werden, und zwar durch Vertrag. Noch nötiger ist eine solche Selbsthilfe der Parteien, wo das geplante Geschäft

---

[1] *Leenen* AcP 188 (1988) 381 bemerkt zutreffend, außer dem Vertragsschluss durch Antrag und Annahme gebe es noch einen anderen: Beide Kontrahenten (etwa zwei durch ihre Vorstände vertretene Großunternehmen) stimmen einem von ihren Rechtsabteilungen ausgehandelten Vertragsentwurf zu. Hier ist sogar vollständige Gleichzeitigkeit denkbar. *Leenen* zufolge passen für einen solchen Vertragsabschluss nicht die §§ 145 – 153, sondern nur die §§ 154, 155.

nicht eindeutig zu einem gesetzlich vorgesehenen Typ passt (atypische und gemischte Verträge, z.B. Leasing).

Solche Regelungen von Fall zu Fall immer neu zu treffen wäre überaus umständlich. Für Personen, deren Beruf den Abschluss von Verträgen einer bestimmten Art mit sich bringt, liegt es daher nahe, die einmal erarbeitete zweckmäßige Regelung immer wieder zu verwenden. Das gelingt am leichtesten, wenn diese Regelung in gedruckter Form niedergelegt wird. Dann müssen die so entstandenen „allgemeinen" Geschäftsbedingungen freilich noch zum Bestandteil der später abzuschließenden Einzelverträge gemacht werden.

396 **b)** Die Verwendung solcher AGB entspräche dem Vorteil beider Parteien, wenn wirklich nur **sachgerechte Abweichungen** vom dispositiven Gesetzesrecht vereinbart werden sollten. Doch kann man vielfach schon darüber streiten, was sachgerecht ist: Wie lange hat z.B. die angemessene Gewährleistungsfrist für frischen Salat zu sein? Oder wer soll bei Antiquitäten das Echtheitsrisiko tragen, ggf. mit welcher zeitlichen Begrenzung? Selbst redliche Geschäftsleute werden gewiss der Versuchung kaum widerstehen können, die hier sich ergebenden Beurteilungsspielräume zu eigenen Gunsten auszunutzen. Und weniger redliche Personen können die Gelegenheit dann gleich dazu verwenden, zu ihrem Vorteil auch von solchen Vorschriften abzuweichen, hinsichtlich derer der konkrete Geschäftstyp keine Besonderheit aufweist: Der Salatverkäufer etwa verkürzt nicht bloß die Gewährleistungsfrist, sondern schließt zugleich seine Haftung für jede Art von Fahrlässigkeit aus.

Weil die Schuldrechtsnormen ganz überwiegend nachgiebig sind, konnte auf diese Weise die **gesetzliche Regelung** geradezu **auf den Kopf gestellt** werden: Der Verwender der AGB konnte sich Vorteile ausbedingen, die durch Besonderheiten des konkreten Vertrags nicht begründet und insgesamt unbillig waren.

397 **c)** Allerdings gehören zum Vertragsschluss immer zwei Parteien. Der **Privatautonomie** entspräche es, dass der auf der anderen Vertragsseite Beteiligte (z.B. der Käufer) solche unbilligen AGB ablehnen und sich notfalls Partner mit einwandfreien AGB suchen würde. Doch hat das aus zwei Gründen **nicht funktioniert**:

Erstens setzt eine derartige Reaktion voraus, dass die **Unbilligkeit** überhaupt **erkannt wird**. Dazu muss man aber schon einmal wissen, welche Rechte einem das Gesetz zugedacht hat; dieses Wissen fehlt jedoch vielfach. Auch muss man zur Kenntnis nehmen, welche Abweichungen die AGB von dieser Rechtslage vorsehen. Das wird aber nicht selten durch den erheblichen Umfang der AGB und die bei dem Vertragsschluss herrschende Eile verhindert: Der Verkäufer sitzt häufig neben dem Käufer und drängt auf dessen Unterschrift, während die AGB kleingedruckt die Rückseite des Formulars füllen.

Und zweitens setzt die Ablehnung unbilliger AGB durch die andere Vertragsseite voraus, dass dieser überhaupt eine **zumutbare Ausweichmöglichkeit** zur Verfügung steht, dass also die Leistung anderswo zu besseren Bedingungen erhältlich ist. Auch daran fehlt es jedoch häufig: Vielfach sind die AGB von den Verbänden ihren Mitgliedern empfohlen worden, sodass sie überall gleichförmig verwendet werden. Aber auch ohne solche Empfehlungen haben unbillige AGB eine Tendenz zur Ausbreitung: Wer sie verwendet, hat geringere Kosten und erlangt daher einen Vorteil gegenüber seinen

Konkurrenten. Diese müssen also entweder ihren Kunden deutlich machen, dass die günstigeren Bedingungen höhere Preise rechtfertigen (was selten gelingt), oder sie müssen sich den AGB ihres Konkurrenten anschließen.

Aus den genannten Gründen ist aber nicht zu folgern, die Verwendung von AGB stehe außerhalb der Vertragsfreiheit, weil das für diese nötige Aushandeln fehle[2]. Denn auch Individualverträge werden oft zu vorgegebenen Bedingungen abgeschlossen, und über Leistung und Gegenleistung wird gleichfalls vielfach nicht verhandelt: Insoweit bleibt nur die Möglichkeit, einen Vertragsschluss abzulehnen. Dass ein Beteiligter seine Wünsche bezüglich des Vertragsinhalts nicht zur Disposition stellt, bildet daher keinen Widerspruch zu Vertragsfreiheit oder Privatautonomie[3].

II. Die Wege zur Regelung der AGB-Problematik

Wegen der eben geschilderten Gründe haben AGB erhebliche Verbreitung gefunden. Sie haben insbesondere im Verhältnis des marktstärkeren Partners zum marktschwächeren das dispositive Recht weithin verdrängt. Das hat schließlich zum AGBG v. 9. 12. 1976 geführt, dem freilich die Rechtsprechung schon weithin vorgearbeitet hatte. Seit dem 1. 1. 2002 sind die materiellrechtlichen Teile des AGBG dann ins BGB-Schuldrecht übernommen worden (§§ 305 ff.). **398**

1. Die Rechtsprechung

Die Rechtsprechung bis zum AGBG (über die hier nur noch kurz zu berichten ist) hat den Schutz vor unbilligen AGB im Wesentlichen auf zwei Wegen zu erreichen gesucht: **399**

a) Erstens hat sie die **Einführung** unbilliger AGB **in den Einzelvertrag erschwert**. Dazu hat sie sich vor allem des Satzes bedient, ohne deutlichen Hinweis brauche der Kunde des AGB-Verwenders nur mit den üblichen Bedingungen zu rechnen. Insbesondere konnten damit AGB abgewehrt werden, die Haftungsausschlüsse an überraschender Stelle (etwa im Zusammenhang mit den Zahlungsbedingungen) enthielten. Dem gleichen Ziel diente auch die Regel, unklare Klauseln seien gegen den Verwender auszulegen.

b) Zunehmend hat die Rechtsprechung dann aber auch bestimmte **Klauseln** überhaupt – also selbst bei klarer Formulierung und deutlicher Einführung in den Vertrag – **für unzulässig erklärt**. So ist es in Abweichung von den §§ 276 III, 278 S. 2 nicht mehr erlaubt worden, die Haftung des Verwenders der AGB für eigene grobe Fahrlässigkeit sowie für Vorsatz und grobe Fahrlässigkeit seiner leitenden Angestellten auszuschließen. Seit BGHZ 22, 90, 94 ff. wurde beim Verkauf fabrikneuer Sachen an den Letztverbraucher der Ausschluss von Rücktritt und Minderung nur noch zugelassen, wenn **400**

---
[2] So aber *Eike Schmidt* DRiZ 1991, 81; *ders.* ZIP 1987, 1505, 1509.
[3] *Canaris* FS Steindorff (1990) 519, 548, bemerkt mit Recht, die Vorstellung eines vollständig ausgehandelten Vertrages stelle „eine ridiküle Chimäre" dar, die für einen Basar passe, aber nicht für eine moderne Markt- und Wettbewerbswirtschaft. Vielmehr dürfe jede Partei nach ihrem Belieben bestimmte Bedingungen für unverzichtbar erklären und den anderen Teil vor die Alternative stellen, diese zu akzeptieren oder vom Vertragsschluss Abstand zu nehmen.

der Käufer eine wirksame Nachbesserung erhielt. Endlich wurde die Haftung bei Nichterfüllung bestimmter „Kardinalpflichten" für unabdingbar erklärt.

2. Das AGB-Gesetz

401 **a)** Das AGB-Gesetz hat diese Rechtsprechung weitgehend aufgenommen und präzisiert (dazu unten Rz. 403 ff.; 421 ff.). Überdies hat es eine **Neuerung** eingeführt, die außerhalb dessen liegt, was durch richterliche Rechtsfortbildung erreichbar war: Nach den §§ 13 – 22 AGBG konnte über die Wirksamkeit von AGB nicht bloß dann prozessiert werden, wenn ein Verwender mit einem Kunden über die Wirksamkeit eines Vertrags oder einer einzelnen Klausel gestritten hat. Vielmehr sah das AGBG auch ein **abstraktes Kontrollverfahren** vor. Zu dieser **Verbandsklage** waren berechtigt bestimmte Verbraucher- und Wirtschaftsverbände sowie die Industrie- und Handels- sowie die Handwerkskammern, § 13 II AGBG. Ziel der Klage war die Unterlassung der Verwendung oder der Widerruf einer Empfehlung der AGB, § 13 I AGBG. Ein Urteil, das einer solchen Klage stattgab, kam aber nach § 21 AGBG auch einzelnen Kunden zugute, denen gegenüber sich der Verwender auf die für unzulässig erklärten AGB berief.

Diese Regelung beruhte auf dem Gedanken, dass die Zulässigkeit von AGB vielfach zweifelhaft sein kann. Einzelne Kunden oder Wettbewerber werden diese Zweifel entweder nicht bemerken oder doch häufig die mit einem Prozess verbundenen Mühen und Kosten scheuen. Auch konnte der Verwender einen Prozess mit einem „unbequemen" Kunden vermeiden, indem er im Einzelfall nachgab. Demgegenüber soll die Klagebefugnis der Verbände verhindern, dass AGB trotz ihrer Unzulässigkeit gerade gegenüber ungewandten Personen erfolgreich durchgesetzt wurden[4]. Diese Teile des AGBG sind zusammen mit ähnlichen Vorschriften in ein Gesetz über Unterlassungsklagen bei Verbraucherrechts- und anderen Verstößen (**UnterlassungsklagenG**) übernommen worden; von ihnen soll hier nicht weitergesprochen werden.

402 **b)** Mit Recht **verworfen** hat der Gesetzgeber dagegen Vorschläge, die auf eine weiter gehende Einschränkung der Privatautonomie durch eine **präventive Kontrolle** von AGB hinauslaufen, indem nämlich die Verwendung von AGB an eine **behördliche Erlaubnis** geknüpft werden sollte. Dazu hätte es einer – angesichts der Vielzahl der verwendeten AGB ziemlich umfangreichen – Behörde bedurft. Besonders empfindlich wäre die Privatautonomie betroffen worden, soweit die Einrichtung dieser Behörde als Ersatz für gesetzliche Vorschriften über die Zulässigkeit einzelner Klauseln behandelt worden wäre, sodass die Behörde einen weiten Ermessensspielraum gehabt hätte.

Ganz unbekannt war der Gedanke einer behördlichen Prüfung dem AGBG freilich nicht. Denn dass nach § 23 II und III AGBG (jetzt §§ 305 a, 309 Nr. 7 und Nr. 8, 310 II) einzelne Vorschriften in bestimmten Bereichen nicht anwendbar sein sollen, hängt größtenteils damit zusammen, dass dort behördlich genehmigte oder von einer öffentlichen Hand stammende AGB verwendet werden.

---

[4] Vgl. zu den §§ 13 ff. AGBG *Lindacher* FS Deutsche Richterakademie (1984) 209; *Eike Schmidt* NJW 1989, 1192.

Eine **Richtlinie** über „missbräuchliche Klauseln in Verbraucherverträgen" ist seit dem 1. 7. 1996 in deutsches Recht umgesetzt worden[5]. Das ist damals im Wesentlichen durch die Einführung eines § 24 a in das AGBG geschehen. Danach sollen bei Verbraucherverträgen die AGB im Zweifel als vom Verwender gestellt gelten (vgl. unten Rz. 405); bei der Beurteilung der Unangemessenheit nach § 9 AGBG (vgl. unten Rz. 429 d) sollen die Umstände des Vertragsschlusses berücksichtigt werden; schließlich sollen die §§ 5, 6, 8 – 12 AGBG auf vorformulierte Vertragsbedingungen auch dann anzuwenden sein, wenn diese nur zu einmaliger Verwendung bestimmt sind. Dieser letzte Punkt steht im Widerspruch zu § 1 I 1 AGBG („Vielzahl von Verträgen", vgl. unten Rz. 404). Diese Anordnungen von § 24 a AGBG stehen jetzt in § 310 III.

Seit dem 1. 1. 2002 sind die materiellrechtlichen Vorschriften des AGBG mit nur wenigen Änderungen oder Ergänzungen in die §§ 305 – 310 übernommen worden. Dieses neue Recht gilt nicht etwa nur für diejenigen AGB, die nach dem Stichtag abgefasst worden sind. Denn allein hierdurch wird noch kein Schuldverhältnis begründet. Dieses entsteht vielmehr erst durch die Einbeziehung von AGB in einen bestimmten Vertrag (vgl. Art. 229 § 5 EGBGB). Daher sind auch solche alten AGB nach dem neuen Recht zu beurteilen, die seit dem 1. 1. 2002 in einen Vertrag einbezogen worden sind.

III. Die AGB beim Vertragsschluss

1. Die Begriffsbestimmung

Nach § 305 I sind AGB für eine Vielzahl von Verträgen vorformulierte Vertragsbedingungen, die der Verwender der anderen Partei beim Vertragsschluss stellt. Den Gegensatz dazu bilden die zwischen den Parteien ausgehandelten Individualvereinbarungen.

403

a) Dabei versteht § 305 I den Begriff der AGB **denkbar weit**. Dieser umfasst nämlich nicht bloß umfangreichere Klauselwerke, auf die sich die frühere Rechtsprechung wohl beschränkt hatte (vgl. BGHZ 61, 17, 21). Vielmehr genügt schon eine einfache Quittung mit vorgedrucktem Text, der Anschlag an einer Garderobe „Haftung ausgeschlossen" oder der formularmäßige Haftungsausschluss, den der Kraftfahrer von einem Mitfahrer unterschreiben lässt.

Diese Beispiele zeigen zugleich, dass es auch nicht auf die Art der **Verbindung der AGB mit den konkreten Parteiabreden** ankommt: § 305 I betrifft sowohl das „Kleingedruckte" auf der Rückseite eines schriftlichen Vertrags wie das Formular, in das Einzelvereinbarungen eingefügt werden (z.B. formularmäßige Mietverträge) wie auch Anschläge, die sich auf mündlich abzuschließende Verträge beziehen. Es genügt sogar, dass ein einmal als Vorlage formulierter Text für jeden Einzelvertrag erneut abgeschrieben wird. Für AGB soll es sogar genügen, dass sie „im Kopf gespeichert" sind (sehr zweifelhaft). Andererseits verlangt aber der BGH[6], die Absicht zu mehrfacher

---

[5] Richtlinie 93/13/EWG des Rates vom 5. 4. 1993 über missbräuchliche Klauseln in Verbraucherverträgen. Dazu etwa *Eckert* ZIP 1996, 1238; *Heinrichs* NJW 1996, 2190; *Graf von Westphalen* BB 1996, 2101.
[6] BGH ZIP 2001, 1921.

Verwendung müsse schon beim Vertragsschluss vorgelegen haben, und dies solle regelmäßig der andere Teil beweisen.

Bankinterne Anweisungen zu einem bestimmten Verhalten gegenüber den Kunden stellen keine AGB dar. Doch will der BGH[7] § 307 entsprechend anwenden, wenn die Anweisungen wie AGB wirken und die AGB-Kontrolle vermeiden sollen. Das ist trotz § 306 a zweifelhaft[8].

404 **b)** Die AGB müssen nach § 305 I **für eine Vielzahl von Einzelverträgen vorformuliert** sein. Dabei lässt sich der Begriff „Vielzahl" wohl nicht genauer bestimmen, als dass mindestens drei Verträge gemeint sein müssen (zwei wären bloß eine „Mehrzahl"). Dabei können u.U. auch mehrere Verträge mit demselben Partner genügen[9]. Doch reichen drei Verträge nicht allemal aus[10]. Andererseits genügt es, dass die Bedingungen für eine unbestimmte Zahl von Fällen verwendet werden sollen.

Dabei braucht aber die Zweckbestimmung nicht gerade von demjenigen zu stammen, der die AGB in den konkreten Vertrag einführt. Vielmehr wird der vom Schöpfer der AGB verfolgte Zweck für maßgeblich gehalten: AGB liegen also auch dann vor, wenn ein Kraftfahrer ein vom ADAC für eine Vielzahl von Verträgen entworfenes Formular über einen Haftungsverzicht nur ein einziges Mal verwenden will. Ein ähnliches Beispiel bildet **BGH NJW-RR 2015, 738**, wo ein Gebrauchtwagenhändler im Namen und auf Rechnung des privaten Eigentümers mit der Veräußerung eines Fahrzeugs beauftragt war (das geschieht bei der Inzahlunggabe eines Fahrzeugs recht häufig, weil der Händler den Kaufvertrag dann nur vermittelt und ein Gewährleistungsausschluss wegen der Verbrauchereigenschaft des privaten Verkäufers nicht an § 475 I scheitert, sog. **„Agenturmodell"**[11]). Der Händler benutzte hierfür ein gängiges Vertragsformular, das einen umfassenden Gewährleistungsausschluss vorsah. Später berief sich der Käufer auf die Unwirksamkeit dieser Freizeichnungsklausel nach § 309 Nr. 7 a, b (dazu ausführlicher unten Rz. 429 c). Das setzte allerdings voraus, dass der Haftungsausschluss eine vom privaten Verkäufer gestellte AGB i.S.d. § 305 I war, was der BGH zutreffend bejahte: Der als bloßer Abschlussgehilfe tätige Gebrauchtwagenhändler ist im Verhältnis zum Verkäufer kein außenstehender Dritter. Vielmehr kann dem Verkäufer das Verhalten des Händlers nach § 278 zugerechnet werden, so dass der private Verkäufer die AGB i.S.v. § 305 I 1 einseitig „gestellt" hat. Dass der Gebrauchtwagenhändler nur für diesen einen Fall eingeschaltet worden war und die Klausel aus Sicht des privaten Verkäufers auch nur dieses eine Mal verwendet werden sollte, ändert nichts daran, dass sie eben für eine Vielzahl von Fällen vorformuliert worden war[12].

405 **c)** Die AGB müssen der einen Partei von der anderen **gestellt** werden. Damit ist die **Absicht zur einseitigen Einführung in den Vertrag** gemeint, nicht etwa die Aufstellung (= Formulierung) der AGB. Diese können also auch – wie eben in dem ADAC-Beispiel, aber auch sonst häufig – von einem Dritten stammen. Freilich kann dann zwei-

---

7 BGHZ 162, 294.
8 Vgl. *Berger* ZIP 2005, 185.
9 BGH ZIP 2004, 315.
10 BGH NJW 1997, 135.
11 BGH NJW 2005, 1039; *S. Lorenz* FS H. P. Westermann (2008) 415; *Medicus/Petersen* BürgR Rz. 312.
12 BGHZ 184, 259 Rz. 10.

felhaft werden, wer die AGB in den Vertrag einführt, also wer Verwender ist und gegen wen sich daher die §§ 305 ff. richten. Ein Beispiel hierfür ist die Verwendung der VOB/B (Verdingungsordnung für Bauleistungen Teil B über die Bedingungen des Bauvertrags): Legt der Bauherr sie seiner Ausschreibung zugrunde, so ist er der Verwender (vgl. BGHZ 99, 160); wird dagegen ohne Bezugnahme auf die VOB ausgeschrieben und unterstellt erst der Unternehmer seinen Antrag der VOB, so ist er der Verwender. Dazwischen lassen sich Fälle denken, in denen beide Parteien von vornherein die Anwendung der VOB gewollt haben: Dann fehlt es an einem Verwender; die VOB ist nicht „gestellt", sodass sie nicht als AGB behandelt wird (anders § 310 III Nr. 1 für Verbraucherverträge[13]).

Einen ähnlichen Fall hatte **BGHZ 184, 259** zu entscheiden[14]: V verkaufte K einen Gebrauchtwagen. Beide handelten als Verbraucher und hatten sich vor Vertragsschluss jeweils eigene Vertragsformulare besorgt. Das Formular des V stammte von einer Versicherung, das Formular des K vom ADAC. Bei Vertragsschluss einigte man sich kurzerhand auf das von V mitgebrachte Formular. Dieses enthielt einen Gewährleistungsausschluss, der gegen § 309 Nr. 7 a, b verstieß (dazu unten Rz. 429 c). Wegen eines Mangels erklärte K später die Minderung. V hielt dem K den Gewährleistungsausschluss entgegen. Der BGH stellte zunächst klar, dass es sich um Vertragsklauseln i.S.d. § 305 I handelte, die von der Versicherung für eine Vielzahl von Verträgen vorformuliert waren (oben Rz. 404). Um aber die Unwirksamkeit der Klausel nach § 309 Nr. 7 zu begründen, war zudem erforderlich, dass V die Klauseln dem K auch einseitig gestellt hatte. Das verneinte der BGH, weil K in der Auswahl der möglichen Vertragsbedingungen frei war und insbesondere die Gelegenheit hatte, sein eigenes Vertragsformular zu verwenden. Die gemeinsame Festlegung auf das Formular des V diente daher letztlich nicht der **einseitigen Durchsetzung der Vertragsgestaltungsfreiheit** durch V. Daher fanden die §§ 305 ff. auf den Formularvertrag keine Anwendung, so dass die Klausel auch nicht an § 309 Nr. 7 zu messen war. Da andere Unwirksamkeitsgründe nicht bestanden, war die Gewährleistung wirksam ausgeschlossen.

Die Frage nach dem Verwender kann auch Schwierigkeiten bereiten, wenn ein **Notar** – wie häufig – vorformulierte Klauseln in einen Vertrag einführt (z.B. über einen Haftungsausschluss bei einem Grundstückskauf). Bei einem Verbrauchervertrag gelten solche AGB nach § 310 III Nr. 1 grundsätzlich als vom Unternehmer gestellt, es sei denn, dass sie vom Verbraucher in den Vertrag eingeführt wurden. Eine Inhaltskontrolle nach §§ 305 c II, 307-309 findet bei Verbraucherverträgen sogar dann noch nach § 310 III Nr. 2 statt, wenn gar keine echten AGB vorliegen, aber wenigstens vorformulierte Vertragsbedingungen, die zur einmaligen Verwendung bestimmt sind und auf deren Inhalt der Verbraucher wegen der Vorformulierung keinen Einfluss nehmen konnte. Außerhalb von Verbraucherverträgen kommt es nach § 305 I dagegen darauf an, ob die vom Notar herangezogene Klausel als eine für eine Vielzahl von Verträgen vorformulierte Vertragsbedingung der einen Vertragspartei von der anderen gestellt wurde. Das ist etwa der Fall, wenn der Notar die AGB im Auftrag einer Partei entwor- 406

---

13 So BGH ZIP 2010, 628 ff. mit Anm. *Kaufhold.*
14 Dazu *S. Lorenz* DAR 2010, 314; *Häublein/Moussa* MittBayNot 2011, 46; *Faust* JuS 2010, 538; *Leenen* § 20 Rz. 9.

fen hat,[15] und wohl auch, wenn es sich um den **Hausnotar** einer Partei handelt[16]. Unproblematisch sind auf der anderen Seite die Fälle, in denen der Notar als neutraler Dritter eine ausgewogene Regelung trifft. Hier ist anerkannt, dass keine der Parteien der Verwender der AGB ist, so dass eine Inhaltskontrolle nach den §§ 307-309 ausscheidet[17].

406 a Im Grenzbereich liegen hingegen solche Fälle, in denen der Notar ohne Veranlassung durch eine Partei eine Klausel in den Vertrag aufnimmt, die eine der Vertragsparteien klar benachteiligt. Viel diskutiert wurde das im Zusammenhang mit **Gewährleistungsausschlüssen beim Immobilienkauf**. Schon vor Inkrafttreten der AGB-Vorschriften ging der BGH davon aus, dass eine umfassende formularmäßige Haftungsfreizeichnung bei Verträgen über neu errichtete, im Bau befindliche oder erst zu errichtende Häuser und Eigentumswohnungen unangemessen und deshalb nach § 242 unwirksam sei[18]. In diesem Zusammenhang hat es der BGH als bedeutungslos bezeichnet, dass die Klausel von dem Notar stammte: Wer sich die darin enthaltene Haftungsfreizeichnung einseitig zunutze mache, sei demjenigen gleichzustellen, der ein solches Formular selbst verwende[19]. Dies dürfte keine sehr glückliche Formulierung sein, denn „sich einseitig zunutze machen" kann eine Klausel immer nur der, zu dessen Gunsten sie vom Gesetzesrecht abweicht. Da aber Klauseln überhaupt nur für diesen Fall Bedeutung haben, wären die AGB-Regeln auf viele notarielle Verträge anwendbar. Zu Recht ist der BGH deshalb inzwischen auch sehr zurückhaltend, wenn aus dem Inhalt einer Klausel auf die Verwendereigenschaft einer Vertragspartei geschlossen werden soll: Nach der Systematik und dem Regelungszweck des Gesetzes sollen die AGB-Vorschriften unangemessene vertragliche Regelungen vor allem dann verhindern, wenn eine Vertragspartei durch „**Inanspruchnahme einseitiger Gestaltungsmacht**" die Vertragsbedingungen vorgegeben hat: „Ob das der Fall ist, lässt sich aus dem Inhalt und der Formulierung einer Vertragsklausel als solcher noch nicht erschließen, so dass Inhalt und Formulierung einer Klausel zur Beurteilung der Verwendereigenschaft für sich allein jedenfalls in der Regel nicht aussagekräftig sind. Allenfalls kann im Einzelfall aus dem Inhalt benachteiligender Formularverträge oder Formularklauseln auf eine bestimmte Marktstärke einer der Vertragsparteien geschlossen werden, welche dann zusammen mit anderen Anhaltspunkten den weiteren Schluss auf die Inanspruchnahme einseitiger Gestaltungsmacht durch ein Stellen vorformulierter Bedingungen gegenüber der benachteiligten Partei zulässt"[20].

Fehlt es nach diesen Grundsätzen an einem einseitigen Stellen des vom Notar zugrundegelegten Gewährleistungsausschlusses, so finden die §§ 305 ff. trotz des formelhaften Charakters der Klausel keine Anwendung. Nach Ansicht des BGH bemisst sich die Wirksamkeit des Gewährleistungsausschlusses dann aber weiterhin nach § 242, weil außerhalb der §§ 305 ff. eine richterliche Inhaltskontrolle nach dieser allgemeinen Regelung zulässig bleibe[21]. Danach ist der Gewährleistungsausschluss unwirksam, „wenn die einschneidenden Rechtsfolgen einer solchen Freizeichnung nicht vorher

---

15 BGH NJW-RR 2013, 1028 Rz. 17.
16 BGHZ 118, 229, 239; BGH NJW-RR 2010, 39 Rz. 4; MünchKomm-*Basedow* § 305 Rz. 23.
17 BGH NJW-RR 2010, 39; MünchKomm-*Basedow* § 305 Rz. 22.
18 BGHZ 62, 251, 254.
19 BGHZ 74, 204, 211; etwas eingeschränkt durch BGH NJW 1982, 2243, 2244.
20 BGHZ 184, 259 Rz. 14.
21 BGHZ 101, 350, 354 f. (dazu kritisch *H. Roth* BB 1987, 977).

zwischen den Vertragsparteien eingehend erörtert werden und der Erwerber darüber (vom Notar) nicht nachhaltig belehrt wird"[22]. Inzwischen hat der VII. ZS des BGH diese Rechtsprechung zu einer **gerichtlichen Inhaltskontrolle notarieller Verträge** ausgebaut[23]: Notare verwenden notgedrungen vielfach gleichartige Klauseln. Hieraus entstehe, so meint der BGH, durch einen „Sog des Vorformulierten" ein „Anschein der Rechtmäßigkeit, Vollständigkeit und Ausgewogenheit". Dem solle durch eine „Erörterung und Belehrung" entgegengewirkt werden; andernfalls gelte der Vertrag ohne die missbilligte Klausel.

Diese Rechtsprechung ist bedenklich im Hinblick auf § 19 BNotO, der bei Fehlern des Notars nur einen Schadensersatzanspruch gegen diesen vorsieht. Sie berücksichtigt im Übrigen nicht hinreichend, dass ein Notar bei gleichen Interessenlagen sinnvollerweise gleiche („vorformulierte") Klauseln verwenden wird, ohne dass dies auch nur das Mindeste gegen die Billigkeit der Regelung besagt[24]. Endlich beeinträchtigt diese Rechtsprechung Rechtssicherheit und Privatautonomie, indem sie zu nicht voraussehbaren Entscheidungen und zu Verträgen mit nicht gewolltem Inhalt führt[25].

d) Schwierigkeiten kann auch die **Abgrenzung von AGB zu den „ausgehandelten" Individualvereinbarungen** machen, auf die das AGB-Sonderrecht nach § 305 I 3 nicht anwendbar ist[26]. **BGH NJW 1977, 624** hatte hierzu gesagt: Für die Annahme einer Individualvereinbarung brauche der vorformulierte Text nicht äußerlich sichtbar geändert oder ergänzt worden zu sein. Vielmehr genüge schon die dem anderen Vertragsteil bewusste Bereitschaft des Verwenders, den Text abzuändern. **407**

Hiergegen ist aber vielfach eingewendet worden, die Sonderregeln über AGB könnten so allzu leicht ausgeschaltet werden. In der Tat wird man, soweit ein Vertragsteil einen vorformulierten Text eingebracht hat, mit der Annahme einer Individualvereinbarung vorsichtig sein müssen: Dafür darf nicht schon die erklärte Verhandlungsbereitschaft genügen, weil der Gegner mit ihr oft nichts anfangen kann[27]. **Aushandeln i.S.d. § 305 I 3** bedeutet nach der Rechtsprechung des BGH jedenfalls **mehr als Verhandeln**[28]. Vielmehr muss dem Gegner ein Einfluss auf die Bedingungen konkret möglich und zumutbar gewesen sein. Das wird nur für Personen zutreffen, die dem Verwender wirtschaftlich und intellektuell einigermaßen gewachsen sind. Der BGH[29] verlangt, dass „der Verwender zunächst den in seinen AGB enthaltenen ,gesetzesfremden' Kerngehalt ... ernsthaft zur Disposition stellt und dem Verhandlungspartner Gestaltungsfreiheit zur Wahrung eigener Interessen einräumt mit zumindest der realen Möglichkeit, die inhaltliche Ausgestaltung der Vertragsbedingungen zu beeinflussen"[30]. Unnötig ist

---

22 BGHZ 101, 350, 354 f.; 108, 164, 168; 164, 225, 230; BGH NJW 1984, 2094, 2095; 1988, 1972.
23 Etwa BGHZ 108, 164, zudem BGH ZIP 2001, 1921; auch KG ZIP 1989, 924, vgl. *Wellkamp* DB 1995, 813.
24 So auch BGH NJW 1991, 843.
25 Ablehnend daher *Keim*, Das notarielle Beurkundungsverfahren (1990); *Medicus*, Zur gerichtlichen Inhaltskontrolle notarieller Verträge (1989); *Lieb* DNotZ 1989, 274; *Kanzleiter* DNotZ 1989, 301, vgl. auch *Leverenz* Jura 1993, 266 und § 310 III mit der Begrenzung auf „Verbraucherverträge".
26 Vgl. *Gottschalk* NJW 2005, 2543.
27 BGHZ 98, 24, 28.
28 BGH NJW 2013, 856.
29 BGH ZIP 1986, 1466, 1467; NJW 1992, 2759.
30 BGH NJW 2013, 856.

dagegen ein wirkliches Abgehen von den ursprünglichen AGB; andererseits kann aber eine solche Abweichung ein Aushandeln indizieren[31].

Übrigens werden auch nur diejenigen Klauseln Individualvereinbarungen, auf die sich die Verhandlungsbereitschaft des Verwenders und die Einflussmöglichkeit des Gegners bezogen haben; die anderen Klauseln bleiben AGB[32]. Individualvereinbarungen entstehen auch nicht schon dadurch, dass mehrere vorformulierte Alternativen zur Wahl gestellt werden (z.B. dem Fahrzeugmieter die normale Haftung alternativ zu einer Haftungsfreistellung bei erhöhtem Mietpreis). Ebenso wenig soll eine Aufforderung im Text des Formulars genügen, nicht gewollte Teile zu streichen[33]. Eine in dem Formular selbst enthaltene Bestätigung des Aushandelns ist schon wegen § 309 Nr. 12 b unwirksam[34]. Dagegen widersprechen freie Stellen in einem Formular, die der Kunde selbständig und ohne einen vorformulierten Vorschlag ausfüllen kann, der Annahme von AGB[35].

Die §§ 305 ff. setzen zwingendes Recht, so dass die Vertragsparteien sie nicht einfach durch eine individualvertragliche Vereinbarung, wonach ein ausgehandelter Vertrag vorliege, außer Kraft setzen können, wenn in Wahrheit keine ausgehandelten Vertragsbedingungen i.S.d. § 305 I 3 vorliegen[36].

2. Hinweis und Möglichkeit zur Kenntnisnahme

408 Damit die so definierten AGB Inhalt eines konkreten Einzelvertrags werden, verlangt § 305 II dreierlei:

(1) einen Hinweis des Verwenders darauf, dass die AGB gelten sollen,

(2) die der anderen Partei verschaffte Möglichkeit, in zumutbarer Weise vom Inhalt der AGB Kenntnis zu nehmen,

(3) die Erklärung des Einverständnisses der anderen Partei.

Damit wird eine vor dem AGBG gelegentlich vertretene Meinung abgelehnt, die AGB würden als „selbstgeschaffenes Recht der Wirtschaft" oder als „fertig bereitliegende Rechtsordnung" ohne weiteres oder zumindest schon dann Vertragsinhalt, wenn der andere Teil die Verwendungsabsicht bloß kennen konnte.

Im Übrigen hat die **Erklärung des Einverständnisses** aber keine selbständige Bedeutung: Wenn der Hinweis auf die AGB erfolgt ist und diese zugänglich gemacht worden sind, steht fest, dass der Verwender zu diesen AGB abschließen will. Dann wird der Vertragsschluss durch den anderen Teil objektiv stets auch das Einverständnis mit den AGB bedeuten (zur Irrtumsanfechtung vgl. unten Rz. 418 ff.). Zu behandeln bleiben also nur die beiden anderen Erfordernisse.

---

31 BGH NJW 1992, 2283.
32 BGHZ 84, 109, 112.
33 BGH NJW 1987, 2011.
34 BGHZ 99, 374, dazu *M. Wolf* JZ 1987, 727.
35 BGH NJW 1996, 1208.
36 BGH NJW 2014, 1725; *Leenen* § 20 Rz. 13.

a) Der Hinweis auf die AGB muss nach § 305 II Nr. 1 regelmäßig „ausdrücklich" sein. **409**
Nach dem oben Rz. 335 Gesagten kann der Hinweis daher weder durch konkludente
Erklärung erfolgen noch erst durch ergänzende Auslegung gewonnen werden. Nicht
ausreichend ist insbesondere, dass der andere Teil die Absicht zur Verwendung von
AGB erkennen konnte. Freilich wird man hier nicht allzu streng sein dürfen: Es sollte
ein Erklärungsverhalten genügen, das nicht minder deutlich ist als ein ausdrücklicher
Hinweis. Das kann vor allem für die Übersendung der AGB zusammen mit dem
Antrag oder der Annahmeerklärung zutreffen.

Der Hinweis muss **beim Vertragsabschluss** erfolgen. Ein Hinweis auf später übersand- **410**
ten Urkunden (z.B. Rechnung, Lieferschein) ist daher wirkungslos: Wenn diese Urkunden eintreffen, ist der Vertrag schon zu den gesetzlichen Bedingungen zustande
gekommen. Zu fragen ist dann bloß noch, ob der Empfänger des verspäteten Hinweises einer Vertragsänderung zugestimmt hat (wozu aber regelmäßig ein Grund fehlen
wird).

Ausnahmsweise jedoch verzichtet § 305 II Nr. 1 auf das Erfordernis des ausdrücklichen **411**
Hinweises: nämlich wenn dieser „wegen der Art des Vertragsabschlusses nur unter
unverhältnismäßigen Schwierigkeiten möglich ist". Dann soll genügen, dass auf die
AGB ein **„deutlich sichtbarer Aushang** am Ort des Vertragsabschlusses hinweist".
Gedacht war dabei an Beförderungs- und Bewachungsverträge sowie an die Benutzung von Parkhäusern, automatischen Schließfächern oder Kleiderablagen. Es geht
also um Techniken eines „stummen" Vertragsschlusses, bei denen wegen der Eile auch
ein gedruckter Hinweis nicht zur Kenntnis genommen wird. Freilich besteht dann häufig die Gefahr, dass der vom Gesetz als Ersatz geforderte deutlich sichtbare Aushang
erst recht nicht gelesen werden kann (z.B. bei der Einfahrt in eine automatische Autowaschanlage). Hier sollte man einen nicht lesbaren (sondern wirklich bloß „sichtbaren") Aushang nicht genügen lassen: Wer eine solche Technik des Vertragsabschlusses
wählt, muss dann eben zu den gesetzlichen Bedingungen kontrahieren.

b) Nach § 305 II Nr. 2 muss der Verwender zusätzlich dem anderen Teil die **Möglichkeit** **412**
verschaffen, von dem Inhalt der AGB „in zumutbarer Weise **Kenntnis zu nehmen"**.
Danach ist nicht bloß der Text zugänglich zu machen. Vielmehr muss dieser auch so
gestaltet sein, dass der andere Teil ihn mit zumutbaren Anstrengungen **verstehen** (nicht
bloß wahrnehmen) kann. Wessen es zu einer solchen Gestaltung bedarf, hängt von der
Art des Kundenkreises sowie von der Bedeutung des Vertragsschlusses ab: Wer für
25.000 Euro ein Auto kauft, kann zumutbarerweise für das Verständnis von AGB mehr
Mühe aufwenden, als wer bloß sein Auto für 10 Euro waschen lassen will. Folglich müssen die AGB für Verträge über geringwertige Leistungen allgemein relativ einfach sein:
Andernfalls ist die Kenntnisnahme überhaupt unzumutbar.

§ 305 II Nr. 2 verlangt jetzt für die zumutbare Kenntnisnahme die Berücksichtigung
„einer körperlichen Behinderung der anderen Vertragspartei". Gedacht ist dabei vor
allem an Menschen mit einer Sehbehinderung: Wenn der Verwender diese erkennt, soll
er zu „besonderen Maßnahmen" (Vorlesen? Blindenschrift?) verpflichtet sein.

c) Nach § 305 III kann die Geltung von AGB für eine bestimmte Art von Rechtsge- **413**
schäften auch **im Voraus vereinbart** werden. Dabei geht es vor allem um die Regelung
laufender Geschäftsbeziehungen (die freilich meist zwischen Kaufleuten bestehen, vgl.

unten Rz. 414): Hier genügt es, wenn die AGB mit einer „Wiederholungsvereinbarung" einmal durch Hinweis und Zugänglichmachung verabredet werden. Bei einer Änderung der AGB sind aber Hinweis und Zugänglichmachung erneut nötig; auch muss regelmäßig der Gegner sein Einverständnis mit den geänderten AGB erkennen lassen, insbesondere indem er die Geschäftsbeziehung fortsetzt. Die bloße Vereinbarung, die AGB sollten „in ihrer jeweils geltenden Fassung" Vertragsinhalt sein, genügt also nicht.

3. Ausnahmen

414 Der eben behandelte § 305 III ist nach § 310 I unanwendbar für den Gebrauch von AGB gegenüber Unternehmern und gewissen Erscheinungsformen der öffentlichen Hand[37]. Gleiches gilt nach § 305 a für bestimmte AGB von Bausparkassen, Kapitalanlagegesellschaften, Verkehrsunternehmen und ähnlichen.

Dennoch wirken in den genannten Rechtsverhältnissen AGB keineswegs ohne weiteres. Insbesondere hat der Verwender auch hier keine einseitige Rechtssetzungsbefugnis. Vielmehr gelten nach § 310 II bloß die Erschwerungen nicht, die § 305 II sonst gegenüber den allgemeinen Auslegungsregeln bringt. Vor allem sind hier also der ausdrückliche Hinweis oder der Aushang unnötig. Stattdessen genügt es, wenn der Verwender seine **Absicht** zur Einführung der AGB in den Einzelvertrag bei dessen Abschluss **irgendwie hinreichend deutlich** macht (z.B. für künftige Verträge auf Rechnungen)[38]. Zudem muss deren **Inhalt** dem anderen Teil auch hier **erkennbar** sein.

Freilich dürfte die Zumutbarkeit der Kenntnisnahme milder beurteilt werden. Daher können etwa abweichend von dem oben Rz. 413 Gesagten die genehmigten Beförderungsbedingungen im Linienverkehr (§ 305 a Nr. 2) einen größeren Umfang haben, obwohl es um Geschäfte über kleine Geldbeträge geht und dem Benutzer die Kenntnisnahme oft nicht konkret möglich ist (Berufsverkehr!).

4. Überraschende Klauseln

415 Anknüpfend an die ältere Rechtsprechung zur Inhaltskontrolle von AGB (vgl. oben Rz. 399) gibt es auch eine Vorschrift gegen überraschende Klauseln: Nach § 305 c I werden solche Bestimmungen nicht Vertragsbestandteil, „die nach den Umständen, insbesondere nach dem äußeren Erscheinungsbild des Vertrags, so ungewöhnlich sind, dass der Vertragspartner des Verwenders mit ihnen nicht zu rechnen braucht". Dabei denkt der Gesetzgeber erstens daran, dass auch die nach § 305 II zugänglich gemachten AGB häufig nicht wirklich gelesen werden: Ein solches Nichtlesen soll nur hinsichtlich derjenigen Bedingungen zu Lasten des Kunden gehen, die dieser als üblich erwarten konnte. Und zweitens hat § 305 c I in den Bereichen Bedeutung, in denen § 305 II nicht gilt, also insbesondere gegenüber Unternehmern (vgl. oben Rz. 414).

---

37 Vgl. *Alisch* JZ 1982, 706; *Hensen* NJW 1987, 1986; *Rabe* NJW 1987, 1978; *Thamm* BB 1986, 81; *Müller-Graff* FS Pleyer (1986) 401.
38 BGH NJW-RR 1991, 570, einschränkend aber BGH ZIP 1992, 404.

Dabei kann sich der überraschende Charakter einer Klausel zunächst schon allgemein **416**
aus den **Umständen des Geschäfts** ergeben: Die Klausel enthält etwas, womit der
Kunde bei einem solchen Geschäft nicht zu rechnen brauchte. Als Beispiel diene die
Vereinbarung über den Gerichtsstand, die nach § 38 I ZPO gegenüber Vollkaufleuten
zulässig ist: Hierfür wird häufig der Ort bestimmt, an dem der AGB-Verwender seinen
Sitz hat. Damit muss ein Kaufmann also rechnen. Überraschend wäre dagegen die
Wahl eines Ortes, mit dem weder der Verwender noch der Vertragsgegenstand etwas
zu tun hat. Ein weiteres Beispiel bildet die Klausel, der andere Teil versichere, Voll-
kaufmann zu sein[39]. Überraschend ist ein Beginn der Verzinsungspflicht vor Vertragsabschluss, also vor Fälligkeit[40]. Endlich sei noch der Fall genannt, dass eine Bürgschaft
aus Anlass der Gewährung eines Darlehens auch auf alle übrigen bestehenden und
künftige Verbindlichkeiten des Hauptschuldners erweitert wird[41].

Zweitens kann eine Klausel nach § 305 c I aber auch „nach dem äußeren Erscheinungs- **417**
bild des Vertrags" überraschend sein. Damit sind insbesondere die Fälle gemeint, in
denen eine nicht ungewöhnliche Klausel in den AGB „versteckt" worden ist: vielleicht
an einer Stelle, an die sie systematisch nicht gehört, vielleicht unter einer irreführenden
Überschrift[42]. Überraschend kann eine Klausel insbesondere auch deshalb sein, weil
sie dem Eindruck widerspricht, den der Verwender durch seine Werbung erweckt hat.
Ein gutes Beispiel dafür bietet der Fall von **BGHZ 61, 275, 279**: Dort hatte sich ein Reiseunternehmen verpflichtet, einem Kunden ein Ferienhaus in Norwegen zu verschaffen. Der Eigentümer hatte das Haus jedoch anderweitig besetzt, und der Kunde verlangte von dem Reiseunternehmen Schadensersatz. Dieses verteidigte sich damit, es
sei nach seinen AGB nur Vermittler; Vertragspartner des Kunden sei daher der Hauseigentümer geworden. Der BGH hat die Vermittlerklausel jedoch für unwirksam
gehalten, weil das Unternehmen in seinem Prospekt wie der Reiseveranstalter (also
wie ein Vermieter) aufgetreten sei. Solche Fälle sind inzwischen teilweise durch § 651 a
II geregelt.

Doch ist der Übergang zwischen § 305 c I und § 307 (vgl. unten Rz. 429 a) fließend: Das
Überraschende wird regelmäßig zugleich als unbillige Benachteiligung erscheinen. So
hat BGH NJW 1984, 171 eine unangemessene Benachteiligung in einem Fall angenom-
men, in dem in einem Bauvertrag neben einem Pauschalpreis unter der Überschrift
„Aufschließungskosten" noch weitere Vergütungen für Bauleistungen vorgesehen
waren. Hier hätte auch § 305 c I gepasst, weil diese weiteren Vergütungen neben der
Pauschalpreisvereinbarung nicht zu erwarten waren. Weiter bewertet BGHZ 114, 338
es als unangemessen, wenn der Erbbauberechtigte nach Ablauf von zehn Jahren dem
Eigentümer auf dessen Verlangen das Grundstück jederzeit soll abkaufen müssen:
Dazu müsste der Erbbauberechtigte Liquidität bereithalten, die er im Zweifel nicht hat
(sonst könnte er ja gleich ein Grundstück kaufen!).

---

39 BGHZ 84, 109, 112 f.
40 BGH NJW 1986, 1805.
41 BGH NJW 1994, 2145 und viele weitere Entscheidungen, sog. „Anlassrechtsprechung".
42 BGH NJW 2010, 671; 3152; NJW-RR 2012, 1261; instruktiv *Leenen* § 20 Rz. 22 ff.

5. Irrtumsanfechtung?

Literatur: *Loewenheim*, Irrtumsanfechtung bei AGB, AcP 180 (1980) 433; *Locher*, Zur Anfechtung wegen Irrtums über die Einbeziehungsvoraussetzungen und über den Inhalt einzelner Klauseln in AGB, BB 1981, 818, zu § 123 auch *Lass*, Das Lösungsrecht bei arglistiger Verwendung unwirksamer AGB, JZ 1997, 67.

418 Über den Inhalt des auf der Grundlage von AGB abgeschlossenen Rechtsgeschäfts sind in zwei verschiedenen Richtungen Irrtümer möglich: Erstens kann der Kunde über die Verwendung von AGB oder über deren Inhalt irren (vgl. unten Rz. 419). Und zweitens kann umgekehrt der Verwender der AGB über deren Wirksamwerden und damit über den Inhalt des von ihm abgeschlossenen Rechtsgeschäfts im Irrtum sein (dazu unten Rz. 420).

419 **a)** § 305 II sichert dem Kunden zwar regelmäßig einen Hinweis auf die AGB und die Möglichkeit zu deren Kenntnisnahme (vgl. oben Rz. 408 ff.). Und zusätzlich schützt § 305 c I noch vor überraschenden Klauseln (vgl. oben Rz. 415 ff.). Trotzdem mag es einem unaufmerksamen **Kunden entgehen, dass dem Geschäft AGB zugrunde liegen**, oder er mag über deren **Inhalt unrichtige Vorstellungen** haben. Damit irrt der Kunde, wenn es sich um einen Vertragsschluss handelt, über die Bedeutung seiner diesen Vertrag begründenden Willenserklärung. Nach § 119 I Alt.1 müsste ein solcher Inhaltsirrtum zur Anfechtung berechtigen (vgl. unten Rz. 745). Speziell bei AGB kann man aber fragen, ob der Kunde nicht schon durch die §§ 305 ff. hinreichend geschützt ist.

Doch darf man die Anfechtbarkeit nicht mit dieser Erwägung verneinen. Denn der Grundsatz der Privatautonomie erlaubt es regelmäßig nicht, jemanden gegen seinen Willen an einem Rechtsgeschäft nur deshalb festzuhalten, weil dieses einen angemessenen Inhalt hat. Die Anfechtbarkeit wird bloß durch die von § 119 I verlangte „verständige Würdigung des Falles" begrenzt (vgl. unten Rz. 773), und diese lässt viel Raum für eine Ablehnung auch angemessener Klauseln. Dass den Kunden an seinem Irrtum (womöglich sogar grobe) Fahrlässigkeit trifft, steht einer Anfechtung nach § 119 gleichfalls nicht entgegen. Nötig sind für einen Irrtum und damit für die Anfechtbarkeit aber *bestimmte Vorstellungen* des Kunden über den Vertragsinhalt: Wer sich über die AGB keine Gedanken gemacht hat, kann ihretwegen auch nicht anfechten[43].

420 **b) Ein Irrtum des AGB-Verwenders** ist vor allem in zwei Fallgruppen denkbar: Erstens kann dieser glauben, seine AGB wirksam in den Vertrag eingeführt zu haben, während ihm das in Wahrheit nicht gelungen ist. So mag der Verwender die Mitübersendung der AGB vergessen haben oder es mag ein Aushang nach § 305 II Nr. 1 nicht genügen oder nicht hinreichend deutlich sichtbar sein. Und zweitens kann der Verwender seine AGB insgesamt für wirksam halten, während in Wahrheit einzelne Bestimmungen unwirksam sind (z.B. als überraschende Klauseln oder nach den §§ 307 ff.).

In beiden Fallgruppen lässt § 306 den Vertrag zu den gesetzlichen Bedingungen gelten: Der Verwender erhält also einen Vertrag mit anderem Inhalt, als er ihn erhalten wollte. Trotzdem liegt hier nicht allemal ein nach § 119 I zur Anfechtung berechtigender Inhaltsirrtum vor. Ein solcher dürfte vielmehr nur zu bejahen sein, wenn die Beifügung der AGB oder der Hinweis auf sie versehentlich unterblieben sind: Dann weicht die

---

43 Ähnlich *Loewenheim*, Irrtumsanfechtung bei AGB, AcP 180 (1980) 433, 440 ff.; 449 ff.

abgegebene Erklärung von der gewollten ab. Dagegen dürfte in den übrigen Fällen bloß ein Irrtum über die Rechtslage anzunehmen sein, der als Motivirrtum nicht zur Anfechtung berechtigt[44]. Wenigstens aber dürfte die Anfechtung dann durch den Sinn von § 306 ausgeschlossen sein (vgl. unten Rz. 513): Danach soll der Gegner des Verwenders regelmäßig unabhängig von dessen Willen einen wirksamen Vertrag erhalten. Die Grenze bildet erst § 306 III.

---

[44] Vgl. unten Rz. 744 und *Loewenheim* AcP 180 (1980) 433, 446 ff.

§ 28 Andere Sonderregeln für Allgemeine Geschäftsbedingungen

Außer den Vorschriften über die Einbeziehung von AGB in den Einzelvertrag (vgl. oben Rz. 395 ff.) enthält das Recht der AGB noch einige weitere die Rechtsgeschäftslehre betreffenden Regeln. Von ihnen soll § 306 als Gegensatz zu § 139 unten in Rz. 513 ff. behandelt werden. Das wenig sinnvolle Umgehungsverbot von § 306 a wird unten Rz. 661 erörtert. Daher bleiben hier bloß noch die §§ 305 b und 305 c II; zu den §§ 307 – 309 vgl. unten Rz. 429 a ff.

I. Der Vorrang der Individualabrede

1. Nach § 305 b (früher § 4 AGBG) sollen Individualabreden (auch konkludente: BGH NJW 1986, 1807) den Vorrang vor AGB haben[1]. Diese Regel stammt aus der alten Rechtsprechung vor dem AGBG. So hatte schon BGHZ 49, 84, 87 dem formularmäßig vereinbarten Alleinauftrag für einen Makler den handschriftlichen Zusatz vorgehen lassen, der den Auftraggeber auch zum maklerlosen Verkauf berechtigte. Und nach BGHZ 50, 200, 206 f. soll ein Haftungsausschluss in den AGB nicht die Schäden betreffen, die sich aus dem Fehlen der individuell zugesicherten Tauglichkeit eines Klebstoffs ergeben. Inzwischen hat **BGHZ 170, 86** hat den zugrundeliegenden Gedanken sogar über AGB hinaus erweitert: Enthält ein Kaufvertrag sowohl eine Beschaffenheitsvereinbarung (§ 434 I 1) als auch einen pauschalen Gewährleistungsausschluss, so ergibt die Auslegung, dass sich der Gewährleistungsausschluss gerade nicht auf das Fehlen der zugesicherten Beschaffenheit bezieht. Das geht über § 444 hinaus.

421

Sachlich fällt § 305 b weithin mit der in § 305 c I (früher § 3 AGBG) angeordneten **Unwirksamkeit überraschender Klauseln** zusammen (vgl. oben Rz. 415 ff.). Denn soweit Klauseln der AGB den Individualvereinbarungen widersprechen, wird der diesen Vereinbarungen vertrauende Kunde von den AGB regelmäßig überrascht werden. Aber § 305 b geht noch darüber hinaus: Er lässt die Individualvereinbarung auch dann gelten, wenn der Kunde die abweichende Regelung der AGB genau kennt und daher von dieser nicht eigentlich überrascht wird. Dahinter kann man die Regel sehen, die „allgemeinen" Geschäftsbedingungen seien hinter den „besonderen" Individualver-

---

[1] BGHZ 164, 133, weiter *Zoller* JZ 1991, 850; *Pfeiffer* ZGS 2003, 378.

einbarungen **subsidiär**. Dementsprechend werden übrigens auch die AGB durch einen späteren Wegfall der sie verdrängenden Individualvereinbarung nachträglich wirksam.

422 2. Die **wichtigste Einzelfrage** zu § 305 b betrifft die in AGB häufigen **Bestätigungsvorbehalte**: Der Verwender will die von seinen Leuten mit einem Kunden getroffenen Vereinbarungen nur gelten lassen, wenn er sie bestätigt hat. Vielfach wird das auch mit einer Schriftformklausel verbunden („Nebenabreden bedürfen der Schriftform" o. ä., vgl. unten Rz. 637). Für die (in den Einzelheiten umstrittene) Lösung ist zu unterscheiden[2]:

423 a) **Bloße Schriftformklauseln** wirken nach h.M. selbst dann, wenn sie in Individualverträgen vereinbart sind, regelmäßig nicht gegen spätere formlose Vertragsänderungen (vgl. unten Rz. 641). Für eine in AGB enthaltene Schriftformklausel lässt sich das noch zusätzlich auf § 305 b stützen: Wenn die formlose Geltung einer Individualabrede gewollt ist, tritt eine abweichende Vereinbarung in AGB dahinter zurück[3].

424 b) Dagegen bedeutet eine Klausel, in der sich der Verwender die (mündliche oder schriftliche) **Bestätigung** von Erklärungen seiner Hilfspersonen **vorbehält**, eine **Beschränkung der Vertretungsmacht** dieser Personen: Sie sollen keine oder bloß eine beschränkte Abschlussvollmacht haben. Hierfür passt § 305 b nicht ohne weiteres: Dieser regelt ja nur den Widerspruch zwischen den AGB und einer wirksamen Individualabrede; das Fehlen der Vertretungsmacht beeinträchtigt aber gerade die Wirksamkeit der Zusage des Gehilfen gegen den Verwender. Im Einzelnen ist hier weiter zu unterscheiden:

aa) Soweit die **Vertretungsmacht** des handelnden Gehilfen **nicht beschränkt werden konnte**, scheitert die Bestätigungsklausel schon daran. Zusagen eines Prokuristen des Verwenders etwa (vgl. § 50 HGB) binden diesen also allemal auch ohne Bestätigung. Gleiches dürfte für Zusagen eines sog. Generalbevollmächtigten gelten[4].

425 bb) Soweit der Verwender dagegen über den **Umfang** der Vertretungsmacht seiner Leute **frei entscheiden kann**, bedeutet die in den AGB vorgesehene Bestätigung grundsätzlich die Mitteilung über diese Entscheidung. Darüber ist also keine Einigung nötig. Abweichendes kann jedoch gelten, soweit Gründe außerhalb der AGB für die Annahme sprechen, der Handelnde habe von vornherein Vertretungsmacht gehabt: Dann bleibt ja kein Raum für eine nachträgliche Entscheidung des Verwenders. Daher wird die Unwirksamkeit der Bestätigungsklausel mit Recht bejaht, wenn der Vertretene selbst die Vollmacht nach §§ 171, 172 mitgeteilt hat (vgl. unten Rz. 927 bei (3)) oder wenn eine Duldungsvollmacht vorliegt (vgl. unten Rz. 930)[5]: Der BGH verwirft eine Bestätigungsklausel, wenn das Unternehmen „als Einmannbetrieb geführt wird"[6] (hier taucht ja keine Notwendigkeit zur Vertretung auf).

In allen diesen Fällen geht es im Grunde um die Frage: Bewirkt die Bestätigungsklausel der AGB, dass der Kunde die Beschränkung der Vertretungsmacht des Handelnden

---

2 Vgl. *Lindacher* JR 1982, 1, auch *Teske*, Schriftformklauseln in AGB (1990); *Schulz* Jura 1995, 71.
3 BGH BB 1981, 266.
4 Dazu *U. Hübner* ZHR 143 (1979) 1.
5 *Lindacher* JR 1982, 1, 3 f., stellt dem noch die Handlungsvollmacht nach § 54 I HGB gleich.
6 BGH NJW 1983, 1853.

kennen muss (vgl. §§ 173 BGB, 54 III HGB)? Dass dies zu verneinen ist, ergibt sich aber nicht aus § 305 b, sondern eher aus der (gleich unten Rz. 426 ff. zu behandelnden) Unklarheitenregel des § 305 c II: Wenn die Bestätigungsklausel der AGB durch andere Umstände in Frage gestellt wird, muss der Verwender die für ihn ungünstigere Alternative gegen sich gelten lassen, und das bedeutet hier die Annahme von Vertretungsmacht. Darüber hinaus kann es auch eine nach § 307 unzulässige Benachteiligung darstellen, dass der Verwender sich die Entscheidung darüber vorbehalten will, ob das Geschäft gegen ihn gelten soll[7]. Nach dem BGH[8] ist die Schriftformklausel jedenfalls dann unwirksam, wenn sie auch *nach* Vertragsschluss getroffene Vereinbarungen zwischen Vertretern des Verwenders und dem Kunden betrifft. Wirksam ist dagegen die Klausel „Mündliche Nebenabreden sind nicht getroffen"[9]: Das entspricht nur der allgemeinen Vollständigkeitsvermutung für Urkunden, doch bleibt ein Gegenbeweis zulässig.

II. Die Unklarheitenregel

Nach § 305 c II[10] gehen Zweifel bei der Auslegung von AGB zu Lasten des Verwenders[11]. Der Ursprung dieser Regel liegt noch weit vor der Rechtsprechung zu den AGB (vgl. oben Rz. 399 f.). Denn schon im klassischen römischen Recht galt der Satz *ambiguitas contra stipulatorem*: Bei der *stipulatio* soll der Gläubiger *(stipulator)*, der das Versprechen so formuliert hat, dass der Schuldner nur noch zu bejahen braucht, die Folgen einer Mehrdeutigkeit *(ambiguitas)* tragen. Denn der Gläubiger der Stipulation (bzw. der Verwender der AGB) hätte die Unklarheit vermeiden sollen. **426**

1. Die Anwendung dieser Regel erfordert einen **vernünftigen Zweifel**[12] daran, welche von mehreren denkbaren Auslegungsalternativen gelten soll. Ein solcher Zweifel kann sich z.B. ergeben, wenn die AGB eines Kraftfahrzeughändlers mit den abweichenden Garantiebedingungen des Herstellers verknüpft sind: Dann gilt die dem Kunden günstigere Alternative[13]. Oft besteht die Unklarheit aber schon innerhalb einer einzigen Klausel. So wird in Verträgen mit dem Verbraucher die Preisangabe „Nettopreis + MWST" als „einschließlich Mehrwertsteuer" verstanden[14]. **427**

Am häufigsten wird die Unklarheitenregel gegen **Haftungsausschlüsse des Verwenders** eingesetzt. Sie führt dort meist zu einer dem Wortlaut entsprechenden engen Auslegung des Ausschlusses, auch wenn der Verwender eine weitere Auslegung gewollt haben dürfte. So umfasst der Ausschluss der Haftung für Rat und Empfehlung nicht auch den Schaden aus pflichtwidrigem Unterlassen eines Rats[15]. Dass für Geschäfte **428**

---

7   OLG Köln MDR 1983, 1025.
8   BGH NJW 1986, 1809, 1810 f.; BB 1991, 1591 f.
9   BGH NJW 1985, 2329; *Teske,* Schriftformklauseln in AGB (1990), will Bestätigungsvorbehalte in AGB überhaupt nicht gelten lassen.
10 Früher § 5 AGBG.
11 Dazu *T. Honsell* JA 1985, 260; *H. Honsell* FS Kaser (1986) 74; *H. Roth* WM 1991, 2085; 2125.
12 BGH NJW 1985, 53, 56.
13 OLG Frankfurt DB 1981, 637.
14 OLG München NJW 1970, 661.
15 BGH NJW 1964, 2058, 2059.

im Ausverkauf der „Umtausch ausgeschlossen" sein soll, bezieht sich nicht auch auf einen Rücktritt wegen Sachmängeln. Selbst die Abwassersatzung einer Gemeinde ist vom BGH dahin ausgelegt worden, der Ausschluss des Ersatzes von Schäden aus einem Rückstau umfasse nicht auch Schäden, die auf einen Rückstau wegen schuldhaft falscher Verlegung oder mangelhafter Wartung der Leitungen zurückgehen[16]. Dies belegt zugleich die Geltung der Unklarheitenregel als allgemeiner Auslegungsgrundsatz über den Bereich der AGB hinaus.

429 2. Eine Spezialfrage ist dagegen die **Klausel „soweit gesetzlich zulässig"**. Eine solche „salvatorische" Klausel wird vor allem Haftungsausschlüssen in AGB beigefügt. Mit ihr will der Verwender verhindern, dass ein zu weit gefasster Ausschluss ganz verworfen wird und dann nach § 306 II die volle gesetzliche Haftung eintritt. Die Wirkung dieser Klausel ist umstritten[17].

Man sollte dem AGB-Verwender jedoch nicht gestatten, das Risiko der Auslegung der §§ 305 ff. auf den Kunden abzuschieben. Denn im Grunde sollen durch die genannte Klausel die §§ 305 ff. zum Bestandteil der AGB gemacht werden. Das aber scheitert regelmäßig schon am **Verständlichkeitsgebot**[18] des § 305 II Nr. 2, weil die §§ 305 ff. dem anderen Teil nicht zugänglich gemacht werden. Vor allem aber dürfte es dem Kunden nicht „zumutbar" im Sinne von § 305 II Nr. 2 sein, sich mit der zweifelhaften Auslegung dieses Gesetzes zu befassen. Darüber hinaus verstößt die weit verstandene salvatorische Klausel auch gegen das jetzt in § 307 I 2 ausgesprochene **Transparenzgebot**[19]. Daher darf man die salvatorische Verweisung auf das gesetzlich Zulässige nur ausnahmsweise für wirksam halten, nämlich soweit sie selten vorkommende Ausnahmen betrifft: Hier wird durch die Verweisung auf das Gesetz u.U. die Übersichtlichkeit der AGB sogar erhöht.

III. Inhaltskontrolle

429 a 1. Von den Bestimmungen über AGB bleiben noch die §§ 307 – 309. Sie betreffen die Inhaltskontrolle derjenigen Geschäftsbedingungen, die wirksam in einen Einzelvertrag eingeführt worden sind. In der Sache werden hier **wichtige Regeln des BGB „AGB-fest" gemacht**: Sie können also bloß durch Individualvereinbarung oder zu Lasten des Verwenders der AGB abbedungen werden, aber nicht zu seinem Vorteil. Dabei ist nach § 310 I die AGB-Festigkeit weniger ausgeprägt zugunsten von Unternehmern und Personen des öffentlichen Rechts[20].

Die AGB-festen Regeln gehören durchweg zum Schuldrecht (z.B. Sachmängelgewährleistung, Haftung auf Schadensersatz, Aufrechnungsmöglichkeit). Schon deshalb sind sie im Schuldrecht zu besprechen. Nur dort kann auch dargestellt werden, warum die

---

16 BGHZ 54, 299, 305.
17 Vgl. BGH NJW 2013, 1668 m. Nachw. Für teilweise Zulässigkeit Palandt/*Grüneberg* § 306 Rz. 11; Staudinger/*Coester* (2013) § 307 Rz. 59; für generelle Zulässigkeit *Thümmel/Oldenburg* BB 1979, 1067; *Willenbruch* BB 1981, 1976.
18 BGH NJW 1996, 1407, 1408; NJW-RR 2015, 738 Rz. 17; *E. Gottschalk* AcP 206 (2006) 556, 570 ff.
19 MünchKomm-*Basedow* § 305 Rz. 75; § 306 Rz. 30.
20 Hier gilt nur § 307, vgl. *Lutz*, AGB-Kontrolle im Handelsverkehr ... (1991).

durch das AGBG abgesicherten Regeln für die Angemessenheit der Rechtslage zwischen den Vertragspartnern wichtig sind.

2. Im Folgenden genügt ein kurzer Überblick[21].

429 b

a) § 307 III 1 beschränkt die Inhaltskontrolle auf Regelungen, die von Rechtsvorschriften abweichen oder diese ergänzen: Die AGB sollen nur am Maßstab des Gesetzes (also insbesondere des BGB) geprüft werden, nicht aber auf ihre Vereinbarkeit mit weiterreichenden Gerechtigkeitsvorstellungen. Damit entfällt regelmäßig insbesondere eine Prüfung der Äquivalenz von Leistung und Gegenleistung[22]: Über den Preis enthält ja auch das BGB keine Regelung. Dagegen können Preisnebenabreden (z.B. „Fahrzeiten gelten als Arbeitszeiten") der Inhaltskontrolle unterliegen[23]. Überprüfbar sein soll auch die Bestimmung der Laufzeit bei Versicherungsverträgen[24]. Noch weiter geht BGHZ 124, 254: Ein von Banken gefordertes Entgelt für Aus- und Einzahlungen am Schalter soll gegen § 307 II Nr. 2 verstoßen. Auch ein einmaliges „Bearbeitungsentgelt" von einem Prozent für den Abschluss von Privatkreditverträgen in den AGB einer Bank unterliegt der richterlichen Inhaltskontrolle und ist unwirksam (§ 307, I 1, II Nr. 1, III 1)[25]. Überprüfbar sein sollen auch die Preise selbst, wenn diese (z.B. bei Ärzten) gesetzlich geregelt sind[26]. Zudem hatte der BGH für die Preisgestaltung insbesondere bei Bankkrediten ein sog. **Transparenzgebot** aufgestellt, das jetzt in § 307 I 2 steht[27]: Diese Gestaltung müsse deutlich erkennbar sein[28]. Doch solle das Transparenzgebot den Verwender nicht zwingen, „jede AGB-Regelung gleichsam mit einem umfassenden Kommentar zu versehen". Vielmehr solle er nur „verpflichtet sein, bei der Formulierung von vornherein auf die Verständnismöglichkeiten des Durchschnittskunden Rücksicht zu nehmen" und die kundenbelastende Wirkung einer Regelung deutlich zu machen[29]. OLG Dresden VersR 2002, 1373 sagt treffend, AGB bräuchten nicht klarer zu sein als das Gesetz selbst (dort für den Terminus „Reiseantritt"). Überdies sollen auch Verweisungen auf dispositives Gesetzesrecht kontrolliert werden können, wenn sie konstitutiv wirken, weil dieses Recht nach dem übrigen Vertragsinhalt als abbedungen anzusehen wäre[30].

Nach § 307 soll unzulässig sein auch der Anschlag in einem Selbstbedienungsladen, der Kunde habe Taschenkontrollen zu dulden[31]. Gleiches gilt für die Ankündigung, das Aufreißen der Verpackung einer Ware verpflichte zu deren Bezahlung[32]. Unwirksam ist eine Klausel, mit der eine Bank die Gutschrift für Einzahlungen oder Überweisun-

---

21 Vgl. für Verbraucherverträge *Coester-Waltjen* 1. FS Medicus (1999) 63.
22 BGHZ 190, 66. Vgl. *Joost* ZIP 1996, 1685; *Stoffels* JZ 2001, 843.
23 BGHZ 195, 298; 187, 360; BGH NJW 2014, 209; 2420; 2011, 3510.
24 BGHZ 127, 35.
25 BGH NJW 2014, 2420; dazu *M. Schwab* JuS 2015, 168.
26 BGH JZ 1992, 373 mit Anm. *Laufs/Reiling*
27 Siehe nur BGH NJW 2015, 2244.
28 Dazu etwa *Köndgen* NJW 1989, 943; *Koller* und *H. P. Westermann* FS Steindorff (1990) 667 und 817; *Hansen* WM 1990, 1521; *Bernreuther* BB 1993, 1823; *Hebestreit* BB 1994, 281; *ders.*, Transparenz im AGB-Recht ... (1995), auch *J. Schäfer*, Das Transparenzgebot im Recht der AGB (1992), weiter *Berger/Kleine* NJW 2007, 3526 ff.; *Gottschalk* AcP 206 (2006) 555.
29 BGHZ 112, 115, 119.
30 BGHZ 91, 55 für § 367.
31 BGHZ 133, 184.
32 OLG Düsseldorf NJW-RR 2001, 1563.

gen aufschiebt[33]. Auch das formularmäßige Einverständnis des Kunden mit Telefonwerbung ist unwirksam[34]. Verworfen worden ist weiter die entschädigungslose Begrenzung der Gültigkeit von Telefonkarten[35].

429 c b) Die §§ 308, 309 verbieten bestimmte **missbilligte Klauseln**. Der Grund für die Missbilligung ergibt sich bei § 308 daraus, dass der Verwender für sich unangemessene Freiheit in Anspruch nimmt. So wenn sich der Verwender unangemessene Freiheit hinsichtlich des Abschlusses, des Inhalts oder der Erfüllung des Vertrags vorbehält, oder wenn er sonst unangemessene Regeln in den Vertrag einführt.

Dagegen hat der Gesetzgeber in § 309 die missbilligten Klauseln selbst bestimmt umschrieben. Hier werden also Regelungen des BGB derart AGB-fest gemacht, dass eine zusätzliche Wertung im Einzelfall weder nötig noch überhaupt möglich ist. So kann etwa das für den gegenseitigen Vertrag typische Leistungsverweigerungsrecht von § 320 weder ausgeschlossen noch beschränkt werden, § 309 Nr. 2 a.

Eine praktisch sehr wichtige Regelung enthält § 309 Nr. 7 a, b: Unwirksam ist danach ein Ausschluss oder eine Beschränkung der Haftung für Vorsatz und grobe Fahrlässigkeit (sog. grobes Verschulden) und sogar für einfache Fahrlässigkeit, wenn es um Schäden aus der Verletzung des Lebens, des Körpers oder der Gesundheit geht. Die Unzulässigkeit der **Haftungsfreizeichnung** betrifft dabei nicht nur den Verwender, sondern auch ganz untergeordnete Gehilfen (vgl. dagegen die allgemeine Regelung in § 276 III). Die Vorschrift hat den BGH vor allem im Zusammenhang mit dem formularmäßigen Ausschluss der kaufrechtlichen **Gewährleistung** beschäftigt: Denn eine einfache Klausel des Inhalts „Die Gewährleistung ist ausgeschlossen" erstreckt sich nicht nur auf die typischen Gewährleistungsrechte der Nacherfüllung, des Rücktritts und der Minderung, sondern wegen § 437 Nr. 3 auch auf sämtliche Schadensersatzansprüche, die aus einem Mangel resultieren. Das führt zur Unwirksamkeit der Klausel nach § 309 Nr. 7 a, b, weil damit auch Ansprüche wegen groben Verschuldens und wegen der Verletzung des Lebens usw. erfasst sind[36]. Die Unwirksamkeit kann wegen des **Verbots der geltungserhaltenden Reduktion** (unten Rz. 514) nicht auf den Ausschluss von Schadensersatzansprüchen beschränkt werden, sondern erstreckt sich auf die gesamte Klausel, so dass auch Nacherfüllung, Rücktritt und Minderung möglich bleiben. Gleiches gilt für eine Verkürzung der kaufrechtlichen Verjährung als zeitliche Beschränkung der Haftung, wenn die genannten Schadensersatzansprüche hiervon nicht eigens ausgenommen sind[37]. Obwohl eine Inhaltskontrolle nach § 309 bei **Verträgen zwischen Unternehmern** wegen § 310 I 1 eigentlich nicht stattfindet, wertet der BGH § 309 Nr. 7 als Indiz dafür, dass derartige Klauseln auch im Verkehr zwischen Unternehmern eine unangemessene Benachteiligung darstellen und nach § 307 I, II Nr. 2 unwirksam sind[38].

---

33 BGH NJW 1997, 2042; 3168.
34 BGHZ 141, 124.
35 BGHZ 148, 74.
36 BGHZ 170, 67 Rz. 10; BGH NJW-RR 2015, 2584 Rz. 16. In diesem Sinne bereits *Leenen* JZ 2001, 552, 558.
37 BGHZ 170, 31 Rz. 19 (dazu *Leenen* DStR 2007, 214; *S. Lorenz* NJW 2007, 1, 8); BGH NJW 2013, 2584 Rz. 15.
38 BGHZ 174, 1 Rz. 11 ff.; BGH NJW 2014, 211 Rz. 30.

c) Hinter diesen speziellen Klauselverboten steht schließlich die Generalnorm von **429 d**
§ 307: Unwirksam sind Bestimmungen, die den Vertragspartner des Verwenders „entgegen den Geboten von Treu und Glauben unangemessen benachteiligen". Das soll insbesondere in drei Fallgruppen anzunehmen sein:

Erstens bei Unvereinbarkeit der AGB mit „wesentlichen Grundgedanken der gesetzlichen Regelung", § 307 II Nr. 1. Danach sollen Gesetzesvorschriften, die auf Gerechtigkeitsgeboten (und nicht bloß auf Zweckmäßigkeitserwägungen) beruhen, gegenüber AGB eine **Leitbildfunktion** haben[39].

Zweitens fällt unter die unangemessene Benachteiligung die Gefährdung des Vertragszwecks durch die Einschränkung „wesentlicher Rechte oder Pflichten, die sich aus der Natur des Vertrags ergeben", § 307 II Nr. 2. Der Ursprung dieser Vorschrift liegt bei den sog. **Kardinalpflichten**. Zu ihnen gehört etwa bei einem Vertrag über die Kaltlagerung von Fleisch die Einhaltung der nötigen tiefen Temperatur; bei Zuwiderhandlungen soll daher auch gegenüber einem Unternehmer keine Freizeichnung für Vorsatz oder grobe Fahrlässigkeit einfacher Gehilfen möglich sein[40]. Heute werden die von dem „Aushöhlungsverbot" des § 307 II Nr. 2 erfassten vertragswesentlichen Rechte und Pflichten noch über die Kardinalpflichten hinaus ausgedehnt (etwa auf Beratungspflichten)[41]. Doch hängt der Anwendungsbereich von Nr. 2 davon ab, ob man nicht schon Nr. 1 weithin auch auf atypische Verträge anwendet.

Drittens wird in § 307 I 2 das **Transparenzgebot** ausdrücklich genannt: Eine unangemessene Benachteiligung soll sich auch aus der Unklarheit einer Klausel ergeben können (wenn sich der Mangel nicht schon über § 305 c II beheben lässt). Ein Beispiel hierfür waren die „Kerosinzuschlagklauseln" vieler Fluggesellschaften, die sich bei Erhöhung der Beförderungs- und Kerosinkosten das Recht zur Anhebung des Flugpreises einräumten, allerdings unter viel zu vagen Voraussetzungen[42].

---

39 Z.B. die Vorschriften über Willensmängel, BGH NJW 1983, 1671.
40 BGHZ 89, 363.
41 BGH NJW 1993, 335.
42 BGH NJW 2003, 746.

§ 29 Konsens und Dissens

Literatur: *Bailas*, Das Problem der Vertragsschließung und der vertragsbegründende Akt (1962); *Diederichsen*, Der logische Dissens, FS Jur. Gesellschaft zu Berlin (1984) 81; *ders.*, Der Auslegungsdissens, FS Hübner (1984) 421; *Graue*, Vertragsschluss durch Konsens? in: Rechtsgeltung und Konsens (1976) 105; *Kramer*, Grundfragen der vertraglichen Einigung (1972); *ders.*, Anmerkungen zum Konserserfordernis bei zweiseitig verpflichtenden Verträgen, FS Canaris (2007) I 665; *Leenen*, Abschluss, Zustandekommen und Wirksamkeit des Vertrages – zugleich ein Beitrag zur Lehre vom Dissens, AcP 188 (1988) 381; *ders.*, Faktischer und normativer Konsens, Liber Amicorum J. Prölss, (2009), 153; *Manigk*, Das Wesen des Vertragsschlusses in der neueren Rspr., Beiträge zur Lehre von Konsens und Dissens, IherJb. 75 (1925) 127; *Mayer-Maly*, Vertrag und Einigung, FS Nipperdey (1965) I 509; *ders.*, Die Bedeutung des Konsenses in privatrechtsgeschäftlicher Sicht, in: Rechtsgeltung und Konsens (1976) 91; *ders.*, Der Konsens als Grundlage des Vertrages, FS Seidl (1975) 118; *Petersen*, Der Dissens beim Vertragsschluss, Jura

2009, 419; *Rolf Raiser*, Schadenshaftung bei verstecktem Dissens, AcP 127 (1927) 1; *Rödl*, Kollidierende AGB: Vertrag trotz Dissens, AcP 215 (2015) 683;*Titze*, Die Lehre vom Missverständnis (1910); *R. Zimmermann*, Störungen der Willensbildung bei Vertragsabschluss (2007, dazu *Schermaier* AcP 208, 2008, 855).

I. Die Notwendigkeit der Einigung

430 Da Verträge mindestens zwei Personen betreffen, müssen diese an dem Vertragsschluss beteiligt sein; sonst käme man zu einer der Privatautonomie widersprechenden Fremdbestimmung (vgl. oben Rz. 176). Die Beteiligung erfolgt durch Willenserklärungen (vgl. oben Rz. 242 f.), nämlich regelmäßig durch Antrag und Annahme. Dieser Mechanismus des Vertragsschlusses ist schon oben Rz. 356 ff. behandelt worden.

Dabei ist die Annahme mit dem Antrag zu vergleichen. Sie bringt nämlich nach § 150 II den Vertrag nur zustande, wenn sie gegenüber dem Antrag keine Erweiterungen, Einschränkungen oder sonstige Änderungen enthält (vgl. oben Rz. 381): Nur dann kommt es ja zu einer Einigung der Parteien, wie sie für den Vertrag nötig ist. Diese Einigung heißt auch Konsens (von lat. *consentire* = übereinstimmen)[1].

II. Umfang der Einigungsnotwendigkeit

431 Über welche Punkte sich die Parteien einigen müssen, ergibt sich aus der Art des Vertrags und dem Parteiwillen.

1. Die **Art des Vertrags** hat insofern Bedeutung, als sich die gesetzliche Regelung für die einzelnen Typen unterscheidet: Zwar geht das Gesetz an vielen Stellen stark in die Einzelheiten; man denke etwa an die ausführliche Regelung des Rechts der Leistungsstörungen bei Schuldverträgen. Insoweit brauchen die Parteien dann keine eigene Regelung mehr zu verabreden; diese Erleichterung des Vertragsschlusses ist ja gerade eines der Ziele des Gesetzes. Aber für manche Punkte kann das Gesetz keine allgemeinen Vorschriften enthalten; hierüber müssen sich die Parteien also individuell einigen. Das sind die sog. **essentialia negotii**[2]; beim Kauf z.B. Kaufgegenstand und Preis (§ 433), bei der Gesellschaft deren Zweck und wie er gefördert werden soll (§ 705), bei Verfügungen ihre Art (z.B. ob Übertragung und Verpfändung) und der Gegenstand, auf den sie sich beziehen sollen. Zudem ist stets eine individuelle Einigung darüber nötig, welche Personen Vertragspartei werden und welche Rolle sie übernehmen sollen (z.B. als Käufer oder Verkäufer). Beim Scheitern einer Stellvertretung gilt aber § 164 II, d. h. der Handelnde wird selbst Partei (vgl. unten Rz. 919).

432 Freilich bedarf es auch hinsichtlich dieser essentialia bei Vertragsschluss noch nicht notwendig einer endgültigen Entscheidung. Vielmehr kann für die noch offenen Fragen (z.B. für die Höhe des Kaufpreises) auch einer Partei oder einem Dritten ein

---

1 Prägnant *Leenen* Liber Amicorum J. Prölss (2009) 153: „Der Konsens bringt den Vertrag zustande".
2 Vgl. *Jung* JuS 1999, 28.

Bestimmungsrecht eingeräumt werden. Das ist in den §§ 315 – 319 geregelt; die Erörterung gehört daher ins Schuldrecht[3].

2. Aber auch soweit das Gesetz eine Regelung enthält, können **die Parteien** sich anders entscheiden. Diese Entscheidung ist wirksam, soweit sie nur von dispositivem Gesetzesrecht abweicht. Aber auch eine Vereinbarung des Abweichens von zwingendem Recht ist nicht etwa folgenlos. Vielmehr führt sie dazu, dass die Einigung über den betreffenden Punkt und damit nach § 139 im Zweifel der ganze Vertrag nichtig ist (vgl. unten Rz. 501 ff.). Abweichendes gilt freilich nach § 306 und in einigen weiteren Fällen (vgl. unten Rz. 513 ff.): Dort tritt ausnahmsweise die gesetzliche Regelung an die Stelle der gewollten abweichenden; der Vertrag ist also mit dem Inhalt der gesetzlichen Regelung wirksam.

433

III. Der Dissens

Mängel des Einigwerdens der Parteien bezeichnet man als Dissens (von lat. *dissentire* = verschiedener Meinung sein).

434

1. Die gesetzliche Regelung, §§ 154 I, 155 BGB

a) Nach § 154 I ist ein Vertrag im Zweifel noch nicht geschlossen, solange sich die Parteien nicht über alle Punkte geeinigt haben, über die nach der Erklärung auch nur einer Partei eine Vereinbarung getroffen werden sollte. Eine Einigung über einzelne Punkte bindet im Zweifel selbst dann noch nicht, wenn sie schon schriftlich niedergelegt worden ist (sog. **Punktation**), § 154 I 2. Das gilt unabhängig davon, ob das Gesetz über den noch offenen Punkt eine Regelung enthält (vgl. unten Rz. 438): Diese Regelung ersetzt die beabsichtigte Einigung der Parteien nicht.

Die Unverbindlichkeit von Teileinigungen gilt aber nur **im Zweifel**. Eine Ausnahme kommt insbesondere in Betracht, wenn die Parteien einverständlich mit der Erfüllung des erkanntermaßen unvollständigen Vertrags beginnen[4]. Dann kann die Vertragslücke, wenn die Parteien sie nicht noch einverständlich füllen, durch ergänzende Auslegung beseitigt werden[5]. Oder es kann dann einer Partei die Bestimmung überlassen sein; diese lässt sich nach § 315 III überprüfen.

Einen praktisch häufigen Anwendungsfall der Vertragsausführung trotz erkannter Unvollständigkeit der Einigung bildet der **nicht ausgetragene Streit um die Geltung Allgemeiner Geschäftsbedingungen**[6]: Es verweist z.B. der Antrag des Verkäufers auf dessen Lieferungsbedingungen, während der Käufer zu seinen (abweichenden) Einkaufsbedingungen annimmt. Wird dann gleichwohl mit der Erfüllung begonnen, so zeigen die Parteien, dass ihnen der Vertrag wichtiger ist als die Durchsetzung ihrer Geschäftsbedingungen. Soweit diese voneinander abweichen, muss nach dem Gedan-

435

---

3 Etwa *Medicus/Lorenz* SAT § 19 Rz. 208 ff.
4 BGH NJW 1983, 1727, 1728; 2002, 817 f.; *Flume* AT II § 34, 6 e S. 629 ff.; *Wolf/Neuner* § 38 Rz. 9.
5 Vgl. oben Rz. 340 ff. und insbesondere den Fall von BGH NJW 1975, 1116 in Rz. 342.
6 Dazu *Schlechtriem* FS Wahl (1973) 67.

Dritter Teil *Das Rechtsgeschäft*

ken von § 306 II der Vertrag regelmäßig mit dem gesetzlich bestimmten Inhalt gelten[7]. Die AGB dürften aber wirken, soweit sie der anderen Partei günstiger sind als die gesetzliche Regelung (z.B. der Verkäufer räumt einen Barzahlungsrabatt ein). Gültig ist auch ein Eigentumsvorbehalt, weil er nicht den (ausgeführten) Schuldvertrag betrifft, sondern die dingliche Einigung[8].

436 b) Während sich bei § 154 die Parteien über die Lückenhaftigkeit ihrer Einigung im Klaren sind (daher auch „offener Dissens" genannt), behandelt § 155 den anderen Fall: Die Parteien sehen den Vertrag als geschlossen an, haben sich aber in Wirklichkeit nicht vollständig geeinigt (**versteckter Dissens**)[9]. Dabei denkt § 155 nur an Punkte, über die eine Einigung entbehrlich ist (meist deshalb, weil Gesetzesrecht zur Verfügung steht). Das zeigt die Rechtsfolgeanordnung des § 155: Das Vereinbarte soll gelten, wenn anzunehmen ist, dass der Vertrag auch ohne eine Regelung des fraglichen Punktes geschlossen worden wäre. Das ist nur denkbar, wenn der Vertrag ohne die Regelung Sinn gibt. Dabei kommt insbesondere auch der nicht erkannte Widerspruch zwischen beiderseitigen Allgemeinen Geschäftsbedingungen in Betracht. Hätten sich die Parteien dagegen ohne eine Regelung des fraglichen Punktes nicht geeinigt, so fehlt ein wirksamer Vertragsschluss.

Der **nur von einer Partei nicht erkannte** Dissens ist nach § 154 zu behandeln und nicht nach § 155[10]. Denn hier rechtfertigen weder die Interessen der irrenden noch diejenigen der wissenden Partei die nach § 155 eher eintretende Vertragswirksamkeit.

437 c) **Vorrang** gegenüber der Feststellung eines offenen oder versteckten Dissenses hat aber stets **die Auslegung** (vgl. oben Rz. 317). Sie muss nämlich ergeben, ob wirklich die Einigung nicht vollständig ist oder sich die Erklärungen der Parteien nicht decken. Denn wenn bloß der nicht erklärte Wille einer Partei auf eine zusätzliche Regelung gerichtet ist oder von der (ausgelegten) Erklärung der anderen Partei abweicht, bedeutet das keinen Dissens. Vielmehr ist dann der Vertrag zustande gekommen, doch kann womöglich die dem Willen nicht entsprechende Erklärung nach § 119 I wegen Irrtums angefochten werden. Vgl. dazu die Beispiele von unten Rz. 438.

2. Gesetzlich nicht geregelte Fragen

438 a) Gesetzlich nicht geregelt ist zunächst die Nichteinigung über Punkte, die zu den *essentialia negotii* gehören, so z.B. über den Kaufpreis (vgl. oben Rz. 431). *Kramer* verwendet dafür den Ausdruck „**Totaldissens**"[11], *Diederichsen*[12] spricht von „logischem Dissens" (d. h. dieser Dissens verhindert einen Vertragsschluss mit logischer Notwendigkeit). Hierfür bedarf es auch keiner Regelung, weil die Rechtsfolge klar ist: Ein Vertrag kann nicht zustande kommen. Auch ein solcher Dissens muss durch Auslegung der beiderseitigen Erklärungen festgestellt werden (vgl. oben Rz. 437). Hierhin gehörte

---

7 BGHZ 61, 282; *Flume* AT II § 37, 3 S. 676; *Wolf/Neuner* § 47 Rz. 35. *Leenen* § 20 Rz. 30, betont mit Recht die Anreizwirkung.
8 BGH BB 1982, 636. Vgl. *Graf von Westphalen* ZIP 1987, 1361; *Graf von Lambsdorf* ZIP 1987, 1370.
9 Anders *Leenen* AcP 188 (1988) 381, 411 ff.
10 So zutr. *Diederichsen* FS Hübner (1984) 421, 440, str.
11 MünchKomm-*Kramer* (5. Aufl. 2006) § 155 Rz. 7; ebenso MünchKomm-*Busche* § 154 Rz. 3; § 155 Rz. 2.
12 *Diederichsen*, Der logische Dissens, FS Jur. Gesellschaft zu Berlin (1984) 81.

etwa der Schulfall einer Kaufpreisvereinbarung in „Franken", wenn schweizerische oder französische Franken gemeint sein konnten. Heute mag man etwa an eine Vereinbarung über „Dollar" denken, wenn US-amerikanische oder kanadische in Betracht kommen. Zunächst muss dann ermittelt werden, was die Erklärungen normativ bedeuten (vgl. oben Rz. 323). Anhaltspunkte dafür mögen bieten etwa Staatsangehörigkeit oder Wohnsitz der Vertragsschließenden, der Ort des Vertragsschlusses oder der zu leistenden Zahlung und noch andere Umstände. Nur wenn sich die so durch Auslegung ermittelte Bedeutung der Willenserklärungen nicht deckt, liegt logischer Dissens vor: Es fehlt eine Einigung über den Kaufpreis, und diese ist auch durch dispositives Gesetzesrecht nicht ersetzbar; einen Kauf ohne Vereinbarung über den Preis (und sei es auch nur im Sinne der §§ 315 – 317) aber kann es nicht geben.

Gerade einer der (recht wenigen) praktischen Fälle zum Dissens dürfte von **RGZ 104, 265** unter dem eben erwähnten Gesichtspunkt der Auslegung unrichtig entschieden worden sein. Dort hatte die V dem K „ein freibleibendes Angebot über die von ihr geführten Waren geschickt"; darunter befand sich **Weinsteinsäure**[13]. K telegrafierte nun an V: „Erbitten Limit über hundert Kilo Weinsteinsäure Gries bleifrei". V antwortete: „Weinsteinsäure Gries bleifrei Kilogramm 128 M Nettokasse bei hiesiger Übernahme". Schließlich telegrafierte K: „Hundert Kilo Weinsteinsäure Gries bleifrei geordnet, briefliche Bestätigung unterwegs". Erst dieser später eintreffende Brief ergab, dass auch K – ebenso wie V – hatte verkaufen wollen. Das RG hat hier Dissens bejaht, weil „aus den von den Parteien gewechselten Telegrammen nirgends ersichtlich war, wer kaufen und wer verkaufen wollte". Aber das stimmt nur, wenn man sich auf den Wortlaut der einzelnen Telegramme beschränkt. Dagegen ergibt der Kontext, dass die V verkaufen wollte: Sie hatte ja dem K die Angebotsliste geschickt. Daher durfte V das daraufhin erhaltene Telegramm des K als Ausdruck des Willens verstehen, Säure zu kaufen. Richtigerweise hatte also K wirksam gekauft und musste nach § 119 I mit der Folge von § 122 anfechten.

b) Nicht gesetzlich geregelt ist auch die Frage nach einer **Schadensersatzpflicht bei Dissens**. RGZ 104, 265 („Weinsteinsäure") hat eine solche analog § 122 bejaht, sich aber nicht darauf festgelegt, ob der Anspruch wirklich verschuldensunabhängig sein solle[14]. Heute stehen sich im Wesentlichen zwei Ansichten gegenüber: Die eine lehnt eine Ersatzpflicht allemal ab, weil jeder das Risiko für den Inhalt seiner Willenserklärung selbst tragen müsse[15]. Dagegen hält die andere Ansicht eine (ggf. nach § 254 zu mindernde) Schadensersatzpflicht aus Verschulden bei Vertragsverhandlungen für denkbar[16]. Der Grund dafür kann zwar nicht ein „Verstoß gegen die Abschlussförderungspflicht" sein. Denn aus dem Eintritt in Vertragsverhandlungen ist niemand zum Abschluss verpflichtet (vgl. unten Rz. 452). Wohl aber kommt ein schuldhafter Verstoß gegen die Pflicht in Betracht, durch klare Ausdrucksweise eine Irreführung des Verhandlungspartners zu vermeiden.

439

---

13 Zu diesem Fall auch *Wolf/Neuner* § 38 Rz. 4.
14 RZG 104, 265, 268; aus neuerer Zeit OLG Jena NZBau 2004, 438, 39.
15 So *Flume* AT II § 34, 5 S. 626; *Leenen* § 17 Rz. 28 ff.
16 Etwa *Bork* Rz. 783; *Leipold* § 14 Rz. 49 mit Fn. 65; *Wolf/Neuner* § 38 Rz. 5; *Petersen* Jura 2009, 419 f.

IV. Das kaufmännische Bestätigungsschreiben

Literatur: Ausführliche Zusammenstellung bei *K. Schmidt* HaR § 19 Rz. 66 ff.; monographisch insbesondere *Batsch*, Abschied vom sog. kaufmännischen Bestätigungsschreiben?, NJW 1980, 1731; *Bydlinski*, Die Entmythologisierung des „kaufmännischen Bestätigungsschreibens" im österr. Recht, FS Flume (1978) I 335; *Coester*, Kaufmännisches Bestätigungsschreiben und AGB: Zum Vorrang der Individualabrede nach § 4 AGBG, DB 1982, 1551; *Deckert*, Das kaufmännische und berufliche Bestätigungsschreiben, JuS 1998, 121; *Diederichsen*, Der „Vertragsschluss" durch kaufmännisches Bestätigungsschreiben, JuS 1966, 129; *von Dücker*, Das kaufmännische Bestätigungsschreiben, BB 1996, 3; *Götz-Huhn*, Das kaufmännische Bestätigungsschreiben (1969); *Haberkorn*, Schweigen auf kaufmännisches Bestätigungsschreiben, MDR 1968, 108; *Häublein*, Vertragsschluss durch kaufmännisches Bestätigungsschreiben?, FS Karth (2013) 333; *Hepp*, Zum kaufmännischen Bestätigungsschreiben, BB 1964, 371; *Kuchinke*, Zur Dogmatik des Bestätigungsschreibens, JZ 1965, 167; *Lettl*, Das kaufmännische Bestätigungsschreiben, JuS 2008, 849; *Lindacher*, Zur Einbeziehung Allgemeiner Geschäftsbedingungen durch kaufmännisches Bestätigungsschreiben, WM 1981, 702; *Moritz*, Vertragsfixierung durch kaufmännisches Bestätigungsschreiben, BB 1995, 420; *Schmidt-Salzer*, Auftragsbestätigung, Bestätigungsschreiben und kollidierende Allgemeine Geschäftsbedingungen, BB 1971, 591; *Schmittmann*, Kaufmännisches Bestätigungsschreiben mittels Telefax, NJW 1994, 3149; *Thamm/Detzer*, Das Schweigen auf ein kaufmännisches Bestätigungsschreiben, DB 1997, 213; *Walchshöfer*, Das abweichende kaufmännische Bestätigungsschreiben, BB 1975, 719; *Zunft*, Anfechtbarkeit des Schweigens auf kaufmännisches Bestätigungsschreiben, NJW 1959, 276.

1. Funktion

440 Ob ein Vertrag zustande gekommen ist und welchen Inhalt er hat, kann nach mündlichen (auch telefonischen) Verhandlungen leicht streitig werden. Daher ist es unter Kaufleuten seit langem üblich, dass eine Partei der anderen den Abschluss und dessen Inhalt kurz schriftlich bestätigt. Das soll künftigen Streit ausschließen. Dieses Ziel wird durch einen Rechtssatz erreicht, der zwar nicht kodifiziert ist, den man aber heute als **Gewohnheitsrecht** bezeichnen kann: Wenn nach Vertragsverhandlungen[17] der Empfänger einem solchen Schreiben nicht unverzüglich widerspricht, gilt der Vertrag mit demjenigen Inhalt als zustandegekommen, den das Schreiben redlicherweise angibt[18]. Geschützt wird so das Vertrauen desjenigen Absenders, der annehmen darf, mit seinem Schreiben den Vertrag richtig wiedergegeben zu haben, und darauf keinen Widerspruch erhält.

2. Anwendungsbereich

441 Die übliche Bezeichnung als „kaufmännisches" Bestätigungsschreiben weist dieses als aus dem Handelsrecht stammend aus. Doch wirkt sich insoweit zunehmend die verbreitete und wohl auch berechtigte Unzufriedenheit mit der traditionellen Abgrenzung des Handelsrechts durch die §§ 1 ff. HGB aus: Entsprechend der rechtspolitischen Forderung, das Sonderprivatrecht eher an den **Unternehmensbegriff** zu knüpfen, wird das Gewohnheitsrecht über das Bestätigungsschreiben nicht mehr genau auf den

---

17 BGH NJW-RR 2001, 680.
18 Dazu etwa BGH ZIP 1994, 618, 619.

Kaufmann beschränkt[19]. So ist etwa auch ein Architekt als tauglicher **Empfänger** angesehen worden[20]. Hinsichtlich des **Absenders** darf man eher noch großzügiger sein, weil diesem keine besonderen Pflichten zugemutet werden. So lässt BGHZ 40, 42 als Absender jemanden genügen, der ähnlich einem Kaufmann am Geschäftsleben teilnimmt; nach *Flume*[21] soll sogar jeder in Betracht kommen.

Trotzdem gilt die Regelung für das Bestätigungsschreiben zweifelsfrei nicht allgemein für den Rechtsverkehr unter Privaten, sondern sie stellt ein Stück Sonderprivatrecht dar[22]. Daher beschränkt sich die folgende Erörterung auf eine mit dem allgemeinen Privatrecht zusammenhängende Grundsatzfrage.

3. Die Bedeutung des Schweigens

a) Über die „**Rechtsnatur**" **des Schweigens** auf das Bestätigungsschreiben ist viel gestritten worden: ob es eine Willenserklärung darstellt (etwa die Annahme eines in dem Schreiben liegenden Antrags) oder wenigstens die Fiktion einer solchen Erklärung, ob durch das Schweigen eine Pflicht zur Antwort verletzt wird oder was sonst[23]. Damit wird oft die andere Frage verbunden, wann und wie der Vertrag mit demjenigen Inhalt zustandekommt, den das Bestätigungsschreiben angibt. Diese zweite Frage ist aber unergiebig: Nach dem Zweck des Rechtssatzes über das Bestätigungsschreiben kann, wenn dieses überhaupt wirkt, dessen Übereinstimmung mit dem Vertrag nicht mehr in Zweifel gezogen werden[24]. Damit ist die Frage nach dem ursprünglichen Inhalt des Vertrags und einer späteren Änderung abgeschnitten[25]. **442**

Auch die zuerst genannte Frage nach der „Rechtsnatur" des Schweigens sollte auf ihre praktischen Konsequenzen reduziert werden. Diese betreffen vor allem die Anwendbarkeit der Vorschriften über **Willensmängel**. Insofern ist dreierlei wesentlich: **Erstens** darf nicht mehr auf Mängel des ursprünglichen Vertrags zurückgegriffen werden können, weil damit die bestätigende Wirkung des Schweigens beeinträchtigt würde. **Zweitens** kann das Schweigen keine stärkere Wirkung haben als eine bestätigende Willenserklärung; daher müssen Mängel des Schweigens regelmäßig ebenso geltend gemacht werden können, wie das bei Mängeln einer ausdrücklichen Bestätigung möglich wäre. So kann der Schweigende anfechten, wenn er das Bestätigungsschreiben falsch verstanden und damit die Bedeutung seines Schweigens verkannt hat. Ausgeschlossen ist freilich eine Anfechtung wegen eines Irrtums über die bestätigende Bedeutung des Schweigens überhaupt: Diese Bedeutung beruht unabhängig vom Willen auf dem oben Rz. 440 genannten Gewohnheitsrechtssatz; ein Irrtum hierüber ist also unbeachtlicher Rechtsfolgeirrtum (vgl. unten Rz. 750 f.). Und **drittens** darf eine an sich zulässige Anfechtung nicht durch ein Verschulden des Schweigenden verzögert werden. Denn sonst bedeutete es keinen „unverzüglichen" Widerspruch mehr, wenn später ein Wil-

---

19 Vgl. *K. Schmidt* HaR § 19 Rz. 73 ff.
20 OLGZ 1974, 8, vgl. auch BGHZ 11, 1.
21 *Flume* AT II § 36, 2 S. 663.
22 *Flume* AT II § 36, 2 S. 662.
23 Vgl. *K. Schmidt* HaR § 19 Rz. 71.
24 BGHZ 40, 42, 46; *K. Schmidt* HaR § 19 Rz. 125.
25 *K. Schmidt* FS H. Honsell (2002) 99, 106; die Konsequenz für die Fallbearbeitung zieht *Leenen* Jura 2011, 723, 729.

lensmangel geltend gemacht wird. So ist eine Anfechtung ausgeschlossen, wenn der Schweigende das Bestätigungsschreiben schuldhaft missverstanden hat[26].

443 **b)** Das eben Gesagte passt ohne weiteres nur für ein Schreiben, das bloß einen als schon geschlossen vorausgesetzten Vertrag bestätigen will (sog. **deklaratorisches** oder affirmatives **Bestätigungsschreiben**). Die Rechtsprechung lässt aber nicht selten auch zu, dass ein Bestätigungsschreiben bewusst zu Änderungen oder Ergänzungen des ursprünglichen Vertrags verwendet wird, etwa zur nachträglichen Einbeziehung von Allgemeinen Geschäftsbedingungen (sog. **konstitutives Bestätigungsschreiben**)[27]. Solche Änderungen werden durch den Sinn eines „Bestätigungs"schreibens nicht mehr gedeckt: Insoweit fehlt das Bedürfnis, eine Unsicherheit zu beseitigen. Daher sollten hier bloß die gewöhnlichen Regeln über nachträgliche Vertragsänderungen angewendet werden: Das Schweigen genügt also nur, soweit es ausnahmsweise die Annahme des in dem Schreiben liegenden Antrags auf Abschluss eines Änderungsvertrags bedeutet.

---

26 Vgl. oben Rz. 352 und übereinstimmend *K. Schmidt* HaR § 19 Rz. 135 f,.
27 Vgl. *K. Schmidt* HaR § 19 Rz. 84 ff.

§ 30 Pflichten bei Vertragsverhandlungen

Literatur: Grundlegend *R. von Ihering*, Culpa in contrahendo, Jb. f. Dogm. 4 (1861) 1 (Nachdruck 1969 mit Nachwort *Eike Schmidt*), dazu *Schanze*, Culpa in contrahendo bei Jhering, Veröffentlichungen des Max-Planck-Instituts für Europ. Rechtsgeschichte VII (1978) 326; rechtsvergleichend *Nirk*, Rechtsvergleichendes zur Haftung für culpa in contrahendo, RabelsZ 18 (1953) 310 – vgl. auch *Gernhuber*, Das Schuldverhältnis (1989) § 8. Zu Einzelheiten etwa *Adams*, Irrtümer und Offenbarungspflichten im Vertragsrecht, AcP 186 (1986) 453; *Ballerstedt*, Zur Haftung für culpa in contrahendo bei Geschäftsabschluss durch Stellvertreter, AcP 151 (1950/51) 501; *von Bar*, Vertragliche Schadensersatzansprüche ohne Vertrag, JuS 1982, 637; *Bohrer*, Die Haftung des Dispositionsgaranten (1980); *Breidenbach*, Die Voraussetzungen von Informationspflichten beim Vertragsschluss (1989); *Canaris*, Schutzgesetze – Verkehrspflichten – Schutzpflichten, 2. FS Larenz (1983) 27, 85; *ders.*, Täterschaft und Teilnahme bei culpa in contrahendo, FS Giger (1989) 91; *Emmerich*, Zum gegenwärtigen Stand der Lehre von der culpa in contrahendo, Jura 1987, 561; *Frost*, „Vorvertragliche" und „vertragliche" Schutzpflichten (1981); *Frotz*, Die rechtsdogmatische Einordnung der Haftung für culpa in contrahendo, GS Gschnitzer (1969) 163; *Gottwald*, Die Haftung für culpa in contrahendo, JuS 1982, 877; *Grigoleit*, Vorvertragliche Informationshaftung (1997); *Grote*, Die Eigenhaftung Dritter als Anwendungsfall der culpa in contrahendo (1984); *Horn*, Culpa in contrahendo, JuS 1995, 378; *Köndgen*, Selbstbindung ohne Vertrag (1981); *Larenz*, Bemerkungen zur Haftung für „culpa in contrahendo", FS Ballerstedt (1975) 397; *Leenen*, Die Funktionsbedingungen von Verkehrssystemen in der Dogmatik des Privatrechts, in: Rechtsdogmatik und praktische Vernunft, Symposium zum 80. Geburtstag von Franz Wieacker (1990) 108; *Lehmann*, Vertragsanbahnung durch Werbung (1981, dazu *Reich* AcP 181, 1981, 548; *Stoll* NJW 1982, 152); *ders.*, Die bürgerlich-rechtliche Haftung für Werbeangaben, NJW 1981, 1233; *Lieb*, Vertragsaufhebung oder Geldersatz?, FS Rechtswiss. Fakultät der Univ. Köln (1988) 251; *S. Lorenz*, Culpa in contrahendo (§ 311 II, III BGB), JuS 2015, 398; *ders.*, Der Schutz vor dem unerwünschten Vertrag (1997); *ders.*, Vertragsaufhebung wegen culpa in contrahendo ..., ZIP 1998, 1053; *Medicus*, Grenzen der Haftung für culpa in contrahendo, JuS 1965, 209; *ders.*, Zur Entdeckungsgeschichte der culpa in contrahendo, FS Kaser (1986) 169;

ders., Die culpa in contrahendo zwischen Vertrag und Delikt, FS Keller (1989) 205; *ders.*, Die Eigenhaftung des GmbH-Geschäftsführers aus Verschulden bei Vertragsverhandlungen, FS Steindorff (1990) 725; *ders.*; Ansprüche auf das Erfüllungsinteresse aus Verschulden bei Vertragsverhandlungen?, FS Herm. Lange (1992) 539; *Messer*, Schadensersatzansprüche aus Verschulden bei Vertragsverhandlungen ..., FS Steindorff (1990) 743; *Michalski*, Das Rechtsinstitut der „culpa in contrahendo", Jura 1993, 22; *Nirk*, Culpa in contrahendo – eine richterliche Rechtsfortbildung in der Rspr. des BGH, 1. FS Möhring (1965) 385; *ders.*, Culpa in contrahendo – eine geglückte richterliche Rechtsfortbildung – quo vadis?, 2. FS Möhring (1975) 71; *Picker*, Positive Forderungsverletzung und culpa in contrahendo – Zur Problematik der Haftung „zwischen Vertrag und Delikt", AcP 183 (1983) 369; *Pouliadis*, Culpa in contrahendo und Schutz Dritter (1982, dazu *Hohloch*, AcP 184, 1984, 511); *Radke/Mand*, Zur Eigenhaftung „Dritter" und „Vierter" aus culpa in contrahendo, Jura 2000, 243; *Rummel*, Schadensersatz aus c.i.c. wegen Verwendung unerlaubter AGB, FS Canaris (2007) I 1149; *Schwarze*, Vorvertragliche Verständigungspflichten (2000); *Schubert*, Unredliches Verhalten Dritter bei Vertragsabschluss, AcP 168 (1968) 470; *Schumacher*, Vertragsaufhebung wegen fahrlässiger Irreführung unerfahrener Vertragspartner (1979); *Stoll*, Tatbestände und Funktionen der Haftung für culpa in contrahendo, FS von Caemmerer (1978) 435; *ders.*, Vertrauensschutz bei einseitigen Leistungsversprechen, FS Flume (1978) I 741; *ders.*, Haftungsfolgen fehlerhafter Erklärungen beim Vertragsschluss, FS Riesenfeld (1983) 275; *Teichmann*, Nebenverpflichtungen aus Treu und Glauben. 1. Teil: Vorvertragliche Informationspflichten, JA 1984, 545; *Graf von Westphalen*, AGB-Recht im BGB ..., NJW 2002, 12; *Wiedemann/Schmitz*, Kapitalanlegerschutz bei unrichtiger oder unvollständiger Information, ZGR 9 (1980) 129.

I. Das Verschulden bei Vertragsverhandlungen (Vertragsanbahnung)

Die Lehre vom Verschulden bei Vertragsverhandlungen (der *culpa in contrahendo*) wird regelmäßig als Teil des Schuldrechts behandelt[1]. Nach ihr begründet schon der – weit zu verstehende[2] – Eintritt in Vertragsverhandlungen ein **besonderes Pflichtenverhältnis** (eine Sonderverbindung) zwischen den Beteiligten. Die schuldhafte Verletzung dieser Pflichten soll Schadensersatzansprüche erzeugen; für Gehilfen soll nach § 278 einzustehen sein. Einzelne – freilich teils verändernde – Ausprägungen dieser Lehre findet man im BGB in den § 122 (vgl. unten Rz. 783 ff.), § 149 (vgl. oben Rz. 373), § 179 (vgl. unten Rz. 985 ff.) und in §§ 311 a II, 663 (vgl. oben Rz. 349). In § 311 II findet sich jetzt eine allgemeine Regel. **444**

Die Einordnung des Verschuldens bei Vertragsverhandlungen ins Schuldrecht soll auch hier beachtet werden. Deshalb geht es an dieser Stelle nur darum, kurz den **Zusammenhang zum allgemeinen Vertragsrecht** aufzuzeigen: Jedes „Verschulden" bei Vertragsverhandlungen setzt Pflichten voraus, deren Verletzung dann erst den Anlass zu der Frage nach einem Verschulden gibt. Diese Pflichten regeln, was man bei Vertragsverhandlungen tun und unterlassen muss (vgl. jetzt § 241 II). Zwar kann aus diesen Pflichten wenigstens überwiegend nicht auf Erfüllung geklagt werden. Denn diese sollen meist verhindern, dass ein Vertrauen des Verhandlungspartners enttäuscht wird; insbesondere müssen z.B. bestimmte Informationen rechtzeitig und vollständig gege- **445**

---

1 Etwa *Esser/Eike Schmidt* I 2 § 29 II; *Fikentscher/Heinemann* SchuldR § 20; *Medicus/Lorenz* SAT § 40; *Schlechtriem/Schmidt-Kessel* SchuldR AT Rz. 28 ff.; *Looschelders* SchuldR AT § 10.
2 Etwa BGHZ 66, 51, 55; vgl. auch § 311 II Nr. 2: „Anbahnung".

Dritter Teil *Das Rechtsgeschäft*

ben werden. Typisch ist also der nicht aufgeklärte Partner, und der kann schon deshalb nicht auf Erfüllung klagen, weil er gar nicht weiß, dass er die Information nötig hat.

Obwohl also regelmäßig die Primärpflichten praktisch unklagbar sind (geklagt werden kann nur bei schuldhafter Verletzung auf Schadensersatz), ergeben diese insgesamt doch so etwas wie einen Kodex des richtigen Verhaltens bei Vertragsverhandlungen.

II. Einzelne Pflichten

1. Sorge für Körper und Eigentum des Vertragspartners

446 Viele Entscheidungen betreffen Fälle, in denen bei Verhandlungen im Bereich eines Vertragspartners (z.B. in dessen Laden) der andere Partner an seinem Körper oder Eigentum verletzt wird: Der Kunde bricht sich etwa ein Bein, weil er auf einem herumliegenden Kohlblatt ausgerutscht ist; oder er beschmutzt seinen Mantel an einer unsauberen Verkaufstheke. Die Annahme einer Haftung setzt hier eine Pflicht des Ladeninhabers voraus, seinen Bereich von Gefahren für den Verhandlungspartner freizuhalten. Diese Pflichten ähneln als **Schutzpflichten** (§ 241 II) den deliktischen **Verkehrspflichten**; betroffen sind ja auch die Schutzgüter des § 823 I. Die Annahme einer Sonderverbindung soll hier in erster Linie bestimmte Schwächen des Deliktsrechts vermeiden, vor allem die Entlastungsmöglichkeit nach § 831 I 2[3]. Zum erheblichen Teil wird diese Anwendung der culpa in contrahendo entbehrlich, wenn die Schwächen des Deliktsrechts behoben sind; das hat die Rechtsprechung schon zu einem guten Teil durch die Erschwerung der Exkulpation nach § 831 I 2 und die Annahme von Organisationspflichten erreicht.

2. Schutz vor „schlechten" Verträgen

447 **a)** In zahlreichen anderen Entscheidungen geht es um die Pflicht des einen Verhandlungspartners, den anderen über den Vertragsgegenstand oder besondere Risiken aus dem Vertrag **aufzuklären**. Diese Information soll den anderen vor dem Abschluss eines für ihn unbrauchbaren oder **schädlichen Vertrags schützen**. Dabei geht es allgemein etwa um die Vertragsanbahnung durch unwahre oder sonst unlautere Werbung, also insbesondere um einen Bereich des „Verbraucherschutzes". Besonders häufig spielen verletzte Informationspflichten bei Vertrieb oder Vermittlung von Kapitalanlagen und beim Handel mit gebrauchten Kraftfahrzeugen eine Rolle. Der Schadensersatzanspruch aus der schuldhaften Pflichtverletzung richtet sich hier nach h.M. vor allem auf Aufhebung des Vertrags, wenn dieser bei gehöriger Information nicht abgeschlossen worden wäre, und auf Ersatz der etwa schon erbrachten Leistungen (§ 249 I)[4]. Die Rechtsprechung[5] hat wahlweise einen Anspruch auf Preisherabsetzung entwickelt; das ähnelt der Minderung beim Kauf und ähnlichen Austauschverträgen. In anderen Fäl-

---

[3] Vgl. *Medicus/Lorenz* SAT Rz. 532.
[4] Anders insbesondere *Lieb*, Vertragsaufhebung oder Geldersatz?, FS Rechtswiss. Fakultät der Univ. Köln (1988) 251.
[5] Etwa BGHZ 111, 75, 82 f., einschränkend aber BGHZ 168, 35 Rz. 21 f., vgl. *Medicus/Lorenz* SAT Rz. 536.

len kann die culpa in contrahendo die persönliche Haftung einer Person begründen, die bloß als Vertreter aufgetreten ist, aber doch besonderes persönliches Vertrauen in Anspruch genommen hat: so wenn der Gesellschafter-Geschäftsführer einer GmbH einem Lieferanten die wirtschaftliche Bedrängnis der Gesellschaft trotz ausdrücklicher Anfrage verschweigt und dieser Lieferant durch die Insolvenz der GmbH Schaden erleidet[6].

b) Mit dieser Fallgruppe des Verschuldens bei Vertragsverhandlungen hängen vor allem **drei Probleme** zusammen: **448**

aa) Ein erstes Problem betrifft das **Verhältnis** zwischen der unrichtigen Information und dem **Recht der Mängelhaftung** (vor allem den §§ 434 ff.): Wenn etwa der Verkäufer dem Käufer nicht vorhandene günstige Eigenschaften des Kaufgegenstandes vorgespiegelt hat, braucht man die Rechtsverletzung nicht in dieser Falschinformation zu sehen. Vielmehr kann man die Information auch für den Vertragsinhalt maßgeblich sein lassen: Dann ist nicht die Information mangelhaft, sondern die Leistung, weil sie nicht der vertraglich geschuldeten entspricht. Das hat dann nichts mehr mit dem korrekten Verhalten bei Vertragsverhandlungen zu tun, sondern führt zu einer (im Schuldrecht zu behandelnden) Leistungsstörung: Diese Betrachtungsweise entspricht dem neuen § 434 I 3.

bb) Soweit der Vorrang der Mängelhaftung nicht eingreift, ist weiter fraglich, **unter welchen Voraussetzungen** überhaupt **Informationspflichten** angenommen werden können. Die Rechtsprechung arbeitet hier häufig mit einer von *Ballerstedt*[7] geprägten Formulierung: Information soll geschuldet werden, wo Vertrauen in Anspruch genommen und gewährt worden ist. Entsprechend sagt der BGH: „Grundlage der Haftung für Verschulden bei Vertragsverhandlungen ist enttäuschtes Vertrauen"[8]. Hiergegen ist aber mit Recht vor allem eingewendet worden, die Informationspflichten dürften nicht von der konkreten Vertrauenswürdigkeit abhängen. Wirklich ist ja auch Verschulden bei Vertragsverhandlungen häufig gerade unter Umständen angenommen worden, die eher Misstrauen als Vertrauen nahelegten (Kapitalanlagen und Gebrauchtwagenhandel). Richtigerweise sind Informationspflichten daher normativ zu begründen: Die Rechtsordnung muss angeben, wann und inwieweit ein Partner den anderen zu informieren hat. **449**

Solche Pflichten sind vereinzelt **ausdrücklich geregelt**, so in § 312 a II i.V.m. Art. 246 EGBGB als allgemeine Pflicht bei Verbraucherverträgen sowie speziell in § 312 d für außerhalb von Geschäftsräumen geschlossene Verträge und Fernabsatzverträge, in §§ 312 i I Nr. 2, 312 j II für Verträge im elektronischen Geschäftsverkehr und in §§ 491 a, 492 für Verbraucherdarlehen (vgl. bereits oben Rz. 49). Häufig müssen die Pflichten aber erst durch **Interessenabwägung** bestimmt werden. Diese hängt erstens davon ab, welcher Partner die nötigen Informationen hat oder sie sich (leichter) beschaffen kann (**Informationsvorsprung**). So weiß z.B. über die Vergangenheit eines Gebrauchtwagens (Fahrleistung, Unfälle) nur der Vorbesitzer Bescheid. Zweitens hat

---
6 BGHZ 87, 27; ZIP 1988, 505, vgl. auch § 311 III 2.
7 *Ballerstedt* AcP 151 (1950/51) 501, 507 ff.
8 BGH NJW 1966, 498, 499 und öfter.

Bedeutung, wie wichtig die Information für den anderen Partner ist: Man kann einen Kratzer im Lack nicht ebenso schwer wiegen lassen wie einen Fehler des Bremssystems. Drittens endlich spielen Fragen der Zumutbarkeit herein: Zwar mag der kleine Ladenbesitzer sich leichter darüber informieren, was die von ihm angebotenen Waren in dem nahen Supermarkt kosten, als dass jeder Interessent die Preise selbst vergleichen müsste. Trotzdem wird gewiss niemand den Ladeninhaber für verpflichtet halten, seine Kunden über die Preise des Konkurrenten zu informieren. Ausführlicher kann das hier nicht erörtert werden[9].

450 cc) Am engsten mit dem Allgemeinen Teil hängt das dritte Problem zusammen: Wo man eine Informationspflicht bejaht, konnte schon bei fahrlässiger Verletzung als Schadensersatz die Vertragsaufhebung verlangt werden, und das nach h.M. in einer Verjährungsfrist von drei (früher sogar 30) Jahren, deren Lauf zudem nach § 199 I oft erst lange nach der Schädigung beginnt. Wie verträgt sich das mit den §§ 123, 124, die für die Beseitigung des Rechtsgeschäfts eine **arglistige Täuschung** (also Vorsatz) verlangen und nach der Entdeckung des Irrtums für die Anfechtung nur eine Ausschlussfrist von einem Jahr gewähren (vgl. unten Rz. 811)?

Die Rechtsprechung hat trotz der angedeuteten Bedenken den Anspruch auf **Vertragsaufhebung wegen fahrlässiger Täuschung** ohne Einschränkungen bejaht[10]. Ein Teil dieser Bedenklichkeit ist seit dem 1. 1. 2002 durch die Neuordnung des Verjährungsrechts gemildert worden. Womöglich noch schwerer wiegt aber die Diskrepanz zwischen der Arglist bei § 123 und dem bloßen Verschulden. Insoweit bedarf es wohl noch einer späteren Harmonisierung. Nicht überzeugend hierzu BGH NJW 1998, 302: Verschulden bei Vertragsverhandlungen setze (anders als § 123) einen Vermögensschaden voraus, der nicht automatisch in dem Vertragsschluss liege. Denn § 249 verlangt (anders als § 253 I für die Geldentschädigung) einen Vermögensschaden gerade nicht[11].

3. Schutz beim Scheitern der Vertragsverhandlungen

451 In einer dritten Fallgruppe geht es um die Schäden, die ein Verhandlungspartner dadurch erleidet, dass der von ihm erstrebte Vertrag nicht (wirksam) zustande kommt. Als Problem des korrekten Verhaltens bei Vertragsverhandlungen bedeutet das: Welche Pflichten zur Förderung eines wirksamen Vertragsschlusses oder wenigstens zur Vermeidung eines unrichtigen Anscheins entstehen durch den Eintritt in Vertragsverhandlungen?

a) In diese Fallgruppe gehören gerade **die im BGB schon bisher geregelten Fälle** der Ersatzpflicht aus einem Verhalten bei Vertragsverhandlungen (vgl. oben Rz. 444). Dabei handelt es sich nirgendwo um eine Pflicht, zu einem wirksamen Vertragsabschluss mitzuwirken. Vielmehr darf sogar der, der schon irrtümlich abgeschlossen

---

9 Vgl. ansatzweise *Loges*, Die Begründung neuer Erklärungspflichten und der Gedanke des Vertrauensschutzes (1991).
10 Etwa BGH NJW 1962, 1196; 1968, 986; 1984, 2014, 2015, für die Drohung auch BGH NJW 1979, 1983.
11 Näher *Medicus/Petersen* BürgR Rz. 150.

hatte, seine Erklärung anfechten und damit den Vertrag wieder beseitigen, § 119. Oder der Empfänger einer verspätet zugegangenen Annahmeerklärung darf dem Absender diese Verspätung anzeigen und so das Zustandekommen des Vertrags noch verhindern, § 149 S. 1. Oder die Übernahme öffentlich erbotener Geschäfte darf noch unverzüglich abgelehnt werden, § 663.

b) Das dürfte **zu verallgemeinern** sein: Eine aus dem Eintritt in Vertragsverhandlungen stammende **Pflicht zur Förderung des Vertragsschlusses gibt es nicht**. Daher kann regelmäßig jeder Verhandlungspartner sogar weit fortgeschrittene Verhandlungen noch abbrechen, ohne dass er dafür eines triftigen Grundes bedürfte[12]. Ebenso gibt es regelmäßig keine Pflicht, für die Beachtung einer Formvorschrift zu sorgen (vgl. unten Rz. 634). Nur wenn der Vertrag schon bedingt geschlossen ist, darf ein Partner nicht treuwidrig auf den Eintritt oder Ausfall der Bedingung einwirken (§ 162, vgl. unten Rz. 833 ff.). 452

c) Der Eintritt in Vertragsverhandlungen kann daher regelmäßig nur die **Pflicht** erzeugen, **den Verhandlungspartner nicht durch die Erregung unbegründeten Vertrauens zu schädigen**[13]. So liegt es in den gesetzlich geregelten Fällen (vgl. oben Rz. 444): Man darf etwa nicht irrtümlich den Anschein einer wirksamen Erklärung setzen, nicht eine fehlende Vertretungsmacht behaupten oder die Möglichkeit einer in Wahrheit unmöglichen Leistung vortäuschen (siehe § 311 a II 1). Das lässt sich verallgemeinern. So kann auch auf andere Wirksamkeitshindernisse hingewiesen werden müssen, die den Vertrag genehmigungsbedürftig machen können[14]. Oder der Verhandlungspartner darf nicht über den Umfang der Vollmacht der Hilfspersonen des anderen Teils getäuscht werden (Anscheinsvollmacht, vgl. unten Rz. 969 ff.). Wenn die Hilfspersonen selbst einen solchen unrichtigen Anschein erwecken, kann der Verhandlungspartner dafür nach § 278 einzustehen haben (vgl. unten Rz. 973 f.). 453

Auch die **Rechtsfolge** einer schuldhaften Verletzung dieser Pflichten ist in Analogie zu den genannten gesetzlichen Vorschriften zu bestimmen: Geschuldet wird regelmäßig das negative Interesse, beschränkt durch den Betrag des positiven. Ausnahmsweise einen Anspruch auf Erfüllung oder Schadensersatz statt der Leistung gewähren jedoch die §§ 149 S. 2, 179 I, 311 a II 1. Aber der Tatbestand dieser Vorschriften enthält eine Besonderheit: Hier hat jeweils der Verpflichtete schon eine (wenigstens zunächst) wirksame Willenserklärung abgegeben, an die er gebunden wird. Wo nur eine schuldhafte Pflichtverletzung vorliegt, kann daher nach richtiger Ansicht[15] das positive Interesse regelmäßig nicht verlangt werden. Das muss selbst dann gelten, wenn es bei Pflichterfüllung zu einem wirksamen Vertragsschluss gekommen wäre (str.). Eine Ausnahme gilt bloß bei arglistiger Formvereitelung (vgl. unten Rz. 631). 454

d) Im Zusammenhang mit der Erregung unberechtigten Vertrauens kann auch eine Einrichtung Bedeutung erlangen, die sich nach amerikanischem Vorbild in unserer 455

---

[12] Ausführlich *Medicus/Lorenz* SAT Rz. 533 f., ähnlich BGH ZIP 2001, 655, anders aber wohl BGH ZIP 1988, 89, 90; einen „schweren Pflichtenverstoß" fordert BGH NJW 1996, 1884.
[13] Dazu *Eisenhardt* FS Kitagawa (1992) 297.
[14] BGHZ 18, 248.
[15] *Flume* AT II § 15 III 4 c dd S. 282 ff., ihm folgend *Larenz* FS Ballerstedt (1975) 397, 405.

Wirtschaft auszubreiten scheint: die im Lauf von Vertragsverhandlungen abgegebene **Absichtserklärung**, einen bestimmten Vertrag schließen zu wollen (**letter of intent**)[16].

Hierbei kann es sich um eine Willenserklärung handeln, nämlich um einen Antrag oder bedingten Antrag, eventuell auch nur zum Abschluss eines Vorvertrags. Wo eine solche rechtsgeschäftliche Deutung ausscheidet, kommt noch eine Vertrauenshaftung aus Verschulden bei Vertragsverhandlungen in Betracht, wenn durch die Erklärung unbegründetes Vertrauen erweckt worden ist.

4. Der Verpflichtete

456 Verpflichtet wird durch den Eintritt in Vertragsverhandlungen regelmäßig derjenige, der Vertragspartner werden soll. Ausnahmsweise kommt aber auch eine Haftung Dritter in Betracht (§ 311 III). BGHZ 56, 81, 85 hat das bejaht, wenn der Dritte wegen außergewöhnlicher Sachkunde, persönlicher Zuverlässigkeit und eigener Einflussmöglichkeit auf die Vertragsabwicklung besonders vertrauenswürdig erscheint. Aus unrichtiger Werbung für Kapitalanlagen wird wegen der Garantenstellung der Prospektverantwortlichen eine Haftung sogar wegen der bloßen Inanspruchnahme typisierten Vertrauens angenommen, selbst wenn ein sozialer Kontakt des Anlegerinteressenten mit dem Prospektverantwortlichen gänzlich fehlte[17]. Doch ist gegenüber der Annahme einer solchen Dritthaftung Vorsicht geboten; insbesondere genügt ein eigenes wirtschaftliches Interesse des Dritten an dem Vertragsschluss nicht[18]. Dann kommen nur besondere Anspruchsgrundlagen in Betracht (Beratungsvertrag, Delikt, Haftungsübernahme, auch eine Analogie zur börsenrechtlichen Prospekthaftung[19]).

---

16 Dazu die gleichnamige Schrift von *Lutter* (3. Aufl. 1998), zu ihr *Blaurock* ZHR 147 (1983) 334, sowie *Jahn*, Der Letter of Intent (2000).
17 BGHZ 71, 284, 287 ff.; 177, 25 Rz. 12. Zum betroffenen Personenkreis auch BGHZ 158, 110, 115.
18 BGHZ 126, 186.
19 Vgl. *Medicus/Lorenz* SAT Rz. 541 f.

§ 31 Vertragsgestaltung

Literatur: Umfassend *E. Rehbinder*, Vertragsgestaltung (1982, dazu *Köndgen* AcP 183, 1983, 311); auch schon zuvor *ders.*, Die Rolle der Vertragsgestaltung im zivilrechtlichen Lehrsystem, AcP 174 (1974) 265. Außerdem etwa *Brambring*, Einführung in die Vertragsgestaltung, JuS 1985, 380; *J. H. Bauer*, Einführung in die Vertragsgestaltung im Arbeitsrecht, JuS 1999, 356; *Crezelius*, Vom Beruf des Juristen für das Steuerrecht, JZ 1990, 985, *Döser*, Einführung in die Gestaltung internationaler Wirtschaftsverträge, JuS 2000, 246 mit vielen Fortsetzungen; *Gitter*, Der Einfluss des Sozialrechts auf die Vertragsgestaltung, DNotZ 1984, 595; *Haft*, Verhandeln. Die Alternative zum Rechtsstreit (1992); *Haverkate*, Anwaltsorientierte Juristenausbildung, JZ 1996, 478; *Hommelhoff/Gilles*, Zur Methodik kautelarjuristischer Arbeitsweise, Jura 1983, 592; 647; *Junker/Kamanabrou*, Vertragsgestaltung (4. Aufl. 2014); *Langenfeld*, Vertragsgestaltung (3. Aufl. 2004), *ders.*, Wandlungen der Vermögensnachfolge – zur Aufgabe der Vertragsgestaltung in Praxis und Ausbildung, NJW 1996, 2601; *ders.*, Einführung in die Vertragsgestaltung, JuS 1998, 33 mit vielen Fortsetzungen; *Martin*, Rechtsgeschäfte im Spannungsfeld zwischen Zivil-

und Steuerrecht, BB 1984, 1629; *N. Mayer*, Sachgerechte Testamentsgestaltung, JA 1995, 789; *Meincke*, Bürgerliches Recht und Steuerrecht, JuS 1976, 693; *Osterloh*, Steuerrecht und Privatrecht, JuS 1994, 993; *Priester*, Vertragsgestaltung: Das private Ehegattentestament, JuS 1987, 394; *Redeker*, Anwaltschaft und Rechtswissenschaft, NJW 1989, 1141; *Reithmann/Albrecht*, Handbuch der notariellen Vertragsgestaltung (8. Aufl. 2001); *Rittershaus*, Anwaltsorientierte Juristenausbildung, JuS 1998, 302; *Schmittat*, Einführung in die Vertragsgestaltung (3. Aufl. 2009); *Schöbel*, Verhandlungsmanagement und Mediation in der Juristenausbildung, JuS 2000, 372; *Schollen*, Zur Bedeutung der sozialen Wirklichkeit für die Vertragsgestaltung des Notars, DNotZ 1976, 297; *ders.*, Kautelarjurisprudenz und Juristenausbildung, DNotZ Sonderheft Notartag 1977, 28; *ders.*, Vertragsgestaltung: Der ungetreue Buchhalter, JuS 1985, 534; *Schwarzmann*, Gesetz- und Vertragsentwürfe in juristischen Übungsarbeiten, JuS 1972, 79; *Sontheimer*, Vertragsgestaltung und Steuerrecht, JuS 1999, 872 mit vielen Fortsetzungen; *C. Teichmann*, Vertragsgestaltung durch den Rechtsanwalt ..., JuS 2001, 870, 973, 1078; 2002, 40; *Tengelmann*, Die Kunst des Verhandelns (3. Aufl. 1973); *K.-R. Wagner*, Alternative Streitvermeidung: Notarielle Beurkundung, Betreuung und Schlichtung, BB 1997, 53; *H. Weber*, Der Eintritt des Sohnes in die Familien-GmbH, JuS 1986, 296; *ders.*, Anstellungsvertrag mit einem Geschäftsführer einer GmbH, JuS 1987, 559; *ders.*, Methodenlehre der Rechtsgestaltung, JuS 1989, 636; 818; *H. P. Westermann*, Einführung in die Vertragsgestaltung: Die Übertragung einer Einkunftsquelle, Jura 1983, 309; *Zawar*, Neuere Entwicklungen zu einer Methodenlehre der Vertragsgestaltung, JuS 1992, 134.

I. Die Streitvermeidung durch Rechtsgeschäft

1. Prozesse können viele Jahre dauern, und ebenso lange währt dann auch die Ungewissheit über ihren Ausgang. Zudem können sie Kosten verursachen, die nicht selten ein Mehrfaches des eigentlichen Streitwertes erreichen. Endlich erzeugen sie bisweilen Emotionen oder gar Feindschaften; so können Freundschaften oder Geschäftsbeziehungen zerbrechen. Oft genug hat nach einem Prozess sogar der Gewinner keinen Nutzen, und der Verlierer büßt ein Mehrfaches von dem ein, was er bestenfalls hätte gewinnen können. Ungleich **besser als die Streitentscheidung ist** daher **die Streitvermeidung**. 457

Nicht selten dienen freilich auch Prozesse der (künftigen) Streitvermeidung, nämlich wenn sie eine häufig vorkommende Frage durch eine höchstrichterliche Entscheidung für die Zukunft klarstellen sollen. Solche **Musterprozesse** werden häufig von Kollektiven betrieben und finanziert (etwa von einem Arbeitgeberverband und einer Gewerkschaft; oder von einem Haftpflichtversicherer und einem Automobilklub). Bisweilen ist hier der Streitwert sogar künstlich erhöht worden, um die Sache bis zum BGH zu bringen (z.B. in der Ladendiebstahlssache, die mit BGHZ 75, 230 beendet worden ist). An solchen Prozessen sind die als Kläger und Beklagter auftretenden Personen oft nur formal beteiligt. Solche Musterprozesse haben guten Sinn; für sie gelten daher die eben gegen Prozesse geäußerten Vorbehalte nicht. 458

2. Außerhalb des rechtsgeschäftlichen Bereichs, also etwa bei Delikten (z.B. Straßenverkehrsunfällen), lässt sich die Entstehung von Streit kaum je ganz vermeiden: Selbst wenn ein Beteiligter seine Ersatzpflicht vorbehaltlos anerkennt, wird oft noch über die Höhe des zu ersetzenden Schadens gestritten werden können. Hier kommt dann aber die Abkürzung des Streits durch **gegenseitiges Nachgeben (Vergleich**, § 779) in Betracht. Dagegen kann bei Rechtsgeschäften nicht selten sogar schon die Entstehung 459 von Streit vermieden werden: wenn nämlich Rechtsgeschäfte und insbesondere Verträge so umfassend und so eindeutig formuliert worden sind, dass über die Rechtslage kein vernünftiger Zweifel zu entstehen vermag. Solche **streitvermeidenden Formulierungen** gehören zu den praktisch wichtigsten Aufgaben des Juristen; hier wird zugleich der Nutzen seiner Tätigkeit besonders deutlich.

II. Vernachlässigung in der Ausbildung

460 1. Der eben betonten Bedeutung widerspricht die geringe Rolle, die bisher der rechtsgeschäftlichen Gestaltung in der Ausbildung der jungen Juristen insbesondere an der Universität weithin zugekommen ist: In den dort zu lösenden „Fällen" lagen regelmäßig Verträge, Testamente oder andere Rechtsgeschäfte schon fertig vor, und über ihre Auslegung oder Ausführung wurde dann gestritten. Nur selten begegnen **Examensaufgaben eines anderen Typs**: Da schildert der Sachverhalt etwa die Vermögens- und Familienverhältnisse eines Unternehmers. Dann werden dessen Wünsche für die Regelung seines Nachlasses angegeben. Auf dieser Grundlage ist endlich das Testament des Unternehmers – vielleicht auch als gemeinschaftliches (§§ 2265 ff.) mit dessen Ehefrau – zu entwerfen. Ähnliche Aufgaben können etwa den Entwurf eines Gesellschaftsvertrags oder einer Grundstücksübertragung mit Abfindungsleistungen an die Geschwister des Übernehmers verlangen. Auch der Entwurf Allgemeiner Geschäftsbedingungen etwa für ein Reinigungsunternehmen könnte als Aufgabe gestellt werden. In einem zugleich zu verfassenden Schreiben an den Mandanten könnte dann gutachterlich darzustellen sein, warum (nur) die betreffenden AGB in Betracht kommen.

461 2. Die Seltenheit solcher Aufgaben hat außer der Macht der Gewohnheit auch **mehrere sachliche Gründe**.

a) Zu bedauern ist die **Vernachlässigung des Steuerrechts** im Examen und daher auch in der Universitätsausbildung. Die steuerlichen Auswirkungen eines Geschäfts sind oft geradezu entscheidend[1]. Wichtige Geschäfte verdanken ihre Existenz hauptsächlich steuerlichen Gründen. Hierhin gehören bestimmte Zuwendungen der Eltern an ihre Kinder (vgl. unten Rz. 564 f., 587) und die sog. „Bauherrenmodelle"[2]. Bei manchen solchen Verträgen und bei den „Abschreibungsgesellschaften" war der Blick oft so einseitig auf die Steuervorteile fixiert, dass dabei jede zivilrechtlich gebotene Vorsicht vergessen wurde. Daraus haben sich nicht selten schlimme Haftungsfolgen ergeben.

462 Überdies hat das Steuerrecht solche Geschäfte bisweilen noch **besonderen**, zivilrechtlich nicht zu begründenden **Voraussetzungen** unterworfen[3]. So werden für die steuerliche Anerkennung manchmal Schriftform oder sogar ein bestimmter sachlicher Inhalt verlangt, wo das Zivilrecht dergleichen Erfordernisse nicht kennt[4]. Der innere Grund für solche besonderen Anforderungen liegt darin, dass hier der gewöhnliche Kontroll-

---

1 Dazu etwa *Groh* BB 1984, 304; *Walz* ZHR 147 (1983) 281; *Bernstein* DAR 1984, 355; *Streck* NJW 1985, 2454.
2 Vgl. *Medicus/Lorenz* SBT Rz. 802; *Crezelius* JuS 1981, 494.
3 Vgl. zur verfassungsrechtlichen Zulässigkeit *Steinberg* DB 1988, 72.
4 Beispiele bilden BFH DB 1975, 382; 429; 1979, 1064; 1394; BB 1976, 587, dazu etwa *Flume* FS Bosch (1976) 191; *Klamroth* BB 1975, 525.

mechanismus des Vertrags versagt (vgl. unten Rz. 472): Eine Einigung zu Lasten eines Dritten (des Steuerfiskus) fällt eben leichter als die Einigung zu Lasten eines Vertragsbeteiligten. Ob die besonderen steuerlichen Erfordernisse im Einzelnen gerechtfertigt sind, ist freilich eine andere Frage.

Jedenfalls aber sind Entwürfe für steuerlich erhebliche Geschäfte ohne Kenntnis und Berücksichtigung des Steuerrechts ein Unding.

b) Ein weiterer Grund für die Vernachlässigung von Gestaltungsaufgaben dürfte sein, dass ihre Bearbeitung häufig **mehr Zeit erfordert** als die Bearbeitung der üblichen Fälle. Denn für die Gestaltung bestehen häufig mehrere **verschiedene Möglichkeiten**. So können die gemeinsamen Abkömmlinge nach dem überlebenden Ehegatten als Schlusserben (sog. Berliner Testament, § 2269) oder aber als Nacherben eingesetzt werden (§§ 2100 ff.). Oder die testamentarische Zuwendung eines bestimmten Gegenstandes kann durch ein Vermächtnis erfolgen (§§ 2147 ff.), aber auch durch Erbeinsetzung zu einem entsprechenden Bruchteil, verbunden mit einer Teilungsanordnung (§ 2048). Oder die Lösung von einem Kauf durch den betrogenen Käufer kann durch Anfechtung nach § 123, durch Rücktritt wegen eines Mangels nach §§ 440, 323 oder durch einen Schadensersatzanspruch aus Verschulden bei Vertragsverhandlungen erfolgen; bei Verbrauchergeschäften kommt unter Umständen auch noch der Widerruf in Betracht. Bei einer Fallaufgabe gibt es häufig Anhaltspunkte dafür, welche dieser Möglichkeiten gewählt worden ist, und auf dieser Grundlage ist dann zu entscheiden. Bei einer Gestaltungsaufgabe muss die Wahl dagegen erst noch getroffen werden. Dabei sind zunächst die Vor- und Nachteile der verschiedenen Alternativen gegeneinander abzuwägen; für die Wahl muss man die Präferenzen des Wahlberechtigten kennen. Das alles lässt sich in dem zeitlich engen Rahmen einer Examensklausur nur schwer darstellen.

463

c) Bei Verträgen kommt hinzu, dass ihr Abschluss einer **Einigung** bedarf. Die Beteiligten werden aber beim Beginn der Verhandlungen regelmäßig noch nicht in jeder Hinsicht einig sein. Diese Einigkeit muss sich vielmehr erst in einem dynamischen Prozess der gegenseitigen Überzeugung und des Nachgebens herausbilden. Die Bedingungen hierfür lassen sich in einer Aufgabe nur schwer einigermaßen genau festlegen. Daher besteht vom Standpunkt des Prüfers aus die Gefahr, der Prüfling werde den unvermeidlichen Spielraum zum Ausweichen vor den sachlichen Schwierigkeiten verwenden. Wenn also z.B. bei einer Geldrente zweifelhaft ist, inwieweit ihre Kaufkraft durch Klauseln gesichert werden darf[5], könnte der Kandidat eine zweifelsfreie, aber dem Gläubiger ungünstige Klausel wählen oder sogar annehmen, der Schuldner habe den Gläubiger ganz zum Verzicht auf eine solche Klausel bewogen.

464

III. Hinweise zur Gestaltung

Trotz der Seltenheit von Gestaltungsaufgaben im Examen seien im Folgenden wenigstens einige kurze Hinweise gegeben.

465

---

5 Vgl. *Medicus/Lorenz* SAT Rz. 185 ff.

1. Auszugehen ist von der Frage, welchen **wirtschaftlichen Erfolg** die Parteien herbeiführen wollen. Alsdann sind die hierfür zur Verfügung stehenden **juristischen Mittel** darzustellen. Anschließend müssen diese hinsichtlich der mit ihnen verbundenen Vor- und Nachteile erörtert werden. Dabei ist insbesondere zu beachten:

a) Jedenfalls muss der schließlich zu machende Gestaltungsvorschlag den **guten Sitten** entsprechen (§ 138, vgl. unten Rz. 679 ff.).

466 **b)** Weiter muss der Vorschlag dem **zwingenden Recht** Rechnung tragen (§ 134, vgl. unten Rz. 644 ff.). Doch ergeben sich hier oft ganz legale Ausweichmöglichkeiten, die herauszuarbeiten vielfach gerade das Ziel der Aufgabe sein wird. So kann eine letztwillige Verfügung derart abgefasst werden, dass die steuerliche Belastung möglichst gering bleibt.

467 **c)** Bei der **Formulierung von Allgemeinen Geschäftsbedingungen** sind außerdem die Sonderregeln der §§ 305 ff. zu beachten (vgl. oben Rz. 394 ff.).

468 **d)** Soweit **Formvorschriften** in Betracht kommen, ist auf deren Einhaltung zu achten (§ 125, vgl. unten Rz. 609 ff.). Dabei kann die Vorsicht den Rat zur Formwahrung auch dort gebieten, wo die Erforderlichkeit der Form materiellrechtlich zweifelhaft ist. So liegt es etwa bei manchen Abänderungen von Grundstücksverträgen (§ 311 b I). Andererseits sind aber auch die Kosten der notariellen Beurkundung zu bedenken. Hier kann ein Zielkonflikt zwischen Sicherheit und Kostenersparnis entstehen. Wo dieser Konflikt unvermeidlich ist, wird regelmäßig derjenige Weg vorzuziehen sein, der die größere Sicherheit bietet[6].

469 **e)** Weiter ist auf die Erfüllung der **aus dem Eintritt in Vertragsverhandlungen folgenden Pflichten** zu achten, damit Ersatzansprüche aus Verschulden bei Vertragsverhandlungen vermieden bleiben (vgl. oben Rz. 445 ff.).

470 **2.** Auf der nächsten Stufe muss sich der Bearbeiter mit dem **dispositiven Recht** auseinandersetzen. Dabei sind zunächst die an sich anwendbaren Normen zu ermitteln. Das richtet sich bei Verträgen nach deren Typ. Bei gemischten Verträgen können sich insoweit erhebliche Zweifel ergeben; ihnen sollte zur Vermeidung künftigen Streits durch den Vorschlag einer vertraglichen Klarstellung begegnet werden.

Nach Ermittlung des an sich anwendbaren dispositiven Rechts ist dessen **Eignung für den beabsichtigten Vertrag** zu prüfen. Nötigenfalls sind abändernde Vereinbarungen vorzuschlagen. So mag es bei einem Kaufvertrag über eine komplizierte Maschine unangebracht sein, dass der Käufer wegen eines Sachmangels das Wahlrecht zwischen Mängelbeseitigung und einer anderen, mangelfreien Maschine haben soll (so jetzt § 439 I); dann ist eine abweichende Regelung vorzuschlagen (beachte aber § 475 I 1). Oder: Die gesetzlichen Schadensersatzansprüche helfen wenig, wo der Schaden schwer bezifferbar oder nichtvermögensrechtlich ist (z.B. bei der verspäteten Fertigstellung eines vom Besteller selbst zu beziehenden Wohnhauses). Hier muss dann eine Schadenspauschalierung oder eine Vertragsstrafe vorgesehen werden.

---

6 Dazu *Scharpf* JuS 2002, 878.

Solche individuellen Regelungen sind aber nur da möglich, wo der Bearbeiter die zu regelnden Konflikte voraussieht. Das verlangt eine juristenspezifische Phantasie; diese ist eine der nützlichsten Eigenschaften bei der Vertragsgestaltung. Letztlich beruhen die Fälle des Fehlens oder Wegfalls der Geschäftsgrundlage (vgl. unten Rz. 857 ff.) nicht selten auf einem Mangel an solcher vorausschauenden Phantasie.

3. Endlich müssen die Gestaltungsvorschläge noch in **möglichst genaue Formulierungen** umgesetzt werden. Hilfe hierfür gewähren die auch in der Praxis häufig verwendeten **Formularbücher**: Darin finden sich oft sehr umfangreiche Formulierungsvorschläge; vgl. etwa unten Rz. 510 die „salvatorische Klausel" zur Abbedingung des § 139. Solche Formulierungen sind aber oft schon so allgemein, dass sie ähnlich wie das dispositive Gesetzesrecht auf ihre Eignung für den konkreten Vertrag geprüft werden müssen.

471

§ 32 Die Gerechtigkeitsgewähr bei Verträgen: Probleme und Lösungsmöglichkeiten

Literatur: Zur Rechtsgeschichte *Bürge*, Vertrag und personale Abhängigkeiten im Rom der späten Republik und der frühen Kaiserzeit, SavZ Rom. Abtlg. 97 (1980) 105 – Zur Dogmatik vgl. die Lit. oben vor Rz. 172 und unten vor Rz. 707 (zu § 138 II), grundlegend *Canaris*, Wandlungen des Schuldvertragsrechts – Tendenzen zu seiner „Materialisierung", AcP 200 (2000) 273; außerdem etwa *Bartholomeyczik*, Äquivalenzprinzip, Waffengleichheit und Gegengewichtsprinzip in der modernen Rechtsentwicklung, AcP 166 (1966) 33; *Canaris*, Grundrechtswirkungen und Verhältnismäßigkeitsprinzip in der richterlichen Anwendung und Fortbildung des Privatrechts, JuS 1989, 161; *Coester-Waltjen*, Die Inhaltskontrolle von Verträgen außerhalb des AGBG, AcP 190 (1990) 1; *dies.*, Verbraucherschutz und Inhaltskontrolle, Jura 1995, 26; *dies.*, Die Grundwerte der Vertragsfreiheit, Jura 2006, 436; *Damm*, Kontrolle von Vertragsgerechtigkeit durch Rechtsfolgenbestimmung, JZ 1986, 913; *ders.;* Privatautonomie und Verbraucherschutz, VersR 1999, 129; *Derleder*, Privatautonomie, Wirtschaftstheorie und Ethik des rechtsgeschäftlichen Handelns, FS Wassermann (1985) 643; *Fastrich*, Richterliche Inhaltskontrolle im Privatrecht (1992); *Fleischer*, Informationsasymmetrie im Vertragsrecht (2001); *M. Geißler*, Die Privatautonomie im Spannungsfeld sozialer Gerechtigkeit, JuS 1991, 617; *Habersack*, Vertragsfreiheit und Drittinteressen (1992); *Heckschen*, Auslandsbeurkundung und Richtigkeitsgewähr, DB 1990, 161; *Hillgruber*, Abschied von der Privatautonomie?, ZRP 1995, 6; *Hönn*, Kompensation gestörter Vertragsparität (1982); *ders.*, Wirksamkeitskontrolle als Instrument des allgemeinen Privatrechts zur Bewältigung von Ungleichgewichtslagen, JZ 1983, 677; *U. Hübner*, „Der gerechte Preis" – Preisfreiheit und rechtliche Instrumente der Preiskontrolle in der sozialen Marktwirtschaft, FS Steindorff (1990) 589; *Kilian*, Rechtssoziologische und rechtstheoretische Aspekte des Vertragsabschlusses, FS Wassermann (1985) 715; *Kramer*, Die „Krise" des liberalen Vertragsdenkens (1974); *Lieb*, Sonderprivatrecht für Ungleichgewichtslagen?, AcP 178 (1978) 196; *Limbach*, Forum: Das Rechtsverständnis in der Vertragslehre, JuS 1985, 10; *dies.*, Die Kompensation von Ungleichgewichtslagen, KritV 1986, 165; *Mayer-Maly*, Der gerechte Preis, FS Demelius (1973) 139; *Medicus*, Zur gerichtlichen Inhaltskontrolle notarieller Verträge (1989); *ders.*, Abschied von der Privatautonomie im Schuldrecht? (1994); *Oechsler*, Gerechtigkeit im modernen Austauschvertrag (1997); *L. Raiser*, Vertragsfreiheit heute, JZ 1958, 1; *ders.*, Vertragsfunktion und Vertragsfreiheit, in: 100 Jahre Deutsches Rechtsleben, FS DJT (1960) I 101; *Reinhardt*, Die Vereinigung subjektiver und objektiver Gestaltungskräfte im Vertrage, FS Schmidt/Rimpler (1957) 115; *Repgen*, Die soziale Aufgabe des Privatrechts (2001, dazu *Ranieri* SavZ Rom. Abteilg. 122, 2005, 361); *Rittner*, Die gestörte Vertragsparität und das BVerfG, NJW 1994, 3330; *Roscher*, Vertragsfreiheit als Verfassungsproblem (1974, dazu *D. Lorenz* ZHR 139, 397); *H. Roth*, Die Inhaltskontrolle nicht ausgehandelter Individualverträge im Privatrechtssystem, BB 1987, 977; *W. Schmidt*, Zur sozialen Wirklichkeit des Vertrages (1983, dazu *Kramer* AcP 185, 1985, 606); *Schmidt/Rimpler*, Grundfragen einer Erneuerung des Vertragsrechts, AcP 147 (1941) 130; *ders.*, Zum Vertragsproblem, FS Raiser (1974) 3; *Spieß*, Inhaltskontrolle von Verträgen – das Ende privatautonomer Vertragsgestaltung?, DVBl. 1994, 1222; *Weitnauer*, Der Schutz des Schwächeren im Zivilrecht (1975); *H. P. Westermann*, Sonderprivatrechtliche Sozialmodelle und das allgemeine Privatrecht, AcP 178 (1978) 150; *ders.*, Die Bedeutung der Privatautonomie im Recht des Konsumentenkredits, FS Herm. Lange (1992) 995; *M. Wolf*, Rechtsgeschäftliche Entscheidungsfreiheit und vertraglicher Interessenausgleich (1970); *Zöllner*, Privatautonomie und Arbeitsverhältnis, AcP 176 (1976) 221.

I. Das Problem

472 Dass die Privatautonomie die Freiheit zu rechtsgeschäftlicher *Selbst*bestimmung bedeuten soll (vgl. oben Rz. 174; 176), scheint besonders problematisch bei Verträgen: Zum Vertragsabschluss braucht man ja stets noch eine andere Person, mit der man sich einigen muss. Wer z.B. an einem bestimmten Ort eine Wohnung bestimmter Größe mieten und dafür nur einen bestimmten Höchstbetrag aufwenden will, benötigt einen Vermieter, der auf diese Bedingungen einzugehen bereit ist. Wenn er diesen nicht findet, steht – so könnte man denken – für den Mietinteressenten die Privatautonomie nur auf dem Papier. Andererseits soll aber der Mietvertrag auch den Vermieter rechtlich binden. Daher kann man vom Standpunkt der Privatautonomie aus auf die freie Mitwirkung des Vermieters zum Vertragsschluss nicht verzichten.

Hier scheint also gewissermaßen die Privatautonomie des einen der Privatautonomie des anderen im Wege zu stehen. Gerade für Verträge ist die Privatautonomie daher mit bitteren Worten bedacht worden[1]. Doch kommt in dem geschilderten Gegensatz im Grunde nur eine ökonomische Binsenweisheit zum Ausdruck: Die Wünsche nach knappen Gütern (wie Wohnungen) können nicht unbegrenzt erfüllt werden. Deshalb ist jedermann zu Kompromissen gezwungen, und das zeigt sich in der Notwendigkeit zu vertraglicher Einigung.

II. Einwirkungsmöglichkeiten auf den vertraglichen Ausgleich

473 Im **freien Spiel der Kräfte** wird der Kompromiss zwischen den sich im Vertrag gegenübertretenden Interessen durch die Stärke ihrer Position bestimmt. Dabei spielen einmal die Marktverhältnisse eine Rolle, also z.B. ein Wohnungsmangel oder -überschuss in einem bestimmten Gebiet. Dazu kommen aber noch viele individuelle Umstände wie die Leistungsfähigkeit, Informiertheit und Geschicklichkeit der Beteiligten. Für die Rechtsordnung stellt sich hier die Frage, inwieweit sie hinnehmen kann, was sich

---

1 Etwa *Zweigert* FS Rheinstein (1969) II 493, 503.

aus dem freien Spiel der Kräfte ergibt, oder ob sie korrigierend eingreifen will. Man kann solche Eingriffe unter verschiedenen Gesichtspunkten als eine „Materialisierung des Privatrechts" deuten[2].

1. Solche Korrekturen vollziehen sich im modernen Sozialstaat vielfach **außerhalb des Privatrechts**; sie erscheinen dann formal nicht als Eingriffe in die Vertragsfreiheit. Zu denken ist etwa an die mannigfachen **Einkommensübertragungen**: Der Staat erhebt beim gut Verdienenden Steuern und erbringt dem Bedürftigen soziale Leistungen. Weiter kommen staatliche **Einwirkungen auf die Marktverhältnisse** in Betracht: Das Angebot von Wohnungen etwa wird durch Subventionen (insbesondere auch als Steuervergünstigungen) für den Wohnungsbau erhöht. Oder es tritt auch der Staat selbst als Bauherr und Anbieter von Wohnungen auf. 474

2. Näher zum Privatrecht hin gehen Tendenzen, die das Durchsetzungsvermögen der auf der schwächeren Marktseite Stehenden verstärken wollen: Es wird gleichsam ein **Gegengewicht** geschaffen. Das deutlichste Beispiel hierfür bildet die Organisation der Arbeitnehmer in den Gewerkschaften; diese sollen dann den Arbeitgebern und deren Verbänden etwa gleichstark gegenübertreten können. Freilich führt diese Kollektivierung andererseits auch zu Einbußen an Privatautonomie: Wenn etwa die Gewerkschaften bei Tarifverhandlungen der Arbeitszeitverkürzung den Vorrang vor Erhöhungen des Gesamteinkommens geben, bleiben die entgegengesetzten Wünsche mancher Arbeitnehmer unerfüllt. 475

Ähnliche Kollektive haben sich für den Wohnungsmarkt (Mieter- und Vermieterverbände) und im Bereich des Verbraucherschutzes gebildet. Freilich werden hier Wirkungen weniger über den Abschluss kollektiver Verträge erstrebt als vielmehr durch Einflussnahmen der Interessentenverbände auf den Gesetzgeber: Dieser wird etwa zu einer bestimmten Ausgestaltung des Rechts der Wohnungsmiete gedrängt.

3. Gerade umgekehrt kann der Gesetzgeber eine Gleichgewichtigkeit am Markt auch dadurch anstreben, dass er **Machtzusammenballungen** auf einer Marktseite **verhindert** oder kontrolliert. Das ist der Grundgedanke des GWB mit seinem Kartellverbot (§§ 1 ff. GWB) und den Vorschriften über marktbeherrschende Unternehmen (§§ 19 ff. GWB). Auch hier wird übrigens die Privatautonomie der einen Beteiligten in gewissem Sinn auf Kosten der Privatautonomie der anderen geschützt, weil der Abschluss bestimmter wettbewerbsbeschränkender Verträge verboten oder genehmigungsbedürftig geworden ist. 476

4. Direkt beeinflusst wird das Privatrecht durch **Eingriffe in die Vertragsfreiheit**[3]. Diese Eingriffe können betreffen die **Abschlussfreiheit**, nämlich durch die Anordnung von Kontrahierungszwang[4]. Eingegriffen werden kann aber auch in die **Freiheit der inhaltlichen Gestaltung**, insbesondere durch die Anordnung zwingenden Rechts[5]. Schließlich können beide Arten von Eingriffen kombiniert werden: Der Hauseigentümer etwa 477

---
2 Vgl. *Canaris* AcP 200 (2000) 273, 276 ff.
3 Vgl. zu ihrer wichtigen schuldrechtlichen Ausprägung *Medicus/Lorenz* SAT § 9 Rz. 59 ff.
4 Vgl. *Medicus/Lorenz* SAT § 10 Rz. 74 ff.
5 Vgl. *Medicus/Lorenz* SAT § 11 Rz. 81 ff.

wird gezwungen, an bestimmte Personen zu bestimmten Bedingungen zu vermieten, und er wird zugleich an der Kündigung gehindert.

Freilich führt eine solche Häufung massiver Eingriffe in die Vertragsfreiheit wenigstens auf die Dauer oft zu **Nebenwirkungen**, die dem verfolgten Ziel strikt zuwiderlaufen können. So vermag der Gesetzgeber mit den eben geschilderten Maßnahmen zwar die Vermietung von Wohnungen zu Preisen zu erzwingen, die weit unter dem Marktpreis liegen. Aber unter solchen Umständen wird sich das private Kapital vom Wohnungsbau abwenden, sodass auf längere Sicht Wohnungen noch knapper werden. Dann bedarf es neuer staatlicher Eingriffe zur Belebung des Wohnungsbaus (vgl. oben Rz. 474). Im Ergebnis muss so der Steuerzahler für die Beträge aufkommen, die von den Mietern gegenüber der Miete zu Marktpreisen gespart werden. Auf diese Weise kann ein angeblich „soziales" Mietrecht zu einer sozial ganz widersinnigen Subventionierung der Mieten von Hochverdienenden aus den „Steuergroschen" von Arbeitern führen. Zudem dürften die bei der Miete ersparten Beträge am Wohnungsbau vorbei in andere, weniger wichtige Güter fließen (z.B. in die Anschaffung teurer Kraftfahrzeuge). Auch das ist gesamtwirtschaftlich eher unerwünscht.

III. Traditionelle Prinzipien der Vertragsgerechtigkeit

478   1. Für die traditionellen Normen des Privatrechts hat *F. Bydlinski*[6] vier Prinzipien herausgearbeitet[7]:

(1) die **Privatautonomie**, die speziell als Vertragsfreiheit den Ausgleich zweier gegensätzlich interessierter Willen bewirkt;

(2) die **Verkehrssicherheit** als Schutz des Vertrauens eines Verkehrsteilnehmers auf das, was ihm nach sorgfältiger Prüfung als erklärter Wille eines anderen und als diesem zurechenbar entgegengetreten ist;

(3) der Gedanke der Äquivalenz im Sinne der Forderung nach Gleichwertigkeit der Leistungen und der Rechtsstellungen;

(4) die **Vertragstreue** als Bindung an das gegebene Wort[8].

479   2. Die **Kombination dieser Prinzipien** liefert zwar kaum eindeutige Ergebnisse für die Lösung einzelner Sachfragen[9]. Sie gewährt aber doch eine ausgezeichnete Hilfe zum Verständnis der gesetzlichen Regelungen. So fehlt etwa bei der Schenkung jede Gegenleistung im Sinne des Punktes (3); zum Ausgleich dafür wird die Bindung an das gegebene Wort (Punkt 4) durch den Formzwang (§ 518 I) und erleichterte Lösungsmöglichkeiten (§§ 519, 528, 530 ff.) abgeschwächt. Ähnlich unentgeltlich sind Verfügungen

---

[6] *F. Bydlinski*, Privatautonomie und objektive Grundlagen des verpflichtenden Rechtsgeschäfts (1967), vgl. auch *ders.* AcP 180 (1980) 1, 8.
[7] Diese sollen nicht auf einer Ebene stehen, wie *Köndgen* AcP 184 (1984) 600, 605 anzunehmen scheint. Vielmehr gehören sie deshalb zusammen, weil sie sich in der gleich anzudeutenden Weise gegenseitig beeinflussen.
[8] Zu ihr *Weller*, Die Vertragstreue (2009).
[9] Richtig *Mayer-Maly* ÖJZ 1969, 414 f.

von Todes wegen; daher wird bei ihrer Auslegung das Vertrauen des Zuwendungsempfängers (Punkt 2) nicht geschützt (vgl. oben Rz. 322); auch berechtigen hier schon Motivirrtümer des Erblassers zur Anfechtung (§§ 2078 II, 2079). Oder: Marktungleichgewichte gefährden die Äquivalenz (Punkt 3); das führt zu Eingriffen in die Privatautonomie (Punkt 1) durch zwingendes Recht, womöglich sogar in Gestalt eines Kontrahierungszwanges.

Wie schwierig die Kombination dieser Prinzipien in der Praxis ist, zeigt **BGH NJW 2012, 1725**[10]: Ein Hotelier verweigerte dem Bundesvorsitzenden der NPD unter Verweis auf dessen politische Aktivität und Überzeugung Zutritt zu seinem Hotel, obwohl er mit dessen Ehefrau einen Beherbergungsvertrag zugunsten des Politikers (§ 328) geschlossen hatte und der Politiker auch vorher schon in dem Hotel zu Gast war, ohne dass es je zu Problemen kam. Die sogleich noch zu behandelnden Vorschriften des AGG (§ 19 I Nr. 1, 21) sind, wie der BGH betonte, nicht einschlägig, weil ihnen kein Diskriminierungsverbot wegen der politischen Überzeugung entnommen werden kann[11]. Es geht vielmehr um das allgemeine Diskriminierungsverbot (Art. 3 I GG) im Widerstreit mit den Grundrechten des Hoteliers aus der Privatautonomie (Art. 2 I GG), seines Eigentumsrechts (Art. 14 GG) und seiner unternehmerischen Freiheit (Art. 12 GG). Diese rechtfertigen nach Ansicht des BGH jedoch im Rahmen der gebotenen Abwägung kein Hausverbot, weil es angesichts des bereits gebuchten Aufenthalts keine zwingenden Sachgründe für die nachträgliche Versagung gab. Da der Hotelier auch weder aus wichtigem Grund kündigen – es fehlt an einer Vertragsverletzung – noch wegen eines Irrtums über eine verkehrswesentliche Eigenschaft der Person (§ 119 II) anfechten konnte (die Frist des § 121 BGB war abgelaufen), hatte der NPD-Vorsitzende einen Anspruch aus § 328 auf Beherbergung. Für die Zukunft dagegen konnte der Hotelier dem Gast den Zutritt verweigern.

IV. Das Allgemeine GleichbehandlungsG

Von der EG stammen die „Richtlinie 2000/43/EG des Rates vom 29. 6. 2000 zur Anwendung des Gleichbehandlungsgrundsatzes ohne Unterschied der Rasse und der ethnischen Herkunft" sowie die „Richtlinie 2000/78/EG des Rates vom 27. 11. 2000 zur Festlegung eines allgemeinen Rahmens für die Verwirklichung der Gleichbehandlung in Beschäftigung und Beruf"[12]. Diese Richtlinien mussten bis zum 19. 7. bzw. 2. 12. 2003 in nationales Recht umgesetzt worden sein. Hierzu gab es zunächst einen **„Vorläufigen Diskussionsentwurf"** des BMJ für neue §§ 319 a – e (abgedruckt in DB 2002, 470 f.). Nach § 319 a I dieses Entwurfs durfte „niemand aus Gründen des Geschlechts, der Rasse, der ethnischen Herkunft, der Religion oder der Weltanschauung, einer Behinderung, des Alters oder der sexuellen Identität ... unmittelbar oder mittelbar benachteiligt oder belästigt werden". Das sollte etwa gelten „bei der Begründung, Beendigung oder Ausgestaltung von Verträgen, die öffentlich angeboten werden". Dabei sollte eine solche Benachteiligung unter ziemlich unbestimmten Voraus-

---
10 Dazu *Mörsdorf* JZ 2012, 688; *Mäsch* JuS 2012, 777.
11 BT-Drs. 16/2022, S. 13.
12 Beide in Beilage zu NJW 2001 Heft 37.

Dritter Teil *Das Rechtsgeschäft*

setzungen sogar vermutet werden, § 319 c des Entwurfs. Dieser Diskussionsentwurf hat trotz heftiger Kritik[13] zu einem ähnlichen **Regierungsentwurf** geführt[14]. Die Verabschiedung dieses Gesetzes durch eine rot-grüne Mehrheit ist aber durch die vorgezogene Auflösung des Bundestages vom Herbst 2005 wirkungslos geworden. Die neue Bundesregierung hat eine nur wenig veränderte Neufassung am 29. 6. 2006 durch den Bundestag und am 7. 7. 2006 durch den Bundesrat gebracht. In Kraft getreten ist das **Allgemeine Gleichberechtigungsgesetz (AGG)** am 14. 8. 2006.

Das AGG betrifft neben dem Arbeitsrecht vor allem das Schuldrecht. Im Allgemeinen Teil ist es daher nur unter dem Gesichtspunkt einer weitgehenden **Einschränkung der Privatautonomie** zu erwähnen. Diese ergibt sich aus Folgendem: Vor allem sind den von der EG vorgegebenen missbilligten Gründen der ethnischen Herkunft und des Geschlechts noch weitere hinzugefügt worden: Rasse, Religion oder Weltanschauung, Behinderung, Alter und „sexuelle Identität" (§ 1 AGG). Geschützt werden soll u.a. der „Zugang zu und die Versorgung mit Gütern und Dienstleistungen, die der Öffentlichkeit zur Verfügung stehen, einschließlich von Wohnraum" (§ 2 I Nr. 8 AGG). Nach § 22 AGG braucht der Benachteiligte nur Indizien für das Vorliegen eines missbilligten Grundes zu beweisen; dann muss der Gegner beweisen, dass dieser Grund nicht maßgeblich war. Dieser negative Beweis gelingt regelmäßig nur durch den Nachweis eines anderen Motivs oder teils auch eines sachlichen Grundes (§ 20 AGG)[15]. Das bedeutet einen Begründungszwang, der dem Privatrecht sonst fremd ist (vgl. oben Rz. 4 in Abgrenzung zum öffentlichen Recht).

Zudem sind einige der vom AGG verwendeten Begriffe ausgesprochen unscharf (ethnische Herkunft, Weltanschauung, Behinderung, sexuelle Identität). Angeblich Benachteiligte mögen das zu schikanösen Prozessen ausnutzen (nach § 21 II AGG kann sogar Ersatz von Nichtvermögensschäden verlangt werden). Es drohen also **„professionelle Diskriminierungskläger"**[16]. Auch ist insbesondere in den §§ 25 ff. AGG eine riesenhafte Bürokratie vorgesehen. Um negative Wirkungen des AGG in Grenzen zu halten, bedarf es also einer zurückhaltenden Anwendung durch den Richter[17].

---

13 Etwa *Wiedemann* DB 2002, 463; *Picker*, Karlsruher Forum 2004 (2005) 7, 15 und öfter.
14 BT-Drs. 15/4538.
15 § 20 II 1 AGG ist nach EuGH NJW 2011, 907 (dazu *Armbrüster* LMK 2011, 315339) wegen Verstoßes gegen die Gleichbehandlung von Männern und Frauen seit 21. 12. 2012 unanwendbar; vgl. *Brox/Walker* AT Rz. 76.
16 So schon MünchKomm-*Müller-Glöge* (4. Aufl. 2006) zu § 611 a Rz. 67.
17 *Adomeit* NJW 2006, 2169; instruktiv *Schreier*, Das AGG in der zivilrechtlichen Fallbearbeitung, JuS 2007, 308.

4. Abschnitt
Wirksamkeitserfordernisse und -hindernisse bei Rechtsgeschäften

§ 33 Übersicht

I. Grenzen der Privatautonomie

Eine Rechtsordnung kann nicht schon die Vollendung des äußeren Erklärungstatbestandes – also regelmäßig Abgabe und ggf. auch Zugang der Willenserklärung (vgl. oben Rz. 257 ff.) – allemal für ein wirksames Rechtsgeschäft genügen lassen (vgl. oben Rz. 177 ff.; 472 ff.). Vielmehr sind eine ganze Reihe von Einschränkungen notwendig oder doch zweckmäßig: **480**

1. Jede Rechtsordnung wird die durch Rechtsgeschäfte auszuübende Privatautonomie nur im **Rahmen ihrer politischen Ordnung** gewähren; dieser Rahmen soll dann durch private Rechtsgeschäfte nicht überschritten werden können. So mögen Waffenlieferungen verboten oder Verkäufe in Ladengeschäften auf bestimmte Zeiten beschränkt werden. Dabei wird ein Sozialstaat insbesondere auch dem Schwächeren Schutz gewähren wollen. An einen Verstoß gegen solche Vorschriften kann sich die Nichtigkeitsfolge knüpfen (§ 134, vgl. unten Rz. 644 ff.). In diesen Zusammenhang gehören weiter das Problem der Gesetzesumgehung (vgl. unten Rz. 660 ff.) sowie der Verstoß gegen Veräußerungsverbote (§§ 135 – 137, vgl. unten Rz. 663 ff.). **481**

2. Überdies kann die Rechtsordnung auch auf die **Sittenordnung** Bezug nehmen. In dieser Generalklausel lassen sich insbesondere auch **Grundwerte der Verfassung** unterbringen. Dann kommt Nichtigkeit wegen Verstoßes gegen die guten Sitten in Betracht (§ 138, vgl. unten Rz. 679 ff.). **482**

3. Während die bisher genannten Beschränkungen den zulässigen Inhalt von Rechtsgeschäften betreffen, kann die Rechtsordnung stattdessen auch auf die **Form** abstellen: Für bestimmte Geschäfte kann – regelmäßig zum Schutz gegen Übereilung – eine über die bloße Erklärung hinausgehende Form verlangt werden. Bei einem Verstoß gegen dieses Erfordernis bietet sich die Unwirksamkeit des Geschäfts als Sanktion an (§ 125, vgl. unten Rz. 626 ff.). **483**

4. Aber auch wenn eine Erklärung nach Inhalt und Form nicht zu beanstanden ist, folgt daraus noch nicht ohne weiteres ihre Wirksamkeit[1]. Vielmehr bleibt der Zweck des Rechtsgeschäfts zu bedenken, nämlich dem Einzelnen die Gestaltung seiner Rechts- **484**

---

1 Demgegenüber unterscheidet *Leenen* § 9 bei äußerlich gleicher, inhaltlich indes unterschiedlicher, Einteilung in Wirksamkeitserfordernisse (Rz. 16 ff.) und -hindernisse (Rz. 143 ff.) deutlicher und von seinem Standpunkt (FS Canaris, 2007, I 699) aus dogmatisch folgerichtig zwischen Willenserklärung und Rechtsgeschäft, woraus sich im Einzelnen unterschiedliche Prüfungsorte ergeben (*ders.* Jura 2007, 721). Nach seiner Theorie fällt die Rechtsordnung das Urteil über die Nichtigkeit bzw. Unwirksamkeit (vgl. etwa §§ 134, 138) erst und nur auf der Ebene der Wirksamkeit und nicht schon beim Tatbestand des Vertrags. Diese Sichtweise kann die einprägsame Stelle aus den Motiven über den „Spruch der Rechtsordnung" (I, S. 126 = *Mugdan* I, S. 421; zu ihr oben Rz. 175) für sich ins Feld führen.

verhältnisse in Selbstbestimmung zu ermöglichen (vgl. oben Rz. 174 ff.). Dafür ist der hinter der Erklärung stehende **Wille** wesentlich. Seinetwegen kann die Wirksamkeit der Erklärung in zweierlei Hinsicht in Zweifel geraten:

a) Erstens kann von den rechtsgeschäftlich handelnden Personen eine gewisse **Fähigkeit zu einer vernünftigen Willensbildung** verlangt werden. Das ist die Geschäftsfähigkeit (§§ 104 – 115, vgl. unten Rz. 535 ff.).

485 **b)** Zweitens kommen aber auch bei Vorliegen der Geschäftsfähigkeit **weitere Willensmängel** bei einer einzelnen Erklärung in Betracht. Insbesondere kann der rechtsgeschäftliche Wille zu dem, was den äußeren Anschein einer Willenserklärung erweckt, überhaupt fehlen; das führt nach den §§ 116 S. 2 – 118 zur Nichtigkeit (vgl. unten Rz. 591 ff.). Oder aber es kann ein rechtsgeschäftlicher Wille zwar vorhanden sein, aber in eine andere Richtung gehen, als es dem erkennbaren Sinn der Erklärung entspricht, oder er kann sonstige Mängel aufweisen. Dabei handelt es sich um Irrtum, arglistige Täuschung und widerrechtliche Drohung. Für sie ordnen die §§ 119, 120, 123 keine Nichtigkeit der Erklärung an, sondern sie lassen den Erklärenden zwischen Wirksamkeit und Unwirksamkeit wählen (Anfechtbarkeit, vgl. unten Rz. 714 – 822).

II. Randprobleme

486 Außer den eben genannten Grenzen der Privatautonomie werden auch noch einige Randprobleme zu behandeln sein. Dabei sollen zunächst die **Arten der Unwirksamkeit** dargestellt werden (vgl. unten Rz. 487 ff.). Weiter ist zu bedenken, dass Mängel des Inhalts oft nur einem Teil des Rechtsgeschäfts anhaften: So mag etwa in einem umfangreichen Gesellschaftsvertrag nur eine einzige Klausel gegen ein gesetzliches Verbot verstoßen. Daran knüpft sich die Frage, ob der **Unwirksamkeit des einen Teils** auch die übrigen, für sich betrachtet einwandfreien Teile des Geschäfts zum Opfer fallen müssen (§ 139, vgl. unten Rz. 497 ff.).

Zudem braucht ein Überschreiten der Grenzen der Privatautonomie nicht allemal zur Nichtigkeit zu führen. Vielmehr ist zunächst zu versuchen, die Gültigkeit des Geschäfts durch eine wohlwollende Auslegung oder eine **Umdeutung** (Konversion) zu retten (§ 140, vgl. unten Rz. 516 ff.).

Endlich kann derjenige, der ein fehlerhaftes Rechtsgeschäft vorgenommen hat, diesen Fehler durch eine **Bestätigung** (§§ 141, 144) zu heilen suchen[2]. Dann ist zu klären, ob und von welchem Zeitpunkt an die Bestätigung wirkt (vgl. unten Rz. 529 ff.).

---

2 Dazu *Mock*, Die Heilung fehlerhafter Rechtsgeschäfte (2012).

§ 34 Arten der Unwirksamkeit

Literatur: *Barth*, Bürgerlich-rechtlich unwirksam gewordene Rechtsgeschäfte in steuerlicher Sicht, BB 1987, 1397; *Beckmann*, Nichtigkeit und Personenschutz. Parteibezogene Einschränkung der Nichtigkeit von Rechtsgeschäften (1998); *Beer*, Die relative Unwirksamkeit (1975); *Cahn*, Zum Begriff der Nichtigkeit im Bürgerlichen Recht, JZ 1997, 8; *Coester-Waltjen*, Die fehlerhafte Willenserklärung, Jura 1990, 362; *Giesen*, Grundsätze der Konfliktlösung bei fehlerhaften Rechtsgeschäften, Jura 1980, 23; 1981, 505; 561; 1984, 505; 1985, 1; 57; 1989, 57; 1990, 169; *Harder*, Die historische Entwicklung der Anfechtbarkeit von Willenserklärungen, AcP 173 (1973) 209; *H. Hübner*, Zum Abbau von Nichtigkeitsvorschriften, FS Wieacker (1978) 399; *ders.*, Personale Relativierung der Unwirksamkeit von Rechtsgeschäften nach dem Schutzzweck der Norm, FS H. Hübner (1984) 487; *Köhler*, Einschränkung der Nichtigkeit von Rechtsgeschäften, JuS 2010, 665; *Pawlowski*, Rechtsgeschäftliche Folgen nichtiger Willenserklärungen (1966); *Petersen*, Die Wirksamkeit der Willenserklärung, Jura 2006, 626; *K. Schreiber*, Die Nichtigkeit von Verträgen, Jura 2007, 25; *Strohal*, Über relative Unwirksamkeit (1911); *Weiler*, Die beeinflusste Willenserklärung (2002).

Das BGB hält für Rechtsgeschäfte mehrere Arten der Unwirksamkeit bereit. Welche davon angeordnet wird, hängt von der Eigenart des Fehlers ab, mit dem das Geschäft behaftet ist.

I. Nichtigkeit und Anfechtbarkeit

1. Die – vom BGB nicht definierte – **Nichtigkeit** stellt den stärksten Grad der Unwirksamkeit dar[1]. Dieses Urteil bleibt auch dann richtig, wenn man – was zweifellos zutrifft – auch für nichtige Geschäfte einzelne dem Parteiwillen entsprechende Rechtsfolgen bejaht[2].

487

Dagegen steht die **Anfechtbarkeit** dem wirksamen Zustandekommen nicht im Wege. Sie erlaubt lediglich, das Rechtsgeschäft nachträglich – dann freilich in aller Regel mit Rückwirkung – zu beseitigen, § 142 I (zu Einzelheiten vgl. unten Rz. 726 ff.; Ausnahmen oben Rz. 253 ff.).

2. Die Nichtigkeit bedeutet also eine vom Parteiwillen unabhängige Unwirksamkeit, während die Anfechtbarkeit den Anfechtungsberechtigten über die Wirksamkeit entscheiden lässt.

488

a) Dabei ist der **Grund für die Anordnung von Nichtigkeit** verschieden:

Beim **Gesetzes- und Sittenverstoß** (§§ 134, 138) vermag das Geschäft wegen seines anstößigen Inhalts selbst dann nicht zu gelten, wenn die Parteien es wünschen sollten.

Freilich kann die Nichtigkeitsanordnung allein nicht verhindern, dass die Parteien das Geschäft als wirksam behandeln (z.B. ein Rauschgift- oder Waffengeschäft so ausführen, als wäre es wirksam). Aber eine Durchsetzung mit Rechtszwang soll hier jedenfalls

---

1 Zur Terminologie *Leenen* § 9 Rz. 15.
2 Vgl. *Cahn*, Zum Begriff der Nichtigkeit im Bürgerlichen Recht, JZ 1997, 8 und *Pawlowski*, Rechtsgeschäftliche Folgen nichtiger Willenserklärungen (1966).

versagt bleiben. Weitere Maßnahmen gegen solche Geschäfte (z.B. Strafdrohungen) gehören in andere Rechtsgebiete als das Zivilrecht.

Beim erkannten **Mentalvorbehalt** sowie beim **Schein- und Scherzgeschäft** (§§ 116 S. 2 – 118) hat der Erklärende sich bereits für die Nichtgeltung seiner Erklärung entschieden. Hierzu würde es nicht passen, wenn er diese durch die Nichtausübung eines Anfechtungsrechts doch noch wirksam sein lassen könnte.

Willenserklärungen eines **Geschäftsunfähigen** (§ 105) sind deshalb nichtig, weil hier die Fähigkeit zu einer verständigen Willensbildung fehlt.

Formmangel (§ 125) endlich muss deshalb zur Nichtigkeit führen, weil eine bloße Anfechtbarkeit den Schutzzweck der Formvorschrift vereiteln könnte: Wer z.B. leichtfertig ein mündliches Schenkungsversprechen gibt (§ 518), kann ebenso leichtfertig auch die Anfechtung versäumen. Soweit die Formvorschrift der Rechtsklarheit (Beweissicherung) dient, kann die Nichtanfechtung der formlosen Erklärung die Form gleichfalls nicht ersetzen; gerade im Gegenteil ergäben sich aus der Frage, ob denn nun wirksam angefochten worden ist, womöglich weitere Unklarheiten.

489 **b)** Davon unterscheiden sich die Fälle der **Anfechtbarkeit** (§§ 119, 120, 123): Das durch Irrtum, arglistige Täuschung oder Drohung beeinflusste Geschäft braucht inhaltlich nicht anstößig zu sein. Der Erklärende hat nur noch nicht irrtumsfrei und unbedroht darüber entscheiden können, ob das Geschäft gelten soll. Auch sonst steht hier einer solchen nachträglichen Entscheidung über die Geltung nichts entgegen.

II. Die schwebende Unwirksamkeit oder Wirksamkeit

490 **1.** In vielen wichtigen Fällen will das BGB über die Wirksamkeit eines zwischen zwei Personen abgeschlossenen Rechtsgeschäfts **einen Dritten entscheiden lassen**. Die wichtigsten Fälle dieser Art sind die Zustimmung des gesetzlichen Vertreters bei Geschäften beschränkt Geschäftsfähiger (§§ 107 ff.), des Vertretenen bei der Vertretung ohne Vertretungsmacht (§§ 177 f.), des Berechtigten zur Verfügung eines Nichtberechtigten (§ 185) und des Familiengerichts zu bestimmten Geschäften der Eltern (§§ 1643 f.) und des Vormunds (§§ 1819 ff.) oder Betreuers (§ 1908 i I)[3]. Dabei stammt die Zustimmungsberechtigung entweder daher, dass das Geschäft den Entscheidungsbefugten selbst betrifft (§§ 177 ff., 185), oder dass dieser eine Kontrollfunktion ausüben soll (in den übrigen Fällen).

Mit beiden Gründen der Zustimmungsbefugnis vertrüge es sich nicht, wenn das Geschäft schon vor der Zustimmung wirksam sein könnte. Andererseits entspricht aber auch eine allemal eintretende endgültige Unwirksamkeit nicht dem Normzweck: Sie griffe ja der Entscheidung des Berechtigten vor. Daher verwendet das BGB hier die sog. **schwebende Unwirksamkeit**: Das ohne eine vorherige Einwilligung (§ 183)

---

3 Zu ihm *Prinz v. Sachsen-Gessaphe*, Der Betreuer als gesetzlicher Vertreter für eingeschränkt Selbstbestimmungsfähige (1999).

abgeschlossene Geschäft ist zunächst unwirksam, kann aber durch eine nachträgliche Genehmigung (§ 184) noch wirksam gemacht werden[4]. Umgekehrt kann der Schwebezustand auch durch die Verweigerung der Genehmigung mit dem entgegengesetzten Ergebnis beendet werden: Das Geschäft wird dann endgültig unwirksam (= nichtig).

2. Statt durch das Gesetz kann ein Schwebezustand auch durch den **Parteiwillen** geschaffen werden. Das Mittel hierzu ist die Bedingung (vgl. unten Rz. 827 ff.): Der Schwebezustand wird erst den Eintritt oder den Ausfall der Bedingung beendet[5]. 491

3. Bei der auflösenden Bedingung (vgl. unten Rz. 827; 840) ist das Geschäft zunächst wirksam, doch kann es später unwirksam werden. Hier mag man also von **schwebender Wirksamkeit** sprechen[6]. Diese Art der Wirksamkeit kann an sich auch vom Gesetz angeordnet werden, doch enthält das BGB keinen solchen Fall von Bedeutung. 492

Mit dem schwebend wirksamen Geschäft darf das **anfechtbare** (vgl. oben Rz. 489) nicht verwechselt werden: Zwar kann bei beiden Arten der Fehlerhaftigkeit die Wirksamkeit in Unwirksamkeit umschlagen. Doch stammt die Entscheidung hierüber bei der Anfechtbarkeit vom Urheber der fehlerhaften Erklärung, während die Entscheidung bei der schwebenden Unwirksamkeit regelmäßig von außen kommt.

III. Relative Unwirksamkeit

Ein in seiner Wirkung auf zwei Personen beschränktes Geschäft kann nur entweder wirksam oder unwirksam sein. Dagegen kommt bei Geschäften, die **Wirkung im Verhältnis zu jedermann** entfalten sollen, noch eine weitere Möglichkeit in Betracht: Das Geschäft kann auch bloß gegenüber einer bestimmten Person unwirksam sein, während es gegenüber allen anderen Personen wirksam ist. Man spricht dann von relativer Unwirksamkeit (im Gegensatz zur absoluten)[7]. Die relative Unwirksamkeit eignet sich insbesondere, wenn bloß eine Person vor den Geschäftsfolgen geschützt werden soll. Der wichtigste Anwendungsfall findet sich im Sachenrecht bei der vormerkungswidrigen Verfügung (§§ 883 II, 888); im Allgemeinen Teil sind die §§ 135, 136 zu nennen (vgl. unten Rz. 663 ff.). Dagegen nimmt die h.M. bei § 161 absolute Unwirksamkeit an[8]. 493

Nach wohl h.M.[9] bedeutet die relative Unwirksamkeit aber keine Spaltung oder Verdoppelung der Rechtszuständigkeit: Es wird nicht etwa so angesehen, als sei gegenüber dem Geschützten (z.B. bei § 883 II dem Vormerkungsberechtigten) der verbotswidrig Verfügende berechtigt geblieben und gegenüber allen anderen Personen der Dritterwerber berechtigt geworden. Vielmehr soll der Dritterwerber auch gegenüber dem Geschützten berechtigt werden; der Veräußerer soll dem Geschützten gegenüber aber diejenige Rechtsmacht behalten, die er zur Erfüllung an diesen benötigt.

---

4 Näher BGH GRUR 2015, 187; dazu *Petersen* Jura (JK) 2015, 536 (§ 184 BGB).
5 A.A. *Leenen* § 9 Rz. 142: kein Fall der schwebenden Unwirksamkeit.
6 Dazu *C. Schäfer* Jura 2004, 793.
7 Vgl. *U. Hübner* FS H. Hübner (1984) 487.
8 Vgl. MünchKomm-*H. P. Westermann* § 161 Rz. 7 f.
9 Vgl. *Gursky* JR 1984, 3, 4; *Flume* AT II § 17, 6 d.

IV. Rücktritt, Kündigung, Widerruf

Einige andere Rechtsinstitute als die genannten sind hier aus verschiedenen Gründen nicht zu besprechen:

494 **1. Der Rücktritt** beendet zwar gleichfalls ein Rechtsverhältnis. Aber er kommt in erster Linie bei Schuldverhältnissen vor (Ausnahmen nur: Verlöbnis, §§ 1298 f., und Erbvertrag, §§ 2293 ff.) und ist daher im zweiten Buch des BGB geregelt (§§ 346 ff.). Auch stellt der Rücktritt im Gegensatz zur Anfechtung regelmäßig nicht die Reaktion auf Mängel bei der Eingehung des Rechtsverhältnisses dar, sondern auf Mängel bei der Durchführung (vgl. aber unten Rz. 806).

495 2. Auch **die Kündigung** kommt in erster Linie bei Schuldverhältnissen vor: Insbesondere bei den sog. Dauerschuldverhältnissen wie Miete, Pacht, Darlehen und Dienstvertrag. Daher pflegt die Kündigung im Schuldrecht behandelt zu werden. Zudem beendet sie das Rechtsverhältnis ohne jede Rückwirkung; sie schafft also nicht eigentlich einen Unwirksamkeitsgrund.

496 3. Unter der Bezeichnung „**Widerruf**" endlich finden sich ganz verschieden wirkende Erklärungen. So geht es bei den §§ 530 ff. (Schenkung) und § 671 (Auftrag) um eine rücktritts- oder kündigungsähnliche Beendigung von Schuldverhältnissen. Der verbraucherschützende Widerruf soll den Verbraucher vor der Bindung an ein nicht ausreichend bedachtes oder sonstwie gefährliches Geschäft bewahren. Der Widerruf eines Testaments endlich (§§ 2253 ff.) hindert dessen Wirksamwerden beim Erbfall. Alle diese Widerrufsfälle werden üblicherweise im Zusammenhang mit denjenigen Rechtsinstituten behandelt, auf die sich der Widerruf bezieht, also außerhalb des Allgemeinen Teils. Für diesen bleiben demnach nur vier Fälle, nämlich die § 109 (vgl. unten Rz. 573), § 130 I 2 (vgl. oben Rz. 298), § 178 (vgl. unten Rz. 940 ff.) und § 183 (vgl. unten Rz. 1019).

§ 35 Insbesondere die Teilunwirksamkeit

Literatur: *Bürge*, Rechtsdogmatik und Wirtschaft – Das richterliche Moderationsrecht im Rechtsvergleich ... (1987); *Canaris*, Gesamtunwirksamkeit und Teilgültigkeit rechtsgeschäftlicher Regelungen, FS Steindorff (1990) 519; *Coester-Waltjen*, Inhaltskontrolle von AGB – geltungserhaltende Reduktion – ergänzende Vertragsauslegung, Jura 1988, 113; *Deubner*, Von verfehlter und richtiger Anwendung des § 139 BGB, JuS 1996, 106; *J. Hager*, Gesetzes- und sittenkonforme Auslegung und Aufrechterhaltung von Rechtsgeschäften (1983, dazu *H. Honsell* ZHR 148, 1984, 298; *Zimmermann* AcP 184, 1984, 505); *ders.*, Die gesetzeskonforme Aufrechterhaltung übermäßiger Vertragspflichten – BGHZ 89, 316 und 90, 69, in: JuS 1985, 264; *Krampe*, Aufrechterhaltung von Verträgen und Vertragsklauseln, AcP 194 (1994) 1; *Lammel*, Vertragsfreiheit oder Wirtschaftsfreiheit, AcP 189 (1989) 244; *Kötz*, Die Wirksamkeit von Freizeichnungsklauseln, NJW 1984, 2447; *Mayer-Maly*, Über die Teilnichtigkeit, GS Gschnitzer (1969) 265; *ders.*, Die Bedeutung des tatsächlichen Parteiwillens für den hypothetischen, FS Flume (1978) I 621; *Medicus*, Rechtsfolgen für den Vertrag bei Unwirksamkeit von AGB, in *Heinrichs* u.a. (Hrsg.), Zehn Jahre AGBG (1987) 83; *Meilicke-Weyde*, Ist der Fall der Teilnichtigkeit von Verträgen vertraglich nicht mehr regelbar?, DB 1994, 821; *Michalski/Römermann*, Die Wirksamkeit der salvatorischen Klausel, NJW 1994, 886; *Neumann*, Geltungserhaltende Reduktion und ergänzende Auslegung von AGB (1988, dazu *Grunsky* AcP 189, 1989, 579); *Oertmann*, Subjektive Teilnichtigkeit, ZHR 101 (1935) 119; *Pawlowski*, Rechtsgeschäftliche Folgen nichtiger Willenserklärungen (1966); *Petersen*, Die Teilnichtigkeit, Jura 2010, 419; *Pierer von Esch*, Teilnichtige Rechtsgeschäfte (1968); *Herb. Roth*, Geltungserhaltende Reduktion im Privatrecht, JZ 1989, 411; *ders.*, Vertragsänderung bei fehlgeschlagener Verwendung von AGB (1994); *Sandrock*, Subjektive und objektive Gestaltungskräfte bei der Teilnichtigkeit von Rechtsgeschäften, AcP 159 (1960/61) 481; *Schlachter*, Folgen der Unwirksamkeit von AGB für den Restvertrag, JuS 1989, 811; *H. Schmidt*, Vertragsfolgen der Nichteinbeziehung und Unwirksamkeit von AGB (1986); *H. H. Seiler*, Utile per inutile non vitiatur, FS Kaser (1976) 127 (zur Entwicklung); *Steindorff*, Teilnichtigkeit kartellrechtswidriger Vereinbarungen in der Rspr. des BGH, FS Hefermehl (1971) 177; *Uffmann*, Das Verbot der geltungserhaltenden Reduktion (2010); *P. Ulmer*, Offene Fragen zu § 139 BGB – Vorteilsregel und „Politik des Gesetzes", FS Steindorff (1990) 799; *Wernicke*, Zur Rückführung überlanger Wettbewerbsverbote in der BGH-Rechtsprechung, BB 1990, 2209; *H. P. Westermann*, Die geltungserhaltende Reduktion im System der Inhaltskontrolle im Gesellschaftsrecht, FS Stimpel (1985) 69; *R. Zimmermann*, Richterliches Moderationsrecht oder Teilnichtigkeit (1979, dazu *G. Hager* AcP 181, 1981, 447).

I. Die Problematik

Nicht selten betrifft ein Unwirksamkeitsgrund bloß einen Teil eines Rechtsgeschäfts: Ein im Übrigen unbedenklicher umfangreicher Kreditsicherungsvertrag etwa enthält eine deshalb nach § 138 I nichtige Klausel, weil sie den Schuldner unzulässig knebelt (vgl. unten Rz. 698); ein privatschriftlicher Kiesausbeutevertrag endet mit einer unter § 311 b I fallenden Verpflichtung zur Grundstücksübereignung (vgl. den Fall von BGHZ 45, 376); ein zur Anfechtung berechtigender Irrtum hat nur in einem von vielen Punkten eines Gesellschaftsvertrags vorgelegen; in einem Vertrag wird entgegen § 276 III auch die Haftung für Vorsatz ausgeschlossen (vgl. unten Rz. 645). In allen diesen Fällen kann – nötigenfalls nach Anfechtung – der Vertrag hinsichtlich des von dem Unwirksamkeitsgrund betroffenen Punktes nicht gelten. Im Übrigen aber gibt es **drei Denkmöglichkeiten**: **497**

(1) Die Unwirksamkeit des Vertragsteils kann die **Unwirksamkeit auch des Restes** nach sich ziehen. Das soll im Zweifel nach § 139 gelten. Vgl. unten Rz. 501 ff. **498**

(2) Es soll umgekehrt im Zweifel der **Vertragsrest ohne den unwirksamen Teil gelten**. Dafür entscheidet sich das Erbrecht aus dem Gedanken der Begünstigung von Testamenten (*favor testamenti*) in §§ 2085, 2195, 2279 I: Die Teilunwirksamkeit stellt sich ja regelmäßig erst nach dem Tod des Erblassers heraus, wenn dieser also nicht mehr reagieren und etwa eine neue Regelung treffen kann. **499**

(3) Das Geschäft wird noch weitergehend aufrechterhalten, nämlich auch hinsichtlich des von dem Unwirksamkeitsgrund betroffenen Teils: Insoweit wird an die Stelle der (unwirksam) vereinbarten Bestimmung eine abweichende, wirksame gesetzt, also der **Geschäftsinhalt geändert**. Sachlich bedeutet das schon einen Übergang zur Konversion im Sinne des § 140 (vgl. unten Rz. 516 ff.). Solche Inhaltsänderung tritt nach § 306 II regelmäßig ein, wenn Allgemeine Geschäftsbedingungen nicht Vertragsbestandteil geworden sind: Dann soll nämlich statt ihrer das dispositive Gesetzesrecht gelten. So wird beispielsweise, wenn der vorgesehene Haftungsausschluss an § 309 Nr. 7 scheitert (oben Rz. 429 c), nach § 276 I 1 für jede Fahrlässigkeit gehaftet. Vgl. unten Rz. 514. **500**

Dritter Teil *Das Rechtsgeschäft*

II. Die Regelung in § 139

1. Die Geschäftseinheit

501 **a)** § 139 setzt zunächst voraus, dass es sich um **ein einziges Rechtsgeschäft** handelt. Äußeres Indiz hierfür ist die **Einheit des Zustandekommens**: Ein einziges Geschäft stellt regelmäßig dar, was einheitlich mündlich abgesprochen oder was in einer Urkunde vereinbart wird[1]. So liegt im Zweifel nur ein einziger Kaufvertrag vor, wenn in einem Akt mehrere Gegenstände verkauft werden. Auch eine Verschiedenheit der Vertragstypen steht der Geschäftseinheit nicht entgegen[2]. Umgekehrt handelt es sich regelmäßig um mehrere Verträge, wenn zwischen denselben Parteien verschiedene Absprachen in zeitlichem Abstand oder in mehreren Urkunden getroffen werden.

502 Doch ergibt die Einheitlichkeit des Zustandekommens nicht mehr als ein Indiz. Dieses kann jederzeit durch einen **abweichenden Parteiwillen** überwunden werden. So können die Parteien durch ihren Willen auch zeitlich getrennt abgeschlossene Geschäfte zu einer Einheit zusammenfassen. So liegt es, wenn die mehreren Vereinbarungen nach dem Willen der Parteien „miteinander stehen und fallen sollen"[3]. Ebenso kann sich aus dem **objektiven Sinn** mehrerer Geschäfte ergeben, dass sie eine Einheit bilden[4]. Streitig ist, ob **Geschäfte zwischen verschiedenen Personen** eine Einheit im Sinne des § 139 bilden können: z.B. K kauft bei V und nimmt für den Kaufpreis ein Darlehen bei B auf. Der BGH hält eine Geschäftseinheit auch hier für möglich[5]. Doch sollte man § 139 besser nicht anwenden, sondern die Verbindungsmöglichkeiten von unten Rz. 503; für den Verbraucherkredit bildet § 358 eine Sonderregelung. Dagegen passt § 139 auch dann, wenn bei einem Geschäft **mehrere Personen auf derselben Seite** stehen (z.B. Eheleute mieten eine Wohnung): Wenn die Erklärung der einen Person unwirksam ist, richtet sich die Wirksamkeit der Erklärungen der anderen Personen nach § 139[6].

503 **b)** Neben dieser nach § 139 zu behandelnden Geschäftseinheit gibt es noch **andere Arten der Vertragsverbindungen**[7]. So kann die Wirksamkeit des einen Geschäfts zur Bedingung oder zur Geschäftsgrundlage für das andere gemacht werden.

504 **c)** Eine Sonderregelung besteht für das **Verhältnis zwischen Grund- und Erfüllungsgeschäft**, also regelmäßig zwischen Verpflichtung und Verfügung: Hier schließt das Abstraktionsprinzip die Annahme einer Geschäftseinheit wie auch einer anderen Geschäftsverbindung regelmäßig aus (vgl. oben Rz. 241).

---

1 BGHZ 54, 71, 72.
2 So BGH NJW 1976, 1931 für einen Grundstückskauf- und Baubetreuungsvertrag.
3 BGH BB 1990, 733, 734.
4 *Flume* AT II § 32, 2 a S. 571.
5 BGH NJW 1976, 1931 und BB 1990, 733, 734; verneinend dagegen *Flume* AT II § 32, 2 a S. 572.
6 *Flume* AT II § 32, 2 b S. 573.
7 Vgl. *Gernhuber* FS Larenz (1973) 455; *ders.*, Das Schuldverhältnis (1989) § 31.

2. Die Teilbarkeit des Geschäfts

Weiter fordert die Anwendbarkeit des § 139 Teilbarkeit des Geschäfts: Die Abtrennung des unwirksamen Teils muss noch ein als wirksam denkbares Geschäft übrig lassen, das auch nicht von dem abweichen darf, was die Parteien gewollt haben[8]. Danach **passt § 139 z.B. nicht**, wenn bei einem Vertrag der Antrag oder bei einem gegenseitigen Vertrag die Regelung der Gegenleistung unwirksam ist: Hier stellt sich erst gar nicht die Frage, ob noch ein Teil gerettet werden kann[9]. Regelmäßig (vgl. aber unten Rz. 511 ff.) wird auch keine Teilbarkeit angenommen, soweit es um den Umfang einer Leistung oder eines Haftungsausschlusses geht. Denn eine „geltungserhaltende Reduktion" der zu hohen Leistung oder des übermäßigen Haftungsausschlusses würde den Vertrag nicht teilweise aufrechterhalten, sondern insgesamt ändern. Ob man beispielsweise einen Mietvertrag, in dem eine wucherisch hohe Miete vereinbart ist, zu dem angemessenen Zins aufrechterhalten darf, ist also keine Frage des § 139[10]. In diesem Sinn sagt treffend BGHZ 107, 351, 358: „Es ist nicht Aufgabe des Richters, für die Parteien anstelle des sittenwidrigen Rechtsgeschäfts eine Vertragsgestaltung zu finden, die den beiderseitigen Interessen gerecht wird und die Folgen der Sittenwidrigkeit vermeidet ... Bei dem im Sinne des § 139 teilbaren Rechtsgeschäft liegt es aber anders ..."[11]. 505

Teilbarkeit liegt dagegen insbesondere **vor**, wenn die Teile des Geschäfts auch allein hätten abgeschlossen werden können. So kann man ein Grundstück verkaufen, ohne zugleich einen Baubetreuungsvertrag abzuschließen, und umgekehrt. Ähnlich gibt es eine quantitative Teilbarkeit: Bei vertretbaren Sachen kann man regelmäßig auch die halbe Menge zum halben Preis verkaufen. Weiter ist Teilbarkeit gegeben, wenn auf einer Vertragsseite mehrere Personen stehen: Hier kann ja jede Person auch allein abschließen. Darüber hinaus nimmt die Rechtsprechung bei Dauerrechtsverhältnissen eine **zeitliche Teilbarkeit** an. So hat schon RGZ 82, 124 einen Pachtvertrag nach § 139 beurteilt, der wegen seiner langen Laufzeit der familiengerichtlichen Genehmigung nach §§ 1822 Nr. 5, 1643 I bedurfte: Ein solcher Vertrag soll also bei Ausbleiben der Genehmigung für die höchstzulässige genehmigungsfreie Laufzeit aufrechterhalten werden können. Ähnlich hat der BGH[12] einen Bierbezugsvertrag mit einer sittenwidrig langen Bindung für den längsten sittengerechten Zeitraum (20 Jahre) aufrechterhalten[13]. Ausnahmsweise ist auch ein in voller Höhe sittenwidriges Schuldanerkenntnis reduziert worden[14]. 506

---

8 Vgl. BGH NJW 1996, 773, 774.
9 *Leenen* FS Canaris (2007) I 699, 726.
10 Dazu *R. Zimmermann*, Richterliches Moderationsrecht oder Teilnichtigkeit (1979) und *J. Hager*, Gesetzes- und sittenkonforme Auslegung und Aufrechterhaltung von Rechtsgeschäften (1983), vgl. unten Rz. 709.
11 Abweichend jedoch *G. Roth* ZHR 153 (1989) 423.
12 BGH NJW 1972, 1459; 1992, 2145 gegen RGZ 76, 78.
13 Dazu *Bürge*, Rechtsdogmatik und Wirtschaft – Das richterliche Moderationsrecht im Rechtsvergleich ... (1987).
14 BGH ZIP 1987, 519, dazu kritisch *Tiedtke* ZIP 1987, 1083.

3. Gesamt- oder Teilnichtigkeit

507 Nach der Wortfassung des § 139 soll Gesamtnichtigkeit die Regel und bloße Teilnichtigkeit die Ausnahme bilden[15]: Letztere soll nur eintreten, wenn anzunehmen ist, dass der Rest auch ohne den unwirksamen Teil vorgenommen worden wäre. Da die Vornahme des Rechtsgeschäfts Sache des oder der Erklärenden ist, wird damit zunächst auf den **Parteiwillen** verwiesen.

a) Ein solcher Wille kann **real vorhanden** sein. So liegt es, wenn die Parteien schon beim Vertragsschluss die Unwirksamkeit eines Teils ihrer Vereinbarung gekannt haben oder doch wenigstens Zweifel an der Wirksamkeit hatten. Dabei wendet die Rechtsprechung[16] bei Kenntnis der Parteien von der Teilunwirksamkeit den § 139 sogar überhaupt nicht an: Der den Parteien als unwirksam bekannte Teil bilde (mangels Rechtsbindungswillens, vgl. oben Rz. 191) gar kein Rechtsgeschäft; dieses bestehe daher nur aus den übrigen (gültigen) Abreden. Daran ist richtig: Wenn die Parteien in einen Vertrag erkanntermaßen Unwirksames aufgenommen haben, steht fest, dass sie die übrigen Teile trotzdem gewollt haben. Fragen kann man dann bloß, ob nicht die Erfüllung auch des nichtigen Teils Bedingung für die Wirksamkeit der an sich wirksamen Vereinbarungen sein sollte. Das aber ist nicht mehr die Frage des § 139.

508 b) Regelmäßig jedoch bilden die Erklärenden für den Fall der Teilunwirksamkeit **keinen realen Willen**. Dann bedarf es (ähnlich wie bei § 140, vgl. unten Rz. 520 ff.) eines anderen Maßstabs. Dieser wird oft als „hypothetischer Parteiwille" bezeichnet (vgl. auch oben Rz. 343 f.). *Flume*[17] spricht hier von einer Frage der „Wertung"; Das ist mit der Maßgabe richtig, dass für die Wertung oder Bewertung in erster Linie der Standpunkt der Parteien und nicht derjenige eines „vernünftigen Dritten" oder des entscheidenden Richters maßgeblich sein muss[18]: Keiner Partei soll die Geltung des Restgeschäfts aufgedrängt werden, wenn nicht jede darin ihre Interessen befriedigt finden kann. Dabei sind anders als bei der Vertragsauslegung auch bloß einseitige und nicht zum Vertragsinhalt gemachte Interessen zu beachten.

Wenn z.B. ein Bauunternehmer ein Grundstück nur dann verkaufen will, wenn er auch mit dem dort zu errichtenden Bau beauftragt wird, ist dieser Kopplungswille zu respektieren: auch dann, wenn der Käufer das Grundstück gern allein erwürbe; auch dann, wenn die Kopplung bei wirtschaftlicher Betrachtung unvernünftig sein sollte.

509 Andererseits wird bei der gemeinschaftlich übernommenen Mitbürgschaft mehrerer Personen der Gläubiger bei Unwirksamkeit der Verpflichtung einer Person die Wirksamkeit der übrigen Erklärungen jedenfalls dann wollen, wenn der Kredit schon ausgezahlt ist: Der Gläubiger wird der „vernünftige Mann" sein, „der das Geringere nimmt, wenn er das Größere nicht erreichen kann"[19]. *Flume*[20] will hier sogar wegen der besonderen Risikoverteilung bei der Bürgschaft die Interessen der an der Haftung

---

15 Vgl. BGHZ 128, 156, 165 f.
16 Etwa BGHZ 45, 376, 379.
17 *Flume* AT II § 32, 5 S. 580.
18 Vgl. *Mayer-Maly* FS Flume (1978) I 621, 622 f., bedenklich BGH NJW 2010, 674.
19 RG Warn. Rspr. 1908 Nr. 352, ebenso im Ergebnis BGH ZIP 1983, 276, entsprechend etwa BGHZ 146, 37, 47 f.
20 *Flume* AT II § 32, 2 a S. 572.

festgehaltenen Mitbürgen unberücksichtigt lassen, die bei Ausfall der Mithaftung ihres Kollegen womöglich einen Regressschuldner (§§ 427, 769, 426) verlieren; fraglich.

c) Vor allem in notariellen Verträgen findet sich sehr häufig eine sog. „**salvatorische** **510** **Klausel**"[21]. Sie kann etwa lauten[22]:

„Sollten Bestimmungen dieses Vertrags oder eine künftig in ihn aufgenommene Bestimmung ganz oder teilweise nicht rechtswirksam oder nicht durchführbar sein oder ihre Rechtswirksamkeit oder Durchführbarkeit später verlieren, so soll hierdurch die Gültigkeit der übrigen Bestimmungen des Vertrags nicht berührt werden. Das Gleiche gilt, soweit sich herausstellen sollte, dass der Vertrag eine Regelungslücke enthält. Anstelle der unwirksamen oder undurchführbaren Bestimmungen oder zur Ausfüllung der Lücke soll eine angemessene Regelung gelten, die, soweit rechtlich möglich, dem am nächsten kommt, was die Gesellschafter gewollt haben oder nach dem Sinn und Zweck des Vertrags gewollt haben würden, sofern sie bei Abschluss dieses Vertrags oder bei der späteren Aufnahme einer Bestimmung den Punkt bedacht hätten. Dies gilt auch, wenn die Unwirksamkeit einer Bestimmung etwa auf einem in dem Vertrage vorgeschriebenen Maß der Leistung oder Zeit (Frist oder Termin) beruht; es soll dann ein dem Gewollten möglichst nahe kommendes rechtlich zulässiges Maß der Leistung oder Zeit (Frist oder Termin) als vereinbart gelten[23]."

Mit einer solchen Klausel wird – und nur das interessiert zunächst (vgl. auch unten Rz. 512, 520) – bei Teilunwirksamkeit die Geltung des Restes ausdrücklich bestimmt. Die Häufigkeit der Verwendung derartiger Klauseln zeigt, dass die für Gesamtnichtigkeit sprechende Vermutung des § 139 oft nicht sachgerecht ist[24]. Anderseits ist bei der Anwendung solcher salvatorischer Klauseln Vorsicht geboten: Wenn ein wesentlicher Vertragsteil nichtig ist und insbesondere wenn dadurch das Verhältnis zwischen Leistung und Gegenleistung gestört wird, muss der Vertrag trotz der vereinbarten Restwirksamkeit wenigstens für die Zukunft beendet werden können[25]. Treffend formuliert BGH NJW 1996, 773, 774: Es komme darauf an, ob die Aufrechterhaltung des Rechtsgeschäfts trotz der salvatorischen Klausel noch vom Parteiwillen gedeckt sei; die salvatorische Klausel verkehre lediglich die Vermutung von § 139 ins Gegenteil[26].

III. Andere Lösungsmöglichkeiten

Schon oben Rz. 497 ff. ist gesagt worden, dass es statt der in § 139 vorgesehenen Lösung **511** für das Problem der Teilnichtigkeit auch noch andere gibt. Davon braucht die dort unter Rz. 499 genannte, vor allem im Erbrecht vorkommende Umkehrung der Vermutungsrichtung des § 139 hier nicht näher behandelt zu werden: Ihre Bedeutung ist ähnlich gering wie diejenige der Tendenz des § 139 selbst (vgl. oben Rz. 510). Wohl aber

---

21 Dazu *H. Westermann* FS Möhring (1975) 135, weiter *Böhme*, Erhaltungsklauseln (2000); *Michalski*, Ersetzungsklauseln, NZG 1998, 7; *Prasse*, Wandel der Rechtsprechung, ZGS 2004, 141.
22 Vgl. *Beck'sches* Formularbuch VIII B 2 § 12.
23 Die Klausel ist hier deshalb in voller Länge wiedergegeben worden, weil sie plastisch zweierlei zeigt: (1) die von Notaren regelmäßig geübte Vorsicht; (2) die Eigenart von Formularmustern, die (gerade bei oft für lange Dauer bestimmten Gesellschaftsverträgen) jeden überhaupt denkbaren Fall berücksichtigen wollen. Dabei wirken sie oft pedantischer als das Gesetz.
24 Skeptisch auch *H. H. Seiler* FS Kaser (1976) 127, 147.
25 Vgl. BGH DB 1976, 2106 und *Mayer-Maly* FS Flume (1978) I 621, 623.
26 Ebenso BGH ZIP 2003, 126; 2010, 925.

muss hier auf die oben unter Rz. 500 genannte Denkmöglichkeit zurückgekommen werden, die auf eine möglichst weitgehende Aufrechterhaltung des Geschäfts – wenngleich unter Änderungen – hinausläuft.

1. Vereinbarungen

512   Zunächst ergibt sich eine solche „Reparatur" des teilunwirksamen Rechtsgeschäfts schon aus der oben Rz. 510 mitgeteilten Klausel: Dort wird nämlich vereinbart, an die Stelle nichtiger oder undurchführbarer Bestimmungen solle „eine angemessene Regelung" treten, die dem wirklichen oder mutmaßlichen Parteiwillen möglichst nahekomme. Danach soll also der Vertrag nicht bloß teilweise gelten, sondern mit einem zulässigen Inhalt zur Gänze.

2. § 306

513   a) Eine ähnliche Regel enthält auch § 306 II, der an die Stelle nicht wirksam vereinbarter Allgemeiner Geschäftsbedingungen das **(dispositive) Gesetzesrecht** treten lässt. Damit soll insbesondere die sonst nach § 139 zu fürchtende Konsequenz verhindert werden, nämlich dass der Gegner des AGB-Verwenders nun überhaupt keinen Vertrag hat und damit auch die Vertragshaftung des Verwenders nicht in Anspruch nehmen kann: Ohne § 306 II könnte sich der durch die §§ 305 ff. beabsichtigte Schutz sinnwidrig gegen den Gegner des Verwenders richten.

Doch soll dem AGB-Verwender der von ihm nicht gewollte Vertrag nicht unter allen Umständen aufgedrängt werden. Das sagt § 306 III: Der Vertrag soll nichtig sein, wenn die Änderung ihn für eine Partei – regelmäßig für den AGB-Verwender – unzumutbar macht. Als Beispiel ist etwa der Fall denkbar, dass der AGB-Verwender im Vertrauen auf die Wirksamkeit weitreichender Haftungsausschlüsse nur einen Preis gefordert hat, der weit unter dem sonst üblichen liegt.

Übrigens kann es auch im Bereich des § 306 zu einer Ergänzung des Vertrags nach dem **vermutlichen Parteiwillen** kommen, nämlich soweit kein dispositives Gesetzesrecht zur Verfügung steht (etwa bei einem atypischen Vertrag oder bei einer im Gesetz sonst nicht geregelten Frage). Einen wichtigen Anwendungsfall hierfür zeigt BGHZ 90, 69: In den Geschäftsbedingungen für den Neuwagenkauf war vielfach die sog. **Tagespreisklausel** üblich. Nach ihr sollte der Käufer bei mehr als vier Monaten Lieferzeit den zur Zeit der Lieferung geltenden Listenpreis zahlen müssen. BGHZ 82, 21 hatte diese Klausel als gegen § 307 verstoßend für unwirksam erklärt. BGHZ 90, 69 hat aber den Kauf nicht etwa mit dem zur Zeit des Vertragsschlusses geltenden Listenpreis aufrechterhalten, sondern dem Verkäufer durch ergänzende Vertragsauslegung ein Preisbestimmungsrecht nach § 315 gewährt. Zugleich hat der BGH dem Käufer allerdings ein Rücktrittsrecht für den Fall eingeräumt, dass die Preiserhöhung den Anstieg der allgemeinen Lebenshaltungskosten nicht unerheblich übertrifft[27].

---

27 Vgl. teils kritisch *P. Schlosser* Jura 1984, 637 ff.; *Trinkner/Löwe* BB 1984, 490, 492; *Bunte* NJW 1984, 1145; *J. Hager* JuS 1985, 264.

b) Sehr zweifelhaft ist bei § 306, ob und inwieweit dieser Raum für eine **geltungserhal-** 514
tende Reduktion der unzulässigen Geschäftsbedingungen lässt: Kann z.B. ein Haftungsausschluss, der über das nach § 309 Nr. 7 Zulässige hinausgeht (oben Rz. 429 c), auf das dort bestimmte Maß reduziert werden, oder führt § 306 II AGBG in solchen Fällen zu der gesetzlichen Normalhaftung nach § 276 I 1? Die erste Ansicht ist dem AGB-Verwender günstiger, weil sie den Eingriff in den Vertrag auf das geringstmögliche Maß beschränkt und so dem Parteiwillen am nächsten kommt. Andererseits kann sie aber den AGB-Verwender dazu verleiten, sich wenig um die für AGB gezogenen Grenzen zu kümmern: Im schlimmsten Fall brauchte er ja nur damit zu rechnen, diejenige Regelung zu erhalten, die ihm die §§ 305 ff. gerade noch erlauben. Dagegen könnte er im günstigen Fall darauf hoffen, dass sein (ja meist rechtsunkundiger) Gegner sich den Geschäftsbedingungen fügt und es nicht zu einem Prozess kommen lässt.

Wegen der eben genannten Argumente wollen auch die **Anhänger einer geltungserhaltenden Reduktion**[28] diese keineswegs jedem AGB-Verwender zugute kommen lassen[29]. Vielmehr soll das (ungünstigere) dispositive Gesetzesrecht gelten, wenn sich der Verdacht aufdrängt, der Verwender habe die Unzulässigkeit der fraglichen Klausel gekannt oder sich dieser Kenntnis bewusst verschlossen. Doch lässt sich dies nur schwer feststellen. Auch kann man es mit zum Zweck der AGB-Regeln rechnen, den Verwender zu Bemühungen um rechtlich einwandfreie Geschäftsbedingungen anzuhalten. Darum geht die h.M. von dem **Gegenstandpunkt** aus: Bei Unwirksamkeit Allgemeiner Geschäftsbedingungen gilt das dispositive Gesetzesrecht und nicht die nach dem Gesetz eben noch zulässige Regelung: so vor allem regelmäßig der BGH[30]. Dort und an vielen anderen Stellen spricht der BGH (übertreibend) geradezu von einem „Verbot der geltungserhaltenden Reduktion von AGB"[31]. Zuzulassen ist die geltungserhaltende Reduktion freilich insbesondere dann, wenn sie die nach dem dispositiven Gesetzesrecht drohende Nichtigkeit nach § 306 III vermeidet. In ähnlichem Sinn hat auch der BGH mehrfach[32] eine unzulässige Klausel durch wohlwollende Auslegung gerettet[33]. Überdies wird die zugunsten des dispositiven Gesetzesrechts zu streichende „Bestimmung" (der AGB) oft eng verstanden. So hat BGH NJW 1984, 2816, 2817 aus einem zu beanstandenden unwiderruflichen Überweisungsauftrag nur das Wort „unwiderruflich" gestrichen und nicht den Auftrag im Ganzen für unwirksam gehalten. Und BGHZ 107, 185, 190 sagt allgemein, ein unwirksamer Teil einer AGB-Bestimmung bedeute nicht ohne weiteres die Unwirksamkeit einer anderen, in derselben Bestimmung enthaltenen Regelung[34]. Entscheidend sei vielmehr, ob sich eine Formularklausel „nach ihrem Wortlaut aus sich heraus verständlich und sinnvoll in einen inhaltlich zulässigen und in einen unzulässigen Regelungsteil trennen" lässt[35].

---

28 Vor allem *Kötz* NJW 1979, 785; *J. Hager* JZ 1996, 175; *H. Roth*, Vertragsänderung bei fehlgeschlagener Verwendung von AGB (1994).
29 Siehe auch EuGH NJW 2012, 2257 („Banco Espagnol").
30 Etwa BGHZ 107, 273, 274; 143, 103, 118 ff.; 170, 31 Rz. 21.
31 Abschwächend aber BGH ZIP 1994, 309, 311: Die Reduktion sei nur „im Allgemeinen" unzulässig.
32 Etwa BGHZ 97, 212; BGH NJW 1982, 2316; 1985, 849.
33 Vgl. *Lindacher* BB 1983, 154 ff.
34 Ähnlich etwa BGHZ 106, 19, 25; 129, 323; 131, 356; BGH ZIP 1992, 233, 234; NJW 2004, 1240.
35 BGHZ 145, 203, 212.

Dritter Teil *Das Rechtsgeschäft*

Die Grenzen zur geltungserhaltenden Reduktion werden hier fließend. Ganz überschritten worden sein dürfte sie in BGHZ 137, 152: Eine betragsmäßig nicht beschränkte (und daher unwirksame) Bürgschaft wird der Höhe nach auf den Betrag der Hauptschuld bei Abgabe des Bürgschaftsversprechens begrenzt[36].

3. Andere Fälle

515 Auch sonst sind Fälle denkbar, in denen sowohl die Voll- wie auch die Teilnichtigkeit dem **Sinn der** die Unwirksamkeit anordnenden **Norm widerspricht**. Interessant ist der Fall von **BGHZ 18, 340**[37]: Dort hatte ein Anwalt ein unzulässiges Erfolgshonorar vereinbart (vgl. aber seit 2008 § 4 a RVG). Das sollte nach Ansicht des BGH die Wirksamkeit des Anwaltsvertrags nicht beeinträchtigen. Der Anwalt hätte daher nach § 612 II die übliche Vergütung fordern können. Diese war aber höher als die (unwirksam) vereinbarte. Deshalb hat der BGH gemeint, der Anwalt verstoße gegen Treu und Glauben, wenn er mehr als das vereinbarte Honorar oder dieses auch bei Nichterfolg fordere. Der Sache nach wirkt in solchen Fällen der unwirksame Vertragsteil trotz dieser Unwirksamkeit einseitig zugunsten dessen, den die Unwirksamkeitsnorm schützen will oder der sie nicht zu kennen brauchte.

Ähnlich streicht das BAG[38] aus einem Arbeitsvertrag eine gesetzwidrige Kürzungsabrede heraus (die Vergütung sollte bei Krankheit gekürzt werden) und lässt den Vertrag im Übrigen bestehen: Die Verbotsnorm dürfe den durch sie zu schützenden Arbeitnehmer nicht benachteiligen. Und der BGH[39] lässt von einer unwirksamen Kündigungsvereinbarung wenigstens das dem anderen Teil vorteilhafte Verfahren gelten[40]. Bisweilen hindert auch das Gesetz selbst die Vollnichtigkeit, so wenn sich nach § 444 oder § 475 I der Verkäufer auf bestimmte Vereinbarungen **nicht soll berufen dürfen**: Damit wird verhindert, dass der Käufer seine Rechte aus dem Kaufvertrag ganz verliert; dieser soll vielmehr ohne den belastenden Haftungsausschluss gelten. Das Gesetz stellt damit klar, dass die Vermutung des § 139 nicht gelten soll[41].

---

36 Vgl. auch BGH BB 2001, 587.
37 Ähnlich BGH NJW 1980, 2407.
38 BAG NJW 1979, 2119.
39 BGH NJW 1987, 2506, 2507.
40 Vgl. weiter unten Rz. 709 zum Mietwucher.
41 BT-Drs. 14/7052, S. 199.

§ 36 Die Umdeutung (Konversion)

Literatur: Grundlegend *Krampe*, Die Konversion des Rechtsgeschäfts (1980) und – auch zum deutschen Recht – *Gandolfi*, La conversione dell'atto invalido I (1984); II (1988). Außerdem *Bürck*, Umdeutung eines Vertrags bei Ausfall einer Vertragsbedingung, JuS 1971, 571; *ders.*, Zur Umdeutung von Rechtsgeschäften nach § 140 BGB, SchlHAnz. 1973, 37; *Lieder/Berneith*, Die Umdeutung (§ 140 BGB), JuS 2015, 1063; *Molkenbuhr/Kraßhöfer-Pidde*, Zur Umdeutung im Arbeitsrecht, RdA 1989, 337; *Mühlhans*, Die (verkannten?) Auswirkungen der §§ 116, 117 BGB auf die Umdeutung gem. § 140 BGB, NJW 1994, 1094; *Petersen*, Die Umdeutung eines Wechsels in ein abstraktes Schuldanerkenntnis, Jura 2001, 596; *Siller*, Die Konversion (§ 140 BGB), AcP 138 (1934) 144; *Wieacker*, Zur Theorie der Konversion nichtiger Rechtsgeschäfte, FS Herm. Lange (1992) 1017.

I. Zweck

Schon eben bei der Teilnichtigkeit (§ 139) sind Fälle aufgetaucht, in denen das Rechtsgeschäft mit geändertem Inhalt aufrechterhalten wird (vgl. oben Rz. 511 ff.). Entsprechendes kommt auch in Betracht, wenn das gewählte Rechtsgeschäft im Ganzen auf ein Wirksamkeitshindernis stößt: Die Parteien mögen eine mit dem Typenzwang des Sachenrechts unvereinbare Gestaltung gewählt haben (z.B. die Übertragung eines Nießbrauchs, vgl. § 1059 S. 1), oder für die ausgesprochene fristlose Kündigung möge der wichtige Grund fehlen. Dann ist zu bedenken, dass die Beteiligten regelmäßig an dem wirtschaftlichen Erfolg ihres Handelns interessiert sind und allenfalls in zweiter Linie an der Art des dazu eingesetzten Mittels. Daher erlaubt § 140 unter bestimmten Voraussetzungen die Umdeutung (Konversion) nichtiger Rechtsgeschäfte: Das von den Parteien gewählte untaugliche Mittel wird durch ein anderes, taugliches ersetzt.

516

II. Voraussetzungen

1. Nichtiges Rechtsgeschäft

517

Zunächst muss das erklärte Rechtsgeschäft nichtig sein. Das kann man häufig erst nach einer Auslegung feststellen (z.B. ob wirklich an eine Übertragung des Nießbrauchs gedacht war oder nur an seine Überlassung zur Ausübung). Diese Auslegung geht der Umdeutung vor. Da es aber im deutschen Recht keinen allgemein ausgeprägten Grundsatz der geltungserhaltenden Auslegung gibt (vgl. oben Rz. 310), bleibt für die Umdeutung noch genügend Raum. Freilich besteht zwischen Auslegung und Umdeutung keine scharfe Grenze.

§ 140 passt nicht, solange die **Unwirksamkeit eines Geschäfts noch behoben werden kann**, etwa durch Vollzug (z.B. nach § 311 b I 2) oder Genehmigung (z.B. nach § 108): Hier sollte abgewartet werden, ob das Geschäft nicht unverändert wirksam wird. Dagegen ist nach Feststehen der Nichtigkeit Umdeutung möglich[1]. Wenn die Nichtigkeit erst durch Anfechtung eingetreten ist, dürfte für § 140 kein Raum mehr bleiben: Dann ist die angefochtene Erklärung derart beseitigt, dass sie sich nicht mehr als Grundlage für ein Ersatzgeschäft eignet[2]; richtigerweise ist wohl nach dem Anfechtungsgrund zu unterscheiden.

518

2. Das Ersatzgeschäft

519

Für das durch Umdeutung zu ermittelnde Ersatzgeschäft stellt § 140 zwei Voraussetzungen auf: Die Erfordernisse des Ersatzgeschäfts müssen durch das nichtige Rechts-

---
1 BGHZ 40, 218, 222.
2 *Flume* AT II § 32, 9 c S. 592 f., a. M. *Bork* Rz. 1228; *Leenen* FS Canaris (2007) I 699, 715 mit Fn. 68.

geschäft gewahrt sein (vgl. sogleich), und von dem Ersatzgeschäft muss anzunehmen sein, „dass es bei Kenntnis der Nichtigkeit gewollt sein würde" (vgl. unten Rz. 520 f.).

a) Das erste Erfordernis wird von *Flume*[3] dahin umschrieben, das Ersatzgeschäft müsse in dem wirklich vorgenommenen Geschäft „**enthalten sein**": Es sei festzustellen, „was von dem Inhalt des nichtigen Rechtsgeschäfts als besonderes Rechtsgeschäft bestehen kann". Das entspricht zwar einer Äußerung in den Materialien (Mot. I 218 = *Mugdan* I 473). Trotzdem dürfte die genannte Auffassung zu eng sein[4]. Sie wirft nämlich erstens schon die Frage auf, welche Bedeutung für § 140 neben § 139 bleibt: Die Umdeutung wäre nach der Ansicht von *Flume* nur ein Unterfall der Geltung des Geschäftsrestes bei Teilnichtigkeit. Und zweitens wird vernachlässigt, dass eben doch *eine* Voraussetzung für das Ersatzgeschäft nicht vorliegt: Es ist nicht wirklich gewollt. Denn wer etwa in Unkenntnis der Nichtigkeit (§ 1059 S. 1) die Übertragung eines Nießbrauchs vereinbart, hat keinen Anlass, auch noch an eine Überlassung zur Ausübung (§ 1059 S. 2) zu denken.

Richtig ist nur zweierlei: Erstens müssen außer dem Gewolltsein die übrigen Voraussetzungen für das Ersatzgeschäft erfüllt sein, etwa die Geschäftsfähigkeit sowie die Wahrung von Formen, Gesetz und guten Sitten. Und zweitens darf das Ersatzgeschäft in seinen Wirkungen nicht über diejenigen des wirklich gewollten Geschäfts hinausgehen[5]. Daher kann z.B. eine mangels Übergabe (§§ 1205 ff.) unwirksame Bestellung eines Mobiliarpfandrechts nicht in eine Sicherungsübereignung nach § 930 umgedeutet werden: Auch die bloß treuhänderische Eigentumsübertragung ist mehr als eine Pfandrechtsbestellung. Umgekehrt kann aber ein formnichtiger Scheck in eine Zahlungsermächtigung umgedeutet werden[6]: Diese bleibt in ihren Wirkungen hinter einem Scheck zurück.

520 **b)** Weiter muss anzunehmen sein, dass bei Kenntnis der Nichtigkeit des vorgenommenen Geschäfts **das Ersatzgeschäft gewollt sein würde**. Damit ist nach bestrittener, aber doch richtiger Lehre ein **hypothetischer Wille** gemeint[7].

Denn ein realer Wille fehlt für den Fall der Nichtigkeit des gewollten Geschäfts regelmäßig schon deshalb, weil die Nichtigkeit nicht bedacht wird: Andernfalls würde meist gleich das Ersatzgeschäft gewählt (anders nur bei globalen salvatorischen Klauseln, vgl. oben Rz. 510). Dieser hypothetische Wille entspricht in erster Linie dem, was vernünftige Personen anstelle der Betroffenen gewollt hätten.

521 Freilich darf sich der so zu ermittelnde hypothetische Wille nicht in Widerspruch zu dem setzen, was eine Partei wirklich gewollt hat[8]. Das gilt selbst dann, wenn der wirkliche Parteiwille unvernünftig sein sollte: Die Umdeutung darf „nicht zu einer im Gegensatz zur Privatautonomie stehenden Bevormundung der Parteien führen" (BGHZ 19, 269, 273).

---

3 *Flume* AT II § 32, 9 c S. 592 ff.
4 Ähnlich *Krampe*, Die Konversion des Rechtsgeschäfts (1980) 135 ff.
5 Etwa BGHZ 125, 355, 363.
6 BGHZ 147, 145.
7 BGHZ 19, 269, 273; 125, 355, 363 f.
8 Vgl. *Mayer-Maly* FS Flume (1978) I 621, 623 f.

Allerdings ist fraglich, ob sich **BGHZ 19, 269** selbst an diese Beschränkung gehalten hat. Dort hatten die Parteien im Jahre 1951 eine OHG zum Ausbau und zur gemeinschaftlichen Nutzung eines Geschäftshauses errichten wollen. Das Registergericht verweigerte jedoch die Eintragung ins Handelsregister, weil dieser Gesellschaftszweck nicht auf den Betrieb eines Handelsgewerbes gerichtet sei (§ 105 I HGB). Daraufhin wollten die Kläger den Vertrag durch Umdeutung in eine BGB-Gesellschaft retten (§§ 705 ff.). Dem hielt der Beklagte aber entgegen, er habe sich gegen eine BGB-Gesellschaft von vornherein gewehrt, weil sein Vater mit einer solchen Gesellschaft einmal schlechte Erfahrungen gemacht habe. Der BGH hat diesen wirklichen Willen jedoch für unbeachtlich erklärt, weil ihm die irrige Annahme einer Wahlmöglichkeit zwischen mehreren Gesellschaftsformen zugrunde gelegen habe. Damit wird aber die Frage verfehlt, ob nicht die (wirkliche) Abneigung des Beklagten gegen die BGB-Gesellschaft so stark war, dass er bei Kenntnis der Rechtslage einen Gesellschaftsvertrag überhaupt abgelehnt hätte.

Allerdings ist dem zunächst noch eine andere Frage vorrangig: Bedarf es hier überhaupt einer Umdeutung, oder ist nicht die falsche rechtliche Qualifikation des Vertrags durch die Parteien deshalb unbeachtlich, weil über diese Qualifikation nur die Rechtsordnung zu entscheiden hat? Die letztgenannte Ansicht gelangt so zu einer wirksamen BGB-Gesellschaft, die der Beklagte allenfalls aus wichtigem Grund soll kündigen können[9]. Aber zwischen der BGB-Gesellschaft und der OHG bestanden damals wohl doch so erhebliche Unterschiede, dass es nicht bloß um die rechtliche Qualifikation des Gewollten ging. Daher ist dieser Ansicht nur im Ergebnis beizutreten, soweit nämlich die Nichtigkeit durch den Vollzug der Gesellschaft gehindert wird. Nach heutiger Rechtslage hätte das Registergericht die Gesellschaft übrigens als OHG ins Handelsregister eintragen müssen. Denn seit der Handelsrechtsreform 1998 erlaubt § 105 II HGB explizit die Gründung einer OHG auch mit dem Zweck der Verwaltung eigenen Vermögens.

3. Beschränkung der Umdeutung durch den Normzweck

Schließlich darf auch der **Zweck der Nichtigkeitsnorm** der Umdeutung nicht entgegenstehen. So kann z.B. eine formunwirksame Bürgschaft (§ 766 S. 1) nicht in einen formfreien Schuldbeitritt umgedeutet werden, weil sonst der Übereilungsschutz des § 766 ausgeschaltet würde. Vielmehr darf ein Schuldbeitritt (ohne Rücksicht auf die von den Parteien gewählte Bezeichnung des Geschäfts) nur angenommen werden, wenn dessen sachliche Voraussetzungen vorliegen, also ein eigenes unmittelbares wirtschaftliches Interesse des Beitretenden[10].

522

Mit dem Normzweck hängt es auch zusammen, dass sich die ganz h.M. weigert, **sittenwidrige Geschäfte durch die Umdeutung** in eben noch sittengemäße zu „retten". So hatte im Fall von **BGHZ 68, 204**[11] ein Geschäftsinhaber seinen Geschäftsführer der Untreue verdächtigt. Dieser versprach unter dem Druck des Verdachts umfangreiche

523

---

9 *Flume* AT I 1 § 13 III S. 200.
10 Vgl. *Medicus/Lorenz* SAT Rz. 910.
11 Dazu *Lindacher* JR 1977, 412.

Leistungen, die insgesamt weit über den allenfalls geschuldeten Schadensersatz hinausgingen. Dieses Übermaß war sittenwidrig[12]. Die Vorinstanz[13] hatte das Versprechen jedoch durch Umdeutung teilweise aufrechterhalten wollen: Der Geschäftsführer solle nur 40.000 DM und auch diese bloß unter Anrechnung auf seine Ersatzpflicht leisten müssen. Das hat der BGH mit Recht abgelehnt: Wenn der sittenwidrig Handelnde damit rechnen dürfte, schlimmstenfalls das gerade noch Sittengerechte zu bekommen, „verlöre das sittenwidrige Rechtsgeschäft für ihn das Risiko, mit dem es durch die vom Gesetz angedrohte Nichtigkeitsfolge behaftet sein soll"[14]. Nur diese Ansicht passt auch zu der regelmäßigen Ablehnung einer geltungserhaltenden Reduktion bei § 139 (vgl. oben Rz. 505) und § 306.

III. Anwendungsfälle

Aus dem Bereich des § 140 seien noch einige besonders wichtige Anwendungsfälle eigens genannt (vgl. auch die Umdeutung eines formunwirksamen Wechsels in ein nach § 781 wirksames Schuldanerkenntnis[15]).

1. Kündigung

524 Vor allem im **Arbeitsrecht** kommt es häufig zu folgender Situation: Ein Arbeitgeber entdeckt eine Verfehlung eines seiner Arbeitnehmer und kündigt diesem daraufhin fristlos (nämlich außerordentlich, also aus wichtigem Grund). In dem Streit um die Wirksamkeit dieser Kündigung stellt sich die Verfehlung jedoch als weniger schwerwiegend heraus. Daher kommt nur eine befristete Kündigung in Betracht (vielleicht sogar nur als ordentliche): Kann eine solche durch Umdeutung aus der fristlosen Kündigung gewonnen werden? Das ist grundsätzlich möglich, „wenn nach der Sachlage anzunehmen ist, daß die ordentliche Kündigung dem Willen des Kündigenden entspricht und dieser Wille in seiner Erklärung für den Empfänger der Kündigung erkennbar zum Ausdruck kommt"[16]. Es muss also deutlich werden, dass der Kündigende das Rechtsverhältnis auf jeden Fall beenden will. Im Arbeitsrecht muss jedoch nach § 102 I BetrVerfG zu Kündigungen jeder Art der **Betriebsrat angehört** werden[17]. Deshalb verlangt das BAG, der Arbeitgeber müsse regelmäßig den Betriebsrat deutlich darauf hinweisen, die außerordentliche Kündigung solle hilfsweise auch als ordentliche gelten[18]. Hier bewirkt das Erfordernis der Einschaltung des Betriebsrats also, dass hin-

---

12 Bei einem Vergleich (§ 779) entscheidet aber für die Sittenwidrigkeit nicht der wirklich angerichtete Schaden, sondern dessen als möglich in Betracht gezogene Höhe: BAG BB 1985, 802.
13 OLG Stuttgart JZ 1975, 572 mit abl. Anm. *Krampe.*
14 BGHZ 68, 207, im Ergebnis abweichend freilich BGH ZIP 1987, 519, vgl. oben Rz. 506.
15 BGHZ 14, 263, dazu *Petersen* Jura 2001, 596.
16 BGH NJW 1998, 76;1551; *Zöllner/Loritz/Hergenröder* ArbR § 25 Rz. 55 für Arbeitsverhältnisse, speziell für diese noch BAG NJW 2002, 2972; 2013, 1387 Rz. 21; *J. Hager* BB 1989, 693; *H. Schmidt* NZA 1989, 661.
17 Dazu etwa *Ebert* BB 1976, 1132.
18 BAG NJW 1979, 76; 1985, 1854 f

sichtlich des Ersatzgeschäfts ausnahmsweise ein realer Wille vorhanden sein und sogar erklärt werden muss (vgl. oben Rz. 520). Im Grunde braucht man dann § 140 meist nicht mehr; vielmehr ergibt die schon Auslegung nach §§ 133, 157, dass vorsorglich zugleich eine befristete Kündigung erklärt ist. Zur Zulässigkeit einer solchen „hilfsweisen" Kündigung unten Rz 850.

Dagegen soll nach dem BAG[19] eine außerordentliche Kündigung dann nicht in eine ordentliche umgedeutet werden können, wenn der Betriebsrat zu der außerordentlichen Kündigung nicht angehört worden ist: Eine Anhörung zu der nicht wirklich ausgesprochenen ordentlichen Kündigung genüge nicht. Im Mietrecht hält der BGH[20] die Umdeutung einer außerordentlichen Kündigung in einen Antrag zum Abschluss einer Aufhebungsvereinbarung zwar grundsätzlich für möglich. Doch wird dabei ein strenger Maßstab angelegt, selbst wenn aus der Kündigung erkennbar sei, dass der Kündigende das Mietverhältnis unter allen Umständen beenden wolle, weil sonst für den Kündigungsgegner Unklarheiten drohten, die bei Gestaltungsrechten gerade vermieden werden müssten (vgl. unten Rz. 849). Denn obwohl die bloße Hinnahme der Kündigung schon nach allgemeinen Grundsätze nicht als die Annahme der Aufhebungsvereinbarung verstanden werden kann (zum Schweigen oben Rz. 387 ff.), wäre der Gekündigte aus Gründen der Vorsicht vielfach gezwungen, der Kündigung sicherheitshalber zu widersprechen. Das führte zu weit. Selbst wenn der Mieter auf die Kündigung auszieht, kommt danach im Regelfall schon mangels Antrags kein Aufhebungsvertrag zustande, weshalb der Mieter wegen der unberechtigten Kündigung weiter Schadensersatz verlangen kann[21]. 525

2. Sicherungsrechte

Nicht selten unterbleibt bei der Verpfändung von Mobilien die Übergabe (§§ 1205 f.) oder bei der Verpfändung von Forderungen die Anzeige an den Schuldner (§ 1280). Nach dem oben Rz. 519 Gesagten kann hier nicht in eine fiduziarische Vollrechtsübertragung (Sicherungsübereignung oder Sicherungszession) umgedeutet werden, weil diese Ersatzgeschäfte weiterreichen als das nichtige Geschäft. Dagegen wird mit Recht in die Einräumung eines Zurückbehaltungsrechts an dem geleisteten Gegenstand bis zur Rückzahlung des Kredits umgedeutet[22]. Dieses besteht dann unabhängig davon, ob die in § 273 I geforderte Konnexität („aus demselben rechtlichen Verhältnis") vorliegt. 526

3. Wertsicherungsklauseln

Für den Schutz von Geldsummenforderungen gegen die Folgen der Geldentwertung war die Rechtslage besonders unübersichtlich: Einerseits hat früher § 3 S. 2 WährG Gleitklauseln für genehmigungsbedürftig erklärt, und solche Genehmigungen wurden 527

---

19 BAG NJW 1976, 2366, 2368.
20 BGH NJW 1981, 43, 44.
21 BGH NJW 1984, 1028.
22 Vgl. schon RGZ 66, 24, 28.

weithin nicht erteilt. Andererseits aber hatte die Rechtsprechung das Genehmigungserfordernis eng ausgelegt und mehrere Seitenwege eröffnet. So konnten die Parteien ohne fachmännischen Rat leicht etwas Unzulässiges vereinbaren, obwohl eine genehmigungsfreie Klausel mit fast gleicher Wirkung zur Verfügung gestanden hätte. Auch hier hat die Rechtsprechung häufig geholfen. Freilich hat sie dabei eigenartigerweise meist nicht mit § 140 argumentiert. Vielmehr hat sie eine Verpflichtung der Parteien bejaht, „einer Änderung der vereinbarten Klausel in eine solche mit genehmigungsfähigem oder nicht genehmigungsbedürftigem Inhalt zuzustimmen"[23]. Praktisch steht eine solche **Neuverhandlungspflicht**[24] aber der Umdeutung sehr nahe. Inzwischen ist die Vereinbarung von Preisanpassungsklauseln durch das Preisklauselgesetz (PrKG) vom 7. 9. 2007 teils erheblich erleichtert worden, insbesondere ist die Genehmigungspflicht entfallen[25]. Im Wohnraummietrecht lässt § 557 b (wie zuvor schon § 10 a MHG) bereits seit 1993 die sog. **Indexmiete** zu, wonach eine Vereinbarung zulässig ist, dass die Miete durch den vom Statistischen Bundesamt ermittelten Verbraucherpreisindex für Deutschland (VPI) bestimmt wird.

4. Geschäfte von Todes wegen und unter Lebenden

528 Im Erbrecht kommt es zumal wegen der dort herrschenden Formenstrenge (vgl. unten Rz. 610) verhältnismäßig oft zu nichtigen Geschäften. Zudem scheidet hier eine Neuvornahme unter Vermeidung des Mangels regelmäßig aus, weil dieser erst nach dem Tod des Erblassers entdeckt zu werden pflegt. Dann kommt unter Umständen sogar eine Umdeutung in ein Rechtsgeschäft unter Lebenden in Betracht.

Nicht um einen Formmangel ging es freilich in dem Fall von BGH NJW 1978, 423: Dort hatte eine durch gemeinschaftliches Testament nach § 2271 II zugunsten ihres Sohnes gebundene Witwe gleichwohl noch in einem Erbvertrag einem Dritten einen Schulderlass vermacht. Der BGH hat dieses unwirksame Vermächtnis in einen (nach § 2286 zulässigen) auf den Tod der Witwe befristeten Erlassvertrag unter Lebenden (§ 397 I) umgedeutet. Dem ist jedoch[26] vor allem mit dem Argument widersprochen worden, die vom BGH angenommene vollzogene Schenkung gehe in ihrer Wirkung über ein (erst später zu vollziehendes) Befreiungsvermächtnis hinaus (vgl. oben Rz. 519). Das trifft zwar zu. Doch ist hier der „Überschuss" so geringfügig, dass man über ihn wohl hinwegsehen darf: Das Befreiungsvermächtnis hätte ja mit dem Erbfall ohne weiteres eine Einrede gegen die zu erlassende Forderung entstehen lassen, deren Wirkung dem vollzogenen Erlass ganz nahekommt.

---

23 BGH NJW 1975, 44, 45 mit weit. Angaben, auch BGH DB 1979, 1790, 1791.
24 Dazu *Horn* AcP 181 (1981) 255, teilweise auch *J. F. Baur* FS Steindorff (1990) 509; *Steindorff* FS Pfeiffer (1989) 797; *Thole* JZ 2014, 443.
25 Vgl. *G. Kirchhoff* DNotZ 2007, 913; *Medicus/Lorenz* SAT Rz. 187.
26 So *Tiedtke* NJW 1978, 2572.

§ 37 Die Bestätigung

Literatur: *Graba*, Bestätigung und Genehmigung von Rechtsgeschäften (Diss. München 1967); *M. Müller*, Die Bestätigung nichtiger Rechtsgeschäfte (1989); *Petersen*, Die Bestätigung des nichtigen und anfechtbaren Rechtsgeschäfts, Jura 2008, 666.

I. Allgemeines

1. Wenn jemand ein nicht von ihm selbst abgeschlossenes Rechtsgeschäft in Geltung setzt, nennt man das „**Genehmigung**": so die Genehmigung des gesetzlichen Vertreters für das Geschäft des beschränkt Geschäftsfähigen (§ 108) oder die des vollmachtlos Vertretenen für das Vertretergeschäft (§ 177). Daneben kommt es aber auch vor, dass jemand ein von ihm selbst abgeschlossenes Geschäft erst noch in Geltung setzt: Man spricht dann von „**Bestätigung**" (anders freilich § 108 III). Diese ist nur sinnvoll, wenn das Geschäft zunächst nicht (voll) gilt: nämlich weil es nichtig (§ 141) oder anfechtbar (§ 144) ist.

2. Dabei wirkt als Bestätigung ein Verhalten, aus dem sich der Wille ergibt, das Geschäft trotz dessen Wirksamkeitsmangels oder doch wenigstens trotz Zweifeln an dessen Wirksamkeit gelten zu lassen. Dazu genügt statt einer ausdrücklichen Erklärung vielfach auch **konkludentes Verhalten**: etwa die Weiterzahlung der Raten oder die Veräußerung der erworbenen Sache. Dagegen braucht die bloße Weiterbenutzung der mit dem unwirksamen Geschäft erworbenen Sache keine Bestätigung zu bedeuten: Der Erwerber kann ja auf diese Benutzung (z.B. eines Kraftfahrzeugs für den Weg zur Arbeit) angewiesen sein, bis er den auf das unwirksame Geschäft gezahlten Kaufpreis zurückerhält.

Vielfach ist entschieden worden, die Bestätigung erfordere einen **Bestätigungswillen** und daher wenigstens Zweifel an der Wirksamkeit des zu bestätigenden Geschäfts[1].
Doch wird damit nach richtiger Ansicht nicht etwa ein besonders intensives Erklärungsbewusstsein verlangt (vgl. unten Rz. 605). Vielmehr gehört es schon zum äußeren Erklärungstatbestand der Bestätigung, das Geschäft solle *trotz der erkannten Wirksamkeitszweifel* gelten. Wenn die Erklärung nicht erkennen lässt, dass solche Zweifel ausgeräumt werden sollen, bedarf es also auch keiner Anfechtung, wenn der Erklärende keine Bestätigung wollte: Dann ist nämlich keine Bestätigung erklärt worden. Insbesondere soll ein Bestätigungswille nicht schon dadurch ausgedrückt werden, dass der Käufer in Kenntnis der Anfechtbarkeit vom Verkäufer Mängelgewährleistung (§§ 437 ff.) verlangt[2]. Umgekehrt ist aber auch nicht Voraussetzung, dass der Erklärende tatsächlich eine Bestätigung erklären wollte, solange nur potentielles Erklärungsbewusstsein (oben Rz. 608 a) gegeben ist und ein redlicher Erklärungsempfänger die Erklärung als Bestätigung verstehen durfte[3]. Freilich kann die Erklärung dann aber wegen Irrtums anfechtbar sein.

---
1 Vgl. MünchKomm-*Busche* § 141 Rz. 14 mit Nachweisen, etwa BGH ZIP 1990, 314.
2 BGHZ 110, 220.
3 BGH GRUR 2015, 187 Rz. 36 für die insoweit gleichgelagerte Genehmigung.

II. Die Bestätigung des nichtigen Geschäfts (§ 141)

532 1. Die Bestätigung eines nichtigen Geschäfts ist nach § 141 I „als **erneute Vornahme** zu beurteilen". Der erforderliche Bestätigungswille macht grundsätzlich Kenntnis von der Nichtigkeit nötig, zumindest aber Zweifel an der Wirksamkeit des Rechtsgeschäfts, sofern die Wirksamkeit jedenfalls gesichert werden soll[4]. Danach scheidet eine Bestätigung aus, wenn die Parteien „das Rechtsgeschäft bedenkenfrei für gültig halten"[5]. Die Bestätigung führt zudem nicht ohne weiteres zur Wirksamkeit, weil auch sie den allgemeinen Wirksamkeitserfordernissen für das zu bestätigende Rechtsgeschäft genügen muss. So muss die vorher nicht beachtete Form (§ 125) jetzt gewahrt sein, das verletzte Verbotsgesetz (§ 134) darf jetzt nicht mehr entgegenstehen oder der Sittenverstoß (§ 138) muss bei der Bestätigung vermieden werden.

Andererseits ist aber zu beachten, dass § 141 I nicht schlechthin eine Neuvornahme verlangt. Der Satz, man könne ein nichtiges (und daher zunächst misslungenes) Geschäft neu abschließen, wäre ja auch allzu selbstverständlich. Daher bedeutet die Formulierung des § 141 I wohl nur, die (wirksame) Bestätigung habe die Folgen einer Neuvornahme[6]. – In diese Richtung gehen auch Äußerungen der Rechtsprechung: Das zu bestätigende Geschäft brauche „nicht in allen Einzelheiten neu erklärt zu werden"; vielmehr genüge, dass sich die Beteiligten nun „auf den Boden (des alten Geschäfts) stellen"[7]. Andererseits folgert die Rechtsprechung[8] aus dem Wortlaut des § 141 I, die Bestätigung bedürfe selbst dann einer Form, wenn diese bei dem zu bestätigenden Geschäft eingehalten worden war und dessen Nichtigkeit auf anderen Gründen beruhte[9]. Das ist nach dem Gesagten kaum konsequent[10].

533 2. Für die **Bestätigung eines Vertrags** bestimmt § 141 II keine echte Rückwirkung (für die Bestätigung eines einseitigen Rechtsgeschäfts kommt ohnehin keine Rückwirkung in Betracht). Doch sollen in Vermutung eines entsprechenden Willens die Parteien im Zweifel verpflichtet sein, sich so zu stellen, als wäre der Vertrag von Anfang an gültig gewesen. Danach darf z.B. der Käufer die Nutzungen der Kaufsache seit der Übergabe (§ 446 S. 2) behalten, obwohl der zunächst nichtige Vertrag erst später durch die Bestätigung wirksam geworden ist. Entsprechend braucht umgekehrt der Verkäufer den schon vor der Bestätigung erhaltenen Kaufpreis nicht nach § 818 I zu verzinsen.

III. Die Bestätigung des anfechtbaren Geschäfts (§ 144)

534 Die Bestätigung des anfechtbaren, aber noch nicht angefochtenen Geschäfts (nach der Anfechtung kann die Bestätigung wegen § 142 I nur nach § 141 wirken) wird durch § 144 unkompliziert gehalten: Das Geschäft braucht nicht etwa unter Vermeidung des Anfechtungsgrundes erneut vorgenommen zu werden. Vielmehr genügt die Entschei-

---

4 BGH NJW 2012, 1570 Rz. 21; *Brox/Walker* AT Rz. 372.
5 BGH NJW 2012, 1570 Rz. 21.
6 *M. Müller*, Die Bestätigung nichtiger Rechtsgeschäfte (1989), bestr.
7 BGH DB 1968, 479.
8 Etwa RGZ 146, 234, 238; BGH NJW 1985, 2580; 1999, 3704.
9 So die h.M., etwa *Flume* AT II § 30, 6 S. 551 f.; *Bork* Rz. 1244; *Faust* § 14 Rz. 2.
10 Ebenso wie hier *K. Schmidt* AcP 189 (1989) 1, 9; Staudinger/*H. Roth* (2015) § 141 Rz. 16.

dung des Anfechtungsberechtigten, sein Anfechtungsrecht nicht auszuüben. Ein Teil der Lehre will das von dem **Verzicht auf das Anfechtungsrecht** trennen[11], doch besteht hier wohl kein sachlicher Unterschied.

Dass die Bestätigung formlos möglich ist, sagt § 144 II ausdrücklich. Darüber hinaus hält die h.M. die Bestätigungserklärung sogar für nicht zugangsbedürftig[12]. Doch ist dem nicht zu folgen: Der Gegner des Anfechtungsberechtigten muss erfahren, woran er ist; umgekehrt braucht der Anfechtungsberechtigte nicht an seine Bestätigung gebunden zu werden, wenn er diese nicht dem Anfechtungsgegner gegenüber erklärt hat.

---
11   *Flume* AT § 31, 7 S. 568 f.
12   Vgl. nur *Wolf/Neuner* § 42 Rz. 169; *Faust* § 23 Rz. 7; wie hier dagegen Staudinger/*H. Roth* (2015) § 144 Rz. 4; *Bork* Rz. 946.

§ 38 Die Fähigkeit zur Willensbildung (Geschäftsfähigkeit)

Literatur: *Beitzke*, Mündigkeit und Minderjährigenschutz, AcP 172 (1972) 240; *Brauer*, Vertragsschluss und Zugang bei Verträgen mit Minderjährigen, JuS 2004, 472; *Brox*, Der Minderjährigenschutz beim Rechtsgeschäft, JA 1989, 441; *Canaris*, Geschäfts- und Verschuldensfähigkeit bei Haftung aus „culpa in contrahendo", Gefährdung und Aufopferung, NJW 1964, 1987; *Coester-Waltjen*, Überblick über die Probleme der Geschäftsfähigkeit, Jura 1994, 331; *Gebauer*, Die Lehre von der Teilgeschäftsunfähigkeit und ihre Folgen, AcP 153 (1954) 332; *Hohm*, Grundrechtsträgerschaft und „Grundrechtsmündigkeit" am Beispiel öffentlicher Heimerziehung, NJW 1986, 3107 (dazu mit Recht kritisch *Martens* und *Schütz*, NJW 1987, 2561, 2563); *Hommers*, Die Entwicklungspsychologie der Delikts- und Geschäftsfähigkeit (1983); *Knothe*, Die Geschäftsfähigkeit des Minderjährigen in geschichtlicher Entwicklung (1983); *Köbler*, Das Minderjährigenrecht, JuS 1979, 789; *Ludyga*, Die Stärkung der Rechtsstellung Geschäftsunfähiger – Auslegung von § 105 a BGB, FPR 2007, 3; *Maier-Reimer/Marx*, Die Vertretung Minderjähriger beim Erwerb von Gesellschaftsbeteiligungen, NJW 2005, 3025; *Moritz*, Die (zivil)rechtliche Stellung der Minderjährigen und Heranwachsenden ... (1989, dazu *Schwenzer* AcP 189, 1989, 584); *von Mutius*, Grundrechtsmündigkeit, Jura 1987, 272; *Nitschke*, Die Wirkung von Rechtsscheintatbeständen zu Lasten Geschäftsunfähiger und beschränkt Geschäftsfähiger, JuS 1968, 541; *Petersen*, Die Geschäftsfähigkeit, Jura 2003, 97; *Robbers*, Partielle Handlungsfähigkeit Minderjähriger im öffentlichen Recht, Deutsches Verwaltungsblatt 1987, 709; *Röthel/Krackhardt*, Lediglich rechtlicher Vorteil und Grunderwerb, Jura 2006, 161; *K. Schmidt*, Grenzen des Minderjährigenschutzes im Handels- und Gesellschaftsrecht, JuS 1990, 517; *K. Schreiber*, Geschäftsfähigkeit, Jura 1990, 24; *D. Schwab*, Mündigkeit und Minderjährigenschutz, AcP 172 (1972) 266; *Schwimann*, Die Institution der Geschäftsfähigkeit (1965); *Wedemann*, Die Rechtsfolgen der Geschäftsunfähigkeit, AcP 209 (2009) 888; *dies.*, Die Geschäftsunfähigkeit, Jura 2010, 587; *Wiedemann/Wank*, Begrenzte Rationalität – gestörte Willensbildung im Privatrecht, JZ 2013, 340.

Die Rechtsordnung muss, damit sie den erklärten Willen anerkennen kann, die **Fähigkeit zu vernünftiger Willensbildung** voraussetzen: Was Kinder oder Geisteskranke erklären, soll nicht maßgeblich sein, sondern für sie sollen ihre gesetzlichen Vertreter handeln (Eltern, Vormünder, Betreuer). Die Fähigkeit zu vernünftiger Willensbildung führt im BGB zur Geschäftsfähigkeit. Diese ermöglicht es der natürlichen Person, ihre

535

Rechtsverhältnisse durch *eigene* Willenserklärungen (und nicht bloß durch solche von Vertretern) zu gestalten.

I. Mängel der Geschäftsfähigkeit

536 Nach dem BGB ist Geschäftsfähigkeit die Regel, Mängel der Geschäftsfähigkeit sind die besonders bestimmte Ausnahme. Dabei wäre es konsequent, den Mangel der Geschäftsfähigkeit mit dem konkreten Mangel der Fähigkeit zu vernünftiger Willensbildung gleichzusetzen. Doch wäre das mit der Leichtigkeit und Sicherheit des Rechtsverkehrs ganz unvereinbar: Man kann nicht vor jedem Rechtsgeschäft eine Art „Reifeprüfung" für denjenigen veranstalten, mit dem oder dem gegenüber das Geschäft vorgenommen werden soll. Daher legt das BGB Einschränkungen der Geschäftsfähigkeit überwiegend typisierend fest (vgl. unten Rz. 537; 539). Nur ausnahmsweise kommt es wirklich auf das konkrete Urteilsvermögen des rechtsgeschäftlich Handelnden an (vgl. unten Rz. 546).

1. Altersstufen

537 Die ganz vorherrschende Abgrenzung der Geschäftsfähigkeit erfolgt nach dem **Lebensalter**: Vor der Vollendung des 7. Lebensjahres besteht Geschäftsunfähigkeit (§ 104 Nr. 1), von da an bis zur Vollendung des 18. Lebensjahres beschränkte Geschäftsfähigkeit (§§ 2, 106). Hierbei spielt also keine Rolle, ob das für das Geschäft nötige Urteilsvermögen ausnahmsweise schon vor der Erreichung dieser Altersgrenze vorliegt, oder ob es auch danach noch fehlt.

538 Bis zum 31. 12. 1974 hat die für die Erreichung der vollen Geschäftsfähigkeit maßgebliche Altersgrenze **(Volljährigkeit)** noch bei der Vollendung des **21. Lebensjahres** gelegen. Diese Grenze war für viele Geschäfte sicher zu hoch angesetzt; sie konnte aber von verständigen Eltern durch die Erteilung genereller Einwilligungen (vgl. unten Rz. 578, 583) individuell gesenkt werden. Umgekehrt dürfte jedoch das **18. Lebensjahr** für manche Geschäfte zu niedrig liegen (etwa für hohe Bürgschaften, für den Kauf teurer kurzlebiger Gebrauchsgüter gegen eine vieljährige Verpflichtung zur Ratenzahlung). Hier haben die Eltern keine rechtliche Möglichkeit mehr, die vom Gesetz ohne Einschränkung gewährte Freiheit im Sinne des Vernünftigen zu regulieren[1]. Jetzt kennt auch § 208 S. 1 in einem Sonderfall die Verjährung bis zur Vollendung des 21. Lebensjahres des Gläubigers.

2. Geistige Schwächen

539 **a)** Statt durch jugendliches Alter kann die Fähigkeit zu vernünftiger Willensbildung auch durch andere Umstände eingeschränkt sein, etwa durch Geisteskrankheit oder Geistesschwäche. Bis zum 31. 12. 1991 hatte das BGB für solche Fälle eine **Entmündigung** in einem besonderen gerichtlichen Verfahren vorgesehen. Diese Regelung ist

---

[1] Vgl. dazu *Beitzke* und *D. Schwab* AcP 172 (1972) 240; 266 mit weiteren Angaben, auch zur Rechtsvergleichung; zudem *Bosch* FS Schiedermair (1976) 51.

aber rechtspolitisch zunehmend angegriffen worden: Die Entmündigung wirke diskriminierend; auch schieße der vollständige Verlust der Geschäftsfähigkeit über das Ziel hinaus, weil der Entmündigte regelmäßig Alltagsgeschäfte oder solche ohne rechtlichen Nachteil für ihn durchaus selbst besorgen könne[2]. Weitere Bedenken stammten aus Missständen bei der Bestellung von Vormündern.

b) Daher hat seit dem 1. 1. 1992 das Gesetz zur Reform des Rechts der Vormundschaft und Pflegschaft **(Betreuungsgesetz)** die genannten Vorschriften des BGB grundlegend geändert: Die §§ 104 Nr. 3, 114 a. F. sind aufgehoben worden; **es gibt keine Entmündigung mehr**. In den §§ 1896 ff. hat die Reform den Vormund durch einen Betreuer ersetzt[3]. 540

c) Natürlich kommt aber auch diese Gesetzesänderung nicht daran vorbei, dass die Einschränkungen der Geschäftsfähigkeit (genau wie bei Minderjährigen) dem Schutz der Betroffenen vor Schäden aus ihren Geschäften dienten. Daher kann auch die Neuregelung Geschäfte von Personen, denen die Fähigkeit zu vernünftiger Willensbildung fehlt, nicht unbeschränkt gelten lassen. Die **Unwirksamkeit** ergibt sich jetzt aus folgenden Vorschriften: 541

aa) Nach § 104 Nr. 2 ist geschäftsunfähig (mit der Folge von § 105 I), wer sich in einem nicht bloß vorübergehenden, die freie Willensbestimmung ausschließenden Zustand krankhafter Störung der Geistestätigkeit befindet. Ein solcher Ausschluss der freien Willensbestimmung setzt voraus, dass der Betroffene nicht mehr in der Lage ist, seine Entscheidungen von vernünftigen Erwägungen abhängig zu machen; BGH NJW 1996, 918 sagt, der Betroffene dürfe nicht imstande sein, seinen Willen frei und unbeeinflusst von einer vorliegenden Geistesstörung zu bilden und nach zutreffend gewonnenen Einsichten zu handeln. Dieser Zustand kann sich auch auf einen bestimmten Geschäftskreis beschränken (*partielle Geschäftsunfähigkeit*)[4]. 542

Ein Beispiel bildet der Fall von **BGHZ 30, 112**: Ein 77-jähriger, nicht haftpflichtversicherter Rechtsanwalt hatte wegen einer Sehbehinderung das Datum einer Urteilszustellung falsch gelesen und daher eine Berufungsfrist versäumt. Als er das erkannte, verbrachte er „schlaflose Nächte aus Scham über sein berufliches Versagen und Angst vor dem wirtschaftlichen Ruin". Wegen des so ausgelösten „psychologischen Schocks" versäumte er auch den Antrag auf Wiedereinsetzung in den vorigen Stand.

Der BGH hat hier eine auf diese Angelegenheit beschränkte Geschäftsunfähigkeit bejaht: Die Erregung über die erste Fristversäumung habe zu der Unfähigkeit geführt, „hinsichtlich der Führung dieses Rechtsstreits auch nur ein Mindestmaß der erforderlichen Konzentration und Entschlusskraft aufzubringen". Im Umfang dieser Geschäftsunfähigkeit lag dann auch Prozessunfähigkeit vor, vgl. § 52 ZPO. Diese führte nach h.M. zur Unfähigkeit des Anwalts, seinen Mandanten zu vertreten. Der Prozess war also nach § 244 I ZPO unterbrochen, und damit endete auch der Fristenlauf (§ 249 I ZPO). Folglich konnte der versäumte Wiedereinsetzungsantrag noch

---

2 Vgl. *Canaris* JZ 1987, 993.
3 Vgl. dazu etwa *Taupitz* JuS 1992, 9; *W. Zimmermann/Damrau* NJW 1991, 538; *Cypionka* NJW 1992, 207; *Rausch/Rausch* NJW 1992, 274.
4 Zu ihrer Feststellung BayObLG NJW 1992, 2100.

nachgeholt werden, sodass der Anwalt keinen von ihm zu ersetzenden Schaden angerichtet hatte. Im Ergebnis bedeutet die vom BGH praktizierte Annahme partieller Geschäftsunfähigkeit also eine Art zivilrechtlichen Gnadenerweis für Menschen, denen eine bestimmte Situation über den Kopf gewachsen ist. Das wird man billigen können[5]. Keine Gnade bedeutet freilich die Annahme partieller Geschäftsunfähigkeit von *Querulanten*: Hier geht es mehr um eine Abwehr von Personen, denen zwar meist ein Unrecht geschehen ist (Michael Kohlhaas![6]), die darauf aber maßlos reagieren und die Gerichte mit einer Fülle von Rechtsschutzbegehren überschütten.

543 Gültig sind aber allemal Erklärungen, die in sog. **lucida intervalla** abgegeben werden, also in Zeiträumen, in denen die Geistestätigkeit nicht gestört ist.

544 **bb)** Auf ihrer Natur nach **bloß vorübergehende** Störungen der Geistestätigkeit ist § 104 Nr. 2 nicht anwendbar. Doch gilt bei solchen Störungen § 105 II: Das Gesetz lässt dann zwar nicht Geschäftsunfähigkeit eintreten, ordnet aber die Nichtigkeit von Willenserklärungen an, „die im Zustand der Bewusstlosigkeit oder vorübergehenden Störung der Geistestätigkeit abgegeben" werden. Hier braucht man bei „Bewusstlosigkeit" nicht an Ohnmacht oder Schlaf zu denken: Irgendwelche in einem solchen Zustand abgegebenen Äußerungen sind schon mangels eines Handlungswillens unwirksam (vgl. unten Rz. 606). „Bewusstlosigkeit" umfasst jedoch die hochgradige Trunkenheit, starken Drogeneinfluss, das Fieberdelirium oder epileptische Anfälle, also alle Zustände, in denen sich der Erklärende über den Inhalt des von ihm Geäußerten nicht klar ist. Dabei sind die Übergänge zu der „vorübergehenden Störung der Geistestätigkeit" fließend; wegen der Ähnlichkeit der Rechtsfolge ist eine Abgrenzung aber auch kaum bedeutsam. Doch muss die Störung, obwohl § 105 II das nicht sagt, nach allgemeiner Ansicht ebenso wie bei § 104 Nr. 2 die freie Willensbestimmung ausschließen.

545 Dass § 105 II im Gegensatz zu § 104 Nr. 2 nicht Geschäftsunfähigkeit anordnet, sondern bloß die Nichtigkeit der in dem gestörten Zustand abgegebenen Willenserklärung, hat Bedeutung vor allem für den **Zugang**: Bei Mängeln der Geschäftsfähigkeit gilt § 131, während bei einer vorübergehenden Störung eine verkörperte Willenserklärung zugehen kann (dagegen wird der Gestörte eine nicht verkörperte Willenserklärung nicht vernehmen können, vgl. oben Rz. 289).

546 **cc)** Nicht selten kann zweifelhaft sein, ob eine Schwäche der geistigen Fähigkeiten den für die §§ 104 Nr. 2, 105 II **nötigen Grad** erreicht. Solche Zweifel brauchen nicht nur den Rechtsverkehr zu belasten. Vielmehr können sie auch derjenigen Person selbst schaden, um deren geistige Fähigkeiten es geht: Je mehr Zeit seit dem Geschäftsabschluss vergangen ist, umso schwerer wird oft der Nachweis einer geistigen Schwäche fallen.

547 Für solche Fälle einer „erheblichen Gefahr für die Person oder das Vermögen" sieht § 1903 I 1 die betreuungsgerichtliche Anordnung eines **Einwilligungsvorbehalts** vor (der sachlich der alten Entmündigung ähnelt). Danach sollen die Vorschriften über den beschränkt geschäftsfähigen Minderjährigen entsprechend gelten, § 1903 I 2. Das bedeutet: Für die Dauer der Geltung dieses Vorbehalts und in seinem sachlichen

---

5   Zustimmend etwa *Flume* AT II § 13, 4 S. 186, ähnlich OLG Frankfurt NJW-RR 1992, 763.
6   Zu ihm *Singer* Liber Amicorum Leenen (2012) 212.

Umfang benötigt die betroffene Person für eine wirksame Willenserklärung regelmäßig die Einwilligung ihres Betreuers. Diese Einwilligung ist eine vorherige Zustimmung, § 183 S. 1; eine nachträgliche Genehmigung wirkt nach den §§ 1903 I 2, 108. Ohne Einwilligung oder Genehmigung gelten nur Willenserklärungen, die der betroffenen Person lediglich rechtlichen Vorteil bringen oder „geringfügige Angelegenheiten des täglichen Lebens" betreffen, § 1903 III. Doch kann das Betreuungsgericht solche nicht bloß vorteilhaften Alltagsgeschäfte auch ausnehmen, also in den Genehmigungsvorbehalt einbeziehen: z.B. die Beschaffung von Alkohol durch einen Trinker.

3. Die Betreuung

a) Nach § 1896 I erhält als Volljähriger einen **Betreuer**, wer „auf Grund einer psychischen Krankheit oder einer körperlichen, geistigen oder seelischen Behinderung seine Angelegenheiten ganz oder teilweise nicht besorgen" kann. Zuständig für die Bestellung ist das Betreuungsgericht, und zwar auf Antrag des zu Betreuenden oder von Amts wegen. Nötig ist ein Antrag regelmäßig, wenn nur eine körperliche Behinderung vorliegt, § 1896 I 3: Einer geistig gesunden Person soll eine Betreuung nicht aufgedrängt werden können. Darüber hinaus darf eine Betreuung auch ganz allgemein nicht gegen den freien Willen des Betroffenen angeordnet werden, § 1896 Ia. Der Begriff der freien Willensbestimmung ist dabei „im Kern deckungsgleich" mit § 104 Nr. 2[7]. Der Aufgabenkreis des Betreuers ist auf das erforderliche Maß einzuschränken, § 1896 II. Bei der Auswahl des Betreuers hat der zu Betreuende ein Mitspracherecht, § 1897 IV. Auch kommt die Bestellung von mehreren Betreuern in Betracht, § 1899.

548

b) Der Betreuer ist in seinem Aufgabenkreis **gesetzlicher Vertreter** des Betreuten, § 1902. Im Innenverhältnis muss der Betreuer auf das Wohl und die Wünsche des Betreuten Rücksicht nehmen, § 1901. Für besonders schwerwiegende Geschäfte bedarf der Betreuer der Genehmigung des Betreuungsgerichts, §§ 1904 ff. und 1908 i I mit §§ 1821 bis 1825 (ausgenommen einige Ziffern von § 1822). Für schuldhafte Fehler bei der Amtsführung haftet der Betreuer dem Betreuten nach den §§ 1908 i I, 1833 auf Schadensersatz.

549

c) Nach § 1896 I 1 kann eine Betreuung auch in Fällen angeordnet werden, in denen der Betreute wenigstens zeitweise geschäftsfähig ist. Das gilt vor allem bei bloß körperlicher Behinderung. Zudem besteht bei § 104 Nr. 2 die Betreuung auch in den lucida intervalla (vgl. oben Rz. 543). Dann ergibt sich, soweit kein Einwilligungsvorbehalt nach § 1903 besteht, die **Möglichkeit einander widersprechender Rechtsgeschäfte** des Betreuers und des Betreuten. Das ist dieselbe Problematik, die unter engeren Voraussetzungen auch nach der alten Rechtslage auftreten konnte (vgl. die 4. Aufl. Rz. 544 f.). Hier wird wie früher zu entscheiden sein: Mehrere **Verpflichtungen** gelten nebeneinander; dass nur eine erfüllt werden kann, befreit den Betreuten gegenüber dem anderen Gläubiger nach § 275. Bei mehreren **Verfügungen** ist nur die zeitlich frühere diejenige eines Berechtigten. Dagegen kann die spätere nur wirken, wenn die Voraussetzungen für einen Erwerb vom Nichtberechtigten (etwa die §§ 932 ff.) vorliegen.

550

---

[7] BGH NJW-RR 2012, 773 Rz. 14; 964 Rz. 14.

II. Rechtsfolgen

1. Unwirksamkeit von Rechtsgeschäften

551 Bei Minderjährigen zwischen dem vollendeten 7. und 18. Lebensjahr und durch einen Einwilligungsvorbehalt (§ 1903) tritt **beschränkte Geschäftsfähigkeit** ein; dazu vgl. unten Rz. 556 ff. In den übrigen Fällen dagegen (ausgenommen bloß § 105 II, vgl. oben Rz. 548) liegt schlechthin **Geschäftsunfähigkeit** vor. Sie macht die Willenserklärungen des Geschäftsunfähigen selbst nichtig, § 105 I[8]; an diesen gerichtete Willenserklärungen eines Dritten müssen dem gesetzlichen Vertreter zugehen, § 131 I. Der Geschäftsunfähige bleibt also zwar Rechtssubjekt, das heißt er behält seine Rechtsfähigkeit (vgl. unten Rz. 1039). Er kann aber nicht selbst handelnd Teilnehmer an Rechtsgeschäften sein, nämlich Willenserklärungen abgeben oder empfangen, sondern muss hierbei vertreten werden.

551 a Eine beschränkte **Ausnahme** bringt bei einem volljährigen Geschäftsunfähigen die Vorschrift des § 105 a[9]. Danach gilt regelmäßig (Ausnahme § 105 S. 2) ein Geschäft des täglichen Lebens über geringwertige Leistungen als wirksam, sobald Leistung und Gegenleistung bewirkt worden sind. Hiermit soll dem Volljährigen eine beschränkte selbständige Lebensführung ermöglich werden. Die Vorschrift bedeutet nach vorzugswürdiger Ansicht nicht etwa nur einen Rückforderungsausschluss; daher kommt etwa auch die kaufrechtliche Mängelhaftung in Betracht. Nach dem Wortlaut betrifft die Fiktion des § 105 a nur den schuldrechtlichen Vertrag[10]. Entgegen der Gesetzesbegründung[11] erstreckt ein Teil der Lehre die Fiktion auch auf die Erfüllungsgeschäfte[12].

2. Die Risikoverteilung

552 **a)** Die Geschäftsunfähigkeit und ihre Ursachen brauchen **nicht erkennbar** zu sein. So mag der Partner ohne jede Fahrlässigkeit auf die Wirksamkeit eines Geschäfts vertrauen, das in Wahrheit an der Geschäftsunfähigkeit scheitert. Unsere Rechtsordnung schützt dieses Vertrauen nirgendwo in dem Sinn, dass guter Glaube an die Geschäftsfähigkeit zur Geschäftswirksamkeit führt: Die Anordnung der Nichtigkeit soll eben den Geschäftsunfähigen schützen, und dieser Schutz soll unabhängig von dem guten oder bösen Glauben des Partners sein.

---

[8] *Leenen* FS Canaris (2007) I 699, 707 ff. will bei beschränkter Geschäftsfähigkeit nicht schon die Willenserklärung nichtig sein lassen, sondern erst das durch sie zu begründende Rechtsgeschäft. Für diese überaus scharfsinnige Ansicht spricht die damit einhergehende Erweiterung des privatautonomen Spielraums des beschränkt Geschäftsfähigen, dessen hinreichenden Schutz die allgemeinen Wirksamkeitshindernisse des Vertrags (§§ 125, 134, 138 etc.), insbesondere die §§ 108 f. gewährleisten. Der beschränkt Geschäftsfähige (nicht der Geschäftsunfähige!) kann somit unter dem Schutz der Rechtsordnung privatautonom rechtsgeschäftliche Erfahrungen sammeln, ohne Nachteile befürchten zu müssen, weil die abgeschlossenen Rechtsgeschäfte ohne die Zustimmung der gesetzlichen Vertreter unwirksam sind.

[9] Dazu *Casper* NJW 2002, 3425; *Ulrici* Jura 2003, 320; *Pawlowski* JZ 2003, 66; *Wertenbruch* § 17 Rz. 6; *Wolf/Neuner* § 34 Rz. 15.

[10] Näher *Leenen* FS Canaris (2007) I 699, 722 mit Fn. 104.

[11] BT-Drs. 14/9266, S. 43.

[12] *Löhnig/Schärtl* AcP 204 (2004) 25, 38; *Franzen* JR 2004, 224.

b) Freilich wäre noch eine „mittlere Lösung" denkbar, wie sie das BGB etwa in den §§ 118, 122 für das Scheingeschäft vorsieht (vgl. unten Rz. 594): Man könnte zwar die Geschäfte Geschäftsunfähiger nichtig sein lassen, sodass keine Erfüllung verlangt werden kann, aber doch dem schuldlosen Partner wenigstens einen Anspruch auf **Ersatz seines Vertrauensschadens** gewähren. Jedoch ist dem Gesetz eine solche Ersatzpflicht des Geschäftsunfähigen fremd: Das Risiko, an einen Geschäftsunfähigen zu geraten und dadurch einen Vertrauensschaden zu erleiden, trägt also regelmäßig der Geschäftspartner. 553

Allerdings bedeutet das Fehlen einer besonders bestimmten Ersatzpflicht noch keinen Freibrief für den Geschäftsunfähigen gegenüber den **allgemeineren Haftungsgründen**. Als solche kommen Delikt (z.B. Betrug in Verbindung mit § 823 II) oder Verschulden bei Vertragsverhandlungen (vgl. oben Rz. 444) in Betracht. Aber dazu ist Deliktsfähigkeit (bei Straftatbeständen sogar Schuldfähigkeit nach §§ 19 f. StGB) nötig, und diese fehlt dem geschäftsunfähigen Kind nach § 828 I und dem Geisteskranken nach § 827. Ausnahmsweise können Geschäftsunfähige aber auch deliktsfähig sein, z.B. der durch Alkohol oder Rauschgift Berauschte (§ 827 S. 2). Hier ist dann eine Haftung auf Schadensersatz möglich. 554

c) In den **Allgemeinen Geschäftsbedingungen** der Banken und der Sparkassen war abweichend von dem eben Gesagten vorgesehen, der Kunde solle den durch das unbegründete Vertrauen auf seine Geschäftsfähigkeit entstehenden Schaden zu ersetzen haben. Diese Klausel nützte sicher nichts, wenn der Kunde schon bei der Aufnahme der Bankverbindung geschäftsunfähig war: Dann wurden nämlich die Geschäftsbedingungen überhaupt nicht wirksam vereinbart (vgl. oben Rz. 408). Anders schien die Situation dagegen, wenn der Kunde erst später in Geschäftsunfähigkeit verfällt, sodass er die Geschäftsbedingungen noch wirksam einbeziehen konnte. In einem solchen Fall hatte BGHZ 52, 61 die fragliche Klausel für gültig erklärt, freilich noch vor dem Inkrafttreten des AGBG (vgl. oben Rz. 401): So wie man eine vertragliche Haftung für Zufall übernehmen könne, sei man auch zur Übernahme der Schäden aus eigener Geisteskrankheit in der Lage. Später ist darüber gestritten worden, ob die Klausel eine unangemessene Benachteiligung darstelle. BGHZ 115, 38, 42 ff. hat bejaht: Die Klausel weiche insofern von der gesetzlichen Risikoverteilung ab, als nach dieser im Wesentlichen nur für Verschulden auf Schadensersatz gehaftet werde, während der Kunde die Folgen eines Verlustes seiner Geschäftsfähigkeit auch ohne Verschulden tragen solle. Zudem bleibe die Wertung der §§ 104 ff. unbeachtet, die dem Schutz des nicht voll Geschäftsfähigen Vorrang vor Verkehrsinteressen gewähre. Die Entscheidung ist mit Recht auf erhebliche Zweifel gestoßen[13]. 555

---

13 Vgl. etwa *Donath* BB 1991, 1881; *Rüthers/Franke* DB 1991, 1010, auch *Dreher* JZ 1991, 413.

Dritter Teil *Das Rechtsgeschäft*

§ 39 Probleme der beschränkten Geschäftsfähigkeit

Literatur: *Braun,* Mitwirkung Minderjähriger bei Vereinsbeschlüssen, NJW 1962, 92; *Coester-Waltjen,* Nicht zustimmungsbedürftige Rechtsgeschäfte beschränkt geschäftsfähiger Minderjähriger, Jura 1994, 668; *Gilles/Westphal,* Ein problematischer Gewerkschaftsbeitritt, JuS 1981, 899; *Hagemeister,* Grundfälle zu Bankgeschäften mit Minderjährigen, JuS 1992, 839; 924; *J. Hager,* Schenkung und rechtlicher Nachteil, Liber Amicorum Leenen (2012) 43; *Hamelbeck,* Mitwirkung Minderjähriger bei Vereinsbeschlüssen, NJW 1962, 722; *Hinz,* Was ist „lediglich rechtlich vorteilhaft" im Sinne des § 107 BGB? (1986); *Jänicke/Braun,* Vertretungsausschluss bei rechtlich nachteiligen Verfügungen zu Gunsten Minderjähriger, NJW 2013, 2474; *Jauernig,* Anstaltsnutzung und Minderjährigenrecht, NJW 1972, 1; *ders.,* Minderjährigkeit und Postbenutzung, FamRZ 1974, 631; *Kalscheuer,* Die Mittelüberlassung zu freier Verfügung – Zum 100-jährigen Jubiläum des Lotterielos-Falles (RGZ 74, 234), Jura 2011, 44; *Klamroth,* Zur Anerkennung von Verträgen zwischen Eltern und minderjährigen Kindern, BB 1975, 525; *Köhler,* Die Problematik der Ausgabe von Scheckvordrucken und Scheckkarten an Minderjährige, DB 1971, 1341; *ders.,* Grundstücksschenkungen an Minderjährige – ein „lediglich rechtlicher Vorteil"?, JZ 1983, 225; *Kohler,* Gesetzestreue und Gesetzeskorrektur in der Rechtsanwendung; eine Untersuchung zur Zwiespältigkeit von § 108 II BGB, Jura 1984, 349; *Kuhlke,* Probleme der beschränkten Geschäftsfähigkeit, JuS-L 2000, 81 mit Fortsetzungen; *Kuhn,* Argumentation bei Analogie und teleologischer Reduktion in der zivilrechtlichen Klausurpraxis, JuS 2016, 104; *Heinr. Lange,* Schenkungen an beschränkt Geschäftsfähige, NJW 1955, 1339; *ders.,* Die Rechtsnatur von Antrag, Annahme und Ablehnung, geprüft bei Verträgen beschränkt Geschäftsfähiger, FS Reinhardt (1972) 95; *Leenen,* Die Heilung fehlender Zustimmung gemäß § 110 BGB, FamRZ 2000, 863; *ders.,* Willenserklärung und Rechtsgeschäft in der Regelungstechnik des BGB, FS Canaris (2007) I 699; *Lettl,* Die Vertretung unbegleiteter Minderjähriger nach §§ 1773 ff. BGB; *ders.,* Vertragsschluss unter beschränkt geschäftsfähigen Minderjährigen (§§ 2, 106 BGB), WM 2013, 1245; *Lindacher,* Überlegungen zu § 110 BGB, FS Bosch (1976) 533; *Lobinger,* Insichgeschäft und Erfüllung einer Verbindlichkeit, AcP 213 (2013) 366; *von Lübtow,* Schenkungen der Eltern an ihre minderjährigen Kinder und der Vorbehalt dinglicher Rechte (1949); *Niewetberg,* Der „Taschengeldparagraph" (§ 110 BGB) im System des Minderjährigenrechts, Jura 1984, 127; *Paal/Leyendecker,* Weiterführende Probleme aus dem Minderjährigenrecht, JuS 2006, 25; *Petersen,* Der Minderjährige im Schuld- und Sachenrecht, Jura 2003, 399; *ders.,* Der Minderjährige im Familien- und Erbrecht, Jura 2006, 280; *Rosenau,* Unentgeltliche Übertragung von Vermögensteilen auf Minderjährige (3. Aufl. 1974); *Scheerer,* Bankgeschäfte des Minderjährigen, BB 1971, 981; *Scherner,* Generaleinwilligung und Vertretungsnotstand im Minderjährigenrecht, FamRZ 1976, 673; *K. Schreiber,* Neutrale Geschäfte Minderjähriger (§ 107 BGB), Jura 1987, 221; *Schulz,* Gibt es einen Generalkonsens im Minderjährigenrecht? DB 1963, 407; *A. Staudinger/Steinrötter,* Minderjährige im Zivilrecht, JuS 2012, 97; *Stieglmeier/Piras,* § 110 BGB im Zeichen der Zeit, JA 2014, 893; *Stürner,* Der lediglich rechtliche Vorteil, AcP 173 (1973) 402; *Wilhelm,* Das Merkmal „lediglich rechtlich vorteilhaft" bei Verfügungen über Grundstücksrechte, NJW 2006, 2353; *Zettel,* Die vormundschaftsgerichtliche Genehmigung, JuS 1982, 751.

I. Übersicht

556 Beim beschränkt Geschäftsfähigen, also beim Minderjährigen zwischen dem vollendeten 7. und 18. Lebensjahr und bei Personen, für die ein Einwilligungsvorbehalt (§ 1903) besteht, gibt es für rechtsgeschäftliches Handeln zwei Möglichkeiten:

1. Für den beschränkt Geschäftsfähigen kann **sein gesetzlicher Vertreter** handeln (Ausnahme bloß bei höchstpersönlichen Geschäften, also wenn Stellvertretung unzulässig ist). Dann wird die eigene beschränkte Geschäftsfähigkeit des Vertretenen nicht eingesetzt; das rechtsgeschäftliche Handeln verläuft nicht anders als bei einem Geschäftsunfähigen (vgl. oben Rz. 535 ff.).

2. Der beschränkt Geschäftsfähige kann aber auch **selbst handeln**. Dann ist weiter zu unterscheiden: 557

a) Bestimmte ungefährliche Rechtsgeschäfte kann der beschränkt Geschäftsfähige **wirksam allein** vornehmen, nämlich wenn er aus seiner Willenserklärung lediglich einen rechtlichen Vorteil erlangt, §§ 107, 1903 III 1 (vgl. unten Rz. 560 ff.).

b) Dagegen bedarf der beschränkt Geschäftsfähige für alle anderen Rechtsgeschäfte (Ausnahme § 1903 III 2) einer **Mitwirkung seines gesetzlichen Vertreters**. Diese kann wiederum in zwei Formen erfolgen: 558

aa) Entweder schließt der beschränkt Geschäftsfähige das Geschäft zunächst allein ab, und sein gesetzlicher Vertreter **genehmigt es nachträglich**. Das regeln die §§ 108–111 (vgl. unten Rz. 569 ff.).

bb) Oder der gesetzliche Vertreter erteilt schon **vorher seine Einwilligung** zu dem Geschäft des beschränkt Geschäftsfähigen (§ 107). Diese Einwilligung kann sich auf ein bestimmtes Geschäft beschränken oder eine ganze Gruppe von Geschäften erfassen. Zwei besonders wichtige Arten einer solchen generellen Ermächtigung behandeln die §§ 112, 113 (vgl. unten Rz. 576 ff.). Solche Geschäfte sind wirksam, weil § 108 I das Genehmigungserfordernis nur anordnet, wenn sie „ohne die erforderliche Einwilligung" geschlossen worden sind. 559

II. Geschäfte ohne rechtlichen Nachteil

Nach § 107 kann der beschränkt Geschäftsfähige solche Geschäfte nicht allein vornehmen, „durch die er nicht lediglich einen rechtlichen Vorteil erlangt"[1]. Daraus folgt durch Gegenschluss, dass dem beschränkt Geschäftsfähigen die übrigen Geschäfte offenstehen; positiv formuliert das § 1903 III 1. 560

1. Der rechtliche Vorteil

a) Dass § 107 auf den **rechtlichen** Vorteil abstellt, soll im Interesse der Rechtssicherheit den Gegensatz zu einer **wirtschaftlichen** Bewertung des Geschäfts betonen. Entscheidend ist also nicht, ob das Geschäft dem beschränkt Geschäftsfähigen per Saldo Gewinn bringt: z.B. weil der beschränkt Geschäftsfähige eine Sache günstig zu einem Preis gekauft hat, der unter ihrem Wiederverkaufswert liegt. Entscheiden soll vielmehr, ob das Geschäft den Minderjährigen rechtlich belastet: entweder mit einer

---

1 *Leenen* (§ 9 Rz. 17 ff.; *ders.* FS Canaris, 2007, I 699, 724), unterscheidet bei Verträgen Minderjähriger schärfer als die h.L. zwischen Zustandekommen und Wirksamkeit; danach verwirkliche das Gesetz den Minderjährigenschutz nur auf der Ebene der Wirksamkeit in Gestalt einer besonderen Wirksamkeitskontrolle nach §§ 107 ff. Dafür spricht, dass allein das Zustandekommen eines solchen Vertrags für den Minderjährigen unschädlich ist und seinen privatautonomen Gestaltungsraum sogar vergrößert, weil und sofern es auf der Ebene der Wirksamkeit des Vertrags eine effektive Kontrolle der Rechtsordnung gibt.

Pflicht (z.B. derjenigen zur Kaufpreiszahlung) oder durch einen Rechtsverlust (z.B. durch die Übereignung einer ihm gehörenden Sache). Über die Wirksamkeit derart belastender Geschäfte soll also auch dann der gesetzliche Vertreter entscheiden müssen, wenn sie dem beschränkt Geschäftsfähigen insgesamt wirtschaftlich günstig sind: Wenn der gesetzliche Vertreter zu diesem Urteil gelangt, wird er das Geschäft genehmigen, sodass dem beschränkt Geschäftsfähigen kein Nachteil entsteht. Insofern ist insbesondere ein **gegenseitiger Vertrag**, der dem beschränkt Geschäftsfähigen die Gegenleistung abverlangt, **immer rechtlich nachteilhaft**.

561 b) Fraglich wird die Rechtslage dagegen bei anderen Geschäften, die dem beschränkt Geschäftsfähigen einen **Nachteil nur als mittelbare Folge** des Geschäfts oder bloß unter besonderen Umständen oder lediglich in den Grenzen seines Erwerbs bringen: Kann etwa ein beschränkt Geschäftsfähiger eine Grundstücksschenkung nicht allein annehmen, weil er auf die Grunderwerbsteuer und die Schenkungsteuer haftet und weil ihn nach dem Erwerb die Verkehrssicherungspflichten treffen[2]? Oder kann er nicht allein als Auftraggeber auftreten, weil er unter Umständen einen Vorschuss oder Aufwendungsersatz leisten muss (§§ 669 f.)? Oder kann er nicht allein wirksam etwas entleihen, weil er als Entleiher zur Rückgabe verpflichtet ist (§ 604)?

Diese Fragen werden besonders dringend, wenn es sich um **Geschäfte zwischen einem Kind und seinen Eltern** oder einem Elternteil handelt. Denn hier sind vielfach (nämlich wo nicht lediglich als Unterhalt Geschuldetes geleistet wird) die Eltern durch § 181 an der wirtschaftlich sinnvollen Genehmigung gehindert; Gleiches gilt für den an dem Geschäft nicht selbst beteiligten Elternteil nach §§ 1795 I Nr. 1, 1629 II 1. Daher müsste zunächst nach § 1909 ein **Ergänzungspfleger** bestellt werden (vgl. auch unten Rz. 957, 964). Das unterbleibt aber häufig; solche Geschäfte müssen also bei strenger Anwendung des § 107 scheitern.

562 c) Entschieden werden die genannten Fragen vielfach durch eine **Unterscheidung zwischen unmittelbaren und mittelbaren Geschäftsfolgen**: Nur die unmittelbar aus dem Geschäft sich ergebenden Nachteile sollen beachtet werden, die bloß mittelbaren dagegen unbeachtet bleiben. Für unbeachtlich werden danach z.B. die Entstehung einer Steuerpflicht und die Belastung mit der Verkehrssicherungspflicht gehalten. Als unmittelbare Nachteile werden z.B. angesehen die Pflichten des Auftraggebers und die Rückgabepflicht des Entleihers.

563 Diese Unterscheidung ist aber wenig klar[3]. Richtiger ist daher auf den **Zweck des Minderjährigenschutzes** abzustellen. Danach sind die Pflichten des Auftraggebers sicher ein rechtlicher Nachteil: Diese können ja sogar erheblich über den Vorteil hinausgehen, der dem Auftraggeber aus der Ausführung erwächst. Dagegen ist die Antwort für den Entleiher weit weniger sicher. Denn die Rückgabe wird ja auch bei Nichtigkeit des Vertrags geschuldet (dann aus § 812 I 1). Rechtliche Nachteile aus der Leihe kommen daher nur unter dem Gesichtspunkt in Betracht, dass der Entleiher schärfer auf Schadensersatz haften könnte als der Bereicherungsschuldner. Andererseits bleibt aber zu bedenken, dass der Bereicherungsschuldner auch die Nutzungen herauszugeben hat (§ 818 I), die der Entleiher behalten darf.

---

2 Dazu *Köhler* JZ 1983, 225.
3 Vgl. *Weyers* JZ 1991, 999; *Faust* § 18 Rz. 16.

Dass eine **auf das Geschenk beschränkte Belastung** die Schenkung nicht nachteilhaft macht, zeigt sich etwa, wenn sich der Schenkende – wie oft bei der meist aus Steuergründen vorweggenommenen Erbfolge – den Nießbrauch oder ein Wohnrecht an dem geschenkten Grundstück vorbehält[4]. **BGHZ 161, 170** hatte den Fall zu entscheiden, dass eine Mutter ihrem beschränkt geschäftsfähigen Kind ein mit einer Grundschuld belastetes Grundstück geschenkt und sich neben einem lebenslangen Nießbrauch auch ein Rücktrittsrecht für alle Fälle vorbehalten hatte[5]. Nach dem Trennungs- und Abstraktionsprinzip muss zwischen dem schuldrechtlichen Schenkungsvertrag (§ 516) und der Übereignung des Grundstücks (§§ 873 I, 925 I 1) unterschieden werden: Der im Schenkungsvertrag vereinbarte Rücktrittsvorbehalt führte im Falle seiner Ausübung zu einer Rückgewährhaftung des Kindes nach §§ 346 ff. mitsamt etwaiger Wertersatz- und Schadensersatzverpflichtungen aus § 346 III, IV. Hierfür haftet das Kind persönlich und mit seinem gesamten Vermögen, so dass der Schenkungsvertrag nicht lediglich rechtlich vorteilhaft i.S.d. § 107 ist. Nach §§ 107, 108 I wäre deshalb die Einwilligung des gesetzlichen Vertreters erforderlich gewesen. Allerdings fehlte den Eltern die gesetzliche Vertretungsmacht. Für die Mutter ergibt sich das wegen des Insichgeschäfts aus §§ 1629 II 1, 1795 II, 181 und für den Vater aus §§ 1629 II 1, 1795 I Nr. 1[6]. Folglich musste nach § 1909 I 1 ein **Ergänzungspfleger** bestellt werden. Da die Bestellung des Pflegers und dessen Entscheidung über die Genehmigung noch ausstand, war der Schenkungsvertrag schwebend unwirksam. Anders verhält es sich bei der Übereignung: Das Kind konnte sich über die Auflassung nämlich mit seiner Mutter wirksam einigen, weil der Eigentumserwerb lediglich rechtlich vorteilhaft i.S.d. § 107 ist. Die bestehende **Grundschuld** (§§ 1192 I, 1147) und der **Nießbrauch** (vgl. §§ 1042 S. 2, 1047) begründen zwar eine dingliche Haftung, doch ist diese auf die zugewendete Sache beschränkt. Das mag die Vorteile des Eigentumserwerbs mindern, beseitigt sie aber nicht. Schließlich stellen sich die von Gesetzes wegen mit dem Grundstückserwerb einhergehenden öffentlich-rechtlichen Belastungen, wie etwa die Grundsteuer, zumindest bei der gebotenen wertenden Betrachtungsweise[7], nicht als ein aus der Willenserklärung resultierender rechtlicher Nachteil dar[8]. Das Kind konnte deshalb das Eigentum am Grundstück mit Eintragung ins Grundbuch wirksam erwerben. Im Ergebnis war die Schenkung schwebend unwirksam, die Übereignung wirksam.

564

d) Den gleichsam umgekehrten Fall betraf die Folgeentscheidung von **BGHZ 162, 137** über die **Schenkung eines vermieteten Grundstücks**[9]: Hier war zwar der obligatorische Schenkungsvertrag für den beschenkten Minderjährigen rechtlich nicht nachteilig, wohl aber die Übereignung. Denn das Kind tritt mit dem Eigentumserwerb von Gesetzes wegen (§ 566) in den Mietvertrag ein[10], was zu einer persönlichen Haftung u.a. auf Schadens- und Aufwendungsersatz (§ 536 a) führen kann. Anders als bei den oben

565

---

4   Aus der älteren Rechtsprechung BayObLG NJW 1967, 1912; BGHZ 107, 156. Vgl. zu BGHZ 161, 170 und 162, 137 auch die Anfänger-Hausarbeit von *Eickelmann* JuS 2011, 997.
5   Dazu *A. Staudinger* Jura 2005, 547; *Röthel/Krackhardt* Jura 2006, 161; *Müßig* JZ 2006, 150; *Schmitt* NJW 2005, 1090; *Servatius* NJW 2006, 334.
6   Vgl. BGH NJW 2010, 3643 Rz. 16; *Medicus* JZ 2011, 159, 160 und oben Rz. 561.
7   *Bork* Rz. 1001.
8   *Medicus/Petersen* BürgR Rz. 172; *Boemke/Ulrici* § 9 Rz. 34; kritisch *Bitter* § 9 Rz. 33 f.
9   Vgl. auch *Leipold* § 11 Rz. 38, anders *Jerschke* DNotZ 1982, 459.
10 Zum dadurch bewirkten Sukzessionsschutz *Petersen* Jura 2012, 279.

behandelten dinglichen Belastungen erstreckt sich diese Haftung auf das gesamte Vermögen des Kindes und eben nicht nur auf das geschenkte Grundstück. Der wirtschaftliche Vorteil, aufgrund des Mietvertrags regelmäßige Einnahmen zu erzielen, beseitigt die mit der Vermietung verbundenen rechtlichen Nachteile nicht. Allerdings hatten die Eltern in den Eigentumserwerb nach § 107 eingewilligt, so dass sich die Frage stellte, ob sie diese Einwilligung als gesetzliche Vertreter wirksam erklären konnten oder ob für die Übereignung ein Ergänzungspfleger erforderlich war. Nach §§ 1629 II, 1795 II, 181 ist die gesetzliche Vertretungsmacht der Eltern bei einem Insichgeschäft grundsätzlich ausgeschlossen, „es sei denn, dass das Rechtsgeschäft ausschließlich in der Erfüllung einer Verbindlichkeit besteht." Ein solcher Fall lag wegen der wirksamen Schenkung eigentlich vor, weil die Übereignung gerade zu deren Erfüllung diente. Damit würde man jedoch dem Sinn des § 181 nicht gerecht[11]: Die Vorschrift geht von der – auf diese Fallkonstellation gerade nicht zutreffenden – Vorstellung aus, dass Interessenkonflikte im Rahmen der bloßen Erfüllung einer Verbindlichkeit ausgeschlossen sind. **BGHZ 78, 28** hatte in einem solchen Fall noch eine **Gesamtbetrachtung von Schenkung und Übereignung**[12] angestellt und die Schenkung auch dann für schwebend unwirksam gehalten, wenn sie zwar nicht selbst, aber doch ihre Erfüllung mit rechtlichen Nachteilen verbunden war. Da das der Fall war, diente die Übereignung nicht mehr i.S.d. § 181 zur Erfüllung einer bestehenden Verbindlichkeit und den Eltern fehlte die gesetzliche Vertretungsmacht; der Ergänzungspfleger hatte sowohl über die Schenkung als auch über die Übereignung zu befinden. An dieser Lösung wurde aber lange Zeit kritisiert, dass sie gegen das Trennungs- und Abstraktionsprinzip verstoße[13]. Dem hat sich BGHZ 162, 137 zu Recht angeschlossen: hinsichtlich beider Geschäfte habe richtigerweise nur eine isolierte Prüfung stattzufinden, weshalb sich die Schenkung gemäß § 107 als wirksam erweise. Allerdings sei bei der Übereignung eine **teleologische Reduktion des § 181 Hs. 2** geboten. Um Interessenkollisionen zwischen Eltern und Kind auszuschließen, komme es entgegen dem Wortlaut nicht darauf an, ob die Übereignung zur Erfüllung einer bestehenden Verbindlichkeit diene, sondern ob die Übereignung i.S.d. § 107 lediglich rechtlich vorteilhaft sei (vgl. im allgemeinen Zusammenhang auch unten Rz. 961). Da es daran fehlte, hielt der BGH die Übereignung bis zur Entscheidung des Ergänzungspflegers zutreffend für schwebend unwirksam.

Gleiches gilt nach **BGHZ 187, 119** bei der **Schenkung von Wohnungseigentum**. Die Übereignung von Wohnungseigentum an einen beschränkt Geschäftsfähigen ist für diesen ebenfalls rechtlich nachteilig, weil der Erwerber nach §§ 10 VIII, 16 II WEG kraft Gesetzes Mitglied der Gemeinschaft der Wohnungseigentümer wird und potentiell unbegrenzt mit seinem persönlichen Vermögen haftet[14].

566 e) Schon seit langem umstritten ist endlich die Einordnung der **Annahme der geschuldeten Leistung** durch einen beschränkt Geschäftsfähigen[15]. Hier bringt der Erwerb des Leistungsgegenstandes (z.B. des Eigentums an dem geschuldeten Geld) – für sich

---

11 Zum Verbot des Selbstkontrahierens im Minderjährigenrecht *M. Lipp* Jura 2015, 477.
12 Eingehend *Lobinger* AcP 213 (2013) 366, 370 ff.; siehe auch *Keller* JA 2009, 561, 564.
13 *Jauernig* JuS 1982, 576f.; *ders.* JuS 1993, 614; *Ultsch* Jura 1998, 524, 527f.; *Löhnig* JA 2002, 466, 469.
14 Dazu *Medicus* JZ 2011, 159; *Stadler* JA 2011, 466. *J. Hager* Liber Amicorum Leenen (2012) 43, 55 f., verwirklicht den Minderjährigenschutz durch eine teleologische Reduktion des § 1629 a mit einer Haftung auf das übernommene Vermögen.
15 Dazu *K. Schreiber* Jura 1993, 666.

betrachtet – dem Empfänger nur rechtlichen Vorteil. Andererseits scheint aber die Forderung, auf die geleistet worden ist, durch Erfüllung (§ 362 I) zu erlöschen: Dieser Verlust wäre ein rechtlicher Nachteil.

Eine in neuerer Zeit mehrfach vertretene Ansicht beruft sich auch hier auf eine **Gesamtbetrachtung**: Insgesamt sei die Erfüllung dem beschränkt Geschäftsfähigen vorteilhaft: Den Leistungsgegenstand zu haben sei besser als bloß eine Forderung[16]. Dem steht aber entgegen, dass durch die Erfüllung deren Gegenstand ohne Wissen des gesetzlichen Vertreters an den beschränkt Geschäftsfähigen gelangen und von diesem verbraucht werden könnte. Bei Geldforderungen wird diese Gefahr besonders deutlich.

Daher ist nach wie vor der h.M. zu folgen[17]: Für Leistungen, die einem nicht voll Geschäftsfähigen geschuldet werden, steht die **„Empfangszuständigkeit"** nur dessen gesetzlichem Vertreter zu[18]. Daher kann Erfüllung erst eintreten, wenn der Leistungsgegenstand an den gesetzlichen Vertreter gelangt oder die Leistung von diesem genehmigt worden ist. Auf dieser Grundlage besteht nach dem Abstraktionsprinzip (vgl. oben Rz. 226) kein Grund, den Eigentumserwerb des beschränkt Geschäftsfähigen zu verneinen.

2. Neutrale Geschäfte

Manche Geschäfte gehen gleichsam an dem Vermögen des Handelnden vorbei: Sie bringen diesem rechtlich weder Vorteil noch Nachteil. Ein solches „neutrales Geschäft" wird dem beschränkt Geschäftsfähigen in § 165 erlaubt: Er darf als Stellvertreter andere berechtigen und verpflichten (vgl. unten Rz. 886). Abgerundet wird das noch durch § 179 III 2: Selbst wenn dem beschränkt Geschäftsfähigen die Vertretungsmacht fehlen sollte, ist eine Haftung als falsus procurator weithin ausgeschlossen. 567

Aus § 165 wird häufig gefolgert, beschränkt Geschäftsfähige könnten **allgemein neutrale Geschäfte** vornehmen. Hierzu wird insbesondere die Verfügung über einen dem beschränkt Geschäftsfähigen nicht gehörenden Gegenstand gerechnet[19]. Das ist unbedenklich, soweit die Verfügung durch die Zustimmung des Berechtigten gedeckt ist (§ 185, vgl. unten Rz. 1030): Dieser Fall lässt sich ohnehin bisweilen von der Stellvertretung kaum unterscheiden, weil Handeln im eigenen und im fremden Namen ineinander übergehen können.

Dagegen bestehen nach wie vor **Bedenken**, bei nicht berechtigten Verfügungen eines beschränkt Geschäftsfähigen einen Erwerb kraft Redlichkeit (etwa nach §§ 932 ff.) zuzulassen (dieses Problem gehört freilich ins Sachenrecht)[20]. Denn wenn der veräußerte Gegenstand wirklich dem beschränkt Geschäftsfähigen gehört hätte, wie der redliche Erwerber angenommen haben muss, wäre der Erwerb ja schon ohne Rücksicht auf die Redlichkeit des Erwerbers am Mangel der Geschäftsfähigkeit des Veräußerers 568

---
16 So *Harder* JuS 1977, 149; 1978, 84; ähnlich *van Venrooy* BB 1980, 1017; dagegen *Wacke* JuS 1978, 80.
17 Ebenso etwa auch *Leipold* § 11 Rz. 35; *Bork* Rz. 1006 f.
18 BGHZ 205, 90; siehe auch *Medicus/Petersen* BürgR Rz. 171, sowie in einem weiteren Sinn *Müller-Laube*, Die Empfangszuständigkeit im Zivilrecht I (1978), dazu *John* AcP 182 (1982) 284.
19 Etwa *Flume* AT II § 13, 7 b S. 196; *Bork* Rz. 1008; *K. Schreiber* Jura 1987, 221.
20 Vgl. *Medicus/Petersen* BürgR Rz. 540; 542.

gescheitert. Der Zweck der Vorschriften über den redlichen Erwerb besteht darin, den Erwerber so zu stellen, als ob dessen Ansicht von der Berechtigung des Veräußerers zuträfe. Dann aber muss der redliche Erwerb scheitern, wenn – wie hier – ein Erwerb selbst bei Berechtigung des Veräußerers nicht gelungen wäre[21].

Übrigens besteht hier auch rechtspolitisch ein Unterschied zu dem Fall von § 165: Dass dem beschränkt Geschäftsfähigen die (rechtmäßige) Stellvertretung offenstehen soll, zwingt nicht dazu, ihm auch die unrechtmäßige (und daher womöglich zum Schadensersatz verpflichtende) Verfügung über fremde Rechte zu ermöglichen.

III. Das Handeln mit Genehmigung des gesetzlichen Vertreters

1. Ausgangspunkt

569 Soweit ein Rechtsgeschäft nach dem eben bei Rz. 560 ff. Gesagten einen rechtlichen Nachteil bringt, kann das nicht durch eine Einwilligung gedeckte Handeln des beschränkt Geschäftsfähigen erst durch Genehmigung seines gesetzlichen Vertreters wirksam werden. Bis zu deren Erteilung oder Verweigerung ist die Wirksamkeit des Geschäfts also in der Schwebe. Und da während dieser Schwebezeit Erfüllung nicht verlangt werden kann, spricht man hier von **schwebender Unwirksamkeit** (vgl. oben Rz. 490).

570 Bei **einseitigen Geschäften** eines beschränkt Geschäftsfähigen (z.B. bei einer Kündigung) will das Gesetz diesen Schwebezustand jedoch im Interesse des Geschäftsgegners vermeiden: Weil dieser dem einseitigen Geschäft (anders als einem Vertragsabschluss) nicht ausweichen kann, soll er nicht der Ungewissheit über die Genehmigung ausgesetzt sein. Daher lässt § 111 S. 1 ein solches ohne die nötige Einwilligung vorgenommenes Geschäft des beschränkt Geschäftsfähigen **nichtig** sein. Freilich kann die dem anderen Teil gleichwohl erklärte „Genehmigung" des gesetzlichen Vertreters bisweilen nach § 140 umgedeutet werden in die nachträgliche Vornahme des Rechtsgeschäfts durch den gesetzlichen Vertreter selbst. Auch kann die einem Minderjährigen erteilte Vollmacht mit einem von diesem daraufhin geschlossenen Vertrag eine Einheit bilden und dann wie dieser genehmigungsfähig sein[22].

2. Die Genehmigung bei Verträgen

571 Bei zweiseitigen Rechtsgeschäften (Verträgen) hat der gesetzliche Vertreter darüber zu entscheiden, ob er das Geschäft des beschränkt Geschäftsfähigen nachträglich billigen will. Die positive Entscheidung (Genehmigung) kann regelmäßig (als Innengenehmigung) gegenüber dem beschränkt Geschäftsfähigen oder (als Außengenehmigung) gegenüber dem Vertragspartner erklärt werden, § 182 I. Sie macht das Geschäft rückwirkend gültig, § 184 (vgl. unten Rz. 1025). Doch enthalten die §§ 108, 109 einige

---

21 Vgl. dazu jetzt allgemeiner *von Olshausen* AcP 189 (1989) 223, im Ergebnis wie hier *J. Braun* Jura 1993, 459; *Faust* § 18 Rz. 22; anders aber die wohl h.M.; vgl. nur *Bork* Rz. 1008; *Köhler*, § 10 Rz. 20; *Wolf/Neuner* § 34 Rz. 34; *Rüthers/Stadler* § 23 Rz. 31.
22 BGHZ 110, 363.

abweichende Regeln, durch die vor allem die Ungewissheit für den Vertragspartner gemildert werden soll: Dieser kann ja meist nicht anderweitig kontrahieren, solange er noch mit der Genehmigung rechnen muss.

a) Nach § 108 II kann der Vertragspartner den gesetzlichen Vertreter **zur Erklärung** **572** **über die Genehmigung auffordern.** Dann muss entgegen § 182 I die Erklärung diesem Vertragspartner gegenüber erfolgen; es wird sogar eine etwa schon vorher an den beschränkt Geschäftsfähigen gerichtete Erklärung unwirksam, § 108 II 1 am Ende. Auch gilt die Genehmigung nach dem Ablauf von zwei Wochen seit dem Zugang der Aufforderung als verweigert, § 108 II 2: Spätestens dann hat der Vertragspartner also Klarheit. Seltsam ist an § 108 II freilich, dass nach § 108 II 1 am Ende der gesetzliche Vertreter, der sich dem Minderjährigen gegenüber schon erklärt hatte, durch die Aufforderung des Geschäftspartners die Freiheit zu einer neuen Entscheidung erhält[23].

b) Eine noch rascher wirkende Klärungsmöglichkeit hat der Vertragspartner nach **573** § 109: Wenn er die Beschränkung der Geschäftsfähigkeit nicht gekannt hat oder mit dem Vorliegen einer wirksamen Einwilligung rechnen durfte, kann er sich durch einen **Widerruf** von dem schwebend unwirksamen Vertrag lösen[24]. Dieses Recht ist vor allem dann interessant, wenn sich das Geschäft als für den Vertragspartner ungünstig erweist und daher eine Genehmigung durch den gesetzlichen Vertreter droht.

c) § 108 III endlich behandelt den Fall, dass der beschränkt Geschäftsfähige während **574** der schwebenden Unwirksamkeit **voll geschäftsfähig geworden** ist: Dann soll allein er zur Entscheidung über die Genehmigung zuständig sein. Vgl. dazu oben Rz. 529 ff.

3. Irrtümer bei der Genehmigung

Nicht selten befindet sich der gesetzliche Vertreter bei der Genehmigung in einem Irr- **575** tum über Einzelheiten des zu genehmigenden Vertrags: Es möge etwa den Eltern für den von ihrem Sohn gewünschten Rennrad ein zu niedriger Kaufpreis genannt worden sein. Das lässt sich schon nach **allgemeinen Auslegungsregeln** entscheiden, wenn die falsche Information von dem Vertragspartner des beschränkt Geschäftsfähigen (also in dem Beispiel vom Verkäufer) stammt: Dann weiß dieser ja, dass mit der Genehmigung nur der (nicht existierende) Kauf zu dem niedrigen angegebenen Preis gemeint ist; der wirkliche Kauf zu dem höheren Preis liegt also außerhalb der Genehmigung. Nicht mehr mit Auslegungsregeln kann man dagegen argumentieren, wenn die falsche Information von dem beschränkt Geschäftsfähigen herrührt. Dann ist nach der **richtigen Risikoverteilung** zu fragen: Soll sich der andere Teil darauf verlassen dürfen, dass der beschränkt Geschäftsfähige seinen gesetzlichen Vertreter richtig informiert hat? Ein Teil der Lehre[25] verneint das, mit Recht: Dann ist auch in solchen Fällen die Genehmigung mangels Übereinstimmung mit dem zu genehmigenden Geschäft unwirksam; mag der andere Teil den gesetzlichen Vertreter selbst informieren.

Eine Anfechtung der Genehmigung durch den gesetzlichen Vertreter ist danach nur nötig, wenn dieser den Geschäftsinhalt trotz richtiger Information falsch verstanden

---

23 Vgl. *Kohler* Jura 1984, 349.
24 Dazu *Kaiser* Jura 1982, 77.
25 *Flume* AT II § 13, 7 d bb S. 201; a.A. *Bork* Rz. 1028; *Faust* § 18 Rz. 42.

hat (er hat z.B. den Preis mit 500 Euro statt mit den genannten 1.500 Euro verstanden): Dann irrt er über die Bedeutung seiner auf das wirkliche Geschäft zu beziehenden Genehmigung. Deshalb kann er diese nach § 119 I Alt. 1 anfechten (vgl. unten Rz. 745). Trotz §§ 143 III 1, 182 I sollte diese Anfechtung nur gegenüber dem Geschäftspartner zugelassen werden: Er vor allem muss ja informiert werden, weil der beschränkt Geschäftsfähige die Anfechtung von seinem gesetzlichen Vertreter ohnehin erfahren wird.

IV. Das Handeln mit Einwilligung des gesetzlichen Vertreters

1. Allgemeine Regeln

576 Statt das Handeln des beschränkt Geschäftsfähigen nachträglich zu genehmigen, kann der gesetzliche Vertreter auch schon vorher einwilligen. Hierfür gelten zunächst allgemein die §§ 182, 183: Die Einwilligung kann also ebenso wie die Genehmigung nach innen gegenüber dem beschränkt Geschäftsfähigen oder nach außen gegenüber dem künftigen Geschäftspartner ausgesprochen werden. Ebenso kann die Einwilligung bis zur Vornahme des bewilligten Geschäfts noch nach innen oder nach außen widerrufen werden.

Hierdurch kann nach dem Gesetzeswortlaut eine **merkwürdige Situation** entstehen: Die Eltern mögen einem Fahrradhändler mitgeteilt haben, ihr Sohn dürfe sich dort für seine Ersparnisse ein Fahrrad aussuchen. Später möge der Sohn die Eltern verärgert haben, woraufhin diese ihm sagten, er bekomme das Fahrrad nicht. Wie wird hier der von dieser zweiten Äußerung nichts wissende Händler geschützt, wenn der Sohn dennoch ein Fahrrad gekauft hat?

Dabei scheinen Vertragsansprüche des Händlers gegen den Sohn zu scheitern, weil die nach außen erklärte Einwilligung der Eltern noch rechtzeitig und daher wirksam widerrufen worden ist. Dass dieser Widerruf bloß nach innen erklärt worden war, macht nach dem Gesetzeswortlaut nichts aus. Doch wird man hier die eine entsprechende Situation im Recht der Vollmacht regelnden §§ 170, 173 analog anzuwenden haben[26].

Diese Vorschriften würden in einer Variante des Fahrradfalles sogar direkt gelten: Die Eltern haben ihrem Sohn das Fahrrad schenken wollen und daher dem Händler mitgeteilt, der Sohn dürfe sich auf ihre – der Eltern – Kosten ein Fahrrad aussuchen. Das bedeutet eine erst nach §§ 170, 173 erlöschende und damit dem Händler bekannte Außenvollmacht für den Sohn zur Verpflichtung der Eltern.

Im Übrigen ist im Folgenden nach dem Umfang der Einwilligung zu unterscheiden.

---

26 Vgl. *Canaris*, Die Vertrauenshaftung im deutschen Privatrecht (1971) 70 f.; *Bork* Rz. 1013; *Wolf/Neuner* § 34 Rz. 56. Siehe auch unten Rz. 941.

2. Die Einzeleinwilligung

Die Einzeleinwilligung betrifft regelmäßig nur ein bestimmtes Geschäft: etwa den Kauf eines Fahrrads oder die Miete einer Wohnung. Ob und inwieweit davon ausnahmsweise auch Hilfs- und Folgegeschäfte mitumfasst sind (etwa ein Rücktritt vom Fahrradkauf oder die Kündigung der Miete), ist eine Frage der Auslegung[27]. Eine solche Erweiterung wird insbesondere dann abzulehnen sein, wenn das Folgegeschäft wesentliche Pflichten bringt. So umfasst die Einwilligung zum Erwerb der Fahrerlaubnis nicht auch das spätere Mieten von Fahrzeugen[28]. **577**

Weitere Geschäfte über das mit dem ersten Geschäft Erworbene werden von der Einwilligung wohl nur umfasst, wenn sie gleich als erstes Geschäft hätten vorgenommen werden können. So deckt die Einwilligung zum Kauf einer Schallplatte regelmäßig auch, dass diese später bei einem Freund gegen eine andere getauscht wird. Dagegen bedeutet die Einwilligung zum Erwerb eines Lotterieloses nicht, dass der beschränkt Geschäftsfähige später auch über den weitaus höheren Gewinn frei verfügen kann[29].

3. Die Generaleinwilligung

Als Generaleinwilligung bezeichnet man ein Einverständnis, das ein ganzes Bündel von Geschäften betrifft: etwa die mit einer Reise oder einem Auslandsaufenthalt zusammenhängenden. Zwei besonders umfassende Formen der Generaleinwilligung sind in den §§ 112, 113 besonders geregelt (vgl. unten Rz. 583 ff.). Zunächst ist jedoch die praktisch sehr wichtige Modifikation der Einwilligung durch § 110 zu besprechen. **578**

4. Die Einwilligung durch Überlassen von Mitteln

a) Die Systematik der §§ 107 f. wird in § 110 auf eine besondere Weise verwirklicht, durch die ein an sich zustimmungsbedürftiger schuldrechtlicher Vertrag ausnahmsweise ohne Zustimmung wirksam werden kann. Im Einklang mit einer im Vordringen begriffenen Auffassung[30] erklärt sich die **dogmatische Struktur des § 110 BGB** folgendermaßen: Die Überlassung der Geldmittel bedeutet keine (beschränkte) Einwilligung auf den Abschluss von Kausalgeschäften durch den Minderjährigen, die er mit diesen Mitteln erfüllt, sondern die Einwilligung bezieht sich lediglich auf die Übereignung des überlassenen Geldes („zur freien *Verfügung*"), ohne dass damit zugleich in den Abschluss des dieser Übereignung zugrundeliegenden obligatorischen Vertrags eingewilligt worden wäre[31]. Dieser ist, wie § 110 unmissverständlich voraussetzt, ohne Zustimmung geschlossen und somit gemäß § 108 unwirksam. Der von dem beschränkt Geschäftsfähigen geschlossene obligatorische Vertrag gilt (erst dann) als von Anfang **579**

---

27 *Wolf/Neuner* § 34 Rz. 38; *Köhler* § 10 Rz. 22.
28 BGH NJW 1973, 1790 f.
29 RGZ 74, 234 aus dem Jahr 1910: Ein Minderjähriger kauft für 3 M ein Los, gewinnt 4000 M und kauft davon ein Auto; dazu *Kalscheuer* Jura 2011, 44; *Medicus/Petersen* BürgR Rz. 174.
30 Grundlegend zur dogmatischen Einordnung *Leenen* FamRZ 2000, 863; rechtsvergleichend *Häublein* Liber Amicorum Leenen (2012) 59; etwas anders insoweit noch die Voraufl.
31 *Schilken* FamRZ 1978, 642, 643; *Leenen* § 9 Rz. 41 f.; ihm folgend Staudinger/*Knothe* (2012) § 110 Rz. 8. Anders etwa *Wolf/Neuner* § 34 Rz. 48.

an wirksam, wenn der beschränkt Geschäftsfähige die von ihm zu erbringende Leistung mit dem ihm überlassenen Geld wirklich erbracht hat. Damit wird die „vertragsmäßige" Leistung rückwirkend zur geschuldeten und i.S.v. § 362 I schon bewirkten Leistung[32]. Es handelt sich um eine **Konvaleszenz kraft Erfüllung**[33]. Die durch die Überlassung von Mitteln ausgedrückte Einwilligung in die Übereignung der Geldmittel („zur freien Verfügung") ist also enger als die bisher behandelte, weil sie nicht zulässt, dass der beschränkt Geschäftsfähige etwas schuldig wird. Diese Besonderheit zeigt sich etwa, wenn der beschränkt Geschäftsfähige das ihm überlassene Geld verliert oder anderweitig verbraucht: Dann bleibt der Vertrag, für den das Geld bestimmt war, unwirksam.

580   Für Geschäfte, die **mehrere Leistungen** des beschränkt Geschäftsfähigen erfordern, ist bei § 110 zu unterscheiden: Unteilbare Geschäfte werden erst mit Zahlung der letzten Rate durch den beschränkt Geschäftsfähigen wirksam. Das gilt insbesondere für Abzahlungskäufe; diese bleiben also bis zur Zahlung der letzten Rate schwebend unwirksam. Dagegen wird z.B. ein Mietvertrag jeweils für den Zeitraum wirksam, für den der beschränkt Geschäftsfähige die Miete gezahlt hat.

581   **Schenkungen** kann der beschränkt Geschäftsfähige auch im Rahmen des § 110 nur insoweit vornehmen, als die Vertretungsmacht seines gesetzlichen Vertreters reicht. Daher sind die §§ 1641, 1804 zu beachten, die nur Pflicht- und Anstandsschenkungen zulassen; etwas großzügiger ist für den Betreuer § 1908 i II 1.

582   b) Die Überlassung von Mitteln **durch einen Dritten** bedarf, um den beschränkt Geschäftsfähigen zu Geschäften zu ermächtigen, nach § 110 der Zustimmung des gesetzlichen Vertreters: Dessen Bestimmungsrecht soll von dem Dritten nicht ausgeschaltet werden können. Wenn also z.B. ein Zwölfjähriger vom Onkel 50 Euro zum Geburtstag bekommt und damit ohne Wissen seiner Eltern eine Luftpistole kauft, ist dieser Kauf unwirksam.

5. Die Generalermächtigungen nach §§ 112, 113

583   a) Zwei typische, wichtige Geschäftskreise umfassende Einwilligungen (die hier „Ermächtigung" heißen) sind in den §§ 112, 113 geregelt. Beide Vorschriften bringen gegenüber der gewöhnlichen Generaleinwilligung (vgl. oben Rz. 578) eine wichtige Abweichung: Bei der gewöhnlichen Einwilligung wird der beschränkt Geschäftsfähige für die ihm bewilligten Geschäfte zuständig, ohne dass zugleich die Zuständigkeit seines gesetzlichen Vertreters endet: Beide können also nebeneinander handeln. Wenn also etwa die Eltern in eine Reise des minderjährigen Sohnes eingewilligt haben, können sie gleichwohl noch mit Wirkung für ihn eine Fahrkarte oder ein Hotelzimmer bestellen. Demgegenüber führt die Ermächtigung nach §§ 112, 113 zu einer eigenen **sachlich begrenzten Geschäftsfähigkeit** des Ermächtigten („... so ist der Minderjährige für solche Geschäfte unbeschränkt geschäftsfähig, ...", §§ 112 I 1, 113 I 1). Diese eigene Geschäftsfähigkeit verdrängt, soweit sie reicht, die gesetzliche Vertretungsmacht; hier kann also **nur der Ermächtigte** handeln.

---

[32] *Leenen* § 9 Rz. 53; *Lettl* WM 2013, 1245; *Kalscheuer* Jura 2011, 44, 45; *Stieglmeier/Piras* JA 2014, 893.
[33] *Von Tuhr* AT II/1 S. 351.

Die praktische Bedeutung dieser Alleinzuständigkeit ist freilich bei § 113 nicht groß. Denn hier kann der gesetzliche Vertreter, wenn er wieder selbst handeln will, die Generalermächtigung ohne weiteres zurücknehmen (§ 113 II) und damit seine eigene Zuständigkeit wiederherstellen. Dagegen ist bei § 112 die Zurücknahme nur mit Genehmigung des Familiengerichts möglich (§ 112 II); hier kann der gesetzliche Vertreter seine eingebüßte Zuständigkeit also nicht ohne weiteres zurückholen.

b) Im Einzelnen ist zu den §§ 112, 113 noch zu bemerken: 584

aa) § 112 betrifft den selbständigen Betrieb eines Erwerbsgeschäfts. Das ist weiter als der Begriff des Handelsgeschäfts und umfasst insbesondere auch künstlerische Berufe. Nach § 112 I 2 kann der Ermächtigte jedoch solche Geschäfte nicht allein vornehmen, zu denen der gesetzliche Vertreter der Genehmigung des Familiengerichts bedarf. Das sind für den Vormund vor allem die in den §§ 1821 f. und für die Eltern die in den §§ 1643 f. genannten Geschäfte. So kann der Ermächtigte keine Wechsel zeichnen (§§ 1643 I, 1822 Nr. 9) oder Prokuristen bestellen (§§ 1643 I, 1822 Nr. 11). Dabei reicht die Rechtsmacht des von seinen Eltern Ermächtigten etwas weiter, als wenn die Ermächtigung von einem Vormund stammt: § 1643 I nennt eben nicht alle Fallgruppen des § 1822.

bb) § 113 betrifft die Aufnahme eines Dienst- oder Arbeitsverhältnisses. Dagegen fallen 585 Lehrverträge nicht unter die Vorschrift, weil bei ihnen der Ausbildungszweck überwiegt[34].

Das Schwergewicht des § 113 liegt auf der **weiten** Beschreibung des Umfangs der **Ermächtigung**: Der Ermächtigte kann nicht nur erstmals ein Dienst- oder Arbeitsverhältnis eingehen, sondern es auch selbst wieder kündigen und im Zweifel sogar ein neues eingehen (§ 113 IV). Außerdem deckt die Ermächtigung die ganze Vertragsabwicklung und damit insbesondere auch die Annahme der Gegenleistung. Da Arbeitslohn heute überwiegend unbar bezahlt wird, dürften auch die **Einrichtung eines Gehaltskontos** und Abhebungen von diesem noch unter § 113 fallen. Dagegen stellen Überweisungen zu Lasten dieses Kontos schon eine Verwendung des Lohnes dar, die nicht mehr von § 113 gedeckt ist. Insoweit kann aber § 110 eingreifen (vgl. oben Rz. 579).

Die weite Fassung des § 113 rechtfertigt es, die Ermächtigung auch auf den **Beitritt zu einer Gewerkschaft** zu erstrecken[35].

§ 113 III endlich ermöglicht es dem Mündel, die Ermächtigung durch das Familiengericht auch **gegen den Willen des Vormunds** zu erlangen. Dagegen kann der Wille der Eltern nur unter den wesentlich strengeren Voraussetzungen der §§ 1666, 1667 überwunden werden, also bloß bei einer Gefährdung des Kindswohls durch eine missbräuchliche Ausübung des elterlichen Sorgerechts. 586

---

34 Palandt/*Ellenberger* § 113 Rz. 2, aber str.
35 Vgl. *Gilles/Westphal*, Ein problematischer Gewerkschaftsbeitritt, JuS 1981, 899.

V. Beschränkt Geschäftsfähige in einer Personengesellschaft

587 Probleme der Beteiligung beschränkt Geschäftsfähiger an Personengesellschaften des Handelsrechts entstehen vor allem in **Familiengesellschaften**: Häufig wollen Eltern ihre Kinder schon vor dem Erreichen der Volljährigkeit als persönlich haftende Gesellschafter oder (meist) Kommanditisten beteiligen. Die Gründe hierfür sind mannigfaltig[36]: Oft wird schon die Nachfolge vorbereitet; eine in Teilen vorweggenommene Erbfolge soll Erbschaftsteuer sparen; die Progression der Einkommensteuer soll durch die Verteilung der Einkünfte auf mehrere Personen gemildert werden[37].

Privatrechtlich treten vor allem drei Probleme auf, die hier freilich nur kurz angedeutet werden können:

588 1. Können die Eltern ihre Kinder beim Abschluss des Gesellschaftsvertrags **vertreten**? Dem scheint, sofern die Eltern selbst Gesellschafter sind oder werden, § 181 entgegenzustehen, und für einen nichtbeteiligten Elternteil §§ 1795 I Nr. 1, 1629 II 1. Doch sind diese Hindernisse nach der neueren Rechtsprechung unbeachtlich, wenn die schenkweise Aufnahme in die Gesellschaft dem Kind nur rechtlichen Vorteil bringt (vgl. unten Rz. 961); auch kommt dann nach § 107 eigenes Handeln des beschränkt geschäftsfähigen Kindes in Betracht. Das ist aber nur bei der Aufnahme als Kommanditist denkbar, wenn die zu leistende Einlage (§§ 171, 172 HGB) dem Kind voll geschenkt wird; sonst bildet die persönliche Haftung (auch die gesetzliche aus § 128 HGB) einen rechtlichen Nachteil[38].

589 2. Nach §§ 1822 Nr. 3, 1643 I bedarf der Gesellschaftsvertrag, „der zum Betrieb eines Erwerbsgeschäfts eingegangen wird", der **familiengerichtlichen Genehmigung**. Das kann für den Kommanditisten zweifelhaft sein, weil er selbst von Geschäftsführung und Vertretung ausgeschlossen ist (§§ 164, 170 HGB; auch eine GmbH-Beteiligung kann ja regelmäßig ohne vormundschaftsrechtliche Genehmigung erworben werden: BGHZ 107, 23). Dennoch verlangt BGHZ 17, 160 für den Abschluss des Gesellschaftsvertrags die gerichtliche Genehmigung[39]. Regelmäßig nicht für genehmigungsbedürftig wird dagegen eine nachträgliche Änderung des Gesellschaftsvertrags gehalten[40]. Nicht nach §§ 1822, 1643 genehmigungspflichtig soll auch die Fortführung eines Handelsgeschäfts durch eine ungeteilte Erbengemeinschaft sein, an der minderjährige Miterben beteiligt sind[41].

Diese Entscheidung ist jedoch durch das BVerfG[42] aufgehoben worden: Dort hatte nach dem Tod des Vaters die Mutter mit ihren zwei minderjährigen Töchtern das ererbte Geschäft in ungeteilter Erbengemeinschaft fortgeführt und dabei Schulden von über 800.000 DM angehäuft. Die Töchter wurden auf Zahlung in Anspruch genommen und auch vom BGH verurteilt. Demgegenüber hat das BVerfG gesagt: Die

---

36 Vgl. *Raisch*, Unternehmensrecht I (1973) 149 f.; 152 ff.
37 Insbesondere zur Mitunternehmerschaft *Petersen*, Unternehmenssteuerrecht und bewegliches System (1999).
38 *Gernhuber/Coester-Waltjen* FamR § 61 Rz. 35 ff.
39 Ebenso etwa *Gernhuber/Coester-Waltjen* FamR § 60 Rz. 103 ff.; insb. Rz. 107.
40 So etwa BGHZ 38, 26; BGH NJW 1961, 724; *Gernhuber/Coester-Waltjen* FamR § 60 Rz. 109.
41 BGHZ 92, 259 mit krit. Anm. *K. Schmidt* NJW 1985, 138.
42 BVerfG NJW 1986, 1859.

elterliche Vertretungsmacht (§ 1629) dürfe nicht zu unbegrenzter Verpflichtung des Minderjährigen berechtigen. Insbesondere müsse dem volljährig Gewordenen Raum bleiben, sein weiteres Leben selbst und ohne unzumutbare Belastungen zu gestalten, die er nicht zu verantworten habe. Das fordere sein allgemeines Persönlichkeitsrecht (Art. 2 I mit Art. 1 I GG). Daher müsse der Gesetzgeber eine Regelung treffen, nach der die Fortführung eines Handelsgeschäfts für Minderjährige entweder keine über den Erbteil hinausgehende Haftung begründe oder einer Genehmigung des Familiengerichts bedürfe. Für die vom BVerfG geforderte Regelung hat der Gesetzgeber zwölf Jahre benötigt: Ein **Minderjährigenhaftungsbeschränkungsgesetz** (grässlicher Name!) vom 25. 8. 1998[43] hat sie als § 1629 a ins BGB eingestellt. Allerdings richtet sie sich nur gegen eine Überschuldung des Minderjährigen *durch Rechtsgeschäfte* seines gesetzlichen Vertreters; eine Überschuldung aus anderen Gründen (etwa aus eigenen Delikten des Minderjährigen selbst) bleibt unberührt[44].

3. Braucht das Kind zur Wahrnehmung seiner Rechte in der Gesellschaft, also etwa zu Gesellschafterbeschlüssen, einen **Dauerpfleger**, weil einer Vertretung durch die Eltern § 181 entgegensteht? BGHZ 65, 93 verneint das für den Regelfall, mit Recht[45]. In der laufenden Geschäftsführung sind die Interessen von Eltern und Kind regelmäßig gleichgerichtet, sodass die von § 181 gefürchtete Interessenkollision nicht besteht.

590

---

43 Dazu *Thiel*, Das Gesetz zur Beschränkung der Haftung Minderjähriger (2002); *Konz*, Die Möglichkeit der Haftungsbeschränkung volljährig Gewordener ... (2006); *K. Schmidt* JuS 2004, 361.
44 Zu den durch die Neuregelung entstandenen Fragen etwa *Behnke* NJW 1998, 3078; *Bittner* FamRZ 2000, 325; *Glöckner* FamRZ 2000, 1397; *Grunewald* ZIP 1999, 597; *Reimann* DNotZ 1999, 179; *Löwisch* NJW 1999, 1002; *Goecke* NJW 1999, 2305; *J. Hager* Liber Amicorum Leenen (2012) 43.
45 So auch *Gernhuber/Coester-Waltjen* FamR § 61 Rz. 36 ff.

§ 40 Die Willensvorbehalte und das Erklärungsbewusstsein

Literatur: *A. Bär*, Scheingeschäfte (1931); *von Hein*, Der Abschluss eines Scheingeschäfts durch einen Gesamtvertreter, ZIP 2005, 191; *Holzhauer*, Dogmatik und Rechtsgeschichte der Mentalreservation, FS Gmür (1983) 119; *Kallimopoulos*, Die Simulation im bürg. Recht (1966); *Klocke*, Erklärungsbewusstsein und Rechtsbindungswille – Willenserklärung und Rechtsgeschäft (2014); *Kramer*, Das Scheingeschäft des Strohmanns – BGH NJW 1982, 569, in: JuS 1983, 423; *Kropff*, Zur Wirksamkeit bilanzpolitisch motivierter Geschäfte, ZGR 22 (1993) 41; *Michaelis*, Scheingeschäft, verdecktes Geschäft und verkleidetes Geschäft im Gesetz und in der Rechtspraxis, FS Wieacker (1978) 444; *Leenen*, Ist das so richtig? – Typen von Defiziten der Zivilrechtsdogmatik, JuS 2008, 577; *Oertmann*, Scheingeschäft und Kollusion, Recht 1923, 74; *Petersen*, Die Wirksamkeit der Willenserklärung, Jura 2006, 426; *Preuß*, Geheimer Vorbehalt, Scherzerklärung und Scheingeschäft, Jura 2002, 815; *Wurster*, Das Scheingeschäft bei Basissachverhalten, DB 1983, 2057 Vgl. auch unten bei Rz. 605.

Dritter Teil   *Das Rechtsgeschäft*

I. Die Typik der Willensvorbehalte

591 **1. Gemeinsames**

Unter der Bezeichnung „Willensvorbehalte" fasst man die drei in den §§ 116-118 geregelten Fallgruppen zusammen. Ihnen ist zweierlei gemeinsam:

(1) Es wird eine Willenserklärung abgegeben, wobei der Erklärende weiß, dass das Erklärte nach allgemeinem Verständnis als im Rechtsverkehr erheblich erscheint. Anders als in den unten Rz. 605 ff. behandelten Fällen hat der Erklärende hier also das sog. **Erklärungsbewusstsein**[1].

(2) Trotzdem **will der Erklärende** die Rechtsgeltung des Erklärten **nicht**; sein innerer Wille geht im Gegensatz zu dem erklärten auf Nichtgeltung (daher „Willensvorbehalte").

592 **2. Unterschiede**

Dagegen unterscheiden sich die Tatbestände der §§ 116 – 118 hinsichtlich des Hervortretens des Willensvorbehalts nach außen.

a) Mentalreservation, § 116

aa) In den Fällen des § 116 verbirgt der Erklärende seinen „insgeheim" gemachten Vorbehalt. Dass ein solcher **regelmäßig unwirksam** sein muss, also die Wirksamkeit des Erklärten nicht beeinträchtigen kann (§ 116 S. 1), „ist von selbstverständlicher Richtigkeit"[2]. Zu diesem Ergebnis führen im Grunde schon die allgemeinen Auslegungsregeln (vgl. oben Rz. 323): Wer weiß und will, dass seine Erklärung als vorbehaltslos verstanden wird, muss sie so gegen sich gelten lassen.

§ 116 S. 1 passt auch bei **bewusster Undeutlichkeit**, die der Empfänger nicht bemerken sollte[3]. So hatte im Fall von RGZ 100, 134 V dem K einen schriftlichen Verkaufsantrag gemacht. K unterschrieb, nachdem er eine Klausel kaum sichtbar eingeklammert hatte. Dann unterschrieb auch V, der die Klammern – wie von K erhofft – nicht bemerkt hatte. Später wollte K das Eingeklammerte nicht gelten lassen. Ähnlich **BGH NJW 2014, 2100**: K sandte ein unterschriebenes Vertragsformular zurück, in dem an Stelle des ursprünglichen Textes wesentliche Änderungen mit gleichen Schriftbild eingefügt hatte. Außerdem erweckte er im Begleitschreiben den Eindruck, er habe das Angebot unverändert angenommen. Das RG und der BGH haben V jeweils nach §§ 157, 242 (Treu und Glauben) Recht gegeben, da K seinen abweichenden Vertragswillen nicht klar und unzweideutig zum Ausdruck gebracht hatte. Das Ergebnis hätte sich freilich spezieller auf § 116 S. 1 stützen lassen. Im Schrifttum wird dagegen teils davon ausgegangen, dass der Vertrag mit dem von K gewollten Inhalt zustandekomme, V aber nach § 123 I wegen arglistiger Täuschung anfechten könne und Ansprüche wegen Verschuldens bei Vertragsverhandlungen aus §§ 280 I, 1, 311 II, 241 II habe[4]. Hiergegen dürfte aber sprechen, dass die Vertragsauslegung der Anfechtung vorgeht (dazu Rz. 317).

---

1 *Wolf/Neuner* § 32 Rz. 19 f., spricht von „Partizipationswille".
2 *Flume* AT II § 20, 1 S. 402.
3 *Flume* AT II § 20, 1 S. 403.
4 *Korch* NJW 2014, 3553; ablehnend *Riehm* JuS 2014, 1118, 1120.

bb) Nach § 116 S. 2 soll die **Erklärung** jedoch **ausnahmsweise nichtig** sein, wenn der Adressat einer empfangsbedürftigen Willenserklärung den Vorbehalt erwartungswidrig erkannt hat. Diese Regelung ist kritisiert worden: Der geheime Vorbehalt bedeute einen Versuch zur Täuschung des Gegners; daher sei es hier anders als bei einem erkannten Irrtum nicht angemessen, dass der erkannte Vorbehalt gegen den Erklärungsempfänger gelten solle. Indessen ist ja weder sicher, dass die geplante Geheimhaltung auf böser Absicht beruht (vgl. unten Rz. 597), noch dass die in § 116 S. 2 bestimmte Nichtigkeit dem Gegner schadet: Sie kann ja auch umgekehrt zum Nachteil des Erklärenden ausschlagen, selbst wenn sie dessen geheimem Willen entspricht. Daher dürfte § 116 S. 2 doch wohl im Ganzen einleuchten. Freilich sollte man die Vorschrift einschränkend auslegen: Auch wenn der Empfänger der Erklärung den Vorbehalt erkannt hat, sollte diese wirksam sein, soweit sie noch für andere bestimmt war, denen der Vorbehalt verborgen geblieben ist[5].

593

b) Scheingeschäft, § 117

Beim Scheingeschäft ist der Empfänger einer empfangsbedürftigen Willenserklärung damit einverstanden, dass diese nur zum Schein abgegeben wird. Hier wird der Vorbehalt häufig nicht bloß offengelegt, sondern vielfach geradezu vereinbart: Die **Nichtgeltung wird zum Geschäftsinhalt**. Dass hier nach § 117 I das mit dem Vorbehalt Erklärte nicht gilt, ist im Grunde wieder selbstverständlich. So fehlt es an einem wirksamen Darlehen, wenn hingegebenes Geld nicht soll zurückgezahlt werden müssen[6].

594

Problematisch kann nur sein, ob und wie ein durch den Schein getäuschter Dritter zu schützen ist (vgl. unten Rz. 598 ff.). Jedenfalls darf regelmäßig ein Geschäft bloß einheitlich beurteilt werden: Man kann es nicht als steuerrechtlich gewollt und zivilrechtlich ungewollt ansehen[7].

Neben dem nichtigen Scheingeschäft steht häufig ein durch dieses verdecktes, von den Parteien wirklich gewolltes anderes Geschäft. Man nennt dieses auch das **dissimulierte Geschäft** im Gegensatz zu dem simulierten (= Scheingeschäft). Hierauf sollen nach § 117 II „die für das verdeckte Geschäft geltenden Vorschriften Anwendung" finden. Das bedeutet: Dieses Geschäft ist nicht etwa deshalb nichtig, weil es nicht erklärt (also weil es verdeckt) worden ist. Andererseits soll es aber (selbstverständlich) auch nicht schlechthin wirksam sein, sondern eben nach denjenigen Regeln beurteilt werden, die für derartige Geschäfte bestehen.

Dieses Zusammenwirken der beiden Absätze des § 117 zeigt sich deutlich beim sog. **Schwarzkauf**: Bei einem Kauf – insbesondere einem Grundstückskauf – wird ein höherer Kaufpreis vereinbart, aber in dem notariellen Kaufvertrag nur ein geringerer Betrag angegeben. Das geschieht meist um Steuern und Gebühren zu sparen, wodurch allein der Vertrag regelmäßig nicht nach §§ 134, 138 nichtig wird, weil es sich nicht um den alleinigen oder hauptsächlichen Zweck des Rechtsgeschäfts handelt[8]. Vielmehr geht es den Parteien typischerweise vor allem um die Veräußerung des Grundstücks.

595

---
5 Vgl. *Flume* AT II § 20, 1 S. 403 f.
6 BGH ZIP 1996, 2159.
7 BGH NJW 1993, 2609.
8 BGHZ 14, 25, 30 f.; BGH NJW 1966, 588, 589; NJW-RR 2002, 1527.

Dritter Teil *Das Rechtsgeschäft*

Hinzu kommt in Zeiten einer staatlichen Preiskontrolle der Zweck, überhaupt die nötige Genehmigung zu erhalten: In beiden Fällen ist das beurkundete Geschäft zu dem nicht gewollten niederen Kaufpreis nach § 117 I nichtig. Dagegen gelten für das gewollte Geschäft zu dem höheren Preis nach § 117 II die §§ 311 b I, 125. Danach ist dieses Geschäft vorerst gleichfalls nichtig, aber nach § 125 S. 1 statt nach § 117 I. Dieser Unterschied hat wegen § 311 b I 2 Bedeutung: Danach wird der formlose Vertrag mit der Auflassung und der Eintragung des Erwerbers in das Grundbuch wirksam[9]. Eine entsprechende Situation kann sich ergeben, wenn bei einem nach § 15 IV GmbHG der notariellen Beurkundung bedürfenden Verkauf eines GmbH-Anteils ein Teil des Kaufpreises aus steuerlichen Gründen als „Beratungshonorar" vereinbart worden ist[10].

Nicht wirksam wird ein Geschäft dagegen, soweit noch weitere Wirksamkeitserfordernisse unerfüllt sind. Ein Beispiel hierfür bildet die Notwendigkeit einer staatlichen Genehmigung: Wenn diese für den notariell beurkundeten Vertrag erteilt worden ist, deckt sie regelmäßig nicht den formlos vereinbarten Vertrag; dessen Wirksamwerden scheitert also noch an dem Fehlen der Genehmigung.

c) Scherzgeschäft, § 118

596 Das (irreführend eng) so genannte „Scherzgeschäft" liegt gewissermaßen zwischen der Mentalreservation und dem Scheingeschäft: Der Vorbehalt wird von dem Erklärenden weder verheimlicht (wie bei § 116), noch besteht über den Vorbehalt Einverständnis (wie bei § 117). Vielmehr erwartet der Erklärende, „der Mangel an Ernstlichkeit werde nicht verkannt werden"; er will den Vorbehalt also wenigstens derart erkennbar machen, dass der Adressat ihn nach einer ersten Verblüffung versteht. Problematisch wird die Rechtslage dann bloß, wenn der Vorbehalt erwartungswidrig nicht erkannt wird (das ist gewissermaßen der Gegenfall zu § 116 S. 2, vgl. oben Rz. 593). § 118 entscheidet hier für Nichtigkeit der Willenserklärung, doch soll nach § 122 der Erklärende dem Vertrauenden dessen negatives Interesse bis zum Betrag des positiven ersetzen. Das ist dieselbe Regelung, die (mit weitaus größerer Bedeutung) auch bei der Anfechtung von Willenserklärungen wegen Irrtums gilt; § 122 wird daher unten Rz. 783 ff. erörtert.

Freilich liegt ein „Scherzgeschäft" **nur sehr selten** vor. Denn die bisweilen als Beispiele genannten Erklärungen auf der Bühne oder im Unterricht („Ein Königreich für ein Pferd"; „ich kaufe von Ihnen ...") gehören nicht hierher: Bei solchen Erklärungen kann man nicht einmal im ersten Augenblick glauben, sie sollten Rechtsgeltung haben. Andererseits braucht aber nicht wirklich ein „Scherz" beabsichtigt zu sein: Beispielsweise genügen auch Erklärungen aus Prahlerei oder zu reißerischer Reklame (die deshalb keine Garantiewirkung haben). Die geforderte Erstreckung des § 116 auf Erklärungen „in einem Zustand der Provokation oder von Demütigung und Druck" („Schmerzerklärung") ist aber abzulehnen:[11] Das ist der Anwendungsbereich von § 123.

---

9 Vgl. *Keim* JuS 2001, 636.
10 BGH NJW 1983, 1843.
11 A.A. *Wolf/Neuner* § 40 Rz. 9, die im Übrigen den Begriff „Appellerklärung" bevorzugen; vgl. auch von *Tscherwinka* NJW 1995, 308; wie hier *Köhler* § 7 Rz. 13.

II. Einzelfragen zu den Willensvorbehalten

Zu den (praktisch nicht sehr bedeutsamen) §§ 116 – 118 seien noch einige Einzelfragen erwähnt.

1. Die Mentalreservation in guter Absicht

Der Gläubiger G möge seinem todkranken Schuldner S die Schuld erlassen, um diesem das Sterben zu erleichtern. Hier ist gemeint worden, wegen der guten Absicht des G sei § 118 (mit der Folge der Unwirksamkeit des Erlasses) und nicht § 116 anzuwenden. Doch weiß das Gesetz von einer Einschränkung des § 116 auf schlechte Absichten nichts. Daher führt hier kein Weg an § 116 vorbei, weil G ja den Vorbehalt dem S nicht offengelegt hat: Der Erlass ist also regelmäßig wirksam.

597

2. Der Drittschutz beim Scheingeschäft

§ 117 I erklärt entsprechend dem Parteiwillen das bloß zum Schein vorgenommene Geschäft für nichtig. Die Parteien wollen aber mit diesem Schein regelmäßig einen Dritten täuschen: Übergeht nicht das Gesetz mit seinem Eingehen auf den Parteiwillen die Interessen dieses Dritten in unangemessener Weise?

598

a) Hier muss man zunächst bedenken, dass vielfach die **Wirksamkeit** des Scheingeschäfts **dem Dritten nichts nutzen** würde: Dem Notar und dem Fiskus etwa, denen durch die zu niedrige Preisangabe beim Schwarzkauf Gebühren und Steuern hinterzogen werden sollen, ist nur mit einer Aufdeckung des wirklich gewollten höheren Preises gedient. Die Parteien an dem Scheingeschäft festzuhalten kommt allenfalls aus Gründen der **Abschreckung** in Betracht: Wenn die Verkäufer fürchten müssen, ihre Leistung zu dem nicht gewollten niederen Preis wirksam zu schulden, mögen sie sich von solchen Scheingeschäften fernhalten. Doch lässt sich der aus einer solchen Sanktion folgende Vorteil für den anderen Geschäftspartner nur ausnahmsweise rechtfertigen. Die Festlegung der Parteien auf das Scheingeschäft ist daher nur in einzelnen Preisgesetzen bestimmt worden, eignet sich aber nicht als allgemeine Rechtsfolge.

b) Bisweilen kann der Dritte aber auch durch die Nichtigkeit des Scheingeschäfts geschädigt werden. Dann kommt jedoch in Betracht, dass der Vorbehalt, der zwischen den Parteien ein Scheingeschäft bewirkt, **gegenüber dem Dritten als bloße Mentalreservation unbeachtlich** ist. Darauf können im Zessionsrecht die §§ 405, 409 hinauslaufen: So wirkt nach § 405 Alt. 1 der Scheincharakter des Schuldscheins gegenüber dem redlichen Neugläubiger (Zessionar) nicht[12]. Das lässt sich noch über diese beiden Vorschriften hinaus erweitern[13]. So wäre ein zwischen dem Vertreter und einem anderen zum Schein abgeschlossenes Geschäft gegenüber dem Vertretenen wirksam, wenn diesem der Vorbehalt verheimlicht worden ist.

599

---

12 Näher zum Scheinvertrag und verdeckten Vertrag im Anwendungsbereich des § 405 *Kuhn* AcP 208 (2008) 101.
13 Vgl. RGZ 134, 33, 37 ff.; *Flume* AT II § 20, 2 c S. 411 f.

Dritter Teil *Das Rechtsgeschäft*

600 **c)** Wo dem Dritten nicht schon auf einem der beiden eben genannten Wege geholfen werden kann, ist zudem an einen Schadensersatzanspruch aus § 826 zu denken.

601 **3. Treuhand, Strohmanngeschäft und Scheingeschäft**

Von dem nach § 117 I nichtigen Scheingeschäft sind die Treuhand und das Strohmanngeschäft abzugrenzen.

a) Die **Treuhand** (das fiduziarische Geschäft)[14] tritt **in vielen Formen** auf, vor allem bei der Kreditsicherung: Hier erhält der Treunehmer (Sicherungsnehmer, Gläubiger der zu sichernden Forderung) im Außenverhältnis mehr Rechtsmacht, als er gegenüber dem Treugeber (Sicherungsgeber, Schuldner der zu sichernden Forderung) vorerst soll verwenden dürfen. So wird bei der Sicherungsübereignung der Treunehmer Eigentümer und bei der Sicherungszession Gläubiger, obwohl er in beiden Fällen nur ähnlich wie ein Pfandgläubiger stehen soll.

Anders als bei § 117 I wollen hier die Parteien das Geschäft jedoch gelten lassen; ihr Vorbehalt richtet sich nicht gegen dessen Geltung, sondern bloß gegen die volle Ausübung der dem Treunehmer eingeräumten Rechtsmacht. Denn nur durch die Geschäftswirksamkeit wird der Treunehmer gegen andere Gläubiger seines Schuldners geschützt, indem er deren Angriffe auf das Sicherungsgut abwehren kann. Ein bloßes Scheingeschäft käme dagegen in Betracht, wenn z.B. ein Grundstückseigentümer sein Grundstück im Einverständnis mit einem Dritten für diesen so hoch belastet, dass schon der Schein dieser Belastung andere Gläubiger von Vollstreckungsversuchen abhalten soll. Aber auch dann läge ein Scheingeschäft nur vor, wenn der Dritte die ihm bestellten Sicherheiten nicht soll verwenden dürfen[15].

602 **b)** Domäne des Strohmanngeschäfts war bis zu der GmbH-Reform von 1980 die Gründung einer **Einmann-GmbH**. Denn weil diese Gründung eines Vertrags bedurfte, war neben dem künftigen Alleingesellschafter noch eine weitere Person nötig. Diese war nur Strohmann, wenn sie nach der Gründung alsbald wieder ausscheiden und auch bei der Gründung bloß im Interesse des künftigen Alleingesellschafters handeln sollte. Seit 1980 ist das Erfordernis eines Gesellschaftsvertrags jedoch entfallen (§ 1 GmbHG: Zur Errichtung genügt *eine* Person)[16].

603 Doch sind Strohmanngeschäfte auch **in anderen Zusammenhängen** aufgetreten, und dort begegnen sie jetzt noch. Vor allem wird ein Strohmann nicht selten vorgeschoben, wenn der eigentlich an dem Geschäft Interessierte dieses (z.B. wegen Vorstrafen oder anderer Makel) nicht selbst wahrnehmen kann (z.B. weil er keine Konzession erhält, oder weil ihm die Fähigkeit zum Abschluss von Börsentermingeschäften fehlt[17]). Hier ist die Einschaltung des Strohmanns regelmäßig selbst dann wirksam, wenn der andere Partner des Geschäfts die Strohmanneigenschaft kennt, weil nur auf diese Weise der

---

14 Dazu grundlegend *Coing*, Die Treuhand kraft privaten Rechtsgeschäfts (1973); *Grundmann*, Der Treuhandvertrag im System des deutschen Zivilrechts (1995); *Armbrüster*, Die treuhänderische Beteiligung an Gesellschaften (2001); weiter *Henssler* AcP 196 (1996) 37.
15 Vgl. dazu *Medicus/Petersen* BürgR Rz. 127.
16 Zu den neu auftretenden Problemen vgl. etwa *Hüffer* ZHR 145 (1981) 521; kritisch *Flume* ZHR 146 (1982) 205.
17 BGH NJW 1995, 727.

erstrebt wirtschaftliche Zweck überhaupt erreicht werden kann[18]. Daher haftet der Strohmann (und nicht sein Hintermann) aus dem Geschäft, wie er auch umgekehrt die Ansprüche daraus hat. Nur wenn zwischen dem Strohmann und dem Dritten vereinbart worden ist, dass Ansprüche für und gegen den Strohmann ausgeschlossen sein sollen, liegt ein **Scheingeschäft** vor[19].

Im Kaufrecht und dort vor allem im **Gebrauchtwagenhandel** erfolgt die Einschaltung eines Strohmanns auf Seiten des Verkäufers häufig, um die rigiden Vorschriften des Verbrauchsgüterkaufs (§§ 474 ff.) auszuschalten, wenn nämlich der Strohmann anders als der Gebrauchtwagenhändler nicht Unternehmer (§ 14), sondern Verbraucher (§ 13) ist. Dadurch wird im Verhältnis von Käufer und Strohmann vor allem die private Veräußerung der Sache unter Ausschluss der Haftung für Mängel möglich[20]. Allerdings kommt nach § 475 I 2 wegen unzulässiger **Gesetzesumgehung** dennoch eine Haftung des Gebrauchtwagenhändlers für Mängel in Betracht, obwohl dieser gar nicht Partei des Kaufvertrags ist, wenn das Strohmanngeschäft „nach der hierbei gebotenen wirtschaftlichen Betrachtungsweise missbräuchlich dazu eingesetzt wird, ein in Wahrheit vorliegendes Eigengeschäft des Unternehmers zu verschleiern"[21].

Allgemein kommt die **Anwendung von § 117** in Betracht, wenn ausnahmsweise die Nichthaftung und Nichtberechtigung des Strohmanns verabredet wird[22]: Dann ist das Geschäft zwischen dem Dritten und dem Strohmann ein nichtiges Scheingeschäft, das aber ein nach § 117 II zu beurteilendes Geschäft zwischen dem Dritten und dem Hintermann verdecken kann.

4. Der erkanntermaßen ernstgenommene Scherz

S möge dem zur Faulheit neigenden G im Scherz anbieten, dieser brauche nicht mehr zu arbeiten und dürfe unentgeltlich in seinem, des S, Wochenendhaus wohnen (das ist Leihe und kein nach § 518 formbedürftiges Schenkungsversprechen[23]). Wenn S hier erwartet hat, G werde das Angebot als nicht ernst gemeint erkennen, ist die Erklärung zunächst nach § 118 nichtig. Wie aber, wenn S sieht, dass G den Vorschlag ernst nimmt und darauf eingeht, indem er sich z.B. anschickt, seine Wohnung und sein Arbeitsverhältnis zu kündigen: Muss S den G dann aufklären? Und haftet S, wenn er die Aufklärung unterlässt, weiter bloß aus §§ 122, 118 auf das negative Interesse oder nicht darüber hinaus auf Erfüllung?

604

Ein solcher Erfüllungsanspruch des G wird mit Recht bejaht. Sobald der Erklärende den Glauben des Erklärungsempfängers an die Ernstlichkeit der Erklärung bewusst

---

18 So etwa BGH NJW 1982, 569 (dazu *Kramer* JuS 1983, 423); NJW 1995, 727; NJW-RR 2007, 1209 Rz. 5.
19 BGH NJW 1982, 569, wohl auch BAG NJW 1993, 2767.
20 BGH NJW-RR 2013, 687. Zum sog. „Agenturgeschäft" näher *S. Lorenz* FS H. P. Westermann (2008) 415; *Medicus/Petersen* BürgR Rz. 312.
21 BGHZ 170, 67 Rz. 16; BGH NJW 2005, 1039; nicht entscheidungserheblich in BGH NJW-RR 2013, 687 Rz. 17.
22 BGH NJW 1982, 569.
23 BGHZ 82, 354, str.

zulässt, ist der Willensvorbehalt als **unbeachtliche Mentalreservation** (§ 116 S. 1) zu bewerten[24].

III. Das Erklärungsbewusstsein

Literatur: *Bydlinski*, Erklärungsbewusstsein und Rechtsgeschäft, JZ 1975, 1; *Canaris*, Die Vertrauenshaftung im deutschen Privatrecht (1971) 427, 548; *Gudian*, Fehlen des Erklärungsbewusstseins, AcP 169 (1969) 232; *Petersen*, Der Tatbestand der Willenserklärung, Jura 2006, 178.

1. Fälle des fehlenden Erklärungsbewusstseins

605 Bei den eben behandelten Willensvorbehalten weiß der Erklärende, dass seine Erklärung als rechtlich erheblich verstanden werden kann. Davon sind die Fälle zu unterscheiden, in denen der Erklärende sich dessen nicht bewusst ist, er also glaubt, bloß etwas rechtlich Unerhebliches zu erklären. Der einprägsame Lehrbuchfall hierfür betrifft die „**Trierer Weinversteigerung**": Jemand hebt auf einer solchen Versteigerung die Hand, um einen Freund zu begrüßen; das Handheben bedeutet jedoch üblicherweise ein höheres Gebot. Ähnliche Fälle sind: Der um ein Autogramm gebetene Schauspieler unterschreibt nichtsahnend einen ihm hingehaltenen Wechsel; jemand glaubt sich in eine Glückwunschliste einzutragen, doch handelt es sich um eine Spendenliste. Auch der versehentlich abgesandte Brief mit rechtserheblichem Inhalt gehört hierher (vgl. oben Rz. 266). Vielfach wird als Beispiel auch genannt ein als Zustimmung oder Bestätigung zu wertendes Verhalten, das in Unkenntnis der Zustimmungs- oder Bestätigungsbedürftigkeit an den Tag gelegt wird: Es zahlt z.B. der volljährig Gewordene die Raten für ein Abzahlungsgeschäft weiter (§ 108 III), das er als beschränkt Geschäftsfähiger über sein Taschengeld zunächst unwirksam (§ 110, vgl. oben Rz. 580) abgeschlossen hat, aber irrtümlich für bindend hält.

606 Noch anders liegen die (ganz seltenen) Fälle, in denen schon der die Erklärungshandlung tragende Wille (der sog. **Handlungswille**) fehlt: Sprechen im Schlaf oder in Hypnose; ein nervöses Zucken, das wie eine Willenserklärung erscheint. Solche Scheinerklärungen sind unzweifelhaft nach oder entsprechend § 105 II nichtig (vgl. oben Rz. 544).

2. Die rechtliche Behandlung

607 Über die Rechtsfolgen eines Fehlens des Erklärungsbewusstseins besteht erheblich mehr Streit, als man angesichts der geringen praktischen Bedeutung der einschlägigen Fälle erwarten sollte.

a) Eine ältere Ansicht hat die ohne Erklärungsbewusstsein abgegebene Willenserklärung für **nichtig** gehalten: Nach § 118 sei eine Erklärung ja sogar dann nichtig, wenn der Erklärende die rechtliche Erheblichkeit gekannt und bloß gehofft habe, der Erklärungsempfänger werde den Mangel an Ernstlichkeit bemerken. Um so eher müsse

---
24 *Flume* AT II § 20, 3 S. 414

dann eine Erklärung nichtig sein, die ohne Kenntnis von ihrer rechtlichen Erheblichkeit abgegeben worden sei.

Eine **vordringende Ansicht** hält dieser Argumentation jedoch mit Recht entgegen: Bei § 118 hat der Erklärende die Nichtgeltung seiner Erklärung gewollt, und diesem Willen trägt das Gesetz Rechnung. Beim Fehlen des Erklärungsbewusstseins dagegen hat derjenige, von dem das Erklärungsverhalten ausgeht, noch keinen Willen über die Rechtsgeltung gebildet. Daher ist es im Unterschied zu der Situation bei § 118 durchaus sinnvoll, ihm eine solche Willensbildung nachträglich zu ermöglichen[25]. Das rechtstechnische Mittel hierzu ist die Annahme bloßer **Anfechtbarkeit**. Zu demselben Ergebnis gelangt man, wenn man auch die Erklärung mit fehlendem Erklärungsbewusstsein als einen Fall des Erklärungsirrtums auffasst[26]; dann ist man direkt bei den §§ 119 I, 121.

Dagegen lässt sich nicht einwenden, derjenige, der nichts Rechtserhebliches habe erklären wollen, brauche kein Wahlrecht; z.B. liege es doch ganz fern, dass der auf der Weinversteigerung den Freund Begrüßende ausgerechnet ein Fuder Wein haben wolle. Denn erstens muss das bei jemandem, der zu einer Weinversteigerung gegangen ist, keineswegs ausgeschlossen sein. Und zweitens mag sich der Erklärende in anderen Fällen – etwa bei dem versehentlich eingeworfenen Brief – mit noch weit größerer Wahrscheinlichkeit für die Geltung entscheiden.

b) Von dem Erfordernis der Anfechtung nach oder analog § 121 kann man noch nicht ohne weiteres darauf schließen, der Anfechtende müsse nun auch nach oder analog § 122 dem Erklärungsempfänger verschuldensunabhängig **das negative Interesse** ersetzen. Vielmehr wird diese Folgerung vielfach eingeschränkt: *Flume*[27] versagt den Vertrauensschutz, „wenn das Verhalten nicht als unmittelbarer Erklärungsakt zu werten, sondern aus ihm nur mittelbar auf einen rechtsgeschäftlichen Willen zu schließen ist": Das Vertrauen auf konkludentes Verhalten verdiene nicht den gleichen Schutz. Dagegen unterscheiden andere[28] danach, ob dem Erklärenden die Erklärung zuzurechnen ist: Das sei nur zu bejahen, wenn dieser sich bei Anwendung der erforderlichen Sorgfalt der Rechtserheblichkeit seines Verhaltens habe bewusst sein können.

Indessen überzeugt die Unterscheidung *Flumes* nicht: Ein konkludentes Verhalten kann verlässlicher sein als eine ausdrückliche Erklärung. Und das Abstellen auf die Zurechenbarkeit der Erklärung durch andere läuft sachlich auf das Verschuldenserfordernis hinaus. Wenn man dieses als Korrektiv einführen will (und dafür spricht vieles), sollte man die Haftung gleich auf **Verschulden bei Vertragsverhandlungen** stützen (vgl. oben Rz. 444 ff.): Der verschuldensunabhängige § 122 I passt dann nicht als Anspruchsgrundlage. Fraglich ist allerdings, ob durch eine Erklärung ohne Erklärungsbewusstsein auch die Position eines Dritten verschlechtert werden kann[29].

608

---

25 So vor allem *Flume* AT II § 20, 3 S. 414 f.; § 23, 1 S. 449 f.; *Röder* JuS 1982, 125, 126 mit weit. Angaben, dagegen aber *Canaris* NJW 1984, 2281.
26 *Bydlinski* JZ 1975, 1, 5.
27 *Flume* AT II § 23, 1 S. 450.
28 Etwa *Leipold* § 17 Rz. 18 und *Bydlinski*, Erklärungsbewusstsein und Rechtsgeschäft, JZ 1975, 1, 5 f. (mit weit. Angaben).
29 BGH NJW 1995, 953 hat das verneint, weil es nur um den Schutz des Empfängers gehe, kritisch aber *Habersack* JuS 1996, 985.

608 a c) Lehrreich zur Frage des Erklärungsbewusstseins ist die Entscheidung **BGHZ 91, 324**[30]. Dort hatte die Klägerin von einem Kunden, dem sie Kredit gewährte, eine Bürgschaft verlangt. Wenig später schrieb die beklagte Sparkasse an die Klägerin, sie habe für den Kunden eine Bürgschaft über 150.000 DM übernommen. Erst später stellte die Sparkasse klar, dass eine Bürgschaft nicht übernommen worden war. Die Klägerin verlangte gleichwohl die Bürgschaftssumme; diese ist ihr auch zugesprochen worden.

Zweifelhaft ist hier freilich schon das Vorliegen des objektiven Anscheins einer Bürgschaftserklärung: Die Beklagte hatte ja nicht geschrieben, sie wolle sich (hiermit) verbürgen, sondern sie hatte nur mitgeteilt, sie habe die Bürgschaft übernommen. Weil es um einen hohen Betrag ging und Sparkassen sich sorgfältig auszudrücken pflegen, hätte die Klägerin das nicht ohne weiteres als die Erklärung eines Bürgschaftsversprechens ansehen dürfen[31]. Trotzdem hat der BGH die Klage hieran nicht scheitern lassen. Vielmehr hat er gemeint, die Beklagte hätte erkennen müssen, dass ihre Äußerung als Willenserklärung aufgefasst werden konnte. Dann habe sie trotz fehlenden Erklärungsbewusstseins in der Frist von § 121 anfechten müssen. Damit hat der BGH den auf die Annahme von Nichtigkeit zielenden Schluss aus § 118 abgelehnt[32]. Da der BGH überdies keine wirksame Anfechtung bejaht hat[33], hat er die Klageforderung zugesprochen.

---

30 Dazu *Canaris* NJW 1984, 2281; *Ahrens* JZ 1984, 986; *Schubert* JR 1985, 15; *Brehmer* JuS 1986, 440.
31 Ebenso *Canaris* NJW 1984, 2281.
32 Ebenso BGH NJW 1990, 454, anders *Canaris* NJW 1984, 2281.
33 Vgl. unten Rz. 717, hiergegen *Canaris* NJW 1984, 2281, 2282.

§ 41 Der Verstoß gegen gesetzliche Formvorschriften

Literatur: *Battes*, Erfüllungsansprüche trotz beiderseits bewussten Formmangels?, JZ 1969, 683; *Bernard*, Formbedürftige Rechtsgeschäfte (1979); *Binder*, Gesetzliche Form, Formnichtigkeit und Blankett im bürgerlichen Recht, AcP 207 (2007) 155; *Blasche*, Notarielle Beurkundung, öffentliche Beglaubigung und Schriftform, Jura 2008, 890; *Canaris*, Die Vertrauenshaftung im deutschen Privatrecht (1971) 465 und öfter; *Ebnet*, Rechtsprobleme bei der Verwendung von Telefax, NJW 1992, 2985; *Gernhuber*, Formnichtigkeit und Treu und Glauben, FS Schmidt-Rimpler (1957) 151; *Großfeld/Hülper*, Analphabetismus im Zivilrecht, JZ 1999, 430; *Häsemeyer*, Die gesetzliche Form der Rechtsgeschäfte (1971); *ders.*, Die Bedeutung der Form im Privatrecht, JuS 1980, 1; *K. Heldrich*, Die Form des Vertrages, AcP 147 (1941) 89; *Heiß*, Formmängel und ihre Sanktionen (1999); *F. v. Hippel*, Formalismus und Rechtsdogmatik (1935); *Holzhauer*, Die eigenhändige Unterschrift (1973); *Köbl*, Die Bedeutung der Form im heutigen Recht, DNotZ 1983, 207; *Keim*, Das notarielle Beurkundungsverfahren (1990); *H. Lehmann*, Die Unterschrift im Tatbestand der schriftlichen Willenserklärung (1904); *W. Lorenz*, Das Problem der Aufrechterhaltung formnichtiger Schuldverträge, AcP 156 (1957) 381; *ders.*, Rechtsfolgen formnichtiger Schuldverträge, JuS 1966, 429; *Ludwig*, Entwicklungstendenzen des Rechts der notariellen Beurkundung, AcP 180 (1980) 373; *Maier-Reimer*, Vorwirkung von Formvorschriften – Formzwang aus nicht abgeschlossenen Verträgen?, NJW 2014, 273; *B. Mertens*, Die Reichweite gesetzlicher Formvorschriften im BGB, JZ 2004, 431; *Moussa*, Das Dogma vom formgerechten Zugang (2016); *Petersen*, Die Form des Rechtsgeschäfts, Jura 2005, 168; *D. Reinicke*, Rechtsfolgen formwidrig abgeschlossener Verträge (1969); *Röthel*, Form und Freiheit der Patientenautonomie, AcP 211 (2011) 196; *Scheuerle*, Formalismusargumente, AcP 172 (1972) 396; *Röger*, Gesetzliche

Schriftform und Textform bei arbeitsrechtlichen Erklärungen, NJW 2004, 431; *Schneider*, Über gekrümmte Linien, Bogen, Striche, Haken und Unterschriften, NJW 1998, 1844; *Schnorr*, Die rechtliche Behandlung irrtümlich angenommener Formerfordernisse, JuS 2006, 115; *Singer*, Formnichtigkeit und Treu und Glauben. Zur bereicherungsrechtlichen Abwicklung formnichtiger Grundstückskaufverträge, WM 1983, 254; *Vollkommer*, Formstrenge und prozessuale Billigkeit (1973, dazu *H. Schneider*, AcP 175, 1975, 368); *Westerhoff*, Wie begründen wir Formnichtigkeit?, AcP 184 (1984) 341; *Zoller*, Die Mikro-, Photo- und Telekopie im Zivilprozess, NJW 1993, 429. Zu den neuen Formen etwa *Boente/Riehm* Jura 2001, 793; *Hähnchen* NJW 2001, 2831.

Der in der Praxis wohl häufigste Nichtigkeitsgrund ist der Verstoß gegen ein gesetzliches Formgebot, § 125 S. 1 (zum rechtsgeschäftlichen Formgebot vgl. unten Rz. 636 ff.).

I. Die gesetzlichen Formvorschriften

Im Privatrecht gilt die **Regel der Formfreiheit**: Für eine wirksame Willenserklärung braucht der Wille nur irgendwie nach außen sichtbar gemacht zu werden. Dafür genügen gesprochene oder geschriebene Worte, aber auch Strom- oder Lichtimpulse und andere Zeichen, sofern sie nur eine erkennbare Bedeutung haben. 609

1. Standort und Häufigkeit 610

Von dieser Regel der Formfreiheit gibt es aber **zahlreiche Ausnahmen**. Die sie anordnenden gesetzlichen Formvorschriften stehen dabei jeweils bei denjenigen Rechtsinstituten, deren Formbedürftigkeit bestimmt wird: etwa § 311 b I beim Vertrag über die Veräußerung von Grundstücken, § 518 bei der Schenkung, § 550 bei der Grundstücksmiete, § 766 bei der Bürgschaft, § 925 beim Erwerb des Grundstückseigentums, und so weiter.

Die **Häufigkeit** von Formvorschriften ist **nach Rechtsgebieten** sehr **verschieden**: Selten sind solche Vorschriften im **Schuldrecht (außer im Verbraucherschutzrecht) und im Mobiliarsachenrecht** (die dort für Verfügungen regelmäßig nötige Übergabe ist keine Form, sondern ein zur Einigung hinzutretendes weiteres Tatbestandsmerkmal). – Im **Immobiliarsachenrecht** scheint zwar nach § 873 die formfreie Einigung gleichfalls die Regel zu bilden und § 925 bloß für die Auflassung (sowie § 1154 I für eine bestimmte Art der Abtretung der Hypothekenforderung) eine Ausnahme anzuordnen (auch die Eintragung ist hier keine Form). Doch sollen nach § 29 GBO die Eintragungsbewilligung und andere zur Eintragung nötige Erklärungen förmlich nachgewiesen werden. Daher wird der Rechtsverkehr im Immobiliarsachenrecht von Förmlichkeiten beherrscht; insbesondere bedarf es auch für die Bestellung eines Grundpfandrechts des Ganges zum Notar. – **Das Familien- und das Erbrecht** endlich sind Gebiete, in denen weithin Formzwang besteht: im Familienrecht wegen der Bedeutung seiner Rechtsgeschäfte für den Status von Personen und im Erbrecht wegen der dort besonders drängenden Beweisschwierigkeiten. Denn um einen „letzten Willen" wird regelmäßig erst gestritten, wenn der Erblasser schon gestorben ist, also seinen Willen nicht mehr bezeugen kann.

Im **Allgemeinen Teil** des BGB dagegen finden sich solche Formgebote nicht: Es gibt eben keinen Formzwang, der so allgemein wäre, dass er ein Rechtsinstitut des Allge- 611 meinen Teils beträfe. Vielmehr finden sich dort nur Einschränkungen des Formzwangs (z.B. §§ 144 II, 167 II, 182 II) sowie die Vorschriften über den Verstoß gegen Formvorschriften (§ 125, vgl. unten Rz. 627) und einige Einzelheiten über die Wahrung der Formerfordernisse (§§ 126 – 129, vgl. unten Rz. 616 ff.).

2. Formzwecke

612 **a)** In den Motiven zum BGB[1] wird hinsichtlich des Umfangs, in dem ein Formzwang vorgesehen werden sollte, folgendes erwogen. **Für einen Formzwang** spreche:

„Die Notwendigkeit der Beobachtung einer Form ruft bei den Beteiligten eine geschäftsmäßige Stimmung hervor, weckt das juristische Bewusstsein, fordert zur besonnenen Überlegung heraus und gewährleistet die Ernstlichkeit der gefassten Entschließung. Die beobachtete Form ferner stellt den rechtlichen Charakter der Handlung klar, dient, gleich dem Gepräge einer Münze, als Stempel des fertigen juristischen Willens und setzt die Vollendung des Rechtsaktes außer Zweifel. Die beobachtete Form sichert endlich den Beweis des Rechtsgeschäftes seinem Bestande und Inhalte nach für alle Zeit; sie führt auch zur Verminderung oder doch zur Abkürzung und Vereinfachung der Prozesse."

613 Demgegenüber wurden die – regelmäßig für überwiegend gehaltenen – **Nachteile des Formzwangs** vor allem in folgenden Punkten gesehen: Gerade für geschäftsungewandte Personen könne ein Formzwang zum Fallstrick werden. Denn sie unterschrieben vielfach „auf Treu und Glauben" und seien dabei ihrem gewandteren Partner ausgeliefert. Die erzwungene Schriftlichkeit werde so zu einer reichen Quelle von Prozessen und leiste der Schikane Vorschub. Vor allem aber stehe dem Formzwang die durch ihn geschaffene Verkehrserschwerung entgegen. Denn der Verkehr setze sich häufig über die Form hinweg. Damit schlage die durch den Formzwang bezweckte Rechtssicherheit in ihr Gegenteil um, „und der redliche und vertrauende Mann ist schutzlos gegen den Missbrauch seines Vertrauens durch einen treubrüchigen Gegner"[2].

614 **b) Im Ganzen** lassen sich die Formzwecke etwa wie folgt gliedern: Die Form kann dienen

(1) den **Parteien des Rechtsgeschäfts**

(a) als Übereilungsschutz, insbesondere auch zur Sicherung einer sachkundigen Beratung (Notar!),

(b) zur **Erleichterung des Beweises** für den Vertragsabschluss (Trennung von bloßen Vorverhandlungen) und für den Geschäftsinhalt;

(2) **einzelnen Dritten**, gegen die Geschäfte wirken, an deren Abschluss sie nicht beteiligt waren (z.B. erfährt der Grundstückserwerber über § 550 den gegen ihn nach § 566 wirkenden Mietvertrag);

---

1 Mot. I 179 f. = *Mugdan* I 451 f.
2 Mot. I 180 = *Mugdan* I 451.

(3) öffentlichen Interessen, z.B. zur Erleichterung der Aktenführung oder einer Kontrolle bei Genehmigungsverfahren oder zur Erhebung einer Steuer.

c) Welchem Zweck eine **bestimmte einzelne Form** dienen soll, ist jeweils aus der sie anordnenden Vorschrift (also deren *ratio legis*) zu ermitteln. Das stößt auf alle mit der Gesetzesauslegung auch sonst verbundenen Schwierigkeiten[3]. Dabei darf man keineswegs alle Zwecke für maßgeblich halten, die im Einzelfall sinnvoll sein könnten. So ließe sich z.B. denken, die für das Schenkungsversprechen in § 518 I vorgeschriebene Form solle auch die Erhebung der Schenkungsteuer erleichtern (diese ist eine Art vorgezogene Erbschaftsteuer, weil die Schenkung oft eine vorgezogene Vergabe des Nachlasses darstellt). Aber dazu passt nicht, dass nach § 518 II der Vollzug des Versprechens den Formmangel heilt. § 518 I dient also nur dem Schenkerschutz. 615

II. Die Formarten

1. Im Allgemeinen Teil

Im Allgemeinen Teil des BGB sind drei (oder unter Berücksichtigung von §§ 126 b, 127 a: fünf) Arten von gesetzlichen Formen vorgesehen. 616

a) Die Schriftform, § 126

aa) Die Schriftform war bis zur Einführung der sog. Textform (§ 126 b, vgl. unten Rz. 623 a) die **„schwächste" gesetzliche Form**. Denn sie ist am einfachsten zu erfüllen und gewährt daher den geringsten Übereilungsschutz. § 126 I erleichtert diese Form noch, indem er nur Eigenhändigkeit der Namensunterschrift und nicht auch des Textes erfordert. Dadurch steigt zudem die Fälschungsgefahr nicht unerheblich: Eine einzelne Unterschrift lässt sich leichter nachmachen als ein längerer Text. Auch gewährleistet die Schriftform nicht eine sachverständige Beratung der Beteiligten; die Unterschrift unter ein längeres, nicht zur Kenntnis genommenes Schriftstück (Allgemeine Geschäftsbedingungen!) ist oft gefährlicher als eine mündliche Vereinbarung.

Wenn der Text auf mehrere Blätter verteilt ist, müssen diese regelmäßig miteinander verbunden sein **(Einheit der Urkunde)**. Der BGH lässt es aber genügen, dass sich die Einheit loser Blätter aus anderen Umständen (etwa der Paginierung oder einer durchlaufenden Gliederung des Inhalts) ergibt[4].

Bei der Schriftform muss der Name als Unterschrift **unter dem Text** stehen und diesen abschließen. Spätere Nachträge müssen regelmäßig erneut unterschrieben werden, außer wenn sie noch – z.B. weil sie am Rande stehen – als Teil des unterschriebenen Textes erscheinen. 617

Zeitweise ist in Überweisungsformularen von Sparkassen und Banken die „Unterschrift" des Auftraggebers aus unerfindlichen Gründen an die Spitze gerückt worden.

---
3 Vgl. etwa *Larenz*, Methodenlehre der Rechtswissenschaft (6. Aufl. 1991) 312 ff.; Studienausgabe *Larenz/Canaris* (3. Aufl. 1995) 149 ff., Andeutungen oben Rz. 307 ff.
4 BGHZ 136, 357; 142, 158.

Dies beseitigt die Echtheitsvermutung aus § 440 II ZPO[5]. Keine wirksame Unterschrift ist auch ein neben dem Text stehender Namenszug („Nebenschrift")[6].

618 **Eigenhändigkeit** der Unterschrift bedeutet, dass der Aussteller selbst den Namen geschrieben haben muss (dabei schadet fremde Hilfe nicht). Eine faksimilierte Unterschrift genügt dagegen auch dann nicht, wenn der Aussteller selbst den Stempel bedient hat. Bei bestimmten Erklärungen lässt das Gesetz aber ausnahmsweise ein Faksimile ausreichen, so in § 793 II 2 für Inhaberschuldverschreibungen. Ob die Übertragung der eigenhändigen Unterschrift durch **Telefax** ausreicht, ist nach dem Zweck der einzelnen Formvorschrift zu beurteilen[7].

619 Der **Name**, mit dem unterschrieben worden sein muss, ist regelmäßig der Nachname. Die Beifügung eines Vornamens ist unnötig, aber oft ratsam. Der Vorname allein genügt regelmäßig nicht[8]. Der Kaufmann kann auch mit seiner Firma unterschreiben, § 17 HGB. Selbst ein Pseudonym wird von der h.M. für ausreichend gehalten, wenn der Aussteller unter ihm bekannt ist[9]. Die Unterzeichnung bloß mit einer Verwandtschaftsbezeichnung („Dein Vater"), einem Titel oder einer Funktionsbezeichnung („Der Geschäftsführer") genügt nicht: Das sind keine Namen. Leserlich braucht die Namensunterschrift nicht zu sein, wohl aber so individuell, dass sie den Aussteller erkennen lässt. Bisweilen wird formuliert: Ein Dritter, der den Namen kennt, muss ihn aus der Unterschrift herauslesen können[10]. Doch ist die Praxis nicht selten großzügiger. So verlangt der BGH[11] „dass wenigstens einige Buchstaben andeutungsweise erkennbar sind und das – meist aus einem bloßen Handzeichen (Paraphe) bestehende – Schriftbild einen individuellen Charakter aufweist, der die Unterscheidungsmöglichkeit gegenüber anderen Unterschriften gewährleistet und die Nachahmung durch einen Dritten zumindest erschwert". Bedeutung soll haben, ob der Unterzeichner auch sonst in gleicher Weise unterschreibt[12]. Die Einigkeit der Parteien darüber, dass die Unterschrift als bloßes Handzeichen anzusehen sei, bindet den Richter nicht[13]; BGH NJW 1994, 55 lässt das äußere Erscheinungsbild entscheiden. Zur Beweisvereitelung durch vielfache Veränderung der Unterschrift BGH NJW 2004, 222 f.

620 **bb)** Für **Verträge** bestimmt § 126 II als Regel, die Parteien müssten **auf derselben Urkunde** unterzeichnen. Bei Vorhandensein mehrerer gleichlautender Urkunden genüge jedoch, dass jede Partei das für die andere bestimmte Exemplar unterschreibe. Nicht ausreichend ist dagegen der Austausch unterschriebener Urkunden verschiedenen Inhalts, also insbesondere von Antrag und Annahme. Nicht für die Schriftform genügt auch die schriftliche Bestätigung mündlicher Vereinbarungen.

---

5 BGHZ 113, 48, dazu *R. Weber* JuS 1991, 543; *Köhler* JZ 1991, 408, schon vorher *Salje* DB 1990, 309.
6 BGH NJW 1991, 829.
7 BGHZ 121, 224, 229, dort verneint für die Bürgschaft; dazu *Cordes* NJW 1993, 2427; *Vollkommer/Gleußner* JZ 1993, 1007, ebenso BGH NJW 1997, 3169.
8 BGH NJW 2003, 1120.
9 MünchKomm-*Einsele* § 126 Rz. 16.
10 BSG NJW 1975, 1799.
11 BGH VersR 1985, 59, 60 (ähnlich BGH NJW 1985, 1227; 1987, 1333).
12 BGH NJW 2005, 3775.
13 BGH NJW 1978, 1255.

§ 126 II gilt jedoch nicht für Verträge, bei denen nur die Erklärung einer Seite der Form bedarf (z.B. die des Bürgen, § 766 S. 1).

cc) Seit 2001 erkennt § 126 III auch die **elektronische Form** als Ersatz für die Schriftform an, soweit nicht ausnahmsweise das Gegenteil bestimmt ist (wie in §§ 623, 761, 766, 780, 781). Worin diese Form besteht, ergibt sich aus § 126 a: Der Aussteller muss der elektronischen Erklärung seinen Namen mit einer „qualifizierten elektronischen Signatur" nach dem SignaturG vom 16. 5. 2001 hinzufügen. Diese Signatur soll die Individualisierung des Ausstellers ermöglichen, nur unter dessen Kontrolle erzeugt werden können und so mit dem Text verknüpft sein, dass dessen nachträgliche Änderung erkennbar ist. Die auf einer EG-Richtlinie beruhenden Einzelheiten sind überaus kompliziert[14]. Bei einem Vertragsschluss sollen beide Parteien jeweils ein gleichlautendes elektronisches Dokument qualifiziert elektronisch signieren. Bei Nichtbeachtung dieser Vorschrift droht Nichtigkeit nach § 125 S. 1. 620 a

b) Die öffentliche Beglaubigung, § 129   621

Die öffentliche Beglaubigung[15] erfolgt nach §§ 39 ff. BeurkG durch einen Notar. Dabei bezieht sich dessen Mitwirkung (anders als bei der notariellen Beurkundung, vgl. unten Rz. 622) nicht auf den Text der Urkunde (für diesen gilt nur § 40 II BeurkG), sondern bloß auf die Unterschrift: Beglaubigt wird also nur, dass die Unterschrift von einer Person herrührt, die sich als Träger dieses Namens ausgewiesen hat. Die öffentliche Beglaubigung schafft daher gegenüber der einfachen Schriftform einen stärkeren Übereilungsschutz (man muss zum Notar und dort Gebühren bezahlen) und einen Fälschungsschutz; einen sachgerechten Text der Urkunde sichert sie dagegen nicht.

c) Die notarielle Beurkundung, § 128   622

Die notarielle Beurkundung ist unter den Formen des BGB die stärkste; daher ersetzt sie auch die anderen (§§ 126 III, 129 II). Denn hier hat der Notar nicht bloß die Unterschrift zu prüfen, sondern auch den Text der Urkunde; regelmäßig wird der Notar diesen sogar formuliert haben. Die Einzelheiten des Verfahrens gehören zur Freiwilligen Gerichtsbarkeit und sind hier nicht zu erörtern; geregelt sind sie in den §§ 6–35 BeurkG. Erwähnt sei hier bloß, dass über die in §§ 17–21 BeurkG geregelten Prüfungs- und Belehrungspflichten des Notars im Einzelnen viele Zweifel möglich sind: Inwieweit muss er die Partei auf andere Wege hinweisen, die billiger, zweckmäßiger oder sicherer sind? Inwieweit hat der Notar der „schwächeren" Partei zu helfen? Muss er etwa auf drohende steuerliche Nachteile hinweisen[16]? Jedenfalls kann es eine Pflichtverletzung bedeuten, wenn der Notar ohne besonderen Hinweis eine nicht verabredete Klausel in den Vertrag aufnimmt[17].

---

14 Vgl. etwa *Rossnagel* NJW 2001, 1817.
15 Dazu *Malzer* DNotZ 2000, 169.
16 Vgl. dazu oben Rz. 406 a sowie etwa *Maass*, Haftungsrecht des Notars (1994); *Haug* DNotZ 1972, 388; 453; *Stürner* JZ 1974, 154; *Hill* WM 1982, 890; *Schuck* BB 1996, 232 und BGH BB 1982, 334; 1989, 24; VersR 1981, 1029; 1983, 181; NJW 1989, 102; 586.
17 OLG Hamm VersR 1992, 1483.

§ 128 BGB bestimmt materiellrechtlich bloß eine Erleichterung: Bei Verträgen soll eine sukzessive Beurkundung von Antrag und Annahme genügen; die Parteien brauchen also nicht gleichzeitig zum Notar zu gehen.

d) Der gerichtliche Vergleich, § 127 a

623 Das BeurkG hat 1969 die bis dahin neben der notariellen Beurkundung zur Wahl gestellte gerichtliche („notarielle oder gerichtliche Beurkundung") beseitigt. Daher sollte durch § 127 a klargestellt werden, dass die Beurkundung in einem gerichtlichen Vergleich auch weiterhin die notarielle (und folglich nach §§ 126 III, 129 II auch jede andere) Form ersetzt. Freilich hat eine schlecht beratene Partei womöglich gegen den Notar bessere Ersatzmöglichkeiten, als bei einem Fehler des Gerichts.

623 a **e) Die „Textform"**

Seit 2001 gibt es als schwächste Form die sog. Textform (dieser Name ist unsinnig, weil jede – auch die nicht förmliche – Erklärung einen Text haben muss; dieser bildet also kein brauchbares Unterscheidungsmerkmal). Hierfür verlangt § 126 b zwar Lesbarkeit, aber anders als § 126 keine eigenhändige (oder auch durch eine Signatur ersetzte) Namensunterschrift. Diese Form erfüllt also keinen der klassischen Formzwecke (Übereilungsschutz usw.); sie erleichtert nur die Speicherung. Sie genügt vor allem im Mietrecht (etwa §§ 555 d III,556 b II 1, 557 b III 1, 558 a I,559 b I 1, 560 I 1, IV, 556 a II usw.) und dient dort der Bequemlichkeit der großen Vermieter. Auch in den von § 312 h erfassten Fällen müssen Kündigungen und Vollmachten der Textform entsprechen.

2. Vorschriften außerhalb des Allgemeinen Teils

624 Durch Vorschriften in den besonderen Büchern des BGB werden die eben erörterten Vorschriften des Allgemeinen Teils vielfach noch konkretisiert. Dabei sind die Einzelheiten oft anders geordnet. So bezieht sich beim Testament nach § 2247 I das Erfordernis der Eigenhändigkeit auch auf den **Text**; andererseits erleichtert § 2247 III 2 das Erfordernis der Namensunterschrift (möglich sind etwa auch „Euer Vater" oder Ähnliches). § 925 I 1 verlangt für die Auflassung in Abweichung von § 128 die **gleichzeitige Anwesenheit** beider Parteien. Zum Erfordernis der **Ausdrücklichkeit** vgl. schon oben Rz. 335. Manche Erklärungen müssen **in einer besonderen Urkunde** enthalten sein, damit sie nicht als Bestandteile eines längeren Textes überlesen werden können, so die Schiedsvereinbarung unter Beteiligung eines Verbrauchers (§ 1031 V 3 ZPO) und die Depotvollmacht (§ 135 II 3 AktG). In Art. 1 Nr. 1 WG und SchG wird der **Gebrauch bestimmter warnender Ausdrücke** vorgeschrieben. Die §§ 1310 ff. ordnen für die Eheschließung sogar eine ganz eigene Form an.

625 Nur für die einzelnen Formvorschriften lassen sich regelmäßig auch einige **Spezialfragen** beantworten (von ihnen sind viele im Gesetz nicht deutlich geregelt, sodass für ihre Entscheidung entsprechend dem oben Rz. 615 Gesagten auf den Formzweck zurückgegriffen werden muss), etwa: Inwieweit erstreckt sich die Formbedürftigkeit auf Nebenabreden, Hilfsgeschäfte, Änderungen, Vorverträge oder die Aufhebung? Wenn bei Verträgen die Erklärung bloß einer Partei der Form bedarf, was muss diese Erklärung enthalten (z.B. die Bürgenerklärung nach § 766 S. 2: Person von Gläubiger, Schuldner und Bürgen? Genauere Bezeichnung der zu sichernden Hauptschuld? Deren Betrag?). Vgl. auch oben Rz. 328 ff. zur Auslegung einer formbedürftigen Willenserklärung.

III. Folgen des Formmangels

1. Sondervorschriften

Ehe die allgemeine Vorschrift des § 125 S. 1 angewendet wird, ist nach Sondervorschriften zu suchen. Solche finden sich z.B. in § 550 (Vertragswirksamkeit auf unbestimmte Zeit). Weiter kann man hier an diejenigen Vorschriften denken, nach denen das formmangelhafte Geschäft durch Erfüllung wirksam wird (z.B. §§ 311 b I 2, 518 II, 766 S. 2). Eine besondere Art des Wirksamwerdens bestimmt § 494 II und III: Der Kreditvertrag wird auch beim Fehlen bestimmter vorgeschriebener förmlicher Angaben durch Erfüllung wirksam, aber mit einem anderen als dem vereinbarten Inhalt. Insbesondere soll bei Nichtangabe des effektiven Jahreszinses nur der gesetzliche Zins geschuldet werden. Das dient dem Kreditnehmer: Er soll nicht wegen der Nichteinhaltung einer zu seinem Schutz bestimmten Form den Kredit verlieren.

626

2. Die regelmäßige Nichtigkeit

Beim Fehlen von Sondervorschriften knüpft § 125 S. 1 an das Fehlen der gesetzlich vorgeschriebenen Form die Nichtigkeit des Rechtsgeschäfts. Dabei zeigen sich aber die schon vom BGB-Gesetzgeber vorausgesehenen, oben Rz. 613 genannten Bedenken gegen die Auswirkungen von Formvorschriften teils sehr deutlich.

627

3. Billigkeitskorrekturen

Diese Bedenken haben zu mancherlei Billigkeitskorrekturen der Nichtigkeitsfolge geführt. Hier liegen die Probleme des § 125 S. 1.

628

a) Die Entwicklung der Rechtsprechung

Die Entwicklung der Rechtsprechung[18] ist etwa wie folgt verlaufen: Im Jahre 1902 hatte RGZ 52, 1, 5 noch knapp gesagt, gegenüber Formvorschriften versage die Berufung auf Treu und Glauben, weil sonst die Formvorschriften bedeutungslos würden. Das ist für den Vorwurf widersprüchlichen Verhaltens (des *venire contra factum proprium*) sicher richtig: Der formlose Vertrag wäre im Ergebnis wirksam, wenn sich kein Partner in Widerspruch zu seiner eigenen formlosen Zusage setzen dürfte. Aber damit ist die Frage noch nicht erledigt, ob nicht besondere Umstände die auf den Formmangel gestützte Leistungsverweigerung verwerflich machen können.

---

18   Z.B. von *Häsemeyer*, Die gesetzliche Form der Rechtsgeschäfte (1971) 36 ff. dargestellt.

Einen solchen besonderen Umstand hat RG Gruch. 52, 1044 im Jahre 1907 dann darin gesehen, dass der die Leistung Verweigernde den **Formmangel selbst verschuldet** hatte: Das verpflichte nach §§ 826, 249 dazu, den Zustand herzustellen, der bei Einhaltung der Form (also bei Wirksamkeit des Vertrags) bestünde. Im Jahre 1936 hat RGZ 153, 59 auf die Vereinbarkeit mit dem „allgemeinen Volksempfinden" abgestellt, was alsbald auf **Treu und Glauben** bezogen wurde[19]. Auch hat man ein Verschulden bei der Veranlassung des Formmangels nicht mehr für nötig gehalten.

629 **Nach dem 2. Weltkrieg** hat die Rechtsprechung zunächst, dem Gesetz wieder treuer folgend, dem Nichtigkeitsgebot des § 125 mehr Gewicht eingeräumt. Dabei hat schon 1948 OGHZ 1, 217 eine Formulierung gefunden, die sich bis heute gehalten hat: Eine Abweichung von § 125 sei nur zulässig, wenn trotz der bei Nichtigkeit gegebenen Ansprüche (aus §§ 812, 826 und Verschulden bei Vertragsverhandlungen) ein **„schlechthin untragbares Ergebnis"** drohe. BGHZ 85, 315, 319 nennt dafür zwei Fallgruppen: die Existenzgefährdung des einen Teils und eine besonders schwere Treupflichtverletzung des anderen Teils. Andererseits hat der BGH aber schon recht früh (nämlich seit BGHZ 12, 286 von 1954) den Einbruch in die Nichtigkeitsfolge wesentlich erweitert, indem er § 242 auch bei Verfügungen angewendet hat: Nach dieser Vorschrift könne auch eine formlose Hoferbenbestimmung wirksam sein, obwohl die Beteiligten das Formerfordernis gekannt hatten.

b) Stellungnahme

630 Die Literatur steht den Begründungsversuchen der Rechtsprechung überwiegend kritisch gegenüber[20]. Insbesondere wird mit Recht eingewendet, die Formel von dem "schlechthin untragbaren Ergebnis" habe keinen Begründungswert und führe zu willkürlich scheinenden, nicht voraussehbaren Entscheidungen.

Es geht jedoch nicht an, einfach mit der angeblich mehr oder weniger starken Untragbarkeit des Ergebnisses zu argumentieren[21]. Vielmehr sind die Ergebnisse an den **gesetzlichen Wertungen** zu messen. Dafür kommt es vor allem auf die Umstände an, unter denen der Formfehler entstanden ist. So gelangt man zu einer Teilung in **drei Fallgruppen**:

631 **aa)** Bei den Fällen der ersten Gruppe hat ein Partner den anderen **arglistig über das Formerfordernis getäuscht**, um eine wirksame Verpflichtung zu verhindern. Hier hat der Getäuschte zwar Schadensersatzansprüche aus Verschulden bei Vertragsverhandlungen (vgl. oben Rz. 444 ff.) und § 826, unter Umständen auch aus § 823 II BGB mit § 263 StGB. Aber diese Ansprüche gründen sich auf den Vorwurf der Täuschung. Daher bedeutet der mit ihnen zu erreichende Schadensersatz nur die Herstellung desjenigen Zustands, der ohne die Täuschung bestünde, § 249 I. Und das ist nur der Zustand ohne den Vertrag, dessen Abschluss der Täuschende ja nicht wollte. Das führt

---

19 RG JW 1938, 1023.
20 Etwa *Häsemeyer*, Die gesetzliche Form der Rechtsgeschäfte (1971) 287 ff., *W. Lorenz*, Das Problem der Aufrechterhaltung formnichtiger Schuldverträge, AcP 156 (1957) 381; *ders.*, Rechtsfolgen formnichtiger Schuldverträge, JuS 1966, 429 und *Reinicke*, Rechtsfolgen formwidrig abgeschlossener Verträge (1969); *Flume* AT II § 15 III 4 S. 270 ff.; *Bork* Rz. 1078 ff.; *Leipold* § 16 Rz. 25 f.; *Pawlowski* Rz. 416 ff.
21 Näher *Medicus/Petersen* BürgR Rz. 181 ff.

bloß zum Ersatz des Vertrauensinteresses, also vor allem derjenigen Aufwendungen, die der Getäuschte wegen der Täuschung gemacht hat. Dagegen lässt sich ein Anspruch auf Erfüllung des formmangelhaften Vertrags aus den genannten Vorschriften nicht begründen.

Damit aber würde der Täuschende letztlich sein Ziel erreichen, nämlich eine vertragliche Bindung vermeiden. Dieses Ergebnis wird von der h.M. mit Recht über § 242 korrigiert: Der Vertrag soll zwar nicht derart wirksam sein, dass der Täuschende auch von sich aus Erfüllung verlangen könnte. Wohl aber **soll der Getäuschte die Wahl zwischen der Nichtigkeit des Vertrags** (mit Ansprüchen auf das negative Interesse) **und dessen Wirksamkeit** haben (nur im zweiten Fall muss der Getäuschte dann auch eine etwa versprochene Gegenleistung erbringen)[22].

bb) Die Fälle der zweiten Gruppe liegen gewissermaßen entgegengesetzt: Bei ihnen **kennen beide Parteien das Formerfordernis**. Dass dieses trotzdem unbeachtet bleibt, liegt dann entweder daran, dass die Parteien sich ohnehin vertrauen, oder dass es der einen Partei nicht gelingt, die andere zur Einhaltung der Form zu bewegen. So war im Fall von RGZ 117, 121 die Beurkundung eines Grundstücksgeschäfts unterblieben (§ 311 b), weil der Grundstückseigentümer sein **„Edelmannswort"** für genügend erklärte. Das RG hat hier einen Erfüllungsanspruch verneint. Ähnlich hat BGHZ 45, 375, 379 in einem Fall, in dem die Beteiligten einverständlich eine Form unbeachtet gelassen hatten, das Vorliegen einer „rechtsgeschäftlichen Erklärung" verneint. Dagegen hat BGHZ 48, 396 aus einem Versprechen unter Berufung auf die „kaufmännische Ehrbarkeit" des Versprechenden Erfüllungsansprüche gewährt. In der Literatur sind die Ansichten zu dieser Fallgruppe gespalten[23].

632

Richtiger Ansicht zufolge sind Rechtsgeschäfte, bei denen die Parteien eine ihnen bekannte Form willentlich nicht beachtet haben, **ausnahmslos nichtig**. Das sollte auch gelten, wenn die eine Partei nur durch die Ausnutzung einer Machtstellung die Formwahrung verhindert hat: Dann ist eben der anderen Partei der Vertragsabschluss nicht wirklich gelungen, und das muss man hinnehmen, wo kein Anspruch auf den Vertragsabschluss – also insbesondere kein Kontrahierungszwang – besteht[24].

cc) Die Fälle der dritten Gruppe liegen zwischen denen der beiden eben genannten: Die **Form** soll eingehalten werden, doch **unterbleibt** das **aus Unachtsamkeit**. Dabei geht es regelmäßig um Fälle folgender Art: Ein Wohnungsbauunternehmen einigt sich mit einem Interessenten über den Erwerb eines Hausgrundstücks oder einer Eigentumswohnung (§ 4 III WEG). Dabei wird notarielle Beurkundung vorgesehen, doch unterbleibt sie zunächst, weil anderes dringlicher erscheint. Später kommt es über den Bau zu einem Streit, etwa weil der Erwerber umfangreiche Nachbesserungen verlangt oder wegen Mängeln einen Teil des vereinbarten Kaufpreises zurückhält. In diesem Streit beruft sich dann eine Seite – meist der Verkäufer – auf die Formnichtigkeit. Vor allem in dieser Fallgruppe hat die Rechtsprechung mit der Formel von dem „schlechthin untragbaren Ergebnis" (vgl. oben Rz. 629) gearbeitet.

633

---

22 So etwa *Flume* AT II § 15 III, 4 c cc S. 280 ff.
23 Für Nichtgeltung der formnichtigen Zusage etwa *Flume* AT II § 15 III, 4 c bb S. 279 f.; *D. Reinicke* NJW 1968, 43.
24 A.A. *Wolf/Neuner* § 44 Rz. 68.

In Fällen wie dem geschilderten wird regelmäßig der Verkäufer die Sorge für die Beurkundung übernommen haben, schon weil die Wohnungsbauunternehmen oft mit bestimmten Notaren zusammenarbeiten und ihre eigenen Vertragsmuster verwenden wollen. Dann bedeutet es in der Regel ein **Verschulden bei Vertragsverhandlungen**, wenn der Verkäufer die rechtzeitige Beurkundung versäumt. Daraus entsteht für den Käufer ein Schadensersatzanspruch. Diesen Anspruch könnte man mit der Begründung auf Erfüllung gehen lassen wollen, bei pflichtgemäßem Verhalten – also bei rechtzeitiger Wahrung der Form – wäre das Geschäft wirksam geworden. Doch gibt es nach richtiger Ansicht[25] aus Verschulden bei Vertragsverhandlungen regelmäßig keine Ansprüche auf Erfüllung (oder Schadensersatz statt der Leistung, also das positive Interesse): Die Verneinung der Vertragswirksamkeit schließt Erfüllungsansprüche ebenso aus wie die gleichwertigen Ansprüche auf Schadensersatz wegen Nichterfüllung[26]. Damit bleibt nur der **Ersatz des Vertrauensschadens** (negatives Interesse, str.).

634 Aber auch hier können sich sehr hohe Beträge ergeben: In dem Ausgangsfall kann der Käufer ja nicht nur ersetzt verlangen, was er für das Grundstück aufgewendet hat, das er nun aufgeben muss (Kaufpreis, Kosten für Bau, Vertrag, Einzug usw.). Vielmehr umfasst der Vertrauensschaden auch die Nachteile, die dem Käufer dadurch entstehen, dass er nicht gleich ein anderes Grundstück gekauft hat (und dafür später einen höheren Preis bezahlen muss). Angesichts dessen muss es sich der Verkäufer sehr wohl überlegen, ob er wirklich auf den Nichtigkeitsfolgen bestehen oder nicht doch noch die Form wahren will.

Zugleich ergibt dieser oft erhebliche Umfang des negativen Interesses auch, dass man keinesfalls ohne weiteres eine Partei mit der Pflicht belasten darf, im Interesse der anderen für die Wahrung der Form zu sorgen. Vielmehr muss das regelmäßig jede Partei im eigenen Interesse selbst tun, wenn ihr an dem Vertrag gelegen ist[27]. So hat z.B. in aller Regel der Gläubiger keinen Schadensersatzanspruch gegen denjenigen, der sich formunwirksam verbürgt und dadurch die Auszahlung des Kredits an den Hauptschuldner veranlasst hat[28]. Ausnahmen können nur gelten, wenn die eine Partei zur Betreuung der anderen verpflichtet ist (wie das Wohnungsbauunternehmen, das selbst für die Beurkundung sorgen wollte).

635 **Erfüllungsansprüche** trotz Nichtbeachtung einer gesetzlichen Form sind nur gerechtfertigt, soweit ausnahmsweise der Zweck der Formvorschrift nicht zutrifft. Auch mögen bei schon (ganz oder zum Teil) erfüllten Verträgen vorsichtige Analogien zu einzelnen Vorschriften möglich sein, nach denen Erfüllung den Formmangel heilt (z.B. § 311 b I 2, 518 II, 766 S. 2)[29]. Doch ist das keine Frage des Allgemeinen Teils, sondern es kann nur bei den einzelnen Formvorschriften erörtert werden.

---

25 Etwa *Flume* AT II § 15 III, 4 c dd S. 283, vgl. oben Rz. 454, bisweilen anders der BGH.
26 BGH ZIP 1988, 89, 90.
27 So auch BGH WM 1992, 664.
28 Vgl. *Medicus* JuS 1965, 209, 214 f.
29 Ein Beispiel: BGHZ 85, 245, 250 f.

§ 42 Der Verstoß gegen vereinbarte Formgebote

Literatur: *Bloding/Ortolf*, Schriftformklauseln in der Rechtsprechung von BGH und BAG, NJW 2009, 3393; *Böhm*, Das Abgehen von rechtsgeschäftlichen Formgeboten, AcP 179 (1979) 425; *Boergen*, Die Effektivität vertraglicher Schriftformklauseln, BB 1971, 202; *Eisner*, Die Schriftformklausel in der Praxis, NJW 1969, 118; *Kliemt*, Wirksamkeit einer trotz Schriftformerfordernis mündlich erklärten Kündigung bei widerspruchsloser Entgegennahme?, DB 1993, 1874; *Petersen*, Die Form des Rechtsgeschäfts, Jura 2005, 168; *Schmidt-Salzer*, Rechtsprobleme der Schriftformklausel, NJW 1968, 1257; *Teske*, Schriftformklauseln in Allgemeinen Geschäftsbedingungen (1990); *Tiedtke*, Die Bedeutung des Verzichts auf die Geltendmachung mündlicher Vertragsänderungen, MDR 1976, 367.

I. Die Vereinbarung von Formgeboten

1. Vorkommen

Angesichts der Zurückhaltung des BGB gegenüber gesetzlichen Formgeboten zumal im Schuldrecht (vgl. oben Rz. 610) begegnen in Verträgen von einigem wirtschaftlichem Gewicht nicht selten Formvereinbarungen, insbesondere sog. **Schriftformklauseln**: Die Parteien vereinbaren, dass etwa Abänderungen, Zusätze oder Kündigungen nur förmlich wirksam sein sollen. Solche Vereinbarungen sind regelmäßig zulässig. Dabei können die Parteien auch im BGB nicht vorgesehene Formen wählen (z.B. Kündigung nur durch eingeschriebenen Brief). § 309 Nr. 13 verbietet lediglich, durch Allgemeine Geschäftsbedingungen eine strengere Form als die Schriftform für solche Anzeigen oder Erklärungen vorzuschreiben, die gegenüber dem Verwender der AGB oder einem Dritten abzugeben sind[1]. Gedacht ist dabei etwa an Kündigung, Nachfristsetzung, Wandlung, Minderung, Rücktritt oder Mängelanzeigen: Diese Erklärungen sollen dem Gegner des Verwenders der AGB nicht übermäßig erschwert werden. Solche unzulässigen Verschärfungen sind nach richtiger Ansicht auch das Verlangen nach der **Verwendung besonderer Formulare** (sehr häufig!), oder von **Einschreiben**[2]. 636

Keine reinen Schriftformklauseln sind Bestimmungen etwa des Inhalts, Vereinbarungen mit einem Vertreter bedürften einer **schriftlichen Bestätigung** des Vertretenen. Hierbei handelt es sich zunächst – nämlich soweit überhaupt eine Bestätigung des Vertretenen gefordert wird – um eine Beschränkung der Vertretungsmacht. Diese Beschränkung bedarf keiner Vereinbarung, sondern sie ist einseitig möglich; ihre Nichtbeachtung führt zu den §§ 177–179. Um eine (zu vereinbarende) Formklausel handelt es sich nur insoweit, als für die Bestätigung Schriftform verlangt wird. Doch vgl. oben Rz. 422 ff. zu entsprechenden Klauseln in Allgemeinen Geschäftsbedingungen. 637

---

1 Dazu *Dürr* BB 1978, 1546.
2 MünchKomm-*Wurmnest* § 309 Nr. 13 Rz. 5.

2. Die vereinbarte Schriftform

638 Für die vereinbarte Schriftform bestimmt § 127 II gegenüber der gesetzlichen Schriftform des § 126 (vgl. oben Rz. 616 ff.) zwei Erleichterungen: Erstens soll **„telekommunikative"** (z.B. über E-Mail[3] oder Fax) Übermittlung genügen, obwohl ja die eigenhändige Unterschrift des Erklärenden nicht an den Erklärungsempfänger gelangt. Nicht ausreichen soll aber eine bloße telefonische Übermittlung. Und zweitens soll für einen Vertragsabschluss **Briefwechsel** ausreichen: Anders als bei § 126 II 2 wird hier also auf das Erfordernis der gleichlautenden Urkunden verzichtet. Dem Briefwechsel steht der Austausch von Telegrammen oder Fernschreiben gleich.

Wenn die Parteien eine solche erleichterte Schriftform gewählt haben, soll jedoch nach § 127 II 2 noch nachträglich die Erfüllung der Schriftform des § 126 verlangt werden können.

II. Folgen des Formmangels

639 Hinsichtlich der Folgen des Formmangels bestehen wesentliche Unterschiede zu den gesetzlichen Formgeboten (vgl. oben Rz. 627 ff.): Das vereinbarte Formgebot ist eben bloß ein Geschöpf der Parteien; diese haben daher auch die Bestimmung der Rechtsfolgen in der Hand.

1. Unvollendeter Vertragsabschluss und Nichtigkeit

a) Nach § 154 II soll vor einer vereinbarten Beurkundung der Vertrag im Zweifel nicht geschlossen sein. Damit vermutet das Gesetz als Parteiwillen, die herzustellende Urkunde solle nicht ein Beweiszeichen für den schon geschlossenen Vertrag darstellen, sondern diesen erst zustandebringen. Doch ist eine von § 154 II abweichende Vereinbarung ohne weiteres möglich: Wo nicht das Gesetz eine Form zum Wirksamkeitserfordernis gemacht hat, brauchen das auch die Parteien nicht zu tun.

640 **b) Eine** ähnliche Nachgiebigkeit zeigt sich auch bei § 125 S. 2: Die Nichteinhaltung einer vereinbarten Form soll nur „im Zweifel" zur Nichtigkeit führen. Auch hier haben die Beteiligten also die Bestimmung einer anderen Rechtsfolge in der Hand, etwa derart, dass nur ein Anspruch auf die nachträgliche Herstellung der Form bestehen soll.

Übrigens ist das Verhältnis zwischen § 154 II und § 125 S. 2 unklar: Wann soll der Vertrag noch nicht geschlossen und wann soll er nichtig sein? Diese Frage hat aber keine praktische Bedeutung. Am ehesten dürfte § 154 II eine (der Anwendung des § 125 S. 2 vorrangige) Vermutung für den Zeitpunkt aufstellen, in dem der Vertrag nach dem Parteiwillen abgeschlossen sein soll.

---

3 Dazu LG München I JA 2016, 464 mit Anm. *Stadler*.

2. Die Aufhebung der Formvereinbarung

Auch wenn der Verstoß gegen ein vereinbartes Formgebot ursprünglich zur Nichtigkeit **641** führen soll, können die Parteien diese Folge noch nachträglich abwenden: Sie können das von ihnen geschaffene Formgebot für einzelne Abreden oder auf Dauer wieder außer Kraft setzen. Die Rechtsprechung hat das bemerkenswert erleichtert:

a) Regelmäßig soll die **Aufhebungsvereinbarung** selbst **keiner Form bedürfen**, weil das Formerfordernis ja nicht auf Gesetz beruhe und daher auch in seiner Fortdauer vom Parteiwillen abhänge. Hiervon macht BGHZ 66, 378 nur dann eine Ausnahme, wenn Kaufleute in einem Individualvertrag vereinbaren, auf das Schriftformerfordernis könne nur durch eine schriftliche Erklärung verzichtet werden: Eine solche Bindung, mit der Kaufleute die Sicherheit des Rechtsverkehrs untereinander fördern wollten, verdiene „gerade im Hinblick auf die Privatautonomie strikte Beachtung"[4]. Doch ist fraglich, ob man diese Beachtung der Privatautonomie auf Kaufleute beschränken kann: Der BGH begründet das mit dem Hinweis auf § 350 HGB. Diese Vorschrift stellt aber den Kaufmann bloß von bestimmten gesetzlichen Formgeboten frei und verfolgt damit eher die einer Formstrenge entgegengesetzte Tendenz.

b) Eine Bindung an das formlos Vereinbarte wird auch bei **Fehlen einer ausdrücklichen** **642** **Aufhebungsvereinbarung** bejaht: Genügen soll schon die Einigkeit der Parteien darüber, „dass für ihre vertraglichen Beziehungen neben dem Urkundeninhalt auch eine bestimmte mündliche Abrede maßgeblich sein soll"[5]. Danach brauchen die Parteien bloß „die Maßgeblichkeit der mündlichen Vereinbarung übereinstimmend gewollt zu haben" (aber das ist schließlich für jeden Vertrag nötig). Dabei soll nicht einmal erforderlich sein, dass sie an die Formklausel überhaupt gedacht haben[6].

c) Diese Rechtsprechung **entwertet** offenbar **die Formklauseln** stark. Allerdings gilt für **643** das förmlich Vereinbarte die Vermutung der Vollständigkeit; daher muss die Partei, die eine formlose Abänderung oder Ergänzung behauptet, diese beweisen. Aber ein Streit darüber bleibt jederzeit möglich, obwohl die Formklausel gerade den guten Sinn haben kann, ihn auszuschließen. Deshalb sind die Ansichten der Literatur zu der genannten Rechtsprechung geteilt[7]. Richtiger Ansicht zufolge sollte man allgemein[8] Individualvereinbarungen zulassen, die auch eine Aufhebung der Formklausel dem Formzwang unterstellen[9]: Das bedeutet nicht etwa eine Einschränkung, sondern im Gegenteil gerade die volle Anerkennung der Privatautonomie. In der Tat wird eine solche **doppelte Schriftformklausel** inzwischen für wirksam gehalten[10].

---

4 BGHZ 66, 378, 382.
5 So RGZ 95, 175, bestätigend BGHZ 66, 378, 381). Ähnlich formuliert BGH NJW 1962, 1908 (ebenso BGH NJW 1975, 1653; BAG NJW 1989, 2149).
6 So etwa BGHZ 71, 162, 164, doch vgl. Palandt/*Ellenberger* § 125 Rz. 19 zu dem Meinungsstreit.
7 Zustimmend zwar *Flume* AT II § 15 III, 2 S. 264 f., eher kritisch aber *Kötz* JZ 1967, 288; *Böhm* AcP 179 (1979) 425.
8 Und nicht bloß wie in BGHZ 66, 378 (vgl. oben Rz. 641) für Kaufleute.
9 Kritisch *Faust* § 8 Rz. 15.
10 Etwa BAG NJW 2003, 3725; 2009; 316; *Leipold* § 16 Rz. 31; *Lingemann/Gotham* NJW 2009, 268 ff.

§ 43 Der Verstoß gegen Verbotsgesetze

Literatur: *Beater*, Der Gesetzesbegriff in § 134 BGB, AcP 197 (1997) 505; *Canaris*, Gesetzliches Verbot und Rechtsgeschäft (1983); *ders.*, Nachträgliche Gesetzeswidrigkeit von Verträgen, geltungserhaltende Reduktion und salvatorische Klauseln im deutschen und europäischen Kartellrecht, DB 2002, 930; *Giger*, Rechtsfolgen norm- und sittenwidriger Verträge (1989, primär zum schweizerischen Recht); *Helf*, Zivilrechtliche Folgen eines Verstoßes gegen das SchwarzarbeitsG (1986); *Kaser*, Über Verbotsgesetze und verbotswidrige Geschäfte im römischen Recht (1977); *Köhler*, Schwarzarbeitsverträge, JZ 1990, 466; *Mayer-Maly*, Handelsrechtliche Verbotsgesetze, FS Hefermehl (1976) 103; *Pawlowski*, Zum Umfang der Nichtigkeit bei Verstößen gegen „öffentlich-rechtliche" Verbotsgesetze (§§ 35, 210 AVAVG), JZ 1966, 696; *Petersen*, Gesetzliches Verbot und Rechtsgeschäft, Jura 2003, 532; *Prost*, Verbotene Geschäfte und strafbare Handlungen nach dem Kreditwesengesetz, NJW 1977, 227; *Sack*, Der rechtswidrige Arbeitsvertrag, RdA 1975, 171; *Sonnenschein*, Schwarzarbeit, JZ 1976, 497; *Stach*, Nichtigkeit letztwilliger Verfügungen zugunsten Bediensteter staatlicher Altenpflegeeinrichtungen?, NJW 1988, 943; *Stober*, Zur zivilrechtlichen Wirkung wirtschaftsverwaltungsrechtlicher Verbote, Gewerbearchiv 1981, 313; *Taupitz*, Berufsständische Satzungen als Verbotsgesetze im Sinne des § 134 BGB, JZ 1994, 221; *Ulrici*, Verbotsgesetze und zwingendes Recht, JuS 2005, 1073.

I. Anwendungsbereich und Funktion des § 134

644 1. Verbotsgesetze können gleich **selbst aussprechen**, ein gegen sie verstoßendes Rechtsgeschäft solle nichtig sein. So bestimmt etwa das SGB I § 32 die Nichtigkeit von privatrechtlichen Vereinbarungen, die zum Nachteil des Sozialleistungsberechtigten von den Vorschriften des SGB abweichen.

Solche Gesetze sind dann auch hinsichtlich der Nichtigkeitsfolge *leges perfectae*. § 134 wird hier nicht gebraucht.

645 2. Das BGB enthält an vielen Stellen **Einschränkungen der Privatautonomie**. Hierhin gehört etwa der Typenzwang im Sachenrecht, im Erbrecht und in Teilen des Familienrechts[1].

Weiter ist hier an das immer häufiger werdende (meist einseitig) zwingende Recht zum Schutz des typischerweise Schwächeren zu denken, etwa bei der Wohnungsmiete und beim Reisevertrag sowie im Verbraucherschutzrecht. Endlich kommen noch einzelne zwingende Vorschriften in Betracht wie § 276 III, wonach dem Schuldner die Haftung wegen Vorsatzes nicht im Voraus erlassen werden kann. Auch in diesen Bereichen muss die Nichtigkeit widersprechender Geschäfte nicht erst über § 134 begründet werden: Sie folgt vielmehr schon daraus, dass das Gesetz für solche Geschäfte von vornherein keinen Raum lässt[2].

646 3. Die **eigentliche Bedeutung des § 134** scheint daher bei denjenigen Verbotsgesetzen zu liegen, die nicht dem Zivilrecht angehören und auch bloß außerzivilrechtliche Sanktionen aussprechen: etwa die Strafbarkeit oder die Widerruflichkeit einer verwaltungs-

---

1 Weitere Beispiele bilden etwa der Fall von BGHZ 97, 372 (vgl. oben Rz. 193 a: Verpflichtung zur Empfängnisverhütung) oder ein Verzicht auf Ehescheidung (BGHZ 97, 304).
2 *Flume* AT II § 17, 2 S. 342 f.

rechtlichen Erlaubnis. Solche Gesetze, die direkt nichts über die Wirksamkeit der ihnen widersprechenden zivilrechtlichen Geschäfte aussagen, bedürfen am ehesten des § 134: Diese Vorschrift macht – so scheint es – die Verbotsgesetze erst zu zivilrechtlichen *leges perfectae*.

Doch wird auch hiermit die **Bedeutung des § 134 noch überschätzt**. Denn dieser bestimmt ja die Nichtigkeit von verbotswidrigen Geschäften nicht schlechthin, sondern nur, „wenn sich nicht aus dem Gesetz ein anderes ergibt". Letztlich kann die Nichtigkeitsfolge also nicht dem § 134 selbst entnommen werden, sondern sie muss sich durch **Auslegung des Verbotsgesetzes** ergeben. Ob § 134 hierfür wenigstens die Vermutung begründet, im Zweifel solle Nichtigkeit eintreten, ist str.[3].

II. Die Auslegung der Verbotsgesetze

1. Die Widerspruchsfreiheit der Rechtsordnung

Für die Auslegung der Verbotsgesetze, auf die es nach dem gerade Gesagten maßgeblich ankommt, ist von der folgenden Überlegung auszugehen: Die Rechtsordnung muss widerspruchsfrei sein. Daher kann, wenn ein bestimmtes Verhalten gesetzlich verboten ist, nicht durch Rechtsgeschäft eine Pflicht zu eben diesem Verhalten begründet werden. Nach § 134 muss also etwa ein Vertrag nichtig sein, durch den sich ein Partner zu einer Straftat verpflichtet. Es bedeutete nämlich einen unerträglichen Selbstwiderspruch der Rechtsordnung, wenn eine Handlung zugleich gesetzlich verboten wäre und vertraglich zum Gebot erhoben werden könnte. In solchen Fällen darf es richtigerweise auch auf subjektive Elemente (wie das Wissen der Beteiligten von dem Verbotensein) nicht ankommen[4].

647

Von diesem Ausgangspunkt her genügt es also für die Anwendung von § 134 zunächst allemal, dass die **Ausführung** des Geschäfts notwendig mit dem Verbotsgesetz in Konflikt käme.

2. Die Entwicklung der Rechtslage infolge der Ausführung des Geschäfts

a) Nach dem Gesagten muss etwa ein entgegen den gesetzlichen Vorschriften über den Ladenschluss vereinbartes Geschäft mindestens in dem Sinn in seiner Wirksamkeit gehindert sein, dass seine Ausführung nicht nach Ladenschluss verlangt werden kann. Denn diese Vorschriften sollen vor allem dem Verkaufspersonal das Ende seiner Arbeitszeit sichern; dem widerspräche es, wenn dieses Ende durch die Ausführung weiter hinausgeschoben würde.

648

Die Situation ändert sich, sobald der Vertrag einmal ausgeführt ist. Dann steht nämlich fest, dass das Verbotsgesetz die Ausführung nicht hat hindern können. Zu erwägen

---

[3] Verneinend *Flume* AT II § 17, 1 S. 341, bejahend mit besseren Gründen *Canaris*, Gesetzliches Verbot und Rechtsgeschäft (1983) 14 ff.

[4] Anders weithin die Rechtsprechung, vgl. etwa unten Rz. 655, und wohl auch *Flume* AT II § 17, 3 S. 345, wie hier aber *Canaris*, Gesetzliches Verbot und Rechtsgeschäft (1983) 21 f., vgl. auch BGHZ 94, 268, 272.

bleibt daher bloß, ob eine fortdauernde Unwirksamkeit den **Gesetzeszweck in anderer Hinsicht fördern** kann. Das mag insbesondere durch die Notwendigkeit einer Rückabwicklung zu erreichen sein. Doch widerspräche in dem Beispiel des Verstoßes gegen das LadenschlussG eine Rückabwicklung nach Ladenschluss dem Gesetzeszweck geradezu: Dadurch würde das Personal bloß noch länger aufgehalten. Aber auch eine Rückabwicklung während der gewöhnlichen Geschäftszeit wird durch den Gesetzeszweck nicht zwingend gefordert. Vielmehr sind hier zwei verschiedene Ansichten denkbar: Entweder kann man die Nichtigkeitswirkung des Verbots nach der vollendeten Übertretung für erledigt halten; hier hat das Gesetz sozusagen seinen Zweck verfehlt und kann ihn auch durch die Nichtigkeit nicht mehr erreichen, sodass nur noch andere Sanktionen bleiben (z.B. Strafe). Oder man kann die Drohung mit der zivilrechtlichen Nichtigkeit zu denjenigen Sanktionen rechnen, mit denen das Gesetz seine Befolgung sichern will. Für diese die Prävention betonende Betrachtungsweise muss es bei der Nichtigkeit auch dann bleiben, wenn sie im Einzelfall den Verbotszweck nicht zu fördern vermag: Die Drohung wäre allgemein weitgehend unwirksam, wenn sie bei einem vollendeten Gesetzesverstoß dann doch nicht eingehalten würde.

649 **b)** Die Überzeugungskraft der zweiten Betrachtungsweise hängt offenbar davon ab, inwieweit die Drohung mit zivilrechtlicher Nichtigkeit die Befolgung des Verbots sichern – also **präventiv wirken** – kann. Das lässt sich nicht allgemein sagen, sondern ist von Verbot zu Verbot verschieden. Dafür vier Beispiele:

650 **aa) Beim LadenschlussG** dürfte die Nichtigkeitsdrohung im Sinne einer Prävention ganz unwirksam sein. Denn regelmäßig wird der Vertrag als Bargeschäft zunächst von beiden Seiten erfüllt, und keiner der Partner wünscht eine Rückabwicklung: Diese würde daher auch dann nicht stattfinden, wenn das BGB sie durch eine Nichtigkeitsanordnung nahe legte. Aber selbst wenn eine Vertragspartei ausnahmsweise nicht gleich erfüllt, wird sie die Nichtigkeit kaum zum Anlass für eine Leistungsverweigerung nehmen: Die vom Gesetz missbilligten Umstände des Abschlusses (nach Ladenschluss) machen das Geschäft ja für keinen Partner unerwünscht.

651 **bb)** Etwas anders liegt es bei der verbotenen **Schwarzarbeit** (SchwarzArbG v. 1. 8. 2004). Auch hier sind sich die Beteiligten zwar zunächst regelmäßig über die Leistung der Schwarzarbeit und deren Bezahlung einig. Aber die Abwicklung der Arbeit (etwa im Bauwesen) dauert meist längere Zeit; oft werden feste Preise vereinbart; auch können sich später noch Mängel herausstellen. **BGHZ 198, 141** hat im Interesse einer effektiven Bekämpfung der Schwarzarbeit Mängelgewährleistungsansprüche des Bestellers von Leistungen versagt, die auf der Grundlage eines Vertrags erbracht wurden, bei dem entgegen § 1 II Nr. 2 SchwarzArbG i.V.m. § 25 III EStG, §§ 14 II 1 Nr. 1, 18 I, III UStG, § 33 I AO keine Rechnung gestellt und anfallende Umsatzsteuer nicht entrichtet werden sollte. Der Besteller, dessen Auffahrt mangelhaft gepflastert wurde, hatte demnach keinen Anspruch auf Nacherfüllung, weil der zugrundeliegende Werkvertrag nach § 134 nichtig ist[5]. Es genügte, dass der Besteller wusste, dass der Unternehmer vorsätzlich gegen das SchwarzArbG verstieß und davon profitierte. Denn nach

---
5 BGHZ 198, 141; dazu *Spickhoff/Franke* JZ 2014, 465; *Heyers* Jura 2014, 936; *Liauw* Jura 2014, 211, 214; *Mäsch* JuS 2014, 355. Siehe auch *S. Lorenz* FS Buchner (2009) 571; *ders.* NJW 2013, 3132; *Brox/Walker* AT Rz. 325; ferner *Köhler* JZ 2010, 767, 770, unter Verweis auf § 311 a I; zustimmend Münch-Komm-*Armbrüster* § 134 Rz. 108; *Leenen* § 9 Rz. 214.

der Neuregelung „leistet" auch derjenige Schwarzarbeit i.S.d. Gesetzes, der solche Werkleistungen „ausführen lässt" (§ 1 II SchwarzArbG).

cc) Im Fall von BGHZ 53, 152 ging es um die Wirksamkeit eines Vertrags über die von Laien zu betreibende **Werbung für Heilmittel**. Solche Werbung war durch PolizeiVO (die „HeilmittelwerbeVO") v. 29. 9. 1941 (RGBl. I 587) verboten. Der BGH hat dort grundsätzlich auch den Vergütungsanspruch für die bereits erbrachten Werbeleistungen versagt: Der Schutzzweck des Werbeverbots, nämlich der Schutz vor gesundheitlichen Gefahren aus unsachgemäßer Heilmittelwerbung, rechtfertige die Rechtsschutzversagung (BGHZ 53, 152, 157). 652

Anschließend hat der BGH dann freilich doch noch einen Vergütungsanspruch des werbenden Handelsvertreters gegen seinen Auftraggeber zugelassen, wenn sich der Handelsvertreter der Strafbarkeit der Werbung nicht bewusst gewesen sei (BGHZ 53, 152, 158). Begründet wird das durch den Hinweis auf „eine billige Interessenabwägung und die Erfordernisse von Treu und Glauben". Von dem hier vertretenen Standpunkt aus wäre die Einschränkung des § 134 eher mit dem Argument zu stützen gewesen, eine zivilrechtliche Nichtigkeitsdrohung müsse gegenüber einer Person wirkungslos bleiben, die das Verbot nicht kenne.

dd) Ganz auf den präventiven Zweck des Verbots stellen dagegen BGHZ 115, 123; 116, 268 ab: Danach soll die **Abtretung ärztlicher oder zahnärztlicher Honorarforderungen** an eine gewerbliche Verrechnungsstelle wegen Verstoßes gegen die ärztliche Schweigepflicht (§ 203 I Nr. 1 StGB) nichtig sein: Die „häufig über intimste Dinge des Patienten Auskunft gebenden Abrechnungsunterlagen" (die der Abrechnungsstelle überlassen werden) verdienten einen besonders wirksamen Schutz. Gleiches gilt für Vereinbarungen über die Übertragung einer Arztpraxis, wenn die Behandlungsunterlagen dem Erwerber übergeben werden sollen[6]. Ebenso entscheidet der BGH[7] für die Abtretung der Honorarforderung eines **Rechtsanwalts** und für die Verpflichtung eines Anwalts, dem Erwerber seiner Kanzlei die Akten zu überlassen[8]. Zulässig ist die Abtretung danach nur, wenn der Arzt eigens von seiner Schweigepflicht entbunden wurde, insbesondere dadurch, dass der Patient der Abtretung zugestimmt hat. Bei Rechtsanwälten lässt § 49 b IV BRAO die Abtretung nur zu, wenn der Zedent selbst Rechtsanwalt ist. In allen anderen Fällen ist auch hier wieder grundsätzlich die Zustimmung des Mandanten erforderlich[9]. 652 a

3. Andere Erwägungen bei der Auslegung von Verbotsgesetzen

Neben der oben Rz. 648 ff. erörterten Frage nach den Folgen der Ausführung des verbotswidrigen Geschäfts können sich bei der Auslegung der Verbotsnorm noch einige andere typische Fragen ergeben. Bei ihrer Beantwortung neigt die Rechtsprechung in neuerer Zeit eher zur Annahme der Geschäftswirksamkeit. 653

---

6 BGHZ 116, 268, dazu etwa *Kamps* NJW 1992, 1545; *Berger* NJW 1995, 1584.
7 BGHZ 122, 115.
8 BGH NJW 1995, 2026 (dazu *Michalski/Römermann* NJW 1996, 1305).
9 Zum Ganzen BGHZ 122, 115; BGH NJW 2007, 1196; NJW-RR 2008, 1647.

654 **a)** Im Fall von **BGH NJW 1981, 2640** hatte ein ausländischer Hersteller an einen deutschen Importeur Heizstrahler verkauft, deren Beschaffenheit möglicherweise gefährlich war und dann gegen § 3 I des G über technische Arbeitsmittel[10] verstieß. Der BGH hat den Kauf für wirksam gehalten: Verboten sei nur, gefährliche Geräte im Inland in den Verkehr zu bringen. Daher betreffe das Verbot nur Verträge zwischen dem Importeur und inländischen Händlern oder Verbrauchern, aber nicht schon Verträge über die Lieferung an den Importeur; diese bereiteten das verbotene Inverkehrbringen erst vor.

655 **b)** Im Fall von BGHZ 78, 269 verlangte ein Immobilienmakler Provision für ein von ihm vermitteltes Geschäft, obwohl ihm die nach § 34 c GewO nötige **Gewerbeerlaubnis fehlte**. Der BGH hatte früher in ähnlichen Fällen einer unerlaubten Berufstätigkeit Vertragsnichtigkeit angenommen[11] und Arbeitsvermittlung (BGH WM 1978, 949). Dagegen hat BGHZ 78, 269 den Maklervertrag gültig sein lassen: § 34 c GewO richte sich nicht gegen die privatrechtliche Wirksamkeit und den wirtschaftlichen Erfolg der Maklertätigkeit, sondern begnüge sich mit der Verfolgung als Ordnungswidrigkeit. Auch soll nach BGHZ 88, 240[12] der Vertrag mit einem gewerblichen Bauhandwerker nicht schon deshalb nichtig sein, weil dieser unter Verletzung der Handwerksordnung nicht in die Handwerksrolle eingetragen ist.

Ganz ähnlich hat BGHZ 78, 263 entschieden: Wenn ein Steuerberater als gewerbsmäßiger Makler tätig werde, seien die von ihm abgeschlossenen Maklerverträge nicht deshalb nichtig, weil § 57 IV SteuerberatungsG dem Berater jede gewerbliche Tätigkeit verbiete. Denn dieses Verbot richte sich nur gegen den Berater und nicht auch gegen dessen Vertragspartner. Ein solches nur gegen einen Beteiligten gerichtetes Verbotsgesetz führe nur dann zur Nichtigkeit, wenn es mit dessen „Sinn und Zweck unvereinbar wäre, die durch das Rechtsgeschäft getroffene rechtliche Regelung hinzunehmen und bestehen zu lassen" (BGHZ 78, 263, 265). Daran fehle es bei § 57 IV SteuerberatungsG; diese Vorschrift wolle nur „den Beruf der Steuerberatung heben" und bestimmte Konflikte des Steuerberaters vermeiden.

Ähnlich soll nach BGHZ 143, 283 ein Vertrag nicht schon deshalb nach § 134 nichtig sein, weil dieser ein Geschenk an einen Sparkassenangestellten enthält, das dieser tarifvertraglich nicht hätte annehmen dürfen.

Problematisch ist die Auslegung des Verbotsgesetzes auch in BGH NJW 1985, 1020. Dort ging es um die gegen § 56 I Nr. 6 GewO verstoßende Vermittlung von Darlehen im Reisegewerbe[13]. BGHZ 71, 358 hatte solche Darlehen wegen des verbraucherschützenden Zwecks der Vorschrift für nichtig gehalten. Davon nimmt BGH NJW 1985, 1020 aber solche Darlehen aus, mit denen der Beitritt zu einer Grundstücks-Abschreibungsgesellschaft finanziert werden soll: Hier sei der Darlehensnehmer nicht hinrei-

---

10 Gesetz über technische Arbeitsmittel (GerätesicherheitsG) vom 24. 6. 1968; inzwischen abgelöst durch das Gesetz über die Bereitstellung von Produkten auf dem Markt (Produktsicherheitsgesetz – ProdSG) vom 8. 11. 2011.
11 So bei unerlaubter Rechtsberatung (BGHZ 37, 258, aber auch BGH NJW 1998, 1955).
12 Dazu *Köhler* JR 1984, 324 f.
13 Dazu *Hadding/Häuser* WM 1984, 1413; *Hopt* NJW 1985, 1665.

chend schutzbedürftig. Doch wird mit diesem Abstellen auf die konkrete Schutzbedürftigkeit ein zu gefährlicher Unsicherheit führender Weg eingeschlagen[14].

In mehreren der eben genannten und in manchen anderen Entscheidungen klingt die Tendenz an, die Nichtigkeitsfolge beim Verstoß gegen solche Normen zu vermeiden, denen ein **starkes ethisches Fundament fehlt**. Doch muss zivilrechtliche Nichtigkeit (z.B. auch bei § 125) keinerlei ethischen Unwert voraussetzen. Mitgespielt haben mag weiter der Gedanke, der Vertragspartner solle sich der Pflicht zur Zahlung einer Vergütung nicht wegen eines Gesetzes entziehen können, das ihn vor solchen Ansprüchen nicht schützen wolle. Doch würde damit vernachlässigt, dass gerade die Versagung von Gegenleistungsansprüchen eine sinnvolle Sanktion gegen unerwünschte wirtschaftliche Tätigkeit bilden kann.

656

c) **Insgesamt** wird man sagen dürfen: Viele Verbotsgesetze enthalten kaum greifbare Anhaltspunkte zur Entscheidung über die Nichtigkeitsfrage[15]. Dann bleibt den Gerichten nichts anderes übrig, als diese Frage weitgehend rechtsschöpferisch zu entscheiden. Dass in solchen Fällen oft keine überzeugenden Begründungen gelingen, kann nicht verwundern.

657

4. Ausländische Verbotsgesetze

Ausländische Verbotsgesetze kommen als Nichtigkeitsgrund für § 134 nur in Betracht, wenn das Rechtsgeschäft internationalprivatrechtlich diesem Auslandsrecht unterliegt. Daher ist z.B. ein nach deutschem Recht zu beurteilender Vertrag trotz Verstoßes gegen französisches Währungsrecht wirksam[16]. Doch kann ein solches ausländisches Gesetz unter Umständen mittelbar wirken, nämlich für die Frage beachtlich sein, ob das Geschäft gegen die guten Sitten verstößt[17]. Andererseits sind hier aber auch die Gebräuche in dem fremden Staat zu berücksichtigen: So kann eine Verpflichtung zur Zahlung von Schmiergeldern wirksam sein, mit denen die Liegezeit im Hafen von Abadan (Iran) abgekürzt werden soll[18].

658

III. Bereicherungsrechtliche Fragen

Bei Nichtigkeit eines verbotswidrigen Schuldvertrags müssten die gleichwohl ausgetauschten Leistungen nach § 812 I 1 Alt. 1 (*condictio indebiti*) zurückverlangt werden können, womöglich mit der Haftungsverschärfung nach § 819 II. Bei Verstoß des Leistungsempfängers gegen ein gesetzliches Annahmeverbot (etwa für erpresste Schutzgelder) kommt noch der Anspruch aus § 817 S. 1 hinzu (*condictio ob iniustam causam*).

659

---

14 Vgl. zu der Entscheidung *Dauner-Lieb* DB 1985, 1062; *Teske* ZIP 1985, 649; *Westphal* BB 1985, 752.
15 Versuche zu einer Systematisierung bei *Canaris*, Gesetzliches Verbot und Rechtsgeschäft (1983).
16 BGH NJW 1971, 983, 984.
17 So BGHZ 59, 82, 85: keine wirksame Transportversicherung für Kunstgegenstände, deren Ausfuhr ein afrikanischer Staat verboten hat.
18 BGH VersR 1982, 92, 93, strenger bei Bestechung BGHZ 94, 268, 272.

Andererseits kann die Rückforderung aber nach § 817 S. 2 ausgeschlossen sein. Auch insoweit hat der Verstoß gegen § 1 II SchwarzArbG (oben Rz. 651) paradigmatische Bedeutung, wie eine zweite, richtungsweisende Entscheidung des **BGH** veranschaulicht[19]: Die Parteien hatten vereinbart, dass U für B Installationsarbeiten durchführen sollte, die teils (18.800 Euro) gegen Rechnung, teils (5.000 Euro) mit dem Vermerk „Abrechung gemäß Absprache" – vulgo: „schwarz" – zu erbringen waren. Von diesen 5.000 Euro begleicht B nur 2.300. Ein Anspruch aus Werkvertrag scheidet aus, weil dieser nach § 134 i.V.m. § 1 II Nr. 2 SchwarzArbG als einheitliches Rechtsgeschäft zur Gänze nichtig ist. Auch ein Anspruch aus GoA (§§ 683, 677) besteht nicht: U durfte seine Aufwendungen, die Schwarzarbeiten, nicht „für erforderlich halten" (§ 670). Einem Bereicherungsanspruch schließlich steht § 817 S. 2 entgegen. Denn nicht nur die Vertragsvereinbarung, sondern auch die Leistungserbringung erfolgt nach dem Gesetzeszweck verbotswidrig. Da das Verbotsgesetz auch nicht zum Schutz des Leistenden erlassen wurde, ist auch eine einschränkende Auslegung des § 817 S. 2 – insbesondere nach § 242 – nicht geboten[20]. Die Schwarzarbeit habe hierzulande ein „alarmierendes Niveau erreicht"[21]. Der BGH führt unter Berufung auf eine frühere Entscheidung aus[22], dass zivilrechtlich schutzlos bleiben solle, wer bewusst zuwiderhandele. Die Rechtsprechung entfaltet also eine (negative) Anreizfunktion.

In diesen Zusammenhang gehört schließlich die Problematik „**Schenkkreise**", die pyramidenförmig aufgebaut sind. Paradigmatisch ist der Fall von **BGH NJW 2012, 3366**. An der Spitze stand jeweils ein Empfänger, weiter unten Zuwendende, die durch ihre Schenkung in die Position (‚Pool Position') des ausscheidenden Empfängers zu kommen hofften. Einer der Schenker hatte 5.000 Euro an den Beklagten gegeben, die dieser an ein noch zu bestimmendes Mitglied des an der Pyramidenspitze stehenden Empfängerkreises weiterleiten sollte, und fordert sie nun zurück. Der BGH hat einen Anspruch aus § 812 I 1 Alt. 1 geprüft. Das der Zuwendung zugrundeliegende Auftragsverhältnis iSv. § 662 sei allerdings kein bloßes Gefälligkeitsverhältnis, sondern angesichts der auf dem Spiel stehenden wirtschaftlichen Interessen von einem Rechtsbindungswillen getragen gewesen. Allerdings war der Auftrag nach § 138 I nichtig, weil es sich bei dem Schenkkreis um ein „**Schneeballsystem**" handelte, von dem einig wenige sicher profitieren, eine Mehrzahl jedoch ebenso sicher leer ausgeht. Dass der Kläger gleichwohl keinen Anspruch aus § 812 I 1 Alt. 1 gegen den Beklagten hatte, lag daran, dass die Leistungsbeziehung nach dem verobjektivierten Empfängerhorizont nicht zwischen dem Kläger und dem als Boten fungierenden Beklagten bestand, sondern im Verhältnis zu dem Begünstigten an der Pyramidenspitze[23].

---

19 BGH NJW 2014, 1805.
20 Anders insoweit noch BGHZ 111, 308.
21 So bereits BT-Drs. 15/2573, S. 1, 17.
22 BGHZ 118, 182, 193.
23 Näher *Medicus/Petersen* BürgR Rz. 698, 713 ff.

§ 44 Das Problem der Gesetzesumgehung

Literatur: *Behrends*, Die fraus legis. Zum Gegensatz von Wortlaut und Sinngestaltung in der römischen Gesetzesinterpretation (1982); *Beneke*, Gesetzesumgehung im Zivilrecht (2004); *Bickel*, Die „objektive Gesetzesumgehung" des BAG, JuS 1987, 861; *Crezelius*, Neuregelung des § 42 AO? Vom Missbrauch des Missbrauchs, DB 2001, 2214; *Gramlich/Zerres*, Umgehungsverbote im Verbraucherschutz, ZIP 1998, 1299; *Heede*, Fraus legis (1998); *H. Honsell*, In fraudem legis agere, FS Kaser (1976) 111; *S. Lorenz*, Die Rechtsfolgen eines Verstoßes gegen das Umgehungsverbot im Verbrauchsgüterkaufrecht bei Agentur- und Strohmanngeschäften, FS H. P. Westermann (2008) 415; *Petersen*, Unternehmenssteuerrecht und bewegliches System (1999); *U. H. Schneider/Anzinger*, Umgehungen und missbräuchliche Gestaltungen im Kapitalmarktrecht, ZIP 2009, 1; *Jan Schröder*, Gesetzesauslegung und Gesetzesumgehung (1985; zur jüngeren Rechtsgeschichte); *Teichmann*, Die Gesetzesumgehung (1962); *ders.*, Die „Gesetzesumgehung" im Spiegel der Rechtsprechung, JZ 2003, 761; *Sicker*, Umgehungsgeschäfte (2002); *Wurster*, Der Missbrauchsbegriff bei der Steuerumgehung, BB 1983, 570.

I. Gesetzesumgehung und Gesetzesauslegung

Die Gesetzesumgehung ist in Abgrenzung vom Verstoß gegen das Gesetz schon durch die römischen Juristen definiert worden: Gegen das Gesetz verstößt, wer tut, was das Gesetz verbietet; das Gesetz umgeht, wer ohne Verstoß gegen den Wortlaut des Gesetzes den Sinn des Gesetzes hintergeht (*Contra legem facit, qui id facit quod lex prohibet; in fraudem vero, qui salvis verbis legis sententiam eius circumvenit*, Paul. Dig. 1, 3, 29, ähnlich Ulp. Dig. 1, 3, 30). 660

Diese Begriffsbestimmung beruht auf einer Auffassung, die bei der **Gesetzesauslegung eng am Wortlaut** haftet: Dann muss der Sinn des Gesetzes mit Hilfe der Gesetzesumgehung ins Spiel gebracht werden. Soweit man dagegen den Sinn des Gesetzes schon durch dessen Auslegung wirksam macht, erscheint die Zuwiderhandlung als Verstoß gegen das richtig ausgelegte Gesetz: Die Gesetzesumgehung braucht man dann nicht mehr.

Wir gehen heute mit der Auslegung **zivilrechtlicher** Gesetze nach ihrem Sinn sehr weit: Was wir als Sinn des Gesetzes verstehen, legen wir auch durch Auslegung in das Gesetz hinein. Darum ist für das Zivilrecht *Flume*[1] darin zu folgen, „dass es ... überhaupt keine selbständige Lehre der Gesetzesumgehung geben kann, vielmehr die Problematik der Gesetzesumgehung eine solche der Gesetzesauslegung ist ..."[2]. Eine Gesetzesumgehung bejaht aber z.B. noch das BAG in Fällen, in denen ein Aufhebungsvertrag anlässlich eines Betriebsübergangs „lediglich die Beseitigung der Kontinuität des Arbeitsverhältnisses bei gleichzeitigem Erhalt des Arbeitsplatzes bezweckt": Ein solcher Vertrag sei nach § 134 nichtig, weil er eine objektive Umgehung der zwingenden Rechtsfolge des § 613 a IV 1 bezwecke[3]. Ohne Rückgriff auf § 134 und besondere Grundsätze einer unzulässigen Gesetzesumgehung lässt sich dieses Ergebnis dogma-

---
1 *Flume* AT II § 17, 5 S. 350.
2 Ähnlich BGHZ 110, 47, 64; BAG NZA 2009, 1205 Rz. 29.
3 BAGE 139, 52 Rz. 32; 115, 340 Rz. 23, 27; 90, 260; 55, 228; ähnlich BAGE 130, 90 Rz. 23 ff.

Dritter Teil *Das Rechtsgeschäft*

tisch stringent jedoch bereits aus einer analogen Anwendung des § 613 a IV 1 ableiten, der eben nur dem Wortlaut nach, nicht aber nach seinem Sinn und Zweck auf „Kündigungen" durch den Arbeitgeber beschränkt ist.

In **anderen Rechtsgebieten** geht die Auslegung nicht so weit. So ist vor allem im Strafrecht wegen Art. 103 II GG eine über den Wortlaut hinausgehende Auslegung zum Nachteil des Täters unzulässig. Aber auch solche Grenzen dürfen selbstverständlich nicht durch eine Lehre von der Gesetzesumgehung überwunden werden (das wäre ein Gesetzesverstoß): Wer sich nach dem Wortlaut einer Norm nicht strafbar gemacht hat, kann auch nicht wegen ihrer Umgehung bestraft werden.

II. Gesetzliche Erwähnungen der Gesetzesumgehung

1. Zivilrecht

661   Dem eben Gesagten scheint zu widersprechen, dass einige zivilrechtliche Vorschriften, die später in das BGB übernommen worden sind, die Gesetzesumgehung ausdrücklich erwähnen (während deren Regelung bei Abfassung des BGB mit Recht abgelehnt worden ist, Prot. I 257 = *Mugdan* I 725). Gemeint sind diese Normen bisweilen als Erweiterungen oder Verdeutlichungen des Gesetzes. So ordnet § 312 k I 2 die Anwendbarkeit verbraucherschützender Vorschriften auch bei einer Umgehung durch „anderweitige Gestaltungen" an. Doch besteht dafür kein über die Gesetzesauslegung hinausreichender Anwendungsbereich. Keinen klaren erweiternden Sinn hat auch § 306 a. Diese Vorschrift ist eher bloß „einer etwas übertriebenen Ängstlichkeit entsprungen ... und bringt die Gefahr methodischer Nachlässigkeit bei Gesetzesauslegung und analoger Anwendung gesetzlicher Vorschriften mit sich"; auch hier ließen sich „alle Probleme mit den herkömmlichen Methoden der Gesetzesauslegung und -analogie lösen"[4]. Gleiches gilt etwa für die auf Richtlinien beruhenden §§ 475 I 2, 487 S. 2, 506 I S. 2.

2. Steuerrecht

662   Einen Schwerpunkt hat die Lehre von der Gesetzesumgehung im Steuerrecht. Hier bestimmt § 42 AO: „Durch Missbrauch von Gestaltungsmöglichkeiten des Rechts kann das Steuergesetz nicht umgangen werden. Liegt ein Missbrauch vor, so entsteht der Steueranspruch so, wie er bei einer den wirtschaftlichen Vorgängen angemessenen Gestaltung entsteht."

Dass es sich aber auch hier in Wahrheit nicht um eine Gesetzesumgehung handelt, hat *Flume*[5] überzeugend begründet. Denn wieder muss zunächst durch Auslegung des Steuergesetzes ermittelt werden, ob ein bestimmter Vorgang steuerpflichtig ist[6].

---

4   Staudinger/*P. Schlosser* (2013) § 306 a Rz. 1.
5   *Flume* AT II § 20, 2 b cc S. 408 f., anders *Kottke* BB 1983, 1146, vgl. auch *ders.* DB 1995, 1836.
6   Dabei gilt für das Steuerrecht die „Idee von der primären Entscheidung des Gesetzgebers über die Steuerwürdigkeit bestimmter generell bezeichneter Sachverhalte" (so BVerfGE 13, 318, 328, bedenklich demgegenüber BFH NJW 1984, 1920); die Rechtsprechung darf also insbesondere keine neuen Steuern schaffen.

Wenn man das verneint, haben die Beteiligten die Möglichkeit der **Steuervermeidung**; ein Missbrauch oder eine Gesetzesumgehung kommen insoweit nicht in Betracht. Ist dagegen die Steuerpflicht zu bejahen, so lässt sie sich nicht „umgehen". Die Beteiligten können allenfalls das Vorliegen der Voraussetzungen verschleiern. Das mag dann eine Steuerhinterziehung sein, ist aber keine Gesetzesumgehung.

§ 45 Der Verstoß gegen Verfügungsverbote

Literatur: *Beer*, Die relative Unwirksamkeit (1975); *Chr. Berger*, Rechtsgeschäftliche Verfügungsbeschränkungen (1998); *A. Blomeyer*, Zum relativen Verbot der Verfügung über Forderungen, FS Hirsch (1968) 25; *Bülow*, Grundfragen der Verfügungsverbote, JuS 1994, 1; *Canaris*, Die Rechtsfolgen rechtsgeschäftlicher Abtretungsverbote, FS Serick (1992) 9; *Däubler*, Rechtsgeschäftlicher Ausschluss der Veräußerlichkeit von Rechten?, NJW 1968, 1117; *Fahland*, Das Verfügungsverbot nach §§ 135, 136 BGB in der Zwangsvollstreckung und seine Beziehung zu den anderen Pfändungsfolgen (1976); *Foerste*, Grenzen der Durchsetzung von Verfügungsbeschränkungen und Erwerbsverboten im Grundstücksrecht (1986); *Furtner*, Die rechtsgeschäftliche Verfügungsbeschränkung und ihre Sicherung, NJW 1966, 182; *Kollhosser*, Die Verfügungsbefugnis bei sog. Sperrkonten, ZIP 1984, 389; *R. Liebs*, Die unbeschränkbare Verfügungsbefugnis, AcP 175 (1975) 1; *Pikalo*, § 137 BGB in der Praxis des Rechtslebens, DNotZ 1972, 644; *G. Paulus*, Schranken des Gläubigerschutzes aus relativer Unwirksamkeit, FS Nipperdey (1965) I 909; *Petersen*, Veräußerungs- und Verfügungsverbote, Jura 2009, 768; *Raape*, Das gesetzliche Veräußerungsverbot des BGB (1908); *Raible*, Vertragliche Beschränkung der Übertragung von Rechten (1969); *Ruhwedel*, Grundlagen und Rechtswirkungen so genannter relativer Verfügungsverbote, JuS 1980, 161; *H. Schlosser*, Außenwirkungen verfügungshindernder Abreden bei der rechtsgeschäftlichen Treuhand, NJW 1970, 681; *K. Schreiber*, Veräußerungsverbote, Jura 2008, 261; *E. Wagner*, Vertragliche Abtretungsverbote im System zivilrechtlicher Verfügungshindernisse (1994); *ders.*, Absolute Wirkung vertraglicher Abtretungsverbote gleich absolute Unwirksamkeit verbotswidriger Abtretung?, JZ 1994, 227; *Weitnauer*, Die unverzichtbare Handlungsfreiheit, FS F. Weber (1975) 429.; *Wieling*, Jus ad rem durch einstweilige Verfügung, JZ 1982, 839 (hiergegen *Kohler*, Das Verfügungsverbot lebt, JZ 1983, 586).

I. Die Probleme der §§ 135 bis 137 BGB

Auf den ersten Blick scheinen sich die §§ 135–137 problemlos dem § 134 anzuschließen: Die in § 134 bestimmte Nichtigkeit gesetzwidriger Rechtsgeschäfte bedeutet nämlich insbesondere auch die Nichtigkeit gesetzwidriger Verfügungen. Wenn das Verbotsgesetz nur bestimmte Personen schützen will, braucht man die Nichtigkeit jedoch (als „relative Nichtigkeit", vgl. oben Rz. 493) nur gegenüber diesen Personen eintreten zu lassen. Das sagt § 135 I 1. Und § 135 II bejaht die dann naheliegende Frage, ob es in solchen Fällen nicht einen gewissen Schutz redlicher Erwerber geben soll. Die §§ 136, 137 behandeln die nicht auf Gesetz beruhenden Veräußerungsverbote: § 136 stellt behördliche Veräußerungsverbote den gesetzlichen gleich. § 137 endlich verneint die dingliche Wirkung rechtsgeschäftlicher Veräußerungsverbote, lässt jedoch eine schuldrechtliche Wirkung zu.

663

Aber so einfach liegen die Dinge nicht. Vielmehr bereitet § 135 dadurch erhebliche Schwierigkeiten, dass die gesetzlichen Veräußerungsverbote von anderen, nicht unter § 135 fallenden Verfügungsbeschränkungen zu unterscheiden sind (wobei für § 135 fast kein Anwendungsbereich übrig bleibt, vgl. unten Rz. 671). Und bei § 137 besteht viel Streit über den (für die Auslegung der Vorschrift wichtigen) Gesetzeszweck.

II. Gesetzliche und behördliche Veräußerungsverbote

1. Verfügungs- und Erwerbsverbote

664 a) Einigkeit besteht zunächst darüber, dass der Wortlaut der §§ 135 I 1, 136 ungenau ist: Dort wird ja einerseits von *Veräußerungs*verboten gesprochen, andererseits aber die Wirksamkeit von *Verfügungen* geregelt. Beide Begriffe unterscheiden sich jedoch insofern, als die Veräußerungen nur einen Unterfall der Verfügungen bilden, zu denen außerdem z.B. noch die Belastungen gehören. Insofern versteht man die §§ 135, 136 weit: Man bezieht sie auf **alle Verfügungsverbote**.

665 b) Darüber hinaus werden die §§ 135, 136 sogar auf (richterliche) **Erwerbsverbote** entsprechend angewendet (obwohl der Erwerb keine Verfügung ist, vgl. oben Rz. 208). Den Anstoß dazu hat der Fall von RGZ 117, 287 gegeben. Dort ging es um eine Grundstücksveräußerung, bei der im notariellen Kaufvertrag der Preis zu niedrig angegeben worden war („Schwarzkauf", vgl. oben Rz. 595). Nach §§ 117 II, 311 b I 2 hätte hier der Vertrag durch Auflassung und die Eintragung des Erwerbers zu dem vereinbarten Preis gültig werden können. Ein solches Wirksamwerden war auch zu erwarten, weil der Verkäufer bereits die Auflassung erteilt hatte. Doch war dieser inzwischen wegen der fortgeschrittenen Inflation mit dem Geschäft überhaupt nicht mehr – also auch nicht zu dem formlos verabredeten höheren Preis – einverstanden. Nun hätte er zwar nach Ansicht des RG seine Auflassungserklärung bis zum Wirksamwerden des Kaufs nach § 812 I 2 (Erwartung des Wirksamwerdens des Kaufs) zurückfordern können (RGZ 117, 287, 291). Aber der Verkäufer lief Gefahr, dass seine Kondiktion durch das Wirksamwerden des Kaufs gleichsam „überholt" wurde. Damit entstand ja der zunächst fehlende Rechtsgrund, sodass die Kondiktion wegfiel. In dieser Situation hat das RG (RGZ 117, 287, 291) ein durch einstweilige Verfügung (§ 935 ZPO) auszusprechendes richterliches Erwerbsverbot gegen den Käufer zugelassen: Eine später verbotswidrig erfolgte Eintragung des Käufers sollte gegenüber dem Verkäufer entsprechend §§ 136, 135 I 1 unwirksam sein und daher nicht die Konvaleszenz des Kaufvertrags nach § 311 b I 2 zur Folge haben können.

RGZ 117, 287, 291 hat diese Erstreckung der §§ 136, 135 auf Erwerbsverbote mit den „Anforderungen des Rechtsverkehrs" begründet. Doch geben die Wünsche des anderen Sinnes gewordenen Schwarzverkäufers dafür schwerlich ein überzeugendes Argument[1]. Freilich bleibt die Frage, ob man nicht in anderen Fällen eines relativen Erwerbsverbots bedarf[2]. Doch wäre dann zunächst ein von *Flume* erhobener Einwand

---

1 *Flume* AT II § 17, 6 e S. 362.
2 So wohl MünchKomm-*Armbrüster* § 136 Rz. 9.

zu überwinden: Es gibt keine der Verfügungsbefugnis entsprechende und daher durch ein analoges Verbot zu beschränkende besondere *Erwerbs*befugnis[3].

2. Abgrenzung der relativen Verfügungsverbote

a) Unanwendbar sind die §§ 135, 136 unzweifelhaft, wenn das Verfügungsverbot nicht bestimmte einzelne Personen schützen soll, sondern einen unbestimmten Personenkreis oder die **Allgemeinheit**. Dann passt ja auch die Rechtsfolge nicht, nämlich dass die Nichtigkeit nur gegenüber bestimmten Personen eintreten soll. Solche **absoluten Verfügungsverbote** bestehen etwa hinsichtlich gefährlicher Lebens- oder Arzneimittel[4]. 666

b) Unanwendbar sind die §§ 135, 136 auch, wo es um den **Schutz des Verfügenden selbst** geht (z.B. § 311 b II). 667

c) Unanwendbar sind die §§ 135, 136 weiter dann, wenn die Wirksamkeit einer Verfügung von der **Zustimmung einer Behörde** abhängig gemacht wird. Die §§ 135, 136 passen dann auch nicht etwa, weil das Zustimmungserfordernis bestimmte Personen schützen soll. 668

d) Unanwendbar sind die §§ 135, 136 endlich vor allem auch bei **Beschränkungen der Verfügungsmacht**. Diese werden angenommen, wenn der Rechtsinhaber über sein Recht von vornherein nicht frei verfügen kann, sodass die Verfügung nicht erst noch im Interesse einer bestimmten Person verboten werden muss. Hierhin gehören viele Fälle, in denen jemand nach dem Gesetz „nicht verfügen kann". Dazu hat BGHZ 13, 179, 184[5] mit Recht die gesamthänderische Bindung nach § 719 gerechnet: Die Abtretung des Gesellschaftsanteils bedeute einen Eingriff in die Rechtsstellung der übrigen Gesellschafter. Daher sei deren Zustimmung schon nach allgemeinen Grundsätzen nötig; § 719 stelle das klar, ohne das rechtliche Dürfen weiter einzuschränken. 669

e) **Insgesamt** ergibt sich danach, dass fast alle gesetzlichen Verfügungsverbote ziemlich sicher bei einer der oben in Rz. 666 – 669 genannten Fallgruppen unterzubringen sind oder eine eigene Regelung haben[6]. Dabei ist es für die Frage nach der Anwendung von § 135 gleichgültig, in welche einzelne dieser Gruppen bestimmte Normen gehören. Das gilt etwa für die ehegüterrechtlichen Beschränkungen nach §§ 1365, 1369: Während die h.M. hier absolute Verfügungsverbote (nach oben Rz. 666) annimmt (BGHZ 40, 218), dürfte diejenige Meinung vorzuziehen sein, die eine „Begrenzung des rechtlichen Könnens" (im Sinne von oben Rz. 669) bejaht[7]. Denn ein absolutes Veräußerungsverbot könne nur als eine Maßnahme zum Schutz der Familie im Allgemeininteresse verstanden werden; dazu passe aber die rechtliche Ausgestaltung (vor allem die Einordnung beim gesetzlichen Güterstand statt im allgemeinen Eherecht) nicht. Jedenfalls jedoch richtet sich die Möglichkeit, trotz der §§ 1365 ff. kraft Redlichkeit zu erwerben, nicht nach § 135 II. 670

---

3 Zur grundbuchrechtlichen Seite vgl. *Habscheid* FS Schiedermair (1976) 245.
4 Vgl. Münch-Komm-*Armbrüster* § 135 Rz. 9.
5 Anders noch RGZ 92, 398, 401.
6 Übersicht etwa bei MünchKomm-*Armbrüster* § 135 Rz. 12 ff.
7 *Gernhuber/Coester-Waltjen* FamR § 35 Rz. 6.

Dritter Teil *Das Rechtsgeschäft*

671 Für § 135 kommt die zutreffende h.M.[8] daher zu einem überraschenden Ergebnis: Diese Vorschrift hat überhaupt **keinen** oder allenfalls einen ganz kleinen **direkten Anwendungsbereich** (nämlich bloß außerhalb des BGB, etwa bei den §§ 17, 108 I 1 VVG[9]). Eine Bedeutung erhält § 135 deshalb im Wesentlichen erst dadurch, dass er in § 136 als für behördliche Veräußerungsverbote (besser: Verfügungsverbote, vgl. oben Rz. 664) entsprechend anwendbar erklärt wird.

3. Behördliche Verfügungsverbote

672 Solche behördlichen, insbesondere gerichtlichen Verbote gibt es nun wirklich. Hierhin gehören etwa die Verfügungsverbote im Rahmen der Zwangsvollstreckung (§§ 829 I, 857 I ZPO), die durch einstweilige Verfügung ausgesprochenen Verfügungsverbote (§§ 935, 938 I ZPO) sowie die Beschlagnahmen nach §§ 20 ff. ZVG und nach §§ 290 ff. StPO. Für sie gelten über § 136 die Regeln des § 135. Das bedeutet im Einzelnen:

673 **a)** Verbotswidrige Verfügungen sind **nur gegenüber dem Geschützten unwirksam**. Das ist z.B. bei den §§ 829 I, 857 I ZPO der die Zwangsvollstreckung betreibende Gläubiger: Für ihn gehört also etwa der verbotswidrig weggegebene Gegenstand weiterhin zum Vermögen seines Schuldners. Folglich kann diesem Gläubiger gegenüber auch der dritte Erwerber den Gegenstand nicht in Anspruch nehmen, während er das anderen Personen gegenüber durchaus kann. Dabei stehen nach § 135 I 2 Verfügungen durch Zwangsvollstreckung oder Arrestvollziehung gegen den Schuldner dessen rechtsgeschäftlichen Verfügungen gleich. Auch solche Verfügungen durch Staatsakt sind also relativ unwirksam, obwohl hier eine verbotswidrige Mitwirkung des Schuldners fehlt[10].

674 **b)** Nach § 135 kann diese Unwirksamkeit jedoch in bestimmten Fällen durch **Redlichkeit des Erwerbers** überwunden werden: Dieser erwirbt dann also auch mit Wirkung gegen den Verbotsgeschützten. Dabei schafft § 135 II aber keine zusätzlichen Erwerbstatbestände, sondern verweist nur auf die schon bestehenden (insbesondere die §§ 932 ff.). Doch werden diese durch § 135 II erweitert: Während ihr Wortlaut nur den Erwerb vom Nichtberechtigten deckt, gelten sie nach § 135 II auch für den Erwerb von einem durch ein Verfügungsverbot betroffenen Berechtigten.

III. Rechtsgeschäftliche Verfügungsverbote

1. Die dingliche Unwirksamkeit

675 **a)** Nach § 137 S. 1 kann die Befugnis zur Verfügung über ein veräußerliches Recht (regelmäßig, vgl. unten Rz. 676) nicht durch Rechtsgeschäft ausgeschlossen oder beschränkt werden. Anders als der Gesetzgeber (§ 135) und Behörden (§ 136) sollen also Privatpersonen in der Regel nicht die Macht haben, ein veräußerliches Recht (etwa das Eigentum) der Verfügung zu entziehen. Dabei lässt sich nicht leugnen, dass

---

8 Etwa *Flume* AT II § 17, 6 c S. 355; *Giesen* Jura 1990, 169, 171.
9 Vgl. MünchKomm-*Armbrüster* § 135 Rz. 29.
10 Zum Recht des Geschützten, die Unwirksamkeit gegen einen Erwerber geltend zu machen, vgl. BGHZ 111, 364 mit *Mayer-Maly* JZ 1991, 40.

für solche privaten Verfügungsverbote durchaus ein sinnvolles Bedürfnis bestehen kann: So mag etwa ein Vater seinen Kindern verbieten wollen, ein Grundstück zu veräußern, damit dieses Familienvermögen bleibe (auch ein solches testamentarisches Verbot ist ja ein rechtsgeschäftliches). Oder bei einer treuhänderischen Vermögensübertragung mag der Treugeber eine Verfügung des Treuhänders ausschließen wollen, um den Rückgewähranspruch zu sichern. Beides geht aber nach § 137 S. 1 nicht mit dinglicher Wirkung: Ein Dritter kann also das Recht trotz des privaten Verbots selbst dann erwerben, wenn er dieses kennt. Zum Grund dieser Regelung vgl. unten Rz. 678.

Fraglich ist, inwieweit sich ein Verfügungsverbot auf Umwegen – nämlich insbesondere durch eine Bedingung – mit dinglicher Wirkung ausstatten lässt: Es überträgt z.B. der Treugeber das Treugut dem Treuhänder bloß unter der auflösenden Bedingung, dass dieser treuwidrig verfügt. Wenn eine solche Bedingung zulässig wäre, würde die Verfügung des Treuhänders zu derjenigen eines Nichtberechtigten, weil seine Berechtigung kraft der auflösenden Bedingung im Augenblick der Verfügung weggefallen wäre. Diese Zulässigkeit ist eine Frage der Bedingungslehre; vgl. dazu unten Rz. 852.

b) Eine **Ausnahme** von § 137 S. 1 bildet § 399 Alt. 2: Die Abtretung (und entsprechend die Verpfändung, § 1274 II) einer Forderung kann durch eine Vereinbarung zwischen Gläubiger und Schuldner ausgeschlossen werden (nicht dagegen die Pfändung, § 851 II ZPO). Bei Vorliegen einer solchen Vereinbarung ist die Abtretung also unwirksam; auch gewährt § 405 Alt. 2 hier nur einen ganz beschränkten Redlichkeitsschutz. **676**

Die Einzelheiten dieser Regelung gehören ins Schuldrecht. Eine allgemeinere Frage ergibt sich jedoch aus § 413: Danach müsste auch § 399 auf die Übertragung anderer Rechte entsprechend anwendbar sein, soweit das Gesetz nichts anderes vorschreibt. Damit stehen sich hier zwei voneinander abweichende Regeln gegenüber, die beide Allgemeinheit beanspruchen (vgl. schon oben Rz. 34). Diesen Konflikt wird man so aufzulösen haben: § 137 S. 1 bildet die Regel. Unter §§ 413, 399 fallen dagegen höchstens solche Rechte, deren Übertragung auch im Übrigen nicht abweichend geregelt ist, sich also nach den §§ 398 ff. richtet. Damit sind insbesondere alle Sachenrechte der Anwendung der §§ 413, 399 entzogen.

2. Die obligatorische Wirksamkeit

Nach § 137 S. 2 soll die dingliche Unwirksamkeit eines rechtsgeschäftlichen Verfügungsverbots die schuldrechtliche Wirksamkeit einer Verpflichtung, nicht zu verfügen, unberührt lassen. Der von einem solchen Verfügungsverbot Betroffene *kann* also zwar verfügen, doch *soll* er es nicht; mit anderen Worten: Seine verbotswidrige Verfügung ist zwar wirksam, macht ihn aber – unter Umständen bei Vorliegen weiterer Voraussetzungen – **schadensersatzpflichtig**. Damit wird in den beiden Sätzen des § 137 die Trennung des BGB zwischen Verpflichtung (Satz 2) und Verfügung (Satz 1) besonders deutlich (vgl. oben Rz. 220 f.). **677**

Wenn also z.B. der Treuhänder eine bewegliche Sache aus dem Treugut treuwidrig veräußert, ist das wirksam (vgl. oben Rz. 675). Aber wenn er diese Verletzung seiner Verpflichtung zu vertreten hat, schuldet er nach §§ 280, 283, 276 Schadensersatz.

3. Der Zweck des § 137

678 Gerade das Gegeneinander der beiden Sätze des § 137 hat immer wieder die Frage nach dem Zweck der Vorschrift aufwerfen lassen[11]. Man wird diesen wohl vor allem darin zu sehen haben, die **Orientierungssicherheit des Rechtsverkehrs** zu fördern: Wer ein regelmäßig veräußerliches Recht erwerben will, soll sich ohne weiteres darauf verlassen können, dass diese Veräußerlichkeit nicht rechtsgeschäftlich ausgeschlossen ist[12]. Die Bedeutung dieses Zwecks wird durch die Schwierigkeiten illustriert, die wegen der abweichenden Regelung in § 399 Alt. 2 bei Forderungen entstehen: Dort hat die für den Abtretungsempfänger kaum vorausehbare Enttäuschung seiner Erwerbserwartung sogar schon zu der Frage geführt, ob nicht der Abtretungsausschluss gegen die guten Sitten verstößt[13]. Im Handelsrecht trägt der 1994 eingefügte § 354 a HGB diesen Schwierigkeiten teilweise Rechnung, dagegen werden sie bei § 137 S. 1 ganz vermieden.

Daneben dient § 137 auch noch **einigen weiteren Zielen**: Er sichert die Zwangsvollstreckung, ohne dass dort eine Vorschrift wie § 851 II ZPO allgemein nötig wäre. § 137 verhindert auch die Neubildung der nach Art. 155 der Weimarer Reichsverfassung aufgelösten Fideikommisse[14]: Es ist ausgeschlossen, bestimmte Sachen dem allgemeinen Rechtsverkehr zu entziehen und sie einer Familie vorzubehalten (vgl. das Erblasserbsp. von oben Rz. 675). Endlich dient § 137 auch dadurch der Freiheit des Rechtsträgers, dass dessen Verfügungsmacht erhalten bleibt. Zwar darf man diese Funktion nicht überschätzen, weil die von § 137 S. 2 zugelassenen schuldrechtlichen Verfügungsverbote die Freiheit erheblich einschränken können. Aber im Einzelfall mag durchaus ein Schaden fehlen, den ersetzen zu müssen der verbotswidrig Verfügende zu fürchten hätte. Und eine etwa vereinbarte Vertragsstrafe kann nach § 343 richterlich ermäßigt werden, wobei es insbesondere auf das Gewicht der verletzten Interessen des Verbotsgläubigers ankommt (§ 343 I 2).

---

11 Dazu besonders gründlich *R. Liebs* AcP 175 (1975) 1.
12 *Bork* Rz. 1147, zu einer entlegenen Gestaltung *Petersen* FS Bub (2007) 405.
13 Zwar grundsätzlich verneint von BGHZ 51, 113; 56, 173, 175, kritisch aber *Mummenhoff* JZ 1979, 425.
14 Vgl. *von Bar/Striewe* Zeitschrift für neuere Rechtsgeschichte 1981, 184.

§ 46 Der Verstoß gegen die guten Sitten

Literatur: *Arzt*, Die Ansicht aller billig und gerecht Denkenden (1962); auch *Bezzenberger*, Ethnische Diskriminierung, Gleichheit und Sittenordnung im bürgerlichen Recht, AcP 196 (1996) 395; *M. Becker*, Der unfaire Vertrag (2003); *Bodenbrenner*, Rechtsfolgen sittenwidriger Ratenkreditverträge, JuS 2001, 1172; *Coing*, Allgemeine Rechtsgrundsätze in der Rechtsprechung des RG zum Begriff der „guten Sitten", NJW 1947/48, 213; *Eckert*, Sittenwidrigkeit und Wertungswandel, AcP 199 (1999) 337; *Enderlein*, Rechtspluralismus und Vertragsrecht (1996, dazu *Eckert* JZ 1997, 86); *Geddert*, Recht und Moral (1984); *H. Honsell*, Die zivilrechtliche Sanktion der Sittenwidrigkeit, JA 1986, 573; *Koller*, Sittenwidrigkeit der Gläubigergefährdung und Gläubigerbenachteiligung, JZ 1985, 1013; *Larenz*, Grundsätzliches zu § 138 BGB, JurJb. 7 (1966) 98; *Leenen*, Gebrauch der Mietsache als Problem der Rechtsgeschäftslehre, MDR 1980, 353; *Leonhard*, Der Verstoß gegen die guten Sitten, FS Bekker (1907) 87; *Lindacher*, Grundsätzliches zu § 138 BGB.

Zur Relevanz subjektiver Elemente, AcP 173 (1973) 124; *S. Lorenz*, Vertragsaufhebung wegen unzulässiger Einflussnahme auf die Entscheidungsfreiheit ..., NJW 1997, 2578; *ders.*, Sittenwidrigkeit und Vertragsanbahnung, FS Canaris (2007) I 777; *Lotmar*, Der unmoralische Vertrag (1896); *Mayer-Maly*, Das Bewusstsein der Sittenwidrigkeit (1971); *ders.*, Wertungswandel im Privatrecht, JZ 1981, 801; *ders.*, Die guten Sitten als Maßstab des Rechts, JuS 1986, 596; *ders.*, Was leisten die guten Sitten?, AcP 194 (1994) 105; *Meyer-Cording*, Gute Sitten und ethischer Gehalt des Wettbewerbsrechts, JZ 1964, 273; *J. Naumann*, Sittenverstoß und Privatautonomie (2003); *Paal*, Sittenwidrigkeit im Erbrecht, JZ 2005, 436; *Petersen*, Der Verstoß gegen die guten Sitten, Jura 2005, 387; *Reuter*, Wirtschaftsethische Einflüsse auf die Auslegung wirtschaftsrechtlicher Generalklauseln, ZGR 16 (1987) 489; *Rother*, Sittenwidriges Rechtsgeschäft und sexuelle Liberalisierung, AcP 172 (1972) 498; *Rothoeft*, Gegenwertkontrolle bei langjährigen Verträgen über Liegenschaften, NJW 1986, 2211; *Rühle*, Das Wucherverbot – effektiver Schutz des Verbrauchers vor überhöhten Preisen? (1978); *Sack*, Die lückenfüllende Funktion der Sittenwidrigkeitsklauseln, Wettbewerb in Recht und Praxis 1985, 1; *ders.*, Das Anstandsgefühl aller billig und gerecht Denkenden und die Moral als Bestimmungsfaktoren der guten Sitten, NJW 1985, 761; *Helmut Schmidt*, Die Lehre von der Sittenwidrigkeit der Rechtsgeschäfte in historischer Sicht (1973); *Schmoeckel*, Der maßgebliche Zeitpunkt zur Bestimmung der Sittenwidrigkeit ..., AcP 197 (1997) 1; *K. H. Schneider*, Ethik im Bank- und Kapitalmarktrecht, ZIP 2010, 601; *Schricker*, Gesetzesverletzung und Sittenverstoß (1970, Schwerpunkt im Wettbewerbsrecht); *K. Simitis*, Gute Sitten und ordre public (1970); *Simshäuser*, Zur Sittenwidrigkeit der Geliebten-Testamente (1971); *Smid*, Rechtliche Schranken der Testierfreiheit aus § 138 I BGB, NJW 1990, 409; *Teubner*, Standards und Direktiven in Generalklauseln (1971); *Thielmann*, Sittenwidrige Verfügungen von Todes wegen (1973, dazu *Lindacher* AcP 175, 1975, 257); *Wanner*, Die Sittenwidrigkeit der Rechtsgeschäfte im totalitären Staat (1996). Weitere Lit. zu Einzelfragen vgl. im Folgenden.

I. Funktion des § 138

1. § 134 hatte sich vorhin (oben Rz. 646) als eine fast funktionslose Norm erwiesen. **679** Denn die Nichtigkeit des verbotswidrigen Rechtsgeschäfts lässt sich nicht wirklich aus § 134 ableiten, sondern nur durch Auslegung des Verbotsgesetzes begründen. Insofern liegen die Dinge bei § 138 wesentlich anders, obwohl die §§ 134, 138 oft in einem Atemzug genannt werden und deshalb als ähnlich erscheinen. Denn in den Fällen des § 138 gibt es keine (inländische, vgl. oben Rz. 658) Rechtsnorm, durch deren Auslegung sich die Nichtigkeitsfolge gewinnen ließe. Vielmehr nimmt § 138 auf die (guten) Sitten Bezug, also auf eine wenigstens ursprünglich außerrechtliche Ordnung.

Recht und Sitte stimmen zwar in der Annahme eines Verstoßes oft überein, aber keineswegs immer. So ist zwar Mord sowohl rechts- wie sittenwidrig. Dagegen ist falsches Parken rechtswidrig (§ 12 StVO), aber allein noch nicht sittenwidrig. Umgekehrt verbietet § 23 I b StVO zwar die Benutzung eines **Radarwarngeräts** mit Straßenverkehr, nicht aber dessen Anschaffung. Gleichwohl ist ein entsprechender Kaufvertrag mit dem Gemeinwohlinteresse an der Sicherheit im Straßenverkehr nicht vereinbar, so dass der Kauf gegen die guten Sitten verstößt[1].

---

1 BGH NJW 2005, 1490 sowie BGHZ 183, 235 Rz. 13.

680 2. § 138 gleicht nun die Rechtsordnung keineswegs völlig der Sittenordnung an. Denn erstens bilden die in § 138 genannten „guten Sitten" bloß einen weitgehend rechtlich geprägten Ausschnitt aus der Sittenordnung (vgl. unten Rz. 683); das Recht übernimmt keineswegs die Maßstäbe einer Hochethik. Und zweitens stellt § 138 die Rechtsordnung nicht umfassend in den Dienst dieses Ausschnitts der Sittenordnung: Gegen den bezahlten Geschlechtsverkehr als solchen etwa gibt es keine rechtlichen Sanktionen; sittliche Pflichten (etwa zur Unterstützung notleidender Geschwister) werden nicht zu Rechtspflichten. § 138 will lediglich verhindern, dass Rechtsgeschäfte in den Dienst des Unsittlichen gestellt werden; man soll nicht durch Rechtsgeschäfte Unsittliches rechtlich erzwingbar machen können[2]. Kurz gesagt: Die Rechtsordnung verweigert dem Unsittlichen ihren Erfüllungszwang.

II. Die „guten Sitten"

681 Das Hauptproblem des § 138 liegt offenbar in der Ermittlung dessen, was unter den „guten Sitten" zu verstehen ist. Das muss umso schwerer fallen, je weniger Konsens es in einer „pluralistischen Gesellschaft" über sittliche Werte und deren Rangordnung gibt.

1. Vorkommen

Die guten Sitten kommen im Privatrecht hauptsächlich an **zwei Stellen** vor: in § 138 und in § 826 BGB. Dabei betrifft die Unzulässigkeit des Sittenverstoßes Verschiedenes: § 138 beschränkt die Freiheit zu Rechtsgeschäften, also die Privatautonomie. § 826 mit seiner an den vorsätzlichen Sittenverstoß anknüpfenden Schadensersatzpflicht bezieht sich noch allgemeiner auf die Handlungsfreiheit überhaupt; hier braucht also die Schädigung nicht durch Rechtsgeschäft erfolgt zu sein. Infolge dieser Verschiedenheit brauchen die „guten Sitten" **nicht an allen Stellen Gleiches** zu bedeuten. Die folgenden Ausführungen müssen sich im Wesentlichen auf die „guten Sitten" bei § 138 beschränken.

2. Das „Anstandsgefühl aller billig und gerecht Denkenden"

682 Die vor allem in der Rechtsprechung gebräuchlichste Umschreibung der guten Sitten bedient sich der Verweisung auf das „Anstandsgefühl aller billig und gerecht Denkenden"[3]. Das RG hat diese Formulierung alsbald nach dem In-Kraft-Treten des BGB in RGZ 48, 114, 124 verwendet. Vorläufer finden sich schon in den Materialien zu § 826 (Mot. II 727 = *Mugdan* II 406) und sogar bereits bei *Savigny*[4].

Die genannte Umschreibung hat aber wenigstens **zwei Nachteile**: Erstens liefert schon das Abstellen auf das „Anstands*gefühl*" kaum Ergebnisse, die sich für eine objektive Überprüfung durch Dritte eignen. Und zweitens wird diese Unsicherheit noch durch

---

2 Ähnlich *Flume* AT II § 18, 5 S. 376; § 18, 8 c bb S. 385.
3 Dazu *Haberstumpf*, Die Formel vom Anstandsgefühl aller billig und gerecht Denkenden in der Rechtsprechung des BGH (1976), kritisch *Rüthers* NJW 1992, 879.
4 Vgl. *Teubner*, Standards und Direktiven in Generalklauseln (1971) 19.

die Beschränkung auf die „billig und gerecht Denkenden" verstärkt: Zwar kann man diese Worte förderlich dahin verstehen, Anschauungen von extremer Strenge oder Laxheit hätten außer Betracht zu bleiben. Aber die genannte Formulierung bringt auch die Gefahr einer rechtszerstörenden Ideologisierung: Der Entscheidende kann Denkweisen, die von den seinen abweichen, als nicht gerecht und billig beiseiteschieben. So hat RGZ 150, 1, 2 (v. 13. 3. 1936) die guten Sitten mit dem „gesunden Volksempfinden" und dieses mit der „nationalsozialistischen Weltanschauung" gleichgesetzt[5].

3. Andere Formulierungen

Andere gebräuchliche Formulierungen stellen für die guten Sitten ab auf die **„Sozialmoral"**, den **ordre public** oder den **Schutzzweck** für bestimmte Institutionen (z.B. die Ehe)[6].

683

Hier überall klingen zutreffende Aspekte an: Gewiss hat die Sozialmoral in dem Sinn Bedeutung, dass man „keine richterlichen Anforderungen stellen kann, die in den beteiligten Kreisen kein Echo finden würden"[7]. Gewiss auch muss für die Beurteilung als sittenwidrig erwogen werden, ob sich das Geschäft mit den Grundwerten und -einrichtungen (Institutionen) der Rechtsgemeinschaft verträgt.

Aber keine der genannten Formulierungen kann allein die ganze Breite der Anwendung des § 138 erfassen. So wird sich kaum behaupten lassen, die (bei uns im Gegensatz zum anglo-amerikanischen Rechtskreis bejahte[8]) Frage nach der Sittenwidrigkeit eines **Erfolgshonorars für Rechtsanwälte** habe etwas mit der Sozialmoral zu tun (vgl. aber jetzt § 4 a RVG, dazu unten Rz. 700). Und der ordre public schneidet die Anwendung des § 138 zu sehr von sittlichen Erwägungen ab. Man sollte den ordre public daher im Internationalen Privatrecht lassen, wo er (nach Art. 6 EGBGB) die von der Problematik bei § 138 abweichende Frage zu entscheiden hat, ob uns die Anwendung einer ausländischen Rechtsnorm durch deutsche Gerichte erträglich erscheint. Endlich wird man auch kaum sagen können, die Anwendung des § 138 verlange stets die Gefährdung einer „Institution" (was immer das bedeutet, vgl. oben Rz. 60): Für eine solche Gefährdung wird ein einzelnes Rechtsgeschäft meist nicht genügen.

4. Fallgruppenbildung

Angesichts dieses Scheiterns aller bisherigen Formulierungsversuche wird man wohl auf eine einheitliche Definition verzichten müssen. Stattdessen wird man sich auf die Beschreibung von Gruppen gleichartiger Fälle zu beschränken haben, in denen Sittenwidrigkeit anzunehmen ist (vgl. unten Rz. 695 ff.). Außerdem lassen sich jedoch einige allgemeinere Regeln formulieren; von ihnen soll zunächst gesprochen werden.

684

---

5 RGZ 150, 1, 4.
6 Vgl. *Teubner*, Standards und Direktiven in Generalklauseln (1971) 23 ff.; 36 ff., 39 ff.
7 *Esser/Stein*, Werte und Wertwandel in der Gesetzesanwendung (1966) 20.
8 Etwa BGH NJW 2004, 1169.

III. Allgemeine Regeln

685 **1. Der Gegenstand des Sittenwidrigkeitsurteils**

a) Zu beurteilen ist bei § 138 nicht das Verhalten der Beteiligten, sondern ihr **Rechtsgeschäft**[9]. Dem hat sich in manchen (vor allem neueren) Urteilen auch der BGH angeschlossen. So sagt BGHZ 53, 369, 375 zu einem Testament, in dem der Erblasser unter Enterbung seiner Witwe seine Geliebte als Alleinerbin eingesetzt hatte: „Es geht im Rahmen des § 138 BGB nicht entscheidend um die Beurteilung des Verhaltens einer Person und um Sanktionen für unsittliches Verhalten, sondern es geht allein um die Frage der Sittenwidrigkeit eines Rechtsgeschäfts ..." (zur Fortsetzung des Zitats vgl. unten Rz. 688). Dementsprechend hat es der BGH für wirksam gehalten, dass der Erblasser die Geliebte seinen Geschwistern vorgezogen hatte (über die Enterbung der Witwe hatte der BGH nicht zu entscheiden). Und BGHZ 94, 268, 272 sagt über die Vereinbarung von Schmiergeldzahlungen in einem fremden Staat, die dort zwar üblich, aber verboten sind: „Rechtsgeschäfte, die schon nach ihrem objektiven Inhalt sittlich-rechtlichen Grundsätzen widersprechen, sind ohne Rücksicht auf die Vorstellungen der das Rechtsgeschäft vornehmenden Personen nichtig".

686 Da sich das Urteil der Sittenwidrigkeit auf das Rechtsgeschäft bezieht, kann dieses wirksam sein, obwohl das Verhalten der Beteiligten zu beanstanden ist. Umgekehrt kann ein Rechtsgeschäft trotz guter Absicht der Beteiligten sittenwidrig sein, wenn seine Folgen als unerträglich erscheinen. Ein Beispiel bildet der Fall von RGZ 158, 294. Dort hatte eine Ehefrau die Scheidungsklage gegen ihren (offenbar schuldigen) Mann unter anderem gegen folgendes Versprechen zurückgezogen: „Der Ehemann verpflichtet sich, in Zukunft keinerlei Geschäfts- oder Vergnügungsreisen allein zu unternehmen". Mit diesem (freilich höchst ungeschickt formulierten; die Frau fürchtete ja gerade, der Mann werde nicht allein bleiben!) Text sollte weiteren Eheverfehlungen des Mannes vorgebeugt und damit die Ehe gesichert werden. Die Absicht der Beteiligten war also sittlich gewiss nicht zu beanstanden. Trotzdem hat das RG das Versprechen mit Recht für sittenwidrig gehalten[10]: Eine solche Einschränkung der Bewegungsfreiheit des Ehemanns sei mit dem sittlichen Wesen der Ehe unvereinbar. Doch vgl. andererseits BGH NJW 1990, 703 (ein Abfindungsversprechen für den Fall, dass der Ehemann die Scheidung beantragen wird, kann wirksam sein).

687 Ähnlich liegt es in einem vom BGH entschiedenen Fall[11]. Dort hatte ein Bauer seine Söhne nur unter der Bedingung zu Erben eingesetzt, dass sie sich von ihren Frauen scheiden ließen. Der Erblasser wollte diese Frauen nämlich nicht auf den Hof lassen, weil sie ihren Männern während deren Kriegsgefangenschaft untreu gewesen waren. Der BGH hat das Testament wegen dieses achtenswerten Motivs für wirksam gehalten. Richtig wäre aber Nichtigkeit anzunehmen gewesen[12]: Die Söhne durften nicht vor die Alternative „Frau oder Hof" gestellt werden; der Vater musste die Söhne über deren Ehe selbst und ohne Seitenblick auf den Hof entscheiden lassen.

---

9 Grundlegend *Flume* AT II § 18, 2 a S. 367; 5 S. 375.
10 RGZ 158, 294, 300.
11 BGH LM § 138 BGB (Cd) Nr. 5.
12 *Flume* AT II § 18, 2 b cc S. 370.

b) Andererseits gibt es aber auch Geschäfte, die ihren Unwert erst aus den **Absichten** 688
der Beteiligten erhalten. Dementsprechend heißt es in BGHZ 53, 369, 375, dass „es allein um die Frage der Sittenwidrigkeit eines Rechtsgeschäfts geht, bei der naturgemäß die Art des Verhaltens der an dem Rechtsgeschäft Beteiligten von Bedeutung werden kann". Ein Beispiel hierfür bilden gerade die in dem Urteil zu entscheidenden *testamentarischen Zuwendungen an die Geliebte*: Sie werden regelmäßig für sittenwidrig gehalten, wenn sie „die geschlechtliche Hingabe entlohnen oder zur Fortsetzung der sexuellen Beziehungen bestimmen oder diese festigen" wollen (BGHZ 53, 369, 376). Bei anderen Motiven dagegen, insbesondere wenn die Geliebte versorgt werden soll, liegt regelmäßig Wirksamkeit vor[13]. Letztlich schlägt hier und in entsprechenden Fällen der Zweck auf den Inhalt des Geschäfts durch[14], ebenso das Verhalten eines Beteiligten[15]. Nur so lässt sich übrigens auch – wenn überhaupt (vgl. unten Rz. 712) – bei § 138 I die Nichtigkeit von Geldzahlungen begründen: Diese sind ja an sich farblos und können erst durch das Motiv anstößig werden[16].

2. Das Erfordernis der Kenntnis 689

a) Unnötig ist nach ganz h.M. dass den Beteiligten die **Wertung ihres Geschäfts als sittenwidrig** bewusst ist. Denn ein solches Erfordernis müsste dazu führen, dass wirksam kontrahieren könnte, wer die guten Sitten nicht zur Kenntnis nimmt. Davon darf die Wirksamkeit nicht abhängen.

b) Von der Kenntnis der Bewertung zu unterscheiden ist die andere Frage, ob die Beteiligten die **tatsächlichen Umstände** kennen müssen, auf deren Vorliegen sich das Urteil der Sittenwidrigkeit stützt. Diese Frage lässt sich nicht einheitlich entscheiden: Soweit sich die Sittenwidrigkeit gegen einen Beteiligten (z.B. bei § 138 II den Bewucherten) richtet, kommt es auf dessen Kenntnis gewiss nicht an. Umgekehrt verlangt § 138 II, der andere Teil müsse die Zwangslage usw. des Bewucherten „ausgebeutet" haben: Ausbeuten kann man nur, wovon man weiß; hier ist die Kenntnis also nötig. 690

Im Übrigen geht **die Rechtsprechung** vielfach davon aus, die Kenntnis der die Sittenwidrigkeit begründenden Umstände sei erforderlich. Doch dürfte das als Regel kaum zutreffen: Ein Rechtsgeschäft, dessen Wirksamkeit deshalb verneint werden muss, weil sein Inhalt unerträglich ist, wird durch einen Irrtum der Beteiligten nicht erträglicher[17]. So kann z.B. ein Knebelungsvertrag (vgl. unten Rz. 698) auch dann nicht gelten, wenn der Gläubiger irrtümlich angenommen hat, dem Schuldner sei noch eine gewisse Freiheit geblieben. Wenn man[18] den Kauf eines Radarwarngeräts für sittenwidrig hält[19],

---

13 BGH NJW 1983, 674 mit zust. Anm. *Finger* JZ 1983, 608.
14 Deutlich auch BGH NJW 1984, 2150.
15 BGH ZIP 1994, 538, 542.
16 Gegenüber dieser der h.M. entsprechenden Beurteilung der Sittenwidrigkeit nach dem Geschäftsinhalt betont *S. Lorenz* (Sittenwidrigkeit und Vertragsanbahnung, FS Canaris, 2007, I 777) stärker das Zustandekommen des Geschäfts, insbesondere Verstöße gegen das Gebot des fairen Verhaltens. Doch bedarf es zunächst der Formulierung von anerkannten Geboten für ein solches Verhalten. Bis dahin eignet sich der starre, auf das Alles oder Nichts-Prinzip aufbauende und durch § 817 S. 2 noch verschärfte (unten Rz. 713) § 138 wenig. Vorzugswürdig dürfte daher der durch § 254 gemilderte Schadensersatzanspruch aus Verschulden bei Vertragsverhandlungen sein.
17 Vgl. *Flume* AT II § 18, 3 S. 373 mit Mot. I 211 = *Mugdan* I 469, ebenso auch BGHZ 94, 268, 272.
18 Mit BGH NJW 2005, 1490; 2010, 610 Rz. 13.
19 Vgl. § 23 b I StVO, der aber eher zu § 134 führt.

kann das gleichfalls kaum durch einen Irrtum der Parteien beeinflusst werden. Vielmehr darf es auf die Kenntnis nur ausnahmsweise ankommen, nämlich insbesondere dann, wenn erst das Motiv die Sittenwidrigkeit begründet (vgl. oben Rz. 688). Die Rechtsprechung selbst schwächt das Erfordernis der Kenntnis auch häufig dadurch ab, dass es diese unter bestimmten Umständen vermutet (vgl. unten Rz. 711).

3. Der Zeitpunkt des Sittenwidrigkeitsurteils

691 Regelmäßig ist die Wirksamkeit eines Rechtsgeschäfts nach dem **Zeitpunkt seiner Vornahme** zu beurteilen. Das gilt etwa für Mängel der Geschäftsfähigkeit: Das von einem Geisteskranken geschlossene Geschäft wird nicht wirksam, wenn dieser später die Geschäftsfähigkeit erlangt; umgekehrt schadet ein Verlust der Geschäftsfähigkeit nach dem Abschluss des Geschäfts dessen Wirksamkeit nicht mehr. In gleicher Weise beurteilt die Rechtsprechung überwiegend auch die Sittenwidrigkeit nach denjenigen tatsächlichen Verhältnissen und Werturteilen, die bei der Vornahme des Geschäfts gelten. Dem ist im Ansatz zu folgen: Andernfalls müsste das Urteil über die Geschäftswirksamkeit wechseln oder zunächst in der Schwebe bleiben. Das ließe sich mit der nötigen Rechtssicherheit nicht vereinbaren: Sonst könnte etwa ein Darlehensvertrag mit einem hohen Zins in bestimmten Zeitabschnitten wirksam und in anderen unwirksam sein je nachdem, wie hoch gerade der Marktzins ist.

692 **Anders** kann aber insbesondere **bei Testamenten** zu entscheiden sein: Diese können ja regelmäßig bis zum Erbfall noch frei geändert werden, sodass sich die Frage nach ihrer endgültigen Wirksamkeit überhaupt erst beim Erbfall stellt. Hier sollte daher auch das Urteil über die Sittenwidrigkeit (erst) auf diesen Zeitpunkt bezogen werden[20]. Eine zunächst sittenwidrige Erbeinsetzung der Geliebten (vgl. oben Rz. 688) ist daher für wirksam zu halten, wenn der Erblasser die als Erbin Eingesetzte geheiratet und daher als seine Witwe hinterlassen hat[21].

4. Einwirkungen der Grundrechte

693 Nach einer h.M., die hier nicht diskutiert werden kann[22], betrifft der Grundrechtsteil des GG in erster Linie das Verhältnis zwischen dem Staat und Privatpersonen. Deshalb müssen zwar die (staatlichen) Privatrechtsnormen voll dem GG entsprechen. Dagegen betrifft das GG private Geschäfte regelmäßig nicht direkt. Diese sind also insbesondere nicht allein deshalb nach § 134 nichtig, weil sie von der Wertordnung des GG abweichen, also z.B. Frauen benachteiligen (Art. 3 III GG, doch vgl. jetzt das AGG) oder fremdes Eigentum nicht respektieren (Art. 14 I GG). Eine Ausnahme bildet nur Art. 9 III GG: Dort wird ausdrücklich die Nichtigkeit von Abreden bestimmt, die das

---

20 *Flume* AT II § 18, 6 S. 378 f. gegen BGHZ 20, 71, 73 f.
21 Zum Ganzen ausführlich *Schmoeckel* AcP 197 (1997) 1.
22 Vgl. etwa *J. Hager* JZ 1994, 373; *Sendler* NJW 1994, 709; *Singer* JZ 1995, 1133; *Erichsen* Jura 1996, 527; *Diederichsen* AcP 198 (1998) 171; *Schapp* JZ 1998, 913; *Lücke* JZ 1999, 377; *Ruffert*, Vorrang der Verfassung und Eigenständigkeit des Privatrechts (2001), zuvor *Medicus* AcP 192 (1992) 35, 43; *Canaris* AcP 184 (1984) 201; *Guckelberger* JuS 2003, 1151, kritisch *Schwabe* AcP 185 (1985) 1, hierzu wieder *Canaris* ebenda 9; *Ruffert*, Vorrang der Verfassung und Eigenständigkeit des Privatrechts (2001); *ders.*, Die Rechtsprechung des BVerfG zum Privatrecht, JZ 2009, 389.

Recht einschränken oder zu behindern suchen, Vereinigungen zur Wahrung und Förderung der Arbeits-und Wirtschaftsbedingungen zu bilden (also vor allem Gewerkschaften und Arbeitgebervereinigungen). Die Nichtigkeit solcher Abreden tritt also ohne weiteres ein; dafür braucht nicht einmal § 134 angeführt zu werden.

Mindestens hauptsächlich aber wirken die **Wertungen des GG**[23] und insbesondere sein Grundrechtsteil auf die Gültigkeit von Rechtsgeschäften über § 138: Diese Wertungen beeinflussen das Urteil über die Sittenwidrigkeit[24]. Doch bedeutet nicht jede Vernachlässigung dieser Wertungen ohne weiteres Sittenwidrigkeit: Sonst käme man im Ergebnis eben doch zu der abgelehnten uneingeschränkten Wirkung der Grundrechte zwischen Privaten. Vielmehr müssen bei § 138 die einzelnen Grundrechte vor dem Hintergrund der (ja gleichfalls grundrechtlich garantierten, Art. 2 I GG) freien Entfaltung der Persönlichkeit gesehen werden. Diese Entfaltung vollzieht sich gerade auch durch Rechtsgeschäft; ihretwegen müssen die übrigen Grundrechte einen gewissen Spielraum lassen. So kann etwa ein Erblasser seine Töchter den Söhnen vorziehen (vgl. §§ 2303 ff.); vertragliche Wettbewerbsverbote dürfen die Berufsausübung beschränken; jemand kann sich (trotz Art. 12 II GG) zu einer bestimmten Arbeit verpflichten[25]. Allerdings sind nachvertragliche Wettbewerbsverbote im Hinblick auf Art. 12 GG nur gerechtfertigt und wirksam, sofern sie räumlich, gegenständlich und zeitlich begrenzt und erforderlich sind, „um einen Vertragspartner vor einer illoyalen Verwertung der Erfolge seiner Arbeit durch den anderen Vertragspartner zu schützen"[26]. 694

IV. Einzelne Fallgruppen

Die vielen zu § 138 entwickelten Fallgruppen aufzuzählen muss Sache der Kommentare sein[27]. Hier können im Folgenden nur einige praktisch besonders wichtige Gruppen angedeutet werden. 695

1. Kreditsicherung

Mit der Kreditsicherung will der Gläubiger sich regelmäßig nur den Anspruch auf das durchsetzbar erhalten, was ihm wirklich zusteht. Daran ist nichts Anstößiges. Doch 696

---

23 *Di Fabio* JZ 2004, 1.
24 BVerfGE 7, 198, 206; BVerfG ZIP 1990, 573, 575; NJW 1994, 36, auch BGH NJW 1990, 911.
25 Vgl. auch die spitze Formulierung von *Isensee* JZ 1996, 1085, 1090: „Auf Dauer führt die bundesverfassungsgerichtlich vermittelte Ausstrahlung der Grundrechte auf das einfache Recht zu Strahlenschäden. Die Fachgerichte spüren das Bedürfnis nach Strahlenschutz." Eindringlich und beherzigenswert zudem *Diederichsen*, Die Selbstbehauptung des Privatrechts gegenüber dem Grundgesetz, Jura 1997, 57; kritisch auch *Zöllner* AcP 196 (1996) 1; *Hesse/Kauffmann* JZ 1995, 219; *T. Simon* AcP 204 (2004) 264. Zu dem Verhältnismäßigkeitsprinzip, das weithin die verfassungsrechtliche Prüfung von Privatrecht bestimmt, vgl. *Bleckmann* JuS 1994, 177. Zur Prüfung zivilgerichtlicher Entscheidungen durch das BVerfG sagt dieses (NJW 2005, 1561, 1565): „Da der Rechtsstreit ...seine Lösung im grundrechtsgeleitet interpretierten Privatrecht findet, ist das BVerfG darauf beschränkt, nachzuprüfen, ob die Zivilgerichte den Grundrechtseinfluss ausreichend beachtet haben ... Dagegen ist es nicht Sache des BVerfG, den Zivilgerichten vorzuschreiben, wie sie den Streitfall im Ergebnis zu entscheiden haben ...".
26 BGH NJW 2015, 1052.
27 Vgl. MünchKomm-*Armbrüster* § 138 Rz. 40 ff.; Palandt/*Ellenberger* § 138 Rz. 24 ff., *Bork* Rz. 1184 ff.

kommt Sittenwidrigkeit in mehreren besonderen Situationen in Betracht: als Übersicherung, Gläubigergefährdung und Schuldnerknebelung. Noch spezieller ist § 138 zudem zur Regelung des Verhältnisses zwischen Kreditgläubigern (Banken oder Sparkassen) und Warengläubigern (Lieferanten) verwendet worden.

a) Übersicherung kommt in Betracht, wenn sich ein Gläubiger wesentlich größere Teile des Schuldnervermögens reserviert, als er zu seiner Befriedigung benötigt: Es möge etwa der Lieferant eines geringwertigen Bestandteils (z.B. von Schrauben) sich das damit hergestellte viel wertvollere Produkt (z.B. Kraftfahrzeuge) zur Sicherung übereignen lassen. Hier liegt regelmäßig zugleich eine Rücksichtslosigkeit gegenüber dem Schuldner vor (dem andere Kreditquellen verschlossen werden) wie auch gegenüber anderen Gläubigern (die ihrerseits Sicherungsmöglichkeiten verlieren)[28]. BGH NJW 1994, 864 sieht eine unangemessene Benachteiligung (§ 307 I), wenn eine Klausel den Freigabeanspruch einschränkt, der das nachträgliche Entstehen einer Übersicherung hindern soll. Und BGHZ 137, 212[29] bejaht für eine nachträglich entstandene, nicht bloß vorübergehende Übersicherung einen aus § 157 abgeleiteten ermessensunabhängigen Freigabeanspruch. Dadurch wird die Frage nach der Sittenwidrigkeit elegant vermieden[30].

697 **b)** Die Rücksichtslosigkeit gegenüber anderen Gläubigern kommt auch allgemeiner als **Gläubigergefährdung** vor. Freilich macht dieser Tatbestand deshalb Schwierigkeiten, weil die gebräuchlichsten Formen der Kreditsicherung (Sicherungsübereignung und Sicherungszession, aber auch der Eigentumsvorbehalt) unsichtbar sind. Daher kann ohnehin kein Gläubiger annehmen, seinem Schuldner stünden bestimmte bewegliche Sachen oder Forderungen zu. Sittenwidrigkeit kommt deshalb regelmäßig nur in Betracht, wenn durch irgendwelche Manipulationen bewusst ein falsches Bild erzeugt, wenn also geradezu eine Täuschung anderer Gläubiger beabsichtigt wird. Ein typischer Fall dieser Gruppe ist etwa, dass ein Gläubiger seinen zahlungsunfähigen Schuldner kurzfristig mit weiteren Mitteln ausstattet: Damit soll der Schuldner gegenüber Dritten als kreditwürdig erscheinen; aus dem so von den getäuschten Dritten erhaltenen Kredit soll er dann den ersten Gläubiger befriedigen. In solchen Fällen kommt neben der Nichtigkeit der hierauf abzielenden Verpflichtungsgeschäfte zugleich ein Schadensersatzanspruch der getäuschten Gläubiger aus § 826 gegen denjenigen in Betracht, der an dieser Täuschung mitgewirkt hat.

698 **c)** Bei der **Schuldnerknebelung** wird dem Schuldner jeder wesentliche Handlungsspielraum genommen; die Nichtigkeit beruht hier auf demselben **freiheitswahrenden Prinzip**, von dem § 311 b II einen Spezialfall bildet. So liegt Knebelung vor, wenn der Gläubiger praktisch zum Herrn des vom Schuldner betriebenen Unternehmens werden soll, insbesondere wenn der Schuldner sogar notwendige Rationalisierungen nicht mehr vornehmen darf. Auch ist Sittenwidrigkeit angenommen worden, wenn jemand auf Lebenszeit einen Gesellschaftsanteil einem von ihm unabhängigen Treuhänder überlassen musste[31]. Verpflichtungen zum Bierbezug gegenüber einer Brauerei, die den Ausbau der Gaststätte des Verpflichteten finanziert hat, werden regelmäßig auf 15

---

28 Vgl. etwa BGH NJW 1990, 716.
29 Dazu *Schwab* JuS 1999, 740.
30 Vgl. auch BGHZ 138, 367.
31 BGHZ 44, 158.

Jahre begrenzt[32]. Weiter erfasst § 138 die langfristige Bindung an ein Fernheizwerk[33]. Auch maßlose Vertragsstrafen, die der Schuldner für alle möglichen kleinen Inkorrektheiten versprechen muss, können eine sittenwidrige Knebelung bedeuten (die Nichtigkeit geht in solchen Fällen der nach § 343 etwa gegebenen Herabsetzungsmöglichkeit vor). Nicht sittenwidrig ist aber eine Verpflichtung allein deshalb, weil sie das Leistungsvermögen des Schuldners übersteigt: vgl. unten Rz. 706 c.

d) Besonders bedeutsam und zugleich zweifelhaft ist die Anwendung des § 138 bei der **Kollision einer Globalzession** (regelmäßig an eine Bank) **mit** der in **einem verlängerten Eigentumsvorbehalt** enthaltenen Zession der Forderung auf den Veräußerungserlös (vgl. unten Rz. 1009)[34]. Hier hat die Rechtsprechung seit BGHZ 30, 149 im Ergebnis dem verlängerten Eigentumsvorbehalt einen Vorrang eingeräumt. Denn den Banken wird Sittenwidrigkeit vorgeworfen, wenn sie die Globalzession auch auf die von einem verlängerten Eigentumsvorbehalt erfassten Forderungen ausdehnen: Damit werde der Schuldner nämlich zur Verletzung der Verträge mit seinen Lieferanten und womöglich sogar zu einer Unterschlagung der Ware angestiftet (über die der Schuldner ja nur verfügen darf, wenn die Erlösforderung dem Lieferanten und nicht einer Bank zufällt). Diese Rechtsprechung ist in späteren Entscheidungen noch ausgebaut worden. Insbesondere soll nach BGHZ 72, 308 eine bloß obligatorische Verpflichtung der Bank zur Freigabe der unter einen verlängerten Eigentumsvorbehalt fallenden Forderungen die Sittenwidrigkeit noch nicht ausschließen.

699

Doch ist diese Anwendung des § 138 nach wie vor zweifelhaft[35]: Es ist nicht einzusehen, warum nur die Banken zur Rücksicht auf die Lieferanten verpflichtet sein sollen und nicht auch umgekehrt. Eher brauchbar erscheint der Gesichtspunkt der Schuldnerknebelung (vgl. oben Rz. 698): Eine umfassende Globalzession kann den Schuldner an der Weiterveräußerung später unter verlängertem Eigentumsvorbehalt bezogener Waren hindern. Insbesondere kann der Schuldner ganz von der Bank abhängig werden, wenn er diese vor jeder Veräußerung erst um die Freigabe der Erlösforderung bitten muss. Wenn die Banken diesem Bedenken angemessen Rechnung tragen, sollte von einer Sittenwidrigkeit nicht mehr gesprochen werden können. Doch dürfte der BGH an seiner abweichenden, den Lieferantenkredit einseitig bevorzugenden Ansicht zumindest im Prinzip festhalten.

2. Verletzungen von Standesregeln

Die Angehörigen mancher freier Berufe sind durch ihre Standesmoral bestimmten Beschränkungen unterworfen. Solche Beschränkungen (wie z.B. Werbeverbote) können vom Gesetzgeber übernommen werden[36]; dann fällt ein Verstoß gegen diese Verbote unter § 134. Einige dieser Standesregeln sind jedoch nicht der Rechtsordnung einverleibt worden, sondern der Sittenordnung: Dann kann eine Zuwiderhandlung gegen § 138 verstoßen. Als Grund für die sittliche Missbilligung kommt hier vor allem in

700

---
32 BGHZ 74, 293, 298, auch BGHZ 147, 279, 282.
33 BGHZ 64, 288.
34 Vgl. dazu etwa *Baur/Stürner* SaR § 59 VI; *Esser* ZHR 135 (1971) 320; *Franke* JuS 1978, 373.
35 *Medicus/Petersen* BürgR Rz. 527.
36 Dazu aber einschränkend etwa BVerfG NJW 1988, 191; 194, weiter BGH NJW 2005, 1266 mit *Fassbender* NJW 2006, 1463.

Betracht, dass der die Standesregeln nicht Beachtende sonst einen ungerechtfertigten Vorsprung vor seinen sich standesgerecht verhaltenden Konkurrenten erhielte.

Anwendungsfälle solcher über § 138 sanktionierten Standesregeln finden sich vor allem für Rechtsanwälte, Steuerberater und Ärzte. So wurde ein **Erfolgshonorar**, insbesondere auch als Quote von der erstrittenen Summe, bei Anwälten in der deutschen Rechtsprechung für unzulässig gehalten (anders in den USA): Das finanzielle Eigeninteresse am Prozessausgang gefährde die Stellung des Anwalts als Organ der Rechtspflege[37]. Seit 2008 findet sich eine gesetzliche Regelung in § 4 a RVG. Der **Verkauf einer Anwalts- oder Arztpraxis** ist früher als sittenwidrig angesehen worden[38]. Heute werden solche Verkäufe zugelassen, wenn sie den Käufer nicht übermäßig belasten[39]. Nicht ohne weiteres sittenwidrig ist auch das Versprechen einer Provision an einen Steuerberater dafür, dass dieser einem Baubetreuer Kunden zuführt[40]. Sittenwidrig sollen dagegen Provisionsversprechen sein, die ein Rechtsanwalt einem Nichtanwalt für die Vermittlung von Mandanten gibt[41].

3. Andere Fallgruppen

701 a) Mit § 138 wird etwa auch gesichert, dass gewisse an sich zulässige Verhaltensweisen **von Geld unabhängig** bleiben. In RGZ 79, 371 ging es um finanzielle Vorteile für den Nichtgebrauch eines Zeugnisverweigerungsrechts. In RGZ 138, 137 war (viel) Geld dafür versprochen worden, dass ein Trainer bestimmte Konkurrenten des Versprechenden von der Teilnahme an einem Pferderennen fern hielt. In BGH NJW 1994, 187 sollte mit 125.000 US-Dollar die Ernennung zum Honorargeneralkonsul von Sierra Leone „gekauft" werden. Und in BGH NJW 1997, 47 geht es um entgeltliche Verträge zum Erwerb eines Adelstitels durch Adoption. In allen diesen Fällen ist mit Recht Sittenwidrigkeit bejaht worden. Verneint hat die Rechtsprechung sie dagegen für eine Klausel in Erbverträgen des Hochadels, nach der die Erbfolge von einer standesgerechten oder vom Erblasser gebilligten Heirat abhängen soll[42].

702 b) In den letzten Jahrzehnten ist die Frage nach der Sittenwidrigkeit auch im Zusammenhang mit dem **Umweltschutz** aufgetaucht: Eine Bürgerinitiative hatte sich ihre Rechtsbehelfe gegen die Genehmigung eines Kohlekraftwerks für 1,5 Millionen DM „abkaufen" lassen. Von diesem Betrag sollte jedes Mitglied der Initiative 20.000 DM erhalten, die drei Sprecher den doppelten Betrag[43]. Der BGH hat die Sittenwidrigkeit dieser Vereinbarung verneint[44]. Das überzeugt nicht: Da die 1,5 Millionen ohne Rücksicht auf die Schäden verteilt werden sollten, die den Empfängern durch das Kraftwerk

---

37 RGZ 115, 141, 142, ähnlich BGHZ 39, 142, 148 f.; BGH NJW 1981, 998; 1987, 3203, doch vgl. die Glosse in JZ 1979, 239 sowie *A. Bruns* JZ 2000, 232, zu einem Pauschalhonorar BGHZ 144, 343, zu Einzelheiten BGH NJW 2009, 3297.
38 RGZ 64, 139; 161, 153.
39 BGHZ 43, 46; BGH NJW 1974, 602; 1989, 763.
40 BGHZ 78, 263.
41 KG NJW 1989, 2893, dazu *Taupitz* ebenda 2871.
42 BGHZ 140, 118 mit Anm. *Schmoeckel* in JZ 1999, 517; BVerfG NJW 2000, 2495, dazu mit Recht kritisch *A. Staudinger* Jura 2000, 467, stark einschränkend später BVerfG NJW 2004, 2008.
43 BGHZ 79, 131, 141 f.
44 Dazu *P. Schwerdtner* Jura 1979, 327; *Knothe* JuS 1983, 18.

drohten, und da für die Sprecher auch noch das Doppelte vorgesehen war, liegt der Verdacht eines Missbrauchs der Rechtsbehelfe nahe, weil diese keine Bereicherung jenseits eines Schadens ermöglichen sollen. Und sittenwidrig wäre ein solcher Missbrauch zumal dann, wenn der Kampf gegen das Kraftwerk mit einer gemeinnützigen Zielangabe geführt worden sein sollte: Auch die Rechtsordnung braucht nicht untätig zuzusehen, wenn aus „sauberer Luft für alle" endlich „viel Geld für wenige" werden soll[45].

c) Eine besondere Anwendung des § 138 findet sich bei der **Verleitung zum Vertragsbruch**: Jemand möge den Schuldner dazu verleiten, seine schuldrechtliche Pflicht gegenüber dem Gläubiger zu verletzen. Das kommt insbesondere vor, wenn mehrere Interessenten um ein Grundstück konkurrieren: Handelt ein späterer Käufer sittenwidrig, weil er den früheren durch ein höheres Angebot verdrängt? Hier ist von der **Relativität der schuldrechtlichen Pflichten** auszugehen: Pflichten, die den Dritten rechtlich nicht binden, werden auch von der Sittenordnung nicht „auf die Ebene absoluter, gegen jedermann geschützter Rechtspositionen" erhoben[46]. Doch nimmt die Rechtsprechung Sittenwidrigkeit an, wenn „in dem Eindringen des Dritten in die Beziehungen der Vertragspartner ein besonderes Maß an Rücksichtslosigkeit gegenüber dem Betroffenen, ein Mangel an ‚Loyalität' im Rechtsverkehr ... hervortritt, und deshalb eine Berufung auf die relativen Bindungswirkungen von Verträgen als missbräuchliches Einspannen der Rechtsordnung für die eigenen Interessen erscheint"[47]. Dabei dürfe die Schwelle für die Sittenwidrigkeit nicht zu niedrig angesetzt werden; das „Gesamtbild des Vorgangs" müsse „signifikant den Grundanschauungen loyalen Umgangs unter Rechtsgenossen" widersprechen[48].

703

Ein **Beispiel** hierfür bildet der vom BGH[49] entschiedene Fall: Dort hatte die Bundesbahn den von einem Flughafenbau betroffenen Landwirten ein von diesen als Ersatzland gekauftes Grundstück entzogen, indem sie den Verkäufer durch das Versprechen sofortiger Kaufpreiszahlung und des Freihaltens von allen Schadensersatzansprüchen zum Vertragsbruch gebracht hatte. In solchen Fällen ist nicht nur der zweite Verkauf an den Anstifter nach § 138 nichtig. Vielmehr hat der geschädigte Erstkäufer auch aus § 826 einen Schadensersatzanspruch gegen den Anstifter.

d) Weiter kommt die Anwendung von § 138 I bei Verträgen über einen **Unterhaltsverzicht** bei Eheleuten in Betracht (§ 1585 c gegen § 1614 I), womöglich verbunden mit einem Verzicht auf Zugewinn- und Versorgungsausgleich. Dabei ist Sittenwidrigkeit nicht bloß unter dem Gesichtspunkt der Schlechterstellung des Partners (und vielleicht auch der Kinder) denkbar, sondern auch wegen der Rücksichtslosigkeit gegenüber der (zur Sozialhilfe verpflichteten) Gemeinschaft der Steuerzahler[50]. Für **Eheverträge**, in denen ein Teil (meist wohl die Frau) auf ihre nachehelichen Rechte weitgehend ver-

704

---

45 Dazu auch *Petersen*, Das Nachbarrecht als Instrument des Interessenausgleichs, in: Nachbarschaftliche Beziehungen im Gespräch, Sammelband, hrsg. von F. Stuke (2001) 99.
46 BGH NJW 1981, 2184, 2185.
47 BGH NJW 1981, 2184, 2185.
48 BGH NJW 1981, 2184, 2185, vgl. auch BGH NJW 1988, 902.
49 BGH NJW 1981, 2184.
50 Vgl. etwa BGHZ 86, 82; BGH NJW 1991, 913; 1992, 3164; OLG Hamm FamRZ 1982, 1215 mit Anm. *Bosch*; VG München FamRZ 1985, 292, auch OVG Münster NJW 1989, 2834 (Vermögensverlagerung zu Lasten des Sozialhilfeträgers), einschränkend aber BGH NJW 1997, 192.

zichtet, unterscheidet BGHZ 158, 81 zwischen einer nach § 138 wirkenden, den ganzen Vertrag betreffenden **Wirksamkeitskontrolle** und einer auf § 242 beruhenden, einzelne Klauseln betreffenden **Ausübungskontrolle**. Dabei wird für § 138 eine Gesamtbetrachtung insbesondere auch unter Einbeziehung der Motive der Parteien gefordert (BGHZ 158, 81, 102 ff.)[51].

705 e) Viel diskutiert worden ist in letzter Zeit die Anwendung von § 138 I auf Verpflichtungen, die über die voraussichtliche Leistungsfähigkeit des Schuldners hinausgehen. Das OLG Stuttgart hatte dies mit einer unhaltbaren Begründung bejaht und zudem einen Verstoß gegen § 311 b II angenommen[52]. Dem hat der BGH widersprochen: Im Rahmen der Vertragsfreiheit dürften auch risikoreiche Geschäfte abgeschlossen werden, die nur unter besonders günstigen Umständen erfüllt werden könnten[53]. Überhaupt sollte die Bank die Bonität eines Bürgen regelmäßig nicht zu prüfen brauchen, selbst wenn er ein naher Verwandter des Hauptschuldners war[54]. Und ein Verbraucherkreditvertrag soll nicht allein deshalb sittenwidrig sein, weil der Schuldner seine Verpflichtungen voraussichtlich nicht oder nur unter Einsatz seines ganzen pfändbaren Einkommens erfüllen konnte[55].

Diese BGH-Rechtsprechung ist auf teils heftige Kritik gestoßen[56], aber auch auf Zustimmung[57]. Regelmäßig muss gewiss der Schuldner (auch wenn er „Verbraucher" ist, was ja nicht zu einer Teilentmündigung führen soll!) seine Leistungsfähigkeit selbst einschätzen. Zudem muss er entscheiden, welche Risiken er eingehen will. Ein Vertrag kann auch nicht deshalb von vornherein als sittenwidrig bezeichnet werden, weil er später mit vielleicht schlimmen Folgen fehlschlägt: Dem Schuldner bleibt dann der Vollstreckungsschutz; unter besonderen Umständen mag er seine Inanspruchnahme nach § 242 abwehren; im Rahmen der Insolvenzordnung gibt es jetzt zudem für natürliche Personen unter bestimmten Voraussetzungen einen **Restschulderlass**. Für nichtig gehalten worden ist ein Vertrag (von Sonderfällen abgesehen) nur, wenn der Gläubiger bewusst eine für den Schuldner aussichtslose Situation geschaffen hatte[58]: Andernfalls würde die Privatautonomie gerade des wirtschaftlich Schwachen entscheidend geschwächt und so seine Aufstiegsmöglichkeit (z.B. durch den Erwerb eines Eigenheims) behindert.

706 Diese teils für den Bürgen strenge Rechtsprechung des BGH ist durch **das BVerfG**[59] gemildert worden. Dort wird zwar die Privatautonomie („Selbstbestimmung des Einzelnen im Rechtsleben") als durch Art. 2 I GG gewährleistet anerkannt. Daher müsse der Gesetzgeber der Selbstbestimmung „einen angemessenen Betätigungsraum eröffnen", nämlich durch Einräumung „auch im Streitfall durchsetzbarer Rechtspositionen". Doch dürfe „nicht nur das Recht des Stärkeren gelten". Das Zivilrecht müsse

---
51 Vgl. dazu etwa *Dauner-Lieb* JZ 2004, 1027; *dies.* AcP 210 (2010), 580; *Rakete-Dombeck* NJW 2004, 1273.
52 OLG Stuttgart NJW 1988, 833.
53 BGHZ 107, 92.
54 BGH NJW 1989, 830.
55 BGH NJW 1989, 1665; 1995, 592; 1996, 1274, etwas anders *Frenz* JR 1994, 92.
56 *H. Honsell* JZ 1989, 495; *Reinicke/Tiedtke* ZIP 1989, 613; *Wochner* BB 1989, 1354.
57 *H. P. Westermann* JZ 1989, 1276; *Medicus* ZIP 1989, 817; *Eckert* WM 1990, 85.
58 BGH BB 1990, 96.
59 BVerfG NJW 1994, 36, 38 f.

daher Korrekturen ermöglichen, wenn bei typisierbaren Fallgestaltungen die „strukturelle Unterlegenheit" einer Partei für diese zu ungewöhnlichen Belastungen durch den Vertrag führe. Das geltende Vertragsrecht genüge zwar diesen Anforderungen. Doch müssten die Gerichte im Rahmen der Generalklauseln auf „strukturelle Störungen der Vertragsparität angemessen reagieren"; Verträge dürften nicht als Mittel der Fremdbestimmung dienen. Wie diese Kontrolle zu geschehen habe, sei in erster Linie eine Frage des einfachen Zivilrechts. Ein (mit der Verfassungsbeschwerde geltend zu machender) Grundrechtsverstoß komme aber in Betracht, „wenn das Problem gestörter Vertragsparität gar nicht gesehen oder seine Lösung mit untauglichen Mitteln versucht wird".

Zu dieser Entscheidung gibt es viele (meist im Ganzen zustimmende) Anmerkungen[60]. **Der BGH** hatte schon vor der genannten Entscheidung des BVerfG bestimmte Unwirksamkeitsgründe für Bürgschaften naher Angehöriger angedeutet[61]. Diese Rechtsprechung ist seitdem durch viele Entscheidungen fortgeführt worden[62]. Letztlich läuft diese Rechtsprechung jetzt auf **vier Voraussetzungen für die Annahme von Sittenwidrigkeit** hinaus:

(1) Die Bürgschaft muss (etwa infolge familiärer Verbundenheit) in einer Zwangslage abgegeben worden sein;
(2) die Bürgschaft muss den Bürgen überfordern;
(3) er darf aus dem verbürgten Geschäft nicht selbst unmittelbar wirtschaftlichen Nutzen ziehen;
(4) wenn eine Bürgschaft nur Vermögensverschiebungen (etwa auf die Ehefrau) unschädlich machen soll, muss sie auf diesen Zweck beschränkt werden.

Noch weiter geht BGH BB 1996, 2485: Eine Bank soll unter Umständen verpflichtet sein, die Kreditgewährung an eine schon hoch verschuldete Person überhaupt zu verweigern. Und nach BGH BB 1996, 2487 soll die Bank unter Umständen auch die Verhältnisse des Bürgen prüfen müssen. Eine Zusammenfassung der Regeln für Ehegattenbürgschaften findet sich in BGH NJW 2005, 971, 972.

Dazu ist zu sagen[63]: Allerdings muss es einem Kreditgeber freistehen, die Kreditgewährung von der Gestellung eines Bürgen abhängig zu machen. Das gehört nämlich zu seiner grundrechtlich geschützten Privatautonomie und verletzt weder diejenige des Kreditnehmers noch diejenige des Bürgen. Vielmehr muss der Bürge regelmäßig privatautonom selbst beurteilen, welches Risiko er zu übernehmen bereit ist. Dass dieses dann sein Leistungsvermögen übersteigt, bildet allein noch keinen Grund für die Nichtanerkennung der Bürgschaftsverpflichtung: Dass die Situation eines Überschuldeten mit der Menschenwürde vereinbar bleibt, muss durch den Vollstreckungsschutz und womöglich auch durch eine Möglichkeit zur Restschuldbefreiung erreicht werden. Dagegen darf die Wirksamkeit schon der Verpflichtung nur an Besonderheiten bei der Veranlassung der Bürgschaftserklärung scheitern.

---

60 Vgl. auch BVerfG NJW 1996, 2021.
61 BGHZ 120, 272, 275 ff.
62 Etwa BGHZ 134, 325; 136, 347; 146, 37; 151, 34; 156, 302; BGH NJW 2005, 971.
63 Näher *Medicus* JuS 1999, 833; *Petersen* FamRZ 1998, 1215.

In dem Fall, in dem das BVerfG die Bürgschaft für unwirksam gehalten hat, lagen solche Besonderheiten in der Tat vor. Der Vertreter des Gläubigers hatte nämlich der Bürgin erklärt: „Hier bitte, unterschreiben Sie mal, ich brauche das für meine Akten". Zudem fehlte jede Begrenzung der zu sichernden Hauptschuld. Unter diesen Voraussetzungen ist die im Ganzen vorsichtig abwägende Entscheidung des BVerfG im Ergebnis richtig. Angesichts der Äußerung „Ich brauche das für meine Akten" hätte man sogar den Willen zu rechtsgeschäftlicher Bindung verneinen können. Man sollte auch dann keine Wirksamkeit annehmen, wenn die Bürgin einen hohen Betrag hätte zahlen können: Ähnlich wie eine Überschuldung kann auch der Verlust eines (redlich erworbenen) Vermögens eine „ungewöhnliche Belastung" bedeuten. Zur Begründung lässt sich hier übrigens auch an eine Anfechtung der Bürgschaft wegen arglistiger Täuschung oder an einen Ersatzanspruch wegen eines Verschuldens des Gläubigers bei Vertragsverhandlungen denken.

V. Insbesondere der Wucher, § 138 II

Literatur: *Bodenbenner*, Rechtsfolgen sittenwidriger Ratenkreditverträge, JuS 2001, 1172; *Bülow*, Sittenwidriger Konsumentenkredit (2. Aufl. 1992); *Bunte*, Rückabwicklung sittenwidriger Ratenkreditverträge, NJW 1983, 2674; *Derleder*, Der Marktvergleich beim Konsumentenratenkredit als Mittel der Sittenwidrigkeitsprüfung, NJW 1982, 2401; *ders.*, Kettenkreditverträge, JZ 1983, 81; *Emmerich*, Rechtsfragen des Ratenkredits, JuS 1988, 925; *Hackl*, Die guten Sitten als Kontrollinstrument für Kreditgeschäfte, DB 1985, 1327; *Hammen*, Der Maßstab des Doppelten bei der Sittenwidrigkeit von Zinsvereinbarungen, ZBB 1991, 87; *Koziol*, Sonderprivatrecht für Konsumentenkredite?, AcP 188 (1988) 183; *Lerche/Pestalozza*, Altverträge unter neuem Richterrecht, BB 1986 Beilage 14; *Nüßgens*, Zum Verhältnis zwischen § 138 I BGB und den Regelungen des AGBG im Bereich der sog. Konsumentenkredite, FS Werner (1984) 591; *ders.*, Rückwirkung der höchstrichterlichen Rechtsprechung zu den Ratenkreditverträgen?, FS Stimpel (1985) 15; *von Olshausen*, Zivil- und wirtschaftsrechtliche Instrumente gegen überhöhte Preise, ZHR 146 (1982) 259; *ders.*, Der schrittweise Abschied vom Gesamtkostenvergleich bei der Wucherprüfung ..., ZIP 1983, 539; *Ott*, Zur Sittenwidrigkeit von Konsumentenkreditverträgen, BB 1981, 937; *Reifner*, Die Sittenwidrigkeit von Konsumentenratenkrediten ..., DB 1984, 2178; *ders.*, Die Kosten des sittenwidrigen Kredits, NJW 1988, 1948; *Rittner*, Zur Sittenwidrigkeit von Teilzahlungskreditverträgen, DB 1981, 1381; *Rühle*, Das Wucherverbot – effektiver Schutz des Verbrauchers vor überhöhten Preisen? (1978); *Sandkühler*, Konsumentenkredite in der gerichtlichen Praxis, DRiZ 1989, 121; *Schäfer*, Prüfungskriterien für die Sittenwidrigkeit eines Ratenkredits, BB 1990, 1139; *Scholz*, Zur persönlichen Schwächesituation des Ratenkreditnehmers bei der Anwendung des § 138 I, MDR 1989, 529; *Steinmetz*, Sittenwidrige Ratenkreditverträge in der Rechtspraxis (1986); *ders.* NJW 1991, 881; *Veelken*, Bindungen des Revisionsgerichts bei der Beurteilung der Sittenwidrigkeit von Rechtsgeschäften nach § 138 BGB, AcP 185 (1985) 46; *de With-Nack*, Der moderne Schuldturm, ZRP 1984, 1.

707 Ein praktisch (und auch historisch) besonders wichtiger Anwendungsfall der Sittenwidrigkeit ist der Wucher[64]. Er hat zwei Voraussetzungen: ein auffälliges Missverhältnis zwischen Leistung und Gegenleistung sowie eine zusätzliche Komponente.

---

64 Lesenswert *Oechsler*, Vertragliche Schuldverhältnisse (2013) Rz. 603 ff.

1. Das Missverhältnis

Der Wucher kommt in den verschiedensten Rechtsverhältnissen vor. Dementsprechend unterscheiden sich auch die Überlegungen, die für die Feststellung des „auffälligen Missverhältnisses" (§ 138 II) zwischen Leistung und Gegenleistung anzustellen sind. Nur bei der vieldiskutierten Bürgschaft passt § 138 II nicht, weil es dort keine Gegenleistung gibt.

a) Kreditwucher

Beim Kreditwucher muss für ein Darlehen oder einen anderen Kredit ein besonders hoher Zins versprochen werden. Doch lässt sich – so wünschenswert das für die Praxis auch wäre – die **gerade noch sittengerechte Grenze** des Zinses nicht allgemein angeben. Denn der Zins hängt stark von der Knappheit des Geldes ab, und diese wird vom Staat seit einigen Jahrzehnten als Mittel seiner Wirtschaftspolitik eingesetzt und daher beeinflusst. Darüber hinaus kann die Grenze des zulässigen Zinses für § 138 II aber auch nicht allemal durch eine Verhältniszahl (etwa: das Doppelte) zu dem gerade marktüblichen Zins bestimmt werden. Denn der Zins enthält außer dem Entgelt für die Kreditgewährung und einem Ausgleich für die Geldentwertung auch eine nur individuell feststellbare Risikoprämie für den Gläubiger. Daher kann man Zinsen überhaupt nur dann miteinander vergleichen, wenn außer dem Geldentwertungssatz auch das Risiko für den Gläubiger berücksichtigt wird.

Das OLG Stuttgart[65] hat zwar in einem vielbeachteten Urteil Sittenwidrigkeit im Massenkreditgeschäft allemal dann annehmen wollen, wenn der verlangte Zins den Marktzins um **mehr als das Doppelte** übersteigt. Doch ist dem BGHZ 80, 153 mit Recht nicht allgemein gefolgt: Der Gesetzgeber des BGB habe eine solche (von der *laesio enormis* des gemeinen Rechts abgeleitete und in manchen anderen Rechtsordnungen zu findende) feste Grenze bewusst abgelehnt. Diese sei auch deswegen verfehlt, weil sie die besonderen Umstände des Geschäfts (z.B. die Sicherheiten des Gläubigers) außer Betracht lasse[66]. Immerhin wird bei einem Zinssatz ab 40 % regelmäßig an Sittenwidrigkeit zu denken sein[67]. Dabei rechnet der BGH[68] in den Zins mit Recht auch die dem Darlehensnehmer unter einer anderen Bezeichnung auferlegten Kreditkosten ein, insbesondere eine „Antragsgebühr" und Vermittlungskosten. Den so ermittelten Zins hat der BGH dann mit dem in den Monatsberichten der Deutschen Bundesbank angegebenen **Schwerpunktzins** verglichen: Eine Überschreitung dieses Satzes um 100 % führt regelmäßig zu der unten in Rz. 711 dargestellten weiteren Prüfung. In Zeiten hoher Zinsen vermag schon eine geringere Überschreitung zu genügen[69]. Umgekehrt soll dagegen bei niedrigem Zins auch eine stärkere Überschreitung noch sittengemäß sein können[70].

---

65 OLG Stuttgart NJW 1979, 2409.
66 Zu einem weiteren Aspekt des Urteils des OLG Stuttgart vgl. aber unten Rz. 711.
67 Vgl. BGHZ 80, 153, 161; OLG Nürnberg NJW 1979, 555.
68 BGHZ 80, 153, 166 ff.
69 BGHZ 104, 102; BGH ZIP 1990, 499 (vgl. weiter BGH NJW 1992, 899).
70 BGH ZIP 1990, 88; NJW 1991, 834.

b) Wucher bei Umsatzgeschäften

708 Beim Kauf und anderen Umsatzgeschäften wird der Wucher – etwa durch einen überhöhten Kaufpreis – viel seltener erörtert als beim Darlehen (ein übermäßig hoher Teilzahlungszuschlag gehört zum Kreditwucher). Vielmehr wird beim Kauf eine Sittenwidrigkeit überwiegend aus anderen Umständen begründet, etwa weil dem Käufer ein für ihn unbrauchbares oder unbezahlbares Objekt aufgeredet worden ist. So hatte in dem Fall von BGH NJW 1966, 1451 ein gerade volljährig gewordener Student mit bloß 5.000 DM Barvermögen eine Trockenreinigungsanlage für 41.000 DM gekauft, für deren Aufstellung zudem noch weitere Investitionen nötig waren. Der BGH hat hier mit Recht Sittenwidrigkeit selbst dann für möglich gehalten, wenn die Anlage objektiv ihren Preis wert war. Ähnlich entscheidet OLG Frankfurt NJW-RR 1988, 501: Dort war ein 81-jähriger mit dem Abschluss eines Vertrags über 14.000 DM überrumpelt worden[71]. Nicht auf einen bestimmten Grad des Missverhältnisses zwischen Leistung und Gegenleistung ist auch bei der Beurteilung langfristiger Aussteueranschaffungsverträge abgestellt worden, bei denen der Käufer zunächst große Beträge ansparen und diese dem Verkäufer ungesichert überlassen musste[72]. Auch die Beschäftigung eines Arbeitnehmers zu einem unangemessen niedrigen Lohn kann Wucher darstellen[73].

708 a Eine wesentliche Rolle spielt das Wertverhältnis bei **Grundstückskäufen**. Hier soll ein besonders grobes Missverhältnis schon dann vorliegen, wenn der Wert der Leistung (also des Grundstücks) nur knapp doppelt so hoch ist wie der Wert der Gegenleistung (also des Kaufpreises)[74]. Freilich soll die daraus folgende Vermutung einer verwerflichen Gesinnung des Verkäufers widerlegt werden können[75].

c) Mietwucher

709 Dem Kreditwucher ähnelt äußerlich der Mietwucher, weil sich auch bei diesem das Missverhältnis regelmäßig in der besonderen Höhe einer fortlaufend zu erbringenden Geldleistung (der Miete) ausdrückt. Doch zeigen sich bei genauerem Hinsehen schon gewichtige wirtschaftliche Unterschiede: Die Leistung des Vermieters unterliegt – anders als die des Darlehensgebers – nicht der Geldentwertung, und auch Gesichtspunkte des Risikos eines Verlustes dieser Leistung spielen meist nur eine geringere Rolle.

Für die rechtliche Beurteilung ergibt sich ein weiterer Unterschied aus § 5 I WiStG: Danach handelt ordnungswidrig, wer vorsätzlich oder leichtfertig für die Vermietung von Wohnräumen ein unangemessen hohes Entgelt fordert. Dabei sollen Entgelte schon dann unangemessen hoch sein, wenn sie infolge der Ausnutzung eines geringen Angebots die üblichen Preise vergleichbarer Räume um mehr als 20 % übersteigen, § 5 II WiStG. Doch soll nach § 5 II 2 WiStG eine bloß kostendeckende Miete regelmäßig nicht unangemessen hoch sein.

---

71 Vgl. auch BGH NJW 1988, 1373.
72 BGH NJW 1982, 1455.
73 BGH NJW 1997, 2689.
74 BGHZ 146, 298 (sehr zweifelhaft).
75 BGH ZIP 2003, 80.

Durch diese Sonderregelung sind also bei der Wohnungsmiete die Grenzen des Zulässigen viel enger als beim Darlehen. Auch greift schon § 134 ein, weil § 5 I WiStG als Verbotsgesetz verstanden wird. Endlich nimmt die h.M. hier ebenso wie bei Verstößen gegen andere Preisvorschriften[76] eine **geltungserhaltende Reduktion** vor: Die auf einen unzulässig hohen Betrag lautende Preisvereinbarung soll nur nichtig sein, soweit sie die ortsübliche Vergleichsmiete mehr als nur unwesentlich übersteigt; der Mietvertrag bleibt also mit dem so reduzierten Preis wirksam[77].

2. Das zusätzliche Tatbestandsmerkmal

a) Außer dem auffälligen Missverhältnis zwischen Leistung und Gegenleistung setzt § 138 II noch voraus, dass das übermäßige Versprechen „unter Ausbeutung der Zwangslage, der Unerfahrenheit, des Mangels an Urteilsvermögen oder der erheblichen Willensschwäche" erlangt worden ist.

710

Hier muss zunächst einer dieser Umstände **objektiv vorliegen**. Dabei werden die genannten Begriffe weit ausgelegt. So kann eine „Zwangslage" schon durch einen vorübergehenden Geldmangel oder einen Wasserrohrbruch begründet werden, aber wohl nicht auch durch die bloße Gefährdung künftiger Pläne. Und ein „Mangel an Urteilsvermögen" lässt sich insbesondere bejahen, wenn jemand für unnötige Anschaffungen Verpflichtungen eingeht, die sein Leistungsvermögen erheblich übersteigen.

Hinzukommen muss **subjektiv** die **Ausbeutung** dieser Umstände durch den anderen Teil; dieser muss sich also die missliche Situation des zu Übervorteilenden bewusst zunutze machen. Einen „fahrlässigen Wucher" gibt es folglich nicht; wohl aber genügt Eventualvorsatz hinsichtlich des Vorliegens eines der genannten Umstände. Eine dahingehende Vermutung soll aber nur bei einem „besonders groben Missverhältnis zwischen Leistung und Gegenleistung" in Betracht kommen[78].

b) Demgegenüber hat das OLG Stuttgart in seinem oben Rz. 707 genannten Urteil entsprechend dem sog. „Sandhaufen-Theorem" das zusätzliche Tatbestandsmerkmal des § 138 II in gewissem Umfang für entbehrlich gehalten, wenn das andere Tatbestandsmerkmal (das „auffällige Missverhältnis") „übererfüllt" sei, also in besonders starkem Maße vorliege[79]. BGHZ 80, 153, 159 f. ist dem jedoch nicht gefolgt; mit Recht: Der Richter hat Rechtsnormen anzuwenden und keine Theoreme. Die Frage kann nur lauten, ob § 138 II durch Analogie auf Fälle erstreckt werden darf, in denen die „Ausbeutung" fehlt. Das ist aber schon deshalb zu verneinen, weil ein Bedürfnis nach einer solchen Analogie fehlt: Die fraglichen Fälle sind nach dem allgemeinen § 138 I zu behandeln.

711

---

76 Vgl. BGHZ 51, 174, 181.
77 So BGHZ 89, 316, 319 ff., gebilligt von BVerfG NJW 1994, 993, schon vorher ebenso OLG Karlsruhe NJW 1982, 1161; *Kothe* NJW 1982, 2803, etwas anders aber *Canaris*, Gesetzliches Verbot und Rechtsgeschäft (1983) 28 ff. Zu den damit verbundenen Anreizwirkungen eingehend *Leenen* § 9 Rz. 215 ff.
78 BGH NJW 1994, 1275.
79 OLG Stuttgart NJW 1979, 2409, 2412; dazu *Petersen*, Unternehmenssteuerrecht und bewegliches System (1999) 29 f.

Die Rechtsprechung bejaht in der Tat § 138 I auch für Fälle, die durch ein auffälliges Missverhältnis zwischen Leistung und Gegenleistung geprägt sind (**wucherähnliche Geschäfte**)[80]. Doch soll dieses allein nie genügen, sondern wenigstens ein weiterer (nicht schon in § 138 II genannter) Umstand hinzutreten müssen[81]. Dafür kommt insbesondere eine **verwerfliche Gesinnung** in Betracht[82]. **BGH NJW 2012, 2723** zeigt aber die Grenze auf[83]: B stellt im Rahmen einer ebay-Internetauktion zum Startpreis von einem Euro (vgl. oben Rz. 361) ein Mobiltelefon ein, das er fälschlich als Original „Vertu-Handy Weißgold" bezeichnet. Ein solches hätte einen Sammlerwert von über 24.000 Euro gehabt. Der Beklagte ersteigerte es für 782 Euro und verlangte die Differenz als Schadensersatz. Das Berufungsgericht hatte wegen des enormen Wertunterschieds zwischen Kaufpreis und Wert eines echten Vertu-Handys ein wucherähnliches Geschäft angenommen. Doch hat der BGH dies abgelehnt und zurückverwiesen: Der Schluss vom Missverhältnis der Äquivalenz auf die verwerfliche Gesinnung sei bei Onlineauktionen nicht zwingend; deren Reiz bestehe gerade darin, unterhalb des Marktwerts zum „Schnäppchenpreis" zu erwerben oder umgekehrt einen erhöhten Preis im Bietergefecht zu erzielen. Ähnlich entschied **BGH NJW 2015, 548**: Beim vorzeitigen Abbruch einer Internetauktion durch den Beklagten wegen eines lukrativen Weiterverkaufs hatte der Kläger für einen Gebrauchtwagen im Wert von 5.250 Euro ein Höchstgebot von rund 555 Euro abgegeben. Auch hier lehnte der BGH ein wucherähnliches Geschäft ab. Da der Primäranspruch wegen des anderweitigen Weiterverkaufs nach § 275 I untergegangen ist, schuldet der Beklagte Schadensersatz nach §§ 437 Nr. 3, 280 I, III, 281 I in Höhe der Differenz[84].

Beim **Verbraucherkredit** soll es nach **BGHZ 80, 153, 160 f.** genügen, dass der objektiv sittenwidrig Handelnde sich „zumindest leichtfertig der Erkenntnis verschließt, dass sich der Darlehensnehmer nur aufgrund seiner wirtschaftlich schwächeren Lage auf die ihn beschwerenden Darlehensbedingungen einlässt". Mit dieser weiten Formulierung umgeht man die Schwierigkeiten, die einem Beweis der „Ausbeutung" im Rahmen des § 138 II entgegenstehen können. Sachlich wird dieses Erfordernis damit weitgehend ausgehöhlt. Das wird noch dadurch verstärkt, dass der BGH[85] die subjektiven Voraussetzungen **vermutet**, „wenn ein Privatkonsument bei einer Bank einen Teilzahlungskredit aufnimmt, der die objektiven Voraussetzungen des § 138 I erfüllt" (also ein auffälliges Missverhältnis zwischen Leistung und Gegenleistung zeigt). Damit ist die Rechtsprechung über § 138 I doch sehr nahe an die *laesio enormis* (vgl. oben Rz. 707) herangekommen. Die hierin liegende Änderung der Rechtsprechung soll nach BVerfG NJW 1984, 2345 verfassungsrechtlich nicht zu beanstanden sein[86].

Auch in der oben Rz. 708 a erwähnten Entscheidung zum Missverhältnis bei Grundstückskäufen hat der BGH das subjektive Element mittels einer Vermutung bejaht: Nach der Lebenserfahrung würden „außergewöhnliche Gegenleistungen nicht ohne

---

80 Zu ihnen etwa *Oechsler*, Vertragliche Schuldverhältnisse (2013) Rz. 59, 605, 1253.
81 RGZ 150, 1; BGH NJW 1957, 1274.
82 Bsp.: RGZ 99, 161, 165 f.: Ausnutzung der Kriegsverhältnisse
83 Dazu *Kulke* NJW 2012, 2697; *M. Schwab* JuS 2012, 839; *S. Lorenz* LMK 2012, 332201; *Leenen* § 4 Rz. 247.
84 Dazu *M. Stürner* Jura 2015, 538.
85 Etwa BGH NJW 1984, 2292, 2294.
86 Dazu *Lerche/Pestalozza*, Altverträge unter neuem Richterrecht, BB 1986 Beilage 14.

Not zugestanden". Für die verwerfliche Gesinnung des Begünstigten genüge es schon, dass dieser sich der Einsicht in die Schwäche des anderen Teils „bewusst oder grob fahrlässig verschließe"; dazu brauche der Begünstigte das Wertverhältnis nicht einmal zu kennen. – Damit hat das subjektive Element beim wucherähnlichen Geschäft seine Bedeutung fast ganz verloren; das führt zu einer weitgehenden Äquivalenzkontrolle durch den Richter.

Durch die mit BGHZ 80, 153 beginnende schärfere Rechtsprechung zum wucherähnlichen Darlehen ist eine ganze Fülle von **Folgeproblemen** entstanden, die zu einer Vielzahl von Prozessen geführt haben. Zu nennen sind die folgenden Fragen:

(1) Kann der Darlehensnehmer seinen verjährten Rückzahlungsanspruch wenigstens noch zur **Aufrechnung** verwenden[87]? BGH NJW 1987, 181: ja, bestätigt inzwischen durch § 215.

(2) Wie ist ein weiterer Kredit **(Kettenkredit)** zu beurteilen, den der Darlehensnehmer zur Ablösung eines (unerkannt) nichtigen Erstkredits aufgenommen hat[88]? BGHZ 99, 333: Der Zusammenhang mit dem Erstkredit bewirkt nicht die Sittenwidrigkeit des Folgekredits. Doch stehen dem Kreditgeber aus dem Folgekredit nach § 242 nur diejenigen Ansprüche zu, die ihm auch bei Kenntnis von der Nichtigkeit des Erstkredits eingeräumt worden wären[89].

(3) Fördert es die Bejahung von Sittenwidrigkeit, wenn der Darlehensnehmer außer durch hohe Zinsen auch durch unbillige und womöglich nach den §§ 305 ff. unwirksame **Vertragsbedingungen** belastet wird[90]? BGH NJW 1987, 183; 184; 1988, 696: im Prinzip ja.

(4) Kann die Vollstreckung eines rechtskräftigen **Vollstreckungsbescheids** über Zahlungen aus einem nichtigen Darlehen verhindert werden[91]? BGH ZIP 1987, 1305, 1309: im Prinzip ja, aber nicht bei anwaltlicher Vertretung des Schuldners. Zulässig ist die Vollstreckung auch, soweit der Gläubiger eine fällige Rückzahlungsforderung aus § 812 I hat (der § 817 S. 2 nicht entgegensteht): BGH ZIP 1989, 286.

VI. Die Rückabwicklung sittenwidriger Geschäfte

1. Für die Rückabwicklung sittenwidriger Geschäfte hat zunächst Bedeutung, ob die **Nichtigkeit** bloß die Verpflichtung oder auch die ihrer Erfüllung dienende **Verfügung** ergreift, also ob **Fehleridentität** vorliegt (vgl. oben Rz. 231 ff.): Bei Nichtigkeit auch der Verfügung kommen für die Rückgewähr auch Ansprüche aus dem nicht übertragenen Recht selbst in Betracht, z.B. die Vindikation der unwirksam übereigneten Sache (§ 985). Dagegen bleiben bei Gültigkeit der Verfügung regelmäßig nur Bereicherungsansprüche auf Rückgängigmachung der Vermögensverschiebung.

712

---

87 Dazu *Canaris* ZIP 1987, 1.
88 Dazu *Canaris* WM 1986, 1453; *Derleder* JZ 1987, 679.
89 BGHZ 99, 333, 337 unter Berufung auf das Recht der Geschäftsgrundlage, vgl. weiter BGH ZIP 1988, 226.
90 Vgl. *Bruse* BB 1986, 478.
91 Dazu etwa *Grunsky* ZIP 1987, 1021; *Geißler* NJW 1987, 166, allgemeiner *J. Braun* JuS 1992, 177.

Dritter Teil *Das Rechtsgeschäft*

Beim **Wucher** schließt man aus dem Wortlaut des § 138 II („oder gewähren lässt") auf die Nichtigkeit auch der Verfügungen des Bewucherten[92]. Dagegen sind die Verfügungen des Wucherers (z.B. die Darlehensauszahlung) dinglich wirksam. Praktisch hat es freilich kaum Bedeutung, dass der Bewucherte Eigentümer der von ihm geleisteten Sachen bleiben soll: Meist zahlt er Geld, und das Eigentum daran verliert er dann doch nach § 948; bei unbarer Zahlung spielt die Eigentumsfrage ohnehin keine Rolle.

Bei § 138 I geht man regelmäßig von der Wirksamkeit der Verfügungen aus; diese werden als „sittlich neutral" angesehen[93]. Doch hat die Rechtsprechung vereinzelt auch Verfügungen nach § 138 I sittenwidrig sein lassen, nämlich wenn sich der Sittenverstoß gerade in der Verfügung ausdrücke[94]. Das dürfte aber zu weit sein; es führt auch in große Unsicherheiten. Daher sollte man § 138 I auf Verfügungen nur dann erstrecken, wenn gerade durch die Nichtigkeit der Verfügung eine sittenwidrige Schädigung Dritter verhindert werden kann. Das ist z.B. bei Übersicherungen denkbar (vgl. oben Rz. 696), ebenso bei sittenwidrigen Vermögensverlagerungen[95] und der Verschleuderung von Vermögen der öffentlichen Hand[96].

713 2. Soweit die Verfügungen wirksam sind und die Rückabwicklung daher über Bereicherungsansprüche erfolgen müsste, steht diesen zu Lasten des sittenwidrig (oder gesetzwidrig) Handelnden § 817 S. 2 entgegen. Derselbe Anspruchsausschluss wird von manchen auch auf dingliche Ansprüche erstreckt; danach soll also z.B. der sittenwidrige Vermieter die Mietsache auch kraft seines Eigentums nicht zurückverlangen können.

Dieser Anspruchsausschluss nach § 817 S. 2 hat guten Sinn, soweit er dem Bewucherten trotz Nichtigkeit des Grundgeschäfts die Leistung des Wucherers erhält[97]. Im Übrigen beruht § 817 S. 2 auf dem Gedanken, dass nicht mit dem Schutz der Rechtsordnung (insbesondere durch Bereicherungsansprüche) rechnen darf, wer sich mit seinem Geschäft selbst außerhalb der Rechts- oder Sittenordnung gestellt hat. Hier ergeben sich viele Probleme, die ins Besondere Schuldrecht gehören[98].

---

92 Auch der Bestellung von Sicherheiten, BGH NJW 1982, 2767, 2768, sowie die Begebung von Wechseln oder Schecks, BGH NJW 1990, 384.
93 Im Ergebnis zust. *R. Zimmermann* JR 1985, 48.
94 Etwa RGZ 145, 152, 154; BGH NJW 1985, 3006, 3007, zu den Wirkungen beim Scheck BGH NJW 1990, 384.
95 OVG Münster NJW 1989, 2834.
96 BGH ZIP 1997, 244.
97 Vgl. *Medicus* GS Dietz (1973) 61, 69.
98 Vgl. etwa *Larenz/Canaris* SchuldR II/2 § 68 III 3; *Medicus/Petersen* BürgR Rz. 696 ff.; *Gernhuber*, Bürgerliches Recht (3. Aufl. 1991) § 45 II 1 b ee.

5. Abschnitt
Das anfechtbare Rechtsgeschäft

§ 47 Anfechtbarkeit und Anfechtung

Schon oben in Rz. 487 war bei den Arten der Unwirksamkeit die Anfechtbarkeit als Gegensatz zur Nichtigkeit erwähnt worden: Die Anfechtbarkeit lässt die Unwirksamkeit des fehlerhaften Rechtsgeschäfts nicht von selbst eintreten, sondern macht diese von der Anfechtung durch den Anfechtungsberechtigten abhängig. Dies ist jetzt genauer zu behandeln. **714**

I. Das Anfechtungsrecht

1. Beim anfechtbaren Rechtsgeschäft[1] besteht zunächst ein Anfechtungsrecht als **Gestaltungsrecht** (vgl. oben Rz. 79 ff.): Durch dessen Ausübung kann der Berechtigte seine anfechtbare Willenserklärung mit Rückwirkung nichtig machen, § 142 I. Dieses Anfechtungsrecht ist **vererblich**. Nach h.M. geht es auch in den anderen Fällen einer **umfassenden Rechtsnachfolge** über. Bei der Veräußerung eines vermieteten Grundstücks (§ 566) ist freilich zu bedenken, dass der Veräußerer nach § 566 II 1 zunächst als Bürge weiterhaftet und damit an dem weiteren Schicksal des Mietvertrags interessiert bleibt. Daher will ein Teil der Lehre das Anfechtungsrecht nur Veräußerer und Erwerber gemeinsam gewähren[2]. Diese Ansicht entspricht der Regelung des § 351 für eine ähnliche Frage.

Selbständig abgetreten oder gepfändet werden kann das Anfechtungsrecht jedoch nicht. Dabei überrascht die Unpfändbarkeit vielleicht, weil sie in der Zwangsvollstreckung dem Gläubiger Schuldnervermögen zu entziehen scheint: Der Schuldner S möge eine ihm gehörende Sache anfechtbar an D übereignet haben. Hier kann in der Tat ein Gläubiger G diese Sache nicht in das Schuldnervermögen zurückführen, wenn er das Anfechtungsrecht des S nicht pfänden und sich zur Ausübung überweisen lassen kann. Bei genauerem Hinsehen ist dieses Ergebnis aber weniger störend: Ein Anfechtungsrecht wegen Irrtums (§§ 119, 120) muss nach § 121 I unverzüglich nach der Entdeckung des Irrtums ausgeübt werden (vgl. unten Rz. 774). Hier hätte also S das Recht wohl immer schon versäumt, ehe G es pfänden und dann ausüben könnte. Und neben einem Anfechtungsrecht wegen arglistiger Täuschung oder widerrechtlicher Drohung (§ 123) steht ein deliktischer Schadensersatzanspruch des S gegen denjenigen, der das Delikt begangen hat (vgl. unten Rz. 808; 822): Diesen Anspruch kann G pfänden und sich überweisen lassen. **715**

2. Das Anfechtungsrecht **steht regelmäßig demjenigen zu**, von dem die anfechtbare Erklärung stammt (Ausnahmen aber etwa §§ 318 II, 2080: Hier ist der Erklärende **716**

---
[1] Dazu *Coester-Waltjen* Jura 2006, 348; *Leenen* Jura 1991, 393; *Petersen* Liber Amicorum Leenen (2012) 219.
[2] *Flume* AT II § 31, 3 S. 561.

selbst an der Anfechtung nicht interessiert). Wenn diese Erklärung eine Verpflichtung begründet hat, für die ein anderer (akzessorisch) mithaftet, ist auch dieser andere an der Anfechtung interessiert: Es möge etwa S dem G anfechtbar 1.000 Euro versprochen und dafür möge sich B verbürgt haben. Dann würde die Anfechtung durch S auch B befreien (§ 767). Wenn aber S nicht anficht, gibt das BGB dem B nicht etwa ein eigenes Anfechtungsrecht. Stattdessen hat der Bürge nach § 770 I eine (dilatorische) Einrede, die freilich mit dem Anfechtungsrecht erlischt („solange" in § 770 I). Gleiche Einreden gibt es bei den anderen akzessorischen Sicherungsrechten: § 1137 I 1 (Hypothek) und § 1211 I 1 (Mobiliar- und Rechtspfandrecht).

II. Die Anfechtung

717   Die Anfechtung erfolgt durch empfangsbedürftige Willenserklärung, § 143. Hierzu sind die folgenden Einzelheiten bemerkenswert.

1. Inhalt und Form

Die Anfechtungserklärung muss erkennen lassen, dass der Anfechtende seine vorausgegangene Erklärung nicht gelten lassen will (zur Notwendigkeit einer Begründung vgl. unten Rz. 723 f.). Der Gebrauch des Wortes „anfechten" oder ähnlich ist unnötig. Für die Erklärung des Willens, das Geschäft wegen des Mangels nicht gelten lassen zu wollen, sollte man auch keine „Unzweideutigkeit" fordern[3]: Nötig ist nur die auch sonst bei Willenserklärungen erforderliche Verständlichkeit für den Adressaten.

Regelmäßig bedarf die Anfechtung keiner Form, selbst dann nicht, wenn sie sich gegen ein förmliches Geschäft richtet. Insbesondere passt § 311 b I nicht: Weder ist die Anfechtung ein Vertrag, noch erzeugt sie eine rechtsgeschäftliche Verpflichtung zur (Rück)übereignung eines Grundstücks (vielmehr ergibt sich nach erfolgreicher Anfechtung eine Verpflichtung allenfalls aus dem Gesetz, nämlich aus § 812 I). Ausnahmen von der Formfreiheit sind die Fälle von §§ 1592 Nr. 2, 1599 ff. (Anfechtung eines Vaterschaftsanerkenntnisses), §§ 1955 S. 2, 1945 (Anfechtung der Annahme oder Ausschlagung einer Erbschaft) und § 2282 III (Anfechtung eines Erbvertrags durch den gesetzlichen Vertreter).

2. Anfechtungsgegner

718   Hinsichtlich des Anfechtungsgegners, d. h. zu der Frage, an wen die Anfechtungserklärung zu richten ist, differenziert § 143:

a) Bei einem **Vertrag** ist Anfechtungsgegner der andere Vertragsteil, § 143 II (also beim Abschluss durch Stellvertreter regelmäßig nicht dieser, sondern der Vertretene). Nach dem Fortgang des § 143 II ist im Fall von § 123 II 2 (vgl. unten Rz. 800 ff.) beim echten Vertrag zugunsten Dritter der Dritte Anfechtungsgegner: Er hat ja nach § 328 I unmittelbar aus dem Vertrag den Leistungsanspruch erworben.

---

3   So aber BGHZ 91, 324, 332, dagegen zutr. *Canaris* NJW 1984, 2281, 2282; vgl. *Probst* JZ 1989, 878.

b) Bei Rechtsgeschäften durch **einseitige empfangsbedürftige Willenserklärung** ist die Anfechtung an denjenigen zu richten, dem gegenüber das Geschäft vorzunehmen war, § 143 III 1. Einige Willenserklärungen lässt das BGB wahlweise an eine Privatperson oder an eine Behörde richten. So kann nach § 1168 II 1 der Gläubiger auf eine Hypothek durch Erklärung gegenüber dem Grundbuchamt oder gegenüber dem Grundstückseigentümer verzichten. Hier muss nach § 143 III 2 die Anfechtung selbst dann an die Privatperson gerichtet werden, wenn die anzufechtende Erklärung an die Behörde gerichtet war. Denn nur die Privatperson wird durch die Anfechtung in ihren Rechten betroffen und muss daher vorrangig von der Anfechtung erfahren.

719

c) § 143 IV endlich behandelt die „**einseitigen Rechtsgeschäfte anderer Art**"[4]. Das sind also diejenigen Geschäfte, die auf einer Willenserklärung beruhen, die entweder überhaupt nicht empfangsbedürftig oder nur gegenüber einer Behörde abzugeben war. Geschäfte der ersten Art sind die Auslobung (§ 657) und die Dereliktion bei beweglichen Sachen (§ 959); zur zweiten Art gehört die Dereliktion des Grundstückseigentums (§ 928 I). Hier ist Anfechtungsgegner jeder, der „auf Grund des Rechtsgeschäfts unmittelbar einen rechtlichen Vorteil erlangt hat", bei gegenüber einer Behörde abzugebenden Erklärungen aber auch diese Behörde. Dabei lässt man für die „Unmittelbarkeit" des Rechtserwerbs schon genügen, dass keine Zwischenperson beteiligt war: Die Dereliktion einer beweglichen Sache ist also gegenüber demjenigen anzufechten, der sich diese Sache daraufhin nach § 958 angeeignet hat (obwohl sein Erwerb zunächst noch dieser Aneignung bedurfte).

720

Eine Sonderregelung gilt für das wichtigste einseitige Rechtsgeschäft, nämlich das **Testament**: Dieses ist weithin nicht gegenüber dem Bedachten anzufechten, sondern gegenüber dem Nachlassgericht, § 2081. Und für den Erblasser selbst erübrigt sich eine Anfechtung regelmäßig wegen der Möglichkeit zum Widerruf, §§ 2253 ff.

d) Nicht eindeutig bei § 143 unterbringen lassen sich einseitige Rechtsgeschäfte durch Willenserklärungen, für die als **Empfänger zwei verschiedene Privatpersonen** zur Wahl stehen. Das betrifft vor allem die Vollmachtserteilung (§ 168) und die Zustimmung (§ 182 I). Soweit eine solche Erklärung noch nicht zum Abschluss eines weiteren Geschäfts geführt hat, ist hier die Anfechtung allemal gegen denjenigen zu richten, der die anzufechtende Erklärung empfangen hatte. Liegt dieses Geschäft dagegen schon vor, so sollte die Anfechtung gegen den anderen Teil dieses Geschäfts zu richten sein[5]. Wenn z.B. der Vertreter V des S schon mit G kontrahiert hat, ist also auch eine Innenvollmacht S – V (vgl. unten Rz. 927) gegenüber G anzufechten, und dieser hat gegen S den Ersatzanspruch aus § 122[6].

721

3. Anfechtungsfrist

Die Frist, innerhalb derer die Anfechtung zu erfolgen hat, ist für die verschiedenen Anfechtungsgründe jeweils besonders bestimmt (weshalb auch die allgemein redenden §§ 142 f. eine Frist nicht erwähnen). Die wichtigsten Vorschriften dieser Art finden

722

---

4 Vgl. dazu *Kluckhohn* AcP 113 (1915) 35.
5 *Flume* AT II § 31, 5 b S. 563.
6 *Flume* AT II § 52, 5 c S. 870.

sich in § 121 (vgl. unten Rz. 774) und § 124 (vgl. unten Rz. 805), dazu außerhalb des Allgemeinen Teils in den §§ 1600 b, 1954, 2082, 2283.

4. Begründung der Anfechtung

723 Eine gesetzlich nicht geregelte und daher streitige Frage ist, ob und inwieweit der Anfechtende seine Anfechtung begründen muss. Praktisch taucht dieses Problem meist nicht in der Form auf, dass jemand überhaupt ohne Begründung anficht. Vielmehr geht es um das so genannte **„Nachschieben von Anfechtungsgründen"**: Kann z.B. eine zunächst auf arglistige Täuschung gestützte Anfechtung noch auf Irrtum (z.B. § 119 II) gegründet werden, wenn sich die Täuschung als nicht erweislich herausgestellt hat? Oder handelt es sich dann um eine neue Anfechtung, die inzwischen durch Fristablauf ausgeschlossen sein kann?

724 Hierbei geht es um einen Ausschnitt aus der allgemeineren Frage nach der Bedeutung einer **Begründung für die Ausübung von Gestaltungsrechten**. Doch lässt sich diese Frage nicht allgemeingültig beantworten, zumal für die wichtigsten Fallgruppen besondere Gesichtspunkte gelten: Für die Kündigung des Wohnraumvermieters folgen sie aus den §§ 569 IV, 573 III, 573 a III (Obliegenheit zu schriftlicher Begründung) und für die Kündigung des Arbeitgebers aus § 102 BetriebsVerfG (Anhörungsrecht des Betriebsrats[7].

Speziell für die Anfechtung hatte RGZ 65, 86, 88 jede Begründung – nämlich sowohl die Angabe des gesetzlichen Tatbestandes wie auch diejenige konkreter Tatsachen – für unnötig gehalten. Doch ist das heute wohl allgemein aufgegeben: Die Ansicht des RG trägt den schutzwürdigen Interessen des Anfechtungsgegners nicht Rechnung, der bei Fehlen einer Begründung nicht weiß, wogegen er sich wehren soll und wie seine Aussichten dabei sind. Richtigerweise dürfte **Erkennbarkeit des Anfechtungsgrundes** für den Anfechtungsgegner zu fordern sein[8]. Das bedeutet: Wenn sich der Anfechtungsgrund nicht klar aus den Umständen ergibt (z.B. Anfechtung unmittelbar nach der Entdeckung eines Betruges), muss er genannt werden.

Hierzu passt auch die Rechtsprechung des BGH über das Nachschieben von Anfechtungsgründen: Dieses Nachschieben wird regelmäßig wie eine neue Anfechtung behandelt, also nur dann zugelassen, wenn eine auf den neuen Grund gestützte Anfechtung noch möglich (insbesondere noch fristgerecht) wäre[9].

5. Bedingung und Befristung

725 Als Ausübung eines Gestaltungsrechts ist die Anfechtungserklärung bedingungs- und befristungsfeindlich (vgl. unten Rz. 849): Der Anfechtungsgegner soll endgültig wissen, woran er ist.

---

7 Vgl. BAG NJW 1981, 2772.
8 So *Flume* AT II § 31, 2 S. 560; *Bork* Rz. 908.
9 So BGH NJW 1966, 39; BB 1981, 1156.

III. Die Anfechtungswirkungen

1. Vernichtung inter partes

Nach § 142 I führt die Anfechtung zur rückwirkenden Vernichtung desjenigen Rechtsgeschäfts, das auf der angefochtenen Willenserklärung beruht. So fallen die Verpflichtungen aus einem Schuldvertrag rückwirkend weg, also auch die inzwischen etwa schon aufgelaufenen Zinspflichten. Sind die versprochenen Leistungen bereits ausgetauscht worden, so müssen sie nach Bereicherungsrecht zurückgewährt werden. Da ihr Rechtsgrund mit Rückwirkung weggefallen ist, passt als Grundlage für die Bereicherungsansprüche § 812 I 1 Alt. 1 (*condictio indebiti*); § 812 I 2 Alt. 1 (*condictio ob causam finitam*) ist unnötig.

726

2. Wirkung auf Dritte

Soweit sich die Anfechtung (auch) gegen eine Verfügung richtet, macht sie diese ebenfalls rückwirkend nichtig. So fällt z.B. das anfechtbar übertragene Eigentum mit der Anfechtung rückwirkend auf den Veräußerer zurück; ebenso rückwirkend wird der Erwerber zum Nichtberechtigten. Ohne Sondervorschrift könnte die Rechtsstellung eines Dritten fraglich sein, an den der Erwerber vor der Anfechtung **weiterverfügt** hat: Hat dieser Dritte nun vom Berechtigten oder vom Nichtberechtigten (und daher möglicherweise unwirksam) erworben?

727

Diese Frage beantwortet § 142 II: Eine Unredlichkeit des Dritten hinsichtlich der Anfechtbarkeit wird auf die später eintretende Nichtigkeit bezogen; der Dritte wird also wie ein Erwerber vom Nichtberechtigten behandelt. Daher steht z.B. die Kenntnis des Dritterwerbers, dass sein Vormann durch Betrug (§ 123) erworben hat, bei Anfechtung der Kenntnis des Nichteigentums gleich: Ein Redlichkeitserwerb nach den §§ 892 f., 932 ff. scheidet also aus.

3. Anfechtung nichtiger Rechtsgeschäfte

Die Anfechtung scheint, da sie Nichtigkeit bewirkt, ins Leere zu gehen, wenn ein Nichtigkeitsgrund vorliegt und das Rechtsgeschäft schon deshalb nichtig ist. Trotzdem hat *Th. Kipp* in einem berühmten Aufsatz die Anfechtbarkeit auch nichtiger Willenserklärungen vertreten[10]. Begründet hat *Kipp* das mit Fällen von der Art des folgenden:

728

Der minderjährige V veräußert eine bewegliche Sache gegen den Willen seines gesetzlichen Vertreters an K; dieser täuscht den V arglistig. Dann veräußert K die Sache an D weiter. D kennt zwar die Täuschung, ist aber hinsichtlich der Minderjährigkeit gutgläubig. Hier ist die Veräußerung V – K schon nach § 108 nichtig. Da aber D hinsichtlich dieses Nichtigkeitsgrundes redlich war, scheint er nach § 932 von K erwerben zu können. Und § 142 II scheint dem D nicht zu schaden, wenn man das nichtige Geschäft

---

10 *Th. Kipp*, „Über Doppelwirkungen im Recht", FS von Martitz (1911) 211.

für unanfechtbar hält (vgl. die Worte des § 142 II: „wenn die Anfechtung erfolgt"). D stünde dann besser, als wenn er von einem voll Geschäftsfähigen erworben hätte.

Dieses in der Tat sinnlose Ergebnis hat *Kipp* vermeiden wollen. Deshalb hat er, um § 142 II gegen D anwendbar zu machen, auch die nichtige Veräußerung V – K für anfechtbar gehalten.

729 Ob es dieser Annahme wirklich bedarf, ist aber heute sehr umstritten[11]. Denn man kann das Erfordernis der Redlichkeit für den Erwerb vom Nichtberechtigten auch anders verstehen: nämlich diese schon dann verneinen, wenn der Erwerber bloß hinsichtlich eines *möglichen* Grundes für die Nichtberechtigung des Veräußerers unredlich ist. Danach wäre in dem Bsp. D schon deshalb unredlich, weil er die Täuschung als möglichen Unwirksamkeitsgrund kannte. Dass § 142 II die Anfechtung fordert, steht nach dieser Ansicht deshalb nicht entgegen, weil die Vorschrift nur an den Normalfall des an keinem weiteren Mangel leidenden Geschäfts denkt[12]: Dass in diesem Fall der Dritterwerb nur dann als Erwerb vom Nichtberechtigten qualifiziert werden kann, wenn der Erstveräußerer wirklich angefochten hat, ist ja klar.

Mit dieser Auffassung des Redlichkeitserfordernisses lässt sich ein Erwerb des D sogar für Fälle verneinen, bei denen die Doppelwirkungstheorie von *Kipp* nicht hilft: etwa wenn D bloß irrtümlich annimmt, K habe den V arglistig getäuscht[13]. Diese Ansicht, die auf eine offene sinnvolle Gesetzesauslegung hinausläuft, scheint für die Lösung der genannten Fälle vorzugswürdig. Trotzdem braucht man die Doppelwirkungstheorie nicht zu verwerfen[14].

730 Unabhängig von der Stellungnahme zu der Doppelwirkungstheorie ist aber zweifelsfrei richtig BGH JZ 1955, 500: Im Prozess kann man sich auch dann mit Anfechtung (z.B. wegen § 123) verteidigen, wenn das zur Begründung der Klage angeführte Rechtsgeschäft vielleicht (aber schwerer erweisbar) sogar nichtig ist (z.B. nach § 138).

4. Schadensersatzpflichten

731 Den Anfechtenden oder den Anfechtungsgegner kann eine Schadensersatzpflicht treffen. In dieser Hinsicht unterscheiden sich die einzelnen Anfechtungsgründe aber sehr wesentlich, sodass die Frage erst bei diesen behandelt werden kann: vgl. unten Rz. 783 ff. zum Irrtum, Rz. 808 zur arglistigen Täuschung und Rz. 822 zur widerrechtlichen Drohung.

---

11 Vgl. die Angaben bei *Pawlowski*, Rechtsgeschäftliche Folgen nichtiger Willenserklärungen (1966) 102 f., dazu noch *Oellers*, Doppelwirkungen im Recht?, AcP 169 (1969) 67; *Flume*, Rechtsakt und Rechtsverhältnis (1990) 12; *Hasse*, Doppelwirkungen im Recht, JuS-L 1997, 1; *Petersen*, Doppelwirkungen im Recht, Jura 2007, 673. Siehe zur Parallelproblematik beim Widerruf BGHZ 183, 235; zustimmend *Petersen* JZ 2010, 314; ablehnend *C. Schreiber* AcP 211 (2011) 35; *S. Lorenz* GS M. Wolf (2011) 77; *Würdinger* JuS 2011, 769, 772.
12 Anders *Wolf/Neuner* § 41 Rz. 144; *Bork* Rz. 928.
13 Vgl. *Oellers*, AcP 169 (1969) 67, 70 f.
14 Vgl. *Flume*, Rechtsakt und Rechtsverhältnis (1990) 12.

IV. Die Bestätigung

Verloren geht das Anfechtungsrecht außer durch Fristablauf (vgl. oben Rz. 722) durch Verzicht oder die (hiervon oft kaum zu trennende) Bestätigung; vgl. zu ihr oben Rz. 534.

732

V. Abgrenzungen

1. Das Zivilrecht spricht noch bei **einigen weiteren Fallgruppen** von „Anfechtung". Dort geht es aber nicht um die Vernichtung einer Willenserklärung. Diese Fälle seien hier nur zur Abgrenzung erwähnt; die §§ 119 ff., 142 ff. sind bei ihnen unanwendbar:

733

a) In den §§ 1599 ff. geht es nicht allein um die Anfechtung eines Vaterschaftsanerkenntnisses (dazu oben Rz. 717), sondern auch um die **Anfechtung der Ehelichkeit** eines im zeitlichen Zusammenhang mit einer Ehe geborenen Kindes. Diese Anfechtung erfolgt durch Ausübung eines Gestaltungsklagerechtes, das sich gegen die Wirkung von § 1592 Nr. 1 richtet.

b) Die Anfechtung des Erbschaftserwerbs nach §§ 2340 ff. richtet sich nicht – wie die echte Anfechtung nach §§ 2078 ff. – gegen ein Testament. Vielmehr soll sie den Erwerb der schon *kraft Gesetzes* angefallenen Erbschaft wegen der Erbunwürdigkeit des Erwerbers wieder beseitigen, und zwar auch den Erwerb durch die gesetzlichen Erben.

734

c) Die §§ 129 ff. InsO über die Insolvenzanfechtung und das G betreffend die **Anfechtung von Rechtshandlungen eines Schuldners** außerhalb des Insolvenzverfahrens (AnfG) v. 5. 10. 1994[15] richten sich gegen Rechtshandlungen eines Schuldners, weil sie dessen Gläubiger benachteiligen. Die Anfechtung dient hier dazu, den anfechtbar weggegebenen Gegenstand in die Insolvenzmasse zurückzuholen (§ 143 InsO) oder dem mit einem Vollstreckungstitel ausgestatteten Gläubiger die Zwangsvollstreckung in diesen Gegenstand zu ermöglichen (§ 11 AnfG). In beiden Fällen erfolgt die Anfechtung durch Klage oder Einrede gegen den Empfänger des anfechtbar weggegebenen Gegenstandes. Mit den §§ 119 ff., 142 ff. hat diese Anfechtung (die *actio Pauliana* des römischen und gemeinen Rechts) weder hinsichtlich der Voraussetzungen noch nach der Art der Durchführung etwas zu tun.

735

2. Eigene Anfechtungsgründe für die **Ehe** enthält § 1314. Diese Gründe stimmen zwar weithin mit den §§ 119, 123 überein. Doch sind hier das Verfahren (§§ 1313, 1316 f.) und die Rechtsfolgen (§ 1318) ganz abweichend von den §§ 142 ff. geregelt. Folgerichtig spricht das BGB hier auch nicht von „Anfechtung", sondern von „Aufhebung" der Ehe. Damit sind die gewöhnlichen Anfechtungsregeln hier unanwendbar.

736

---

15 *Schönfelder* Nr. 111.

Dritter Teil *Das Rechtsgeschäft*

§ 48 Die Anfechtbarkeit wegen Irrtums

Literatur: *Adams*, Irrtümer und Offenbarungspflichten im Vertragsrecht, AcP 186 (1986) 453; *Brauer*, Der Eigenschaftsirrtum (1941); *Brox*, Die Einschränkung der Irrtumsanfechtung (1960); *Clauss*, Anfechtungsrechte bei Wertpapiergeschäften zu nicht marktgerechten Preisen (Mistrades) (2011); *Cziupka*, Die Irrtumsgründe des § 119, JuS 2009, 867; *Flume*, Eigenschaftsirrtum und Kauf (1948, dazu *Kegel* AcP 150, 1949, 356); *Goltz*, Motivirrtum und Geschäftsgrundlage im Schuldvertrag (1973); *P. Haupt*, Die Entwicklung der Lehre vom Irrtum beim Rechtsgeschäft seit der Rezeption (1941); *Heiermann*, Der Kalkulationsirrtum des Bieters beim Bauvertrag, BB 1984, 1836; *Henrich*, Die Unterschrift unter einer nichtgelesenen Urkunde, RabelsZ 35 (1971) 55; *Heyers*, Anfechtung von Verträgen zugunsten Dritter, Jura 2012, 539; *ders.*, Willensäußerung und Willensentäußerung als Formsubstrate – am Beispiel der Anfechtung von Erbverträgen durch Erblasser, Jura 2014, 11; *Hönn*, Grundfälle zur Konkurrenz zwischen Sachmängelhaftung bei Stückkauf und Anfechtung wegen Willensmängel, JZ 1989, 293; *Jahr*, Geltung des Gewollten und Geltung des Nichtgewollten – Zu Grundfragen des Rechts der empfangsbedürftigen Willenserklärungen, JuS 1989, 249; *Jansen/Zimmermann*, vgl. Lit.-Verz. von § 26; *John*, Auslegung, Anfechtung, Verschulden beim Vertragsschluss und Geschäftsgrundlage beim sog. Kalkulationsirrtum, JuS 1983, 176; *Krückmann*, Kalkulationsirrtum und ursprüngliche Sinn-, Zweck- und Gegenstandslosigkeit, AcP 128 (1928) 157; *Leenen*, Die Anfechtung von Verträgen, Jura 1991, 393; *Lenel*, Der Irrtum über wesentliche Eigenschaften, AcP 123 (1925) 161; *Lobinger*, Irrtumsanfechtung und Reurecht, AcP 195 (1995) 274; *S. Lorenz*, Willensmängel, JuS 2012, 490; *Manigk*, Irrtum und Auslegung (1918); *Mankowski*, Beseitigungsrechte (2003); *Martens*, Durch Dritte verursachte Willensmängel (2008); *J. Mayer*, Der Rechtsirrtum und seine Folgen (1989); *Mota Pinto*, Über Willensmängel bei schlüssigem Verhalten, FS Canaris (2007) I 871; *Gerd Müller*, Zur Beachtlichkeit des einseitigen Eigenschaftsirrtums beim Spezieskauf, JZ 1988, 381; *Musielak*, Der Irrtum über die Rechtsfolgen einer Willenserklärung, JZ 2014, 64; *Oertmann*, Doppelseitiger Irrtum beim Vertragsschluss, AcP 117 (1919) 275; *Petersen*, Anfechtung und Widerruf des Vertrags, Liber Amicorum Leenen (2012) 219; *ders.*, Der Irrtum im Bürgerlichen Recht, Jura 2006, 660; *Raape*, Sachmängelhaftung und Irrtum beim Kauf, AcP 150 (1949) 481; *Rothoeft*, System der Irrtumslehre als Methodenfrage der Rechtsvergleichung (1968); *A. Säcker*, Irrtum über den Erklärungsinhalt (1985); *Schermaier*, Europäische Geistesgeschichte am Beispiel des Irrtumsrechts, ZEuP 1998, 60; *Schmidt-Rimpler*, Eigenschaftsirrtum und Erklärungsirrtum, FS Lehmann (1956) 213; *Schünemann/Beckmann*, Inhalts- und Erklärungsirrtum, JuS-L 1991, 65; *Singer*, Geltungsgrund und Rechtsfolgen der fehlerhaften Willenserklärung, JZ 1989, 1030; *Titze*, Die Lehre vom Missverständnis (1910); *ders.*, Der sog. Motivirrtum, FS Heymann II (1940) 72; *Wieacker*, Gemeinsamer Irrtum der Vertragspartner und clausula rebus sic stantibus, FS Wilburg (1965) 229; *Wieling*, Der Motivirrtum ist unbeachtlich! Entwicklung und Dogmatik des Irrtums in Beweggrund, Jura 2001, 577; *Willems*, Ersatz von Vertrauensschäden und Begrenzung auf das Erfüllungsinteresse nach § 122 und § 179 II BGB, JuS 2015, 586; *Zitelmann*, Irrtum und Rechtsgeschäft (1879).

I. Die Problematik und der Lösungsansatz des BGB

1. Privatautonomie und Verantwortung

737 Die Privatautonomie soll dem Einzelnen die Gestaltung seiner Rechtsverhältnisse nach seinem Willen ermöglichen (vgl. oben Rz. 174 ff.). Daher könnte man die Gestaltung als gescheitert ansehen, wenn ihr kein mangelfreier Wille zugrunde liegt. Insbesondere könnte danach die auf einem Irrtum beruhende Willenserklärung für unwirksam gehalten werden.

Eine derart einseitig auf den Willen abstellende Lösung ließe aber unberücksichtigt, dass dem Einzelnen als Ausgleich für die in der Privatautonomie liegende Freiheit auch eine Verantwortung zufällt. Sie konkretisiert sich in der Zurechnung der nachteilhaften Folgen aus dem Gebrauch der Freiheit. So gesehen könnte auch der Irrende an seiner Erklärung unentrinnbar festgehalten werden: Man kann diese Bindung gleichsam für den Preis der Freiheit halten. Denn das Risiko eines Irrtums ist eher dem Erklärenden anzulasten als dem – an dem Irrtum regelmäßig ganz unbeteiligten – Empfänger der Erklärung.

Zwischen diesen extremen Betrachtungsweisen muss jede Rechtsordnung einen **Ausgleich** suchen. Dafür gibt es mehrere Möglichkeiten, ohne dass eine von ihnen rechtspolitisch eindeutig den Vorrang verdiente[1]. Kriterien für eine Unterscheidung können etwa sein das Verschulden des Erklärenden an seinem Irrtum, die Erkennbarkeit des Irrtums für den Erklärungsempfänger oder die Größe des Opfers, das dieser im Vertrauen auf die Beständigkeit der Erklärung gebracht hat.

2. Der Standpunkt des BGB

In den §§ 119 ff. berücksichtigt das BGB von den eben genannten Kriterien das Verschulden des Erklärenden überhaupt nicht: Anfechtung kommt auch bei gröbster Fahrlässigkeit in Betracht (nur Vorsatz ist naturgemäß ausgeschlossen: Dann fehlt es an einem Irrtum). Entgegen dem LG Tübingen[2] gilt das auch für einen Kaufmann. Die Erkennbarkeit des Irrtums spielt gleichfalls für die Anfechtbarkeit keine Rolle; sie hat nur bei § 122 II für die Ersatzpflicht des Anfechtenden Bedeutung (vgl. unten Rz. 785).

738

Stattdessen unterscheiden die §§ 119 ff. BGB primär danach, in welchem Stadium des zum Zugang der Willenserklärung führenden Prozesses der Irrtum entstanden ist. Dabei liegt der Regelung eine Einteilung in die folgenden Phasen zugrunde:

a) Zunächst kommt es zur **Willensbildung**. Diese beruht auf einer oft sehr komplizierten Abwägung von Gründen und Gegengründen. Diese können sich auf die Vergangenheit, die Gegenwart oder auch die Zukunft (als Erwartungen) beziehen.

739

Wer etwa den Kauf eines Hausgrundstücks überlegt, mag folgende Erwägungen anstellen: Habe ich genug Geld, um den Kaufpreis zu bezahlen? Wenn ich Kredit aufnehmen muss: Werde ich in Zukunft genug verdienen, um Zins und Tilgung aufzubringen? Soll ich das Geld nicht lieber für einen anderen Zweck ausgeben? Entspricht gerade dieses Haus meinen Bedürfnissen? Ist es aufgrund seiner Eigenschaften den geforderten Preis wert? Kann ich ein gleichwertiges Grundstück anderswo billiger erhalten? Werde ich noch lang genug an diesem Ort bleiben, sodass sich ein Hauskauf lohnt? Welche steuerlichen Konsequenzen hat das Geschäft? Wie wird sich die Umgebung des Grundstücks in Zukunft entwickeln (Lärm und andere Immissionen, Geschäfte, Verkehrsanbindung usw.)?

---

1 *Flume* AT II § 21, 1 S. 417.
2 LG Tübingen JZ 1997, 312 mit Anm. *Lindemann*.

740 b) Danach ist zu überlegen, **wie der** durch die Abwägung gebildete **Wille erklärt werden kann**: Es müssen also diejenigen Worte oder anderen Erklärungszeichen gesucht werden, die den Willen in einer dem anderen Teil verständlichen Weise ausdrücken.

Das ist bei dem Kauf des Hausgrundstücks meist nicht sehr problematisch; Irrtümer können hier aber z.B. bei der Bezeichnung des gewünschten Grundstücks unterlaufen (Parzellenverwechslung). In anderen Fällen, etwa bei komplizierten Gesellschaftsverträgen oder bei Verständigung in einer fremden Sprache[3], ist die Umsetzung des Willens in Erklärungszeichen weitaus fehleranfälliger.

741 c) Weiter müssen die **Erklärungszeichen**, für die sich der Überlegende entschieden hat, **geäußert** werden. Insbesondere sind also die gewollten Worte auszusprechen oder hinzuschreiben.

Auch das ist meist wieder relativ einfach; als Fehlerquellen kommen hier in erster Linie Versprechen oder Verschreiben in Betracht. Bei Rechtsgeschäften im Internet kann dies auch in einer versehentlichen Eingabe bestehen („Verklicken")[4]. Aber die Gefahr von Fehlern wächst bei der Einschaltung von Gehilfen: Die Sekretärin etwa deutet ihr Stenogramm falsch, sodass die Abschrift nicht mit dem Diktierten übereinstimmt; der Chef unterschreibt dann, ohne den Text nochmals gelesen zu haben. Oder: Bei der Einstellung eines ausländischen Arbeiters übersetzt der Dolmetscher des Arbeitgebers unrichtig.

742 d) Die bisher genannten drei Phasen reichen bis zur Abgabe der Willenserklärung (vgl. oben Rz. 263 ff.). Hieran schließt sich bis zum Wirksamwerden durch den Zugang beim Empfänger oft noch eine **Beförderung der Erklärung**. Dabei ergeben sich weitere Fehlerquellen: Der Bote übermittelt etwas anderes als das, was ihm aufgetragen ist, oder er übermittelt an eine falsche Person; der Ausdruck des Telefax ist unvollständig.

743 e) Endlich bleibt die Gefahr, dass die Willenserklärung nach dem Zugang **vom Empfänger missverstanden** und insbesondere anders verstanden wird, als der Erklärende sie gemeint hat.

II. Die Irrtumskategorien

744 Die denkbaren Irrtumsfälle lassen sich danach einteilen, in welcher der oben Rz. 738 ff. genannten Phasen der Irrtum unterlaufen ist. Danach ergeben sich die folgenden Kategorien.

1. Motivirrtum

Ein Irrtum bei der besonders fehleranfälligen Willensbildung heißt Motivirrtum (vgl. oben Rz. 739). Das Schwergewicht der §§ 119 ff. liegt darauf, solche Irrtümer und damit die große Mehrzahl aller Irrtümer überhaupt unberücksichtigt zu lassen. Das

---

3 Vgl. BGH BB 1994, 2439.
4 *Härting*, Internetrecht (5. Aufl. 2014) Rz. 519. Siehe aber auch die §§ 312 c, g; ist danach ein Widerruf möglich und ausgeübt worden, bedarf es keiner Anfechtung; näher *Leenen* § 14 Rz. 145.

sagen die §§ 119 ff. zwar nicht ausdrücklich, doch ergibt es sich zweifelsfrei *e contrario* aus denjenigen Fällen, in denen die Anfechtung zugelassen wird.

Innerhalb der §§ 119 ff. kommt als ausnahmsweise beachtlicher Motivirrtum nur der **Eigenschaftsirrtum** nach § 119 II in Betracht; bei diesem ist aber fraglich, ob er wirklich einen Motivirrtum darstellt (vgl. unten Rz. 767 ff.). Weitere Fälle des Motivirrtums – nämlich der beim Erklärenden und beim Erklärungsempfänger gemeinsam auftretende – erscheinen bei § 779 und in der Lehre von der Geschäftsgrundlage (vgl. unten Rz. 857 ff.). Im Übrigen ist der Motivirrtum nur **im Erbrecht** beachtlich, nämlich nach den §§ 1949 I, 2078 f., 2281. Darin zeigt sich wieder die schon oben Rz. 322 bei der Auslegung beobachtete Sonderstellung des Erbrechts: Bei Verfügungen von Todes wegen bedarf es keines Vertrauensschutzes; daher können auch Irrtümer des Erblassers großzügiger berücksichtigt werden.

2. Inhalts- (Bedeutungs)irrtum

Irrtümer bei der Suche nach einem Erklärungszeichen für den Willen (vgl. oben Rz. 740) werden in § 119 I Alt. 1 behandelt: „Wer bei der Abgabe einer Willenserklärung über deren Inhalt im Irrtum war...". Hier irrt sich der Erklärende über die Bedeutung des gewählten Erklärungszeichens: Dieses bedeutet etwas anderes, als er meint.

745

So hatte im Fall von LG Hanau[5] die Konrektorin einer Mädchenrealschule für diese „25 Gros Rollen" Toilettenpapier bestellt. Objektiv bedeutet ein Gros 12 x 12 Stück; danach hätte die Bestellung 12 x 12 x 25 Rollen (= 3600) zu je 1000 Blatt umfasst („eine Menge, die den Bedarf des Hauses auf mehrere Jahre gedeckt hätte", wie das Urteil sagt). Gemeint hatte die Konrektorin dagegen, „Gros" sei eine Bezeichnung der Verpackungsart; sie hatte also bloß 25 Rollen gewollt.

Für solche Irrtümer ist es ganz besonders deutlich, dass sie erst nach einer Auslegung der Erklärung festgestellt werden können: Zunächst muss ja ermittelt werden, was die Erklärung bedeutet (= Auslegung, vgl. oben vor Rz. 307). Denn erst dann kann man sagen, ob die Bedeutung vom Gewollten abweicht. So wäre in dem Fall des LG Hanau zu erwägen gewesen, dass die bei wörtlichem Verständnis sich als bestellt ergebende Menge ganz unüblich groß war und auch aus Gründen des Haushaltsrechts kaum bezahlt werden konnte. Möglicherweise hätte also der Verkäufer erkennen können, dass jedenfalls 3600 Rollen nicht gemeint waren. Wenn die Auslegung zu diesem Ergebnis führt, bedarf es keiner Anfechtung. Gelangt man jedoch wirklich zu 3.600 Rollen (etwa weil die Bestellung sich auf mehrere Schulen hätte erstrecken können oder weil eine Konrektorin die Bedeutung von „Gros" wahrscheinlich kennt), so lässt § 119 I Alt. 1 eine Anfechtung zu.

Einen Spezialfall dieses Primats der Auslegung bildet die schon oben Rz. 327 behandelte *falsa demonstratio*: Wenn der Erklärungsempfänger das vom Erklärenden Gemeinte richtig verstanden hat, gilt es unabhängig davon, was die Erklärung sonst bedeutet. Auch dann ist eine Anfechtung unnötig.

---

5 LG Hanau NJW 1979, 721 (dazu *Kornblum* JuS 1980, 258; lehrreich *Singer/Müller* Jura 1988, 485).

3. Erklärungsirrtum (Irrung)

746 Dem Inhaltsirrtum stellt § 119 I Alt. 2 den Erklärungsirrtum gleich: „... oder eine Erklärung dieses Inhalts überhaupt nicht abgeben wollte ...". Hier hat der Erklärende zwar das „richtige" Erklärungszeichen (also das mit der gemeinten Bedeutung) äußern wollen, doch ist ihm bei der Äußerung ein Irrtum unterlaufen (vgl. oben Rz. 741): Daher äußert er ein anderes Erklärungszeichen als das gewollte. Schulbeispiele hierfür sind das Sichversprechen oder -verschreiben: Jemand sagt „kaufen" statt „verkaufen"; er schreibt auf der Maschine eine Null zu viel und daher z.B. 10.000 statt 1.000. Als Erklärungsirrtum bewertet der BGH[6] auch eine Veränderung des richtig Eingegebenen durch eine unerkannt fehlerhafte Software (Preis für ein Notebook 245 statt 2.650 Euro). In allen diesen Fällen ist die Anfechtung zulässig.

Dabei lassen sich der Inhalts- und der Erklärungsirrtum nicht immer deutlich unterscheiden. Das zeigt schon die Beschreibung beider Irrtumsarten in § 119 I: Wer über den Inhalt einer Erklärung irrt, will regelmäßig auch eine Erklärung dieses Inhalts nicht abgeben. Da die §§ 119 ff. beide Irrtumsarten gleich behandeln, bedarf es aber auch einer scharfen Abgrenzung gegeneinander nicht; wesentlich ist nur die Abgrenzung gegenüber unbeachtlichen Motivirrtümern.

4. Übermittlungsirrtum

747 An die Äußerung einer Willenserklärung schließt sich unter Abwesenden der Transport zum Empfänger. Dabei bestehen je nach der gewählten Art der Übermittlung weitere Risiken einer Veränderung der Erklärung gegenüber dem Gewollten: Dieses Risiko fehlt fast ganz beim Brief (er kommt vielleicht bei einem falschen Empfänger, viel eher aber überhaupt nicht an); verhältnismäßig groß ist es dagegen bei der Übermittlung einer mündlichen Erklärung durch Boten. Diesen Übermittlungsirrtum stellt § 120 dem Irrtum nach § 119 I gleich; mit Recht: Den Empfänger erreicht ja ein anderes Erklärungszeichen als das vom Absender gewollte.

Dass die falsch übermittelte Erklärung angefochten werden muss, bedeutet zunächst die Zurechnung der Erklärung des Boten an den Erklärenden. Eine solche Zurechnung ist sicher nur möglich, wenn der Erklärende sich dieses Boten bedient hatte. Das meint auch § 120, wenn er von der zur Übermittlung „verwendeten" Person oder Anstalt spricht. Wenn ein gänzlich Unbefugter sich bloß als Bote ausgibt, braucht der angebliche Absender nicht anzufechten: Die Erklärung des selbsternannten Boten gilt zunächst nicht als eine solche des angeblichen Absenders (dieser kann sie aber analog § 177 genehmigen, vgl. unten Rz. 997).

748 Darüber hinaus vertritt die **h.M.** auch eine **Einschränkung des § 120** gegenüber dessen Wortlaut: Die Vorschrift soll nur anwendbar sein, wenn der Bote subjektiv richtig übermittelt, dagegen nicht, wenn er absichtlich von dem ihm Aufgetragenen abweicht: Dann soll die Erklärung überhaupt nicht gegen den Auftraggeber wirken[7]. Anders

---

6 BGH NJW 2005, 976 (dazu *Spindler* JZ 2005, 793).
7 So etwa *Flume* AT II § 23, 3; *Leipold* § 18 Rz. 48.

aber viele[8]: Der Auftraggeber des Boten habe durch die Einschaltung des Boten auch die Gefahr einer absichtlichen Falschübermittlung geschaffen und beherrsche diese Gefahr eher als der Empfänger; daher sei ihm auch dieser Teil des Übermittlungsrisikos zuzurechnen. Das ist vorzugswürdig.

5. Empfängerirrtum

Endlich bleibt die Gefahr, dass der Empfänger die richtig geäußerte und übermittelte Willenserklärung dennoch falsch versteht. Dies ist zunächst überhaupt kein Fall für eine Anfechtung nach § 119: Die Willenserklärung gilt ja so, wie sie der Erklärende gewollt hat; dieser braucht also nicht anzufechten. Umgekehrt kann auch der Empfänger nicht anfechten, weil er nichts erklärt hat. Eine Anfechtung durch ihn kommt erst dann in Betracht, wenn er selbst eine durch das Missverständnis beeinflusste Erklärung abgibt: 749

Es möge etwa V dem K brieflich einen Gebrauchtwagen zum Kauf anbieten und in dem Brief erwähnen, der Austauschmotor habe eine Fahrleistung von 20.000 km. K möge den Brief jedoch nur oberflächlich lesen und dabei die Bezugnahme auf den Austauschmotor übersehen, also glauben, der Wagen selbst sei erst 20.000 km gefahren. Hier gilt die Erklärung des V so, wie sie erkennbar gemeint war. Wenn K den Antrag annimmt, ist Vertragsinhalt also der Wagen mit der Fahrleistung des Austauschmotors; der Wagen ist nicht etwa mangelhaft. In Betracht kommt aber eine Anfechtung durch K nach § 119 I: Seine Annahmeerklärung hat einen anderen als den gewollten Inhalt.

III. Irrtümer mit zweifelhafter Einordnung

Für einige häufige Fallgruppen des Irrtums ist zweifelhaft, zu welchem der vom Gesetz vorgestellten Typen sie gehören. Auch bleibt der schon oben Rz. 744 angedeutete Streit um die Einordnung des Eigenschaftsirrtums (§ 119 II) zu erörtern. 750

1. Rechtsfolgeirrtum

Jemand möge eine Sache verkaufen und dabei nicht wissen, dass er als Verkäufer nach den §§ 437 ff. für Sachmängel haftet (vgl. oben Rz. 195). Oder jemand möge auf ein kaufmännisches Bestätigungsschreiben schweigen, weil er nicht weiß, dass dieses Schweigen Billigung bedeutet (vgl. oben Rz. 440 ff.). Dann liegt ein Irrtum über die Rechtsfolgen der Erklärung (oder des Schweigens) vor.

Ein solcher Irrtum bildet einen **Sonderfall des Rechtsirrtums**[9], also des Irrtums über die Rechtslage (Gegensatz: Tatsachenirrtum). Dieser spielt (als Verbotsirrtum) vor allem im Strafrecht eine Rolle, vgl. § 17 StGB; im Zivilrecht hat er sonst vor allem im

---

8 Etwa *Marburger* AcP 173 (1973) 137; *Bork* Rz. 1361; *Leenen* § 14 Rz. 63; *Wolf/Neuner* § 33 Rz. 43; § 41 Rz. 40; *Faust* § 29 Rz. 16.
9 Vgl. *Mayer-Maly* AcP 170 (1970) 133, 165 ff.; *Jörg Mayer*, Der Rechtsirrtum ... (1989).

Dritter Teil *Das Rechtsgeschäft*

Zusammenhang mit dem Verschulden Bedeutung (er schließt zwar den Vorsatz aus, entschuldigt aber nur sehr selten ganz)[10].

In die Kategorien der §§ 119 f. lässt sich der Rechtsfolgeirrtum nicht eindeutig einordnen. Man kann nämlich entweder einen **Inhaltsirrtum** annehmen (vgl. oben Rz. 745): Weil der Erklärende die Rechtsfolge nicht gekannt habe, sei er über den Inhalt (die Bedeutung) seiner Erklärung im Irrtum gewesen; dann wäre diese nach § 119 I Alt. 1 anfechtbar. Man kann aber auch an einen **bloßen Motivirrtum** denken (dessentwegen keine Anfechtung möglich ist): Die unrichtige Beurteilung der Rechtslage sei das Motiv der Erklärung gewesen.

751 Wegen dieser Mehrdeutigkeit bedarf es für die Frage nach der Behandlung des Rechtsfolgeirrtums der Besinnung auf den **Zweck des § 119**: Nach dieser Vorschrift soll der Irrende durch die Anfechtung bestimmte Rechtsfolgen abwehren dürfen, weil er sie nicht wirklich gewollt hat; wenn diese Folgen trotzdem einträten, widerspräche das der Privatautonomie. Diese Erwägung passt aber nicht in gleicher Weise für Rechtsfolgen, die kraft Gesetzes (wie die Sachmängelhaftung) oder kraft Richterrechts (wie beim Bestätigungsschreiben) an ein bestimmtes Verhalten geknüpft sind: Die „Richtigkeit" dieser Folgen wird nämlich in gewissem Umfang von der objektiven Rechtsordnung gewährleistet.

Freilich handelt es sich hier vielfach um Rechtsfolgeanordnungen bloß des dispositiven Rechts, also um solche, die durch Parteivereinbarung ausgeschlossen werden können. Insofern mag man sagen, der Inhalt der diese Rechtsfolgen nicht ausschließenden Erklärung sei durch den Rechtsfolgeirrtum beeinflusst. Aber das dem dispositiven Recht entsprechende Geschäft ist doch mit höherer Wahrscheinlichkeit angemessen als ein nur auf irrtümlichem Parteiwillen beruhendes.

Diese Unterscheidung ist nicht logisch zwingend. Vielmehr beruht sie auf der wertenden Erwägung, im Interesse der Rechtssicherheit die Irrtumsanfechtung in Grenzen zu halten. Daher ist auch der genaue Verlauf der Grenze im Einzelnen oft zweifelhaft. Nach *Flume* ist ein Irrtum hinsichtlich derjenigen Rechtsfolgen unbeachtlich, „welche nicht selbst Gegenstand der rechtsgeschäftlichen Erklärung sind, sondern von Rechts wegen in Hinsicht auf die rechtsgeschäftliche Erklärung eintreten"[11]. Freilich wird auch hierdurch die bedenkliche Konsequenz nicht zuverlässig vermieden, dass sich die Anfechtungsmöglichkeit für denjenigen erweitert, der viele Rechtsfolgen in seine Erklärung aufnimmt. Richtigerweise ist das Problem noch nicht überzeugend gelöst. Jedenfalls aber besteht mit Recht Einigkeit darüber, dass in den beiden eingangs genannten Fällen (Irrtum über die Sachmängelhaftung und die Folgen des Schweigens auf ein Bestätigungsschreiben) eine Anfechtung nicht in Betracht kommt. Auch das BAG[12] versagt mit Recht eine Irrtumsanfechtung, wenn eine Schwangere beim Abschluss eines Aufhebungsvertrags über ihr Arbeitsverhältnis nicht gewusst hat, dass sie dadurch den Mutterschutz verliert. Entsprechend soll es keine Anfechtung für den Arbeitnehmer geben, der vorbehaltlos einen befristeten Arbeitsvertrag schließt und

---

10 Vgl. etwa Palandt/*Grüneberg* § 276 Rz. 22 f.
11 *Flume* AT II § 23, 4 d S. 465.
12 BAG NJW 1983, 2958; 1992, 2173.

nicht weiß, dass er damit sein Recht aus einem bisher bestehenden unbefristeten Arbeitsvertrag einbüßt[13].

2. Der „Unterschriftsirrtum"

Dem Rechtsfolgeirrtum ähnelt der Fall, dass jemand eine nicht oder nicht richtig gelesene oder sonst nicht verstandene Urkunde unterschreibt, aus der sich nicht gewollte Folgen ergeben[14]. Aus diesem Bereich ist schon oben Rz. 605 der (seltene) Fall behandelt worden, dass der Unterschreibende überhaupt keine rechtsgeschäftliche Erklärung abgeben (sondern z.B. nur ein Autogramm leisten) wollte. In den übrigen Fällen dagegen wird der Unterschreibende wohl stets eine mehr oder weniger bestimmte Vorstellung vom Inhalt der Urkunde haben.

752

a) Hier zeigt sich zunächst wieder der **Primat der Auslegung**: Wenn der Empfänger der Erklärung die Vorstellungen des Unterschreibenden kennt, vielleicht sogar weil er sie selbst hervorgerufen hat, so gelten diese. Es möge z.B. ein arglistiger Vermieter dem Mieter einen schriftlichen Vertrag zur Unterschrift vorlegen, in dem die Miete nicht – wie zunächst vereinbart und vom Mieter erwartet – mit 500 Euro angegeben ist, sondern mit 600 Euro: Dann werden trotz der anderslautenden Urkunde nur 500 Euro geschuldet, ohne dass es einer Anfechtung wegen Irrtums oder arglistiger Täuschung bedürfte.

753

Wenn die **Täuschung nicht von dem Erklärungsempfänger** stammt, kann man freilich mit Auslegung meist nicht helfen. Das gilt etwa für den häufigen Fall, dass ein Zeitschriftenwerber Unterschriften erbittet, die angeblich nur einen Besuch bestätigen sollen, in Wahrheit aber unter einer Bestellung stehen: Diese Erklärung richtet sich nicht an den Werber, sondern an dessen Auftraggeber, der die Umstände des Zustandekommens nicht kennt. Hier bedarf es also einer Anfechtung, die aber schon wegen arglistiger Täuschung nach § 123 möglich ist.

b) Vorrangig vor der Irrtumsanfechtung ist bei Allgemeinen Geschäftsbedingungen und Formularverträgen die **Inhaltskontrolle nach den §§ 305 ff.**[15]: Überraschende (§ 305 c I) und inhaltlich unzulässige (§§ 307 ff.) Klauseln werden gestrichen (vgl. oben Rz. 415 ff.), ohne dass eine Anfechtung nötig wäre.

754

c) In den übrigen Fällen ist zunächst die **Vorstellung des Unterschreibenden** vom Inhalt der Urkunde zu ermitteln. Hierfür besteht eine erhebliche Spannweite: Diese Vorstellungen werden geradezu wortgenau sein, wenn der Unterzeichner die Urkunde selbst diktiert hat. Bei vom anderen Teil formulierten Erklärungen dagegen kommt regelmäßig nur eine recht ungefähre Vorstellung in Betracht[16]. Weicht die Urkunde von dem derart Ermittelten ab, so liegt ein Anfechtungsgrund vor. Das gilt selbst dann, wenn der Unterzeichner die Urkunde nicht gelesen hat[17].

755

---

13 BAG BB 1988, 1823.
14 Dazu *Henrich* RabelsZ 35 (1971) 55, zum Missverstehen bei Fremdsprachen auch *Schlechtriem*, FG Weitnauer (1980) 129.
15 A.A. *Köhler* § 7 Rz. 23; *Wolf/Neuner* § 41 Rz. 98.
16 Vgl. OLG Frankfurt ZIP 1984, 302.
17 BGH NJW 1995, 190.

Dabei zeigt sich übrigens erneut, wie nahe die beiden Tatbestände des § 119 I beieinander liegen (vgl. oben Rz. 746). Der Irrtum über den Inhalt der selbst diktierten Urkunde ist nämlich ein Erklärungsirrtum, weil hier der ganze Text als vom Unterzeichner gesetztes Erklärungszeichen erscheint: Daher sollte „eine Erklärung dieses Inhalts überhaupt nicht abgegeben" werden (§ 119 I Alt. 2). Dagegen ist der Irrtum über den Inhalt einer fremdverfassten Urkunde Inhaltsirrtum: Erklärungszeichen ist hier nur die Unterschrift, die ihre Bedeutung aus dem Text bezieht, unter dem sie steht. Ein Irrtum über den Text fällt also unter § 119 I Alt. 1.

756 d) *Flume*[18] will die Anfechtung ausschließen, wenn der Unterzeichner die Anfertigung der Urkunde einer Person überlassen hat, „die auf seiner Seite steht". Diese Fallgruppe ähnelt der Hergabe eines **Blanketts**; darauf ist unten Rz. 910 ff. im Zusammenhang mit dem Recht der Vollmacht zurückzukommen.

3. Der Kalkulationsirrtum

757 In dem Fall von RGZ 64, 266 verkaufte ein Konkursverwalter den Warenbestand des Gemeinschuldners zu einem „herabgesetzten Preis" von 6300 M. Später focht der Käufer an: Er habe geglaubt, bei der Herabsetzung sei von den Einkaufspreisen des Gemeinschuldners ausgegangen worden, während in Wirklichkeit dessen (erheblich höhere) Verkaufspreise zugrunde gelegen hätten. Das Berufungsgericht hatte die Anfechtung nach § 119 I für begründet gehalten: Der Käufer habe erklären wollen, den herabgesetzten Einkaufspreis zu bezahlen, während er sich in Wahrheit in Höhe des herabgesetzten Verkaufspreises verpflichtete.

Dem ist das RG mit Recht nicht gefolgt: Der Käufer habe sich zur Zahlung von 6300 M verpflichten wollen und auch wirklich verpflichtet. Ein Kalkulationsfehler bei der Prüfung der Angemessenheit des Kaufpreises begründe regelmäßig nur einen unbeachtlichen Motivirrtum. Dann fährt das RG[19] jedoch fort: „Nur dann ist dies anders, wenn diese Kalkulationen **zum Gegenstande der für den Vertragsschluss entscheidenden Verhandlungen gemacht** wurden, wenn bei den für den Vertragsschluss entscheidenden Verhandlungen dem anderen Teile erkennbar der verlangte oder angebotene Kaufpreis als ein durch näher bezeichnete Kalkulationen zustande gekommener bezeichnet ist. Dann umfasst der Inhalt der Erklärung bei dem Vertragsschlusse auch diese Kalkulation, und ein Irrtum in dieser Kalkulation ist im Zweifel ... ein Irrtum über den Inhalt der Erklärung, der die Anfechtung aus § 119 I rechtfertigt". Der BGH[20] hat die Frage nach der Behandlung eines solchen „externen" Kalkulationsirrtums zunächst bewusst offen gelassen und später unterschieden[21].

758 Die **Literatur** widerspricht dem RG wohl einhellig[22]: Die einseitige Kalkulation einer Partei werde nicht schon dadurch zum Erklärungsinhalt, dass sie dem Erklärungsempfänger mitgeteilt wird (und Gleiches gilt für jedes andere Motiv). Denn wenn man

---

18 *Flume* AT II § 23, 2 b S. 454.
19 RGZ 64, 266, 268.
20 Etwa BGH NJW-RR 1986, 569.
21 BGHZ 139, 177 (dazu *Waas* JuS 2001, 14).
22 Etwa *Flume* AT II § 23, 4 e; *Leipold* § 18 Rz. 23; *Hübner* Rz. 783, undeutlich *Pawlowski* Rz. 535 a, vgl. auch *Singer* JZ 1999, 342.

anders entschiede, würde der Redselige ungerechtfertigt besser gestellt: Ob etwa ein Bauunternehmer seine Kalkulation dem Bauherrn mitteilt, kann allein noch nicht über die Verteilung des Risikos einer Fehlkalkulation entscheiden. Voraussetzung für jede Erheblichkeit der Kalkulation muss vielmehr sein, dass der andere Teil Anlass hat, sich mit ihr zu beschäftigen. Daran fehlt es bei unerwünschten Mitteilungen aus bloßer Geschwätzigkeit. Anders liegt es dagegen, wenn der andere Teil selbst die Mitteilung angefordert hat (wie es z.B. die öffentliche Hand bei manchen Ausschreibungen tut). In solchen Fällen ist weiter zu unterscheiden[23]:

Erstens kommt in Betracht, dass die Mitteilung den Fehler und zugleich das fehlerfrei Gewollte erkennen lässt: Der Angebotspreis möge etwa auf einer evident unvollständigen Addition beruhen, bei der vergessen worden ist, die Summe eines Blattes auf das nächste zu übertragen. Ähnlich liegt es beim Handel von Wertpapieren zum Börsenkurs, wenn dieser falsch angenommen wird (z.B. 141 statt 114; das mag auf dem vielzitierten „Druckfehler im **Kurszettel**" beruhen). Auch der berühmte **„Rubelfall"** gehört hierher (RGZ 105, 406: Bei einem in Mark zurückzahlbaren Rubeldarlehen wird der Umrechnungskurs falsch angenommen). In solchen Fällen kann das Geschäft durch **Auslegung** auf den richtigen Preis bezogen werden; einer Anfechtung bedarf es dann nicht. Zur Überprüfung des Angebots auf Kalkulationsfehler ist der Empfänger aber regelmäßig nicht verpflichtet[24].

Zweitens ist denkbar, dass die zu beachtende Mitteilung zwar nicht das irrtumsfrei Gewollte ergibt, aber doch die innere Widersprüchlichkeit **(Perplexität)** der Erklärung erkennen lässt: Es wird etwa eine evident unrichtige Rechnung mitgeteilt, ohne dass der Sitz des Fehlers sichtbar wäre[25]. Dann ist die Erklärung nichtig; einer Anfechtung bedarf es hier wiederum nicht. 759

Drittens kann die unrichtige Kalkulation zur **Geschäftsgrundlage** gehören. Dann gelten die Rechtsfolgen für deren Fehlen (vgl. unten Rz. 877 ff.); auch hier ist keine Anfechtung nötig oder möglich[26]. 760

Viertens endlich kann der **Erklärungsgegner selbst** in zurechenbarer Weise **den Kalkulationsfehler hervorgerufen** haben. Das kam im Fall von RGZ 64, 266 in Betracht, weil der vom Konkursverwalter beauftragte Auktionator dem Käufer gesagt hatte, das Lager sei „unter Einkaufspreis aufgenommen". Ein anderes Beispiel bildet der Fall von RGZ 95, 58: Eine Stadtgemeinde bestellte bei einem Bauunternehmer Rohrverlegearbeiten und gab dabei die Höhe der Straßenoberkante falsch an; der Unternehmer verpflichtete sich deshalb zu einem ungenügenden Preis. In solchen Fällen kommt ein Anspruch des Irrenden aus Verschulden bei Vertragsverhandlungen in Betracht, gerichtet auf Befreiung von den Folgen des lästigen Vertrags (vgl. oben Rz. 450). Dieser Anspruch besteht sogar unabhängig davon, ob die Kalkulation selbst zum Gegenstand der Vertragsverhandlungen gemacht worden ist: Vielmehr genügt die zu vertretende Veranlassung der Fehlkalkulation durch den anderen Teil. 761

---

23 Teils abweichend *Wieser* NJW 1972, 708 ff.
24 BGHZ 139, 177, 184 ff.
25 Den der Richter in erster Linie suchen muss: BGH NJW 1986, 1035.
26 Siehe auch *Oechsler*, Vertragliche Schuldverhältnisse (2013) Rz. 480 ff.

762 **Insgesamt** bildet der angebliche „Kalkulationsirrtum" also keine eigene Irrtumskategorie bei § 119 I. Vielmehr bedarf er einer je nach der Fallgestaltung unterschiedlichen Behandlung. Bloß einen Motivirrtum bildet es jedenfalls, wenn der Verkäufer den geforderten Preis einer veralteten Liste (und daher zu niedrig) entnommen hat[27]

763 **4. Identitäts- und Eigenschaftsirrtum**

a) Von **Identitätsirrtum** spricht man, wenn sich eine Erklärung auf einen anderen Gegenstand bezieht oder an eine andere Person richtet, als der Erklärende das wollte: Jemand will einem Bettler ein 1 Euro-Stück geben, vergreift sich jedoch und gibt ein 2 Euro-Stück. Oder jemand vergreift sich in einem Selbstbedienungsladen und nimmt eine andere Ware, als er nehmen wollte (eine Anfechtung ist hier freilich erst nach dem Passieren der Kasse nötig, weil bis dahin die Ware noch einfach wieder zurückgestellt werden kann, vgl. oben Rz. 363). Oder endlich jemand versieht sich in der Anschrift und bestellt Möbel bei dem falschen Möbel-Müller. Hier überall kann zweifelsfrei nach § 119 I angefochten werden, doch ist der Identitätsirrtum praktisch sehr selten.

764 **b)** Vom Identitätsirrtum lässt sich der **Eigenschaftsirrtum** gedanklich meist klar unterscheiden: Bei diesem bezieht sich die Erklärung zwar auf den wirklich gemeinten Gegenstand oder sie richtet sich an die wirklich gemeinte Person, doch haben Gegenstand oder Person andere Eigenschaften als vom Erklärenden vorgestellt: Jemand verkauft ein Grundstück als Bauerwartungsland, während es in Wirklichkeit schon Bauland ist und daher einen höheren Kaufpreis rechtfertigt; oder jemand stellt unter mehreren Bewerbern um eine Stelle als Kassierer zwar denjenigen ein, den er ausgesucht hat, doch ist dieser erheblich vorbestraft.

765 **aa)** In anderen Fällen dagegen fällt die Unterscheidung zwischen Identitätsirrtum und Eigenschaftsirrtum schwer, nämlich wenn die **Eigenschaft zugleich der Identifizierung der Sache dient**. Das trifft etwa für den Bettlerfall von oben Rz. 763 zu: Dort kann man den Wert des Geldstücks als dessen Identitätsmerkmal ansehen (weil der Gebewillige regelmäßig nicht ein bestimmtes Geldstück sucht, sondern eine Münze mit bestimmtem Wert).

Freilich scheint eine Unterscheidung zwischen beiden Irrtumsarten unnötig, weil § 119 II auch den Eigenschaftsirrtum als Anfechtungsgrund gelten lässt. Doch gibt es um die Einordnung dieser Vorschrift eine Fülle von Streitfragen (vgl. unten Rz. 767 ff.). Dieser Streit macht auch den Anwendungsbereich des § 119 unsicher. Daher sollte man den Eigenschaftsirrtum von den anderen Irrtumskategorien getrennt halten.

766 **bb)** In bestimmten Fällen kommt hinsichtlich einer Eigenschaft auch ein **einfacher Inhaltsirrtum** nach § 119 I in Betracht: Es glaubt etwa jemand, deutlich gemacht zu haben, er wolle nur eine auch in großer Tiefe wasserdichte Uhr kaufen, doch hat er das nicht derart erklärt, dass es sich durch Auslegung vom Standpunkt des Verkäufers her ergibt. Dann wird nach dem Vertrag keine Uhr mit der Sollbeschaffenheit „Taucheruhr" geschuldet; eine Uhr ohne diese Qualifikation ist also auch nicht mangelhaft (§ 434). Doch kann der Käufer seine den Vertrag begründende Erklärung anfechten, da diese eine andere als die vom Käufer gewollte Bedeutung hat (§ 119 I).

---

27 LG Bremen NJW 1992, 915 (dazu *Habersack* JuS 1992, 548).

cc) § 119 II, der den Eigenschaftsirrtum für beachtlich erklärt, ist erst in den E II des BGB eingefügt worden. Dabei hat dem Gesetzgeber aber ein klares Konzept gefehlt. Deshalb gilt die Vorschrift heute fast allgemein als **missglückt**[28]. Eine Folge dieser Konzeptlosigkeit ist noch heute der Streit um die Einordnung des § 119 II. Dabei lassen sich hauptsächlich die folgenden Positionen unterscheiden[29]:

767

(1) Die wohl h.M. in der Literatur[30] versteht den Eigenschaftsirrtum als eine **Unterart des Motivirrtums**: Die Vorstellung von der Eigenschaft bilde ein Motiv für die Erklärung. Danach erscheint § 119 II als Ausnahme von der Unbeachtlichkeit des Motivirrtums.

(2) Andere[31] verstehen den Eigenschaftsirrtum als **Erklärungsirrtum**: § 119 II stelle klar, dass auch Eigenschaften zum Inhalt der Erklärung gehörten und daher Gegenstand eines Erklärungsirrtums sein könnten. Dabei soll es nicht darauf ankommen, ob der Erklärende die von ihm gewünschte Eigenschaft irgendwie deutlich gemacht hat.

(3) Vor allem *Flume*[32] stellt demgegenüber auf den Inhalt des konkreten Rechtsgeschäfts ab. Auch die Vorstellung der Eigenschaften eines Gegenstandes oder einer Person könne nämlich Willensbestandteil sein. Entscheidend für die Anfechtbarkeit sei, dass das Rechtsgeschäft sich auf den **Gegenstand oder die Person mit einer bestimmten Eigenschaft** beziehe (AT II § 24, 2 b S. 477). „Der ‚eigentliche' Grund für die Beachtlichkeit des Eigenschaftsirrtums ist hiernach nicht der Irrtum, sondern die Tatsache, dass der Gegenstand oder die Person hinsichtlich einer Eigenschaft nicht dem Rechtsgeschäft entspricht"[33].

dd) Dieser primär um die Einordnung des Eigenschaftsirrtums geführte Streit hat nicht bloß theoretische Bedeutung. Vielmehr betrifft er ganz wesentlich auch den **Anwendungsbereich der Vorschrift**. Insbesondere die Meinung *Flumes* unterscheidet sich erheblich von den oben Rz. 767 bei (1) und (2) genannten Ansichten: Nach *Flume* kommt es nämlich nicht eigentlich auf die „Verkehrswesentlichkeit" der irrtümlich beurteilten Eigenschaft an, sondern auf ihre „Vertragswesentlichkeit" (was regelmäßig enger ist).

768

ee) Der **Rechtsprechung** geht es von vornherein weniger um die Einordnung des § 119 II als um die Abgrenzung seines Anwendungsbereichs. Hierfür bedient sie sich einer in einer langen Entscheidungskette ausgebildeten **Definition der „Eigenschaft"**: Als solche sollen „alle tatsächlichen und rechtlichen Verhältnisse in Betracht (kommen), die infolge ihrer Beschaffenheit und Dauer auf die Brauchbarkeit und den Wert (des Kaufgegenstandes) von Einfluss sind. Diese Beziehungen des Kaufgegenstandes zur

769

---

28 MünchKomm-*Armbrüster* § 119 Rz. 102.
29 Vgl. ausführlich *G. Müller* JZ 1988, 381.
30 Etwa *Hübner* Rz. 786; *Bork* Rz. 860 ff.; *Leipold* § 18 Rz. 31 ff.
31 Etwa mit Unterschied im Einzelnen *Brauer*, Der Eigenschaftsirrtum (1941) und *Schmidt-Rimpler*, Eigenschaftsirrtum und Erklärungsirrtum, FS Lehmann (1956) 213.
32 *Flume*, Eigenschaftsirrtum und Kauf (1948) und in *Flume* AT II § 24, 2; zust. *Pawlowski* AT Rz. 543.
33 *Flume* AT II § 24, 2 b S. 478.

Umwelt sind aber nur dann rechtserheblich, wenn sie in der Sache selbst ihren Grund haben, von ihr ausgehen und den Kaufgegenstand kennzeichnen oder näher beschreiben"[34].

Der BGH hat hieraus etwa gefolgert, der Erwerber eines Erbbaurechts könne nicht deshalb anfechten, weil dieses fast das ganze Vermögen des Veräußerers darstelle[35], sodass er, der Erwerber, als Vermögensübernehmer früher die Haftung aus § 419 fürchten musste. Denn diese Haftung lasse das Erbbaurecht selbst unberührt. Nicht erwähnt hat der BGH dagegen die andere, näher liegende Möglichkeit, einen Irrtum über eine Eigenschaft des Veräußerers (nämlich das Fehlen weiteren Vermögens bei ihm) anzunehmen.

770 **ff)** Den Vorzug verdient die Ansicht *Flumes*[36]: Das Vorgehen der Rechtsprechung zwingt nämlich zu nicht überzeugenden Deduktionen aus einer selbst nie überzeugend begründeten Definition. Die übrigen Meinungen führen zu dem wenig sachgerechten Ergebnis, dass jemand auch wegen einer Eigenschaft soll anfechten können, von der er weder ausgesprochen noch auszusprechen versucht hat, sie sei für ihn wesentlich.

Freilich hat auch die Ansicht *Flumes* einen Nachteil: Sie passt insofern nicht zum **Wortlaut des § 119 II**, als sie – wie schon oben Rz. 768 bemerkt – in der Sache die „Verkehrswesentlichkeit" durch eine „Vertragswesentlichkeit" ersetzt. Doch ist das am ehesten erträglich: Auch der Verkehr beurteilt die Wesentlichkeit einer Eigenschaft stets in Bezug auf ein bestimmtes Geschäft. So sind Vorstrafen wegen Urkundenfälschung für eine Anstellung als Buchhalter wesentlich, für eine Anstellung als Hilfsarbeiter dagegen nicht. Die Meinung *Flumes* fordert darüber hinaus lediglich, dass das Wesentliche vertraglich klargestellt wird, wo es sich nicht von selbst versteht.

771 **gg)** Zu § 119 II bleiben noch **zwei Einzelheiten**:

Zunächst hat „**Sache**" nicht den engen Sinn des „körperlichen Gegenstandes" von § 90. Vielmehr gilt § 119 II auch für Rechte und Vermögensgesamtheiten (z.B. eine Erbschaft[37]; hier kann also ein Irrtum über die Überschuldung Anfechtungsgrund sein: wichtig bei §§ 1943, 1954!)[38].

772 Und zweitens meint § 119 II mit „**der**" Person und „**der**" Sache regelmäßig nur diejenige Person und denjenigen Gegenstand, auf die sich die Willenserklärung bezieht. Das trifft bei Personen wenigstens für den Erklärungsgegner zu, bisweilen aber auch für weitere Personen. So kann der Gläubiger eine Kreditzusage an den Schuldner auch wegen eines Irrtums über die Solvenz des Bürgen anfechten. Bei Gegenständen kann freilich eine strikte Beschränkung auf das, worauf sich das Rechtsgeschäft bezieht, bisweilen zu seltsamen Unterscheidungen führen: Es möge jemand feststellen, dass der gekaufte Wagen nicht in seine Garage passt. Dann könnte man versucht sein darauf abzustellen, ob der Käufer sich über die Maße des Wagens oder diejenigen der Garage

---

34 BGHZ 70, 47, 48.
35 BGHZ 70, 47, 48.
36 A.A. *Wolf/Neuner* § 41 Rz. 64 ff.
37 RGZ 149, 235.
38 Vgl. dazu *Pohl* AcP 177 (1977) 52, 77 ff.

geirrt hat. Das wäre eine gewiss wenig praktische Fragestellung. Als vorzugswürdig erweist sich hier die Ansicht *Flumes*, nach der es nur darauf ankommt, ob sich der Vertrag auf den Wagen als in die Garage passend bezieht; zudem kann § 119 II hier durch § 434 verdrängt sein (vgl. unten Rz. 775).

IV. Weitere Anfechtungsvoraussetzungen

Allein das Vorliegen eines beachtlichen Irrtums genügt für die Anfechtung nicht. Vielmehr müssen noch einige weitere Voraussetzungen erfüllt sein. **773**

1. „Vernünftige" Kausalität

Nach § 119 I muss anzunehmen sein, dass der Irrende die Erklärung „bei Kenntnis der Sachlage und bei verständiger Würdigung des Falles nicht abgegeben haben würde". Der Irrtum muss also für die Erklärung nicht nur subjektiv kausal gewesen sein, sondern für sie auch einen vernünftigen Grund gebildet haben. Schulbeispiel für eine unvernünftig begründete und daher nicht zur Anfechtung berechtigende Kausalität ist die abergläubische Motivation: Jemand weiß nicht, dass das von ihm gekaufte Haus oder das gemietete Hotelzimmer die Nummer 13 hat. Doch fehlt in solchen Fällen regelmäßig schon die für § 119 II nötige Wesentlichkeit. In der Rechtsprechung kommt eine Erheblichkeit der unvernünftigen Kausalität kaum vor.

2. Anfechtungsfrist, § 121

Eine viel wichtigere Einschränkung der Anfechtbarkeit stellt § 121 dar: Die Anfechtung muss **ohne schuldhaftes Zögern (unverzüglich)** erfolgen, d. h. sobald der Erklärende nach Entdeckung des Irrtums und der nötigen Überlegung zumutbarerweise anfechten konnte. Eine Unkenntnis der Anfechtungsmöglichkeit oder -notwendigkeit schließt das Verschulden nur ausnahmsweise aus. Nach § 121 II muss jedoch unabhängig von Kenntnis und Verschulden spätestens 10 Jahre seit der Abgabe der Willenserklärung angefochten werden. Entsprechend dem Charakter der Anfechtung als Gestaltungsrecht handelt es sich bei diesen Fristen um Ausschlussfristen (vgl. oben Rz. 100): Eine verspätete Anfechtung ist also ohne weiteres unwirksam. **774**

Nach § 121 I 2 wird die Frist schon durch die rechtzeitige Absendung der Anfechtungserklärung gewahrt. Der Anfechtungsberechtigte soll also insbesondere nicht das Risiko von Verzögerungen des Postlaufs tragen. Doch erfordert § 121 I 2 die Absendung gerade an den Anfechtungsgegner (vgl. oben Rz. 718 ff.). Nicht genügend ist daher die in einer Klageschrift erklärte Anfechtung[39]: Diese richtet sich ja an das Gericht und erreicht den Anfechtungsgegner nur indirekt (und zudem regelmäßig verspätet).

---

39 BGH NJW 1975, 39.

3. Konkurrenzfragen

775 **a)** Die Regeln über die **Sachmängelhaftung beim Kauf** (§§ 437 ff.[40]) schließen gemäß h.M. die Anfechtung nach § 119 II aus[41]. Das gilt sowohl für den Käufer, der auf die ihm durch die §§ 437 ff. eröffneten Wahlmöglichkeiten beschränkt sein soll, wie auch für den Verkäufer, der sich der Haftung aus diesen Vorschriften nicht durch Anfechtung des Kaufs soll entziehen dürfen[42]. Dabei gilt der Ausschluss des § 119 II nach der vordringenden und zutreffenden Ansicht schon vor der Übergabe der Kaufsache, also bevor die §§ 437 ff. eingreifen: Sonst könnte der Käufer dem bei grober Fahrlässigkeit in § 442 I 2 angeordneten Ausschluss der Sachmängelhaftung entgehen[43].

Zweifelsfrei unberührt bleibt die Irrtumsanfechtung dagegen hinsichtlich aller derjenigen wesentlichen Eigenschaften, die **keinen Sachmangel** darstellen. So kommt insbesondere eine Anfechtung *durch den Verkäufer* in Betracht, wenn die verkaufte Sache besser ist, als sie nach dem Vertrag zu sein hat (das als Kopie verkaufte Bild erweist sich als Original, oder es stammt von einem anderen Künstler, dessen Bilder höher bewertet werden[44]). Unberührt bleiben auch die Anfechtungsmöglichkeiten nach § 119 I, also z.B. wegen eines Irrtums über den Preis oder eines Verschreibens beim Kaufabschluss.

776 **b)** Seltener werden die Sachmängelregeln bei der **Miete** (§§ 536 ff.) und beim **Werkvertrag** (§§ 634 ff.) als die Anfechtung nach § 119 II ausschließend angesehen. Doch fehlt ein ausreichender Grund, hierfür anders zu entscheiden als für den Kauf[45].

777 **c)** Zweifelhaft ist, ob bei einem Irrtum über die Zahlungsfähigkeit des Schuldners (bei Kreditgeschäften sicher eine wesentliche Eigenschaft!) § 321 eine den § 119 II verdrängende Spezialvorschrift bildet[46]. *Flume*[47] bejaht das. Allerdings bleibt die dem Gesetz ursprünglich zugrundeliegende Unterscheidung zwischen anfänglicher Zahlungsunfähigkeit (dann § 119 II) und der erst nachträglichen (dann § 321) sinnvoll: Die schon anfängliche wiegt schwerer und rechtfertigt daher eher die weiter gehende Rechtsfolge der Vernichtung des Geschäfts. Für die den § 321 ausweitende Ansicht *Flumes* spricht jedoch, dass der Kreditgeber häufig nicht sicher wissen wird, wann die Zahlungsunfähigkeit eingetreten ist. Noch anders will *Lindacher*[48] bei anfänglicher Zahlungsunfähigkeit § 321 neben § 119 II **zur Wahl stellen**. Dafür spricht, dass so dem Vorleistungspflichtigen statt der Vernichtung auch die risikolose Durchführung des Geschäfts ermöglicht wird. Seit 2002 genügt es zudem für § 321, dass die mangelnde Leistungsfähigkeit des anderen Teils erst nach dem Vertragsabschluss erkennbar wird (sie kann also schon vorher bestanden haben).

---

40 Vgl. *P. Huber*, Irrtumsanfechtung und Sachmängelhaftung (2001).
41 So etwa *Flume* AT II § 24, 3 a; *Leipold* § 18 Rz. 41 f.; näher *Oechsler*, Vertragliche Schuldverhältnisse (2013) Rz. 478 f.
42 Etwa BGH NJW 1988, 2597, 2598.
43 So *Flume* AT II § 24, 3 a S. 485 gegen BGHZ 34, 32; MünchKomm-*Armbrüster* § 119 Rz. 29 ff.
44 BGH NJW 1988, 2597, 2598.
45 MünchKomm-*Armbrüster* § 119 Rz. 35 f.
46 Vgl. *Flesch* BB 1994, 873.
47 *Flume* AT II § 24, 3 b S. 487.
48 *Lindacher* MDR 1977, 797.

d) Die Regeln über das **Fehlen der Geschäftsgrundlage** werden deshalb häufig nicht mit der Irrtumsanfechtung konkurrieren, weil es bei der Geschäftsgrundlage hauptsächlich um von § 119 nicht erfasste Umstände geht: Irrtümer auf der Motivationsebene oder schlichtes Nichtbedenken. Überschneidungen können sich am ehesten bei § 119 II ergeben. Hier will eine verbreitete Ansicht § 119 ausschließen: Bei beiderseitigem Irrtum sei es ungerecht, einer Partei die Last der Anfechtung aufzuerlegen. Doch ist das nicht allgemein überzeugend[49]. Denn es kann sein, dass eine Partei sich eher um den gemeinsam übersehenen Punkt zu kümmern hatte; sie mag dann anfechten müssen. Das trifft z.B. für den Verkäufer zu, wenn die verkaufte Sache wertvoller als angenommen war: Er mag anfechten und dem Käufer den Vertrauensschaden ersetzen[50].

778

e) Zweifelsfrei ausgeschlossen werden die §§ 119 ff. durch die **gesetzlichen Sonderregelungen des Irrtums**. Diese sind vor allem im **Familienrecht** häufig: Für die Eheschließung gilt § 1314 II Nr. 2 und 3. Die Vaterschaftsanerkennung muss nach §§ 1599 ff. angefochten werden. Bei der Adoption ist mit dem Übergang vom privatrechtlichen Vertrag zum Dekretsystem[51] schon der Ausgangspunkt anders (kein privates Rechtsgeschäft). Hier ergibt § 1760 zudem, dass auch eine Aufhebung wegen Irrtums über wesentliche Eigenschaften des Adoptierten nicht in Betracht kommt[52]. **Erbrechtliche Sonderregelungen** sind die §§ 2078 ff. für das Testament und die §§ 2281 ff. für den Erbvertrag (entsprechend anwendbar auf das bindend gewordene gemeinschaftliche Testament). Dazu kommt als wenig glückliche, weil unangemessen zur Nichtigkeit führende Ausnahmevorschrift § 1949 für die Erbschaftsannahme. Dagegen bilden die §§ 1954 ff. nur eine Spezialregelung für Form und Frist der Anfechtung; für den Anfechtungsgrund bleiben hier die §§ 119 f. maßgeblich.

779

4. Riskante Geschäfte

Nicht im Gesetz geregelt, aber doch anerkannt ist der Ausschluss der Irrtumsanfechtung bei riskanten Geschäften, wenn der Irrtum im Bereich des übernommenen Risikos liegt. So trägt der Käufer von Bauerwartungsland das Risiko, dass dieses nicht wirklich zu Bauland wird. Und der Käufer eines neuartigen Ultraschallgeräts kann damit rechnen müssen, dass dieses nicht die volle erwartete Heilwirkung hat (BGHZ 16, 54, 57 f.).

780

Insbesondere zum Risiko des Bürgen gehört regelmäßig die Leistungsfähigkeit des Hauptschuldners: Gerade die hieraus folgende Ungewissheit soll der Bürge dem Gläubiger ja abnehmen. Daher scheidet insoweit eine Anfechtung aus[53].

5. Die Beschränkung auf das Gewollte

Die Anfechtung vernichtet regelmäßig die Willenserklärung und damit das auf sie sich gründende Geschäft vollständig (vgl. oben Rz. 726). Doch kann das als anstößig

781

---

49 Vgl. schon *Medicus/Petersen* BürgR Rz. 162.
50 Ebenso *Flume* AT II § 24, 4 S. 488, wohl auch *Hübner* Rz. 808 f.
51 Vgl. *Gernhuber/Coester-Waltjen* FamR § 68 Rz. 11.
52 Vgl. *Gernhuber/Coester-Waltjen* FamR § 68 Rz. 154.
53 *Flume* AT II § 24, 4 S. 490.

erscheinen, wenn das irrtumsbehaftete Geschäft auch einen irrtumsfreien Teil enthält oder wenn sich das irrtumsfreie Geschäft sonst retten lässt: K möge bei V 100 Badehosen bestellen, doch möge die Zahl irrtümlich als 1000 geschrieben werden; kann V den K jetzt wenigstens am Kauf von 100 Badehosen festhalten? Oder: Der von K gebotene Kaufpreis möge von 34 in 43 EUR verschrieben worden sein; muss K die Ware wenigstens für 34 EUR abnehmen, wenn V ihm das anbietet? Die heute ganz h.M. bejaht das mit Recht[54]: Der Irrende verstößt gegen Treu und Glauben, wenn er die Erklärung nicht wenigstens in dem von ihm gemeinten Sinn gelten lässt; das Anfechtungsrecht gibt kein **Reurecht**[55]. Wenn er jedoch zugleich nach § 355 widerrufsberechtigt ist, ist er daran nicht unter dem Gesichtspunkt des Reurechts gehindert[56].

6. Der Ausschluss der Irrtumsanfechtung in Dauerrechtsverhältnissen

782 Die Irrtumsanfechtung führt zur Nichtigkeit; daher müssen die schon ausgetauschten Leistungen nach Bereicherungsrecht zurückgewährt werden (vgl. oben Rz. 726). Das kann insbesondere bei Dauerrechtsverhältnissen zu erheblichen Schwierigkeiten führen. Daher will eine verbreitete Lehre bei einigen in Vollzug gesetzten Dauerrechtsverhältnissen statt der zurückwirkenden Anfechtung bloß ein in seiner Wirkung auf die Zukunft beschränktes Kündigungsrecht geben[57]. Das ist ein Ausschnitt aus der früher sog. Lehre vom „faktischen" Arbeitsverhältnis bzw. der „faktischen" Gesellschaft (vgl. oben Rz. 253); die Einzelheiten gehören ins Arbeits- und Gesellschaftsrecht[58].

V. Die Ersatzpflicht des Anfechtenden nach § 122

783 1. Wenn der Irrende seine Willenserklärung anficht, enttäuscht er das Vertrauen des Erklärungsempfängers. Diese Enttäuschung kann zu mannigfachen Schäden führen: Der Empfänger kann Aufwendungen für den Abschluss (z.B. Reise- oder Beurkundungskosten) und die Durchführung des Vertrags (z.B. Verpackungs- oder Transportkosten) gemacht haben, die sich nun als nutzlos erweisen. Zudem mag dem Erklärungsempfänger ein anderes Geschäft entgangen sein, das er ohne das Vertrauen auf das später angefochtene Geschäft abgeschlossen hätte. Solche Schäden nennt man **Vertrauensschäden (negatives Interesse)**. Sie soll der Anfechtende nach § 122 I regelmäßig ersetzen müssen, und zwar ohne Rücksicht darauf, ob ihn an dem Irrtum ein Verschulden trifft: Diese Ersatzpflicht ist gleichsam der Preis, den der Irrende bezahlen muss, um von seiner Erklärung freizukommen.

784 2. Freilich hat diese Ersatzpflicht **zwei Einschränkungen**.

---

54 Etwa *Flume* AT II § 21, 6 S. 421 f.; MünchKomm-*Armbrüster* § 119 Rz. 141, einschränkend *M. Müller* JuS 2005, 18.
55 Anders aber *Spieß* JZ 1985, 593, gegen ihn *Krampe/M. Berg* Jura 1986, 206. Eingehend zum Ganzen *Lobinger* AcP 195 (1995) 274; vgl. auch *Bitter* § 7 Rz. 133.
56 *Leenen* Rz. 144.
57 Vgl. etwa *Brox*, Die Einschränkung der Irrtumsanfechtung (1960) 214 ff.; *Picker*, Die Anfechtung von Arbeitsverträgen, ZfA 1981, 1; *P. Schwerdtner* Jura 1989, 642; MünchKomm-*Armbrüster* § 119 Rz. 142.
58 Vgl. etwa *Zöllner/Loritz/Hergenröder* ArbR § 5 Rz. 3, § 14 Rz. 5; *Kübler/Assmann* § 26.

a) Erstens ist nach § 122 I das zu ersetzende negative Interesse der Höhe nach **durch das positive** (den Schadensersatz statt der Leistung) **begrenzt** („... jedoch nicht über den Betrag des Interesses hinaus ..."). Der Anfechtungsgegner soll eben nicht besser stehen, als er auch bei Durchführung des Geschäfts gestanden hätte. Nicht zu ersetzen ist also z.B. der entgangene Gewinn aus einem nicht abgeschlossenen anderen Geschäft, soweit dieses günstiger war als das durch die Anfechtung vernichtete: Wer z.B. an dem angefochtenen Geschäft 100 verdient hätte, kann nicht 200 mit der Begründung verlangen, er hätte diesen Betrag ohne das Vertrauen auf das angefochtene Geschäft verdienen können.

b) Zweitens soll nach § 122 II die Schadensersatzpflicht überhaupt nicht eintreten, wenn der Geschädigte den **Grund der Anfechtbarkeit** (also den Irrtum) **kannte oder kennen musste**. Das versteht sich für den Fall der Kenntnis des Erklärungsempfängers von selbst: Wenn dieser den wahren Sachverhalt kannte, war er nicht im Irrtum und kann auch keinen Vertrauensschaden erlitten haben. Problematischer ist das Kennenmüssen, zumal der gänzliche Wegfall des Ersatzanspruchs der nach § 254 regelmäßig eintretenden Schadensteilung widerspricht. Daher muss man das „Kennenmüssen" eng verstehen: Regelmäßig braucht niemand Aufmerksamkeit darauf zu verwenden, ob sich sein Erklärungsgegner irrt, sodass ein Nichtkennen fremder Irrtümer nicht fahrlässig ist. Für das „Kennenmüssen" bleiben daher im Wesentlichen nur diejenigen Fälle, in denen ein Irrtum derart evident ist, dass wenigstens eine Rückfrage naheliegt.

785

Andererseits wird die Ersatzpflicht des Anfechtenden aber noch über den Wortlaut des § 122 II hinaus eingeschränkt: RGZ 81, 395, 398 f. hat den Schadensersatzanspruch eines Anfechtungsgegners, der den **Irrtum selbst veranlasst** hatte, mit dem Arglisteinwand ganz beseitigt (dort hätte man aber wohl auch Kennenmüssen bejahen können). Und BGH NJW 1969, 1380 will bei schuldloser Mitverursachung des Irrtums den Ersatzanspruch wenigstens entsprechend § 254 mindern: Da der Anfechtende ohne Verschulden hafte, müsse auch eine schuldlose Mitverursachung ersatzmindernd berücksichtigt werden. Das hat in der Literatur überwiegend Zustimmung gefunden[59], dürfte jedoch kaum allgemein gelten: Der Erklärungsempfänger ist für die fremde Erklärung regelmäßig nicht verantwortlich und daher an deren Risiken nicht verschuldensunabhängig zu beteiligen.

786

---

59 Etwa *Herm. Lange/Schiemann*, Schadensersatz (3. Aufl. 2003) § 10 VII 2.

§ 49 Die Anfechtbarkeit wegen arglistiger Täuschung

Literatur: *Büchler*, Die Anfechtungsgründe des § 123, Jus 2009, 976; *Haasen*, Zur Beweislast bei der Anfechtung wegen arglistiger Täuschung, VersR 1954, 482; *von Lübtow*, Zur Anfechtung von Willenserklärungen wegen arglistiger Täuschung, FS Bartholomeyczik (1973) 249; *Mankowski*, Arglistige Täuschung durch vorsätzliche falsche oder unvollständige Angaben auf konkrete Fragen, JZ 2004, 121; *Petersen*, Täuschung und Drohung im Bürgerlichen Recht, Jura 2006, 904; Vgl. auch unten Rz. 793; vor Rz. 800.

787 In den §§ 119, 120 kommt es nicht darauf an, durch wen und wie der Irrtum entstanden ist. Die nötige Einschränkung der Anfechtungsmöglichkeit schafft das Gesetz hier vielmehr durch die enge Begrenzung der rechtserheblichen Irrtümer, insbesondere durch die Ausgrenzung des Motivirrtums (vgl. oben Rz. 744 ff.). Diese Schranke gibt es bei der arglistigen Täuschung nicht: Dort genügt nach § 123 jeder Irrtum, insbesondere auch **jeder Motivirrtum**. Demgegenüber muss dieser Irrtum aber in qualifizierter Weise herbeigeführt worden sein, nämlich durch eine vom Anfechtungsgegner zu verantwortende oder zu kennende arglistige Täuschung.

I. Die Anfechtungsvoraussetzungen im Allgemeinen

788 **1. Täuschung** ist die bewusste (vorsätzliche) Erregung eines Irrtums; wenn eine Pflicht zur Aufklärung besteht (vgl. unten Rz. 795 ff.), genügt auch die Aufrechterhaltung eines schon bestehenden Irrtums. Diese Irrtumserregung kann bereits darin liegen, dass als gewiss hingestellt wird, was ungewiss ist. Das gilt insbesondere für Behauptungen „ins Blaue hinein", also wenn z.B. der Verkäufer den ihm unbekannten Gebrauchtwagen auf gut Glück als „unfallfrei" bezeichnet[1]. Entsprechendes gilt z.B. für den Grundstückskauf[2] oder die Veräußerung von Gesellschaftsanteilen[3].

789 **2. Arglist** bedeutet: Die Täuschung muss bezwecken, die Willenserklärung des Getäuschten herbeizuführen. Arglist fehlt also z.B. wenn dem erkanntermaßen zum Geschäft ohnehin Entschlossenen noch weitere Vorteile vorgespiegelt werden.

Andererseits bedarf es zur Arglist keiner Schädigungsabsicht; auch bloßer Schädigungsvorsatz ist unnötig[4]. § 123 ist also weiter als § 263 StGB: § 123 schützt die irrtumsfreie Willensbildung, nicht bloß das Vermögen.

Der BGH[5] hat einmal gesagt, Arglist sei ausgeschlossen, wenn der Täuschende „das Beste" des Getäuschten gewollt habe. Dem ist zu widersprechen[6]:

Jeder voll Geschäftsfähige soll über „sein Bestes" selbst bestimmen können; wenn diese Selbstbestimmung zunächst durch die Täuschung vereitelt worden ist, muss sie wenigstens nachträglich durch die Anfechtungsmöglichkeit nach § 123 gewährt werden.

790 **3.** Endlich muss der Getäuschte bei § 123 gerade durch die Täuschung zu seiner Willenserklärung bestimmt worden sein; nötig ist also **Kausalität** zwischen der Täuschung und der Willenserklärung (vgl. unten Rz. 804). Daran fehlt es insbesondere, wenn der Getäuschte zu dem Geschäft jedenfalls entschlossen war: Es will also z.B. jemand ein bestimmtes Grundstück wegen dessen Lage kaufen; die den Gegenstand der Täuschung bildenden Mängel des darauf stehenden Hauses sind ihm gleichgültig, weil er dieses ohnehin abzureißen gedenkt. Doch ist in solchen Fällen zu fragen, ob die Täu-

---

1 Vgl. BGH NJW 1981, 1441; BGHZ 168, 64 Rz. 13 ff.
2 BGH NJW-RR 1986, 700.
3 BGHZ 138, 195.
4 BGH NJW 1974, 1505, 1506.
5 BGH LM § 123 BGB Nr. 9.
6 *Flume* AT II § 29, 2 S. 543; MünchKomm-*Armbrüster* § 123 Rz. 17.

schung wenn schon nicht den Abschluss, so doch den Inhalt des Geschäfts (z.B. die Höhe des Kaufpreises) beeinflusst hat.

II. Einzelheiten zur Täuschung

Regelmäßig liegt eine Täuschung vor, wenn jemand vorsätzlich falsche Angaben macht. Problematisch sind erst die Ausnahmen von dieser Regel. Sie sind in zwei Richtungen denkbar: Es kann trotz falscher Angaben an einer Täuschung fehlen (vgl. unten Rz. 792 ff.), oder es kann eine Täuschung auch ohne falsche Angaben (also insbesondere durch Unterlassen) begangen werden (vgl. unten Rz. 795 ff.). 791

1. Unwahre Angaben ohne Täuschungscharakter

a) Eine Täuschung im Rechtssinn scheidet zunächst dann aus, wenn das **Gesetz** eine **unwahre Antwort zulässt**. Das gilt für Vorstrafen nach dem BundeszentralregisterG v. 18. 3. 1971 idF v. 21. 9. 1984 (*Schönfelder* Nr. 92): Nach § 53 dieses Gesetzes darf sich ein Verurteilter als unbestraft bezeichnen und braucht den der Verurteilung zugrundeliegenden Sachverhalt nicht zu offenbaren, wenn die Verurteilung nicht in ein Führungszeugnis aufzunehmen oder wenn sie zu tilgen ist. Dafür gelten nach den §§ 34, 46 des Gesetzes bestimmte Fristen: Nach deren Ablauf soll der Makel der Vorstrafe auch im rechtsgeschäftlichen Verkehr mit anderen getilgt sein. Der Gesetzgeber stellt hier also das Interesse des Geschäftspartners, von solchen älteren Vorstrafen zu erfahren, hinter das Interesse des Verurteilten zurück, als unbestraft zu erscheinen. 792

b) Eine Täuschung im Rechtssinn wird aber auch dann verneint, wenn die unwahre Antwort auf eine **unzulässige Frage** gegeben worden ist. Denn wenn der unzulässig Befragte nur die Antwort verweigern dürfte, würde ihn das nicht hinreichend gegen nachteilige Folgerungen aus seiner Verweigerung schützen. 793

Welche Fragen unzulässig sind, wird vor allem im **Arbeitsrecht** diskutiert[7]: Darf etwa der Arbeitgeber bei den Einstellungsverhandlungen nach der Gewerkschafts- (h.M. nein) oder der Parteizugehörigkeit (allgem. M. nein), nach der Eigenschaft als Schwerbehinderter[8], nach AIDS[9], nach einer Schwangerschaftsabsicht (sicher nein) oder nach einem Konkubinat (sicher nein; Ausnahmen allenfalls bei qualifizierten kirchlichen Arbeitsverhältnissen) fragen? Die Zulässigkeit anderer Fragen (z.B. nach Vorstrafen und Schulden) dürfte von den Erfordernissen des zu besetzenden Arbeitsplatzes abhängen. In diesem Sinn etwa das BAG[10] zur Frage nach einer Körperbehinderung, ähnlich für die Frage nach der früher bezogenen Vergütung[11] und nach Vorstrafen[12].

---

7 Dazu etwa *Meilicke* BB 1986, 1288, gegen ihn *Colneric* BB 1986, 1573, zudem *Moritz* NZA 1987, 329.
8 BAG NJW 1987, 398; 1996, 2323, im Ansatz auch BAG NZA 2001, 315: ja.
9 Vgl. *Klak* BB 1987, 1382/4; *Heilmann* BB 1989, 1413.
10 BAG NJW 1985, 645; 1994, 1363.
11 BAG DB 1984, 298.
12 BAG NZA 1999, 975.

Besonders heftige Diskussionen gab es um die Zulässigkeit der Frage des Arbeitgebers nach einer **Schwangerschaft**. Das Interesse des Arbeitgebers an einer solchen Frage folgt daraus, dass eine Schwangere alsbald wieder ausfällt und bei Bestehen eines Beschäftigungsverbots weiterhin den sog. **Mutterschutzlohn** nach §§ 11 MuSchG erhält. Wegen dieser Kosten und der „Erschwerung des betrieblichen Arbeitsablaufs" hatte das BAG die Frage nach einer Schwangerschaft früher weitgehend für zulässig gehalten[13]. Später hatte das Gericht unter dem Eindruck der Richtlinie 76/207/EWG des Rates vom 9. 2. 1976[14] und dem darauf beruhenden früheren § 611 a angedeutet, die Frage könne auf eine unzulässige Benachteiligung wegen des Geschlechts hinauslaufen; doch sei sie ausnahmsweise zulässig, wenn sich um den Arbeitsplatz nur Frauen bewürben[15]. Allerdings hielt der EuGH eine solche Differenzierung für unzulässig[16]. Dem wollte das BAG in der Folge dadurch Rechnung tragen, dass die Frage nur noch ausnahmsweise als berechtigt angesehen wurde, „wenn sie objektiv dem gesundheitlichen Schutz der Bewerberin und des ungeborenen Kindes dient"[17]. Doch auch diese Auslegung hielt vor dem EuGH nicht stand, weil die Bewerberin die Tätigkeit bei einem unbefristeten Arbeitsvertrag nach Ablauf der gesetzlichen Schutzfristen wieder ausüben könne[18]. Da es sich lediglich um ein **vorübergehendes Beschäftigungshindernis** handle, sei die Frage nach der Schwangerschaft selbst dann unzulässig, wenn die Bewerberin die Tätigkeit wegen eines Beschäftigungsverbots zunächst überhaupt nicht aufnehmen könne, weil es keinen Unterschied mache, wann es zur Schwangerschaft komme[19]. Daher wird die Frage nach der Schwangerschaft jedenfalls bei unbefristeten Arbeitsverhältnissen heute wegen Verstoßes gegen §§ 1, 7 I AGG (zum AGG oben Rz. 479 a) inzwischen generell für unzulässig gehalten[20]. In den Einzelheiten bis heute umstritten geblieben ist dagegen die Behandlung befristeter Beschäftigungsverhältnisse. Der EuGH lässt die Frage auch in solchen Fällen nicht zu, da sie unabhängig davon eine verbotene Diskriminierung darstelle, ob dem Arbeitgeber ein Schaden entstehe[21]. Für eine solche Sichtweise spricht immerhin, dass auch bei unbefristeten Arbeitsverhältnissen deren Dauerhaftigkeit keineswegs gewiss ist. Zweifelhaft erscheint eine solche Sichtweise indessen bei besonders kurz befristeten Arbeitsverträgen, insbesondere wenn die Bewerberin die Tätigkeit nach Ablauf des Mutterschutzes gar nicht mehr oder nur noch unverhältnismäßig kurz wird ausüben können (Beispiel: für eine befristete Schwangerschaftsvertretung bewirbt sich eine selbst Schwangere). Hier wird man eine Lüge in besonderen Einzelfall durchaus für rechts-

---

13 BAG NJW 1962, 74, 75.
14 Richtlinie 76/207/EWG des Rates vom 9. 2. 1976 zur Verwirklichung des Grundsatzes der Gleichbehandlung von Männern und Frauen hinsichtlich des Zugangs zur Beschäftigung, zur Berufsbildung und zum beruflichen Aufstieg sowie in bezug auf die Arbeitsbedingungen (Genderrichtlinie); inzwischen aufgegangen in der Richtlinie 2006/54/EG des Europäischen Parlaments und des Rates vom 5. 7. 2006 zur Verwirklichung des Grundsatzes der Chancengleichheit und Gleichbehandlung von Männern und Frauen in Arbeits- und Beschäftigungsfragen (Gleichbehandlungsrichtlinie).
15 BAG NJW 1987, 397; aufgegeben in BGH NJW 1993, 1154; krit. *Adomeit* JZ 1993, 844; *Adams* ZIP 1994, 499.
16 EuGH NJW 1991, 628 („Dekker").
17 BAG NJW 1994, 148.
18 EuGH NJW 1994, 2077; 1995, 123 Rz. 26.
19 EuGH NJW 2000, 1019 ("Mahlburg").
20 Vgl. BAG NZA 2003, 848 (bereits vor dem Inkrafttreten des AGG). Zur unveränderten Rechtslage unter dem AGG ausführlich *Pallasch* NZA 2007, 306.
21 EuGH NJW 2002, 123 („Tele Danmark"); ebenso LAG Köln NZA-RR 2013, 232.

missbräuchlich halten dürfen[22]. Auch rechtspolitisch stößt der weitgehende Schutz auf Kritik[23]: Gerade in Klein- und Kleinstbetriebe oder in Branchen mit besonders ausgeprägten Effizienzanforderungen steht man der Einstellung von jungen Frauen oft eher zurückhaltend gegenüber und zieht stattdessen Männer vor, ohne dass die faktische Diskriminierung dabei für eine Rechtsverfolgung hinreichend zum Ausdruck kommt.

Ein **ausdrückliches gesetzliches Frageverbot** enthält der nach Art. 140 GG fortgeltende Art. 136 III der Weimarer Reichsverfassung von 1919 hinsichtlich der Zugehörigkeit zu einer Religionsgemeinschaft. 794

2. Täuschung ohne falsche Angaben 795

a) Ohne falsche Angaben kann dann getäuscht werden, wenn eine **Pflicht zum Reden** (also zur Aufklärung eines Irrtums des anderen Teils) besteht. Unter welchen Voraussetzungen das zu bejahen ist, „entzieht sich der gesetzlichen Lösung"[24]. Auch die in Rechtsprechung und Literatur verwendeten allgemeinen Formulierungen sind wenig hilfreich. So verlangt das RG für die Annahme einer Offenbarungspflicht, dass „Treu und Glauben nach der Verkehrsauffassung das Reden erfordern, der andere Teil nach den Grundsätzen eines realen Geschäftsverkehrs eine Aufklärung erwarten durfte"[25]. Nach BGH NJW 2001, 3331, 3332 besteht zwar regelmäßig keine Rechtspflicht, den Verhandlungspartner über die für diesen wichtigen Umständen aufzuklären. Anders liege es aber, wenn der Partner die Aufklärung nach der Verkehrsauffassung erwarten durfte[26].

b) Zu konkreteren Ergebnissen gelangt man häufig, wenn man das **Gesamtverhalten des täuschenden Teils** betrachtet. In den allermeisten Fällen handelt es sich nämlich gar nicht darum, dass ihm zugemutet wird, ohne weiteres etwas seiner Verhandlungsposition Nachteiliges zu offenbaren. Vielmehr geht es regelmäßig nur um die Pflicht, einen nach den gesamten Umständen naheliegenden Irrtum des Erklärenden zu berichtigen: Häufig ist eine ausdrückliche Frage des Erklärenden gerade deshalb unterblieben, weil dieser nach den Umständen und insbesondere nach dem Verhalten des anderen Teils glaubte, Bescheid zu wissen. 796

Gut illustrieren lässt sich das mit Beispielen aus dem Bereich, in dem § 123 auch in der Praxis die größte Bedeutung hat: nämlich dem **Handel mit** (zumal gebrauchten) **Kraftfahrzeugen**. Wer z.B. ein Kraftfahrzeug auf eine Anzeige hin anbietet, in der ein „unfallfreier Gebrauchtwagen" gesucht wird, muss einen erheblichen Unfall schon deshalb ungefragt offenbaren, weil der Käufer ersichtlich einen unfallfreien Wagen erwartet. Aber auch ohne besondere Nachfrage ist ein Unfall, bei dem es zu mehr als bloßen „Bagatellschäden" gekommen ist, zu offenbaren. Das gilt selbst bei fachgerechter Reparatur. Denn zwar eignet sich der Wagen hiernach für die Benutzung im Straßenverkehr, also für die gewöhnliche Verwendung, jedoch darf der Käufer ohne ent-

---

22 *Thüsing/Lambrich* BB 2002, 1146, 1148; *Kamanabrou* Anm. zu BAG AP BGB § 611 a Nr. 21.
23 *Westenberg* NJW 2003, 490, 492.
24 So zutreffend Mot. I 208 = *Mugdan* I 467.
25 RGZ 111, 233, 234.
26 Ähnlich formuliert *Flume* AT II § 29 I S. 541: „Ob eine Pflicht zum Reden besteht, bestimmt sich nach den Anschauungen, welche für einen fairen Geschäftsverkehr bestehen, wobei es auf die Art des Geschäftstypus ankommt".

sprechende Aufklärung als übliche Beschaffenheit grundsätzlich ein unfallfreies Fahrzeug erwarten (§ 434 I 2 Nr. 2)[27]. Erforderlich ist also nicht zwingend, dass die Verwendbarkeit des Vertragsgegenstands für den Käufer in Frage steht. Ähnlich verhält es sich hinsichtlich der Fahrleistung: Wenn der fünfstellige Kilometerzähler 50.000 km angibt, muss der hierdurch erzeugte Eindruck regelmäßig ungefragt korrigiert werden, wenn der Wagen schon 150.000 km gelaufen ist. Diese Pflicht entfällt nur dann, wenn die höhere Fahrleistung nach den Umständen (hohes Alter des Wagens, geringer Preis) ohnehin naheliegt. Wer ein Kraftfahrzeug als fabrikneu verkauft, kann zu dem Hinweis verpflichtet sein, dieses habe schon einige Zeit „auf Halde" gestanden, insbesondere wenn das Modell nicht mehr unverändert hergestellt wird oder Lagerschäden zu befürchten sind[28]. Arglistig täuscht weiter, wer einen Neuwagen zu einem „Sonderpreis" anbietet und verschweigt, dass dieser sogar noch über der unverbindlichen Preisempfehlung des Herstellers liegt[29]. Übertrieben aber LG Münster DAR 1990, 22: Ein Kraftfahrzeughändler habe einen Käufer unmissverständlich aufzuklären, wenn der Fahrzeugtyp als besonders rostanfällig gilt.

797 Ähnlich liegt es auch bei **anderen Geschäften**: Regelmäßig braucht zwar niemand ungefragt seine Schwächen zu offenbaren. Wer aber durch sein eigenes Gesamtverhalten einen bestimmten Eindruck erweckt, sodass womöglich der andere Teil keinen Anlass zu einer diesbezüglichen Frage sieht, muss diesen Eindruck korrigieren, wenn er falsch ist[30]. So muss, wer sich für eine bestimmte Tätigkeit bewirbt, auch ungefragt offenbaren, dass ihm die dazu nötigen Fähigkeiten fehlen[31]. Wer eine 78-jährige, seit Jahren bettlägerig kranke Rentnerin ohne nennenswerte liquide Mittel als „Kauffrau" bezeichnet und für sie hohen Kredit in Anspruch nimmt, täuscht (BGH NJW 1974, 1505). Der Käufer eines bebauten Grundstücks wird regelmäßig annehmen, dass das Gebäude mit einer Baugenehmigung errichtet worden ist; daher muss der Verkäufer auf deren Fehlen hinweisen; dagegen ist regelmäßig nicht ungefragt zu offenbaren, das Gebäude sei in Schwarzarbeit gebaut worden[32], gleichfalls nicht die frühere Nutzung des Kaufgrundstücks als Industriegelände[33]. Bei unklaren Antworten in einem Versicherungsantrag kann dem Versicherer eine Nachfrage obliegen[34].

798 c) Praktisch besonders wichtig ist die Frage, inwieweit der **Geschäftsführer einer GmbH** bei einem Vertragsabschluss für diese auf deren wirtschaftlich bedrängte Lage hinweisen muss. Denn bei Annahme einer solchen Pflicht begründet deren vorsätzliche Verletzung nicht bloß die Anfechtbarkeit nach § 123. Vielmehr bedeutet die vorsätzliche Pflichtverletzung regelmäßig auch einen Eingehungsbetrug, für den der Geschäftsführer nach §§ 823 II BGB, 263 StGB sogar persönlich haftet. So kann durch die juristische Person hindurch auf den handelnden Geschäftsführer gegriffen werden (vgl.

---

27 BGH NJW 2008, 53; BGHZ 29, 148, 150.
28 BGH NJW 1980, 1097; 2127; 2013, 1365. Vgl. auch BGH NJW 2004, 160.
29 OLG Frankfurt DAR 1982, 294.
30 Vgl. etwa BGH NJW 2001, 3331, 3332.
31 Vgl. BAG NJW 1989, 929.
32 BGH NJW 1979, 2243.
33 BGH NJW 1994, 253.
34 BGHZ 117, 385.

unten Rz. 1105 f.). Dies kommt auch als Anspruch aus Verschulden bei Vertragsverhandlungen in Betracht[35].

Das BAG[36] hatte folgenden Fall zu entscheiden: Der Beklagte war Geschäftsführer einer GmbH, die ihrerseits persönlich haftender Gesellschafter einer KG war (also insgesamt eine GmbH & Co KG). Am 27. 7. 1972 schloss der Beklagte namens der KG mit dem Kläger zum 1. 8. 1972 einen Anstellungsvertrag ab. Der Kläger trat seine Arbeit zwar an, erhielt aber keine Vergütung mehr. Am 4. 9. 1972 teilte die KG ihren Arbeitnehmern mit, sie müsse den Betrieb wegen Zahlungsschwierigkeiten einstellen. Der Kläger verlangt nun vom Beklagten persönlich Schadensersatz.

Das BAG betont hier mit Recht: Der Arbeitnehmer müsse beim Abschluss des Arbeitsvertrags ungefragt offenbaren, wenn sein Gesundheitszustand so schlecht sei, dass er möglicherweise die Arbeit nicht vertragsgerecht aufnehmen könne. Dann müsse umgekehrt auch der Arbeitgeber verpflichtet sein, ungefragt Umstände offen zu legen, die seine Fähigkeit zur Lohnzahlung ernsthaft in Frage stellen. Das muss umso mehr gelten, als beim Abschluss eines Arbeitsvertrags eher dem Arbeitgeber eine ausdrückliche Frage nach der Gesundheit des Arbeitnehmers zuzumuten ist, als dem Arbeitnehmer die Frage nach der Zahlungsfähigkeit des Arbeitgebers.

Bei **anderen Verträgen** als Arbeitsverträgen ist freilich eher Zurückhaltung gegenüber der Annahme einer Pflicht zur Offenbarung eigener Bedrängnis geboten. So soll, wer Kredit aufnimmt, regelmäßig nicht schon bloße Zweifel an seiner künftigen Zahlungsfähigkeit offenbaren müssen, sondern nur das Fehlen einer begründeten Aussicht auf die Rückzahlung[37]. Strengere Maßstäbe sollen bloß bei Bestehen oder Begründung eines besonderen Vertrauensverhältnisses gelten[38]. 799

III. Die Person des Täuschenden

Literatur: *Immenga*, Der Begriff des „Dritten" nach § 123 II BGB beim finanzierten Beitritt zu einer Abschreibungsgesellschaft, BB 1984, 5; *Schubert*, Unredliches Verhalten Dritter bei Vertragsabschluss, AcP 168 (1968) 470; *Windel*, Welche Willenserklärungen unterliegen der Einschränkung der Täuschungsanfechtung gemäß § 123 II BGB?, AcP 199 (1999) 421.

1. Anders als bei der widerrechtlichen Drohung kommt es für die Anfechtungsmöglichkeit wegen arglistiger Täuschung darauf an, wer die Täuschung vorgenommen hat: Wenn die **Täuschung von einem Dritten** stammt, ist eine **empfangsbedürftige Erklärung** nur anfechtbar, wenn der Erklärungsempfänger die Täuschung kannte oder kennen musste, § 123 II 1. Gegenüber einem anderen, „der aus der Erklärung unmittelbar ein Recht erworben hat", kann nach § 123 II 2 angefochten werden, wenn dieser die Täuschung kannte oder kennen musste. Das betrifft wohl in erster Linie den Dritten beim echten Vertrag zugunsten Dritter, § 328 I[39]. 800

---

35 Vgl. oben Rz. 456 zu § 311 III und BGH NJW-RR 1991, 1312.
36 BAG NJW 1975, 708 (dazu *Heckelmann* SAE 1976, 126 ff.)
37 Dazu ausführlich BGH VersR 1991, 1247, 1249.
38 BGH ZIP 1991, 1489, 1491.
39 Doch vgl. *Flume* AT II § 29, 3 S. 546.

Streitig ist, ob unter § 123 II 2 auch die **Schuldübernahme nach § 415** fällt, also durch Vertrag des Übernehmers und des Altschuldners mit Genehmigung des Gläubigers: Darf hier der vom Altschuldner hinsichtlich des Grundgeschäfts arglistig getäuschte Übernehmer gegenüber dem Gläubiger (der ja den Anspruch gegen den Übernehmer erlangt hat) auch dann anfechten, wenn dieser die Täuschung weder kannte noch kennen musste? BGHZ 31, 321 hat diese Anfechtung bejaht. Demgegenüber wendet die Literatur überwiegend § 417 II analog an[40]. Dem ist zuzustimmen: Die Schuldübernahme nach § 415 sollte nicht anders behandelt werden als die vom Gesetz als Normalfall angesehene nach § 414, und bei dieser kommt es nach § 123 II 1 zweifelsfrei auf die Kenntnis oder das Kennenmüssen des Gläubigers an.

Ist die anzufechtende Erklärung nicht **empfangsbedürftig** (z.B. eine Auslobung), so bestimmt § 123 II keine Einschränkung: Diese Erklärung ist also ohne Rücksicht darauf anfechtbar, wer die Täuschung verübt hat.

801 2. Im hauptsächlich vorkommenden Fall dagegen, nämlich bei der empfangsbedürftigen Willenserklärung, hat nach § 123 II die **Abgrenzung des „Dritten"** Bedeutung[41]. Dabei neigt man dazu, den „Dritten" eng zu verstehen, um die Anfechtungsmöglichkeit zu erweitern: Als Dritter wird nicht schon jeder andere als der Empfänger der durch die Täuschung beeinflussten Erklärung verstanden. Vielmehr wird der „Dritte" letztlich nach Billigkeitserwägungen abgegrenzt: Dritte sind nicht die Vertrauenspersonen des Erklärungsempfängers[42] sowie diejenigen, deren Verhalten diesem „nach Billigkeitsgesichtspunkten unter Berücksichtigung der Interessenlage"[43] zuzurechnen ist.

Nicht als **Dritter** gewertet wird danach allemal ein Vertreter des Erklärungsempfängers; auch nicht ein Vertreter ohne Vertretungsmacht, dessen Handeln der Erklärungsempfänger genehmigt[44]. Nicht Dritter ist gleichfalls ein beauftragter Verhandlungsgehilfe ohne Abschlussvollmacht[45]. Insgesamt werden hier ähnliche Rechtsgedanken verwendet wie bei der Verantwortlichkeit für Gehilfen (§ 278) aus Verschulden bei Vertragsverhandlungen (vgl. oben Rz. 444 ff.). Auf derselben Linie liegt ein weiteres Urteil[46]: Nicht Dritter sei im Verhältnis des Leasingnehmers zum Leasinggeber auch der Lieferant des Leasingguts, der den Abschluss des Leasingvertrags vorbereitet und dabei den Leasingnehmer arglistig getäuscht hatte. Auch der Alleingesellschafter einer GmbH braucht für eine an diese gerichtete Erklärung nicht Dritter zu sein[47].

802 Ein wichtiger Anwendungsfall der eben geschilderten Erweiterung der Täuschungsanfechtung ist das **fremdfinanzierte Geschäft (B-Geschäft)**, das vor allem beim Abzahlungskauf vorkommt: Dem Käufer wird der nötige Kredit nicht vom Verkäufer gewährt, sondern von einem Dritten, regelmäßig einer Bank. Dabei tritt aber der Käufer mit dem Dritten nicht direkt in Verhandlungen, sondern nur durch Vermittlung des

---

40 *Flume* AT II § 29, 3 S. 547; MünchKomm-*Armbrüster* § 123 Rz. 75 mit Nachweisen.
41 Dazu *Martens* JuS 2005, 887.
42 BGHZ 33, 302, 310.
43 So BGH NJW 1978, 2144, 2145.
44 RGZ 76, 107.
45 BGH NJW 1978, 2144 f., anders für den nicht beauftragten BGH NJW 1996, 1051.
46 BGH NJW 1989, 287.
47 BGH NJW 1990, 1915.

Verkäufers: Bei diesem liegen die Antragsformulare der Bank, dieser hilft dem Käufer bei der Ausfüllung und leitet die Formulare auch an die Bank weiter. Die Frage ist dann, ob die Bank sich eine arglistige Täuschung des Käufers durch den Verkäufer anrechnen lassen muss; konkret: ob der Käufer den Rückzahlungsanspruch der Bank aus Darlehen (§ 607) durch Anfechtung wegen der arglistigen Täuschung durch den Verkäufer beseitigen kann. Das hat der BGH für den eben geschilderten typischen Ablauf in mehreren wichtigen Entscheidungen bejaht[48]. Dem ist zuzustimmen[49]. Zudem kann jetzt für einen Verbraucher § 358 helfen.

Doch muss der Täuschende, um für § 123 II nicht als „Dritter" zu erscheinen, **interessenmäßig auf der Seite des Erklärungsempfängers** stehen. Daran fehlt es etwa, wenn der Hauptschuldner für den Gläubiger einen Bürgen sucht: Hier kann der durch den Hauptschuldner arglistig getäuschte Bürge nicht ohne weiteres gegenüber dem Gläubiger anfechten, weil der Schuldner mit der Besorgung eines Bürgen seine eigenen Interessen und nicht diejenigen des Gläubigers wahrnimmt[50].

803

IV. Einzelheiten

1. Kausalität

Der Erklärende muss durch die Täuschung zu seiner Erklärung „bestimmt" worden sein, § 123 I. Es ist also Kausalität nötig; nicht anfechten kann folglich, wer die Täuschung durchschaut hatte. Anders als nach § 119 I beim Irrtum bedarf es aber bei § 123 keiner „vernünftigen Kausalität" (vgl. oben Rz. 773): § 123 erwähnt nicht die „verständige Würdigung des Falles". Das beruht darauf, dass der Anfechtungsgegner bei § 123 weniger schutzwürdig ist als bei §§ 119 f.; er soll daher auch Unvernunft des Getäuschten gegen sich gelten lassen müssen. Prozessual kann die Kausalität nicht im Weg des Anscheinsbeweises festgestellt werden[51].

804

2. Frist

Die geringere Schutzwürdigkeit des Anfechtungsgegners zeigt sich auch hinsichtlich der Frist: Während gemäß § 121 unverzüglich nach Entdeckung des Irrtums angefochten werden muss (vgl. oben Rz. 774), hat der arglistig Getäuschte nach Entdeckung der Täuschung regelmäßig ein ganzes Jahr Zeit, § 124 I. In dieser Frist kann der Getäuschte grundsätzlich (Einschränkung nur durch § 242) zu Lasten des Anfechtungsgegners spekulieren, nämlich abwarten, ob sich das Geschäft nicht doch noch zu seinen – des Getäuschten – Gunsten entwickelt. Erst zehn Jahre nach der Abgabe der Willenserklärung ist die Anfechtung jedenfalls ausgeschlossen (§ 124 III wie § 121 II).

805

---

48 Etwa BGHZ 33, 302; 47, 224; BGH NJW 1978, 2144; BB 1979, 597.
49 Vgl. *Flume* AT II § 29, 3 S. 544 f.; MünchKomm-*Armbrüster* § 123 Rz. 66.
50 So ganz h.M., etwa *Flume* AT II § 29, 3 S. 545 f. und BGH NJW 1968, 986 gegen frühere abweichende Rechtsprechung.
51 BGH NJW 1996, 1051.

806 Im wichtigsten Fall der arglistigen Täuschung, nämlich wenn der **Verkäufer** den Käufer über Eigenschaften der Kaufsache täuscht, hat der Getäuschte sogar **noch weitere Möglichkeiten**. Denn er kann nicht nur zwischen der Vernichtung des Geschäfts und dessen unveränderter Hinnahme wählen. Vielmehr kommen die Rechtsbehelfe des Sachmängelrechts aus dem Kaufvertrag hinzu, der dann freilich nicht angefochten werden darf:

Diese Rechtsbehelfe sind die rechtsgestaltende Minderung (§ 441), der Schadenersatz statt der Leistung (§§ 280, 281) und der Rücktritt (§§ 323, 326 V), der mit einer Schadensersatzforderung verbunden werden kann (§ 325). Während die Anfechtung nach § 123 sofort möglich ist, setzen alle diese Rechtsbehelfe eigentlich voraus, dass der Käufer dem Verkäufer nach §§ 281 I 1, 323 I erfolglos eine angemessene Frist zur Nacherfüllung setzt (oder beim Verbrauchsgüterkauf: dass zumindest eine angemessene, wenn auch nicht vom Käufer gesetzte Frist erfolglos verstreicht[52]). Zudem sind Rücktritt und Schadensersatz statt der ganzen Leistung nach §§ 281 I 3, 323 V 2 nur zulässig, wenn die Pflichtverletzung des Verkäufers erheblich ist, eine Voraussetzung die § 123 nicht kennt. Der BGH hat diese Besonderheiten der kaufrechtlichen Gewährleistung gegenüber der Anfechtung nach § 123 allerdings weitgehend eingeebnet: Danach ist dem arglistig getäuschten Käufer die Nacherfüllung durch den Verkäufer unzumutbar, weshalb eine Fristsetzung nach §§ 281 II, 323 II Nr. 3, 440 S. 1 Fall 3 entbehrlich ist[53]. Außerdem soll die Arglist stets den Vorwurf einer erheblichen Pflichtverletzung begründen, selbst wenn der Mangel, über den getäuscht wurde, an sich nicht ins Gewicht fallen würde[54]. Im Ergebnis kann der Käufer also zwischen der sofortigen Anfechtung nach § 123 oder der sofortigen Geltendmachung der kaufrechtlichen Gewährleistungsrechte wählen. Das spielt in manchen Klausuren eine wichtige Rolle, weil sich die Rechtsfolgen des Rücktritts (§§ 346 ff.) von denen der Anfechtung (§§ 812 ff.) nicht nur im Detail erheblich unterscheiden können[55].

807 Sogar **nach Ablauf der Anfechtungsfrist** ist der Getäuschte noch nicht ganz schutzlos. Denn soweit der Anfechtungsgegner die arglistige Täuschung selbst begangen und sich damit aus unerlaubter Handlung ersatzpflichtig gemacht hat (§ 823 II BGB mit § 263 StGB, § 826, vgl. unten Rz. 808), wendet die h.M.[56] § 853 entsprechend an (direkt passt die Vorschrift nicht: Es ist ja nicht ein Anspruch auf Aufhebung der Forderung verjährt, sondern ein Gestaltungsrecht zur Vernichtung des die Forderung begründenden Rechtsgeschäfts durch Fristablauf erloschen). Danach kann der Getäuschte die Inanspruchnahme aus dem durch die Täuschung bewirkten Geschäft noch durch eine Einrede abwehren[57].

---

52 Näher *Petersen*, Allgemeines Schuldrecht (7. Aufl. 2015) Rz. 144; *S. Lorenz* NJW 2005, 1889, 1894.
53 BGH NJW 2007, 835; 2008, 1371; 2010, 2503. Ausnahme nach BGH NJW 2010, 1805: Hat der Käufer in Kenntnis des Mangels eine Frist gesetzt, dann muss er diese Frist auch abwarten.
54 BGHZ 167, 19. Krit. *Medicus/Petersen* BürgR Rz. 300; *Looschelders* JR 2007, 309; *S. Lorenz* NJW 2006, 1925; *Herb. Roth* JZ 2006, 1026; 2009, 1174.
55 Näher *Medicus/Petersen* BürgR Rz. 228 ff.
56 Etwa MünchKomm-*Armbrüster* § 124 Rz. 9.
57 Zur Problematik einer Vertragsaufhebung durch Schadensersatzansprüche aus Verschulden bei Vertragsverhandlungen vgl. oben Rz. 450.

3. Schadensersatzansprüche

Besonders deutlich zeigt sich der Unterschied zwischen der Irrtums- und der Täuschungsanfechtung bezüglich einer Ersatzpflicht des Anfechtenden: Bei der arglistigen Täuschung gibt es keine Vorschrift, die wie § 122 eine solche Ersatzpflicht bestimmt. Umgekehrt fehlt freilich auch eine Spezialvorschrift über den vom Täuschenden zu leistenden Schadensersatz. Doch reichen hierfür die allgemeinen Vorschriften aus: Die arglistige Täuschung wird regelmäßig ein Verschulden bei Vertragsverhandlungen darstellen und schon deshalb zum Ersatz verpflichten (vgl. oben Rz. 444 ff.). Zudem stellt die arglistige Täuschung meist (freilich nicht notwendig, vgl. oben Rz. 789) einen Betrug dar (§ 263 StGB) und macht dann auch nach § 823 II ersatzpflichtig. Endlich ist regelmäßig eine Ersatzpflicht aus § 826 begründet.

808

4. Konkurrenzfragen

a) Anders als die Irrtumsanfechtung (vgl. oben Rz. 775 ff.) ist die Täuschungsanfechtung **durch andere Rechtsbehelfe** und insbesondere durch die Sachmängelhaftung beim Kauf (§§ 437 ff.) weithin (mit Ausnahmen nur im Ehe- und Erbrecht, vgl. oben Rz. 779) **nicht ausgeschlossen**: Der Täuschende verdient eben im Gegensatz zum Erklärungsgegner des Irrenden weithin keinen Schutz; daher sollen dem Getäuschten alle Wahlmöglichkeiten erhalten bleiben. Nur muss der Getäuschte bedenken, dass er mit der Anfechtung das Geschäft vernichtet und dadurch alle anderen Möglichkeiten ausschließt, die ein wirksames Geschäft voraussetzen.

809

Bei in Vollzug gesetzten **Dauerrechtsverhältnissen** kann jedoch die Täuschungsanfechtung ähnlich wie die Irrtumsanfechtung (vgl. oben Rz. 253, 782) durch die Möglichkeit zur außerordentlichen Kündigung ausgeschlossen sein. Freilich muss dann eine Rückwirkung wenigstens durch Schadensersatzansprüche erreicht werden, damit dem Täuschenden die Früchte seiner Täuschung auch für die Vergangenheit nicht bleiben: Wer etwa beim Abschluss eines Gesellschaftsvertrags betrügerisch eine überhöhte Gewinnbeteiligung ausgehandelt hat, muss nach Kündigung auch den in der Vergangenheit zu viel bezogenen Gewinn zurückzuzahlen verpflichtet sein. Insofern wirkt die Abwehr einer arglistigen Täuschung hier eher zurück als diejenige eines einfachen Irrtums.

810

b) Umgekehrt ist zweifelhaft, ob nicht die §§ 123, 124 ihrerseits eine abschließende Regelung der Vertragsauflösung in Täuschungsfällen bilden. Diese Zweifel richten sich gegen einen Schadensersatzanspruch aus **Verschulden bei Vertragsverhandlungen**, der nach § 249 I auf Rückgängigmachung des Vertrags abzielt. Denn ein solcher Anspruch würde regelmäßig erst in drei Jahren seit der Entdeckung der Täuschung verjähren (§ 195, 199 I) und so die Jahresfrist von § 124 I entwerten. Vor allem aber würde für diesen Anspruch Fahrlässigkeit hinsichtlich der unrichtigen Angabe genügen; damit besteht die Gefahr, dass das Erfordernis der „arglistigen Täuschung" in § 123 ausgehöhlt wird. Von diesen Problemen war schon oben Rz. 450 die Rede.

811

c) Endlich bleibt eine praktisch wichtige Spezialfrage zu erwähnen: Der als Erzeuger eines nichtehelichen Kindes in Anspruch genommene V möge seine **Vaterschaft anerkennen** (§§ 1592 Nr. 2, 1594), nachdem ihm die Kindsmutter M versichert hatte, sie

812

habe in der Empfängniszeit allein mit ihm verkehrt. Später möge V erfahren, dass M noch mit weiteren Männern verkehrt und ihn arglistig getäuscht hat.

Hier kann die Wirkung des Vaterschaftsanerkenntnisses nicht nach § 123 vernichtet werden, § 1598 I. Möglich ist nur eine Anfechtung nach den §§ 1599 ff. Diese muss aber zu der Feststellung führen, dass der Mann nicht der Vater des Kindes ist, § 1599 I. Wenn sich das nicht ermitteln lässt, bleibt das Anerkenntnis also trotz der Täuschung wirksam.

§ 50 Die Anfechtbarkeit wegen widerrechtlicher Drohung

Literatur: *Blaese*, Die arbeitsrechtliche Druckkündigung, DB 1988, 178; *Deubner*, Kündigungsdrohung als Zwang zur Abgabe einer Willenserklärung, JuS 1971, 71; *Galperin*, Die Anfechtung von Willenserklärungen des Arbeitnehmers wegen Drohung mit Entlassung oder Anzeige, DB 1961, 238; *Karakatsanes*, Die Widerrechtlichkeit in § 123 BGB (1974); *Martens*, Das Anfechtungsrecht bei einer Drohung durch Dritte, AcP 207 (2007) 371; *Petersen*, Täuschung und Drohung im Bürgerlichen Recht, Jura 2006, 904; *Reichel*, Widerrechtliche Drohung, SchweizJurZ 1932/33, 3; *Röckrath*, Anfechtung bei Drohung durch Dritte ..., FS Canaris (2007) I 1165.

813 Außer der arglistigen Täuschung (vgl. oben Rz. 787 ff.) regelt § 123 I auch die widerrechtliche Drohung. Diese erzeugt – anders als die Täuschung – nicht auf qualifizierte Weise einen Irrtum: Der Bedrohte kennt ja den wahren Sachverhalt und auch die Bedeutung seiner Erklärung; gerade deshalb bedarf es der Drohung, um ihn zu seiner Erklärung zu veranlassen. Dabei kann man streiten, ob die durch die Drohung erpresste Erklärung dann letzten Endes gewollt ist (*coactus tamen volui*) oder nicht (*nihil consensui tam contrarium est ... quam vis atque metus*). Aber dieser Streit ist angesichts von § 123 bedeutungslos: Das Gesetz nimmt einen **Willensfehler** an, der erst durch Anfechtung geltend zu machen ist.

I. Die Drohung

814 Drohung ist das Inaussichtstellen eines Übels, dessen Verwirklichung vom Willen des Drohenden abhängen soll. Im Gegensatz dazu bedeutet die **Warnung** den Hinweis auf ein ohnehin eintretendes Übel. Eine solche Warnung liegt z.B. vor, wenn jemand einen anderen zum Verkauf eines Grundstücks veranlassen will und ihm vor Augen hält, ohne diesen Verkauf sei ein Insolvenzverfahren unvermeidlich. Keine Drohung liegt auch in dem bloßen Hinweis auf eine Konsequenz, die der Warnende herbeizuführen verpflichtet ist (BGHZ 6, 348, 351: Inaussichtstellen einer Anzeige bei der Militärregierung wegen Fragebogenfälschung). Gleichfalls keine Drohung bedeuten etwa der Zeitdruck, unter dem eine Erklärung abgegeben werden soll (BAG NJW 1983, 2958, 2959; 1994, 1021), oder eine seelische Zwangslage (drohende Strafanzeige gegen einen nahen Angehörigen, BGH NJW 1988, 2599, doch kann die Ausnützung dieser Situation sittenwidrig sein).

II. Die Widerrechtlichkeit

1. Mittel, Zweck und Relation

§ 123 I setzt eine **widerrechtliche** Drohung voraus; dies ist der problematische Teil der Vorschrift. Dabei liegt Widerrechtlichkeit allemal vor bei einem nach §§ 240, 253 StGB als Nötigung oder Erpressung strafbaren Verhalten. Nur hilft das Strafrecht dem Zivilrecht hier schon deshalb nicht viel weiter, weil die Rechtswidrigkeit auch in den §§ 240 II, 253 II StGB nur sehr schwammig definiert wird: „Rechtswidrig ist die Tat, wenn ... die Androhung des Übels zu dem angestrebten Zweck als verwerflich anzusehen ist." Zudem kommen für § 123 auch Fälle in Betracht, in denen die Strafbarkeit fehlt. 815

Am besten dürfte die Konkretisierung der Widerrechtlichkeit bei § 123 gelingen, wenn man nach dem angedrohten Mittel, dem erstrebten Zweck und schließlich der Zweck-Mittel-Beziehung unterscheidet.

a) Das angedrohte Mittel

Widerrechtlichkeit liegt allemal vor, wenn mit etwas Verbotenem gedroht wird, wenn also schon das angedrohte Mittel widerrechtlich ist. Auf den mit der Drohung verfolgten Zweck kommt es dann nicht mehr an. So darf der Gläubiger seine Forderung nicht mit der Drohung an den Schuldner eintreiben, ihn bei Nichtzahlung zu verprügeln. Auch Vereinbarungen, die durch die Drohung erzwungen werden, eine rechtswidrige Hausbesetzung andauern zu lassen, sind schon deshalb nach § 123 anfechtbar. In einer vieldiskutierten Entscheidung hat der BGH[1] sogar eine rechtswidrige Drohung von der Richterbank angenommen[2]. Dort hatte die Kammer eines LG das (der Klage stattgebende) Urteil beraten und bereits schriftlich niedergelegt. Dann hatte der Vorsitzende dem Beklagten angedroht, er werde verurteilt werden, wenn er nicht in einen vom Kläger angebotenen Vergleich willige. Der Beklagte schloss den Vergleich, focht ihn aber später nach § 123 I an. Der BGH sieht die Rechtswidrigkeit der angedrohten Verurteilung darin, dass über das Urteil nach dem Wiedereintritt in die mündliche Verhandlung nicht erneut beraten werden sollte: Ein solches Urteil hätte nicht verkündet werden dürfen. 816

b) Der verfolgte Zweck

Zweifelsfrei widerrechtlich ist eine Drohung auch, wenn mit ihr ein verbotener Zweck verfolgt wird (z.B. die Erlangung der Zusage, an einer Straftat teilzunehmen). Dann wird man sogar Sittenwidrigkeit nach § 138 anzunehmen haben, weil ein solches Geschäft nicht einmal dann wirksam sein darf, wenn der Bedrohte es gelten lassen will. 817

Zweifelhaft sind dagegen die Fälle, in denen der verfolgte Zweck nicht schlechthin verboten ist, seine Erreichung aber andererseits auch nicht verlangt werden kann: Jemand droht etwa mit einer Strafanzeige, wenn nicht der Bedrohte eine Geldzahlung verspreche. Zwar ist ein solches Versprechen sicher anfechtbar (oder sogar nichtig), wenn der Drohende auf die Leistung **keinerlei Anspruch** hat, wenn es sich also um ein Schwei-

---
1 BGH NJW 1966, 2399.
2 Dazu etwa *E. Schneider* und *Ostler* NJW 1966, 2401; *Arndt, Wenzel, Kubisch* NJW 1967, 1585; 1587; 1605.

gegeld handelt. Ebenso liegt es bei einer Drohung, mit der eine Gegenleistung für eine unentgeltlich zu erbringende Leistung erstrebt wird: Der Zeuge z.B. verlangt für seine Aussage von der begünstigten Partei ein Geldversprechen[3].

Fraglich ist die Rechtslage dagegen, wenn der Drohende eine **Leistung erstrebt, die ihm zwar wirklich zusteht**, die er **aber nur von einer anderen** (vielleicht weniger leistungsfähigen) **Person** fordern kann. Es möge z.B. der bestohlene Handwerksmeister den Eltern des diebischen Lehrlings mit Strafanzeige drohen, wenn diese sich nicht zum Schadensersatz verpflichten: Hier verlangt der Meister das, was er nur von dem Lehrling fordern kann, von den (trotz § 832 regelmäßig) nicht verpflichteten Eltern. Manche nehmen auch hier ohne weiteres Rechtswidrigkeit an, weil die Drohung die persönliche Bindung zwischen dem Bedrohten und dem Schuldner ausnutze. Doch stellt die h.M. in solchen Fällen spätestens seit der gleich zu erörternden Leitentscheidung BGHZ 25, 217 auf die Zweck-Mittel-Beziehung ab.

c) Die Zweck-Mittel-Beziehung

818 Wenn z.B. ein Gläubiger dem nichtleistenden Schuldner die Erhebung einer Klage auf die Leistung androht, ist daran nichts Rechtswidriges: Klage und Zwangsvollstreckung sind gerade diejenigen Mittel, die nach der Rechtsordnung für den verfolgten Zweck zur Verfügung stehen. Zweifelhafter ist es schon bei der Drohung mit einer Strafanzeige: Wenigstens der primäre Zweck dieser Anzeige ist ja nicht die Durchsetzung privatrechtlicher Ansprüche, sondern die Einleitung der staatlichen Strafverfolgung. Immerhin können aber auch im Adhäsionsverfahren des Strafprozesses die aus der Straftat erwachsenen zivilrechtlichen Ersatzansprüche geltend gemacht werden (§§ 403 ff. StPO); auch wird dem Täter vom Strafgericht nicht selten die Entschädigung des Opfers auferlegt. Daher wird man die Drohung mit der Strafanzeige noch für angemessen halten dürfen, wenn nur Ersatzansprüche aus der anzuzeigenden Straftat durchgesetzt werden sollen[4]. Andernfalls – also wenn der Drohende die Erfüllung einer Forderung verlangt, die mit der Straftat nichts zu tun hat – fehlt dagegen eine angemessene Zweck-Mittel-Beziehung: Das Mittel wird zweckwidrig verwendet, und daher ist die Drohung rechtswidrig. Entsprechendes dürfte für die Drohung mit einer Information der Presse gelten[5].

Die Rechtsprechung[6] formuliert das so: Auch wenn Mittel und Zweck für sich allein betrachtet nicht rechtswidrig seien, könne doch ihre Verbindung gegen das Recht verstoßen. Das liege vor, wenn die Benutzung dieses Mittels zu diesem Zweck gegen das Anstandsgefühl aller billig und gerecht Denkenden verstoße. Dabei sei insbesondere zu prüfen, ob der Drohende an der Erreichung des von ihm erstrebten Erfolgs ein berechtigtes Interesse habe und ob die Drohung ein angemessenes Mittel darstelle.

819 Anzuwenden ist dies etwa, wenn der Drohende die ihm zustehende **Schadloshaltung von einem Angehörigen seines Schuldners** erstrebt. Einen solchen Fall behandelt die Grundsatzentscheidung BGHZ 25, 217: G drohte, den S wegen Wechselreiterei (einer

---

3 Vgl. dazu oben Rz. 703 mit RGZ 79, 371.
4 BAG BB 1999, 849.
5 Vgl. BGH NJW 2005, 2766.
6 Etwa BGH NJW 1982, 2301, 2302; 1983, 384 f.

Art von Betrug durch Täuschung über die Qualität von Wechseln) anzuzeigen, wenn sich nicht dessen Ehefrau F für die Wechselschulden des S verbürge. F, die am Geschäft ihres Mannes auch selbst mit einer Einlage beteiligt war, übernahm die Bürgschaft, focht sie aber später wegen Drohung an. Der BGH[7] lässt es hier für die Rechtswidrigkeit nicht schon genügen, dass G auf die Bürgschaft der F keinen Anspruch hatte. Auch erwägt der BGH, dass die F wegen ihrer Beteiligung an dem Geschäft des S aus dessen Delikten selbst Nutzen zog: Dann könne wenn schon nicht die Rechtsordnung, so doch die Sittenordnung der F das Eintreten für den S nahe legen; deshalb fehle die Rechtswidrigkeit[8]. Danach hängt die Entscheidung solcher Fälle letztlich weitgehend von den konkreten Umständen ab.

Weitere Fälle, in denen die Zweck-Mittel-Relation zweifelhaft sein kann, sind etwa die folgenden: Dem Käufer oder Besteller eines Hauses wird der Einzug verwehrt, wenn er nicht ein ihm ungünstiges Abnahmeprotokoll unterschreibt[9]. Oder einem Arbeitnehmer wird mit fristloser Kündigung gedroht, wenn dieser nicht von sich aus die ordentliche Kündigung erklärt[10]. Oder der nicht gesicherte Vermieter verlangt von dem vorzeitig ausziehenden Mieter einen hohen Betrag wegen des Ausfallrisikos[11].

2. Rechtswidrigkeit und Irrtum

Die vorhin genannte Entscheidung BGHZ 25, 217 enthält außerdem sehr problematische Bemerkungen über die Bedeutung von Irrtümern des Drohenden für die Rechtswidrigkeit: Die Anfechtung (nämlich als deren Voraussetzung die Rechtswidrigkeit) sei ausgeschlossen, wenn der Drohende „unverschuldet von einem Sachverhalt ausgeht, der sein Verhalten als zulässig erscheinen lassen würde. Dagegen muss dieser Schutz im Hinblick auf das alsdann überwiegende Interesse des Bedrohten stets versagt werden, wenn der den Druck Ausübende die Tatsachen richtig sieht, aber falsche rechtliche Schlüsse daraus herleitet" (BGHZ 25, 217, 224 ff.)[12].

820

In der Literatur wird dem jedoch mit Recht fast allgemein widersprochen[13]. Denn es wäre verwunderlich, wenn ein Irrtum auf die Rechtswidrigkeit (und nicht wie sonst erst auf das Verschulden) Einfluss hätte: Ob eine Handlung verboten ist, kann kaum von einem Irrtum des Handelnden abhängen.

Flume[14] verdeutlicht das an dem Fall von RGZ 108, 102: Dort hatte V an K Eisessig verkauft, doch entstand Streit über die verkaufte Menge: V behauptete 10.000 kg, K dagegen 16.000 kg. Nun hätte es nahegelegen, dass V zunächst die unstreitige Menge von 10.000 kg lieferte und dass dann um die restlichen 6.000 kg gestritten wurde. V verweigerte jedoch jede Lieferung, bevor K anerkannte, dass nicht mehr als 10.000 kg

---

7 BGHZ 25, 217, 219 f.
8 Ähnlich OLG Hamm FamRZ 1986, 269.
9 BGH NJW 1982, 2301; 1983, 384.
10 Rechtswidrig nach BAG BB 1996, 435, wenn „ein verständiger Arbeitgeber die (angedrohte) Kündigung nicht ernsthaft in Erwägung ziehen durfte".
11 BGH NJW 1995, 3052.
12 BGH JZ 1963, 318 f. hat das bestätigt.
13 So etwa *W. Lorenz* JZ 1963, 319 f.; *Flume* AT II § 28, 3 S. 538 ff.; MünchKomm-*Armbrüster* § 123 Rz. 111.
14 *Flume* AT II § 28, 3 S. 539.

geschuldet würden. Weil K selbst schon weiterverkauft hatte und daher auf die Lieferung des V dringend angewiesen war, gab er die gewünschte Erklärung, focht diese aber später nach § 123 an.

Das RG hat hier die Rechtswidrigkeit der Drohung durch V verneint: Wenn V – was er womöglich gutgläubig angenommen habe – nur 10.000 kg verkauft hatte, habe er ein entsprechendes Anerkenntnis von dem etwas anderes behauptenden K verlangen und deshalb die von ihm geschuldeten 10.000 kg zurückbehalten können (§ 273). Doch ist die hieraus abgeleitete Ablehnung einer Anfechtungsmöglichkeit für K mit *Flume*[15] für evident unrichtig zu halten: Das Zurückbehaltungsrecht hatte V allenfalls, wenn wirklich bloß 10.000 kg verkauft waren. Ging der Vertrag dagegen über 16.000 kg, so durfte V die Drohung mit der Zurückbehaltung nicht dazu verwenden, sich von der Lieferungspflicht hinsichtlich der streitigen 6.000 kg zu befreien. Die Drohung war dann folglich rechtswidrig und anfechtbar unabhängig davon, was V annahm. Der Inhalt des Kaufvertrags hätte also aufgeklärt werden müssen. Und bei Unaufklärbarkeit wäre V hinsichtlich des von ihm behaupteten Vertragsinhalts als Voraussetzung für sein Zurückbehaltungsrecht beweisfällig geblieben und hätte also den Prozess verloren.

III. Einzelheiten zur Anfechtung

1. Frist

821   Für die Frist gilt bei der Anfechtung wegen widerrechtlicher Drohung Gleiches wie bei derjenigen wegen arglistiger Täuschung (vgl. oben Rz. 805): Nach § 124 muss die Anfechtung binnen Jahresfrist erfolgen. Diese Frist beginnt mit dem Aufhören der Zwangslage. Doch ist die Anfechtung zehn Jahre nach der Abgabe der erpressten Erklärung ausgeschlossen. Da aber die rechtswidrige Drohung regelmäßig zugleich eine unerlaubte Handlung darstellt (vgl. unten Rz. 822), besteht auch hier nach Versäumung der Anfechtung noch eine Einrede analog § 853: Der Bedrohte kann die Erfüllung der durch die Drohung begründeten Forderung verweigern.

2. Schadensersatzansprüche

822   Auch hinsichtlich der Schadensersatzansprüche ähnelt die Rechtslage bei widerrechtlicher Drohung derjenigen bei der arglistigen Täuschung (vgl. oben Rz. 808): Für **Schadensersatzansprüche gegen den Bedrohten** gibt es keine (etwa dem § 122 entsprechende) Grundlage[16]. Solche Ansprüche wären ja auch ganz ungereimt, wenn der Erklärungsempfänger selbst gedroht hätte. Aber auch wenn die Drohung von einem Dritten stammt (was für die Anfechtung genügt), schützt das Gesetz das Vertrauen des Erklärungsempfängers nicht: Der Erklärende muss zwar das Risiko tragen, sich geirrt zu haben, aber nicht auch dasjenige, bedroht worden zu sein.

Dagegen können sich **Schadensersatzansprüche des Bedrohten** gegen den Drohenden aus § 823 II in Verbindung mit §§ 240, 253 StGB ergeben. Auch kommt die Bedrohung

---

15 *Flume* AT II § 28, 3 S. 539.
16 A.A. *Köhler* § 7 Rz. 59.

durch einen Verhandlungs- oder Vertragspartner als Verschulden bei Vertragsverhandlungen (vgl. oben Rz. 444 ff.) oder sonstige Pflichtverletzung in Betracht. Doch ist für alle diese Anspruchsgründe Verschulden (bei den §§ 240, 253 StGB sogar strafrechtlicher Vorsatz) nötig: Hier (und nicht bei der Anfechtbarkeit, vgl. oben Rz. 820) erlangt dann ein Irrtum des Drohenden Bedeutung.

6. Abschnitt
Ungewissheiten und Planungsfehler

§ 51 Die Problematik

Jedes Rechtsgeschäft beruht auf bestimmten Vorstellungen der Beteiligten über die gegenwärtige Wirklichkeit und auf Erwartungen über deren künftige Entwicklung. Wer etwa eine Wohnung mietet, baut deren Benutzung und die Aufbringung der Miete irgendwie in seine Zukunftsplanung ein. Umgekehrt hat auch der Vermieter bestimmte Erwartungen, z.B. hinsichtlich eines vertragsgerechten Verhaltens des Mieters oder der künftigen Kaufkraft des als Miete vereinbarten Geldbetrags. Die Wirklichkeit kann aber schon gegenwärtig anders sein als angenommen (z.B. die Wohnung ist so hellhörig, dass der Mieter sie nicht wie geplant zu geistiger Arbeit verwenden kann), oder die Wirklichkeit kann sich zukünftig anders entwickeln als erwartet. Dann ergibt sich die Frage, welche Wirkungen eine solche Abweichung auf das Rechtsgeschäft haben soll. Das kann man weithin auch als die Frage formulieren, wie das **Risiko einer Divergenz zwischen Planung und Wirklichkeit** zu verteilen ist. **823**

I. Gesetzliche Regeln

Zu dieser Frage finden sich gesetzliche Regeln an vielen Stellen des BGB. Im Allgemeinen Teil ist vor allem an die Irrtumsregelung zu denken (vgl. oben Rz. 737 ff.). Aber auch viele Vorschriften des Schuldrechts betreffen Planungsfehler. So ist z.B. der Eintritt von Leistungsstörungen oder das Vorliegen von Sachmängeln von den Parteien regelmäßig nicht vorausgesehen. Daher bedeuten die Normen hierüber (z.B. §§ 275 ff., 311 a, 320 ff., 437 ff.) letztlich eine Regelung enttäuschter Erwartungen (meist des Gläubigers auf die ordnungsmäßige Erbringung der Leistung). Ähnlich kann man auch viele Vorschriften aus den übrigen Büchern des BGB und aus manchen Nebengesetzen verstehen.

II. Möglichkeiten rechtsgeschäftlicher Gestaltung

Soweit die eben genannten Vorschriften nachgiebig sind (also vor allem im Schuldrecht), können die Parteien Abweichendes vereinbaren. Darüber hinaus können sie **824**

Ungewissheiten oder künftige Entwicklungen aber auch sonst berücksichtigen. Dazu stellt das BGB zwei allgemeine Mittel zur Verfügung, die Bedingung und die Befristung.

1. Mit der **Bedingung** werden das Wirksamwerden oder der Fortbestand eines Rechtsgeschäfts vom Eintritt oder Nichteintritt bestimmter Umstände abhängig gemacht (§ 158, vgl. im Einzelnen unten Rz. 827 ff.). So kann z.B. der Verkäufer den Übergang des Eigentums an der verkauften beweglichen Sache von der vollständigen Zahlung des Kaufpreises abhängig machen (Eigentumsvorbehalt, vgl. § 449). Oder der Käufer kann sich vorbehalten, den Kaufgegenstand erst zu erproben, und vom Ausgang dieser Probe die Geltung des Kaufs abhängig machen (Kauf auf Probe, §§ 454 f., vgl. aber unten Rz. 831). Außer diesen im Gesetz besonders geregelten sind aber auch viele andere Bedingungen möglich, mit denen eine Ungewissheit berücksichtigt werden kann: Ein Unternehmen etwa bestellt Werkzeugmaschinen für den Fall, dass ihm ein bestimmter Auftrag erteilt wird; oder ein Bauvertrag wird für den Fall geschlossen, dass der Besteller die Baugenehmigung erhält.

Der Ausdruck „Bedingung" bedeutet hier – also für die §§ 158 ff. – etwas anderes als im allgemeinen Sprachgebrauch, wie er z.B. bei dem Ausdruck „Allgemeine Geschäftsbedingungen" üblich ist: Dort geht es um jede beliebige Geschäftsklausel, z.B. auch einen Haftungsausschluss oder eine Fälligkeitsregelung. Bei den §§ 158 ff. dagegen meint „Bedingung" nur eine sehr spezielle Art von Geschäftsklauseln.

825 **2.** Die **Befristung** bindet die Wirkung eines Rechtsgeschäfts an einen Anfangs- oder Endtermin (§ 163, vgl. unten Rz. 844 f.)[1]. Auf diese Weise können die Beteiligten diejenigen künftigen Änderungen berücksichtigen, die sie schon als gewiss voraussehen: Es wird z.B. eine Ferienwohnung nur auf die Dauer des Urlaubs gemietet, also mit einem bestimmten Anfangs- und Endtermin (etwa vom 1. bis 28. Juli). Oder das Personal einer Ausflugsgaststätte wird nur für die voraussichtliche Dauer der Saison angestellt.

III. Ursprünglich nicht geregelte Planungsfehler

826 Neben den bisher beschriebenen Fallgruppen gibt es noch eine dritte: Manche Umstände sind so ungewöhnlich, dass sie von den Parteien nicht bedacht und daher auch nicht geregelt werden: so etwa in ruhigen Zeiten der Ausbruch eines Krieges oder in der Zeit bis 1914 eine rapide Verschlechterung des Geldwerts. Oder, weniger dramatisch: Ein Fußballverein der Bundesliga zahlt für einen Spieler eine hohe Ablösesumme, dieser wird dann jedoch alsbald wegen seiner Verwicklung in einen Bestechungsskandal „gesperrt" und kann daher nicht nennenswert eingesetzt werden[2]. Von diesen Fällen ist höchstens derjenige des Kriegsausbruchs gesetzlich geordnet, sofern dieser nämlich zu einer wirklichen Leistungsunmöglichkeit führt. Im Übrigen kann man dagegen an eine „doppelte Regelungslücke" denken, weil nämlich weder eine

---

1 Lehrreich *Leenen/Fleischhauer* JuS 2005, 709, 711.
2 BGH NJW 1976, 565, dazu *Dörner* JuS 1977, 225.

rechtsgeschäftliche noch eine gesetzliche Regelung vorliegt. Problematisch ist dabei jedoch zweierlei: erstens, inwieweit die gesetzliche Entscheidung für die Unbeachtlichkeit des Motivirrtums nicht doch eine Regelung darstellt (vgl. oben Rz. 744). Und zweitens, wie bei Verneinung der ersten Frage die Lücke zu füllen ist. Beides hat bisher den Gegenstand der Lehre vom Fehlen oder Wegfall der Geschäftsgrundlage gebildet (vgl. im Einzelnen unten Rz. 857 ff.). Seit dem 1. 1. 2002 gibt es immerhin zwei gesetzliche Vorschriften, nämlich die §§ 313 und 314.

§ 52 Bedingung und Befristung

Literatur: *A. Blomeyer*, Die Anwartschaft aus bedingtem Rechtsgeschäft (1937); *ders.*, Studien zur Bedingungslehre I (1938); II (1939); *Egert*, Die Rechtsbedingungen im System des bürgerlichen Rechts (1974, dazu *Dießelhorst* AcP 177, 1977, 373); *Eichenhofer*, Anwartschaftslehre und Pendenztheorie – Zwei Deutungen von Vorbehaltseigentum, AcP 185 (1985) 162; *Forkel*, Grundfragen der Lehre vom privatrechtlichen Anwartschaftsrecht (1962); *Ganns*, Die analoge Anwendung des § 162 BGB (Diss. Bielefeld 1983); *Henke*, Bedingte Übertragungen im Rechtsverkehr und Rechtsstreit (1959); *Oertmann*, Die Rechtsbedingung (1924); *Oechsler*, Die Sicherungsübertragung von Vorbehaltseigentum und Anwartschaftsrecht, FS Rüssmann (2013) 317; *Petersen*, Bedingung und Befristung, Jura 2011, 275; *L. Raiser*, Dingliche Anwartschaften (1961); *Schiemann*, Pendenz und Rückwirkung der Bedingung (1973, dogmengeschichtlich, dazu *Kupisch* AcP 177, 1977, 85).

I. Die Bedingung

Die Bedingung ist nach dem oben Rz. 824 Gesagten das Mittel, mit dem die Beteiligten künftige Ungewissheiten rechtsgeschäftlich berücksichtigen können. **827**

1. Arten und Abgrenzung

a) Nach § 158 unterscheidet das Gesetz zwischen der **aufschiebenden und** der **auflösenden Bedingung**: Bei der aufschiebenden wirkt das Geschäft erst mit dem Bedingungseintritt (§ 158 I), bei der auflösenden wirkt es nur bis zum Bedingungseintritt (§ 158 II). Ein Beispiel für die aufschiebende Bedingung ist der Eigentumsvorbehalt (§ 449). Eine auflösende Bedingung tritt z.B. nach der Auslegungsregel des § 2075 ein: Es möge etwa eine Tante ihren Neffen unter der Bedingung zum Erben eingesetzt haben, dass dieser nicht mehr raucht. Dann erhält der zunächst nicht mehr rauchende Neffe die Erbschaft zwar sofort, verliert sie aber, sobald er wieder mit dem Rauchen beginnt.

b) Wesentliches Merkmal der Bedingung ist die **Ungewissheit** desjenigen Umstandes, von dem die Wirkung des Rechtsgeschäfts abhängen soll. Diese Ungewissheit grenzt die Bedingung zugleich von der Befristung ab. So kann der Tod eines Menschen nicht Bedingung sein, weil er gewiss ist; insoweit kommt nur eine Befristung in Betracht (z.B. **828**

eines Wohnrechts auf die Lebenszeit des Berechtigten). Dagegen liegt z.B. eine Bedingung vor, wenn auf das Sterben oder Nichtsterben innerhalb einer bestimmten Zeit abgestellt wird: z.B. Auszahlung einer Geldsumme bei Erreichen des 65. Lebensjahres, wenn die Parteien das nicht für sicher halten. In diesem Beispiel ist der Zeitpunkt des Eintritts der Bedingung ungewiss (der Bedachte kann ja schon vorher sterben; dann endet die Ungewissheit). In anderen Fällen kann die Entscheidung aber auch auf einen bestimmten Zeitpunkt fixiert sein (z.B. auf den Ziehungstag einer Lotterie).

Entsprechend ist zu unterscheiden: Bei der **Bedingung** ist das Ob ungewiss (*incertus an*). Dagegen kann der Zeitpunkt der Entscheidung gewiss (*certus quando*) oder ungewiss sein (*incertus quando*). Bei der **Befristung** ist das Ob gewiss (*certus an*); das Wann kann wieder gewiss (z.B. bis zum 31. 7. 2019, *certus quando*) oder ungewiss sein (z.B. Befristung auf Lebenszeit, *incertus quando*).

829 **c)** Die Ungewissheit der Bedingung bezieht sich in erster Linie auf ein **künftiges Ereignis**, über das niemand Bescheid weiß. Denkbar ist aber auch, dass ein Rechtsgeschäft von einem schon vorliegenden Ereignis abhängig gemacht wird, über das bloß subjektiv unter den Parteien Ungewissheit besteht: Jemand verspricht z.B. seiner Schwester für den Fall Unterhalt, dass er Alleinerbe der verstorbenen Eltern geworden sein sollte; ein entsprechendes Testament ist aber noch nicht gefunden worden. Man spricht in solchen Fällen von einer **„uneigentlichen Bedingung"** oder – wenig glücklich – einer „Voraussetzung" oder „Unterstellung". In der gemeinrechtlichen Terminologie war das die *conditio in praesens vel praeteritum* (Gegensatz: *in futurum*) *collata*. Die Vorschriften über die Bedingung sind hier nicht direkt anwendbar, weil der für die Bedingung kennzeichnende Schwebezustand (vgl. unten Rz. 841) objektiv fehlt: Die Rechtsfolge ist entweder schon eingetreten, oder sie tut es überhaupt nicht. Doch sind hier manche Bedingungsregeln analog anwendbar[1]. Überhaupt ist die Grenze bisweilen fließend, weil die Auslegung über die Art der Bedingung entscheiden muss. Ergibt sie z.B., das Unterhaltsversprechen des Bruders solle vom späteren Auffinden (nicht: der jetzigen Existenz) eines entsprechenden Testaments abhängen, so liegt eine echte Bedingung vor.

830 **d)** Der **Grund für die Ungewissheit** des künftigen Ereignisses spielt für die rechtliche Beurteilung regelmäßig keine Rolle: Es kann sich um Umstände handeln, die von keiner Person beeinflusst zu werden vermögen (insbesondere Zufälle, z.B. ein Naturereignis oder den Ausgang einer Auslosung). Der zur Bedingung erhobene Umstand kann auch in der Entscheidung eines Dritten bestehen (z.B. ein Versorgungsversprechen für den Fall, dass ein vorrangig als Erbe Berufener die Erbschaft ausschlägt). Zur Bedingung kann endlich eine Entscheidung eines an dem Rechtsgeschäft Beteiligten gemacht werden; das ist die sog. **Potestativbedingung** (Willkürbedingung)[2]. Hierhin gehört insbesondere die Änderungskündigung: Es kündigt etwa der Vermieter das Mietverhältnis unter der auflösenden Bedingung, dass der Mieter nicht einer Erhöhung der Miete zustimmt (zur Zulässigkeit vgl. unten Rz. 850). Keine reine Potestativbedingung ist dagegen der Eigentumsvorbehalt: Zwar hängt die Kaufpreiszahlung

---

1 So *Brox* AT Rz. 481.
2 *Medicus/Petersen* BürgR Rz. 281 mit einem Examensbeispiel.

regelmäßig vom Willen des Käufers ab. Aber einerseits kann auch ein Dritter (z.B. ein pfändender Gläubiger) den noch ausstehenden Kaufpreisrest zahlen, und andererseits mag dem zahlungswilligen Käufer das nötige Geld fehlen.

Fraglich ist, ob auch der **Vorbehalt einer nachträglichen Billigung** des Geschäfts durch einen der Partner als Bedingung angesehen werden kann (bisweilen **Wollensbedingung** genannt). Das BGB hat diese Frage beim Kauf auf Probe (§§ 454 f.) bejaht. Dem steht die neuere Lehre jedoch skeptisch gegenüber[3]: Hier liege ohne die Billigung noch kein – wenn auch bedingt geltendes – Rechtsgeschäft vor, sondern bloß eine vorbereitende Erklärung. Dem ist insofern zu folgen, als das rechtliche Schwergewicht auf die Billigung zu legen ist: Sie bedarf daher z.B. einer etwa vorgeschriebenen Form. 831

e) Bei den §§ 158 ff. wird die Abhängigkeit zwischen einem künftigen Umstand und der Wirksamkeit eines Rechtsgeschäfts **rechtsgeschäftlich** hergestellt. Davon ist die sog. **Rechtsbedingung** zu unterscheiden, bei der eine solche Abhängigkeit schon kraft Gesetzes besteht. Beispiele sind die Genehmigung des gesetzlichen Vertreters zu Geschäften des Minderjährigen nach § 108 oder die Genehmigung von Grundstücksgeschäften nach dem GrundstücksverkehrsG v. 28. 7. 1961. Wenn die zur Geltung des Geschäfts ohnehin nötige Erteilung der Genehmigung von den Parteien noch eigens erwähnt wird, hat das nur klarstellende Bedeutung. Im Übrigen sind die rechtlichen Voraussetzungen für die Geltung von Rechtsgeschäften so mannigfaltig, dass sich einheitliche Aussagen über Rechtsbedingungen überhaupt kaum machen lassen[4]. 832

2. Die Entscheidung über die Bedingung

a) Die mit der Bedingung verbundene Ungewissheit muss irgendwann positiv oder negativ behoben werden. Dabei spricht man von **Eintritt oder Ausfall** der Bedingung. 833

Was dazu nötig ist, hängt von der Formulierung der Bedingung ab. So erfolgt beim Eigentumsvorbehalt der Bedingungseintritt durch die Zahlung der letzten Kaufpreisrate. Dagegen fällt die Bedingung aus, sobald feststeht, dass sie nicht mehr eintreten kann. Das ist etwa beim Eigentumsvorbehalt der Fall, wenn die Restkaufpreisschuld vor Erfüllung (z.B. durch Rücktritt oder Anfechtung) erloschen ist.

b) Oft werden Eintritt oder Ausfall einer Bedingung einer Partei des bedingten Geschäfts zum Nachteil gereichen. Diese mag dann versuchen, den Lauf der Dinge in dem ihr günstigen Sinn zu beeinflussen: Wer z.B. aus einem Vergleich Unterhalt bis zu seiner Wiederverheiratung fordern kann, unterlässt die Heirat und lebt stattdessen jahrelang in einem eheähnlichen Verhältnis ohne Eheschließung[5]. Oder ein Student, der durch Vermächtnis ein reichliches Stipendium bis zum Abschluss seines Studiums hat, beginnt jeweils kurz vor dem Examen ein neues Studienfach. Oder endlich ein Mieter, der sich unter der Bedingung zum Auszug verpflichtet hat, dass er eine angemessene Ersatzwohnung findet, kümmert sich nicht um eine solche oder lehnt gar eine vom Vermieter angebotene ab. 834

---
3 Etwa *Flume* AT II § 38, 2 d.
4 *Flume* AT II § 38, 1 c S. 680, str.
5 OLG Düsseldorf NJW 1981, 463.

In solchen Fällen kommt § 162 in Betracht: Bei der **Vereitelung** (oder in umgekehrt liegenden Fällen bei der **Herbeiführung**) **des Bedingungseintritts wider Treu und Glauben** gilt die Bedingung als eingetreten (bzw. nicht eingetreten). Wenn man einen Verstoß gegen Treu und Glauben bejaht, enden in den eben genannten Beispielen also der Unterhaltsanspruch, das Stipendium und der Mietvertrag: Das Gesetz führt die ungünstige Rechtsfolge, deren Eintritt treuwidrig verhindert werden sollte, über eine Fiktion herbei. Anders als beim Verschulden bei Vertragsverhandlungen wird hier also nicht bloß das negative Interesse ersetzt (vgl. oben Rz. 454), sondern Erfüllung gewährt: Der bedingte Vertragsschluss bedeutet eben schon mehr als der bloße Eintritt in Vertragsverhandlungen.

835 Das Problem des § 162 liegt bei der Frage nach den **Voraussetzungen**, unter denen eine Beeinflussung des Bedingungseintritts gegen Treu und Glauben verstößt. Die Antwort wird manchmal auf der Verschuldensebene gesucht, also etwa bei Differenzierungen danach, ob die Einflussnahme arglistig, vorsätzlich, fahrlässig oder schuldlos erfolgt ist. Aber das hilft nicht weiter, wie etwa der vorhin geschilderte Unterhaltsfall des OLG Düsseldorf zeigt: Gewiss heiratet dort der Unterhaltsgläubiger „vorsätzlich" nicht. Ebenso gewiss hat er aber auch keine klagbare Pflicht zur Heirat. Der Treueverstoß kann also nur darin liegen, dass er den versprochenen Unterhalt weiterverlangt, obwohl er durch eine praktizierte Lebensgemeinschaft versorgt ist.

Diese Problematik ist am eindringlichsten von *Flume* erörtert worden[6], und ihm hat sich auch das OLG Düsseldorf[7] angeschlossen. Danach bedeutet „Treu und Glauben" in § 162 Gleiches wie in den §§ 157, 242[8]. Es soll nämlich auf das Verhalten ankommen, das der Geschäftspartner nach der richtig ausgelegten Vereinbarung erwarten durfte. Man könnte noch etwas anders formulieren: § 162 verweist im Grunde nur nochmals auf das Gebot von Treu und Glauben bei der Auslegung der Bedingung. In dem Unterhaltsfall etwa geht es also darum, ob nicht die Formulierung „Heirat" zu eng ist und der Unterhaltsanspruch in Wahrheit dadurch auflösend bedingt sein sollte, dass der Gläubiger anderweitig versorgt ist oder nicht mehr allein lebt. Entsprechend ist bei dem immer wieder ein neues Fach beginnenden Studenten zu fragen, ob das Stipendium nicht bloß die Gelegenheit zum Abschluss eines einzigen Studiums geben sollte. Und bei dem Mieter kann schon das *Bereitstehen* einer angemessenen Ersatzwohnung genügen, auch wenn der Wortlaut der Bedingung anders formuliert ist.

Wenn man § 162 derart als Aufforderung zu einer Treu und Glauben entsprechenden Auslegung versteht, kann der Bedingungseintritt gar nicht mehr wirklich vereitelt werden: Ähnlich wie beim richtigen Verständnis der sog. „Gesetzesumgehung" folgt auch hier das zutreffende Ergebnis schon aus der Auslegung (vgl. oben Rz. 660). Die Verschuldensfrage (etwa ob für die Vereitelung auch Fahrlässigkeit genügt, vgl. RGZ 122, 247) stellt dann nur einen Aspekt der Auslegungsfrage dar: Welche Mühe sollte etwa der Mieter für die Suche nach einer Ersatzwohnung aufwenden müssen[9]?

---

6 *Flume* AT II § 40, 1.
7 LG Düsseldorf NJW 1981, 463.
8 *Flume* AT II § 40, 1 S. 716 f.
9 Insoweit zum Teil anders *Flume* AT II § 40, 1 e S. 720 f.

Das Gesagte ergibt zugleich die **Unanwendbarkeit des § 162 auf die Potestativbedingung**[10]: Soweit die Herbeiführung oder Vermeidung des Bedingungseintritts wirklich der Willkür eines Beteiligten überlassen werden sollte, ist daran auch über § 162 nicht zu rütteln.

836

c) Eine eigene Fallgruppe, die oft im Zusammenhang mit § 162 erörtert wird, bildet das **genehmigungsbedürftige Rechtsgeschäft**: Welche Folgen hat es, wenn eine Partei sich nicht ausreichend um die Genehmigung bemüht und so die Wirksamkeit des Geschäfts vereitelt? Hier passt § 162 schon deshalb nicht, weil die Genehmigung eine Rechtsbedingung darstellt, von der die Wirksamkeit des Geschäfts kraft Gesetzes und nicht erst kraft des Parteiwillens abhängt (vgl. oben Rz. 832). Daher kann auch die willkürliche Vereitelung der Genehmigung nicht ohne weiteres zur Geschäftswirksamkeit führen: Ein nach dem GrundstückverkehrsG genehmigungsbedürftiger Kaufvertrag über ein Grundstück etwa kann nicht deshalb als wirksam fingiert werden, weil eine Partei die Genehmigung vereitelt hat. Doch kommt in solchen Fällen eine Schadensersatzpflicht aus Verschulden bei Vertragsverhandlungen in Betracht (vgl. oben Rz. 451 ff.).

837

Bei der **familiengerichtlichen Genehmigung** sind zudem die §§ 1828, 1829 I 2 zu beachten. Nach ihnen ist die Genehmigung vom Gericht an den Vormund (bzw. an die Eltern, § 1643 III, oder den Betreuer, § 1908 i I) zu erklären; das Geschäft wird erst wirksam, wenn dieser sie der anderen Partei mitteilt. Diese Mitteilung steht im Ermessen des Vormunds; er kann (und soll) sie insbesondere unterlassen, wenn er inzwischen zu der Ansicht gelangt ist, das gerichtlich genehmigte Geschäft sei ungünstig für den Mündel. Eine solche Vereitelung der Geschäftswirksamkeit bedeutet dann auch kein Verschulden bei Vertragsverhandlungen.

838

Übrigens soll nach BGHZ 127, 368 ein mangels behördlicher Genehmigung schwebend unwirksamer Vertrag nicht erst durch die bestandskräftige Verweigerung der Genehmigung nichtig werden. Vielmehr soll es schon genügen, dass die Behörde förmlich bekannt macht, sie werde solche Genehmigungen generell versagen, wenn die Rechtmäßigkeit der Versagung außer Zweifel steht[11]

3. Die Folgen des Bedingungseintritts

Für die Rechtsfolgen des Bedingungseintritts ist zwischen aufschiebenden und auflösenden Bedingungen zu unterscheiden (vgl. oben Rz. 827):

839

a) Mit dem Eintritt einer **aufschiebenden Bedingung** tritt die von der Bedingung abhängig gemachte Wirkung ein, § 158 I[12]: Aus dem bedingten Schuldvertrag entstehen jetzt die Erfüllungsansprüche; die bedingte Verfügung wirkt, also z.B. beim Eigentumsvorbehalt geht das vorbehaltene Eigentum auf den Erwerber über. Dies alles geschieht anders als bei der Genehmigung (§ 184 I, vgl. unten Rz. 1025) **ohne Rückwirkung**, also *ex nunc*. Das ergibt sich aus § 159. Denn dort werden bloß (schuldrecht-

---
10 *Flume* AT II § 40, 1 f S. 721, anders *Bork* Rz. 1264 mit Fn. 25.
11 Vgl. dazu *K. Schmidt* NJW 1995, 2255.
12 Zur Sinnhaftigkeit dieser Formulierung (Wirkung, nicht: Wirksamkeit, über die die Parteien nicht privatautonom verfügen können) *Leenen* FS Canaris (2007) I 699, 703; *ders.* JuS 2008, 577, 578; *ders.* Jura 2011, 23, 726; ebenso *Brox/Walker* AT Rz. 488.

liche) Ausgleichsansprüche für den Fall bestimmt, dass nach dem Inhalt des bedingten Rechtsgeschäfts die Wirkungen des Bedingungseintritts auf einen früheren Zeitpunkt bezogen werden sollten. Danach kann etwa für eine vor dem Bedingungseintritt erbrachte Leistung der Gefahrübergang vorzuverlegen sein[13].

840 b) Der Eintritt einer **auflösenden Bedingung** lässt die Wirkung des bedingten Geschäfts enden. Damit soll nach § 158 II „der frühere Rechtszustand wieder eintreten". Das ist problemlos bei der auflösend bedingten Verfügung. So fällt z.B. bei der Sicherungsübereignung, die durch die Rückzahlung des zu sichernden Kredits auflösend bedingt ist, mit dieser Rückzahlung das Eigentum ohne weiteres an den Sicherungsgeber zurück.

Dagegen kann der frühere Rechtszustand nicht von selbst wieder eintreten, wenn auf Grund einer auflösend bedingten Verpflichtung schon **unbedingt Leistungen erbracht** worden sind: Es möge z.B. auf einen auflösend bedingten Werkvertrag schon eine Anzahlung geleistet worden sein. Dann erlischt zwar mit dem Bedingungseintritt die Berechtigung des Empfängers, den Betrag behalten zu dürfen; dieser fällt aber nicht von selbst an den Zahlenden zurück. Vielmehr bedarf es hier einer Rückübertragung. Die Pflicht dazu wird von der wohl noch h.M. aus § 812 hergeleitet. Mit *Flume*[14] ist die Rückgewährpflicht jedoch eher auf das bedingte Rechtsgeschäft selbst zu stützen: So kann man z.B. in der Verabredung einer auflösend bedingten Sicherungsübereignung als Konsequenz auch die Verpflichtung des Sicherungsnehmers finden, das Sicherungsgut nach Bedingungseintritt zurückzugeben; damit wird die auflösende Bedingung „zu Ende gedacht".

Eine **Rückwirkung** hat der Bedingungseintritt **auch hier nicht**. Der Empfänger hat also die Leistung bis dahin mit Rechtsgrund und als berechtigter Besitzer gehabt. Deshalb ist er hinsichtlich der gezogenen Nutzungen weder nach § 818 I noch nach §§ 990, 987 verpflichtet. Bei auflösend bedingten Dauerschuldverhältnissen werden die bis zum Bedingungseintritt schon ausgetauschten Leistungen nicht zurückgewährt. Eine obligatorische Rückwirkung gemäß § 159 kann aber auch hier überall vereinbart werden.

4. Die Schwebezeit

841 Bis zur Entscheidung über Eintritt oder Ausfall der Bedingung besteht hinsichtlich des bedingten Geschäfts **Ungewissheit**. So ist beim Verkauf unter Eigentumsvorbehalt (§ 449) zwar der Verkäufer bis zur Zahlung der letzten Rate noch Eigentümer. Doch geht das Eigentum mit dieser Zahlung ohne weiteres auf den Käufer über; der Verkäufer hat gleichsam nur ein „Noch-Eigentum". Der Noch-Berechtigte (oder der Nochnicht-Verpflichtete) könnte also die ihm verbliebene Position dazu ausnutzen, den Erfolg des bedingten Geschäfts zu vereiteln. Dem sollen die §§ 160, 161 begegnen.

Hier geht es – anders als bei § 162 (vgl. oben Rz. 834 ff.) – also nicht um die Vereitelung des Bedingungseintritts. Vielmehr soll verhindert werden, dass das durch den Bedingungseintritt wirksam gewordene Geschäft erfolglos bleiben könnte: Der Verkäufer

---

13 MünchKomm-*H. P. Westermann* § 159 Rz. 3.
14 *Flume* AT II § 40, 2 d S. 729, anders *Bork* Rz. 1264.

unter Eigentumsvorbehalt etwa übereignet die Kaufsache vor Bedingungseintritt einem Dritten (nach § 931); oder der bedingt Verpflichtete lässt den bedingt geschuldeten Gegenstand verkommen.

a) Nach § 160 soll der bedingt Berechtigte **Schadensersatz** verlangen können, wenn der andere Teil während der Schwebezeit „das von der Bedingung abhängige Recht durch sein Verschulden vereitelt oder beeinträchtigt"[15]. Das bedeutet für die **bedingte Verpflichtung** bloß eine Klarstellung: Die Schutz- und Sorgfaltspflichten, welche die Leistung möglich machen oder halten sollen, beginnen schon mit dem Geschäftsabschluss und nicht erst mit dem Bedingungseintritt[16]. 842

So muss, wer eine Sache unter einer aufschiebenden Bedingung verspricht, diese Sache sofort mit der geschäftstypischen Sorgfalt behandeln.

Bei **bedingten Verfügungen** ergibt sich eine entsprechende Pflicht regelmäßig bereits aus dem zugrundeliegenden Kausalgeschäft. So ist beim Verkauf unter Eigentumsvorbehalt der Verkäufer schon aus dem Kaufvertrag verpflichtet, über die Kaufsache nicht so zu verfügen, dass der Käufer bei Bedingungseintritt nicht mehr das unbelastete Eigentum erwerben kann. Doch gibt die h.M. einen Schadensersatzanspruch auch aus der bedingten Verfügung selbst[17].

b) Bei **bedingten Verfügungen** verstärkt § 161 I, II den Schutz des Erwerbers noch: **Spätere Verfügungen** des Noch-Berechtigten sollen bei Bedingungseintritt **unwirksam** sein, soweit sie die „von der Bedingung abhängige Wirkung" (also den Rechtserwerb des bedingt Berechtigten) vereiteln oder beeinträchtigen würden. Wer eine Sache unter Eigentumsvorbehalt übereignet hat, kann diese also nach § 161 I 1 nur noch bedingt wirksam einem Dritten übereignen oder verpfänden. Ebenso können nach § 161 I 2 die Gläubiger des Veräußerers die Sache nur noch bedingt wirksam pfänden. Und nach § 161 II gilt Entsprechendes für die auflösende Bedingung: Wenn eine Sicherungsübereignung unter der auflösenden Bedingung der Tilgung der zu sichernden Forderung steht, werden mit dieser Tilgung die inzwischen etwa erfolgten Verfügungen des Sicherungsnehmers unwirksam. Dieser Schutz des bedingt Berechtigten gegen dritte Erwerber ist die wichtigste Stütze der Lehre vom **Anwartschaftsrecht** (vgl. oben Rz. 65). 843

Freilich ist dieser Schutz mit den Interessen des dritten Erwerbers abzustimmen. Das tut § 161 III: Die Vorschriften über den **Erwerb vom Nichtberechtigten** (also vor allem die §§ 932 ff.) sollen entsprechend gelten. Die Notwendigkeit hierfür ist leicht einzusehen: Wer von einem Nichtberechtigten wirksam erwerben kann, muss mindestens ebenso erwerben können, wenn der Veräußerer sogar Noch-Berechtigter ist und seine Berechtigung erst später durch den Bedingungseintritt verliert. Dabei bedeutet die *entsprechende* Anwendung der Vorschriften über den Erwerb vom Nichtberechtigten: Die Redlichkeit des Erwerbers muss sich darauf beziehen, die Berechtigung des Veräußerers sei unbedingt.

---

15 Dazu *S. Meier* RabelsZ 76 (2012) 732; *Petersen* Jura 2002, 743, 748.
16 *Flume* AT II § 40, 2 c S. 726.
17 *Flume* AT II § 40, 2 b S. 726.

II. Die Befristung

844 Eine Befristung liegt vor, wenn für ein Rechtsgeschäft ein Anfangs- oder Endtermin bestimmt ist. Hier fehlt zwar die für die Bedingung kennzeichnende Ungewissheit des Eintritts oder Ausfalls, weil ja feststeht, dass der Termin eintreten wird (*certus an*, vgl. oben Rz. 828). Immerhin kann aber der Zeitpunkt des Termins ungewiss sein (z.B. der Tod eines Menschen: *incertus quando*). Auch vergeht bis zu dem Termin jedenfalls noch eine mehr oder weniger lange Zeit, sodass ein Bedürfnis danach besteht, den befristet Berechtigten vorerst zu schützen. Wegen dieser Ähnlichkeit der Befristung mit der Bedingung kann § 163 die §§ 158, 160, 161 für entsprechend anwendbar erklären. Danach ist also insbesondere auch der aufschiebend befristet Berechtigte schon vor dem Eintritt des Anfangstermins durch die §§ 160, 161 gesichert.

845 Problematisch ist jedoch die **Abgrenzung zwischen der aufschiebend befristeten** – also noch nicht entstandenen – **und der** entstandenen, aber **noch nicht fälligen Forderung** (sog. betagte Forderung). *Flume* (AT II § 41 S. 730) bestreitet, dass diese Unterscheidung einen Sinn für die Rechtsanwendung habe. Doch besteht ein praktischer Unterschied durchaus[18]: Die betagte Forderung ist nach § 271 II im Zweifel schon vor Fälligkeit erfüllbar; das auf eine solche Forderung vorzeitig Geleistete kann nach § 813 II nicht zurückverlangt werden. Dagegen kann eine noch nicht entstandene Forderung auch noch nicht erfüllbar sein; eine Rückforderung des Geleisteten wird hier nur bei Kenntnis des Leistenden durch § 814 ausgeschlossen. Eine künftige (also aufschiebend befristete) Forderung ist insbesondere für diejenigen Leistungsperioden eines Dauerschuldverhältnisses anzunehmen, die noch nicht begonnen haben: Wer etwa die Miete im März versehentlich (sonst § 814) doppelt zahlt, hat nicht etwa nach §§ 271 II, 813 II die Miete für den April mitentrichtet. Vielmehr kann er das über die März-Miete hinaus Gezahlte nach § 812 I 1 Alt. 1 als nicht geschuldet zurückverlangen. Anders soll das freilich bei einem auf bestimmte Zeit abgeschlossenen Leasingvertrag sein[19].

III. Unzulässigkeit von Bedingung und Befristung

846 Manche Rechtsgeschäfte können nur unbedingt vorgenommen werden – sie sind „bedingungsfeindlich" –; manche vertragen auch keine Befristung. Dafür sind unterschiedliche Gründe maßgeblich. Auch sind die Rechtsfolgen einer unzulässigen Bedingung oder Befristung verschieden geregelt.

1. Gesetzlich geregelte Unzulässigkeit

a) Keine Bedingung oder Befristung verträgt vor allem die **Ehe**, § 1311 S. 2. Denn eine aufschiebende Bedingung schüfe eine mit dem Wesen der Ehe unvereinbare Ungewissheit über den Status der Beteiligten. Eine aufschiebende Befristung („Beginn der Ehe in drei Jahren"; dies wäre nach dem Parteiwillen eine Befristung, wenn beide Beteilig-

---

18 Ebenso MünchKomm-*H. P. Westermann* § 163 Rz. 3.
19 BGHZ 111, 84, 93 ff.

ten das Erleben dieses Termins für gewiss halten) muss noch eher unzulässig sein als ein entgegen § 1297 *verbindliches* Verlöbnis. Eine auflösende Bedingung („Trennung bei Untreue") könnte die zwingende Regelung der Ehescheidung ausschalten. Und eine auflösende Befristung endlich („Ehe für die nächsten drei Jahre") verstieße gegen die Regel von der Lebenslänglichkeit der Ehe (§ 1353 I 1).

Aus ähnlichen Gründen vertragen auch **andere familienrechtliche Geschäfte** keine Bedingung und Befristung, etwa § 1594 III (Vaterschaftsanerkenntnis), § 1750 II 1 (Einwilligung zur Annahme als Kind). In anderen Fällen ergibt sich die Bedingungs- und Befristungsfeindlichkeit daraus, dass Erklärungen zum Antrag auf ein entsprechendes Gerichtsurteil verkümmert sind, z.B. § 1564 (Ehescheidung), § 1599 ff. (Anfechtung der Ehelichkeit).

b) Unbedingt und unbefristet muss auch die **Auflassung** erfolgen, § 925 II. Denn diese betrifft das wichtigste Grundstücksrecht, nämlich das Eigentum. Und hierüber soll das Grundbuch ohne weiteres Auskunft geben, also ohne dass man erst nach dem Eintritt oder Ausfall einer Bedingung forschen oder nach dem Kalender greifen muss. Ähnliches gilt nach §§ 1 IV, 11 I 2 ErbbauVO für das Erbbaurecht und nach § 4 II 2 WEG für das Wohnungseigentum. 847

c) Andere Geschäfte vertragen deshalb keine Bedingung oder Befristung, weil sie für eine Vielzahl von Personen Bedeutung haben; daher soll ein Schwebezustand vermieden werden. Das gilt etwa für die **Annahme und Ausschlagung von Erbschaft oder Vermächtnis** (§§ 1947, 2180 II 2), für die Entscheidung über die Annahme des Amtes als **Testamentsvollstrecker** (§ 2202 II 2) und für die Erteilung einer **Prokura** (vgl. § 50 II HGB). 848

d) Bedingungs- und befristungsfeindlich ist nach § 388 S. 2 die **Aufrechnung**. Denn die Aufrechnungsmöglichkeit bedeutet ein Gestaltungsrecht, das dem Berechtigten die Macht verleiht, einseitig in die Rechtsstellung einer anderen Person einzugreifen (vgl. oben Rz. 81): Diese Person soll nicht auch noch mit dem Schwebezustand belastet werden, der infolge einer Bedingung oder Befristung eintritt. Weil die eben genannte Motivation nicht nur für die Aufrechnung passt, sondern auch für **die anderen fremdwirksamen Gestaltungsrechte** (z.B. Anfechtung, Kündigung), erweitert man die Bedingungs- und Befristungsfeindlichkeit auf diese[20]. Bedingungsfeindlich ist auch die **Genehmigung**[21]. 849

Die genannte Motivation ergibt aber zugleich, dass Bedingungen **nicht ausnahmslos** unzulässig sein müssen. Vielmehr können Bedingungen zugelassen werden, die für den Erklärungsgegner keine unzumutbare Ungewissheit schaffen (BGHZ 97, 264). Insbesondere gilt das für Bedingungen, deren Verwirklichung vom Willen des Gestaltungsgegners abhängt: Dieser kann ja die Unklarheit selbst beheben. Daher gilt die Bedingungsfeindlichkeit insbesondere nicht für die Änderungskündigung: Hier besteht die Bedingung der Kündigung nämlich darin, dass sich der andere Teil zu einer bestimmten Vertragsänderung bereitfindet (z.B. einer Erhöhung der Miete; ausgeschlossen ist die Änderungskündigung aber bei der Wohnungsmiete durch § 573 I 2). Dagegen gibt im Arbeitsverhältnis BAG DB 1985, 1186 der Änderungskündigung sogar einen gewissen 850

---

20 Etwa BGHZ 156, 328.
21 Etwa MünchKomm-*H. P. Westermann* § 158 Rz. 28.

Vorrang vor der lösenden Kündigung. Eine (aufschiebende) Befristung ist bei der Kündigung im Gesetz vorgesehen, nämlich als **Kündigungsfrist** (etwa §§ 573 c, 621 ff.): Sie erlaubt es dem Gekündigten, sich auf die neue Rechtslage einzustellen, und dient daher sogar dessen Interessen. Demgegenüber ist die sofort wirkende fristlose Kündigung die Ausnahme.

Zulässig ist es schließlich, eine außerordentliche fristlose Kündigung mit einer „hilfsweisen" ordentlichen Kündigung zu verbinden (zur Umdeutung nach § 140 bereits oben Rz. 524). Das BAG hält eine solche Kündigung trotz der Bedingungsfeindlichkeit von Gestaltungsrechten für zulässig, weil die hilfsweise Kündigung unter der zulässigen Rechtsbedingung (vgl. oben Rz. 832) erklärt sei, dass das Mietverhältnis nicht schon auf andere Weise, also nicht schon durch die die primär erklärte fristlose Kündigung, beendet worden sei[22]. Anders formuliert der BGH: Auch die hilfsweise Kündigung sei „unbedingt erklärt mit der Einschränkung, dass die Wirksamkeit dieser Kündigung erst nachrangig zu prüfen ist."[23] Praktiziert wird die hilfsweise Kündigung nicht nur im Arbeitsrecht (näher oben Rz. 524), sondern auch häufig beim Zahlungsverzug des Mieters, wenn der Zahlungsrückstand sowohl eine außerordentliche Kündigung nach §§ 543 I 1, II 1 Nr. 3, 569 III als auch eine ordentliche Kündigung nach § 573 I 1, II Nr. 1 erlaubt. Eine solche **doppelte Kündigung** ist zweckmäßig, wenn der Vermieter unsicher ist, ob er die Voraussetzungen der außerordentlichen Kündigung im Streitfalle tatsächlich wird beweisen können. Oft dient ein solches Vorgehen freilich dazu, das Nachholrecht des Mieters aus § 569 III Nr. 2 auszuschalten. Nach dieser Vorschrift wird die außerordentliche Kündigung zur Vermeidung sofortiger Obdachlosigkeit des Mieters unwirksam, wenn der Mieter (oder im Fall plötzlicher Bedürftigkeit eine staatliche Stelle) die ausstehende Miete und Mietentschädigung binnen zweier Monate nach Zustellung der Räumungsklage nachzahlt. Da das Nachholrecht nach Ansicht des BGH aber nicht für die ordentliche Kündigung gilt[24], gelangt diese im Fall einer Nachzahlung zur Geltung und der Mietvertrag wird dennoch wirksam beendet. Anders als bei der außerordentlichen Kündigung greifen dann jedoch die Kündigungsfristen des § 573 c. Aus diesem Umstand leitet der BGH ab, dass der Mieter bei der ordentlichen Kündigung des besonderen Schutzes vor Obdachlosigkeit aus § 569 III Nr. 2 nicht bedürfe, weil er ausreichend Zeit habe, sich eine Ersatzwohnung zu suchen. Lässt die Nachzahlung die Pflichtverletzung des Mieters nachträglich jedoch in einem „milderen Licht" erscheinen, so soll sich der Vermieter in besonderen Ausnahmefällen nach Treu und Glauben (§ 242) nicht auf die ordentlichen Kündigung berufen können[25].

2. Dem Gesetzeszweck widersprechende Bedingungen oder Befristungen

851 In manchen Fällen ist die Unzulässigkeit von Bedingungen und Befristungen zwar nicht ausdrücklich angeordnet, doch widersprechen diese einem vom Gesetz verfolgten Zweck. Aus diesem Bereich seien hier zwei Fallgruppen genannt.

---

22 BAG NJW 2014, 3533 Rz. 12.
23 BGH NZM 2005, 334, 335. Das beruht auf dem Gedanken der „Doppelwirkung im Recht", dazu oben Rz. 728.
24 BGH NZM 2005, 334; NJW 2007, 428; 2008, 508, 509 f.; zustimmend *Medicus/Petersen* BürgR Rz. 322 c; a.A. *Häublein* WuM 2010, 391, 398 f.
25 BGH NZM 2005, 334; BGHZ 159, 64 Rz. 31.

a) Der Kündigungsschutz für Arbeitnehmer könnte weitgehend unwirksam gemacht werden, wenn **Arbeitsverträge jeweils kurz befristet oder unter bestimmte auflösende Bedingungen gestellt** würden. Denn bei der Befristung bräuchte der Arbeitgeber nicht zu kündigen, sondern bloß einfach den Endtermin abzuwarten und dann keinen neuen Vertrag abzuschließen. Und mit geeigneten Bedingungen könnte der Arbeitgeber sein Unternehmerrisiko auf die Arbeitnehmer abwälzen, z.B. wenn das Ausbleiben von Aufträgen oder das Nichterreichen eines bestimmten Umsatzes als auflösende Bedingung vereinbart wird. Solche Bedingungen und Befristungen müssen daher nach dem Sinn der Vorschriften über den Kündigungsschutz unzulässig sein. Andererseits kann aber auch insbesondere die Befristung von Arbeitsverträgen nicht ganz ausgeschlossen werden. Insbesondere muss es möglich bleiben, für zeitlich begrenzte Aufgaben zeitlich beschränkte Einstellungen vorzunehmen: z.B. das Personal einer Seegaststätte nur für die Sommersaison; Skilehrer bloß für den Winter.

Diesem Widerstreit der Gesichtspunkte hat eine umfangreiche Rechtsprechung des BAG Rechnung zu tragen gesucht. Sie verlangt für die Zulässigkeit von Befristungen sachliche Gründe, die nicht auf eine Ausschaltung des nach sechs Monaten eintretenden Kündigungsschutzes hinauslaufen dürfen. Auch der Gesetzgeber hat sich mehrfach des Problems angenommen. So ist eine wenig übersichtliche Regelung entstanden. Eine Vereinheitlichung bringt seit dem 1. 1. 2001 das Gesetz über Teilzeitarbeit und befristete Arbeitsverträge (TzBfG)[26].

Für die **Wohnungsmiete**, bei der eine ähnliche Ausschaltung des Kündigungsschutzes durch Bedingungen oder Befristungen in Betracht käme, haben die §§ 572 II, 575 eine klare gesetzliche Regelung getroffen.

b) Auch die in § 137 S. 1 ausgesprochene **Unzulässigkeit absolut wirkender rechtsgeschäftlicher Verfügungsverbote** (vgl. oben Rz. 675) könnte durch Bedingungen beeinträchtigt werden: Jemand überträgt eine Sache nur unter der auflösenden Bedingung, dass der Erwerber verbotswidrig darüber verfügt oder dass dessen Gläubiger sie pfänden; eine Erbeinsetzung wird unter die auflösende Bedingung gestellt, dass der Erbe bestimmte, dem Erblasser nicht genehme Verfügungen über Nachlassgegenstände trifft. Solche Bedingungen können nicht allemal nichtig sein, weil das Gesetz selbst in den §§ 161, 883, 2113, 2115 Ansprüche mit Drittwirkung gegen Zwischenverfügungen sichert. Wenn die Bedingung nur eine solche Sicherung eines Anspruchs bewirken soll (z.B. des Treugebers auf Rückgewähr des Treuguts), wird man daher Zulässigkeit anzunehmen haben[27]. Dagegen ist ein Verstoß gegen den Sinn des § 137 S. 1 und folglich Unzulässigkeit der Bedingung zu bejahen, wenn nur Verfügungen verhindert und nicht Ansprüche gesichert werden sollen[28].

852

3. Rechtsfolgen unzulässiger Bedingungen und Befristungen

Wenn ein Rechtsgeschäft unter einer unzulässigen Bedingung oder Befristung steht, kommen drei verschiedene Rechtsfolgen in Betracht:

853

---

26 Dazu *Hromadka* NJW 2001, 400; *Bauer* BB 2001, 2473, zu weiteren Reformen *Hanau* ZIP 2004, 1169; *Willemsen/Annuss* NJW 2004, 177; *Lembke* NJW 2006, 325, auch BAG NJW 2004, 3138.
27 Zustimmend *Wolf/Neuner* § 29 Rz. 50.
28 Vgl. dazu *P. Ziegler*, Bedingte Verfügungen und § 137 S. 1 BGB (Diss. Regensburg 1980); *Timm* JZ 1989, 13.

Dritter Teil *Das Rechtsgeschäft*

Erstens kann **das Geschäft im ganzen für nichtig** erklärt werden. Das tut z.B. § 925 II für die bedingte oder befristete Auflassung. Ähnlich wirken die §§ 1311 S. 2, 1314 für die Eheschließung.

Zweitens kann auch umgekehrt bloß die **unzulässige Bedingung oder Befristung gestrichen** und das Geschäft als unbeschränktes aufrechterhalten werden. Aus der Rechtsprechung kommt hierfür vor allem die unzulässige Bedingung oder Befristung von Arbeitsverträgen in Betracht (vgl. oben Rz. 851): Auch hier gilt der Arbeitsvertrag ohne die unzulässigen Klauseln. Für einen grotesken Sonderfall (Erbeinsetzung unter der Bedingung, dass der Bedachte an der Tötung des Erblassers mitwirkt) vgl. BayObLG FamRZ 1986, 606.

Drittens endlich bleibt mangels abweichender Sondervorschriften die Anwendung der allgemeinen Normen über die **Teilunwirksamkeit** (vgl. oben Rz. 497 ff.): Dann ist regelmäßig nach § 139 mit der unwirksamen Bedingung oder Befristung auch der Rest des Geschäfts unwirksam, wenn nicht ausnahmsweise ein entgegengesetzter Parteiwille ermittelt werden kann.

IV. Exkurs: Die Berechnung von Fristen und Terminen

854 In den §§ 186 – 193 enthält das BGB auch einige Vorschriften über die Berechnung von Fristen und Terminen[29]. Diese Regeln gelten für die von § 163 erfassten rechtsgeschäftlichen Terminbestimmungen, aber darüber hinaus auch für gesetzliche und gerichtliche (§ 186). Freilich finden sich für den Zivilprozess in den §§ 221 f. ZPO einige Sondervorschriften.

1. Eine **Frist beginnt** nach § 187 I regelmäßig erst mit dem Ablauf des Tages, an dem das sie auslösende Ereignis stattfindet. Nach § 187 II 1 soll dieser Tag aber dann mitgerechnet werden, wenn als Fristbeginn sein Anfang bestimmt ist. Damit enden Fristen vorbehaltlich einer abweichenden Bestimmung (z.B. eine Annahmefrist bis „zum Mittag" oder für „acht Stunden") stets um 24 Uhr. Daher braucht nicht ermittelt zu werden, wann genau innerhalb eines Tages das auslösende Ereignis stattgefunden hat.

Im Laufe eines Tages erfolgt auch die Geburt. Nach § 187 I dürfte daher, wer etwa am 12. 3. um 3 Uhr geboren worden ist, die Vollendung seines 1. Lebensjahres (also seinen 1. Geburtstag) erst mit dem Beginn des 13. 3. des folgenden Jahres feiern. Um das zu vermeiden, zählt § 187 II 2 bei der Berechnung des Lebensalters prinzipwidrig den Tag der Geburt mit.

855 **2.** Eine nach Tagen bestimmte **Frist endigt** nach § 188 I mit dem Ablauf des letzten Tages. Auch eine Frist etwa „bis zum Donnerstag" schließt den Donnerstag noch ein. Für den Ablauf einer nach Wochen oder Monaten bestimmten Frist ist nach § 188 II zwischen den beiden Fällen des § 187 zu unterscheiden: Bei § 187 I endigt die Frist an dem gleichen Wochen- oder Monatstag, an dem das sie auslösende Ereignis stattgefunden hat (etwa eine Annahmefrist nach § 148 von zwei Wochen: Wenn der Antrag am Montag, dem 5. 3., wirksam geworden ist, endigt die Frist am Montag, dem 19. 3.). Bei

---

29 Dazu *Ziegeltrum* JuS 1986, 705; 784; *Schroeter* JuS 2007, 29.

§ 187 II dagegen endigt die Frist einen Tag früher: Hier hat ja auch ihr Lauf schon früher begonnen. Auf die unterschiedliche Tageszahl der Monate geht schließlich § 188 III zurück. Danach endigt z.B. eine während des 31. 3. beginnende Monatsfrist (§ 187 I) schon am 30. 4. und nicht erst am 1. 5. Fristen für die Abgabe einer Willenserklärung oder zur Bewirkung einer Leistung endigen jedoch nicht an einem Samstag, Sonntag oder Feiertag, sondern erst am nächsten Werktag, § 193.

3. Um die **Berechnung der Länge** einer Frist geht es endlich in den §§ 189 – 192. Auch hier werden vor allem die Zweifel geklärt, die sich aus der unterschiedlichen Länge der Monate ergeben können. Nicht erörtert wird im BGB dagegen die umgangssprachlich häufige Wendung „acht Tage": Ist damit nicht bloß eine Woche gemeint? § 359 II HGB entscheidet hier im Zweifel und Art. 36 IV WG sogar zwingend für volle acht Tage. Im bürgerlichen Recht muss das ermittelt werden, was sich als Wille des Erklärenden erkennen lässt; bei Allgemeinen Geschäftsbedingungen kommt die Unklarheitenregel von § 305 c hinzu.

856

§ 53 Mängel der Geschäftsgrundlage

Literatur: Bahnbrechend *Windscheid*, Die Lehre des röm. Rechts von der Voraussetzung (1850, dazu aber *Lenel*, AcP 74, 1889, 213; 79, 1892, 49); *Oertmann*, Die Geschäftsgrundlage (1921), zudem vor allem *Larenz*, Geschäftsgrundlage und Vertragserfüllung (3. Aufl. 1963) und die Darstellung bei *Flume* AT II § 26. – Außerdem etwa *Beuthien*, Zweckerreichung und Zweckstörung im Schuldverhältnis (1969); *J. F. Baur*, Vertragliche Anpassungsregeln – dargestellt am Beispiel langfristiger Energielieferungsverträge (1983, dazu *Steindorff* ZHR 148, 1984, 271); *Braun*, Wegfall der Geschäftsgrundlage – BGH JZ 1978, 235, in: JuS 1979, 692; *Brockmeyer*, Das Rechtsinstitut der Geschäftsgrundlage aus der Sicht der ökonomischen Analyse des Rechts (1993); *Brox*, Die Einschränkung der Irrtumsanfechtung (1960); *Chiotellis*, Rechtsfolgenbestimmung bei Geschäftsgrundlagenstörungen in Schuldverträgen (1981); *Dauner-Lieb/Dötsch*, Prozessuale Fragen um § 313 BGB, NJW 2003, 921; *Feldhahn*, Die Störung der GG im System des reformierten Schuldrechts, NJW 2005, 3381; *Fikentscher*, Die Geschäftsgrundlage als Frage des Vertragsrisikos (1971); *Geißler*, Der Wegfall der Geschäftsgrundlage im Rahmen des Bürgschaftsvertrages, NJW 1988, 3184; *Goltz*, Motivirrtum und Geschäftsgrundlage im Schuldvertrag (1973, dazu *Köhler*, AcP 175, 1975, 262); *Görk*, Deutsche Einheit und Wegfall der Geschäftsgrundlage (Diss. München 1995); *Grün*, Der Wegfall der Geschäftsgrundlage bei DDR-Wirtschaftsverträgen nach der Wende, JZ 1994, 763; *Haarman*, Wegfall der Geschäftsgrundlage bei Dauerschuldverhältnissen (1979); *Häsemeyer*, Geschäftsgrundlage und Vertragsgerechtigkeit, FS Weitnauer (1980) 67; *Harle*, Die Äquivalenzstörung (1995); *Harms*, Zur Anwendung von Revisionsklauseln in langfristigen Energielieferungsverträgen, DB 1983, 322; *U. Huber*, Verpflichtungszweck, Vertragsinhalt und Geschäftsgrundlage, JuS 1972, 57; *Janssen*, ... Wegfall der Geschäftsgrundlage im Zusammenhang mit der Wiedervereinigung, ZRP 1991, 418; *Kegel*, Gutachten, in: Verhandlungen 40. DJT (1953) I 135; *Köhler*, Unmöglichkeit und Geschäftsgrundlage bei Zweckstörungen im Schuldverhältnis (1971); *ders.*, Grundprobleme der Lehre von der Geschäftsgrundlage, JA 1979, 498; *ders.*, Die Lehre von der Geschäftsgrundlage als Lehre von der Risikobefreiung, in: 50 Jahre BGH, FG aus der Wissenschaft (2000) 295; *Ralf Köbler*, Die „clausula rebus sic stantibus" als allgemeiner Rechtsgrundsatz (1991); *Koller*, Die Risikozurechnung bei Vertragsstörungen in Austauschverträgen (1979); *Krückmann*, Die Voraussetzung als „virtueller" Vorbehalt, AcP 131

(1929) 1; 257; *Heinr. Lange,* Ausgangspunkte, Wege und Mittel zur Berücksichtigung der Geschäftsgrundlage, FS Giesecke (1958) 21; *Larenz,* Ergänzende Vertragsauslegung und Rückgriff auf die Geschäftsgrundlage, in: 25 Jahre Karlsruher Forum (1983) 156; *Littbarski,* Neuere Tendenzen zum Anwendungsbereich der Lehre von der Geschäftsgrundlage, JZ 1981, 8; *Locher,* Geschäftsgrundlage und Geschäftszweck, AcP 121 (1923) 1; *Lörcher,* Die Anpassung langfristiger Verträge an veränderte Umstände, DB 1996, 1269; *Loyal,* Ansprüche auf Vertragsanpassung – eine Dekonstruktion, AcP 214 (2014) 746; *Lüttringhaus,* Verhandlungspflichten bei Störung der Geschäftsgrundlage, AcP 213 (2013) 266; *Medicus,* Vertragsauslegung und Geschäftsgrundlage, FS Flume (1978) I 629; *C. Müller,* Zur Diskussion um die Lehre vom Wegfall der Geschäftsgrundlage, JZ 1981, 337; *Nelle,* Neuverhandlungspflichten (1994); *Nicklisch,* Ergänzende Vertragsauslegung und Geschäftsgrundlagenlehre – ein einheitliches Rechtsinstitut zur Lückenausfüllung?, BB 1980, 949; *Nipperdey,* Vertragstreue und Nichtzumutbarkeit der Leistung (1921); *Petersen,* Wegfall der Geschäftsgrundlage durch Ehescheidung?, FamRZ 1998, 1215; *ders.,* Der beiderseitige Irrtum zwischen Anfechtungsrecht und Geschäftsgrundlage, Jura 2011, 430; *Riesenhuber/Domröse,* Der Tatbestand der GG-Störung in § 313 BGB ..., JuS 2006, 208; *Rösler,* Störungen der GG nach der Schuldrechtsreform, ZGS 2003, 383; *ders.,* Grundfälle zur Störung der GG, JuS 2005, 27; *Schmiedel,* Der allseitige Irrtum über die Rechtslage bei der Neuregelung eines Rechtsverhältnisses, FS von Caemmerer (1978) 231; *Schmidt-Rimpler,* Zum Problem der Geschäftsgrundlage, FS Nipperdey (1955) 1; *Stötter,* Versuch zur Präzisierung des Begriffs der mangelhaften Geschäftsgrundlage, AcP 166 (1966) 149; *M. Stürner,* „Faktische Unmöglichkeit" (§ 275 II BGB) und Störung der Geschäftsgrundlage (§ 313 BGB) – unmöglich abzugrenzen?, Jura 2010, 721; *Teubner,* Die Geschäftsgrundlage als Konflikt zwischen Vertrag und gesellschaftlichen Teilsystemen, ZHR 146 (1982) 625; *P. Ulmer,* Wirtschaftslenkung und Vertragserfüllung, AcP 174 (1974) 167; *Wieacker,* Gemeinschaftlicher Irrtum der Vertragspartner und Clausula rebus sic stantibus, FS Wilburg (1965) 229; *Wieling,* Entwicklung und Dogmatik der Lehre von der Geschäftsgrundlage, Jura 1985, 505; *ders.,* Wegfall der Geschäftsgrundlage bei Revolutionen?, JuS 1986, 272; *Wieser,* Der Anspruch auf Vertragsanpassung wegen Störung der GG, JZ 2004, 654.

I. Die Problematik

1. Die Notwendigkeit einer Lehre von der Geschäftsgrundlage

857 Eine **Bedingung** können die Parteien nur für solche künftigen Veränderungen verabreden, die sie als möglich voraussehen. Und eine **Befristung** erfordert sogar noch zusätzlich, dass die künftige Veränderung als gewiss erscheint (vgl. oben Rz. 828). Ungeeignet sind Bedingung und Befristung daher für nicht vorausgesehene (und vielleicht auch gar nicht voraussehbare) künftige Veränderungen. Dann fragt sich, ob das Geschäft nach Eintritt des unerwarteten Ereignisses noch ohne Veränderung fortbestehen soll. Eine ähnliche Frage stellt sich, wenn die Umstände sogar schon bei der Vornahme des Geschäfts anders waren als von den Parteien angenommen. In allen diesen Fällen weicht die Wirklichkeit von den Annahmen der an dem Rechtsgeschäft Beteiligten ab. Das können Anwendungsfälle vom (späteren) Wegfall und vom (ursprünglichen) Fehlen der Geschäftsgrundlage sein.

Die Überzeugung davon, dass Mängel der Geschäftsgrundlage in gewissem Umfang berücksichtigt werden müssen, herrscht besonders in Zeiten starker Veränderungen: nach dem 1. Weltkrieg, im Währungszusammenbruch 1923 und nach dem 2. Weltkrieg, kürzlich auch nach der Wiedervereinigung der beiden Teile Deutschlands[1]. Denn gerade in solchen Ausnahmesituationen entfernt sich die Wirklichkeit weithin von dem, was die Parteien vorausgesehen haben. Aber auch in „normalen" Zeiten ergeben sich immer wieder im Voraus nicht bedachte Veränderungen: eine Ehe zerbricht, auf deren Fortbestand die Eheleute ihre Zukunftsplanung aufgebaut hatten[2]; ein Fußballspieler, für den ein Verein eine hohe „Ablösesumme" gezahlt hatte, verliert seine „Spielberechtigung"[3]; die PreisangabenVO, für deren Beachtung eine Vertragsstrafe versprochen worden ist, wird vom BVerfG für nichtig erklärt[4]; die in einer betrieblichen Versorgungsordnung vorgesehene Berechnung führt dazu, dass die Nettoversorgung über die Nettogehälter steigt[5]. Daher ist die Lehre von der Geschäftsgrundlage in den jederzeit verwendbaren Bestand der juristischen Dogmatik eingegangen. Ihr systematischer Standort war mangels einer spezielleren Regelung bei § 242, der freilich seinerseits auch außerhalb des Schuldrechts anwendbar ist. § 313 will im Wesentlichen dem von der Rechtsprechung Entwickelten eine spezialgesetzliche Grundlage geben; daher sind die bisherigen Erwägungen auch weiterhin verwertbar.

Spezielle Regelungen der Geschäftsgrundlagenproblematik finden sich außerhalb des BGB nur vereinzelt, etwa in § 36 UrhRG, § 60 I 1 VwVfG und Art. 74 EKG. Hieraus lassen sich jedoch keine weiter gehenden konkretisierenden Folgerungen ziehen. Auch die §§ 78, 79 ZGB DDR waren ganz im Allgemeinen geblieben: Dort wurde nämlich bloß ein richterliches Anpassungsrecht für den Fall bestimmt, „dass sich die für den Vertragsabschluss maßgebenden Umstände nach Vertragsabschluss so verändert haben, dass nach dem Stand der gesellschaftlichen Entwicklung und der Beziehung zwischen den Partnern einem von ihnen die Erfüllung nicht mehr zuzumuten ist".

Darüber hinaus werden in langfristigen Verträgen zwischen Wirtschaftsunternehmen oft Klauseln vereinbart, die zu einer Anpassung an geänderte Verhältnisse verpflichten sollen (**„Wirtschaftsklauseln"**)[6].

2. Die Notwendigkeit einer Abgrenzung

Schuldverträge sollen – im Gegensatz zu Verabredungen bloß auf gesellschaftlicher Ebene (vgl. oben Rz. 185) – rechtlich erzwingbare Ansprüche erzeugen. Dieser **Rechtszwang** wird insbesondere dann benötigt, wenn der Schuldner nicht mehr freiwillig leisten will, weil er seit dem Vertragsschluss anderen Sinnes geworden ist. Solche **Sinnesänderungen** werden sehr oft darauf beruhen, dass sich die Umstände seit dem Vertragsschluss geändert haben, oder dass der Schuldner die Umstände schon bei seiner Verpflichtung unrichtig beurteilt hat: Das, was dem Schuldner zunächst als günstig erschienen ist, erweist sich nachträglich als ungünstig. Könnte der Schuldner in allen solchen Fällen unter Berufung auf Wegfall oder Fehlen der Geschäftsgrundlage seine Leistung verweigern, so verlöre der Vertrag jede Verlässlichkeit. Daher müssen diejenigen Umstände, die als Geschäftsgrundlage rechtserheblich sein sollen, eng verstan-

858

---
1 Etwa BGHZ 120, 10; BGH ZIP 1993, 955; NJW 1994, 2688; 1996, 990; 1997, 320.
2 Vgl. etwa BGHZ 82, 227; 84, 361; BGH NJW 1985, 313; 1989, 1986.
3 BGH NJW 1976, 565, vgl. *Wertenbruch* NJW 1993, 179.
4 OLG Köln WRP 1984, 433.
5 BAG BB 1986, 1088.
6 Vgl. *J. F. Baur* FS Steindorff (1990) 509; *Eidenmüller* ZIP 1995, 1063.

den werden; sie sind abzugrenzen gegenüber den unerheblichen Motiven, Erwartungen und Wünschen.

In diesem Zusammenhang wird häufig gesagt, die Lehre von der Geschäftsgrundlage bedeute einen **Eingriff in die Vertragstreue** und beschränke die Regel *pacta sunt servanda*[7]. So allgemein ist das aber unrichtig. Denn damit wird die Vorfrage übergangen, inwieweit der Vertrag auch Situationen regelt, die bei seinem Abschluss nicht vorausgesehen worden sind. Anders formuliert: Man kann den Vertrag gerade dadurch besonders ernst nehmen, dass man ihn auf das beschränkt, was die Parteien wirklich regeln wollten. In dieser Begrenzung besteht das Grundproblem der Lehre von der Geschäftsgrundlage; vgl. dazu unten Rz. 862 ff.

II. Fallgruppenbildung

859 Man hat versucht, die Antwort auf die eben formulierte Grundfrage durch eine Fallgruppenbildung zu erleichtern. Denn wenn diese gelingt, muss die Antwort nicht mehr allgemein sein, sondern sie kann nach typischen Situationen differenziert werden.

1. Große und kleine Geschäftsgrundlage

Vor allem *Kegel*[8] hat die Unterscheidung zwischen großer und kleiner Geschäftsgrundlage betont. Dabei umschreibt *Flume*[9] den Anwendungsbereich der großen Geschäftsgrundlage als Änderung (Einwirkung) der Sozialexistenz: Krieg, Währungsverfall, Gesetzesänderungen, Naturkatastrophen. Das sind insbesondere die oben Rz. 857 genannten Gründe für die Ausbreitung der Lehre von der Geschäftsgrundlage überhaupt.

Die große Geschäftsgrundlage betrifft regelmäßig eine Vielzahl von Verträgen. Daher werden ihre Folgen meist vom Gesetzgeber geregelt. Trotzdem ergibt sich hieraus wohl kein tragfähiger Grund für eine Grenzziehung. Denn erstens vergeht bis zu dieser Regelung nicht selten längere Zeit, und bisweilen muss der Gesetzgeber auch erst durch die Rechtsprechung zum Eingreifen gedrängt werden (so hat 1923 erst die Aufwertungsrechtsprechung des RG eine Reaktion des Gesetzgebers auf die sich überschlagende Inflation erzwungen). Zudem können zweitens auch Veränderungen der kleinen Geschäftsgrundlage insgesamt so häufig vorkommen, dass der Gesetzgeber sich zu ihrer Regelung entschließt. So sind etwa die Folgen des Scheiterns einer Ehe durch die §§ 1372 ff. (Zugewinnausgleich), §§ 1568 a, b (ehemals HausratsVO) und § 1587 sowie das VersAusglG (Versorgungsausgleich) ziemlich umfassend geordnet. Daher ist die Unterscheidung zwischen großer und kleiner Geschäftsgrundlage wenig hilfreich[10].

---

[7] So etwa BGH NJW 1976, 565, 566; 1977, 2262, 2263. Siehe auch *Weller*, Die Vertragstreue (2009).
[8] *Kegel*, Gutachten, in: Verhandlungen 40. DJT (1953) I 135.
[9] *Flume* AT II § 26, 6 S. 518; 7 S. 525.
[10] Ebenso *Gernhuber*, Bürgerliches Recht (3. Aufl. 1991) § 35 I 8.

2. Objektive und subjektive Geschäftsgrundlage

Ein Teil der Lehre hat eine Unterscheidung zwischen objektiver und subjektiver Geschäftsgrundlage befürwortet. Dabei versteht er unter der subjektiven Geschäftsgrundlage die „Vorstellungen, von denen die Geschäftsparteien bei ihren Vereinbarungen ausgegangen sind und sich beide, mindestens wenn man redliche Denkweise unterstellt, haben leiten lassen"[11]. Demgegenüber soll die objektive Geschäftsgrundlage aus denjenigen Umständen bestehen, „deren Vorhandensein oder Fortdauer im Vertrage *sinngemäß* vorausgesetzt ist, damit er die von den Parteien mit seiner Durchführung verbundenen Erwartungen wenigstens annäherungsweise erfüllen kann"[12]. Dabei soll es sich vornehmlich um Fälle der Äquivalenzstörung und der Zweckvereitelung handeln. Diese Unterscheidung hat vielfach Zustimmung, aber auch Ablehnung gefunden[13].

860

Allerdings besteht zwischen den beiden Arten der Geschäftsgrundlage kein hinreichend deutlicher Unterschied[14]. Denn einerseits ist eine unrichtige Beurteilung der gegenwärtigen oder künftigen Umstände (wenn auch nicht gerade in Form einer falschen Vorstellung, sondern schon durch bloßes Nichtbedenken) im Geltungsbereich der Lehre von der Geschäftsgrundlage wohl stets erforderlich: Wer die gegenwärtigen und künftigen Umstände richtig eingeschätzt hat, trifft eben eine der Wirklichkeit entsprechende Regelung und kann an dieser auch festgehalten werden. Und andererseits genügt ein – auch gemeinsamer – Irrtum beider Vertragsparteien allein für die Annahme einer Grundlagenstörung noch nicht: Hinzukommen muss vielmehr die Unzumutbarkeit der Erfüllung (vgl. unten Rz. 865 ff.). Insofern nähern sich alle Geschäftsgrundlagenfälle dem Recht der Leistungsstörungen, wo ja in Randfällen der Unmöglichkeit auch Gesichtspunkte der Zumutbarkeit (Opfergrenze) und des Leistungszwecks eine Rolle spielen. Auch § 313 macht zwischen objektiver und subjektiver Geschäftsgrundlage keinen Unterschied.

3. Wegfall und Fehlen der Geschäftsgrundlage

Traditionell ist die Unterscheidung zwischen (späterem) Wegfall und (ursprünglichem) Fehlen der Geschäftsgrundlage. Hier geht es auch um einen Unterschied in den Rechtsfolgen, weil diese bei einem späteren Wegfall der Geschäftsgrundlage auch erst später wirksam werden können. Aber für die Grundfrage, was denn nun eigentlich zur Geschäftsgrundlage gehört, ergibt diese Unterscheidung nichts.

861

III. Die Ermittlung der Geschäftsgrundlage

Was zur Geschäftsgrundlage gehört, muss nach drei Richtungen hin abgegrenzt werden: gegenüber dem Geschäftsinhalt, gegenüber dem rechtlich Unerheblichen und gegenüber Spezialregelungen.

862

---

11 Hier und im Folgenden *Larenz* SAT § 21 II S. 322.
12 *Larenz* SAT § 21 II S. 324.
13 Vgl. *Chiotellis*, Rechtsfolgenbestimmung bei Geschäftsgrundlagenstörungen in Schuldverträgen (1981) 19 f.
14 *Medicus/Petersen* BürgR Rz. 165.

1. Abgrenzung gegenüber dem Geschäftsinhalt

Was Geschäftsgrundlage ist, kann nicht Geschäftsinhalt sein. Das ist in dem Sinn richtig, dass die Lehre von der Geschäftsgrundlage eine **doppelte Regelungslücke** voraussetzt[15]. Denn jede Regelung erfolgt primär durch Rechtsgeschäft und ergänzend durch das Gesetz. Daher fehlt eine durch die Lehre von der Geschäftsgrundlage zu füllende Lücke, soweit Rechtsgeschäft oder Gesetz eine Regelung enthalten.

a) Die **rechtsgeschäftliche Regelung** bedeutet insbesondere beim Schuldvertrag weithin eine **Verteilung von Risiken**: Wer z.B. den Bau eines Hauses zu einem *Festpreis* verspricht, übernimmt grundsätzlich die Risiken aus Material- oder Lohnpreissteigerungen (wie ihm andererseits auch eine Preissenkung oder – realistischer – ein Zurückbleiben der Preissteigerungen hinter dem erwarteten Ausmaß zugutekommt). Wer umgekehrt als Unternehmer *Preisanpassungsklauseln* oder die Abrechnung nach den entstandenen Kosten vereinbart, hält die Risiken einer Preissteigerung von sich fern. Diese Verteilung gilt ohne Einschränkung für alle von den Parteien vorausgesehenen Risiken (vgl. schon oben Rz. 858).

Das ist freilich in der Rechtsprechung des BGH zum **Leasing** unbeachtet geblieben: Nach dieser[16] soll die Geschäftsgrundlage für den Leasingvertrag wegfallen, wenn der Leasingnehmer gegenüber dem Lieferanten des Leasingguts wegen eines Sachmangels den Rücktritt vom Kaufvertrag erklärt. Dabei wird übergangen, dass der Leasingvertrag üblicherweise das Mängelrisiko regelt, nämlich dieses von dem Leasinggeber fernhält. Hier fehlt also eine (auch bloß einfache) Regelungslücke; der BGH begründet mit der Lehre von der Geschäftsgrundlage prinzipwidrig eine Korrektur der Parteivereinbarungen[17].

863 **b)** Soweit die Parteien Risiken nicht vorausgesehen haben und daher auch nicht regeln wollten, ist nach einer **gesetzlichen Regelung** zu fragen. So weisen die §§ 437, 439 ff. das Risiko, dass die Kaufsache beim Gefahrübergang mit Mängeln behaftet ist, dem Verkäufer zu. Umgekehrt trägt gemäß § 446 der Käufer das Risiko einer Verschlechterung der Kaufsache nach dem Gefahrübergang. Bei der Miete zeigt § 537, dass der Mieter das Risiko tragen soll, durch einen in seiner Person liegenden Grund an der Ausübung des Mietgebrauchs gehindert zu werden. Und für den Werkvertrag ergibt § 649, dass der Besteller zwar kündigen kann, wenn ihm das bestellte Werk nicht mehr nützlich ist, dass er aber trotzdem regelmäßig die volle Gegenleistung erbringen muss. Alle diese Risikozuweisungen gelten prinzipiell auch dann, wenn die Parteien das Hindernis nicht vorausgesehen oder sich sogar positiv eine falsche Vorstellung gemacht haben. Die Mängelhaftung etwa gilt also insbesondere auch, wenn Verkäufer und Käufer fest von der Mangelfreiheit der Kaufsache überzeugt waren. Oder der Bürge (§ 765) hat selbst dann für den Hauptschuldner einzustehen, wenn er ersichtlich mit einer Inanspruchnahme nicht gerechnet hatte[18]. Unerheblich ist auch das Scheitern einer

---

15 Vgl. schon oben Rz. 826, auch *Chiotellis*, Rechtsfolgenbestimmung bei Geschäftsgrundlagenstörungen in Schuldverträgen (1981) 24 f.
16 Etwa BGHZ 68, 118 (126); 81, 298 (306); BGH NJW 1985, 796; 1990, 314; 2010, 2798; 2014, 1583 Rz. 27 f.
17 Vgl. ebenso *Lieb* JZ 1982, 562; DB 1988, 2496; *Canaris* AcP 190 (1990) 408, 414 ff. Zu §§ 358, 359 beim sog. Verbraucherleasing BGH NJW 2014, 1519; a.A. *Medicus/Petersen* BürgR Rz. 323.
18 BGH BB 1988, 231.

vom Schuldner geplanten Finanzierung[19]. Ein Vermächtnis soll typischerweise bis zur völligen Erschöpfung des Nachlasses erfüllt werden müssen[20].

c) Gegenüber diesen Regelungen ist durch **Auslegung** zu ermitteln, ob sie ausnahmsweise für unvorhergesehene oder ganz ungewöhnliche Umstände nicht gelten sollen[21]. Diese Auslegung ist für die rechtsgeschäftliche Regelung diejenige nach den §§ 133, 157 (vgl. oben Rz. 311 ff.) und für die gesetzlichen Vorschriften die Gesetzesauslegung (vgl. oben Rz. 307 ff.). Dabei werden sich Lücken eher in den Parteivereinbarungen ergeben als in den gesetzlichen Vorschriften: Die Parteien planen eben mit viel weniger Überlegung als der Gesetzgeber (wenigstens als er das in den älteren und auf jahrtausendelanger Erfahrung beruhenden Gesetzen getan hat). Daher tauchen Fragen der Geschäftsgrundlage auch fast immer bloß hinsichtlich der von den Parteien zu vereinbarenden Punkte auf. Das sind insbesondere die Absprachen über den Preis und über eine besondere Verwendbarkeit des Leistungsgegenstandes. Weiter gehören hierhin atypische Verträge, für die spezielles Gesetzesrecht überhaupt fehlt. So wurde in BGH NJW 1976, 565 für den gesperrten Fußballspieler die Lehre von der Geschäftsgrundlage nur deshalb gebraucht, weil Kaufrecht nicht passte. Derzeit zeigt sich dieses Fehlen einer passenden gesetzlichen Regelung besonders deutlich beim Auseinanderbrechen nichtehelicher Lebensgemeinschaften. Bei der **Bürgschaft durch einen Ehegatten** des Hauptschuldners hat BGHZ 128, 230, 236 ff. es als Wegfall der Geschäftsgrundlage in Erwägung gezogen, dass die Ehe getrennt wird: Dann entfalle die Gefahr von Vermögensverschiebungen zwischen den Gatten. Doch ist nicht zu sehen, wie dies zu der Definition der Geschäftsgrundlage (unten Rz. 876 a) passen soll. Allenfalls kann man die Geltendmachung der Bürgschaft in solchen Fällen als Rechtsmissbrauch ansehen, wenn sie wirklich nur vor Vermögensverschiebungen auf den Ehegatten schützen sollte[22].

864

2. Abgrenzung gegenüber dem Unerheblichen

a) Daraus darf aber nicht geschlossen werden, jeder auch nur von einer Partei nicht vorausgesehene Umstand rechtfertige ohne weiteres die Anwendung der Regeln über Grundlagenstörungen. Vielmehr kann der Vertrag insofern klüger sein als die Parteien, als er auch von diesen nicht vorausgesehene Umstände zu regeln vermag: nämlich insbesondere alles, was dem Vorausgesehenen etwa entspricht. Daher muss die Störung, um rechtserheblich zu sein, von dem Vorausgesehenen wesentlich abweichen: Nach BGHZ 121, 378, 393 soll nötig sein „eine so einschneidende Änderung, dass ein Festhalten an der ursprünglichen Regelung zu einem untragbaren, mit Recht und Gerechtigkeit schlechthin nicht mehr zu vereinbarenden Ergebnis führen würde und das Festhalten an der ursprünglichen vertraglichen Regelung für die betroffene Partei deshalb unzumutbar wäre". § 313 I formuliert, die für den Vertrag grundlegenden Umstände müssten sich so schwerwiegend verändert haben, dass der benachteiligten Partei auch unter Berücksichtigung insbesondere der vertraglichen oder gesetzlichen Risikoverteilung das Festhalten am unveränderten Vertrag nicht zugemutet werden könne.

865

---

19 BGH NJW 1983, 1489.
20 BGH NJW 1993, 850.
21 Vgl. BGH DB 1994, 777, 778.
22 Vgl. OLG Köln BB 1996, 2536; i.E. auch *Köhler* AcP 175 (1975) 262, 263.

866 **b)** Als Maß für diese **Wesentlichkeit** bietet sich bei gegenseitigen Verträgen vor allem die **Beeinträchtigung der Äquivalenz** an[23]. Dabei geht es nicht um die objektive, an Marktpreisen zu ermittelnde Gleichwertigkeit von Leistung und Gegenleistung (ihre Mängel fallen beim Vorliegen weiterer Voraussetzungen unter § 138, vgl. insbesondere oben Rz. 707 ff.). Maßgeblich ist vielmehr die subjektive – also vertraglich gewollte – Äquivalenz. Danach kommt eine erhebliche Äquivalenzstörung etwa auch dann in Betracht, wenn ein Grundstück deutlich unter seinem Marktpreis verkauft sein sollte und (etwa wegen eines Irrtums hinsichtlich dieses Preises) trotzdem gerade zum Marktpreis verkauft worden ist: Hier entspricht die vereinbarte Äquivalenz nicht der von den Parteien gewollten.

867 **c)** Freilich ist es nicht möglich, für das Ausmaß der rechtserheblichen Äquivalenzverschiebung eine **bestimmte Quote** (z.B. 50 oder 100 %) anzugeben. Nicht einmal ein einigermaßen verlässlicher Richtwert dürfte sich nennen lassen[24]. Denn neben dem Maß der Äquivalenzverschiebung (und bei nicht gegenseitigen Verträgen statt seiner) sind auch **andere Gesichtspunkte** zu beachten.

868 **aa)** Dahin gehört einmal die **Vorhersehbarkeit** der wirklichen Umstände: Soweit eine solche Vorhersehbarkeit bestanden hat, ist eine Hilfe nach Treu und Glauben weniger dringlich (etwa derzeit hinsichtlich der jährlichen Geldentwertung von ungefähr 1 bis 4 %). Denn bei solchen vorhersehbaren Umständen kann der Schuldner regelmäßig davon ausgehen, der Gläubiger habe sie einkalkuliert: Dann ergibt schon die Auslegung nach dem Empfängerhorizont (vgl. oben Rz. 323), dass der Geldgläubiger dieses Risiko übernommen hat. Aber auch sonst kann der Geschäftsgegenstand riskant sein; eine Verwirklichung dieses Risikos berührt die Geschäftsgrundlage regelmäßig nicht. So wird der Kauf einer erst zum Patent angemeldeten Erfindung regelmäßig nicht dadurch beeinträchtigt, dass das Schutzrecht nicht erteilt wird oder nachträglich wegfällt[25]. Beim Kauf von Bauerwartungsland ist es nicht Geschäftsgrundlage, dass die Bebaubarkeit später eintritt[26]. Andere schon dem Typ nach riskante Geschäfte sind die Bürgschaft[27] und der Abfindungsvergleich[28].

869 **bb)** Ein weiterer Gesichtspunkt ist der **vereinbarte Leistungszweck**. Aussagekräftig ist insoweit vor allem der *Unterhaltszweck*: Soll eine Geldzahlung dem Unterhalt des Gläubigers dienen, so kann schon eine verhältnismäßig geringe Wertverschiebung erheblich sein. Denn die Zweckvereinbarung „Unterhalt" ist regelmäßig als „angemessener Unterhalt" zu deuten. Daher kommt eine Grundlagenstörung schon dann in Betracht, wenn der vereinbarte Betrag hierfür nicht mehr ausreicht, selbst wenn er noch eine kümmerliche Existenz ermöglicht (oder diese erst durch Fürsorgeleistungen Dritter gewährleistet wird). Umgekehrt könnte im Gegenfall einer Geldwertsteigerung der Unterhaltszweck auch gegen den Geldgläubiger ins Gewicht fallen: Eine

---

[23] Etwa BGH NJW 1984, 1746, 1747: wenn die beiderseitigen Verpflichtungen „in ein grobes Missverhältnis geraten".
[24] A.A. vor allem *Wieacker*, Gemeinschaftlicher Irrtum der Vertragspartner und Clausula rebus sic stantibus, FS Wilburg (1965) 229, 250 ff.
[25] BGHZ 83, 283, 288.
[26] BGHZ 101, 143, 152.
[27] BGH NJW 1983, 1850, dazu *Rehbein* JR 1984, 17; BGH NJW 1988, 2599, 2603; 3205; 1994, 2146; ZIP 1993, 903.
[28] Vgl. BGH VersR 1983, 1034.

Grundlagenstörung kann auch vorliegen, wenn die Kaufkraft des versprochenen Betrages unvorhergesehen das zum angemessenen Unterhalt Nötige erheblich übertrifft.

Diese Sonderstellung des Unterhaltszwecks ist in der Rechtsprechung anerkannt[29]: BAG und BGH haben eine Grundlagenstörung trotz der Vorhersehbarkeit einer gewissen Geldentwertung schon bei einer 40prozentigen Steigerung der Lebenshaltungskosten bejaht.

cc) Weiter kann für die Erheblichkeit einer Äquivalenzstörung die **Gemeinsamkeit der Parteivorstellungen** Bedeutung haben. Denn der Gegner des durch die Wirklichkeit Benachteiligten muss sich nach Treu und Glauben eher auf die Beachtlichkeit solcher Umstände einlassen, deren Wichtigkeit für den anderen Teil er gekannt und die er sich vertraglich zu eigen gemacht hat. So lässt sich etwa die Annahme einer Grundlagenstörung in dem Fall von BGH JZ 1966, 409 begründen: Dort wusste der Verkäufer von Fertighäusern, dass der Käufer diese auf einem bestimmten Grundstück aufstellen wollte, was dann aber erwartungswidrig nicht genehmigt wurde. Der BGH[30] lässt bei einem Behandlungsvertrag einen gemeinsamen Irrtum über die Leistungspflicht einer Krankenversicherung als Geschäftsgrundlage genügen. Freilich darf die bloße Offenlegung eines Motivs während der Vertragsverhandlungen allein dieses noch nicht erheblich machen. Denn sonst stünde der Geschwätzige besser, der seine Motive auf der Zunge trägt (vgl. oben Rz. 758 zum Kalkulationsirrtum). 870

dd) Regelmäßig unerheblich ist dagegen der vor allem in der älteren Rechtsprechung häufiger betonte Gesichtspunkt der **Existenzvernichtung**[31]: wenn die Vertragserfüllung „sei es auch nur mittelbar, ganz oder nahezu seinen [des Schuldners] geschäftlichen Ruin zur Folge haben würde". Die persönliche Leistungsfähigkeit des Schuldners mag zwar unter besonderen Umständen (etwa bei Betriebsrenten) von Bedeutung sein. Dagegen kann die vertragliche Risikoverteilung schwerlich von dieser Leistungsfähigkeit abhängen: Sonst müsste der Leistungsfähigere ein höheres Risiko tragen, wofür dann auch eine höhere Gegenleistung angemessen wäre. 871

ee) Gleichfalls regelmäßig unerheblich sollte sein, ob und inwieweit der **Vertrag schon erfüllt** ist[32]. Insbesondere sollte man keine allgemeine Regel des Inhalts annehmen, für schon erfüllte Verträge könne die Frage nach Grundlagenstörungen nicht mehr aufgeworfen werden. Denn dass der durch die Wirklichkeit Beeinträchtigte die von ihm geschuldete Leistung bereits erbracht hat, sagt nichts darüber, welche Gegenleistung ihm hierfür gebührt. 872

3. Abgrenzung gegenüber Spezialregelungen 873

Für nicht wenige Fallgruppen regelt das BGB selbst die Rechtsfolgen aus Abweichungen der Wirklichkeit von den Annahmen der Geschäftspartner. Diese Vorschriften gehen wegen ihrer Spezialität der allgemeinen Regelung der Geschäftsgrundlage in § 313 vor.

---

29 BAG NJW 1973, 959 und BGHZ 61, 31.
30 BGHZ 163, 42 (dazu *Katzenmeier* JZ 2005, 951).
31 Etwa RGZ 100, 134, 137.
32 Str., vgl. etwa BAG NJW 1987, 918; OLG Karlsruhe NJW-RR 1990, 559.

a) Sicher ist das für Vorschriften wie etwa die §§ 321 (Vorleistungspflicht und Leistungsunfähigkeit des Gläubigers), 490 I (Unsicherheit der Rückzahlung eines Darlehens), 519 (Notbedarf des Schenkers), 528 f. (Verarmung des Schenkers), 530 ff. (grober Undank des Beschenkten), 779 (Grundlagenirrtum beim Vergleich), 1372 ff. (Zugewinnausgleich)[33], 1587 (Versorgungsausgleich nach VersAusglG), 2078 f. (unrichtige Erwartungen des Erblassers). Alle diese und noch zahlreiche weitere Vorschriften machen, soweit sie reichen, die Frage nach dem Fehlen oder dem Wegfall der Geschäftsgrundlage überflüssig; hier gelten nur die speziell angeordneten Rechtsfolgen.

874 **b)** Bei Dauerschuldverhältnissen hatte die Rspr. ein (unabdingbares) Recht zur **Kündigung aus wichtigem Grund** entwickelt. Dadurch sollten die Regeln über den Wegfall der Geschäftsgrundlage regelmäßig verdrängt werden[34]. Dieses Kündigungsrecht ist jetzt in den neuen § 314 übernommen worden. Voraussetzung soll sein, dass dem kündigenden Teil „unter Berücksichtigung aller Umstände des Einzelfalls und unter Abwägung der beiderseitigen Interessen die Fortsetzung des Vertragsverhältnisses bis zur vereinbarten Beendigung oder bis zum Ablauf einer Kündigungsfrist nicht mehr zugemutet werden kann". Bei einer Pflichtverletzung soll der Kündigung regelmäßig eine Frist zur Abhilfe oder eine Abmahnung vorausgehen müssen. Freilich sind im Rahmen des „wichtigen Grundes" häufig ähnliche Erwägungen anzustellen wie bei der Geschäftsgrundlage, doch bewirkt die den Dauerschuldverhältnissen eigentümliche Bedeutung des Zeitmoments einige Abweichungen. Deshalb soll[35] ein wichtiger Grund nicht überall da verneint werden können, wo ein Wegfall der Geschäftsgrundlage zu verneinen wäre. Zudem sollte man erwägen, bei Dauerschuldverhältnissen das Kündigungsrecht nur zu gewähren, wenn der Versuch einer Vertragsanpassung gescheitert oder aussichtslos ist[36].

875 **c)** Weiter treten die Regeln über die Geschäftsgrundlage auch dann zurück, wenn die Parteien sich bloß mangelhaft ausgedrückt haben und der Mangel durch **Auslegung** behoben werden kann. Ein Beispiel bildet der sog. **Rubelfall** von RGZ 105, 406: Ein in russischen Rubeln gegebenes Darlehen sollte in Mark zurückgezahlt werden. Die Parteien nahmen den Wert des Rubels unrichtig mit 25 statt richtig mit 1 Pfennig an und setzten daher den Schuldbetrag in Mark fünfundzwanzigfach zu hoch fest. Hier und in ähnlichen Fällen wird aus dem Gewollten (Rückzahlung zum geltenden Umrechnungskurs in Mark) infolge eines Motivirrtums (falscher Umrechnungskurs) eine falsche Folgerung gezogen (falscher Markbetrag). Dann kann die falsche Folgerung durch Auslegung in die richtige korrigiert werden: Wie bei der *falsa demonstratio* haben die Parteien das Gemeinte nur unrichtig ausgedrückt (vgl. oben Rz. 327).

876 **d)** Wenig klar ist dagegen die Abgrenzung zwischen diesen Fällen und der oben Rz. 340 ff. behandelten **willensergänzenden Auslegung**; unklar ist auch deren Abgrenzung gegenüber Mängeln der Geschäftsgrundlage. Die Problematik zeigt ein vom

---

33 Vgl. dazu BGHZ 65, 320; 82, 227.
34 BGHZ 24, 91, 96; BGH DB 1980, 1163, 1164, vgl. *Oetker* JZ 1998, 206, 207.
35 Nach BGH DB 1980, 1163, 1164.
36 Vgl. unten Rz. 878 sowie *Köhler* FS Steindorff (1990) 611.

BGH[37] entschiedener Fall: Die Parteien hatten eine Erbbauzinsvereinbarung gegen die Geldentwertung schützen wollen und daher verabredet, der Gläubiger solle statt des Geldes eine bestimmte Roggenmenge verlangen können (sog. **Roggenklausel**). Solche Klauseln hatten sich nach 1918 bewährt, funktionierten aber nach 1948 wegen der EG-Marktordnung und der damit verbundenen Manipulationen des Roggenpreises nicht mehr: Dieser stieg in zwanzig Jahren nur um etwa 5 %, während sich die Lebenshaltungskosten insgesamt fast verdoppelten.

Diesen Fall kann man zu den eben in Rz. 875 Genannten rechnen, wenn man annimmt, der vorrangige Wille nach einer Indexierung gemäß den Lebenshaltungskosten sei schon in dem Vertrag zum Ausdruck gekommen. Man kann aber auch mit einer willensergänzenden Vertragsauslegung arbeiten: Der Vertrag ergebe, dass eine Sicherung gegen die Geldentwertung gewollt sei; wegen der Untauglichkeit des hierfür gewählten Mittels weise der Vertrag aber eine Lücke auf, die nach dem hypothetischen Parteiwillen gefüllt werden müsse. Endlich kann man auch argumentieren, die Zuteilung des Entwertungsrisikos an den Schuldner sei nicht Inhalt des Vertrags geworden, sondern bilde nur dessen Grundlage; dann fehlt der Roggenklausel die Geschäftsgrundlage.

Während RGZ 163, 324, 333 f. für einen ähnlichen Fall (Dollarklausel) die letztgenannte Lösung gewählt hatte, arbeitet der BGH[38] für die Roggenklausel mit ergänzender Vertragsauslegung: Es sei zu ermitteln, „was die Parteien vereinbart hätten, wenn ihnen die Ungeeignetheit der Ersatzlieferung von Roggen bewusst gewesen wäre und wenn sie dabei die Gebote von Treu und Glauben beachtet hätten". Dem BGH ist darin zuzustimmen, dass hier der Parteiwillen ergänzt werden muss und nicht einfach nach Streichung der unpassenden Roggenklausel aus dem Vertrag abgelesen werden kann: Der dann noch erkennbare Wille zu einem Schutz gegen Geldentwertung genügt eben als rechtliche Regelung nicht. Dagegen bleibt die Grenze zwischen ergänzender Auslegung und Geschäftsgrundlage unklar; darauf ist unten Rz. 879 zurückzukommen.

4. Definition durch die Rechtsprechung

Schließlich sei hier noch die von der Rechtsprechung verwendete Definition der Geschäftsgrundlage angeführt: „Die Geschäftsgrundlage wird gebildet durch die nicht zum eigentlichen Vertragsinhalt erhobenen, aber bei Vertragsschluss zutage getretenen gemeinschaftlichen Vorstellungen beider Parteien oder die dem anderen Teil erkennbaren und von ihm nicht beanstandeten Vorstellungen der einen Vertragspartei vom Vorhandensein oder dem künftigen Eintritt gewisser Umstände, auf denen der Geschäftswille der Parteien sich aufbaut"[39].

876 a

---

37 BGHZ 81, 135, 141.
38 BGHZ 81, 135, 141.
39 BGH NJW 1985, 313, 314, ähnlich später BGHZ 120, 10, 23; 121, 378, 391; BGH ZIP 1996, 252, 254 und zuvor schon etwa RGZ 168, 121, 126 f.

IV. Rechtsfolgen der Grundlagenstörung

1. Übermäßige Richtermacht?

877 Schon oben Rz. 344 war auf die beiden Gefahren der ergänzenden Vertragsauslegung hingewiesen worden: Rechtsunsicherheit und richterliche Gängelung der Parteien. Diese Gefahren sind bei der Geschäftsgrundlage eher noch größer: Hier hat man sich nämlich auch wegen der Rechtsfolgen vielfach bloß auf § 242 bezogen. Ein Teil der Lehre will dann, wenn ein Vertrag zwei zueinander nicht passende Regelungen enthält und sich durch Auslegung kein Vorrang für eine von ihnen feststellen lässt, jeder Partei einen Anspruch auf Erfüllung nur nach der ihr ungünstigen Alternative geben[40]. Das hilft jedoch nicht, wenn eine Partei vorgeleistet hat. Daher wird man richterliche Eingriffe nicht vermeiden können; § 313 I gewährt jetzt auch ausdrücklich einen Anspruch auf „Anpassung des Vertrags". Nur wenn eine solche nicht möglich oder dem anderen Teil nicht zumutbar ist, soll ein Rücktritts- oder Kündigungsrecht gelten, § 313 III[41].

2. Anpassung und Unwirksamkeit

878 **a)** Freilich gibt es für die **Anpassung** häufig **nicht bloß eine einzige Möglichkeit**. So kann man die gestörte Äquivalenz oft statt durch eine Veränderung des Preises auch durch eine gegenläufige Veränderung der geschuldeten Menge wiederherstellen. Bisweilen kommt auch die qualitative Änderung einer Leistungspflicht in Betracht[42]. Endlich ist manchmal an die Aufteilung eines Verlustes zu denken (etwa bei der Abwicklung der vor 1945 abgeschlossenen Ansparverträge auf Lieferung eines Volkswagens[43]).

879 **b)** Hier wird man oft durch den Rückgriff auf den **hypothetischen Parteiwillen** weiterkommen. So war im Fall von RGZ 90, 268 ein Altmetalllager für 37000 Mark verkauft worden, wobei die Parteien von einer bestimmten Metallmenge ausgegangen waren; in Wahrheit umfasste das Lager aber die doppelte Menge. Hier kann man weder einfach den Preis verdoppeln (vielleicht vermag der Käufer so viel nicht zu zahlen) noch die geschuldete Menge halbieren (vielleicht wollte der Verkäufer mit einem Vertrag das ganze Lager abstoßen). Vielmehr muss die Entscheidung richtigerweise davon abhängen, wie sich die Parteien bei Kenntnis der wirklichen Menge verhalten hätten[44]. Auf die hiergegen[45] erhobenen Einwände sei hier nur gesagt: Da die Lücken regelmäßig die von den *Parteien* auszuhandelnden Punkte betreffen, vgl. oben Rz. 864, können sie nicht durch *Gesetzes*auslegung geschlossen werden.

Der hypothetische Parteiwille ist aber genau der Punkt, auf den es auch bei der willensergänzenden Vertragsauslegung ankommt. Daher lag die von *Nicklisch* scharf

---

40 *Flume* AT II § 26, 4 b S. 502 ff.
41 Zur Vertragsanpassung vgl. *Lettl* JuS 2001, 144 mit vielen Fortsetzungen.
42 Z.B. BAG DB 1980, 502: Veränderung von Deputatansprüchen auf Hausbrandkohle nach Umstellung der Heizung auf Öl.
43 Vgl. BGH NJW 1952, 137.
44 Näher *Medicus* FS Flume (1978) I 629.
45 Von *Chiotellis*, Rechtsfolgenbestimmung bei Geschäftsgrundlagenstörungen in Schuldverträgen (1981) 27 f.; 31 f.

gestellte Frage nahe, ob diese Auslegung und die Lehre von der Geschäftsgrundlage nicht überhaupt ein einheitliches Rechtsinstitut darstellen[46]. *Larenz* formuliert den Unterschied so: Die ergänzende Vertragsauslegung behebe eine planwidrige Unvollständigkeit des Vertrags, dagegen die Lehre von der Geschäftsgrundlage dessen Unangemessenheit[47]. Dieses überzeugende Unterscheidungskriterium ist nicht nur methoden-, sondern auch praxisgerecht[48].

---

46 *Nicklisch* BB 1980, 949; dagegen *Littbarski* JZ 1981, 8 und *Larenz* 25 Jahre Karlsruher Forum (1983) 156, gegen diese wieder *Müller* JZ 1981, 337.
47 *Larenz* 25 Jahre Karlsruher Forum (1983) 156, 160.
48 Vgl. nur BGHZ 192, 372; BGH NJW 2015, 1167 zur ergänzenden Vertragsauslegung.

7. Abschnitt
Die Stellvertretung

Literatur zur Stellvertretung im Allgemeinen: Grundlegend *Müller-Freienfels*, Die Vertretung beim Rechtsgeschäft (1955); *ders.*, Stellvertretungsregelungen in Einheit und Vielfalt (1982, rechtsvergleichend); *ders.*, „Haftungsvertreter" und Stellvertreter, FS Hübner (1984) 627; zudem *Bettermann*, Vom stellvertretenden Handeln (1937, Neudruck 1964); *Beuthien*, Die Theorie der Stellvertretung im Bürgerlichen Recht, 1. FS Medicus (1999) 1; *Börner*, Offene und verdeckte Stellvertretung und Verfügung, FS Hübner (1984) 409; *Buchka*, Stellvertretung (1852); *Chiusi*, Geschäftsfähigkeit im Recht der Stellvertretung, Jura 2005, 532; *Hölzl*, F. C. von Savignys Lehre von der Stellvertretung (2002); *L. Mitteis*, Die Lehre von der Stellvertretung (1885, Neudruck 1962); *C. Möller*, Das Recht der Stellvertretung und der Verbraucherschutz, ZIP 2002, 333; *K. Schmidt*, Die Kommission: Treuhand am Rechtsverhältnis ..., 2. FS Medicus (2009) 467; *H. J. Wolff*, Organschaft und Juristische Person, II: Theorie der Vertretung (1934). – Mit didaktischer Absicht *Förster*, Stellvertretung – Grundstruktur und neuere Entwicklungen, Jura 2010, 351; *S. Lorenz*, Stellvertretung, JuS 2010, 382; *ders.*, Die Vollmacht, JuS 2010, 771; *Lüderitz*, Prinzipien des Vertretungsrechts, JuS 1976, 765; *R. Hoffmann*, Grundfälle zum Recht der Stellvertretung, JuS 1970, 179; 234; 286; 451; 570; *Giesen/Hegermann*, Die Stellvertretung, Jura 1991, 357; *Petersen*, Stellvertretung und Botenschaft, Jura 2009, 904; *P. Schwerdtner*, Rechtsgeschäftliches Handeln in Vertretung eines anderen (Vertretungsmacht), Jura 1979, 51; 107; 163; 219; *T. Honsell*, Die Besonderheiten der handelsrechtlichen Stellvertretung, JA 1984, 17; *Smid*, Botenschaft und Stellvertretung, JuS-L 1986, 9; Zur Einordnung *Leenen*, FS Canaris (2007) I 699, 711.

Eine bisher hier noch nicht erörterte, aber praktisch sehr wichtige Besonderheit beim Abschluss von Verträgen und überhaupt bei Rechtsgeschäften ist der Einsatz eines Stellvertreters: Derjenige, den die Erklärungsfolgen treffen sollen, bedient sich bei der Abgabe oder dem Empfang dieser Erklärung einer in bestimmter Weise qualifizierten Hilfsperson. Dabei **erfordert** der Eintritt von Vertretungswirkungen **dreierlei**: **880**

(1) es muss sich um **Willenserklärungen** (vgl. unten Rz. 882 ff.) oder um bestimmte eine Willenserklärung begleitende Umstände (vgl. unten Rz. 898 ff.) handeln,

(2) der Erklärende muss **offen legen**, dass die Rechtsfolgen seiner Erklärung einen anderen treffen sollen (vgl. unten Rz. 905 ff.), und

(3) der Erklärende oder der Erklärungsempfänger muss für den anderen **Vertretungsmacht** haben (vgl. unten Rz. 923 ff.).

§ 54 Die Zurechnung von Willenserklärungen nach § 164 BGB und die Abgrenzung von anderen Zurechnungsnormen

I. Die Problematik

881 Die eben kurz angedeutete Stellvertretung bildet nur einen Teil einer umfassenderen Problematik. Diese ergibt sich aus der **Arbeitsteiligkeit der modernen Wirtschaft** und deren Tendenz zu immer größeren Einheiten. Denn die Arbeitsteiligkeit bedeutet Spezialisierung; diese wiederum erzwingt den Austausch von Leistungen, also den rechtsgeschäftlichen Kontakt der Wirtschaftseinheiten miteinander. Und deren Größe macht eine innere Organisation im Sinne einer Verteilung der Zuständigkeiten nötig. So sind bei einem Warenhauskonzern jeweils verschiedene Personen zuständig für den Einkauf (hier regelmäßig noch getrennt nach Warengattungen) und den Verkauf der Ware, für die Anstellung von Personal, für die Miete von Geschäftsräumen, für die Beschaffung von Bankkrediten usw. Und neben allen diesen Personen steht noch der Warenhauskonzern selbst (meist mit einer Aktiengesellschaft als Konzernmutter).

Diese Gesellschaft verfügt regelmäßig über das größte Vermögen. Schon deshalb sind Gläubiger daran interessiert, ihre Ansprüche gerade gegen die Gesellschaft richten zu können. Diese Ansprüche werden aber meist aus Handlungen stammen, an denen die Gesellschaft nur durch ihr Personal beteiligt war. Die Verbindlichkeit der Gesellschaft kann dann nur mit Hilfe von **Zurechnungsnormen** begründet werden: Das sind diejenigen Vorschriften, die Rechtsfolgen aus dem Handeln einer Person (hier: des Personals) einer anderen Person (hier: der Gesellschaft) zurechnen. Dabei unterscheidet unsere Rechtsordnung je nach der Art der zuzurechnenden Handlung.

II. Die Zurechnungsnormen

1. Stellvertretung

882 Die Normen über die direkte Stellvertretung (§§ 164 – 181) betreffen die Zurechnung der Abgabe (§ 164 I 1) und des Empfangs (§ 164 III) von **Willenserklärungen**: Die vom Vertreter abgegebene oder ihm zugegangene Erklärung wird dem Vertretenen so zugerechnet, als habe dieser selbst sie abgegeben oder empfangen. Hat z.B. ein vertretungsberechtigter Angestellter für die Warenhaus-AG einen Kauf abgeschlossen, so richten sich die Ansprüche hieraus nicht gegen den handelnden Angestellten, sondern gegen die AG; diese allein hat auch die Rechte aus dem Vertrag.

Diese Wirkung bezeichnet § 164 I 1 als „**unmittelbar**". Das bedeutet: Die Wirkung der Stellvertretung tritt von selbst (*ipso iure*) ein, ohne dass die Geschäftswirkungen erst durch einen besonderen Akt vom Vertreter auf den Vertretenen übertragen werden müssten. Wer mit einem Vertreter kontrahiert hat, kann also ohne weiteres den Vertretenen aus dem Geschäft verklagen und auch umgekehrt vom Vertretenen verklagt werden. Dagegen bleibt der Vertreter, der das Geschäft zustande gebracht hat, von den Geschäftsfolgen unberührt; das Geschäft geht also gleichsam „an ihm vorbei".

Diese **Stellvertretung** wird „direkt" oder (im Anschluss an § 164 I 1) „unmittelbar" **883** genannt. Sie ist als juristische Denkform deutlich erst im 19. Jahrhundert entwickelt worden. Ihren Gegensatz bildet die viel ältere indirekte (mittelbare) Stellvertretung[1]. Bei dieser treten die Rechtsfolgen zunächst in der Person des Handelnden ein; sie müssen dann erst durch weitere Geschäfte (etwa Forderungsabtretung, Schuldübernahme oder Befreiung) auf den Hintermann übertragen werden. Wichtige Anwendungsfälle dieser **indirekten Stellvertretung** sind im HGB geregelt: Kommission (also der Kauf oder Verkauf für einen anderen), §§ 383 ff. HGB; Spedition (also die Güterversendung für einen anderen), §§ 407 ff. HGB. Aus dem bürgerlichen Recht kann vor allem der Auftrag (§§ 662 ff.) zu indirekter Stellvertretung führen, nämlich wenn der Beauftragte einem Dritten gegenüber in eigenem Namen auftritt. Bei allen diesen Geschäften wird der indirekte Vertreter selbst Partner des Dritten. Doch muss der Vertreter das aus dem Geschäft Erlangte an seinen Hintermann herausgeben (so beim Auftrag § 667), kann aber von diesem auch umgekehrt Ersatz seiner Aufwendungen verlangen (so beim Auftrag § 670).

Wenn also z.B. K als indirekter Vertreter des H bei V ein Kraftfahrzeug kauft, besteht der Kaufvertrag zwischen K (nicht H) und V. Auch wird K zunächst regelmäßig unmittelbarer Besitzer und Eigentümer des von V gelieferten Fahrzeugs. Doch muss K dieses an H weiterübereignen, während H dem K den an V zu zahlenden Preis und etwa weiter entstandene Unkosten ersetzen muss.

Freilich darf man den **Auftrag** nicht schlechthin mit der indirekten Stellvertretung **884** gleichsetzen: Nicht selten enthält ein Auftrag auch die Erteilung einer Vollmacht (vgl. unten Rz. 928). Wenn der Beauftragte dann auch nach außen in fremdem Namen auftritt (vgl. unten Rz. 905 ff.), treten die Folgen der direkten Stellvertretung ein: Das Geschäft kommt zwischen dem Auftraggeber (= Vollmachtgeber) und dem Dritten zustande, und häufig erwirbt der Auftraggeber auch gleich das Eigentum an den Sachen, die der Dritte liefert. Die Vorschriften des Auftragsrechts über Herausgabe und Aufwendungsersatz (§§ 667, 670) haben dann nur geringere Bedeutung als bei der indirekten Stellvertretung, sind aber keineswegs ganz unanwendbar. So kann nach § 667 der Auftraggeber vom Beauftragten den unmittelbaren Besitz der von dem Dritten gelieferten Sachen herausverlangen; umgekehrt bleiben nach § 670 etwa Fahrtauslagen oder Telefonkosten zu ersetzen.

2. Botenschaft

Ebenso wie die Stellvertretung hat auch die Botenschaft mit der Fremdwirkung von **885** Willenserklärungen zu tun. Eine allgemeine Regelung der Botenschaft fehlt im BGB jedoch; lediglich in § 120 begegnet der unrichtig übermittelnde Bote (vgl. oben Rz. 747 f.).

a) Gemeinsam ist Stellvertretung und Botenschaft die **Zurechnung einer Willenserklärung**: Auch die Rechtsfolgen der von einem Boten oder an ihn übermittelten Erklärung treffen nicht den Boten, sondern denjenigen, der ihn eingesetzt hat. Wer als Bote aus-

---

[1] Zu ihr etwa *G. Hager* AcP 180 (1980) 239; *Schwark* JuS 1980, 777.

richtet, dass X kaufen will, wird also nicht selbst Käufer, sondern kann nur den X zum Käufer machen.

886 **b)** Der **Unterschied** zwischen Stellvertretung und Botenschaft liegt dagegen bei der **Entstehung der Willenserklärung** oder – genauer – bei dem, was über diese Entstehung nach außen sichtbar wird: Der Vertreter erklärt seinen eigenen Willen, während der Bote nur als Überbringer einer fremden Willenserklärung auftritt. Doch lässt sich dieses theoretisch deutliche Kriterium praktisch bisweilen nur schwer feststellen; deshalb verschwimmt nicht selten die Grenze zwischen Stellvertretung und Botenschaft. So muss etwa die angestellte Verkäuferin des Warenhauses die von der Geschäftsleitung festgesetzten Preise einhalten; ja sie wird regelmäßig nicht einmal den von einem Kunden gewünschten Vertragsabschluss verweigern dürfen: Ihr bleibt also zu eigener Entscheidung kaum Raum. Trotzdem handelt die angestellte Verkäuferin in Stellvertretung, weil es an einer Willensbildung der Geschäftsleitung für die einzelnen konkreten Vertragsabschlüsse fehlt.

Ein **Kriterium für die Abgrenzung** zwischen Stellvertretung und Botenschaft **bietet vor allem § 165**: Dort wird für den Vertreter wenigstens beschränkte Geschäftsfähigkeit verlangt. Das kann nicht auf dem sonst häufig anzutreffenden Grund beruhen, der nicht voll Geschäftsfähige solle geschützt werden, weil ja den Stellvertreter keine rechtsgeschäftlichen Folgen seines Handelns treffen (vgl. oben Rz. 882). Sinnvoll ist § 165 vielmehr nur deshalb, weil einem nicht einmal beschränkt Geschäftsfähigen überhaupt keine eigene rechtlich anzuerkennende Willensbildung überlassen werden soll[2]. Dagegen wiegen die Bedenken hinsichtlich der Übermittlung eines fremden Willens durch einen Geschäftsunfähigen weniger schwer; zu solcher Übermittlung kann auch ein Kind imstande sein („Ich soll von meiner Mutti ausrichten ..."). Daher gilt § 165 für die Botenschaft nicht einmal analog.

887 **c)** Freilich wird der sich aus dem Gesagten ergebende **Anwendungsbereich der Botenschaft bisweilen auf Geschäfte erweitert**, bei denen dem Boten ein Rest an eigener Entscheidung bleibt. Damit soll Geschäftsunfähigen wenigstens eine gewisse Teilnahme am Rechtsverkehr ermöglicht werden. Wenn z.B. eine Mutter ihrem 5-jährigen Sohn 1 Euro „für Eis" gibt, so kann der Sohn dieses streng genommen nicht als Bote kaufen: Ihm bleibt ja die Wahl zwischen mehreren Sorten (oder auch verschiedenen Läden). Trotzdem wird in solchen Fällen üblicherweise Botenschaft angenommen. Dogmatisch sauberer wäre es aber, solche Fälle zur Stellvertretung zu rechnen und dort eine Ausnahme von § 165 anzuerkennen (durch „teleologische Reduktion" der Vorschrift): Das durch § 165 zu schützende Interesse des Vertretenen vor sinnlosen Entscheidungen des Geschäftsunfähigen spielt hier keine Rolle (die Mutter gibt den Euro ohnehin verloren, gleich welche Eissorte und welchen Laden ihr Sohn wählt).

888 **d)** **Spezialfragen der Botenschaft** werden in anderen Zusammenhängen behandelt: Abgabe und Zugang einer Willenserklärung durch Boten (oben Rz. 284 f.), Übermittlungsfehler des Boten (oben Rz. 747 f.) und die Haftung des Boten ohne Botenmacht (unten Rz. 997).

---

2 Vgl. *Ostheim*, Probleme der Vertretung durch Geschäftsunfähige, AcP 169 (1969) 193.

3. Erfüllungsgehilfen

a) Während es bei Stellvertretung und Botenschaft um die Zurechnung von Willenserklärungen geht, regeln die Vorschriften über den Erfüllungsgehilfen (§§ 278 BGB, 428, 462 HGB) die **Zurechnung des Verhaltens bei der Erfüllung besonderer** – nämlich aus einer Sonderverbindung stammender – **Pflichten**: Dem Schuldner wird das Verhalten seiner Gehilfen als eigenes zugerechnet, sodass er dem Gläubiger ebenso haftet, wie wenn er die Gehilfentätigkeit selbst ausgeführt hätte. Nach § 278 haftet also z.B. der Inhaber des Warenhauses, wenn der angestellte Fahrer das gekaufte Möbelstück beim Transport zum Kunden durch unvorsichtiges Fahren beschädigt: Der Kunde soll nicht unter den Folgen der Arbeitsteilung innerhalb des Warenhauses leiden. **889**

Diese in § 278 für Pflichtverletzungen bestimmte Zurechnung wird, indem § 254 II 2 auf § 278 verweist, auf die **Verletzung von Obliegenheiten** erweitert. Das sind die „Gebote des eigenen Interesses": Auf deren Erfüllung besteht zwar kein Anspruch, doch führt die zu vertretende Nichterfüllung zu anderen Rechtsnachteilen für den mit der Obliegenheit Belasteten; bei § 254 ist das die Kürzung des Schadensersatzanspruchs.

b) Oben Rz. 886 war nach der Abgrenzung zwischen Stellvertreter und Boten gefragt worden. Eine solche Abgrenzung ist nötig, weil es bei beidem um die Zurechnung von Willenserklärungen geht: Daher kann jemand nur entweder Stellvertreter oder Bote sein. Demgegenüber liegen die Dinge im **Verhältnis Stellvertreter – Erfüllungsgehilfe** anders: Hier handelt es sich nämlich um die Zurechnung verschiedener Elemente (nämlich einerseits von Willenserklärungen, andererseits von pflichtverletzendem Verhalten). Daher können beide Eigenschaften zusammentreffen. So ist z.B. die Verkäuferin im Warenhaus sowohl Vertreterin (beim Abschluss des Kaufvertrags) als auch Erfüllungsgehilfin (bei der Erfüllung der Verkäuferpflichten, im Rahmen des Verschuldens bei Vertragsverhandlungen sogar schon vor dem Vertragsabschluss) (sog. *Verhandlungsgehilfen*). Welche dieser Rollen jeweils in Betracht kommt, hängt nur von der Fragestellung ab: Beim Vertragsabschluss geht es um die Stellvertretung, bei Schadensersatzansprüchen dagegen um die Eigenschaft als Erfüllungsgehilfe. **890**

Notwendig ist das Zusammentreffen beider Eigenschaften aber nicht: Einerseits gibt es nicht selten **Erfüllungsgehilfen ohne Vertretungsmacht**. Das trifft z.B. für den Fahrer des Warenhauses zu, der die verkauften Sachen zu den Kunden bringt: Ihm fehlt jede Freiheit zu eigener Willensbildung, sodass er den Antrag des Warenhauses zur Übereignung der Kaufsache jeweils nur als Bote überbringt. Andererseits kann bei einem **Vertreter** auch die für § 278 nötige **Einschaltung** in die Erfüllung von Schuldnerpflichten **fehlen** (freilich wird er wenigstens einige derjenigen Sorgfaltspflichten wahrzunehmen haben, die aus dem Eintritt in Vertragsverhandlungen entstehen; vgl. oben Rz. 444).

c) Dem eben zum Unterschied zwischen dem Vertreter und dem Erfüllungsgehilfen Gesagten scheint zu widersprechen, dass § 278 neben dem Erfüllungsgehilfen auch den **gesetzlichen Vertreter** nennt: Hier scheint also für einen Vertreter nicht die Zurechnung von Willenserklärungen geregelt zu werden, sondern von pflichtwidrigem Verhalten. Doch ist dieser Widerspruch nur scheinbar. Denn gesetzliche Vertreter (zu ihnen vgl. unten Rz. 924) haben oft außer der Vertretung durch Rechtsgeschäft noch **891** andere Funktionen. Das zeigt sich etwa bei den wichtigsten gesetzlichen Vertretern, nämlich den Eltern: Sie sind nach § 1626 I gegenüber dem Kind zu einer umfassenden, die Person und das Vermögen betreffenden elterlichen Sorge berechtigt und verpflichtet. Davon bildet die Vertretung nach § 1629 nur einen Teil. Und die Haftung des Kindes für seine Eltern tritt nach § 278 gerade dann ein, wenn die Eltern nicht als Vertreter des Kindes rechtsgeschäftlich tätig sind, sondern in anderer Weise. Auch hier hängt es also von der Fragestellung ab, ob Vertretungsrecht oder § 278 anzuwenden ist: Der Vertragsabschluss durch die Eltern wird dem Kind über §§ 1629, 164 zugerechnet, dagegen die Verletzung von Vertragspflichten über § 278.

4. Verrichtungsgehilfen

892 **a)** Ebenso wie bei Erfüllungsgehilfen geht es bei Verrichtungsgehilfen (§§ 831 BGB, 3 HaftPflG) um **Schadensersatzansprüche**. Der Unterschied zwischen beiden Haftungen liegt in der Art der verletzten Pflicht: Während sie bei § 278 aus einer Sonderverbindung stammt (so deutlich der Wortlaut: „Der Schuldner", „Erfüllung seiner Verbindlichkeit"), spricht § 831 von „widerrechtlicher" Schädigung. Widerrechtlich (also rechtswidrig) meint dabei die **„unerlaubte Handlung"** im Sinne der §§ 823 ff., also das, was jedermann (und nicht bloß einem einzelnen Schuldner) verboten ist.

Ein weiterer Unterschied zwischen § 278 und § 831 besteht hinsichtlich der Rechtsfolge: Anders als bei § 278 (dem insoweit § 3 HaftPflG gleicht) wird bei § 831 dem Geschäftsherrn nicht schlechthin das Verhalten seines Gehilfen zugerechnet. Vielmehr haftet der Geschäftsherr bei § 831 für **(vermutetes) eigenes Verschulden** bei der Auswahl und unter Umständen auch der Beaufsichtigung des Gehilfen sowie seiner Ausstattung mit Geräten. § 831 macht nur klar, dass Fehler des Geschäftsherrn bei der Erfüllung dieser Pflichten für die Begründung einer Deliktshaftung genügen und vermutet werden.

893 **b) Hinsichtlich des Verhältnisses zur Stellvertretung** gilt für die §§ 831 BGB, 3 HaftPflG Entsprechendes wie für § 278 (vgl. oben Rz. 890): Stellvertretung und Verrichtungsgehilfenschaft können zusammenfallen, tun das aber nicht mit Notwendigkeit. So ist die Verkäuferin des Warenhauses außer Vertreterin (und Erfüllungsgehilfin) auch Verrichtungsgehilfin, nämlich wenn sie etwa bei ihrer Tätigkeit einen Kunden körperlich verletzt (§ 823 I). Der Inhaber des Warenhauses haftet dann vertraglich (§ 278) und möglicherweise (wenn ihm die Exkulpation nicht gelingt) auch deliktisch (§ 831, hier mit §§ 844 f.!) auf Schadensersatz.

5. Organe

894 § 31 regelt die Zurechnung einer durch den Vorstand, ein Vorstandsmitglied oder einen anderen verfassungsmäßig berufenen Vertreter (vgl. § 30 und unten Rz. 1133) begangenen „zum Schadensersatz verpflichtenden Handlung": Für den hierdurch entstandenen Schaden soll der Verein verantwortlich sein. Über diese (auch in den §§ 86 und 89 angeordnete) Organhaftung ist unten Rz. 1138 f. noch zu sprechen. Hier interessiert einstweilen nur das Verhältnis zur Stellvertretung: Die Haftung für Organe liegt ähnlich wie diejenige für Erfüllungs- und Verrichtungsgehilfen auf einer anderen rechtli-

chen Ebene. Denn ebenso wie bei den §§ 278, 831 geht es auch bei den §§ 31, 86, 89 um Schadensersatzansprüche, nicht um Willenserklärungen. Freilich hat das Organ meist auch Vertretungsmacht (vgl. unten Rz. 1137). Aber die „zum Schadensersatz verpflichtende Handlung", um die es in § 31 geht, stellt einen anderen Vorgang dar als die in § 164 geregelte Ausübung der Vertretungsmacht: Die Vertretungsmacht hat etwa Bedeutung, wenn der Vorstand der Warenhaus-AG ein Grundstück kauft; dagegen greift der (auf die AG entsprechend anzuwendende) § 31 ein, wenn der Vorstand eine Werbung mit irreführenden Angaben beschließt (§§ 5, 9 UWG).

6. Besitzdiener

Nach § 855 wird unter bestimmten Umständen die Ausübung der tatsächlichen Gewalt, die regelmäßig den Sachbesitz begründet (vgl. § 854 I), einer anderen Person zugerechnet. Man nennt hier den die Gewalt Ausübenden, der selbst nicht Besitzer ist, einen „Besitzdiener"; dagegen heißt der andere, den das Gesetz allein als Besitzer anerkennt, „Besitzherr". Auch diese Eigenschaft als Besitzdiener **kann mit der Stellvertretung zusammentreffen**: So ist die Verkäuferin des Warenhauses zugleich Vertreterin (hinsichtlich von Willenserklärungen) und Besitzdienerin (hinsichtlich der von ihr zu verkaufenden Waren und des eingenommenen Geldes). Auf welche dieser Eigenschaften es jeweils ankommt, hängt wieder von dem zuzurechnenden Umstand ab (Willenserklärung oder Besitz). Ziemlich häufig gibt es übrigens auch Besitzdiener ohne Vertretungsmacht (z.B. den Fahrer des Warenhauses, vgl. oben Rz. 890): Der besitzrechtlich untergeordneten Rolle des Besitzdieners entspricht nicht selten die hinsichtlich der Willensbildung untergeordnete Rolle des Boten. **895**

Gerade beim **Erwerb des Eigentums an beweglichen Sachen** ergänzen sich Stellvertretung und Besitzdienerschaft häufig: Zu diesem Erwerb sind ja nach § 929 S. 1 regelmäßig Einigung (über den Eigentumsübergang) und Übergabe nötig. Davon geschieht die Einigung durch Vertrag, also rechtsgeschäftlich; sie ist folglich der Stellvertretung unbeschränkt zugänglich. Dagegen wird der Erwerb des unmittelbaren Besitzes nur in dem Sonderfall von § 854 II durch ein Rechtsgeschäft vermittelt, während er regelmäßig nach § 854 I aufgrund von bloßen Tathandlungen erfolgt. Da es für diese keine Stellvertretung gibt, wird § 855 wichtig: Wenn der Erwerbsvertreter die Sachgewalt als Besitzdiener desjenigen erhält, der bei der Einigung nach § 164 vertreten worden ist, erwirbt dieser Vertretene auch den unmittelbaren Besitz und damit das Eigentum.

7. Andere Zurechnungsnormen

Außer den bisher genannten allgemeinen Zurechnungsnormen gibt es noch einige speziellere. So bestimmt § 830 die Zurechnung von **Schäden** an einen Deliktsbeteiligten; Art. 34 GG mit § 839 BGB regelt die Haftung der öffentlichen Hand für **Schädigungen** durch ihr Personal und ihre Einrichtungen. Beides ist ähnlich von der Stellvertretung zu trennen wie die §§ 278, 831, 31, weil es nicht die Zurechnung von Willenserklärungen betrifft. **896**

Eher mit der Stellvertretung verwechseln lässt sich die (aus der sog. „Schlüsselgewalt" entstandene) Regelung des § 1357 (sie gilt entsprechend bei der eingetragenen **897**

Lebenspartnerschaft, § 8 II LPartG). Danach hat jeder Ehegatte die Fähigkeit, durch Geschäfte zur angemessenen Deckung des Lebensbedarfs auch den anderen zu berechtigen und zu verpflichten[3]. Diese Zurechnung betrifft ebenso wie diejenige bei der Stellvertretung die Folgen von Willenserklärungen. Doch wird bei § 1357 im Unterschied zur direkten Stellvertretung (vgl. oben Rz. 882 f.) auch und sogar in erster Linie der Handelnde selbst berechtigt und verpflichtet; der andere Ehegatte erlangt nach richtiger Ansicht[4] nur eine untergeordnete Stellung (gleichsam als „Nebenpartei"). Anders als bei der Stellvertretung (vgl. unten Rz. 905 ff.) brauchen auch die Voraussetzungen des § 1357 (also insbesondere das Verheiratetsein) nicht offen gelegt zu werden (vgl. unten Rz. 922). Solche Offenlegung ist nämlich unnötig, weil der Geschäftspartner bei den unter § 1357 fallenden Verträgen ja jedenfalls den Handelnden als Schuldner erhält und damit diejenige Person, die er erwarten konnte. Dass ihm zusätzlich auch der andere Ehegatte haftet, ist eine[5] „Zugabe" der Rechtsordnung.

---

3 Vgl. *P. Huber* Jura 2003, 145.
4 Etwa *Gernhuber/Coester-Waltjen* FamR § 19 Rz. 52-55.
5 Rechtspolitisch fragwürdig, vgl. *Gernhuber/Coester-Waltjen* FamR § 19 Rz. 36.

§ 55 Die erweiterte Zurechnung nach § 166 BGB

Literatur: *Altmeppen*, Verbandshaftung kraft Wissenszurechnung am Beispiel des Unternehmenskaufs, BB 1999, 749; *H. Baumann*, Die Kenntnis juristischer Personen des Privatrechts von rechtserheblichen Umständen, ZGR 2 (1973) 284; *Beuthien*, Die Wissenszurechnung nach § 166 BGB, NJW 1999, 3585; *Bohrer*, Urteilsanmerkung, DNotZ 1991, 124; *Bott*, Wissenszurechnung bei Organisationen (2000); *Buck*, Wissen und juristische Person (2001); *Donle*, Zur Frage der rechtserheblichen Kenntnis im Unternehmen, FS Klaka (1987) 6; *Drexl*, Wissenszurechnung im Konzern, ZHR 161 (1997) 491; *Flume*, Die Haftung für Fehler kraft Wissenszurechnung..., AcP 197 (1997) 441; *Grunewald*, Wissenszurechnung bei juristischen Personen, FS Bausch (1993) 301; *Knappmann*, Zurechnung des Verhaltens Dritter im Privatversicherungsrecht, NJW 1994, 3147; *Koller*, Wissenszurechnung, Kosten und Risiken, JZ 1998, 75; *Reischl*, Wissenszusammenrechnung auch bei Personengesellschaften?, JuS 1997, 783; *Römmer-Kollmann*, Wissenszurechnung innerhalb juristischer Personen (1998); *Meyer-Reim/Testorff*, Wissenszurechnung im Versicherungsunternehmen, VersR 1994, 1137; *Neumann-Duesberg*, § 166 II BGB bei der gesetzlichen Stellvertretung und Handeln nach bestimmten Weisungen, JR 1950, 332; *Oldenbourg*, Die Wissenszurechnung (1934); *Paulus*, Zur Zurechnung arglistigen Vertreterhandelns, FS Michaelis (1972) 215; *Petersen*, Die Wissenszurechnung, Jura 2008, 914; *Prölss*, Wissenszurechnung im Zivilrecht unter besonderer Berücksichtigung einer Zurechnung zu Lasten des Versicherungsnehmers, Liber Amicorum Leenen (2012) 229; *Richardi*, Die Wissensvertretung, AcP 169 (1969) 385; *Schilken*, Wissenszurechnung im Zivilrecht (1983); *Schultz*, Zur Vertretung im Wissen, NJW 1990, 477; *Schüler*, Die Wissenszurechnung im Konzern (2000); *Waltermann*, Zur Wissenszurechnung – am Beispiel der juristischen Personen des privaten und öffentlichen Rechts, AcP 192 (1992) 181; *ders.*, Arglistiges Verschweigen eines Fehlers bei der Einschaltung von Hilfskräften, NJW 1993, 889; *Wilhelm*, Kenntniszurechnung kraft Kontovollmacht?, AcP 183 (1983) 1. Vgl. außerdem die Beiträge von *Medicus* und *Taupitz* in Karlsruher Forum (Beiheft zum VersR) 1994, 4; 16; *Taupitz* auch in JZ 1996, 734 (Vgl. unten Rz. 904 a).

I. Das Prinzip

Der in § 164 bestimmte Anwendungsbereich der Stellvertretung, nämlich die Zurechnung von Willenserklärungen, wird in § 166 auf bestimmte **die Willenserklärung begleitende Umstände** erweitert: Soweit es um die Rechtsfolgen der Willenserklärung geht, soll es für Willensmängel, Kenntnis oder Kennenmüssen (§ 166 I) auf die Person des Vertreters ankommen. So kann das Geschäft des Vertreters mit dem Dritten nach §§ 119, 123 angefochten werden, wenn der Vertreter rechtserheblich geirrt hat oder getäuscht oder bedroht worden ist (dagegen führt ein Willensmangel des Vertretenen höchstens zur Anfechtbarkeit der Vollmacht, vgl. unten Rz. 944 f.). Hat sich der dritte Geschäftspartner des Vertreters geirrt und ficht er deswegen seine Erklärung an, so hängt der Ersatzanspruch des Vertretenen aus § 122 davon ab, ob der Vertreter den Irrtum kannte oder kennen musste (vgl. oben Rz. 785). Auch wenn eine Sache durch einen Vertreter von einem Nichtberechtigten erworben wird, beruht die Möglichkeit zu redlichem Erwerb (§§ 892 f., 932 ff.) regelmäßig auf der Redlichkeit des Vertreters[1]. § 166 erfasst weiter die Auslegung der an einen Vertreter gerichteten Willenserklärung: Dafür soll es auf die Verständnismöglichkeit des Vertreters ankommen (vgl. oben Rz. 323).

898

Sinngemäß gilt § 166 auch für die **juristische Person**: Dieser wird das Wissen ihrer Organpersonen jedenfalls insoweit zugerechnet, als sie an einem Geschäft teilnehmen (vgl. unten Rz. 904 a ff.). Bei Behörden und Ähnlichem soll die Kenntnis aber nur durch den *zuständigen* Bediensteten vermittelt werden können[2]; doch bleibt dann nach einem Organisationsmangel zu fragen.

II. Die Begründung des § 166 BGB

Über die entsprechende Anwendbarkeit des § 166 auf andere als die dort ausdrücklich erwähnten Rechtslagen gibt es mehrere Streitfragen (vgl. unten Rz. 903 f.). Schon deshalb ist es wichtig, die Begründung der Vorschrift zu kennen.

899

1. Für die in § 166 I an erster Stelle geregelten **Willensmängel** sagen die Materialien: „Etwaige Willensmängel können nur da gesucht werden, wo die Willensentscheidung stattgefunden hat, mithin in der Person des Vertreters" (Mot. I 227 = *Mugdan* I 478). Das wird bisweilen mit der sog. **Repräsentationstheorie** in Verbindung gebracht[3], nach der an dem Vertretergeschäft neben dem Geschäftsgegner allein der Vertreter (und nicht auch der Vertretene) beteiligt ist. Doch dürfte die genannte Erwägung des Gesetzgebers für viele Fälle jenseits von allen Theorien einleuchten: Wenn der Vertretene hinsichtlich des Vertretergeschäfts keinen rechtserheblichen eigenen Willen bilden konnte (so insbesondere der gesetzlich vertretene nicht voll Geschäftsfähige) oder gebildet hat (weil er sich das konkrete Geschäft nicht vorgestellt hat), kann überhaupt nur auf den Vertreter abgestellt werden.

---

1 Vgl. *Baur/Stürner* SaR § 52 Rz. 32.
2 BGH NJW 2007, 843.
3 Etwa zunächst von MünchKomm-*Schubert* § 166 Rz. 1.

Freilich trägt diese Erwägung nicht, wenn der **Entschluss** zu dem Geschäft **von dem Vertretenen stammt** und dieser den Vertreter erst zum Geschäftsabschluss bestimmt hat. In solchen Fällen ist daher für Willensmängel entsprechend § 166 II auch auf die Person des Vertretenen abzustellen (vgl. unten Rz. 902).

900 2. Für die in § 166 I an späterer Stelle genannte Zurechnung von **Kenntnis und Kennenmüssen** bringen die Materialien keine eigene Begründung. Und das für Willensmängel Gesagte (vgl. oben Rz. 899) passt offenbar nicht: Kenntnis oder Kennenmüssen von geschäftserheblichen Umständen können beim Vertretenen auch dann vorliegen, wenn dieser das Vertretergeschäft nicht veranlasst hat. So mag etwa der durch seinen Ladenangestellten vertretene Antiquitätenhändler die Umstände kennen, aus denen sich evident ergibt, dass die von dem Angestellten erworbene Heiligenfigur nicht dem Veräußerer gehören kann: Trotzdem ist nach § 166 I regelmäßig redlicher Erwerb möglich (§ 932, doch beachte bei Abhandenkommen § 935!). Umgekehrt scheitert nach § 166 I der Erwerb allemal bei bösem Glauben des Vertreters. Diese Lösung ist rechtspolitisch nicht zweifelsfrei, aber geltendes Recht. Sie wird auch auf das Wissen eines vollmachtlosen Vertreters nach Genehmigung (§ 179 I) angewendet[4].

III. Die Ausnahme nach § 166 Abs. 2 BGB

901 1. Jedoch **schränkt** § 166 II die eben als fragwürdig dargestellte Regelung für die Zurechnung von Kenntnis und Kennenmüssen **wesentlich ein**: Bei einer Vollmacht soll der die schädlichen Umstände kennende oder kennenmüssende Vertretene sich nicht auf die Redlichkeit des Vertreters berufen dürfen, wenn dieser nach bestimmten Weisungen des Vollmachtgebers gehandelt hat. Damit wird etwa in dem Beispiel von oben Rz. 900 verhindert, dass der unredliche Antiquitätenhändler seinen redlichen Angestellten zu einem wirksamen Erwerb veranlassen kann: Wenn der Vertretene selbst das Vertretergeschäft anregt, hat er daran teil und muss sich daher das Geschäft auch wie ein eigenes zurechnen lassen. Doch bleibt das Geschäft auch eines des Vertreters: Daher schadet dessen Unredlichkeit allemal (vgl. Mot. I 227 = *Mugdan* I 478).

902 2. § 166 II nennt nur Kenntnis und Kennenmüssen, nicht jedoch die in § 166 I ebenfalls erwähnten **Willensmängel**. Auch bei ihnen kann jedoch eine ähnliche Situation auftreten wie die in § 166 II geregelte. Einen solchen Fall hatte **BGHZ 51, 144** zu entscheiden: Dort waren bei dem Kläger, einem gemeinnützigen Verein, die Bücher durch das beklagte Vorstandsmitglied unordentlich geführt worden. Daraus war der Verdacht schwerwiegender Veruntreuungen des Beklagten entstanden, und dieser war in Untersuchungshaft genommen worden. In dieser Zwangslage schloss der Beklagte durch seine Anwälte mit dem Kläger einen Vergleich. Danach sollte der Beklagte nach Zahlung von 60.000 DM noch weitere 125.000 DM zahlen, obwohl er die Veruntreuungen nach wie vor bestritt. Später focht der Beklagte den Vergleich nach § 123 an, weil der Kläger ihm vorgetäuscht habe, der Vergleich werde bei einer Entkräftung des Verdachts unverbindlich. Der Kläger bekämpfte diese Anfechtung mit dem Argument, der Vergleich sei von den Anwälten des Beklagten geschlossen worden, die nicht

---

4 BGH NJW 2000, 2272.

getäuscht worden seien; nach § 166 I komme es für die Täuschung nur auf die Person der Anwälte an.

Der BGH ist dem mit Recht nicht gefolgt[5]: Der Vollmachtgeber, so sagt der BGH, brauche „eine ihm gegenüber begangene Täuschung nicht wehrlos hinzunehmen, wenn der Geschäftsgegner hierdurch die dem Vertreter erteilte Weisung beeinflusst und so das Geschäft zustande gebracht hat. Der Gedanke, es komme auf die Person dessen an, auf dessen Geschäftswillen die Willenserklärung des Vertreters tatsächlich beruht, muss sich auch hier, und zwar zugunsten eines Anfechtungsrechts des Vollmachtgebers, durchsetzen ... Denn es wäre unerträglich, könnte der Geschäftsgegner als Frucht seiner arglistigen Täuschung eine im Anfechtungswege nicht angreifbare Rechtsposition erwerben und behalten."[6] Das bedeutet eine entsprechende Anwendung des Rechtsgedankens von § 166 II auf den dort nicht erwähnten Fall des Willensmangels; sie war schon oben Rz. 899 a. E. als nötig begründet worden.

IV. Entsprechende Anwendung von § 166 BGB

Wie schon oben gesagt, wird § 166 nicht selten zur entsprechenden Anwendung empfohlen. Zwei besonders wichtige Fallgruppen seien hier erörtert. 903

1. Eigentümer-Besitzer-Verhältnis

Wenn ein Vertreter eine Sache vom Nichtberechtigten erwirbt, passt für die Frage nach der Wirksamkeit dieses Erwerbs § 166 ohne weiteres. Denn insoweit werden die rechtlichen Folgen derjenigen Willenserklärung, mit der sich der Vertreter über den Eigentumsübergang einigt (§§ 873, 925, 929), durch die Kenntnis oder das Kennenmüssen von der Nichtberechtigung des Veräußerers beeinflusst. Unredlichkeit des Vertreters hindert also den Erwerb. Wenn – wie regelmäßig – der Vertreter den Vertretenen zum Besitzer macht, entsteht folglich zwischen diesem und dem Eigentümer eine Vindikationslage (d. h. der Eigentümer kann die Sache nach § 985 vom Besitzer vindizieren). Für die Rechtsfolgen daraus unterscheiden die §§ 990, 994 II, 996 nach der Redlichkeit oder Unredlichkeit des Besitzers. Ist nun auch diese Qualität des Besitzers nach § 166 zu beurteilen, schadet also auch insoweit dem Vertretenen die Unredlichkeit seines Vertreters?

Direkt passt § 166 hier sicher nicht. Denn erstens geht es nicht um die „rechtlichen Folgen einer Willenserklärung", und zweitens wird der Besitz regelmäßig durch Tathandlung und damit nicht durch ein der Stellvertretung zugängliches Rechtsgeschäft erworben. Trotzdem hat der BGH § 166 entsprechend angewendet: Zunächst[7] hat er diese Vorschrift mit dem Rechtsgedanken von § 831 verbunden (was bedeuten soll, dass der Vertretene für ein – freilich nicht zu vermutendes – eigenes Verschulden an der Unzu-

---
5 Ebenso auch *Prölss* JuS 1985, 577, 583; *Faust* § 28 Rz. 21; a.A. *Bork* Rz. 1656; Staudinger/*Schilken* (2015) § 166 Rz. 17 f.
6 BGHZ 51, 144, 147.
7 BGHZ 16, 259, 264 f.

verlässigkeit seines Vertreters haftet). Später[8] ist § 166 dann allein angewendet worden (was bedeutet, dass dem Vertretenen die Unredlichkeit seines Vertreters ohne weiteres und insbesondere ohne die Möglichkeit einer Entlastung zugerechnet wird). In der Literatur sind die Meinungen geteilt[9]. Ein Teil der Lehre hält § 166 für unanwendbar[10]: Die Haftung des unredlichen Besitzers nach §§ 990, 989 entstammt einem gestreckten Deliktstatbestand (erst unredlicher Erwerb, später schuldhafte Vereitelung der Herausgabe); zu einer Delikthaftung passen aber bloß die §§ 31, 831.

2. Überbau

904 Nach § 912 I muss, wenn über eine Grundstücksgrenze gebaut worden ist, der Eigentümer des überbauten Grundstücks den Überbau unter bestimmten Voraussetzungen dulden. Zu diesen Voraussetzungen gehört, dass dem Eigentümer desjenigen Grundstücks, von dem her der Überbau erfolgt, weder Vorsatz noch grobe Fahrlässigkeit zur Last fällt (sog. **„entschuldigter Überbau"**). Häufig liegt die Schuld aber nicht bei diesem Eigentümer selbst, sondern bei seinem Architekten oder bei anderen Baubeteiligten. Wie steht es hier mit der Zurechnung an den Eigentümer?

Wieder passt § 166 direkt schon deshalb nicht, weil der Überbau kein Rechtsgeschäft bildet und es nicht um die „rechtlichen Folgen einer Willenserklärung" geht. Zudem spricht § 912 I von Verschulden und nicht von Kenntnis oder Kennenmüssen. Trotzdem hat der BGH auch hier § 166 angewendet[11]: § 831 passe nicht, weil „das Gesetz den Sachverhalt des § 912 vom Recht der unerlaubten Handlung gelöst" habe, und für § 278 fehle eine Sonderverbindung zwischen den Nachbarn[12]. Aber wenigstens das erste Argument überzeugt nicht: Der unentschuldigte Überbau bleibt sehr wohl unerlaubte Handlung, und die Frage lautet doch gerade, ob ein solcher vorliegt; insofern passt § 831[13]. Manche sehen auch das bloße „nachbarschaftliche Gemeinschaftsverhältnis" als eine für § 278 genügende Sonderverbindung an und kommen so zu dieser Vorschrift[14]. Dem ist jedoch nur zuzustimmen, soweit es um eine gemeinschaftliche Einrichtung der Nachbarn geht, etwa um einen Grenzzaun (vgl. § 921) oder eine auf der Grenze stehende Giebelmauer[15].

Übrigens hat auch der BGH später die Anwendung von § 166 in einem Fall eingeschränkt, in dem ein **Polier** Grenzkennzeichen eigenmächtig verändert und dadurch den Überbau bewirkt hatte: § 166 gelte nur für den **Architekten**, da dieser als „Sachwalter des Bauherrn" dessen Interessen nach außen zu wahren habe; der Architekt werde im Verkehr als „Repräsentant des Bauherrn" angesehen[16]. Dagegen fehlten diese Merkmale dem Bauunternehmer und seinen Gehilfen regelmäßig. – Aber auch

---

8 BGHZ 32, 53.
9 Vgl. MünchKomm-*Baldus* § 990 Rz. 18 f.; *Westermann-Gursky* SaR § 14, 3, ausführlich *Schilken*, Wissenszurechnung im Zivilrecht (1983) 269 ff.
10 Etwa *Baur/Stürner* SaR § 5 Rz. 14 f.
11 BGHZ 42, 63, 69.
12 Im Ergebnis zust. *Schilken*, Wissenszurechnung im Zivilrecht (1983) 299 f.
13 Ebenso *Baur/Stürner* SaR § 5 II Rz. 17 f.; freilich dürfte ein Architekt wegen seiner Unabhängigkeit nicht unter § 831 fallen.
14 So etwa *Westermann-H. P. Westermann* SaR § 63 I 3; MünchKomm-*Säcker* § 912 Rz. 20.
15 Wie im Fall von BGHZ 42, 374, dazu *Medicus/Petersen* BürgR Rz. 799.
16 BGH NJW 1977, 375.

§ 166 gilt keineswegs nur für Personen, die den Vertretenen in größerem Umfang repräsentieren (und in kleinerem Umfang können auch Bauunternehmer oder Polier den Bauherrn vertreten, etwa bei der Annahme von Material, das an die Baustelle geliefert wird). Insofern spricht die Argumentation des BGH gegen die Anwendbarkeit von § 166 überhaupt.

V. Weitere Fragen der Wissenszurechnung

1. Gedächtnis- und Aktenwissen

Die im Gesetz nirgendwo geregelte Grundfrage der Wissenszurechnung lautet: Was ist Wissen (oder Kenntnis) überhaupt? Denn dass jemand in der Vergangenheit etwas erfahren hat, bedeutet nicht ohne weiteres, dass er es zu einem späteren Zeitpunkt wirklich oder doch im Rechtssinn (normativ) noch weiß. **904 a**

a) Wenn Wissen nur durch das **menschliche Gedächtnis** vermittelt wird, kann es durch Vergessen verloren gehen. Dies lässt sich aber regelmäßig nicht direkt beweisen. Daher kann man oft nur auf die Wahrscheinlichkeit abstellen: Je größer die erkennbare Bedeutung eines Umstandes ist, umso eher darf man davon ausgehen, er sei im Gedächtnis haften geblieben. Das spielt etwa bei der (vor allem für § 442 wichtigen) Kenntnis von Bodenkontaminationen eine Rolle: Der Umgang mit einem für ungefährlich gehaltenen Stoff wird leichter vergessen als der Umgang mit einem erkannten Gift[17].

b) Praktisch viel wichtiger ist aber das durch **künstliche Speicher** (Akten, elektronische Datenträger) vermittelte Wissen. Hier lautet die Grundfrage: Weiß jemand alles das, was er in seinen Unterlagen als Wissen gespeichert hat? Das ist zu verneinen, weil eine ständige Überprüfung aller Speicher nicht zumutbar ist und auch nicht stattfindet: Eine derart weitreichende Wissenszurechnung wäre also rein fiktiv. Vielmehr kommt es richtigerweise auf einen Anlass an, die fraglichen Daten abzurufen: Nur bei einem solchen Anlass gelten die außerhalb des Gehirns gespeicherten Daten als bekannt[18]. **904 b**

2. Die Wissenszurechnung bei juristischen Personen

Die Frage nach der Wissenszurechnung bei juristischen Personen wird beispielhaft deutlich an dem **Fall von BGHZ 109, 327**: K kaufte im Jahr 1982 von der Gemeinde V ein mit einem Schlachthof bebautes Grundstück unter Ausschluss der Sachmängelhaftung. Die Gebäude waren aber aus minderwertigem Material errichtet. Daher hatte das Landratsamt der Gemeinde, damals vertreten durch ihren Bürgermeister A, schon 1965 eine baupolizeiliche Sperrung angedroht, und darüber war längere Zeit gestritten worden. A war inzwischen ausgeschieden. Den Verkauf an K hatte der neue Bürgermeister B bewirkt, der von dem Streit mit dem Landratsamt nichts wusste. Gegenüber den Sachmängelansprüchen des K berief V sich daher auf den vereinbarten Gewähr- **904 c**

---

17 Vgl. etwa BGHZ 117, 363, 368; 132, 30, 38 f. gegenüber BGH NJW 1994, 253, 254, einschränkend aber BGH NJW 1999, 3777 (Liegenschaftsamt).
18 So zutreffend BGHZ 123, 224; 132, 30, 39, vgl. auch BGH ZIP 1994, 1851.

leistungsausschluss. K hielt diesen jedoch für unwirksam, weil der verkaufenden Gemeinde V das Wissen ihres ehemaligen Bürgermeisters A zuzurechnen und deshalb der Mangel arglistig verschwiegen worden sei (§ 444). Der BGH hat den Standpunkt des K geteilt und daher Sachmängelansprüche bejaht.

Dagegen ist aber einzuwenden: § 166 I stellt nicht auf das Wissen aller Personen ab, die überhaupt Vertretungsmacht haben oder hatten. Vielmehr soll es nur auf den an dem Rechtsgeschäft beteiligten Vertreter ankommen. Das war hier aber nur der redliche B und nicht der unredliche A. Dieses gesetzliche Erfordernis bei juristischen Personen nicht anzuwenden besteht kein Anlass. Daher ist das *Gedächtniswissen* des an dem Verkauf unbeteiligten A der Gemeinde nicht zuzurechnen. Wohl aber wird der Schriftwechsel mit dem Landratsamt in den Akten der Gemeinde enthalten gewesen sein. Wegen des beabsichtigten Grundstücksverkaufs bestand auch Anlass, diese Akten einzusehen (vgl. oben Rz. 904 b). Daher ist der Gemeinde ihr *Aktenwissen* zuzurechnen. Im Ergebnis ist die Entscheidung des BGH also richtig[19], ohne dass es aber darauf ankäme, dass A Organ (§ 89 I) der Gemeinde war[20]. Gegen die Zurechnung von nicht aktenmäßigem Wissen nach dem Tod des Wissenden BGH NJW 1995, 2159[21].

BGH NJW 2004, 1868, 1869 formuliert sehr weit: Der Partner einer juristischen Person dürfe nicht allein deshalb schlechter gestellt werden, weil bei dieser eine **„organisationsbedingte Wissensaufspaltung"** bestehe; das Wissen eines Vorstandsmitglieds müsse daher allen übrigen Mitarbeitern zugerechnet werden[22].

3. Wissensvertreter

904 d § 166 verbindet die Frage der Wissenszurechnung mit der **Vertretungsmacht**. Diese Verbindung ist aber **nicht notwendig**. Vielmehr können auch Personen, die keine Vertretungsmacht haben, zu bloßen Wissensvertretern bestimmt werden: Deren Wissen oder Wissenmüssen wird dann einer anderen Person zugerechnet. Das findet sich häufig in Verwaltungsorganisationen: Jemand wird damit betraut, bestimmte Vorgänge zu verfolgen und die damit verbundenen Vorgänge wahrzunehmen, etwa auch Akten zu führen. Wenn er das weitgehend selbständig tun soll, muss sich der Hintermann analog § 166 I das dabei erlangte Wissen seines Beauftragten zurechnen lassen[23].

In anderen Entscheidungen behandelt der BGH freilich **Behörden** großzügiger. So sollte die Verjährung erst dann beginnen, wenn der zuständige Bedienstete in der zur Verfolgung des Anspruchs bestimmten Behörde die nötige Kenntnis hatte[24]. Nicht

---

19 Ebenso *Flume* JZ 1990, 550.
20 Ebenso BGHZ 132, 30, ähnlich auch BGHZ 135, 202, 206 f. (Scheckinkasso durch Bank); BGH NJW 1996, 1205 (Sonderstellung des „Aktenwissens", ablehnend *Schultz* NJW 1997, 2093).
21 Dazu *Schultz* NJW 1996, 1392.
22 Vgl. weiter BGH NJW 2005, 893; OLG Düsseldorf NJW 2004, 783; *Abeggen* ZBJV 142 (2006) 1; *Buck*, Wissen und juristische Person (2001, dazu *Ott* NJW 2002, 3607) *Ellers* GmbHR 2004, 934; *Gutmann/Fateh-Moghadam* NJW 2002, 3365 sowie die Beiträge von *Drexl*, *Nobbe* und *Schröter* in Bankrechtstag 2002, 85.
23 BGHZ 83, 293, 296.
24 BGHZ 134, 343, ähnlich BGH VersR 2000, 1277 für eine öffentlich-rechtliche Körperschaft (dazu ablehnend *Stückrad/Wolff* ebenda 1506).

zuzurechnen ist privates Wissen[25]. Auch betrifft die Wissenszurechnung nur die juristische Person und nicht auch deren Organe und Mitglieder[26]. Der „Scheingeschäftswille" soll überhaupt nicht zugerechnet werden können[27].

25 OLG Koblenz VersR 2001, 45.
26 BGH NJW 2001, 359.
27 BGHZ 144, 331.

§ 56 Die Offenlegung der Stellvertretung

Literatur: *Bartels*, Die Bestimmung der Vertragssubjekte und der Offenheitsgrundsatz des Stellvertretungsrechts, Jura 2015, 438; *E. Cohn*, Das rechtsgeschäftliche Handeln für denjenigen, den es angeht (1931); *Einsele*, Inhalt, Schranken und Bedeutung des Offenkundigkeitsprinzips, JZ 1990, 1005; *Heyers*, Handeln unter fremdem Namen im elektronischen Geschäftsverkehr – Prüfstein tradierter Dogmatik, JR 2014, 227; *Larenz*, Verpflichtungsgeschäfte „unter" fremdem Namen, FS H. Lehmann (1956) 234; *E. Letzgus*, Zum Handeln unter falschem Namen, AcP 137 (1933) 327; *Lieb*, Zum Handeln unter fremdem Namen – BGHZ 45, 193, JuS 1967, 106; *D. Moser*, Die Offenkundigkeit der Stellvertretung (2010); *Müller*, Das Geschäft für den, den es angeht, JZ 1982, 777; *Neumayer*, Vertragsschluss unter fremdem Namen, Mélanges Engel (1989) 221; *Petersen*, Das Offenkundigkeitsprinzip bei der Stellvertretung, Jura 2010, 187; *K. Schmidt*, Offene Vollmacht – Der „Offenkundigkeitsgrundsatz" als Teil der allgemeinen Rechtsgeschäftslehre, JuS 1987, 425 ff; *K. Schreiber*, Vertretungsrecht: Offenkundigkeit und Vertretungsmacht, JuS 1998, 606.

Die direkte Stellvertretung bewirkt, dass die Rechtsfolgen der von dem Vertreter abgegebenen oder an diesen gerichteten Willenserklärung nicht diesen selbst treffen, sondern den Vertretenen (vgl. oben Rz. 882). Das kann man dem Geschäftspartner des Vertreters regelmäßig nur zumuten, wenn er den Vertreter als solchen zu erkennen vermag und weiß, mit wem er es wirklich zu tun hat. Daher bedarf die direkte Stellvertretung regelmäßig der Offenlegung. § 164 I 1 drückt das mit den Worten aus, die Willenserklärung müsse **„im Namen des Vertretenen"** abgegeben werden. Die direkte Stellvertretung ist also regelmäßig offene Stellvertretung. **905**

I. Abgrenzungen

Das in § 164 verlangte Handeln „in fremdem Namen" ist zunächst von einigen ähnlichen Erscheinungen abzugrenzen. Bei ihnen gibt der Handelnde nicht zu erkennen, dass er für einen anderen handeln will. Vielmehr erweckt er den Eindruck, als sei er selbst dieser andere: Der Handelnde unterschreibt z.B. mit einem fremden Namen. Dann ist für die Rechtsfolgen zu unterscheiden. **906**

1. Handeln unter falscher Namensangabe

Bisweilen soll die Namensangabe nach dem Parteiwillen keine (privatrechtliche) Bedeutung haben. So liegt es regelmäßig bei der sofort zu bezahlenden Miete eines **907**

Hotelzimmers: Hier soll der Vertrag mit dem konkreten Gast unabhängig von dessen Namen abgeschlossen werden. Wenn der Gast dann einen falschen Namen angibt, will er damit nicht den Namensträger berechtigen und verpflichten, sondern nur selbst unerkannt bleiben. Daher wird der angegebene Name häufig ein Phantasiename oder doch ein derart häufig vorkommender sein, dass ihm die Kraft zu einer Identifizierung fehlt („Müller").

Bei einem solchen Handeln unter falscher Namensangabe **treffen die Rechtsfolgen allein den Handelnden**. Das ergibt sich nicht erst aus § 179 (vgl. unten Rz. 985 ff.), sondern schon aus dem Parteiwillen. Der wirkliche Namensträger (wenn es ihn überhaupt gibt) kann das Geschäft auch nicht etwa wie bei § 177 durch eine Genehmigung an sich ziehen (vgl. unten Rz. 997).

BGH NJW 2013, 1946 hatte einen lehrreichen Fall zu entscheiden: N veräußert ein von E gemietetes Wohnmobil gegen Barzahlung und unter Vorlage des gefälschten Kfz-Briefs an den gutgläubigen G, dem gegenüber er sich als E ausgibt. Der gutgläubige Erwerb des G hängt davon ab, ob N unter fremdem Namen oder unter falscher Namensangabe gehandelt hat: Im ersten Fall kann E die nach §§ 177, 184 erforderliche Zustimmung verweigern, weil ein Geschäft des E vorliegt und er somit sein Eigentum nicht verloren hat. Beim Handeln unter falscher Namensangabe dagegen erwirbt G gutgläubig Eigentum, ohne dass § 935 I entgegensteht, weil E den Besitz durch die Vermietung freiwillig verloren hat. Der BGH hat dies angenommen, weil es für G aufgrund des mit der Barzahlung einhergehenden sofortigen Leistungsaustauschs nicht entscheidend war, den Vertrag mit dem wirklichen Namensträger abzuschließen[1].

2. Handeln unter fremdem Namen

908 Vom Handeln unter falscher Namensangabe sind diejenigen Fälle zu unterscheiden, in denen der angegebene Name auf eine bestimmte Person hinweisen und gerade diese privatrechtlich binden soll. Dann spricht man von Handeln unter fremdem Namen. Im Gegensatz zur Stellvertretung macht hier der Handelnde nicht deutlich, dass er mit dem Namensträger, auf den das Geschäft bezogen wird, nicht identisch ist. Der in fremdem Namen handelnde Stellvertreter sagt also: Ich handle für A; der unter fremdem Namen Handelnde dagegen sagt: Ich bin A.

Über die **rechtliche Einordnung** des Handelns unter fremdem Namen ist viel gestritten worden. Dabei sind vor allem Meinungsverschiedenheiten über die Abgrenzung vom Handeln unter falscher Namensangabe aufgetreten (vgl. oben Rz. 907), also über die Frage, wann es für das Geschäft auf die Person des Namensträgers ankommt. Aber wenn eine solche Bedeutung zu bejahen ist (was sich aus den Umständen des Geschäfts ergeben muss), besteht hinsichtlich der **Rechtsfolgen** im Wesentlichen Einigkeit: Das Recht der Stellvertretung soll wenigstens analog angewendet werden[2].

---

[1] Dazu *Heyers* Jura, 2013, 1098; *M. Schwab* JuS 2014, 265; *T. Vogel* Jura 2014, 419; *Jaensch* BB 2013, 1492; *Leenen* § 4 Rz. 99.
[2] So etwa BGHZ 45, 193; *Flume* AT II § 44 IV; *Lieb* JuS 1967, 106; *Hübner* Rz. 1223 und im Wesentlichen auch *Bork* Rz. 1410.

Danach treffen die Geschäftsfolgen des fremden Handelns ohne weiteres den Namensträger, wenn dieser mit der Fremdwirkung einverstanden war. Dieses Einverständnis braucht nicht auch die vom Handelnden gewählte Art des Auftretens zu umfassen: Der Namensträger wird also z.B. auch dann berechtigt und verpflichtet, wenn er Vollmacht zur Stellvertretung erteilt hatte, der Bevollmächtigte aber unter dem Namen des Vollmachtgebers aufgetreten war, z.B. mit dessen Namen unterschrieben hatte[3]. Fehlt dagegen das Einverständnis des Namensträgers, so gelten die §§ 177 ff. entsprechend: Der Namensträger kann also das unter seinem Namen abgeschlossene Geschäft durch Genehmigung an sich ziehen (vgl. unten Rz. 997), andernfalls haftet der Handelnde nach § 179.

Das Handeln unter fremdem Namen wird bei **Rechtsgeschäften im Internet** bedeutsam, weil dort **Identitätstäuschungen** leichter möglich sind. In **BGHZ 189, 346** hatte M ohne das Wissen seiner Ehefrau F eine Gastronomieeinrichtung (Wert: 33.820 Euro) einen Tag lang zum Verkauf bei ebay eingestellt und die Auktion danach abgebrochen (dazu bereits Rz. 361). K hatte das höchste Gebot (1.000 Euro) abgegeben. Die Besonderheit bestand darin, dass M das ebay-Konto seiner Frau genutzt hatte. Daher verlangte K von F Schadensersatz in Höhe der Differenz von 32.820 Euro. Das nach §§ 280 I, 281 I erforderliche Schuldverhältnis kann hier in dem Anspruch aus Kaufvertrag zwischen K und F gemäß § 433 I 1 bestehen. Voraussetzung dafür ist, dass F durch M wirksam vertreten wurde, § 164 I 1. M hat jedoch nicht in, sondern unter fremdem Namen gehandelt. Da F mit dem Handeln des M nicht einverstanden war, kommt nach allgemeinem Stellvertretungsrecht nur eine Zurechnung der Vertretungswirkungen über die Anscheinsvollmacht in Betracht. Hierfür fehlt es jedoch an einem hinreichenden Vertrauenstatbestand, weil M zum ersten Mal gegenüber K unter dem Namen der F auftrat[4]. Da diese das Handeln des M nicht genehmigt hatte, bestand kein Kaufvertrag zwischen K und F[5]. Eine im Schrifttum vertretene Auffassung hält in solchen Fällen aber mit guten Gründen einen Anspruch aus **c.i.c.** für einschlägig, wenn der Vertretene, unter dessen Namen ein Rechtsgeschäft im Internet abgeschlossen wird, seine Zugangsdaten unsorgfältig verwahrt hat[6]. Gegen den unbefugten Nutzer des Accounts kommt aber ein Anspruch entsprechend § 179 I in Betracht[7].

3. Auftreten in fremdem Zuständigkeitsbereich

Noch anders liegt es bei der in § 185 geregelten Verfügung eines Nichtberechtigten (vgl. unten Rz. 1030 ff.): Hier tritt der Handelnde unter seinem richtigen Namen auf, nimmt aber für sich eine Zuständigkeit in Anspruch, die ihm nicht zukommt. Es verfügt also etwa A über eine Sache, die dem B gehört, und über die folglich regelmäßig auch

909

---

3 Wie im Fall von BGHZ 45, 193.
4 Zustimmend *Borges* NJW 2011, 2400. Anders entscheiden BGHZ 180, 134; 185, 130 für Ansprüche aus Delikt. *Wolf/Neuner* § 50 Rz. 108, nehmen im Falle einer „hinreichenden Sicherheitsgewähr" auch bei erstmaliger Nutzung des fremden Accounts einen Vertrauenstatbestand an.
5 Zur Haftung des Ehemanns aus § 179 *Medicus/Petersen* BürgR Rz. 82.
6 *Oechsler* AcP 208 (2008) 565; im Falle bewusster Weitergabe gebe es entsprechend § 172 sogar einen Erfüllungsanspruch. Siehe auch *dens.* Jura 2012, 582; *Faust* § 26 Rz. 42 f.; ferner zu diesem Fall *Sonnentag* WM 2014, 1614; *Stöber* JR 2012, 225; sowie ablehnend *Herresthal* JZ 2011, 1171; vgl. auch *dens.* K&R 2008, 705, 707; *Leenen* § 4 Rz. 100.
7 *Leenen* § 16 Rz. 26.

nur B verfügen kann. Daraus ergibt sich dann die in § 185 beantwortete Frage: Wie kann der zuständige Berechtigte (also B) die von dem Unzuständigen (also A) unter seinem eigenen Namen vorgenommene Verfügung wirksam machen? Vgl. dazu unten Rz. 1030 ff.

II. Insbesondere die Ausfüllung eines Blanketts

Literatur: *G. Müller*, Zu den Grenzen der analogen Anwendbarkeit des § 172 BGB in den Fällen des Blankettmissbrauchs und den sich daraus ergebenden Rechtsfolgen, AcP 181 (1981) 515, dort S. 516 Fn. 1 viele weitere Schriften, dazu *Reinicke/Tiedtke*, Die Haftung des Blankettgebers aus dem abredewidrig ausgefüllten Blankett im bürgerlichen Recht, JZ 1984, 550; *Wimmer-Leonhardt*, Rechtsfragen der Blankourkunde, JuS-L 1999, 81; *Wurm*, Blanketterklärung und Rechtsscheinhaftung, JA 1986, 577.

1. Der Lebenssachverhalt

910 Als „Blankett" bezeichnet man eine Urkunde, die zwar schon die Unterschrift des Ausstellers trägt, aber absichtlich (nicht bloß versehentlich!) noch nicht vollständig ausgefüllt ist. Die Urkunde enthält also „weiße Stellen"; daher der Name von ital. *bianco* = weiß. Die Vervollständigung soll dann ein anderer als der Aussteller vornehmen. Eine solche **Arbeitsteilung bei der Herstellung der Urkunde** ist vor allem dann sinnvoll, wenn bei der Ausstellung noch Teile des Urkundeninhalts ungewiss sind.

Beispiele dafür finden sich etwa im **Wechselrecht**: Der Bezogene akzeptiert einen Wechsel bereits, bevor der Empfänger (= Remittent) feststeht (**Blankoakzept**)[8]. Oder: Jemand will eine fällige Wechselschuld durch einen neuen Wechsel ablösen (sog. **Prolongationswechsel**). Das bedeutet eine Kreditverlängerung. Daher müssen die Zinsen für die Laufzeit des neuen Wechsels der in dem alten Wechsel angegebenen Summe hinzugeschlagen werden (im Wechsel ist nach Art. 1 Nr. 2 WG stets eine „bestimmte Geldsumme" anzugeben). Dann lässt der Aussteller in dem Prolongationswechsel nicht selten die Summe offen; diese soll von der Bank erst errechnet und dann eingesetzt werden.

911 Eine Sonderstellung nimmt das in der Praxis überaus häufige **Blankoindossament** ein. Es besteht regelmäßig nur aus der Unterschrift des Indossanten auf der Rückseite (italienisch *in dosso*) des Wechsels, Art. 13 II WG. Dieses Blankett bedarf ausnahmsweise keiner Vervollständigung, sondern entfaltet auch ohne sie schon alle Funktionen des Vollindossaments[9]. Doch kann das Indossament noch durch das Einsetzen eines Namens vervollständigt werden, Art. 14 II Nr. 1 WG. Damit kann sich der Berechtigte vor Veruntreuungen schützen[10], weil jetzt bloß noch der namentlich Benannte wechselmäßig legitimiert ist.

912 Daneben sind Blankette aber auch **außerhalb des eigentlichen Wertpapierrechts** möglich, z.B. bei Schuldscheinen, Vollmachtsurkunden, Abtretungserklärungen auf Hypothekenbriefen, Kraftfahrzeug-Sicherungsscheinen (das ist eine Art Versicherungspo-

---
8 *Hueck/Canaris* § 7 I 1.
9 *Hueck/Canaris* § 8 VI.
10 *Hueck/Canaris* § 8 VI 2.

lice)[11]. Stets handelt es sich darum, dass eine andere Person als der Aussteller die von diesem stammende unvollständige Urkunde vervollständigen darf. Nach BGHZ 132, 119 soll für die Ermächtigung zur Vervollständigung einer nichtkaufmännischen Bürgschaft **Schriftform** nötig sein[12].

2. Die abredewidrige Vervollständigung

Der Erteilung eines Blanketts liegt wohl stets eine Abrede über die Vervollständigung zugrunde. Wenn sich der Inhaber des Blanketts an diese Abrede hält, wenn also z.B. in den Prolongationswechsel die wirklich geschuldete Summe eingesetzt wird, entsteht kein Problem: Der Aussteller haftet dann ebenso, als ob er selbst die Urkunde vollständig ausgefüllt hätte. Dabei macht es keinen Unterschied, ob das Blankett offen oder versteckt ergänzt wird, d. h. ob die Ergänzung als nicht vom Aussteller stammend erkennbar ist oder nicht. 913

Probleme entstehen dagegen bei abredewidriger Ausfüllung: Es wird z.B. in den Prolongationswechsel ein höherer Betrag eingesetzt, den der Aussteller zu schulden bestreitet. Für **Wechsel und Scheck** bestimmen Art. 10 WG, Art. 13 ScheckG die Haftung des Blankettgebers gegenüber einem gutgläubigen Inhaber des abredewidrig vervollständigten Papiers[13]. Dagegen fehlt eine über diese Spezialfälle hinausreichende gesetzliche Regelung. Doch bindet man auch allgemein den Blankettgeber regelmäßig an den vervollständigten Text[14]. Früher hat man zwar eine Anfechtung nach § 119 gestattet, weil der Blankettgeber eine Erklärung dieses Inhalts nicht habe abgeben wollen[15]. Der Vertrauensschutz für den Erwerber konnte so über § 122 auf das negative Interesse beschränkt werden. Heute wird diese **Anfechtungsmöglichkeit aber mit Recht verneint**[16]. Denn sie verträgt sich nicht mit der zutreffenden Begründung für die Haftung des Blankettgebers durch eine **Analogie zu § 172 II**[17]: Das Blankett ähnelt einer Vollmachtsurkunde, und bei ihr kann der Vollmachtgeber eine Erklärung des Bevollmächtigten gleichfalls nicht mit der Begründung anfechten, er – der Vollmachtgeber – habe die Erklärung des Bevollmächtigten nicht gewollt. Vielmehr kommt beim Blankett eine Anfechtung entsprechend § 166 I nur in Betracht, wenn sich der Blankett*inhaber* bei der Ausfüllung geirrt hat.

Die Analogie zu § 172 II erlaubt auch die entsprechende **Anwendung des § 173**: Wo der Blankettmissbrauch dem anderen Teil bekannt oder evident war (vgl. unten Rz. 941), verpflichtet das Blankett nicht[18]. Eine Anfechtung durch den Blankettgeber ist hier unnötig[19]. 914

---

11 Vgl. BGHZ 40, 297.
12 Dazu *Bülow* ZIP 1996, 1694; *G. Fischer* JuS 1998, 205.
13 Vgl. *Köhler* JA 1977, 13.
14 So etwa *Flume* AT II § 23, 2 c S. 455 f.
15 RGZ 108, 183, 185.
16 *Flume* AT II § 23, 2 c S. 455 f; *Hübner* Rz. 1292.
17 Etwa BGHZ 40, 65, 68; 40, 297, 304 f.; 113, 48, 53, einige Vorbehalte aber bei *G. Müller* AcP 181 (1981) 515.
18 BGH NJW 1984, 798.
19 *Flume* AT II § 23, 2 c S. 455.

III. Einzelheiten zur Offenlegung

1. Arten

915 Nach § 164 I 1 kann die Stellvertretung **ausdrücklich** offen gelegt werden: Der Vertreter sagt also etwa, er wolle für eine bestimmte andere Person abschließen, oder er unterzeichnet „i. V." (in Vertretung) oder „ppa" (per procura). Mit gleicher Wirkung kann sich aber auch **aus den Umständen ergeben**, dass eine Erklärung in fremdem Namen gelten soll. Das ist außerordentlich häufig: Die Verkäuferin in einem Laden will offenbar den Geschäftsinhaber berechtigen und verpflichten, auch wenn sie das nicht sagt; wer eine Erklärung auf Firmenpapier abgibt, handelt regelmäßig für die Firma, selbst wenn er bloß mit seinem Namen unterschreibt; Gleiches gilt, wenn der Unterschrift der Stempel einer Personenfirma beigefügt wird (BGHZ 64, 11). Wenn ein Lehrer sich und seine Schulklasse zu einer gemeinsamen Fahrt anmeldet, soll er auch im Namen der Schüler handeln[20]. Dagegen genügt die Angabe einer fremden Kontonummer auf einem Scheck nicht zur Offenlegung einer Vertretung[21].

916 Regelmäßig wird die Offenlegung nicht nur die Tatsache der Vertretung erkennen lassen, sondern auch die **Person des Vertretenen**. Erforderlich ist das aber nicht; insbesondere kann eine spätere Benennung des Geschäftspartners vorbehalten werden[22]. Freilich haftet der Vertreter aus § 179 selbst, wenn ihm diese Benennung dann nicht gelingt[23].

2. Geschäfte mit dem Inhaber eines Gewerbebetriebs

917 Besonders weitherzig wird die Offenlegung gehandhabt bei Geschäften mit dem Inhaber eines Gewerbebetriebs (**unternehmensbezogenen Geschäften**): Hier soll der Wille, mit dem Inhaber abzuschließen, sogar stärker sein als eine erkennbar falsche Vorstellung über dessen Person[24]. Dies ist keine Beweis-, sondern eine Auslegungsregel[25]. So wird die einen Handel betreibende OHG verpflichtet, auch wenn der Vertragspartner sein Gegenüber für einen Einzelkaufmann hält[26]. Oder es wird die ein Installationsgeschäft betreibende GmbH Partei eines Vertrags über Installationsleistungen, selbst wenn der Geschäftsführer nur mit seinem Namen ohne einen die Vertretung klarstellenden Zusatz unterschrieben hat[27]. Auf eine Änderung der Betriebsinhaberschaft braucht regelmäßig nicht hingewiesen zu werden[28]. Bei Zweifeln an der Unternehmensbezogenheit des Geschäfts soll aber § 164 II anzuwenden sein[29].

---

20 OLG Frankfurt NJW 1986, 1941.
21 BGHZ 65, 218; BGH DB 1981, 2069.
22 BGH NJW 1989, 164, 166.
23 *Flume* AT II § 44 II 1 a S. 765 f.
24 Etwa RGZ 30, 77; 67, 148; BGHZ 62, 216, 219; BGH NJW 1981, 2569; BB 1984, 431; 1990, 653; OLG Düsseldorf NJW-RR 1995, 867; OLG Hamm VersR 2001, 978; *Flume* AT II § 44 I S. 764.
25 BGH DB 1992, 727, 728.
26 RGZ 30, 77.
27 BGHZ 62, 216.
28 BGH NJW 1983, 1844.
29 Vgl. unten Rz. 919 und BGH NJW-RR 1995, 991.

In Fällen der letzten Art kommt freilich **daneben auch die persönliche Haftung des Handelnden** nach Rechtsscheinregeln in Betracht[30]. Der BGH[31] formuliert das so: „Erweckt der unter einer Firma ohne Zusatz Handelnde den Eindruck, er sei selbst der Inhaber der Firma, muss er sich selbstverständlich so behandeln lassen, als entspräche der Schein der Wirklichkeit. Er haftet aber auch dann, wenn er – erkennbar als Vertreter handelnd – beim Vertragspartner den Eindruck erweckt, der Inhaber der Firma, wer auch immer das sei, hafte jenem unbeschränkt. Wird der Vertragspartner in dieser Erwartung enttäuscht, so ist es im Interesse des lauteren Verkehrs geboten, den Vertreter – ähnlich dem im § 179 zum Ausdruck gekommenen Rechtsgedanken – dafür einstehen zu lassen, dass er die unbeschränkte Haftung des Firmeninhabers vorgetäuscht hat." Doch soll es für eine solche Eigenhaftung nicht schon genügen, dass bei mündlichen Verhandlungen der GmbH-Zusatz weggelassen worden ist, wohl aber, wenn dies auch bei dem folgenden Schriftverkehr geschieht[32]. Anderseits soll die Eigenhaftung aber nicht nur einen Geschäftsführer treffen können, sondern auch andere Vertreter der Gesellschaft, die durch Weglassen des Zusatzes „GmbH" den Anschein der Haftung einer natürlichen Person begründet haben[33].

918

3. Die Bedeutung des § 164 II

§ 164 I nennt bei den Voraussetzungen der Stellvertretung das Handeln im Namen des Vertretenen. Wenn das weder ausdrücklich erfolgt noch aus den Umständen hervorgeht, treten also keine Vertretungswirkungen ein. Vielmehr liegt dann ein Eigengeschäft des Handelnden vor: Dieser selbst wird berechtigt und verpflichtet; derjenige, der eigentlich Partei werden sollte, kann das Geschäft auch nicht über § 177 an sich ziehen.

919

Darüber geht § 164 II noch hinaus: Ohne diese Vorschrift könnte ja der Vertreter das mangels Offenlegung ihn selbst treffende Geschäft nach § 119 I mit der Begründung anfechten, er habe für sich selbst nichts erklären wollen und sich daher über die Bedeutung seiner Erklärung geirrt. Insbesondere diese Anfechtung wird durch den (schwer verständlichen) § 164 II verhindert: Es soll (auch für § 119) keine Rolle spielen, dass der Handelnde nicht im eigenen Namen handeln wollte. Der Handelnde schuldet aus dem Geschäft also Erfüllung und nicht bloß über §§ 119, 122 das Vertrauensinteresse.

4. Das Geschäft für den, den es angeht

a) Bei vielen **schuldrechtlichen Bargeschäften des täglichen Lebens** ist die Offenlegung einer Stellvertretung unüblich. So hat die Verkäuferin des Warenhauses an der Mitteilung, jemand wolle das gekaufte Briefpapier nicht für sich, sondern für seine Freundin, keinerlei Interesse. Gewöhnlich fehlt an den Kassen auch jede Vorkehrung, um eine solche Mitteilung festzuhalten. Vielmehr wird in solchen Fällen z.B. bei einer Reklamation als Vertragspartner behandelt, wer die Ware und den Kassenzettel vorweisen

920

---

30 BGHZ 62, 216, 222 ff.; BGH BB 1990, 653, 655.
31 BGH DB 1981, 2018, 2019. Vgl. auch *Thomale/Schüßler* ZfPW 2015, 454.
32 BGH NJW 1990, 2678, 2679.
33 BGH NJW 1991, 2627 mit Anm. *Canaris*.

kann. Man darf hier sagen, das Warenhaus kontrahiere „mit wem es angeht". Das ist unproblematisch.

921 **b)** Problematischer ist das Geschäft für den, den es angeht, im **Mobiliarsachenrecht**[34]. Diese Konstruktion soll ermöglichen, dass ein Auftraggeber von einem Veräußerer direkt Eigentum erwirbt, obwohl gegenüber dem Veräußerer bloß der Beauftragte im eigenen Namen aufgetreten ist. Letztlich soll so verhindert werden, dass die Sache erst für eine „juristische Sekunde" dem Beauftragten gehört und dort von Pfandrechten Dritter erfasst wird (z.B. von einem Vermieterpfandrecht nach § 562). Die dingliche Einigung soll dann direkt zwischen dem Veräußerer und dem Auftraggeber stattfinden. Zudem soll der Auftraggeber auch sofort den Besitz erhalten, weil der Beauftragte sein Besitzdiener (§ 855) oder Besitzmittler (§ 868, durch antizipiertes Besitzkonstitut) ist. Doch erlangt diese Konstruktion nur selten praktische Bedeutung[35].

922 **c)** Das Gesetz selbst verzichtet auf die Offenlegung in § 1357 bei „Geschäften zur angemessenen Deckung des Lebensbedarfs der Familie": Hier soll ein Ehegatte auch den anderen berechtigen oder verpflichten können. Doch handelt es sich bei § 1357 nach richtiger Ansicht nicht um Stellvertretung (auch der handelnde Ehegatte selbst wird ja Vertragspartei!). Vielmehr liegt hier ein familienrechtliches Institut eigener Art vor[36].

---

34 Vgl. *Baur/Stürner* SaR § 51 Rz. 43; *Westermann-H. P. Westermann* SaR § 43 IV 3; *Wieling*, Sachenrecht I (1990) § 9 VII 5.
35 Zum Ganzen BGH MDR 2016, 11; dazu *Petersen* Jura (JK) 2016, 445 (§ 929 BGB).
36 *Gernhuber/Coester-Waltjen* FamR § 19 Rz. 42, vgl. oben Rz. 897.

§ 57 Die Vertretungsmacht

Literatur: Umfassend *Frotz*, Verkehrsschutz im Vertretungsrecht (1972), außerdem Beuthien/Müller, Gemischte Stellvertretung und unechte Gesamtprokura, DB 1995, 461; *W. Blomeyer*, Die teleologische Korrektur des § 181 BGB, AcP 172 (1972) 1; *Coing*, Die gesetzliche Vertretungsmacht der Eltern bei der Ausschlagung einer Erbschaft, NJW 1985, 6; *Fikentscher*, Scheinvollmacht und Vertreterbegriff, AcP 154 (1955) 1; *R. Fischer*, Der Missbrauch der Vertretungsmacht, auch unter Berücksichtigung der Handelsgesellschaften, FS Schilling (1973) 3; *ders.*, Zur Anwendung von § 181 BGB im Bereich des Gesellschaftsrechts, FS Hauss (1978) 61; *Fleck*, Missbrauch der Vertretungsmacht oder Treubruch des mit Einverständnis aller Gesellschafter handelnden GmbH-Geschäftsführers aus zivilrechtlicher Sicht, ZGR 19 (1990) 31; *Gehrlein*, Wirksame Vertretung trotz Unkenntnis der Person des Vertretenen, VersR 1995, 268; *Gröning*, Zur Empfangsvollmacht des Vermittlers für mündliche Erklärungen des Antragstellers, VersR 1990, 710; *Häublein*, Entbehrlichkeit von Vertretungsmacht für das Zustandekommen von Verträgen bei Beteiligung eines Vertreters, Jura 2007, 728; *Herresthal*, Formbedürftigkeit der Vollmacht zum Abschluss eines Verbraucherdarlehens – BGH NJW 2001, 1931; 2963, JuS 2002, 844; *Hopt*, Die Auswirkungen des Tods des Vollmachtgebers auf die Vollmacht und das zugrunde liegende Rechtsverhältnis, ZHR 133 (1970) 305; *U. Hübner*, Interessenkonflikt und Vertretungsmacht. Zur funktionalen Präzisierung des § 181 BGB (1977); *Kunstreich*, Gesamtvertretung (1992); *Lenel*, Stellvertretung und Vollmacht, IherJb. 36 (1895) 1; *Merz*, Vertretungsmacht und ihre Beschränkungen im Recht der juristischen Personen, der kaufmännischen und der allgemeinen Stellvertretung, FS H. Westermann (1974) 399 (zum schweiz. Recht); *K. S. Müller*, Prokura und Handlungsvollmacht, JuS 1998, 1000; *Pawlowski*, Anscheinsvollmacht des Erziehungsberechtigten?, MDR 1989, 775; *ders*. Die gewillkürte Stellvertretung, JZ 1996, 125; *Petersen*, Die Haftung bei der Untervollmacht, Jura 1999, 401; *ders.*, Die Abstraktheit der Vollmacht, Jura 2004, 829; *ders.*, Bestand und Umfang der Vertretungsmacht, Jura 2003, 310; *ders.*, Die Anfechtung der ausgeübten Innenvollmacht, AcP 201 (2001) 375; *ders.*, Die Vollmacht über den Tod hinaus, Jura 2010, 757; *ders.*, Die Prokura, Jura 2012, 196; *G. Roth*, Missbrauch der Vertretungsmacht durch den GmbH-Geschäftsführer, ZGR 14 (1985) 265; *K. Schmidt*, Ultra-vires-Doktrin: tot oder lebendig?, AcP 184 (1984) 529; *K. Schreiber*, Rechtsschein im Vertretungsrecht, Jura 1997, 104; *Schultz*, Widerruf und Missbrauch der postmortalen Vollmacht bei der Schenkung unter Lebenden, NJW 1995, 3345; *Stüsser*, Die Anfechtung der Vollmacht nach bürgerlichem Recht und Handelsrecht (1986, dazu *F. Peters* ZHR 150, 1986, 733); *Timm*, Mehrfachvertretung im Konzern, AcP 193 (1993) 423; *Trapp*, Die post- und transmortale Vollmacht zum Vollzug lebzeitiger Zuwendungen, ZEV 1995, 314; *von Tuhr*, Die unwiderrufliche Vollmacht, FG Laband (1908) 43; *H. P. Westermann*, Missbrauch der Vertretungsmacht, JA 1981, 521; *Wieling*, Duldungs- und Anscheinsvollmacht, JA 1991, 222; *M. Wolf*, Vermögensschutz für Minderjährige und handelsrechtliche Haftungsgrundsätze, AcP 187 (1987) 319.

I. Gründe der Vertretungsmacht

1. Kraft der direkten Stellvertretung treffen die Folgen des Vertreterhandelns den Vertretenen (vgl. oben Rz. 883 f.). Das lässt sich mit dem Recht des Vertretenen zu privatautonomer **Selbstbestimmung** (vgl. oben Rz. 172 ff.) nur vereinbaren, wenn dieser der Fremdwirkung des Vertreterhandelns zugestimmt hat. Eine solche **Zustimmung** kann vorweg erfolgen: Das ist die „durch Rechtsgeschäft erteilte Vertretungsmacht (Vollmacht)", § 166 II 1. Die Zustimmung kann aber auch nachträglich als Genehmigung erteilt werden; das ist der Fall von § 177 (vgl. unten Rz. 975 ff.). **923**

2. Außer dieser auf Rechtsgeschäft beruhenden („gewillkürten") Vertretungsmacht gibt es auch eine **gesetzliche**. Sie kann ohne weiteres aus dem Gesetz folgen, wie z.B. die Vertretungsmacht der Eltern für ihre Kinder (§ 1629); diese ist weder überholt noch verfassungswidrig[1]. Sie kann aber auch eine behördliche Bestellung erfordern wie beim Vormund (§§ 1789, 1793), beim Betreuer (§§ 1896 ff., 1902)[2] und beim Pfleger (§ 1915 I). **924**

3. Ähnlich wie bei Vormund, Betreuer und Pfleger liegt es bei den sog. **„Parteien kraft Amtes"**. Man versteht darunter bestimmte Verwalter fremden Vermögens. Von ihnen bedürfen der Insolvenzverwalter (§ 56 InsO) und der Nachlassverwalter (§ 1981) einer gerichtlichen Bestellung. Dagegen wird der Testamentsvollstrecker vom Erblasser ernannt (§ 2197), doch muss er sein Amt zunächst genommen haben (§ 2202). Mit allen genannten Ämtern ist die Befugnis verbunden, über ein fremdes Vermögen zu verfügen sowie dessen Träger zu berechtigen und zu verpflichten: Der Insolvenzverwalter kann das für die Insolvenzmasse und den Gemeinschuldner (§ 80 InsO), und der Nachlassverwalter und der Testamentsvollstrecker können das für den Nachlass und den Erben (§§ 1984, 2205 ff.). Das sind die typischen Vertretungswirkungen. Zwar haben die Parteien kraft Amtes nicht bloß die Interessen des Vertretenen wahrzunehmen, **925**

---

1 *K. Schmidt* NJW 1989, 1712 gegen *Ramm* ebenda 1708.
2 Zu ihm grundlegend *von Sachsen/Gessaphe*, Der Betreuer als gesetzlicher Vertreter für eingeschränkt Selbstbestimmungsfähige (1999).

sondern auch diejenigen anderer Personen: Der Insolvenzverwalter muss sich auch um die Interessen der Insolvenzgläubiger und anderer Beteiligter kümmern; der Nachlassverwalter hat auch für die Nachlassgläubiger (vgl. § 1985 II) und der Testamentsvollstrecker auch für Vermächtnisnehmer (vgl. § 2219) zu sorgen. Doch ergibt sich daraus nach richtiger Ansicht kein wesentlicher Unterschied zur Stellvertretung. Deren Regeln gelten also auch für die Parteien kraft Amtes. Dabei handelt es sich um **gesetzliche Stellvertretung**, weil die Vertretungswirkungen kraft Gesetzes auch dann eintreten, wenn sie im Einzelfall nicht gewollt sind.

926 **4.** Bloß ein Sonderfall der gesetzlichen Stellvertretung ist auch die sog. **Organschaft**. Sie steht zu insbesondere dem Vereinsvorstand (§ 26 II), dem Vorstand von Aktiengesellschaft und Genossenschaft (§§ 78 I AktG, 24 I GenG), dem Geschäftsführer der GmbH (§ 35 I GmbHG) sowie den persönlich haftenden Gesellschaftern der Personengesellschaften OHG und KG (§§ 125 I, 161 II, 170 HGB). Entsprechend verhält es sich für die Partnerschaftsgesellschaft, § 7 III PartGG. Hier überall spricht das Gesetz von „Vertretung", und es gibt keinen stichhaltigen Grund, darunter nicht die Regeln über die Stellvertretung zu verstehen. Die Besonderheit der Organschaft besteht vielmehr darin, dass sie außer der Stellvertretung (also der Zurechnung von Willenserklärungen) auch die Zurechnung von zum Schadensersatz verpflichtenden Handlungen umfasst (§ 31, vgl. oben Rz. 894). Der Grund für die Vertretungsmacht liegt hier in der gesetzlichen Anordnung in Verbindung mit der Bestellung zum Organ oder dem Eintritt in die Personengesellschaft als persönlich haftender Gesellschafter.

II. Die Vollmacht

927 Die Vollmacht als Grundlage der gewillkürten Vertretungsmacht ist in den §§ 167–176 relativ ausführlich geregelt. Trotzdem gibt es zu ihr nicht wenige Streitfragen.

1. Erteilung

a) Für die Erteilung der Vollmacht unterscheidet das BGB **drei Verhaltensweisen**:

(1) Die Vollmacht kann als sog. **Innenvollmacht** erteilt werden, nämlich durch (zugangsbedürftige) Willenserklärung des Vertretenen an den zu Bevollmächtigenden, § 167 I Alt. 1. Dann ist für den Umfang der Vollmacht allein darauf abzustellen, wie der Bevollmächtigte die Erklärung verstehen musste; der Geschäftsgegner genießt insoweit keinen Vertrauensschutz[3].

(2) Stattdessen ist auch eine **Außenvollmacht** möglich, nämlich durch (zugangsbedürftige) Willenserklärung an den Dritten, mit dem das Vertretergeschäft abgeschlossen werden soll, § 167 I Alt. 2.

(3) In der Wirklichkeit begegnet schließlich noch – und zwar häufig – die **nach außen mitgeteilte Innenvollmacht**: Der Vollmachtgeber erteilt eine Innenvollmacht und gibt das nach außen bekannt. Dabei bedeutet diese Bekanntgabe streng genommen nicht

---

3 BGH JZ 2010, 466 Rz. 18 mit Nachw.

etwa eine zu der Innenvollmacht hinzutretende Außenvollmacht. Denn die Bekanntgabe stellt keine Willenserklärung dar. Der Vollmachtgeber sagt ja nach außen nicht: „Ich erteile (hiermit) Vollmacht", sondern „Ich habe Vollmacht erteilt" (vgl. aber unten Rz. 947). Das Gesetz behandelt diese Art der Vollmacht in den §§ 171, 172.

b) In allen Fällen kann die Bevollmächtigung durch **ausdrückliche Erklärung** (etwa eine Vollmachtsurkunde) **oder auch konkludent** erfolgen[4]. Eine solche konkludente Erteilung ist sogar sehr häufig. Sie liegt insbesondere vor, wenn jemand für eine üblicherweise mit Vertretungsmacht verbundene Tätigkeit angestellt und eine Vertretung nicht eigens ausgeschlossen wird. Beispiele sind etwa die Anstellung als **Sekretärin**, aber auch als **Fernfahrer** (er ist üblicherweise zu denjenigen Geschäften bevollmächtigt, die auf der Fahrt gewöhnlich erledigt werden müssen, insbesondere zum Tanken und zu kleineren Reparaturen)[5]. 928

c) Nach § 167 II soll die bevollmächtigende Erklärung regelmäßig (Ausnahme etwa bei der Erbschaftsausschlagung, § 1945 III) auch dann **formlos** möglich sein, wenn das mit der Vollmacht vorzunehmende Geschäft formbedürftig ist: Danach betrifft die Formvorschrift also nur das Vertretergeschäft. Doch geriete eine strikte Anwendung des § 167 II in Widerspruch zum Schutzzweck vieler Formvorschriften (vgl. oben Rz. 612 ff.). So würde der von § 311 b I beabsichtigte Übereilungsschutz weitgehend verfehlt, wenn ein Grundstückseigentümer mündlich eine im Ergebnis kaum rückgängig zu machende Vollmacht zum Verkauf seines Grundstücks erteilen könnte. 929

Daher ist § 167 II durch eine im Kern wohl schon zum Gewohnheitsrecht erstarkte Rechtsprechung **wesentlich eingeschränkt** worden[6]: Formvorschriften mit einer Warnfunktion sollen auch für die Vollmacht gelten, wenn deren Erteilung den Vollmachtgeber bereits weitgehend bindet, insbesondere wenn mit ihr das Vertretergeschäft bereits weitgehend vorweggenommen wird. Das ist etwa bejaht worden bei einer unwiderruflichen Vollmacht[7]; wenn der Nichtgebrauch der Vollmacht mit Nachteilen für den Vollmachtgeber verbunden ist[8]; wenn der Bevollmächtigte den Weisungen des Erwerbsinteressenten untersteht[9]; wenn sich die Vollmacht als Vorwegnahme einer Erwerbsverpflichtung darstellt[10]; wenn der Bevollmächtigte in Abweichung von § 181 mit sich selbst kontrahieren darf und sich der Vollmachtgeber bereits rechtlich binden wollte[11]. Für die Bürgschaft vgl. oben Rz. 912.

Im **Verbraucherrecht** war problematisch, auf wessen Person es ankommt: Auf den vertretenen Verbraucher oder auf den Vertreter? Wer muss etwa „überrumpelt" worden sein, damit das Widerrufsrecht nach § 312 entsteht? Oder muss schon die Vollmacht des Verbrauchers für den Vertreter zum Abschluss eines Verbraucherdarlehens die

---

4 Dazu etwa BGH WM 2015, 528.
5 Zur Vollmacht des **Baubetreuers** vgl. BGHZ 67, 334, zu derjenigen des **Architekten** BGH NJW 1978, 995; OLG Stuttgart MDR 1982, 1016.
6 Vgl. *Rösler* NJW 1999, 1150.
7 RGZ 110, 319, 320.
8 RGZ 108, 125, 127.
9 RGZ 76, 182, 184.
10 KG OLGZ 1985, 184.
11 BGH NJW 1952, 1210.

Dritter Teil *Das Rechtsgeschäft*

Angaben nach § 492 enthalten? Der BGH[12] hatte jeweils nur auf den Vertreter abgestellt[13], doch entscheidet der neue § 492 IV jetzt für Verbraucherdarlehen in der Regel umgekehrt.

2. Insbesondere die Duldungsvollmacht

930   Nicht selten wird eine Stellvertretung praktiziert, ohne dass sich ein konkreter Akt der Vollmachtserteilung feststellen ließe: Die Ehefrau weiß etwa, dass ihr Mann für ihre Kohlenhandlung Bestellungen entgegennimmt, und billigt das durch Ausführung dieser Bestellungen; oder auch: sie kennt die Ausführung durch den Ehemann und unternimmt nichts dagegen. In solchen Fällen verwehrt es eine langdauernde Rechtsprechung dem Vertretenen, sich auf das Fehlen einer Vollmacht zu berufen; man spricht dann von einer Duldungsvollmacht[14]. Nach dem BGH[15] muss der Duldende freilich wissen oder doch damit rechnen, dass in Wahrheit eine Vollmacht fehlt.

Man kann diese Vollmacht nicht einfach als eine durch **konkludentes Verhalten erteilte Außenvollmacht** verstehen (vgl. oben Rz. 927 bei (2)). Denn der Erklärungsgehalt der Duldung geht nicht dahin, dass Vollmacht erteilt *werde*, sondern dass Vollmacht erteilt *worden sei* und daher Vertretungsmacht bestehe.[16] Das entspricht der Bekanntgabe bei der nach außen mitgeteilten Innenvollmacht (vgl. oben Rz. 927 bei (3)). Die Duldungsvollmacht ist folglich ebenso zu behandeln wie die sachlich unrichtige Mitteilung über eine in Wahrheit fehlende Innenvollmacht: Das führt zur Annahme von Vertretungswirkungen, vgl. unten Rz. 946 ff.

3. Umfang der Vertretungsmacht

931   **a)** Für einige typische Vollmachten ist der **Inhalt** weithin **durch zwingendes Recht geregelt**. Da sind vor allem die Prozessvollmacht (§§ 80 – 84 ZPO) und die Prokura (§§ 48 – 53 HGB)[17]. Diese gesetzliche Festlegung dient der Sicherheit und Leichtigkeit des Rechtsverkehrs: Der Dritte soll den Umfang der Vertretungsmacht kennen, ohne darüber erst Nachforschungen anstellen zu müssen.

932   **b)** Regelmäßig dagegen **steht** dem Vollmachtgeber die **Bestimmung des Inhalts** der dem Bevollmächtigten erteilten Vertretungsmacht **frei**. Der Vollmachtgeber kann also etwa die Vollmacht auf eine bestimmte Art von Geschäften beschränken (z.B. das Einkassieren der Miete); er kann auch umgekehrt eine umfassende Vollmacht (Generalvollmacht) erteilen und davon nach seinem Belieben bestimmte Geschäfte ausnehmen (z.B. Grundstücksveräußerungen oder Geschäfte, die Gegenstände mit einem Wert von mehr als 10.000 Euro betreffen).

933   **c)** Der Vollmachtgeber kann auch mehreren derart Vollmacht erteilen, dass diese nur gemeinsam zur Vertretung berechtigt sein sollen. Das nennt man **Gesamtvertretung**

---

12 BGHZ 144, 223; 147, 262.
13 Vgl. dazu etwa *Sauer* BB 2000, 1793; *Derleder* JZ 2001, 830; *Heyers* Jura 2001, 760.
14 Zur Einordnung *Merkt* AcP 204 (2004) 638.
15 BGH ZIP 2005, 1351, 1359.
16 Ebenso *Köhler* § 11 Rz. 43.
17 Vgl. *Müller* JuS 1998, 1000.

(sie ist meist eine Vorsichtsmaßnahme). Das BGB lässt diese Art der Vertretung eintreten vor allem bei der gesetzlichen Vertretung des Kindes durch seine Eltern (§ 1629 I 2) oder mehrere Betreuer (§ 1908 i I) oder Vormünder (§ 1797 I 1). Für den mehrköpfigen Vereinsvorstand dagegen gilt nach §§ 28 I, 32 I 3 das Mehrheitsprinzip (vgl. unten Rz. 1130).

In allen Fällen, in denen nur mehrere gemeinsam zur Stellvertretung berechtigt sind, genügt aber für den **Empfang einer Willenserklärung** durch den Vertretenen die Abgabe an einen dieser Vertreter. Das steht für Spezialfälle in den §§ 28 II, 1629 I 2 BGB, 125 II 3 HGB, 78 II 2 AktG, 35 II 3 GmbHG und 25 I 3 GenG, bedeutet jedoch eine allgemeine Regel: Die Beteiligung mehrerer an der Vertretung soll nicht Dritten die Zuleitung von Erklärungen erschweren. Auch bei § 166 (vgl. oben Rz. 898 ff.) soll sich die Gesamtvertretung nicht zu Lasten Dritter auswirken. Daher genügt es, wenn einer der mehreren Vertreter unredlich ist[18] oder Kenntnis von einem kaufmännischen Bestätigungsschreiben erlangt[19]. Umgekehrt genügt es gleichfalls, wenn bei einem der zusammenwirkenden Vertreter ein Willensmangel vorliegt[20]. Dagegen kann eine Duldungsvollmacht nicht schon bei Kenntnis eines Gesamtvertreters auf der Seite des Vertretenen bejaht werden, weil dieser einzelne Gesamtvertreter auch nicht wirksam bevollmächtigen könnte[21]. 934

d) Eine Vollmacht kann auch **bedingt oder befristet** erteilt werden. Allerdings bedeutet die Vollmachtserteilung eine Veränderung der Rechtslage durch einseitiges Rechtsgeschäft[22]. Man kann daher an Bedingungs- und Befristungsfeindlichkeit wie bei Gestaltungsrechten denken (vgl. oben Rz. 849). Aber die Situation ist bei der Vollmacht insofern anders, als Dritte sich auf Vertragsabschlüsse mit einem derart unsicher Bevollmächtigten nicht einzulassen brauchen und einseitige Rechtsgeschäfte zurückweisen können, wenn die Vollmacht nicht nachgewiesen wird (§ 174, vgl. unten Rz. 980): Dieser Nachweis muss sich in solchen Fällen nach dem Gesetzeszweck auch auf die konkrete Wirksamkeit der Vollmacht trotz Bedingung oder Befristung erstrecken. 935

e) Eines aber kann der Vollmachtgeber nicht: nämlich sich durch die Vollmachtserteilung seiner eigenen Fähigkeiten begeben, in dem von der Vollmacht erfassten Bereich selbst noch Willenserklärungen abzugeben oder entgegenzunehmen. Eine solche „verdrängende" (also die eigene Zuständigkeit des Vollmachtgebers ausschließende) **Vollmacht** ist nämlich nach der zutreffenden h.M. unzulässig[23]. Denn die verdrängende Vollmacht würde im Ergebnis bedeuten, dass der Vertretene sich selbst entmündigt und wie ein Unmündiger von seinem Vertreter abhängt. Dergleichen kann nach dem Zweck von § 137 (vgl. oben Rz. 678) rechtsgeschäftlich nicht bewirkt werden. 936

Wohl aber kann sich (entsprechend § 137 S. 2) der Vertretene **schuldrechtlich zur Unterlassung eigener Geschäfte** im Bereich der Vollmacht **verpflichten** (sofern das

---
18 Etwa BGH NJW 1999, 284, 286; Palandt/*Ellenberger* § 166 Rz. 2.
19 BGH NJW 1988, 1199, 1200.
20 BGHZ 62, 166, 172 f.; Palandt/*Ellenberger* § 166 Rz. 2.
21 BGH NJW 1988, 1200.
22 Zur Vertretung durch sozietätsverbundene Rechtsanwälte bei einseitigen Willenserklärungen *Henssler/Michel* NJW 2014, 11.
23 So etwa *Flume* AT II § 53, 6; einschränkend aber *Gernhuber* JZ 1995, 381.

nicht eine nach § 138 nichtige sittenwidrige Knebelung bedeutet, vgl. oben Rz. 698). Ein schuldhafter Verstoß gegen eine solche Verpflichtung lässt dann eine Schadensersatzverbindlichkeit entstehen. Die Verpflichtung zum Unterlassen eigener Geschäfte kann z.B. sinnvoll sein, wenn bei einer Sanierung dem Hauptgläubiger Vollmacht erteilt wird, um die Vermögensverhältnisse des Schuldners zu ordnen: Das soll dann nicht durch widersprechende eigene Geschäfte des Schuldners gestört werden.

4. Erlöschen der Vollmacht

937   Für das Erlöschen der Vollmacht sieht § 168 **zwei Gründe** vor: die Bestimmung durch das der Erteilung zugrundeliegende Rechtsverhältnis und den Widerruf.

a) Das Grundverhältnis

aa) Der Vollmacht liegt regelmäßig ein Rechtsverhältnis – meist ein Schuldverhältnis – zwischen dem Vollmachtgeber und dem Bevollmächtigten zugrunde. Dieses Verhältnis kann den Bevollmächtigten berechtigen oder verpflichten, von der Vollmacht Gebrauch zu machen: Die Berechtigung dominiert etwa in dem Sanierungsbeispiel von oben Rz. 936, weil der Gläubiger mit der Sanierung auch eigene Interessen verfolgt. Weiter ergibt das Grundverhältnis regelmäßig, in welchem Sinn die Vollmacht verwendet werden soll, also insbesondere im wirtschaftlichen Interesse des Vollmachtgebers.

§ 168 S. 1 lässt das Grundverhältnis zusätzlich auch über das Erlöschen der Vollmacht entscheiden: Die Vollmacht des sanierenden Gläubigers etwa findet ihr Ende mit dem Auslaufen des Sanierungsvertrags.

938   **bb)** Diese Art des Erlöschens der Vollmacht kann aber in zwei Richtungen zu **Problemen** führen. Erstens nämlich braucht ein Dritter, der mit dem Bevollmächtigten kontrahieren will, das sich aus dem Ablauf des Innenverhältnisses ergebende Ende der Vollmacht nicht zu kennen. Der deshalb nötige **Vertrauensschutz** ist in den §§ 170 – 173 geregelt, vgl. dazu unten Rz. 941.

939   Zweitens kann aber auch ein Schutz des Bevollmächtigten nötig sein, weil dieser das aus dem Innenverhältnis folgende Ende seiner Vertretungsmacht gleichfalls nicht immer zu kennen braucht: Er liefe sonst Gefahr, als Vertreter ohne Vertretungsmacht nach § 179 selbst haftbar zu werden (vgl. unten Rz. 984 ff.). Wenn z.B. der Auftrag zu einer Vermögensverwaltung (§ 675) auf die Lebenszeit des Auftraggebers begrenzt ist, kann der Verwalter in Unkenntnis von dessen Tod gutgläubig noch weiterhin Verwaltungsgeschäfte abschließen[24].

Den danach erforderlichen **Schutz des Bevollmächtigten** bewirkt das Gesetz in einer sehr kunstvollen Weise: Nach § 674 gilt der Auftrag zugunsten des Beauftragten als fortbestehend, bis dieser den Endigungsgrund erfährt oder kennen muss. Eine entsprechende Bestimmung enthält § 729 für die Geschäftsführungsbefugnis des Gesellschafters. Dieser Fortbestand des Grundverhältnisses bewirkt dann ohne weiteres auch den Fortbestand der Vollmacht.

---

24 Vgl. allgemein *Hopt*, Die Auswirkungen des Tods des Vollmachtgebers auf die Vollmacht und das zugrundeliegende Rechtsverhältnis, ZHR 133 (1970) 305.

Die in den §§ 674, 729 zugunsten des Bevollmächtigten getroffene Regelung wirkt sich auch zugunsten desjenigen Dritten aus, der mit dem Bevollmächtigten kontrahiert: Er kommt in den Genuss der Vertretungswirkungen. Eine solche Begünstigung des Dritten ist aber unangebracht, wenn dieser (anders als der Bevollmächtigte) den Grund für das Erlöschen der Vollmacht kennt oder kennen muss. Deshalb nimmt § 169 einen solchen Dritten von der Fortwirkung der Vollmacht aus. Dem gutgläubigen Bevollmächtigten droht hieraus kein Nachteil: Da der Dritte den Mangel der Vertretungsmacht kennt oder kennen muss, hat er nach § 179 III 1 keinerlei Ansprüche gegen den vollmachtslos handelnden Vertreter.

b) Der Widerruf

Als zweiten Endigungsgrund für die Vollmacht nennt § 168 den Widerruf. **940**

aa) Auf ihn soll nach § 168 S. 3 „die Vorschrift des § 167 I entsprechende Anwendung" finden. Danach erfolgt der Widerruf durch **empfangsbedürftige Willenserklärung** des Vollmachtgebers, und zwar entweder an den Bevollmächtigten oder an den Dritten, dem gegenüber die Vertretung stattfinden soll. Man kann also einen **Innen- und** einen **Außenwiderruf** unterscheiden. § 168 ordnet aber nicht etwa Symmetrie des Widerrufs zu der Erteilung der Vollmacht an. Vielmehr kann grundsätzlich eine Innenvollmacht auch durch einen Widerruf im Außenverhältnis beendet werden und umgekehrt. Das schafft Probleme insbesondere, wenn eine gegenüber dem Dritten erteilte oder ihm bekannt gemachte Vollmacht durch einen an den Bevollmächtigten gerichteten Widerruf beendet werden soll: Davon braucht der Dritte ja nichts zu erfahren, sodass er auf den Fortbestand der Vollmacht vertrauen kann.

Dieses Problem behandeln die §§ 170 – 173: Die Außenvollmacht soll gegenüber dem **941** Dritten in Kraft bleiben, bis ihm deren Erlöschen mitgeteilt worden ist (§ 170). Ähnlich soll die nach außen mitgeteilte Innenvollmacht bestehen bleiben, bis die Mitteilung widerrufen ist (§§ 171 II, 172 II). Durch diese Fortwirkung der Vollmacht soll aber ein Dritter nicht geschützt werden, der das Erlöschen der Vollmacht kennt oder kennen muss (§ 173). Insgesamt wird also der redliche Dritte geschützt, wenn er für das Bestehen der Vertretungsmacht das Wort des Vollmachtgebers hat (und nicht nur das des Bevollmächtigten, also nicht bei der bloßen Innenvollmacht).

In der Theorie besteht Streit darüber, ob bei den §§ 170, 171 II, 172 II zugunsten des Dritten die Vollmacht fortbesteht, oder ob sie zwar erloschen ist, der Dritte aber nach Rechtsscheinregeln die Vertretungswirkungen in Anspruch nehmen kann. Angesichts der eingehenden Regelung in den §§ 170 – 173 ist dieser Streit aber kaum ertragreich.

bb) Nach § 168 S. 2 soll sich aus dem Grundverhältnis ergeben können, dass die **Voll- 942 macht** so lange dauern soll wie dieses, also während dessen Bestehen **unwiderruflich** ist. Eine solche unwiderrufliche Vollmacht lässt sich vor allem annehmen, wenn der Bevollmächtigte einen Anspruch auf das ihm anvertraute Vertretergeschäft hat (z.B. wenn der Käufer zur Auflassung des verkauften Grundstücks an sich selbst bevollmächtigt worden ist) oder wenn die Vollmacht auch seinem Interesse dient (wie in dem Sanierungsbeispiel von oben Rz. 936). Dann kann sich der Vollmachtgeber von der Vollmacht nur lösen, indem er den Anspruch beseitigt (also etwa durch Anfechtung des Kaufvertrags) oder sonst das Grundverhältnis beendet. Hierfür kommt insbesondere auch eine außerordentliche – also in dem Grundverhältnis nicht vorgesehene – **Kündigung aus wichtigem Grund** in Betracht. So kann etwa der Schuldner den Sanierungsvertrag kündigen, wenn der Gläubiger durch schlechte Geschäfte das verwaltete Vermögen mindert und so den Sanierungserfolg gefährdet.

Ob es daneben noch eines **außerordentlichen Widerrufs aus wichtigem Grund** bedarf, der sich nur auf die Vollmacht bezieht, ist zweifelhaft. Denn wenn „der Bevollmächtigte das in ihn gesetzte Vertrauen gröblich enttäuscht, insbesondere, wenn er seine Vollmacht missbraucht"[25], wird der Vollmachtgeber wohl stets schon das Grundgeschäft beenden können und wollen. Damit erlischt die Vollmacht dann ohne weiteres nach § 168 S. 1. Unzulässig wäre jedenfalls eine Vereinbarung, nach der die Vollmacht auch den Fortfall des aus wichtigem Grund gekündigten Grundgeschäfts überleben soll. Frei widerruflich ist allemal eine Vollmacht, der kein Kausalverhältnis zugrunde liegt[26].

c) Weitere Endigungsgründe

943   aa) Im BGB nicht genannt, aber im Wesentlichen anerkannt sind noch einige weitere Gründe für das Erlöschen der Vollmacht: Erstens die **Erledigung**, wenn die Vollmacht nur für bestimmte Geschäfte erteilt war und diese durchgeführt oder undurchführbar geworden sind. Zweitens muss der Bevollmächtigte auf die Vollmacht **verzichten** können. Und drittens endet die Vollmacht regelmäßig durch den **Tod oder den Eintritt der Geschäftsunfähigkeit des Bevollmächtigten**. Denn die Vollmachtserteilung bedeutet typischerweise einen persönlichen Vertrauensbeweis, der nicht ohne weiteres auf die (ja nicht vom Vollmachtgeber, sondern vom Bevollmächtigten ausgesuchten) Erben oder den Betreuer übertragen werden kann. Anders liegt es jedoch, wenn die Vollmacht im Wesentlichen dem Bevollmächtigten dienen soll: Dann kann dieser die ihm vorteilhafte Vertretungsmacht regelmäßig auch vererben, oder es kann sie sein Betreuer wahrnehmen. Tod oder Verlust der Geschäftsfähigkeit des **Vollmachtgebers** führen regelmäßig zu den Folgen nach §§ 168 S. 1, 674 (vgl. oben Rz. 939). Doch kann eine Vollmacht ihre Wirkung auch erst nach dem Tod des Vollmachtgebers entfalten sollen (sog. **postmortale Vollmacht**)[27]. Dann drohen freilich Konflikte mit den Vorschriften des Erbrechts, insbesondere bei der Verteilung des Nachlasses.

944   bb) Da die **Bevollmächtigung** durch Willenserklärung erfolgt, müssten für sie auch die gewöhnlichen **Nichtigkeits- und Anfechtungsgründe** gelten. Das ist unproblematisch bei der **Außenvollmacht**, weil hier der Wirksamkeitsmangel aus dem Verhältnis Vollmachtgeber – Dritter stammt. Daher muss auch eine Anfechtung gegen den Dritten gerichtet werden (§ 143 III 1), und dieser hat dann gleichfalls die Ersatzansprüche aus § 122. Zur nach außen mitgeteilten Innenvollmacht vgl. unten Rz. 947.

Auch bei der reinen **Innenvollmacht** entstehen keine besonderen Probleme, wenn der Willensmangel entdeckt wird, bevor der Bevollmächtigte von der Vollmacht Gebrauch gemacht hat. Insbesondere ist eine Anfechtung dann nach § 143 III 1 gegen den Bevollmächtigten zu richten; dass sie zurückwirkt (§ 142 I), spielt hier keine Rolle, weil ja die Vollmacht noch keine Folgen gehabt hat.

---

25 Vgl. etwa den Fall von BGH NJW 1988, 2603.
26 BGH NJW 1988, 2603, vgl. aber auch unten Rz. 949.
27 Dazu *Seif* AcP 200 (2000) 192; *Petersen* Jura 2010, 757.

Problematisch ist aber die **Anfechtung einer schon ausgeübten Innenvollmacht**[28]. Hier scheint es, als könne die Vollmacht durch eine an den Bevollmächtigten gerichtete Erklärung rückwirkend vernichtet werden. Damit würde für die schon abgeschlossenen Vertretergeschäfte rückwirkend die Vertretungswirkung beseitigt: Der dritte Geschäftspartner verlöre also seine Ansprüche gegen den Vollmachtgeber, und der Bevollmächtigte stünde rückwirkend als Vertreter ohne Vertretungsmacht da. Die Anfechtung der Vollmacht betrifft hier also im Wesentlichen ein anderes Rechtsgeschäft, nämlich das von dem Bevollmächtigten abgeschlossene.

945

Wegen dieser Diskrepanz ist schon vorgeschlagen worden, die Anfechtung der „betätigten" Vollmacht überhaupt weithin auszuschließen[29]. Doch ist die **gesetzliche Lösung** durchaus **interessengerecht**[30]: Der Dritte steht nämlich infolge der Vollmachtsanfechtung deswegen nicht schlechter, weil er gegen den Vertreter zumindest einen Anspruch aus § 179 II auf Ersatz des Vertrauensschadens hat[31]. Und der Vertreter kann vom Vollmachtgeber wiederum nach § 122 I inhaltsgleichen Ersatz verlangen. Damit ist jeder hinreichend abgesichert; lediglich das **Insolvenzrisiko** verlagert sich. Das ist jedoch ebenfalls interessengerecht, weil jeder das Risiko dessen trägt, mit dem er sich eingelassen hat. Allerdings sollte man die Anfechtung nur dann zulassen, wenn sich der zur Erteilung der Vollmacht führende Mangel im Sinne einer **Fehleridentität** hinreichend konkret im Vertretergeschäft abbildet. Das ist auch bei einem Irrtum über eine verkehrswesentliche Eigenschaft des Vertreters denkbar[32]. Zudem ist konsequenterweise zu verlangen, dass die Anfechtung unverzüglich (§ 121 I) dem Vertreter und Dritten gegenüber erklärt wird[33]. Hierfür spricht, dass beide an der Klarstellung interessiert sind.

5. Die fehlerhafte Mitteilung über die Innenvollmacht

a) Bei der nach außen mitgeteilten Innenvollmacht kann es vorkommen, dass die Mitteilung unrichtig ist: In Wahrheit fehlt es an einer wirksamen Vollmachtserteilung. Hier verdient offenbar der dritte Mitteilungsempfänger, der im Vertrauen auf die Mitteilung mit dem angeblich Bevollmächtigten verhandelt hat, gegenüber dem zu Vertretenden Schutz: Auf dessen Wort hat sich der Dritte ja verlassen. Dem tragen die §§ 171 I, 172 I Rechnung: Danach soll sich die Vertretungsberechtigung schon aus der Mitteilung ergeben; das Fehlen der Innenvollmacht spielt also keine Rolle. Damit hat die unrichtige Mitteilung die Wirkung einer Außenvollmacht.

946

Seltsamerweise werden aber die Absätze 1 der §§ 171, 172 **in § 173 nicht genannt**. Danach scheint es, als wirke die unrichtige Mitteilung auch zugunsten desjenigen Dritten, der ihre Unrichtigkeit kennt oder kennen muss. Doch wird diese Inkonsequenz des Gesetzes heute allgemein **berichtigt**[34]: § 173 wird auf die §§ 171 I, 172 I entsprechend angewendet.

---

28 Dazu *Eujen/Frank* JZ 1973, 232; *Brox* JA 1980, 449; *Schwarze* JZ 2004, 588; *Barth* JA 2016, 12; *Schack* Rz. 517.
29 So *Eujen/Frank* JZ 1973, 232, ähnlich *Brox* AT Rz. 574, dagegen *Hübner* Rz. 1248.
30 Anders noch die Vorauflage.
31 *Köhler* § 18 Rz. 28.
32 A.A. *Wolf/Neuner* § 50 Rz. 25.
33 Eingehend *Petersen* AcP 201 (2001) 375 mit Nachw. zum verzweigten Meinungsstand.
34 Etwa MünchKomm-*Schubert* § 173 Rz. 2.

947 b) Es bleibt noch die Frage nach einer **Anfechtung der Mitteilung**: Kann sich der Mitteilende von den Folgen der §§ 171 I, 172 I lösen (und auf das negative Interesse des § 122 ausweichen), wenn ihm bei der Mitteilung ein rechtserheblicher Irrtum (und nicht bloß ein Motivirrtum) unterlaufen ist? Auf den ersten Blick scheint hier eine Anfechtung daran zu scheitern, dass die Mitteilung nicht Willenserklärung ist, sondern Wissenserklärung (vgl. oben Rz. 927 bei (3)).

Wollte man hieraus die Unanfechtbarkeit der Mitteilung folgern, stünde der dritte Geschäftspartner bei der nach außen mitgeteilten Innenvollmacht jedoch besser als bei einer (anfechtbaren) Außenvollmacht. Eine solche Ungleichbehandlung findet keinen Grund. Daher ist mit *Flume*[35] die Mitteilung über die Innenvollmacht auch hier der Außenvollmacht gleichzustellen: Die Mitteilung kann ebenso angefochten werden (oder nichtig sein) wie eine Außenvollmacht. Das entspricht auch dem Willen des Gesetzgebers: Nach Mot. I 237 = *Mugdan* I 484 soll durch die Mitteilung „diejenige Rechtslage schlechthin" eintreten, „welche sich ergeben würde, wenn der Kundgebung die Bedeutung einer für sich bestehenden Vollmachtserteilung innewohnte".

948 Gleiches muss übrigens auch für die **Duldungsvollmacht** von oben Rz. 930 gelten: Auch sie muss unwirksam sein oder vernichtet werden können, wo das für eine entsprechende Außenvollmacht zuträfe. Denn die bloße Duldung kann ebenfalls nicht verlässlicher sein als die Willenserklärung „Außenvollmacht".

6. Die „Abstraktheit" der Vollmacht

949 Die in dem bisher Gesagten hervorgetretene Unterscheidung zwischen dem Grundgeschäft und der Vollmacht ist erstmals von dem sonst mehr als Staatsrechtler bekannt gewordenen Juristen *Laband* (1866) entwickelt worden. Wie insbesondere § 168 S. 1 zeigt, liegt sie auch dem BGB zugrunde. Man sagt daher, die Vollmacht sei gegenüber dem Grundgeschäft abstrakt[36].

Die hiermit behauptete **Selbständigkeit der Vollmacht gegenüber dem Grundverhältnis** ist in der Tat unverkennbar für die Außenvollmacht und die nach außen mitgeteilte Innenvollmacht: Hier bestimmen die §§ 170–172 die Vertretungsmacht unabhängig von dem (nur ausnahmsweise über § 173 beachtlichen) Grundverhältnis. Für die reine Innenvollmacht dagegen verbindet § 168 S. 1 das Ende der Vollmacht mit demjenigen des Grundverhältnisses. Diese Verbindung bedeutet eine wesentliche Abweichung von dem Abstraktionsprinzip, wie es für das Verhältnis zwischen Verpflichtung und Verfügung gilt (vgl. oben Rz. 224). Im Übrigen aber wird vielfach, diesem Prinzip entsprechend, die Vollmacht für unabhängig von dem Grundverhältnis gehalten. Insbesondere soll die Vollmacht auch dann entstehen können, wenn das Innenverhältnis nicht zustande kommt[37]. Der Schulfall hierfür ist der mit einer Vollmacht verbundene Auf-

---

35 *Flume* AT II § 49, 2 c.
36 Weshalb auch § 139 unanwendbar ist, vgl. Hartmann ZGS 2005, 62.
37 So *Flume* AT II § 50, 2; *Köhler* § 11 Rz. 26; *Wolf/Neuner* § 50 Rz. 7 f.; *Bork* Rz. 1491; *Hübner* Rz. 1238; *Leipold* § 24 Rz. 16 ff.

trag an einen Minderjährigen: Für die Vollmacht stört die Minderjährigkeit wegen § 165 nicht, während die Verpflichtung als Beauftragter wegen des damit verbundenen rechtlichen Nachteils an § 107 scheitert. Die h.M. hält hier also die Bevollmächtigung trotz der Unwirksamkeit des Auftrags für wirksam.

Doch ist diese **Konsequenz zweifelhaft**: § 168 S. 1 selbst stellt eine Verbindung zwischen dem wirksamen Grundverhältnis und der Vollmacht derart her, dass die Vollmacht mit dem Ablauf des Grundverhältnisses enden soll. Dem dürfte eher entsprechen, dass auch die Vollmacht nicht entsteht, wenn das Grundverhältnis nicht wirksam wird. Denn eine Vollmacht ohne Grundverhältnis würde diejenige Bindungslosigkeit des Bevollmächtigten bringen, die § 168 S. 1 vermeidet und die auch die Parteien nicht gewollt haben. Man sollte daher in dem genannten Fall des Minderjährigen das Wirksamwerden der Vollmacht bei Unwirksamkeit des Auftrags verneinen.

Das tut die h.M. übrigens auch, wenn der mit der Vollmacht verbundene Treuhandvertrag wegen eines Verstoßes gegen das RechtsberatungsG nach § 134 nichtig ist[38]. Der auf die Vollmacht Vertrauende wird aber dann ggf. durch die §§ 171, 172 geschützt[39]; das gilt auch für eine Prozessvollmacht[40].

7. Die Untervollmacht

Gesetzliche Vertreter und bei entsprechendem Vollmachtsinhalt auch Bevollmächtigte können ihrerseits Bevollmächtigte bestellen. Durch eine solche Untervollmacht entsteht eine sog. **mehrstufige Vertretung**[41]. Bei ihr verliert aber regelmäßig der Hauptvertreter seine eigene Vertretungsmacht nicht (wenn sich seine Vollmacht nicht ausnahmsweise auf die Bestellung des anderen Vertreters beschränkt und damit durch Erledigung endet, vgl. oben Rz. 943). Aber trotz dieser Mehrstufigkeit der Bestellung **vertritt** nach richtiger Ansicht auch **der Unterbevollmächtigte den Vertretenen**, nicht den Hauptvertreter. Daher kann die Untervollmacht sowohl vom Vertretenen und vom Hauptvertreter widerrufen werden. Ebenso erlischt die Untervollmacht nach § 168 S. 1 sowohl beim Ende des Grundverhältnisses zwischen dem Vertretenen wie auch dem Hauptvertreter wie auch zwischen dem Hauptvertreter und Unterbevollmächtigten.

950

Demgegenüber neigt insbesondere der BGH[42] zur Annahme von **zwei Arten der Untervollmacht**: Bei der ersten trete der Unterbevollmächtigte als Vertreter des Vertretenen auf, bei der zweiten als Vertreter des Hauptvertreters. In diesem zweiten Fall gingen die „Wirkungen der rechtsgeschäftlichen Erklärungen des Unterbevollmächtigten ... gemäß den beiden Vollmachtsverhältnissen gleichsam durch den Hauptbevollmächtigten hindurch und träfen sodann den Geschäftsherrn"[43]. Der BGH verwendet

951

---
38 BGHZ 160, 15; BGH NJW 2003, 1594; 2005, 2483; 2985.
39 BGH NJW 2003, 1594; 2005, 2483; 2985 und ZIP 2006, 987, 990; *S. Lorenz* JuS 2004, 468.
40 BGH NJW 2003, 1594; *C. Paulus/T. Henkel* NJW 2003, 1692.
41 Zur Haftung bei der Untervollmacht *Petersen* Jura 1999, 401.
42 BGHZ 32, 250; 68, 391; BGH BB 1963, 1193.
43 BGHZ 68, 391, 394.

diese Differenzierung – im Ergebnis beifallswert – zu einer Unterscheidung bei der Haftung des Unterbevollmächtigten nach § 179 (vgl. unten Rz. 996). Abzulehnen ist aber die vom BGH vertretene „Durchgangstheorie" für die Rechtswirkungen der zweiten Art der Untervollmacht: Die Person des Hauptvertreters hat mit diesen Wirkungen nichts zu tun, auch nicht als Durchgangsstation[44].

III. Die gesetzliche Vertretungsmacht

952 Die eben bei Rz. 927 ff. erörterten zahlreichen Fragen zur Vollmacht treten bei der gesetzlichen Vertretungsmacht durchweg nicht oder doch in wesentlich anderer Art auf. Insbesondere regelt hier gewöhnlich das Gesetz selbst die Voraussetzungen und den Umfang der Vertretungsmacht. Auch eine dem Widerruf entsprechende Beendigung der Vertretungsmacht gibt es nicht. Vielmehr kennt das Gesetz nur sehr unterschiedliche Verfahren zur Entfernung des gesetzlichen Vertreters aus seiner Rolle: so etwa die Beschränkung oder Entziehung der elterlichen Sorge (§§ 1666 ff.), die Entziehung der Vertretungsmacht des Vormunds (§ 1796) oder Betreuers (§ 1908 i I), die Entlassung des Insolvenzverwalters (§ 59 InsO) oder den Widerruf der Bestellung zum Vereinsvorstand (§ 27 II).

Ein der Außenvollmacht entsprechendes Institut kommt bei der gesetzlichen Vertretung gleichfalls nicht vor. Wohl aber gibt es vielfach eine **Verlautbarung der Vertretungsverhältnisse** nach außen. Wenn diese Verlautbarung unrichtig ist oder wird, ergeben sich ähnliche Fragen wie die für die Vollmacht in den §§ 171 – 173 behandelten, nämlich nach dem Schutz des Vertrauens redlicher Dritter. Dieser Schutz wird vom Gesetz an die Verlautbarung durch bestimmte öffentliche Urkunden oder Register geknüpft. Beispiele bilden das Testamentsvollstreckerzeugnis (§§ 2368 III, 2366 f.), das Vereinsregister (§ 68) und vor allem das Handelsregister (§ 15 HGB). Die Einzelheiten können hier aber ebenso wenig dargestellt werden wie das den § 15 HGB ergänzende handelsrechtliche Gewohnheitsrecht[45].

IV. Grenzen der Vertretungsmacht

953 Die Vertretungsmacht – gleich ob eine gesetzliche oder eine gewillkürte – verleiht dem Vertreter Macht zu Lasten des Vertretenen. Insbesondere besteht die Gefahr, dass der Vertreter diese Macht zum eigenen Vorteil missbraucht, also auf Kosten des Vertretenen in die eigene Tasche wirtschaftet. Demgegenüber hat der Vertretene oft nur sehr begrenzte Kontrollmöglichkeiten, die zudem meist noch zu spät kommen. Daher gibt es für Situationen, in denen die Missbrauchsgefahr besonders groß ist, **gesetzliche Einschränkungen der Vertretungsmacht**: eine allgemeine in § 181 (vgl. unten Rz. 954 ff.) und dazu noch besondere für einzelne Vertretungsfälle (vgl. unten Rz. 964). Überdies

---

44 So zutreffend *Flume* AT II § 49, 5; wie der BGH aber *Bork* Rz. 1447 ff.
45 Vgl. dazu etwa *K. Schmidt* HaR §§ 10 Rz. 113 ff.; 13 Rz. 1 ff.; *Medicus/Petersen* BürgR Rz. 106 sowie *M. Reinicke* JZ 1985, 272.

ist für **evidenten Missbrauch der Vertretungsmacht** eine Einschränkung der Vertretungsmacht im Kern gewohnheitsrechtlich anerkannt (vgl. unten Rz. 965 ff.).

1. Das Insichgeschäft, § 181

Literatur: *Bachmann*, Zum Verbot von Insichgeschäften im GmbH-Konzern, ZIP 1999, 85; *Jäger*, Teleologische Reduktion des § 181 BGB (1999); *M. Lipp*, Das Verbot des Selbstkontrahierens im Minderjährigenrecht, Jura 2015, 477; *Lobinger*, Insichgeschäft und Erfüllung einer Verbindlichkeit, AcP 213 (2013) 366; *Petersen*, Insichgeschäfte, Jura 2007, 418.

a) Die Regel

Nach § 181 kann ein Vertreter regelmäßig „im Namen des Vertretenen mit sich im eigenen Namen oder als Vertreter eines Dritten ein Rechtsgeschäft nicht vornehmen". Man nennt solche Geschäfte „Insichgeschäft", weil dem Vertreter keine andere Person als Erklärender oder Erklärungsempfänger gegenübersteht. Vielmehr spielt sich das Geschäft, obwohl es nach außen sichtbar werden muss, sozusagen im Gehirn des Vertreters ab: Nur dort treten beide Geschäftsbeteiligte gedanklich gegeneinander auf. Dabei unterscheidet § 181 noch **zwei Untergruppen**: 954

(1) Beim **Selbstkontrahieren** schließt der Vertreter im Namen des Vertretenen mit sich selbst im eigenen Namen ab. Es stehen also gegeneinander 955
auf der einen Seite: der Vertretene, vertreten durch den Vertreter,
auf der anderen Seite: der Vertreter, handelnd für sich selbst.

Beispiele sind etwa: Der GmbH-Geschäftsführer, namens der GmbH handelnd, trägt sich selbst eine Erhöhung seiner Vergütung an, und akzeptiert das dann dankend im eigenen Namen. Oder die Eltern verkaufen namens ihres Kindes an sich selbst ein diesem gehörendes Grundstück. Oder ein Gesellschafter, der von anderen Gesellschaftern Vollmacht hat, wählt sich mit deren Stimmen zum Geschäftsführer[46]: Hier solle nämlich neben der Wahl auch ein Anstellungsvertrag geschlossen werden, bei dem der Bevollmächtigte dann auf beiden Seiten stehe.

(2) Bei der **Mehrvertretung** vertritt der Vertreter mehrere Personen und schließt zwischen ihnen ein Rechtsgeschäft. Hier stehen also gegeneinander 956
auf der einen Seite: der eine Vertretene, vertreten durch den Vertreter,
auf der anderen Seite: der andere Vertretene, vertreten durch denselben Vertreter.

Beispiele sind hier etwa: Jemand ist Geschäftsführer einer GmbH und Vormund eines Minderjährigen; er verkauft namens des Minderjährigen ein diesem gehörendes Grundstück an die gleichfalls von ihm vertretene GmbH. Oder Eltern übertragen Vermögen von einem ihrer minderjährigen Kinder auf ein anderes.

b) Gesetzliche Ausnahmen

§ 181 selbst sieht zwei Ausnahmen von dem dort angeordneten Vertretungsverbot vor: 957

aa) Erstens kann dem Vertreter **„ein anderes gestattet"** sein. Eine solche Gestattung von Insichgeschäften kann bei der gewillkürten Vertretung schon in der Vollmacht vorgesehen sein (z.B.: „Hiermit bevollmächtige ich Herrn XY unter Befreiung von den

---

46 BGHZ 112, 339.

Einschränkungen des § 181 BGB ...") oder gesondert ausgesprochen werden. Eine Erlaubnis von Insichgeschäften ist aber auch bei manchen Arten der gesetzlichen Vertretung denkbar, nämlich wenn der Inhalt der Vertretungsmacht durch die Satzung bestimmt werden kann oder der den Vertreter Bestellende sonst die Erlaubnis erteilt. So kann die Mitgliederversammlung des Vereins dem Vorstand oder der Erblasser dem Testamentsvollstrecker Insichgeschäfte erlauben, nicht aber das Familiengericht den Eltern oder dem Vormund[47]. Bei Eltern und Vormund muss für solche Geschäfte ein Ergänzungspfleger bestellt werden, vgl. §§ 1909 I 1, 1630 I, 1794 (vgl. auch Rz. 564 f.)[48].

958 bb) Zweitens ist ein Insichgeschäft nach § 181 erlaubt, wenn es „ausschließlich in der **Erfüllung einer Verbindlichkeit** besteht". So können Eltern dem Kind Zuwendungen machen, die von der Unterhaltspflicht gedeckt sind. Weiter können Eltern, die nach § 1648 gegen ihr Kind einen Anspruch auf Aufwendungsersatz haben, den zur Erfüllung nötigen Betrag aus dem Kindsvermögen auf sich selbst übertragen. Entsprechendes gilt für den GmbH-Geschäftsführer wegen der ihm geschuldeten Vergütung. Der von § 181 befürchtete Interessenkonflikt besteht hier nicht, weil ja auch der Vertretene selbst oder ein anderer Vertreter die Verbindlichkeit erfüllen müsste.

c) Teleologische Korrekturen des § 181

959 aa) Der in § 181 bestimmte Ausschluss der Vertretungsmacht für Insichgeschäfte beruht auf der abstrakten Befürchtung, solche Geschäfte könnten zum Nachteil des Vertretenen oder – bei der Mehrvertretung – zum Nachteil eines der mehreren Vertretenen ausfallen. Dass sich diese Gefahr verwirklicht hat, ist aber in § 181 nicht zum Tatbestandsmerkmal gemacht worden. Daher fallen unter den **Wortlaut** der Vorschrift auch **Geschäfte, die** für den Vertretenen **ganz unbedenklich sind** oder ihm sogar Vorteil bringen. Zwar kann bei Fehlen der Vertretungsmacht der Vertretene solche in seinem Namen geschlossene Geschäfte nachträglich durch Genehmigung für sich wirksam machen (§ 177, vgl. unten Rz. 975 ff.). Aber § 181 bedeutet dann doch zumindest eine unnötige Erschwerung des Geschäftsabschlusses. Daher kann man fragen, ob nicht für unbedenkliche Geschäfte Ausnahmen von § 181 zuzulassen sind, wie es ja auch § 181 selbst für die Erfüllung einer Verbindlichkeit tut. Vgl. dazu unten Rz. 961.

960 Umgekehrt knüpft sich das Vertretungsverbot in § 181 an eine bestimmte formale Konstellation: Der Vertreter kontrahiert mit sich selbst. Ein **Missbrauch** der Vertretungsmacht kann aber **auch bei anderen Gestaltungen** vorkommen, etwa wenn der Vertreter kraft seiner Vertretungsmacht Geschäfte mit seinen Angehörigen abschließt (z.B. der GmbH-Geschäftsführer verkauft ein Grundstück der GmbH an seine Ehefrau). Für solche Fälle liegt die Frage nach einer teleologischen Erweiterung des § 181 nahe. Vgl. dazu unten Rz. 962.

961 bb) Eine Einschränkung des § 181 für **unbedenkliche Geschäfte** ist nicht in dem Sinne zulässig, dass die Unbedenklichkeit oder das Fehlen eines Interessenkonflikts jeweils

---

47 MünchKomm-*Schubert* § 181 Rz. 56 ff.
48 Zur GmbH vgl. *Altmeppen* NJW 1995, 1182.

im Einzelfall beurteilt werden[49]. Denn auch bei der Bewertung der für einen Minderjährigen unbedenklichen Geschäfte hat § 107 im Interesse der Rechtssicherheit eine konkrete Bewertung im Einzelfall verworfen und abstrahierend auf den „rechtlichen Vorteil" abgestellt (vgl. oben Rz. 560 ff.). Dagegen lässt der BGH seit 1971 **fallgruppenweise** Ausnahmen von § 181 zu, nämlich wenn „für einen ganzen, in sich abgegrenzten Rechtsbereich ... nach der Rechts- und Interessenlage, wie sie dort typischerweise besteht, die Zielsetzung des § 181 niemals zum Zuge kommen kann" (d. h. die Gefahr einer Interessenkollision nicht besteht)[50] Die Literatur hat dem BGH überwiegend zugestimmt[51]; mit Recht.

Bisher sind jedoch nur **zwei Fallgruppen** anerkannt worden, in denen ein Interessenkonflikt typischerweise ausscheiden soll: Zunächst für Geschäfte des Geschäftsführers und Alleingesellschafters einer GmbH, die dieser für die GmbH mit sich selbst abschließt (BGHZ 56, 97). Doch ist dieser Fall inzwischen der GmbH-Reform zum Opfer gefallen: § 35 IV GmbHG bestimmt jetzt ausdrücklich die Anwendbarkeit von § 181. Geblieben ist nur die zweite Fallgruppe: § 181 ist unanwendbar für Geschäfte, die dem Vertretenen **lediglich rechtlichen Vorteil** bringen wie z.B. eine Schenkung[52].

cc) Zweifelhafter ist die Erweiterung des § 181 auf von seinem Wortlaut nicht erfasste Fallgruppen, in denen **ein Interessenkonflikt droht**. In der Literatur überwiegend bejaht[53] wird eine solche Erweiterung nur, wenn der Vertreter die für § 181 kennzeichnende **Personenidentität durch einen Kunstgriff ausschließt**: nämlich wenn er entweder einen Untervertreter (dazu *Harder*, AcP 170, 1970, 295) oder (beim Selbstkontrahieren) für sich selbst einen Vertreter bestellt und dann mit diesem kontrahiert. Schematisch also: 962

Selbstkontrahieren: Vertretener   – **Vertreter A**
                                           ↕ Geschäftsabschluss
                          Vertreter A – Vertreter B (vertritt A)

Mehrvertretung: Vertretener A – **Vertreter**
                                           ↕ Geschäftsabschluss
                          Vertretener B – **Vertreter** – Untervertreter

Untervertretung in diesem Sinn wird freilich nicht angenommen, wenn für eine GmbH, deren Geschäftsführer den anderen Geschäftspartner vertritt, deren nicht gerade für dieses Geschäft bestellter Prokurist auftritt[54].

Dagegen wird **in den übrigen Fällen** eines Interessenkonflikts ohne Personenidentität eine erweiternde Anwendung des § 181 fast einhellig abgelehnt. Dem ist zuzustimmen: Der Interessenkonflikt allein ist als Kriterium zu unbestimmt, als dass er die Grenzen einer richterlichen Rechtsfortbildung ergeben könnte. Auch sind zusätzlich die Inter- 963

---
49 H.M., etwa BGHZ 56, 97, 102, a.A. *Brox/Walker* AT Rz. 592.
50 So BGHZ 56, 97, 102 f.
51 Etwa *Bork* Rz. 1593 mit weit. Angaben, anders aber *Pawlowski* AT Rz.794 ff.
52 BGHZ 59, 236; 94, 332.
53 Etwa *Flume* § 48, 5; OLG Frankfurt DNotZ 1974, 434; OLG Hamm NJW 1982, 1105
54 BGHZ 91, 334.

essen des dritten Geschäftsgegners zu berücksichtigen: Ihm darf nicht ohne weiteres der Vertretene als Geschäftspartner entzogen werden. Daher bedarf es eines weiteren, nicht in § 181 enthaltenen Kriteriums, um die Zurücksetzung des Dritten zu rechtfertigen. Ein solches Kriterium ist denn auch wirklich in Gestalt der **Evidenz des Missbrauchs der Vertretungsmacht** von der Rechtsprechung entwickelt worden (vgl. unten Rz. 965 ff.).

2. Besondere gesetzliche Einschränkungen der Befugnisse des Vertreters

964 Dem eben bei Rz. 963 geschilderten Bedürfnis des Vertretenen nach einem Schutz vor dem Missbrauch der Vertretungsmacht tragen für besondere Fallgruppen verschiedene gesetzliche Regeln Rechnung. Von ihnen seien hier die wichtigsten aus dem BGB erwähnt: Eltern, Vormund (Gleiches gilt jeweils für den Pfleger, § 1915), Betreuer und Testamentsvollstrecker können als Vertreter regelmäßig keine Schenkungen vornehmen, §§ 1641, 1804, § 1908 i II 1, 2205 S. 3; die Rechtsfolge ist hier Nichtigkeit nach § 134. Eltern und Vormund haben keine Vertretungsmacht für Geschäfte mit ihren eigenen Ehegatten und Verwandten sowie für einige weitere Geschäfte, an denen sie selbst interessiert sind, §§ 1629 II 1, 1795. Die Vertretungsmacht des Testamentsvollstreckers ist überhaupt nach den §§ 2206 – 2208 beschränkt. Dem Schutz des Vertretenen dient schließlich auch das Erfordernis der familiengerichtlichen Genehmigung zu einer erheblichen Zahl von besonders gefährlichen Geschäften, so §§ 1819 ff. für den Vormund und den Betreuer (§ 1908 i I) sowie (in geringerem Umfang) §§ 1643 f. für die Eltern.

3. Der Missbrauch der Vertretungsmacht

965 Über § 181 und die eben bei Rz. 964 genannten besonderen Regeln hinaus bleibt noch weithin die Gefahr eines Missbrauchs der Vertretungsmacht: Der Prokurist überträgt Firmengelder auf ein Konto seiner Freundin; der Vorstand eines Sportvereins schließt für diesen aussichtslose Optionsgeschäfte ab; der Vormund kontrahiert namens des Mündels nicht mit seiner Ehefrau (dem stünde § 1795 I Nr. 1 entgegen), sondern mit seiner Geliebten.

966 Die Gültigkeit solcher Geschäfte ist schon nach § 138 wegen **sittenwidriger Kollusion** zu verneinen, wenn der Vertreter und sein dritter Geschäftspartner bewusst zum Nachteil des Vertretenen zusammenarbeiten (z.B. wenn der Vormund und seine Geliebte den Mündel um sein Vermögen bringen wollen): Solche Geschäfte verdienen überhaupt keinen Rechtsschutz (sondern die daran Beteiligten Strafe, § 266 StGB), vgl. dazu oben Rz. 680. Nach § 138 ist nicht bloß die Vereinbarung über die Kollusion nichtig, sondern auch das daraufhin abgeschlossene Geschäft[55].

967 In anderen Fällen dagegen ist das Geschäft weniger anstößig, insbesondere weil es nicht von einer beiderseitigen Schädigungsabsicht getragen wird. Hier braucht die

---

55 BGH NJW 1989, 26. Für bloße Anfechtbarkeit des Geschäfts *Vedder*, Missbrauch der Vertretungsmacht (2007, vgl. auch *dens.* JZ 2008, 1077).

Rechtsordnung das Geschäft nicht völlig zu negieren. Vielmehr genügt es schon, wenn dessen Wirkung gegen den Vertretenen verhindert oder doch von dessen Genehmigung abhängig gemacht wird. Das rechtstechnische Mittel hierzu ist die **Verneinung der Vertretungsmacht**. Sie entzieht aber dem dritten Geschäftspartner den eigentlich erstrebten Kontrahenten und verweist den Dritten bestenfalls auf Ansprüche gegen den Vertreter nach § 179 (vgl. unten Rz. 984 ff.). Daher muss, wie schon gesagt (oben Rz. 963), die Verneinung der Vertretungsmacht durch das Fehlen der Schutzwürdigkeit des Dritten gerechtfertigt werden.

Dafür wird von manchen verlangt, der Dritte müsse den Missbrauch **positiv erkannt** haben. Andere wollen dagegen schon bloßes **Kennenmüssen** genügen lassen. Dabei spricht gegen die erste Ansicht, dass sich positive Kenntnis oft nicht beweisen lässt. Dagegen belastet die zweite Ansicht den Rechtsverkehr zu stark, wenn sie dem Dritten eine Pflicht zu Erkundigungen über das Innenverhältnis oder gar über die wahren Interessen des Vertretenen zumutet. Daher ist jetzt mit Recht eine mittlere Lösung herrschend geworden: Erforderlich und ausreichend ist **Evidenz des Missbrauchs**. Der Missbrauch muss also für den Dritten (ohne weitere Nachforschungen) offenkundig sein und sich ihm auf Grund aller ihm bekannten Umstände gleichsam aufdrängen[56]:

Der Vertretene werde gegen einen erkennbaren Missbrauch der Vertretungsmacht dann geschützt, „wenn der Vertreter von seiner Vertretungsmacht in ersichtlich verdächtiger Weise Gebrauch gemacht hat, sodass beim Vertragsgegner begründete Zweifel entstehen mussten, ob nicht ein Treueverstoß des Vertreters gegenüber dem Vertretenen vorliege". Und nach BGH NJW 1984, 1461 soll die Vertretungsmacht gegenüber dem Geschäftspartner dann nicht wirken, „wenn er weiß oder es sich ihm geradezu aufdrängen muss, dass der Geschäftsführer seine Vertretungsmacht zum Schaden der Gesellschaft missbraucht"[57].

Anders als in den vorhin erwähnten Kollusionsfällen braucht man auch nicht zu verlangen, dass der Vertreter selbst sich des **Missbrauchs bewusst** ist (also etwa der Vereinsvorstand weiß, dass er keine Optionsgeschäfte abschließen darf). Zwar hat BGHZ 50, 112, 114 ein solches Bewusstsein bei einer kraft Gesetzes unbeschränkbaren Vertretungsmacht (einer Prokura) gefordert (anders BGH NJW 1988, 3012 bei rechtsgeschäftlich bestimmtem Inhalt der Vollmacht). Aber der Schutz des Dritten braucht auch bei einer solchen Vertretungsmacht nur davon abzuhängen, was diesem selbst erkennbar ist, nicht dagegen von der Willensrichtung des Vertreters[58]. Freilich wird man Evidenz des Missbrauchs nur schwerer annehmen können, wenn diesen schon der Vertreter nicht erkannt hat[59].

968

---

56 *Flume* AT II § 45 II 3. Ganz ähnlich formuliert auch BGH WM 1966, 491, vgl. BGHZ 50, 112, 114, ebenso BGHZ 113, 315, 320; BGH NJW 1999, 2883.
57 Ähnlich BGH NJW 1988, 2241.
58 So auch *Flume* AT II § 45 II 3.
59 Vgl. *Geßler*, Zum Missbrauch organschaftlicher Vertretungsmacht, FS von Caemmerer (1978) 531 und zum selben Thema *John* FS Mühl (1981) 349.

§ 58 Vertretungsmacht und Pflichtverletzung

Literatur: *Bader*, Duldungs- und Anscheinsvollmacht (1978); *Bienert*, „Anscheinsvollmacht" und „Duldungsvollmacht" (1975); *Bornemann*, Rechtsscheinvollmachten in ein- und mehrstufigen Innenverhältnissen, AcP 207 (2007) 28; *Canaris*, Die Vertrauenshaftung im deutschen Privatrecht (1971) 48; 191; *von Craushaar*, Die Bedeutung der Rechtsgeschäftslehre für die Problematik der Scheinvollmacht, AcP 174 (1974) 2; *Crezelius*, Zu den Rechtswirkungen der Anscheinsvollmacht (zu BGHZ 86, 273), ZIP 1984, 791; *Gotthardt*, Der Vertrauensschutz bei der Anscheinsvollmacht im deutschen und französischen Recht (1970); *Lieb*, Aufgedrängter Vertrauensschutz? Überlegungen zur Möglichkeit des Verzichts auf Rechtsscheinschutz, insbes. bei der Anscheinsvollmacht, FS Hübner (1984) 575; *F. Peters*, Zur Geltungsgrundlage der Anscheinsvollmacht, AcP 179 (1979) 214; *Petersen*, Scheinvollmachten im Handelsrecht, Jura 2012, 683; *Thomale/Schüßler*, Das innere System des Rechtsscheins, ZfPW 2015, 454.

I. Haftung des Vertretenen für eigene Pflichtverletzung (Das Problem der Anscheinsvollmacht)

969 1. Bei der Duldungsvollmacht **weiß** der Vertretene, dass ein anderer für ihn als Vertreter auftritt, und lässt ihn gewähren (vgl. oben Rz. 930). Dieses bewusste Dulden kann in Analogie zu der in §§ 171 I, 172 I geregelten unrichtigen Vollmachtskundgabe mit den Rechtsfolgen einer Vertretungsmacht ausgestattet werden (vgl. oben Rz. 946).

In anderen, nicht ganz seltenen Fällen dagegen kennt der Vertretene das Auftreten des anderen für ihn nicht, hätte es aber **bei genügender Sorgfalt erkennen und verhindern können**. Hierhin wird auch der Missbrauch eines Btx-Anschlusses durch Angehörige des Anschlussinhabers gerechnet[1]. Ähnlich liegen die Fälle, in denen jemand es einem anderen durch Unvorsichtigkeit ermöglicht, nach außen den Anschein einer wirksamen Vollmacht zu erwecken. So hatte im Fall von BGHZ 65, 13[2] eine Ehefrau ihrem Ehemann eine Vollmachtsurkunde ausstellen lassen, ihm diese aber alsbald wieder weggenommen. Die Frau verwahrte die Urkunde dann so nachlässig, dass der Mann sie sich heimlich wieder verschaffen konnte. Mit dieser Urkunde verkaufte er namens der Frau ein dieser gehörendes Grundstück an einen Dritten, der von der Frau Erfüllung verlangt.

970 2. In solchen Fällen wird vielfach von einer **Anscheinsvollmacht** gesprochen und Vertretungsmacht angenommen; danach hätte also die Frau in BGHZ 65, 13 das Grundstück übereignen müssen. In neuerer Zeit wird aber einer solchen Gleichstellung der „Anscheinsvollmacht" mit der Duldungsvollmacht widersprochen[3]: Die bloße Fahrlässigkeit bei der Anscheinsvollmacht entspreche im Gegensatz zur bewussten Duldung nicht der willentlichen Kundgabe bei den §§ 171 I, 172 I. Der Unterschied wird beson-

---
1 OLG Oldenburg NJW 1993, 1400; OLG Köln VersR 1993, 840.
2 Ausführlicher in BGH NJW 1975, 2101.
3 Etwa *Flume* AT II § 49, 4; *Canaris*, Die Vertrauenshaftung im deutschen Privatrecht (1971) 48, anders *Bork* Rz. 1565; *Pawlowski* AT Rz. 728 f., mit Einschränkung auch *Leipold* § 24 Rz. 34 ff., vermittelnd *Hübner* Rz. 1289.

ders deutlich, wenn es wie in dem Fall von BGHZ 65, 13 um eine Vollmachtsurkunde geht: § 171 I verlangt, dass der Vertretene diese Urkunde dem Vertreter „ausgehändigt hat". Zwar können die §§ 171 – 173 auf rechtsähnliche Fälle ausgedehnt werden[4]. Aber es bedeutet etwas anderes, wenn der „Vertreter" sich die Urkunde heimlich selbst nimmt[5]. Demgegenüber gibt der BGH der Anscheinsvollmacht überwiegend Vertretungswirkungen[6].

Nach richtiger (wenngleich in der Minderheit gebliebener) Ansicht gibt es **die Anscheinsvollmacht** wenigstens **nicht als allgemeines Rechtsinstitut mit Vollmachtswirkungen** aus bloß fahrlässigem Verhalten. Regelmäßig hat also der Geschäftspartner des angeblich Vertretenen gegen diesen keine Erfüllungsansprüche. Wohl aber kommen Schadensersatzansprüche aus Verschulden bei Vertragsverhandlungen in Betracht. Doch richten sich diese nur auf das negative Interesse, also auf Ersatz dessen, was der Geschäftspartner durch das enttäuschte Vertrauen auf die vermeintliche Vertretungsmacht eingebüßt hat (vgl. oben Rz. 454). In dem Fall von BGHZ 65, 13 kann der Kaufinteressent also nur nutzlose Auslagen und ggf. noch den Mehrpreis ersetzt verlangen, den er bei steigenden Grundstückspreisen jetzt für ein gleichwertiges Grundstück ausgeben muss. 971

F. Peters[7] möchte demgegenüber für einen Teil der Fälle auf folgendem Weg zum positiven Interesse gelangen: Wenn jemand schuldhaft den Rechtsschein einer wirksamen Vollmacht hervorgerufen habe, sei er unter bestimmten Voraussetzungen nach § 826 zur Genehmigung des Vertreterhandelns verpflichtet (mit der Folge nach §§ 177, 184 I, vgl. unten Rz. 975 ff.). Der Schaden aus der Verweigerung dieser Genehmigung entspricht dann in der Tat dem positiven Interesse. Aber dieser Ansatz ist bedenklich. Der vollmachtlos Vertretene ist eben nicht rechtsgeschäftlich gebunden. Daher kann er über die Genehmigung frei entscheiden, sodass die Verweigerung der Genehmigung nicht als Delikt in Betracht kommt.

3. Einen weitergehenden Vertrauensschutz kennt freilich das **Handelsrecht**: Dort führt ein zurechenbar erweckter Anschein weithin zu Erfüllungsansprüchen. Das gilt etwa bei § 362 HGB und dem Schweigen auf ein kaufmännisches Bestätigungsschreiben[8]. Bisweilen genügt für die Verantwortlichkeit sogar eine typische Zurechenbarkeit ohne Rücksicht auf individuelles Verschulden (so in § 56 HGB für die Vertretung durch Angestellte in einem Laden oder offenen Warenlager[9]). In Anlehnung an diese handelsrechtlichen Sonderregeln kann man auch die **Anscheinsvollmacht im Handelsrecht zu einer Erfüllungshaftung führen lassen**, also sie mit Vertretungsfolgen ausstatten[10]. 972

---

4 BGHZ 102, 60, 64 ff.
5 So auch BGHZ 65, 13.
6 Etwa BGHZ 86, 273; 97, 224, 230, auch BGH NJW 1991, 1225.
7 *F. Peters* AcP 179 (1979) 214, 238 ff.; zustimmend etwa *Wolf/Neuner* § 50 Rz. 97.
8 Vgl. *K. Schmidt* HaR § 19 Rz. 26 ff., 66 ff.
9 Dazu *Petersen* Jura 2012, 683.
10 So insbes. *Canaris*, Die Vertrauenshaftung im deutschen Privatrecht (1971) 192 ff.

II. Die Haftung des Vertretenen für den Vertreter

973 Bei der eben behandelten Anscheinsvollmacht ging es um eigenes Verschulden des Vertretenen. Doch kommt eine **Haftung des Vertretenen** auch bei Fehlen eines solchen Verschuldens in Betracht, nämlich nach § 278 **für das Verhalten des Vertreters**. Ein Beispiel ist der Fall von **BAG DB 1974, 2060**: Dort wurde über die Aufnahme eines zunächst anderswo angestellten Bewerbers als Fachoberschullehrer in den öffentlichen Dienst eines Bundeslandes verhandelt. Da die Verhandlungen erfolgreich schienen, teilte der Fachbereichsleiter der Schule dem Bewerber mit, dieser könne schon jetzt sein laufendes Arbeitsverhältnis kündigen, um für die neue Stelle rechtzeitig zur Verfügung zu stehen. Der Bewerber kündigte daraufhin. Die Anstellung scheiterte dann aber daran, dass der Bewerber nach Ansicht des Landes den für seine neue Tätigkeit nötigen Nachweis seiner künstlerischen Befähigung nicht erbrachte.

Wäre hier der Fachbereichsleiter selbst zur Einstellung berechtigt gewesen, so könnte man seinen Rat zur Kündigung schon als Einstellung oder wenigstens als bindende Einstellungszusage deuten. Dazu (wie überhaupt für den Rat zur Kündigung) fehlte dem Fachbereichsleiter jedoch die Vertretungsmacht. Daher konnte der Bewerber von dem Land weder die Einstellung noch Schadensersatz wegen Nichterfüllung verlangen. Wohl aber hat das BAG das Land aus Verschulden bei Vertragsverhandlungen in Verbindung mit § 278 zum Ersatz desjenigen Schadens verurteilt, den der Bewerber durch das enttäuschte Vertrauen auf den voreiligen Rat zur Kündigung erlitten hatte.

974 Freilich kann ein unwirksam Vertretener **nicht allemal** für das Verschulden dessen haften, der für ihn als Vertreter aufgetreten ist, auch nicht bloß auf Ersatz des Vertrauensschadens: Sonst könnte jeder ohne sein Zutun in eine solche Haftung verstrickt werden. Die nötige Einschränkung ergibt sich aus § 278: Erfüllungsgehilfe ist nur derjenige, dessen sich der Schuldner „zur Erfüllung seiner Verbindlichkeit bedient". Daher kommt eine Haftung für falsche Zusagen bei Vertragsverhandlungen nur in Betracht, wenn der Zusagende **in die Verhandlungen eingeschaltet** war („**Verhandlungsgehilfe**"). Für jemanden, der sich selbst unberechtigt in fremde Verhandlungen eingemischt hat, wird also nicht nach § 278 gehaftet. Zudem ist stets an ein anspruchsminderndes (§ 254) Mitverschulden desjenigen zu denken, der auf eine nicht durch Vertretungsmacht gedeckte Zusage vertraut hat, wenn das Fehlen der Vertretungsmacht erkennbar war. Auch BGH NJW 1991, 1225, 1226 scheint schon bei Wissenmüssen die Wirkungen einer Anscheinsvollmacht ganz ausschließen zu wollen.

Allerdings schwächt die Haftung für das Verschulden von Verhandlungsgehilfen die Wirksamkeit einer Vertretungsordnung: Der Verhandlungspartner muss unter Umständen auch für solche Personen einstehen, denen er mit Bedacht keine oder nur eine beschränkte Vertretungsmacht erteilt hat[11]. Das ist auch für die öffentliche Hand anerkannt[12]. Immerhin setzt diese Haftung im Gegensatz zu der aus wirksamer Stellvertretung stammenden rechtsgeschäftlichen Verpflichtung Verschulden voraus; auch wird nicht Erfüllung geschuldet, sondern nur der Ersatz des Vertrauensschadens, gegebenenfalls gemindert nach § 254.

---

11 Vgl. zur Gesamtvertretung BGHZ 98, 148; BGH NJW 1988, 1199.
12 BGHZ 6, 330, 333 f.; 92, 164, 175 f.

Einen vom Verschulden unabhängigen Sonderfall bildet im **Privatversicherungsrecht** 974 a
die Haftung des Versicherers für Angaben seines Versicherungsagenten: Soweit der
Agent den Versicherungsnehmer über Einzelheiten des Versicherungsschutzes aufklärt, muss der Versicherer diese Angaben gegen sich gelten lassen, wenn nicht dem
Versicherungsnehmer ein grobes Eigenverschulden zur Last fällt[13]. Man kann hier von
einer gewohnheitsrechtlich entstandenen **Erläuterungsmacht** des Agenten sprechen.
Erst bei grobem Eigenverschulden des Versicherungsnehmers kommt bloß eine (regelmäßig durch § 254 geminderte) Haftung des Versicherers auf das negative Interesse in
Betracht (aus Verschulden bei Vertragsverhandlungen mit § 278[14]). Umgekehrt kann
auch über § 166 hinaus eine Kenntnis des (vollmachtlosen) Agenten dem Versicherer
zugerechnet werden[15].

---

13 Etwa RGZ 73, 302; 86, 128; BGHZ 2, 87; BGH VersR 1986, 329 und jetzt § 71 VVG.
14 Vgl. etwa BGHZ 40, 23: Europaklausel.
15 Etwa BGHZ 102, 194; 107, 322 wegen § 43 Nr. 1 VVG, vgl. *Beckmann* NJW 1996, 1378, jetzt § 70 VVG.

§ 59 Die Stellung des Vertreters ohne Vertretungsmacht

Literatur: *Bühler*, Grundsätze und ausgewählte Probleme der Haftung des ohne Vertretungsmacht Handelnden, MDR 1987, 985; *Hilger*, Zur Haftung des falsus procurator, NJW 1986, 2237; *Jauernig*, Zeitliche Grenzen für die Genehmigung von Rechtsgeschäften eines falsus procurator?, FS Niederländer (1991) 285; *Kipp*, Zur Lehre von der Vertretung ohne Vertretungsmacht, RG-FG (1929) II 273; *K. Müller*, Gesetzliche Vertretung ohne Vertretungsmacht, AcP 168 (1968) 113; *E. Peters*, Überschreiten der Vertretungsmacht und Haftung des Vertretenen für culpa in contrahendo, FS Reinhardt (1972) 127; *Petersen*, Vertretung ohne Vertretungsmacht, Jura 2010, 904; *Prölss*, Vertretung ohne Vertretungsmacht, JuS 1985, 577; *ders.*, Haftung bei der Vertretung ohne Vertretungsmacht, JuS 1986, 109; *Reinicke/Tiedtke*, Die Haftung des Vertreters ohne Vertretungsmacht bei Widerruf des Rechtsgeschäfts, DB 1988, 1203; *Welser*, Vertretung ohne Vollmacht (1970); *Willems*, Ersatz von Vertrauensschäden und Begrenzung auf das Erfüllungsinteresse nach § 122 und § 179 II BGB, JuS 2015, 586.

I. Die Genehmigungsbefugnis des Vertretenen

Wenn jemand bei Abschluss eines Rechtsgeschäfts im Namen eines anderen aufgetreten ist (vgl. oben Rz. 905 ff.), hat er sich den Namen dieses anderen zunutze gemacht: Vielleicht hätte ja der dritte Geschäftspartner mit dem Vertreter selbst nicht kontrahieren wollen. Wenn die Vertretungsmacht fehlt (vgl. oben Rz. 923 ff.), kann das Geschäft aber zunächst nicht gegen denjenigen wirken, in dessen Namen der Vertreter gehandelt hat. Doch wäre es voreilig, das Geschäft nun sofort auf den Vertreter selbst zu beziehen. Vielmehr soll regelmäßig zunächst derjenige, dessen Namen für das Geschäft verwendet worden ist, darüber entscheiden dürfen, ob er das Geschäft an sich 975

Dritter Teil *Das Rechtsgeschäft*

ziehen will. Dabei unterscheidet das BGB zwischen Verträgen (§§ 177, 178) und einseitigen Rechtsgeschäften (§ 180).

1. Verträge

976 **a)** Ob ohne Vertretungsmacht abgeschlossene **Verträge** für und gegen den Vertretenen wirken, hängt nach § 177 I von dessen **Genehmigung** ab. Hinsichtlich des Vertretenen ist der Vertrag also zunächst schwebend unwirksam (vgl. oben Rz. 490).

Für die Genehmigung gelten die §§ 182, 184 (vgl. unten Rz. 1015 ff.; 1023 ff.). Dabei ist aber die Formfreiheit der Genehmigung (§ 182 II) eher noch stärker einzuschränken als die Formfreiheit der Vollmacht nach § 167 II (vgl. oben Rz. 929). Regelmäßig wird nämlich der Schutzzweck der Formvorschrift einer formlosen Genehmigung entgegenstehen, weil die Genehmigung ja im Gegensatz zur Vollmacht den Vertretenen unmittelbar bindet: Das Vertretergeschäft liegt schon vor, und auch ein Widerruf ist nicht möglich. So bedarf die Genehmigung eines Grundstücksverkaufs regelmäßig der Form des § 311 b I[1].

977 Die Genehmigung kann **ausdrücklich oder konkludent** erfolgen. Es genügt etwa auch das Schweigen des Vertretenen auf ein kaufmännisches Bestätigungsschreiben über das Vertretergeschäft[2]. Für die konkludent erteilte Genehmigung verlangt die Rechtsprechung, „dass sich der Genehmigende der schwebenden Unwirksamkeit des Vertrags bewusst ist oder mit einer solchen Möglichkeit rechnet"[3]. Doch ist das ungenau: Nötig ist wenigstens für die vorläufige Geltung der Genehmigung auf der Seite des Genehmigenden außer dem Handlungswillen nur das Erklärungsbewusstsein, also das Bewusstsein, überhaupt etwas Rechtserhebliches zu erklären (vgl. oben Rz. 605 ff.). Dagegen bedarf es (entsprechend wie bei der Bestätigung, vgl. oben Rz. 531) des Wissens um die Genehmigungsbedürftigkeit nur, um dem Erklärenden die zutreffende Vorstellung von der Bedeutung seiner Erklärung zu verschaffen. Diese zutreffende Vorstellung ist aber nicht Voraussetzung für die Wirksamkeit der Genehmigung. Vielmehr muss ein Irrtum hierüber, wenn die Erklärung als Genehmigung auszulegen ist, erst durch Anfechtung nach § 119 I (Bedeutungsirrtum, vgl. oben Rz. 745) geltend gemacht werden.

Beispiel: A, der Angestellte des V, hat namens des V mit D teils durch eine Vollmacht gedeckte, teils heimlich aber auch darüber hinausgehende Geschäfte abgeschlossen. D erkundigt sich bei V, ob die Geschäfte des A in Ordnung seien. V bejaht das, meint aber nur die ihm bekannten, von der Vollmacht gedeckten Geschäfte. D dagegen, der von der Eigenmächtigkeit des A nichts weiß, bezieht das auf alle Geschäfte. Dann hat nach der Auslegungslehre (vgl. oben Rz. 323) die Erklärung den von D zu verstehenden Sinn. Da V wusste, dass seine Erklärung rechtliche Bedeutung hatte, liegt auch das Erklärungsbewusstsein vor: V muss also nach § 119 I anfechten.

978 **b)** Bis zur Erklärung des Vertretenen über die Genehmigung befindet sich der **dritte Vertragspartner in Ungewissheit** über die Geltung des Geschäfts gegen den Vertrete-

---

1 Vgl. *Flume* AT II § 54, 6 b; *Köhler* § 11 Rz. 66; *Petersen* Jura 2010, 904 f.; anders jedoch *Wolf/Neuner* § 51 Rz. 7; BGH JZ 1995, 97 mit Anm. *H. Dilcher*.
2 BGH NJW 1990, 386.
3 BGH DB 1976, 1573, 1574, vgl. BGHZ 47, 341, 351 f.

nen. Hier hilft § 177 II dem Dritten (ebenso wie § 108 II demjenigen, der mit einem beschränkt Geschäftsfähigen kontrahiert hat, vgl. oben Rz. 572): Dieser kann den Vertretenen zur Erklärung über die Genehmigung auffordern. Nach der Aufforderung kann sich der Vertretene nur noch gegenüber dem Dritten erklären; eine nach § 182 I etwa schon vorher gegenüber dem Vertreter abgegebene Erklärung wird unwirksam, § 177 II 1. Auch muss die angeforderte Erklärung binnen einer Zweiwochenfrist erfolgen; danach gilt die Genehmigung als verweigert, § 177 II 2. Für den so etwa entstehenden Verzögerungsschaden soll der Vertreter unter Umständen aus Verschulden bei Vertragsverhandlungen (jetzt § 311 II) haften[4].

c) Aber auch das Abwarten dieser Zweiwochenfrist kann den Dritten noch erheblich belasten. Das hat er sich selbst zuzuschreiben, wenn er den Mangel der Vertretungsmacht gekannt und trotzdem mit dem Vertreter kontrahiert hat[5]. Bei Unkenntnis des Mangels aber kommt § 178 (ähnlich wie § 109 dem Vertragspartner eines beschränkt Geschäftsfähigen, vgl. oben Rz. 573) dem Dritten noch weiter entgegen: Dieser soll seine **Erklärung widerrufen dürfen**, und zwar auch dem Vertreter gegenüber. Damit kann der Dritte jede Ungewissheit sofort beenden. **979**

2. Einseitige Rechtsgeschäfte

a) Der eben als Argument gegen den Dritten verwendete Vorwurf, sich überhaupt auf ein Geschäft mit dem zweifelhaften Vertreter eingelassen zu haben, passt nur für zweiseitige Rechtsgeschäfte (= Verträge, vgl. oben Rz. 203). Gegen ein einseitiges Rechtsgeschäft des vollmachtlosen Vertreters ist der Dritte jedoch wehrlos, z.B. wenn einem Mieter in Vertretung des Vermieters gekündigt wird. Daher bestimmt § 180 S. 1 (entsprechend § 111 S. 1, vgl. oben Rz. 570) die **Unzulässigkeit eines in Vertretung ohne Vertretungsmacht vorgenommenen einseitigen Rechtsgeschäfts**: Dieses ist also nicht schwebend unwirksam, sondern nichtig. Daher kann es von dem Vertretenen nicht genehmigt, sondern nur neu vorgenommen werden. **980**

§ 180 S. 1 bildet eine Ergänzung des ähnlich motivierten § 174[6]. Diese Vorschrift ist nötig, weil der Dritte ja vielfach nicht weiß, ob der als Vertreter Auftretende Vollmacht hat. Daher soll der Dritte, gegen den sich das einseitige Rechtsgeschäft richtet, die **Vorlage einer Vollmachtsurkunde verlangen** dürfen[7]. Das gilt etwa für den eben erwähnten Mieter, dem ein angeblicher Vertreter des Vermieters kündigt. Wird die Urkunde dann nicht vorgelegt, kann der Dritte das Geschäft deshalb unverzüglich zurückweisen: Dann ist dieses (im Bsp. die Kündigung) unwirksam, § 174 S. 1 (anders nur, wenn der Vollmachtgeber dem Dritten die Vollmacht mitgeteilt hatte, § 174 S. 2). Doch tritt nach § 180 S. 1 die Unwirksamkeit (= Nichtigkeit) auch dann ein, wenn die Vertretungsmacht fehlt und der Dritte eine Vollmachtsurkunde nicht verlangt oder das Geschäft nicht wegen deren Nichtvorlage unverzüglich zurückgewiesen hat. Eine Ausnahme hiervon enthält aber § 180 S. 2 (vgl. unten Rz. 982).

---

4 OLG Hamm NJW 1994, 666.
5 Ebenso *Köhler*, § 11 Rz. 66 b.
6 Dazu *Deggau* JZ 1982, 796.
7 Telefax genügt nicht: OLG Hamm NJW 1991, 1185.

981 Eine ähnliche Situation wie bei einseitigen Rechtsgeschäften kann auch **bei der Annahme eines Antrags** entstehen: K möge dem V einen Kauf angetragen und A möge diesen Antrag namens des V fristgemäß angenommen haben. Wenn K keine Gewissheit hinsichtlich der Vertretungsmacht des A hat, weiß er nicht, ob der Kauf zustande gekommen ist. Darum soll K analog § 174 eine Vollmachtsurkunde fordern und bei deren Nichtvorlage die Annahme zurückweisen dürfen[8]. Bei Fehlen der Vertretungsmacht sollte hier auch § 180 S. 1 analog angewendet werden: Nur so wird dem „Gewissheitsinteresse" des Antragenden ausreichend Rechnung getragen.

982 b) **Nach § 180 S. 2** soll jedoch die Nichtigkeitsfolge des § 180 S. 1 **nicht eintreten**, wenn der als Vertreter Auftretende seine Vertretungsmacht behauptet und der Dritte sie nicht beanstandet hatte, oder wenn der Dritte gar mit einem Handeln ohne Vertretungsmacht einverstanden war. Dann trifft den Dritten die aus der Genehmigungsbefugnis des Vertretenen folgende Ungewissheit nämlich nicht unzumutbar.

983 c) **§ 180 S. 3** endlich behandelt die sog. **„passive Stellvertretung"** durch die Abgabe einer Willenserklärung an einen Vertreter ohne Vertretungsmacht (vgl. § 164 III): Hier soll das gleiche gelten. Eine solche Erklärung ist also regelmäßig nach § 180 S. 1 wirkungslos, also nicht genehmigungsfähig. Doch ist sie ausnahmsweise nach § 180 S. 2 bloß schwebend unwirksam und folglich genehmigungsfähig, wenn der Vertreter ohne Vertretungsmacht mit der Vornahme des Rechtsgeschäfts ihm gegenüber einverstanden war.

Bsp.: Eine Kündigung des Vermieters, die an den insoweit nicht bevollmächtigten Rechtsanwalt des Mieters gerichtet wird, ist als solche regelmäßig wirkungslos (doch kann der Anwalt sie als Bote des Vermieters an den Mieter weiterleiten: Erst wenn sie dort ankommt, geht sie zu). Ist der Anwalt aber mit der Entgegennahme der Kündigung einverstanden, so kann der Mieter diese nach §§ 180, 177 I genehmigen (ein Mieter kann ja auch einmal froh darüber sein, von einem langfristigen Mietvertrag freizukommen!).

II. Die Haftung des Vertreters

984 Das bisher (oben Rz. 975 ff.) Gesagte betraf nur die Wirkung des Geschäfts *gegenüber dem Vertretenen*. Wenn diese mangels Vertretungsmacht und bei Ausbleiben einer Genehmigung nicht eintritt, ergibt sich die weitere Frage, wie den enttäuschten Erwartungen des dritten Geschäftspartners sonst Rechnung getragen werden kann. Dafür kommen Ansprüche gegen denjenigen in Betracht, der letztlich die Enttäuschung verursacht hat, nämlich den Vertreter ohne Vertretungsmacht. Diese Ansprüche regelt § 179. Dabei wird nach der Redlichkeit und Schutzwürdigkeit des Vertreters sowie nach dem Schutzbedürfnis des Dritten unterschieden. Gleiches gilt, wenn der Vertretene nicht existiert oder der als Vertreter Auftretende ihn nicht benennt[9].

---

8 *Flume* AT II § 49, 2 b.
9 BGH NJW 2009, 213, dazu *Fehrenbach* NJW 2009, 2173.

1. Die Haftung des Vertreters, der den Mangel seiner Vertretungsmacht gekannt hat (§ 179 I)

a) Am schärfsten ist die in § 179 I geregelte Haftung desjenigen Vertreters, der den Mangel seiner Vertretungsmacht gekannt hat. Dieses Tatbestandsmerkmal wird zwar in § 179 I nicht genannt, ergibt sich aber durch Gegenschluss aus § 179 II. Dabei darf man sich den unter § 179 I fallenden Vertreter keineswegs schlechthin als Betrüger vorstellen: Es kann auch jemand sein, der dem Vertretenen helfen wollte und dessen Genehmigung für sicher halten durfte. Doch hat auch dieser Wohlgesonnene durch sein Auftreten in fremdem Namen seine Vertretungsmacht wenigstens konkludent behauptet; daran wird er mit einer Art von Garantiehaftung festgehalten[10]: Er ist dem Dritten nach dessen Wahl **zur Erfüllung oder zum Schadensersatz** verpflichtet.

985

b) **Der Erfüllungsanspruch** ist nur dann sinnvoll, wenn der Vertreter persönlich die Fähigkeit zur Erfüllung hat. Das trifft allemal bei Geldschulden zu (z.B. der Vertreter wird als Käufer in Anspruch genommen), kann aber insbesondere auch bei Gattungsschulden zu bejahen sein.

986

Wenn der Dritte die Erfüllung wählt, muss er auch seinerseits dem Vertreter ebenso haften, wie er es bei Wirksamkeit der Vertretung gegenüber dem Vertretenen müsste. Insbesondere kann der Vertreter dann die **Gegenleistung** fordern (also z.B. die Lieferung der Kaufsache), oder er kann den Dritten bei Sachmängeln aus den §§ 437 ff. in Anspruch nehmen. Doch bedeutet nach h.M.[11] die Wahl der Erfüllung durch den Dritten nicht, dass der Vertreter nun seinerseits auf Erfüllung klagen dürfte. Vielmehr soll der Vertreter warten müssen, bis er von dem Dritten wirklich in Anspruch genommen wird: Erst dann könne er den Anspruch auf die Gegenleistung – regelmäßig über die Einrede aus § 320 – geltend machen. Daraus folgt zugleich, dass der Dritte auch die Nichtdurchführung des Vertrags wählen kann; das kommt einem Rücktritt nahe.

Ein in RGZ 154, 58, 64 offen gelassenes Problem ergibt sich, **wenn der Vertretene** den Vertrag (etwa wegen Insolvenz) **nicht hätte erfüllen können**: Soll der Vertreter dann gleichwohl die volle Erfüllung schulden, sodass der Dritte aus dem Fehlen der Vertretungsmacht einen Vorteil erlangt? Die h.M. verneint das[12]: Der Dritte solle von dem Vertreter nur fordern dürfen, was auch der Vertretene hätte leisten können. Doch trüge der Dritte dann – anders als bei Wirksamkeit der Vertretung – ein doppeltes Risiko: nämlich das der Zahlungsunfähigkeit sowohl des Vertreters wie des Vertretenen. Daher ist die Richtigkeit der h.M. zweifelhaft[13].

987

c) Der in § 179 I neben der Erfüllung zur Wahl stehende „**Schadensersatz**" ist Schadensersatz statt der Leistung, also das positive Interesse. Er soll bei gegenseitigen Verträgen regelmäßig nach der Differenztheorie berechnet werden[14], also derart, dass der Dritte die von ihm versprochene Leistung behalten kann und bloß den Ausgleich der Wertdifferenz in Geld verlangt.

988

---

10 Vgl. *Flume* AT II § 47, 3 a.
11 Etwa *Flume* AT II § 47, 3 b.
12 Etwa OLG Hamm MDR 1993, 515; *Flume* AT II § 47, 3 b; *Wolf/Neuner* § 51 Rz. 32; *Brehm* Rz. 487; *Köhler* § 11 Rz. 69.
13 Vgl. *Hilger* NJW 1986, 2237.
14 MünchKomm-*Schubert* § 179 Rz. 44.

2. Die Haftung des hinsichtlich der Vertretungsmacht redlichen Vertreters (§ 179 II)

989 Derjenige Vertreter, der den Mangel seiner Vertretungsmacht nicht positiv gekannt hat, haftet nach § 179 II nur auf den Ersatz des **Vertrauensschadens**. Zudem ist dieses negative Interesse – ebenso wie bei § 122 I (vgl. oben Rz. 784) – durch das positive Interesse begrenzt[15]. Danach kann der Dritte insbesondere keinen Ersatz seiner Aufwendungen für den gescheiterten Vertrag verlangen, wenn dieser ihm bei Durchführung nicht mindestens den Betrag der Aufwendungen eingebracht hätte.

3. Die Verjährung

990 Die Problematik der Verjährung von Ansprüchen aus § 179 zeigt sich gut an dem Fall von BGHZ 73, 266: B ist Bauherr eines Hauses, A sein Architekt. Infolge eines Planungsfehlers des A müssen statt der schon montierten Heizkörper andere eingebaut werden. Die damit von A beauftragte Firma K verlangt die Mehrkosten zunächst von B. Diese Klage wird aber schließlich abgewiesen: A sei von B nicht bevollmächtigt gewesen, die Änderung zu bestellen. Nun verklagt K – mehr als sechs Jahre nach dem Einbau – den A; dieser verteidigt sich mit Verjährung (§§ 196 I Nr. 1, 201, 222 I a. F.).

RGZ 145, 40 hatte in einem ähnlichen Fall die Verjährungseinrede für unbegründet gehalten: Die kurze Frist von § 196 passe nur für die dort genannten alltäglichen Geschäfte, nicht aber auch für die kompliziertere Vertretung ohne Vertretungsmacht (§ 179). Demgegenüber hat BGHZ 73, 266, 269 ff. die kurze Frist auf Ansprüche aus § 179 ausgedehnt: Auch diese verschafften dem Gläubiger nur einen „Ersatzvorteil des ursprünglich Bedungenen" und verjährten daher wie der Anspruch auf dieses. Doch entstehe ein Anspruch aus § 179 erst, wenn der Vertretene die Genehmigung des Vertrags verweigere (§ 177, vgl. oben Rz. 976); erst dann beginne also nach § 198 S. 1 a. F. auch der Lauf der Verjährung. Da in dem vom BGH zu entscheidenden Fall diese Verweigerung durch B schon länger zurücklag, hat der BGH die Klage K – A abgewiesen. Nach neuem Verjährungsrecht wäre gemäß den §§ 195, 199 I Nr. 2 wohl anders zu entscheiden.

991 Eine zeitlose Problematik der Entscheidung des BGH liegt darin, dass K oder sein Anwalt sich auf die Rechtsprechung des RG verlassen haben dürften: Dieses Vertrauen auf die anscheinend höchstrichterlich geklärte Rechtslage wird enttäuscht. BGHZ 73, 266, 272 meint demgegenüber, die Gerichte „dürften der Partei, die Recht hat, ihr Recht nicht mit der Begründung verweigern, dass ihr Gegner auf eine nunmehr als unrichtig erkannte Rechtsprechung vertraut habe". Den gleichen Standpunkt hatte schon BGH NJW 1977, 375, 376 vertreten; auch dort war es um eine Verjährungsfrage gegangen (nämlich um die mit einer ständigen Rechtsprechung brechende Annahme der kurzen Verjährung für den Anspruch auf Architektenhonorar in BGHZ 59, 163). Auf das Verständnis der enttäuschten Partei werden solche Erwägungen freilich kaum rechnen können, zumal bei Änderungen der Rechtsprechung auch Ersatzansprüche gegen den Anwalt kaum in Betracht kommen (bei diesem fehlt regelmäßig das Verschulden).

---

15 Näher *Willems* JuS 2015, 586.

4. Ausschluss von Ansprüchen

a) Nach § 179 III 1 haftet der Vertreter nicht, wenn der Dritte das Fehlen der Vertretungsmacht kannte oder kennen musste: Dann wird also nicht einmal ein Vertrauensschaden ersetzt. Doch ist bei der Auslegung des „Kennenmüssens" zu berücksichtigen, dass die Verantwortung für die vom Vertreter behauptete Vertretungsmacht in erster Linie bei diesem liegt. Daher trifft den Dritten keine Obliegenheit zu besonderen Nachforschungen: Das „Kennenmüssen" ist hier ähnlich wie beim Missbrauch der Vertretungsmacht nur auf evidente Mängel zu beziehen[16]. So darf, wer mit dem Vorsteher einer Gemeinde kontrahiert, regelmäßig von dessen Vertretungsmacht ausgehen, ohne die Rechtslage erkunden zu müssen[17]. Und nach OLG Frankfurt MDR 1984, 490 sollen Ansprüche des Geschäftspartners regelmäßig nicht einmal durch die Kenntnis davon ausgeschlossen sein, dass die vertretene Bauherrengemeinschaft erst noch gegründet werden muss[18]. 992

b) Nach § 179 III 2 soll ein beschränkt geschäftsfähiger Vertreter nur haften, wenn er mit Zustimmung seines gesetzlichen Vertreters gehandelt hat. Daraus und aus § 165 folgt zugleich, dass ein geschäftsunfähiger Vertreter ohne Vertretungsmacht überhaupt nicht haftet. Allerdings ist die Haftung aus § 179 eine gesetzliche, d. h. sie tritt ohne Rücksicht auf einen rechtsgeschäftlichen Willen des Vertreters ein. Aber die Haftung hängt doch mit rechtsgeschäftlichem Auftreten zusammen, und darum will das Gesetz sie dem nicht voll Geschäftsfähigen regelmäßig ersparen[19]. 993

c) Zwar nicht im Gesetz geregelt, aber doch vielfach vertreten wird eine **weitere Ausnahme** von der Haftung nach § 179: Diese Haftung soll nicht eintreten, „wenn das Fehlen der Vertretungsmacht außerhalb jeder Erkenntnis- oder Beurteilungsmöglichkeit des Vertreters lag"[20]. Doch geht das zu weit: Auch dem Risiko etwa, dass die Vollmacht wegen einer unerkennbaren Geschäftsunfähigkeit des Vollmachtgebers nichtig ist, steht der Vertreter immer noch näher als der Dritte[21]. Dagegen hat BGHZ 39, 45, 52 mit Recht den gesetzlichen Vertreter von dem Risiko entlastet, dass das seine Vertretungsmacht bestimmende Gesetz verfassungswidrig und daher nichtig ist (nämlich § 1629 I in einer früheren Fassung, nach der ein Kind allein durch den Vater vertreten werden konnte): Hier durfte der Dritte (ebenso wie der Vertreter selbst) auf das Gesetz vertrauen und war nicht auf eine Behauptung des Vertreters angewiesen. 994

Fraglich ist weiter, ob der Vertreter der Haftung aus § 179 schon dadurch entgehen kann, dass er dem Dritten die **Tatsachen unterbreitet**, aus denen er seine Vertretungsmacht herleitet[22]. Das ist regelmäßig zu verneinen: Allein aus der Anführung von Tatsachen ergibt sich noch nicht hinreichend deutlich, dass der Vertreter die ihm gesetzlich zugemutete Garantiehaftung für seine Vertretungsmacht ausschließen will. 995

---

16 BGH NJW 2000, 1407 (vgl. oben Rz. 967).
17 RGZ 104, 191, 194 f.
18 Ebenso BGHZ 105, 283, 286 ff.
19 Für sinnlos hält den § 179 III 2 jedoch *van Venrooy* AcP 181 (1981) 220: Die Voraussetzungen der Vorschrift könnten nie erfüllt sein (zweifelhaft; vgl. nur *Medicus/Petersen* BürgR Rz. 82 a.E.).
20 So *Flume* AT II § 47, 3 c.
21 Ebenso *Köhler* § 11 Rz. 70.
22 Offen lassend BGHZ 39, 45, 51 mit Nachweisen.

5. Die Haftung des Untervertreters

996 Unstreitig haftet der Untervertreter (vgl. oben Rz. 950) bei **Fehlen seiner eigenen Untervertretungsmacht** nach § 179. Dagegen ist die Haftung bei **Fehlen der Vertretungsmacht des Hauptvertreters** zweifelhaft[23]. Dies ist der Punkt, zu dem der BGH seine Theorie von den zwei Arten der Untervollmacht dargelegt hat[24]: Soweit der Untervertreter Vertreter des Hauptvertreters (und nicht des Vertretenen) sei, hafte er nicht nach § 179, wenn die Vertretungsmacht des Hauptvertreters fehle.

Allerdings vertritt der Untervertreter stets den Vertretenen; das war schon oben Rz. 950 ausgeführt worden. Doch ist die vom BGH vorgenommene Differenzierung der Rechtsfolgen richtigerweise an das Auftreten des Untervertreters nach außen zu knüpfen: Tritt dieser ohne weiteres für den Vertretenen auf, so hat er auch für die Vertretungsmacht des Hauptvertreters nach § 179 einzustehen. Tritt dagegen der Untervertreter nur für den Hauptvertreter auf, so haftet er für dessen Vertretungsmacht nicht; dem Dritten haftet in diesem Fall der Hauptvertreter allein[25].

III. Entsprechende Anwendung der §§ 177 – 180

997 Vor allem in zwei Fallgruppen sind die §§ 177 – 180 entsprechend anzuwenden: nämlich beim Boten ohne Botenmacht (vgl. oben Rz. 747) und beim Handeln unter fremdem Namen, wenn der Handelnde zu fremdwirkendem Handeln nicht wirksam ermächtigt ist (vgl. oben Rz. 908). Denn bei beiden Fallgruppen entspricht die Interessenlage weitgehend derjenigen beim Handeln ohne Vertretungsmacht: Einerseits kann das Geschäft demjenigen, dessen Namen verwendet worden ist, nicht ohne weiteres zugerechnet werden, weil dieser den Handelnden nicht autorisiert hat. Andererseits aber muss der Namensträger über das Geschäft bestimmen können, weil sich der Handelnde auf ihn berufen hat: Das führt zu den §§ 177, 178. Und wenn der Namensträger die Genehmigung verweigert, muss der Dritte einen Ausgleich in der Haftung des Handelnden nach § 179 finden[26]. Endlich passt auch § 180, der bei einseitigen Rechtsgeschäften im Interesse des betroffenen Dritten einen Schwebezustand ausschließt (vgl. oben Rz. 980).

Weiter wird jedenfalls der Abs. 1 von § 179 entsprechend angewendet, wenn der als Vertreter Auftretende zwar Vertretungsmacht hat, aber den Vertretenen nicht namhaft macht, sodass das Geschäft nicht durchgeführt werden kann[27]. Der BGH[28] hat das für den Fall nutzbar gemacht, dass ein Stimmrechtsbevollmächtigter die Angabe der Aktionäre verweigert, für die er in der Hauptversammlung zum Schaden der Gesellschaft abgestimmt hat.

---

23 Eingehend *Petersen* Jura 1999, 401.
24 BGHZ 32, 250; 68, 391, vgl. oben Rz. 951.
25 Ähnlich auch *Flume* AT II § 49, 5; *Wolf/Neuner* § 51 Rz. 34; anders *Gerlach*, Die Untervollmacht (1967) 78 ff.; *Scherner* S. 274; *Faust* § 28 Rz. 4; eingehend zum verzweigten Streitstand *Petersen* Jura 1999, 401.
26 So zum Boten ohne Botenmacht OLG Oldenburg NJW 1978, 951.
27 *Flume* AT II § 44 II 1 a.
28 BGHZ 129, 136, 149 ff. („Girmes").

8. Abschnitt
Rechtsgeschäft und Zuständigkeit

Literatur: *von Blume*, Zustimmung kraft Rechtsbeteiligung und Zustimmung kraft Aufsichtsrechts, IherJb. 48 (1904) 417; *Doris*, Die rechtsgeschäftliche Ermächtigung bei Vornahme von Verfügungs-, Verpflichtungs- und Erwerbsgeschäften (1974); *Finkenauer*, Rückwirkung der Genehmigung, Verfügungsmacht und Gutglaubensschutz, AcP 203 (2003) 282; *ders.*, Konvaleszenz und Erbenhaftung in § 185 Abs. 2 S. 1 BGB, FS Picker (2010) 201; *Kuhn*, Heilung kraft Haftung gemäß § 185 Abs. 2 S. 1 Fall 3 BGB – Unter besonderer Berücksichtigung der Ansprüche aus § 816 BGB (2009); *Petersen*, Die gewillkürte Vollstreckungsstandschaft, ZZP 114 (2001) 485; *ders.*, Die Verfügung eines Nichtberechtigten, Jura 2006, 752; *Raape*, Zustimmung und Verfügung, AcP 121 (1923) 257 (dazu *Isay*, Vollmacht und Verfügung, AcP 122, 1924, 195, und *Raape*, Verfügungsvollmacht, AcP 123, 1925, 194); *Thiele*, Die Zustimmungen in der Lehre vom Rechtsgeschäft (1966).

§ 60 Funktion und Anwendungsbereich der Zustimmung

I. Die Zuständigkeit beim Rechtsgeschäft

Das Rechtsgeschäft ist das Mittel der Privatautonomie, und diese bedeutet „das Prinzip der Selbstgestaltung der Rechtsverhältnisse durch den Einzelnen nach seinem Willen"[1]. Für die Vornahme eines Rechtsgeschäfts muss also regelmäßig derjenige zuständig sein, dessen Rechtsverhältnisse durch das Geschäft geregelt werden. Dabei ist im Einzelnen zwischen Verpflichtung, Berechtigung und Verfügung zu unterscheiden. 998

1. Verpflichtungen

Bei Verpflichtungsgeschäften kommt das Prinzip der **Selbstbestimmung** sehr einfach darin zum Ausdruck, dass aus einem Geschäft regelmäßig nur derjenige verpflichtet wird, der es vornimmt. Insofern ist für Verpflichtungen zwar jeder zuständig, aber eben nur dazu, *sich selbst* zu verpflichten. Diese Selbstverpflichtung tritt nach § 164 II immer schon dann ein, wenn der Wille zum Fremdhandeln nicht deutlich gemacht wird (vgl. oben Rz. 905; 919). Aber auch wenn dieser Wille ausgedrückt worden ist, kann nach § 179 eine Selbstverpflichtung eintreten, wenn die Fremdverpflichtung am Mangel der Vertretungsmacht scheitert (vgl. oben Rz. 984 ff.). 999

Soweit **Vertretungsmacht** vorliegt, kann zwar ein anderer als der Handelnde – nämlich der Vertretene – verpflichtet werden. Aber bei der auf **Vollmacht** beruhenden Vertretungsmacht ist das Prinzip der Selbstbestimmung dennoch gewahrt: Hier hat der Betroffene zu seiner Verpflichtung durch die Vollmachterteilung rechtsgeschäftlich

---
1 *Flume* AT II § 1, 1 S. 2, vgl. oben Rz. 174; 176.

mitgewirkt. Nur bei der **gesetzlichen Vertretung** lässt sich die Verpflichtung nicht auf den rechtsgeschäftlichen Willen des Vertretenen zurückführen. Seinen Grund hat das aber regelmäßig schon darin, dass der Vertretene einen solchen Willen mangels Geschäftsfähigkeit oder aus ähnlichen Gründen nicht zu bilden vermag. Deshalb muss hier das Gesetz eingreifen.

2. Berechtigungen

1000   Bei Berechtigungen – hier verstanden als Gegensatz zur Verpflichtung, also als Erwerb eines Anspruchs – darf die Zuständigkeit großzügiger bestimmt werden: Es steht ja nur eine Begünstigung in Frage. Daher kann in einigen Fällen jemand auch aus Geschäften begünstigt werden, an denen er **nicht mitgewirkt** und zu denen er keine Vollmacht erteilt hat. Hierhin gehören vor allem der echte Vertrag zugunsten Dritter (§ 328 I), die Auslobung (§ 657) und das Vermächtnis (§§ 2147 ff.). Doch bleibt auch in solchen Fällen die Mitwirkung des Erwerbers wenigstens noch insoweit gewahrt, als dieser das ihm angefallene Recht nachträglich ausschlagen kann (§§ 333, 2180, analog auch bei der Auslobung anzuwenden).

3. Verfügungen

1001   So wie jemand nur sich selbst verpflichten kann, vermag er regelmäßig auch nur über seine eigenen Rechte zu verfügen. Man kann das statt vom Rechtssubjekt – also von der verfügenden Person – her auch aus der Sicht des Rechtsobjekts sehen, also von der Sache oder dem Recht her, über das verfügt wird. Bei dieser Betrachtungsweise besteht für Verfügungen regelmäßig nur die **Zuständigkeit** einer einzigen Person, nämlich **des Berechtigten** (und ggf. seiner Vertreter). Dagegen sind alle übrigen Personen bezüglich dieser Sache oder dieses Rechts Nichtberechtigte; ihre Verfügungen können regelmäßig wenigstens nicht ohne weiteres wirken (vgl. unten Rz. 1003 ff.). Und wenn sie ausnahmsweise doch wirksam sind, lässt § 816 I 1 den Verfügungserlös dem Berechtigten zugute kommen: Man kann hier von einer „Fortwirkung" der durch die Verfügung untergegangenen Berechtigung in dem Bereicherungsanspruch aus § 816 I 1 sprechen.

Regelmäßig folgt die Zuständigkeit zu Verfügungen aus dem Eigentum an der Sache oder – allgemeiner – aus der **Innehabung des Rechts**, über das verfügt werden soll: Eine Sache kann wirksam nur ihr Eigentümer veräußern, eine Forderung wirksam nur ihr Gläubiger abtreten oder erlassen. Ausnahmsweise kann die Zuständigkeit für Verfügungen aber auch von der Rechtsinhaberschaft getrennt sein, vgl. dazu unten Rz. 1035.

II. Der Anwendungsbereich der Zustimmung

1002   Nach dem BGB sind Rechtsgeschäfte eines Unzuständigen nicht allemal nichtig. Vielmehr erhält der Zuständige vielfach die Gelegenheit, solche Geschäfte von vornherein oder nachträglich wirksam zu machen. Das dazu vorgesehene Rechtsgeschäft ist die Zustimmung. Ihre Einzelheiten sind allgemein in den §§ 182 – 185 geregelt (vgl. dazu unten Rz. 1013 ff.). Hier soll zunächst von den Voraussetzungen gesprochen werden, unter denen eine Zustimmung möglich oder nötig ist. Sie ergeben sich überwiegend aus spezielleren, über das ganze BGB verteilten Vorschriften. Dabei geht es um die **folgenden Fallgruppen**[2].

1. Unzuständigkeit des Handelnden

Die erste Fallgruppe ergibt sich schon aus dem bisher Gesagten: Dem Handelnden fehlt die Zuständigkeit; zum Ausgleich dieses Mangels muss für die Wirksamkeit die Zustimmung des Zuständigen hinzutreten.   1003

a) Schon vorhin (oben Rz. 976 f.) ist der Fall des § 177 behandelt worden: Jemand hat **in fremdem Namen** einen Vertrag – gleich welcher Art – abgeschlossen, dessen Folgen also einen anderen treffen sollen; dem Handelnden fehlt jedoch die Vertretungsmacht, sodass er für den anderen nicht zuständig ist. Dann kann der andere durch nachträgliche Zustimmung (Genehmigung, vgl. unten Rz. 1013) das Geschäft an sich ziehen, nämlich es für und gegen sich wirken lassen.

b) Demgegenüber betrifft § 185 die Verfügung eines Nichtberechtigten **im eigenen Namen**. Hier bestehen also gleich zwei Unterschiede zu § 177: Erstens betrifft § 185 nur (einseitige oder zweiseitige = vertragliche) *Verfügungen*, während § 177 einen (verpflichtenden oder verfügenden) *Vertrag* fordert (freilich erweitert in § 180 S. 2, 3). Insoweit verhalten sich die §§ 177, 185 zueinander wie zwei sich schneidende Kreise. Und zweitens verlangt § 177 Handeln in fremdem, § 185 dagegen Handeln im eigenen Namen. Insoweit schließen sich beide Vorschriften also gegenseitig aus.   1004

c) Für § 185 kommen mehrere verschiedene **Erweiterungen** in Betracht: 1005

aa) Im Ergebnis ist unzweifelhaft, dass der Gläubiger einen Dritten ermächtigen kann, die geschuldete Leistung mit befreiender Wirkung anzunehmen: Das ist die sog. **Empfangsermächtigung**. Ebenso kann der Gläubiger einer Leistung an einen Nichtgläubiger nachträglich Erfüllungswirkung verleihen. Das ergibt sich aus der Verweisung von § 362 II auf § 185. Fraglich (aber ohne wesentliche Bedeutung) ist bloß, ob die Annahme der Leistung nicht schon ohnehin eine Verfügung über die Forderung darstellt (dann spräche § 362 II nur das aus, was auch ohne ihn gelten würde, weil § 185 direkt passt).

bb) Sehr zweifelhaft ist dagegen, ob man § 185 auch auf Verpflichtungen analog anwenden kann. Das bedeutet die Frage nach der Zulässigkeit der sog. **Verpflichtungsermächtigung**: Kann jemand einen anderen dazu ermächtigen, dass dieser durch im eigenen Namen abgeschlossene Verpflichtungsgeschäfte den Ermächtigenden verpflichtet?[3].   1006

Bei genauer Parallelität zu § 185 müsste hier der Handelnde selbst ohne Verpflichtung bleiben. Das geht aber gewiss nicht, weil man dem Gläubiger nicht ohne weiteres diejenige Person als Schuldner entziehen kann, in deren Namen die Verpflichtung erfolgt ist. Fraglich kann daher nur sein, ob der Ermächtigende **neben dem Handelnden** an die

---

2 Vgl. auch MünchKomm-*Bayreuther* Vor § 182 Rz. 3 ff.
3 Vgl. dazu *Flume* AT II § 57, 1 d S. 905 ff.; *Bork* Rz. 1737; *Leipold* § 28 Rz. 14 f.; *Katzenstein* Jura 2004, 1.

Verpflichtung gebunden sein soll. Dafür besteht aber regelmäßig kein Bedürfnis. Denn wenn wirklich neben dem Handelnden noch ein anderer mitverpflichtet werden soll, kann das geschehen, indem der Handelnde zugleich im Namen des anderen als dessen Vertreter auftritt (§§ 164, 427). Nur so werden dem Gläubiger auch die Namen aller seiner Schuldner bekannt, was allein sachgerecht ist.

Der Fall von RGZ 80, 395 lag besonders: Dort hatte ein Grundstückseigentümer E einen Dritten D ermächtigt, Räume im Hause des E zu vermieten. D tat das; später verlangte E unter Berufung auf sein Eigentum die Räume von dem Mieter nach § 985 heraus. Dieses Verlangen darf gewiss keinen Erfolg haben. Aber hier geht es auch um anderes als bloß um eine Mitverpflichtung des E: Vielmehr fragt sich, ob die von E gebilligte **Sachüberlassung** auch diesem gegenüber ein Recht zum Besitz im Sinne von § 986 begründet hatte. Und diese Überlassung ist allerdings wie eine Verfügung zu behandeln[4].

1007 cc) Kein anerkennenswertes Bedürfnis besteht für eine entsprechende Anwendung von § 185 auf den Erwerb (sog. **Erwerbsermächtigung**)[5]. Denn für den Erwerb von Forderungen bringt § 328 bereits eine ausreichende Regelung (vgl. oben Rz. 1000). Man kann erwägen, sie für alle oder nur für manche Fälle auf den Erwerb von Sachenrechten zu übertragen (sog. „dingliche Verträge zugunsten Dritter")[6]. Raum für § 185 bleibt daneben nicht mehr.

1008 dd) Endlich bleibt die sog. **Einziehungsermächtigung**: Der Gläubiger einer Forderung ermächtigt einen Dritten, diese im eigenen Namen gegen den Schuldner geltend zu machen. Dabei geht es nicht nur um die Befugnis zur Annahme der Leistung mit Tilgungswirkung im Sinne der oben Rz. 1005 behandelten Empfangsermächtigung. Vielmehr soll der Dritte hier die Leistung auch anmahnen und einklagen, also gegenüber dem Schuldner wie der Gläubiger auftreten dürfen.

Die ganz h.M.[7] hält das für zulässig. Nur das Recht zur Prozessführung über die Forderung wird dem Dritten bisweilen bloß bei Vorliegen eines (weit verstandenen) „eigenen Interesses" an der Einziehung zuerkannt (sog. **gewillkürte Prozessstandschaft**)[8].

1009 Den wichtigsten Anwendungsfall bildet der **verlängerte Eigentumsvorbehalt**. Dabei geht es um Folgendes: Der Erwerber einer Sache unter Eigentumsvorbehalt (meist ein Händler) wird vom Veräußerer dazu ermächtigt, die Sache im gewöhnlichen Geschäftsgang (d. h. gegen angemessenes Entgelt) weiterzuveräußern (§ 185 I). Damit soll sich nämlich der Erwerber die Mittel verschaffen können, die er braucht, um dem Veräußerer den Restkaufpreis zu zahlen. Als Ausgleich für diese Abschwächung des Eigentumsvorbehalts tritt der Erwerber die Entgeltsforderung aus dem der Weiterveräußerung zugrundeliegenden Kausalgeschäft (regelmäßig Kauf) an den Veräußerer ab (§ 398). Endlich erlaubt der Veräußerer, also der künftige Gläubiger der Entgeltsfor-

---

4 *Flume* AT II § 57, 1 d S. 907 f.
5 Ablehnend auch *Flume* AT II § 57, 1 d S. 908.
6 Vgl. *Baur/Stürner* SaR § 5 Rz. 28; *Bork* Rz. 1736.
7 Etwa *Larenz* SAT § 34 V c S. 597 ff. mit vielen Nachweisen.
8 Vgl. etwa RGZ 166, 218, 238; BGHZ 4, 153, 164; *Pawlowski* JuS 1990, 378. Unzulässig ist aber nach einer (zweifelhaften, vgl. *Petersen* ZZP 114, 2001, 485) Rechtsprechung des BGH (BGHZ 92, 347) die isolierte Vollstreckungsstandschaft.

derung, dem Erwerber deren Einziehung im eigenen Namen (Einziehungsermächtigung): Der Erwerber soll also gegenüber seinem Abkäufer so auftreten dürfen, als sei die Abtretung nicht erfolgt. Hiergegen bestehen vom Standpunkt des Schuldners her deshalb keine Bedenken, weil der Schuldner von der Vorausabtretung zunächst nichts erfährt. Er hält also wie bei jeder anderen ihm nicht mitgeteilten („stillen") Zession den Abtretenden noch für seinen Gläubiger und wird daher insbesondere auch an diesen leisten. Wegen § 407 I belästigt die Verdoppelung der Gläubigerstellung den Schuldner nicht. Sobald freilich die Vorauszession dem Schuldner mitgeteilt (offen gelegt) wird, erlischt auch die Einziehungsermächtigung. Das ist zugleich wirtschaftlich sinnvoll. Denn die Offenlegung erfolgt regelmäßig erst, wenn der Veräußerer der Ware die Forderung gegen den Abkäufer selbst einziehen will, weil er dem Erwerber misstraut.

2. Mitzuständigkeit eines Dritten

Ein zweiter Anwendungsbereich für die Zustimmung ergibt sich, wenn der im eigenen Namen Handelnde nicht alleinzuständig ist: Die Rechtsordnung räumt einem Dritten eine Mitzuständigkeit ein, weil dieser **von dem Geschäft des Handelnden mitbetroffen** wird. Der einfachste derartige Fall ist der von § 415: Der Schuldner hat mit einem Dritten vereinbart, dieser solle mit befreiender Wirkung die Schuld übernehmen. Davon wird offenbar auch der Gläubiger betroffen, weil er bei Wirksamkeit des Geschäfts seinen alten Schuldner verliert. Deshalb soll das Geschäft die beabsichtigte Außenwirkung nur durch Genehmigung des Gläubigers erhalten (§ 415 I, II); ohne diese hat es bloß Innenwirkung zwischen den Beteiligten (Erfüllungsübernahme, § 415 III). Ähnliche Fälle eines klaren Mitbetroffenseins Dritter finden sich etwa in den §§ 876, 877 (Aufhebung eines Grundstücksrechts, an dem ein Recht eines Dritten besteht: Dieser muss zustimmen) und den §§ 1423 ff. (Geschäfte eines Ehegatten über das Gesamtgut bei der Gütergemeinschaft).

1010

Bisweilen aber wird die Mitzuständigkeit eines Dritten auch bestimmt, ohne dass dieser ein eigenes Recht an dem Geschäftsgegenstand hat. Beispiele hierfür geben die §§ 1365 f., 1369: Im gesetzlichen Güterstand braucht ein Ehegatte für Geschäfte über ihm allein gehörende Gegenstände die Zustimmung des anderen Ehegatten, wenn die Gegenstände das ganze Vermögen des Verfügenden ausmachen oder wenn sie der Haushaltsführung dienen (gilt jetzt nach § 8 II LPartG entsprechend bei der eingetragenen Lebenspartnerschaft). Diese 1957 eingeführten Vorschriften haben im gesetzlichen Güterstand eine gewisse Mitzuständigkeit jedes Ehegatten für Verpflichtungen und Verfügungen des anderen über dessen Vermögen begründet. Die Rechtfertigung dafür liegt offenbar in der durch den Zugewinnausgleich geschaffenen wirtschaftlichen Verbundenheit der Ehegatten, die ein Interesse auch hinsichtlich des Vermögens des anderen ergibt.

1011

3. Zuständigkeit zur Aufsicht

In einer dritten Fallgruppe soll das Zustimmungserfordernis eine Aufsicht über die Rechtsgeschäfte einer Person sichern, ohne dass eigene Interessen des Zustimmungs-

1012

berechtigten berührt zu sein bräuchten. Im BGB ist das deutlichste Beispiel hierfür die Genehmigung des **Familiengerichts** nach §§ 1819 ff., 1643 ff., 1908 a I: Sie soll allein den Mündel vor nachteilhaften oder gefährlichen Geschäften schützen. Ähnlich verhält es sich, wenn der **Vormund** als gesetzlicher Vertreter eines beschränkt geschäftsfähigen Mündels dessen Rechtsgeschäften nach §§ 107 ff. zuzustimmen hat (§ 1793). Zwar steht dem Vormund nach § 1793 auch ein eigenes Recht zur Sorge für das Mündelvermögen zu. Doch dient dieses Recht heute (anders als früher) nicht mehr eigenen Interessen des Vormunds. Entsprechendes gilt für den **Betreuer**.

Etwas anders liegt es bei den **Eltern** als gesetzlichen Vertretern eines beschränkt Geschäftsfähigen. Hier soll die Zustimmung nach §§ 107 ff. zwar gleichfalls den Minderjährigen schützen. Zugleich setzen die Eltern aber mit dieser Zustimmungsbefugnis ihr eigenes Erziehungsrecht nach Art. 6 II 1 GG durch, das doch einen anderen Charakter hat als das Sorgerecht des Vormunds. Insofern kann man bei den Eltern eher als beim Vormund auch von einer rechtlichen Mitbetroffenheit durch die Rechtsgeschäfte ihrer Kinder sprechen. Bei dieser Betrachtung fällt die Zustimmungsbefugnis der Eltern dann unter die oben Rz. 1010 behandelte Mitzuständigkeit.

§ 61 Einzelheiten zur Zustimmung

Literatur: Vgl. vor Rz. 998.

I. Die Terminologie

1013   1. Die Zustimmung zu einem fremden Rechtsgeschäft kann zeitlich vor diesem oder auch nachträglich erfolgen. Nach § 183 heißt die vorherige Zustimmung **Einwilligung** und nach § 184 I die nachträgliche Zustimmung **Genehmigung**. Doch wird das nicht streng eingehalten: Für das Familien- bzw. Betreuungsgericht wird in den §§ 1643 ff., 1819 ff., 1904 nur von „Genehmigung" gesprochen, obwohl damit auch Einwilligungsfälle gemeint sind. So wird etwa bei den §§ 1644, 1645 das Gericht regelmäßig schon vor der Überlassung der Gegenstände an das Kind oder vor dem Beginn des Erwerbsgeschäfts gefragt werden und zu fragen sein.

Auch der Ausdruck „**Zustimmung**" wird im BGB nicht immer technisch im Sinne der Billigung eines fremden Rechtsgeschäfts verwendet. So bedeutet das Wort etwa in den §§ 32 II, 709 I einfach die Mitwirkung an einem Beschluss[1]; die §§ 182 ff. passen hier nicht.

1014   2. Nicht in den §§ 182 ff. verwendet wird der Ausdruck „**Ermächtigung**". Er kommt aber sonst vereinzelt im BGB vor (z.B. in §§ 37 II 1, 112, 113, 370, 385, 783). Zudem wird er im Geschäftsleben häufig gebraucht, wie etwa bei den oben Rz. 1003 ff. behandelten vier Formen der Ermächtigung. Dabei hat der Ausdruck keine einheitliche

---
1   Vgl. MünchKomm-*Bayreuther* Vor § 182 Rz. 12.

Bedeutung[2]: Oft bezeichnet er die Einwilligung, bisweilen aber auch anderes. Umstritten, aber hier nicht weiter zu verfolgen ist insbesondere die Bedeutung von **Abbuchungsauftrag oder Einzugsermächtigung** im Rahmen des Lastschriftverfahrens[3]: Das ist ein seit etwa 30 Jahren sich ausbreitendes Verfahren zur Bezahlung wiederkehrender Geldschulden (z.B. Stromrechnung, Zeitungsbezugspreis). Dabei sind Überweisungsaufträge des Schuldners an seine Bank unnötig, vielmehr holt sich sozusagen der ermächtigte Gläubiger das Geld vom Schuldnerkonto.

II. Gemeinsame Regeln

Zunächst sind hier einige Regeln darzulegen, die für die beiden Formen der Zustimmung – Einwilligung und Genehmigung – in gleicher Weise gelten.   1015

1. Die Zustimmung ist selbst ein **Rechtsgeschäft**. Daher unterliegt sie auch den für Rechtsgeschäfte geltenden Wirksamkeitserfordernissen (vgl. oben Rz. 480 ff.), sie kann bei Vorliegen eines Anfechtungsgrundes angefochten werden (vgl. oben Rz. 714 ff.) und sie kann durch Stellvertreter erfolgen (vgl. oben Rz. 880 ff.). Insbesondere bedarf die Zustimmung regelmäßig der vollen Geschäftsfähigkeit des Zustimmenden, wenn sie nicht ausnahmsweise einem beschränkt Geschäftsfähigen bloß rechtlichen Vorteil bringt. Das ist häufig nach dem Inhalt des Geschäfts zu beurteilen, dem die Zustimmung gilt, z.B. bei der Genehmigung einer von einem vollmachtlosen Vertreter vereinbarten Schenkung an einen Minderjährigen.

2. Die Zustimmung erfolgt durch **einseitige empfangsbedürftige Willenserklärung**.   1016
Dabei hat nach § 182 I der Zustimmende hinsichtlich des Adressaten die Wahl, wenn an dem zustimmungsbedürftigen Geschäft mehrere Personen beteiligt sind. Doch gibt es hiervon viele spezialgesetzlich bestimmte Ausnahmen in dem Sinn, dass die Zustimmung nur einer einzigen Person gegenüber erklärt werden kann (z.B. §§ 108 II 1, 177 II 1, 1828, 1643 III).

Die Zustimmung kann auch durch **schlüssiges Verhalten** erteilt werden. Insbesondere bei derart erklärten Zustimmungen ergibt sich bisweilen eine ähnliche Frage wie bei der Bestätigung nach §§ 141, 144 (die deshalb keinen Fall der Zustimmung darstellt, weil sie keinem fremden Geschäft gilt, sondern einem eigenen des Bestätigenden, vgl. oben Rz. 529): Muss der Zustimmende die Zustimmungsbedürftigkeit des Geschäfts gekannt haben? Das sollte entsprechend wie bei der Bestätigung beantwortet werden (vgl. oben Rz. 531): Eine Zustimmung muss erkennbar machen, dass sie einem Geschäft Wirkung gegen den Zustimmenden verleihen soll, die sonst nicht oder nicht sicher bestünde. Nur wenn die Erklärung diesen Inhalt hat, muss der Mangel des Willens zur Zustimmung durch Anfechtung geltend gemacht werden; sonst liegt schon

---

2 Vgl. *Flume* AT II § 57, 1 S. 901 ff.
3 Zu diesem etwa *Canaris*, Bankvertragsrecht I (3. Aufl. 1988) Rz. 528 ff.; *Hadding*, Zur zivilrechtlichen Beurteilung des Lastschriftverfahrens, FS Bärmann (1975) 375; *ders.*, Das Lastschriftverfahren in der Rechtsprechung, WM 1978, 1366; *Zschoche*, Zur dogmatischen Einordnung des Lastschriftverfahrens (1981); *Rinze*, Das Lastschriftverfahren, JuS 1991, 202. Aus der Rechtsprechung etwa BGHZ 79, 381; BGH DB 1978, 1826; NJW 1985, 847.

objektiv keine Zustimmung vor. Ein besonders intensives Erklärungsbewusstsein ist auch hier unnötig.

1017 3. Nach § 182 II soll die Zustimmung einer **Form** auch dann nicht bedürfen, wenn diese für das von der Zustimmung betroffene Geschäft angeordnet ist. Diese Vorschrift kann den Formzweck noch entschiedener beeinträchtigen als die in § 167 II vorgesehene Formfreiheit der Vollmacht (vgl. oben Rz. 929). Daher muss § 182 II mindestens ebenso eng ausgelegt werden wie § 167 II: Die Vorschrift muss unanwendbar sein, wo sie den Formzweck verfehlen würde[4].

Das gilt insbesondere für eine Genehmigung, die ein schon vorliegendes formbedürftiges Geschäft unmittelbar in Geltung setzen würde. Vor allem mit Rücksicht auf die Rechtssicherheit hatte der BGH aber zunächst Formlosigkeit genügen lassen[5].

1018 4. § 182 III erklärt für die Zustimmung zu einseitigen empfangsbedürftigen Rechtsgeschäften (z.B. einer Kündigung) die **Sätze 2 und 3 des § 111** für anwendbar. Danach kann der Adressat ein solches Rechtsgeschäft regelmäßig zurückweisen, wenn derjenige, der es vornimmt, nicht die Einwilligung in schriftlicher Form vorlegt. Geschützt wird damit das **Gewissheitsinteresse des Geschäftsadressaten**, der sich ja sonst gegen die Erklärung nicht wehren kann. Weil § 111 S. 1 nicht für anwendbar erklärt wird, ist hier aber das einseitige Geschäft ohne die nötige Einwilligung nicht schlechthin unwirksam (str.): § 182 III drückt deutlich den (vertretbaren) Standpunkt des Gesetzgebers aus, das Interesse des Geschäftsgegners sei durch das Zurückweisungsrecht hinreichend gewahrt. Im Schrifttum wird aber mit Recht gefordert, der Handelnde müsse wenigstens auf eine Zustimmung Bezug genommen haben[6]: Wenn z.B. jemand ohne eine solche Bezugnahme ein fremdes Darlehen kündigt, braucht der Adressat diese Kündigung nicht ernst zu nehmen: Sie ist dann auch ohne ausdrückliche Zurückweisung unwirksam.

III. Die Einwilligung

1019 1. Die Einwilligung wird **schon vor dem Rechtsgeschäft** erteilt, auf das sie sich bezieht. Dieses kann folglich sofort wirken, wenn es vorgenommen wird. Hat z.B. der Eigentümer E in die Veräußerung seiner Sache durch V eingewilligt (wie beim verlängerten Eigentumsvorbehalt, vgl. oben Rz. 1009), so erwirbt derjenige, an den V veräußert, das Eigentum ebenso wie vom Eigentümer. Sobald von der Einwilligung Gebrauch gemacht worden ist, kann diese auch nicht mehr widerrufen werden.

Dagegen soll nach § 183 S. 1 ein **Widerruf** bis zur Vornahme des Geschäfts regelmäßig möglich sein, „soweit nicht aus dem ihrer (d. h. der Einwilligung) Erteilung zugrundeliegenden Rechtsverhältnis sich ein anderes ergibt". Dieses Grundverhältnis ist beim verlängerten Eigentumsvorbehalt der Kaufvertrag zwischen dem Erstverkäufer und dem Erstkäufer. Nach dem Sinn dieses Vertrags soll einerseits der Erstkäufer über die

---

4 Vgl. *Flume* AT II § 54, 6 b S. 890 f.; anders MünchKomm-*Bayreuther* § 182 Rz. 22.
5 BGHZ 125, 218; ebenso *Faust* § 18 Rz. 24; anders dann aber BGHZ 132, 119, 125; BGH NJW 1998, 1482, 1484, zustimmend *Bork* Rz. 1701.
6 *Flume* AT II § 54, 6 c S. 892.

Sache disponieren können, doch soll andererseits auch der Erstverkäufer gesichert sein. Daher ist ein freier Widerruf der Veräußerungsermächtigung ausgeschlossen. Diese kann jedoch dann widerrufen werden, wenn Anlass zum Misstrauen gegen den ermächtigten Käufer besteht, insbesondere wenn dieser seine Zahlungspflichten nicht erfüllt[7].

Wenn eine Einwilligung **unwiderruflich** erteilt worden ist, entsteht eine ähnliche Problematik wie bei der unwiderruflichen Vollmacht (vgl. oben Rz. 942). Für die Annahme einer Widerrufsmöglichkeit aus wichtigem Grund ist aber bei der Einwilligung mehr Zurückhaltung geboten als bei der Vollmacht[8]. In einigen Fällen erklärt auch das Gesetz die Einwilligung als unwiderruflich (etwa §§ 876 S. 3, 880 II 3, III, 1245 I 3): Hier soll der Ermächtigte eine unentziehbare Rechtsposition erhalten[9]. 1020

2. Der Widerruf braucht nach § 183 S. 2 nicht gegenüber derjenigen Person erklärt zu werden, der die Einwilligung erklärt worden ist. Ähnlich wie bei der Vollmacht (§§ 168 S. 3, 167 I) kann daher z.B. eine gegenüber dem dritten Geschäftspartner (also „**nach außen**") erteilte Einwilligung auch gegenüber dem Ermächtigten (also „**nach innen**") widerrufen werden. Dann müssen zum Schutz des redlich an den Fortbestand der Einwilligung glaubenden Dritten die §§ 170 – 173 analog angewendet werden[10]. 1021

3. Außer durch Widerruf kann die Einwilligung auch **auf andere Weise erlöschen**, etwa durch den Eintritt einer auflösenden Bedingung oder Befristung oder durch das Ende des ihr zugrundeliegenden Rechtsverhältnisses (wie nach § 168 S. 1 die Vollmacht). Insbesondere die Einwilligung zu Verfügungen erlischt auch dadurch, dass der Einwilligende die Verfügungsmacht verliert, also selbst nicht mehr wirksam verfügen könnte[11]. Beispielsweise möge der Eigentümer E den D zur Veräußerung seiner – des E – Sache ermächtigt haben: Dann endet die so begründete Rechtsmacht des D, sobald E selbst die Sache an eine andere Person veräußert. 1022

IV. Die Genehmigung

Die Genehmigung wird erst nach dem Vorliegen des zustimmungsbedürftigen Rechtsgeschäfts erteilt; sie **wirkt sofort**, indem sie dieses gültig macht; entsprechend führt ihre Verweigerung zur endgültigen Nichtigkeit[12]. Ihre vom Gesetz geregelte Problematik betrifft also nicht den Widerruf (die Genehmigung ist unwiderruflich), sondern die in § 184 als Regel bestimmte Rückwirkung auf den Zeitpunkt der Vornahme des Rechtsgeschäfts, dem sie gilt. 1023

1. Trotz dieser Rückwirkung erfordert die Genehmigung aber, dass bei deren Vornahme **das zu genehmigende Geschäft noch besteht**. Die an diesem Geschäft Beteiligten dürfen es also nicht inzwischen schon aufgehoben oder sonst rückgängig gemacht

---
7   BGH NJW 1969, 1171.
8   Vgl. BGHZ 78, 392, 397 ff.
9   Vgl. *Flume* AT II § 55 S. 897 f.
10 MünchKomm-*Bayreuther* § 183 Rz. 12 ff., insb. Rz. 14.
11 MünchKomm-*Bayreuther* § 183 Rz. 6.
12 *K. Schmidt* AcP 189 (1989) 1.

haben. Daran besteht häufig deshalb ein Interesse, weil der bis zu der Genehmigung herrschende Schwebezustand die Beteiligten belastet: Wer z.B. nicht weiß, ob sein Erwerb wirksam ist, kann kaum guten Gewissens weiterverfügen. Deshalb gewähren manche Einzelvorschriften ein **Widerrufsrecht**, mit dem die Ungewissheit beendet werden kann: so §§ 109 (vgl. oben Rz. 573), 178 (vgl. oben Rz. 979), 1366 II, 1427 II, 1453 II, 1830, 1908 i I. Man wird aus diesen Vorschriften einen **allgemeinen Rechtsgedanken** ableiten dürfen, der dann auch in anderen Genehmigungsfällen angewendet werden kann[13]: Wo die Willenserklärung des einen Teils (und nicht das Rechtsgeschäft im ganzen) einer Genehmigung bedarf, kann der andere Teil bis zu deren Vorliegen widerrufen, wenn er den Grund für das Genehmigungserfordernis nicht gekannt oder auf wahrheitswidrige Angaben über das Vorliegen einer Einwilligung vertraut hat.

1024   2. Die Genehmigung wirkt auch dann nicht, wenn sie **zu spät** kommt. § 184 selbst bestimmt für die Genehmigung keine Frist. Eine solche kann aber nach einigen Spezialvorschriften vom Gegner desjenigen gesetzt werden, dessen Erklärung der Genehmigung bedarf: §§ 108 II (vgl. oben Rz. 572), 177 II (vgl. oben Rz. 978), 1366 III, 1427 I, 1453 I, 1829 II, 1908 i I. Auch hieraus wird ein **allgemeiner**, auf andere Genehmigungsfälle erstreckbarer **Rechtsgedanke** abzuleiten sein[14].

1025   3. Bei Vorliegen der bisher genannten Voraussetzungen soll die Genehmigung nach § 184 I regelmäßig auf den Zeitpunkt der Vornahme des Rechtsgeschäfts **zurückwirken**. Es wird etwa der ohne Vertretungsmacht abgeschlossene Vertrag nach der Genehmigung so behandelt, als sei der Vertretene von Anfang an aus ihm berechtigt und verpflichtet gewesen; die Verfügung des Nichtberechtigten wird so angesehen, als habe der Verfügende von Anfang an Verfügungsmacht gehabt.

1026   Doch tritt die **Rückwirkung nicht ausnahmslos** ein: Sie kann durch Gesetz ausgeschlossen sein oder durch die Parteien des genehmigungsbedürftigen Rechtsgeschäfts abbedungen werden. Dagegen ist nach h.M. ein einseitiger Ausschluss durch den Genehmigenden unzulässig[15].

Zudem hat die Rückwirkung sachliche Grenzen: Bisweilen kann eben doch nicht unbeachtet bleiben, dass das Geschäft bis zu der Genehmigung unwirksam war. So tritt nicht etwa rückwirkend Schuldner- oder Gläubigerverzug ein. Auch lässt die Rückwirkung den Beginn von Verjährungsfristen unberührt: Diese laufen erst seit der Genehmigung, weil vor dieser Ansprüche aus dem zunächst unwirksamen Geschäft nicht geltend gemacht werden konnten[16].

1027   4. Eine spezielle Einschränkung der Rückwirkung ergibt sich aus § 184 II: **Zwischenverfügungen** des Genehmigenden und Vollstreckungsmaßnahmen gegen ihn bleiben wirksam. Die genehmigungsbedürftige Verfügung des Nichtberechtigten ist also schwächer als eine bedingte Verfügung des Berechtigten, die den Erwerber nach § 161 gegen solche Zwischenverfügungen sichert (vgl. oben Rz. 843).

---

13   MünchKomm-*Bayreuther* § 184 Rz. 4, str.
14   MünchKomm-*Bayreuther* § 184 Rz. 9, str.
15   MünchKomm-*Bayreuther* § 184 Rz. 31.
16   H.M., vgl. MünchKomm-*Bayreuther* § 184 Rz. 13.

Beispiel: G möge eine Forderung gegen S haben. Jetzt möge zunächst D diese Forderung an Z abtreten, danach G die Forderung dem P verpfänden und schließlich G die Abtretung durch D genehmigen. Dann könnte man nach § 184 I die Verpfändung für unwirksam halten, weil G seine Gläubigerstellung rückwirkend verloren und folglich die Forderung als Nichtberechtigter verpfändet habe. Aber § 184 II beseitigt diese Konsequenz: Danach bleibt die Verpfändung wirksam; Z erwirbt also die Forderung nur belastet mit dem Pfandrecht des P. Dagegen erwürbe Z nach § 161 I unbelastet, wenn G selbst ihm die Forderung zunächst aufschiebend bedingt abgetreten hätte.

5. In Konsequenz des § 184 II sogar ganz ausgeschlossen sein muss die Genehmigungsbefugnis, wenn der zur Zeit der genehmigungsbedürftigen Verfügung Berechtigte sein **Recht später völlig auf einen anderen übertragen** hat: Dann ist nur noch dieser Erwerber zur Genehmigung befugt. Die Genehmigung kann freilich bloß auf den Zeitpunkt seines eigenen Erwerbs zurückwirken.

1028

In dem oben Rz. 1027 gebrachten Beispiel möge G seine Forderung dem P nicht verpfändet, sondern übertragen haben: Dann kann nur noch P die Abtretung von D an Z genehmigen (bzw. die Genehmigung verweigern und so diese Abtretung endgültig unwirksam machen). Die Genehmigung des P wirkt aber nicht für die Zeit vor seinem Erwerb.

Fraglich ist die Rechtslage dagegen, wenn die **Berechtigung in anderer Weise als durch Übertragung verloren gegangen** ist: Kann dann der ehemals Berechtigte eine vor dem Rechtsverlust vorgenommene Verfügung eines Dritten noch genehmigen? BGHZ 56, 131 hat das in folgendem Fall bejaht: D hatte bei E Leder gestohlen. Dieses war an den Händler H gelangt, der es (unwirksam, § 935 I) an verschiedene Kunden veräußerte. Diese erwarben dann durch Verarbeitung (§ 950) Eigentum. Trotzdem sollte E die Veräußerungen des H noch genehmigen dürfen: Deshalb konnte E von H nach § 816 I 1 den von diesem erlangten Veräußerungserlös fordern und war nicht auf Ansprüche gegen D oder die schwer erreichbaren Verarbeiter angewiesen. Der BGH[17] begründet das mit dem besonderen Schutzbedürfnis gerade desjenigen, der sein Eigentum verloren hat. Doch ist dies bedenklich, weil so die Genehmigungsbefugnis dem nicht mehr Berechtigten allemal zuerkannt wird. Das kann man mit einer vorsichtigeren Begründung vermeiden: Wesentlich sei, dass sich das verlorene Eigentum wenigstens in einem Wertersatzanspruch nach §§ 946 ff., 951 fortsetze; dann sei § 185 II analog anzuwenden. Danach könnte also die Genehmigungsbefugnis z.B. dann entfallen, wenn E sein Eigentum durch die Ersitzung (§ 937) eines Dritten verloren hätte. Mit Recht verneint der BGH die Genehmigungsbefugnis desjenigen, der sein Eigentum durch Zwangsversteigerung verloren hat[18].

1029

---

17 BGHZ 56, 131, 134.
18 BGHZ 107, 340. Ebenso *Bork* Rz. 1718; *Finkenauer* AcP 203 (2003) 282.

V. Die Vorschriften für Verfügungen in § 185

1030 § 185 behandelt die Einwilligung, die Genehmigung sowie zwei weitere Fälle nachträglichen Wirksamwerdens bei Verfügungen Nichtberechtigter. Zum Begriff der Verfügung vgl. oben Rz. 208.

1. Hinsichtlich der **Einwilligung** wird von § 185 I nur klargestellt, dass bei ihrem Vorliegen Nichtberechtigte wirksam verfügen können, dass es also eine *Verfügungs*ermächtigung gibt (im Gegensatz etwa zur Rechtslage bei der Verpflichtung, vgl. oben Rz. 1006). Und hinsichtlich der **Genehmigung** bedeutet § 185 II 1 Fall 1, die Verfügung eines Nichtberechtigten sei nicht von vornherein nichtig, sondern schwebend unwirksam und heilbar. Dabei gelten für Einwilligung und Genehmigung die §§ 182–184. Folglich passt das oben seit Rz. 1015 Gesagte auch für Verfügungen Nichtberechtigter, sodass solche Verfügungen schon vielfach als Beispiele erscheinen konnten.

1031 **2.** § 185 II 1 lässt Verfügungen eines Nichtberechtigten außer durch Genehmigung noch **in zwei weiteren Fällen** wirksam werden, dort freilich ohne Rückwirkung:

a) Wirksamkeit tritt nämlich erstens ein, „wenn der **Verfügende den Gegenstand erwirbt**, also selbst zum Berechtigten wird (z.B. weil er den Berechtigten beerbt): Dann soll er nicht etwa noch (wie bei § 108 III) über die Wirksamkeit der Verfügung entscheiden können. Vielmehr ist er an seine eigene Verfügung schlechthin gebunden. Der Unterschied zu § 108 III erklärt sich daraus, dass dort zunächst die volle Geschäftsfähigkeit gefehlt hat und daher das Geschäft noch einmal soll überlegt werden können.

Die Konvaleszenz nach § 185 II 1 Fall 2 wird heute bisweilen auf den Fall beschränkt, dass die mit der Verfügung zu erfüllende Verpflichtung noch besteht[19]: Es bedeute einen sinnlosen Umweg, zunächst die Verfügung wirksam werden und hiernach den Erwerb als rechtsgrundlos kondizieren zu lassen. Doch ist dieser aus dem Wortlaut nicht zu begründenden Reduktion des § 185 II 1 Fall 2 zu widersprechen[20]: Der Wortlaut der Vorschrift entspricht dem Abstraktionsprinzip (vgl. oben Rz. 224), dessen punktförmige Korrektur kaum angebracht erscheint.

1032 **b)** Zweitens soll eine Verfügung nach § 185 II 1 Fall 3 auch dann wirksam werden, wenn der Verfügende „von dem Berechtigten **beerbt wird** und dieser für die Nachlassverbindlichkeiten unbeschränkt haftet"[21]. Das bedeutet, wie der Hinweis auf die unbeschränkte (= unbeschränkbare, §§ 1993 ff.) Erbenhaftung zeigt, eine „**Heilung kraft Haftung**, nicht kraft Erwerbs"[22]. Darum genügt es, dass der Berechtigte Miterbe wird, wenn er nur unbeschränkt für die Nachlassverbindlichkeiten haftet. Hier wird man deshalb auch eher als bei § 185 II 1 Fall 2 die Konvaleszenz vom Fortbestand eines wirksamen Rechtsgrunds für die Verfügung abhängig machen dürfen[23].

---

19 Grundlegend *Hagen* AcP 167 (1967) 481, 499 ff.
20 MünchKomm-*Bayreuther* § 185 Rz. 51.
21 Dazu *Habersack* JZ 1991, 70.
22 Grundlegend dazu *Kuhn*, „Heilung kraft Haftung" gemäß § 185 II 1 Fall 2 BGB.
23 MünchKomm-*Bayreuther* § 185 Rz. 58. Anders *Flume* AT II, S. 919 Fn. 6; *Wolf/Neuner* § 54 Rz. 39; *Finkenauer* FS Picker (2010) 201, 221.

c) Wenn über den Gegenstand **mehrere Verfügungen** getroffen worden sind, würden sie bei § 185 II 1 Fall 2 und 3 mangels Rückwirkung der Konvaleszenz alle im gleichen Zeitpunkt wirksam. Soweit sie sich widersprechen, könnten sie daher überhaupt nicht wirken. § 185 II 2 vermeidet das, indem er der zeitlich früheren Verfügung den Vorrang gibt.

1033

3. In § 185 II ist – anders als in § 184 II – nichts über Verfügungen im Wege der **Zwangsvollstreckung** bestimmt: Wird z.B. auch die Pfändung eines schuldnerfremden Gegenstandes wirksam, wenn der Schuldner diesen Gegenstand später erwirbt oder wenn der Berechtigte der Pfändung zustimmt? Das ist sehr str[24]. Die wohl h.M. wendet bei der Sachpfändung § 185 analog an (sodass die Pfändung wirksam wird), nicht dagegen bei der Forderungspfändung[25]. Richtigerweise ist das Wirksamwerden aber in beiden Fallgruppen zu bejahen[26].

1034

4. Die beiden Absätze des § 185 sprechen von der Verfügung eines Nichtberechtigten. Dabei ist an den Regelfall gedacht, nämlich dass der Berechtigte zugleich die Verfügungsmacht hat, also selbst wirksam verfügen kann. Ausnahmsweise fällt beides jedoch auseinander, z.B. im Insolvenzverfahren und bei Testamentsvollstreckung: Dort ist Berechtigter (also Sacheigentümer, Forderungsgläubiger usw.) der Insolvenzschuldner oder Erbe, verfügungsbefugt aber der Insolvenzverwalter oder Testamentsvollstrecker. In solchen Fällen kann die unwirksame **Verfügung des Berechtigten ohne Verfügungsmacht** analog § 185 durch die Zustimmung des Verfügungsbefugten wirksam gemacht werden. Ebenso wird die Verfügung analog § 185 II 1 Fall 2 wirksam, wenn der Berechtigte die Verfügungsbefugnis (zurück)erwirbt[27].

1035

---

24 Vgl. BGHZ 56, 338, 350 f.; *Flume* AT II, S. 916 f.; MünchKomm-*Bayreuther* § 185 Rz. 14.
25 So etwa BGHZ 56, 338, 350 f., auch MünchKomm-*Bayreuther* § 185 Rz. 15.
26 So und mit ausführlicher Begründung *K. Schmidt* ZZP 87 (1974) 316.
27 Z.B. RGZ 149, 19, 22: Aufhebung des Konkurses.

Vierter Teil

Die Rechtssubjekte

Nach den Rechtsgeschäften sind jetzt die Personen zu behandeln, die als Rechtssubjekte über die Rechtsgeschäfte miteinander in Verbindung treten.

§ 62 Übersicht

Literatur: *Damm*, Personenrecht – Klassik und Moderne der Rechtsperson, AcP 202 (2002) 841; *Eichler*, Personenrecht (1983); *ders.*, System des Personenrechts (1989); *H. Hattenhauer*, „Person" – Zur Geschichte eines Begriffs, JuS 1982, 405; *Husserl*, Rechtssubjekt und Rechtsperson, AcP 127 (1927) 129; *John*, Die organisierte Rechtsperson (1977, dazu *Hüffer* ZHR 142, 1978, 186); *Petersen*, Personen und Sachen, Jura 2007, 763; *Thieme*, Das deutsche Personenrecht (2003).

I. Das Personenrecht im BGB

Die Regelung der Rechtssubjekte ist im BGB erheblich knapper als in **vielen ausländischen Zivilrechtskodifikationen**. Denn diese enthalten oft umfangreiche „Personenrechte": Der französische code civil (artt. 7 – 514), das österreichische ABGB (§§ 15 – 284) und der italienische codice civile (artt. 1 – 455) beginnen mit einer ausführlichen, auch das Familienrecht umfassenden Regelung des Personenrechts. Im schweizerischen ZGB umfasst das Personenrecht zwar nur die Artt. 11 – 89bis, doch folgt das Familienrecht unmittelbar (Artt. 90 – 456). 1036

Demgegenüber nimmt sich die personenrechtliche Regelung im Allgemeinen Teil **unseres BGB** sehr bescheiden aus: Das Familienrecht ist ins 4. Buch verbannt (vgl. oben Rz. 16). Von den §§ 1 – 89 betreffen mehr als 20 Paragraphen (nämlich die §§ 55 – 79) bloß Fragen des Vereinsregisters, und von den übrigen beziehen sich die meisten auf die juristische Person. Daher bleiben für die nur kurz behandelten natürlichen Personen insbesondere mehrere wichtige Persönlichkeitsrechte ungeregelt (vgl. unten Rz. 1072 ff.). Und bei den juristischen Personen fehlen die besonders wichtigen des Handelsrechts (insbesondere AG, GmbH, Genossenschaft).

Der personenrechtliche Teil des BGB bildet daher nur einen Torso. Allgemeine Schlüsse lassen sich daraus kaum ziehen. Vielmehr bedarf es für sie eines Blicks auch auf die anderen Stücke unserer Rechtsordnung mit personenrechtlichem Inhalt, insbesondere auf den Grundrechtsteil des GG, das Urheberrecht und das Handelsrecht.

Vierter Teil *Die Rechtssubjekte*

II. Die Systematik der §§ 1 – 89 BGB

1037   1. Das BGB beginnt mit den **natürlichen Personen** (Menschen), und zwar mit ihrer sofort mit der Geburt erworbenen Eigenschaft, nämlich der Rechtsfähigkeit (§ 1). Anschließend regelt § 2 die Volljährigkeit. Das scheint auf den ersten Blick wenig konsequent, weil diese ihre wesentliche Bedeutung erst bei der Rechtsgeschäftslehre (§§ 104 ff.) erlangt. Aber bereits § 8 zeigt, dass die Geschäftsfähigkeit ausnahmsweise auch in anderem Zusammenhang (hier bei der Wohnsitzregelung, vgl. unten Rz. 1060) erheblich sein kann. So erklärt sich der Standort von § 2. Die folgenden §§ 7 – 12 beschäftigen sich dann mit Wohnsitz und Namensrecht, also mit weiteren schon durch die Geburt erworbenen rechtlichen Attributen (vgl. unten Rz. 1056 ff.).

Im Anschluss an diese Regelung des Erwerbs von Rechtsfähigkeit, Volljährigkeit, Wohnsitz und Namen erwartet man Vorschriften über den **Verlust** dieser Eigenschaften. Aber der allgemeinste Verlustgrund, nämlich der Tod, wird – als selbstverständlich – nicht genannt. Immerhin war jedoch in den §§ 13 – 20 die Todeserklärung nach Verschollenheit geregelt. An die Stelle dieser Vorschriften ist das Verschollenheitsgesetz v. 4. 7. 1939 getreten. Einem neueren Trend der Gesetzgebung folgend, enthält es – anders als zuvor die §§ 13 – 20 – zugleich die verfahrensrechtlichen Bestimmungen (§§ 13 ff. VerschG). Daher passt es sachlich nicht mehr ins BGB und hat den Bestrebungen zur Rückführung ausgegliederter Vorschriften bisher widerstanden.

1037 a   2. Durch eine Novelle stehen seit dem 30. 6. 2000 in den §§ 13 und 14 Definitionen der Begriffe „**Verbraucher**" und „**Unternehmer**". Gemeint sind damit die beiden Grundbegriffe des Verbraucherschutzrechts, die gewissermaßen „vor den Klammern" der einzelnen verbraucherschützenden Normen stehen sollen, die an vielen Stellen des Schuldrechts vorkommen. Dabei geht es nicht um bestimmte Eigenschaften von natürlichen Personen, sondern um die Rollen, die sie vor allem beim Abschluss von Rechtsgeschäften spielen. Vgl. schon oben Rz. 48.

1038   3. Die übrigen Normen des Personenrechts, nämlich die §§ 21 – 89 (ausgenommen § 54), beschäftigen sich mit **juristischen Personen**. Dabei geht es in den §§ 21 – 54 um die Vereine im Allgemeinen und in den §§ 55 – 79 um den eingetragenen Idealverein (§ 21, vgl. unten Rz. 1110 ff.) im Besonderen. Die folgenden §§ 80 – 88 regeln eine weitere juristische Person des Privatrechts, nämlich die rechtsfähige Stiftung. Diese Regelung besteht freilich weithin nur in Verweisungen auf das Vereinsrecht (§§ 86, 88). § 89 endlich greift sogar über das Privatrecht hinaus, indem er die §§ 31, 42 II auf Körperschaften, Stiftungen und Anstalten des öffentlichen Rechts erstreckt. Diese selbst sind dort freilich nicht geregelt: Dafür ist das öffentliche Recht, und zwar ganz überwiegend das Landesrecht, zuständig.

§ 63 Die Rechtsfähigkeit des Menschen

Literatur: *Bosch*, Todeserklärung – Todeszeitfeststellung – Irrige Totmeldung, FS Mikat (1989) 793; *Fabricius*, Relativität der Rechtsfähigkeit (1963); *Geilen*, Das Leben des Menschen in den Grenzen des Rechts, FamRZ 1968, 121; *Hähnchen*, Der werdende Mensch ..., Jura 2008, 161; *H. Hattenhauer*, „Person" – Zur Geschichte eines Begriffs, JuS 1982, 405; *Hillgruber*, Das Vor- und Nachleben von Rechtssubjekten, JZ 1999, 975; *M. Lehmann*, Der Begriff der Rechtsfähigkeit, AcP 207 (2007) 225; *S. Lorenz*, Rechts- und Geschäftsfähigkeit, JuS 2010, 11; *Medicus*, Zivilrecht und werdendes Leben (1985); *Pawlowski*, Rechtsfähigkeit im Alter?, JZ 2004, 13; *Petersen*, Die Rechtsfähigkeit des Menschen, Jura 2009, 669; *Reuter*, Rechtsfähigkeit und Rechtspersönlichkeit, AcP 207 (2007) 673; *P. Schwerdtner*, Beginn und Ende des Lebens ..., Jura 1987, 440; *H. Westermann*, Person und Persönlichkeit als Wert im Zivilrecht (1957); *Ernst Wolf/ Naujoks*, Anfang und Ende der Rechtsfähigkeit des Menschen (1955). – Vgl. auch unten Rz. 1049; 1052.

I. Begriff und Abgrenzung der Rechtsfähigkeit

1. Die Definition

Die Rechtsfähigkeit wird in § 1 vorausgesetzt und daher nicht definiert. Üblicherweise wird sie verstanden als „die Fähigkeit, Träger von Rechten und Pflichten zu sein". Zu dieser passiven Auffassung von der Rechtsfähigkeit passt, dass sie nach § 1 schon mit der Vollendung der Geburt erworben wird, also auch Menschen zusteht, die selbst noch in keiner Weise handeln können. **1039**

Demgegenüber vertritt *Fabricius*[1] einen mehr aktiv verstandenen, von der *Handlungsfähigkeit* abgeleiteten Begriff der Rechtsfähigkeit: Diese soll in der Fähigkeit zu rechtlich wirksamem Verhalten liegen. Da sich ein gerade geborenes Kind aber gewiss nicht selbst rechtlich verhalten kann, muss *Fabricius* das Handeln durch Boten, Vertreter und Organe genügen lassen. Zudem kann man ein Handeln durch andere auch für Gebilde annehmen, denen gerade keine Rechtsfähigkeit zuerkannt worden ist (z.B. für den nicht rechtsfähigen Verein, vgl. unten Rz. 1141 ff.). Die von *Fabricius* so bewirkte Relativierung der Rechtsfähigkeit bedeutet daher einen weiteren Nachteil. An der üblichen Definition der Rechtsfähigkeit ist daher festzuhalten[2]. **1040**

2. Rechtsfähigkeit und Handlungsfähigkeit

Die richtig verstandene Rechtsfähigkeit ist also streng von der Handlungsfähigkeit zu trennen: Insbesondere ein Mensch kann rechtsfähig sein, obwohl ihm die Handlungsfähigkeit ganz oder doch wenigstens als Geschäftsfähigkeit fehlt. Ein solcher Mensch kann dann zwar Rechte und Pflichten haben, aber er kann sie nicht durch eigenes Handeln (oder doch wenigstens nicht durch eigenes rechtsgeschäftliches Handeln) erwer- **1041**

---

1 *Fabricius*, Relativität der Rechtsfähigkeit (1963).
2 So etwa *Bork* Rz. 155, kritisch aber *Pawlowski* AT Rz. 98 ff., der zwischen einer enger und einer weiter zu verstehenden Rechtsfähigkeit unterscheidet.

ben. Doch bleibt ihm jedenfalls der Erwerb durch seinen gesetzlichen Vertreter oder aus Gesetz: So kann z.B. auch das gerade erst geborene Kind schon erben.

Allerdings behindert das Fehlen der Handlungsfähigkeit nicht bloß den Recht*erwerb*, sondern auch die Recht*ausübung* durch eigenes Handeln: Das gerade geborene Kind kann z.B. sein ererbtes Eigentum oder seine ererbte Forderung nicht selbst geltend machen; es ist auch hier wieder auf seinen gesetzlichen Vertreter angewiesen. Man mag fragen, welchen Sinn die Zuerkennung subjektiver Rechte haben soll, wenn der Rechtsträger diese dann doch nicht selbst ausüben kann. In der Tat lassen ja auch manche voll handlungsfähigen Personen ihre Rechte durch andere ausüben: Wesentlich ist eben, in wessen Interesse diese Ausübung erfolgt. Insofern hat es guten Sinn, Rechte dem handlungsunfähigen Kind und nicht dessen Eltern zuzusprechen.

Bei den **Pflichten** vollends tauchen solche Zweifel noch weniger auf: Gewiss muss zwar der Handlungsunfähige seine Pflichten durch andere erfüllen. Aber hier wird mit der Person des Verpflichteten zugleich die Vermögensmasse festgelegt, die für die Nichterfüllung haftet. In dieser Hinsicht bedeutet es einen wesentlichen Unterschied, ob das Kind verpflichtet ist oder ob es seine Eltern sind.

3. Rechtsfähigkeit und Parteifähigkeit

1042 Das zivilprozessuale Gegenstück zur Rechtsfähigkeit ist die Parteifähigkeit: Sie bedeutet die Fähigkeit, zulässigerweise Kläger oder Beklagter eines Zivilprozesses sein zu können. Sie wird durch § 50 I ZPO regelmäßig an die Rechtsfähigkeit geknüpft. Doch konnte nach dem alten § 50 II ZPO auch ein nicht rechtsfähiger Verein verklagt werden (vgl. unten Rz. 1141); zudem haben nach §§ 124 I, 161 II HGB OHG und KG die volle Parteifähigkeit, obwohl sie nach h.M. jedenfalls keine juristischen Personen sind[3]. Gleiches gilt nach § 7 II PartGG für die Partnerschaftsgesellschaft; zur BGB-Gesellschaft vgl. unten Rz. 1097.

II. Beginn der Rechtsfähigkeit und Grenzfragen

1. Vollendung der Geburt

1043 Nach § 1 beginnt die Rechtsfähigkeit des Menschen mit der Vollendung der Geburt, d. h. sobald das Kind vollständig aus dem Mutterleib ausgetreten ist. Das Zivilrecht wählt damit einen etwas späteren Zeitpunkt als das Strafrecht: Dort greifen die Tötungtatbestände (und nicht bloß §§ 218 ff. StGB) bereits mit dem Beginn des Geburtsakts, wie sich noch ausdrücklich aus dem alten § 217 I StGB („in der Geburt") ergab. Bedeutung hat das spätere Einsetzen der zivilrechtlichen Rechtsfähigkeit für die Erbfolge: Wenn Mutter und Kind noch bei der Geburt sterben, kann auch das erst nach der Mutter sterbende Kind diese nicht mehr beerben.

---

3 Zur Teilrechtsfähigkeit der Wohnungseigentümergemeinschaft *Bub/Petersen* NJW 2005, 2590; *dies.* FS E. Schumann (2001) 71.

Prinzipiell erkennt das BGB damit die Rechtsfähigkeit **jedem Menschen** zu. Diese Entscheidung ist heute zumindest durch die Art. 1 I, 2 I GG vorgegeben. Denn zur Menschenwürde gehört es, dass der Mensch Subjekt und nicht Objekt von Rechten ist: Als Objekt wäre er nur Sklave. Auch die freie Persönlichkeitsentfaltung ist nur dem Rechtsfähigen möglich. Dieser Zusammenhang ist für unser Recht so wesentlich, dass wir eine abweichende Entscheidung eines fremden Rechts nach Art. 6 EGBGB nicht anerkennen könnten: Wer nach seinem Heimatrecht Sklave sein sollte, wird bei uns ohne weiteres als keinem fremden Herrschaftsrecht unterworfen behandelt.

Man kann weiter fragen, ob nicht die Anerkennung der Rechtsfähigkeit jedes Menschen sogar auf ein **Naturrecht** zurückgeht, das auch dem GG übergeordnet ist. Doch gehört diese Frage in die Rechtsquellenlehre oder die Rechtsphilosophie. Jedenfalls aber könnte auch aus einer naturrechtlichen Begründung der Rechtsfähigkeit nicht gefolgert werden, diese müsse schon vor der Vollendung der Geburt (etwa mit der Befruchtung) beginnen, § 1 sei also naturrechtswidrig[4]. Denn auch ein Naturrecht (gleich wie es im Einzelnen vorzustellen ist) vermag schwerlich zu begründen, schon der Ungeborene müsse Träger von Rechten und Pflichten sein können. Vielmehr bedeutet es eine sachgerechte Regelung, wenn das BGB auf die Leibesfrucht nur eine beschränkte – gleich unten Rz. 1045 ff. darzustellende – Rücksicht nimmt. Die wirklichen Schutzprobleme der Leibesfrucht werden viel stärker durch die §§ 218 ff. StGB als durch das Zivilrecht berührt.

1044

2. Die Leibesfrucht

Aus verschiedenen Ansätzen im römischen Recht ist schon früh die Regel gebildet worden, eine Leibesfrucht sei als bereits geboren zu behandeln, soweit ihr das zum Vorteil gereiche (nasciturus pro iam nato habetur quotiens de commodo eius quaeritur)[5]. Das BGB hat das zwar nicht als allgemeine Regel formuliert, aber doch mehrere konkrete Anwendungen bestimmt. Am wichtigsten sind die beiden folgenden (außerdem noch § 331 II):

1045

a) § 844 II gewährt denjenigen Personen Ersatzansprüche, deren Unterhaltsschuldner durch eine zum Ersatz verpflichtende unerlaubte Handlung getötet worden ist. Nach Satz 2 soll solche Ersatzansprüche auch haben, wer zur Zeit der Verletzung zwar noch nicht geboren, aber doch **schon gezeugt** war. Danach kann z.B. neben der Witwe auch ein später geborenes Kind Unterhalt verlangen, dessen Vater bei einem Unfall getötet worden ist.

1046

b) Nach § 1923 II gilt als vor dem Erbfall geboren, wer zu dessen Zeit **gezeugt** war, aber noch nicht geboren ist. Diese Vorschrift betrifft Fälle wie den folgenden: Der Vater stirbt, während die Mutter schwanger ist. Ohne § 1923 II würde der Nachlass hier, wenn keine schon geborenen Kinder vorhanden sind, zu gleichen Teilen zwischen der Witwe und den Eltern des Vaters zu teilen sein (§§ 1931, 1925; abgesehen wird hier von der möglichen Modifikation durch § 1371). Demgegenüber reserviert § 1923 II der Leibes-

1047

---
4 So aber gegen die ganz h.M. *E. Wolf* in *Wolf-Naujoks*, Anfang und Ende der Rechtsfähigkeit des Menschen (1955) 83 ff.
5 Vgl. *Kaser*, Röm. Privatrecht I (2. Aufl. 1971) § 64 II 1 mit Fn. 21.

frucht für den Fall, dass sie lebend geboren wird, drei Viertel des Nachlasses; die Witwe erhält nur ein Viertel und die Eltern erhalten nichts (§§ 1924 I, 1931, 1930, anders aber bei Gütertrennung nach § 1931 IV).

1048 **c)** Soweit danach die Leibesfrucht künftige (genauer: durch das Überleben der Geburt aufschiebend bedingte) Rechte hat, werden diese regelmäßig durch die Eltern wahrgenommen, § 1912 II. Soweit diese jedoch bei einem lebenden Kind die elterliche Gewalt nicht ausüben könnten (was gerade bei § 1923 II häufig sein wird, weil ein Elternteil selbst als Erbe in Betracht kommt), kann ein **Pfleger** bestellt werden, § 1912 I.

3. Die „vorgeburtliche Schädigung"

1049 Vor allem im Zusammenhang mit der vermuteten Verursachung von Missbildungen Neugeborener durch das Beruhigungsmittel „Contergan" ist folgende Frage diskutiert worden[6]: Werden Schadensersatzansprüche des krank Geborenen dadurch ausgeschlossen, dass die Schadensursache vor seiner Geburt liegt? Es gibt sogar Fälle, in denen der Geschädigte zur Zeit der Schädigungshandlung **noch nicht einmal gezeugt** war, wie bei **BGHZ 8, 243**: Am 9. 9. 1946 wurde durch ein Verschulden des beklagten Krankenhauses einer Frau verseuchtes Blut injiziert; diese brachte am 13. 10. 1947 die Klägerin mit angeborener Lues (Syphilis) zur Welt.

In solchen Fällen haben manche im Fehlen der Rechtsfähigkeit oder einer dem § 844 II 2 entsprechenden Vorschrift ein Hindernis für Schadensersatzansprüche gesehen. Doch ist das unrichtig. Denn jedenfalls spielt ein zeitlicher Abstand zwischen der Schädigungshandlung und dem Schadenseintritt („zeitliches Distanzdelikt") auch sonst keine Rolle. Wer z.B. die Statik eines Hauses falsch berechnet hat, haftet auch dann, wenn das Haus erst nach vielen Jahren einstürzt. Ob der dann Geschädigte bei der schädigenden Handlung (also der falschen Berechnung) schon geboren oder gezeugt war, hat unter keinem schadensrechtlichen Gesichtspunkt Bedeutung. Aber auch wo die Leibesfrucht sofort verletzt wird und sich das erst nach der Geburt zeigt[7], besteht gegen Ersatzansprüche des rechtsfähig gewordenen Verletzten kein Hindernis. Insbesondere erlaubt § 844 II 2 keinen Gegenschluss. Die Vorschrift betrifft nämlich nur die Vermögensverletzung aus dem Wegfall des Unterhaltsschuldners, dagegen nicht die in § 823 I geregelte Gesundheitsverletzung. Übrigens darf ebenso wenig eine Rolle spielen, dass der krank Geborene niemals gesund gewesen ist: Der unverletzte Zustand ist hier von der Natur vorgegeben und braucht daher nicht real bestanden zu haben[8].

1050 Wirklich problematisch ist die Frage nach dem Umfang der **Pflichten**, die **zur Vermeidung der Geburt kranker Kinder** zu beachten sind. Dabei geht es weniger um den Contergan- oder den Luesfall; hier gelten hinsichtlich der noch nicht Geborenen grund-

---

6 Etwa *Heldrich*, Der Deliktsschutz des Ungeborenen, JZ 1965, 593; *Laufs*, Haftung für Nachkommenschaftsschäden nach § 823 BGB, NJW 1965, 1055; *Medicus*, Zivilrecht und werdendes Leben (1985) 5 ff.; *Müller-Terpitz*, Der Schutz des pränatalen Lebens (2007); *Rheinstein*, Rechtswidrige Erzeugung menschlichen Lebens – ein neuer Grund deliktischer Haftung? FS von Hippel (1967) 373; *Selb*, Schädigung des Menschen vor Geburt – ein Problem der Rechtsfähigkeit?, AcP 166 (1966) 76; *Stoll*, Zur Deliktshaftung für vorgeburtliche Gesundheitsschäden, FS Nipperdey (1965) I 739.
7 Vgl. BGHZ 58, 48, 50.
8 Vgl. BGHZ 8, 243, 247; 58, 48, 49.

sätzlich dieselben Pflichten wie hinsichtlich der Lebenden. Mit großer Zurückhaltung sind dagegen Fälle zu behandeln, in denen ein Paar eine Anlage zu Erbkrankheiten kennt oder nur schuldhaft nicht kennt und trotzdem das Risiko einer Schwangerschaft eingeht: Wenn hier ein erbkrankes Kind geboren wird, müssen Schadensersatzansprüche gegen die Eltern regelmäßig ausgeschlossen sein. Der Grund dafür liegt aber wieder nicht beim Fehlen der Rechtsfähigkeit des Kindes zur Zeit der schädigenden Handlung. Maßgeblich ist vielmehr regelmäßig schon, dass in solchen Fällen das Kind ohne die Zeugung überhaupt nicht am Leben wäre: Dass im Vergleich damit das kranke Leben („wrongful life") einen Schaden bedeutet, lässt sich rechtlich nicht feststellen[9]. Übrigens hat auch der BGH in dem Luesfall und bei Verletzung einer Leibesfrucht durch einen Unfall der schwangeren Mutter Schadensersatzansprüche bejaht[10].

III. Ende der Rechtsfähigkeit

1. Der Tod

Die Rechtsfähigkeit endet (allein) mit dem Tod. Das steht zwar nicht ausdrücklich im BGB. Es ergibt sich aber aus der grundgesetzlichen Herleitung der Rechtsfähigkeit (vgl. oben Rz. 1043) sowie aus § 1922 I: Dass mit dem Tode einer Person deren Vermögen auf einen anderen (den Erben) übergehen soll, beruht eben darauf, dass der Tod die Rechtsfähigkeit des ersten Vermögensträgers beendet hat. Dagegen können Nichtvermögensrechte unter Umständen über den Tod hinaus fortdauern (**postmortales Persönlichkeitsrecht**)[11]. 1051

Der für den Tod **maßgebliche Zeitpunkt** wird im BGB nicht näher erörtert. Probleme sind hier vor allem durch den Fortschritt der Medizin entstanden: Auch nach dem Ende der Gehirntätigkeit (**Gehirntod**) können Atmung und Kreislauf u.U. noch für längere Zeit künstlich aufrechterhalten werden. Ob hier schon Tod anzunehmen ist, hat Bedeutung insbesondere für die Organentnahme zur Transplantation[12]: Dort ist Eile geboten, weil die Organe rasch für Transplantationen unbrauchbar werden. Dagegen kann für die Frage nach der Rechtsfähigkeit (und damit verbunden nach dem Eintritt des Erbfalls) regelmäßig ohne Schaden abgewartet werden[13]. Das ist auch ratsam. Denn es gilt zu verhindern, dass ein unerwartet „Wiederbelebter" als schon beerbt gilt und damit sein Vermögen verloren hat. Im Hinblick auf Rechtsfähigkeit und Erbfolge ist daher für den Tod von den in Betracht kommenden Zeitpunkten der letzte zu wählen[14]. Dann 1052

---

9 BGHZ 86, 240, 254, vgl. schon BGHZ 8, 243, 249; kritisch *Deutsch* JZ 1983, 451. Ausführlich dazu jetzt *Picker*, Schadensersatz für das unerwünschte eigene Leben „wrongful life" (1995).
10 BGHZ 8, 243 (unter Aufgabe der abweichenden Entscheidung BGH JZ 1951, 758); 58, 48; BGH VersR 1985, 499.
11 Vgl. BGHZ 50, 133 („Mephisto"); 107, 384 („Emil Nolde"); 143, 214 („Marlene Dietrich"); 169, 193 („Klaus Kinski") (Menschenwürde, Rz. 10) sowie *Schack* JZ 1989, 609, allgemein *Kehl*, Die Rechte der Toten (1991); *Hillgruber* ZfL 2006, 70; *Petersen* Jura 2008, 271, einschränkend BGHZ 165, 203.
12 Vgl. die Lit. bei MünchKomm-*Leipold* § 1922 Fn. 11 ff., dazu etwa noch *Brocker/Wagner* ZRP 1996, 226; *Schmidt-Jortzig*, Wann ist der Mensch tot? (1999); *Merkel*, Hirntod und kein Ende, Jura 1999, 113, weiter *Steffen* NJW 1997, 1619; *Spittler* JZ 1997, 747.
13 OLG Frankfurt/M. NJW 1997, 3099: „Gesamthirntod".
14 Ebenso MünchKomm-*Leipold* § 1922 Rz. 12.

gibt es keine Wiederbelebung nach einem vorausgegangenen Tod: Rechtlich hat dann nur ein Scheintod vorgelegen.

1052 a Die moderne Medizin ermöglicht vielfach eine **künstliche Lebensverlängerung**. Bisweilen ist diese aber unerwünscht, zumal wenn der Kranke bleibende Schäden fürchten muss. Dann kann dieser nach BGHZ 154, 205 eine solche Lebensverlängerung durch eine **Patientenverfügung** verbieten. Seit dem 1. 9. 2009 enthält § 1901 a eine entsprechende gesetzliche Regelung. Danach sind solche Verfügungen eines „einwilligungsfähigen Volljährigen" zu respektieren (zur Einwilligungsfähigkeit beim ärztlichen Heileingriff Rz. 200)[15]. Fehlen sie, ist der mutmaßliche Wille maßgeblich. Dieser kann durch einen Betreuer (§ 1901) ausgedrückt werden; eine Ablehnung der Lebensverlängerung bedarf dann freilich der Zustimmung des Betreuungsgerichts[16].

2. Todeserklärung nach Verschollenheit

1053 **a)** Schwierigkeiten anderer Art bereitet die **Feststellung des Todes** (und damit des Endes der Rechtsfähigkeit) bei **Verschollenheit**: Der Aufenthalt einer Person ist während längerer Zeit unbekannt und von ihr liegen keine Nachrichten vor; nach den Umständen muss an ihrem Fortleben gezweifelt werden (§ 1 VerschG, vgl. zu diesem Gesetz schon oben Rz. 1037). Dann eröffnen die §§ 3 ff. VerschG nach dem Ablauf bestimmter Fristen die Möglichkeit zu einer Todeserklärung. Diese Fristen reichen von 10 Jahren bis zu nur 3 Monaten (§§ 3 I, 6 VerschG). Ihre Länge richtet sich nach der Größe der Gefahr, die zu der Verschollenheit geführt hat. Am kürzesten ist die Frist daher bei der sog. Luftverschollenheit, § 6 VerschG: Bei Flugzeugabstürzen sind eben die Chancen für ein nicht alsbald bekannt werdendes Überleben am geringsten.

1054 **b)** Aus dem Verschollenheitsrecht seien hier bloß noch **zwei Einzelheiten** erwähnt:

aa) Nach § 9 VerschG begründet die Todeserklärung nur die **Vermutung**, der Verschollene sei zu dem in dem Beschluss angegebenen Zeitpunkt gestorben. Diese Vermutung kann aber jederzeit widerlegt werden, insbesondere durch das Wiederauftauchen des für tot Erklärten. Damit steht dann fest, dass die Rechtsfähigkeit nicht geendet hatte und insbesondere auch kein Erbfall eingetreten war. Daher kann der für tot Erklärte sein Vermögen bei den vermeintlichen Erben wieder einsammeln (§ 2031). Dagegen werden Dritte, die von den Scheinerben etwas erworben oder an sie Leistungen erbracht haben, nach Erbscheinsrecht geschützt (§ 2370).

1055 **bb)** § 11 VerschG begründet die sog. **Kommorientenvermutung** (von lat. *cum* = zusammen und *morire* = sterben): Wenn von mehreren gestorbenen oder für tot erklärten Menschen nicht bewiesen werden kann, dass der eine die anderen überlebt hat, wird Gleichzeitigkeit des Todes vermutet. Das hat im Erbrecht wesentliche Bedeutung: Wenn z.B. Ehemann und Ehefrau bei einem Flugzeugabsturz umkommen, kann ohne Widerlegung der Vermutung des § 11 VerschG kein Gatte den anderen beerben. Beim Fehlen von Kindern bleibt dann das Mannesvermögen im Mannesstamm und umgekehrt.

---

[15] Kritisch zur Beschränkung auf Volljährige *Lange* ZEV 2009, 537, 539; *G. Müller* DNotZ 2010, 169, 182; *Spickhoff* FamRZ 2009, 1949, 1951.
[16] Vgl. dazu *Berger* JZ 2000, 797; *Heyers* JuS 2004, 100; *Duttge* ZfL 2004, 30; *Diehm,* NJW 2010, 326; *Höfling,* Das neue PatientenverfügungsG, NJW 2009, 2849.

§ 64 Andere rechtliche Attribute des Menschen

I. Übersicht

Die oben § 63 behandelte Rechtsfähigkeit bildet nur eine der rechtlich erheblichen Eigenschaften des Menschen. Dazu kommen noch einige weitere. Von ihnen werden im Allgemeinen Teil geregelt der Wohnsitz (§§ 7 – 11, vgl. unten Rz. 1057 ff.) und ein Aspekt des Namensrechts (§ 12, vgl. unten Rz. 1063 ff.). Dagegen gehört die wichtige Staatsangehörigkeit ganz zum öffentlichen Recht.

1056

Von den genannten Rechten kann man das Namensrecht auch als besonderes Persönlichkeitsrecht verstehen. Daneben gibt es noch weitere spezialgesetzlich geregelte Persönlichkeitsrechte, die im weiteren Sinn zum Urheberrecht gehören (vgl. unten Rz. 1073). Endlich hat die Rechtsprechung seit etwa 1950 aus diesen speziellen Ansätzen ein allgemeines Persönlichkeitsrecht entwickelt; auch dieses stellt ein rechtliches Attribut des Menschen dar (vgl. unten Rz. 1076 ff.).

II. Der Wohnsitz

Wenn ein Rechtsverhältnis örtlich einzuordnen ist, stellen viele Vorschriften auf den Wohnsitz der Beteiligten ab. Beispiele bilden die §§ 269 I, 270 I für den Leistungsort, die §§ 132 II 2 BGB, 13, 15 ZPO für die gerichtliche Zuständigkeit und Art. 26 I Nr. 3 EGBGB für die anzuwendende nationale Rechtsordnung. Andere örtliche Anknüpfungspunkte werden bezeichnet als Aufenthalt, gewöhnlicher Aufenthalt, Wohnort oder Ort der gewerblichen Niederlassung[1]. – Wo sich der Wohnsitz befindet, regeln die §§ 7 – 11 BGB.

1057

1. Unter dem Wohnsitz wird üblicherweise der **Ort** verstanden, an dem sich der **Mittelpunkt oder der räumliche Schwerpunkt der Lebensverhältnisse** einer Person befindet[2]. Doch kann nach § 7 II eine Person mehrere Wohnsitze haben (wobei das BGB auch nicht zwischen erstem und zweitem Wohnsitz unterscheidet). Insofern passen die Bilder vom „Mittelpunkt" oder „Schwerpunkt" nicht ohne weiteres.

1058

2. Größere Bestimmtheit ergibt sich erst aus der Frage, **wie der Wohnsitz begründet und wieder aufgehoben** wird. Dabei ist zwischen zwei Arten des Wohnsitzes zu unterscheiden: dem gewillkürten (§§ 7, 8) und dem gesetzlichen (§§ 9, 11). Nach dem Gesetz bildet die willkürliche Begründung die Regel; die gesetzliche Bestimmung tritt ausnahmsweise für Personen ein, die in ihrem Willen nicht frei sind.

1059

a) Willkürlich wird der Wohnsitz durch ständige Niederlassung an einem Ort begründet, § 7 I. Dafür genügt schon der auf Dauer angelegte Bezug eines Pensionszimmers oder einer Schlafstelle bei Verwandten usw.; eine eigene Wohnung ist nicht erforderlich. Andererseits fehlt demjenigen ein Wohnsitz, der zwar eine Wohnung hat, sich aber dort nicht ständig aufhält und stattdessen umherzieht. Durch einen bloß als vorübergehend

---

1 Vgl. MünchKomm-*Schmitt* § 7 Rz. 10 ff.
2 Vgl. etwa MünchKomm-*Schmitt* § 7 Rz. 9.

gedachten Aufenthalt (z.B. für die Ferien oder zum Studium) wird regelmäßig kein weiterer Wohnsitz begründet. Gibt der Student freilich seinen früheren Wohnsitz auf, indem er mit seiner Habe an den Studienort zieht, so entsteht dort sein (einziger) Wohnsitz.

Aufgehoben wird der Wohnsitz durch die Aufhebung der Niederlassung mit dem Willen, sie aufzugeben, § 7 III. Weil dieser Wille fehlt, behalten z.B. der Ferienreisende und der Student regelmäßig ihren alten Wohnsitz. Gleiches gilt auch für den eingezogenen Wehrpflichtigen (vgl. § 9 II) und für Strafgefangene.

1060 Dabei sind die Begründung und die Aufhebung des Wohnsitzes keine Rechtsgeschäfte, weil ihre Folgen unabhängig davon eintreten, ob sie gewollt waren. Wegen der erheblichen Bedeutung der Wahl des Wohnsitzes verlangt § 8 I aber gleichwohl volle **Geschäftsfähigkeit** oder die Zustimmung des gesetzlichen Vertreters. Bloß der verheiratete oder verheiratet gewesene Minderjährige soll nach § 8 II seinen Wohnsitz allein bestimmen können.

1061 **b) Gesetzlich** bestimmt wird für Berufs- und Zeitsoldaten als Wohnsitz der Standort (§ 9) und für minderjährige Kinder der Wohnsitz der Eltern oder des Sorgeberechtigten (§ 11). Der Soldat kann aber neben seinem gesetzlichen Wohnsitz noch einen gewillkürten haben[3]. Nach h.M. kommt es auch für das minderjährige Kind zu einem doppelten Wohnsitz, wenn die beiden sorgeberechtigten Elternteile ihren gemeinsamen Wohnsitz aufgeben[4].

1062 Nicht mehr gesetzlich bestimmt ist dagegen der Wohnsitz der **Ehefrau** (oder geschlechtsneutral: des den Haushalt führenden Ehegatten). Zwar wird die Verpflichtung zur ehelichen Lebensgemeinschaft (§ 1353 I 2) bei Ehegatten regelmäßig einen gemeinschaftlichen Wohnsitz erfordern. Aber zwingend ist das nicht; vor allem hat keiner der Ehegatten ein Vorrecht bei der Wohnsitzbestimmung. Wenn sich die Ehegatten nicht einigen können, gibt es auch kein gerichtliches Bestimmungsrecht: Letztlich scheitert dann die Ehe.

III. Der Namen

Literatur: *Adler*, Der Name im deutschen und österreichischen Recht (1921); *Bartels*, Die Handelsfirma zwischen Namensrecht und Kennzeichenschutz, AcP 209 (2009) 309; *J. Baur*, Zum Namensschutz im deutschen und internationalen Privatrecht unter besonderer Berücksichtigung des Handelsnamens, AcP 167 (1967) 535; *von Bernstorff*, Das Recht des Familiennamens in der neueren Rechtsprechung, NJW 1961, 633; *Bußmann*, Name, Firma, Marke (1939); *Fabricius*, Extensive Auslegung des § 12?, JR 1972, 15; *Ficker*, Das Recht des bürgerlichen Namens (1950); *Hefermehl*, Der namensrechtliche Schutz geschäftlicher Kennzeichen, FS A. Hueck (1959) 519; *Heyers*, Schutz- und Verkehrsfähigkeit von Namensmarken (2006); *ders.*, Namensrechtlicher Schutz von Pseudonymen im Internet, JR 2006, 94; *Klippel*, Der zivilrechtliche Schutz des Namens (1985); *Lindenmaier*, Namens- und Firmenschutz im Geschäftsverkehr, BB 1953, 629; *Nussbaum*, Der persönliche Schutz gegen Namensmissbrauch (1933); *Petersen*, Namensrecht und Domain-Namen, Jura 2007, 175; *ders.*, Das Firmenrecht zwischen Bürgerlichem Recht und Handelsrecht, Jura 2013, 244; *Renck*, Der Name der Kirche, NVwZ 2001, 859; *Schmieder,* Name – Firma – Titel – Marke: Grundzüge des Rechts an der Bezeichnung, JuS 1995, 119; *Schmitt-Gaedke/*

---

[3] MünchKomm-*Schmitt* § 9 Rz. 1.
[4] BGHZ 48, 228; BGH NJW 1984, 971; FamRZ 1993, 48.

Arz, Der Namensschutz politischer Parteien, NJW 2013, 2729; *Siebert*, Das Namensrecht im Verhältnis zum Firmen-, Warenzeichen- und Wettbewerbsrecht, BB 1959, 641

1. Übersicht zum Namensrecht

a) Der Name ist das wichtigste Mittel, um im Rechtsverkehr eine Person von anderen zu unterscheiden. So kann ein Wissenschaftler oder Künstler unter seinem Namen bekannt werden. Umgekehrt vermag nicht selten ein Schuldner seinen Gläubigern zu entkommen, wenn es ihm gelungen ist, seinen Namen (und seinen Wohnsitz) zu wechseln. Diese Bedeutung des Namens gilt auch für öffentlich-rechtliche Pflichten (Steuern, Wehrpflicht). Daher gehört gerade das Recht der willkürlichen Namensänderung natürlicher Personen zum öffentlichen Recht (G über die Änderung von Familiennamen und Vornamen v. 5. 1. 1938)[5]. **1063**

Aber auch die **privatrechtlichen Vorschriften** über Erwerb und Änderung des Namens finden sich nicht im Allgemeinen Teil. Denn der **Familienname** wird regelmäßig durch Abstammung erworben und im Zusammenhang mit einer Ehe oder Adoption geändert. Daher ist er im Familienrecht geregelt, vgl. vor allem §§ 1355, 1616 ff.; 1757, 1765. Den **Vornamen** erwirbt das Kind durch die von den Eltern zu treffende Wahl[6]. Daraus muss das Geschlecht zu erkennen sein (Ausnahme „Maria" als zweiter männlicher Vorname). Sonst sind die Gerichte aber bei der Zulassung ungewöhnlicher oder neuer Namen sehr großzügig (vgl. *Dörner* Das Standesamt 1980, 170). So sollen zulässig sein „Philipp Pumuckl"[7] und „Bastian Samandu"[8]; „Samandu" sollte nach dem Willen der Mutter Ausdruck sein „für das geheimnisvolle Wachstum während der neun Monate im Mutterleib, für die zauberhaften Momente des Geburtsvorgangs und für das Wunder, dass aus der Liebe zweier Menschen ein neuer Mensch entsteht". Eine Überzahl von Vornamen (zwölf!) hat das OLG Düsseldorf aber abgelehnt und nur vier zugelassen; nach BVerfG NJW 2004, 1586 sind zwölf jedenfalls zu viel. Die Eintragung des Vornamens in das Geburtenbuch (vgl. § 22 PStG) wirkt nur deklaratorisch. – **Adelsprädikate** sind seit 1919 bloß noch Namensbestandteile (Art. 109 III 2 WRV), werden aber nach dem Geschlecht des Trägers verändert („Graf", „Gräfin" usw.)[9]. Der Zusatz „katholisch" genießt keinen Namensschutz[10]. **1064**

b) Geregelt wird demgegenüber **in § 12** nur der Schutz des (nach anderen Vorschriften erworbenen) Namens durch Ansprüche auf Beseitigung oder Unterlassung. Dies ist aber keine erschöpfende Regelung des Rechtsschutzes. Vielmehr kommen bei Verschulden des Verletzers auch Schadensersatzansprüche aus § 823 I in Betracht: Das Namensrecht ist im Sinne dieser Vorschrift ein „sonstiges Recht"[11]. Zudem kann unabhängig vom Verschulden nach § 812 I 1 Alt. 2 (Eingriffskondiktion) auch Herausgabe desjenigen gefordert werden, was durch die Verwendung eines fremden Namens **1065**

---

5 *Sartorius* Nr. 265, vgl. *P. Schwerdtner* NJW 1993, 302.
6 Vgl. *Grünberger* AcP 207 (2007) 314; *Gernhuber/Coester-Waltjen* FamR § 54 Rz. 36 ff.
7 OLG Zweibrücken NJW 1984, 1360.
8 BayObLG NJW 1984, 1362 mit Anm. *Gernhuber*.
9 RGZ 113, 107.
10 BGHZ 161, 214, dazu *Tillmanns* NJW 2006, 3180.
11 Münch-Komm-*Säcker* § 12 Rz. 166.

erlangt worden ist¹². Das gilt etwa bei der Verwendung des Namens „Carrera" auf der Abbildung eines Rennwagens als Reklame für eine Spielzeugautorennanlage¹³.

1066 **c)** § 12 steht in dem Titel über „Natürliche Personen" und betrifft daher direkt nur den (nach dem Familienrecht gebildeten) Namen **des Menschen**. Doch wird die Vorschrift auf viele andere Arten von Namen **entsprechend angewendet**: auf Künstlernamen und andere Pseudonyme, soweit sie im Verkehr verwendet werden; auf den Namen juristischer Personen (vgl. für den rechtsfähigen Verein §§ 57, 65) und des nicht rechtsfähigen Vereins¹⁴; auf die Firma des Kaufmanns; auf öffentlich-rechtliche Körperschaften (z.B. eine Gemeinde¹⁵; auf die (katholische) Kirche¹⁶; auf andere Unternehmensbezeichnungen, z.B. Hotelnamen. Selbst bloße Zahlenkombinationen können den Schutz des § 12 erlangen, wenn sie sich im Verkehr als Bezeichnung einer Person durchsetzen (z.B. 4711), ebenso das Rote Kreuz¹⁷. Geschützt ist auch der **Domain-Name**, also die Internet-Adresse¹⁸.

Allerdings gibt es für den Schutz **gewerblicher Namensbezeichnungen** mehrere Spezialvorschriften, nämlich § 37 HGB (Firma), und § 14 V-VII MarkenG (als Marke geschütztes Zeichen). Diese Vorschriften gehen in den Rechtsfolgen teils über § 12 hinaus; das kann hier nicht dargestellt werden.

2. Die Verletzung des Namensrechts

1067 Für die Verletzung des Namensrechts nennt § 12 zwei Alternativen, nämlich die Namensbestreitung (-leugnung) und die Namensanmaßung.

a) Bei der (nicht sehr bedeutsamen) **Namensbestreitung** wird jemandes Recht geleugnet, einen bestimmten Namen zu führen. Das kann insbesondere auch durch den absichtlichen Gebrauch eines anderen Namens erfolgen. So kann der Berechtigte nach einer Namensänderung (etwa durch Heirat) verlangen, mit seinem neuen Namen angeredet zu werden. Hierhin gehört auch BVerwG NJW 1974, 1207: Eine Gemeinde hatte ihren Namen zur Vermeidung von Verwechslungen mit gleichnamigen Orten durch die Beifügung eines Zusatzes geändert; sie kann jetzt von der Bahn verlangen, dass diese als Bahnhofsbezeichnung den neuen Namen verwende.

Dagegen ist die Benutzung eines Scherzartikelaufklebers mit dem Namen „Lusthansa" in Form und Farben des Emblems der Lufthansa nicht als Verletzung des Namensrechts angesehen worden¹⁹: wohl zutreffend, weil die Lufthansa so nicht „bezeichnet" (sondern verulkt) worden ist.²⁰

---

12 *P. Schwerdtner* § 12 Rz. 245.
13 BGHZ 81, 75.
14 RGZ 78, 101, 102.
15 BVerwG NJW 1974, 1207; LG Mannheim NJW 1996, 2736.
16 BGHZ 124, 173, vgl. BVerfG NJW 1994, 2346.
17 BGHZ 126, 287.
18 Dazu etwa BGHZ 155, 273; *Bücking* NJW 1997, 1886; *Marwitz* ZUM 2001, 398; *Härting* BB 2002, 2028; *Körner* NJW 2002, 3442. Zur Zulässigkeit der Namenswahl etwa BGHZ 148, 1 („Mitwohnzentrale"); BGH NJW 2002, 2011 („Shell.de"), zur Sorgfalt bei der Registrierung BGHZ 148, 13 („Ambiente"), zum durch die Verfassung gewährten Schutz BVerfG NJW 2005, 589.
19 OLG Frankfurt NJW 1982, 648.
20 Ähnlich BGHZ 91, 117, 120; 98, 94, vgl. unten Rz. 1081. Vgl. auch dazu *Hubmann* JZ 1984, 942; *Moench* NJW 1984, 2920; *Schulze zur Wiesche* GRUR 1984, 687.

b) Bei der (weit bedeutsameren) **Namensanmaßung** verletzt ein Dritter das Interesse **1068**
des Berechtigten, indem er unbefugt dessen Namen gebraucht. Das kann erstens **zur Kennzeichnung der eigenen Person** des Dritten geschehen: Dieser tritt unter einem ihm nicht zustehenden Namen auf[21]. Den eigenen Namen darf eine Person aber auch dann verwenden, wenn dadurch Verwechslungsgefahr besteht. Anders verhält es sich nur im Firmen- und Wettbewerbsrecht[22].

Zweitens liegt nach h.M.[23] eine Namensanmaßung aber auch darin, dass unbefugt **1069**
Waren oder Einrichtungen mit einem fremden Namen **bezeichnet** und so mit dem Namensträger in Verbindung gebracht werden. So hat BGH NJW 1963, 2267 eine Verletzung des Namensrechts der Stadt Dortmund durch die Leuchtreklame einer Brauerei „Dortmund grüßt mit H.- Bier" für möglich gehalten (nämlich dann, wenn im Verkehr „Dortmund" und „Stadt Dortmund" gleichgesetzt werden). Freilich muss der Hinweis auf die fremde Person ergeben, „dass die angepriesenen Leistungen oder Erzeugnisse dem Genannten irgendwie zuzurechnen seien oder unter seinem Namen in Erscheinung treten sollen"[24]. Das hat der BGH[25] bei einer Reklamegeschichte für ein Haftmittel für Zahnprothesen verneint; diese Geschichte handelte von dem Missgeschick einer Sängerin, die bei einem Auftritt ihr Gebiss verlor, und begann mit den Worten: „Wenn ich auch nicht so berühmt wurde wie meine große Kollegin Catarina Valente ...". Doch soll für § 12 genügen, dass jemand einen fremden Namen für sich als Internet-Adresse registrieren lässt[26].

Drittens kommt eine Namensanmaßung auch dadurch in Betracht, dass der Verletzer **1070**
eine existierende **dritte Person mit einem fremden Namen bezeichnet**: Hiergegen muss sich der Namensträger wehren können, weil die Gefahr einer Identitätstäuschung besteht[27]. Jedoch genügt nach h.M.[28] nicht die Namensverwendung für eine Roman- oder Bühnenfigur: Hier ist ja keine Identitätstäuschung zu befürchten. Der Namensträger kann sich nur aus seinem Persönlichkeitsrecht wehren, soweit er unrichtig oder sonst in unzulässiger Weise dargestellt wird (vgl. unten Rz. 1081).

3. Die Ansprüche aus § 12

§ 12 gewährt ebenso wie andere Vorschriften, die sich gegen die Störung von absoluten **1071**
Rechten oder ähnlichen Positionen wenden (z.B. §§ 862, 1004), zwei Ansprüche:

Erstens kann der Berechtigte die **Beseitigung** der Beeinträchtigung verlangen. Im Fall von BGH NJW 1963, 2267 muss also die Brauerei das Wort „Dortmund" aus ihrer Leuchtreklame entfernen; in BVerwG NJW 1974, 1207 hat die Bahn die unrichtig gewordene Ortsbezeichnung von den Bahnhofsschildern und aus den Kursbüchern zu

---

21 Z.B. OLG Düsseldorf NJW 1987, 1413 („Heino").
22 Vgl. etwa BGH NJW 1983, 1184 zur Verwendung des Vornamens „Uwe" durch jemanden anders als Uwe Seeler.
23 Vgl. MünchKomm-*Säcker* § 12 Rz. 96.
24 BGHZ 30, 7, 10.
25 BGHZ 30, 7, 10.
26 BGH NJW 2005, 1196.
27 MünchKomm-*Bayreuther* § 12 Rz. 151.
28 MünchKomm-*Bayreuther* § 12 Rz. 68.

tilgen (und die richtige zu verwenden). Zweitens kann der Berechtigte aber auch für die Zukunft **Unterlassung** fordern. § 12 S. 2 gewährt diesen Anspruch nur, wenn „weitere Beeinträchtigungen zu besorgen" sind (sog. Wiederholungsgefahr). Doch ist die Gesetzesfassung hier und an anderen Stellen (z.B. in § 1004 I 2) anerkanntermaßen ungenau: Mit dem Unterlassungsanspruch muss schon eine *erste* Beeinträchtigung untersagt werden können, wenn diese hinreichend nahe bevorsteht. Man spricht also besser von **Begehungsgefahr.**

IV. Persönlichkeitsrechte

1. Besondere Persönlichkeitsrechte

Literatur: *Hahn*, Das Recht am eigenen Bild, anders betrachtet, NJW 1997, 1348; *Helle*, Besondere Persönlichkeitsrechte im Privatrecht (1991, dazu *Neumann-Duesberg* VersR 1991, 957); *Müller*, Möglichkeiten und Grenzen des Persönlichkeitsrechts, VersR 2000, 797; *Petersen*, Medienrecht (5. Aufl. 2010) § 3; *Schulz/Jürgens*, Das Recht am eigenen Bild ..., JuS 1999, 664; *Wiese*, Bildnisschutz des Arbeitnehmers im Arbeitskampf, FS Hubmann (1985) 481

1072 Das eben behandelte Namensrecht schützt die Individualität des Namensträgers und damit ein Stück von dessen Persönlichkeit. Daher kann man das Namensrecht als ein besonderes Persönlichkeitsrecht auffassen[29].

1073 **a)** Ein weiteres besonderes Persönlichkeitsrecht findet sich im **Urheberrecht**; es betrifft „den Urheber in seinen geistigen und persönlichen Beziehungen zum Werk" (§ 11 UrhG). So hat der Urheber das Recht, über die Veröffentlichung (§ 12 UrhG) und über die Urheberbezeichnung (§ 13 UrhG) zu bestimmen; auch kann er gewisse Entstellungen des Werkes verbieten (§ 14 UrhG). Ähnlich kann bei gewerblich anwendbaren Erfindungen der Erfinder ein Patent verlangen (§ 6 PatG) und so die Erfindung mit seiner Person verbinden. Man spricht hier von Urheberpersönlichkeitsrechten.

1074 **b)** Als besonderes Persönlichkeitsrecht lässt sich auch das **Recht am eigenen Bild** verstehen, das jetzt auch durch § 201 a StGB geschützt wird[30]. Es betrifft Abbildungen eines Menschen. Diese können als Kunstwerke für den Urheber nach dem UrhG geschützt sein. Zusätzlich geschützt wird aber auch der Abgebildete: Er kann nach § 22 KUG regelmäßig darüber entscheiden, ob das Bildnis verbreitet oder öffentlich zur Schau gestellt werden darf. Nach dem Tod des Abgebildeten ist für 10 Jahre noch die Einwilligung der nächsten Angehörigen nötig.

Freilich hat das Recht am eigenen Bild eine ganze Reihe von **Ausnahmen**: für (absolute oder relative[31]), Personen der Zeitgeschichte oder Personen, die nur als Beiwerk oder als Versammlungsteilnehmer dargestellt werden (§ 23 I Nr. 1 – 3 KUG). Vorrangig sind auch ein „höheres Interesse der Kunst" (§ 23 I Nr. 4 KUG) sowie „Zwecke der Rechtspflege und der öffentlichen Sicherheit" (§ 24 KUG); andernfalls könnte ja auch ein Verbrecher die Verbreitung seines Steckbriefs verbieten!

---

29 So schon RGZ 69, 401, 403.
30 Vgl. *Borgmann* NJW 2004, 2133; MünchKomm-*Rixecker* § 12 Anhang Rz. 58 ff. mit weit. Angaben.
31 Vgl. BVerfG NJW 2001, 1921.

Aber für die Ausnahmen von § 23 I KUG gibt es wieder eine **Gegenausnahme**, bei deren Vorliegen sich also das Verbietungsrecht des Abgebildeten durchsetzt: Die Verbreitung oder Schaustellung des Bildes darf nicht ein berechtigtes Interesse des Abgebildeten oder dessen Hinterbliebenen verletzen. Gerade hierzu gibt es eine umfangreiche Rechtsprechung. Sie betrifft etwa die Frage, inwieweit ein bekannter **Fußballspieler** (der unter § 23 I Nr. 1 KUG fällt) die gewerbliche Verwertung seines Bildes verbieten kann: auf Sammelbildern[32], in einer Werbeanzeige für Fernsehgeräte[33], auf einem Fußball-Wandkalender[34]. Diskutiert worden ist auch, inwieweit die **Polizei** das Fotografieren der bei Demonstrationen oder ähnlichen Anlässen eingesetzten Beamten verhindern darf[35]. Nach BGH VersR 1985, 391 deckt die Einwilligung zur Abbildung eines **Nacktfotos** in einem Biologiebuch nicht auch die Ausstrahlung dieses Fotos im Fernsehen[36]. Ehemalige Freundinnen von Prominenten können selbst Personen der Zeitgeschichte sein; fraglich ist aber, wie lange dieser Zustand das Verhältnis überdauert. Veränderungen eines Fotos können unzulässig sein[37].

c) Ansätze zu einem besonderen Persönlichkeitsrecht finden sich auch bei dem in den letzten Jahren stark betonten **Datenschutz**[38]. Seine Grundlage ist das BundesdatenschutzG (BDSG, *Sartorius* Nr. 245) v. 27. 1. 1977, Neufassung v. 14. 1. 2003. Dieses soll schützen vor dem Missbrauch personenbezogener Daten bei der Erhebung, Verarbeitung und Nutzung (§ 1 BDSG). Einzelheiten können hier nicht dargestellt werden; das Datenschutzrecht ist zu einem eigenen Rechtsgebiet geworden. Fraglich ist vor allem, inwieweit über die im BDSG geregelten Ansprüche hinaus noch weitere aus allgemeinen Anspruchsgrundlagen (etwa § 823 I) hergeleitet werden können. Der BGH hat sich vorsichtig zurückgehalten[39].

1075

2. Allgemeines Persönlichkeitsrecht

Literatur: Fast unübersehbar, weitere Nachweise bei *Petersen*, Medienrecht (5. Aufl. 2010) § 4. *Beater*, Persönlichkeitsschutz Minderjähriger und mediale Berichterstattung, JZ 2013, 111; *Bender*, Das postmortale allgemeine Persönlichkeitsrecht: Dogmatik und Schutzbereich, VersR 2001, 815; *Beuthien*, Ist das Allgemeine Persönlichkeitsrecht eine juristische Missgeburt?, 2. FS Medicus (2009) 1; *Brandner*, Das allgemeine Persönlichkeitsrecht in der Entwicklung durch die Rechtsprechung, JZ 1983, 689; *von Caemmerer*, Der privatrechtliche Persönlichkeitsschutz nach deutschem Recht, FS von Hippel (1967) 27; *Coing*, Die Entwicklung des zivilrechtlichen Persönlichkeitsschutzes, JZ 1958, 588; *Degenhart*, Das allgemeine Persönlichkeitsrecht, Art. 2 I mit Art. 1 I GG, JuS 1992, 361; *Deutsch*, Das Persönlichkeitsrecht des Patienten, AcP 192 (1992) 161;

1076

---

32 Ja, BGHZ 49, 288.
33 Ja, BGH NJW 1979, 2205.
34 Nein, BGH NJW 1979, 2203.
35 Dazu etwa OLG Bremen NJW 1977, 158; OLG Celle NJW 1979, 57; *Franke* NJW 1981, 2033.
36 Vgl. zu weiteren Fällen *Seitz*, Einmal nackt, immer frei?, NJW 2000, 2167.
37 BGH NJW 2005, 3271.
38 Dazu etwa *Arndt* JuS 1988, 681; *Heußner* BB 1990, 1281; *Büllesbach* NJW 1991, 2593; *Gallwas* NJW 1992, 2785; *Kunig* Jura 1993, 595, allgemein *Wohlgemuth*, Datenschutzrecht (3. Aufl. 1999), mit Recht kritisch aber *Ehmann* AcP 188 (1988) 230.
39 BGHZ 80, 311; 91, 233, vgl. *Klippel* BB 1983, 407.

Ehmann, Die Struktur des Allgemeinen Persönlichkeitsrechts, JuS 1997, 193; *Erichsen/Kollhosser/Welp* (Hrsg.), Recht der Persönlichkeit (1996); *Fischer,* Die Entwicklung des postmortalen Persönlichkeitsrechts (2004); *Forkel,* Zur systematischen Erfassung und Abgrenzung des Persönlichkeitsrechts auf Individualität, FS Hubmann (1985) 93; *ders.,* Allgemeines Persönlichkeitsrecht und „Wirtschaftliches Persönlichkeitsrecht", FS Neumayer (1986) 229; *ders.,* Das Persönlichkeitsrecht am Körper, gesehen besonders im Lichte des TransplantationsG, Jura 2001, 73; *Geis,* Der Kernbereich des Persönlichkeitsrechts, JZ 1991, 112; *Götting* u.a., Handbuch des Persönlichkeitsrechts (2007); *J. Hager,* Persönlichkeitsschutz gegenüber Medien, Jura 1995, 566; *ders.,* Der Schutz der Ehre im Zivilrecht, AcP 196 (1996) 168; *ders.,* Der Schutz der Persönlichkeit im Prozess, 2. FS Medicus (2009) 171; *ders.,* Das Persönlichkeitsrecht im europäischen, österreichischen und deutschen Recht, öJBl 2013, 273; *ders.,* Der Schutz der Persönlichkeit und des Privatlebens im Verfassungsrecht und im Zivilrecht, Ritsumeikan Law Review 31 (2014) 53; *Hubmann,* Das Persönlichkeitsrecht (2. Aufl. 1967); *Jarass,* Das allgemeine Persönlichkeitsrecht im Grundgesetz, NJW 1989, 857; *Kamlah,* Right of Privacy (1969); *Klippel,* Der zivilrechtliche Persönlichkeitsschutz von Verbänden, JZ 1988, 625; *Kübler,* Öffentlichkeit als Tribunal?, JZ 1984, 541; *G. Küchenhoff,* Persönlichkeitsschutz kraft Menschenwürde, FS Geiger (1974) 45; *D. Lorenz,* Die verfassungsrechtliche Garantie der Menschenwürde und ihre Bedeutung für den Schutz menschlichen Lebens vor der Geburt, ZfL 2001, 38; *Peifer,* Persönlichkeitsrechte im 21. Jahrhundert – Systematik und Herausforderungen, JZ 2013, 853; *Petersen,* Postmortaler Persönlichkeitsschutz, Jura 2008, 271; *Schlechtriem,* Inhalt und systematischer Standort des allgemeinen Persönlichkeitsrechts, DRiZ 1975, 65; *P. Schwerdtner,* Das Persönlichkeitsrecht in der deutschen Zivilrechtsordnung (1977); *Seifert,* Postmortaler Schutz des Persönlichkeitsrechts und Schadensersatz, NJW 1999, 1889; *Seitz,* Alles starrt auf Monica ..., NJW 1999, 1940; *Simon,* Das allgemeine Persönlichkeitsrecht und seine gewerblichen Erscheinungsformen (1981, dazu *Klippel* AcP 184, 1984, 514); *Steindorff,* Persönlichkeitsschutz im Zivilrecht (1983); *Teske,* Personaldatenverarbeitung und Persönlichkeitsschutz, ZIP 1987, 960; *R. Weber,* Ehrenschutz im Konflikt mit der Pressefreiheit, FS Faller (1984) 443; *Wiese,* Der Persönlichkeitsschutz des Arbeitnehmers gegenüber dem Arbeitgeber, ZfA 1971, 273; *Zippelius,* Meinungsfreiheit und Persönlichkeitsrecht, FS Hubmann (1985) 511.

a) Entwicklung

1077 **aa) Das BGB** hat unter die Schutzgüter des § 823 I bewusst weder ein allgemeines Persönlichkeitsrecht noch auch nur die Ehre aufgenommen. Folglich war die persönliche Ehre nur durch § 826 und § 823 II in Verbindung mit den §§ 185 ff. StGB geschützt; dazu kam noch der Schutz des geschäftlichen Rufs durch § 824. Das RG hat diesen Schutz und denjenigen durch die besonderen Persönlichkeitsrechte (vgl. oben Rz. 1072 ff.) zwar in mancher Hinsicht erweitert, ihn aber doch nicht verallgemeinert (vgl. die Angaben in BGHZ 13, 334, 337 f.).

Zur Anerkennung ist das allgemeine Persönlichkeitsrecht erst 1954 durch den **BGH** aus einem relativ geringfügigen Anlass und mit ganz kurzer Begründung gelangt: Der beklagte Verlag hatte in seiner Wochenzeitung einen kritischen Artikel über die neueren Geschäfte des ehemaligen Reichsbankpräsidenten und Reichswirtschaftsministers *Dr. Hjalmar Schacht* veröffentlicht. Der klagende Rechtsanwalt verlangte namens von Schacht eine Berichtigung. Der Beklagte veröffentlichte jedoch nur einen Auszug dieses Schreibens, und zwar unter der Rubrik „Leserbriefe". Die Vorinstanz (OLG Hamburg) hatte die auf Widerruf gerichtete Klage abgewiesen: Zwar erwecke die Art der Veröffentlichung den unwahren Eindruck, der Kläger habe einen Leserbrief geschrieben. Das beeinträchtige aber weder den Kredit noch die Ehre des Klägers.

Demgegenüber hat der BGH[40] in einem einzigen Satz unter Hinweis auf das GG (Art. 1 Menschenwürde und Art. 2 Persönlichkeitsentfaltung) das allgemeine Persönlichkeitsrecht als ein „verfassungsmäßig gewährleistetes Grundrecht" bezeichnet. Dieses sei hier verletzt, weil die veränderte Wiedergabe der Äußerung des Klägers „ein falsches Persönlichkeitsbild" vermitteln könne[41].

bb) Diese Rechtsprechung hat sich **alsbald ausgebreitet.** Sie ist zudem hinsichtlich der Rechtsfolge wesentlich erweitert worden, und zwar erstmals durch BGHZ 26, 349. Hier hatte die beklagte Herstellerin des Potenzmittels „Okasa" in ihrer Werbung unbefugt ein Bild des Klägers verwendet, das diesen als *Herrenreiter* zeigte. In diesem Fall war ein Widerruf wirkungslos; er hätte allenfalls weitere Nachteile gebracht. Es kam also nur ein Schadensersatzanspruch auf Geld in Betracht. BGHZ 20, 345 hatte in einem anderen Fall der unbefugten Verwendung eines Bildes für die Werbung einen Vermögensschaden angenommen, der in dem Entgang einer Lizenzgebühr liegen sollte. Damals war aber ein Schauspieler (*Paul Dahlke*) betroffen, von dem der BGH geglaubt hatte, er sei gegen Entgelt zur Werbung bereit. Dagegen war der klagende „Herrenreiter" ein wohlhabender Brauereibesitzer, der sein Bild zur Werbung für „Okasa" um keinen Preis zur Verfügung gestellt hätte. Daher hat BGHZ 26, 349 entgegen § 253 als Genugtuung eine Geldentschädigung für einen Nichtvermögensschaden gewährt. Später hat der BGH dann angenommen, § 253 sei bei Persönlichkeitsverletzungen durch die abweichenden Wertungen des Grundgesetzes verdrängt[42]. Diese richterliche Rechtsfortbildung hat dann auch die Billigung des BVerfG gefunden[43]. Die Bedenken dagegen stammen im Wesentlichen aus dem Schadensrecht (§ 253) und sind hier nicht weiter zu verfolgen[44]. Weitere Anwendungsfälle bilden die Veröffentlichungen erfundener Interviews[45].

1078

b) Inhalt des allgemeinen Persönlichkeitsrechts

Das Problem des allgemeinen Persönlichkeitsrechts ist seine Unbestimmtheit. Denn der Schutz einer Person geht häufig zu Lasten der Rechte oder Interessen einer anderen Person. Daher hatte schon BGHZ 13, 334, 338 gesagt, die Abgrenzung des allgemeinen Persönlichkeitsrechts bedürfe „in besonderem Maße einer **Güterabwägung**". Noch deutlicher wird BGHZ 24, 72, 80: „Bei den Konfliktsmöglichkeiten, die sich daraus ergeben, dass das allgemeine Persönlichkeitsrecht eines jeden mit dem eines jeden anderen gleichen Rang hat und die freie Entfaltung der Persönlichkeit gerade in dem Hinausstreben des Einzelnen über sich selbst besteht ..., bedarf es im Streitfalle einer Abgrenzung, für die das Prinzip der Güter- und Interessenabwägung maßgebend sein muss". *Fikentscher* hat daher das allgemeine Persönlichkeitsrecht (ebenso wie das Recht am eingerichteten und ausgeübten Gewerbebetrieb) als **„Rahmenrecht"** bezeichnet (vgl. oben Rz. 71). Die Einzelheiten werden regelmäßig bei § 823 I behan-

1079

---

40 BGHZ 13, 334, 338.
41 BGHZ 13, 334, 339.
42 BGHZ 35, 363 („Ginsengwurzel"). Zur fehlenden Vererblichkeit BGHZ 201, 45 („Peter Alexander").
43 BVerfG 34, 269 („Soraya").
44 Vgl. etwa *Ehlers*, Der Geldersatz für immaterielle Schäden bei deliktischer Verletzung des allgemeinen Persönlichkeitsrechts (1977), dazu *Sack* GRUR 1981, 850.
45 Z.B. BGHZ 128, 1; BGH NJW 1996, 984, beide betr. Caroline von Monaco.

delt⁴⁶. Ein gutes Beispiel für die notwendige Abwägung, die zu einem Hin und Her der Argumente führt, findet sich etwa in BVerfG NJW 2009, 3357.

Zu dieser Abwägung sind generelle Aussagen kaum möglich. Immerhin lässt sich der mannigfache Inhalt des Persönlichkeitsrechts durch **Fallgruppen** verdeutlichen. Dabei zeigen sich wohl die folgenden Schwerpunkte:

1080 (1) Teils wird der beschränkte **Ehrenschutz** des BGB erweitert (z.B. BGHZ 39, 124 *Fernsehansagerin*). Mit Recht abgelehnt worden ist dagegen ein Verbot der Verwendung des Wortes „Altweibersommer" im Wetterbericht⁴⁷. Freilich wird der Ehrenschutz im (zumal politischen) Meinungskampf bedenklich eingeschränkt⁴⁸.

1081 (2) Teils werden Personen dagegen geschützt, dass von ihnen – etwa durch falsche Zitate – in der Öffentlichkeit **ein falsches** (nicht notwendig ehrenrühriges) **Bild** entsteht⁴⁹. Diese Verfälschung kann auch darin bestehen, dass eine Person in den Zusammenhang mit einer Ware oder Einrichtung gebracht wird, mit der sie nichts zu tun hat z.B. BGHZ 26, 349 („Herrenreiter"); 30, 7, 10 („Catarina Valente"); BVerfG NJW 1999, 1322 („*Scientology*-Mitgliedschaft"). Unter diesem Gesichtspunkt (oder wegen Verletzung des Gewerbebetriebs) hätte auch der Fall von BGHZ 98, 94 (oben Rz. 1067) anders entschieden werden können⁵⁰. Zu Recht ist die unbefugte Verwendung von Bild, Namen und Namenszug der Marlene Dietrich für unzulässig erklärt worden. Dabei hat der BGH ausgesprochen, der Schutzbereich des postmortalen Persönlichkeitsrechts umfasse auch kommerzielle Interessen⁵¹.

Umgekehrt soll das allgemeine Persönlichkeitsrecht auch das Recht auf **Kenntnis der eigenen Abstammung** umfassen⁵². Freilich ist diese Kenntnis bei anonymer Geburt⁵³ praktisch ausgeschlossen. Aber das durch die Geburt ermöglichte Leben wiegt allemal schwerer als die Kenntnis der Herkunft.

1082 (3) Teils wird die **Intimsphäre** gegen unbefugtes Eindringen anderer geschützt, was wegen der erweiterten technischen Möglichkeiten zu solchem Eindringen besonders nötig ist⁵⁴. Über das KUG hinaus (vgl. oben Rz. 1074) kann hierunter schon die heimliche Aufnahme eines Bildes fallen⁵⁵; ebenso die Aufbewahrung von Fragebögen mit Angaben aus der Privatsphäre des Arbeitnehmers durch den Arbeitgeber nach erfolgloser Bewerbung⁵⁶. Ein Entmündigter sollte seinen Status beim Abschluss eines Mietvertrags nicht *ungefragt* offenbaren müssen⁵⁷. Ein Gespräch unter vier Augen darf nicht

---

46 Vgl. etwa *Larenz/Canaris* SchuldR II/2 § 80; *Medicus/Lorenz* SBT Rz. 1308.
47 LG Darmstadt NJW 1990, 1997 mit *Wacke* FamRZ 1990, 513.
48 So etwa in BGH NJW 1994, 124; BVerfG NJW 1995, 3303, vgl. etwa *Otto* Jura 1997, 139.
49 Z.B. BGHZ 13, 334 („Leserbrief"); BVerfG NJW 1980, 2070; 2072; BGH NJW 1982, 635, vgl. *Roellecke* JZ 1980, 701.
50 Vgl. kritisch *Dunz* ZIP 1986, 1174; *Hubmann* JZ 1986, 1110.
51 BGHZ 143, 214, dazu etwa *Schack* JZ 2000, 1060; *Götting* NJW 2001, 585; *A. Staudinger/Rüdiger Schmidt* Jura 2001, 241.
52 BVerfG NJW 1989, 891, dazu *Starck* JZ 1989, 338; *Giesen* ebenda 364; *Eidenmüller* JZ 1998, 789.
53 Dazu *Benda* JZ 2003, 533.
54 Z.B. BGHZ 73, 120 („Stern"); 131, 332 („Caroline von Monaco"), später auch in Verbindung mit Ernst August Prinz von Hannover, etwa BVerfG NJW 2000, 2190; 2001, 1921.
55 Etwa BGHZ 24, 200 („Spätheimkehrer"), auch die Paparazzi von BGHZ 131, 332.
56 BAG NJW 1984, 2910, vgl. auch BAG NJW 1986, 341.
57 BVerfG NJW 1991, 2411; aber wer stellt schon solche Fragen?

ohne weiteres mitgehört werden[58]. Unerlaubt ist auch ein HIV-Test ohne das Einverständnis des Betroffenen[59]. Umgekehrt kann auch die Pressefreiheit Schutz gegen die Veröffentlichung widerrechtlich erlangter Informationen gewähren[60]. Der BGH[61] hat im Kreditantragsformular einer Bank die sog. Schufaklausel nach § 307 für unzulässig gehalten: Nach dieser Klausel sollte die Bank die Daten des Kreditnehmers zur Speicherung an die „Schutzgemeinschaft für allgemeine Kreditsicherung" übermitteln dürfen[62]. Im allgemeinsten Sinn gehört hierhin noch das vom BVerfG in dem Volkszählungsurteil[63] anerkannte „Recht auf informationelle Selbstbestimmung"[64]. Mit Recht kritisch zum Recht auf informationelle Selbstbestimmung *Ehmann*, AcP 188 (1988) 230, vgl. auch zu den neu auftauchenden Problemen der Genomanalyse[65]. Der BGH anerkennt inzwischen etwa ein Recht auf **Nichtwissen der eigenen genetischen Veranlagung**[66].

(4) In neuerer Zeit endlich mehren sich die Tendenzen, das allgemeine Persönlichkeitsrecht als Schutzmittel gegen **unverlangte Werbezusendungen** einzusetzen[67]. Auf der Grundlage einer Verbraucherschutzrichtlinie stellt § 241 a den Empfänger einer solchen Zusendung von allen Ansprüchen des Absenders frei; dieser verliert also die nicht bestellte Leistung ohne Rückforderungsmöglichkeit oder Gegenleistung.

1083

---

58 BGH NJW 1991, 1180, auch BAG NJW 2010, 104 zu einem Telefonat.
59 LG Köln NJW 1995, 1621.
60 BVerfG NJW 1984, 1741 gegen BGHZ 80, 25 („Wallraff").
61 BGHZ 95, 362.
62 Dazu *Petersen*, Das Bankgeheimnis zwischen Individualschutz und Institutionsschutz (2005).
63 BVerfG NJW 1984, 419.
64 Vgl. auch die Aufsätze von *Rehbein*, *Steindorff*, *Lerche*, *Zöllner* und *Hendriks* zu Bankgeheimnis, Persönlichkeitsschutz und Kreditauskünften durch die Schufa in ZHR 149 (1985) 139 ff.; 151 ff.; 165 ff.; 179 ff. und 199 ff.
65 *Taupitz* JZ 1992, 1089.
66 BGH NJW 2014, 2190.
67 Vgl. etwa BGHZ 106, 229 mit Anm. *P. Schwerdtner* JR 1989, 245; BGH NJW 1992, 1958, aber auch BVerfG NJW 1991, 2339; BVerwG NJW 1989, 2409; OLG Bremen NJW 1990, 2140; OLG Hamburg NJW 1991, 2914; OLG Karlsruhe ZIP 1991, 1027; NJW 1991, 2913; OLG Stuttgart NJW 1991, 2912 sowie *Alt* NJW 1986, 1597; *Freund* BB 1986, 409; *Kaiser* NJW 1991, 2780.

§ 65 Die juristische Person

Literatur: *Brand*, Der Organbesitz (2015); *Flume*, AT I 2: Die juristische Person (1983, dazu *John*, AcP 185, 1985, 209); *ders.*, Gesamthandsgesellschaft und juristische Person, FS L. Raiser (1974) 27; *ders.*, Die werdende juristische Person, FS Geßler (1971) 3; *ders.*, Zur Enträtselung der Vorgesellschaft, NJW 1981, 1753; *ders.*, Körperschaftliche juristische Person und Personenverband, FS Kegel (1987) 147; *Beuthien*, Gibt es eine organschaftliche Stellvertretung? NJW 1999, 1142; *Frotscher*, Begriff und Rechtsstellung der juristischen Person des öffentlichen Rechts, JuS-L 1997, 49; *J. Hager*, Teilrechtsfähigkeit und Ultra-vires-Lehre, FS Köhler (2014) 229; *John*, Die organisierte Rechtsperson (1977, dazu *Hüffer* ZHR 142, 186); *Kübler/Assmann* GesR §§ 10; *K. W. Lange*, Grundzüge des Rechts der GbR, Jura 2015, 547; *Lutter*, Die zivilrechtliche Haftung in der Unternehmensgruppe, ZGR 11 (1982) 244 (auch *D. Schmidt* ebenda 276 zum französischen Recht); *Mummenhoff*, Gründungssysteme und Rechtsfähigkeit (1979); *Petersen*, Der Gläubigerschutz im Umwandlungsrecht (2001); *ders.*, Die rechtsfähige Personengesellschaft, Jura 2004, 683; *ders.*, Die fehlgeschlagene Einmanngründung – liquidationsloses Erlöschen oder Fiktion des Fortbestandes?, NZG 2004, 400; *T. Raiser,* Gesamthand und juristische Person im Licht des neuen Umwandlungsrechts, AcP 194 (1994) 493; *ders.*, Der Begriff der juristischen Person – eine Neubesinnung, AcP 199 (1999) 104; *Rittner,* Die werdende juristische Person (1973, dazu *P. Ulmer* ZHR 140, 1976, 61); *Schürnbrand,* Die Organschaft im Recht der privaten Verbände (2007); *K. Schmidt,* Gesellschaftsrecht (4. Aufl. 2002); *ders.,* Systemfragen des Vereinsrechts, ZHR 147 (1983) 43; *ders.,* Ultra-vires-Doktrin: tot oder lebendig?, AcP 184 (1984) 529; *ders.,* Einhundert Jahre Verbandstheorie im Privatrecht (1987); *P. Wagner,* Die juristische Person mit beschränkter Haftung, JZ 2008, 630; *U. Seibert,* Die rechtsfähige Personengesellschaft, JZ 1996, 785; *Serick,* Rechtsform und Realität juristischer Personen (2. Aufl. 1980); *Wieacker,* Zur Theorie der Juristischen Person des Privatrechts, FS E. R. Huber (1973) 339; *Wiedemann* GesR I § 4 I S. 188; *ders.,* Juristische Person und Gesamthand als Sondervermögen, WM 1975 Sonderbeilage 4; *J. Wilhelm,* Rechtsform und Haftung bei der juristischen Person (1981); *Wüst,* Das Problem des Wirtschaftens mit beschränkter Haftung, JZ 1992, 710.

1084 Dass alle Menschen rechtsfähig sind, folgt zumindest aus dem GG (vgl. oben Rz. 1043). Weitere Rechtssubjekte anzuerkennen wäre nicht notwendig. Doch hat es sich als zweckmäßig erwiesen, auch bestimmte organisierte Zusammenschlüsse ähnlich wie Menschen als rechtsfähig zu behandeln. Das sind die juristischen (d. h. erst durch die Rechtsordnung geschaffenen) Personen.

I. Die Funktionen der juristischen Person

1085 Die Zuerkennung der Personenqualität durch die Rechtsordnung wie auch das Streben der Beteiligten nach dieser Anerkennung haben vor allem zwei Gründe.

1. Erleichterung der Teilnahme am Rechtsverkehr

Auch nicht rechtsfähige Personenvereinigungen können sich einen Namen zulegen und unter diesem im Rechtsverkehr auftreten. Doch müssen dann die hieraus sich ergebenden Rechtsfolgen mangels eines anderen Rechtsträgers letztlich den unter diesem Namen handelnden oder sonst auftretenden **Menschen** zugerechnet werden. Auf Geschäfte mit einem solchen Gebilde wird sich regelmäßig nur einlassen, wer weiß, welche Personen das jeweils sind, oder wer sich sonst gesichert glaubt. Über die Beteiligten muss also Klarheit geschaffen werden. Das tut etwa das Handelsregister hinsichtlich der Gesellschafter einer OHG oder KG (§§ 106 f., 143, 159 II, 162 HGB). Dagegen fehlt es etwa bei der BGB-Gesellschaft an einer solchen registermäßigen Klarheit. Dennoch hat **BGHZ 146, 341** die Rechtsfähigkeit der unter eigenem Namen am Rechtsverkehr teilnehmenden BGB-Gesellschaft anerkannt, so dass die BGB-Gesellschaft als rechtfähige Personengesellschaft (§ 14 II) wie die OHG und die KG unter ihrem Namen klagen und verklagt werden kann. **BGHZ 179, 102** hatte daraus abgeleitet, dass die BGB-Gesellschaft auch ohne Angabe ihrer Gesellschafter ins Grundbuch eingetragen werden kann. Dem ist der Gesetzgeber im Jahre 2009 aber in § 47 II GBO entgegengetreten: Um das Grundbuch von Unklarheiten über die Rechtszuordnung freizuhalten, sind stets auch die BGB-Gesellschafter einzutragen[1].

---

1 Zu den Folgefragen *Reymann* FS Reuter (2010) 271; *Häublein* FS G. Roth (2011) 221; *Wellenhofer* JuS 2010, 1048; *Lieder* Jura 2012, 335; *Kiehnle* ZHR 174 (2010), 209.

Die Einzelbezeichnung ist um so umständlicher, je mehr Personen an der Vereinigung beteiligt sind und je schneller der Mitgliederbestand wechselt. So könnte schon ein mittelgroßer Verein mit einigen hundert Mitgliedern kaum mehr klagen oder ins Grundbuch eingetragen werden; bei Großvereinen wäre das ganz ausgeschlossen. Hier bedarf es also einer **Verselbständigung der Vereinigung gegenüber ihren Mitgliedern**. Genau das geschieht mit der Anerkennung als juristische Person: Dieses neue Rechtssubjekt ist parteifähig, kann also zulässigerweise unter seinem Namen klagen; es kann auch ins Grundbuch eingetragen werden. Der Eintritt neuer Mitglieder sowie der Verlust von Mitgliedern durch Austritt oder Tod bleiben insoweit ohne Einfluss. 1086

2. Haftungsbegrenzung

Ebenso wie Rechte auf eine juristische Person bezogen werden können, ist das auch für Pflichten möglich: Die Haftung braucht also nicht den Handelnden oder alle vereinigten Personen zu treffen, sondern sie kann sich auf die juristische Person konzentrieren. So verpflichtet das für eine AG kontrahierende Vorstandsmitglied regelmäßig weder sich selbst noch die Aktionäre persönlich, sondern nur die AG, also das dieser zustehende Vermögen. Umgekehrt wird aber auch das Gesellschaftsvermögen von der Haftung für die persönlichen Verpflichtungen der Aktionäre oder der Vorstandsmitglieder fern gehalten. 1087

Gerade dieser Effekt einer Haftungsbegrenzung durch die Sonderung von Vermögensmassen ist auch bei Vereinigungen mit geringer Mitgliederzahl meist das wesentliche Motiv für das Streben nach einer juristischen Person. Sogar einzelne Personen erstreben eine solche Haftungsbeschränkung nicht selten, vor allem um ihr Privatvermögen von geschäftlichen Verbindlichkeiten freizuhalten. Das juristisch einwandfreie Mittel hierfür ist die Gründung einer Einmann-GmbH (vgl. oben Rz. 602; weniger einwandfrei und zudem mit anderen Risiken belastet wäre die Übertragung des Privatvermögens auf die Ehefrau).

II. Der Erwerb der Rechtsfähigkeit

Nach dem gerade Gesagten bringt die Anerkennung juristischer Personen für den Rechtsverkehr auch Gefahren. Insbesondere werden die Gläubiger gefährdet, wenn ihr Zugriff auf eine nur unzulänglich mit Vermögen ausgestattete juristische Person begrenzt ist. Daher wird die Rechtsfähigkeit nicht ohne weiteres gewährt. Vielmehr kennt unsere Rechtsordnung hierfür im Wesentlichen zwei Systeme: 1088

1. Konzessionssystem

Beim Konzessionssystem wird die Rechtsfähigkeit vom Staat verliehen, und zwar nach pflichtgemäßem Ermessen: Einen Anspruch auf die Verleihung gibt es also nur ganz ausnahmsweise, nämlich wenn jede Verweigerung ermessensmissbräuchlich wäre. Dieses System war bis in die Mitte des 19. Jahrhunderts verbreitet und hat z.B. auch für die AG gegolten (bis zur Novellierung des ADHGB von 1870). Dann aber hat der wirtschaftliche Liberalismus die Anwendung des Konzessionssystems auf Sonderfälle 1089 beschränkt, z.B. den wirtschaftlichen und den ausländischen Verein (§§ 22, 23) und die Stiftung nach Landesrecht (§ 80).

2. Normativsystem

1090 Nach dem heute überwiegend geltenden Normativsystem tritt die Rechtsfähigkeit ein, wenn bestimmte gesetzlich festgelegte Voraussetzungen erfüllt sind, z.B. das Vorliegen einer Satzung; eine Mindestzahl von Mitgliedern; die Sicherstellung eines bestimmten Vermögens. Diese Voraussetzungen sollen insbesondere einen Missbrauch der juristischen Person verhindern. Zu ihnen kann auch ein Staatsakt gehören (z.B. die Eintragung ins Vereins- oder Handelsregister). Aber dessen Vornahme steht – anders als beim Konzessionssystem – nicht im Ermessen einer Behörde. Vielmehr *muss* er vorgenommen werden, wenn die gesetzlichen Voraussetzungen erfüllt sind.

III. Arten der juristischen Person

1091 Die juristischen Personen lassen sich auf verschiedenen Ebenen unterscheiden.

1. Privatrecht und öffentliches Recht

a) Die Unterscheidung danach, ob eine juristische Person dem Privatrecht oder dem öffentlichen Recht angehört, kann auf mehrere Gesichtspunkte abstellen.

aa) Man kann den **Gründungsakt** betonen (so die h.M.): Die juristischen Personen des öffentlichen Rechts beruhen auf Hoheitsakt oder Gesetz, diejenigen des Privatrechts auf Rechtsgeschäft (meist Gründungsvertrag oder Stiftungsgeschäft).

1092 **bb)** Ein anderes Kriterium bildet die übernommene **Aufgabe**: Die juristische Person des öffentlichen Rechts soll staatliche Aufgaben wahrnehmen. Sie kann vom Staat gerade zu diesem Zweck gegründet worden sein. Der Staat kann aber die Aufgabe auch erst später in seine Organisation einbezogen haben (z.B. sind manche Universitäten private Gründungen).

1093 **cc)** Schließlich kann man auch nach dem **Auftreten** der juristischen Person unterscheiden, nämlich danach, ob sie gegen ihre Mitglieder oder gegen Fremde mit den für das öffentliche Recht kennzeichnenden Zwangsmitteln auftritt.

1094 **b)** Auf diesen drei Beurteilungsebenen braucht keineswegs stets dasselbe Ergebnis herauszukommen. Das zeigt gerade die einzige Vorschrift, die das BGB den juristischen Personen des öffentlichen Rechts widmet, nämlich § 89: Die dort durch die Verweisung auf § 31 bestimmte privatrechtliche Organhaftung gilt nur, wenn die öffentlich-rechtliche Person privatrechtlich aufgetreten ist; sonst kommt es zu der gewöhnlichen Staatshaftung nach § 839 BGB, Art. 34 GG.

2. Personenvereinigung und Zweckvermögen

1095 Die juristischen Personen des Privatrechts können danach unterschieden werden, wer an ihnen beteiligt ist: Regelmäßig bilden die juristischen Personen Zusammenschlüsse anderer (natürlicher oder juristischer) Personen, nämlich der Mitglieder. Der Gegentyp ist das verselbständigte Sondervermögen ohne Mitglieder. Das ist im BGB die Stiftung: Sie hat nur ein Verwaltungsorgan und ggf. noch Begünstigte (Destinatäre).

3. Körperschaften und Personengesellschaften

a) Bei den Vereinigungen mit Mitgliedern kann zwischen den beiden Typen der Körperschaft und der Personengesellschaft unterschieden werden. Das ähnelt der üblichen Unterscheidung der Handelsgesellschaften in Kapital- und Personengesellschaften, entspricht ihr aber doch nicht ganz. Denn „Körperschaft" ist weiter als „Kapitalgesellschaft", weil die Körperschaft z.B. auch den Verein umfasst. Zudem setzt „Körperschaft" den Akzent insofern anders, als man geradezu von „Körperschaftlich organisierten Personengesellschaften" sprechen kann[2]. 1096

„Körperschaft" bezeichnet nämlich eine bestimmte Organisationsform, die durch weitreichende **Verselbständigung der Vereinigung gegenüber ihren Mitgliedern** gekennzeichnet ist[3]. Diese zeigt sich regelmäßig vor allem in vier Punkten: Es gibt keine mitgliederbezogenen Auflösungsgründe wie Tod, Insolvenz oder Kündigung eines Mitglieds; die Mitglieder können wechseln; für Beschlüsse gilt das Mehrheits- und nicht das Einstimmigkeitsprinzip; die Vertretung nach außen erfolgt durch Organe, in die auch Nichtmitglieder berufen werden können (sog. Fremdorganschaft).

b) Die eben genannten körperschaftlichen Elemente brauchen nicht immer alle vorzuliegen; auch können einige von ihnen **mehr oder weniger stark ausgeprägt** sein. Angesichts solcher Abstufungen kann man die folgende **Typenreihe** bilden, die auch Vereinigungen ohne Rechtsfähigkeit umfasst: 1097

(1) Am stärksten körperschaftlich organisiert ist die **AG**, bei der alle oben Rz. 1096 genannten Merkmale der Körperschaft voll verwirklicht sind. Soweit die Aktien an der Börse gehandelt werden, ist der Mitgliederwechsel sogar noch besonders erleichtert: Er erfolgt durch die Veräußerung und den Erwerb von Aktien.

(2) Dagegen finden sich bei der **GmbH** schon einige personale Elemente: Die Gesellschaftsanteile sind weniger verkehrsfähig als Aktien (§ 15 GmbHG); in Analogie zu den §§ 737 BGB, 140 HGB kann sogar ein Gesellschafter aus wichtigem Grund ausgeschlossen werden (etwa BGHZ 9, 157; 80, 346, 351).

(3) Noch kräftiger werden die personalen Elemente beim eingetragenen **BGB-Verein**: Bei ihm ist die Mitgliedschaft weder übertragbar noch vererblich, § 38 (vielleicht können ja die Erben des verstorbenen Gesangvereinsmitglieds gar nicht singen, doch kann die Satzung Übertragbarkeit oder Vererblichkeit bestimmen, § 40). Auch verlangt die Erhaltung der Rechtsfähigkeit einen Mindestbestand an Mitgliedern, § 73. Vielen Vereinen, nämlich den nicht eingetragenen, fehlte die Rechtsfähigkeit überhaupt (vgl. aber unten Rz. 1141 ff.).

(4) Schon zu den Personengesellschaften gerechnet wird die **KG**: Sie hat statt der vollen Rechtsfähigkeit nur eine beschränkte rechtliche Selbständigkeit nach §§ 161 II, 124

---

2 So der Titel des Buchs von *Nitschke* (1970).
3 Vgl. *Kübler/Assmann* GesR § 3 II.

HGB; die personenbezogenen Auflösungsgründe der OHG (§ 131 Nr. 4 – 6 HGB) sind mit bloß einer Ausnahme (§ 177 HGB) anwendbar; die Vertretung erfolgt durch den persönlich haftenden Gesellschafter (vgl. § 170); ein Mitgliederwechsel ist nur über eine Änderung des Gesellschaftsvertrags möglich; die Kommanditisten haften den Gesellschaftsgläubigern nur mit ihren Einlagen. Freilich wird gerade die KG häufig stärker körperschaftlich organisiert, als es dem gesetzlichen Leitbild entspricht („kapitalistische KG", meist als Publikumsgesellschaft mit vielen Mitgliedern). Die Mitgliedschaft der Kommanditisten kann bei der KGaA (KG auf Aktien) auch in Aktien verkörpert und damit besonders leicht übertragbar sein. Durch die Kombination z.B. mit einer GmbH (sog. GmbH & Co. KG) kann auch Fremdorganschaft ermöglicht werden: Die Gesellschaft wird dann durch den (angestellten) Geschäftsführer der GmbH vertreten.

(5) Die **OHG** ist noch stärker personenbezogen als die KG, weil mit den Kommanditisten die körperschaftlichen Ansätze fehlen. Auch bleibt die Zahl der Gesellschafter regelmäßig klein. Daher wird die OHG durch den Gesellschaftsvertrag üblicherweise nicht so stark körperschaftlich ausgestaltet wie die KG. Der OHG nahe steht die **Partnerschaftsgesellschaft** nach dem PartGG.

(6) Am stärksten personenbezogen ist die **BGB-Gesellschaft**: Ihr sollte die beschränkte rechtliche Verselbständigung durch § 124 HGB fehlen, was aber von **BGHZ 146, 341** stark eingeschränkt worden ist[4]: Danach ist eine GbR zwar keine juristische Person, aber doch insoweit rechtsfähig, wie „sie durch Teilnahme am Rechtsverkehr eigene Rechte und Pflichten begründet". Für die Vertretung gilt nach §§ 709 I, 714 im Zweifel Gesamtvertretung aller Gesellschafter. Dadurch ist das Auftreten nach außen stark erschwert. Überdies haften die Gesellschafter hier in Analogie zu den §§ 128 ff. HGB unbeschränkt persönlich[5].

1098 **c)** Diese Übersicht lässt **zwei Probleme** erkennen: Erstens zeigt sie die Fragwürdigkeit des § 54 S. 1, der den vielfach stark körperschaftlich organisierten nicht rechtsfähigen Verein der personenbezogenen BGB-Gesellschaft gleichstellen will. Und zweitens erscheint fraglich, inwieweit der für den körperschaftlich organisierten Verein bestimmte § 31 in den Bereich der stärker personenbezogenen Gebilde hinein erstreckt werden kann.

IV. Die Rechtsfähigkeit und andere Eigenschaften der juristischen Person

1. Beschränkte Rechtsfähigkeit?

1099 **a)** Soweit den Gebilden der oben Rz. 1097 genannten Typenreihe Rechtsfähigkeit zukommt (nämlich der AG, der GmbH und dem eingetragenen Verein; dazu noch insbesondere der KGaA, der Genossenschaft und dem Versicherungsverein auf Gegenseitigkeit sowie bestimmten bergrechtlichen Gewerkschaften), gleicht diese doch nicht völlig derjenigen des Menschen. Denn manche Rechtsnormen setzen eine natürliche Person voraus, so z.B. die meisten Vorschriften des Familienrechts und die vom „Erbfall" (= Tod)

---

4 Dazu etwa *Hadding*, ZGR 30 (2001) 712; *Ulmer/Steffek* NJW 2002, 330; *H. Baumann* JZ 2001, 895. Lehrreich *K. W. Lange* Jura 2015, 547.
5 BGHZ 146, 341, 358; zuvor bereits BGHZ 142, 315, 318. Vgl. auch BGHZ 154, 370 zur Haftung des eintretenden Gesellschafters analog 130 HGB und BGHZ 154, 88 zur Verschuldenszurechnung. Näher *Medicus/Petersen* BürgR Rz. 794.

redenden Bestimmungen des Erbrechts. Die hier geregelten Materien sind den juristischen Personen also verschlossen. Doch lohnt es kaum, deshalb von einer bloß „beschränkten (relativen) Rechtsfähigkeit" der juristischen Personen zu sprechen. Umgekehrt kann ja auch ein Mensch nicht als Versicherer auftreten (§ 8 II VAG). Trotzdem spricht insoweit niemand von einer beschränkten Rechtsfähigkeit. Am ehesten passt dieser Terminus noch für Zwischenstadien auf dem Weg zur Rechtsfähigkeit wie beim nasciturus (vgl. oben Rz. 1045 ff.) und der juristischen Person im Gründungsstadium[6]. Der neuere Gesetzgeber (§§ 14 II, § 1059 a II, vgl. auch §§ 1061, 1092 II, 1098 III) spricht allerdings von einer „rechtsfähigen Personengesellschaft"; gemeint sind damit aber nur die Fähigkeiten nach § 124 I HGB.

b) Eine Sonderbehandlung der juristischen Personen bestimmt Art. 19 III GG hinsichtlich der **Grundrechte**[7]: Diese sollen auch für inländische juristische Personen gelten[8], „soweit sie ihrem Wesen nach auf diese anwendbar sind".

1100

Unter diesem Gesichtspunkt gibt es drei Arten von Grundrechten:

(1) solche, die für juristische Personen keinesfalls passen, z.B. Art. 1 I, 2 II 1, 3 II, 4 III, 6 GG usw.;

(2) solche, die für juristische Personen sicher passen, z.B. Art. 5 I, III, 8 – 11, 14 I, 17, 19 IV;

(3) solche, deren Anwendbarkeit von der Fallgestaltung abhängt.

Ein Beispiel für die Problematik der **Grundrechtsfähigkeit** ist BVerfGE 35, 348: Eine GmbH begehrte das Armenrecht (heute: Prozesskostenhilfe, §§ 114 ff. ZPO) für eine Klage auf Enteignungsentschädigung wegen eines U-Bahn-Baus. Die Zivilgerichte hatten den Antrag zurückgewiesen, weil an der Klage kein „allgemeines Interesse" bestehe (jetzt § 116 I Nr. 2 ZPO). Die Verfassungsbeschwerde wurde vor allem damit begründet, es verstoße gegen Art. 103 I, 3 I GG, wenn einer Person der Rechtsschutz nur deshalb versagt bleibe, weil sie als Kapitalgesellschaft auftrete.

1101

Demgegenüber hat das BVerfG das Armenrecht als eine aus dem Sozialstaatsgebot folgende Leistung der staatlichen Daseinsfürsorge bezeichnet. Dieses fordere den Ausgleich sozialer Ungleichheiten nur zwischen Menschen und passe daher nicht für juristische Personen[9]. Daher sei Art. 3 I nicht verletzt. Wohl aber greife hier, wo es um eine Enteignungsentschädigung gehe, der auch für juristische Personen geltende Art. 14 I GG ein. Die Eigentumsgarantie umfasse nämlich einen Anspruch auf effektiven Rechtsschutz (vgl. Art. 14 III 4 GG). Dazu könne gehören, dass die Anrufung der Gerichte durch das Armenrecht ermöglicht werde. Besonderheiten kommen in Betracht, wenn an einer juristischen Person mehrheitlich die öffentliche Hand beteiligt ist[10].

Daneben steht die Frage, ob das durchzusetzende materielle Recht der juristischen Person überhaupt zustehen kann. BVerfG NJW 2005, 883 hat offengelassen, ob das für ein **Persönlichkeitsrecht** (dort: Recht am eigenen Bild) zu bejahen ist. Jedenfalls aber umfasse

1101 a

---

6 Dazu umfassend *Flume* AT I 2 § 5.
7 Vgl. *Mertens* JuS 1989, 857; *Schoch* Jura 2001, 201.
8 Für ausländische vgl. *Wiedemann* GesR I § 15 I 4 S. 833 ff.
9 BVerfGE 35, 348, 355 f.
10 Etwa BVerfG NJW 1990, 1783.

dieses Recht nicht Aufnahmen von einer Betriebsstätte oder von Arbeitsvorgängen (dort: Tierversuche). Doch ist das „Bild" einer juristischen Person schwerlich begreiflich.

2. Andere Eigenschaften

1102 a) Eine eigentliche **Staatsangehörigkeit** fehlt der juristischen Person. Aber es bedarf eines Anknüpfungspunktes für die Lösung der Frage, dem Recht welchen Staates eine juristische Person untersteht. Gesetzliche Vorschriften hierüber fehlen weitgehend (außer §§ 14, 15 VereinsG). Die ganz h.M. hält für maßgeblich nicht den Staat der Gründung der juristischen Person, sondern denjenigen, in dem die Hauptverwaltung tatsächlich geführt wird[11]. Besonderheiten gelten jedoch in **Europa**: Im Anschluss an eine Entscheidung des EuGH[12] hat BGH NJW 2005, 1648 innerhalb der EU alle Gesellschaften gleichgestellt. Unabhängig vom Ort des Verwaltungssitzes soll eine Gesellschaft in jedem EU-Staat in der Rechtsform anerkannt sein, in der sie wirksam gegründet worden ist. BGHZ 164, 148 erweitert das auf das Gebiet der EFTA (dort: Liechtenstein[13]). Dagegen hat der BGH[14] für Gesellschaften, die nicht von besonderen Abkommen erfasst werden, die alte **Sitztheorie** weiter angewendet.

1103 b) Der Ort des Verwaltungssitzes tritt auch weitgehend an die Stelle des **Wohnsitzes** der natürlichen Person. Dagegen hat die juristische Person einen rechtlich geschützten **Namen** (bei Handelsgesellschaften ist das die Firma), vgl. oben Rz. 1066. Auch in anderer Hinsicht kommt ein **Persönlichkeitsschutz** juristischer Personen in Betracht, wenngleich diese kein ebenso umfassendes allgemeines Persönlichkeitsrecht (vgl. oben Rz. 1077) haben wie natürliche Personen[15].

V. Theorien der juristischen Person

1104 Im 19. Jahrhundert hat man heftig über die theoretische Einordnung der juristischen Person gestritten[16]. Vor allem zwei Theorien standen sich gegenüber: Die eine (*von Savigny, Windscheid*) wird vielfach so verstanden, als habe sie in der juristischen Person nur eine Fiktion der natürlichen gesehen (**Fiktionstheorie**[17]). Dagegen hat die andere (vor allem *Otto von Gierke*) die Realität der juristischen Person vertreten (**Theorie der realen Verbandspersönlichkeit**). Aber keine dieser Theorien hat sich auch nur als Kurzformel für das geeignet, was an rechtlichen Eigenschaften der juristischen Person anerkannt war.

---

11 BGHZ 53, 181, doch vgl. jetzt *G. H. Roth* ZIP 1999, 861.
12 EuGH ZIP 2002, 2034, „Überseering".
13 Dazu *Eidenmüller* JZ 2003, 526; *ders.* ZIP 2002, 2233; *Goette* ZIP 2006, 541; *Kindler* NJW 2003, 1073.
14 BGZ 178, 192; 190, 242. *Hoffmann* ZIP 2007, 1598 hatte die Sitztheorie voreilig als „bestattet" erklärt.
15 Vgl. BGHZ 98, 94, 97 ff.; *Leßmann* AcP 170 (1970) 266; *Klippel* JZ 1988, 625; *Wiedemann* GesR I § 4 II 2 b S. 210 f.
16 Vgl. *Flume* AT I 2 § 1.
17 Kritisch aber *Flume* AT I 2 § 1 I 2 – 4.

Darum wird der Streit heute überwiegend für unfruchtbar gehalten[18]. Stattdessen zieht man **neutrale Formulierungen** vor: Die juristische Person wird von ihrem Zweck her als Zuordnungsträger gesehen. *Wiedemann*[19] bezeichnet das treffend als „Theorie des Sondervermögens".

VI. Nichtbeachtung der juristischen Person?

Eine praktisch besonders wichtige und daher viel diskutierte[20] Frage kann hier nur kurz angedeutet werden, weil sie für Verein und Stiftung kaum Bedeutung hat, sondern in erster Linie für die GmbH[21]: Unter welchen Voraussetzungen darf ohne Beachtung der rechtlichen Selbständigkeit der juristischen Person diese mit ihren Mitgliedern gleichgesetzt werden? Diese Frage stellt sich meist für den sog. **Haftungsdurchgriff**: Darf ein Gläubiger der juristischen Person, der bei dieser keine Befriedigung finden kann, auf die hinter ihr stehenden Personen greifen, insbesondere auf den Alleingesellschafter einer vermögenslosen GmbH? Die Nichtbeachtung der juristischen Person kann aber auch in anderen Zusammenhängen in Betracht kommen. So kann man z.B. beim Erwerb der Gesellschaft vom Nichtberechtigten fragen, ob dieser nicht u.U. die Unredlichkeit ihrer Mitglieder zugerechnet werden muss. Auch im Schadensrecht kann die exakte Trennung zwischen den Mitgliedern und der juristischen Person fraglich werden: Darf z.B. der ersatzberechtigte Alleingesellschafter einen Schaden ersetzt verlangen, der bei der Gesellschaft eingetreten ist?[22]

1105

In der Sache geht es im Wesentlichen um **drei Auffassungen**: Die erste will den Haftungsdurchgriff nur unter den Voraussetzungen des § 826 zulassen, also bei Vorliegen eines Schädigungsvorsatzes des Hintermanns. Die zweite bejaht den Durchgriff auch ohne solchen Vorsatz für bestimmte objektive Fallgruppen, vor allem Unterkapitalisierung[23]. Die dritte endlich[24] will überhaupt andere Wege gehen als den einer Nichtbeachtung der juristischen Person: Diese soll nämlich gerade umgekehrt dadurch aufgewertet werden, dass sie Ansprüche auf eine ausreichende Kapitalausstattung gegen ihre Gesellschafter erhält. Der BGH war in BGHZ 54, 222 eindeutig über § 826 hinausgegangen; zurückhaltend dagegen das Grundsatzurteil BGHZ 68, 312.

1106

Speziell für den **eingetragenen Verein** ist nach der jetzt h.M. eine persönliche Haftung der Vereinsmitglieder gegenüber den Vereinsgläubigern regelmäßig ausgeschlossen (sog. **Trennungstheorie**); eine Durchgriffshaftung wird also verneint[25]. **Für die GmbH**

1106 a

---

18 Vgl. *Wiedemann* GesR I § 4 I 1 S. 191 ff.; *Flume* AT I 2 § 1 V, aber auch FS Kegel (1987) 147 zur Lehre von Savignys.
19 *Wiedemann* GesR I § 4 I 1 S. 195 f.
20 *Altmeppen* DB 1994, 1912; *Ziegenhain* ZIP 1994, 1003; *Krieger* und *Hommelhoff* ZGR 23 (1994) 375; 23 (1994) 395; *Michalski/Zeidler* NJW 1996, 224; *Kölling* NZG 2000, 8; *Hölzle* ZIP 2004, 1729; *Wilhelm* NJW 2003, 175; *Wiedemann* ZGR 32 (2003) 283.
21 Dazu *K. Schmidt* ZIP 1994, 837.
22 Vgl. dazu etwa BGHZ 61, 380; BGH NJW-RR 1991, 551 und *Wilhelm*, Rechtsform und Haftung bei der juristischen Person (1981) 380 ff.
23 Vgl. *Wiedemann* GesR I § 4 III S. 217 ff. mit vielen weit. Angaben.
24 *Wilhelm*, Rechtsform und Haftung bei der juristischen Person (1981).
25 BGHZ 175, 12 („Kolping").

hat **BGHZ 173, 246**[26] jedoch einen anderen Weg entwickelt: In Fällen des zu einer missbräuchlichen Insolvenz der GmbH führenden Eingriffs in das Gesellschaftsvermögen soll der eingreifende Gesellschafter im Innenverhältnis gegenüber der Gesellschaft auf Ersatz haften (wenig glücklich als **Existenzvernichtungshaftung** bezeichnet). Dieser Anspruch der GmbH kommt unmittelbar den um Haftungsmasse gebrachten Gesellschaftsgläubigern zugute.

---

26 BGHZ 173, 246 Rz. 16 f. („Trihotel"), dazu etwa *Habersack* ZGR 37 (2008) 535.

§ 66 Insbesondere der rechtsfähige Verein

Literatur: *Baecker*, Grenzen der Vereinsautonomie im deutschen Sportverbandswesen (1985); *Ballerstedt*, Mitgliedschaft und Vermögen beim rechtsfähigen Verein, FS Knur (1972) 1; *Barner*, Die Entlastung als Institut des Verbandsrechts (1990); *Beuthien*, Mehrheitsprinzip und Minderheitenschutz im Vereinsrecht, BB 1987, 6; *Beuthien/Gätsch*, Vereinsautonomie und Satzungsrechte Dritter, ZHR 156 (1992) 459; *Birk*, Der Aufnahmezwang bei Vereinen und Verbänden, JZ 1972, 343; *Böttcher*, Die Beendigung des rechtsfähigen Vereins, Rechtspfleger 1988, 169; *J. Brand*, Die Mitgliederhaftung in nicht eingetragenen Idealverbänden, AcP 208 (2008) 490; *Burhoff*, Vereinsrecht (1989); *Droege*, Gemeinnützigkeit im offenen Steuerstaat (2010), vgl. auch *Däubler*, Der gemeinnützig handelnde Mensch, NJW 2003, 319; *Flume*, Die Vereinsautonomie und ihre Wahrnehmung durch die Mitglieder hinsichtlich der Vereinsangelegenheiten und der Satzungsautonomie, FS Coing (1982) II 97; *ders.*, Vereinsautonomie und kirchliche oder religiöse Vereinigungsfreiheit, JZ 1992, 238; *Friedrich*, Vereine und Gesellschaften (2. Aufl. 1980); *ders.*, Entwicklung des Vereinsrechts nach der neuesten obergerichtlichen Rechtsprechung, DStR 1996, 750; *Grunewald*, Vereinsaufnahme und Kontrahierungszwang, AcP 182 (1982) 181; *dies.*, Vereinsordnungen, ZHR 152 (1988) 242; *dies.*, Auskunftserteilung und Haftung des Vorstands im bürgerlichrechtlichen Verein, ZIP 1989, 962; *Hadding*, Zu einer geplanten Änderung des Vereinsrechts, ZGR 35 (2006) 137; *Herbert*, Der wirtschaftliche Geschäftsbetrieb des gemeinnützigen Vereins (1988); *Hüffer*, Verein und Gesellschaft (1977); *König*, Der Verein im Verein (1992); *S. Kohler*, Mitgliedschaftliche Regelung in Vereinsordnungen (1992); *Kollhosser*, Der Verzicht des rechtsfähigen Vereins auf seine Rechtsfähigkeit, ZIP 1984, 1434; *Kornblum*, Bemerkungen zum e.V., NJW 2003, 3671; *Lettl*, Wirtschaftliche Betätigung und Umstrukturierung von Idealvereinen, DB 2000, 1449; *ders.*, Der vermögensrechtliche Zuweisungsgehalt der Mitgliedschaft beim Ideal-Verein, AcP 203 (2003) 149; *Leuschner*, Das Konzernrecht des Vereins (2011, dazu: *Koch*, ZHR 178, 2014, 213); *Lobeck*, Die Vereinsordnungen, MDR 1972, 381; *Lukes*, Der Satzungsinhalt beim eingetragenen Verein und die Abgrenzung zu sonstigen Vereinsregeln, NJW 1972, 121; *Märkle*, Der Verein im Zivil- und im Steuerrecht (10. Aufl. 1999); *Menke*, Die wirtschaftliche Betätigung nichtwirtschaftlicher Vereine (1998); *Müller-Erzbach*, Das Recht der Mitgliedschaft (1949); Münchener Handbuch des Gesellschaftsrechts Bd. 5: Verein, Stiftung bürgerlichen Rechts (2010); *Oetker*, Der Wandel vom Ideal- zum Wirtschaftsverein, NJW 1991, 385; *Ott*, Die Vereinssatzung (2. Aufl. 1996); *Petersen*, Das Vereinsrecht des BGB, Jura 2002, 683; *ders.*, Schenkungsteuer bei der identitätswahrenden Umwandlung eines Vereins in eine AG?, BB 1997, 1981; *Reichert*, Handbuch des Vereins- und Verbandsrechts (8. Aufl. 2001); *Reuter*, Die Verfassung des Vereins gemäß § 25 BGB, ZHR 148 (1984) 523; *ders.*, 100 Bände BGHZ: Vereins- und Genossenschaftsrecht, ZHR 151 (1987) 355; *Rieble*, Die Vereinsverschmelzung, JZ 1991, 658; *Rummel*, Privates Vereinsrecht im Konflikt zwischen Vereinsautonomie und rechtlicher Kontrolle, FS Strasser (1983) 813; *Säcker*, Probleme der Repräsentation von Großvereinen (1986); *Sauter/Schweyer/Waldner*, Der eingetragene Verein (18. Aufl.

2006); *Schad*, Eingetragener Verein und Wirtschaftsverein, NJW 1998, 2411; *K. Schmidt*, Verbandszweck und Rechtsfähigkeit im Vereinsrecht (1984, dazu *Mummenhoff* ZfgG 37, 71 und *Reuter* ZHR 151, 1987, 237); *Schockenhoff*, Der Grundsatz der Vereinsautonomie, AcP 193 (1993) 36; *Steinbeck*, Vereinsautonomie und Dritteinfluß, dargestellt an Verbänden des Sports (1999); *Stöber*, Vereinsrecht (8. Aufl. 2000); *Vieweg*, Normsetzung und -anwendung deutscher und internationaler Verbände (1990); *Vollmer*, Der Europäische Verein, ZHR 157 (1993) 373, vgl. auch *Mummenhoff* und *K. Schmidt* im Lit.-Verz. von oben § 65.

Der im BGB einigermaßen ausführlich geregelte Typ der juristischen Person ist der rechtsfähige Verein (§§ 21 – 53, 55 – 79). Er wird als Grundform der körperschaftlich organisierten Handelsgesellschaften auch im Gesellschaftsrecht behandelt[1]; dort können insbesondere die Verbindungslinien zu den Kapitalgesellschaften gezogen werden und die Darstellung beschränkt sich im Wesentlichen auf Probleme, die mit Fragen des Allgemeinen Teils zusammenhängen. **1107**

I. Die Erlangung der Rechtsfähigkeit

Die Rechtsfähigkeit wird regelmäßig durch die **Eintragung in das Vereinsregister** begründet, § 21. Doch sind einige Besonderheiten zu beachten. **1108**

1. Wirtschaftliche und ideale Bestätigung

Bei den inländischen Vereinen wird danach unterschieden, ob ihr Zweck auf einen wirtschaftlichen Geschäftsbetrieb gerichtet ist oder nicht. **1109**

a) Wenn das vorliegt (sog. **Wirtschaftsverein**), wird die Rechtsfähigkeit nur nach dem Konzessionssystem verliehen. Dabei ist die Praxis überaus zurückhaltend[2]; mit Recht: Wer sich gewerblich betätigen will, soll das in den Rechtsformen des Handelsrechts tun. Dann tritt nämlich entweder – bei den Personengesellschaften – auch eine persönliche Haftung ein (§§ 128, 161 II, jedoch andererseits § 171 HGB). Oder aber das Gesellschaftsrecht sorgt – bei den Kapitalgesellschaften – für die Aufbringung und teils auch für die Erhaltung eines bestimmten Mindestkapitals. Daher soll die Verleihung der Rechtsfähigkeit nach § 22 und damit die Öffnung des Vereinsrechts für die wirtschaftliche Betätigung nur in Betracht kommen, wenn der Weg ins Handelsrecht ausnahmsweise unzumutbar ist[3].

b) Nur für den nicht auf einen wirtschaftlichen Geschäftsbetrieb gerichteten sog. **Idealverein** gilt nach § 21 das Normativsystem (vgl. oben Rz. 1090): Die Rechtsfähigkeit entsteht zwar erst durch einen Staatsakt, nämlich die nach §§ 374 Nr. 4, 376 ff., 400 f. FamFG vorzunehmende Eintragung ins Vereinsregister. Diese *muss* aber erfolgen, wenn die in den §§ 56 – 58 genannten, relativ leicht zu erfüllenden Voraussetzungen vorliegen und vom öffentlichen Vereinsrecht her keine Hindernisse bestehen. **1110**

---

1 Etwa *K. Schmidt* GesR §§ 23 ff.; *Kübler/Assmann* GesR § 10; *Reinhardt/Schultz* GesR §§ 28 – 32.
2 Vgl. BGHZ 22, 240, 244; BVerwG NJW 1979, 2261.
3 BVerwG NJW 1979, 2261.

1111 Das danach entscheidende **Kriterium des „wirtschaftlichen Geschäftsbetriebs"** bereitet erhebliche Abgrenzungsschwierigkeiten[4]. Nach h.M. ist dafür unerheblich, dass der Verein selbst keinen Gewinn erstrebt. Vielmehr genügt schon, dass er die wirtschaftlichen Zwecke seiner Mitglieder fördert. So bildet nach BGHZ 45, 395 eine „Taxifahrerzentrale", die telefonische Taxibestellungen entgegennimmt und ihre Mitglieder durch Funk zu den Bestellern leitet, einen Wirtschaftsverein. Gleiches nimmt OLG Düsseldorf NJW 1983, 2574 für eine Sekte an, „die ideelle Güter nach Art von Wirtschaftsgütern vermarktet und dabei die Verbreitung ihres Ideengutes untrennbar mit in geschäftsmäßig organisierter Form verfolgten finanziellen Erfolgen verbindet"[5].

1112 Andererseits soll es aber unschädlich sein, wenn der auf nichtwirtschaftliche Zwecke gerichtete Verein bei deren Verfolgung einen **wirtschaftlichen Nebenbetrieb** unterhält: Der Sportverein betreibt eine Kantine und vermietet Werbeflächen in seinem Stadion; ein Theaterverein verkauft Programme und nimmt für diese Werbeanzeigen an. Das ist das in seiner Tragweite überaus zweifelhafte, aber im Ansatz wohl unentbehrliche sog. **Nebenzweckprivileg**[6].

Die weite Auslegung des Nebenzweckprivilegs hat vor allem bei den an der **Fußballbundesliga** beteiligten Vereinen zu absurden Zuständen geführt[7]: Wie schon die Höhe der Ablösesummen sowie der Trainer- und Spielergehälter zeigt, erzielen viele Vereine hier Jahresumsätze von einigen Dutzend Millionen Euro. Bei schlechten Spielergebnissen oder schlechter Wirtschaft entstehen Schulden in Millionenhöhe. Zu ihrer Sicherung oder Deckung werden dann diejenigen Vereinsgrundstücke verpfändet oder veräußert, die früher aus den Beiträgen der „kleinen" Mitglieder angeschafft worden sind. Hier vernichtet also der wirtschaftliche „Neben"betrieb die Grundlagen für die Verfolgung des idealen Zwecks, nämlich des Sports für die Sportler statt für die zahlenden Zuschauer und die Fernsehgesellschaften.

Rechtspolitisch ist daher eine einschränkende Handhabung des Nebenzweckprivilegs zu fordern (durchzusetzen durch Löschung im Vereinsregister, die zu einer persönlichen Haftung der Mitglieder für die Schulden des Vereins führen kann[8]). Auch sollte

---

4 Vgl. *Hemmerich*, Möglichkeiten und Grenzen wirtschaftlicher Betätigung in Idealvereinen (1982, dazu *Mummenhoff* AcP 184 (1984) 497); *Knauth*, Die Ermittlung des Hauptzwecks bei eingetragenen Vereinen, JZ 1978, 339; *Lehmann*, Die wettbewerbs- und bürgerlich-rechtlichen Grenzen der wirtschaftlichen Betätigung von Idealvereinen, WRP 1986, 63; *Nahrwold*, Die wirtschaftliche Betätigung von Idealvereinen am Beispiel der Ausgliederungsvorhaben der Fußballbundesligavereine (2003); *Reinhardt*, Die Abgrenzung zwischen Vereinigungen mit oder ohne „wirtschaftlichen Geschäftsbetrieb", FS Paulick (1973) 3; *Sack*, Der „vollkaufmännische Idealverein", ZGR 3 (1974) 179; *K. Schmidt*, Der bürgerlich-rechtliche Verein mit wirtschaftlicher Tätigkeit, AcP 182 (1982) 1; *ders.*, Der Vereinszweck nach dem BGB, BB 1987, 556; *ders.*, Eintragungsfähige und eintragungsunfähige Vereine, Der Deutsche Rechtspfleger 1988, 45; *ders.*, Wirtschaftliche Betätigung von Idealvereinen, ZIP 2007, 605; zu Spezialproblemen auch *Dütz*, Tendenzaufsicht im Vereinsrecht, FS Herschel (1982) 55; *Eyles*, Die Auslagerung unternehmensübergreifender Aktivitäten auf rechtsfähige Vereine, NJW 1996, 1994, zur Scientologie BVerwG JZ 1998, 786 mit Anm. *Müller-Laube*, weiter *K. Schmidt* NJW 1998, 1124.

5 Vgl. dazu *K. Schmidt* NJW 1988, 2574; *Kopp* NJW 1989, 2497; *von Campenhausen* NJW 1990, 887; *Guber* NVwZ 1990, 40.

6 Dazu etwa *Hemmerich* BB 1983, 26; *dies.* BB 1983, 332; *Reuter* ZIP 1984, 1052; *K. Schmidt* NJW 1983, 543; *Schultz* JZ 1984, 90; *Beuthien* NZG 2015, 449.

7 Vgl. *Heckelmann* AcP 179 (1979) 1 mit reichem Tatsachenmaterial; *Füllgraf* DB 1981, 2267; *K. Schmidt* AcP 182 (1982) 1, 26.

8 Vgl. Palandt/*Ellenberger* § 43 Rz. 3.

der Gesetzgeber für Idealvereine Höchstbeträge von Umsatz und Schuldenstand anordnen. Das ist aber politisch kaum zu erwarten. Stattdessen hat das **Vereinsförderungsg v. 18. 12. 1989 (BGBl. I 2212) einige Vereine steuerlich privilegiert (Gemeinnützigkeit)**; die dabei getroffene Auswahl ist teils geradezu absurd[9]. So soll etwa der „Motorsport" gemeinnützig sein! Nach der Gesetzeslage (und wohl auch rechtspolitisch) unbedenklich ist es dagegen, wenn ein Idealverein die wirtschaftlichen Aktivitäten auf eine juristische Person des Handelsrechts (vor allem eine GmbH) konzentriert. Die wirtschaftlichen Teile von Borussia Dortmund sind im Jahr 2000 in eine börsennotierte KGaA (eine Mischform zwischen AG und KG, vgl. §§ 278 ff. AktG) eingebracht worden[10].

2. Der Vorverein

Bis zur Erlangung der Rechtsfähigkeit durch Verleihung oder Eintragung ins Vereinsregister besteht regelmäßig ein sog. Vorverein als nicht rechtsfähiger Verein. Er ist mit dem später rechtsfähig werdenden Verein identisch. Auf diesen gehen daher die Rechte und Pflichten, die für den Vorverein begründet worden waren, ohne weiteres über[11]. Ob damit zugleich die persönliche Haftung der für den Vorverein Handelnden aus § 54 S. 2 erlischt (vgl. unten Rz. 1156), ist zweifelhaft. Entsprechend den Ausführungen von BGHZ 80, 182 zu den analogen Problemen nach § 11 II GmbHG bei der Vor-GmbH dürfte das Erlöschen regelmäßig zu bejahen sein: Wenn der Handelnde schon für den (künftigen) rechtsfähigen Verein aufgetreten ist, hat der andere Teil mit der Haftung des Vereinsvermögens das, was er erwarten konnte.

1113

II. Die Mitgliedschaft

1. Erwerb

Mitglied eines rechtsfähigen Vereins kann man auf zwei Wegen werden: Entweder man beteiligt sich schon an der **Gründung**, oder man tritt dem Verein später bei. Über die Voraussetzungen eines solchen **Beitritts** soll die Satzung Bestimmungen enthalten, § 58 Nr. 1. Dafür kommen die verschiedensten Regelungen in Betracht: Es kann eine einfache Beitrittserklärung (als einseitige empfangsbedürftige Willenserklärung) genügen. Es kann aber auch ein Aufnahmeantrag verlangt werden, der noch vom Verein angenommen werden muss. Regelmäßig kann dann die Entscheidung über diese Annahme dem Belieben des Vereins (seines Vorstands, eines Aufnahmeausschusses oder auch der Mitgliederversammlung) überlassen werden. Für Vereine, denen anzugehören wesentliche Bedeutung hat, kommt aber auch ein **Aufnahmezwang** in Betracht[12]: so etwa bei Berufsvertretungen oder wenn die Mitgliedschaft Voraussetzung für öffentliche Zuschüsse ist (wie bei manchen Jugend- und Sportverbänden).

1114

---

9 Vgl. etwa *Sauer* NJW 1990, 1028; *Märkle/Alber* BB 1990 Beilage 2 (zu Heft 3); *Thiel/Eversberg* DB 1990, 290, zudem *Theis* DB 1998, 2548, 2551.
10 Vgl. allgemein *Segna* ZIP 1997, 1901; *Steinbeck/Menke* NJW 1998, 2169; *Balzer* ZIP 1997, 1901.
11 Vgl. *Flume* AT I 2 § 5 III 4.
12 Dazu *Bartodziej* ZGR 20 (1991) 517; *Steinbeck* WuW 1996, 91.

Der Aufnahmeanspruch ergibt sich aus §§ 826, 249 I, wenn die Versagung der Aufnahme eine vorsätzliche sittenwidrige Schädigung darstellt. Das ist auch bei Idealvereinen denkbar[13], weil § 826 nicht bloß das Vermögen schützt. Als Voraussetzung für einen Aufnahmezwang wird aber grundsätzlich eine **Monopolstellung** des Vereins gefordert. Regelmäßig soll der Bewerber auch die satzungsmäßigen Aufnahmevoraussetzungen erfüllen müssen. Ausnahmsweise soll aber eine satzungsmäßige Aufnahmebeschränkung unwirksam sein können, wenn der Vereinszweck auch durch eine „mildere" Satzungsgestaltung erreichbar wäre und der Bewerber die verlangte Aufnahmevoraussetzung nicht ohne unverhältnismäßige Opfer zu erfüllen vermag[14]. Vereinzelt wird ein Aufnahmeanspruch sogar bejaht, wenn der Verein zwar keine Monopolstellung hat, aber doch „im wirtschaftlichen oder sozialen Bereich eine überragende Machtstellung", sodass am Erwerb der Mitgliedschaft ein schwerwiegendes Interesse besteht[15]. In solchen Fällen soll nach BGHZ 105, 306 auch eine richterliche Kontrolle des Satzungsinhalts nach § 242 möglich sein[16]. Später hat BGHZ 140, 74 einen Aufnahmezwang für wichtige Monopolverbände sogar aus Art. 9 GG hergeleitet. – Dagegen verneint BGHZ 101, 200 für politische Parteien regelmäßig einen Aufnahmezwang.

Die Aufnahme von Unternehmen in eine Wirtschafts- oder Berufsvereinigung kann auch nach § 20 VI GWB durch eine Anordnung der Kartellbehörde erzwungen werden.

2. Mögliche Mitglieder

1115 Hinsichtlich der rechtlichen Qualifikation der Mitglieder enthält das BGB keine Vorschriften. Vorbehaltlich einer anderen Regelung durch die Satzung können daher insbesondere auch juristische Personen und speziell Vereine aufgenommen werden. Solche Vereine von Vereinen (Dachvereine) nennt man „Verbände" (der Name wird freilich bisweilen auch von anderen Vereinen verwendet). Ein Verband ist z.B. der Deutsche Alpenverein und (als nicht rechtsfähiger Verein, vgl. unten Rz. 1143) der Deutsche Gewerkschaftsbund (seine Mitglieder sind die womöglich auch selbst nicht rechtsfähigen Einzelgewerkschaften). Im Einzelnen kann man noch danach unterscheiden, ob ein Verband durch den Zusammenschluss kleinerer Vereine entstanden ist (also von unten nach oben: sog. **Vereinsverband**) oder umgekehrt: Ein großer Verein (**Gesamtverein**) schafft sich durch die Gründung von Zweigvereinen einen mitgliedernahen Unterbau.

Eine ähnliche Wirkung wird oft erreicht, wenn große Vereine in nicht rechtsfähige **Orts- oder Landesgruppen** untergliedert werden: Diese Untergliederungen haben nicht selten eine eigene Satzung und handeln durch eigene Organe. Nach BGHZ 90, 331 können solche Untergliederungen als eigene nicht rechtsfähige Vereine behandelt werden (vgl. unten Rz. 1141).

---

13 BGH NJW 1969, 316.
14 BGHZ 63, 282: Aufnahme eines Radfahrervereins in den Deutschen Sportbund, um dem Verein die Teilnahme am „organisierten Sportverkehr" zu ermöglichen.
15 So BGHZ 93, 151 für die IG Metall, dazu *Reuter* JZ 1985, 536, weiter LG Heidelberg NJW 1991, 927 Stadtjugendring.
16 Dazu *Möschel*, Monopolverband und Satzungskontrolle (1978); *Bunte* ZGR 20 (1991) 316.

In den Satzungen mancher Verbände finden sich sog. **Mitgliedschaftsvermittlungsklauseln**: Sie sollen den Mitgliedern der Einzelvereine die Verbandsmitgliedschaft verschaffen und diese Mitglieder so der Verbandssatzung unterwerfen[17].

3. Inhalt der Mitgliedschaft

a) Die Mitgliedschaft ist nach der Satzung häufig Voraussetzung für die **Teilnahme an den Veranstaltungen** des Vereins und für die Mitbenutzung des Vereinsvermögens (z.B. bei Sportvereinen; zum Schutz der Mitgliedschaft vgl. unten Rz. 1140 a). Rechtlich ermöglicht die Mitgliedschaft die Teilnahme an der **internen Willensbildung** des Vereins durch Ausübung des Stimmrechts in der Mitgliederversammlung (§ 32, vgl. unten Rz. 1125). Jedoch ist das Stimmrecht nach § 34 ausgeschlossen, wenn die Beschlussfassung ein Rechtsgeschäft oder einen Rechtsstreit zwischen dem Mitglied und dem Verein betrifft. Dahinter steht ein ähnlicher Rechtsgedanke wie hinter § 181 (vgl. oben Rz. 954 ff.). 1116

Nach § 35 sind **Sonderrechte eines Mitglieds** möglich, die ohne dessen Willen nicht durch Beschluss der Mitgliederversammlung beeinträchtigt werden können. Praktisch wichtiger als solche Sonderrechte[18] ist aber das Individualrecht jedes Mitglieds auf Wahrung seiner Mitgliedschaft: So darf z.B. die Mehrheit nicht durch Beschluss das Stimmrecht eines Mitglieds oder einer Mitgliedergruppe ausschließen oder beschränken. Zur Problematik des Vereinsausschlusses vgl. sofort unten Rz. 1120 ff. Mehrheitsfest sind auch Ansprüche, die ein Mitglied als Gläubiger des Vereins hat, z.B. auf Rückzahlung überzahlter Beiträge. 1117

b) Die Mitgliedschaft ist nach § 38 **nicht übertragbar oder vererblich**; auch kann die Ausübung nicht einem anderen überlassen werden. Hierin zeigt sich, dass der Verein nicht ganz so ausgeprägt körperschaftlich geregelt ist wie die AG, deren Mitgliedschaft – verkörpert in den Aktien – regelmäßig frei übertragen werden kann (vgl. oben Rz. 1097). Doch ist § 38 nach § 40 nicht zwingend; die Satzung kann also die Mitgliedschaft auch übertragbar und vererblich machen. Freilich hat das regelmäßig nur für Vereine Sinn, deren Satzung keine Beitrittsbegrenzungen enthält (vgl. oben Rz. 1114). 1118

4. Ende der Mitgliedschaft

a) Die Mitgliedschaft endet außer durch Auflösung des Vereins und durch den Tod des Mitglieds (wenn die Mitgliedschaft unvererblich ist) vor allem durch **Austritt**. Da die Mitgliedschaft dem Mitglied auch Pflichten bringt (regelmäßig vor allem zur Zahlung eines Mitgliedsbeitrags), soll der Austritt nicht übermäßig erschwert werden dürfen. Daher beschränkt § 39 II zwingend eine satzungsmäßige Kündigungsfrist auf höchstens zwei Jahre. Einen Anspruch auf Abfindung aus dem Vereinsvermögen hat das ausscheidende Mitglied nach dem BGB nicht (anders bei der BGB-Gesellschaft § 738 I 2). 1119

---

17 Dazu *Beuthien* ZGR 18 (1989) 255; *Heermann* NZG 1999, 325.
18 Zu ihrer geringen Bedeutung MünchKomm-*Arnold* § 35 Rz. 1 f.

1120 **b)** Im Gegensatz zu dem freiwilligen Austritt steht der dem Mitglied aufgezwungene **Ausschluss aus dem Verein**[19]. Er stellt regelmäßig die strengste Maßnahme einer Disziplinargewalt dar, die sich viele wichtige Vereine in der Satzung über ihre Mitglieder vorbehalten haben (vgl. etwa die Wiedergabe der Bestimmungen des Deutschen Fußballbundes bei *Alberts* JuS 1972, 590). Weitere solche **„Vereinsstrafen"** (etwa wegen „vereinsschädigenden" oder speziell „parteischädigenden" Verhaltens) sind z.B. Verwarnungen, Geldbußen oder der Verlust von Vereinsämtern. Heftiger Streit herrscht über die rechtliche Einordnung und die gerichtliche Überprüfbarkeit solcher Maßnahmen[20].

1121 **aa)** Was zunächst die **rechtliche Einordnung** angeht, so hält vor allem *Flume* (FS Bötticher, 1969, 101 ff.) eine eigenständige Vereinsstrafe für weithin unzulässig: Der Ausschluss könne nur als Kündigung gelten, eine Geldstrafe bloß als Vertragsstrafe (§§ 339 ff., 315) und eine Ehrenstrafe sei ganz unzulässig. Möglich seien nur nicht ehrenrührige Bußen zur Wahrung der inneren Ordnung des Vereins, die für das Mitglied keinen relevanten Vermögensnachteil bedeuteten. Solche Bagatellbußen seien weder klagbar noch gerichtlich überprüfbar.

Demgegenüber bejaht die h.M. eine von der Vertragsstrafe zu sondernde Vereinsstrafe[21]. Zur Rechtfertigung beruft man sich auf gewohnheitsrechtliche Anerkennung und sachliche Notwendigkeit: Der Verein als soziale Gruppe müsse auf ein den Gruppenanforderungen widersprechendes Mitgliederverhalten reagieren können. Aber auch die h.M. verlangt regelmäßig eine Verankerung von Vereinsstrafen in der Satzung.

1122 Angesichts dieses Verlangens ist der sachliche Unterschied zu der Ansicht *Flumes* nicht so groß, wie es auf den ersten Blick scheinen mag. Denn die angebliche Strafgewalt des Vereins (oder die legitime Reaktion der sozialen Gruppe) lässt sich auf das **Einverständnis des Mitglieds mit der Satzung** zurückführen[22] und so mit der Privatautonomie vereinbaren. Dazu passt insbesondere auch, dass die satzungsmäßigen Strafdrohungen an den §§ 134, 138 (und damit an den Grenzen der Privatautonomie) gemessen werden. Einen Verstoß gegen § 134 hat der BGH etwa angenommen, wenn ein Gewerkschaftsmitglied deshalb ausgeschlossen werden soll, weil es bei Betriebsratswahlen auf einer nicht von der Gewerkschaft unterstützten Liste kandidiert: Eine solche Strafe verstoße gegen das Beeinflussungsverbot von § 20 II BetrVerfG, wenn die konkurrierende Liste über den Wettbewerb um die Stimmen hinaus keine geg-

---

19 Dazu die gleichnamige Arbeit von *L. Fischer*, 1985; *Grunewald*, Der Ausschluss aus Gesellschaft und Verein (1988); *Hadding/van Look* ZGR 17 (1988) 270; *Wendeling/Schröder* ZGR 19 (1990) 107; *Schulze* NJW 1991, 3264; *Gehrlein* ZIP 1994, 852; *ders.* ZIP 1997, 1912; *Wank* JR 1994, 356; *Benecke* WM 2000, 1173.

20 Dazu etwa *Adolphsen/Haas*, Sanktionen der Sportverbände vor ordentlichen Gerichten, NJW 1996, 2351; *Baecker*, Zur Nachprüfbarkeit von Vereinsstrafen, NJW 1984, 906; *Beuthien*, Die richterliche Kontrolle von Vereinsstrafen und Vertragsstrafen, BB 1968 Beilage 12; *Flume*, Die Vereinsstrafe, FS Bötticher (1969) 101; *Hadding*, Korporationsrechtliche oder rechtsgeschäftliche Grundlagen des Vereinsrechts?, FS R. Fischer (1979) 165; *Larenz*, Zur Rechtmäßigkeit einer „Vereinsstrafe", GS Dietz (1973) 45; *Leipold*, Richterliche Kontrolle vereinsrechtlicher Disziplinarmaßnahmen, ZGR 14 (1985) 113; *Meyer-Cording*, Die Vereinsstrafe (1957); *Popp*, Die ausgeschlossenen Gewerkschaftsmitglieder (zu BGHZ 71, 126), JuS 1980, 798; *Reuter*, Grenzen der Verbandsstrafgewalt, ZGR 9 (1980) 101; *ders.*, Der Ausschluss aus dem Verein, NJW 1987, 2401; *Vieweg*, Die gerichtliche Nachprüfung von Vereinsstrafen und -entscheidungen, JZ 1984, 167; *ders.*, Doping- und Verbandsrecht, NJW 1991, 1511; *Weitnauer*, Vereinsstrafe, Vertragsstrafe und Betriebsstrafe, FS Reinhardt (1972) 179; *H. P. Westermann*, Die Verbandsstrafgewalt und das allgemeine Recht (1972); *Wiedemann*, Richterliche Kontrolle privater Vereinsmacht, JZ 1968, 219.

21 Etwa BGHZ 21, 370, 373; BGH NJW 1994, 43

22 Die §§ 305 ff. sind nach § 310 IV 1 unanwendbar, vgl. BGHZ 128, 93, 101.

nerische Tendenz habe[23]. Zulässig sein soll dagegen der Ausschluss aus einer Gewerkschaft wegen aktiver Zugehörigkeit zu einer gewerkschaftsfeindlichen Partei[24]. Ein Verstoß gegen § 138 kann insbesondere vorliegen, wenn die Satzung eine das Mitglied unsachlich demütigende Strafmaßnahme vorsieht. BGHZ 128, 93[25] behandelt die Frage nach der Strafgewalt des Vereins auch gegenüber **Nichtmitgliedern**: Diese müssen sich den Vereinsregeln rechtsgeschäftlich unterworfen haben. Das kommt insbesondere anlässlich der Teilnahme an einer Vereinsveranstaltung (hier: Reitturnier) in Betracht.

Ausnahmsweise nicht besonders in der Satzung vorgesehen zu werden braucht nur der **Vereinsausschluss aus wichtigem Grund**. Auch darüber besteht wohl Einigkeit[26]. Denn dieser Ausschluss entspricht nur der allgemeinen Regel, die eine Lösung von Dauerrechtsverhältnissen aus wichtigem Grund ermöglicht (jetzt § 314). So muss der Gesangverein das ständig falsch singende und so den Gesang der übrigen verderbende Mitglied ebenso ausschließen können wie die politische Partei dasjenige Mitglied, das öffentlich eine andere Partei unterstützt. Doch muss in solchen Fällen der Verein den für den Ausschluss maßgeblichen wichtigen Grund konkret bezeichnen, sodass eine gerichtliche Kontrolle möglich ist[27].

Fraglich bleibt allerdings, ob das in § 343 für die Vertragsstrafe bestimmte **richterliche Ermäßigungsrecht** auch für Vereinsstrafen gilt. Die Rechtsprechung nähert sich dem insofern an, als sie Vereinsstrafen auf „offenbare Unbilligkeit" prüft[28]. Doch dürfte der Schutzzweck des § 343 voll auch auf Vereinsstrafen zutreffen. Daher sollte man diese Vorschrift wenigstens analog anwenden, wenn man die Vereinsstrafe nicht überhaupt als Vertragsstrafe ansieht. **1123**

bb) Bei der **gerichtlichen Überprüfung** von Vereinsstrafen hat sich vor allem das RG zunächst stark zurückgehalten. Begründet worden ist das mit der **Vereinsautonomie**. Diese Zurückhaltung ist später zunächst bloß gemildert worden. So formuliert BGHZ 29, 352, 354, die Strafe sei (nur) daraufhin zu prüfen, „ob der Strafbeschluss in der Satzung eine Stütze findet, das vorgeschriebene Verfahren beachtet, die Satzungsvorschrift gesetz- oder sittenwidrig und die Bestrafung etwa offenbar unbillig ist". **1124**

Diese über mehrere Jahrzehnte geübte Zurückhaltung vermochte aber nicht zu überzeugen. Denn die staatliche Gerichtsbarkeit kann nur unter den engen Voraussetzungen der §§ 1025 ff. ZPO durch die wirksame Vereinbarung eines Schiedsgerichts ausgeschlossen werden. Doch sind die Entscheidungen von sog. Vereins- oder Verbandsgerichten keine Schiedssprüche i.S.v. §§ 1025 ff. ZPO. Wohl aber können Streitigkeiten aus der Mitgliedschaft durch die Satzung auch einem echten Schiedsgericht zugewiesen werden[29].

---

23 BGHZ 71, 126; BGH NJW 1981, 2178; ZIP 1987, 1536, 1540, kritisch etwa *Kübler/Assmann* GesR § 34 IV 4 c sowie ein für die ÖTV erstattetes und von dieser veröffentlichtes Gutachten von *Zöllner*, 1983.
24 Etwa BGH NJW 1991, 485, eingrenzend aber 1994, 43.
25 Dazu *Oellers* ZIP 1995, 701; netter Sachverhalt!
26 Vgl. schon BGHZ 9, 157, 162; analog vor allem zu §§ 723 I 2, 737.
27 BGH NJW 1990, 40.
28 Etwa BGHZ 47, 381, 385; 75, 158, 159.
29 BGHZ 159, 207, 211, auch *Kröll* ZIP 2005, 13.

Bei der Überprüfung von Strafentscheidungen der Vereine dürfen die staatlichen Gerichte die Tatsachenfeststellungen des Vereins nicht mit der Begründung ungeprüft lassen, das Mitglied habe sich der Satzung unterworfen: Diese Unterwerfung betrifft gewiss nicht Strafen für Handlungen, die das Mitglied nicht begangen hat. Der Verein kann kraft seiner Autonomie zwar in den Grenzen von Gesetz und Satzung seinen Zweck und die zu dessen Erreichung einzusetzenden Mittel bestimmen. Aber davon muss die andere Frage getrennt werden, ob das Verhalten des Mitglieds mit dem so Bestimmten unvereinbar ist. Dass die Tatsachenfeststellungen der gerichtlichen Überprüfung nicht entzogen werden können, hat dann auch BGHZ 87, 337 anerkannt[30]. Nach BGHZ 102, 265, 276 ff.[31] soll bei Monopolvereinen mit überragender Machtstellung (dort: IG Chemie) auch die Ermessensausübung strenger geprüft werden: Der Ausschluss müsse (ebenso wie die Verweigerung der Aufnahme, vgl. oben Rz. 1114) „durch sachliche Gründe gerechtfertigt" sein. Nach BGHZ 90, 92 kann der Vorstand eines seiner Mitglieder in keinem Fall ausschließen[32].

III. Willensbildung und Willensäußerung des Vereins

1125 Nach § 26 II wird der Verein nach außen durch den Vorstand vertreten. Diesem externen Auftreten geht aber in wichtigen Fragen eine interne Willensbildung voraus.

1. Die interne Willensbildung

a) Für die Willensbildung innerhalb des Vereins ist nach § 32 I 1 regelmäßig die **Mitgliederversammlung** berufen. Eine Ausnahme gilt nur, wenn die Satzung eine andere Zuständigkeit bestimmt. Denkbar und häufig ist insbesondere bei Großvereinen, dass die Versammlung aller Mitglieder durch eine Repräsentanten- oder Delegiertenversammlung ersetzt wird[33]. Auch kann bei gestuften Verbänden (vgl. oben Rz. 1115) die Satzung des Oberverbandes die Autonomie der Vereine der unteren Stufe einschränken[34]. Für die Geschäfte der laufenden Verwaltung ist üblicherweise stets der Vorstand berufen. Für die Willensbildung innerhalb eines mehrköpfigen Vorstands gilt dann nach § 28 Entsprechendes wie für die Mitgliederversammlung.

Diese entscheidet nach § 32 I 3 regelmäßig durch **Beschluss** mit der Mehrheit der abgegebenen Stimmen. **Stimmenthaltungen** sollen dabei nicht mitgezählt werden, wie das schon für eine frühere Gesetzesfassung vertreten worden ist[35].

1126 Für die Gültigkeit des Beschlusses verlangt § 32 I 2 (abdingbar, § 40) die Bezeichnung des Gegenstandes bei der Berufung, also in der **Einladung**. Damit sollen vor allem die nicht erschienenen Mitglieder vor Beschlüssen geschützt werden, die sie nicht voraussehen konnten. Diesem Schutzzweck genügen die üblichen allgemeinen Ankündigun-

---

30 Ebenso BGH NJW 1997, 3368.
31 Ähnlich BGH NJW 1994, 43.
32 Zu dem gerichtlichen Prüfungsmaßstab *Gehrlein* ZIP 1997, 1912.
33 Vgl. *Säcker*, Probleme der Repräsentation von Großvereinen (1986).
34 BVerfG JZ 1992, 248, krit. *Flume* ebenda 238.
35 MünchKomm-*Arnold* § 32 Rz. 45; *Kübler/Assmann* § 10 III 2 c und später auch BGHZ 83, 35.

gen („Sonstiges" als letzter Punkt der Tagesordnung) für eine Beschlussfassung nicht (zulässig ist also nur eine Diskussion). Wohl aber kann nach § 32 II die Beschlussfassung durch die schriftliche Zustimmung aller Mitglieder ersetzt werden. Dementsprechend wird man auch eine Heilung des Fehlens der ordentlichen Ankündigung durch schriftliche Zustimmung der nicht erschienenen Mitglieder annehmen dürfen.

b) Die einfache Mehrheit von § 32 I 3 genügt nicht für **Satzungsänderungen**: Für sie ist nach § 33 I 1 (abdingbar, § 40) eine Dreiviertelmehrheit der abgegebenen Stimmen (was hier ebenso wie oben bei Rz. 1125 zu verstehen ist) erforderlich. Dieselbe Mehrheit fordert § 41 für einen **Auflösungsbeschluss**. Noch mehr verlangt (abdingbar, § 40) § 33 I 2 für eine Änderung des Vereinszwecks: Hier soll Einstimmigkeit nötig sein; sogar die nicht erschienenen Mitglieder müssen schriftlich zustimmen. Diese Einstimmigkeit scheitert also auch an Stimmenthaltungen. Abweichende Satzungsbestimmungen werden eng ausgelegt[36]. 1127

c) Wie oft eine **Mitgliederversammlung einzuberufen** ist, bestimmt üblicherweise die Satzung (vgl. § 58 Nr. 4). § 36 verweist darauf und schreibt außerdem die Einberufung der Versammlung dann vor, wenn es das Interesse des Vereins erfordert. Da hierüber oft Zweifel bestehen können, gewährt § 37 I der Minderheit ein eigenes Recht: Sie – und zwar mangels einer abweichenden Satzungsbestimmung ein Zehntel der Mitglieder – kann schriftlich die Berufung einer Mitgliederversammlung zu einem bestimmten Zweck verlangen. Wenn der Vorstand dem nicht nachkommt, kann das Amtsgericht die opponierenden Mitglieder ermächtigen, die Versammlung selbst einzuberufen, § 37 II. 1128

d) Sehr zweifelhaft ist die **Wirkung von Abstimmungsmängeln**[37]. Solche Mängel können sich einmal aus der Unwirksamkeit einer Stimmabgabe ergeben: Diese stellt ja ein Rechtsgeschäft dar und kann daher z.B. mangels voller Geschäftsfähigkeit unwirksam sein oder wegen Irrtums angefochten werden. Zum anderen kann aber schon das zur Abstimmung führende Verfahren Mängel haben, z.B. weil nicht alle Mitglieder geladen waren, weil eine satzungsmäßige Ladungsfrist nicht eingehalten worden ist oder weil sich Nichtmitglieder an der Abstimmung beteiligt haben. Im Recht der Kapitalgesellschaften müssen solche Mängel besonders geltend gemacht werden, und zwar binnen recht kurzer Fristen (vgl. §§ 241 ff. AktG). Dagegen fehlen im Vereinsrecht entsprechende Vorschriften. 1129

Bei Vereinen sind die §§ 241 ff. AktG gewiss nicht einmal entsprechend anwendbar[38]. Andererseits kann aber auch bei Vereinen die – vielleicht über lange Zeit nicht entdeckte – Nichtigkeit von Beschlüssen überaus misslich sein. Die Rechtsprechung hilft daher mit **Kausalitäts- oder Beweiserwägungen**: Die Unwirksamkeit der Stimmabgabe durch einzelne Mitglieder ist unerheblich, wenn deren anderes Abstimmungsverhalten das Ergebnis nicht hätte beeinflussen können. Selbst Formfehler bei der Einberufung der Mitgliederversammlung oder bei der Abstimmung sollen die Wirksamkeit des Beschlusses nicht berühren, wenn „einwandfrei feststeht", dass der Beschluss durch

---

36 BGHZ 96, 245, dazu *Häuser/van Look* ZIP 1986, 749; *Reuter* ZGR 16 (1987) 475.
37 Vgl. etwa *Noack*, Fehlerhafte Beschlüsse in Gesellschaften und Vereinen (1989).
38 BGHZ 59, 369, 372; *Flume* AT I 2 § 7 VII 3 a.A. *K. Schmidt* FS Stimpel (1985) 217, 220 ff.; Münchkomm-*Arnold* § 32 Rz. 53.

den Fehler nicht beeinflusst worden ist. So hat der BGH[39] bei Nichteinladung stimmberechtigter Mitglieder und bei der Teilnahme von Nichtmitgliedern an der Abstimmung[40] entschieden. Die Beweislast für das Fehlen der Kausalität soll freilich beim Verein liegen. Dagegen soll[41] die Einhaltung der Verfahrensvorschriften zu vermuten sein, wenn die Mitglieder eine Niederschrift über die Abstimmung widerspruchslos hingenommen haben. Auch soll eine Nichtigkeit, die sich aus dem Verstoß gegen Vorschriften zum Schutz einzelner Mitglieder ergibt, von anderen Personen erst geltend gemacht werden können, wenn sich zuvor die zu Schützenden darauf berufen haben[42].

2. Die Vertretung nach außen

1130 **a)** Zur Vertretung des Vereins nach außen ist nach § 26 I 2 der **Vorstand** berufen. Dabei regelte das BGB den Fall eines aus mehreren Personen bestehenden Vorstands lange nicht eindeutig (anders z.B. § 78 II AktG). Die h.M. wendete bei Fehlen einer Satzungsvorschrift die von Beschlüssen sprechenden §§ 28 I, 32 an. Sie kam so zum Mehrheitsprinzip, aber eigentlich auch zum Erfordernis eines förmlichen Beschlusses. Doch wurde diese letzte Konsequenz überwiegend nicht gezogen; vielmehr sollte spontanes gemeinsames Handeln aller Vorstandsmitglieder genügen[43]. Ausreichen sollte sogar Vertretung „durch die Mehrheit der vorhandenen Vorstandsmitglieder" ohne Rücksicht darauf, „ob ein Beschluss und welcher Beschluss gefasst worden ist"[44]. Diesen Grundsatz der **Mehrheitsvertretung** stellt § 26 II 1 seit der Vereinsrechtsreform 2009 nunmehr ausdrücklich klar. Für den Empfang von Willenserklärungen besteht nach § 26 II 2 (zwingend, vgl. § 40) dagegen Alleinvertretungsmacht.

1131 **b)** Nach § 26 II 3 kann die **Satzung** den Umfang der (aktiven) Vertretungsmacht mit Wirkung gegen Dritte beschränken. Doch wird ein redlicher Dritter nach §§ 70, 68 geschützt, wenn die Beschränkung weder ins **Vereinsregister** eingetragen ist noch dem Dritten sonst bekannt sein konnte (sog. „negative Publizität").

Im Innenverhältnis hat der Vorstand zwar auch einfache, nicht in die Satzung eingehende Beschlüsse der Mitgliederversammlung zu beachten; andernfalls macht er sich im Rahmen der §§ 27 III, 665 schadensersatzpflichtig. Solche **Beschlüsse wirken** aber **regelmäßig nicht gegen Dritte**: Hat z.B. die Mitgliederversammlung eines Gesangvereins beschlossen, das nächste Fest im Gasthof A abzuhalten, so kann der Vorstand trotzdem mit Wirkung gegen den Verein beim Konkurrenten B Räume mieten. Nur wenn B den Beschluss kennt oder wenn dieser ihm sonst evident ist, kann die Vertretungsmacht wegen Missbrauchs nicht wirken (vgl. oben Rz. 965 ff.).

1132 **c) Die Bestellung zum Vorstand** erfolgt nach § 27 I (insoweit abdingbar, § 40) durch Beschluss (Wahl) der Mitgliederversammlung. Eine qualifizierte Mehrheit ist unnötig. Unabdingbar ist die Möglichkeit zum **Widerruf der Bestellung** durch das bestellende Organ, § 27 II. Auch hierfür genügt nach dem BGB einfache Mehrheit; durch Satzung

---

39 BGHZ 59, 369, 375.
40 BGHZ 49, 209.
41 BGHZ 49, 209, 212.
42 *Flume* AT I 2 § 7 VII 4 S. 256.
43 MünchKomm-*Arnold* § 26 Rz. 15 ff.
44 *Flume* AT I 2 § 10 II 2 a S. 361.

wird aber oft eine qualifizierte Mehrheit verlangt. Fehlen dem Verein die erforderlichen Vorstandsmitglieder (z.B. weil eines gestorben ist), so kann übergangsweise das Amtsgericht einen Notvorstand bestellen, § 29.

Nach § 30 können neben dem Vorstand als zusätzliche Vereinsorgane auch **„besondere Vertreter für gewisse Geschäfte"** bestellt werden. § 30 nennt als Voraussetzung eine Satzungsbestimmung; die h.M. lässt jedoch schon genügen, dass die Satzung den Tätigkeitsbereich dieses Vertreters besonders erwähnt.

1133

IV. Haftungsfragen

Literatur: Sie befasst sich überwiegend mit der hier nicht zu behandelnden Frage nach der Anwendung des § 31 über den Verein hinaus, insbesondere auf weniger körperschaftlich verfasste Gebilde. Auch den Verein betreffen *von Bar*, Zur Struktur der Deliktshaftung von juristischen Personen, ihren Organen und ihren Verrichtungshilfen, FS Kitagawa (1992) 279; *von Caemmerer*, Objektive Haftung, Zurechnungsfähigkeit und „Organhaftung", FS Flume (1978) I 359; *Coing*, Die Vertretungsordnung juristischer Personen und deren Haftung gemäß § 31 BGB, FS R. Fischer (1979) 65; *Götz*, Die Haftung des Vereins gegenüber dem Mitglied, JuS 1995, 105; *Kleindiek*, Deliktshaftung und juristische Person (1997, dazu *Medicus* ZHR 162, 1998, 352); *Landwehr*, Die Haftung der juristischen Personen für körperschaftliche Organisationsmängel, AcP 164 (1964) 482; *Leuschner*, Das Haftungsprivileg der §§ 31 a, 31 b BGB, NZG 2014, 281; *Martinek*, Repräsentantenhaftung (1979); *Medicus*, Zur deliktischen Eigenhaftung von Organpersonen, FS W. Lorenz (1991) 155; *Nitschke*, Die Anwendbarkeit des im § 31 enthaltenen Rechtsgedankens auf alle Unternehmensträger, NJW 1969, 1737; *Petersen*, Haftung wegen schuldhafter Verletzung des Bankgeheimnisses, NJW 2003, 1570; *Sandmann*, Die Haftung von Arbeitnehmern, Geschäftsführern und leitenden Angestellten (2001); *Steindorff*, Repräsentanten- und Gehilfenversagen und Qualitätsregelungen in der Industrie, AcP 170 (1970) 93.

1. Vertretungsmacht und Haftung

a) Wenn der Vorstand (§ 30) **rechtsgeschäftlich** im Namen des Vereins einen Schuldvertrag schließt, dann verpflichtet er den Verein nach § 164. Der Verein schuldet hier Erfüllung, ohne dass es einer weiteren Zurechnungsnorm (insbesondere des § 31) bedürfte. Entsprechend wirken Verfügungen nach § 164 gegen den Verein.

1134

b) Wenn den Vorstand **bei der Erfüllung** einer Verpflichtung **ein Verschulden** trifft, wird dieses nach § 278 dem Verein zugerechnet. Dieselbe Vorschrift gilt auch, wenn der Verein andere Personen in die Erfüllung seiner Verbindlichkeit einschaltet. Richtigerweise wird in beiden Fallgruppen § 31 nicht benötigt[45]. Auch der Wortlaut dieser Vorschrift passt nicht: Der Handelnde persönlich schuldet ja dem Gläubiger nichts und wird diesem daher auch nicht zum Schadensersatz verpflichtet. Trotzdem wendet die h.M. bei Pflichtverletzungen § 31 an, doch ist dies wohl nur eine Fortwirkung des Streits zwischen der Organ- und der Vertretertheorie. Auch erweitert § 31 nach vorzugswürdiger Ansicht bei Überschreitung der Vertretungsmacht die Haftung aus § 179 nicht auf den Verein[46].

1135

---

45 Etwa *Flume* AT I 2 § 11 III, 5; vgl. *Kleindiek*, Deliktshaftung und juristische Person (1997) 274 ff.
46 *Flume* AT I 2 § 11 III 3 S. 388.

1136 c) Wirklich benötigt wird § 31 dagegen bei der Begründung einer Haftung des Vereins durch **nicht rechtsgeschäftliches Verhalten**, insbesondere durch Delikt. Hier haftet zwar bei unmittelbarer Verletzung[47] der Handelnde persönlich (z.B. nach §§ 823 ff.). Doch hat der Geschädigte hieraus noch keinen Anspruch gegen den Verein und damit keinen Zugriff auf das Vereinsvermögen. Beides wird durch § 31 begründet.

1137 Dabei enthält das BGB freilich eine **Inkonsequenz**: § 31 nennt außer dem Vorstand und den Mitgliedern des Vorstands auch die „anderen verfassungsmäßig berufenen Vertreter" von § 30 (vgl. oben Rz. 1133). Damit scheint § 31 an die Vertretungsmacht anzuknüpfen, obwohl er doch gerade (anders als § 30) das nichtrechtsgeschäftliche Handeln betrifft. Die Rechtsprechung hat das korrigiert, indem sie unter § 31 auch Personen in leitender Stellung fallen lässt, die weder zum Vorstand gehören noch Vertretungsmacht haben. So sagt BGHZ 49, 19, 21 für den Filialleiter einer Auskunftei: Es genüge, „dass dem Vertreter durch die allgemeine Betriebsregelung und Handhabung bedeutsame, wesensmäßige Funktionen der juristischen Person zur selbständigen, eigenverantwortlichen Erfüllung zugewiesen sind, dass er also die juristische Person auf diese Weise repräsentiert". Und BGH NJW 1972, 334 lässt (über § 89) ein städtisches Krankenhaus für seinen (nicht mit Rechtsgeschäften für das Krankenhaus befassten) Chefarzt nach § 31 haften. BGHZ 95, 63, 70 erstreckt das auf den Leiter eines einzelnen Fachbereichs eines Krankenhauses. Man spricht hier auch vom **„Haftungsvertreter"** (das ist aber keine Stellvertretung im Sinne von § 164!).

2. Die Regelung in § 31

1138 a) Die **Voraussetzungen** der Haftung nach § 31 ergeben sich fast vollständig aus dem gerade Gesagten: Eine danach unter § 31 fallende Person muss einem Dritten (das kann auch ein Vereinsmitglied sein) durch eine zum Ersatz verpflichtende Handlung Schaden zugefügt haben. In der Person des Handelnden muss also regelmäßig der **volle Tatbestand einer Haftungsnorm verwirklicht** sein. Bei der Haftung für eine mittelbare Verletzung braucht aber die Verkehrspflicht bloß die juristische Person zu treffen (z.B. bei der Herstellerhaftung aus § 823 I): Dann haftet nach außen nur die juristische Person, weil ihr das Handeln ihres Organs zugerechnet wird[48]. Zudem muss das Organ die Schadenszufügung in Ausführung der ihm (für den Verein) zustehenden Verrichtungen begangen haben. Nötig ist also ein Handeln gerade als Organ und nicht im privaten Bereich.

1139 b) Als **Rechtsfolge** bestimmt § 31, der Verein sei für den Schaden verantwortlich. Diese Verantwortlichkeit verdrängt nicht eine etwa bestehende Eigenhaftung des Handelnden; der Verein haftet neben diesem nach § 840 als Gesamtschuldner.

1140 ### 3. Haftung für Organisationsmängel

§ 31 setzt voraus, dass der Handelnde zum Vorstand gehört oder dass sich seine Tätigkeit bei § 30 irgendwie auf die Satzung zurückführen lässt (vgl. oben Rz. 1133). Die Vorschrift passt also nicht, wenn für den Verein eine Person ohne diese besonderen Qualifikationen gehandelt hat: Hier scheint bloß § 831 mit seiner Exkulpationsmög-

---
47 Vgl. *Medicus* ZGR 27 (1998) 570.
48 Vgl. *Medicus* ZGR 27 (1998) 570, str.; zur GmbH ausführlich *Kindler* Jura 2006, 364.

lichkeit zu gelten. Danach scheint der Verein die ihm günstigere Haftung nach § 831 dadurch herbeiführen zu können, dass er nicht den Vorstand oder einen verfassungsmäßigen Vertreter, sondern untergeordnete Personen für sich handeln lässt. Diesem unerwünschten Ergebnis ist die Rechtsprechung schon früh entgegengetreten[49]: Sie überprüft nämlich die Organisation juristischer Personen auf ihre Angemessenheit. Danach soll für wichtige Aufgaben, die der Vorstand nicht selbst wahrnehmen kann, ein verfassungsmäßiger Vertreter nach § 30 zu bestellen sein. Fehlt es daran, so wird ein Organisationsmangel angenommen; der Verein soll dann für diesen nach § 31 einzustehen haben[50].

Diese Rechtsprechung überschneidet sich zum Teil mit der anderen, die für § 30 im Rahmen des § 31 schon die tatsächliche Übertragung wichtiger Funktionen genügen lässt (vgl. oben Rz. 1137): Soweit man das annimmt, haftet der Verein schon unmittelbar für den Handelnden. Es bedarf dann keiner Haftung dafür, dass der Verein seine Nichthaftung für die Schadenszufügung erst durch den Organisationsmangel erreicht hat[51].

4. Haftung gegenüber den Mitgliedern

Auch **gegenüber den Vereinsmitgliedern** kann eine Haftung des Vereins entstehen. Dabei kann allerdings der Pflichtenkreis des Vereins wegen der bloß ehrenamtlichen Tätigkeit der Vereinsorgane eingeschränkt sein[52]. Regelmäßig aber haftet der Verein „ähnlich wie bei positiven Vertragsverletzungen"[53], also aus der Sonderverbindung zwischen ihm und den Mitgliedern. Ob daneben auch eine **persönliche Haftung des Handelnden** aus § 823 I wegen Verletzung der Mitgliedschaft als „sonstiges Recht" besteht (so der BGH[54]), ist zweifelhaft. Zudem müsste geklärt werden, wodurch die Mitgliedschaft verletzt werden kann (etwa auch durch eine Behinderung bei der Benutzung von Vereinseinrichtungen, z.B. eines Tennisplatzes?)[55].

1140 a

5. Haftung der Organpersonen gegenüber dem Verein

Gegenüber dem Verein haftet jedes Vorstandsmitglied wegen zu vertretender Verletzung seiner Pflichten. Der im Jahre 2009 eingeführte § 31 a macht davon jedoch eine Ausnahme für ohne oder nur gegen geringes Entgelt tätige Personen (die bei Vereinen häufig sind): Sie sollen nur bei Vorsatz und grober Fahrlässigkeit haften: Sind danach Organmitglieder oder besondere Vertreter unentgeltlich tätig oder erhalten sie für ihre Tätigkeit eine Vergütung, die 720 Euro jährlich nicht übersteigt, haften sie dem Verein und den Mitgliedern des Vereins (S. 2) nach § 31 a I für einen bei der Wahrnehmung

1140 b

---

49 Vgl. RG Warn. 1914 Nr. 35; RGZ 86, 136, 137.
50 Etwa BGHZ 24, 200, 213.
51 Was, wie Staudinger/*Coing* (1980) § 31 Rz. 35 (inzwischen Staudinger/*Weick*, 2005, § 31 Rz. 35) mit Recht gesagt hat, ein reichlich komplizierter Gedanke ist.
52 OLG Stuttgart NJW 1996, 1352 Führung bei Bergtouren.
53 BGHZ 110, 323, 327 (dazu *Götz* JuS 1995, 106).
54 BGHZ 110, 323, 327.
55 Vgl. ausführlich *Habersack*, Die Mitgliedschaft – subjektives und „sonstiges" Recht (1996); *Helms*, Schadensersatzansprüche wegen Beeinträchtigung der Vereinsmitgliedschaft (1998).

ihrer Pflichten verursachten Schaden nur bei Vorliegen von Vorsatz und grober Fahrlässigkeit[56]. Das lässt aber die Haftung nach außen unberührt (anders bei der Haftung gegenüber Vereinsmitgliedern, § 31 a I 2)[57]. Doch können sie von dem Verein Freistellung verlangen, § 31 a II. Seit 2013 enthält § 31 b eine strukturell gleiche Haftungsprivilegierung für Vereinsmitglieder[58].

6. Haftung der Mitglieder gegenüber den Vereinsgläubigern

1140 c Für die Haftung der Vereinsmitglieder gegenüber den Vereinsgläubigern gilt sinngemäß das oben Rz. 1106 a Gesagte: kein Haftungsdurchgriff, sondern allenfalls eine „Existenzvernichtungshaftung" gegenüber dem Verein. Doch wird eine solche Existenzvernichtung eines Vereins durch Mitglieder kaum vorkommen.

---

56 Näher zur ratio legis *Petersen*, Die mündliche Prüfung im ersten Juristischen Staatsexamen (3. Aufl. 2016) 143 ff.
57 Dazu *Unger* NJW 2009, 3269 ff.
58 Zu ihnen *Leuschner* NZG 2014, 281.

§ 67 Exkurs: Der nicht rechtsfähige Verein

Literatur: *A. Bergmann*, Ein Plädoyer für § 54 S. 1 BGB ..., ZGR 34 (2005) 654; *Denecke*, Zur Haftung des nicht rechtsfähigen Vereins, JR 1951, 742; *ders.*, Zur Haftung der Gewerkschaften, BB 1959, 637; *Fenn*, Zivilprozessualer Rechtsschutz unter rivalisierenden Gewerkschaften – BGHZ 42, 210, JuS 1965, 175; *Flume*, Der nicht rechtsfähige Verein, ZHR 148 (1984) 503; *Habscheid*, Der nicht rechtsfähige Verein zwischen juristischer Person und Gesellschaft, AcP 155 (1956) 375; *Maurer*, Die Rechtsstellung der politischen Parteien, JuS 1991, 881; *Petersen*, Das Vereinsrecht des BGB, Jura 2002, 683; *Reiff*, Die Haftungsverfassungen nicht rechtsfähiger unternehmenstragender Verbände (1996); *K. Schmidt*, Die Partei- und Grundbuchunfähigkeit nicht rechtsfähiger Vereine – Oder: Die aufhaltsame Karriere des nichteingetragenen Vereins, NJW 1984, 2249; *Schöplin*, Der nichtrechtsfähige Verein (2003); *Schultze von Lasaulx*, Der nicht rechtsfähige Verein im Handelsverkehr, FS A. Schultze (1934) 1; *T. Schulz*, Die Prozessfähigkeit nicht rechtsfähiger Vereine im Zivilprozess (1992); *Stoltenberg*, Rechtsfähigkeit nicht rechtsfähiger Vereine, MDR 1989, 494; *Weimar*, Rechtsfragen beim nicht rechtsfähigen Verein, MDR 1975, 288; *M. Wolf*, Die Rechtsfähigkeit von Gesamthandsgemeinschaften, FS Canaris (2007) I 1313.

Der nicht rechtsfähige Verein dürfte eigentlich schon nach seiner Bezeichnung keine Rechtsfähigkeit haben und daher im Zusammenhang mit den Rechtssubjekten nur exkursartig behandelt werden. Doch lässt sich das paradoxe Ergebnis (der nicht rechtsfähige Verein ist wenigstens teilrechtsfähig geworden) als die Folgerung einer Entwicklung verstehen, die kurz geschildert werden soll[1].

---

1 Vgl. *Brand* AcP 208 (2008) 490, 504 ff.

I. Die privatrechtliche Regelung und ihre Problematik

1. Die Regelung im BGB

Das BGB regelt den nicht rechtsfähigen Verein nur überaus knapp: Nach § 54 S. 1 **1141** sollen auf ihn die Vorschriften über die Gesellschaft (§§ 705 – 740) angewendet werden. § 54 S. 2 bestimmt eine persönliche Haftung der rechtsgeschäftlich für einen nicht rechtsfähigen Verein Handelnden. Und nach der ursprünglichen Fassung des § 50 II ZPO sollte ein solcher Verein wie ein rechtsfähiger verklagt werden können, also die bloß passive Parteifähigkeit haben.

Diese Vorschriften sollten **den nicht rechtsfähigen Verein benachteiligen**. Das war besonders deutlich für § 54 S. 1: Die dort bestimmte Anwendung der §§ 705 ff. unterwirft den nicht rechtsfähigen Verein einer Regelung, die für ihn nicht passt. Denn jeder Verein – auch der nicht rechtsfähige – bedarf einer körperschaftlichen Organisation, die ihn von seinen Mitgliedern unabhängig macht (vgl. oben Rz. 1098). Daran fehlt es aber bei der BGB-Gesellschaft: Bei ihr ist im Zweifel für jedes Geschäft die Zustimmung aller Gesellschafter nötig (§ 709 I); nach außen besteht im Zweifel bloß Gesamtvertretungsmacht aller Gesellschafter (§ 714); die Gesellschaft kann jederzeit durch jeden Gesellschafter (§ 723) oder dessen Pfändungsgläubiger (§ 725) gekündigt werden; sie wird aufgelöst durch Tod (§ 727) oder Insolvenz (§ 728 II) eines Gesellschafters; ein ausscheidender Gesellschafter kann Auszahlung seines Auseinandersetzungsguthabens verlangen (§ 738 I 2). Man stelle sich das Alles für einen Großverein mit vielen Tausend Mitgliedern vor!

Zwar nicht ungeeignet, aber doch belastend waren die übrigen beiden Bestimmungen: Die persönliche Haftung nach § 54 S. 2 machte es riskant, für einen nicht rechtsfähigen Verein aufzutreten, und musste deshalb die Bereitschaft dazu mindern. Und die passive Parteifähigkeit erleichterte die Geltendmachung von Ansprüchen gegen den nicht rechtsfähigen Verein, während dieser umgekehrt für die Geltendmachung seiner Ansprüche keine Erleichterung erhielt.

2. Der Grund der Regelung

Diese unangemessene und schlechte Behandlung des nicht rechtsfähigen Vereins **1142** beruhte nicht etwa auf einem Versehen des Gesetzgebers. Vielmehr war sie **beabsichtigt**, um Vereine zum Erwerb der Rechtsfähigkeit zu veranlassen (Prot. bei *Mugdan* I 640). Das hing mit dem Misstrauen zusammen, das der Gesetzgeber vom Ende des 19. Jahrhunderts gegen Vereine mit politischem, religiösem oder sozialem Zweck hegte: Hier gebe es „gemeinschädlich wirkende Verbindungen" (Mot. I 89 f. = *Mugdan* I 401). Daher sollte die Verwaltungsbehörde gegen die Eintragung von Vereinen mit solcher Zielsetzung Einspruch erheben können (§ 61 II a. F.); auf Verlangen des Amtsgerichts sollte jeder Verein ein Mitgliederverzeichnis einreichen müssen (§ 72 a. F.). Diesen Reglementierungen des eingetragenen Vereins sollte nicht ohne weiteres durch den Verzicht auf die Eintragung ausgewichen werden können.

Vierter Teil *Die Rechtssubjekte*

1143 3. Das Versagen der Regelung

Diese Regelung hat den beabsichtigten Zweck nicht erreicht: Insbesondere die Vereine mit politischer (Parteien) und sozialpolitischer Zielsetzung (Arbeitgeberverbände, Gewerkschaften) haben durchweg den Verzicht auf die Rechtsfähigkeit den behördlichen Kontrollen vorgezogen. Dabei haben sie sich auch in der Rechtsform des nicht rechtsfähigen Vereins auskömmlich eingerichtet. Geholfen hat dazu insbesondere, dass das nach § 54 S. 1 anwendbare Gesellschaftsrecht weithin nachgiebig ist; deshalb konnte die Satzung an seine Stelle eine körperschaftliche Regelung setzen. Dazu kamen einfallsreiche Hilfsmittel gegen das Fehlen der Rechtsfähigkeit (vgl. unten Rz. 1150 f.).

Insgesamt hat die so erreichbare Organisation gut funktioniert: Beispielsweise hat sie den Aufstieg der Gewerkschaften zugelassen. Auch hat im Jahre 1919, als § 61 II a. F. mit seiner Möglichkeit zu behördlicher Kontrolle aufgehoben wurde, nicht etwa ein Ansturm auf die Rechtsfähigkeit eingesetzt. Vielmehr haben Parteien, Arbeitgeberverbände und Gewerkschaften die ihnen jetzt erreichbare Eintragung ins Vereinsregister und damit die Rechtsfähigkeit überwiegend auch weiterhin verschmäht. Die damit verbundenen Nachteile waren also offenbar erträglich. Überdies sind Gesetzgeber und Rechtsprechung dem nicht rechtsfähigen Verein noch weiter entgegengekommen. Damit unterschied sich die wirkliche Rechtslage ganz erheblich von derjenigen, die das BGB herbeiführen wollte. Das gilt übrigens auch für das öffentliche Vereinsrecht, wo in § 2 I VereinsG der Vereinsbegriff ohne Rücksicht auf die Rechtsfähigkeit gebildet worden ist.

II. Die wirkliche Rechtslage

1. Die Parteifähigkeit

1144 Am deutlichsten war der Wandel bei der Parteifähigkeit, also bei der Fähigkeit, vor Gericht als Partei aufzutreten.

a) Hier hat zunächst der **Gesetzgeber** eingegriffen: § 3 des G über die politischen Parteien v. 24. 7. 1967 (*Sartorius* Nr. 58) gewährt diesen und ihren Gebietsverbänden der höchsten Stufe die unbeschränkte (auch aktive) Parteifähigkeit: Voll parteifähig sind nach § 10 ArbGG vor den Arbeitsgerichten auch Gewerkschaften und Arbeitgeberverbände sowie deren Zusammenschlüsse.

1145 **b)** Weitere Hilfe ist vom **BGH** gekommen.

Zunächst hatte im Fall von BGHZ 42, 210 die Gewerkschaft Öffentliche Dienste, Transport und Verkehr (ÖTV) gegen die rivalisierende Gewerkschaft der Polizei (GdP) Ansprüche auf Unterlassung einer unlauteren Mitgliederwerbung geltend gemacht. Nach § 50 II ZPO a.F. hätte diese Klage mangels aktiver Parteifähigkeit der Klägerin als unzulässig abgewiesen werden müssen. Nicht rechtsfähige Großvereine hatten in solchen Fällen den Ausweg gefunden, den einzuklagenden Anspruch **an einen Treuhänder abzutreten** und dann diesen als Kläger auftreten zu lassen. Die Gangbarkeit dieses Weges war hier aber zweifelhaft, weil negatorische Ansprüche (z.B. auch die aus §§ 12, 1004) regelmäßig nicht selbständig abgetreten werden können.

Daher ist BGHZ 42, 210, 216 f. für solche Fälle von § 50 ZPO abgewichen: Eine Gewerkschaft sei auch aktiv parteifähig, soweit sie sich vor den Zivilgerichten gegen eine Beeinträchtigung ihrer Tätigkeit wehren wolle. Zur Begründung verweist der BGH auf die besondere Hervorhebung der Gewerkschaften (neben den Arbeitgeberverbänden) in Art. 9 III GG.

Kurze Zeit später klagte die ÖTV abermals, jetzt jedoch aus einem zweifelsfrei abtretbaren Geldanspruch. Das OLG Köln als Berufungsinstanz hatte diese Klage für unzulässig gehalten: Zu einer richterlichen Korrektur des § 50 ZPO fehle der „Rechtsnotstand", weil sich die ÖTV ohne weiteres durch die Abtretung an einen Treuhänder helfen könne. BGHZ 50, 325 ist dieser Argumentation nicht gefolgt, sondern hat den Gewerkschaften die aktive Parteifähigkeit **auch für abtretbare Ansprüche** zugesprochen: Der Gesetzgeber selbst habe die Gewerkschaften in vieler Hinsicht anerkannt und dadurch den damaligen § 50 ZPO „materiell derogiert". Die volle Anerkennung der aktiven Parteifähigkeit bedeute daher keine nur ausnahmsweise zulässige Rechtsfortbildung *contra legem*, sondern nur eine Konsequenz aus der Änderung der Gesamtrechtsordnung. Ein Rechtsnotstand sei daher unnötig. **1146**

Überzeugend war diese Begründung nicht. Denn in erster Linie war es gewiss Sache des Gesetzgebers, den § 50 ZPO der geänderten Auffassung zu den Gewerkschaften anzupassen. Tatsächlich hat ja der Gesetzgeber in anderen Fällen die Parteifähigkeit erweitert (vgl. oben Rz. 1144). Der BGH ließ Anhaltspunkte dafür vermissen, unter welchen Voraussetzungen der Richter das Geschäft der Gesetzesanpassung selbst übernehmen darf. Irritieren konnte zudem auch der Hinweis am Ende des Urteils (S. 335), es könne offen bleiben, ob die volle Parteifähigkeit auch für andere nicht rechtsfähige Vereine oder doch für solche mit sehr großer Mitgliederzahl anzuerkennen sei. Denn die Argumente des BGH passten nur für die Gewerkschaften (und die Arbeitgeberverbände). Daher kann man aus BGHZ 50, 325 allenfalls noch folgern, die Gewerkschaften (und die Arbeitgeberverbände) seien entgegen § 47 GBO auch „grundbuchfähig" (vgl. unten Rz. 1149)[2]. Zutreffend hatte auch BGHZ 109, 15 betont, im Allgemeinen sei ein nicht rechtsfähiger Verein (hier: eine Siedlergemeinschaft) nicht aktiv parteifähig[3]. **1147**

c) Weitere Zweifel müssen sich zudem aus einem weiteren Grund ergeben: BGHZ 146, 341 hat inzwischen auch der **BGB-Gesellschaft** (wenigstens bestimmten Arten davon) eine gewisse Rechtsfähigkeit und insbesondere die aktive Parteifähigkeit zuerkannt (vgl. oben Rz. 1097). Soll das über § 54 S. 1 auch auf den nicht rechtsfähigen Verein übertragen werden? Welcher Unterschied besteht dann überhaupt noch zum rechtsfähigen Verein? Wie steht es mit der persönlichen Haftung der Vereinsmitglieder? Gelangt man dadurch nicht zu dem Paradox eines teilrechtsfähigen nichtrechtsfähigen Vereins? Diese Fragen sind über eine lange Zeit nicht ausreichend durchdacht worden[4]. **1147 a**

---

2 Vgl. dazu *Flume* ZHR 148 (1984) 503, 509 ff.; *K. Schmidt* NJW 1984, 2249.
3 Zweifelnd *Schulz* NJW 1990, 1983.
4 Vgl. aber etwa *Kübler/Assmann* § 25 II. – MünchKomm-*Arnold* § 54 Rz 16. unterscheidet je nachdem, ob es sich um einen Idealverein oder einen wirtschaftlichen Verein handelt.

2. Die Rechtsfähigkeit

1148 **a) Rechtsfähigkeit** als Fähigkeit zur Vermögensträgerschaft ist den nicht rechtsfähigen Vereinen zunächst nicht zuerkannt worden; das wäre auch paradox. Im Prinzip musste es daher insoweit bei der Verweisung des § 54 S. 1 ins Gesellschaftsrecht bleiben: Das Vermögen „des nicht rechtsfähigen Vereins" stand nicht diesem zu, weil es ihn als Rechtsträger nicht gab, sondern den Mitgliedern zur gesamten Hand (§§ 718 f.). Dass ein Mitglied nach § 719 I nicht über seinen Anteil am Vereinsvermögen verfügen kann, passt zur körperschaftlichen Organisation. Gleich zu erörternde Schwierigkeiten konnten sich dagegen bei Grundstücken, bei der Parteifähigkeit und bei der Schuldenhaftung ergeben.

1149 **b) Bei Grundstücken** verlangt § 47 I GBO die Eintragung jedes Mitberechtigten und, da es bei der BGB-Gesellschaft keine quotenmäßigen Anteile gibt, die Angabe „des für die Gemeinschaft maßgebenden Rechtsverhältnisses"[5]. Das zweite Erfordernis ließ sich ohne weiteres erfüllen, nicht dagegen bei größeren Vereinen oder solchen mit häufigem Mitgliederwechsel. Für solche Vereine blieben daher zwei Auswege:

1150 Entweder sie haben eine **rechtsfähige Kapitalgesellschaft** gegründet (meist eine GmbH). In diese wurden dann die Grundstücke (und regelmäßig auch andere wertvolle Vermögensstücke) eingebracht. Als Alleineigentümer erschien folglich im Grundbuch nur diese GmbH; die Mitglieder des Vereins dagegen brauchten in kein Register eingetragen zu werden. Das Vereinsvermögen bildeten dann die Anteile an der GmbH.

1151 Oder der nicht rechtsfähige Verein übertrug die Grundstücke (und ggf. auch weitere Vermögensstücke) einer zuverlässigen natürlichen Person als **Treuhänder** (etwa einem „Schatzmeister"). Dann ist allein dieser Eigentümer, und allein er steht auch im Grundbuch. Doch muss er nach dem Treuhandvertrag (der im Wesentlichen dem Auftragsrecht untersteht) die Weisungen des Vereins hinsichtlich des Treuhandvermögens befolgen. Vereinsvermögen sind dann die Ansprüche gegen den Treuhänder.

1152 Von diesen beiden Lösungen **ist die erste die bessere**: Bei der zweiten können sich Auseinandersetzungen mit den Gläubigern des Treuhänders und Schwierigkeiten bei dessen Tod ergeben. Daher haben z.B. die Gewerkschaften eine Vermögensträgergesellschaft: die BGAG Beteiligungsgesellschaft der Gewerkschaften GmbH, früher Beteiligungsgesellschaft für Gemeinwirtschaft AG (deren Beteiligungsvermögen freilich vor allem durch das Neue Heimat-Debakel stark zusammengeschmolzen war).

1152 a Die Rechtslage hat sich zunächst insofern geändert, als **BGHZ 146, 341** bestimmten Arten der BGB-Gesellschaft die Partei- und Rechtsfähigkeit zuerkannt hat (vgl. oben Rz. 1147 a). Wegen der Verweisung des § 54 S. 1 auf die Vorschriften über die BGB-Gesellschaft hat **BGH NJW 2008, 69** daraus abgeleitet, dass dem nicht rechtsfähigen Verein die aktive Parteifähigkeit nicht länger vorenthalten werden könne. Dem hat sich der Gesetzgeber wenig später in § 50 II ZPO angeschlossen. Im Schrifttum ist die Entscheidung weitergehend als Bestätigung gedeutet worden, dass der nicht rechtsfähige Verein

---

5 Dazu *Tolani* JZ 2013, 224.

selbst Träger von Rechten und Pflichten sein könne⁶. Diese Sichtweise hat zur Folge, dass dem Verein (und eben nicht nur seinen Mitgliedern in gesamthänderischer Verbundenheit) unmittelbar Vermögensgegenstände zugeordnet werden können; er kann danach selbst Grundstückseigentümer sein.

Umstritten blieb jedoch, ob der Verein unter seinem Namen ins Grundbuch eingetragen werden kann oder ob auch die Eintragung aller Mitglieder erforderlich ist. Letzteres ist für größere Vereine freilich gar nicht möglich: Ständig stirbt ein Mitglied oder tritt eines aus oder ein neues ein. Das Grundbuch wäre demnach andauernd zu berichtigen. Auf der anderen Seite ist zu berücksichtigen, dass es für den nicht eingetragenen Verein ebenso wie für die BGB-Gesellschaft kein Register gibt, aus dem die Mitglieder oder wenigstens die Existenz des Vereins festzustellen wären (anders als bei OHG und KG, wo das Handelsregister Auskunft gibt). Für die BGB-Gesellschaft ordnet § 47 II GBO deshalb die Eintragung aller Gesellschafter an (oben Rz. 1085). **BGH NZG 2016, 666** hat das zum Schutz der Grundbuchklarheit auf den nicht rechtsfähigen Verein übertragen, zumal die Geltung des § 47 II GBO bereits aus § 54 S. 1 folge. Die Praxis ist also weiterhin auf die in Rz. 1150 ff. beschriebenen Auswege beschränkt, soll eine Eintragung ins Vereinsregister vermieden werden. 1153

c) Die rechtsgeschäftliche Haftung richtet sich bei der BGB-Gesellschaft nach den §§ 709, 713. Damit ist aber noch nicht entschieden, ob eine durch vertretungsberechtigte Gesellschafter begründete Verpflichtung bloß das Gesellschaftsvermögen oder auch die Gesellschafter persönlich bindet, sodass diese dann auch für die Erfüllung haften. BGHZ 146, 341, 358 f. hat das regelmäßig bejaht. Das lässt sich auf den nicht eingetragenen Verein kaum übertragen⁷. 1154

Schon vorher hatten sich gut beratene nicht rechtsfähige Vereine zu helfen gewusst: Ihre Satzung enthält die Vorschrift, der Vorstand sei nur zu Geschäften über das Vereinsvermögen berechtigt. Damit kam man für rechtsgeschäftliches Handeln (für anderes vgl. unten Rz. 1157) zu einem ähnlichen Ergebnis wie beim rechtsfähigen Verein. Diese Lösung ist dann auch auf Fälle übertragen worden, in denen die Satzung keine ausdrückliche Beschränkung der Vertretungsmacht enthielt (so im Ansatz schon von RGZ 63, 62, noch deutlicher RGZ 143, 212). Das trifft zu. Denn es genügt nicht, dass man ein schlechtes Gesetz abbedingen kann. Vielmehr muss es auch dem nicht rechtlich Beratenen genügen. 1154 a

Allerdings gilt die so erreichte Haftungsbeschränkung nur für den nicht rechtsfähigen **Idealverein**. Dagegen wird bei eingetragenen **Wirtschaftsvereinen** von der h.M.⁸ mit Recht die unbeschränkte persönliche Haftung der Mitglieder bejaht: Insoweit ist der Wille des historischen Gesetzgebers durch keine neuen Wertungen überholt. Im Gegenteil: Das Motiv, wirtschaftliche Betätigung in die Formen des Handelsrechts zu lenken, ist eher noch aktueller geworden. 1155

---

6 So bereits *K. Schmidt* NJW 2001, 993, 1002 f.; *ders.* JuS 2016, 646, 647; a.A. *Wagner* ZZP 114 (2004) 305, 359 ff.; offengelassen von BGH NZG 2016, 666 Rz. 13.
7 Vgl. *Reuter* NZG 2004, 217.
8 Etwa *Flume* ZHR 148 (1984) 503, 519.

1156 Zudem bleibt für alle nicht rechtsfähigen Vereine (mit Ausnahme bloß der politischen Parteien, vgl. § 37 PartG) die ausdrückliche Vorschrift des § 54 S. 2 zu beachten: Der rechtsgeschäftlich für den Verein **Handelnde haftet auch persönlich**; mehrere Handelnde haften als Gesamtschuldner. Diese Haftung kann durch die Satzung in keiner Weise ausgeschlossen werden; möglich ist nur eine Ausschließungsvereinbarung mit dem jeweiligen Vertragspartner.

3. Die nichtrechtsgeschäftliche Haftung

1157 Wie die Gesellschafter einer BGB-Gesellschaft für Delikte eines anderen Gesellschafters haften, ist überaus streitig. **BGHZ 154, 88** wendet § 31 entsprechend an. Dagegen besteht über die entsprechende Anwendbarkeit des § 31 auf den nicht eingetragenen Verein weitgehend Einigkeit[9]: Ein solcher Verein haftet also für den Schaden, den seine Vorstandsmitglieder oder seine „Haftungsvertreter" (vgl. oben Rz. 1137) einem Dritten durch eine zum Ersatz verpflichtende Handlung zufügen. So haftet bei einem unerlaubten Streik die diesen betreibende Gewerkschaft für die Streikleiter nach § 31 und für die (auf Weisung handelnden) Streikposten nach §§ 823, 831[10]. Die Eigenhaftung des Handelnden ist hier ebenso wenig ausgeschlossen wie beim eingetragenen Verein (vgl. oben Rz. 1139).

4. Andere Fragen

1158 Auch in anderen Fragen wird das **Gesellschaftsrecht** regelmäßig durch die Satzung **ausgeschlossen**, oder es gilt doch als ausgeschlossen. So unterliegt der nicht rechtsfähige Idealverein im Ergebnis weitgehend dem Vereinsrecht, also den §§ 24 – 53. **Diese Vorschriften gelten also für Idealvereine ohne Rücksicht auf deren Eintragung**; § 54 S. 1 ist insoweit nur irreführend. Nur die Bestimmungen über die Eintragung (§§ 55 – 79) sind naturgemäß unanwendbar; für die Vorschriften über den Verlust der Rechtsfähigkeit ist das zweifelhaft.

Insbesondere wird auch der nicht rechtsfähige Verein durch den Vorstand **vertreten** (§§ 26 ff.). Die interne Willensbildung erfolgt grundsätzlich in der Mitgliederversammlung (§§ 32 ff.). Die Mitgliedschaft ist regelmäßig nicht übertragbar; die Austrittsmöglichkeit wird dem Mitglied durch zwingendes Recht gewahrt[11].

1159 Nur bei **nicht eingetragenen Wirtschaftsvereinen** wird das Gesellschaftsrecht (hier dann regelmäßig das Recht der OHG) weitergehend angewendet. Daher kann man auch die Verdrängung des Gesellschaftsrechts beim nicht rechtsfähigen Idealverein nicht einfach mit dessen körperschaftlicher Struktur begründen: Diese Struktur hat der Wirtschaftsverein gleichfalls. Entscheidend ist vielmehr, dass bloß beim nicht rechtsfähigen Idealverein die Anwendung des Gesellschaftsrechts typischerweise weder durch erhebliche Gläubigerinteressen noch durch andere noch aktuelle Gründe gefordert wird.

---

9 Etwa *Flume* AT I 2 § 11 III 4; *Kübler/Assmann* § 11 III 4.
10 BAG NJW 1989, 57.
11 §§ 38 f., einschränkend freilich *Flume* ZHR 148 (1984) 503, 522.

§ 68 Insbesondere die rechtsfähige Stiftung

Literatur: *Andrick/Suerbaum*, Stiftung und Aufsicht (2001/2); *dies.*, Das Gesetz zur Modernisierung des Stiftungsrechts, NJW 2002, 2905; *H. J. Becker*, Der Städel-Paragraph (§ 84 BGB), FS Hübner (1984) 21; *Berkel* u.a., Stiftungshandbuch (3. Aufl. 1989); *Berndt*, Stiftung und Unternehmen (4. Aufl. 1986); *P. Bruns*, Fiduziarische Stiftung als Rechtsperson, JZ 2009, 840; *Frh. von Campenhausen* u.a. (Hrsg.), Deutsches Stiftungswesen 1988 – 1998 (2000); *Crezelius/Rawert*, Stiftungsrecht – quo vadis?, ZIP 1999, 337; *Ebersbach*, Handbuch des deutschen Stiftungsrechts (1972); *Erb*, Sammelvermögen und Stiftung (1971); *Flämig*, Unternehmensnachfolge mittels stiftungshafter Gebilde, DB 1978 Beilage 22; *Hennerkes/Binz/Sorg*, Die Stiftung als Rechtsform für Familienunternehmen, DB 1986, 2217; 2269; *Hennerkes/Schiffer/Fuchs,* Die unterschiedliche Behandlung der unternehmensverbundenen Familienstiftung in der Praxis der Stiftungsbehörden, BB 1995, 209; *Goerdeler*, Probleme bei Unternehmensträger-Stiftungen, FS Kuntze (1969) 209; *ders.*, Zur Problematik der Unternehmensträgerstiftung, NJW 1992, 1487; *Heuel*, Die Entwicklung der Unternehmensträgerstiftung in Deutschland (2001); *Hopt/Reuter* (Hrsg.), Stiftungsrecht in Europa (2001); *Hüttemann*, Gesetz zur Modernisierung des Stiftungsrechts, ZHR 167 (2003) 35; *Kohl*, Brauchen wir ein Stiftungskonzernrecht?, NJW 1992, 1922; *Kronke*, Zur Problematik der Unternehmensträgerstiftung (1988); *ders.*, Organkompetenzen in Stiftung ..., ZGR 25 (1996) 18; *K. W. Lange*, Die Bedeutung institutionenökonomischer Erkenntnisse für das Verständnis von Herrschaft und Kontrolle in der Stiftung, AcP 214 (2014) 511; *Leisner*, Stiftungen in der Rechtsprechung, 3 Bde. (1980 – 1985); *Liermann*, Geschichte des Stiftungsrechts I (2. Aufl. 2002); *Meyer zu Hörste*, Die Familienstiftung als Technik der Vermögensverewigung (Diss. Göttingen 1976); *Petersen*, Das Stiftungsrecht des BGB, Jura 2007, 277; *Reuter*, Privatrechtliche Schranken der Perpetuierung von Unternehmen (1973); *ders.*, Stiftungsform, Stiftungsstruktur und Stiftungszweck, AcP 207 (2007) 1; *Richter/Wachter*, Handbuch des Internationalen Stiftungsrechts (2007); *Saenger/Arndt*, Reform des Stiftungsrechts ..., ZRP 2000, 13; *Schauhoff*, Neue Entwicklungen im Stiftungs- und Stiftungssteuerrecht, ZEV 1999, 121; *Scheyhing*, Stiftungsunternehmen als Grundlage einer neuen Konzeption der Beziehungen in Unternehmen und Betrieb, DB 1983, 1412; *Schiffer*, Zur Entwicklung des Stiftungszivilrechts, NJW 2006, 2528; *Schindler*, Familienstiftungen (1974); *K. Schmidt*, Wohin steuert die Stiftungspraxis?, DB 1987, 261; *Schlüter*, Stiftungsrecht zwischen Privatautonomie und Gemeinwohlbindung (2004); *Schüter/Stolte*, Erscheinungsformen und Errichtung der Stiftung ... (2007); *Schurr*, Die Stiftung mit unternehmerischer Verantwortung (1998); *G. C. Schwarz*, Die Stiftung als Instrument für die mittelständische Unternehmensnachfolge, BB 2001, 2381; *Schwintek*, Vorstandskontrolle in der rechtsfähigen Stiftung ... (2001); *Seifart*, Vermögensverwaltung in Stiftungen, BB 1987, 1889; *ders.* (Hrsg.), Handbuch des Stiftungsrechts (2. Aufl. 1999); *Segna*, Die Verbrauchsstiftung – ein Fremdkörper im Stiftungsrecht, JZ 2014, 126; *Sorg*, Die Familienstiftung (1984); *ders.*, Hat die Familienstiftung jetzt noch eine Überlebenschance?, BB 1983, 1620; *Strickrodt*, Stiftungsrecht (1977); *ders.*, Neuordnung des Stiftungsrechts?, JR 1962, 285; *Turner*, Die Stiftung – eine Möglichkeit zukunftsorientierter Vermögensbildung, DB 1995, 413, *ders.*, Die Stiftung – ein selbständig und individuell gestaltbarer Wunscherbe, ZEV 1995, 206; *Weimar/Geitzhaus/Delp*, Die Stiftung & Co KG als Rechtsform der Unternehmung, BB 1986, 1199; *Wochner*, Rechtsfähige Stiftungen, Grundlagen und aktuelle Reformbestrebungen, BB 1999, 1441; *ders.*, Die unselbständige Stiftung, ZEV 1999, 125; *Zimmermann/Arnsperger,* Die Entwicklung des Stiftungsrechts 2013/2014, NJW 2015, 290.

I. Die Funktion der Stiftung

1160 1. Das Wort „Stiftung" lässt leicht an fromme Mildtätigkeit denken. Aber anders als im Vereinsrecht (§ 22, vgl. oben Rz. 1109) ist bei der Stiftung die **wirtschaftliche Betätigung** kein Grund zur Versagung der Rechtsfähigkeit. So üben insbesondere die rechtsfähigen Stiftungen nicht selten einen wirtschaftlichen Geschäftsbetrieb aus (vgl. unten Rz. 1170 f.). Umgekehrt erfolgt fromme Mildtätigkeit meist in anderen Rechtsformen.

Dazu gehört insbesondere die **unselbständige** (nicht rechtsfähige) **Stiftung**: Hier wird einer bestehenden Person – häufig einer Behörde – Vermögen mit der Bestimmung übertragen, dieses für einen vom Zuwendenden angeordneten Zweck zu verwenden. Das kann unter Lebenden erfolgen und bedeutet dann eine Schenkung unter Auflage, §§ 525 ff. Bei einer Zuwendung von Todes wegen (Erbeinsetzung oder Vermächtnis) liegt eine Auflage nach den §§ 2192 ff. vor. Freilich ist es in beiden Fällen nicht ganz einfach, die Erfüllung der Auflage zu erzwingen. Jedenfalls ist der Empfänger dann treuhänderischer Inhaber des Zugewendeten; die §§ 80 ff. sind zumindest nicht direkt anwendbar. Doch gibt es Regelungen im Landesrecht.

1161 Von der Stiftung zu unterscheiden ist auch das (nicht rechtsfähige) **Sammelvermögen**: Zu einem vorübergehenden Zweck (z.B. Hilfe bei einer Katastrophe) werden durch eine Sammlung Mittel aufgebracht. Wem diese Mittel zustehen, hängt von der Gestaltung im Einzelfall ab. In Betracht kommen Schenkung an den Sammler, bloß treuhänderische Übertragung oder auch Gesamthandseigentum der Spender im Rahmen einer BGB-Gesellschaft (letzteres vor allem bei Sammlungen in beschränkterem Kreis, z.B. in einem Betrieb für ein Jubiläumsgeschenk)[1]. Das BGB regelt nur in § 1914 die Möglichkeit zur Bestellung eines Pflegers.

1162 2. **Die rechtliche Funktion der Stiftung** nach den §§ 80 ff. ist vor folgendem Hintergrund zu sehen: Jemand kann durch Testament bestimmen, wer sein Vermögen erhalten soll. Er kann dem Bedachten auch Pflichten auferlegen, insbesondere eine Person seines Vertrauens als Testamentsvollstrecker einsetzen (§§ 2197 ff.) und diesem die Verwaltung des Nachlasses übertragen. Aber diese und ähnliche Maßnahmen sind durchweg zeitlich begrenzt auf 30 Jahre oder die Lebensdauer eines Menschen (vgl. §§ 2109, 2162 f., 2210): Danach soll die rechtliche „Herrschaft des Toten über die Lebenden" endgültig ausgeschlossen sein; die Lebenden sollen sich nach ihrem eigenen Willen einrichten können.

Demgegenüber bietet die Stiftung die **Möglichkeit, einen Willen** (und damit verbunden auch meist den Namen des Stifters) **unsterblich zu machen**: Hier wird der Zweck des Stiftungsgeschäfts ohne zeitliche Beschränkung festgelegt (§ 85). Eine Änderung kann nur erfolgen, wenn die Erfüllung des Stiftungszwecks unmöglich geworden ist oder das Gemeinwohl gefährdet (§ 87 I, vgl. *Muscheler* NJW 2003, 3161). Aber auch dabei soll die ursprüngliche Absicht des Stifters noch tunlichst berücksichtigt werden (§ 87 II).

---

1 Vgl. *Laux*, Sammelvermögen, JZ 1953, 214.

In der Wirklichkeit haben sich viele Stiftungen freilich aus einem anderen Grund als kurzlebig erwiesen: Das Stiftungsvermögen war oft „mündelsicher" in Rentenpapieren angelegt, aus deren Erträgen der Stiftungszweck gefördert werden sollte. Und diese Papiere sind dann durch die großen Inflationen von 1922/23 entwertet worden.

3. Ein beliebter Nebenzweck der Stiftungen war früher die **Vermeidung der Erbschaftsteuer**: Indem Vermögen der „unsterblichen" Stiftung übertragen wurde, war es der regelmäßig mit jedem Generationenwechsel eintretenden Vererbung und damit der wiederkehrenden Belastung mit der Erbschaftsteuer entzogen. Doch hat der Gesetzgeber diese Möglichkeit verschlossen: Nach §§ 1 I Nr. 4, 9 I Nr. 4 ErbStG wird das Vermögen von Stiftungen (und ebenso von Vereinen), die wesentlich dem Interesse einer Familie oder bestimmter Familien dienen, alle 30 Jahre der Erbschaftsteuer unterworfen. Dabei gilt nach § 15 II 3 ErbStG allerdings ein relativ günstiger Steuersatz, der sich nämlich nur nach der Hälfte des steuerpflichtigen Vermögens bestimmt. 1163

4. Insgesamt kann man die rechtsfähige Stiftung bezeichnen als rechtlich verselbständigtes, einem bestimmten Zweck gewidmetes Vermögen. Rechtstatsächlich gibt es bei uns derzeit immerhin rund 21.300 rechtsfähige Stiftungen (Stand: 31.12.2015). 1164

II. Das Stiftungsgeschäft

Eine Stiftung kann unter Lebenden oder von Todes wegen errichtet werden. In beiden Fällen ist zur Erlangung der Rechtsfähigkeit die **Genehmigung** der (nach Landesrecht zu bestimmenden) Stiftungsbehörde nötig, § 80. Inhalt des Stiftungsgeschäfts ist die Festsetzung von Zweck und Organisation der Stiftung sowie (wenigstens regelmäßig[2]) die Zusage von Mitteln. 1165

1. Das Stiftungsgeschäft unter Lebenden ist ein einseitiges Rechtsgeschäft durch eine nicht empfangsbedürftige Willenserklärung (wer sollte auch Partner des Stifters sein?). § 81 I schreibt Schriftform vor; § 81 II regelt die Widerrufsmöglichkeit des Stifters. Mit der Genehmigung wird der Stifter zur Leistung der zugesagten Mittel verpflichtet, § 82 S. 1 (dies ist also ein Fall der Verpflichtung durch einseitiges Rechtsgeschäft). Nach § 82 S. 2 gehen sogar Rechte, zu deren Übertragung ein Vertrag genügt (z.B. Forderungen, § 398), ohne weiteren Erfüllungsakt auf die Stiftung über. Doch kann der Stifter diesen gesetzlichen Erwerb ausschließen. 1166

2. Das Stiftungsgeschäft von Todes wegen (§ 83) erfolgt durch Testament oder Erbvertrag. Soweit – wie häufig – der Stifter die Stiftung zu seinem Erben einsetzt, droht freilich ein Konflikt mit § 1923 I: Die Stiftung entsteht ja erst mit der Genehmigung; sie hat also zur Zeit des Erbfalls noch nicht „gelebt" und könnte daher nicht Erbe sein. Doch wird diese Schwierigkeit durch § 84 behoben: Hinsichtlich der Zuwendung des Stifters gilt die Stiftung als schon vor dessen Tod entstanden; sie ist mithin erbfähig. 1167

---

2 Vgl. *Flume* AT I 2 § 4 V 3 S. 140.

Vierter Teil *Die Rechtssubjekte*

III. Die Stiftung in Funktion

1. Die Verwaltung

1168 § 86 stellt durch eine Verweisung in das Vereinsrecht klar, dass die Stiftung durch einen Vorstand vertreten wird (§ 26). Dieser kann hier freilich nicht durch eine Mitgliederversammlung bestellt werden, weil die Stiftung keine Mitglieder hat; daher wird § 27 I, II in § 86 nicht genannt. Auch sonst enthält das BGB keine Vorschrift über die Bestellung des Stiftungsvorstands (§ 29 betrifft nur eine Übergangszeit). Diese Frage muss daher im Stiftungsgeschäft geregelt werden, soweit kein Landesrecht eingreift (sonst ist die Stiftung nicht genehmigungsfähig)[3]. Für den Vorstand haftet die Stiftung nach § 86 S. 1 wie ein Verein nach § 31.

2. Die Begünstigten

1169 Bei vielen Stiftungen sollen die Erträge des Stiftungsvermögens bestimmten Personen zugute kommen. Diese nennt man die **Destinatäre**. Das können Personen sein, die dem Erblasser nahe stehen (so insbesondere bei der **Familienstiftung**[4]). Die Stiftung kann aber auch allgemein mildtätige Zwecke verfolgen, z.B. die Bedürftigen der Heimatgemeinde des Stifters zu unterstützen oder Stipendien für Studenten zu finanzieren. In solchen Fällen kommt Gemeinnützigkeit in Betracht, deren Anerkennung zu weitreichenden Steuervorteilen führt[5].

Soweit die Destinatäre in dem Stiftungsgeschäft genau bestimmt sind, können sie analog § 328 einen klagbaren Anspruch gegen die Stiftung haben. Der Stifterwille kann sogar bewirken, dass die Destinatäre eine ihnen nachteilige Änderung des Stiftungszwecks abwehren dürfen[6]. Ansprüche von Destinatären scheiden jedoch aus, wo erst der Vorstand bestimmen muss, welche Einzelpersonen Leistungen der Stiftung erhalten sollen.

3. Stiftung und Unternehmen

1170 a) Nicht ganz selten geht es bei Stiftungen gar nicht oder doch nicht in erster Linie um die Erwirtschaftung ausschüttungsfähiger Überschüsse. Vielmehr soll die Stiftung bisweilen das **Lebenswerk eines Unternehmers** sichern: Das Unternehmen wird auf eine Stiftung übertragen, um es vor den Erben zu schützen (unternehmerische Qualitäten halten nicht immer über mehrere Generationen an). Einfluss auf das Unternehmen hat dann nur der (nach dem Stiftungsgeschäft meist aus Fachleuten zu bildende) Vorstand der Stiftung; die Erben können dem Unternehmen weder Mittel entziehen noch dieses durch den Verkauf von Anteilen in fremde Hände bringen.

Neben diesen auf das Unternehmen Einfluss nehmenden Stiftungen (z.B. Carl Zeiß-Stiftung) kann die Stiftung auch bloß an ein Unternehmen angelehnt sein: Dieses soll

---

3 MünchKomm-*Weitemeyer* § 86 Rz. 2.
4 Dazu *Nietzer/Stadie* NJW 2000, 3457.
5 Vgl. *Mecking* NJW 2001, 203.
6 BGHZ 99, 344.

dann nur die Mittel erwirtschaften, aus denen der eigentliche Stiftungszweck erreicht werden kann. So verhält es sich insbesondere bei mehreren wichtigen Stiftungen der Nachkriegszeit zur Förderung der Forschung (z.B. VW- und Thyssenstiftung).

b) Unabhängig von der eben genannten Unterscheidung ist weiter nach der rechtlichen Verbindung zwischen dem Unternehmen und der Stiftung zu differenzieren. Hier geht es hauptsächlich um zwei Arten: **1171**

Bei den (selteneren) **Unternehmensträgerstiftungen** ist die rechtsfähige Stiftung selbst der Träger des Unternehmens: Der Stiftung gehören also unmittelbar die Grundstücke und Maschinen des Unternehmens; sie ist Gläubigerin der Forderungen und Schuldnerin der Verpflichtungen. Für eine Mitbeteiligung Dritter an dem Unternehmen ist hier kein Raum; das kann zu Schwierigkeiten bei der Beschaffung von Eigenkapital führen.

Anders ist das bei der (häufigeren) **Beteiligungsträgerstiftung**: Hier ist eigentlicher Träger des Unternehmens eine Handelsgesellschaft, meist eine AG oder GmbH. Deren Vorstand leitet das Unternehmen. Die Stiftung ist nur an dem Kapital dieser Trägergesellschaft beteiligt. Von dem Umfang dieser Beteiligung hängt dann ab, inwieweit die Stiftung auf das Unternehmen Einfluss nehmen kann (wenn nicht solcher Einfluss von vornherein dadurch ausgeschlossen ist, dass die Stiftung nur stimmrechtslose Aktien erhält). Hier ist auch die Beschaffung zusätzlichen Eigenkapitals durch die Beteiligung weiterer, stiftungsfremder Gesellschafter möglich. Beispiele bilden etwa die Volkswagenstiftung, die Bertelsmann-Stiftung und die Carl Zeiss-Stiftung. **1172**

Fünfter Teil
Die Rechtsobjekte

Die Regelung der Rechtsobjekte und einiger damit zusammenhängender Fragen in den §§ 90 – 103 ist kurz. Sie beschränkt sich nämlich im Wesentlichen auf die körperlichen Rechtsobjekte (= Sachen) und lässt die unkörperlichen (= Rechte) aus (vgl. oben Rz. 22). Zudem ist diese Regelung wenig anschaulich, weil sie überwiegend bloß Begriffe bestimmt, deren rechtliche Bedeutung sich erst aus anderen Vorschriften ergibt (vor allem aus den §§ 946 ff.). Dem Inhalt nach kann man die §§ 90 – 98 über die Sachen und die §§ 99 – 103 über die (auch nichtkörperlichen) Nutzungen und einige mit diesen zusammenhängende Fragen unterscheiden. **1173**

§ 69 Sachen

Literatur: *Armbrüster*, Unveräußerlichkeit und Verkehrsunfähigkeit von Sachen, GS Manfred Wolf (2011) 191; *Brecher*, Das Unternehmen als Rechtsgegenstand (1953); *P. Bydlinski*, Der Sachbegriff im elektronischen Zeitalter: zeitlos oder anpassungsbedürftig?, AcP 198 (1998) 287; *Forkel*, Verfügungen über Teile des menschlichen Körpers, JZ 1974, 593; *R. Giesen*, Scheinbestandteil – Beginn und Ende, AcP 202 (2002) 689; *Görgens*, Künstliche Teile im menschlichen Körper, JR 1980, 140; *Häde*, Das Recht der öffentlichen Sachen, JuS 1993, 113; *Hubmann*, Das Recht am Unternehmen, ZHR 117 (1955) 41; *Harms*, Sachen, Bestandteile, Zubehör – Zentrale Heizungsanlagen in der Zwangsversteigerung, Jura 1982, 404; *Husserl*, Der Rechtsgegenstand (1933); *Jacobi*, Betrieb und Unternehmen als Rechtsbegriff (1926); *Kirsten*, Der Bestandteilsbegriff des § 93 BGB unter Berücksichtigung der technischen Normung (1933); *Knütel*, Gegenstände im Grenzgelände – zur Reichweite des § 94 I BGB, 1. FS Medicus (1999) 259; *König*, Die Qualifizierung von Computerprogrammen als Sache im Sinne des § 90 BGB, NJW 1989, 2604, mit gleichem Titel *Marly* BB 1991, 432; *Kort*, Software – eine Sache?, DB 1994, 1505; *Mainusch*, Die öffentlichen Sachen der Religions- und Weltanschauungsgemeinschaften (1995); *Michaelis*, Voraussetzungen und Auswirkungen der Bestandteilseigenschaft, FS Nipperdey (1965) I 553; *R. Müller*, Die kommerzielle Nutzung menschlicher Körpersubstanzen (1997); *Müller-Hengstenberg*, Computersoftware ist keine Sache, NJW 1994, 3128; *Oertmann*, Zum Rechtsproblem der Sachgesamtheit, AcP 136 (1932) 88; *Papier*, Öffentliche Sachen, Jura 1979, 93; *Peine*, Recht der öffentlichen Sachen, JZ 1996, 350; 398; *Petersen*, Personen und Sachen, Jura 2007, 763; *Th. Raiser*, Das Unternehmen als Organisation (1969, dazu *Brecher* AcP 171, 1971, 378); *Reimann*, Die postmortale Organentnahme als zivilrechtliches Problem, FS G. Küchenhoff (1972) 341; *Renck*, Res sacrae und Gemeingebrauch, NVwZ 1990, 38 (dazu *Müller-Vollbehr* NVwZ 1991, 142); *ders.*, Res sacrae und Gewohnheitsrecht, JZ 2001, 375; *Samson*, Explantation von Leichenteilen, NJW 1974, 2030; *Schoeller*, Vorschlag für eine gesetzliche Regelung der Organspende vom lebenden Spender (1994); *Schünemann*, Das Recht am menschlichen Körper

(1985); *Siebenhaar*, Die Zeitbauten nach § 95 I 1 BGB, AcP 160 (1961) 156; *Siebert*, Zubehör des Unternehmens und Zubehör des Grundstücks, FS Giesecke (1958) 59; *Spyridakis*, Zur Problematik der Sachbestandteile (1966); *Strätz*, Zivilrechtliche Aspekte der Rechtsstellung des Toten unter besonderer Berücksichtigung der Transplantationen (1971); *Taupitz*, Wem gehört der Schatz im menschlichen Körper?, AcP 191 (1991) 201; *ders.*, Die Zellen des John Moore vor den amerikanischen Gerichten, VersR 1991, 369; *Walz*, Sachenrecht für Nichtsachen?, KritV 1986, 131; *Werner*, Entnahme und Patentierung menschlicher Körpersubstanzen (2008); *Wieacker*, Sachbegriff, Sacheinheit und Sachzuordnung, AcP 148 (1943) 57; *Wieling*, Vom untergegangenen, schlafenden und aufgewachten Eigentum bei Sachverbindungen, JZ 1985, 511; *Zilius*, Zum Unternehmensbegriff im neuen Bilanzrecht (3. Buch des HGB), DB 1986, 1110.

1. Der Sachbegriff

1174 1. Nach § 90 sind Sachen „**nur körperliche Gegenstände**", also – grob gesagt, alles, was man anfassen kann. Den Gegensatz dazu bilden die unkörperlichen Rechte wie etwa die Ansprüche. Streitig ist die Einordnung von Standardsoftware (also Computerprogrammen) als (bewegliche) Sachen[1].

Diese Definition des Sachbegriffs hat deshalb Bedeutung, weil das BGB viele Vorschriften über Sachen enthält; diese gelten dann nicht auch für Rechte. So gibt es insbesondere Eigentum nur an Sachen (§ 903; der Berechtigte eines Anspruchs heißt „Gläubiger"!); nur Sachen können nach § 985 herausverlangt werden; nur (bewegliche) Sachen werden nach den §§ 929 ff. mit der Möglichkeit zu gutgläubigem Erwerb vom Nichtberechtigten (§§ 932 ff.) übereignet (dagegen richtet sich die Rechtsübertragung regelmäßig nach den §§ 398 ff., 413).

1175 Manche Sachen sind freilich **dem Rechtsverkehr entzogen**, z.B. die freie Luft und das freie Wasser (diese sind nicht beherrschbar). Die sog. öffentlichen Sachen, zu denen vom Standpunkt des weltlichen Rechts aus auch das Kirchenvermögen (*res sacrae*) gehört, sind durch Widmung **dem Privatrecht entzogen**; sie unterliegen im Umfang ihrer Zweckbindung besonderen Regeln. Nicht zu den öffentlichen Sachen gehört jedoch das Finanzvermögen der öffentlichen Hand: Dieses dient den staatlichen Zwecken nicht unmittelbar, sondern nur mittelbar über seine Erträge oder seinen Verkaufswert[2].

1176 2. Unanwendbar sind die Regeln über Sachen auf den **Körper des lebenden Menschen**. Dazu gehören auch die fest eingefügten künstlichen Teile für die Dauer ihrer Einfügung: z.B. Zahnplomben, Herzschrittmacher, nicht aber das herausnehmbare Gebiss. Der Körper ist nämlich der materielle Träger des Rechtssubjekts „Mensch"; er ist daher nicht selbst Gegenstand fremder Rechte, also Rechtsobjekt[3].

1177 Sehr zweifelhaft ist die **Sachqualität des Leichnams**[4]. Jedenfalls sind, solange er nicht als Mumie oder Skelett „entpersönlicht" ist, die gewöhnlichen Regeln über Sachen auf

---

1 Dazu etwa BGH NJW 1993, 2436 und *König* NJW 1993, 3121; *Junker* NJW 1993, 824; *Redeker* NJW 1992, 1739 sowie *Kort*, Software – eine Sache?, DB 1994, 1505, *König*, Die Qualifizierung von Computerprogrammen als Sache im Sinne des § 90 BGB, NJW 1989, 2604 und mit gleichem Titel *Marly* BB 1991, 432.
2 Zu Einzelheiten vgl. *Hübner* Rz. 308 ff.
3 Vgl. *Spranger* NJW 2005, 1084.
4 Vgl. MünchKomm-*Stresemann* § 90 Rz. 29 ff. mit reicher Lit.; *Hübner* Rz. 288 f.

ihn unanwendbar. Insbesondere haben die Angehörigen kein Eigentum, sondern ein davon zu unterscheidendes Recht (und eine Pflicht) zur Totensorge. Diese Rechtsstellung ist, soweit sie sich auf die Bestattung bezieht, teilweise geregelt in dem G über die Feuerbestattung v. 15. 5. 1934 (RGBl. I 380).

Ebenso wie die Leiche sind früher auch **Körperteile** behandelt worden. Doch lässt sich diese rechtliche Abstinenz mit der zunehmenden Bedeutung von Bluttransfusionen und Organtransplantationen nicht mehr durchhalten. Vielmehr muss jetzt gespendetes Blut und müssen entnommene transplantationsfähige Organe als Sachen anerkannt werden, die Gegenstand von Eigentum sind, und zwar zunächst desjenigen, aus dessen Körper sie stammen, sofern er noch lebt. Für ihre Übertragung eignen sich nur die Regeln über bewegliche Sachen, §§ 929 ff. Mit der Übertragung in einen anderen Körper endet die Sachqualität freilich wieder[5]. Die **Transplantation** regelt jetzt das Transplantationsgesetz vom 5. 11. 1997 über den Verkauf von Körperorganen (sittenwidrig?)[6].

1178

Tiere waren nach dem BGB bis zum 1. 1. 1991 Sachen. Das ist häufig mit dem Argument angegriffen worden, die Sachqualität vernachlässige die Besonderheit von Tieren unangemessen. Darauf hat der Gesetzgeber mit § 90 a reagiert: Tiere sollen zwar keine Sachen mehr sein, aber doch bei Fehlen spezieller Vorschriften wie Sachen behandelt werden (sonst gäbe es ja kein Eigentum an ihnen!)[7]. Dass der Eigentümer mit ihnen nicht „nach Belieben verfahren" darf (§ 903), ergibt sich ohnehin schon aus dem Tierschutzgesetz (wo das Tier jetzt als „Mitgeschöpf" bewertet wird, was freilich die zynisch so genannten „Massenkeulungen" dieser Mitgeschöpfe nicht verhindert hat)[8]. Danach betreibt § 90 a nur Begriffskosmetik; das positive Urteil[9] überzeugt nicht, ebenso wenig seine Unterstützung[10]. Denn beispielsweise die Erlaubnis zur Tierhaltung in Mietwohnungen betrifft die Rechtsstellung des Mieters und nicht diejenige des Tieres: Ob das Tier in der Wohnung gehalten werden will oder ob ihm das nützt, spielt keine Rolle. Konkretere Anordnungen finden sich in § 251 II 2 BGB (Ersatz von Heilungskosten; aber das Ergebnis entsprach nur der ohnehin schon h.M.) und in §§ 765 a, 811 c ZPO (Pfändungsschutz[11]. Nicht geregelt ist dagegen, wie der Gerichtsvollzieher bei einer Räumungsvollstreckung mit Tieren umgehen soll[12]. Abwegig ist es jedenfalls, Tiere als Rechtssubjekte behandeln zu wollen[13]: Antrag auf Beiladung von Seehunden [welchen? Wie soll man zustellen?] zu einem Verwaltungsstreitverfahren um die Nordseeverschmutzung).

1178 a

---

5 Vgl. MünchKomm-*Stresemann* § 90 Rz. 26 ff.; *Hübner* Rz. 287 mit Lit. sowie *Nixdorf* VersR 1995, 740.
6 So die gleichnamige Schrift von *J. Maier* (1991); sowie *Edelmann*, Ausgewählte Probleme bei der Organspende unter Lebenden, VersR 1999, 1065, weiter *Brohm* JuS 1998, 197; *Damm* JZ 1998, 926; *Jung* JZ 2004, 559.
7 Vgl. *Mühe* NJW 1990, 2238; *Lorz* MDR 1990, 1057; *Braun* JuS 1992, 758; *Küper* JZ 1993, 435; *Graul* JuS 2000, 215.
8 Vgl. *Zuck* NJW 2002, 1258.
9 Von *Steding* JuS 1996, 962.
10 Durch *H. Pauly* JuS 1997, 287.
11 Kritisch *Münzberg* ZPR 1990, 215.
12 Vgl. OLG Karlsruhe JZ 1997, 573.
13 Vgl. VG Hamburg NVwZ 1988, 1058. Zu dieser Diskussion *Petersen* ARSP 83 (1997) 361.

I. Vertretbare und verbrauchbare Sachen

1179 In mehreren über das ganze BGB verteilten Vorschriften finden sich Regeln, die nur für vertretbare oder verbrauchbare Sachen gelten sollen. Diese Begriffe werden daher in den §§ 91, 92 „vor der Klammer" (vgl. oben Rz. 18) definiert. Nicht behandelt wird dagegen im Allgemeinen Teil das viel wichtigere Begriffspaar bewegliche – unbewegliche Sachen.

1180 1. **Vertretbar** heißen nach § 91 bewegliche Sachen, die im Verkehr nach Zahl, Maß oder Gewicht bestimmt zu werden pflegen. Dazu gehören z.B. Kartoffeln oder Heizöl einer bestimmten Sorte; Schrauben von bestimmten Abmessungen und aus bestimmtem Material; Wein einer bestimmten Lage und eines bestimmten Jahrgangs[14]; fabrikneue (nicht dagegen gebrauchte) Kraftwagen eines bestimmten Typs. Hier kommt es verkehrsüblicherweise nicht auf individuelle Stücke an, sondern eben nur auf Zahl, Maß oder Gewicht. Daher können solche Sachen Gegenstand eines Sachdarlehens sein (§ 607 I): Bei ihnen macht es dem Gläubiger nichts aus, dass er andere als die hingegebenen Stücke zurückerhält. Nach dem alten BGB war ein Werklieferungsvertrag über solche Sachen nach Kaufrecht zu behandeln (§ 651 I 2 a. F.): Der Hersteller konnte ja die Sache im Zweifel nicht nur zur Lieferung an den Besteller verwenden, sondern auch an andere Personen; daher bedurfte er der werkvertraglichen Möglichkeit zur Nachbesserung (§ 633) weniger dringend. Mit der Einführung von Nacherfüllungsansprüchen auch für den Käufer (§ 439 neu) ist das Bedürfnis nach dieser Regelung entfallen.

1181 Die Unterscheidung nach der Vertretbarkeit ähnelt derjenigen in **Gattungs- und Stückschuld**: Über vertretbare Sachen wird regelmäßig eine Gattungsschuld begründet, über unvertretbare eine Stückschuld. Doch können die Parteien Abweichendes vereinbaren: So kann über vertretbare Sachen eine Stückschuld vereinbart werden, etwa über einen fabrikneuen Kraftwagen, weil der Gläubiger mit ihm eine Probefahrt gemacht und so dessen Fehlerfreiheit festgestellt hat. Sobald der Schuldner das zur Leistung seinerseits Erforderliche getan hat, wird ohnehin aus jeder Gattungsschuld eine Stückschuld (Konkretisierung, § 243 II). Umgekehrt kann auch über unvertretbare Sachen eine Gattungsschuld begründet werden, etwa wenn ein Kunstliebhaber sich von einem Händler die Beschaffung „eines Picasso" versprechen lässt. Die Unterscheidung in § 91 stellt eben auf die Verkehrsüblichkeit und damit auf den vermutlichen Parteiwillen ab, während der Unterschied zwischen Stück- und Gattungsschuld auf dem wirklichen, konkreten Parteiwillen beruht.

1182 2. **Verbrauchbar** heißen nach § 92 bewegliche Sachen, deren bestimmungsmäßiger Gebrauch im Verbrauch oder in der Veräußerung besteht. Dabei entscheidet nach § 92 II der konkrete Zusammenhang, in dem sich die Sache gerade befindet: Solange das Kleid zum Verkauf im Textilladen hängt, ist es verbrauchbar; im Schrank des Käufers dagegen hat es diese Eigenschaft verloren (die Abnutzung durch den Gebrauch reicht für § 92 nicht). Mit dem Anwendungsbereich des Verbraucherschutzrechts (oben Rz. 46 ff.) hat § 92 nichts zu tun.

Bedeutung hat die Verbrauchbarkeit vor allem für Nutzungsrechte an solchen Sachen: Da diese Sachen üblicherweise durch den Verbrauch genutzt werden, soll der Nut-

---

14 BGH NJW 1985, 2403.

zungsberechtigte als Eigentümer die Substanz verbrauchen dürfen; er muss dann jedoch den Sachwert ersetzen (so etwa §§ 1067, 1075 II, 1086 S. 2, vgl. auch § 706 II).

II. Die Einheit der Sache

1. Die Funktion der §§ 93 ff.

Sehr häufig sind Dinge, die wirtschaftlich als Einheit erscheinen, aus mehreren Einzelsachen zusammengestellt oder -gebaut: eine Fachbibliothek aus vielen Büchern; ein Gebäude aus Steinen, Moniereisen, Dachsparren, Ziegeln, Fenstern usw.; ein Kraftfahrzeug aus Fahrgestell, Motor, Felgen, Reifen usw. Die Zerreißung solcher Sachgesamtheiten kann Schaden bringen: Die Sammlung BGHZ etwa wird entwertet, wenn einzelne Bände fehlen; die Moniereisen lassen sich aus dem Haus nur durch dessen Zerstörung entfernen; der Ausbau des Motors würde das Kraftfahrzeug fahruntüchtig machen. Hier muss jede Rechtsordnung zwei Entscheidungen treffen: 1183

a) Die erste bezieht sich auf die **Erhaltung der einmal entstandenen Einheit**: In welchen Fällen soll ihr Auseinanderreißen durch zwingendes Recht verhindert werden? Das beantworten die §§ 93 – 96, vgl. unten Rz. 1187 ff. Oder soll wenigstens durch dispositives Recht („im Zweifel") für die Erhaltung gesorgt werden? Damit befassen sich die §§ 97, 98, vgl. unten Rz. 1196 f. 1184

b) Die zweite Frage betrifft ein rechtstechnisches Problem: **Wie soll die Erhaltung** solcher Einheiten **erreicht werden**? Gefahr droht immer, wenn die Teile verschiedenen Personen gehören: Dann müsste nämlich der eine Eigentümer den ihm gehörenden Teil vom Besitzer der Sachgesamtheit herausverlangen können (mit der Vindikation, § 985). Wenn z.B. die Moniereisen für das Haus unter Eigentumsvorbehalt geliefert und nicht bezahlt worden sind, würde ein solches Verlangen des Verkäufers zur Zerstörung des Hauses führen. Diese ließe sich übrigens auch nicht allemal durch die Bezahlung des Kaufpreisrestes abwenden: Der Kaufvertrag kann ja wegen des Zahlungsverzuges des Käufers schon nach §§ 323, 449 II durch Rücktritt beendet sein, sodass die Bedingung für den Eigentumserwerb endgültig ausgefallen ist (vgl. oben Rz. 833). 1185

Das römische Recht hatte hier zwei verschiedene Lösungen entwickelt: Man kann in solchen Fällen entweder die Eigentumslage unverändert lassen, aber die Vindikation hemmen, solange die Verbindung andauert. Oder man kann die zusammengefügten Teile als ein einziges Rechtsobjekt ansehen, an dem nur einheitlich Eigentum möglich ist; dann kommt eine Vindikation von Teilen schon wegen der Gleichheit der Eigentumslage nicht in Betracht. Das BGB hat von diesen beiden Lösungen nur die zweite übernommen: Indem die §§ 93 – 96 den **wesentlichen Bestandteil** regeln, schließen sie ein eigenes rechtliches Schicksal solcher Teile und damit auch deren Vindikation aus. In diesem Sinn sagt § 93, wesentliche Bestandteile könnten nicht Gegenstand besonderer Rechte sein. 1186

2. Der wesentliche Bestandteil

a) Wesentliche Bestandteile mit der Folge eines gemeinsamen rechtlichen Schicksals liegen nach § 93 vor, wenn die Teile „voneinander nicht getrennt werden können, ohne 1187 dass der eine oder der andere zerstört oder in seinem Wesen verändert wird"[15]. Diese Formulierung weicht erheblich vom allgemeinen Sprachgebrauch ab. Denn dieser misst die Wesentlichkeit am Funktionieren der Gesamtsache: Er bezeichnet z.B. den Motor und die Räder als wesentliche Teile eines Kraftwagens, weil dieser ohne sie nicht fahren kann. Als unwesentlich gelten im Allgemeinen Sprachgebrauch nur „Nebensachen" wie das Autoradio oder Schonbezüge, von denen die Fahrfähigkeit des Wagens nicht abhängt.

Demgegenüber stellt § 93 auf das **Funktionieren der Einzelteile** ab. Damit wird der Begriff des wesentlichen Bestandteils erheblich enger. Die Frage lautet etwa für den Kraftwagen, ob Räder oder Motor wesentliche Bestandteile des Fahrgestells sind. Und das ist regelmäßig zu verneinen: Räder und Motor sind mit dem Fahrgestell meist nur verschraubt; die Verbindung kann also ohne Zerstörung des einen oder des anderen Teils wieder gelöst werden. Auch eine Wesensänderung tritt nicht ein: Das Fahrgestell bleibt auch nach der Trennung Fahrgestell, die Räder bleiben Räder. Ein wesentlicher Bestandteil läge dagegen vor, wenn die Trennung zur Zerstörung eines Teils führte: so bei den Moniereisen, zu deren Herauslösung die Betondecken zertrümmert werden müssten. Und eine Veränderung im Wesen käme in Betracht, wenn wenigstens einer der getrennten Teile zwar nicht körperlich zerstört, aber doch wirtschaftlich unbrauchbar wäre. Das träfe etwa zu für einen Motor, der speziell für einen bestimmten Rennwagen oder für ein bestimmtes Schiff angefertigt worden ist und nicht anderswo eingebaut werden kann: Er ist nach der Trennung von dem einen für ihn passenden Fahrzeug kein Auto- oder Schiffsmotor mehr.

1188 b) Man kann diese Ergebnisse des § 93 als **allzu trennungsfreundlich** kritisieren. Doch ist – abgesehen von einer gleich unten Rz. 1189 zu erörternden Korrektur – nicht überzeugend. Denn § 93 enthält ja nur das zwingende Recht, das sich auch gegen den Willen der Beteiligten durchsetzt. Und insoweit ist es doch wohl vertretbar, dass der Eigentumsvorbehalt des Lieferanten von Motor oder Rädern nicht schon erlischt, wenn diese vom Hersteller des Kraftwagens unberechtigt mit dem Fahrgestell verbunden werden. Denn der Hersteller, der diese Teile nicht bezahlt, ist hinsichtlich des Eigentumserwerbs nicht schutzwürdig, und ebenso wenig sind es seine Gläubiger. Schutz verdient erst derjenige, der den aus Teilen verschiedener Eigentümer bestehenden Kraftwagen gutgläubig erwirbt und bezahlt. Und dieser Schutz wird regelmäßig durch die §§ 932 ff. vermittelt; er versagt nur in dem Sonderfall, dass gestohlene Teile eingebaut worden sind (§ 935 I).

1189 c) Freilich nehmen die beiden Tatbestandsmerkmale des § 93 – Zerstörung oder Wesensänderung – keine Rücksicht auf die **Kosten der Trennung**. Nach dem Wortlaut der Vorschrift könnten also etwa auch die unter Eigentumsvorbehalt stehenden Schrauben herausverlangt werden, die den Kraftwagen zusammenhalten, obwohl hier schon die Arbeit des Herausschraubens mehr kostet, als die Schrauben überhaupt wert sind. Daher muss man sich auf die Wertung des § 948 II besinnen, der bei Vermengung und Vermischung Untrennbarkeit auch bei unverhältnismäßig hohen Kosten der Trennung annimmt. Das ist auf die Verbindung nach §§ 946, 947 zu übertragen; folglich müssen die verbundenen Teile wesentliche Bestandteile darstellen, wenn die Trennung unverhältnismäßig teuer käme.

---

15 Dazu BGH NJW-RR 2011, 1458; NJW 2012, 778.

3. Sonderregeln für Grundstücksbestandteile

a) Für Gebäude und Grundstückserzeugnisse stellt § 94 I 1 klar, dass für die Eigenschaft als wesentlicher Grundstücksbestandteil eine feste Verbindung mit dem Boden genügt. Das trifft auch für sog. Fertighäuser zu[16], dagegen nicht schon für Eisenbahnschienen. § 94 I 2 nennt noch besonders Samen und Pflanzen, wozu auch Bäume gehören[17]. Zu Versorgungsleitungen vgl. unten Rz. 1193.

1190

b) Eine deutliche Erweiterung der „rechtlichen Schicksalsgemeinschaft" von Grundstück und Bestandteilen findet sich in § 94 II: Die zur Herstellung eines Gebäudes eingefügten Sachen sollen ohne weiteres – also unabhängig von Zerstörung, Wesensänderung und Trennungskosten – wesentliche Grundstücksbestandteile sein. Das gilt z.B. für Türen, Fenster und Fensterläden, obwohl diese durch einfaches Ausheben wieder entfernt werden könnten. Wesentliche Bestandteile nach § 94 II sind weiter etwa die durch einfaches Abschrauben wieder lösbaren Heizkörper oder die nur aufgelegten Dachziegel.

Dabei wird das Tatbestandsmerkmal der **„Herstellung"** großzügig interpretiert. Denn erstens genügt nach h.M. die Verbindung aller der Sachen, durch die das Gebäude „zu dem geworden (ist), was es darstellen soll und darstellt"[18]. Das reicht weit über den eigentlichen Baukörper hinaus und umfasst z.B. auch die Tankanlage einer Großgarage oder die Küchenanlage eines Hotels, auch das Notstromaggregat eines Großhotels (BGH NJW 1987, 3178). Freilich soll das nur gelten, wenn die Einrichtungsgegenstände nach der Verkehrsanschauung „dem Gebäude ein bestimmtes Gepräge geben oder wenn sie dem Baukörper besonders angepasst sind und deswegen mit ihm eine Einheit bilden"[19]. Danach sind Glocke und Läutewerk nicht als wesentliche Bestandteile eines Kapellengrundstücks gewertet worden, desgleichen nicht Einbauküchen, die nicht speziell für einen bestimmten Raum angefertigt worden sind[20]. – Und zweitens wird auch eine Renovierung als Herstellung verstanden, z.B. der nachträgliche Einbau einer Ölheizungsanlage statt der zunächst vorhandenen mit Koks befeuerten Zentralheizung[21].

Im Ergebnis **begünstigt § 94 die Gläubiger des Grundstückseigentümers**, insbesondere die durch Hypothek oder Grundschuld gesicherten, gegenüber den Bauhandwerkern und Baustofflieferanten: Diesen wird ein Eigentumsvorbehalt praktisch unmöglich gemacht. Die (ja erst durch Eintragung mit Nachrang gegenüber den voreingetragenen Rechten entstehende) Sicherungshypothek nach § 648 bildet keinen wirksamen Ausgleich; auch § 648 a hilft nicht zuverlässig.

c) Andererseits schränkt aber § 95 den Bereich der Grundstücksbestandteile wieder erheblich ein. Zu ihnen sollen nämlich diejenigen Sachen nicht gehören, die

1191

(1) nur zu einem vorübergehenden Zweck (§ 95 I 1, sog. **„Zeitbauten"**), oder

---

16 Vgl. MünchKomm-*Stresemann* § 94 Rz. 6.
17 *Leenen* § 3 Rz. 8; zu Schadensfragen bei Baumschäden BGHZ 196, 111.
18 RGZ 150, 22, 26.
19 BGH NJW 1984, 2277, 2278, dazu *Gerhardt* JR 1985, 103; *H. Dilcher* JuS 1986, 185.
20 Vgl. *Jaeger* NJW 1994, 432 MünchKomm-*Stresemann* § 94 Rz. 30 f.
21 BGHZ 53, 324.

(2) in Ausübung eines Rechts an einem fremden Grundstück (§ 95 I 2) mit dem Grundstück verbunden sind, oder

(3) zu einem vorübergehenden Zweck einem Gebäude eingefügt worden sind (§ 95 II).

Da in allen diesen Fällen schon die Qualität als Bestandteil (nicht bloß als wesentlicher!) des Grundstücks fehlt, spricht man von **Scheinbestandteilen**[22]: Die Fälle (1) und (3) stellen ja auf den unsichtbaren Willen des Einfügenden ab; bei (2) sieht man zwar das (im Grundbuch eingetragene) Recht, aber nicht auch ohne weiteres, dass der Inhaber dieses Rechts (und nicht der Grundstückseigentümer) die Verbindung durchgeführt hat. So kann in den Fällen des § 95 vielfach ein falscher Anschein entstehen, gegen den auch der öffentliche Glaube des Grundbuchs nicht schützt. Hat z.B. der Pächter auf dem Pachtgrundstück für die Dauer seiner Pacht einen Stall errichtet, so steht dieser als selbständige bewegliche Sache im Eigentum des Pächters. Wenn jetzt der Verpächter das Pachtgrundstück an einen Dritten veräußert, kann dieser den Stall nicht nach § 892 erwerben, sondern bloß nach §§ 926 II, 932. Dazu muss der Dritte aber mit dem Willen des Pächters (sonst § 935 I!) Besitz an dem Stall erlangen, und daran wird es regelmäßig fehlen.

1192 § 95 hat erhebliche praktische Bedeutung: Er umfasst nämlich mit den **Alternativen (1) und (3)** insbesondere die Bauten und Einbauten von Mieter und Pächter, die diese nur für die Dauer ihres Besitzrechts vornehmen, aber auch z.B. die Bunkeranlagen des ehemaligen „Westwalls"[23]. Der Bunkerfall zeigt zugleich, dass bei § 95 selbst eine außerordentlich feste Verbindung mit dem Grundstück die Sache nicht notwendig zum wesentlichen Bestandteil macht. In anderen Fällen kann eine solche Verbindung allerdings gegen den Willen zu bloß vorübergehender Nutzung sprechen. Ein solcher Wille ist aber nicht schon deshalb anzunehmen, weil die Dauer der Verbindung bloß durch die voraussichtliche Lebensdauer der eingefügten Sache (z.B. eines Heißwasserbereiters) begrenzt sein soll.

1193 Unter die **Alternative (2)** fallen vor allem die auf Grund von Dienstbarkeiten (meist Grunddienstbarkeiten nach §§ 1018 ff.) errichteten Versorgungsleitungen, Öl- oder Gasfernleitungen und Hochspannungsmasten: Sie gehören dann also dem Betreiber der Anlage. Wenn dagegen eine solche Dienstbarkeit fehlt, wird die Rechtslage schwierig: Solche Leitungen nach den §§ 93, 94 als wesentliche Bestandteile derjenigen Grundstücke anzusehen, in denen sie verlegt sind, würde sie – streckenweise unterteilt – in das Eigentum einer Vielzahl von Personen fallen lassen. Doch kann man diese missliche Konsequenz wegen des zwingenden Charakters der §§ 93, 94 wohl kaum vermeiden, wenn die Leitungen nicht ohne großen Aufwand wieder aus dem Boden entfernt werden können. Denn die Alternativen (1) und (3) von § 95 werden kaum vorliegen, weil die Leitungen meist zur Nutzung über ihre volle Lebensdauer bestimmt sind[24].

1194 d) § 96 über mit dem Grundstückseigentum verbundene Rechte endlich bestimmt bloß deren Eigenschaft als Bestandteil des Grundstücks, nicht dagegen als wesentlicher. Diese Bestandteilseigenschaft hat Bedeutung wegen der Mithaftung für eine Hypo-

---

22 BGHZ 104, 298.
23 BGH NJW 1956, 1273.
24 Vgl. dazu BGHZ 37, 353, 356 ff.; MünchKomm-*Stresemann* § 94 Rz. 22.

thek oder Grundschuld nach §§ 1120 ff., 1192 I. Gemeint sind in § 96 insbesondere die Grunddienstbarkeiten (z.B. Wegerechte), aber auch Vorkaufsrecht und Reallast, wenn sie subjektiv-dinglich sind (d. h. dem jeweiligen Grundstückseigentümer und nicht bloß einer allemal bestimmten Person zustehen, §§ 1094 II, 1105 II), ferner das Recht auf den Erbbauzins (§ 9 I ErbbauVO).

4. Einfache Bestandteile

Die §§ 93 ff. umgrenzen zwar den wesentlichen Bestandteil (§§ 93 – 95) und bestimmen die Rechtsfolgen seines Vorliegens (§ 93). Dagegen wird für den einfachen (nicht wesentlichen) Bestandteil bloß in § 96 ein Anwendungsfall genannt, doch findet sich im Allgemeinen Teil keine Rechtsfolgenanordnung. Allgemein ergibt lediglich der Gegenschluss aus § 93, dass nicht wesentliche Bestandteile sonderrechtsfähig sind. Freilich werden sie nach dem Parteiwillen regelmäßig noch eher als bloßes Zubehör das rechtliche Schicksal der Sache teilen sollen, mit der sie verbunden sind: Verkauf und Übereignung etwa eines Kraftwagens beziehen sich ohne weiteres auch auf den Motor, die Felgen und die Reifen; ein abweichender Wille müsste schon besonders deutlich gemacht werden. Die Mithaftung der einfachen Bestandteile für ein Grundpfandrecht wird vor allem in den §§ 1120 ff., 1192 I bestimmt. **1195**

Str. ist, ob nicht wesentliche Bestandteile einer *beweglichen Sache* vor der Trennung **selbständig gepfändet** werden können[25]; die besseren Gründe sprechen dafür: Man muss dem Gläubiger des Besitzers einer zusammengesetzten Sache die Pfändung derjenigen Teile ermöglichen, die dem Schuldner gehören. Dagegen ist die Mobiliarvollstreckung in nicht wesentliche *Grundstücks*bestandteile gewiss ausgeschlossen, weil § 865 II 1 ZPO eine solche Vollstreckung sogar in Grundstückszubehör untersagt.

III. Das Zubehör

1. Die Funktion des Zubehörbegriffs

Noch lockerer als die rechtliche Verbindung zwischen Bestandteilen ist diejenige zwischen einer Hauptsache und deren Zubehör. Doch besteht auch insoweit ein **wirtschaftlicher Zusammenhang**: So wird etwa die Nutzung eines Bauernhofs oder einer Fabrik erheblich beeinträchtigt, wenn das Vieh oder die Maschinen verloren gehen (sie sind Zubehör nach § 98). Daher wird bei Rechtsgeschäften der Wille vermutet, diesen Zusammenhang zu wahren. So umfasst nach § 311 c eine Verpflichtung hinsichtlich einer Sache im Zweifel auch deren Zubehör, und nach § 926 I erstreckt sich die Auflassung ebenfalls im Zweifel auf das Zubehör. Zwingend wird der Zusammenhang zwischen Hauptsache und Zubehör in § 865 ZPO berücksichtigt: Diese Vorschrift reserviert das mithaftende Grundstückszubehör der Vollstreckung in das Grundstück. Begünstigt werden damit vor allem die Hypotheken- und Grundschuldgläubiger, die aus dem Erlös des Grundstücks und des mithaftenden Zubehörs (§§ 1120 ff., 1192 I) bevorzugt zu befriedigen sind (§ 10 I Nr. 4 ZVG). **1196**

---

25 Vgl. MünchKomm-*Stresemann* § 93 Rz. 29.

2. Die Abgrenzung des Zubehörs

1197 Die allgemeine **Definition** des Zubehörs findet sich in § 97 I 1: eine bewegliche Sache, die zwar nicht Bestandteil der Hauptsache, aber doch deren Zweck zu dienen bestimmt ist und zu ihr in einem entsprechenden räumlichen Verhältnis steht. § 98 bringt dazu wichtige Beispiele: Nr. 1 nennt für Gewerbe und Industrie die Maschinen und Werkzeuge, Nr. 2 für ein „Landgut" vor allem Geräte, Vieh und die zur Wirtschaftsführung nötigen (nicht die zum Verkauf bestimmten) Erzeugnisse. Entsprechend wird man auch bei einer Fabrik die Betriebsmittel als Zubehör des Fabrikgrundstücks anzusehen haben[26]. Der BGH[27] verlangt für Grundstückszubehör, dass der Schwerpunkt des Betriebs gerade auf dem Grundstück liegt. Mit dieser Erwägung ist die Zubehöreigenschaft für den Kraftfahrzeugpark eines modernen Transportunternehmens verneint worden: Hier sei das Grundstück dem Fahrzeugbetrieb auf den Straßen untergeordnet (zweifelhaft). Sicher keine Rolle spielt dagegen, dass Hauptsache und Zubehör im Eigentum verschiedener Personen stehen.

Nach § 97 II begründet eine nur vorübergehende Benutzung die Zubehöreigenschaft so wenig, wie eine bloß vorübergehende Trennung von der Hauptsache sie aufhebt. Das Privatauto des Hotelpächters wird also nicht Zubehör des Hotelgrundstücks, wenn dieser damit während der Reparaturzeit des Hotelbusses Hotelgäste befördert. Umgekehrt bleibt der Hotelbus Zubehör, auch wenn er zu einer größeren Reparatur in einer fremden Werkstatt steht (wichtig wegen § 865 II 1 ZPO!).

IV. Vermögen und Teilvermögen

1198 **1.** Das BGB enthält zwar viele Vorschriften, in denen auf das Vermögen einer Person abgestellt wird, so etwa die §§ 311 b II – IV, 1085, 1363 II, 1364, 1365, 1373 ff., 1922 I BGB, zudem etwa §§ 803 ZPO, 1 InsO. Dennoch gibt es **keine allgemeinen Vorschriften** über das Vermögen: weder eine Definition noch allgemeine Rechtsfolgenanordnungen. Beides ist auch unnötig. Denn der Vermögensbegriff bereitet im Wesentlichen keine Schwierigkeiten: Vermögen einer Person sind deren Sachen und geldwerten Rechte. Hinsichtlich der Einzelheiten jedoch liegen die Dinge nicht bei allen vom Vermögen handelnden Vorschriften gleich, sodass sich eine allgemeine Definition verbietet. Und allgemeine Rechtsfolgeanordnungen für das Vermögen sind nicht sinnvoll; insbesondere gibt es – anders als z.B. bei Sache und Zubehör – keinen Grund, ein Vermögen zusammenzuhalten. Denn die einzelnen Stücke eines Vermögens brauchen ja keine wirtschaftliche Einheit zu bilden: Sie sind lediglich dadurch charakterisiert, dass sie alle derselben Person zustehen.

1199 **2.** Vereinzelt können einer Person auch **mehrere Vermögensmassen** mit verschiedener rechtlicher Qualifikation zustehen: so etwa dem Erben der Nachlass und sein Eigenvermögen oder dem Gemeinschuldner die Insolvenzmasse und das insolvenzfreie Vermögen. Dann müssen diese beiden Massen getrennt gehalten werden (was am besten dadurch gelingt, dass die Verwaltung einer der Vermögensmassen einem Dritten über-

---

26 A.A. jedoch für Rohstoffvorräte RGZ 86, 326, 329.
27 BGHZ 85, 234 (dazu *Rehbein* JR 1983, 280).

tragen wird: Nachlassverwalter, Insolvenzverwalter). Insbesondere ist zu regeln, in welche Masse ein Neuerwerb fallen und welche Masse für bestimmte Schulden aufkommen soll. Doch gibt es dafür keine allgemeinen Regeln und daher auch keine allgemeinen Vorschriften.

3. Eine wirtschaftliche Einheit bildet dagegen dasjenige Teilvermögen einer Person, das dem **Betrieb eines Unternehmens gewidmet** ist. Daher kann man es als rechtspolitisch wünschenswert ansehen, diese Vermögensstücke zusammenzuhalten. Doch geschieht das nach geltendem Recht nur durch die Vorschriften über Bestandteile und Zubehör (vor allem § 98 Nr. 1, vgl. oben Rz. 1197). Einer umfassenden Regelung steht schon entgegen, dass eine abstrakte Definition des Unternehmens an der großen Zahl der möglichen Gestaltungen scheitert[28].

1200

Dagegen lässt sich regelmäßig sehr wohl bestimmen, was zu einem konkreten Unternehmen gehört. Daher vermag ein Unternehmen etwa verkauft zu werden (z.B. ein Gemüseladen, eine Glaserwerkstatt oder auch eine Konservenfabrik). Aber ein Rechtsobjekt, über das einheitlich verfügt werden könnte, ist das Unternehmen nicht. Daher gilt für seine Übertragung Entsprechendes wie nach § 1085 für die Bestellung des Nießbrauchs an einem Vermögen: Verfügt werden muss über die einzelnen Gegenstände nach den für diese geltenden Regeln, also über Grundstücke (einschließlich des dem Veräußerer gehörenden Zubehörs) nach §§ 873, 925, 926 I, über sonstige bewegliche Sachen nach §§ 929 ff., über Forderungen nach §§ 398 ff., usw. Nur der Übergang der Rechte und Pflichten aus den in dem veräußerten **Betrieb** bestehenden Arbeitsverhältnissen ist jetzt in § 613 a als Vertragsübergang kraft Gesetzes geregelt.

Freilich kann man ein Unternehmen mittelbar dadurch rechtlich verselbständigen, dass man es in eine juristische Person (z.B. eine GmbH) einbringt: Dann kann das Unternehmen als ganzes übertragen oder belastet werden, indem über die Anteile der juristischen Person verfügt wird.

---

28 Ausführlich *Dauner-Lieb*, Unternehmen in Sondervermögen (1998).

§ 70 Nutzungen, Kosten und Lasten

Literatur: *Affolter*, Das Fruchtrecht (1911); *R. Möhring*, Der Fruchterwerb nach geltendem Recht, insbesondere bei einem Wechsel des Nutzungsberechtigten (Diss. Köln 1954); *Petersen*, Personen und Sachen, Jura 2007, 763; *Schnorr von Carolsfeld*, Soziale Ausgestaltung des Erwerbs von Erzeugnissen, AcP 145 (1939) 27.

I. Nutzungen

1. Nach mehreren wichtigen Vorschriften soll ein Schuldner nicht bloß eine Sache oder das Erlangte herauszugeben haben, sondern auch die Nutzungen. Das gilt etwa im Eigentümer-Besitzer-Verhältnis nach §§ 987, 988, 990, 991 I, und diese Regelung ist in anderen Fällen entsprechend anzuwenden (etwa in §§ 2023 I, 2024). Eine weitere wich-

1201

tige Vorschrift über die Herausgabe von Nutzungen ist § 818 I. Umgekehrt berechtigen andere Vorschriften eine Person zum Gebrauch (so § 535 den Mieter) oder auch zum Fruchtgenuss (so § 581 I 1 den Pächter). Und § 446 S. 2 regelt, von welchem Zeitpunkt an dem Käufer die Nutzungen der Kaufsache gebühren. Die in diesen und ähnlichen Vorschriften verwendeten Begriffe werden in den §§ 99, 100 näher bestimmt.

1202 **2. Oberbegriff ist „Nutzungen":** Diese umfassen nach § 100 neben den Früchten (vgl. unten Rz. 1203 ff.) die „Vorteile, welche der Gebrauch der Sache oder des Rechts gewährt". Die **Gebrauchsvorteile** einer Sache sind z.B. das, was nach § 535 dem Mieter zusteht: Er darf die Mietsache benutzen, auch mit der Folge der gewöhnlichen Abnutzung (§ 538); er darf sie jedoch nicht veräußern, belasten oder verbrauchen. Gebrauchsvorteile eines Rechts sind entsprechend die Vorteile, die sich aus einem Recht ohne dessen Aufzehrung gewinnen lassen. Dahin gehört z.B. das Gebrauchmachen von dem Stimmrecht aus einem Gesellschaftsanteil.

1203 **3.** Außer den Gebrauchsvorteilen umfassen die Nutzungen auch die **Früchte**. Für sie unterscheidet § 99 auf zwei verschiedenen Ebenen: einmal nach der Herkunft (aus einer Sache oder einem Recht) und zum anderen nach der Art der Erzielung (unmittelbar oder mittelbar). Hieraus ergeben sich vier Kategorien, deren Abgrenzung voneinander freilich schwer verständlich ist:

1204 **a) Unmittelbare Sachfrüchte** sind nach § 99 I erstens die **Erzeugnisse** der Sache, also das, was die Sache organisch hervorbringt: z.B. die Milch und das Kalb der Kuh (aber nicht deren Fleisch!), die Früchte eines Obstgartens oder das Holz eines Waldgrundstücks. Dabei umfasst der Fruchtbegriff hier (anders bei § 99 II, vgl. unten Rz. 1206) auch die sog. Übermaßfrüchte, nämlich diejenigen, die „nach den Regeln einer ordnungsmäßigen Wirtschaft nicht als Ertrag der Sache anzusehen sind" (so § 993 I): etwa den übermäßigen, den Zuwachs überschreitenden Holzeinschlag bei dem Waldgrundstück. Inwieweit eine Berechtigung besteht, solche Übermaßfrüchte zu ziehen oder zu behalten, ist eine andere, den Fruchtbegriff nicht berührende Frage.

Zweitens gehört zu den unmittelbaren Sachfrüchten nach § 99 I auch die „**sonstige Ausbeute**, welche aus der Sache ihrer Bestimmung gemäß gewonnen wird". Das umfasst vor allem die anorganischen Bodenbestandteile wie Kies, Sand, Lehm, die Steine eines Steinbruchs oder Mineralwasser (dagegen unterliegt die Gewinnung von Kohle, Erzen, Erdöl und Erdgas dem vom Grundstückseigentum getrennten Bergrecht).

1205 **b) Mittelbare Sachfrüchte** sind nach § 99 III die Erträge, welche die Sache „vermöge eines Rechtsverhältnisses gewährt". Hierunter fallen insbesondere der Miet- und der Pachtzins. Solche entgeltlichen Sachnutzungsverträge führen also zu einer Aufspaltung der Nutzungen: Der Pächter erhält die Gebrauchsvorteile und die unmittelbaren Sachfrüchte (die sich für ihn als unmittelbare Rechtsfrüchte darstellen, vgl. unten Rz. 1206); dafür erhält der Verpächter den Pachtzins als mittelbare Sachfrucht.

1206 **c) Unmittelbare Rechtsfrüchte** sind nach § 99 II die Erträge, die ein Recht (außer dem Eigentum) gemäß seiner Bestimmung gewährt. Hier sind also die Übermaßfrüchte (vgl. oben Rz. 1204) ausgeschlossen. Dabei braucht das Recht kein dingliches Recht an der Sache zu sein. Vielmehr genügt auch eine obligatorische Berechtigung wie etwa diejenige des Pächters: Dieser erhält also das, was sich für den Eigentümer als unmittelbare Sachfrüchte darstellen würde, als unmittelbare Rechtsfrüchte. Zu den unmittelbaren Rechtsfrüchten gehören etwa auch die Dividenden auf Aktien, aber nicht Erlöse aus dem Verkauf von Bezugsrechten. Zweifelhaft ist die Einordnung der Zinsen einer Forderung: Man kann sie als mittelbare Sachfrucht des Kapitals oder – wohl vorzugswürdig – als unmittelbare Rechtsfrucht der Forderung ansehen.

d) Entsprechend zu den mittelbaren Sachfrüchten gibt es schließlich auch **mittelbare Rechtsfrüchte**, § 99 III. Das sind die Erträge, die ein Recht (außer dem Eigentum) erst vermöge eines Rechtsverhältnisses bringt. Dazu gehören z.B. die Lizenzeinnahmen aus der Verpachtung eines Patents. 1207

4. Zweifelhaft ist die Einordnung der **Erträge eines Unternehmens**[1]: Dieses ist ja kein einheitliches Rechtsobjekt, sondern eine Zusammenfügung verschiedener Sachen und Rechte. Daher dürfte sich der Unternehmensertrag in dem Schema der §§ 99, 100 überhaupt nicht unterbringen lassen. Vielmehr ist die eigentliche Sachfrage, nämlich inwieweit solche Erträge herauszugeben sind, im Rahmen der einzelnen Anspruchsgrundlagen für die Herausgabepflicht zu behandeln. 1208

II. Verteilungsfragen

Wenn mehrere Personen zeitlich nacheinander nutzungsberechtigt sind oder wenn ein Vorgänger die gezogenen Nutzungen behalten darf, können sich Übergangsprobleme ergeben. Für sie treffen die §§ 101 – 103 eine allgemeine (und daher unvollständige) Regelung. Dabei geht es um Fragen wie etwa die folgenden: 1209

Soll der Pächter, dessen Vertrag im Sommer endet, nicht noch im Herbst ernten dürfen, was er im Frühjahr gesät hatte? Das verneint § 101 Nr. 1. – Kann der Pächter dann wenigstens die Kosten der Aussaat ersetzt verlangen? § 102 gibt insoweit keinen Anspruch (der Pächter braucht ja keine fertigen Früchte herauszugeben!), wohl aber u.U. § 596 a. – Kann der unredliche Besitzer einer fremden Sache, der nach §§ 990 I, 987 I die gezogenen Früchte herausgeben muss, wenigstens die für ihre Gewinnung aufgewendeten Kosten ersetzt verlangen? § 102 bejaht das mit einigen Einschränkungen; § 998 erweitert den Ersatzanspruch für den Besitzer eines Landguts noch auf die Gewinnungskosten für nicht getrennte Früchte. – Ein Nießbrauch möge durch den Tod des Nießbrauchers (§ 1061) am 30. 4. 1995 enden, nachdem dieser kurz vorher die fällige Grundsteuer für 1995 gezahlt hat (vgl. § 1047); können seine Erben vom Eigentümer für die letzten acht Monate von 1995 Erstattung verlangen? § 103 bejaht das, indem er bei wiederkehrenden Lasten nicht die Fälligkeit entscheiden lässt, sondern das „Verhältnis der Dauer der Verpflichtung".

---

1 Vgl. etwa MünchKomm-*Stresemann* § 99 Rz. 11.

Gesetzesregister

(Die Zahlen verweisen auf die Randnummern des Textes. Hauptfundstellen sind durch **Fettdruck** hervorgehoben.)

AGG			**BGB**	
1 ff.	479a		**1 ff.**	21, 43 f., **1036 ff.**
1	793		1	1037, 1039 ff.
7	793		1 – 89	20
19 ff.	479 a		1 – 240	30
19, 21	479		2	200, 537, 1037
			7	1057 ff.
AktG			7 – 11	1056
78	926, 934, 1130		7 – 12	1037
135	624		7, 8	1059
241 ff.	1129		8	1037, 1060
243 ff.	85		9	1061
246	134		9, 11	1059
278 ff.	1112		11	1061
			12	30, 74, 1056, **1065 ff.**, 1145
AnfG			13, 14	21, 43, 48, 603, **1037 a**
11	735		14	1085, 1099
			21	1108, 1110 ff.
AO			21 – 53	1107
33	651		21 – 89	21, 44, 1038
42	662		22	1089, 1109, 1160
119	256		23	1089
			24 ff.	1158
ArbGG			26 f.	1168
10	1144		26	926, **1130 f.**
			27	205, 952, **1131 f.**
BDSG			28	205, 932 ff., 1125, 1130
1 ff.	1075		29	1132, 1168
			30	1133, **1134 ff.**
BetrVerfG			31	894, 896, 903, 904 c, 926, 1094, 1098, **1134 ff.**, 1157, 1168
20	1122		31 a	1140 b
74 ff.	6		31 b	1140 b
102	524, 724		32	205, 933, 1013, 1116, 1125, 1126 f., **1130**
BeurkG			33	205, **1127**
6 ff.	622		34	205, 1116
39 ff.	621			

§	
35	205, 1117
36	1128
37	1014, 1128
38	1097, 1118
39	1119
40	1097, 1118, 1126 f., 1130, 1132
43	44
52	171
54	44, 1098, 1113, **1141 ff.**
55 ff.	1158
55 – 79	1107
56 ff.	1110
57	1066
58	1114, 1128
61	44
65	1066
68	952, 1131
70	1131
73	1097
80 ff.	1160 ff.
80	1089, **1165**
81 f.	1166
83 f.	1167
85	1162
86	894, **1168**
87	1162
89	894, 904 c, 1094, 1137
90 ff.	29, 45, **1173 ff.**
90	22, 771, **1174 ff.**
90 a	1178 a
91, 92	1179 ff.
93 ff.	23, 1183 ff.
93	1187 ff.
93, 94	1193
94	1190
95	1191 ff.
96	22, 1194 ff.
97	1197
98	1196, 1197, 1200
99 ff.	23
99	22, 1201 ff.
100 ff.	22
100	1201 ff.
101 f.	1209
103	1209
104 ff.	19, 24, 31, 37, 232, 242, 314, 484, 488, 535 ff., 1037
104	537, **539 ff.**, 548 ff.
104 – 185	40
105	542, 544 ff., 551, 606
105 a	40, 551 a
106 ff.	287
106	537
107 ff.	201, 490, **556 ff.**, 564 f., 1012
107	198, 287, 579, 588, 949, 961
108	197, 287, 350, 518, 529, 547, 571 f., 574, **576 ff.**, 605, 728, 832, 978, 1016, 1024, 1031
109	496, 571, **573**, 979, 1023
110 ff.	578
110	**579 ff.**, 605
111	287, **570**, 980, 1018
112	**583 f.**, 1014
113	**583**, **585 f.**, 1014
116 ff.	485
116	488, 591, **592 ff.**, 597, 604
116 – 118	592
116 – 124	242
117	327, 330, 488, 591, **594 ff.**, 598 ff., 665, 904 d
118	488, 553, 591, **596**, 597, 604, 607
119 ff.	38, 81, 233, 243, 733, 735
119	256, 317, 323, 326, 335, 352, 361, 418 ff., 437 f., 442, 451, 479, 489, 575, 607 ff., 715, 723, 736, **738 ff.**, 898, 913, 919, 947, 977
119, 120	787
119 – 124	198
120	256, 317, 352, 489, 715, **747 f.**, 885
121	100, 114, 352, 479, 607 ff., 715, 722, **774**, 805, 945
122	89, 267, 281, 322, 323, 326, 361, 377, 438, 439, 444, 553, 596, 604, 607 ff., 721, 738, **783 ff.**, 822, 898, 913, 944 f., 947, 989
123 f.	38, 234
123	255, 450, 463, 489, 592, 596, 715, 718, 727, 730, 736, 753, **787 ff.**, **813 ff.**, 898, 902
124	100, 114, 450, 722, 805 ff., 811, 821
125 ff.	235, **609 ff.**
125	242, 315, **328 ff.**, 337, 341, 370, 468, 483, 488, 532, 595, **609 ff.**, 640, 656
126	264, 616, 616 ff., 638
126 – 129	611
126 a	620 a

126 b	49, 616, 623 a	156	361
127	638	157	41, 136, **319 ff.**, 343, 383, 592, 696, 835, 864, 876
127 a	616, 623		
128	30, 370, **622**, 624	158 ff.	824
129	621	158	108, 239, 361, **827 ff.**, 844
130	257 ff., **268 ff.**, 288 ff., **298 ff.**, 313, 361, 376, 496	159	839 f.
		160	**841 f.**, 844
130 – 132	259	161	65, 493, 841, **843**, 844, 852, 1027
131	257 ff., **287**, 313, 354, 376, 545, 551	162	136, 282, 452, **834 ff.**
132	257 ff., **282**, 313, 1057	163	361, 825, 828, 844 f., 854
133	**319 ff.**, 864	164	431, **880 ff.**, 983, 990, 999, 1006, 1134, 1137
133, 157	198, 359, 361, 524		
134	236, 242, 255, 316, 466, 481, 488, 532, 595, **644 ff.**, 660, 679, 693, 700, 709, 949, 964, 1122	164 – 181	882
		165	567 f., **886 f.**, 949, 993
		166	**898 ff.**, 934, 974 a
135	481, 493, **663 ff.**	167	259, 611, **927 ff.**, 940, 1017, 1021
136	481, 493, **663 ff.**		
137	34, 481, 663, **675 ff.**, 852, 936	167 – 176	927
138 ff.	242	168	303, 721, **937 ff.**, 942, 949 f., 1021
138	40, 53, 135, 236, 237, 255, 316, 465, 482, 488, 497, 522, 532, 595, **679 ff.**, 817, 866, 936, 966, 1122	169	939
		170 ff.	938
		170	197, 198, 576, **941**, 1021
139	241, 433, 471, 486, **497 ff.**, 516, 519, 523, 853	171	197, 302, 425, 927, **941**, **946 ff.**, 969 f., 1021
140	486, 500, 508, **516 ff.**, 524, 570	172	267, 425, 909, 913, 914, 927, **941**, **946 ff.**, 969 f., 1021
141	232, 486, 529, **529 ff.**, 1016		
142 ff.	733, 735, 736	173	425, 576, 914, **941**, **946 ff.**, 1021
142	53, 242, 243, 253, 487, 534, 714, 722, 726, 727, 728, 729, 944	174	935, 980, 981
		177 ff.	490, 637, **975 ff.**
143	259, 575, **717 ff.**, 944	177	197, 350, 529, 747, 907 f., 919, 923, 959, 971, **976 ff.**, 990, 997, 1003 f., 1016, 1024
144	234, 486, 529, **529 ff.**, 611, 732, 1016		
145 ff.	19, 37, 38, **357 ff.**	178	496, 979, 997, 1023
145	259, 361, 369	179	444, 454, 567, 900, 907 f., 916, 918, 939, 945, 951, 967, **984 ff.**, 997, 999, 1135
145 – 147	33		
146 f.	370		
146	259, **372**, 375	180	980 ff., 1004
146 – 149	387	181	561, **564 f.**, 588 ff., 929, **953 ff.**, 1116
147	288, **371**		
148	370, 855	182 f.	200
149	197, 349, **373 f.**, 380, 392, 444, 451, 454	182	259, 571 f., 575 f., 611, 721, 976, 978, **1013 ff.**
150	370, 372, 381, 385, 392, 430	182 – 185	1002
151	313, 347, 373, **382 ff.**, 393	183	303, 490, 496, 547, 576, **1013 ff.**, **1019 ff.**
152	370, 380		
153	376 ff.	184	490, 571, 839, 907, 971, 976, **1013 ff.**, **1023 ff.**
154	224, 341, **434 ff.**, 639 f.		
155	238, **436**	185	490, 567 f., 909, **1004 ff.**, **1030 ff.**

186 ff.	25, **854 ff.**		**628 ff.**, 659, 704, 705, 711, 805, 835, 850, **857 ff.**, 1114
186	854		
186 – 240	45	243	209, 263, 1181
187	854 f.	244	335
188	855	249	77, 130, 447, 450, 628, 631, 811, 1114
189 – 192	856		
193	45, 855	251	1178 a
194 ff.	26, 45, **101 ff.**	253	450, 1078
194	63, 74, 75, 79	254	160, 194, 439, **785 f.**, 889, 974 f.
195	76, 114, 114 a, 114 b, 124, 811, 990	257 f.	171
		262	341
196 f.	114 c	266	141
197 f.	119	269	341, 1057
197	113	270	1057
199	74, 76, 108, **108 ff.**, 114, 114 a, 114 b, 124, 450, 811, 990	271	341, 845
		273	28, 820
200	108	273 f.	92, 93, 102, 121, 526
201	113	275 ff.	823
202	107	275	92, 92 f., 96, 130, 210, 369, 550, 711
203 ff.	116		
203	125	276 ff.	326
204	115	276	353, 367, 400, 429 c, 497, 500, 514, 645, 677
205	92		
208	538	278	325, 400, 404, 444, 453, 801, 889 ff., 904, 973 f., 1135
208, 209	125		
210 f.	117	280 f.	711, 806, 908
212	115	280	130, 143, 197, 361, 367, 369, 564, 592, 677
214	52, 92, 92 f., 120, 122		
215	97, 121 f., 711	281	197, 287
216	97, 122, 122 f.	283	130, 369, 677
218	101	285	63
226	130	286	197
226 – 231	27	293 ff.	357
226 – 240	29	299	286
227 ff.	45	305 ff.	30, 36, 41, **398 ff.**, 402, 405, 406 a, 467, 468, 513, 514, 711, 754
227	150, **151 ff.**, 162		
228	150, 153, 156, 157, **162 ff.**		
229 ff.	150	305	332, **403**, 404, 405, 406, **408 ff.**, 419, 420, 429
229	152, 162, 168		
230	168	305 a	402, 414
231	160, 168, 169	305 b	421, 421 ff.
232 – 240	28, 171	305 c	406, 415 f., 417, 419, 421, 425, **426 ff.**, 754, 856
241 ff.	37, 38		
241	17, **57**, 63, 75, 78 a, 195, 361, 369, 444, 445, 446, 592	306	370, 403, 420, 429, 433, 435, 500, **513 ff.**, 523
241 – 304	36	306 a	403, 661
241 – 432	18	307 ff.	420
241 a	48, 1083	307	361, 367, 403, 417, 425, 429, 429 b, 429 c, **429 d**, 513, 696, 1082
242 ff.	75		
242	41, 42, 124 f., **136 ff.**, 249, 300, 343, 392, 406, 406 a, 592,		

Gesetzesregister

307–309	406	351	714
308	346, 348, 370, **429 c**	355 ff.	48
309	107, 402, 404, 405, 407, 429, **429 a**, 429 c, 500, 514, 636	355	49, 81, 100, 305, 781
		356	49
310	48, 370, 402, 405, 406, 414, 429 a, 429 c	358 f.	58
		358	502, 802
311 ff.	36, 37	362	75, 94, 566, 579, 1005
311	24, 42, 55, 81, 361, 369, 444, **444 ff.**, 456, 592, 798	370	1014
		373 c	850
311 a	210, 369, 444, 453, 454, 823	376	261
311 b	235, 299, 327, 330 f., 370, 468, 497, 518, 595, 610, 626, 632, 635, 665, 667, 698, 705, 717, 929, 976, 1198	385	1014
		387 ff.	81, 94, 149
		388	33, 259, **849**
		389	121
311 c	1196	397	207, 528
312 ff.	48	398 ff.	24, 75, 207, 229, 379, 1174
312	929	398	118, 221, 224, 676, 1009, 1166, 1200
312 a ff.	49		
312 b	49	399	34, 676, 678
312 c	49, 449	404	118
312 d	49	405	599, 676
312 e	49, 449	407	1009
312 f	49	409	197, 599
312 g	49, 305	412	118
312 h	623 a	413	34, 379, 676, 1174
312 i	49	414	118, 379, 800
312 j	49	415	118, 197, 350, 379, **800**, 1010
312 k	49, 661	416	348
313 f.	826	417	118, 800
313	42, **857 ff.**	419	563, 769
314	100, 874, 1122	426, 427	509
315 ff.	88 f., 432, 438	427	1006
315	434, 513, 1121	433 ff.	17, 36, 37, 395
318	716	433	59, 212, 431, 908
319	479 a	433–853	18, 395
320 ff.	36, 37, 38, 92, 93, 823	434 ff.	38, 195
320	97, 136, 141, 986	434	359, 421, 448, 766, 772, 796
321	777, 873	436	341
323 ff.	81	437 ff.	531, 750, 775, 809, 823, 863, 986
323	53, 123, 143, 197, 287, 463, 806, 1185		
		437	**429 c**, 711
325	806	438	26, 75, 92, 92 f., 101 f., 114 c, 124, 215
326	63, 81, 806		
328	332, 479, 718, 800, 1000, 1007, 1169	439	217, 470, 1180
		440	463, 806
331	1045	441	806
333	1000	442	775, 904 a
339 ff.	1, 1121	444	421, 515, 904 c
343	678, 698, 1123	446	63, 533, 863, 1201
346 ff.	81, 123, 494, 564, 806	447	382
350	100	449	65, 223, 824, 827, 841, 1185

519

453	221	573 a	724
454 f.	824, 831	573 c	82
454	390	574	86
455	346, 348, 390	575	851
456 ff.	87	578	169
463 ff.	87	581	169, 1201
463 – 473	17	589, 599	189
464	87	592	169
469	100	596 a	1209
474 ff.	37, 48, 603	599	188
475	107, 404, 470, 661	604	58, 561
479	75	606	101, 114 c
487	661	607	802, 1180
490	873	608	81
491 ff.	48	611 a	793
492	449, 620 a, 929	611 a, b	6
494	626	612	250, 515
506	661	613 a	660, 1200
516	33, 189, 216, 347, **387**, 564	620 ff.	81
518	216, 331, 479, 488, 604, 610, 615, 626, 635	621 ff.	850
		623	620 a
519	93, 479, 873	626	90, 100
521	188, 188 f.	630 a ff.	199
525 ff.	1160	630 c	201
528 f.	873	630 d	199, 200
528	479	630 e	200, 201
530 ff.	294, 304, 479, 496, 873	631	21, 332
535	1201, 1202	632	250
536 ff.	776	633	1180
536 a	230, 565	634 ff.	776
537	863	634 a	26, 92, 92 f., 101, 114 c
538	1202	638	101
543	56, 850	648, 648 a	1190
545	348	649	81, 863
546	58, 79	651 a ff.	48
548	75, 75 f., 101, 114 c	651 a	417
550	610, 614, 626	651 e, j	81
555 d	623 a	651 g	101, 114 c
556 a, b	623 a	657	202, 260, 720, 1000
557 b	527, 623 a	658	293, 302
558 a	623 a	662 ff.	189, 883
559 b	623 a	663	349, 390, 444, 451
560	623 a	665	1131
562	28, 169, 921	667, 670	883 f.
562 b	169	669 f.	561
562 c	171	670	193 a, 659
566	64, 565, 614, 714	671	81, 304, 496
568 ff.	81	674	939, 943
569	724, 850	675	193, 390, 939
572	851	675 e	48
573	82, 724, 850	675 t	48

677 ff.	244	**817**	659, 711, **713**
677	193 a, 659	**818**	145, 227, 324, 533, 563, 840, 1201
680	189		
683	193 a, 201, 659	**819**	659
690	188, 188 f.	**821**	121
700	335	**823 ff.**	53, 196, 244, 1136
704	169	**823**	22, 62, 63, 71, 76, 77, 78 a, 160, 186, 194, 446, 554, 631, 798, 807 f., 822, 892 f., 1049 f., 1065, 1075, **1077 ff.**, 1138, 1140 a, 1157
705 ff.	521		
705	204, 431		
705 – 740	1141		
706	1182		
707	336	**824**	127, 1077
709	1013, 1097, 1154	**826**	63, 71, 135, 185, 600, **628 f.**, 629, 631, **681 f.**, 697, 703, 807, 808, 971, 1077, 1106, 1114
713	1154		
714	1097		
718 f.	1148	**827 f.**	353, 554
719	669	**830**	896
723 ff.	81	**831**	446, 892 f., 894, 896, 903 f., 1140, 1157
729	939		
737	1097	**832**	817
738	1119	**836, 837**	15
741 ff.	55	**839**	896, 1094
758	103	**840**	1139
761	620 a	**844 f.**	893
763	386	**844 ff.**	22
765	803, 863	**844**	1046, 1049
766	14, 290, 315, 331, 337, 522, 610, 618, 620, 620 a, 625 f., 635	**853**	92, 93, 121, 142, **807**, 821
		854 ff.	17, 77
767	96	**854**	196, 895
767, 770	716	**854 – 872**	18
769	509	**855**	895, 921
771 ff.	14, 92, 93, 96	**858 ff.**	67, 170
775	171	**858**	168
778	315	**859**	154
779	459, 744, 873	**861 ff.**	75
780 f.	215	**861**	77
780 ff.	207	**862**	57, 1071
780	620 a	**867**	171
781	523, 620 a	**868**	921
783	1014	**870**	75
790	303	**873**	24, 65, 224, 306, 564, 610, 903, 1200
793	618		
812 f.	215	**873 – 902**	18, 36
812 ff.	244, 806	**875 f.**	262
812	62, 77, 212, 227, 324, 563, 629, 659, 665, 711, 717, 726, 840, 845, 1065	**876 f.**	1010
		876	1020
		878	292
		880	262, 1020
813	93, 120, **845**	**883 ff.**	75
814	845	**883**	852
815	136	**883, 888**	64, 493
816	62, 63, 208, **1001**, 1029		

892 f.	128, 228, 727, 898	**1007**	77, 78
892	1191	**1008 ff.**	55
894	62, 75	**1018 ff.**	134, 1193
898	75	**1030**	126
898, 902	26, 103	**1042**	564
900	102	**1047**	564, 1209
903	4, 6, 17, 51 f., 66, **128**, 131, 177, 1174, 1178 a	**1059**	516, 519
		1059 a	335, **1099**
904 ff.	128	**1061 ff.**	126
904	150, 163, 164, 166, 167	**1061**	99, 1099, 1209
912	904	**1067**	1182
917	134	**1075**	1182
921	904	**1085**	1198, 1200
924	103	**1086**	1182
925	24, 33, 65, 235, 239, 564, 610, 624, 847, 853, 903, 1200	**1092**	1099
		1094 – 1104	17
926	1191, 1196, 1200	**1094, 1105**	1194
927	102, 218	**1098**	1099
928	218, 261, 720	**1113**	52
929 ff.	17, 24, 77, 224, 1174, 1178, 1200	**1120 ff.**	23, 1194 ff.
		1134	52
929	65, 306, 895, 903	**1137**	122, 716
930	63, 519	**1147**	564
930, 931	221	**1154**	610
931	75, 841	**1163**	99
932 ff.	128, 228, 550, 568, 674, 727, 843, 898, 1174	**1168**	262, 719
		1180, 1183	262
932	728, 900, 1188, 1191	**1192**	23, 564, 1194 ff.
934	75	**1198**	208
935	900, 907, 1029, 1188, 1191	**1205 f.**	526
937 ff.	102, 1029	**1205 ff.**	519
946 ff.	23, 1173	**1211**	122, 716
946, 947	1189	**1227, 1231**	126
947	230	**1245**	1020
948	230, 712, 1189	**1252**	99
950 f.	1029	**1274**	676
956	303	**1280**	526
958	68, 80, 218, 260, 720	**1293 ff.**	494
959	218, 260, 334, 720	**1297 ff.**	24
985	62, 75, 77, 78, 79, 91, 114 c, 119, 123, 136, 227, 712, 903, 1006, 1174, 1185	**1297**	846
		1303 ff.	55
		1303 – 1588	22
986	91 f., 94, 1006	**1310 ff.**	24, 624
987 ff.	903, 1201, 1209	**1311**	33, 846, 853
987	840	**1313**	736
990	840	**1314**	736, 779, 853
993	1204	**1316 ff.**	736
998	1209	**1353**	103, 846, 1062
1004	9, 57, 62, 74, 75, 92, 94, 114 c, 134, 136, 1071, 1145	**1353 – 1362**	18
		1355	1064
1005	171	**1356**	206

1357	897, 922	**1666 f.**	586, 952
1361	138	**1750**	846
1363 ff.	18	**1757**	1064
1363	1198	**1760**	779
1364	1198	**1765**	1064
1365 f.	1011	**1789, 1793**	924
1365	670, 1198	**1793**	1012
1366	305, 1023 f.	**1794**	957
1369	670, 1011	**1795**	561, 564 f., 588, 964 f.
1371	1047	**1796**	952
1372 ff.	859, 873	**1797**	933
1373 ff.	1198	**1804**	581, 964
1378	75	**1819 ff.**	490, 964, 1012, 1013
1380 ff.	75	**1821 f.**	584
1408 ff.	356	**1821 ff.**	549
1423 ff.	1010	**1821**	564
1427	1023 f.	**1822**	506, 589
1453	1023 f.	**1828 f.**	838, 1016
1564 ff.	85	**1829**	1024
1564	846	**1830**	1023
1568 a, b	859	**1833**	549
1569	75	**1896 ff.**	40, 540, **548 ff.**, 924
1579	138	**1901 ff.**	549
1585 c	704	**1901**	1052 a
1587	859, 873	**1902**	924
1592	717, 733, 812	**1903**	**547**, 550, 551, 556, 557 f., 560
1594	812, 846	**1904**	1013
1598 f.	812	**1908**	549, 581, 933, 1012, 1023 f.
1599 ff.	717, 733, 779, 846	**1908 i**	490, 838, 952, 964
1599	85	**1909**	561, 564, 957
1600 b	722	**1912**	1048
1601 ff.	15	**1914**	1161
1601	193 a	**1915**	924, 964
1602	193 a	**1922**	1051, 1198
1603	57	**1923**	1047, 1048, 1167
1611	138	**1924**	329, 1047
1614	704	**1925**	1047
1615	75, 193 a	**1930**	329, 1047
1615 l, o	75	**1931**	1047
1616 ff.	1064	**1937 ff.**	294
1626	891	**1943**	771
1629	141, 561, 564 f., 588, 589, 891, 924, 933 f., 964, 994	**1945**	261, 717, 929
		1947	848
1629 a	589	**1949**	744, 779
1630	957	**1954 ff.**	779
1631	201	**1954**	722, 771
1641	581, 964	**1955**	717
1643 f.	490, 584, 838, 964	**1956**	352
1643 ff.	1012 f.	**1981**	925
1643	506, 589, 1016	**1984 f.**	925
1648	958	**1993 ff.**	1032

Gesetzesregister

2018 ff.	75	2368	952
2018	77	2370	1054
2020 ff.	1201		
2031	1054	**BNotO**	
2042	103	19	406 a
2048	463		
2075	827	**BRAO**	
2078 f.	744, 873	49 b	652 a
2078 ff.	322, 479, 734, 779		
2080	716	**EGBGB**	
2081	261, 720	6	683, 1043
2082	722	26	1057
2085	499	229	V, 402
2100 ff.	463	246	49
2109	1162	246 a, b	49
2113	852	248	48
2115	852		
2147 ff.	463, 1000	**EKG**	
2147 – 2191	320	74	857
2162 f.	1162		
2176	75	**ErbbauVO**	
2180	848, 1000	1, 11	847
2192 ff.	1160	9	1194
2195	499		
2197 ff.	1162	**ErbStG**	
2197	925	1, 9	1163
2202	848, 925	15	1163
2205 ff.	925, 964		
2210	1162	**EStG**	
2219	925	25	651
2229 ff.	24, 202, 260		
2247	624	**FamFG**	
2253 ff.	293, 302, 496, 720	374, 375 ff.,	
2254	322	400 f.	1110
2260 ff.	294		
2265 ff.	460	**GBO**	
2267	329	29	610
2269	329, 463	47	1085, 1147, 1149, 1153
2271	528		
2274 ff.	356	**GenG**	
2279	499	24	926
2281 ff.	779	25	934
2281	744		
2282	717	**GewO**	
2283	722	34 c	655
2286	528	56	655
2303 ff.	694		
2335 f.	294	**GG**	
2340 ff.	734	1	172, 589, 1043, 1077, 1100
2366 f.	952	2	4, 172, 479, 589, 694, 706, 1043, 1077, 1100
2366	228		

3	5, 479, 693, 1100 f.	125	926, 934
4, 5	1100	127	85
5	127	**128 ff.**	1097
6	1012, 1100	128	588, 1109
8 – 11	1100	130	1097
9	44, 693, 1114, 1145	131	1097
12	479, 694	**131, 133**	84
14	3, 72, 131, **131 ff.**, 479, 693, 1100 f.	**133, 140**	85
		140	1097
17	1100	143	1085
19	1100	159	1085
28	133	161	85, 926, 1042, 1097, 1109
34	3, 896, 1094	162	1085
103	1, 660, 1101	**164, 170**	589
140	794	170	926, 1097
		171 f.	588
GmbHG		171	1109
1	602	177	1097
11	1113	**346**	343
15	595, 1097	**349 ff.**	14
35	934, 961	**350**	641
		354 a	678
GVG		**359**	856
13	3	**362**	347, 352, **388**, 392, 972
		377	197, 198
GWB		**383 ff., 407 ff.**	883
1 ff.	476	**416**	390
19 ff.	476	**428, 462**	889
20	6, 1114		
		InsO	
HaftpflG		1	1198
3	892 f.	**47**	227
		56	925
HGB		**59**	952
1 ff.	441	**80**	292, 925
1	388	**129 ff.**	735
15	952	**143**	735
17	619		
37	1066	**KlauselRL**	
48 ff.	931	2	48
50	424, 848		
54	425	**KSchG**	
56	972	**1, 4**	86, 283
75 h	348, 352, 390	9	90
89	342		
91 a	348, 352, 390	**KUG**	
105	521	**22 – 24**	1074, 1082
106 f.	1085		
110	193 a	**LPartG**	
117	85	8	897, 1011
124	1042, 1097, 1099	12	138

LuftVG
1   128

MarkenG
14   1066

MRK
2   158

MuSchG
11   793

PartG
37   1156

PartGG
7   926, 1042

PatG
6   1073
9   66

PauschalreiseRL
2, 3   48

PflichtversicherungsG
1, 5   389

PStG
22   1064

RVG
4 a   683, 700

SchG
13   913

SchwarzArbG
1   651, 659

SGB I
32   644

SteuerberatungsG
57   655

StGB
1 – 79 b   18
17   750
19 f.   554
32   150, 150 f., 156, 159
34   150, 164
35   165
185 ff.   1077
201 a   1074
203   652 a
211 ff.   22
217   1043
218 ff.   1043, 1044
240, 253   815, 822
263   631, 789, 798, 807, 808
266   966

StPO
127   154, 168
290 ff.   672
403 ff.   818

StVG
7   63

StVO
12   679
23   679

UrhG
11 ff.   1073
36   857

UStG
14, 18   651

UWG
5, 9   894

VAG
8   1099

VerbrGKRL
1   48
8   46

VereinsG
2   1143
14, 15   1102

VerschG
1 ff.   1053 ff.
9   1054
11   1055
13 ff.   1037

VRRL	
2	48
4	46, 49
8	49

VVG	
17	671
108	671

VwGO	
40	3
58	140

VwVfg	
37	256, 332
60	857

WährG	
3	527

WEG	
4	633, 847
10, 16	565
36	856

WG	
1	624, 910
10	913
13, 14	911

WiStG	
5	709

ZPO	
1 – 252	18
13, 15	1057
38	335, 416
50	44, 1042, 1141, **1145 ff.**
52	542
80 ff.	931
108 – 113	171

114	1101
116	1101
203 ff.	282
221 ff.	854
244, 249	542
253 ff.	147
253	73
261	95
300 ff.	147
331	97
440	617
511 ff.	147
563	386
664 ff.	543
688 ff.	148
699 f.	148
704 ff.	147
721	79
724 ff.	147
750	147
765 a	79, 1178 a
771	62
794	148
794 a	79
803	1198
811 ff., 850 ff.	126
811 c	1178 a
829	672 f.
851	676, 678
857	672 f.
865	1195 ff.
883 ff.	79
935	665, 672
938	672
1025 ff.	148, 1124
1031	335, 624
1054 f.	148

ZVG	
10	1196
20 ff.	672

Sachregister

(Die Zahlen verweisen auf die Randnummern des Textes.
Hauptfundstellen sind durch **Fettdruck** hervorgehoben.)

Abbruch von Vertragsverhandlungen 452
Abbruchjäger 361
Abbuchungsauftrag 1014
Abfindungserklärung, Vorbehalt 125
Abgabe der Willenserklärung 257 ff., **263 ff.**, 313
Ablaufhemmung 117
Ablehnung des Antrags 375
Abschlussförderungspflicht 439, 451 f.
Abschlussfreiheit 477
Abschlusstechniken 394
„absichtliche Tötung" 158
Absichtserklärung 455
Absichtsprovokation 157
Abstammung, Kenntnis 1081
Abstimmungsmängel 1129
abstraktes Geschäft 214 ff.
Abstraktheit der Vollmacht 949
Abstraktion
– des Allgemeinen Teils 32 ff.
– äußerliche und innere 225
Abstraktionsprinzip **224 ff.**, 504
Abtretbarkeit
– des Anfechtungsrechts 715
– des Antrags 379
– von Honorarforderungen 652 a
Abtretungskette 229
Abtretungsverbot 34, **676**, 678
Abwesende, Erklärung unter ihnen 268 ff.
Abzahlungsgeschäft, fremdfinanziertes 58, 802
„acht Tage" 856
acquis communautaire 46
actio 74
Adelsprädikate 701, 1064
AGB-Gesetz 401 ff., vgl. auch Allgemeine Geschäftsbedingungen
AGG 479 a
Aktenwissen 904 b, 904 c
Aktienfall 130

Aktiengesellschaft 134, 1097
Aktionäre, „räuberische" 134
Akzessorietät 122
Alleingesellschafter von GmbH 801, 961
Allgemeine Geschäftsbedingungen 30, 41, **395 ff.**
– Begriff 403 ff.
– Irrtum über sie 418 ff., 754
– Kontrolle durch die Gerichte 399 f.
– Regelung für Geschäftsunfähigkeit 555
– sich widersprechende 435
– Teilnichtigkeit 513 f.
Allgemeiner Teil des BGB **18 ff.**, 611
Allgemeines Persönlichkeitsrecht 43, 127, 199, **1076 ff.**
– bei juristischer Person 1101 a
„Altweibersommer" 1080
Amtsempfangsbedürftigkeit 261 f.
Anbahnung von Verträgen 444
Änderungskündigung 850
Andeutungstheorie 328 ff.
Aneignung 80
Aneignungsrecht 68
Anfechtbarkeit 487, 489, 492, 534, 607, **714 ff.**
– und Auslegung 317
Anfechtung 81, **717 f.**
– Abgrenzung 733 ff.
– Begründung 723 f.
– Frist 722, **774**, **805 ff.**, 821
– Gegner 718 ff.
– eines nichtigen Geschäfts 728 ff.
– als Reuerecht 781
– Schadensersatz 731
– Wirkungen 726 ff.
Anfechtungsklage, missbräuchliche 134
Angebot 357
Angehörigenbürgschaft 705 f., 864
Angriff 152 ff.
Angriffsnotstand 163

529

Sachregister

Annahme 357, **380 ff.**
– der geschuldeten Leistung 566
– durch Scheckeinlösung? 393
– Zugang bei Minderjährigen 287
Annahmeverweigerung bei Brief 282
Annahmeverzug 357
anonyme Geburt 1081
Anpassung von Geschäften 875, 877 f.
Anscheinsbeweis 804
Anscheinsvollmacht 42, **969 ff.**
– im Handelsrecht 972
Ansprüche 53, 63, 69, **73 ff.**
– Verjährung 102 f.
Anspruchs(normen)konkurrenz 76
Anspruchsnorm 77 f.
Anstandsgefühl 682
Antidiskriminierung vgl. Gleichbehandlung
Antrag 326, 357, **358 ff.**, 981
– und Annahme, Form 620, 622
Anwaltspraxis, Verkauf 700
Anwartschaftsrecht 65, 843, 1027
Anweisungen, bankinterne 403
Anwesende, Erklärung unter ihnen 288 ff.
Anzeigen 197
Äquivalenz von Leistungen 177, 478 f.
– und Geschäftsgrundlage 866 ff.
Arbeitnehmer 48
Arbeitsrecht 6, 13, 15, 283, 850
– Täuschung 793
Arbeitsverhältnis
– Bedingung 851
– fehlerhaftes 253 ff., 782
– Minderjähriger 585 f.
Architekt
– und § 166 BGB 904
Arglist
– Formerfordernis 631
– Verjährung 114 c
arglistige Täuschung 787 ff.
– Fehleridentität 234
Arzt
– Behandlung 199 ff.
– -geheimnis 652 a
– Verkauf der Praxis 652 a, 700
atypische Verträge und AGBG 429 d
Aufbau nach Ansprüchen 77 f.
Aufforderung
– zu Anträgen 358 ff.
– zur Genehmigung 572, 978
Aufhebung von Formvereinbarungen 641 ff.

Aufklärbarkeit und Verjährung 112
Aufklärung des Patienten 200
Aufklärungspflicht
– bei § 123 BGB 795 ff.
– bei Vertragsverhandlungen 447 ff.
– über eigene Illiquidität 798
Auflassung, Bedingungsfeindlichkeit 847
Aufnahmezwang (Verein) 1114
Aufrechnung 81, 121, 711, 849
Auftrag
– rechtlicher Nachteil 562 f.
– und Stellvertretung 884, 937 ff., 949
Auktion im Internet 361
Ausbeute 1204
Ausbeutung beim Wucher 710 f.
ausdrückliche Erklärung 209, 335 ff.
– Hinweis aus AGB 409
Aushandeln bei AGB 407
Aushang von AGB 411
Aushöhlungsverbot 429 d
Auskunftsvertrag 193
Auslegung
– automatisierter Erklärungen 256, 332
– autonome 48, 50
– ergänzende 42, 239, 333, **338 ff.**
– und Form **328 ff.**
– von Gesetzen 307 ff., 660
– gesetzes- und sittenkonforme 310
– und Grundrechtsbindung 693
– rechtsaktübergreifende 48
– richtlinienkonforme 50, 310
– Sorgfalt 323
– systematische 309
– teleologische 308
– verfassungskonforme 310
– von Willenserklärungen 307 ff., 753, 758
Auslobung 191
Ausschließungsrecht 67
Ausschluss aus Verein 1120 ff.
Ausschlussfrist 100
Ausschnitt aus der Wirklichkeit 54, 56 ff.
Außenvollmacht **927**, 944
Äußerungstheorie 268
Aussichtslosigkeit der Erfüllung 705
Austritt aus Verein 1119
Automat, Vertragsschluss 362
Automation 256, 332

„Band zwischen Personen" 54
Banken, Entgelt und AGBG 429 b
bankinterne Anweisungen 403

Sachregister

bargeldlose Zahlung 230
Bargeschäfte 207, 217 f., 241, 650
– des täglichen Lebens 920
Baufinanzierung 1190
Baufreiheit 11
Bauherrnmodelle 461
Bedeutungsirrtum (vgl. auch Inhaltsirrtum) 745
Bedingung 491 f., 824, **827 ff.**, 857, 935
– aufschiebende, auflösende 827, 839 f.
– Auslegung 835
– uneigentliche 829
– unzulässige 853
– bei Verfügung 239
Bedingungsfeindlichkeit 33, **846 ff.**
– Gestaltungsrecht 90, 725, **849 ff.**
Befristung 825, 828, **844 ff.**, 857, 935
Befristungsfeindlichkeit vgl. Bedingungsfeindlichkeit
Begehungsgefahr 1071
Begründungszwang im öffentlichen Recht 4 f.
Begünstigte bei Stiftung 1169
Behandlung, ärztliche 199 ff.
Behauptung „ins Blaue hinein" 788
Beherbergungsvertrag 479
Beratung, Haftung 193
Berechtigung 1000
Berliner Testament 463
Beschaffungspflicht 367
Beschaffungsschuld 222
Beschluss 205 f., 1125 ff.
Beschränkung der Anfechtung auf das Nichtgewollte 781
Beschränkung der Verfügungsmacht 292, 669
Beseitigung 1071
Besitzdiener 895
Besitzwehr, -kehr 170
Bestandteil
– einfacher 1195
– wesentlicher 1186 ff., 1190 ff.
Bestätigung 486, **529 ff.**, 732
Bestätigungsschreiben, kaufmännisches 351, 355, 391, **440 ff.**, 934, 977
Bestätigungsvorbehalte 637
– in AGB 422 ff.
Bestätigungswille 531
Bestechung 658, 685
Bestimmtheitsgrundsatz 209, 336
„Bestimmung" in AGB 514

Bestimmungsrecht 432
Beteiligungsträgerstiftung 1172
Betreuung 40, 540, **548 ff.**, 838, 924, 933, 943, 952, 964, 1012
Betriebsrat, Mitwirkung bei Kündigung 524 f.
Beweiserleichterung 614
Beweisvereitelung 619
Bewusstlosigkeit 544
BGB-Gesellschaft 1085, 1097, 1147 a
Bierlieferungsverträge 698
Bindung an den Antrag 364 ff.
Bindungsfrist für den Antrag 370 f.
Blankett 756, 910 ff.
Blankoakzept 910
Blankoindossament 911
Bluttransfusion 1178
Bote 284 ff., 742
– ohne Botenmacht 997
– Falschübermittlung 747 f.
– und Stellvertreter 885 ff.
Boxberg-Urteil 132
„Brett des Karneades" 165
Brief, unbefugt abgesendeter 266, 605
Btx-Anschluss, Missbrauch 969
Büchereinteilung des BGB **16 ff.**
Bundesbahn, -post 10
Bundesligavereine 1112
Bunker 1192
Bürge, Anfechtung 803
„Bürgerliches" Recht 12 ff.
Bürgschaft
– Erklärungsbewußtsein 608 a
– Form 290, 331, 912
– Geschäftsgrundlage 863 f.
– Sittenwidrigkeit 705 f.
BVerfG und Privatautonomie 706

„Catarina Valente" 1069, 1081
Codewörter 334
Common European Sales Law (CESL) 47
Common Frame of Reference (CFR) 47
Contergan 1049
culpa in contrahendo vgl. Verschulden bei Vertragsverhandlungen

Dachverein 1115
Darlehensvermittlung im Reisegewerbe 655
Datenschutz 1075
Dauerpfleger 590

531

Sachregister

Dauerrechtsverhältnisse
- Entstehung der Forderungen 845
- Kündigung aus wichtigem Grund 874
- Willensmängel 253 ff., 782, 810
Deliktshaftung bei Gefälligkeiten 185 ff.
Destinatäre 1169
Deutsche Bahn AG 10
Dienstbarkeiten 1191, 1193
dingliche Ansprüche, Verjährung 119
Diskriminierung der Frau 793
Dispositionsgarant 456
dispositives Recht 470
- und Auslegung 340 ff.
Dissens 434 ff.
- und Auslegung 317, 437
- einseitig erkannter 436
- logischer 438
- offener oder versteckter 436
- und Schadensersatzpflicht 439
dissimuliertes Geschäft 594
Distanzdelikt 1049
Dollarklausel 876
Dolmetscher 296
Domain-Name 1066, 1069
Doppelfristen 114 ff.
doppelte Schriftformklausel 643
Doppelwirkung und Anfechtung 728 ff.
„Dortmund grüßt ..." 1069
Dr. iur. utr. 12
Drittentscheidung über Rechtsgeschäft 490
„Dritter" bei § 123 BGB 800 ff.
Dritter, Haftung aus Vertragsverhandlungen 456
Drittinteressen 6
Drittschadensliquidation 63
Drohung (vgl. widerrechtliche Drohung) 814
„dual-use"-Geschäft 48
Duldungsvollmacht 42, **930**, 934
- Anfechtung 948
Durchgriff bei juristischen Personen 1105 f.
„dynamische" Verweisung auf AGB 413

Ebenbürtigkeit 701
Echtheitsvermutung 617
Edelmannswort 632
Ehe als Geschäftsgrundlage 859
Ehe, Anfechtung 736, 779
Ehefrau, Wohnsitz 1062
Ehegatte
- als Bürge 864

- als Empfangsbote 286
Eheleute, Geschäfte mit ihnen 502
Ehelichkeit, Anfechtung 733
Ehevertrag, Sittenwidrigkeit 704
Ehrenamt 1140 b
Ehrenschutz 1080
Eigenbestimmung vgl. Privatautonomie
Eigenhändigkeit 618
Eigenmacht
- erlaubte 149 f.
- verbotene 170
Eigenschaftsirrtum 744, **764 ff.**, 775 f.
Eigentümer-Besitzer-Verhältnis und § 166 BGB 903
Eigentumsbindung 133
Eigentumsfreiheit 4, 51 f.
- Grenzen 128, **131 ff.**
Eigentumsvorbehalt 65, 223, 435, 827
- und Verjährung 123
- verlängerter 1009
Einbauküche 1190
Einberufung der Mitgliederversammlung 1128
Eindeutigkeitsregel 328 ff.
einfacher Bestandteil 1195
Einheit der Sache 1183 ff.
Einigung 430 ff.
Einkommensstruktur 181
Einkommensübertragungen 474
Einladung zur Mitgliederversammlung 1126
Einmann-GmbH 602, 961
Einrede 91 ff.
- dilatorisch oder peremptorisch 93
Einschlafen von Verhandlungen 125
Einschreiben
- Formvereinbarung 636
- Zugang 280, 282
Einvernehmen der Ehegatten 206
Einverständnis mit AGB 408
Einwendung 91 ff.
- rechtshindernd oder rechtsvernichtend 94
Einwendungsdurchgriff 58
Einwilligung 1013, **1019 ff.**, 1030
- des Berechtigten 1030
- Erlöschen 1021 f.
- des gesetzlichen Vertreters 559, 576 ff.
- zur Heilbehandlung 199 ff.
- Widerruf 1019 f.
Einwilligungsvorbehalt **547**, 551, 556
Einwurfeinschreiben 280

532

Einzeleinwilligung 577
Einziehungsermächtigung 1008 f.
Eisessigfall 820
Elektronik, Willenserklärung 256, 332, 746
elektronische Form 620 a
Eltern, Vertretungsmacht 561 ff., 587 ff., 964, 1012
E-mail 274
Empfängerhorizont 323, 325, 332
Empfängerirrtum 749
Empfängnisverhütung, Vereinbarung darüber **193 a**
Empfangsbedürftigkeit der Willenserklärung 259 ff.
– und Auslegung 322 ff.
Empfangsbote 285 f.
Empfangsermächtigung 286, 1005
Empfangstheorie 270, **273 ff.**
Empfangsvertretung 934, 983
Empfangszuständigkeit 566
Entäußerungstheorie 269
Entgeltlichkeit von Geschäften 219
Entmündigung 539 f.
Entscheidungsfreiheit 4 ff., 51 ff.
– und Persönlichkeitsrecht 1084
Entstehung des Anspruchs 108
Erbbaurecht 417
Erblasser, Wissenszurechnung 904 c
Erbrecht 16, 322, 610
– Bedingungen 848
– und Geschäfte unter Lebenden 528
– Irrtum 744, 779
Erbschaftserwerb, Anfechtung 734
Erbschaftsteuer und Stiftung 1163
Erfolgshonorar für Anwälte 515, 683, **700**
Erforderlichkeit der Verteidigung 155
Erfüllung
– und Geschäftsgrundlage 872
– rechtlicher Nachteil 566
– einer Verbindlichkeit 958
Erfüllungsansprüche bei Formmangel 635
Erfüllungsgehilfe 889 ff., 1135
– und Vertretungsmacht 890
ergänzende Auslegung 42, 239, 333, **338 ff.**
Ergänzungspfleger vgl. Pfleger
Erkenntnisverfahren 147 f.
Erklärungsbewusstsein 591, 605 ff.
Erklärungsbote 284
Erklärungsirrtum 746, 767
Erklärungszeichen 741
Erlassfalle 393

Erläuterungsmacht des Versicherungsagenten 974 a
Erledigung der Vollmacht 943
Erlöschen des Antrags 372 ff.
Ermächtigung 1014
– Bürgschaft 912
Ersatzgeschäft bei Umdeutung 519 ff.
Ersetzungsklausel 510
Ersitzung 1029
Erwerb
– nachträglicher 1031
– vom Nichtberechtigten 228 f., 843
Erwerbsermächtigung 1007
Erwerbsgeschäft, Betrieb durch Minderjährigen 583 f.
Erwerbsverbot 665
Erwirkung 144 f.
Erzeugnisse 1204
essentialia negotii 431 f.
– Dissens 438
Europa 1102
Evidenz des Missbrauchs der Vertretungsmacht 963, 967 f.
exceptio 91
Existenzgefährdung 629
Existenzvernichtung und Geschäftsgrundlage 871
Existenzvernichtungshaftung 1106 a, 1140 c
„fahrlässige Täuschung" 450, 796

Faksimile 618
faktischer Vertrag 253 ff.
Fälligkeit 97, 108, 845
falsa demonstratio 327, 745
falsus procurator vgl. Vertreter ohne Vertretungsmacht
Familiengesellschaften 587 ff.
Familienname 1064
Familienrecht 16, 610, 779
– Bedingungen 846
Familienstiftung 1169
Fehleridentität 231 ff., 945
Fehlleitung von Kapital 477
Fernabsatz 49
Fernschreiben 638
„Fernsehansagerin" 1080
Fernsprecher 288
Festpreis beim Bau 862
Fideikommiss 678
Fiktionstheorie 1104
Firma 619, 1066

Sachregister

Flugreisefall 248
Folgenzurechnung 5 f.
Forderung 75, 126
Formfragen
– und Auslegung 315, 337
Formgebote 468, 483, 929, 976, 1017
– gesetzliche 609 ff.
– vereinbarte 636 ff.
Formmängel 488, 532, 626 ff.
– Billigkeitskorrekturen 139, 628 ff.
– Fehleridentität 235
– Heilung 626, 665
– vereinbarte Form 639 ff.
Formularbücher 471
Formulare 403
– vereinbarte Verwendung 636
Formzwecke 612 ff.
Fortlaufshemmung 116
Fragerecht des Arbeitgebers 793
„freibleibend" 365
Freigabeanspruch 696
Fremdbestimmung 81
Fremdorganschaft 1096
Fristen 25, 854 ff.
– Verjährung 114 ff.
Früchte 1203 ff.
Fußballbundesliga 1112

Gattungsschuld 222, 1181
Gebrauchsvorteile 1202
Geburt, Vollendung 1043 f.
Gedächtniswissen 904 a, 904 c
Gefälligkeiten 184, 185 ff.
– Bindung 185
– Deliktshaftung 185 ff., 194
Gegengewicht 475
Gegenrechte 52, **91 ff.**
gegenseitiger Vertrag 97
Gegenwärtigkeit des Angriffs 154
Gehaltskonto Minderjähriger 585
Gehirntod 1052
Geisteskrankheit, -schwäche 539 ff.
Geldschuld 222
Geldzahlung
– Unwirksamkeit 237, 712
Geltendmachung von Einreden 98
geltungserhaltende Reduktion 429 c, 505 f., 514 f., 523, 709
Gemeinnützigkeit 1112
Gemeinsamkeit von Parteivorstellungen 870

Genehmigung 849, 1013, **1023 ff.**, 1030
– des Berechtigten 1030
– des gesetzlichen Vertreters 558, **569 ff.**
– irrtümliche 575
– Rückwirkung 1023 ff.
– der Stiftung 1165 ff.
– des Vertretenen 975 ff.
genehmigungsbedürftiges Geschäft 837 f.
Generaleinwilligung 578, 583 ff.
Genomanalyse 1082
gentlemen's agreement 191
Gerechtigkeitsgewähr 472 ff.
Gesamtbetrachtung für rechtlichen Nachteil 565 f.
Gesamtverein 1115
Gesamtvertretung 933 f.
Geschäft für den den es angeht 920 ff.
Geschäft mit dem Inhaber eines Gewerbebetriebs 917 f.
geschäftsähnliche Handlung 184, **197 ff.**
Geschäftsbesorgungskaufmann 388
Geschäftseinheit 501 ff., 502
– zwischen Verpflichtung und Verfügung 241
Geschäftsfähigkeit **535 ff.**, 1060
– und Auslegung 314
– begrenzte 551 a, 583
– beschränkte 556 ff.
– Mängel 232, 484, 488, **536 ff., 551 ff.**
– partielle 542
Geschäftsgrundlage 42, 369, 760, 778, 826, **857 ff.**
– und Auslegung 318, **864 ff.**
– und Geschäftsinhalt 862 ff.
– große und kleine 859
– objektive und subjektive 860
– bei Verfügung 240
– Wegfall und Fehlen 861
Geschäftspraktiken, unseriöse 46
Geschäftsunfähigkeit
– nach Erklärungsabgabe eintretende 376 f.
Geschäftsverbindung u. Schweigen 392 f.
Gesellschaft 209, 1097, 1141
– fehlerhafte 253 ff., 782, 810
– Geschäftsführungsbefugnis 939
Gesellschaftsrecht 336
Gesellschaftsvertrag, Abschluss bei gesetzlicher Vertretung 588
Gesetz über technische Arbeitsmittel 654
Gesetzesumgehung 660 ff.

Gesetzesverstoß 488, **644 ff.**
- und Auslegung 316
- Fehleridentität 236
Gesetzeszweck vgl. Normzweck
gesetzlicher Vertreter 891, 924, 925 f., **952**, 964, 999
- Genehmigung 556, 558
- Zugang 287
Gestaltungsaufgaben 460 ff.
Gestaltungsfreiheit 477
Gestaltungsgegenrecht 86
Gestaltungsklagerecht 83 ff.
Gestaltungsrecht 53, **79 ff.**, 97
- Bedingungsfeindlichkeit 90, 725, **849 f.**
- Begründung 723 f.
- eigenmächtige Durchsetzung 149 f.
- Unwiderruflichkeit 90
Gestaltungsurteil 83
Gestattung von Insichgeschäften 957
Gewerbebetrieb, Recht am – 71, 127
Gewerbeerlaubnis, Fehlen 655
Gewerkschaften 475, 1114
- als nicht rechtsfähiger Verein 1143
- Haftung 1157
- Parteifähigkeit 1145 ff.
- Vermögensträgerschaft 1152
Gewerkschaftsbeitritt Minderjähriger 585
gewillkürte Prozessstandschaft 1008
Gewinnungskosten, Verteilung 1209
Gewissheitsinteresse 1018
Gewohnheitsrecht bei kaufmännischem Bestätigungsschreiben 440
Gläubigergefährdung 697
Gläubigerverzug vgl. Annahmeverzug
Gleichbehandlung 6, 479 a
Gleichwertigkeit vgl. Äquivalenz von Leistung
Globalzession und verlängerter Eigentumsvorbehalt 699
GmbH 1097
- Aufklärungspflicht 798 f.
- Offenlegung 918
Gondelbahn 132
Grenzen der Rechte 126 ff.
Großverein, Repräsentanz 1125
Grundbuchfähigkeit 1147, 1149
Grundrechte der juristischen Person 1100 f.
Grundrechte und Sittenordnung 706
Grundschuld 23, 208, 564, 1190, 1194, 1196
Grundstückskauf, Wertverhältnis 708 a, 711

Gründungsstadium 1099, 1113
Grundverhältnis und Vollmacht 937 ff., 942, 949
Grundwerte der Verfassung 482, **693 f.**
gute Sitten 135, **679 ff.**

Haftung
- des nicht rechtsfähigen Vereins 1154 ff.
- des Vereins 1134 ff.
Haftung des Vertreters 984 ff.
- auf Erfüllung 986 f.
- auf Schadensersatz 988 f.
- Verjährung 990
Haftung f. Nachlassverbindlichkeiten 1032
Haftungsausschluss in AGB 428
Haftungsbegrenzung durch juristische Person 1087
Haftungsdurchgriff 1105 f.
Haftungsmilderung bei Gefälligkeit 186 ff., 194
Haftungsvertreter 1133, 1137, 1157
Handeln
- in eigenem Namen 1004
- in fremdem Namen 905, 1003
- in fremdem Zuständigkeitsbereich 909, 1004 ff.
- unter falscher Namensangabe 907
- unter fremdem Namen 908, 997
Handelsgeschäft, Fortführung zu Lasten Minderjähriger 589
Handelsrecht 13 ff., 441
- Anscheinsvollmacht 972
Handlungsfähigkeit 1041
Handlungsfreiheit 173 ff.
Handlungswille 606
Handzeichen 619
Hauptnorm 77 f.
Hausbesetzungen 45, 133, 816
Hausverbot 479
Heilbehandlung, Einwilligung 199 ff.
Heilmittelwerbung 652
Heilung von Formmängeln 626, 665
Heise, Georg Arnold 19
Hemmung der Verjährung 116 f.
„Herrenreiter" 1078, 1081
Herrschaftsrecht 66
Herstellung von Gebäuden 1190
Herzschrittmacher 1176
Hilfsnorm 77 f.
Hinweis auf AGB 409 ff.
HIV-Test 1082

Sachregister

Hochadel, Erbrecht 701
Hyperlink 49
hypothetischer Parteiwille 343, 508 f., 513, 520 f., 879

Idealverein 1110 ff.
Identitätsirrtum 763
Identitätstäuschung 908, vgl. auch Handeln unter fremden Namen
IG Metall 1114
Immaterialgüterrecht 13
Individualvereinbarung und AGB 407, **421 ff.**
Inflation 857
Information vgl. Aufklärungspflichten
– Übermaß 49
informationelle Selbstbestimmung 1082
Informationsmodell 49
Informationspflichten 49, 449
Informationsvorsprung 449
Inhaltsirrtum 323, 745, 766, 919
Inhaltskontrolle von AGB 429 a
Innenvollmacht 927, 944 f.
Insichgeschäft 954 ff.
Insolvenz 227, 230, 292, 735, 925, 952, 987, 1035, 1199
Insolvenzverwalter 925
Institution 60, **72**, 683
Institutionenschutz 72
Institutsgarantie 72
Instrument, „optionales" 47
Interessenbefriedigung und subjektives Recht 70
Interessenkonflikt bei Stellvertretung 962 f.
Interessentheorie 7, 10, **134**
Internet 908,
– Auktion 361
– Namensschutz 1066
Interview, erfundenes 1078
Intimsph?re 1082
invitatio ad offerendum 326, 358 ff.
Irrtum 737 ff.
– bei Automaten 256
– bei Genehmigung 575
– beiderseitiger 778
– Fehleridentität 233
– über Widerrechtlichkeit bei § 123 BGB 820
Irrtumsanfechtung und AGB 418 ff., 754
Irrung 746

ius civile 12
„ja aber" 95
juristische Person 1038, 1066, **1084 ff.**

Kalkulationsirrtum 757 ff.
Kapitalgesellschaft als Vermögensträger 1150, 1152 f.
Kardinalpflichten 400, **429 d**
Kartellverbot 476
Kataloge 359
Kauf, Täuschung 806
Kaufleute und AGB 414
Kaufleute und Formvereinbarung 641 ff.
kaufmännisches Bestätigungsschreiben 351, 355, 391, **440 ff.**, 934, 977
– deklaratorisches und konstitutives 443
Kaufrecht, Gemeinsames Europäisches 47
Kausalabreden 216
kausales Geschäft 212 f.
Kausalität der Täuschung 790, 804
Kenntnis und Kennenmüssen
– Vermutung 690
– Zurechnung 898 ff.
Kenntnis und Verjährungsbeginn 109
Kenntnisnahme von AGB 412
Kernbereich der Privatrechtsordnung 46
Kerosinklausel 429
Kettenkredit 711
Kirche, Namensrecht 1066
Kirchenglocke wesentlicher Bestandteil? 1190
Klarheitsgebot für AGB 426 ff.
Klauselverbote 429 c, 429 d
Kollektivierung 475
Kollusion 966
Kommanditgesellschaft 1097
Kommanditist, minderjähriger 589
Kommorientenvermutung 1055
Kondiktion
– und Abstraktion 227, 230
– bei Gesetzesverstoß 659
– bei Sittenverstoß 713
– und Verjährung 120
Konfession, Frageverbot 794
konkludente Genehmigung 977
konkludente Vollmachterteilung 929 f.
konkludente Willenserklärung 245, **333 ff.**, 530, 608
konkludente Zustimmung 1016
Konkretisierung 263

Sachregister

Konkurrenz von Ansprüchen 76
Konsens vgl. Einigung
Konsument vgl. Verbraucher
Konversion vgl. Umdeutung
Konzessionssystem 1089, 1108 f.
Kopplungswille 508
Körper, menschlicher 1176, 1178
Körperbehinderung, Frage nach 793
Körperschaft 1096 ff.
Kostendeckung und Wucher 709
Kraftfahrzeuge
– Aufklärungspflichten beim Verkauf 796
– als Grundstückszubehör 1197
Krankenversicherung, Irrtum über Zahlungspflicht 870
Kreditsicherung und Sittenwidrigkeit 696 ff.
Kreditwucher 707
Kumulation von Ansprüchen 76
Kündigung 81 f., 495, 942
– „doppelte" 850
– und Geschäftsgrundlage 874
– hilfsweise 850
– Umdeutung 524 f.
Kündigungsschutz 86
– Vereitelung durch Bedingung oder Befristung 851
Künstlername 1066
„Kursbuchschlüssel" 31
Kurszettel, Druckfehler 758

Ladendiebstahl 249, 458
Ladenschlussgesetz 648, 650
laesio enormis 707, 771
Lando-Principles 47
Lasten, Verteilung 1209
Laufzeitkontrolle, AGB 429 b
Lautsprecher, Störungsabwehr 162
Leasing
– Geschäftsgrundlage 862
– und Täuschung 801
Lebensalter 537
– Berechnung 854
Lebensgemeinschaft, nichteheliche 4, 55, 193 a, 864
Lebenspartnerschaft, eingetragene 138, 897, 1011
Lebensverlängerung, künstliche 1052 a
Leerstellen in Formular 407
Leibesfrucht 1045 ff.
Leichnam 1177

Leihe, rechtlicher Nachteil 562 f.
Leistungen, wiederkehrende 114 c
Leistungszweck und Geschäftsgrundlage 869
Leitbildfunktion des dispositiven Rechts 429 d
Lesbarkeit der Unterschrift 619
„Leserbrief" 1077
letter of intent 455
Leugnen des Klagvortrags 95
Lohnwucher 708
Lottospielgemeinschaft 192 f.
lucidum intervallum 543, 550
Luesfall 1049
Lüge, erlaubte 793
„Lusthansa" 1067

Mängelanzeige 197
Mängelhaftung 448
Marke 1066
Markt 359
Marktbeherrschung 476
Marktvergleich beim Zins 707
Marlene Dietrich 1081
Massenverkehr 248, 250
Materialisierung des Privatrechts 473
Mehrdeutigkeit, Dollar 438
mehrseitige Rechtsgeschäfte 204
Mehrvertretung 956
Menschen 1037, 1039 ff.
Menschenrechts-Konvention 158
Mentalvorbehalt 488, **592 f.**, 597, 599, 604
Mietwohnung, Tierhaltung 1178 a
Mietwucher 709
MinderjährigenhaftungsbeschränkungsG 589
Minderjähriger 201
– Schenkungen 564 f.
– Schutz vor hohen Verpflichtungen 589
– Schwarzfahrer 251
– Verpflichtung aus sozialtypischem Verhalten 251
– Zugang 287
Mindestharmonisierung 46
missbilligte Klauseln 429 c, 429 d
Missbrauch der Vertretungsmacht 142, 960, 965 ff.
Missbrauch, Verjährung 125
missbräuchliche Klauseln 402
Mitbürgschaft 509
Mitgliederversammlung 1125 ff.

537

Mitgliedschaft 1114 ff., 1140 a
Mitgliedschaftsvermittlungsklausel 1115
Mitteilung der Innenvollmacht 928, 930
– Anfechtung 947
– fehlerhafte 946 ff.
Mitteilungen 197
Mittel, widerrechtliches 816
Mitverschulden 194
Mitzuständigkeit 1010 f.
Monopolverein 1114, 1124
Motivirrtum **744**, 750, 758, 767, 787
mündliche Willenserklärung 284 ff., 289
Musterprozess 125, 458
Muttergrab 130

Nachfrage und Antrag 359
Nachfristsetzung 197
Nachlassverwalter 925
Nachschieben von Anfechtungsgründen 723 f.
Nacktfoto 1074
Name als Unterschrift 619
Namensanmaßung 1068 ff.
Namensbestreitung 1067
Namensrecht 30, **1063 ff.**
Namensschutz
– deliktisch 1065
– durch Beseitigungs- und Unterlassungsanspruch 1066 ff.
– durch Eingriffskondiktion 1065
– bei juristischen Personen 1103
nasciturus 1045 ff., 1099
natürliche Personen 1037, 1039 ff.
Naturrecht 1044
Nebenschrift 617
Nebenzweckprivileg 1112
negatives Interesse 454, 608, 633 f., 783 ff., 989
Neubeginn, Verjährung 115
neutrales Geschäft 567 f.
Neuverhandlungspflicht 527
Neuvornahme 532
nicht rechtsfähiger Verein 44, **1141 ff.**
Nichtangabe des Vertretenen 997
nichteheliche Lebensgemeinschaft 4, 55, 193 a, 864
Nichtigkeit 487 f., 551
– und Anfechtung 728 ff.
Nichtmitglieder und Vereinsgewalt 1122
Nießbrauch 99, 126, 516 ff., 564, 1200, 1209
Normativsystem 1090, 1110

Normzweck und Nichtigkeit 515, 522 f., 648 ff.
notarielle Beurkundung 274, 622
notarielle Verträge
– als AGB 406
– Inhaltskontrolle 406 a
Nothilfe 152
Notstand
– „übergesetzlicher" 156, **162 ff.**, 164
– defensiver 162, 166 f.
– entschuldigter 165
– offensiver 163
Notwehr 151 ff.
– und Dritte 161
Notwehrexzess 160
Nutzungen 1201 ff.

Oberschrift 617
Obliegenheit 373, 889
Offenlegung der Stellvertretung 905 ff.
öffentliche Beglaubigung 621
öffentliche Sachen 1175
öffentliche Zustellung 282
öffentliches Recht 1 ff.
– juristische Personen 1091 ff.
– Verwirkung 140
Offerte vgl. Antrag
OHG 1097
„ohne Obligo" 365
Ohne Rechnung-Abrede 514
ordre public 683
Organ 894, 926, **1136 ff.**, 1157, 1168
– Wissenszurechnung 898, **904 c – e**
Organentnahme 1052, 1178
Organisationsmängel, Haftung 114 c, 898, 1140
Organisationspflichten 446
Orientierungssicherheit des Rechtsverkehrs 678

Pandektistik 19
Papara- i 1082
Paraphe 619
Parklücke, Kampf um sie 157
Parkplatzfall 246 ff.
Partei kraft Amtes 925
Parteifähigkeit 1042, 1144 ff.
Partnerschaftsgesellschaft 1042, 1097
Parzellenverwechslung 327, 331
passive Vertretung vgl. Empfangsvertretung
Patientenverfügung 1052 a

Perplexität 759
Personen
– juristische 1038, 1066, **1084 ff.**
– natürliche 1037, **1039 ff.**
Personen der Zeitgeschichte 1074
Personengesellschaft und
   Minderjährige 587 ff.
Personenrecht 21, 43 f., **1036 ff.**
Personensorge 201
Personenvereinigung 1095 ff.
Persönlichkeitsbild 1081
Persönlichkeitsrechte 589, 1051, **1072 ff.**, 1103
Pfändung 1195 ff.
Pfleger 561, 564 f., 924 f., 957
– für Leibesfrucht 1048
– für Sammelvermögen 1161
– bei Schenkungen 564 f.
– Vertretungsmacht 964
Pflicht 78 a
Pflichtversicherung 389
Planungsfehler 823 ff.
Polier und § 166 BGB 904
politische Ordnung 481
postmortale Rechte 1051
Potestativbedingung 830, 836
Preisangabe 360, 513
Preisangabe in AGB 427
Preisanpassungsklauseln 862
Preisherabsetzung nach Verschulden bei
   Vertragsverhandlungen 447
Preiskontrolle in AGB 429 b
Preisnebenabreden in AGB 429 b
Presse, Drohung mit der 818
Pressefreiheit 127
Principles of European Contract Law
   (PECL) 47
Privatautonomie 4, 53, **174 ff., 472 ff.**, 478 f., **480 ff.**, 645, 737
– und AGB 397
– Einschränkung 479 a
– und GG 706
Privatrecht **1 ff.**, 172, 1091 ff.
Privatversicherungsrecht 13, 15, 974 a
Prokura 931
Prolongationswechsel 910
Prospekthaftung 456
protestatio facto contraria 249
Prozessstandschaft 1008
Prozessvollmacht 931, 949
Pseudonym 619, 1066

Publizitätsprinzip 211, 221
„Pumuckl" 1064
Punktation 434
Putativnotwehr 160

Querulant 542

Radarwarngerät 671, 690
Rahmenrecht 71, 127, 1079
Ratengeschäfte Minderjähriger 580
Räumung, „kalte" 168
Realakte 196
Recht am eigenen Bild 1074
Rechte
– absolute und relative 17, 62
– subjektive 22, **61 ff.**, 1173
rechtlich relevantes Verhalten 184
rechtlicher Nachteil (Vorteil) **560 ff.**, 961
Rechtsanwalt
– Abtretung von
   Honorarforderungen 652 a
– Standespflichten 700
Rechtsausübung 27, 45, 1041
– Schranken 131 ff.
Rechtsbedingung 832
Rechtsbindungswille 191 ff., 507
Rechtsdurchsetzung 27, 146 ff.
Rechtserwerb, anstößiger 142
Rechtsfähigkeit 1039 ff.
– beschränkte? 1099
– Personengesellschaft 1099
Rechtsfindung, rationale 56
Rechtsfolgeirrtum 442, 750 f.
Rechtsfortbildung, richtlinienkonforme 49
Rechtsfrüchte 1206 f.
Rechtsgeschäfte 24, 41 f., **172 ff.**, 195
– Einteilungen 202 ff.
– und Willenserklärung 175, 202 ff., 242 ff.
rechtsgeschäftsähnliche Handlungen 184, **195 ff.**, 287
Rechtshandlungen des Schuldners,
   Anfechtung 735
Rechtsinstitut 60
Rechtsirrtum 750
Rechtskraft und Wucher 711
rechtskräftiges Urteil, Verjährung 113
Rechtsmissbrauch 70, **129 ff.**, 864
– Verbot 157
Rechtsnachfolge, Einfluss auf die
   Verjährung 118 f.
Rechtsobjekte 22 f., 1173 ff.

539

Rechtsschein für persönliche
    Verpflichtung 918
Rechtssubjekte 21
Rechtsverhältnis 53, **54 ff.**, 72, 244
Rechtsverkehr 226
Rechtsweg 3
Rechtswidrigkeit bei der Notwehr 153
redlicher Erwerb 674, 728 ff., 843
Referenzrahmen, Gemeinsamer (CFR)
    47
Regelungsrechte 88
Repräsentationstheorie 899
res extra commercium 1175
res sacrae 1175
Restschuldbefreiung 705
Reuerecht 781
Richtigkeitsgewähr vgl. Gerechtigkeits-
    gewähr
Richtlinien **46 ff.**
Richtlinienumsetzung, überschießende 48
riskante Geschäfte
– Geschäftsgrundlage 868
– Irrtum 780
– Nichtigkeit 705
Roggenklausel 876
Rotes Kreuz 1066
Rubelfall 758, 875
Rücktritt 81, 494
Rückwirkung
– der Bedingung 839 f.
– der Bestätigung 533
– der Genehmigung 1023 ff.
Sache 23, **1173 ff.**
– bei § 119 II BGB 771
– öffentliche 1175
– verbrauchbare 1182
– vertretbare 1180 f.

Sachenrecht 17, 610
Sachenrechte, beschränkte 126
Sachfrüchte 1204 f.
Sachmängelhaftung und Irrtum 775 f.
Sachwalter 456
salvatorische Klausel 510, 512
– als AGB 404
– in AGB 429
„Samandu" 1064
Sammelvermögen 1161
Satzung 1131 f.
Satzungsänderung 1127
Satzungskontrolle 1114

Schadensersatzpflicht
– bei § 137 BGB 677
– bei Anfechtung 783 ff., 808, 822
– bei bedingten Geschäften 842
– bei Geschäftsunfähigkeit 552 ff.
– Regelung in AGB 555
– Verjährung 111 f.
Schaufensterauslagen 360
Scheck, Umdeutung 519
Scheckeinlösung als Annahme? 393
Scheckkarte, Missbrauch 142
Schein der Abgabe einer
    Willenserklärung 266
Scheinbestandteil 1191
Scheingeschäft 488, **594 f.**, 598 ff., 603
Scheitern der Ehe 859
Scheitern von Vertragsverhandlungen
    451 ff.
Schenkung
– der Eltern an ihre Kinder 461, **564 f.**, 588
– von Grundstücken **564 f.**
– vom Wohnungseigentum 565
– Zustandekommen 387
Schenkungsversprechen 615
Scherzgeschäft 488, **596**, 604
Schiedsspruch 1124
Schikane 130
„schlechte Verträge" 447 ff.
„schlechthin untragbares Ergebnis" 629 f.,
    633
„Schlüsselgewalt" 897
schlüssiges Verhalten vgl. bei konkludent
Schlüssigkeit einer Klage 95
„Schmerzerklärung" 596
Schmiergeld vgl. Bestechung
Schneeballsystem 184
Schriftform 616 ff.
– vereinbarte 638
Schriftformklausel in AGB 423, 425
Schufaklausel 1082
Schuldner, Überforderung 705
Schuldnerknebelung 698, 699, 936
Schuldrecht 17, 610
Schuldübernahme 800, 1010
Schuldverhältnis 57, 63, 75
Schutzdienste, gewerbliche 159
Schutzpflichten 446
Schwangerschaft, Frage nach 793
Schwarzarbeit 651, 659
Schwarzkauf 330, **595**, 598, 665
Schweigegeld 701

Schweigen   333, 345 ff., 352 ff.
- als Annahme   347, 392 f.
- als Annahme durch Richterrecht   **387 ff.**
- und AGB   346
- als Verschulden bei Vertragsverhandlungen   349, 353, 390
- vgl. auch kaufmännisches Bestätigungsschreiben
Schwerpunktzins   707
„Scientologie-Mitgliedschaft"   1081
seelische Zwangslage   814
Sekte   1111
Selbstbedienungsladen, Vertragsschluss   249, 363
Selbstbedienungstankstelle, Vertragsschluss   363
Selbstbelieferungsklausel   365
Selbstbestimmung   176, 472, 999
Selbsthilfe   168 ff.
Selbstkontrahieren   955
Selbstverpflichtung   11
Selbstwiderspruch   138, 628
Sicherheitsleistung   28, **171**
Sicherungsrechte
- Umdeutung   526
- und Verjährung   122 f.
Sicherungsübereignung, auflösend bedingte   840
Signatur   620 a
Silvesterfrist   110
Sittenordnung   482, **679 ff.**
Sittenwidrigkeit   488, **679 ff.**
- und Auslegung   316
- Fehleridentität   236 f., 712
- subjektive Komponente   688 ff.
Sittenwidrigkeitsurteil
- Gegenstand   685 ff.
- Zeitpunkt   691
Sitztheorie   1102
Softwarefehler   746
Soldat, Wohnsitz   1061
Sonderprivatrecht   48, 441
Sonderprivatrechte   **13 ff.**
Sonderrechte von Vereinsmitglied   1117
Sonderverbindung
- aus Vertragsverhandlungen   444 ff.
- zwischen Verein und Mitglied   1140 a
„soweit gesetzlich zulässig"   429
soziale Marktwirtschaft   178, 474 ff.
Sozialmoral   683

sozialtypisches Verhalten als Verpflichtungsgrund   245 ff.
Sozialversicherung   180
Spaltung der Rechtszuständigkeit   493
Spätschäden, Verjährung   111 f.
Speicherung
- von AGB   403
- von Willenserklärungen   274, 288 ff.
Speisekartenfall   324 f.
Spezialitätsprinzip   209
Spielvertrag, Zustandekommen   386
„Sprachrisiko"   295 f., 740
staatliche Zuteilung   172
staatliches Handeln   2
Staatsangehörigkeit
- bei juristischen Personen   1102
- bei Menschen   1056
Staatshaftung   896, 1094
Standesregeln   700
„Stellung" von AGB   405 f.
Stellvertretung   880 ff.
- direkte und indirekte   883
- beim Mobiliarerwerb   895, 921
Steuern   180
Steuerrecht   662
- und Zivilrecht   461 f.
Steuerungsmittel   176
Stiftung   1160 ff.
- und Unternehmen   1170 ff.
Stiftungsgeschäft   1165 ff.
Stimmenthaltung   1125
Stimmrechtsausschluss   1116
Strafrecht   1, 3, 660
Streik, Haftung   1157
Streitgegenstand   73
Streitvermeidung   457 ff.
Strohmanngeschäft   602 f.
Stückschuld   1181
Stundung   97
Subjektionstheorie   8, 10
Subjekttheorie   9 f.
Symmetrieargument   230

Tagespreisklausel   513
tägliches Leben, Geschäft   551 a
Taschengeld   579 ff.
Taschenkontrolle   168
Taschenkontrolle als AGB   429 b
Täuschung (vgl. arglistige Täuschung)   447, 450, 788
Teilannahme   381

541

Sachregister

Teilbarkeit von Rechtsgeschäften 505 f.
Teilrechtsfähigkeit 44, vor 1141, 1152 a, 1154
Teilunwirksamkeit 486, **497 ff.**, 853
– von AGB 513 f.
Telefax 274, 290, 299, 618, 742
– Arglist 282
Telefon 288
Telefonkarten als AGB 429 b
Telefonwerbung als AGB 429 b
Telegramm 638
telekommunikative Übermittlung 638
Termine 25, **854 ff.**
Testament 692
– Anfechtung 720, 779
– und Auslegung 329
– Form 331, 624
– gemeinschaftliches 460
Testamentsvollstrecker 925, 964
Textform 623 a
Theorie der realen Verbandspersönlichkeit 1104
Tierangriff 153, 166
Tiere als Sachen 1178 a
Tierhaltung in Mietwohnungen 1178 a
Titelkauf 701
Tod 1051 f.
– des Antragsempfängers 378
– des Erklärenden 292, 376 f.
Todeserklärung 1053 ff.
– unrichtige 1054
Totaldissens 438
Transparenzgebot 429 b, 429 d
Transplantation 1178
Trennung von Vermögensmassen 1199
Trennungskosten 1189
Trennungsprinzip 220 ff.
Trennungstheorie 1106 a
Treu und Glauben 42, 97, **135 ff.**, 857 ff.
– und Annahmeerklärung 384
– und Auslegung 319 ff.
– bei Bedingung 834 f.
– und Formmangel 628 ff.
– und Verjährung 124 f.
Treuhand 601, 677, 949, 1145, 1151 ff.
Trierer Weinversteigerung 605

Überbau und § 166 BGB 904
Übereilungsschutz 614
Übergabeeinschreiben 280
Über-Information 49

Überlassen von Mitteln 579 ff.
Übermaßfrüchte 1204
Übermaßverbot 141
– bei Notwehr 156 ff.
Übermittlungsirrtum 747 f.
Übermittlungskontakt 288 f.
Überraschende Klauseln 415 ff.
Überrumpelung 708
Überschuldung 706
Übersicherung 696
Übertragbarkeit der Mitgliedschaft 1118
Umdeutung 486, 500, **516 ff.**
Umgehungsgeschäfte 660 ff.
Umsatzgeschäfte, Wucher 708
Umstände für das Handeln im fremden Namen 915
Umweltschutz 72, 702
unangemessene (unbillige) Benachteiligung durch AGB 417, 425, **429 a**, **429 d**
Undeutlichkeit, bewusste 592
ungerechtfertigte Bereicherung vgl. Kondiktion
Ungewissheit bei d. Bedingung 828, **841 ff.**
Unklarheitenregel für AGB 426 ff.
Unmittelbarkeit des Nachteils bei § 107 BGB 562
Unmöglichkeit 96, 369
Unsittlichkeit vgl. Sittenwidrigkeit
Unsterblichkeit des Willens 1162
Untätigkeit als Verwirkungsvoraussetzung 138
Unterbrechung der Verjährung 115
Untergliederungen eines Vereins 1115
Unterhalt 561, 958
– Verwirkung 138
– Verzicht 704
Unterlassung bei § 12 BGB 1071
UnterlassungsklagenG 401
Unternehmen 1170 ff., 1200
– Erträge 1208
Unternehmen als Anknüpfungspunkt des Handelsrechts 441
Unternehmen und AGB 414
Unternehmensbezeichnungen 1066
unternehmensbezogene Geschäfte 917 f.
Unternehmensträgerstiftung 1171
Unternehmer (Gegensatz zum Verbraucher) 21, 43, 1037 a
Unterschrift 616 ff., 621
Unterschriftsirrtum 752 ff.
Untervollmacht 950 f., 962, 996

542

Unterwerfung unter Gestaltungsrecht 81 f.
Unverjährbarkeit 26, 102 f.
„unverzüglich" 774
unwiderrufliche Einwilligung 1020
– Vollmacht 929, 942
Unwirksamkeit von Rechtsgeschäften 486, 551 ff.
– relative 493, 663, 673
– schwebende 490 ff., 569 f.
Unzweideutigkeit vgl. auch Bestimmtheitsgrundsatz 717
Urheberpersönlichkeitsrecht 1073
Urheberrecht 1073
Urkunde
– dauernde Überlassung 290
– Irrtum 752 ff.
Urlaub
– Rechtsmissbrauch 134
– und Zugang 282 f.

Vaterschaftsanerkenntnis, Anfechtung 812
venire contra factum proprium 124
vgl. Selbstwiderspruch
Veranlassung des Irrtums 786
Verantwortlichkeit für Willenserklärung 323, 747, 783
Verarbeitung 1029
Veräußerungsverbote 664
verba und voluntas 320
Verband 1115
Verbandsklage 401
Verbindung
– von Rechtsverhältnissen 58
– zu einer Urkunde 616
Verbotsgesetz, Auslegung 646 ff.
– ausländisches 658
Verbraucher 21
– Begriff 43, 48, 1037 a
Verbrauchergeschäft 463
Verbraucherkredit 626, 705, 711
Verbraucherrechte-Richtlinie 46, 48 ff.
Verbraucherschutz **46 ff.**, 475, 929, 1182
Verbrauchervertrag 49
– missbräuchliche Klauseln 402, 405
Verdinglichung obligatorischer Rechte 64
verdrängende Vollmacht 936
Vereine 44, 1097, **1107 ff.**
– ideale 1110 ff.
– inländische 1109 ff.
– nicht rechtsfähige 1141 ff.
– wirtschaftliche 1109, 1155, 1159

Vereinigung
– und Mitglieder 1086, 1096
– und Nichtmitglieder 1122
Vereinsautonomie 1124
VereinsförderungsG 1112
Vereinsname 1066
Vereinsregister 1131
Vereinsstrafe 1120 ff.
Vereinsverband 1115
Vereinszweck, Änderung 1127
Vereitelung des Bedingungseintritts 834 ff.
– der Genehmigung 837 f.
Vererblichkeit
– des Anfechtungsrechts 714
– des Antrags 378
– der Mitgliedschaft 1118
– der Vollmacht 943
verfassungsmäßig berufener Vertreter 1137
Verfügung **208 ff.**, 214, 1001
– bedingte 239
– Nichtberechtigter 550, 1030 ff.
– ohne Verfügungsmacht 1035
Verfügungsverbote 663 ff.
– behördliche 672
– ehegüterrechtliche 670, 1011
– rechtsgeschäftliche 675 ff., 852
Vergleich 459, 523
– gerichtlicher 623
Verhältnismäßigkeit vgl. Übermaßverbot
Verhandlungen als Hemmungsgrund 125
Verhandlungsgehilfe 801, 890, **973 f.**
Verjährung 26, 45, **101 ff.**, 990 f.
– Beginn 108 ff.
– als Einrede 96, 98, **121 ff.**
– Fristen 114 ff.
– Hemmung 116 f.
– Neubeginn 115
– und Rechtsnachfolge 118 f.
– und Treu und Glauben 124 f.
– Unterbrechung 115
– Verlängerung 107.
Verkehrspflichten 78 a, 446, 1138
Verkehrssicherheit 478 f.
Verkehrssitte 383
– und Auslegung 319 ff., 334
Verkehrswesentlichkeit 770
Verkörperung der Willenserklärung 268 ff., 290
Vermieterpfandrecht 169
Vermittlerklausel 417
Vermögen 1198 ff.

543

Sachregister

Vermögensanlage, Rat zur 193
Vermögensverschiebung 864
Vernehmenstheorie 271, 289
„vernünftige" Kausalität 773
Verpflichtung 207
– abstrakte 215
Verpflichtungsermächtigung 1006
Verrichtungsgehilfe 892 f.
– und Vertretungsmacht 893
Versandhäuser 359, 385
Verschollenheit 43, 1037, **1053 ff.**
Verschulden
– bei Dissens 439
– bei Vertragsverhandlungen 42, 349, 353, 390, **444 ff.**, 463, 608, **633 ff.**, 808, 811, 837
Versicherungsagent, Haftung für ihn 974 a
Versorgungsleitungen 1193
Versorgungszusage, Widerruf 143
Verständnis der Willenserklärung 295 f.
versteckter Dissens, Fehleridentität 238
Versteigerung, Vertragsschluss 360
Verteidigungsnotstand 162, **166 f.**
Vertrag 203
– verwaltungsrechtlicher 2
– Zustandekommen 356 ff.
Vertragsbruch, Verleitung zu ihm 703
Vertragsfreiheit 477
Vertragsgestaltung 405, 457 ff.
Vertragsprinzip 81, 472
Vertragsstrafe 1121, 1123
Vertragsstrafe 1
Vertragstreue 478 f.
– und Geschäftsgrundlage 858
Vertragsuntreue, eigene 143
Vertragsverbindung 503
Vertrauensinteresse vgl. negatives Interesse
Vertrauensinvestition 139
Vertrauensschutz 938
vertretbare Sachen 1180 f.
Vertreter (vgl. auch Stellvertretung) 801
– gesetzlicher 549, 952, 1130 ff.
– Haftung 984 ff.
– Haftung für ihn 973 f.
– ohne Vertretungsmacht **975 ff.**, 1003, 1135
Vertretung des nicht rechtsfähigen Vereins 1158
Vertretungsmacht 923 ff.
– und Bestätigungsvorbehalt 424 f.
– Grenzen 953 ff.
– Missbrauch 960

Verwaltungssitz 1102
Verweisungstechnik 31
Verwender von AGB 405 f.
Verwerfliche Gesinnung beim Wucher 711
Verwirkung 124, **137 ff.**
Verzicht
– auf Anfechtungsrecht 534, 732
– Annahmeerklärung 383
– die Vollmacht 943
– den Zugang 313
– auf den Zugang **382 ff.**
VOB/B 405
Volkszählungsurteil 1082
Vollharmonisierung 46, 48
Volljährigkeitsalter 43, **538**
Vollkaufmannsklausel 416
Vollmacht 923, **927 ff.**, 999
– Anfechtung 944 f.
– bedingte und befristete 935
– und Grundverhältnis 937 ff.
– postmortale 943
– unwiderrufliche 929, 942
– verdrängende 936
Vollmachtsurkunde 980
Vollrecht 65
Vollstreckungsbescheid bei Wucher 711
Vollstreckungsklausel 147
vor die Klammer-Ziehen 18, 20, **31 ff.**
Vorausklage 96
Vorbehalt von Liefermöglichkeit oder Zwischenverkauf 365, 367
vorformulierte Klauseln 406
Vorformulierung von AGB 405
vorgeburtliche Schädigung 1049 f.
Vorhersehbarkeit und Geschäftsgrundlage 868
Vorkaufsrecht 17, 87
Vormerkung 493
Vormund, Vertretungsmacht 964, 1012
Vormundschaftsgericht, Aufsicht 1012
Vorname 1064
Vorrang, interpretatorischer 50
Vorstand der Stiftung 1168
– des Vereins 1130 ff.
Vorstrafen, Verschweigen 792
Vorverein 1113
Vorvertrag 455

Wahl zum Vorstand 1132
Währungszusammenbruch 857
Walfischfleisch 327

Warenangebot, Mannigfaltigkeit 182 f.
Warenhaus, Erwerb dort 920
Warnung 814
Wechsel, Umdeutung 523
Weinsteinsäurefall 438 f.
Weisungen des Vollmachtgebers 901
Werbezusendungen, unverlangte 1083
Werbung
– Bindung 359 f.
Wertsicherungsklauseln 464, 466, 527, 876
Wertungen des GG 694
Wertverhältnis 156 ff., **707 ff.**
– vertretbares 167
Wertzuweisung 51
wesentlicher Bestandteil 1186 ff., 1190 ff.
Wettbewerbsrecht 6, 476
wichtiger Grund 874, 942, 1122, 1124
widerrechtliche Drohung 813 ff.
– Fehleridentität 234
Widerruf 496
– der Einwilligung 576, 1019 f.
– von Gestaltungserklärungen 90
– durch Testament 294
– von Verträgen 81, **304 ff.**, 573, 979, 1023
– der Vollmacht 303, **940 ff.**
– der Willenserklärung 298 ff.
Widerrufsbelehrung 49
Widerrufsrechte, „versteckte" 306
Widerrufsvorbehalt 366
Widerspruch des Wohnraummieters 86
Widerspruch zwischen Geschäften 550
– Verfügungen 1033
Widerspruchsfreiheit der
 Rechtsordnung 647
Wiederholungsvereinbarung bei AGB 413
Wiederkaufsrecht 87
wiederkehrende Leistungen 114 c
Wiedervereinigung und
 Geschäftsgrundlage 857
Wille und Auslegung 319 ff.
– subjektives Recht 70
Willensäußerung und -bildung 738 ff.
Willensbetätigung 218
Willensergänzung durch Auslegung **340 ff.**, 879
Willenserklärung 83, **242 ff.**
– Abgabe 257 ff.
– automatisierte 256
– Bindung 297 ff.
– Empfangsbedürftigkeit 259 ff.
– konkludente 245, **333 ff.**

– und Rechtsgeschäft 175, 202 ff., 242 ff.
– Zugang 257 ff.
– Zurechnung 326, 882, 885
 empfangsbedürftige 265
 nicht empfangsbedürftige 264
Willensmängel 484 f., **737 ff.**
– beim Schweigen 442
– Zurechnung 898 ff.
Willensvorbehalte 591 ff.
Windscheid 74
Wirksamkeit, schwebende 492
wirtschaftlicher Geschäftsbetrieb 1111 f.
Wirtschaftsklausel 857
Wirtschaftsrecht 13, 15
Wirtschaftsverein 1109, 1155, 1159
Wissensaufspaltung,
 organisationsbedingte 904 c
Wissensvertreter 904 d
Wissenszurechnung 898 ff.
Wohnraummiete 86, 851
Wohnsitz 1057 ff.
– bei juristischen Personen 1103
– gesetzlicher 1061 f.
– gewillkürter 1059 f.
Wohnungseigentum, Schenkung 565
Wohnungsmarkt 475, 477
Wollensbedingung 831
wrongful life 1050
Wucher 707 ff., 712 f.

Zahlenkombinationen 1066
Zahlungsfähigkeit, Irrtum 777
Zeitbauten 1191
Zeitdruck und Willenserklärung 814
zeitliche Grenzen der Rechte 99 ff.
Zinsen als Früchte 1206
Zivilprozessrecht, Einrede 95, 98
Zivilrecht 12
Zubehör 1196 f.
Zugang der Willenserklärung 257 ff., **268 ff.**, 313, 382 ff.
– Rücksicht auf den Empfänger 283
– verspäteter 373 f.
Zugangsfiktion 282
Zugangsvereitelung, -verzögerung 277 ff.
Zumutbarkeit der Klageerhebung 108
Zuordnung 23
Zurechnung von Willenserklärungen 326, 882, 885
Zurechnungsnormen 881 ff.
Zusammenarbeit 72

Sachregister

Zuständigkeit 51, 210, **998 ff.**
– und Wissenszurechnung 989
Zustimmung 923, **998 ff.**, 1013 ff.
Zwangsvollstreckung 147
– und Tiere 1178 a

– Verfügungen durch sie 1034
Zweck, widerrechtlicher 817
Zweck-Mittel-Beziehung 818 f.
Zwischenverfügungen bei
 Genehmigung 1027

Setzen Sie die richtigen Schwerpunkte!

Die Reihe „Schwerpunktbereich"

- systematische Stoffvermittlung mit Tiefgang
- Vorlesungsbegleitung und Vertiefung oder punktuelle Wiederholung vor der Prüfung
- Übungen zur Fallanwendung und zum Prüfungsaufbau anhand von einleitenden Fällen mit Lösungsskizzen

Prof. Dr. Bettina Heiderhoff
Europäisches Privatrecht
4. Auflage 2016. € 26,99
Auch als ebook erhältlich

Prof. Dr. Thomas Rauscher
Internationales Privatrecht
Mit internationalem und europäischem Verfahrensrecht
4. Auflage 2012. € 29,99
Auch als ebook erhältlich

Prof. Dr. Dr. h.c. Peter Bülow/
Prof. Dr. Markus Artz
Verbraucherprivatrecht
5. Auflage 2016. € 23,99

Prof. Dr. Philipp S. Fischinger
Handelsrecht
2015. € 22,99
Auch als ebook erhältlich

Alle Bände aus der Reihe und weitere Infos unter: www.cfmueller-campus.de/schwerpunktbereich

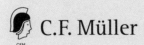 C.F. Müller   Jura auf den ● gebracht

Ihre Prüfer sind unsere Autoren!

Die Reihe „Unirep Jura"

- von Prüfern geschrieben, die wissen, was drankommt
- Prüfungssicherheit durch Strukturverständnis und eigenständige Problemlösungsstrategien
- mit topaktuellen leading-cases der Obergerichte

Prof. Dr. Dr. h.c. Peter Gottwald
**Examens-Repetitorium
BGB-Allgemeiner Teil**
3. Auflage 2013. € 19,99

Prof. Dr. Jens Petersen
**Examens-Repetitorium
Allgemeines Schuldrecht**
7. Auflage 2015. € 20,99

Prof. Dr. Peter Huber/ Dr. Ivo Bach
**Examens-Repetitorium
Besonderes Schuldrecht 1**
Vertragliche Schuldverhältnisse
5. Auflage 2016. € 22,99

Prof. Dr. Petra Buck-Heeb
**Examens-Repetitorium
Besonderes Schuldrecht 2**
Gesetzliche Schuldverhältnisse
5. Auflage 2015. € 20,99

Prof. Dr. Jan Schürnbrand
**Examens-Repetitorium
Verbraucherschutzrecht**
2. Auflage 2014. € 16,99

Alle Titel aus der Reihe und mehr Infos unter: **www.cfmueller-campus.de/unirep**

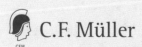 C.F. Müller   Jura auf den ● gebracht